Windows 11 für Profis

Ed Bott ist preisgekrönter Autor und Technikjournalist, der seit mehr als zwei Jahrzenten über Windows und PC-Technik recherchiert und seine Erkenntnisse sowohl in gedruckter Form als auch im Internet veröffentlicht. Ein Großteil dieser Arbeit ist in The Ed Bott Report auf ZDNet (*zdnet.com/blog/bott*) erschienen, wo seine charakteristischen Kolumnen mit praktischen Ratschlägen und Kaufempfehlungen mindestens ein halbes Dutzend Windows-Versionen begleiteten. Er hat mehr als 30 Bücher über Microsoft Windows und Office geschrieben, die in zahlreiche andere Sprachen übersetzt und weltweit gelesen wurden.

In seinem Newsletter, Ed Botts READ ME, können Sie sich über Ed Botts aktuelle Standpunkte informieren und sich Ratschläge holen. Einzelheiten finden Sie unter *edbott.com/newsletter*. Sie können Ed Bott auch auf Twitter (*@edbott*) und im Open-Source-Netzwerk Mastodon (*mastodon.social/@edbott*) folgen. Er und seine Frau Judy leben gemeinsam mit ihren Hunden in Atlanta, Georgia.

Ed Bott

Windows 11 für Profis

Insider-Wissen – praxisnah & kompetent

Microsoft

dpunkt.verlag

Wir hoffen, dass Sie Freude an diesem Buch haben und sich Ihre Erwartungen erfüllen. Falls Sie Anregungen, Wünsche und Kommentare haben, lassen Sie es uns wissen: **service@rheinwerk-verlag.de**.

Informationen zu unserem Verlag und Kontaktmöglichkeiten finden Sie auf unserer Verlagswebsite **www.dpunkt.de**. Dort können Sie sich auch umfassend über unser aktuelles Programm informieren und unsere Bücher und E-Books bestellen.

Autor: Ed Bott
Übersetzung: Rainer G. Haselier
Lektorat: Sandra Bollenbacher
Buchmanagement: Anja Ehrlich
Copy-Editing: Petra Heubach-Erdmann, Düsseldorf
Satz: Gerhard Alfes, mediaService, Siegen, *www.mediaservice.tv*
Herstellung: Stefanie Weidner
Covergestaltung: Eva Hepper, Silke Braun
Druck: BELTZ Grafische Betriebe GmbH, Bad Langensalza

FSC www.fsc.org MIX Papier | Fördert gute Waldnutzung FSC® C089473

Dieses Buch wurde mit mineralölfreien Farben auf FSC®-zertifiziertem Papier aus nachhaltiger Waldwirtschaft gedruckt. Der Umwelt zuliebe verzichten wir zusätzlich auf die Einschweißfolie. Hergestellt in Deutschland.

Bibliografische Information der Deutschen Nationalbibliothek:
Die Deutsche Nationalbibliothek verzeichnet diese Publikation in der Deutschen Nationalbibliografie; detaillierte bibliografische Daten sind im Internet über *http://dnb.dnb.de* abrufbar.

ISBN Print: 978-3-86490-980-1
ISBN PDF: 978-3-96910-989-2
ISBN ePub: 978-3-96910-990-8

1. Auflage 2023, 1. Nachdruck 2026

Rheinwerk Verlag GmbH • Rheinwerkallee 4 • 53227 Bonn
service@rheinwerk-verlag.de

Inhaltsverzeichnis

TEIL 2: Windows 11 verwalten 323

Kapitel 9 Datei-Explorer verwenden 325

Kapitel 10 Benutzerkonten, Kennwörter und Anmeldeinformationen verwalten 371

Für Judy, die bei jedem Schritt an meiner Seite war.

Einführung

Die meiste Zeit meiner beruflichen Laufbahn habe ich damit zugebracht, die Höhen und Tiefen von Microsoft Windows aufzuzeichnen und, was noch wichtiger ist, Menschen dabei zu helfen, die fabelhaften Funktionen, seltsamen Eigenheiten und gelegentlichen Frustrationen des Systems zu verstehen.

Nach meiner inoffiziellen Zählung ist dies die sechzehnte Ausgabe in der Inside Out-Reihe, seit wir die Reihe 2001 mit einem Band über das damals neueste Mitglied der Microsoft-Betriebssystemfamilie, Windows XP, begonnen haben.

In den mehr als 20 Jahren, die seit der Veröffentlichung von *Windows XP Inside Out* vergangen sind, hat sich die Welt ein wenig verändert. Damals waren detaillierte technische Informationen schwer zu bekommen. Heute sind verlässliche Informationen Mangelware, vor allem, wenn es um ein sich ständig weiterentwickelndes Produkt wie Windows geht.

Bei den ersten Ausgaben von *Windows Inside Out* hatten wir die Gewissheit, dass jede neue Version von Microsoft mindestens drei Jahre alt werden würde. Das ist nun nicht mehr der Fall, da Windows 11 jährlich neue Funktionsupdates erhält und Microsoft im Rahmen der monatlichen Updates jetzt sogar Kernfunktionen überarbeitet.

In Kombination haben diese beiden Faktoren die Gliederung dieses Buches stark beeinflusst. Wo wir früher vielleicht eine Seite oder mehr einer Tabelle gewidmet haben, in der die Befehlszeilenschalter für ein wichtiges Dienstprogramm aufgelistet waren, haben wir jetzt den Luxus, einen Link zur vollständigen (und maßgeblichen) Onlinedokumentation zu veröffentlichen. Dadurch können wir mehr Seiten damit verbringen, zu erklären, wie ein Feature funktioniert und wie Sie es in Ihren persönlichen Arbeitsablauf integrieren können.

Eine grundlegende Tatsache, die wir in den letzten zwei Jahrzehnten festgestellt haben, ist, dass sich die Kernfunktionen von Windows nur sehr langsam ändern. Die Grundlagen der NTFS-Sicherheit und der Registrierung zum Beispiel sind über viele Windows-Generationen hinweg beruhigend gleich geblieben. Aber es gibt auch viele neue Funktionen in Windows 11, von denen einige offensichtlich sind (das neue Startmenü), einige von Windows 10 bekannt sind (Windows Hello) und einige fast vollständig im Verborgenen existieren (hardwarebasierte Sicherheit).

Unser Team begann mit dieser Überarbeitung im Jahr 2021, kurz nachdem Microsoft die erste Insider Preview-Version von Windows 11 angekündigt hatte. Wir haben uns bewusst dafür entschieden, mehr als ein Jahr lang zu arbeiten, während Microsoft das erste große Update auf Windows 11, Version 22H2, vorbereitete. Jede Seite in diesem Buch wurde anhand dieser Version getestet und auf Fakten geprüft.

Wir wissen, dass es weitere Updates geben wird, aber wir sind zuversichtlich, dass dieses Buch noch mehrere Jahre relevant sein wird.

Ed Bott, Januar 2023

An wen sich dieses Buch richtet

Dieses Buch bietet eine umfassende Beschreibung der Features, die von den meisten Windows-Anwendern benötigt werden. Es ist auch ein hervorragender Ausgangspunkt für jeden, der genauer wissen möchte, wie die wichtigsten Windows 11-Features funktionieren. Ob Sie nun Windows-Einsteiger sind, bei Ihrer Arbeit mit IT-Themen zu tun haben oder als Computerspezialist für die Verwaltung von Computern und Netzwerken in einem Privathaushalt oder einem kleinen Unternehmen zuständig sind, auf jeden Fall werden Sie viele Abschnitte finden, die wir genau auf Sie zugeschnitten haben. Und wenn Sie sich selbst als Windows-Begeisterter einschätzen, hoffen wir, dass wir Ihnen genug amüsante und interessante Details bieten, um Ihr Interesse wachzuhalten; schließlich sind wir selbst Windows-Begeisterte.

Welche Voraussetzungen Sie erfüllen sollten

Dieses Buch wurde für Leute geschrieben, die einige Erfahrung mit Windows haben und mit den technischen Details, die die Grundlage von Windows bilden, umgehen können oder sich damit vertraut machen wollen. Es streift kurz einige der Grundlagenthemen, die in anderen Büchern ausführlicher behandelt werden.

Unabhängig davon, ob Sie erst wenige Jahre oder schon ein Vierteljahrhundert mit Windows arbeiten, gehen wir davon aus, dass Sie wissen, wie Sie den Desktop bedienen, Programme starten, Daten in die Zwischenablage kopieren und einfügen oder Informationen in einem Webbrowser finden. Wir setzen nicht voraus, dass Sie ein Hardwarebastler, Hacker, Hardcore-Gamer oder Entwickler sind.

Aufbau dieses Buches

Teil 1, »Windows-Grundlagen«, bietet einen Überblick darüber, was in dieser Version neu ist, ergänzt durch Einzelheiten zum Installieren, Konfigurieren und Personalisieren von Windows 11. Außerdem behandelt dieser Teil die Windows 11-App-Landschaft, die sich in den vergangenen zwei Jahren grundlegend verändert hat. Sie finden hier ein eigenes Kapitel zu Microsoft Edge, dem neuen Standardwebbrowser. Abschließend erläutern wir, wie Sie lokalen und cloudbasierten Speicher am besten verwenden, und richten unser Hauptaugenmerk auf eines der zentralen Windows 11-Tools, den Datei-Explorer.

Teil 2, »Windows 11 verwalten«, beginnt mit einem detaillierten Blick darauf, wie Sie Ihre Benutzerkonten und Geräte schützen. Die weiteren Kapitel behandeln Routineaufgaben aus dem Bereich der Wartung und beschreiben Tools und Techniken, mit denen Sie die Leistung Ihres Computers messen und optimieren, Ihre Netzwerkverbindungen schnell und sicher halten und Hardware konfigurieren. Dieser Teil endet mit Ratschlägen, wie Sie Backups Ihrer wichtigen Dateien erstellen, das System bei Bedarf schnell wiederherstellen und eventuell auftretende Probleme beseitigen.

Teil 3, »Für IT- und Windows-Profis«, beginnt mit einem Kapitel über Windows-Terminal und PowerShell, Tools, die ein wenig Zeit erfordern, um sie zu meistern, bei denen sich der Lernaufwand aber auszahlt, da Sie mit ihnen sich wiederholende administrative Aufgaben automatisieren können. Ein weiteres Kapitel beschäftigt sich mit Hyper-V, der leistungsfähigen Virtualisierungsplattform, die in den Windows 11-Editionen Pro und Enterprise enthalten ist. In den letzten Kapiteln behandeln wir die ungewöhnlichen Windows-Subsysteme für Linux und Android und stellen Werkzeuge zum Verwalten von Unternehmensnetzwerken vor.

Den Abschluss bildet Teil 4 mit seinen drei Anhängen, in denen Sie verschiedene Referenzinformationen finden: eine knappe Auflistung der Unterschiede zwischen den Windows 11-Editionen, eine Anleitung für das Windows-Insider-Programm sowie einen Überblick über Hilfe- und Supportressourcen.

Danksagungen

Auch bei dieser Ausgabe hatten wir das Glück, von einem kompetenten Produktionsteam unterstützt zu werden, das bei mehreren Ausgaben dieser Reihe als Team zusammengearbeitet hat. Unter der Leitung von Loretta Yates umfasst das Team den technischen Redakteur Carl Siechert (der Mitautor früherer Ausgaben war), die Korrekturleserin Sarah Kearns, die Layouterin Tricia Bronkella und die Indexerstellerin Cheryl Lenser. Gemeinsam stellten sie die richtigen Fragen und machten hervorragende Vorschläge, um aus einer Sammlung von Word-Dateien und Screenshots das visuell ansprechende, straff organisierte und technisch akkurate Buch zu machen, das Sie jetzt lesen. Danke auch an Andrew Warren, der die dringend benötigte Hilfe bei den unternehmensorientierten Kapiteln geleistet hat.

Besonderen Dank verdienen unsere langjährigen Kollegen Rick und Charlotte Kughen. Ohne ihre meisterhafte Unterstützung bei der Produktion könnten Sie dieses Buch nicht in Händen halten.

Errata und Support

Wir haben uns sehr um die Richtigkeit der in diesem Buch enthaltenen Informationen bemüht. Fehler, die seit der Veröffentlichung bekannt geworden sind, werden auf der Microsoft Press-Website (in englischer Sprache) aufgelistet:

https://MicrosoftPressStore.com/Windows11InsideOut/errata

Sollten Sie einen Fehler finden, der noch nicht aufgeführt ist, würden wir uns freuen, wenn Sie uns auf dieser Seite darüber informieren (in englischer Sprache).

Mit Anmerkungen, Fragen oder Verbesserungsvorschlägen zu diesem Buch können Sie sich auch an den dpunkt.verlag wenden:

hallo@dpunkt.de

Bitte beachten Sie, dass über unsere E-Mail-Adresse kein Software-Support angeboten wird. Für Supportinformationen bezüglich der hier verwendeten Microsoft-Produkte besuchen Sie die Microsoft-Website:

https://support.microsoft.com

TEIL 1

Windows-Grundlagen

Kapitel 1

Was Sie über Windows 11 wissen sollten

Microsoft hat Windows 11 nach einer ungewöhnlich kurzen Testphase am 5. Oktober 2021 offiziell veröffentlicht. Es ist das erste große Windows-Upgrade seit Windows 10, das mehr als sechs Jahre zuvor veröffentlicht wurde. Es basiert auf demselben Kerncode wie sein Vorgänger und ähnelt in vielerlei Hinsicht einem Funktionsupdate für Windows 10.

Aber lassen Sie sich nicht von der inkrementellen Änderung der Versionsnummer täuschen und gehen Sie nicht davon aus, dass es sich um ein unbedeutendes Upgrade handelt. Windows 11 führt einige grundlegende Änderungen an vertrauten Elementen des Windows-Kerns ein, darunter am Startmenü, an der Taskleiste und der App Einstellungen. Außerdem ermöglicht es einige ausgeklügelte Sicherheitsfunktionen, die sich neue, nur in moderner Hardware vorhandene Merkmale zunutze machen. Im Laufe der Zeit werden die Unterschiede zwischen Windows 11 und seinem Vorgänger sogar noch deutlicher werden, dank eines stetigen Stroms von Funktionsupdates für Windows 11 sowie Änderungen in den Anwendungen, die zum neueren Betriebssystem gehören.

In der Vergangenheit hat Microsoft die Abwärtskompatibilität als eines der wichtigsten Merkmale von Windows hervorgehoben. Das ist auch bei Windows 11 der Fall. Von wenigen Ausnahmen abgesehen, werden ältere Desktopanwendungen und Apps aus dem Microsoft Store, die mit Windows 10 funktionierten, auch unter Windows 11 wie erwartet ausgeführt. Auch die meisten der Tastenkombinationen, die Sie in den letzten Jahren erlernt haben, funktionieren weiterhin.

Die Betonung der Abwärtskompatibilität setzt sich jedoch auf der Hardwareseite nicht fort. Die Mindestsystemanforderungen für Windows 11 sind deutlich strenger als die für frühere Windows-Versionen; die wichtigste Änderung ist eine CPU-Kompatibilitätsliste, die die meisten vor 2018 veröffentlichten Prozessoren ausdrücklich ausschließt. Infolgedessen kommen Hunderte von Millionen PCs, auf denen derzeit Windows 10 läuft, für ein Upgrade auf Windows 11 nicht infrage.

Hinweis

Es ist möglich, diese Kompatibilitätseinschränkungen zu umgehen und Windows 11 auf Hardware zu installieren, die die Mindestsystemanforderungen nicht erfüllt. Einzelheiten dazu, wie Sie Kompatibilitätseinschränkungen umgehen und Windows 11 auf nicht unterstützter Hardware installieren können, finden Sie in Kapitel 2, »Installieren eines neuen Windows 11-PCs«.

Die neuen Hardware-Kompatibilitätsanforderungen bedeuten, dass viele ältere Konfigurationen nicht mehr unterstützt werden. In diesem Buch gehen wir davon aus, dass Sie Windows 11 auf einer Hardware ausführen, die die Mindestkompatibilitätsanforderungen erfüllt, und geben Ihnen entsprechende Hinweise, wie Sie Probleme lösen können, die bei einem Upgrade von Windows 10 wahrscheinlich auftreten werden.

Dieses einführende Kapitel soll einen Überblick über Windows 11 geben, wobei der Schwerpunkt auf den Neuerungen und Änderungen gegenüber Windows 10 liegt.

Was ist neu in Windows 11?

Wenn Sie mit Windows 10 vertraut sind, werden Sie sich wahrscheinlich recht schnell an Windows 11 gewöhnen, da ein großer Teil des Kerncodes bei beiden Betriebssystemen identisch ist. Außerdem sind nicht alle vorgenommenen Änderungen sofort offensichtlich. Die Microsoft-Softwareentwickler nehmen zum Beispiel weiterhin kontinuierliche und bedeutende Verbesserungen bei der Speicherverwaltung vor, was zu schnelleren Starts und einer effizienteren Verwaltung laufender Prozesse führt, auch wenn die Unterschiede so gering sind, dass Sie eine Stoppuhr benötigen, die in Sekundenbruchteilen messen kann, um die Verbesserungen zu quantifizieren.

Zu den neuen Funktionen, die beim ersten Start nach dem Upgrade auf Windows 11 zu sehen sind, gehören Änderungen an der Benutzeroberfläche und ein umfassendes Update des Microsoft Store, einschließlich Optionen für Drittentwickler, die Windows-Desktop-Apps für sichere Downloads über den Store bereitstellen. Wir gehen später in diesem Kapitel ausführlicher auf diese Neuerungen ein.

Einige Funktionen, die in Windows 10 neu waren, wurden weitgehend unverändert in Windows 11 übernommen. Sie können die Systemleistung zum Beispiel im Task-Manager überwachen, einem Dienstprogramm, das seit Jahrzehnten Bestandteil von Windows ist. Drücken Sie Strg + ⇧ + Esc, um den Task-Manager zu öffnen, und klicken Sie dann auf die Registerkarte *Leistung*, um detaillierte Informationen über die wichtigsten Aspekte der Nutzung der verfügbaren Ressourcen durch das Betriebssystem anzuzeigen. In Windows 11 Version 22H2 wird dieses vertraute Tool optisch aufgefrischt, indem die horizontalen Registerkarten durch ein vertikales Layout ersetzt werden, wie in Abbildung 1.1 dargestellt.

▶ **Einen ausführlichen Überblick über die Funktionsweise des Task-Managers finden Sie in Kapitel 14, »Leistung und Energieverwaltung«.**

Auch am Datei-Explorer, dem primären Dateiverwaltungstool, wurden in Windows 11 mehrere wichtige Änderungen vorgenommen. Das Menüband im Stil von Microsoft Office aus Windows 10 ist verschwunden, und das manchmal überwältigende Kontextmenü wurde vereinfacht, obwohl das vollständige Menü immer noch verfügbar ist, wenn Sie im vereinfachten Kontextmenü auf *Weitere Optionen anzeigen* klicken. Abbildung 1.2 zeigt den neu gestalteten Datei-Explorer in Aktion.

Ab Windows 11 Version 22H2 bietet der Datei-Explorer eine Funktion, die sich Windows-Benutzer schon seit Jahrzehnten gewünscht haben: die Möglichkeit, in einem einzigen Fenster mehrere Registerkarten anzuzeigen. Wir behandeln diese neuen Funktionen im Detail in Kapitel 9, »Datei-Explorer verwenden«.

Hardware-unterstützte Sicherheitsfunktionen, die in Windows 10 optional waren, sind jetzt standardmäßig aktiviert. Das bedeutet, dass Sicherer Start, Geräteverschlüsselung und andere fortschrittliche Funktionen bereits beim ersten Einschalten eines Windows 11-PC verfügbar sind und Schutz vor immer raffinierteren Angreifern bieten.

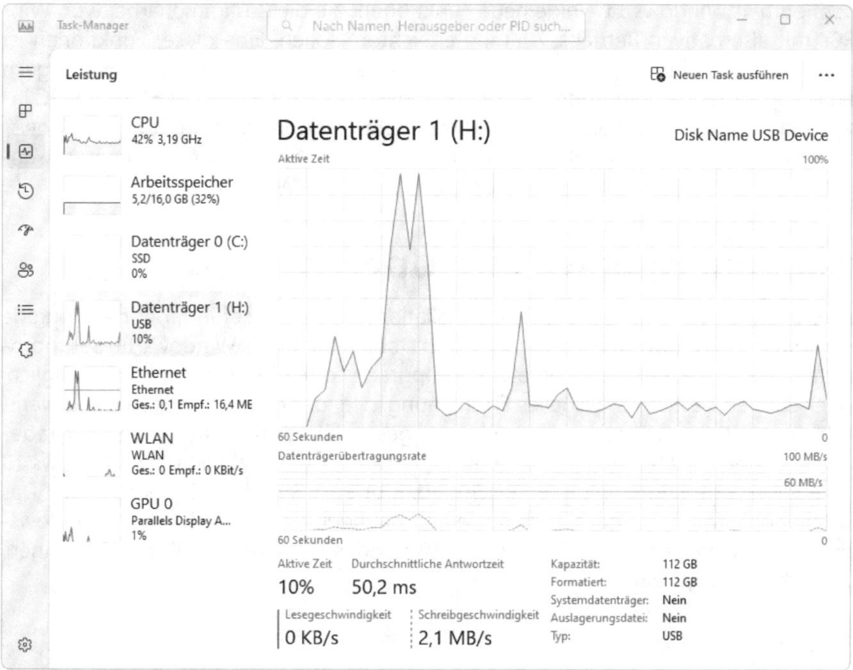

Abbildung 1.1 Ab Version 22H2 wurden die Registerkarten des Task-Managers vom oberen Rand an die linke Seite verschoben und verwenden ein visuelles Design, das dem der Einstellungen-App entspricht.

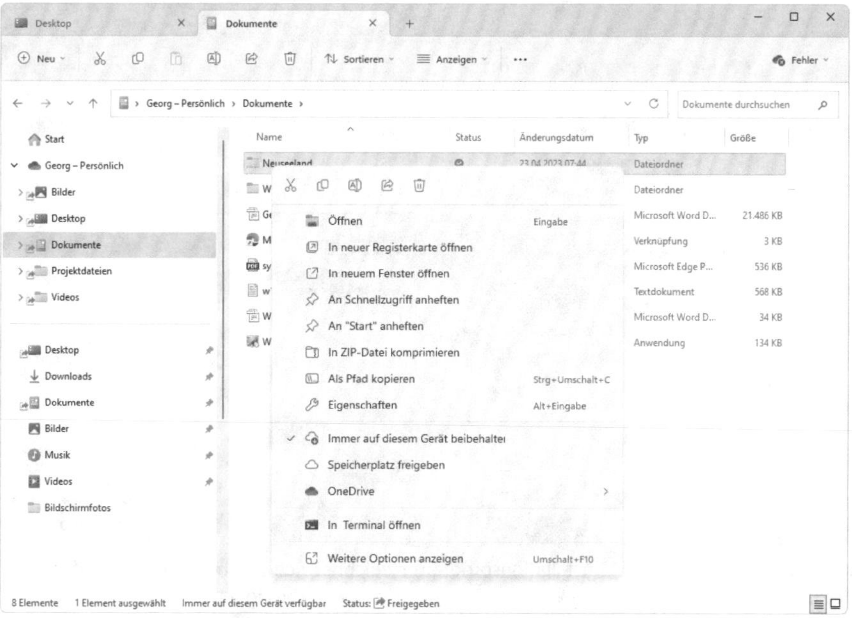

Abbildung 1.2 In Windows 11 erhält der Datei-Explorer eine einfachere Menüleiste und ein kürzeres Kontextmenü. Version 22H2 fügt eine lange geforderte Funktion hinzu: eine Oberfläche mit mehreren Registerkarten.

Außerdem enthält Windows 11 einige neue Funktionen, die die Zusammenarbeit von Windows-PCs mit alternativen Betriebssystemen erleichtern sollen. Eine dieser Funktionen ist das neue Windows-Subsystem für Android, mit dem Sie Anwendungen, die ursprünglich für das mobile Betriebssystem Android geschrieben wurden, auf einem Windows 11-PC installieren und ausführen können. Diese Funktion geht Hand in Hand mit dem Windows-Subsystem für Linux, das es Entwicklern und Administratoren ermöglicht, mit Linux-Anwendungen in einer virtuellen Maschine zu arbeiten, die eng mit Windows integriert ist.

Installation, Updates und Upgrades

Mit Windows 10 wurde ein imagebasierter Installationsprozess eingeführt, der das Upgrade von einer früheren Windows-Version schnell und stabil macht. Das Windows 11-Setupprogramm, das sowohl Neuinstallationen als auch Upgrades durchführt, ist funktional ähnlich, bietet aber ein neu gestaltetes visuelles Erscheinungsbild, das deutlich sauberer und weniger geschwätzig ist als sein Vorgänger. (»Weniger geschwätzig« ist nicht nur im übertragenen Sinne gemeint. Die Stimme von Cortana, die während der Installation von Windows 10 immer wieder witzige Kommentare von sich gab, gibt es in Windows 11 nicht mehr.) Das neue Installationsprogramm geht auch auf einen häufigen Wunsch erfahrener Windows-Benutzer ein und bietet eine Option, das Gerät während einer Neuinstallation zu benennen, wie in Abbildung 1.3 gezeigt.

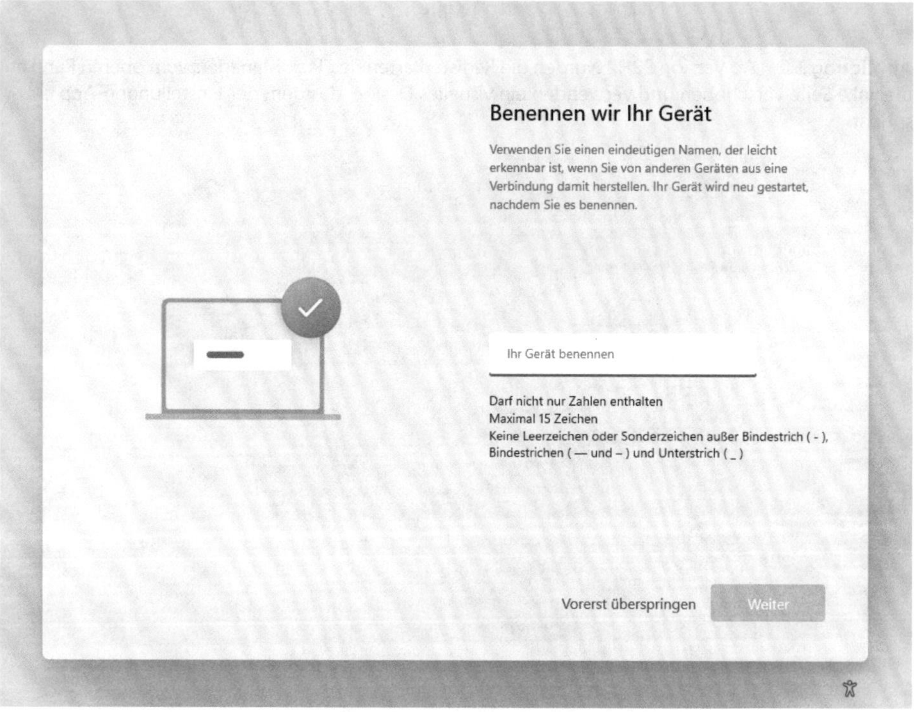

Abbildung 1.3 Das Windows 11-Installationsprogramm zeichnet sich durch ein deutlich aufgeräumteres und weniger geschwätziges visuelles Design aus als sein Vorgänger.

Viele bekannte Aspekte der Windows-Installation sind unverändert geblieben. Sie können Windows 11 ohne Eingabe eines Produktschlüssels installieren, und die Aktivierung erfolgt automatisch bei der Neuinstallation des Betriebssystems auf Hardware, auf der es zuvor aktiviert wurde. Die meisten Kunden, die neue PCs im Einzelhandel oder in kleinen Unternehmen kaufen, entscheiden sich für eine von zwei Windows-Editionen: Home oder Pro. In Unternehmensumgebungen und Bildungseinrichtungen haben Administratoren die Wahl zwischen den Editionen Enterprise und Education, die einige spezielle Verwaltungsfunktionen bieten.

Das imagebasierte Setup unterstützt auch die Wiederherstellungstools, die in Abbildung 1.4 dargestellt sind. Mit der Option *Diesen PC zurücksetzen* können Sie Windows neu installieren, ohne nach Installationsmedien oder Produktschlüsseln suchen zu müssen. Weitere Einzelheiten finden Sie in Kapitel 15, »Problembehandlung, Sicherung und Wiederherstellung«.

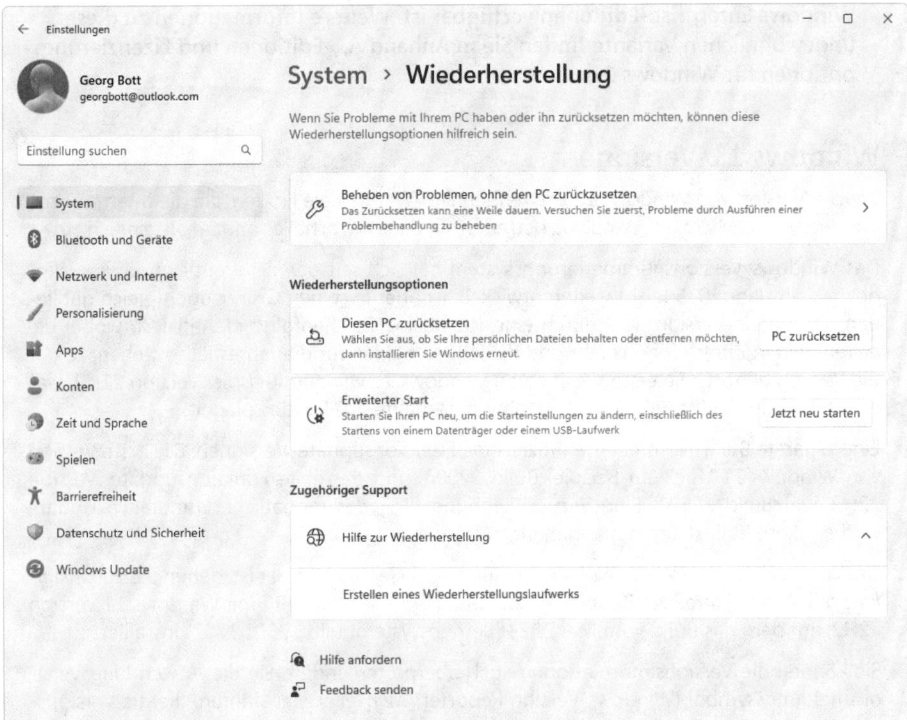

Abbildung 1.4 Mit den Wiederherstellungsoptionen in Windows 11 können Sie einen PC zurücksetzen, ohne dass ein separates Installationsmedium erforderlich ist oder Ihre persönlichen Dateien gelöscht werden.

Was die Updates betrifft, so bietet Windows 11 einige Änderungen im Vergleich zu dem, was Windows-Benutzer und -Administratoren in den letzten Jahren gewohnt waren. Monatliche Updates zur Behebung von Sich33

erheits- und Qualitätsproblemen werden nach wie vor nach einem vorhersehbaren Zeitplan über Windows Update am zweiten Dienstag eines jeden Monats bereitgestellt. Anders verhält es sich mit Funktionsupdates, die einem vollständigen Versions-Upgrade für Windows entsprechen.

Vor der ersten Veröffentlichung von Windows 10 erklärte Microsoft seine Absicht, Windows als Service zu behandeln und Funktionsupdates für alle, die eine unterstützte Version des Betriebssystems verwenden, kostenlos anzubieten. Aus »Windows as a Service« wurde schließlich eine halbjährliche Kadenz von Funktionsupdates für Windows 10, die sich sowohl für Entwickler als auch für Kunden als untragbar erwies.

Mit Windows 11 hat sich Microsoft zu einem vernünftigeren jährlichen Lieferplan für Funktionsupdates verpflichtet, wobei diese Updates vorhersehbar in der zweiten Hälfte des Kalenderjahres erscheinen.

Die Retail-Editionen beinhalten 24 Monate Support, die Enterprise- und Education-Editionen 36 Monate Support.

▶ **Die einzige Ausnahme von den weiter vorne beschriebenen Funktionsupdates ist der Long Term Servicing Channel (LTSC, Langfristiger Servicekanal), der nur für Windows Enterprise-Editionen verfügbar ist. Weitere Informationen zu dieser ungewöhnlichen Variante finden Sie in Anhang A, »Editionen und Lizenzierungsoptionen für Windows 11«.**

Windows 11-Versionen

Welche Version von Windows 11 verwenden Sie? Wie so viele Fragen, die die interne Funktionsweise von Microsoft Windows betreffen, ist die Antwort alles andere als einfach.

Das Windows-Versionsnummerierungssystem hat sich seit der Veröffentlichung von Windows 10 im Jahr 2015 leicht weiterentwickelt, ist aber in seinen Grundzügen gleich geblieben. Jede neue Version wird durch eine vierstellige Zeichenfolge identifiziert, wobei die ersten beiden Ziffern für das Jahr und die letzten beiden für die Jahreshälfte stehen, zu der die Version gehört. Die erste Version von Windows 11 war zum Beispiel Version 21H2, was das Datum der Einführung in der zweiten Jahreshälfte 2021 widerspiegelt.

Eine separate Build-Nummer identifiziert die Funktionsupdate-Versionen. Die erste Version von Windows 11 war zum Beispiel Build 22000, und das erste Funktionsupdate, Version 22H2, war Build 22621. Eine Versionskennung für jedes monatliche kumulative Update wird an diese Build-Nummer angehängt.

Um zu sehen, welche Windows-Version auf einem Gerät installiert ist, gehen Sie zu *Einstellungen* | *System* | *Info*. Das Beispiel in Abbildung 1.5 zeigt einen PC mit Windows 11 Version 22H2, auf dem das Build vom Mai 2023 (Betriebssystembuild 22621.1702) installiert ist.

Sie können die Versionsinformationen auch überprüfen, indem Sie die Anwendung Versionsmeldungssymbol (Windows Version Reporter), *Winver.exe*, ausführen, die die Versionszeichenfolge und Build-Informationen in einem klassischen Win32-Dialogfeld anzeigt. Wenn Sie lieber die Befehlszeile verwenden, können Sie den Befehl **ver** in einer Eingabeaufforderung ausführen; dieser Befehl gibt die vollständige Windows NT-Versionszeichenfolge zurück – auf dem in Abbildung 1.5 gezeigten System gibt dieser Befehl die Version 10.0.22621.1702 zurück. Und nein, das ist kein Fehler. Windows 10 und Windows 11 haben dieselbe Windows NT-Version, 10.0, was zeigt, wie ähnlich sich die beiden Betriebssystemversionen im Kern sind.

→

Abbildung 1.5 Die Felder *Version* und *Betriebssystembuild* auf dieser Seite zeigen an, welches Funktionsupdate derzeit installiert ist; die Zahl hinter dem Dezimalpunkt gibt an, welches monatliche kumulative Update installiert ist.

Jedes Gerät, auf dem eine beliebige Edition von Windows 11 läuft, ist berechtigt, Funktionsupdates zu erhalten. Nachdem Microsoft ein neues Funktionsupdate als fertig erklärt hat, wird die neue Version in einem schrittweisen Prozess, der Monate dauern kann, an PC-Hersteller und über Windows Update an die Allgemeinheit verteilt. Jedes Funktionsupdate erscheint zunächst als optionales Update, wobei Microsoft die neue Version den Geräten anbietet, bei denen seine Algorithmen eine problemlose Aktualisierung als am wahrscheinlichsten erachten. Während des gesamten Rollouts verwenden die Windows-Entwickler Diagnosedaten und Rückmeldungen aus der ersten Installationswelle, um Probleme zu erkennen und zu beheben, und erweitern den Rollout, wenn sie Kompatibilitäts- und Zuverlässigkeitsprobleme im Zusammenhang mit bestimmten Hardware- und Softwarekonfigurationen erkannt und behoben haben. In Unternehmensumgebungen können Netzwerkadministratoren ihre eigenen Bereitstellungszeitpläne festlegen und mithilfe von Gruppenrichtlinieneinstellungen die automatische Installation von monatlichen Updates und Funktionsupdates aufschieben, während sie Kompatibilitätsprobleme testen.

Der neue Update-Prozess ermöglicht es Windows-Nutzern auch, sich für das Windows-Insider-Programm anzumelden, mit dem sie Funktionsupdates vor der allgemeinen Öffentlichkeit erhalten können. Insider-Builds werden in verschiedenen Kanälen bereitgestellt, die es Microsoft ermöglichen, Feedback zu neuen Funktionen zu sammeln und Fehler und Kompatibilitätsprobleme zu identifizieren, bevor sie den Kanal für die allgemeine Verfügbarkeit erreichen.

Hinweis

Seit Beginn der Windows 10-Ära hat Microsoft die Terminologie für seine öffentlichen Windows-Versionskanäle so oft geändert, dass selbst wir Schwierigkeiten haben, uns an die Wendungen zu erinnern. Früher gab es getrennte Zeitpläne für Verbraucher- und Unternehmensversionen, die Current Branch bzw. Current Branch for Business genannt wurden. Diese wurden in »Halbjährlicher Kanal (gezielt)« und »Halbjährlicher Kanal« umbenannt, und dann wurden die beiden Kanäle zu einem einzigen halbjährlichen Kanal zusammengefasst. Mit der Umstellung auf jährliche Funktionsupdates geht eine weitere Namensänderung einher: Der einzige Veröffentlichungskanal für Windows 11 ist der »Kanal für allgemeine Verfügbarkeit«.

Die Entwickler von Microsoft erhalten ein noch nie da gewesenes Maß an Feedback, das die Entwicklungsarbeit in Echtzeit beeinflusst. Dieses Feedback stammt aus der automatischen Datenerfassung (formell als Diagnose und informell als Telemetrie bezeichnet) sowie aus der App Feedback-Hub (siehe Abbildung 1.6), die mit jeder Windows 11-Version installiert wird.

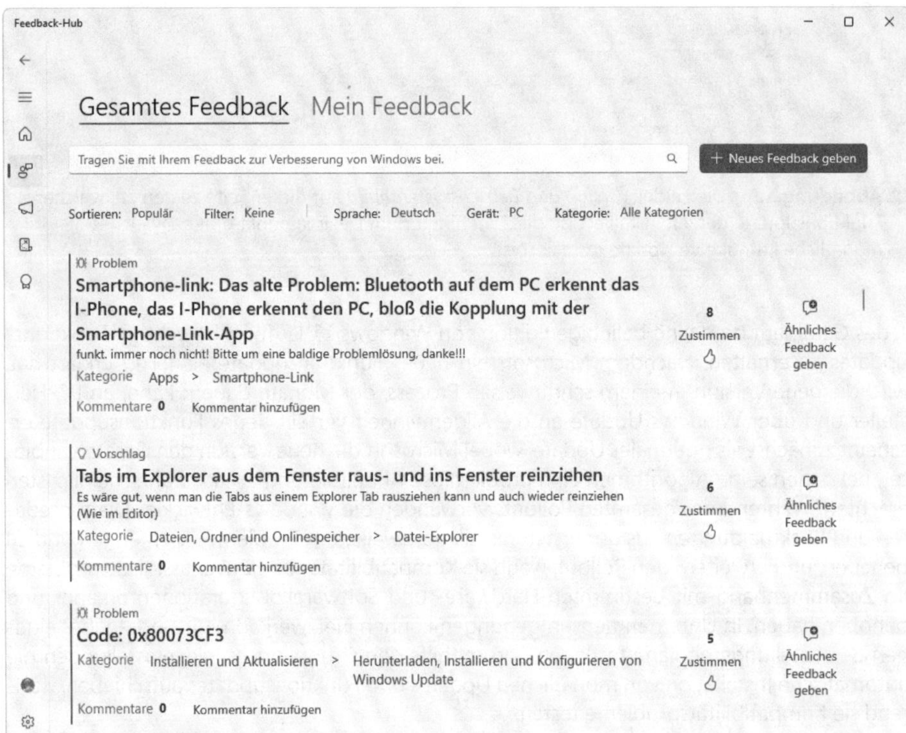

Abbildung 1.6 Mit der App Feedback-Hub kann jeder, der Windows verwendet, direkt an Microsoft Fehler melden und Vorschläge senden.

▶ **Weitere Einzelheiten zur Funktionsweise von Windows-Vorabversionen finden Sie in Anhang B, »Das Windows-Insider-Programm«.**

Benutzeroberfläche

Wir widmen der Verwendung und Anpassung der Windows 11-Benutzeroberfläche zwei ganze Kapitel (3 und 4), aber wir bieten hier einen kurzen Überblick. Unsere Kurztour durch die Windows 11-Benutzeroberfläche beginnt mit dem Sperrbildschirm, der einige der Sicherheitsfunktionen andeutet, über die wir später berichten. Beachten Sie, dass Sie hier kein Kennwort eingeben müssen, sondern eine diesem Gerät zugewiesene PIN verwenden können, wie in Abbildung 1.7 dargestellt. Auf Geräten, die die biometrische Windows Hello-Authentifizierung unterstützen, können Sie diesen Schritt komplett überspringen und sich automatisch mit der Gesichtserkennung oder einem Fingerabdruck anmelden.

Nachdem Sie sich erfolgreich angemeldet haben, werden Sie zum Desktop weitergeleitet. Die Taskleiste befindet sich wie bei jeder Windows-Version seit Anbeginn der Zeit am unteren Rand des Bildschirms. Jedoch ist die Taskleiste in Windows 11 zentriert und nicht links ausgerichtet. Auf der linken Seite der Taskleiste befindet sich die bekannte Schaltfläche *Start*, die durch ein stilisiertes Windows-Logo dargestellt wird. Wenn Sie auf diese Schaltfläche klicken, wird das Startmenü geöffnet, wie in Abbildung 1.8 dargestellt.

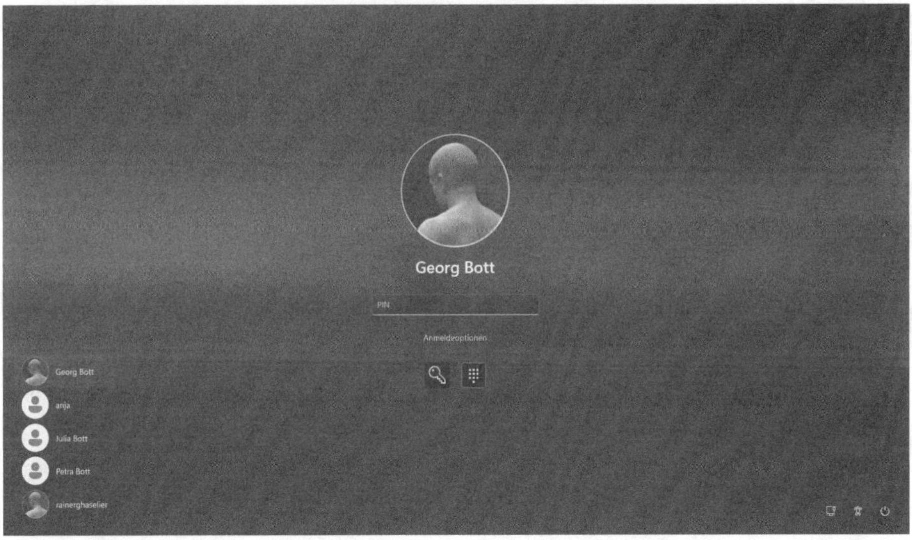

Abbildung 1.7 Der Sperrbildschirm von Windows 11 bietet die Möglichkeit, sich mit einer PIN anstelle eines Kennworts anzumelden. Mit den Profilbildern auf der linken Seite können Sie zwischen den Benutzerkonten wechseln.

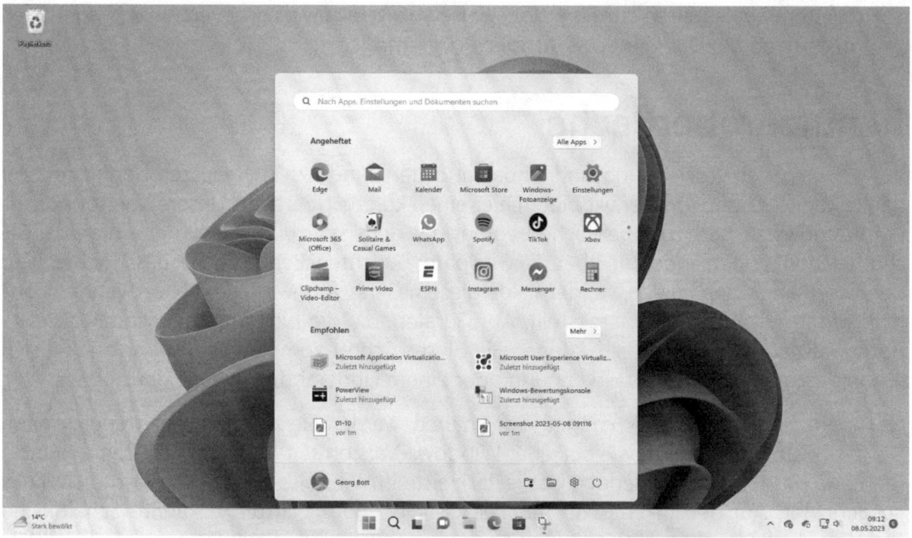

Abbildung 1.8 Das Startmenü von Windows 11 ist im Vergleich zu früheren Versionen radikal einfach und bietet nur ein Minimum an Anpassungsoptionen.

Im Vergleich zu früheren Versionen hat das Startmenü von Windows 11 ein radikal einfaches Layout mit einem Suchfeld am oberen Rand, einem Abschnitt *Angeheftet*, der Verknüpfungen für angeheftete Apps enthält, und einem Abschnitt *Empfohlen*, der Verknüpfungen zu kürzlich geöffneten Dateien enthält. Die untere Reihe enthält standardmäßig nur das Profilbild des angemeldeten Benutzers sowie die *Ein-/Aus*-Schaltfläche. Ab Version 22H2 können Sie mehrere angeheftete Apps in benannten Ordnern zusammenfassen, um die Überladung mit Symbolen in Grenzen zu halten. Wenn Sie auf die Schaltfläche *Alle Apps* klicken, wird eine erweiterte Liste der installierten Apps angezeigt, die Sie öffnen, anheften oder deinstallieren können.

Die Größe des neuen Startmenüs ist fest und kann nicht verändert werden. Außerdem sind nur minimale Änderungen am Layout des Startmenüs möglich. Sie können die relative Größe der Abschnitte *Angeheftet* und *Empfohlen* anpassen und Sie können Verknüpfungen zu häufig verwendeten Datenordnern in den Bereich links neben dem Ein-/Aus-Knopf einfügen, aber das war's auch schon.

Ein Klick auf die Suchschaltfläche in der Taskleiste hat die gleiche Wirkung wie ein Klick auf das Suchfeld oben im Startmenü. Die angehefteten und empfohlenen Elemente werden ausgeblendet und durch eine Liste der letzten Suchvorgänge und Dokumente ersetzt. Wenn Sie in das Suchfeld ein Wort, einen Namen, einen Satz oder eine Frage eingeben, wird dessen Inhalt durch die Ergebnisse für dieses Suchfeld ersetzt, die über die Suchmaschine Bing von Microsoft bereitgestellt werden. (Und nein, es ist nicht möglich, für diese Funktion eine andere Suchmaschine auszuwählen.)

In vielen Fällen können Sie die gesuchte Antwort erhalten, ohne einen Webbrowser öffnen zu müssen, wie im Beispiel in Abbildung 1.9. Der erweiterte Suchergebnisbereich kann auch zum Abrufen von Wettervorhersagen, Sportergebnissen, Biografien, als Währungsumrechner, als vollwertiger Taschenrechner und sogar als integrierter Übersetzer verwendet werden.

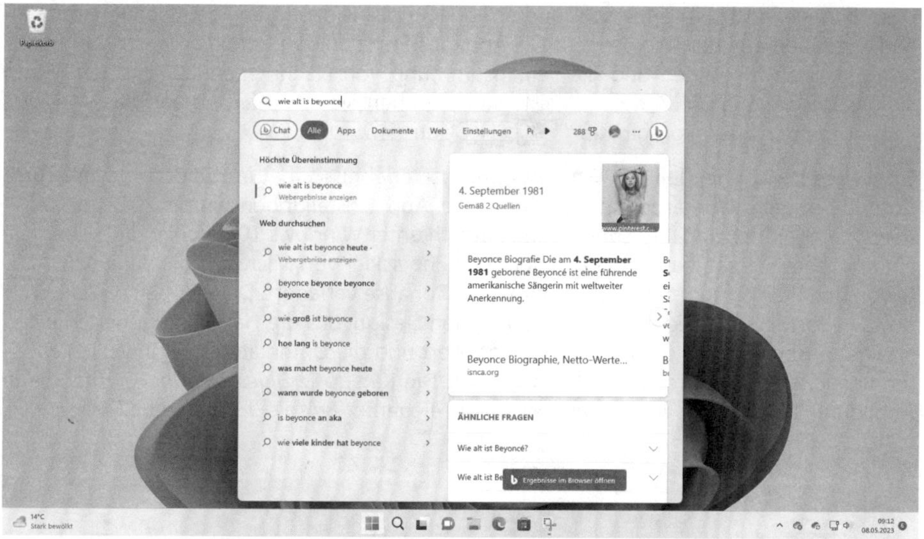

Abbildung 1.9 Die Eingabe eines Wortes, eines Satzes oder einer Frage in das Suchfeld des Startmenüs liefert sofortige Ergebnisse, sodass es oft nicht notwendig ist, einen Webbrowser zu öffnen und weiter zu suchen.

Am linken Rand der Taskleiste, an der Stelle, an der sich früher die Startschaltfläche bzw. das Startmenü befand, befindet sich ein Symbol, das das Wetter für den aktuellen Standort anzeigt. Wenn Sie diesen Bereich anklicken, öffnet sich ein großes Widgets-Fenster wie in Abbildung 1.10 zu sehen, das mit Nachrichtenschlagzeilen, einem erweiterten Wetterbericht, Börsenkursen und anderen Informationen gefüllt ist.

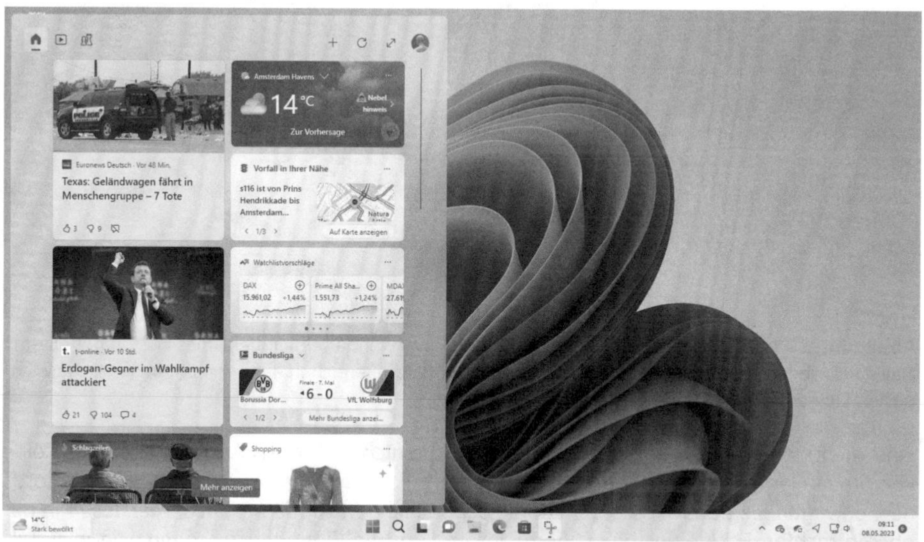

Abbildung 1.10 Klicken Sie auf das Wettersymbol ganz links in der Taskleiste, um den Bereich *Widgets* zu öffnen.

Das Widgets-Fenster ist anpassbar und ermöglicht das Hinzufügen von Kalendereinträgen und Aufgaben aus der Microsoft To Do-App, das Erstellen von benutzerdefinierten Beobachtungslisten für Aktien und die Feinabstimmung von Nachrichtenüberschriften. Wenn Sie das Widget-Symbol in der Taskleiste stört, können Sie es entfernen und das Widgets-Fenster mit der Tastenkombination [Windows]+[W] aufrufen.

Ein weiterer wichtiger Teil des Windows-Benutzererlebnisses hat in Windows 11 eine umfassende visuelle Überarbeitung erfahren. Die App Einstellungen wurde 2012 mit Windows 8 eingeführt, und ihre Entwicklung hat sich unter Windows 10 beschleunigt. Über fast ein Jahrzehnt hinweg haben die Designer und Entwickler von Microsoft die Bedienelemente von der alten Systemsteuerung in ihr neues Zuhause verlagert. Diese Arbeit wird in Windows 11 fortgesetzt, begleitet von einem neuen Design, das die Hauptkategorien in einen Navigationsbereich auf der linken Seite verlagert und die Unterkategorien in verschiebbaren Bereichen auf der rechten Seite anordnet. Die Kategorie *Bluetooth und Geräte*, die in Abbildung 1.11 gezeigt wird, ist ein besonders elegantes Beispiel für das neue Design.

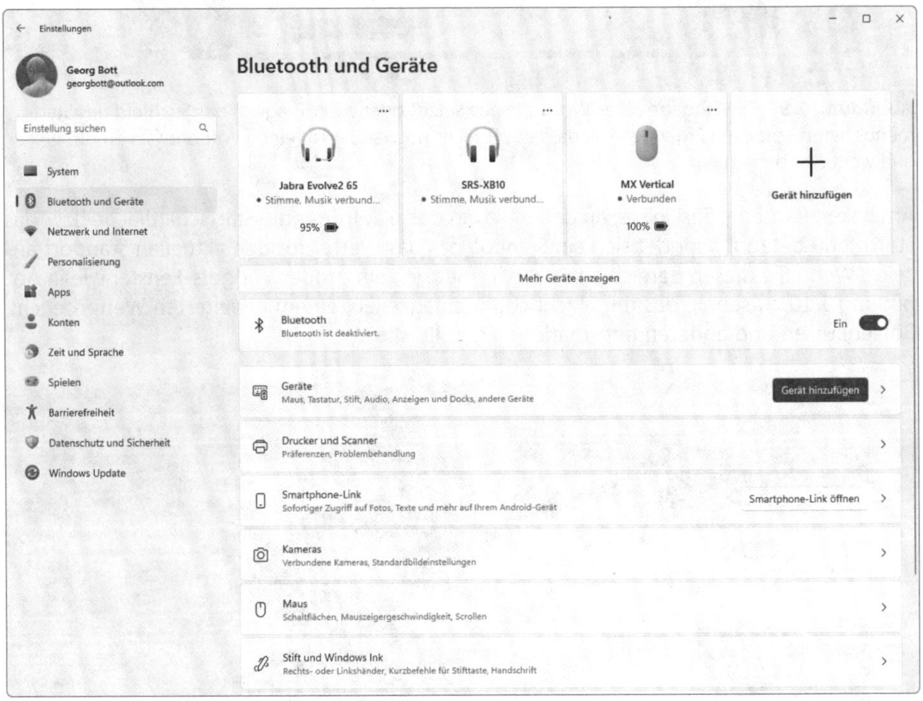

Abbildung 1.11 Die Windows 11-App Einstellungen verwendet ein einheitliches Design mit einem Navigationsbereich auf der linken Seite und verschiebbaren Bereichen auf der rechten Seite. Die wichtigsten Elemente werden oben auf der Seite angezeigt.

Eine wichtige neue Funktion von Windows 11, die nicht sofort ins Auge fällt, ist eine Reihe von Steuerelementen, die Ihnen helfen, mehrere Fenster für maximale Effizienz anzuordnen. Bewegen Sie den Mauszeiger auf die Schaltfläche *Maximieren/Wiederherstellen* in der oberen rechten Ecke eines beliebigen Fensters, um die Optionen zu sehen, wie in Abbildung 1.12 dargestellt. Sie können Fenster nebeneinander anordnen, ein Fenster in einen bestimmten Quadranten verschieben oder sogar drei Fenster in vertikalen Anordnungen unterschiedlicher Größe zusammenfassen. (Die verfügbaren Anordnungen hängen von der Größe des Bildschirms ab, wobei größere Bildschirme die größte Flexibilität bieten.)

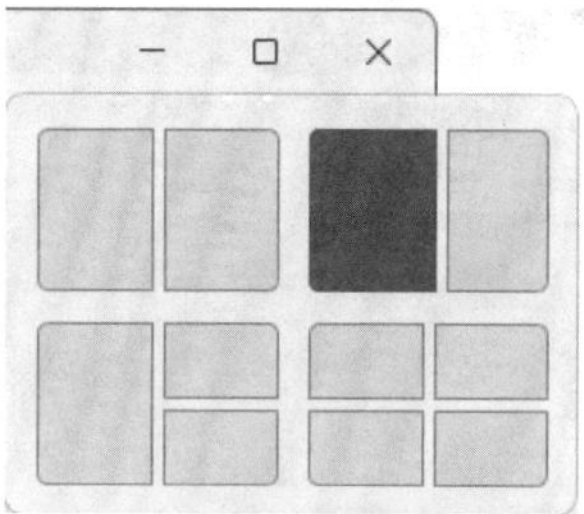

Abbildung 1.12 Zeigen Sie auf die Schaltfläche *Maximieren/Wiederherstellen* in der oberen rechten Ecke eines beliebigen Fensters, um diese Liste mit Optionen für die Fensteranordnung anzuzeigen. (Die genaue Auswahl hängt von der verfügbaren Bildschirmfläche ab.)

Windows 11 und das Internet

Mit Windows 11 hat Microsoft eines der ältesten Mitglieder der Windows-Familie endgültig in den Ruhestand geschickt. Die Desktopanwendung Internet Explorer, die vor mehr als einem Vierteljahrhundert als Standardwebbrowser in Windows 95 eingeführt wurde, ist in Windows 11 deaktiviert. Wenn Sie versuchen, seine vertraute ausführbare Datei, *Iexplore.exe*, über die Befehlszeile auszuführen, werden Sie zu Microsoft Edge, dem neuen Standardwebbrowser für Windows, weitergeleitet.

Diese Änderung stellt den letzten Schritt in der Transformation des Internet Explorers dar. Der Browser begann seine geplante Obsoleszenz mit der Veröffentlichung von Windows 10 im Jahr 2015, als Microsoft einen neuen Browser namens Microsoft Edge herausbrachte, der auf der gleichen Rendering-Engine wie Internet Explorer basierte. Diese alte Version von Microsoft Edge wurde dann 2020 durch einen völlig neuen Browser mit demselben Namen ersetzt, der jedoch auf der quelloffenen Chromium-Codebasis aufbaut, die den Kern des Chrome-Browsers von Google bildet.

Wenn das alles hoffnungslos verwirrend klingt, sind Sie nicht allein. (Viel Glück bei der Verwendung Ihrer Lieblingssuchmaschine, um die Unterschiede zwischen dem neuen Edge und dem alten Edge herauszufinden.)

Aus der Perspektive der Benutzbarkeit ist die Umstellung auf das neue Webbrowsing-Erlebnis jedoch deutlich weniger schmerzhaft. Da der neue Edge-Browser eine Codebasis mit dem beliebten Google Chrome teilt, sollte es sich für langjährige Chrome-Nutzer vertraut anfühlen. Noch wichtiger ist, dass die gemeinsame Codebasis bedeutet, dass das Surfen mit Edge nicht zu der Art von Kompatibilitätsproblemen führt, die den alten Edge plagten.

Was unterscheidet den neuen Microsoft Edge also von Google Chrome? Das auffälligste Merkmal ist eine Reihe von starken Datenschutzkontrollen, die verhindern, dass Websites Ihre Bewegungen online nachverfolgen. In Abbildung 1.13 sehen Sie einen Teil der Seite mit den Edge-Einstellungen für diesen Satz an Features.

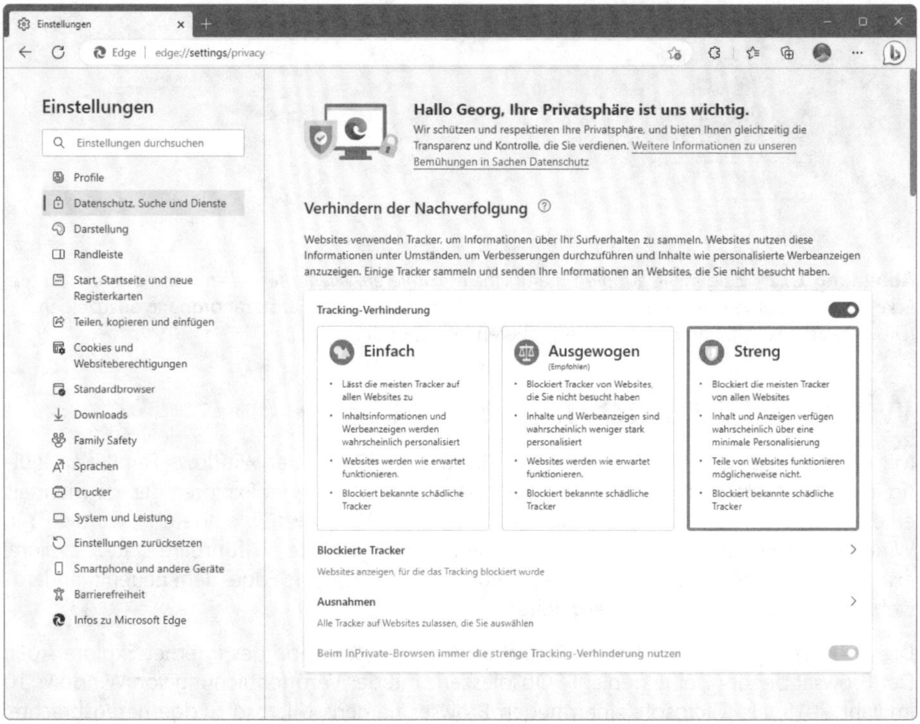

Abbildung 1.13 Der neue Microsoft Edge enthält diese Steuerelemente zur Verhinderung der Nachverfolgung. Wenn der Modus »Streng« aktiviert ist, funktioniert das Feature als effektiver Werbeblocker.

Der neue Edge-Browser wird regelmäßig aktualisiert, wobei etwa alle vier Wochen eine neue Version im Stable-Kanal erscheint. (Unternehmenskunden haben die Möglichkeit einer Extended Stable-Option, die einen achtwöchigen Veröffentlichungszyklus verwendet.) Sie können den Funktionsumfang des Browsers auch durch Erweiterungen anpassen, die Sie im Microsoft Store oder direkt im Chrome Web Store von Google erwerben können.

Der neue Edge enthält außerdem ein interessantes Feature namens »Sammlungen«, mit dem Sie die Möglichkeiten zur Internetrecherche verbessern können. Diese Funktion erlaubt es, Verknüpfungen zu Websites, Textabschnitten, Produktdetails, Bildern und anderen webbasierten Inhalten zu organisieren, die dann problemlos mit anderen Personen geteilt werden können. Abbildung 1.14 zeigt ein Beispiel für eine Sammlung, die an die Edge-Seitenleiste angeheftet wurde.

Internet Explorer ist zwar offiziell veraltet, und seine offensichtlichen Einstiegspunkte sind endgültig verschwunden, aber er ist nicht vollständig aus Windows 11 verbannt. Wenn Sie versuchen, eine Webseite zu öffnen, für die der Internet Explorer erforderlich ist, kann Edge sie im IE-Modus öffnen. Hierbei wird dann die Internet Explorer-Rendering-Engine in einer Edge-Registerkarte verwendet, komplett mit Unterstützung für ansonsten nicht mehr verfügbare Funktionen wie ActiveX-Steuerelemente. Diese Funktion ist vor allem bei Unternehmensbereitstellungen von Nutzen, bei denen ältere Webanwendungen für die Verwendung in Unternehmensintranets erhalten bleiben.

Abbildung 1.14 Im Gegensatz zu den Favoriten, bei denen es sich lediglich um Links zu Webseiten handelt, können Elemente in einer Sammlung auch Textausschnitte, Bilder und Notizen enthalten, was diese Funktion zu einem idealen Recherchetool macht.

Da Microsoft Edge ein so umfangreiches Produkt mit vielen Funktionen ist, haben wir ihm ein ganzes Kapitel gewidmet. Auch wenn Sie einen anderen Browser bevorzugen, empfehlen wir Ihnen, Kapitel 7, »Microsoft Edge verwenden«, durchzulesen, um mehr über seine Funktionsweise zu erfahren.

Clouddienste

In diesem Buch gehen wir davon aus, dass sich die meisten unserer Leser mit einem Microsoft-Konto (kostenlos für Einzelpersonen) oder einem Azure Active Directory-Konto, das mit ihrer Organisation verbunden ist, bei Windows 11 anmelden. Es ist zwar möglich, sich mit einem lokalen Konto anzumelden und cloudbasierte Dienste vollständig zu vermeiden, doch die Verwendung eines von Microsoft verwalteten Onlinekontos ermöglicht den Zugriff auf eine Vielzahl wertvoller Clouddienste.

Einige der Vorteile der Anmeldung mit einem Microsoft-Konto treten automatisch auf, ohne dass Sie etwas dafür tun müssen. Beispielsweise wird das Systemlaufwerk auf einem Gerät, das modernes Standby unterstützt, automatisch verschlüsselt, und der Wiederherstellungsschlüssel für die Verschlüsselung wird mithilfe des Microsoft-Kontos im Cloudspeicher gesichert. Darüber hinaus werden gespeicherte Kennwörter, Spracheinstellungen und andere Windows-Einstellungen automatisch geräteübergreifend synchronisiert, was die Einrichtung erleichtert, wenn Sie sich auf mehreren Geräten anmelden. Sie können auch den Inhalt der Windows-Zwischenablage zwischen Geräten synchronisieren, die sich mit demselben Microsoft-Konto anmelden.

Darüber hinaus benötigen Sie ein Microsoft-Konto, um (kostenlose und kostenpflichtige) Apps aus dem Microsoft Store herunterzuladen. Wie in Kapitel 5 erläutert, wurde der Store für Windows 11 komplett umgestaltet, und die über den Store verfügbaren Apps umfassen nicht nur sogenannte moderne Apps, sondern auch viele traditionelle Windows-Desktop-Apps, die zuvor manuelle Downloads und Updates erforderten.

Wenn Sie ein kostenloses Microsoft-Konto erstellen, umfasst das Paket den Zugriff auf die E-Mail- und Kalenderdienste von Outlook.com mit 15GB kostenlosem Speicherplatz. Das gleiche Konto umfasst zusätzlich 5GB kostenlosen Cloudspeicher in OneDrive. Wenn das Konto mit einem Microsoft 365-Abonnement verbunden ist, erhöht sich die OneDrive-Zuweisung auf insgesamt 1 TB Cloudspeicher für persönliche Dateien. Das ist eine Menge Online-Speicherplatz.

Der mit Windows 11 installierte OneDrive Synchronisierungsclient unterstützt Verbindungen zum Cloudspeicher der Privatanwenderversion von OneDrive und dem professionellen Gegenstück OneDrive for Business, wobei die synchronisierten Dateien und Ordner im Datei-Explorer verfügbar sind. Dieser Synchronisierungsclient unterstützt eine Funktion namens »Dateien bei Bedarf« (engl. files on-demand), mit der Sie alle Clouddateien im Datei-Explorer sehen können, auch wenn sie nicht mit dem lokalen Gerät synchronisiert sind. Standardmäßig synchronisiert Windows 11 die Inhalte der Ordner *Desktop*, *Dokumente* und *Bilder* mit OneDrive, wie in Abbildung 1.15 dargestellt. Die automatische Speicherung dieser Sicherungsdateien erleichtert die Wiederherstellung nach einem Hardwareausfall oder sogar, wenn ein PC durch einen Ransomware-Angriff kompromittiert wird.

Abbildung 1.15 Die Anmeldung mit einem Microsoft-Konto ermöglicht die automatische Sicherung dieser wichtigen Datenordner auf OneDrive.

- **Weitere Informationen darüber, wie OneDrive und Windows 11 zusammenarbeiten, finden Sie in Kapitel 8, »Lokalen Speicher und Cloudspeicher verwalten«.**

Windows 11-Apps und der neue Microsoft Store

Langjährige Windows-Benutzer sind mit zwei Arten von Windows-Anwendungen vertraut. Legacy-Desktopanwendungen (manchmal auch als Win32-Anwendungen bezeichnet) machen immer noch einen Großteil der Produktivitätsarbeit auf PCs aus und werden von Windows 11 vollständig unterstützt. Zu dieser Kategorie gehören Klassiker wie Microsoft Word, Microsoft Excel und andere Mitglieder der Office-Familie sowie eine praktisch endlose Liste von Drittanbieter-Apps.

Eine Handvoll älterer Desktopanwendungen ist in der Tat in der Standardinstallation von Windows 11 enthalten, darunter Windows Media Player, Microsoft Paint und WordPad. Die meisten dieser Legacy-Anwendungen befinden sich derzeit im Wartungsmodus und wurden seit mehr als einem Jahrzehnt nicht mehr geändert. Sie sind vor allem aus Trägheit Teil von Windows und weil einige Windows-Benutzer seit Langem etablierte Arbeitsabläufe haben, die auf sie angewiesen sind. In Windows 11 befinden sich die Ordner »Windows-Zubehör« und »Windows-Verwaltungsprogramme«, in denen die meisten dieser Legacy-Anwendungen in früheren Windows-Versionen abgelegt waren, nicht mehr im Startmenü; um Legacy-Desktop-Anwendungen zu finden, müssen Sie das Suchfeld verwenden.

Eine zweite Kategorie von Apps umfasst solche, die so konzipiert und verpackt sind, dass sie auf jedem Gerät mit Windows 10 oder Windows 11 funktionieren. Einige dieser Apps werden automatisch mit einer neuen Windows-Installation bereitgestellt, andere werden aus dem Microsoft Store heruntergeladen. Da diese Apps in beiden Fällen automatisch über den Store aktualisiert werden können, können sie neue Funktionen und Fehlerbehebungen enthalten, ohne dass eine separate Installation erforderlich ist, wie es normalerweise bei älteren Desktop-Apps der Fall ist.

Sie könnten vermuten, dass Legacy-Apps und Store-Apps in getrennten Universen leben, aber das ist nicht mehr der Fall. Im Laufe der Zeit haben sich die Windows-Programmierschnittstellen (APIs) weiterentwickelt und ermöglichen es den Entwicklern herkömmlicher Desktopanwendungen, diese Apps über den Microsoft Store bereitzustellen und zu aktualisieren; die Liste der Apps, die auf diese Weise neu verpackt wurden, umfasst einige Megahits wie iTunes und Spotify Music, wie Sie in den Store-Listen in Abbildung 1.16 sehen können.

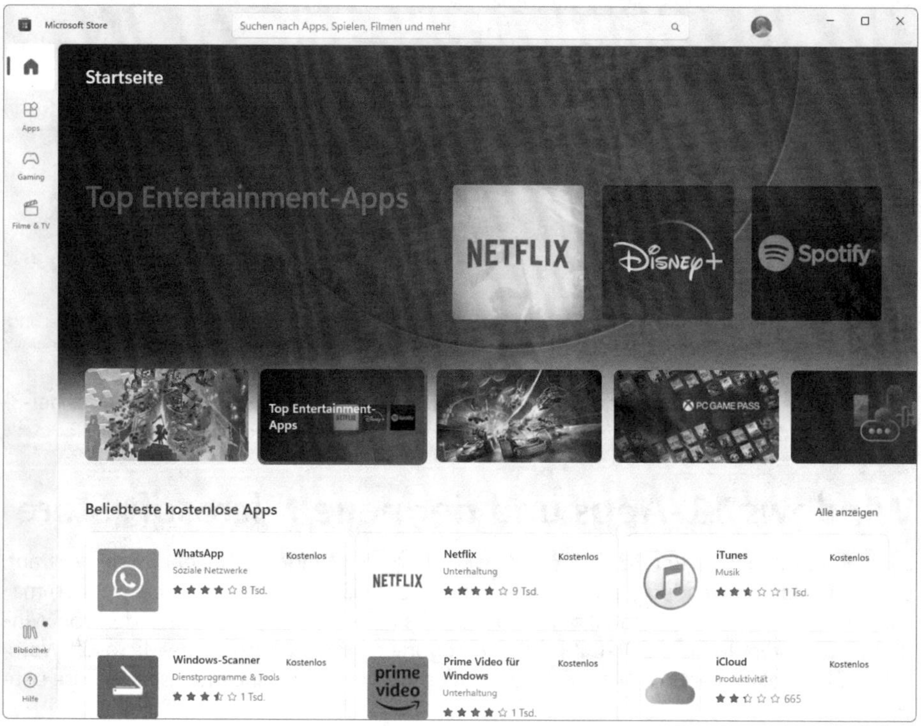

Abbildung 1.16 In Windows 11 können herkömmliche Desktopanwendungen wie iTunes über den Microsoft Store bereitgestellt und aktualisiert werden.

Ein zusätzlicher Satz von APIs unterstützt Progressive Web Apps, die auf der gleichen Grundlage und den gleichen offenen Standards wie das Web aufbauen, aber Funktionen ermöglichen, die in einem Browser nicht verfügbar sind – zum Beispiel Offline-Arbeiten oder der direkte Zugriff auf Hardware. Weitere Details zu all diesen App-Typen finden Sie in Kapitel 5, »Apps installieren und konfigurieren«.

Windows 11 enthält eine lange Liste von Produktivitäts-, Unterhaltungs-, Nachrichten- und Informations-Apps als Teil der Standardinstallation. Diese Apps können auch Einstellungen und Daten zwischen Geräten synchronisieren, auf denen Sie mit demselben Microsoft-

Konto angemeldet sind. Wenn Sie ein neues Windows 11-Gerät einrichten, können Sie mit dieser Funktion das Gerät wechseln und dort weitermachen, wo Sie aufgehört haben, ohne Konten neu konfigurieren oder Daten importieren zu müssen.

Zu den Produktivitäts-Apps, die mit Windows 11 bereitgestellt werden, gehören die Apps Mail, Kalender und To Do, die auch in Windows 10 enthalten sind. Neu in Windows 11 ist eine Version von Microsoft Teams, die sich an Privatanwender richtet und mit der Sie mit anderen Teams-Benutzern (auf PCs und Mobilgeräten) chatten und an Videoanrufen und Online-Meetings teilnehmen können, auch mit Personen, die Microsoft Teams nicht verwenden.

Abbildung 1.17 zeigt den Bildschirm, den Sie beim Einrichten eines Online-Meetings mit der kostenlosen Version von Microsoft Teams sehen.

Abbildung 1.17 Die kostenlose Version von Microsoft Teams ist im Lieferumfang von Windows 11 enthalten und ermöglicht eine breite Palette von Kommunikationsmöglichkeiten, einschließlich Online-Meetings mit Live-Video und Audio.

Windows 11 enthält auch eine Reihe von Unterhaltungs-Apps und bekannten Spielen (die Microsoft Solitaire Collection ist in jeder Edition enthalten). Eine bemerkenswerte Ergänzung zu Windows 11 ist die Media Player-App, die die Groove Music-App von Windows 10 ersetzt. (Verwirrenderweise hat sie nichts mit der alten Windows Media Player-App zu tun, die ebenfalls in Windows 11 enthalten ist.)

Ein weit verbreitetes Missverständnis über Windows-Apps aus dem Microsoft Store ist, dass sie leicht und wenig leistungsfähig sind. Das mag eine berechtigte Kritik an Store-Apps in der Windows 8-Ära und sogar in den frühen Tagen von Windows 10 gewesen sein, aber die Windows-API ermöglicht es Entwicklern jetzt, Store-Apps mit vollem Funktionsumfang mithilfe einer Vielzahl von Tools zu erstellen. Diese Apps sind von vornherein sicherer und einfacher zu aktualisieren als Win32-Apps, die einen separaten Download und eine Installation erfordern.

▶ **Weitere Informationen zu den in Windows 11 enthaltenen Anwendungen und Dienstprogrammen finden Sie in Kapitel 6, »Integrierte Windows-Apps verwenden und verwalten«.**

Sicherheit

Windows 11 enthält viele der gleichen hardwarebasierten Sicherheitsfunktionen, die auch in Windows 10 enthalten sind, allerdings mit einem bemerkenswerten Unterschied: Diese Funktionen sind nicht mehr optional, sondern Hardwareanforderungen für Windows 11. Außerdem sind sie in den meisten Fällen standardmäßig aktiviert.

Unter Sicherheitsaspekten ist der wichtigste Bestandteil der neuen Hardwareanforderung ein Verschlüsselungsprozessor, das sogenannte Trusted Platform Module (TPM), das als diskreter Chip auf einer Hauptplatine eingebaut oder als Teil eines Systemdesigns in eine CPU oder einen Chipsatz integriert werden kann.

In Windows 11 dient das TPM als sicherer Speicher für kryptografische Schlüssel, die zur Verschlüsselung von Daten und zur Unterstützung der hardwarebasierten Authentifizierung dienen und um sicherzustellen, dass das Betriebssystem nicht manipuliert wurde, beispielsweise durch Malware oder durch einen Angreifer, der versucht, die Windows-Sicherheit zu umgehen, um auf Daten auf dem Gerät zuzugreifen.

Moderne Hardware, die für Windows 11 entwickelt wurde, wird über eine einheitliche, erweiterbare Firmware-Schnittstelle (UEFI, Unified Extensible Firmware Interface), und nicht über ein altmodisches BIOS gestartet. Dieses Hardware-Design wiederum ermöglicht eine Windows-Sicherheitsfunktion namens Sicherer Start (englisch Secure Boot), die Ihren PC vor einer heimtückischen Form von Schadsoftware namens Rootkits schützt. Nach dem erfolgreichen Booten verwendet Windows eine auf Virtualisierung basierende Sicherheitsfunktion, um wichtige Teile des Betriebssystems, einschließlich der Benutzeranmeldedaten, davor zu schützen, durch bösartige Angriffe kompromittiert zu werden.

Die meisten dieser hardwareabhängigen Funktionen sind im Betrieb im Wesentlichen unsichtbar. Zur Überwachung ihrer Aktivitäten und zur Bereitstellung von Werkzeugen für die Behebung potenzieller Sicherheitsprobleme enthält Windows 11 ein Dienstprogramm namens Windows-Sicherheit. Das in Abbildung 1.18 gezeigte Dashboard bietet einen Überblick über die Sicherheits-Subsysteme, wobei ein grünes Häkchen bestätigt, dass alles reibungslos funktioniert, und rote oder gelbe Indikatoren auf potenzielle Probleme hinweisen.

Jede der hier aufgeführten Kategorien kann mit minimalen technischen Kenntnissen konfiguriert werden, sodass dies das wichtigste Fenster für die Sicherheit von Windows 11-PCs in Privathaushalten und kleinen Büros ist, in denen es keine Vollzeit-IT-Abteilung gibt. Unternehmenskunden können Microsoft Defender for Business verwenden, das zusätzliche Überwachungs- und Verwaltungstools für Umgebungen mit mehreren Plattformen bietet.

Andere wichtige Sicherheitsfunktionen des Betriebssystems sind standardmäßig aktiviert, einschließlich der Antivirensoftware, die in jeder Installation von Windows 11 enthalten ist. (Wenn Sie oder Ihr Unternehmen eine alternative Sicherheitssoftwarelösung installiert haben, tritt Microsoft Defender Antivirus automatisch zurück.)

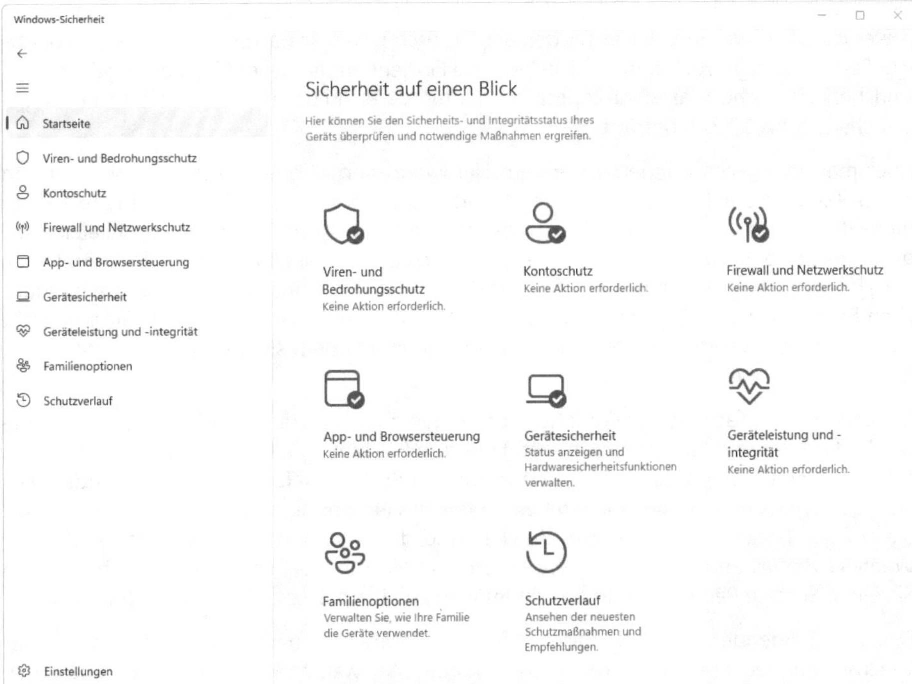

Abbildung 1.18 Über dieses Dashboard in der App Windows-Sicherheit können Sie alle benutzerseitigen Sicherheitsfunktionen überwachen und konfigurieren.

Zu den fortschrittlicheren Sicherheitsoptionen gehören Optionen für die Multi-Faktor-Authentifizierung für PCs sowie die BitLocker-Laufwerkverschlüsselung, die auf PCs mit Windows 11 Pro oder Enterprise Editionen verfügbar ist. (Moderne PCs mit Windows 11 Home bieten ebenfalls Geräteverschlüsselung für das Systemlaufwerk, aber nur, wenn sich der Benutzer mit einem Microsoft-Konto anmeldet.)

Die Datenschutzoptionen in Windows 11 sind umfangreich, wobei sich die verwirrendsten Optionen um die Diagnosedaten (manchmal auch als Telemetrie bezeichnet) drehen, die Microsoft im Rahmen seiner Produktverbesserungsbemühungen sammelt. Zu den jüngsten Funktionsupdates gehört ein neues Tool namens Diagnostic Data Viewer, mit dem Sie die Diagnosedaten, die unter Ihren aktuellen Datenschutzeinstellungen an Microsoft gesendet werden, überprüfen können. Alle diese Themen werden in Kapitel 12, »Sicherheit und Datenschutz in Windows 11«, ausführlich behandelt.

Windows 11 und Hardware

Mobile Geräte haben es möglich gemacht, Aufgaben zu erledigen, für die früher ein Desktop-Computer erforderlich war, aber Smartphones und Tablets haben den PC noch nicht ersetzt. In den letzten zehn Jahren haben die Hardwareentwickler den PC jedoch in Formfaktoren umgewandelt, die zu Beginn der PC-Ära unvorstellbar gewesen wären.

Der traditionelle Desktop-PC-Formfaktor, bei dem aufrüstbare Komponenten in einem Tower installiert werden, der unter den Schreibtisch passt, ist nach wie vor vorhanden, obwohl er heutzutage vor allem bei Spielern und Firmenkunden beliebt ist. Bei Einzelhändlern sind herkömmliche Clamshell-Laptops beliebter, deren Bildschirmdiagonale in der Regel zwischen 13 bis 17 Zoll beträgt.

Aber man muss nicht lange suchen, um Hardware-Innovationen zu finden, die weit von diesen konventionellen Designs entfernt sind. Windows 11 unterstützt eine breite Palette innovativer Hardware-Designs, die mit der traditionellen Form brechen, einschließlich sogenannter Hybrid-Geräte, die mit einem Touchscreen und einer Tastatur ausgestattet sind, die abgenommen oder aus dem Weg geklappt werden kann. Die berührungsempfindlichen Bildschirme der Yoga-Serie von Lenovo beispielsweise können um 360 Grad gedreht werden und verwandeln ein Notebook in ein Tablet, bei dem sich die Tastatur hinter dem Bildschirm befindet.

Die beliebten Surface-Geräte von Microsoft tragen ebenfalls zur Definition dieser Kategorie bei. Surface Pro und Surface Go unterstützen zum Beispiel Type Covers, die magnetisch befestigt werden können, um eine Tastatur und ein Präzisions-Touchpad hinzuzufügen. Die Surface Book-Serie sieht aus wie ein herkömmliches Notebook und verhält sich auch so, bis Sie auf der Tastatur die Trenntaste drücken und den Bildschirm von der Basis entfernen. Wenn Sie die Tastatur vom Display entfernen, wird ein Surface-Gerät zu einem Tablet; fügen Sie einen Surface Pen hinzu und das Tablet wird zu einem Skizzenbuch oder Notizblock.

Das entscheidende Merkmal dieser Windows-Geräte der nächsten Generation ist der Touchscreen. Bei Laptops mit Touchscreen können Sie wählen, ob Sie eine Aufgabe durch Antippen des Bildschirms oder über die Tastatur und das Touchpad ausführen möchten. Wenn Sie die Tastatur entfernen, wird automatisch der Abstand zwischen den Elementen der Taskleiste vergrößert, sodass sie leichter als Touch-Ziele verwendet werden können. Bei dieser Aktion wird auch das Symbol der Bildschirmtastatur im Infobereich angezeigt und automatisch eingeblendet, wenn Sie in ein Feld tippen, in das Sie Text eingeben sollen.

Windows 11 unterstützt vollständig PCs mit Arm-Prozessoren, die Chips verwenden, die eher in mobilen Geräten wie Smartphones als in Intel- und AMD-CPUs der x86-Familie zu finden sind. Arm-betriebene PCs wie das Surface Pro 9 führen die meisten Windows-Desktopanwendungen im x86-Emulationsmodus aus und haben wahrscheinlich Probleme mit Hardwaretreibern, die nicht für die Arm-Architektur kompiliert wurden.

Unabhängig vom Formfaktor enthält jeder Windows 11-PC einen Kernsatz von Hardwarekomponenten, die gelegentlich konfiguriert werden müssen, einschließlich Bildschirm, Audiohardware und Netzwerkverbindungen. Eine neue Funktion in der Windows 11-Taskleiste soll das Anpassen dieser allgemeinen Einstellungen vereinfachen, ohne dass die Einstellungen-App geöffnet werden muss. Wenn Sie auf eines der drei Symbole links neben dem Systemdatum klicken oder tippen, wird ein kompaktes Mini-Bedienfeld, die sogenannten Schnelleinstellungen geöffnet, wie es in Abbildung 1.19 dargestellt ist.

Von hier aus können Sie die Bildschirmhelligkeit und die Lautstärke einstellen, die Netzwerkeinstellungen ändern und die verbleibende Akkulaufzeit eines Laptops sofort ablesen.

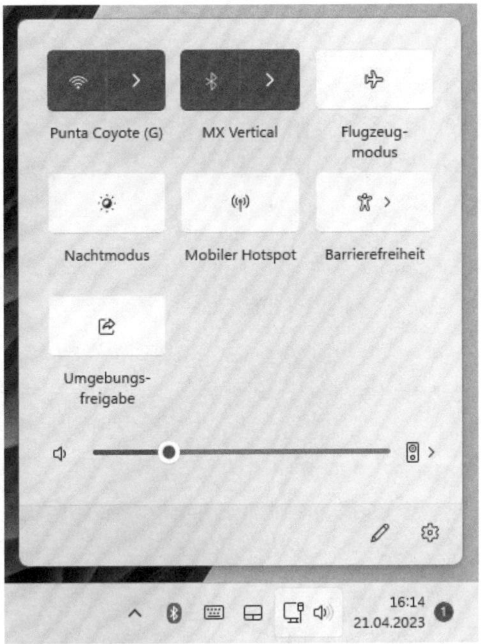

Abbildung 1.19 Dieses kompakte Fenster *Schnelleinstellungen* bietet einfachen Zugriff auf eine Vielzahl nützlicher Einstellungen und kann individuell angepasst werden.

In Kapitel 3, »Windows 11 verwenden«, erfahren Sie, wie Sie mit der Benutzeroberfläche von Windows 11 auf herkömmlichen PCs und Geräten mit Touchscreen produktiv arbeiten können. Die Anpassungsoptionen werden in Kapitel 4, »Windows 11 personalisieren«, behandelt.

Kapitel 2

Installieren eines neuen Windows 11-PCs

Das Einrichten eines Windows-PCs ist für die meisten keine Aufgabe, die sie täglich erledigen. Viele sehen das Windows-Installationsprogramm *(Setup.exe)* nur einmal alle paar Jahre, beim Upgrade von einer Hauptversion von Windows auf die nächste oder wenn sie einen neuen PC zum ersten Mal einschalten und die kurze »Out-of-Box-Experience (OOBE)«, also die Benutzererfahrung unmittelbar nach dem ersten Start eines neuen PCs durchlaufen. In den meisten Fällen ist der Vorgang relativ schnell und unkompliziert.

Das trifft jedoch nicht für diejenigen zu, die Windows-PCs verwalten, bereitstellen, reparieren und damit herumspielen. Wenn Sie sich selbst zu dieser Gruppe zählen, sind eine Handvoll Windows 11-Installationsprogramme ein wesentlicher Bestandteil Ihres Verwaltungs- und Fehlerbehebungs-Toolkits, und Sie werden in unterschiedlichen Szenarien davon profitieren, einige der erweiterten Optionen des Setupprogramms zu kennen.

In diesem Kapitel werden die beiden häufigsten Windows 11-Installationsszenarien behandelt: die Aktualisierung eines Geräts, auf dem derzeit Windows 10 ausgeführt wird, und die Durchführung einer Neuinstallation auf einem neuen oder frisch formatierten Datenträger. (Sie finden hier auch Details zur Durchführung eines Editions-Upgrades, beispielsweise von Windows 11 Home auf Windows 11 Pro.)

Obwohl Microsoft versucht, Kunden von der Installation von Windows 11 auf älterer, nicht unterstützter Hardware abzuhalten, können Sie diese Aufgabe durchaus bewältigen. Auf den Support-Seiten von Microsoft wird genau beschrieben, wie dies zu bewerkstelligen ist und auch dieses Kapitel erläutert, wie es geht.

Und natürlich wäre keine Beschreibung der Windows-Installation vollständig, ohne die Themen Produktschlüssel und digitale Lizenzen sowie die Details der Windows-Produktaktivierung zu erörtern. Zunächst sollten Sie jedoch sicherstellen, dass Ihr PC für eine erfolgreiche Installation vorbereitet ist, und mit einer Hardwareprüfung beginnen.

Daten und Einstellungen sichern

Stets ein aktuelles Backup wichtiger Dateien zu haben, ist natürlich immer sinnvoll. Aber dies ist besonders wichtig, wenn Sie ein Betriebssystem-Upgrade ausführen wollen.

Die einfachste Möglichkeit, Ihre Dateien zu sichern, besteht darin, sie mit einem Cloudspeicherdienst wie OneDrive, Dropbox oder Google Drive zu synchronisieren. Wenn Ihre Dateien in der Cloud gespeichert sind, können Sie sie nach Abschluss des Upgrades ganz bequem mit einem neuen PC synchronisieren.

Bei großen Dateisammlungen oder langsamen Internetverbindungen – oder wenn Sie Ihre Dateien einfach nicht in einem Cloudspeicher ablegen möchten – ist ein ausreichend großes USB-Flashlaufwerk oder eine externe Festplatte ein perfektes Ziel für eine lokale Sicherung. Sie können jede beliebige Sicherungsanwendung verwenden, einschließlich des älteren Windows 7-Tools für Sicherung und Wiederherstellung (das in Windows 10 und Windows 11 enthalten ist). Wenn Sie mit einer Sicherungsanwendung eines Drittanbieters oder sogar mit dem kommandozeilengesteuerten *RoboCopy* besser zurechtkommen, dann verwenden Sie diese Tools. Das Wichtigste ist, dass Sie Ihre Sicherungen sorgfältig testen, um sicherzustellen, dass Sie Ihre Dateien wirklich wiederherstellen können (eine vollständige Übersicht der Funktionen finden Sie in Kapitel 15, »Problembehandlung, Sicherung und Wiederherstellung«).

Wenn Sie ein Upgrade von Windows 10 durchführen und sich mit einem Microsoft-Konto angemeldet haben, werden einige Ihrer personalisierten Einstellungen bereits mit OneDrive synchronisiert, ebenso wie die Einstellungen für Apps, die über den Microsoft Store installiert wurden. Bei anderen Apps besteht die einfachste Lösung darin, sie neu zu installieren und manuell neu zu konfigurieren. Zwar gibt es Dienstprogramme von Drittanbietern, die diese Aufgabe übernehmen, doch ist es in der Regel genauso schnell (und weniger riskant), diese Handvoll Einstellungen neu zu erstellen, als sich mit Übertragungsprogrammen herumzuschlagen. Wesentlich wichtiger ist es, dass Sie alle Produktschlüssel und andere Lizenzdetails für die Software von Drittanbietern parat haben, die eventuell neu installiert oder neu aktiviert werden muss.

Installationsmedien herunterladen und erstellen

Unabhängig davon, für welches Installationsszenario Sie sich entscheiden – Neuinstallation oder Upgrade –, benötigen Sie Windows-Installationsdateien. Bei einem Online-Upgrade ist die einfachste Option die Verwendung des Windows 11-Installationsassistenten, der diese Dateien automatisch in einen temporären Ordner herunterlädt und sie nach Abschluss des Upgrades wieder entfernt. Für eine saubere Installation benötigen Sie ein physisches Installationsmedium, in der Regel ein bootfähiges USB-Flashlaufwerk. (Sie können auch eine bootfähige DVD verwenden, obwohl diese Option auf moderner Hardware nicht erforderlich ist.) Für Upgrades und Neuinstallationen können Sie physische Medien verwenden oder eine ISO-Datei herunterladen und deren Inhalt als virtuelles DVD-Laufwerk bereitstellen.

Hinweis

Eine ISO-Datei (manchmal auch ISO-Image, ISO-Abbilddatei oder Imagedatei genannt) enthält den Inhalt eines gesamten optischen Datenträgers in einer einzigen unkomprimierten Datei. Der Name »ISO« ist eine Abkürzung für das Dateisystem, das ursprünglich für CD-ROM-Medien verwendet wurde und von dem Normungsgremium, das es veröffentlicht hat, als ISO 9660 bezeichnet wurde. Heutzutage verwendet eine ISO-Imagedatei eher das UDF-Dateisystem (ISO/IEC 13346), das häufig auf optischen Medien mit größerer Kapazität wie DVDs und Blu-ray-Discs zu finden ist. Obwohl physische DVD-Datenträger heutzutage nur noch selten verwendet werden, sind ISO-Dateien immer noch für die gemeinsame Nutzung von Installationsmedien nützlich, insbesondere beim Einrichten virtueller Computer.

Sie können immer noch eine Schachtel, eine Box mit Windows 11 kaufen, die Installationsdateien auf einem bootfähigen USB-Stick oder einer DVD enthält. In der heutigen Zeit bietet diese Option jedoch nur wenige Vorteile. In Anbetracht des Zeitplans für die jährlichen Funktionsupdates für Windows 11 sind diese physischen Medien höchstwahrscheinlich am Tag des Kaufs veraltet. Selbst mit einer bescheidenen Breitbandverbindung dauert es nicht lange, die neueste Version herunterzuladen und ein neues Installationsmedium zu erstellen.

> Hinweis
>
> **Microsoft stellt auf seiner öffentlichen Website nur die neuesten Versionen von Windows 11 und Windows 10 in den Verkaufsversionen zum Download bereit. IT-Profis, Softwareentwickler und Volumenlizenzkunden können eine viel größere Auswahl an ISO-Image-Dateien herunterladen, einschließlich älterer Windows-Versionen und spezieller Editionen. Wenn Sie ein Visual Studio-Abonnement oder eine Mitgliedschaft im Microsoft-Partnerprogramm haben, können Sie auf diese erweiterte Auswahl zugreifen, nachdem Sie sich beim Online-Portal für den jeweiligen Dienst angemeldet haben. Volumenlizenzkunden finden ISO-Dateien für Pro-, Enterprise- und Education-Editionen im Service Center für Volumenlizenzen.**

Um die Installationsmedien herunterzuladen, öffnen Sie die Windows 11-Downloadseite (*https://aka.ms/downloadwindows11*), die drei Optionen anbietet:

- **Installationsassistent für Windows 11** Dieses einfache Tool ist für die Aktualisierung von PCs gedacht, auf denen eine unterstützte Version von Windows 10 (Version 2004 oder höher) läuft. Laden Sie das Tool herunter und klicken Sie auf *Ausführen*, um eine Kompatibilitätsprüfung durchzuführen. Wenn die Hardware die Anforderungen von Microsoft erfüllt, lädt die App die neueste Version von Windows 11 herunter und führt das Upgrade durch.
- **Erstellen von Installationsmedien für Windows 11** Verwenden Sie diese Option, um das Windows 11 Tool zur Medienerstellung (englisch Media Creation Tool) herunterzuladen, mit dem Sie ein bootfähiges USB-Flashlaufwerk mit den neuesten Installationsdateien für Windows 11 erstellen können. Sie benötigen hierfür ein USB-Flashlaufwerk mit einer Kapazität von mindestens 8GB. (Weitere Einzelheiten zur Verwendung dieses Tools finden Sie weiter hinten in diesem Kapitel.)
- **Herunterladen eines Windows 11-Datenträgerimages (ISO)** Wenn Sie wissen, wie man mit ISO-Dateien arbeitet, ist diese Option unglaublich vielseitig. Sie können auf die Dateien als virtuelles DVD-Laufwerk auf einem beliebigen Gerät zugreifen oder sie auf ein bootfähiges Gerät wie einen USB-Speicherstick kopieren. Außerdem können Sie die Datei für eine spätere Verwendung sichern, was Zeit und Bandbreite spart, wenn Sie mehrere PCs aktualisieren müssen.

Windows 11 Tool zur Medienerstellung verwenden

Beim Tool zur Medienerstellung handelt es sich um eine kleine Datei (weniger als 10MB groß), die in ein paar Sekunden heruntergeladen werden kann und die eine Bootstrap-Version von Windows Setup ausführt. Wenn Sie die Windows 10-Version dieses Dienstprogramms verwendet haben, wissen Sie bereits, dass es nur minimale Optionen bietet; für Windows 11 bietet es sogar noch weniger Auswahlmöglichkeiten. Nachdem Sie das Tool ausgeführt und eine Lizenzvereinbarung akzeptiert haben, sollten Sie einen Bildschirm mit zwei Dropdownlisten sehen – eine für die Sprache und eine für die Edition – wie in Abbildung 2.1 gezeigt.

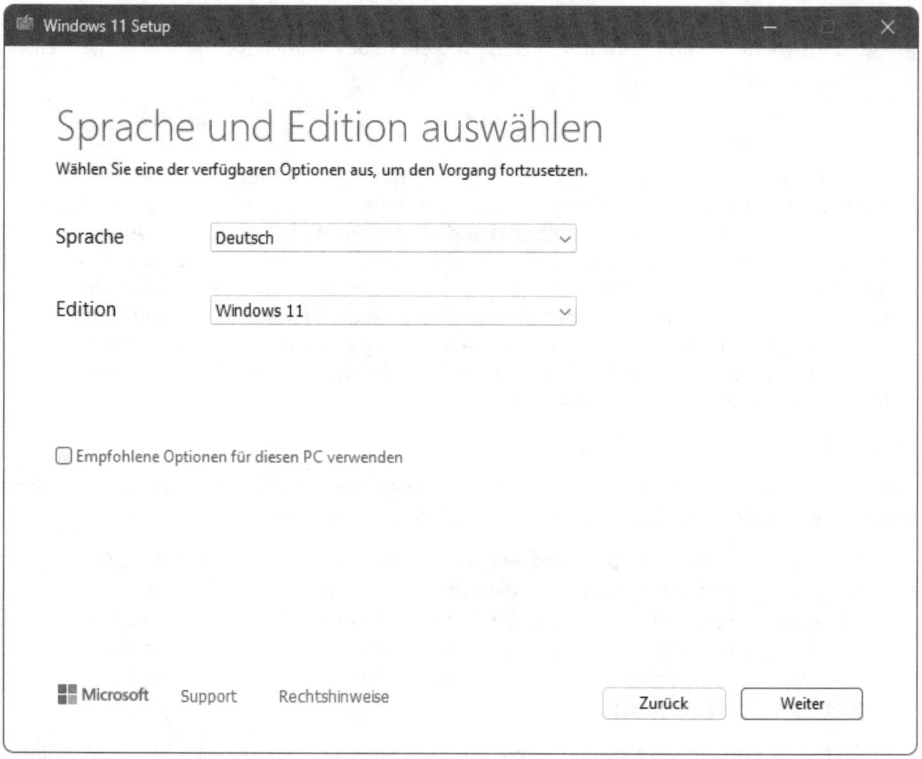

Abbildung 2.1 Wählen Sie beim Herunterladen der Windows-Installationsdateien die Basissprache, die Ihren regionalen Einstellungen entspricht. Sie können nach Abschluss der Installation weitere Sprachen hinzufügen.

Windows 11 steht in vielen Sprachen zur Verfügung, die festlegen, wie Windows Menüs, Systemmeldungen und andere Teile der Hauptbenutzeroberfläche anzeigt. Nach Abschluss der Installation können Sie Sprachschnittstellenpakete hinzufügen, um regionale Einstellungen (beispielsweise Zeit- und Datumsformate sowie Währungen) zu ändern, damit Text in häufig verwendeten Assistenten, Dialogfeldern, Menüs und anderen Elementen der Benutzeroberfläche in der richtigen Sprache angezeigt wird. Sie können allerdings nicht die Grundsprache ändern; dazu müssten Sie Windows erneut in einer Edition installieren, die für diese Sprache erstellt wurde.

In den meisten Fällen brauchen Sie hier keine Änderungen vorzunehmen und klicken einfach auf *Weiter*. Für den unwahrscheinlichen Fall, dass Sie eine Windows-Version herunterladen, die in einer anderen Region als der, in der sich Ihr PC derzeit befindet, installiert werden soll, deaktivieren Sie das Kontrollkästchen *Empfohlene Optionen für diesen PC verwenden* und wählen Sie Ihre bevorzugten Spracheinstellungen aus. Klicken Sie dann auf *Weiter*.

Unabhängig von Ihren Spracheinstellungen führt Sie diese Option zu dem in Abbildung 2.2 dargestellten Schritt.

- **Beachten Sie, dass die Installationsdateien, die Sie herunterladen, unabhängig von Ihrer Windows-Lizenz sind. Weitere Informationen zu den Feinheiten der Windows-Lizenzierung finden Sie im Abschnitt »Windows aktivieren« weiter hinten in diesem Kapitel.**

Stecken Sie ein USB-Flashlaufwerk mit einer Kapazität von mindestens 8GB ein. (Bevor Sie fortfahren, sollten Sie alle wichtigen Dateien auf dem Laufwerk sichern, da das Tool zur Medienerstellung im weiteren Verlauf dieses Laufwerk formatiert.) Klicken Sie auf *Weiter* und folgen Sie den Aufforderungen, um Ihr Laufwerk auszuwählen und das bootfähige Installationsmedium zu erstellen. Beschriften Sie den Datenträger und bewahren Sie ihn für zukünftige Installationsaufgaben an einem sicheren Ort auf.

Abbildung 2.2 Verwenden Sie die Standardoptionen des Tools zur Medienerstellung, um ein bootfähiges USB-Flash-Laufwerk zu erstellen, das die Installation von Windows 11 auf jedem modernen PC ermöglicht.

Direkt mit ISO-Abbilddateien arbeiten

Das Tool zur Medienerstellung nimmt Ihnen einen Großteil der Arbeit ab, die mit der Erstellung bootfähiger Windows-Installationsmedien verbunden ist. Es ist jedoch nicht die einzige Möglichkeit, die für die Ausführung von Windows Setup erforderlichen Dateien zu erhalten. Als Alternative können Sie die dritte Option auf der Microsoft-Website »Windows 11 herunterladen« verwenden und die Installationsdateien in einer einzigen Datei im ISO-Format speichern.

Der größte Vorteil einer ISO-Datei besteht darin, dass Sie von einem lokalen Laufwerk aus leicht darauf zugreifen können, was nützlich sein kann, wenn Ihre Internetverbindung langsam ist. Sie können eine ISO-Datei im Ordner *Downloads* auf Ihrem primären PC speichern; von dort aus können Sie sie auf einer externen Festplatte archivieren, mit einem Clouddienst wie OneDrive synchronisieren oder über ein lokales Netzwerk übertragen. Wenn Sie die Installationsdateien von Windows 11 das nächste Mal benötigen, müssen Sie nicht warten, bis sie von den Microsoft-Servern heruntergeladen werden.

Was können Sie mit einer ISO-Datei tun? Die drei produktivsten Möglichkeiten, Ihren ISO-Download zu nutzen, sind das Bereitstellen der Datei als virtuelles DVD-Laufwerk, das Brennen auf eine DVD oder das Erstellen eines bootfähigen USB-Speichersticks.

In jeder unterstützten Windows-Version können Sie auf eine ISO-Datei doppelklicken, um sie als virtuelles DVD-Laufwerk bereitzustellen. Das bereitgestellte Laufwerk wird im Datei-Explorer mit einem eigenen Laufwerkbuchstaben angezeigt. Sie können Windows Setup direkt von einem bereitgestellten Laufwerk aus starten oder die Dateien von diesem Speicherort zur späteren Verwendung auf eine Festplatte oder einen Wechseldatenträger kopieren.

Es ist auch möglich, eine Windows 11-ISO-Datei auf eine DVD zu brennen, die dann als bootfähiges Installationsmedium verwendet werden kann. Es gibt nur wenige moderne Hardwarekonfigurationen, bei denen diese Option Sinn macht, aber wenn Sie dazu geneigt sind, können Sie diese Option im Datei-Explorer von Windows 10 oder Windows 11 nutzen. Der Befehl *Datenträgerabbild brennen* befindet sich im Kontextmenü der rechten Maustaste und in der Multifunktionsleiste (Windows 10) bzw. in der Befehlsleiste (Windows 11).

Nachdem Sie die ISO-Datei auf einen PC heruntergeladen haben, auf dem Windows 10 oder Windows 11 läuft, können Sie ganz einfach Ihre eigenen Installationsmedien erstellen, und zwar mit einem Verfahren, das vielseitiger und schneller ist als das Tool zur Medienerstellung.

Sie können die Installationsdateien jedoch nicht einfach auf einen USB-Speicherstick kopieren und diesen für eine Neuinstallation verwenden. Zunächst müssen Sie den Datenträger startfähig machen. Wenn Sie ein bootfähiges Laufwerk erstellen, müssen Sie zwei Punkte klären:

- **Partitionierungsschema: MBR oder GPT?** Bei einem UEFI-System (Unified Extensible Firmware Interface) können Sie nach Belieben ein Flashlaufwerk verwenden, das mit einem der beiden Partitionierungsschemas formatiert ist. Dagegen erkennen ältere BIOS-basierte Systeme unter Umständen nur MBR-Partitionen. (Auf den Unterschied und auf das Tool MBR2GPT kommen wir im Abschnitt »Festplatten und andere Speichergeräte einrichten« in Kapitel 8, »Lokalen Speicher und Cloudspeicher verwalten«, zurück.)
- **Laufwerksformatierung: NTFS oder FAT32?** Wenn Sie Windows 11 auf einem modernen UEFI-basierten System installieren, müssen sich die Startdateien auf einer FAT32-Partition des USB-Speichersticks befinden. Wenn das Laufwerk mit einem anderen Dateisystem formatiert ist, erkennt der PC das Gerät nicht als bootfähig und kann von dem Stick aus nicht starten.

Eine der simpelsten Methoden, ein startfähiges Installationslaufwerk zu erstellen, bietet das integrierte Dienstprogramm *Wiederherstellungslaufwerk erstellen* (Datei *Recoverydrive.exe*). Um das Dienstprogramm Wiederherstellungslaufwerk auszuführen, geben Sie in das Suchfeld **Wiederherstellungslaufwerk** ein und wählen Sie dann aus den Suchergebnissen die

App Wiederherstellungslaufwerk erstellen aus. (Oder, wenn Sie es vorziehen, suchen Sie in der Systemsteuerung oder in den Einstellungen nach der Option *Wiederherstellungslaufwerk erstellen.*) Abbildung 2.3 zeigt dieses Tool im Einsatz.

Sowohl in Windows 10 als auch in Windows 11 kann die Option *Sichert die Systemdateien auf dem Wiederherstellungslaufwerk* verwendet werden, um ein startfähiges Laufwerk zu erstellen, das die vom OEM bereitgestellte Wiederherstellungspartition enthält. Wenn Sie eine Neuinstallation von Windows durchgeführt oder die Wiederherstellungspartition zuvor entfernt haben, um Speicherplatz freizugeben, hat diese Option keine Auswirkung, und das Wiederherstellungslaufwerk enthält lediglich die wichtigsten Reparaturtools.

Abbildung 2.3 Wählen Sie die Option zum Sichern von Systemdateien, wenn Sie ein Wiederherstellungslaufwerk mit einem von einem OEM vorinstallierten Windows-Image erstellen möchten; Sie können dieses Image später zum Zurücksetzen des aktuellen Systems verwenden.

TROUBLESHOOTING

Sie können kein Installationsmedium erstellen, weil die Windows-Image-Datei zu groß ist

Installationsdateien, die Sie mit dem Tool zur Medienerstellung herunterladen, sind für die Verwendung mit USB-Sticks vorgesehen. Wenn Sie jedoch versuchen, benutzerdefinierte Installations-Images zu verwenden, einschließlich derjenigen, die als ISO-Dateien von der offiziellen Visual Studio-Abonnement-Website heruntergeladen wurden, können Sie auf ein frustrierendes Kompatibilitätsproblem stoßen, das mit dem von bootfähigen Flashlaufwerken verwendeten FAT32-Festplattenformat zusammenhängt.

Es gibt Lösungen, die jedoch nicht sonderlich elegant sind. Sie können ein USB-Laufwerk mit mehreren Partitionen erstellen, zum Beispiel mit speziellen Windows-Bereitstellungstools. Oder Sie können das Installations-Image auf einem separaten Wechseldatenträger speichern, der mit NTFS formatiert ist. Das erfordert möglicherweise, dass Sie von einem FAT32-formatierten Wiederherstellungslaufwerk booten, *Setup.exe* starten, das Wiederherstellungslaufwerk entfernen und das neue Laufwerk mit Ihrem Installationsmedium anschließen. Sie können das Installations-Image auch in einem Netzwerkspeicherort ablegen oder die Image-Dateien aufteilen.

Schwierige, aber detaillierte Anleitungen für all diese Szenarien finden Sie unter: *https://bit.ly/deploy-single-usb-drive*

Auf einem PC mit Windows 10 oder Windows 11 können Sie eine heruntergeladene Windows 11-ISO-Datei verwenden, um Ihr eigenes bootfähiges Installationsmedium zu erstellen. Gehen Sie dazu folgendermaßen vor:

1. Erstellen Sie ein leeres Wiederherstellungslaufwerk mit den zuvor beschriebenen Schritten, wobei Sie die Option zum Kopieren von Systemdateien auf das Laufwerk deaktivieren.
2. Doppelklicken Sie auf die ISO-Datei, um sie als virtuelle DVD bereitzustellen.
3. Verwenden Sie den Datei-Explorer, um alle Dateien und Ordner von der virtuellen DVD auf das USB-Wiederherstellungslaufwerk zu ziehen. (Wenn Sie gefragt werden, geben Sie an, dass die Dateien auf dem Ziellaufwerk überschrieben werden sollen.)
4. Beschriften Sie das USB-Laufwerk und bewahren Sie es an einem sicheren Ort auf.

Hinweis

Obwohl dies für die meisten Zwecke nicht notwendig ist, fordern manche Personen und Organisationen maximale Flexibilität beim Erstellen von Installationsmedien. Sofern Sie sich zu dieser Gruppe zählen, sollten Sie das kostenlose Open-Source-Programm Rufus ausprobieren; die neueste Version finden Sie unter *https://rufus.ie*. Es ermöglicht eine präzise Steuerung der Partitionierung, der Formatierung und des Kopierens von Installationsdateien auf ein USB-Flashlaufwerk. Wenn Sie Schwierigkeiten mit den integrierten Windows-Tools haben, kann diese Alternative eine einfache Lösung bieten.

Da das Wiederherstellungslaufwerk bootfähig ist, können Sie es verwenden, um von jedem Windows 10- oder Windows 11-PC aus auf die Windows-Wiederherstellungsumgebung zuzugreifen. Es ist auch nicht verkehrt, andere nützliche Dateien auf das Wiederherstellungslaufwerk zu kopieren, einschließlich Downloads von Installationsdateien für Dienstprogramme, die Sie regelmäßig verwenden, wenn Sie einen neuen PC zum ersten Mal einrichten oder Wartungsaufgaben an einem vorhandenen PC durchführen.

Mindestsystemanforderungen für Windows 11

Microsoft hat detaillierte Mindestanforderungen an die Hardware veröffentlicht, die PC-Hersteller bei der Entwicklung von PCs für Windows 11 beachten müssen. Auf Geräten, die diese Anforderungen erfüllen, sollte Windows 11 problemlos ausgeführt werden können, und sie sollten mit den gängigen Windows-Anwendungen und -Diensten akzeptabel funktionieren.

Wie bei den Vorgängerversionen setzt Windows 11 die Messlatte für Prozessorgeschwindigkeit und Arbeitsspeicher recht niedrig an, aber Sie werden einige Steigerungen im Vergleich zu Windows 10 bemerken, einschließlich eines höheren Speicherplatzbedarfs:

- **Prozessor** 1 Gigahertz (GHz) oder schneller, 2 Kerne oder mehr, aus einer unterstützten Prozessorgeneration und einem unterstützten Modell
- **Arbeitsspeicher** 4 Gigabyte (GB) oder mehr
- **Speicherplatz** 64 Gigabyte (GB) oder mehr
- **Sicherheit** Trusted Platform Module (TPM) 2.0; UEFI, aktiviert für sicheren Start
- **Grafikkarte** Microsoft DirectX 12-Grafikkarte mit WDDM 2.0-Treiber
- **Bildschirm** Integrierte Bildschirme müssen eine Bildschirmdiagonale von 9 Zoll aufweisen und hochauflösend (720p) sein.
- **Konnektivität** WLAN oder Ethernet ist erforderlich; bei tragbaren Geräten ist Bluetooth erforderlich.
- **Hardware-Tasten** Ein/Aus, Lautstärkeregelung lauter/leiser
- **Anschlüsse** Mindestens ein USB-Anschluss, Videoausgang

Zwei große Änderungen sind hier erwähnenswert, die eine wesentliche Veränderung gegenüber früheren Windows-Hardwareanforderungen darstellen. Erstens muss ein PC über ein Trusted Platform Module (TPM) verfügen, das dem TPM-2.0-Standard entspricht. In früheren Windows-Versionen wurde die TPM-Unterstützung zwar empfohlen, aber nicht vorausgesetzt. Zweitens muss die CPU des PC in der Microsoft-Liste der unterstützten Prozessoren enthalten sein; diese Anforderung schließt die meisten CPUs, die vor 2018 eingeführt wurden, effektiv aus.

Auf einem PC mit Windows 10 oder Windows 11 finden Sie CPU-Details unter *Einstellungen | System | Info* im Abschnitt *Gerätespezifikationen*. Um zu überprüfen, ob ein Prozessor mit Windows 11 kompatibel ist, suchen Sie ihn in einer der folgenden Listen:

- Unterstützte AMD-Prozessoren unter *https://bit.ly/win11-compatible-cpu-amd*
- Unterstützte Intel-Prozessoren unter *https://bit.ly/win11-compatible-cpu-intel*
- Unterstützte Qualcomm-Prozessoren unter *https://bit.ly/win11-compatible-cpu-qualcomm*

Diese Anforderungen gelten nicht nur für neue PCs. Das Windows-Installationsprogramm (*Setup.exe*) blockiert die Installation von Windows 11, wenn Sie versuchen, einen PC zu aktualisieren, der diese Mindestanforderungen nicht erfüllt. (In einigen Fällen können Sie diese Sperre aufheben und Windows 11 dennoch installieren; auf dieses Thema gehen wir in Kürze noch ein.)

Wenn Sie einen neuen PC mit vorinstalliertem Windows 11 von einem Microsoft-Partner kaufen, können Sie sicher sein, dass er diese Spezifikationen erfüllt. Wenn Sie einen PC aufrüsten, der ursprünglich für Windows 10 oder eine frühere Version entwickelt wurde, ist die Überprüfung der Kompatibilität mit Windows 11 eine schwierigere Aufgabe. Ersparen Sie sich die Suche nach detaillierten Datenblättern und verwenden Sie die Microsoft-App PC-Integritätsprüfung, um eine automatische Kompatibilitätsprüfung durchzuführen. Laden Sie die App von *https://aka.ms/GetPCHealthCheckApp* herunter und führen Sie das Installationsprogramm aus. Klicken Sie im Abschnitt *Einführung von Windows 11* auf die Schaltfläche *Jetzt prüfen*, um einen Bericht ähnlich wie den erstellen zu lassen, den Sie in Abbildung 2.4 sehen.

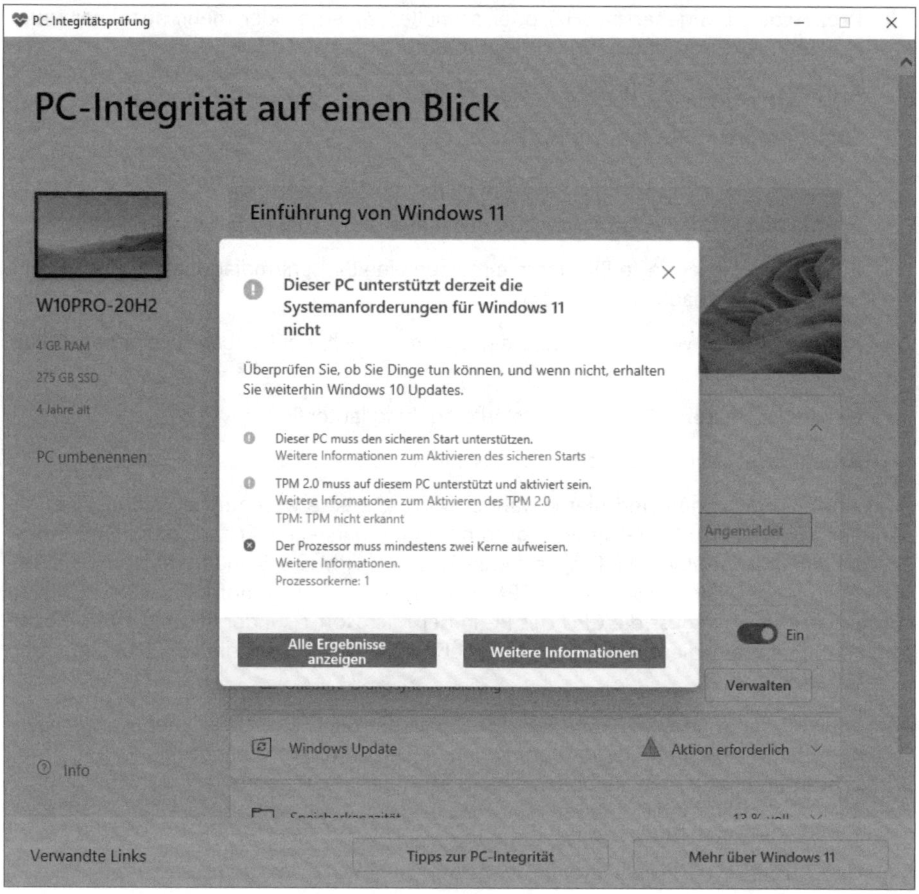

Abbildung 2.4 Führen Sie die App PC-Integritätsprüfung aus, um potenzielle Hardwarekompatibilitätsprobleme zu identifizieren, bevor Sie versuchen, einen Windows 10-PC zu aktualisieren.

Dieser erste Bericht ist ein einfaches Dialogfeld, das Ihnen mitteilt, ob der PC die Mindestanforderungen für Windows 11 erfüllt. Klicken Sie auf *Alle Ergebnisse anzeigen*, um einen detaillierten Bericht zu öffnen.

> ## Expertentipp
> ***Achten Sie auch auf Software-Inkompatibilitäten***
>
> **Wenn Sie sich Sorgen über mögliche Inkompatibilitäten mit der installierten Software auf einem Rechner machen, den Sie aufrüsten möchten, wird Ihnen die App PC-Integritätsprüfung keine große Hilfe sein. Systemdienstprogramme, einschließlich Sicherheitssoftware und Low-Level-Datenträger-Tools, können am ehesten zu Problem bei einem Upgrade führen. In einigen Fällen können sogar ansonsten harmlose Treiber oder Dienstprogramme Probleme verursachen. Bevor Sie ein Upgrade durchführen, sollten Sie das Dashboard *Windows Versionsintegrität* (*https://aka.ms/windowsreleasehealth*) auf Probleme überprüfen, die speziell Ihre Konfiguration betreffen.**

Hardware-Kompatibilitätsprobleme umgehen

Wenn das Windows-Setup nach der anfänglichen Kompatibilitätsprüfung abbricht und Ihnen mitteilt, dass Ihr PC die Mindestsystemanforderungen für die Ausführung von Windows 11 nicht erfüllt, sollten Sie nicht gleich aufgeben.

Einige Kompatibilitätsprobleme sind möglicherweise nur vorübergehend. Wenn das Setup beispielsweise wegen unzureichenden Speicherplatzes fehlschlägt, können Sie die Upgrade-Blockade möglicherweise aufheben, indem Sie einfach die Ordner *Downloads* und *Videos* löschen. Einige andere Kompatibilitätsprobleme können Sie beheben, indem Sie die Einstellungen in der Firmware Ihres PC ändern. Auf einigen PCs ist beispielsweise zwar ein TPM installiert, aber standardmäßig deaktiviert. In diesem Fall sollten Sie die TPM-Einstellungen in der Firmware ändern (und bei Bedarf den sicheren Start aktivieren), damit das Upgrade durchgeführt werden kann.

Selbst bei extremen Kompatibilitätsproblemen gibt es immer noch Möglichkeiten, das Upgrade zu installieren. Wenn Ihr älterer PC über einen Prozessor verfügt, der nicht auf der Microsoft-Liste der unterstützten CPUs steht, und ein TPM 1.2 anstelle des erforderlichen TPM 2.0 hat, können Sie Windows 11 immer noch mit einer der folgenden Techniken installieren:

- Booten Sie vom Windows 11-Installationsmedium und führen Sie eine Neuinstallation durch. In diesem Szenario überspringt der Windows Installer die CPU-Prüfung vollständig und akzeptiert eine ältere TPM-Version. Da es sich um eine Neuinstallation handelt, können Sie keine Anwendungen oder Einstellungen migrieren und müssen Datendateien aus einer Sicherung wiederherstellen.
- Mit der zweiten Option können Sie ein Upgrade von Windows 10 durchführen, indem Sie die Registrierung ändern. Die Technik ist offiziell in einem Microsoft-Support-Artikel mit dem Titel »Möglichkeiten zum Installieren von Windows 11« unter *https://bit.ly/override-win11-compat-check* dokumentiert. (Ändern Sie in Ihrem Browser in der Adressleiste den Text *en-us* in **de-de** ab, um eine deutsche Version des Artikels zu lesen.) Diese Änderung umgeht die Prüfungen für CPU-Familie und -Modell, erfordert aber ein TPM der Version 1.2 oder höher. Bei der Bearbeitung der Registrierung gelten die üblichen Vorsichtsmaßnahmen – falsche Änderungen können zu Datenverlusten oder einem System führen, das nicht mehr startet; stellen Sie daher sicher, dass Sie zuvor ein Backup erstellt haben. Gehen Sie im Registrierungs-Editor zum folgenden Schlüssel:

  ```
  HKEY_LOCAL_MACHINE\SYSTEM\Setup\MoSetup
  ```

Fügen Sie einen neuen DWORD-Wert mit dem Namen **AllowUpgradesWithUnsupportedTPMOrCPU** hinzu und setzen Sie seinen Wert auf **1**.

Starten Sie Ihren PC neu und versuchen Sie, das Upgrade durchzuführen, indem Sie das Installationsmedium im Datei-Explorer öffnen (ein gemountetes ISO funktioniert gut). Sie sehen eine strenge Warnung, wie in Abbildung 2.5 dargestellt.

Abbildung 2.5 Sie müssen diese Warnung lesen und zur Kenntnis nehmen, bevor Sie ein Upgrade auf Windows 11 auf einem PC durchführen, dessen Hardware nicht den Kompatibilitätsanforderungen von Microsoft entspricht.

Windows 11 installieren

Das Windows-Installationsprogramm (*Setup.exe*) wird sowohl für In-Place-Upgrades als auch Neuinstallationen benutzt. Bei Upgrades ist der Installer auf Schnelligkeit optimiert und bietet nur wenige Optionen zur Auswahl an. Wenn Sie von einem Windows-Installationsmedium starten, erhalten Sie ein wesentlich umfangreicheres Angebot an Optionen. Einige Beispiele sind das Auswählen der Festplatte für Dual-Boot-Konfigurationen (oder Multi-Boot-Konfigurationen), das Erstellen und Formatieren von Partitionen oder das Einrichten unbeaufsichtigter Installationen.

Dieser Abschnitt behandelt beide Optionen. Er enthält keine Schritt-für-Schritt-Anleitung, um alle möglichen Szenarien für ein Upgrade oder eine Neuinstallation zu dokumentieren. Angesichts der nahezu unendlichen Anzahl von Kombinationen von PC-Hardware wäre es unmöglich, eine umfassende Anleitung zu erstellen. Der Setup-Assistent ist jedoch einfach genug, um in den meisten Szenarien eine leichte Navigation zu ermöglichen.

So funktioniert das Windows 11-Setup

Das Windows-Installationsprogramm durchläuft mehrere Phasen, deren Abläufe davon abhängen, ob Sie ein In-Place-Upgrade oder eine benutzerdefinierte Installation durchführen. Der Prozess ist sehr zuverlässig und in der Lage, Fehler in jeder Phase abzufangen. Wenn Sie bereits Windows 10 installiert haben, sollten Ihnen die allgemeinen Schritte in Windows 11 bekannt vorkommen, auch wenn das visuelle Design anders ist.

Setup führt zunächst eine Hardwarekompatibilitätsprüfung durch, wie bereits weiter vorne in diesem Kapitel beschrieben. In dieser Phase inventarisiert Setup auch die Hardware und überprüft, ob wichtige Treiber verfügbar sind (zum Beispiel für Speicher- und Netzwerkgeräte). Wenn unverzichtbare Treiber nicht verfügbar sind oder wenn Setup eine BIOS- oder Treiberversion erkennt, die bekanntermaßen Fehler verursacht, wird der Installationsvorgang sofort abgebrochen und der vorherige Zustand wiederhergestellt.

Bei weniger schwerwiegenden Problemen warnt Windows Setup Sie möglicherweise, dass bestimmte Anwendungen oder Geräte nicht richtig funktionieren. Möglicherweise wird Ihnen die Möglichkeit gegeben, das Problem zu beheben und das Upgrade erneut zu versuchen. In diesen Fällen bietet die Kompatibilitätsprüfung Hinweise dazu, wie Sie bestimmte Probleme lösen können:

- Bevor Sie fortfahren, müssen Sie möglicherweise Updates für Ihre aktuelle Windows-Version installieren.
- Möglicherweise müssen Sie die Festplattenverschlüsselung vor dem Upgrade aussetzen. (Für viele Upgrade-Szenarien übernimmt Windows Setup diese Aufgabe, ohne dass Sie selbst eingreifen müssen.)
- Bestimmte Anwendungen müssen möglicherweise deinstalliert werden, bevor das Upgrade fortgesetzt werden kann. (In den meisten Fällen können diese nach Abschluss des Upgrades wieder installiert werden.)
- Einige Anwendungen müssen auf eine neuere Version aktualisiert werden, bevor das Upgrade abgeschlossen werden kann.
- Nach dem Upgrade müssen Sie möglicherweise die Sprachpakete neu installieren.

Wenn der Upgradevorgang aus einem dieser Gründe vorzeitig beendet wird, bereinigt sich Setup in der Regel selbst, auch wenn Sie möglicherweise einige Überbleibsel manuell entfernen müssen.

Bei beiden Installationstypen wird die längste Phase dadurch eingeleitet, dass Setup offline in der Windows-Vorinstallationsumgebung (Windows Preinstallation Environment, Windows PE) läuft, während es die bisherige Windows-Installation (sofern vorhanden) im Ordner *Windows.old* sichert und das neue Windows 11-Image angewendet wird.

Die abschließenden Phasen der Installation laufen nach einem Neustart ab, die letzte Phase wird als OOBE (Out-of-Box-Experience) bezeichnet. Dabei meldet sich der Benutzer an und entscheidet, ob er ein neues Profil erstellen oder im Rahmen des Upgrades ein vorhandenes migrieren will. Der wichtigste Teil des OOBE-Prozesses ist die Erstellung des primären Benutzerkontos, ein Thema, das in Kapitel 10, »Benutzerkonten, Kennwörter und Anmeldeinformationen verwalten«, ausführlicher behandelt wird.

Für ein Upgrade verwendet das Installationsprogramm mehrere temporäre Ordner:

- **C:\$Windows.~BT** Dieser versteckte Ordner enthält die Dateien, die sowohl in der Online- als auch in der Offline-Phase der Installation verwendet werden. Wenn Sie das Setup über den Windows-Installationsassistenten starten, wird in der Anfangsphase des Setups dieser Ordner erstellt und es werden die Installationsdateien zur vorübergehenden Verwendung dorthin kopiert.
- **C:\$WinREAgent** Während eines Upgrades oder Updates erstellt Setup diesen versteckten Ordner, in dem Dateien gespeichert werden, die im Falle eines Rollbacks benötigt werden. Wenn die Installation erfolgreich ist, werden diese Dateien automatisch gelöscht.
- **C:\Windows.old** Sie sehen diesen Ordner, der nicht ausgeblendet ist, nur, wenn Sie ein Upgrade oder eine Neuinstallation auf einem Datenträger durchführen, der bereits eine Windows-Installation enthält. Während eines Upgrades dient er als Zwischenlager für Dateien und Einstellungen, die aus der alten Installation in die neue übertragen werden. Sobald das Setupprogramm seine Arbeit abgeschlossen hat, enthält dieser Ordner die Systemdateien aus der vorherigen Windows-Installation sowie alle Benutzerdateien, die nicht im Rahmen des Setups migriert wurden.

> Hinweis
>
> **Diese temporären Installationsdateien werden zehn Tage lang gespeichert, ebenso wie Ihre vorherige Windows-Installation im Ordner *Windows.old*, sodass Sie bei Bedarf zur vorherigen Version zurückkehren oder Dateien wiederherstellen können; nach diesem Zeitraum werden sie automatisch gelöscht. Auf Systemen mit begrenztem freiem Speicherplatz können Sie diese Dateien mit dem Dienstprogramm *Datenträgerbereinigung* oder den Tools unter *Einstellungen | System | Speicher* entfernen. Die Vorgehensweise wird in Kapitel 8 ausführlicher beschrieben.**

Wenn Sie sich im Stammverzeichnis des Systemlaufwerks umsehen, finden Sie unter Umständen weitere versteckte Ordner mit ähnlichen Namen. Zum Beispiel wird *$Windows.~WS* vom Tool zur Medienerstellung (Media Creation Tool) angelegt, wenn Sie die Windows 11-Installationsdateien herunterladen; *$GetCurrent* wird erstellt, wenn Sie den Update-Assistenten benutzen.

Upgrade-Installation von Windows 10 durchführen

Ein optimierter Assistent führt Sie zügig durch ein Upgrade von Windows 10. Der Prozess ist schnell, selbst auf Systemen mit einer großen Anzahl von Dateien. Natürlich ist kein größeres Upgrade des Betriebssystems risikofrei, aber das Windows 11-Installationsprogramm ist wie sein Vorgänger so konzipiert, dass er das Upgrade im Fall eines Fehlschlags wieder rückgängig macht und ein funktionsfähiges System hinterlässt.

Auf einem PC mit Windows 10 können Sie den Upgrade-Prozess beginnen, indem Sie die Webseite »Herunterladen von Windows 11« (*https://aka.ms/downloadwindows11*) aufrufen und den Windows 11-Installationsassistenten ausführen. Diese Option lädt die vollständige Installationsdatei herunter und führt dann sofort das Windows-Setup aus, wobei zusätzliche Installationsdateien direkt heruntergeladen werden. Alternativ können Sie auch bootfähige Installationsmedien oder eine ISO-Datei verwenden, die als virtuelles Laufwerk bereitgestellt wird.

Expertentipp

Upgrade direkt von einer ISO-Datei

Natürlich funktioniert diese Option nicht für eine Neuinstallation auf einem frisch formatierten Laufwerk, aber sie ist ideal für Upgrades und Funktionsupdates. Wenn Sie im Datei-Explorer von Windows 10 auf eine gespeicherte ISO-Datei doppelklicken, wird ihr Inhalt als virtuelles CD/DVD-Laufwerk im Bereich *Geräte und Laufwerke* des Datei-Explorers angezeigt, wie in Abbildung 2.6 dargestellt.

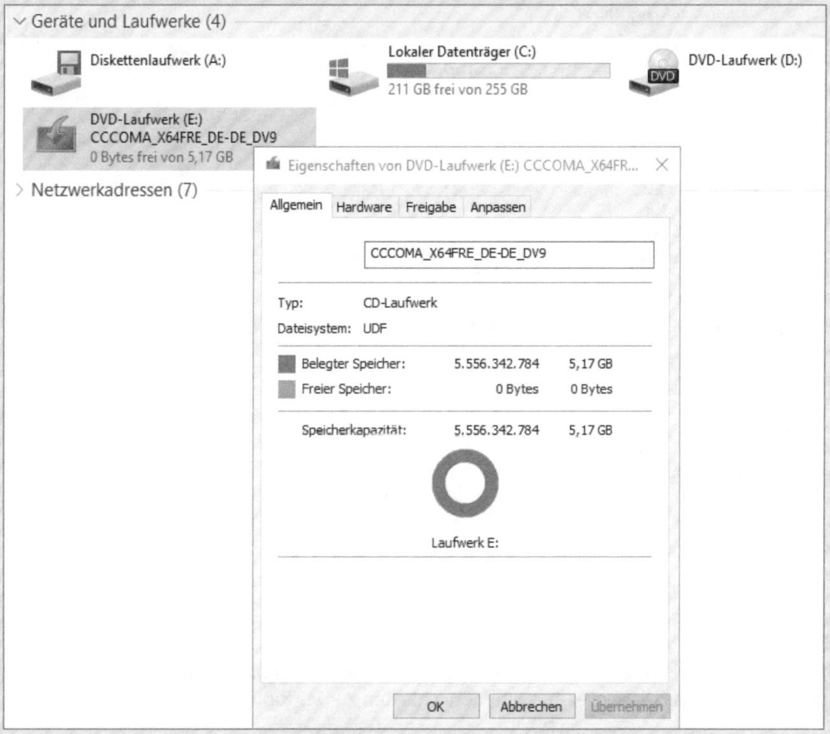

Abbildung 2.6 In diesem Datei-Explorer-Fenster ist das Laufwerk C ein physisches Laufwerk, aber das Laufwerk E ist ein virtuelles Laufwerk, das durch Doppelklicken und Bereitstellen (Mounten) einer ISO-Imageabbilddatei erstellt wurde.

Doppelklicken Sie auf dieses Laufwerk, um das bereitgestellte Image zu öffnen, und klicken Sie dann doppelt auf *Setup*, um das Upgrade zu starten. Sobald Sie das virtuelle Laufwerk nicht mehr brauchen, können Sie mit der rechten Maustaste auf das Symbol im Datei-Explorer klicken und den Befehl *Auswerfen* wählen.

Wenn Sie den Windows 11-Installationsassistenten von der Seite *Herunterladen von Windows 11* auf einem PC ausführen, auf dem derzeit Windows 10 läuft, bleiben alle Ihre Dateien und Anwendungen beim Upgrade erhalten. Um eine alternative Option zu wählen, müssen Sie das Setup von einem Installationsmedium oder einer gemounteten ISO-Datei ausführen. Wenn Sie zuvor ein Windows 11-Installationsmedium erstellt haben, öffnen Sie den USB-Speicherstick oder die DVD im Datei-Explorer; wenn Sie eine Windows 11-ISO-Datei haben, doppelklicken Sie auf die Datei, um sie als virtuelles DVD-Laufwerk zu öffnen. Doppelklicken Sie dann auf *Setup*, um den Installationsvorgang zu starten.

Der Assistent führt Sie durch mehrere Schritte, die nicht Teil des optimierten Online-Upgrades sind. Der wichtigste dieser Schritte ist die Option zum Übertragen von Dateien, Anwendungen und Einstellungen. Wenn Sie die Seite *Bereit für die Installation* erreichen, klicken Sie auf *Ändern der zu behaltenden Elemente*, damit Sie die in Abbildung 2.7 gezeigten Optionen sehen.

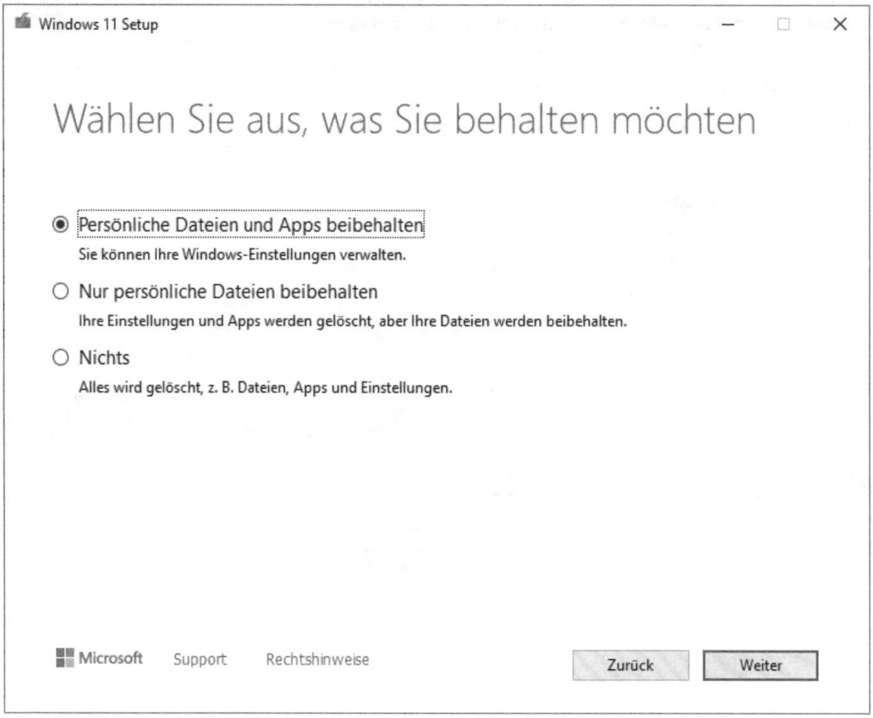

Abbildung 2.7 Wenn Sie von Windows 10 auf Windows 11 aktualisieren, stehen am Anfang des Installationsprozesses diese drei Auswahlmöglichkeiten zur Verfügung.

Im Folgenden erfahren Sie, was die verschiedenen Optionen bewirken:

- **Persönliche Dateien und Apps behalten** Alle Windows-Desktopanwendungen und Benutzerkonten werden migriert. Nach Abschluss des Upgrades müssen Sie sich mit Ihrem Microsoft-Konto anmelden, um Apps aus dem Microsoft Store zu installieren und gespeicherte Einstellungen zu synchronisieren.
- **Nur persönliche Dateien beibehalten** Diese Option ist das Äquivalent einer Reparaturinstallation. Die persönlichen Dateien eines jeden Benutzers sind in einem neuen Benutzerprofil verfügbar, das ansonsten nur Standardanwendungen und -einstellungen enthält.

- **Nichts** Wählen Sie diese Option, wenn Sie eine saubere Installation durchführen möchten, bei der Ihre bestehende Installation in *Windows.old* verschoben wird. Beachten Sie, dass der beschreibende Text »Alles wird gelöscht« irreführend ist. Ihre persönlichen Dateien und die aller anderen Benutzerkonten in der aktuellen Installation werden nicht gelöscht. Sie werden lediglich in den Ordner *Windows.old* verschoben, von wo Sie sie mithilfe des Datei-Explorers wiederherstellen können.

Nachdem die Vorbereitungsarbeiten erledigt sind, startet Setup im Offlinemodus neu, wobei es eine simplere Fortschrittsanzeige als in der Erstversion von Windows 10 verwendet.

In diesem Modus können Sie überhaupt nicht mit dem PC arbeiten. Ihr PC ist praktisch außer Betrieb, wenn diese Aktionen ablaufen.

Windows Setup verschiebt zuerst die folgenden Ordner aus dem Stammverzeichnis des Systemlaufwerks innerhalb der vorhandenen Windows-Installation in *Windows.old*:

- *Windows*
- *Program Files*
- *Program Files (x86)*
- *Users*
- *Program Data*

Während dieser Offlinephase extrahiert Setup Registrierungswerte und Programmdaten aus den Dateien, die es gerade im Ordner *Windows.old* hinzugefügt hat, und bereitet sich dann darauf vor, diese Daten an den entsprechenden Stellen in der neuen Windows 11-Installation abzulegen. Hardwaretreiber von Drittanbietern werden ebenfalls aus dem alten Treiberspeicher kopiert, um sie für die neue Installation vorzubereiten.

Anschließend erstellt Setup einen neuen Satz von Systemordnern für Windows 11, wobei die Ordnerstruktur und die Dateien aus dem komprimierten Windows-Installationsabbild verwendet werden. Nachdem diese Aufgabe abgeschlossen ist, verschiebt das Setupprogramm Programmdateien, Registrierungswerte und andere Einstellungen, die es zuvor zusammengestellt hat.

Durch das Verschieben der Ordner werden weniger Dateioperationen benötigt, was das Upgrade sogar dann beschleunigt, wenn einzelne Benutzerkonten sehr viele Dateien enthalten. Zur weiteren Beschleunigung verwendet der Windows Installer Hardlink-Operationen, um Dateien und Ordner vom Transportort in die neue Windows 11-Hierarchie zu verschieben. Dadurch, dass die Datei nicht physisch verschoben werden muss, wird die Leistung verbessert und ein einfaches Rollback ermöglicht, falls während des Upgrades etwas schiefläuft.

Setup verschiebt die Ordner, die mit den einzelnen Benutzerkonten verknüpft sind, bei einem In-Place-Upgrade standardmäßig. Der gesamte Ordner wird unverändert in die neue Windows 11-Installation eingefügt, dabei bleiben alle Dateien im Ordner und all seine Unterordner erhalten. (Unternehmen können dieses Verhalten mithilfe von Bereitstellungstools verändern, um beispielsweise manche Dateien oder Unterordner auszuschließen oder den Inhalt von Standardordnern mit den vorhandenen Ordnern des vorherigen Betriebssystems zusammenzuführen.)

Dieser Vorgang wird von mehreren Neustarts begleitet und kann je nach Ihrer Hardware mehr als eine Stunde dauern, obwohl ein Upgrade auf moderne Hardware in der Regel deutlich schneller abgeschlossen ist. Am Ende dieses Prozesses werden Sie mit einem Anmeldebildschirm begrüßt. Darauf folgt eine Reihe von Bildschirmen, die Sie auffordern, die Datenschutzeinstellungen zu überprüfen und optional eine Verbindung zu anderen Microsoft-Diensten herzustellen.

Wenn Sie ein Upgrade auf einem PC durchführen, der mit einem lokalen Benutzerkonto konfiguriert war, müssen Sie sich mit den Anmeldeinformationen für dieses Konto anmelden. Danach haben Sie die Möglichkeit, Ihr Konto mit einem Microsoft-Konto zu verknüpfen oder weiterhin ein lokales Konto zu verwenden.

Wenn Sie sich mit einem Microsoft-Konto anmelden, können Sie mit der Einrichtung von Windows 11 fortfahren, indem Sie Ihre synchronisierten Einstellungen verwenden. Die aktuelle Version jeder vorinstallierten App wird aus dem Store heruntergeladen, bevor Sie sich anmelden.

▶ **Weitere Informationen über Ihre Optionen beim Einrichten eines Benutzerkontos finden Sie in Kapitel 10.**

Neuinstallation durchführen

Für einige PC-Nerds ist es eine Ehre, einen neu gekauften PC zu säubern und dann Windows von Grund auf neu einzurichten. Auch wenn Sie nicht so anspruchsvoll sind, ist eine Neuinstallation manchmal unvermeidlich. Sie ist die einzige Option für selbst gebaute PCs und für virtuelle Maschinen und manchmal die schnellste Möglichkeit, den Computer nach einem Festplattenproblem wieder zum Laufen zu bewegen.

Expertentipp

Der einfachste Weg zu einer sauberen Installation

Die bewährte Methode für eine saubere Neuinstallation besteht darin, von einem bootfähigen USB-Speicherstick zu starten, das die Windows-Installationsdateien enthält, und alle Spuren der aktuell installierten Windows-Version zu entfernen, bevor das Setup ausgeführt wird.

Diese Installationsmethode ist immer noch gültig, aber sie ist nicht mehr die einzige Möglichkeit noch ist sie immer die beste. Für ein System, auf dem bereits eine unterstützte Version von Windows läuft, ist die einfachere Alternative, das Setup von Windows aus zu starten und ein Upgrade zu installieren; wählen Sie auf dem Bildschirm *Wählen Sie aus, was Sie behalten möchten* die Option *Nichts* aus. Nach Abschluss der Installation können Sie die Datenträgerbereinigung oder die Tools unter *Einstellungen | System | Speicher* verwenden, um die alte Windows-Installation zu entfernen. Das Ergebnis ist funktionell identisch mit einer herkömmlichen Neuinstallation.

Eine ausführliche Beschreibung, wie das sogenannte »Zurücksetzen auf Knopfdruck« funktioniert, finden Sie in Kapitel 15, »Problembehandlung, Sicherung und Wiederherstellung«.

In diesem Abschnitt werden die Schritte für eine saubere Installation auf der einfachsten aller PC-Konfigurationen beschrieben: einem PC mit einem einzigen Speichermedium (Festplatte oder SSD), das nicht zugewiesenen Speicherplatz enthält und automatisch für die Verwendung als Systemlaufwerk partitioniert werden kann. Dies ist die Konfiguration, die Sie vorfinden, wenn Sie einen neuen PC bauen oder in einem vorhandenen PC die Festplatte ersetzen. Dies ist auch der Fall, wenn Sie das Systemlaufwerk eines PC gelöscht haben, den Sie verschenken, verkaufen oder an einen anderen Mitarbeiter oder ein Familienmitglied weitergeben möchten.

In diesen Fällen müssen Sie das Windows-Setup von einem USB-Speicherstick aus starten. Möglicherweise müssen Sie das Handbuch Ihres Geräts lesen, um die magische Kombination von Tastenkombinationen und Firmware-Einstellungen zu erfahren, die das Starten mit einem bootfähigen Windows-Datenträger oder -Laufwerk ermöglicht.

Wenn Sie von diesem Medium booten, durchlaufen Sie einige Einführungsbildschirme. Nachdem Sie die Sprach- und Ländereinstellungen, die Sie für Ihre neue Installation verwenden möchten, bestätigt und auf *Jetzt installieren* geklickt haben, werden Sie aufgefordert, einen Product Key einzugeben. Wenn Sie einen Product Key haben, können Sie ihn hier eingeben, und das Setup installiert automatisch die Windows-Edition (normalerweise Home oder Pro), die mit diesem Schlüssel verknüpft ist. Sie haben auch die Möglichkeit, die Option *Ich habe keinen Product Key* zu wählen, wie weiter unten in diesem Kapitel erklärt wird.

Nachdem Sie diese Vorbereitungen abgeschlossen und eine Lizenzvereinbarung akzeptiert haben, gelangen Sie schließlich zu dem in Abbildung 2.8 gezeigten Dialogfeld von Windows Setup. Hier werden Sie aufgefordert, eine Installationsart zu wählen – *Upgrade* oder *Benutzerdefiniert*. Bitte beachten Sie: *Wählen Sie eine Installationsart aus* ist eine Fangfrage.

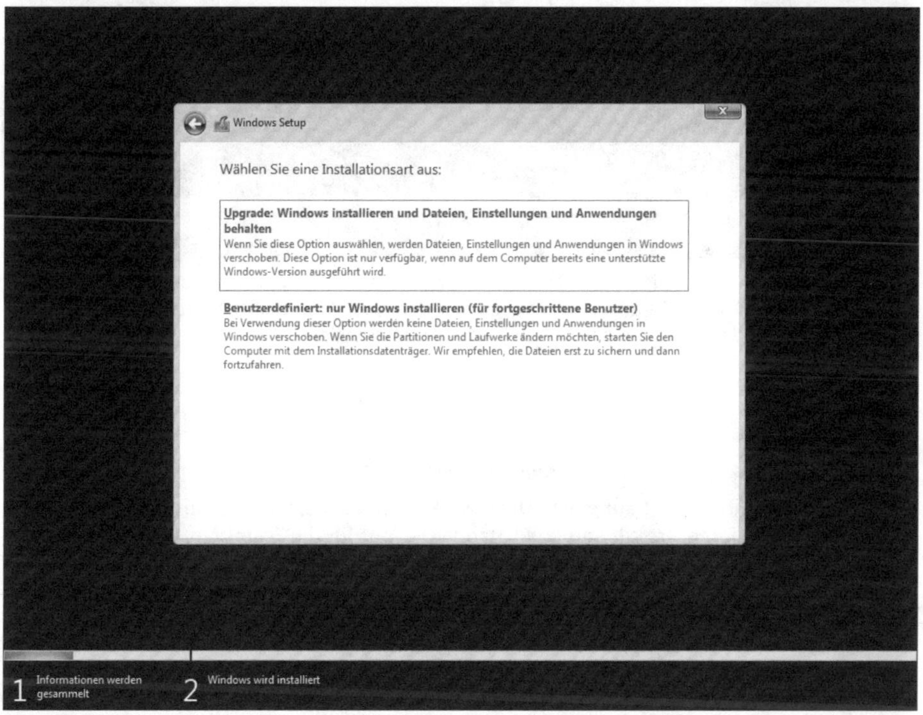

Abbildung 2.8 Wenn Sie von einem USB-Speicherstick oder einer DVD booten, um eine Neuinstallation von Windows durchzuführen, ist die einzige Option, die auf diesem Bildschirm funktioniert, *Benutzerdefiniert*.

Wenn Sie die Option *Upgrade* wählen, wird eine Fehlermeldung angezeigt. Sie können Windows nur aktualisieren, wenn Sie das Setup von Windows aus starten.

Kapitel 2

Mit der Option *Benutzerdefiniert* können Sie fortfahren, und es wird eine Liste der verfügbaren Datenträger und Volumes angezeigt. Abbildung 2.9 zeigt, was Sie auf einem System mit einem einzelnen Laufwerk sehen, das noch nicht partitioniert wurde und nur nicht zugewiesenen Speicherplatz enthält.

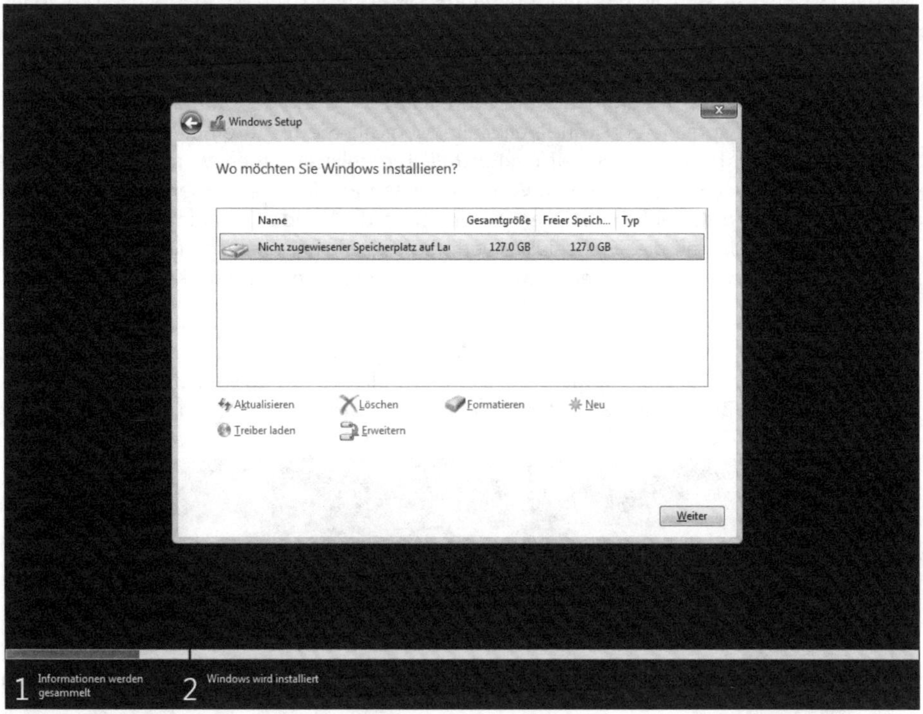

Abbildung 2.9 In diesem einfachen Szenario mit einer einzelnen physischen Festplatte, die nicht partitioniert wurde, klicken Sie auf *Weiter*, um die erforderlichen Partitionen zu erstellen und Windows unter Verwendung des gesamten physischen Laufwerks zu installieren.

Expertentipp

Wie Windows 11 einen Datenträger aufteilt

Wenn Sie Windows 11 auf einem UEFI-System mit einer einzigen unformatierten Festplatte installieren, erstellt Setup ein Standardlayout für die Festplatte. Drei der Partitionen sind in der Konsole *Datenträgerverwaltung* und in einer neuen Seite sichtbar, die Sie mit *Einstellungen | System | Speicher | Erweiterte Speichereinstellungen | Datenträger und Volumes* anzeigen lassen. Abbildung 2.10 zeigt ein Beispiel aus einer frisch erstellten virtuellen Hyper-V-Maschine mit Windows 11.

Die EFI-Systempartition am Anfang der Festplatte ist nur 99 MB groß. Sie enthält die für den Systemstart erforderlichen Dateien, einschließlich der Windows-Hardware-Abstraktionsschicht und des Bootloaders (NTLDR).

→

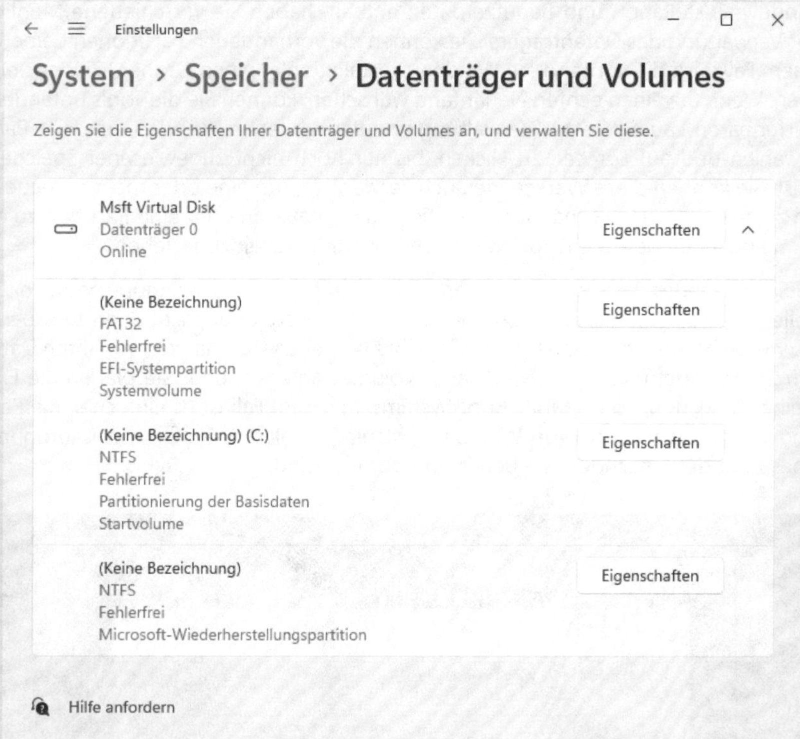

Abbildung 2.10 Das Standardlayout für eine frisch formatierte Systemfestplatte sieht so aus. PC-Hersteller können komplexere Partitionierungsschemata einführen und tun dies auch.

Die kleine (604 MB) Wiederherstellungspartition am Ende der Festplatte in diesem Beispiel enthält die Microsoft-Wiederherstellungspartition, die es dem System ermöglicht, für Reparatur- und Wiederherstellungsvorgänge zu booten. (Diese Partition kann eine andere Größe haben und sich an einem anderen Ort auf Ihrem PC befinden.)

Die größte Partition ist die primäre Partition, die mit NTFS formatiert ist und die Windows-Systemdateien, die Auslagerungsdatei und alle Benutzerprofile enthält.

Eine vierte Partition, die für jeden GPT-Datenträger erforderlich ist, ist versteckt und in keinem der Festplattendienstprogramme von Windows 11 sichtbar. Diese Partition, *MSR (Reserviert)*, befindet sich zwischen der EFI-Systempartition und der primären Partition und wird für Aufgaben nach der Installation verwendet, beispielsweise für die Konvertierung einer Basisfestplatte in eine dynamische Festplatte. Sie ist sichtbar, wenn Sie DiskPart oder die Partitionierungstools verwenden, die mit einer benutzerdefinierten Installation verfügbar sind.

PC-Hersteller haben die Möglichkeit, diesem Layout benutzerdefinierte OEM-Partitionen hinzuzufügen, wobei diese Volumes Dateien enthalten, die Teil einer benutzerdefinierten Installation sind. Darüber hinaus enthalten einige PCs eine zweite Wiederherstellungspartition am Ende des Laufwerks, die proprietäre Dienstprogramme und Dateien enthält, mit denen Sie die ursprüngliche Systemkonfiguration wiederherstellen können.

Wenn Sie eine Neuinstallation auf einem PC starten, dessen Systemlaufwerk eine bestehende Windows-Installation und Benutzerdaten enthält, haben Sie verschiedene Möglichkeiten zur Verwaltung des Datenträgers. Sie können die vorhandenen Partitionen beibehalten. In diesem Fall wird die vorhandene Windows-Installation in einen Ordner *Windows.old* verschoben. Wenn Sie einen echten Neuanfang wünschen, können Sie die Tools unter der Liste der verfügbaren Laufwerke zur Verwaltung von Partitionen verwenden, um jede Partition auszuwählen und auf *Löschen* zu klicken, bis nur noch nicht zugewiesener Speicherplatz übrig ist. Sie können diese Werkzeuge auch verwenden, um eine oder mehrere neue Partitionen zu erstellen, eine vorhandene Partition zu formatieren oder eine Partition zu erweitern, um angrenzenden, nicht zugewiesenen Speicherplatz einzubeziehen.

Wenn Sie ein neues oder bereits vorhandenes internes Speichermedium besitzen, haben Sie vielleicht einen von mehreren guten Gründen, mit Festplattenpartitionen zu experimentieren. Vielleicht möchten Sie beispielsweise Ihre Betriebssystemdateien von Ihren Datendateien trennen, indem Sie sie auf separaten Volumes ablegen, oder Sie planen die Einrichtung eines Dual-Boot- oder Multi-Boot-Systems. In jedem Fall ist es einfacher, die Partitionierung vor der Installation von Windows festzulegen, als die Größe und Anordnung der Volumes zu ändern, nachdem sie bereits in Gebrauch sind.

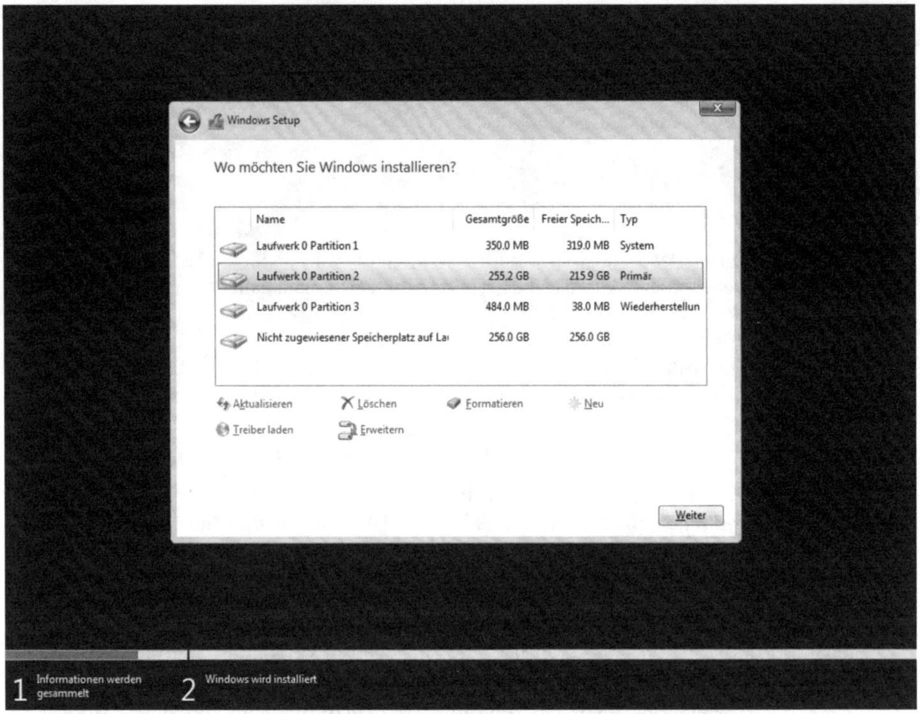

Abbildung 2.11 Verwenden Sie die Festplattenverwaltungstools in dieser Phase des Windows 11-Installationsprozesses, um Festplattenpartitionen für eine effizientere Datenspeicherung und für Multi-Boot-Konfigurationen zu verwalten.

Sie können Windows 11 auf einer beliebigen internen Festplatte installieren. Sie können Windows jedoch nicht auf einem externen Laufwerk installieren, das über USB oder IEEE 1394 (FireWire) angeschlossen ist, oder auf einer irgendeiner Art von Wechselmedium. (Externe Laufwerke, die über eSATA-Verbindungen angeschlossen sind, werden als interne Laufwerke angezeigt und sind für die Installation geeignet, obwohl diese Konfiguration selten ist. Es sind auch einige Dienstprogramme von Drittanbietern erhältlich, die es ermöglichen, dass externe Festplatten, die über einen Thunderbolt-Anschluss angeschlossen sind, als interne Laufwerke erscheinen.)

Wenn Sie Änderungen an den vorhandenen Festplattenpartitionen vornehmen wollen, booten Sie vom Windows 11-Installationsmedium und führen Sie das Windows-Setup durch, bis Sie die Seite *Wo möchten Sie Windows installieren* erreichen. Abbildung 2.11 zeigt ein System, das zwei physische Laufwerke enthält. Laufwerk 0 enthält ein Standardpartitionslayout, wobei Windows auf Partition 2 installiert ist. Laufwerk 1 ist eine neu hinzugefügte SSD, die noch nicht partitioniert oder formatiert wurde.

Hier können Sie eine der folgenden Aufgaben erledigen:

- **Vorhandene Partition oder nicht zugewiesenen Speicherplatz auswählen, in der bzw. dem Sie Windows installieren wollen.** Das Setup ist simpel, wenn Sie als Vorbereitung für die Windows-Installation bereits eine leere Partition erstellt und formatiert haben oder wenn Sie Windows 11 auf einer vorhandenen Partition installieren wollen, die momentan Daten oder Programme enthält, aber kein Betriebssystem, oder wenn Sie nicht zugewiesenen Speicherplatz auf einem Laufwerk verwenden wollen, ohne bereits vorhandene Partitionen zu ändern. Wählen Sie die Partition oder den nicht zugewiesenen Speicherplatz aus und klicken Sie auf *Weiter.*
- **Vorhandene Partition löschen.** Wählen Sie eine Partition aus und klicken Sie dann auf *Löschen*. Diese Option ist nützlich, wenn Sie eine saubere Installation auf einem Laufwerk durchführen möchten, das derzeit eine frühere Version von Windows enthält. Da bei diesem Vorgang Daten unwiederbringlich gelöscht werden, müssen Sie eine Sicherheitsabfrage bestätigen. Nach dem Löschen der Partition können Sie den nicht zugewiesenen Speicherplatz als Ziel für die Installation von Windows 11 auswählen oder eine neue Partition erstellen. Sie sollten alle Datendateien sichern, bevor Sie diese Option verwenden.
- **Neue Partition in nicht zugewiesenem Speicherplatz erstellen.** Wählen Sie einen Block mit nicht zugewiesenem Speicherplatz auf einem neuen oder auf einem vorhandenen Laufwerk nach dem Löschen von Partitionen aus und klicken Sie auf *Neu*, um in diesem Bereich eine Partition einzurichten.

  Standardmäßig bietet Windows Setup an, auf der aktuellen Festplatte den gesamten nicht zugewiesenen Speicherplatz zu verwenden. Sie können eine kleinere Partitionsgröße angeben, wenn Sie die Festplatte in mehrere Laufwerke unterteilen möchten. Wenn Sie z. B. eine 4-TB-Festplatte haben, können Sie eine relativ kleine Partition erstellen, auf der Sie Windows installieren, und den verbleibenden Platz nutzen, um ein zweites Volume mit einem eigenen Laufwerkbuchstaben zu erstellen, auf dem Sie Datendateien wie Musik, Bilder, Dokumente und Videos speichern.
- **Vorhandene Partition in nicht zugewiesenem Speicherplatz erweitern.** Wenn Sie mit dem vorhandenen Partitionsschema nicht zufrieden sind, können Sie die Option *Erweitern* verwenden, um eine Partition zu vergrößern, vorausgesetzt, dass rechts neben der bestehenden Partition in der Datenträgerverwaltung nicht zugeordneter Speicherplatz verfügbar ist und keine weiteren Partitionen dazwischen liegen. Wenn der Hersteller Ihres PC eine 128-GB-Festplatte ursprünglich in gleich große System- und Datenvolumes aufgeteilt hat, können Sie sich bei einer Neuinstallation dafür entscheiden, die beiden Partitionen wieder zusammenzuführen. Nachdem Sie Ihre Dateien vom Datenvolume auf einem externen Laufwerk oder in Ihrem Cloudspeicher gesichert haben, löschen Sie die Datenpartition, wählen Sie die ursprüngliche Systempartition links neben dem neu freigewordenen Platz aus und klicken Sie auf *Erweitern.*

Wählen Sie die Gesamtgröße der erweiterten Partition im Feld *Größe* aus (standardmäßig wird der gesamte verfügbare, nicht zugewiesene Speicherplatz verwendet) und klicken Sie auf *Übernehmen*. Sie können nun mit dem Setup fortfahren.

Achtung

Sowohl in der Datenträgerverwaltungskonsole als auch dem Festplattenverwaltungstool, das in Windows Setup zur Verfügung steht, ist es oft schwierig, die Partitionen auseinanderzuhalten. Eine Verwechslung kann hier dramatische Folgen haben, wenn Sie versehentlich ein Laufwerk voller Daten löschen, statt eine unerwünschte Windows-Installation zu überschreiben. Sie können diese Gefahr unter anderem dadurch verringern, dass Sie die Laufwerke mit aussagekräftigen Bezeichnungen versehen.

▶ **Eine vollständige Liste aller in Windows 11 verfügbaren Festplattenverwaltungstools und -techniken finden Sie in Kapitel 14, »Leistung und Energieverwaltung«. Einzelheiten zur Partitionierung eines Laufwerks und zur Verwaltung von Datenspeichern finden Sie in Kapitel 9, »Datei-Explorer verwenden«.**

Aufmerksamen Lesern wird zweifellos auffallen, dass eine Option in dieser Liste fehlt. Leider können Sie mit dem Festplattenverwaltungstool in Windows Setup eine vorhandene Festplattenpartition nicht verkleinern, um freien Speicherplatz für die Installation einer neuen Kopie von Windows 11 zu schaffen. Die Option zum Verkleinern eines Datenträgers ist nach der Installation von Windows 11 über die Datenträgerverwaltungskonsole verfügbar, aber wenn Sie diese Aufgabe vor der Ausführung von Setup erledigen möchten, müssen Sie Datenträgerverwaltungstools von Drittanbietern verwenden.

Nachdem Sie auf *Weiter* geklickt haben, tritt der Installationsprozess in eine längere Phase ein, in der er einige Zeit damit beschäftigt ist, das Laufwerk zu partitionieren und zu formatieren (sofern nötig), das unveränderte Windows 11-Image in die Systempartition zu kopieren, Gerätetreiber zu installieren und Standarddienste zu starten. Sobald diese Operationen abgeschlossen sind, werden mehrere Bildschirme angezeigt, auf denen Sie unter anderem die Region und das Tastaturlayout wählen und einen Namen für das neue Gerät festlegen.

Wenn Sie eine Neuinstallation von Windows 11 Pro über ein bootfähiges Medium durchführen, müssen Sie unmittelbar nach Abschluss dieser ersten Installationsaufgaben eine zusätzliche Auswahl treffen. In dem in Abbildung 2.12 dargestellten Dialogfeld werden Sie gefragt, ob Sie das Gerät für den persönlichen Gebrauch oder als Teil einer Organisation, eines Unternehmens einrichten möchten. Bei einer Installation von Windows 11 Enterprise oder Education werden Sie gefragt, ob Sie Azure AD oder einer Domäne beitreten möchten. (Dieser Teil des Setups hat seit der ersten Veröffentlichung von Windows 10 zahlreiche Änderungen erfahren, um die Verwirrung beim Einrichten eines Arbeits-PC zu verringern.)

Wenn Sie Eigentümer des Geräts sind oder wenn es sich um einen Firmen-PC handelt, der einer Windows-Domäne angeschlossen wird, wählen Sie *Für persönliche Verwendung einrichten* und klicken Sie auf *Weiter*, um fortzufahren.

Abbildung 2.12 Diese Option ist nur verfügbar, wenn Sie eine Neuinstallation von Windows 11 Pro durchführen.

Wenn der PC von Ihrer Organisation über etwas anderes als eine Windows-Domäne in einem lokalen Netzwerk verwaltet wird, wählen Sie die zweite Option, *Für Arbeit oder Schule/ Uni einrichten,* und klicken Sie auf *Weiter.* Sie werden aufgefordert, den Benutzernamen und das Kennwort für Ihr Arbeitsplatz- oder Schulkonto einzugeben. Diese Anmeldedaten werden in Azure Active Directory verwaltet und können mit Diensten wie einem Microsoft 365-Konto an einem Arbeitsplatz oder einer Universität verknüpft werden. Wenn Ihre Organisation eine zusätzliche Authentifizierung erfordert, wie beispielsweise das Bestätigen einer Genehmigungsanfrage in der Microsoft Authenticator-App oder die Verwendung einer Smartcard oder eines anderen Hardware-Tokens, müssen Sie diese Aufgaben erledigen, um fortzufahren. Danach können Sie Ihr Standardbenutzerprofil einrichten.

▶ **Weitere Informationen zum Einrichten von Benutzerkonten und Benutzerprofilen während der Windows-Installation oder danach finden Sie in Kapitel 10.**

Editions-Upgrade durchführen

Um Zugriff auf Funktionen zu erhalten, die in der aktuell installierten Edition von Windows 11 nicht verfügbar sind, müssen Sie ein Upgrade auf eine andere Edition durchführen. Dieses Szenario ist am wahrscheinlichsten, wenn Sie einen neuen PC mit vorinstalliertem Windows 11 Home Edition kaufen (oder einen PC aktualisieren, der ursprünglich mit Windows 10 Home Edition ausgeliefert wurde) und die Vorteile der erweiterten Funktionen von Windows 11 Pro nutzen möchten.

Gehen Sie auf einem System mit einer ordnungsgemäß aktivierten Kopie von Windows 11 Home zu *Einstellungen | System | Aktivierung* und erweitern Sie den Abschnitt *Windows-Edition aktualisieren.* In dieser Konfiguration sehen Sie die in Abbildung 2.13 dargestellten Optionen.

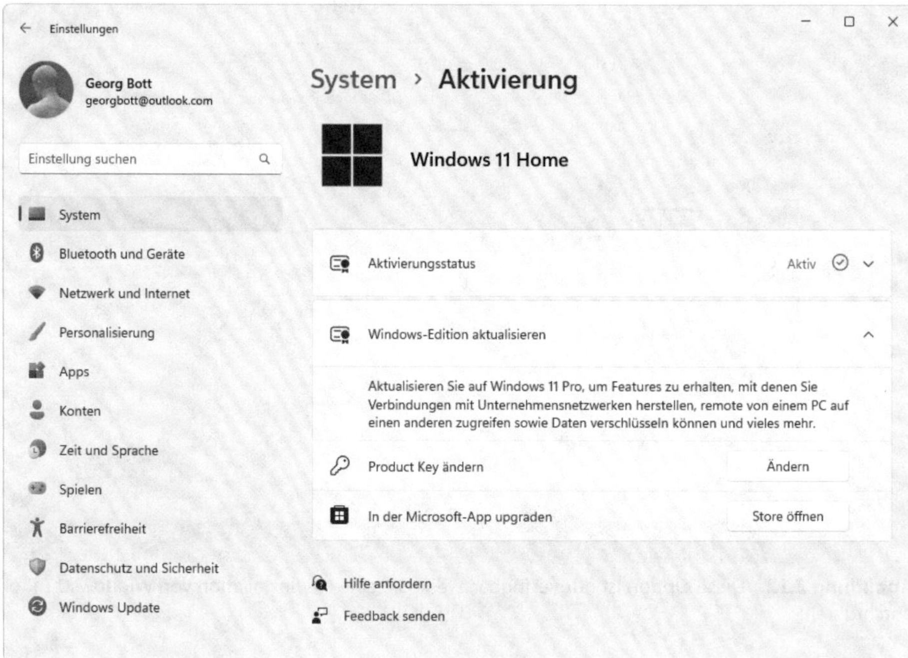

Abbildung 2.13 Verwenden Sie diese Optionen, um einen PC von Home Edition auf Pro zu aktualisieren.

Wenn Sie einen Product Key für Windows 11 Pro besitzen, können Sie diesen Product Key verwenden, um das Upgrade abzuschließen. Klicken Sie auf *Ändern*, um das in Abbildung 2.14 gezeigte Dialogfeld zu öffnen.

Abbildung 2.14 Wenn Sie bei der Installation von Windows 11 die Eingabe eines Product Keys übersprungen haben, können Sie ihn hier eingeben. Das gleiche Dialogfeld verwenden Sie für ein Editions-Upgrade.

Geben Sie den 25-stelligen Produktschlüssel ein und klicken Sie auf *Weiter*, um das Editions-Upgrade zu starten. Wenn Sie keinen gültigen Schlüssel haben und bereit sind, für ein sofortiges Upgrade zu zahlen, klicken Sie auf *Store öffnen* und folgen Sie den Anweisungen, um ein Upgrade auf Windows 11 Pro oder Pro Workstation zu kaufen und zu installieren.

Expertentipp

Verwenden Sie den Product Key einer früheren Windows-Edition

Wenn Sie über einen Windows 10-Product Key verfügen, können Sie diesen zur Aktivierung der entsprechenden Edition von Windows 11 verwenden. Das gilt für Neuinstallationen, Versions-Upgrades und Editions-Upgrades. So können Sie beispielsweise auf einem neuen PC mit Windows 11 Home die in diesem Abschnitt beschriebene Option *Product Key ändern* verwenden, um ein Upgrade auf Windows 11 Pro durchzuführen, indem Sie einen Windows 10 Pro-Product Key eingeben. Tatsächlich können Sie ein Upgrade auf Pro mit einem gültigen Product Key von Windows 7, Windows 8 oder Windows 8.1 durchführen. Der Effekt ist derselbe, als hätten Sie Ihre ursprüngliche Windows-Version auf Pro aktualisiert und dann die kostenlosen Upgrade-Optionen verwendet, um auf Windows 10 und dann auf Windows 11 umzusteigen, ohne all diese Zwischenschritte.

Auf einem PC mit Windows 11 Pro ist die Option *Product Key ändern* die einzige in diesem Abschnitt verfügbare Option. Geben Sie einen gültigen Pro Workstation-, Enterprise- oder Education-Produktschlüssel ein, um ein Upgrade durchzuführen.

Windows aktivieren

Seit mehr als zwei Jahrzehnten enthalten die Desktop-Versionen von Windows Funktionen zum Schutz vor Piraterie und Manipulationen. Im Laufe der Jahre hat Microsoft verschiedene Bezeichnungen für diese Funktionen verwendet: zum Beispiel »Windows Activation Technologies« und »Windows Genuine Advantage«. In Windows 10 und Windows 11 werden diese Funktionen unter dem Begriff »Software Protection Platform« zusammengefasst.

Der sichtbarste Teil der Softwareschutzplattform ist die Windows-Produktaktivierung, eine Aktion, die kurz nach der ersten Anmeldung auf einem neuen PC oder auf einem älteren Gerät mit einer frisch installierten Kopie von Windows 11 erfolgt.

In der Regel umfasst die Aktivierung eine kurze Kommunikation zwischen Ihrem PC und den Lizenzierungsservern von Microsoft. Der Aktivierungsprozess ist anonym und erfordert keine Angabe von persönlichen Daten. Sofern alles in Ordnung ist, wird Ihre Windows-Kopie unbemerkt aktiviert, und Sie müssen sich nie mit Product Keys oder Aktivierungsaufforderungen befassen.

Nachdem Sie Ihre Windows-Installation erfolgreich aktiviert haben, unterliegt Ihre Hardware immer noch einer regelmäßigen Anti-Piraterie-Prüfung von Microsoft. Dabei wird überprüft, ob Ihre Windows-Kopie nicht manipuliert wurde, um die Aktivierung zu umgehen. Außerdem werden Versuche erkannt, einen Datenträger zu »klonen«, um ihn auf einem anderen PC als dem zu verwenden, auf dem er ursprünglich aktiviert wurde. In seltenen Fällen kann Microsoft die Aktivierung für einen Computer widerrufen, wenn festgestellt wird, dass die ursprüngliche Aktivierung das Ergebnis einer Produktmanipulation war oder dass ein Product Key gestohlen oder unter Verletzung eines Volumenlizenzvertrags verwendet wurde.

Diese Prüfungen und Herausforderungen sind im Grunde genommen Durchsetzungsmechanismen für den Windows-Lizenzvertrag. Dieser Vertrag wird während der Installation oder Bereitstellung des Betriebssystems angezeigt, und Sie müssen ihm zustimmen, um die Einrichtung abzuschließen. Abbildung 2.15 zeigt zum Beispiel den Lizenzbildschirm, der bei einer Neuinstallation von Windows 11 erscheint.

Ich bin kein Jurist, also werde ich nicht versuchen, die Bedingungen dieses Rechtsdokuments zu interpretieren. Ich empfehle Ihnen jedoch, die Lizenzvereinbarung zu lesen, die im Vergleich zu vielen anderen Dokumenten dieser Art, die ich im Laufe der Jahre gelesen habe, in relativ einfacher Sprache verfasst ist.

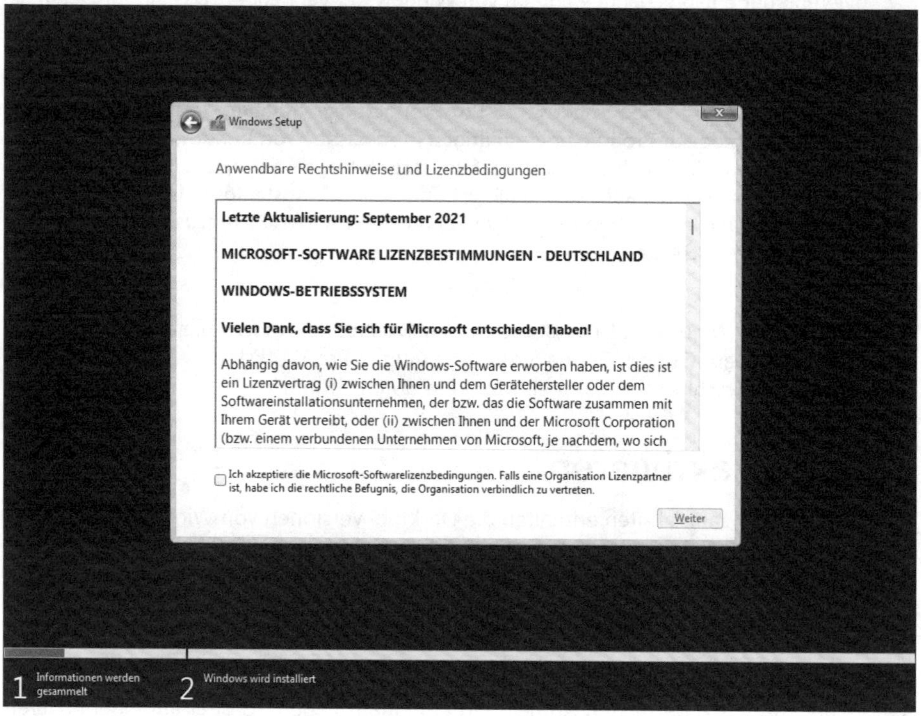

Abbildung 2.15 Die meisten lesen die Lizenzvereinbarung nie und klicken einfach auf das Kontrollkästchen, um sie zu akzeptieren. Es lohnt sich jedoch, die Vereinbarung zumindest einmal vollständig zu lesen.

Der Aktivierungsmechanismus soll die Lizenzbeschränkungen durchsetzen, indem er die häufigste Form der Softwarepiraterie verhindert: das gelegentliche Kopieren. Normalerweise berechtigt eine Windows-Lizenz dazu, die Betriebssystemsoftware auf einem einzigen Computer zu installieren. Wenn Sie versuchen, Windows 11 mit einem Product Key zu aktivieren, der bereits auf einem zweiten (oder dritten oder vierten) Gerät aktiviert wurde, können Sie die Software möglicherweise nicht automatisch aktivieren. In diesem Fall wird auf dem Desktop ein Wasserzeichen angezeigt, das Sie auf ein Problem mit der Aktivierung hinweist.

> ### Hinweis
>
> **Es ist wichtig, eine Ursache für potenzielle Missverständnisse zu beseitigen: Die juristischen und vertraglichen Einschränkungen, die in den Lizenzvereinbarungen festgelegt sind, sind völlig unabhängig von den technischen Einschränkungen bei der Installation.**
>
> **Lizenzen werden an Geräte zugewiesen. Wenn Sie ein System auf Windows 11 upgraden und später die Festplatte des Systems ausfällt, können Sie die Festplatte austauschen und eine Neuinstallation von Windows 11 ausführen; die Lizenz ist weiterhin gültig. Umgekehrt ist es zwar technisch möglich, Windows auf einem Computer zu installieren und zu aktivieren, für den keine entsprechende Lizenz besteht, aber die erfolgreiche Aktivierung bedeutet nicht zwingend, dass eine gültige Lizenz erteilt wurde. Dieser Unterschied ist besonders in Unternehmen wichtig (auch in ganz kleinen), die Ziel einer Softwareüberprüfung werden könnten, bei der die korrekte Lizenzierung geprüft wird.**
>
> **Die Lizenzbedingungen für die momentan installierte Windows-Edition finden Sie unter *Einstellungen | System | Info*. Klicken Sie im Abschnitt *Windows-Spezifikationen* auf den Link *Microsoft-Software-Lizenzbedingungen*.**

Ein nicht aktivierter Windows-PC kann weiterhin verwendet werden. Alle Windows-Funktionen (mit Ausnahme der Personalisierungsoptionen) funktionieren normal, alle Ihre Datendateien sind zugänglich, und alle Ihre Programme arbeiten wie erwartet. Die lästigen Mahnungen sollen Sie nachdrücklich ermutigen, das zugrunde liegende Problem zu beheben. Einige Formen von Schadsoftware können Systemdateien in einer Weise beschädigen, die einer Manipulation von Aktivierungsdateien ähnelt. Eine weitere häufige Ursache von Aktivierungsproblemen ist ein fauler oder unehrlicher Reparaturtechniker, der eine gestohlene oder »gecrackte« Kopie von Windows installiert, anstatt die lizenzierte Originalkopie zu verwenden.

Links in den Windows-Aktivierungsmeldungen führen zu Online-Support-Tools, mit denen Sie das Problem, das Ihr System beeinträchtigt, möglicherweise identifizieren und beheben können. Microsoft bietet auch kostenlosen Support für Aktivierungsprobleme über Online-Foren und per Telefon.

Windows-Lizenzoptionen

Alle Kopien von Windows werden lizenziert, nicht verkauft. Windows 11 unterstützt die folgenden Lizenztypen:

- **OEM** Eine OEM-Lizenz (Original Equipment Manufacturer) ist eine Lizenz, die mit einem neuen Computer geliefert wird. Diese Lizenz ist auf den Computer beschränkt, auf dem sie installiert wurde, und kann nicht auf einen neuen Computer übertragen werden. OEM-System-Builder-Pakete, die sowohl Installationsmedien als auch die Lizenz enthalten, sind für kleine PC-Hersteller gedacht, werden aber auch häufig von Privatanwendern und Hobbyisten verwendet. Der System Builder muss die Unterstützung für OEM-Windows zusammen mit dem Gerät, auf dem es installiert ist, bereitstellen.
- **Volllizenz** Eine Volllizenz wird direkt an Einzelhandelskunden als elektronische Distribution oder als Paketprodukt verkauft. Mit einer Volllizenz kann Windows auf einem Computer installiert werden, der ursprünglich nicht mit Windows 10 oder Windows 11 verkauft wurde. Sie benötigen eine Volllizenz, um Windows in einer virtuellen Maschine, auf einem Mac oder auf einem von Ihnen selbst erstellten Computer zu in-

stallieren. Eine Volllizenz kann auf einen anderen Computer übertragen werden; die zugrunde liegende Kopie von Windows auf dem ursprünglichen PC muss entfernt werden, damit die übertragene Lizenz gültig ist.

- **Volumenlizenz** Volumenlizenzen für Windows werden in großen Mengen an Unternehmen, Behörden, gemeinnützige Organisationen und Bildungseinrichtungen verkauft und sind als Upgrade für Computer verfügbar, die bereits über eine von Microsoft sogenannte »qualifizierte Basislizenz« verfügen, beispielsweise eine OEM-Lizenz für Windows 10 oder Windows 11 Pro.
- **Cloud** Unternehmen können Upgrades auf Windows 10 oder Windows 11 Enterprise über eine Abonnementoption (E3 oder E5) erwerben; Lizenzen, die über diesen Kanal erworben werden, sind mit einem Azure Active Directory-Konto in dieser Organisation verbunden und werden von der Organisation verwaltet. Diese Art von Windows-Lizenz kann auf bis zu fünf PCs gleichzeitig aktiviert werden, indem man sich mit den Azure AD-Anmeldeinformationen des lizenzierten Benutzers anmeldet.

Wenn Sie den Aktivierungsstatus eines Windows 11-PC überprüfen, sehen Sie möglicherweise einen Hinweis auf eine digitale Lizenz. Diese Terminologie ersetzt die Echtheitszertifikate und Aufkleber, die bei älteren Windows-Versionen erforderlich waren. Die Details einer digitalen Lizenz können mit einem Microsoft-Konto verknüpft werden, was eine einfachere Fehlerbehebung bei Aktivierungsproblemen ermöglicht, was weiter hinten in diesem Abschnitt beschrieben ist.

Brauchen Sie einen Product Key?

Wenn Sie Ihren PC selbst bauen oder Windows 11 in einem neuen virtuellen Computer installieren, müssen Sie einen 25-stelligen alphanumerischen Product Key eingeben, bevor Sie Ihre neue Installation erfolgreich aktivieren können. Sie benötigen keinen Produktschlüssel, wenn Sie einen neuen PC kaufen, der von einem der großen OEM-Hersteller (Dell, Lenovo, HP, Acer und ASUS machen die überwältigende Mehrheit der PCs in dieser Kategorie aus) gebaut und mit einer bereits installierten Kopie von Windows 10 oder Windows 11 verkauft wird. Auf diesen Geräten kann Windows die eingebetteten Lizenzinformationen aus der Firmware des Computers abrufen und automatisch aktivieren.

Kleinere OEMs (im Sprachgebrauch von Microsoft werden diese als System Builder bezeichnet) erwerben einzelne Kopien von Windows, die einen Product Key zur Aktivierung benötigen. Der System Builder ist gemäß den Bedingungen der OEM-Lizenz verpflichtet, diesen Product Key in die Windows-Installation einzubinden und dem Käufer des PC eine offizielle Kopie dieses Schlüssels zur Verfügung zu stellen.

Wenn Sie bei einer Neuinstallation keinen Product Key eingeben können oder wenn der eingegebene Schlüssel nicht aktiviert werden kann (weil er beispielsweise bereits auf einem anderen PC verwendet wurde), können Sie zu *Einstellungen | System | Aktivierung* gehen und auf die Schaltfläche *Ändern* rechts neben *Product Key ändern* klicken. Geben Sie in dem in Abbildung 2.16 dargestellten Dialogfeld für die aktuell installierte Windows-Edition einen gültigen Product Key ein.

Abbildung 2.16 Wenn Sie hier einen 25-stelligen alphanumerischen Product Key eingeben, prüft Windows automatisch dessen Gültigkeit und fordert Sie auf, die Aktivierung abzuschließen.

Hier sind einige wichtige Fakten, die Sie über Product Keys wissen sollten:

- **Bei jedem Windows-Exemplar, das auf einem neuen PC eines großen Computerherstellers vorinstalliert wurde, ist in der Firmware ein individueller Product Key gespeichert.** Diese Konfiguration wird als SLP (System Locked Preinstallation)) bezeichnet. Sie können in diesem Fall dieselbe Edition von Windows neu installieren und erneut aktivieren, ohne einen Product Key eingeben zu müssen.
- **Ihr Product Key muss zu Ihrer Edition von Windows passen.** Wenn Sie im Rahmen einer benutzerdefinierten Installation von Windows einen Product Key eintippen, identifiziert dieser Schlüssel die installierte Edition. Wenn Sie eine verpackte Kopie von Windows 10 oder Windows 11 erwerben, enthält das Installationsmedium (eine DVD oder ein USB-Flash-Laufwerk) eine Konfigurationsdatei, die automatisch die Edition installiert, die mit dem in diesem Paket enthaltenen Product Key übereinstimmt.
- **Windows 10-Product Keys funktionieren mit Windows 11 und umgekehrt.** Der Product Key passt zu einer bestimmten Windows-Edition und aktiviert die entsprechende Windows 11-Edition (vorausgesetzt natürlich, Ihre Hardware ist mit Windows 11 kompatibel).
- **Bei einer Neuinstallation von Windows 11 ist die Eingabe eines Product Keys nicht erforderlich.** Wenn Sie eine Neuinstallation von Windows 11 durchführen, indem Sie von einem USB-Speicherstick oder einer DVD booten, fordert Windows Setup Sie auf, einen Product Key einzugeben, wie in Abbildung 2.17 dargestellt. Wenn Sie keinen Product Key zur Hand haben, können Sie diesen Schritt aufschieben, indem Sie links neben der Schaltfläche *Weiter* auf *Ich habe keinen Product Key* klicken.

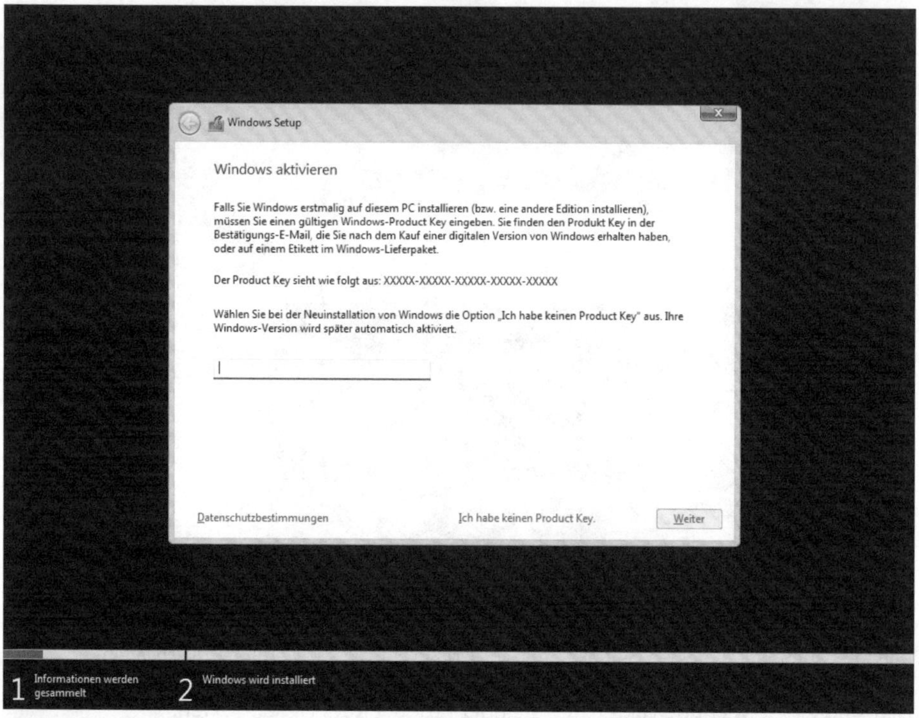

Abbildung 2.17 Setup installiert automatisch die Windows-Edition, die mit dem hier eingegebenen 25-stelligen alphanumerischen Produktschlüssel übereinstimmt, und versucht nach Abschluss des Setups, diesen Schlüssel zur Aktivierung zu verwenden.

- **Wenn Sie Windows 11 erneut installieren, müssen Sie keinen Product Key eingeben.** Wenn Sie Windows 11 zuvor im Rahmen einer Neuinstallation oder eines Upgrades aktiviert haben, wird auf den Aktivierungsservern von Microsoft ein Datensatz dieser Aktivierung zusammen mit der Hardware-ID des Geräts gespeichert. Wenn Sie die zuvor aktivierte Edition (Home oder Pro) neu installieren, können Sie die Aufforderung zur Eingabe eines Product Keys überspringen. Nach Abschluss der Installation wird Windows automatisch aktiviert.

Wenn Sie auf *Ich habe keinen Product Key klicken*, kann das Setup fortgesetzt werden, erfordert aber möglicherweise, dass Sie eine bestimmte Windows-Edition für die Installation auswählen. Achten Sie darauf, dass Sie die Edition auswählen, die mit der zuvor auf diesem PC installierten und aktivierten Edition oder mit dem Product Key übereinstimmt, den Sie später für die Aktivierung verwenden möchten.

Windows-Aktivierung verwalten

Kurz nach der Veröffentlichung von Windows 10 hat Microsoft einen neuen Aktivierungsmechanismus als Alternative zum herkömmlichen Product Key eingeführt. Dieser Mechanismus gilt auch für Windows 11. Auf PCs, die von einer ordnungsgemäß aktivierten Windows-Installation auf Windows 10 oder Windows 11 aktualisiert werden, generiert und speichert der Microsoft-Aktivierungsserver ein Windows-Lizenzzertifikat (Microsoft nannte es zunächst eine *digitale Berechtigung*, änderte die Bezeichnung aber später in *digitale Lizenz*) für die entsprechende Edition, Home oder Pro. Sie erhalten auch eine digitale Lizenz, wenn Sie Windows 11 (oder ein Windows 11 Pro-Upgrade) im Microsoft Store erwerben oder wenn Sie auf einem ordnungsgemäß aktivierten PC eine Insider Preview-Version von Windows installieren.

Dieses digitale Lizenzformat wird in Verbindung mit Ihrer eindeutigen Installations-ID auf den Aktivierungsservern von Microsoft gespeichert. Die eindeutige Installations-ID ist im Wesentlichen ein Fingerabdruck Ihres PC, der auf einem von Ihrer Hardware abgeleiteten kryptografischen Hash basiert. Dieser Hash ist nicht umkehrbar und nicht an andere Microsoft-Dienste gebunden. Obwohl er also Ihr Gerät definiert, können Sie darüber nicht identifiziert werden. Er ermöglicht es aber, den Aktivierungsstatus für dieses Gerät online zu speichern.

- **Weitere Einzelheiten zu digitalen Lizenzen und anderen Aktivierungsfragen finden Sie unter *https://bit.ly/win11-activation*.**

Sobald der Onlineaktivierungsstatus mit Ihrer Hardware-ID verknüpft ist, können Sie Ihr Laufwerk löschen, von einem Windows 11-Installationsmedium booten und eine saubere Kopie installieren (und dabei die Aufforderungen zur Eingabe für den Product Key überspringen). Am Ende des Prozesses haben Sie eine ordnungsgemäß aktivierte Kopie von Windows 11.

Sie können den Aktivierungsstatus Ihres Geräts jederzeit überprüfen, indem Sie zu *Einstellungen | System | Aktivierung* gehen, wie in Abbildung 2.18 gezeigt.

Abbildung 2.18 Die meisten Windows 11-PCs werden automatisch aktiviert, wobei der erfolgreiche Aktivierungsstatus in diesem Dialogfeld angezeigt wird.

Ein erwähnenswertes Detail in Abbildung 2.18 ist die Verknüpfung zwischen der digitalen Lizenz und dem aktuellen Microsoft-Konto. Dadurch wird die digitale Lizenz in einer Form gespeichert, die es ermöglicht, sie im Rahmen einer Problembehandlung abzurufen; das beschreiben wir im nächsten Abschnitt.

Aktivierungsprobleme beseitigen

Wenn Sie Windows 11 auf einem neuen PC installieren, versucht das Programm, die Lizenzierungsserver von Microsoft zu kontaktieren und Windows 11 automatisch zu aktivieren. In den meisten Fällen dauert die Aktivierung über das Internet nicht länger als ein paar Sekunden. Wenn Windows die Aktivierungsserver von Microsoft nicht erreichen kann, beispielsweise aufgrund von Verbindungsproblemen, wird der Aktivierungsversuch drei Tage lang fortgesetzt. Wenn die Aktivierung fehlschlägt, werden Sie an mehreren Stellen auf das Problem aufmerksam gemacht. Das Erste ist ein hellgraues Wasserzeichen »Windows aktivieren«, das in der unteren rechten Ecke des Bildschirms erscheint und dauerhaft sichtbar ist. In kleinerer Schrift steht darunter die Anweisung »Wechseln Sie zu den Einstellungen, um Windows zu aktivieren«.

Auch oben auf der Seite *System* in den *Einstellungen* sehen Sie den Hinweis »Windows ist nicht aktiviert«. Rechts daneben befindet sich der praktische Link *Jetzt aktivieren*. Wenn Sie in der App Einstellungen die Seite *Personalisierung* öffnen, sind alle Optionen ausgegraut und nicht verfügbar; oben auf der Seite steht diese Meldung »Sie müssen Windows aktivieren, um Ihren PC personalisieren zu können«.

Den deutlichsten Hinweis sehen Sie natürlich, wenn Sie zu *Einstellungen | System | Aktivierung* gehen. Neben der Überschrift *Aktivierungsstatus* sehen Sie die Worte »Nicht aktiv«, die mit einem leuchtend roten Ausrufezeichen versehen sind. Darunter sehen Sie eine Fehlermeldung, ebenfalls in roter Schrift. Abbildung 2.19 zeigt ein Beispiel für diese Meldung.

Abbildung 2.19 Im Falle eines Aktivierungsfehlers können Sie mit diesen Optionen ein Tool zur Fehlerbehebung ausführen, einen Product Key eingeben oder im Microsoft Store eine neue Lizenz erwerben.

Wenn Sie sicher sind, dass Sie eine gültige Windows-Lizenz haben, klicken Sie auf *Problembehandlung*, um zu versuchen, das Problem zu beheben. Die Problembehandlung für die Aktivierung kann einige einfache Probleme lösen und eignet sich besonders gut für Aktivierungsfehler, die auf Hardwareänderungen zurückzuführen sind oder auf Situationen, in denen Sie versehentlich die falsche Windows-Edition installiert haben (beispielsweise Home anstelle von Pro). Wenn die Problembehandlung Ihr Problem nicht lösen kann, bietet sie die Option *Ich habe kürzlich die Gerätehardware geändert* an (siehe Abbildung 2.20).

Abbildung 2.20 Wenn die Problembehandlung das Problem bei der Aktivierung nicht lösen kann, weil Sie vor Kurzem Hardwareänderungen vorgenommen haben, bietet sie eine weitere Lösungsmöglichkeit.

Warum sind Hardwareänderungen ein Problem?

Sie können Windows auf derselben Hardware beliebig oft neu installieren und reaktivieren. Während des Aktivierungsprozesses überträgt Windows eine Datei mit Hashwerten, die als »Fingerabdruck« der Schlüsselkomponenten Ihres Systems dient. Wenn Sie dieselbe Windows-Edition, die Sie zuvor aktiviert haben, erneut installieren, empfängt der Aktivierungsserver den aktuellen Hardware-Fingerabdruck und vergleicht diesen Wert mit dem in seiner Datenbank gespeicherten Wert. Da Sie Windows auf einer im Wesentlichen identischen Hardware neu installieren, stimmt der Fingerabdruck, den Ihr System an den Aktivierungsserver sendet, mit dem gespeicherten Fingerabdruck überein, und die Aktivierung erfolgt automatisch.

Eine Kopie des Hardware-Fingerabdrucks wird auch auf Ihrer Festplatte gespeichert und bei jedem Start des Computers überprüft. Dieser Prüfprozess soll verhindern, dass versucht wird, die Aktivierungsdateien zu manipulieren oder eine aktivierte Kopie von Windows zu »klonen« und auf einem anderen Computer zu installieren. Wenn Sie die Hardware in Ihrem Computer aufrüsten, stimmt der Fingerabdruck nicht mehr mit der gespeicherten

Version überein. Geringfügige Upgrades, wie zum Beispiel die Vergrößerung des Arbeitsspeichers oder der Austausch eines internen Speichermediums, werden wahrscheinlich keine Aktivierungswarnung auslösen. Wenn Sie jedoch wesentliche Änderungen an Ihrer Systemhardware vornehmen, müssen Sie Ihre Windows-Kopie möglicherweise erneut aktivieren.

Sie können fast alle Komponenten eines Systems aufrüsten, ohne eine neue Lizenz zu benötigen. Der Austausch der Hauptplatine eines PC ist der sicherste Weg, um den Aktivierungsmechanismus auszulösen, da der Aktivierungsserver davon ausgeht, dass Sie versucht haben, Ihre Kopie von Windows auf einem zweiten Computer zu installieren. Wenn Sie ein defektes oder ausgefallenes Motherboard durch ein Motherboard desselben Modells oder eines gleichwertigen Modells des Herstellers ersetzt haben, brauchen Sie keine neue Betriebssystemlizenz zu erwerben, und Sie sollten in der Lage sein, Ihre Windows-Kopie zu reaktivieren.

Um in diesem Szenario zu helfen, stützt sich die Problembehandlung für die Aktivierung auf eine Funktion, die mit Windows 10 eingeführt wurde: die Möglichkeit, eine digitale Lizenz zu speichern und sie mit Ihrem Microsoft-Konto zu verknüpfen. Dieser Schritt ist nicht verpflichtend, aber es ist praktisch, wenn Sie größere Veränderungen an einem System mit einer digitalen Lizenz vornehmen und es erneut aktivieren müssen.

Wenn der betreffende PC zuvor aktiviert wurde und seine digitale Lizenz mit einem Microsoft-Konto verknüpft war, können Sie die Problembehandlung für die Aktivierung ausführen, um den Abgleich durchzuführen, den die Aktivierungsserver von Microsoft nicht durchführen können. Klicken Sie auf den Link *Problembehandlung* unten auf der Seite *Einstellungen*, um ein Tool zu starten, das versucht, den Aktivierungsdatensatz für den von Ihnen verwendeten PC zu finden. Wenn Sie nicht mit einem Microsoft-Konto angemeldet sind, müssen Sie das Konto verwenden, das Sie zuvor zur Aktivierung dieses PC verwendet haben.

Abbildung 2.21 zeigt die Fehlerbehebung für die Aktivierung in Aktion. Nachdem Sie sich mit dem Microsoft-Konto angemeldet haben, mit dem die vorherige Geräteaktivierung verknüpft war, wird eine Liste der verknüpften Geräte angezeigt. Wählen Sie den Namen des Geräts aus, mit dem Sie Probleme haben, und klicken Sie dann auf *Aktivieren*.

Wenn alles andere fehlschlägt, bleibt Ihnen nur noch die Möglichkeit, sich telefonisch an das Aktivierungs-Supportcenter zu wenden, die Umstände zu erklären und – vorausgesetzt, der Support-Mitarbeiter akzeptiert Ihren Anspruch – manuell einen neuen Aktivierungscode einzugeben. (Wenn Sie ein defektes Motherboard durch ein funktionell identisches ersetzen, sind Sie berechtigt, die bestehende Lizenz auf das neue Gerät zu übertragen. Wenn Sie jedoch Ihren PC mit einer neuen Hauptplatine aufrüsten, betrachtet Microsoft das Endergebnis als neuen PC und verlangt möglicherweise eine neue Lizenz.)

Der Lizenzvertrag für eine Einzelhandelskopie von Windows 11 erlaubt es Ihnen, diese auf einen anderen Computer zu übertragen, vorausgesetzt, Sie entfernen sie vollständig von dem Computer, auf dem sie zuvor installiert war. Eine OEM-Kopie hingegen unterliegt einem anderen Lizenzvertrag, der die Lizenz auf den Computer beschränkt, auf dem sie ursprünglich installiert wurde. Sie können eine OEM-Kopie von Windows unbegrenzt oft auf demselben Computer neu installieren. Der Lizenzvertrag verbietet es Ihnen jedoch, diese Kopie von Windows auf einen anderen Computer zu übertragen, nachdem sie einem Gerät zugewiesen wurde.

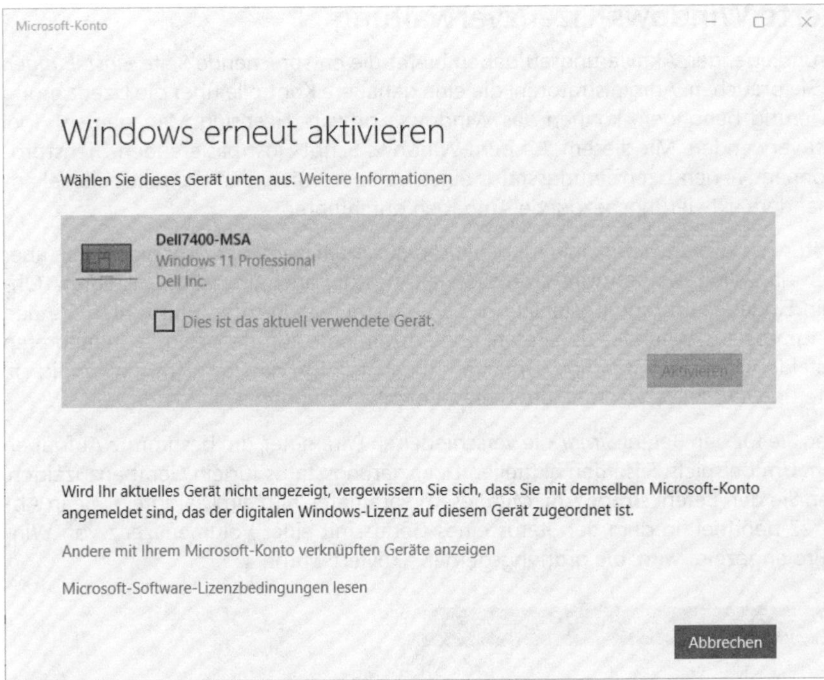

Abbildung 2.21 Mit der Fehlerbehebung für die Aktivierung können Sie eine digitale Lizenz von einem zuvor aktivierten Gerät auswählen, um Probleme zu beheben, die auftreten, wenn Sie wesentliche Hardwareänderungen vornehmen.

Produktaktivierung und Unternehmenslizenzierung

Unternehmen, die Lizenzen über ein Microsoft-Volumenlizenzprogramm (VL) erwerben, erhalten Zugang zu VL-Medien und Produktschlüsseln, die nach anderen Regeln aktiviert werden müssen, als dies bei Einzelhandels- oder OEM-Kopien der Fall ist. Gemäß den Bedingungen eines Volumenlizenzvertrags muss jeder Computer, auf dem eine VL-Kopie von Windows 10 oder Windows 11 Enterprise Edition installiert ist, über eine gültige zugrunde liegende Lizenz verfügen und aktiviert werden. (Diese Option gilt auch für Windows 11 Education, das Äquivalent der Enterprise Edition für Bildungseinrichtungen.)

Die Enterprise- und Education-Editionen von Windows 11 können mit Mehrfachaktivierungsschlüsseln installiert werden, die eine Aktivierung auf einer bestimmten Anzahl von Geräten innerhalb einer Organisation ermöglichen, oder sie können Schlüsselverwaltungsserver zur Aktivierung von Computern innerhalb einer Organisation verwenden.

Außerdem können Administratoren in Unternehmen und Bildungseinrichtungen Windows 10 Pro oder Windows 11 Pro auf die Enterprise oder Education Edition upgraden, indem sie ein Windows 11 Enterprise E3- oder E5-Abonnement von einem Microsoft-Partner erwerben, der Teil des Cloud Service Provider-Programms ist. Weitere Einzelheiten zur Aktivierung von Windows 10/11-Abonnements finden Sie unter *https://bit.ly/win11-subscription*.

Wenn Sie Probleme mit der Aktivierung von Windows 11 Pro oder Enterprise in einer VL-Bereitstellung haben, wenden Sie sich an die Person in Ihrem Unternehmen, die Ihren VL-Vertrag verwaltet – den sogenannten »Benefits Administrator«.

Erweiterte Windows-Lizenzverwaltung

Für die grundlegenden Aktivierungsaufgaben bietet die entsprechende Seite *Einstellungen* alles, was Sie brauchen. Administratoren, die eine genauere Kontrolle über die Lizenzierung und Aktivierung benötigen, können das Windows Software Licensing Management Tool *(Slmgr.vbs)* verwenden. Mit diesem auf dem Windows Script Host basierenden Dienstprogramm können Sie den Lizenzierungsstatus eines PC überprüfen, den Produktschlüssel ändern und andere aktivierungsbezogene Aufgaben durchführen.

Dieses Feature ist zwar in erster Linie für die automatisierte Lizenzverwaltung gedacht, aber Sie können das Windows-Software-Lizenzverwaltungstool auch interaktiv ausführen. Öffnen Sie ein Eingabeaufforderungsfenster mit administrativen Rechten und führen Sie den Befehl **slmgr.vbs** aus. Wenn Sie den Befehl ohne Argumente aufrufen, zeigt er in mehreren Meldungsfeldern seine vollständige Syntax an. (Beachten Sie, dass es nicht notwendig ist, die Erweiterung *.vbs* zu verwenden, um diesen Befehl auszuführen.)

Verwenden Sie für den Befehl *Slmgr* die verschiedenen Parameter, um bestimmte Aufgaben zu erfüllen. Um beispielsweise den aktuellen Lizenzierungsstatus für ein Gerät anzuzeigen, verwenden Sie den Befehl **slmgr /dli**. Mit diesem Parameter wird ein Dialogfeld wie in Abbildung 2.22 geöffnet, in dem der Status eines Geräts mit einer Volumenlizenz von Windows 11 Pro angezeigt wird, die ordnungsgemäß aktiviert wurde.

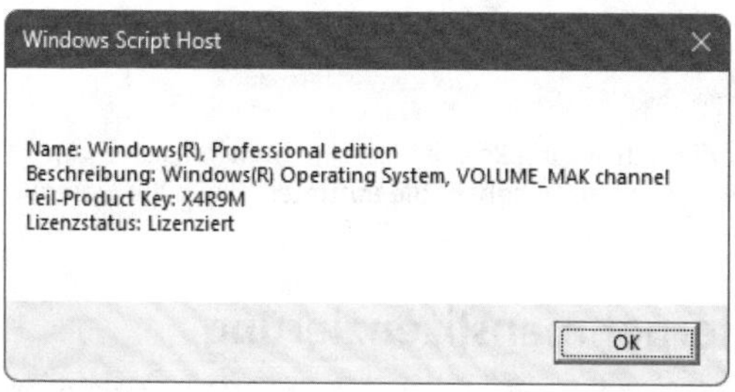

Abbildung 2.22 Diese Ausgabe des Windows-Softwarelizenzverwaltungstools zeigt ein System, das ordnungsgemäß aktiviert wurde. Wird hier ein Fehler angezeigt, müssen Sie eine Problembehandlung starten.

Wesentlich ausführlichere Informationen erhalten Sie, wenn Sie den Befehl so aufrufen: **slmgr.vbs /dlv**. Verwenden Sie **slmgr.vbs /ipk <Product_Key>**, um den 25-stelligen Product Key einzugeben. Der Parameter */upk* deinstalliert den aktuellen Product Key und */cpky* löscht den Product Key aus der Registrierung, um Versuche abzuwehren, einen Schlüssel zu stehlen und wiederzuverwenden. Eine Liste der verfügbaren Befehlszeilenparameter erhalten Sie, indem Sie den Befehl **slmgr.vbs** ohne Argumente aufrufen.

Mehrere Betriebssysteme auf demselben PC verwenden

Wenn auf Ihrem Computer bereits eine beliebige Version von Windows installiert ist und Sie eine zweite Laufwerkspartition zur Verfügung haben (oder genügend freien Speicherplatz, um eine zweite Partition zu erstellen), können Sie eine saubere Kopie von Windows 11 installieren, ohne Ihre bestehende Windows-Installation zu beeinträchtigen. Beim Booten wählen Sie die gewünschte Windows-Version aus einem Startmenü aus, wie in Abbildung 2.23 dargestellt.

Diese Konfiguration wird zwar üblicherweise als Dual-Boot-System bezeichnet, genauer wäre aber der Name Multi-Boot-Konfiguration, weil Sie so viele Versionen von Windows oder anderen PC-kompatiblen Betriebssystemen installieren können, wie es Ihre Systemressourcen zulassen.

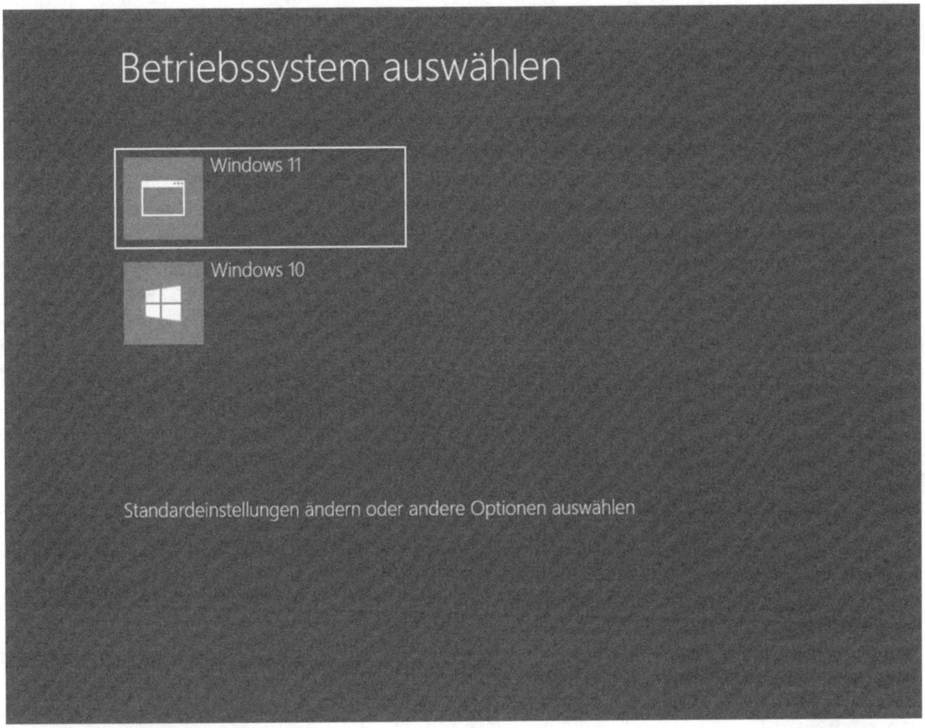

Abbildung 2.23 Dieses System ist so konfiguriert, dass beim Starten die Auswahl des gewünschten Betriebssystems möglich ist.

TROUBLESHOOTING

Nach der Installation von Windows 7 sehen Sie ein textbasiertes Bootmenü

Beim Erstellen eines Multi-Boot-Systems ist es üblich, die neueste Version zuletzt zu installieren. Bei dieser Vorgehensweise wird ein grafisches Startmenü verwendet. Wenn Sie diese Reihenfolge beim Einrichten eines PC mit Windows 11 einhalten, erhalten Sie das grafische Startmenü dieses Betriebssystems. Wenn Sie Windows 7 als zweites Betriebssystem auf einem PC installieren, auf dem derzeit Windows 10 oder Windows 11 ausgeführt wird, erhalten Sie stattdessen das schwarz-weiße, textbasierte Startmenü von Windows 7. Um das Startmenü so zu ändern, dass es die grafische Version verwendet, starten Sie Windows 11, öffnen Sie eine administrative Eingabeaufforderung und führen Sie den folgenden Befehl aus: *bcdboot c:\windows*. Nach dem Neustart sollten Sie das bekannte blau-weiße Menü sehen.

Kapitel 2

Die Möglichkeit, das Betriebssystem beim Start auszuwählen, ist praktisch, wenn Sie eine Anwendung oder ein Gerät haben, das unter Windows 11 einfach nicht funktioniert und nicht ohne Weiteres in einer virtuellen Maschine ausgeführt werden kann. Wenn Sie die alte Anwendung oder das alte Gerät verwenden müssen, können Sie ohne großen Aufwand Ihre frühere Windows-Version starten. Diese Fähigkeit ist auch für Softwareentwickler und IT-Experten nützlich, die testen müssen, wie Programme unter verschiedenen Betriebssystemen mit physischer (nicht virtueller) Hardware funktionieren.

Für erfahrene Windows-Benutzer kann die Installation einer zweiten Windows-Kopie in einer eigenen Partition auch hilfreich sein, um eine völlig saubere Umgebung zu erhalten, die konsequent von vertraulichen Unternehmensdaten getrennt ist. Es ist auch nützlich, wenn Sie mit einer potenziell problematischen Hardware/Software-Kombination experimentieren müssen, ohne ein funktionierendes System zu gefährden. Nachdem Sie die zweite, saubere Version von Windows 11 eingerichtet haben, sehen Sie einen zusätzlichen Eintrag im Startmenü, der Ihrer neuen Installation entspricht. (Die neu installierte Version ist die Standardoption im Menü. Sie wird automatisch gestartet, wenn Sie nach 30 Sekunden keine Auswahl getroffen haben.) Verwenden Sie die neue Installation, um mit der Software oder Hardware zu experimentieren und zu sehen, wie gut sie funktioniert. Wenn Ihre Experimente zufriedenstellende Ergebnisse liefern, können Sie die neue Anwendung oder das neue Gerät zu Ihrer primären Windows 11-Installation hinzufügen, die Sie für Ihre tägliche Arbeit einsetzen.

Wenn Sie einem System, auf dem bereits eine Windows-Version installiert ist, eine separate Installation von Windows 11 hinzufügen möchten, müssen Sie zuerst sicherstellen, dass Sie ein separates Volume (oder unformatierten Festplattenplatz) frei haben, also zusätzlich zu der Partition, die die Systemdateien für Ihre aktuelle Windows-Version enthält.

Expertentipp

Virtuelle Computer statt Multi-Boot-Systeme verwenden

Sie können ausgefeilte Multi-Boot-Konfigurationen aus zahlreichen Windows-Versionen zusammenbauen, die eine jahrzehntelange Entwicklung widerspiegeln. Aber wenn Sie nicht gerade ein Hardware-Testlabor betreiben, gibt es keinen guten Grund, das zu tun. Die viel einfachere und reibungslosere Alternative ist die Verwendung virtueller Hardware, die die Betriebsumgebung originalgetreu nachbildet. Die Installation von Windows 11 in einer virtuellen Maschine ermöglicht es Ihnen außerdem, Details zu verschiedenen wichtigen Aufgaben und Prozessen zu erfassen, die auf physischer Hardware nicht so einfach dokumentiert werden können. Außerdem dauert es nur wenige Minuten, um Änderungen in einem virtuellen Computer rückgängig zu machen, ein Prozess, der bei der Sicherung und Wiederherstellung von Windows auf physischer Hardware viele Stunden dauern kann.

Die einfachste Option ist die Virtualisierungssoftware Hyper-V von Microsoft, die standardmäßig in Windows 11 Pro, Enterprise und Education sowie in den aktuellen Windows Server-Versionen enthalten ist. (Weitere Informationen über Client-Hyper-V finden Sie in Kapitel 17, »Windows 11 in einem virtuellen Computer oder in der Cloud ausführen«.)

→

Um Windows 11 auf einem Mac auszuführen, probieren Sie Parallels aus, das unter *https://parallels.com* erhältlich ist. Für andere Betriebssysteme sollten Sie sich VMware (*https://vmware.com*) ansehen, das hervorragende Virtualisierungssoftware für den Einsatz auf Windows-Desktop- und -Servercomputern bietet, sowie das kostenlose VirtualBox-Paket von Oracle (*https://virtualbox.org*).

Mit all diesen Virtualisierungslösungen können Sie selbst die älteste Windows-Version installieren. Das Sichern und Wiederherstellen der Konfiguration eines Rechners ist in der Regel so einfach wie das Kopieren einiger Dateien. Natürlich benötigen Sie für jedes Betriebssystem, das Sie in einer virtuellen Maschine installieren, eine Lizenz. Wenn Sie eine Lizenz haben, die den Einsatz von Windows für Evaluierungszwecke erlaubt, kann die Möglichkeit, Windows in einem virtuellen Computer auszuführen, eine enorme Zeitersparnis bedeuten.

Das Zielvolume kann eine separate Partition auf derselben physischen Festplatte wie die aktuelle Windows-Installation sein oder sich auf einer anderen Festplatte befinden. Wenn Ihr System eine einzelne Festplatte mit einem einzelnen Volume enthält, das als Laufwerk C verwendet wird, können Sie kein Multi-Boot-System erstellen, es sei denn, Sie fügen eine neue Festplatte hinzu oder verwenden Softwaretools, um die vorhandene Partition zu verkleinern und eine neue Partition aus dem freien Speicherplatz zu erstellen. (Die Datenträgerverwaltungskonsole, *Diskmgmt.msc*, bietet diese Funktion unter Windows 10 und Windows 11; Sie können auch Software von Drittanbietern für diese Aufgabe verwenden. Einzelheiten finden Sie im Abschnitt »NTFS-Volumes verkleinern oder erweitern« in Kapitel 8.) Die neue Partition muss nicht leer sein; wenn sie Systemdateien für eine andere Windows-Installation enthält, werden diese in den Ordner *Windows.old* verschoben. Starten Sie Setup, wählen Sie die Option *Benutzerdefiniert* und wählen Sie die Festplatte und die Partition aus, die Sie für die neue Installation verwenden möchten.

Das Setupprogramm fügt automatisch einen Eintrag für das installierte Betriebssystem zum Startkonfigurationsdatenspeicher hinzu.

Und wie bearbeiten und konfigurieren Sie den Startkonfigurationsdatenspeicher? Überraschenderweise ist das einzige offizielle Tool ein Befehlszeilenprogramm namens Bcdedit. Bcdedit bietet keine Benutzeroberfläche; stattdessen führen Sie Aufgaben aus, indem Sie Schalter und Parameter an die Bcdedit-Befehlszeile anhängen. Um die vollständige Syntax für dieses Tool anzuzeigen, öffnen Sie eine erweiterte Eingabeaufforderung mit erhöhten Rechten (indem Sie die Option *Als Administrator ausführen* verwenden) und geben Sie den Befehl **bcdedit /?** ein.

Für den Normalgebrauch sind die meisten Bcdedit-Optionen seltsam, unnötig – und gefährlich. Die einzige Option, die Sie sich wirklich merken müssen, ist der Befehl, der den Beschreibungstext für einen Eintrag im Systemstartmenü ändert. In der Standardeinstellung trägt das Setupprogramm für jede Installation das allgemeine »Windows 11« gefolgt von einer Volume-Nummer ein. Wenn Sie ein Dual-Boot-System mit zwei Windows 11-Kopien (eine für den alltäglichen Gebrauch, eine zum Testen) eingerichtet haben, ist nur schwer zu erkennen, welche die richtige ist, da der Menütext für beide im Wesentlichen der gleiche ist. Um das Menü informativer zu gestalten, führen Sie die folgenden Schritte aus:

1. Starten Sie Ihren Computer und wählen Sie einen der beiden Einträge aus dem Startmenü. Notieren Sie sich nach Abschluss des Startvorgangs, welche Installation gerade läuft.
2. Klicken Sie mit der rechten Maustaste auf *Start* oder drücken Sie [Win]+[X] und wählen Sie *Windows Terminal (Admin)* aus dem Quicklinks-Menü aus. Klicken Sie im Feld *Benutzerkontensteuerung* auf *Ja*, um eine Sitzung mit erhöhten Rechten zu öffnen.
3. Geben Sie den folgenden Befehl ein: **bcdedit /set {current} description "<Menübeschreibung>"** (ersetzen Sie dabei <*Menübeschreibung*> durch Ihre eigene Beschreibung, und vergessen Sie die Anführungszeichen nicht). Drücken Sie die [↵]-Taste.
4. Starten Sie den Computer neu und beachten Sie, dass nun die soeben eingegebene Menübeschreibung im Menü erscheint. Wählen Sie den anderen Menüeintrag aus.
5. Wiederholen Sie die Schritte 2 und 3 und fügen Sie eine weitere Menübeschreibung hinzu, um den allgemeinen Text zu ersetzen und diese Installation von der anderen zu unterscheiden.

Einige Startoptionen sind verfügbar, wenn Sie unten im Boot-Menü auf *Standardeinstellungen ändern oder andere Optionen wählen* klicken oder tippen. Dies führt zu der in Abbildung 2.24 dargestellten Seite *Optionen*.

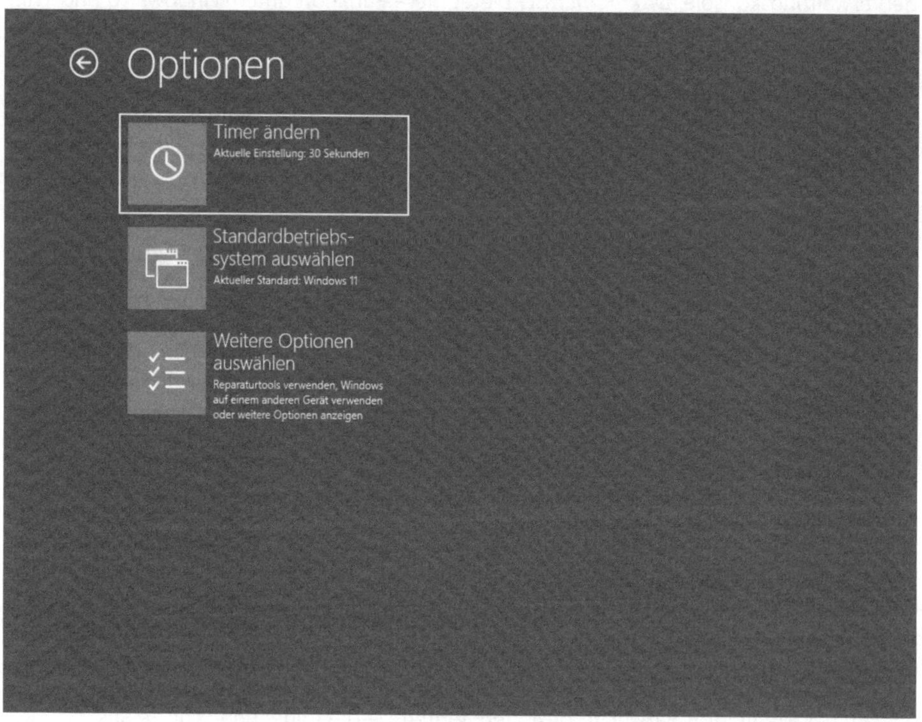

Abbildung 2.24 Verwenden Sie diese Optionen in einer Multi-Boot-Windows-Konfiguration, um festzulegen, wie lange Windows warten soll, bis Sie eine Auswahl aus dem Boot-Menü treffen, und welche Installation nach Ablauf der Zeitspanne ausgeführt werden soll.

Sie können wählen, welche Installation das Standardbetriebssystem ist (hier sind die beschreibenden Menüoptionen sehr nützlich), und den Timer ändern, der festlegt, wie lange die Liste der Betriebssysteme angezeigt werden soll. Die Standardeinstellung ist 30 Sekunden; Sie können 5 Sekunden wählen, damit das Standardbetriebssystem automatisch gestartet wird, sofern Sie nicht sofort eingreifen, oder 5 Minuten, wenn Sie selbst die Auswahl treffen wollen, sogar wenn Sie beim Systemstart kurz abgelenkt sind. Diese Optionen schreiben Daten direkt in den Startkonfigurationsdatenspeicher.

Wenn Sie die Wartezeit für das Startmenü genauer steuern wollen, können Sie das Systemkonfigurationsprogramm *Msconfig.exe* verwenden. Auf der Registerkarte *Start* können Sie das Standardbetriebssystem ändern und die Wartezeit auf einen beliebigen Wert zwischen 3 und 999 Sekunden festlegen.

Expertentipp

Windows 11 und Linux in einer Multi-Boot-Konfiguration installieren

Durch die Verfügbarkeit des Windows-Subsystems für Linux und der Hyper-V-Virtualisierung ist es weit weniger notwendig, Linux in einer Multi-Boot-Konfiguration mit Windows 11 auszuführen. Wenn Sie sich jedoch für diese Option entscheiden, werden Sie feststellen, dass sie ähnlich wie die auf den vorangegangenen Seiten beschriebene Windows-Multi-Boot-Konfiguration funktioniert. Sie können es so einrichten, dass das Windows 11-Bootmenü verwendet wird, oder, wenn Sie es vorziehen, ein Linux-Bootloader (meistens GRUB) verwenden. Das Verfahren ist etwas komplexer als das Verfahren zur Installation einer anderen Windows-Version und variiert ein wenig, je nachdem, welche Linux-Distribution Sie verwenden und welche Linux-Tools (wie Partitionseditoren, Bootloader usw.) Sie bevorzugen. Es ist im Allgemeinen einfacher, ein solches System einzurichten, wenn zuerst die Windows-Partition eingerichtet wird, aber auch die andere Reihenfolge ist möglich: erst Windows und dann Linux, oder erst Linux und dann Windows.

Wenn Sie im Internet nach »Dual Boot Linux Windows« suchen, finden Sie zahlreiche detaillierte Anleitungen, und wenn Sie Ihre Suchbegriffe um den Namen Ihrer Linux-Distribution ergänzen, finden Sie wahrscheinlich die spezifischen Schritte, die erforderlich sind, damit dies mit Windows 11 funktioniert.

Ihre Windows-Installation optimieren

Sobald das Windows-Setup abgeschlossen ist, können Sie sich anmelden und mit Windows 11 loslegen. Sowohl bei einem Upgrade als auch bei einer sauberen Neuinstallation empfehlen wir, diese simple Checkliste abzuarbeiten, um sicherzustellen, dass die Grundfunktionen einwandfrei arbeiten:

- **Prüfen Sie Windows Update.** Je nachdem, wie Sie Ihre Installation oder Ihr Upgrade gestartet haben, benötigen Sie möglicherweise zusätzliche Updates, einschließlich des neuesten Funktionsupdates und zusätzlicher Sicherheitsupdates. Diese Updates sollten innerhalb von 24 Stunden automatisch bereitgestellt werden. Wenn Sie manuell nach Updates suchen, können Sie sie nach Belieben installieren und einen geplanten Neustart über Nacht oder eine unangenehme Verzögerung vermeiden.

- **Suchen Sie nach fehlenden Gerätetreibern.** Öffnen Sie den Geräte-Manager und suchen Sie nach Geräten mit einem gelben Ausrufezeichen über dem Symbol oder nach Geräten, die in der Kategorie *Andere Geräte* aufgeführt sind. Dies ist auch ein guter Zeitpunkt, um alle vom Gerätehersteller bereitgestellten benutzerdefinierten Treiber zu installieren, die zusätzliche Funktionen freischalten können, die mit den über Windows Update bereitgestellten Klassentreibern nicht verfügbar sind. Weitere Informationen zur Arbeit mit Gerätetreibern finden Sie im Abschnitt »Wie Gerätetreiber und Hardware zusammenarbeiten« in Kapitel 13.
- **Passen Sie die Bildschirmeinstellungen an.** Vergewissern Sie sich, dass die Anzeige auf die systemeigene Auflösung eingestellt ist und dass alle zusätzlichen Aufgaben, wie beispielsweise die Farbkalibrierung, abgeschlossen wurden.
- **Überprüfen Sie Ihre Netzwerkverbindung.** Gehen Sie zu *Einstellungen | Netzwerk und Internet*, um die aktuellen Netzwerkverbindungen anzuzeigen und zu ändern. Klicken Sie auf das Symbol *Eigenschaften* (oben auf der Seite, rechts neben dem Verbindungsnamen), um erweiterte Netzwerkeinstellungen (zum Beispiel DNS-Serveradressen) anzupassen oder um von einem öffentlichen Netzwerk zu einem privaten Netzwerk zu wechseln und die lokale Dateifreigabe zuzulassen.
- **Überprüfen Sie die Sicherheitseinstellungen.** Öffnen Sie *Windows-Sicherheit* und suchen Sie nach erforderlichen Aktionen. Wenn Sie Sicherheitssoftware von Drittanbietern verwenden, installieren Sie diese jetzt und holen Sie sich die neuesten Updates.
- **Ändern Sie die Standard-Apps.** Nutzen Sie diese Möglichkeit, um Ihren bevorzugten Browser, E-Mail-Client, App für die Musikwiedergabe usw. zu installieren und zu konfigurieren.
- **Passen Sie die Einstellungen für Stromverbrauch und Energiesparmodus an.** Die Standardeinstellungen sind normalerweise gut genug, aber vielleicht passen sie nicht perfekt zu Ihren Vorlieben. Jetzt ist ein guter Zeitpunkt, um festzulegen, wann Ihr Gerät in den Energiesparmodus wechselt und ob nach dem Aufwachen ein Kennwort eingegeben werden muss.

Kapitel 3

Windows 11 verwenden

Dieses Kapitel beschreibt die wichtigsten Grundlagen der Windows 11-Benutzeroberfläche. Sie erfahren alles über die Dinge, die Sie antippen, anklicken oder mit Drag & Drop ziehen können, damit Windows das tut, was Sie möchten.

Vermutlich geht es Ihnen wie den meisten unserer Leser: Sie nutzen jetzt Windows 11, nachdem Sie die letzten Jahre damit verbracht haben, den Einsatz von Windows 10 zu erlernen. Daher werden Sie hier viele vertraute Elemente mit einigen neuen Wendungen finden. So funktionieren zum Beispiel die beiden wichtigsten Elemente der Windows 11-Benutzeroberfläche – das Startmenü und die Taskleiste – in etwa genauso wie ihre Vorgänger, jedoch unterscheiden sich die Windows 11-Tools zu deren Anpassung sehr von denen in der Vorgängerversion, was wir in diesem Kapitel beschreiben werden.

Um die Dinge noch verwirrender zu machen, hat Microsoft beschlossen, Windows 11 so zu entwickeln, dass jederzeit neue Funktionen veröffentlichen werden können. Diese Funktionen können in einem der jährlichen Funktionsupdates des Betriebssystems enthalten sein – die Version 22H2, die wir als Grundlage für dieses Buch verwendet haben, enthält beispielsweise ein großes Update für den Datei-Explorer, das erstmals eine Oberfläche mit mehreren Registerkarten bietet. (Wir behandeln diese Änderung in Kapitel 9, »Datei-Explorer verwenden«.)

Neue Funktionen können aber auch mit den monatlichen Sicherheits- und Qualitätsupdates oder als Teil der vielen Apps, die in der Standardinstallation von Windows 11 enthalten sind, bereitgestellt werden. Das Ergebnis? Mit ziemlicher Sicherheit haben Sie eine spätere Version von Windows 11 mit einem etwas anderen Funktionsumfang als dem, den wir hier dokumentieren. Es ist möglich, dass einige der Screenshots und Schritt-für-Schritt-Anleitungen, die Sie in diesem Buch finden, nicht genau dem System entsprechen, mit dem Sie arbeiten. Wir hoffen, dass unsere Beschreibungen so klar sind, dass Sie mit diesen kleinen Änderungen gut zurechtkommen.

Die Benutzeroberfläche von Windows 11 im Überblick

Bevor wir die einzelnen Funktionen im Detail beschreiben, möchten wir Ihnen einen kurzen Überblick über Windows 11 geben. Wir möchten Ihnen dabei die unterschiedlichen Elemente von Windows vorstellen, neue wie alte, damit Sie wissen, um was es geht, wenn wir erklären, wie Sie ein bestimmtes Element der Benutzeroberfläche bedienen.

Abbildung 3.1 zeigt die beiden wichtigsten Bausteine von Windows 11 und gibt einen Hinweis auf das Design der für Windows 11 charakteristischen Benutzeroberfläche.

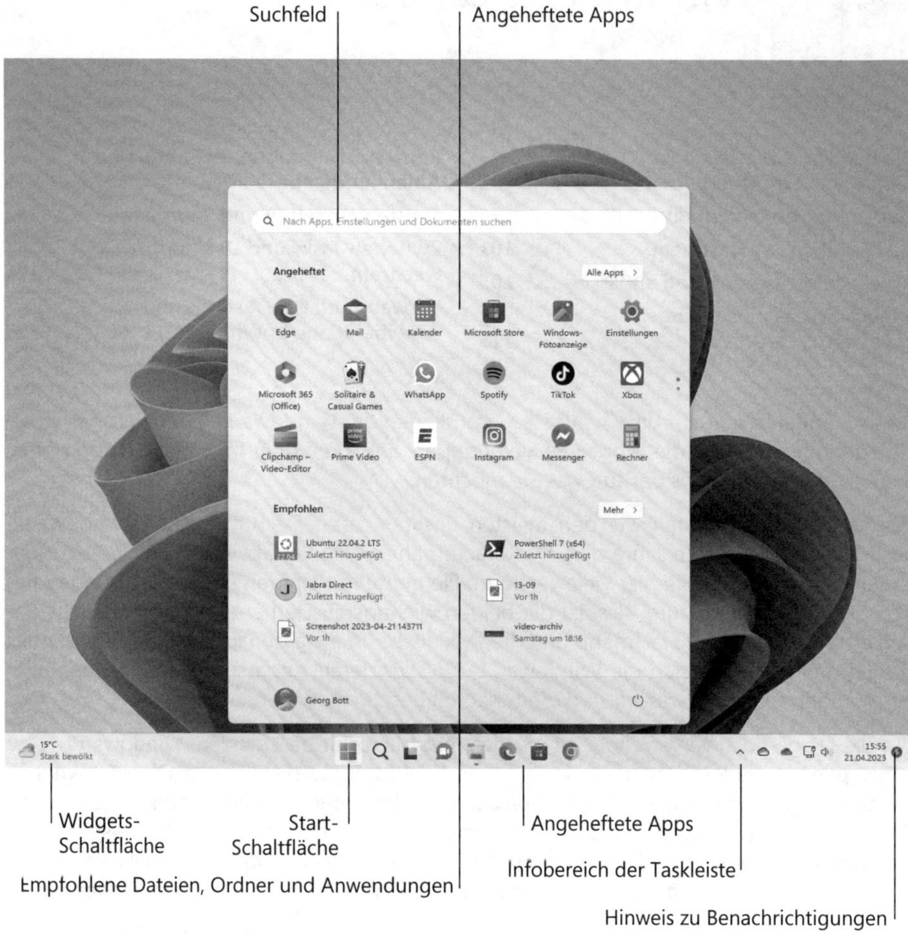

Abbildung 3.1 Im Vergleich zu seinem Vorgänger wurde das Startmenü von Windows 11 radikal vereinfacht.

Wenn Sie zum ersten Mal einen Windows 11-PC hochfahren, sehen Sie den vertrauten Windows-Desktop und die Taskleiste. Wenn Sie die Schaltfläche *Start* anklicken – das Windows-Logo auf der linken Seite einer Reihe von Schaltflächen, die mittig am unteren Rand des Bildschirms angeordnet sind –, wird das Startmenü geöffnet.

Vom Konzept her ähnelt das Startmenü von Windows 11 seinem unmittelbaren Vorgänger, aber es unterscheidet sich in einigen wichtigen Details drastisch. Der offensichtlichste Unterschied ist seine Position auf dem Bildschirm – es befindet sich jetzt zentriert am unteren Rand des Bildschirms und nicht mehr in der linken unteren Ecke. Aber das ist nur eine von vielen wichtigen Änderungen. Im Folgenden finden Sie eine Liste mit weiteren Änderungen, die an der Start-Oberfläche von Windows 10 vorgenommen wurden:

- Es gibt keine Kacheln mehr, deren Größe verändert werden kann; dies betrifft sowohl die Live- als auch alle anderen Kacheln. In Windows 11 haben alle App-Schaltflächen die gleiche Größe.

- Sie können zwischen einem Raster mit angehefteten Apps und der scrollenden Liste *Alle Apps* wechseln, aber Sie können nicht beides auf einmal sehen. In Windows 10 hingegen ist die Liste *Alle Apps* neben den angehefteten App-Kacheln sichtbar.
- Die *Ein-/Aus*-Schalfläche, das Bild des Benutzerprofils und die Verknüpfungen zu allgemeinen Datenordnern befinden sich in einer Reihe am unteren Rand des Startmenüs und nicht in einem schmalen vertikalen Streifen auf der linken Seite.
- Das Startmenü von Windows 11 hat eine feste Größe. Sie können seine Ränder nicht ziehen, um seine Abmessungen zu ändern, und es gibt keine Option, es im Vollbildmodus zu verwenden.
- Oben im Startmenü wird über dem Gitter mit den angehefteten Anwendungen ein Suchfeld angezeigt. Wenn Sie die *Start*-Schaltfläche anklicken und dann einen Suchbegriff eingeben (oder in das Suchfeld oder in der Taskleiste rechts neben *Start* auf die Schaltfläche *Suche* klicken), wird eine andere Ansicht des Startmenüs mit Vorschlägen für die Websuche geöffnet.

Microsoft-Konten und Windows 11

Obwohl es möglich ist, Windows 11 mit einem lokalen Konto zu verwenden, verlangt das Windows-Setup-Programm für die meisten Neuinstallationen ein Microsoft-Konto. Diese Anforderung zahlt sich aus, wenn Sie einen neuen PC oder ein neues Gerät mit demselben Microsoft-Konto einrichten, das Sie zuvor auf einem anderen Gerät verwendet haben. Wenn Sie dieses Gerät so konfiguriert haben, dass Ihre persönlichen Einstellungen synchronisiert werden, übernimmt Ihr neues Gerät die synchronisierten Einstellungen, wie zum Beispiel Desktophintergründe und Farben, sodass es sich sofort vertraut anfühlt.

Wenn Sie sich bei einem Unternehmensnetzwerk anmelden, werden Ihre persönlichen Einstellungen gemäß den vom Netzwerkadministrator festgelegten Richtlinien verwendet. (Falls Ihre Organisation es erlaubt, können Sie ein Microsoft-Konto mit Ihrem Domänenkonto verknüpfen und sowohl Ihre privaten als auch Ihre Arbeitseinstellungen mitnehmen, wenn Sie zwischen unterschiedlichen Geräten wechseln.)

Wenn Sie Ihrem Microsoft-Konto erlauben, die Einstellungen zwischen den Geräten zu synchronisieren, müssen Sie die Standardeinstellungen nicht mühsam an Ihre Präferenzen anpassen. Stattdessen werden Ihre visuellen Designs, Benachrichtigungseinstellungen und gespeicherten WLAN-Kennwörter genau so angezeigt, wie Sie es erwarten. Wenn Ihr Microsoft-Konto mit OneDrive verbunden ist, sind Ihre Online-Dateien und -Fotos ebenfalls verfügbar.

Ebenfalls neu in Windows 11 ist die Schaltfläche *Widgets*, die standardmäßig ganz links in der Taskleiste angezeigt wird. Die Schaltfläche selbst bietet eine Schnellansicht der Temperatur und des Wetters am aktuellen Standort; ein Klick auf diese Schaltfläche (oder die Tastenkombination [Win]+[W]) öffnet den Widgets-Bereich, der so angepasst werden kann, dass er eine erweiterte Wettervorhersage, Schlagzeilen, Börsenkurse sowie Aufgaben und Kalenderereignisse aus einem verknüpften Microsoft-Konto anzeigt, wie in Abbildung 3.2 dargestellt.

Abbildung 3.2 Die Widgets-Leiste zeigt Schlagzeilen, Sportergebnisse, Wetter und andere Informationen an. Der Bereich ist konfigurierbar; Sie können die Widgets-Schaltfläche von der Taskleiste entfernen, wenn Sie sie als störend empfinden.

Wie Sie den Bereich *Widgets* anpassen (oder ganz ausblenden), erfahren Sie später in diesem Kapitel.

Auf der rechten Seite der Taskleiste, direkt rechts neben der Uhrzeit, zeigt Windows ein dezentes Symbol an (eine Zahl in einem Kreis, dessen Farbe Ihrer Windows-Akzentfarbe entspricht), das Sie auf alle Benachrichtigungen hinweist, die Sie von Anwendungen, Diensten oder Windows selbst erhalten haben. Klicken Sie dieses Symbol an, um das Benachrichtigungscenter zu öffnen, wie in Abbildung 3.3 dargestellt. (Wenn Sie keine ungelesenen Benachrichtigungen haben, klicken Sie auf die aktuelle Uhrzeit, um diesen Bereich zu öffnen.)

Sie können die Liste der Apps, die Sie unterbrechen dürfen, feineinstellen, aber selbst mit all dieser Aufmerksamkeit bietet das Benachrichtigungscenter immer noch reichlich Möglichkeiten zur Ablenkung, da Besprechungsanfragen, E-Mail-Nachrichten und Erinnerungen um Ihre Aufmerksamkeit konkurrieren. Als Gegengewicht enthält das Benachrichtigungscenter von Windows 11 nicht nur eine, sondern gleich zwei Features, die diese Unterbrechungen unterdrücken und Ihnen das ungestörte Arbeiten ermöglichen sollen. Dies sind die Funktionen *Nicht stören* und *Fokus,* die weiter hinten in diesem Kapitel behandelt werden.

Wie bei früheren Versionen bietet Windows 11 mehrere Möglichkeiten, zwischen Aufgaben zu wechseln. Sie können in der Taskleiste auf die Schaltfläche *Aktive Anwendungen* klicken oder die Tastenkombinationen [Win]+[Tab] oder [Alt]+[Tab] verwenden, um schnell zwischen Anwendungen zu wechseln. Windows 11 bietet außerdem wesentlich umfangreichere Werkzeuge als sein Vorgänger, um geöffnete Fenster in vorgegebenen Layouts auf dem

Bildschirm anzuordnen. Wenn Sie beispielsweise in der Titelleiste eines Fensters mit dem Mauszeiger auf die Schaltfläche *Wiederherstellen* bzw. *Vollbild* zeigen, stehen Ihnen eine Reihe von Andock-Optionen zur Verfügung, die wesentlich vielseitiger sind als in Windows 10.

Abbildung 3.3 In diesem Bereich können Sie die Liste der Anwendungen und Dienste, die Sie mit Benachrichtigungen unterbrechen dürfen, zusammenstellen. Sie können auch zwei Funktionen aktivieren, um diese Unterbrechungen vorübergehend zu unterdrücken, damit Sie sich auf die Arbeit konzentrieren können.

Startmenü verwenden und anpassen

Das im Volksmund als Startmenü bekannte Oberflächenelement hat in letzter Zeit einiges durchgemacht, einschließlich einer kurzen Verbannung in der Ära von Windows 8. In Windows 11 bleibt es in seinem Kern erhalten, jedoch wurde es im Vergleich zu seinen Vorgängern drastisch vereinfacht.

Um das Startmenü zu öffnen, klicken Sie auf das Windows-Logo – die Schaltfläche ganz links in der Mitte der Taskleiste – oder drücken Sie die ⊞-Taste. In Windows 11 ist das Startmenü in eine Reihe horizontaler Abschnitte unterteilt. Oben befindet sich das Suchfeld, in das Sie Suchbegriffe eingeben und passende Ergebnisse aus lokalen Inhalten, aus Cloudkonten und aus dem Internet anzeigen können.

Darunter befinden sich zwei große Bereiche, die mit *Angeheftet* und *Empfohlen* gekennzeichnet sind. Der erste Bereich enthält Symbole für Anwendungen, die auf dem PC installiert sind. Sie können angeheftete Anwendungen hinzufügen, entfernen und neu anordnen, um sie Ihrem Arbeitsstil anzupassen. Der Abschnitt *Empfohlen* zeigt Verknüpfungen zu Dateien an, die Sie kürzlich geöffnet haben und von denen Windows logischerweise annimmt, dass Sie wieder damit arbeiten möchten.

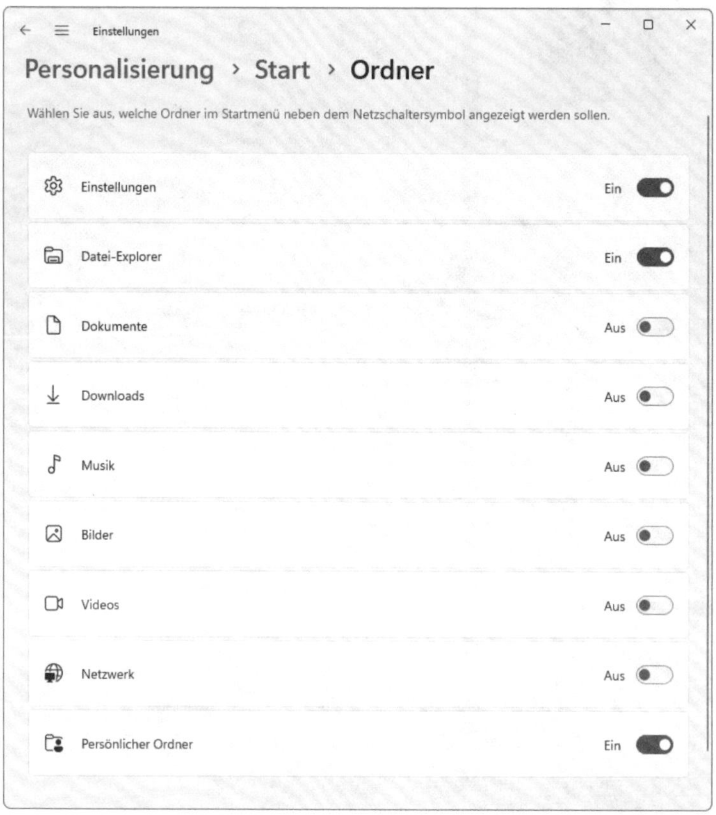

Abbildung 3.4 Verwenden Sie die Schalter auf dieser Einstellungsseite, um Windows mitzuteilen, welche Ordnerverknüpfungen am unteren Rand des Startmenüs angezeigt werden sollen.

Ganz unten im Startmenü befindet sich ein horizontaler Bereich, der standardmäßig nur zwei Steuerelemente enthält. Auf der linken Seite befindet sich ein Bild (und ein Benutzername), das dem Konto entspricht, mit dem Sie sich bei Windows angemeldet haben. Klicken Sie auf dieses Bild, um ein Kontextmenü anzuzeigen, mit dem Sie die Einstellungen für Ihr Konto ändern, den PC sperren, sich bei Windows abmelden oder zu einem anderen Benutzerkonto wechseln können.

Auf der rechten Seite befindet sich die Schaltfläche *Netzschalter*, auf die Sie klicken können, um die Anmeldeoptionen zu ändern oder eine von drei zusätzlichen Optionen zu wählen: *Energie sparen*, *Herunterfahren* oder *Neustart*. (Wenn Sie das Feature *Ruhezustand* aktiviert haben, wird das hier ebenfalls angezeigt.)

Bei einer Standardinstallation ist der Raum zwischen diesen beiden Elementen völlig leer. Sie können ihn mit bis zu neun Verknüpfungen füllen, von denen eine zur App Einstellungen und die anderen zu Ihrem Benutzerprofil führt. Um auszuwählen, welche Ordner in diesem Bereich angezeigt werden, gehen Sie zu *Einstellungen | Personalisierung | Start | Ordner* und aktivieren Sie die Schalter für die Ordner, die Sie sehen möchten (siehe Abbildung 3.4).

> **Expertentipp**
>
> ***Ändern Sie Ihr Bild für das Startmenü***
>
> **Das Bild, das in der unteren linken Ecke des Startmenüs neben Ihrem Benutzernamen angezeigt wird, ist das Bild, das Ihrem Benutzerkonto zugeordnet ist (das Bild, das auch auf dem Willkommensbildschirm erscheint). Wenn Sie mit diesem Bild nicht zufrieden sind, klicken Sie es an und klicken Sie dann auf *Kontoeinstellungen ändern*. Dadurch gelangen Sie auf die Seite *Einstellungen* für Ihr Konto, auf der Sie ein anderes Bild auswählen oder ein Bild mit der Webcam aufnehmen können.**

Inhalt des Startmenüs anpassen

Im Gegensatz zu seinen Vorgängern ist das Startmenü von Windows 11 sehr schlank, mit einem Minimum an Anpassungsmöglichkeiten. Wie bereits erwähnt, besitzt das Menü eine feste Größe und ist in zwei Bereiche unterteilt: Oben befinden sich die angepinnten Programmsymbole und darunter ist Platz für Verknüpfungen zu empfohlenen Dateien und Anwendungen.

> **Expertentipp**
>
> ***Suche mit Start***
>
> **Sie können jede angeheftete Anwendung oder Dokumentverknüpfung im Startmenü starten, indem Sie diese antippen oder anklicken. Wenn Sie lieber die Tastatur verwenden, können Sie auch den ganzen Bildlauf überspringen, auf die [Win]-Taste drücken und dann oben im Startmenü in das Suchfeld den Namen des gewünschten Elements eingeben. Das Gesuchte erscheint dann recht bald ganz oben oder weit oben in den Suchergebnissen. Diese Vorgehensweise ist besonders praktisch, wenn Installationsprogramme von Drittanbietern eine Sammlung verwandter Anwendungen in Ordnern im Menü *Alle Apps* speichern.**

→

> **Die gleiche Technik funktioniert auch, wenn Sie im Internet nach Inhalten suchen möchten. Windows 11 verwendet die Suchmaschine Bing, um Suchergebnisse im selben Bereich anzuzeigen, in dem auch die angepinnten Programmsymbole und Verknüpfungen zu kürzlich verwendeten Dateien angezeigt werden.**
>
> **Sie können die mit dieser Funktion verbundene Suchmaschine nicht ändern. Wenn Sie die Ergebnisse eines anderen Suchanbieters bevorzugen, sollten Sie *Start* überspringen und direkt in Ihrem Browser nach Online-Antworten suchen.**

Die wichtigste Funktion des Startmenüs besteht darin, Verknüpfungen zu installierten Anwendungen zu organisieren. Windows heftet standardmäßig eine Auswahl von Anwendungen an die Liste an. Sie können jede installierte Anwendung an diese Liste anheften, indem Sie mit der rechten Maustaste auf die ausführbare Datei oder eine App-Verknüpfung klicken und *An "Start" anheften* wählen. Um eine angepinnte Anwendung zu entfernen, klicken Sie mit der rechten Maustaste und wählen Sie *Von "Start" lösen*. Sie ordnen angeheftete Verknüpfungen neu an, indem Sie sie anklicken und sie dann mit gedrückter Maustaste an die von Ihnen bevorzugte Position ziehen.

Zu Beginn sind die Bereiche *Angeheftet* und *Empfohlen* in etwa gleich groß konfiguriert, mit jeweils drei Reihen Shortcuts. Sie ändern die relative Aufteilung des Platzes, indem Sie zu *Einstellungen | Personalisierung | Start* gehen und im Abschnitt *Layout* oben auf der Seite *Mehr angeheftete Elemente* oder *Mehr Empfehlungen* wählen, wie in Abbildung 3.5 gezeigt. (Sie können diese Seite auch aufrufen, indem Sie das Startmenü öffnen, mit der rechten Maustaste auf den leeren Bereich am unteren Rand des Menüs klicken und *Starteinstellungen* wählen.)

Sie können den Abschnitt *Empfohlen* nicht ausblenden, aber Sie können ihn auf fast nichts verkleinern. Wenn Sie das Startmenü ausschließlich für App-Verknüpfungen verwenden möchten, wählen Sie die Option *Mehr angeheftete Elemente* und schalten die drei Schalter auf dieser Seite aus. Diese Konfiguration blendet alle Verknüpfungen aus dem Abschnitt *Empfohlen* aus und verkleinert ihn auf eine minimale Größe.

Beide Bereiche enthalten jeweils oben rechts eine Schaltfläche, die Sie zu einer erweiterten Liste von Elementen dieser Kategorie führt. Wenn Sie auf die Verknüpfung *Alle Apps* klicken, wird eine alphabetische Liste aller installierten Apps in einem Format angezeigt, das jedem vertraut sein sollte, der in den letzten zwei Jahrzehnten eine beliebige Version von Windows verwendet hat. Wenn Sie auf *Mehr* (rechts neben der Überschrift *Empfohlen*) klicken, wird eine erweiterte Liste der letzten Dokumente angezeigt. In beiden Fällen kehren Sie mit der Schaltfläche *Zurück* zum Startmenü zurück.

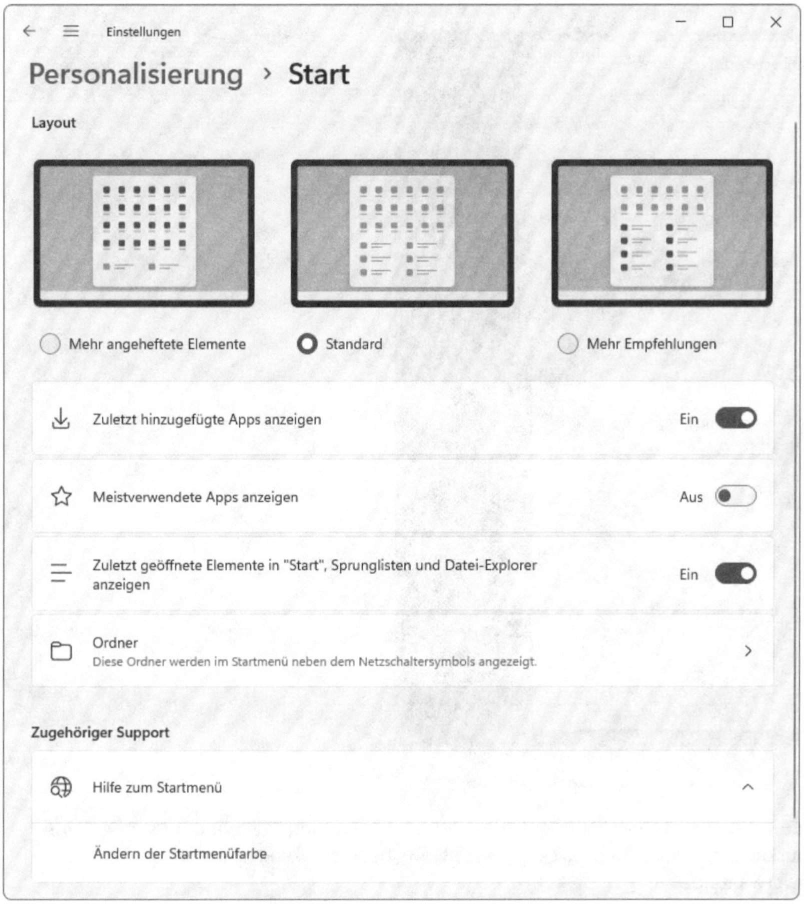

Abbildung 3.5 Das Startmenü ist in zwei Bereiche unterteilt. Sie können keinen der beiden Bereiche ausblenden, aber Sie können die relative Größe der Bereiche ändern.

Expertentipp

Verwenden Sie das leistungsstarke »andere« Startmenü

Jeder Windows-Benutzer kennt die Maxime: Im Zweifelsfall mit der rechten Maustaste klicken. Es lohnt sich besonders, dieses Prinzip auf die *Start*-Schaltfläche anzuwenden, da es das verborgene Quicklink-Menü offenbart, das auch administratives Menü oder Quicklinks-Menü genannt wird. (Sie können dieses Menü auch mit dem Tastaturkürzel [Win]+[X] aufrufen.) Abbildung 3.6 zeigt die Optionen, die ab Windows 11 Version 22H2 verfügbar sind.

Leider ist das Quicklink-Menü nicht anpassbar, aber es ist dennoch außerordentlich nützlich. Die meisten der wichtigsten Systemverwaltungs- und Fehlerbehebungstools befinden sich in diesem Menü, darunter die *Datenträgerverwaltung*, die *Ereignisanzeige* und die Konsole *Computerverwaltung*. Ganz oben in der Liste befindet sich eine nützliche Verknüpfung zur Seite *Installierte Apps* in der App Einstellungen.

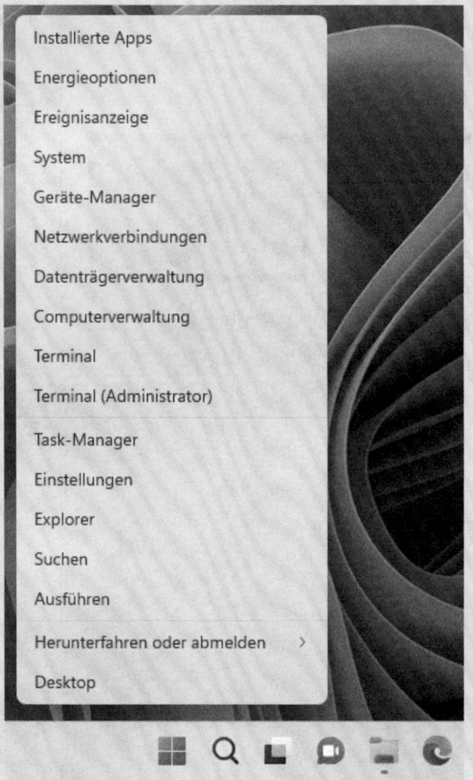

Abbildung 3.6 Das Quicklink-Menü, das angezeigt wird, wenn Sie mit der rechten Maustaste auf die Start-Schaltfläche klicken, enthält eine beeindruckende Auswahl an Tools zur Systemverwaltung.

Windows-Traditionalisten werden die Tatsache zu schätzen wissen, dass hier der Menüpunkt *Herunterfahren oder abmelden* zu finden ist, zusammen mit Links zu *Einstellungen* und *Task-Manager*. Das Menü enthält auch Links zu *Windows-Terminal;* hier können Sie Ihre bevorzugte Befehlszeilen-Shell verwenden: Windows PowerShell oder Eingabeaufforderung.

Angeheftete Apps in Ordnern anordnen

Angeheftete Apps können in Ordnern mit oder ohne Ordnernamen kombiniert werden. Ein Ordner, der zwei oder mehr angeheftete Apps enthält, nimmt den gleichen Platz ein wie eine einzelne App, wobei Miniaturversionen der ersten vier App-Symbole im Ordner angezeigt werden.

Um einen Ordner zu erstellen, ziehen Sie ein App-Symbol und legen es auf einem anderen ab. Um einem Ordner einen beschreibenden Namen zu geben, klicken Sie auf die Überschrift am oberen Rand eines geöffneten Ordners und beginnen Sie zu tippen. Um weitere Apps in dem Ordner abzulegen, ziehen Sie sie auf den vorhandenen Ordner. Wenn Sie auf einen Ordner klicken oder tippen, öffnet sich der Ordner und zeigt die darin enthaltenen Apps an. Sie können auf eine beliebige angeheftete App im Ordner klicken, um sie zu öffnen.

Um eine Anwendung aus einem Ordner zu entfernen und sie gleichzeitig im Startmenü zu belassen, öffnen Sie den Ordner und ziehen Sie die angeheftete App an die Stelle, an der sie erscheinen soll.

Suchen über das Startmenü

Die Suche ist in Windows 11 als Funktion integriert, die einen großen Platz einnimmt. Im Gegensatz zu seinem Vorgänger in Windows 10 ist das Suchfeld jedoch nicht in die Taskleiste integriert. Stattdessen existiert es als alternative Ansicht des Startmenüs, die Sie durch Tippen auf die ⊞-Taste oder durch Klicken auf die Suchschaltfläche (rechts neben *Start*, wenn Sie sie über *Einstellungen* | *Personalisierung* | *Taskleiste* anzeigen lassen) und anschließende Eingabe Ihrer Suchanfrage aktivieren. Wenn das Startmenü bereits geöffnet ist, klicken Sie einfach in das Suchfeld am oberen Rand des Menüs, um die Ansicht zu ändern.

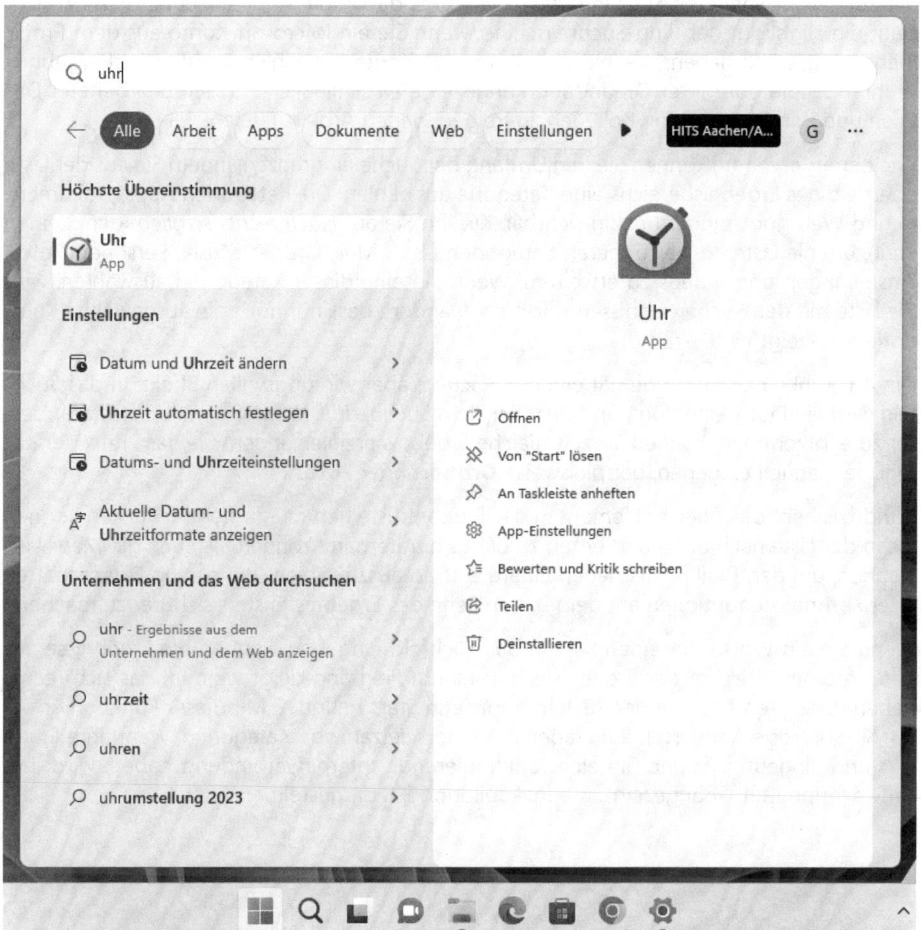

Abbildung 3.7 Geben Sie in das Suchfeld ein Wort oder einen Satz ein, und Sie erhalten eine kategorisierte Liste von Ergebnissen, die dem Suchbegriff entsprechen, einschließlich Anwendungen und Einstellungen. Verwenden Sie die Optionen am oberen Rand, um den Suchbereich zu ändern.

Für die meisten einfachen Aufgaben, wie zum Beispiel die Suche nach einer App oder einer Einstellung, besteht der schnellste Weg zum Erfolg darin, die ⊞-Taste zu drücken und mit der Eingabe des Suchbegriffs zu beginnen. Die Ergebnisse sind, wie in Abbildung 3.7 gezeigt, sachlich und effizient, ohne Persönlichkeit.

Die Liste auf der linken Seite zeigt die Suchergebnisse nach Kategorie an, einschließlich der Ergebnisse aus dem Internet. Ganz oben wird das Element *Höchste Übereinstimmung* angezeigt, wenn Windows glaubt, dass es genau weiß, wonach Sie suchen; der größere Bereich auf der rechten Seite zeigt Details zum aktuell ausgewählten Element aus der Ergebnisliste. Diese Liste enthält auch lokale Dateien, die für den aktuell angemeldeten Benutzer verfügbar sind, sowie Dateien, die in OneDrive oder OneDrive for Business gespeichert sind. Klicken Sie auf das Profilsymbol oben rechts, um innerhalb eines anderen OneDrive-Kontos zu suchen.

Wenn Sie auf *Suche* klicken, ohne einen Suchbegriff einzugeben, sehen Sie links eine Liste der zuletzt verwendeten Suchanfragen und rechts davon die Ansicht *Heute*. Diese Ansicht zeigt ein Highlight der Bing-Suchmaschine, wenn Sie ein Microsoft-Konto aus dem Profilmenü ausgewählt haben. Wenn Sie ein Azure AD-Konto auswählen, werden Suchergebnisse Ihrer Schule oder Ihrer Organisation angezeigt, einschließlich kürzlich bearbeiteter Dateien und Kommentare von Kollegen zu freigegebenen Arbeitsdateien.

Wie bereits erwähnt, können Sie den Umfang der Suche eingrenzen, indem Sie aus der Liste oberhalb des Ergebnisbereichs eine Kategorie auswählen. Die Kategorien Apps, Dokumente und Web sind standardmäßig sichtbar. Klicken Sie auf *Nach rechts scrollen* (den kleinen Pfeil), um die Liste der verfügbaren Kategorien um E-Mail, Ordner, Musik, Personen, Fotos, Einstellungen und Videos zu erweitern. Wenn Sie eine dieser Kategorien auswählen, wird die Liste mit den Suchergebnissen sofort so geändert, dass nur noch die ausgewählte Kategorie angezeigt wird.

Die Auswahl einer Kategorie hat einen einfachen, aber wirkungsvollen Effekt: In das Suchfeld wird ein Präfix eingefügt, und zwar vor dem Suchbegriff. Wenn Sie mit der Tastatur besser zurechtkommen, können Sie das gleiche Ergebnis erzielen, indem Sie das Präfix der Kategorie manuell eingeben, beispielsweise **Ordner:** oder **Fotos:**.

Windows hebt das oberste Element in der Ergebnisliste hervor. Mit den Pfeiltasten können Sie in der Liste nach oben und unten zu blättern. Alternativ können Sie auch die Maus verwenden, um den Pfeil rechts neben einem Eintrag auszuwählen und dessen Eigenschaften oder Sprunglistenoptionen auf der rechten Seite des Ergebnisfensters sichtbar zu machen.

Wenn Sie ein Wort oder einen Satz in das Suchfeld eingeben, können die Ergebnisse aus dem Internet direkt in der Ergebnisliste in einem Feld angezeigt werden, das sich rechts neben der ersten Anzeige der Suchergebnisse in Start befindet. Mit dieser Funktion erhalten Sie sofortige Antworten auf Fragen aus einer Vielzahl von Kategorien. Wenn Ihre Frage klar und eindeutig ist und Sie eine funktionierende Internetverbindung haben, wird Ihre Antwort unmittelbar angezeigt, wie in Abbildung 3.8 dargestellt.

Abbildung 3.8 Wenn sich die beste Übereinstimmung für einen Suchbegriff im Internet befindet, wird möglicherweise ein detailliertes Informationsfeld wie dieses rechts neben der Ergebnisliste angezeigt.

Sie können diese Technik auch für die folgenden Arten von Abfragen verwenden:

- **Daten und Zeiten** Verwenden Sie das Suchfeld, um die Daten von bevorstehenden Feiertagen und Veranstaltungen zu überprüfen. (»Wann ist dieses Jahr Ostern?« und »Um wie viel Uhr wird es dunkel?«)
- **Biografische Angaben** Wenn jemand berühmt genug ist oder ein öffentliches Amt bekleidet, können Sie nach weiteren Informationen fragen. (»Wie alt ist Bill Gates?« oder »Wer ist Gouverneur von New Mexico?«)
- **Definitionen** Sie sind sich der Bedeutung eines unbekannten Wortes nicht sicher? Sie können eine Definition im Ergebnisbereich anzeigen lassen und die Aussprache des Wortes hören oder zu einem Onlinewörterbuch wechseln. (»Was bedeutet phlegmatisch?«)
- **Sportergebnisse** Sie können Ergebnisse und Tabellen für jede Mannschaft oder Liga anzeigen, auch für laufende Spiele.

- **Aktienkurse** Um den aktuellen Kurs und ein Diagramm für eine beliebige Aktie oder einen Index an einer großen Börse zu erhalten, geben Sie ein Dollarzeichen gefolgt vom Tickersymbol ein: **$MSFT**, **$DJIA**.
- **Wetter** Geben Sie **Wetter** gefolgt von einem Städtenamen ein, um eine Fünf-Tage-Vorhersage anzuzeigen, die Ihnen bei der Entscheidung helfen kann, ob Sie für eine bevorstehende Reise einen Regenschirm oder zusätzliche Sonnencreme einpacken sollten.

Der erweiterte Ergebnisbereich kann auch interaktive Steuerelemente enthalten. Geben Sie ein arithmetisches Problem ein, und die Windows-Suche zeigt das Ergebnis in einem Taschenrechner an, mit dem Sie weiterrechnen können. Wenn Sie nach der Umrechnung von Maßeinheiten fragen, können Sie in der Ergebnisanzeige aus einer enormen Anzahl von Umrechnungen wählen, darunter Länge, Volumen und sogar Kraftstoffeffizienz. Abbildung 3.9 zeigt eine Umrechnung, die vielleicht nicht so praktisch ist wie die Umrechnung von Gallonen in Liter, aber bei einer Wette über Ihre Lieblings-Weltraumoper helfen könnte.

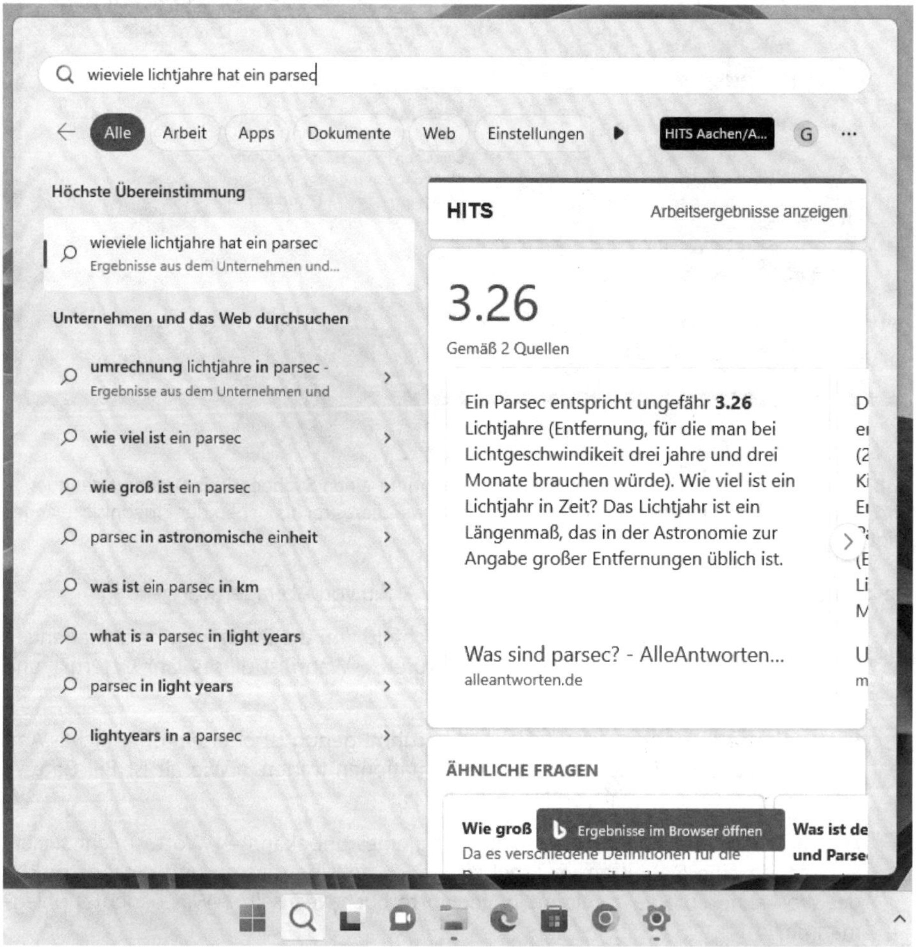

Abbildung 3.9 Ein interaktives Widget erscheint in den Suchergebnissen, wenn Sie eine Frage stellen, die eine Berechnung oder Umrechnung beinhaltet.

Neben Umrechnungen können Sie auch grundlegende mathematische Berechnungen durchführen, indem Sie eine entsprechende Abfrage in das Suchfeld der Taskleiste eingeben. Geben Sie ein beliebiges gültiges mathematisches Format ein – Addition, Subtraktion, Multiplikation, Division, Potenzierung usw., wobei auch Klammern unterstützt werden, um Operationen zu gruppieren – und sehen Sie die Antwort direkt im Ergebnisbereich.

Das Suchfeld ist auch in der Lage, die aktuellen Wechselkurse abzufragen und jeden Betrag in einer Währung in den Gegenwert in einer anderen umzurechnen. Geben Sie den Betrag und die Zielwährung an, zum Beispiel **$195 in Euro**, und verwenden Sie dann die Steuerelemente im Widget, um den Betrag zu ändern, eine andere Währung auszuwählen oder einen neuen Wert in das zweite Feld einzugeben, um die Umrechnung umzukehren.

Die Ergebnisse können sich mit jedem Zeichen, das Sie eingeben, ändern. Benutzen Sie also die [Rueck]-Taste und ändern Sie Ihre Eingaben leicht, damit die Suche versteht, was Sie fragen.

Taskleiste verwenden und anpassen

Die Taskleiste ist der wertvolle Bereich am unteren Rand des Bildschirms. Die Taskleiste gab ihr Debüt in Windows 95. Um Laufe der Zeit wurden hier Funktionen und Schaltflächen hinzugefügt, ohne ihre grundlegende Form zu verändern.

In Windows 11 hat Microsoft den Code der Taskleiste von Grund auf neu geschrieben, fast drei Jahrzehnte an Ballast entfernt und mit einem bewusst klaren und einfachen Design neu begonnen. Die ursprüngliche Anordnung enthält eine Gruppe von Schaltflächen in der Mitte, mit (von links nach rechts) der Schaltfläche *Start*, einer Gruppe von Systemverknüpfungen und dann einer Gruppe von Schaltflächen, die Anwendungen darstellen; die Schaltfläche *Widgets* befindet sich ganz links; eine Gruppe von Benachrichtigungssymbolen sowie die aktuelle Uhrzeit werden ganz rechts angezeigt.

Die Windows 11-Taskleiste erfüllt weiterhin die gleichen Kernfunktionen wie ihre Vorgänger – das Starten von Apps, das Wechseln zwischen Apps und das Bereitstellen von Benachrichtigungen –, jedoch sind die Änderungen gegenüber dem Vorgänger Windows 10 tief greifend. (Eine Liste, die nicht den Anspruch auf Vollständigkeit erhebt, finden Sie im Kasten »Was Sie mit der Taskleiste von Windows 11 nicht tun können«.)

Die offensichtlichste Änderung ist die Startposition. Standardmäßig ist die Windows 11-Taskleiste am unteren Rand des Bildschirms zentriert, anstatt sich an der unteren linken Ecke auszurichten. Die meisten Benutzer gewöhnen sich schnell an die neue Position, vor allem auf großen Monitoren. Wenn Sie sich jedoch nicht daran gewöhnen möchten, bringen Sie die Taskleiste ganz einfach an ihre traditionelle Position zurück. Gehen Sie zu *Einstellungen | Personalisierung | Taskleiste*, erweitern Sie den Abschnitt *Taskleistenverhalten* und ändern Sie die Menüoption *Taskleistenausrichtung* von *Mitte* auf *Links*. (Eine noch schnellere Methode, um zu dieser Seite zu gelangen, besteht darin, mit der rechten Maustaste auf eine beliebige leere Stelle in der Taskleiste zu klicken und *Taskleisteneinstellungen* zu wählen.)

Was Sie mit der Windows 11-Taskleiste nicht tun können

Frühere Windows-Versionen boten eine überwältigende Anzahl von Optionen zur Anpassung der Taskleiste, von denen viele auf das erste Auftreten dieser Funktion in Windows 95 zurückgehen.

Als Teil einer umfassenden Überarbeitung dieser und anderer Kernelemente der Windows-Benutzeroberfläche hat Microsoft viele dieser Anpassungsoptionen entfernt. Wenn Sie sich daran gewöhnt haben, die Taskleiste in Windows 10 und früheren Versionen ausgiebig zu verändern, werden Sie einen kleinen Schock erleben.

Im Folgenden finden Sie eine unvollständige Liste der erweiterten Taskleistenoptionen, die in Windows 11 nicht verfügbar sind:

- Sie können die Taskleiste nicht mehr von ihrer Standardposition am unteren Bildschirmrand verschieben. Wenn Sie es vorziehen, die Taskleiste oben (eine Konfiguration, die der von Apple macOS ähnelt) oder an einer der Seiten anzudocken, müssen Sie ein Tool eines Drittanbieters verwenden.
- In früheren Windows-Versionen konnten Sie die Höhe der Taskleiste erweitern, um zwei oder mehr Reihen von Schaltflächen unterzubringen. Diese Option ist in Windows 11 nicht verfügbar.
- Es gibt keine Option mehr, um kleinere Taskleistenschaltflächen zu verwenden.
- Eine alte Taskleistenoption, die auf die Anfänge von Windows zurückgeht, ermöglichte das Hinzufügen von optionalen Symbolleisten, die vollständig in der Taskleiste untergebracht waren, in einem Bereich direkt links neben dem Infobereich. Windows 11 unterstützt keine zusätzlichen Symbolleisten.
- Wenn Sie mehrere Fenster für eine Anwendung geöffnet haben, konnten Sie in früheren Windows-Versionen die Taskleiste so konfigurieren, dass jedes dieser Fenster eine eigene Schaltfläche hat. In Windows 11 werden diese Fenster immer in einer einzigen Taskleistenschaltfläche ohne Beschriftung zusammengefasst.
- Sie können keine Datei- oder Ordnersymbole aus dem Datei-Explorer auf die Taskleiste ziehen, um sie an die Sprungliste eines Taskleistensymbols anzuheften, wie es in Windows 10 möglich war.

Und noch etwas: Wenn Sie es gewohnt sind, mit der rechten Maustaste auf eine leere Stelle in der Taskleiste zu klicken, um zusätzliche Optionen anzuzeigen, haben Sie sich zweifellos an ein langes Menü voller Optionen gewöhnt: eine lange Liste von Taskleistenelementen, die Sie ein- oder ausblenden können, sowie Optionen zum Anordnen geöffneter Fenster. Sie sollten sich vielleicht erst einmal hinsetzen, bevor Sie mit der rechten Maustaste auf die Windows 11-Taskleiste klicken, um das Kontextmenü zu öffnen, das nur zwei Optionen enthält: *Taskleisteneinstellungen* und eine Verknüpfung zum *Task-Manager*.

Wenn Sie die Aussicht, auf diese klassischen Taskleistenfunktionen zu verzichten, nicht akzeptieren können, haben Sie eine Alternative: Installieren Sie ein Dienstprogramm eines Drittanbieters, um die fehlenden Funktionen wiederherzustellen. Start11 (*https://www.stardock.com/products/start11/*) ist ein kommerzielles Produkt, das das Startmenü im Stil von Windows 10 wiederherstellt. Wenn Sie nicht dafür bezahlen möchten, können Sie auch die kostenlose Open-Source-Alternative ExplorerPatcher (*https://github.com/valinet/ExplorerPatcher*) verwenden.

Jede laufende Anwendung mit einer Benutzeroberfläche hat eine entsprechende Taskleistenschaltfläche. (Apps, die ausschließlich im Hintergrund laufen, besitzen keine Schaltfläche in der Taskleiste.) Wenn Sie diese App schließen, verschwindet auch die Schaltfläche, es sei denn, Sie haben sie an die Taskleiste angeheftet. Unter dem Symbol einer angehefteten App, die gerade ausgeführt wird, wird eine kurze Linie angezeigt, und die App mit dem aktuellen Fokus wird durch eine längere Linie und einen subtilen, aber auffälligen transparenten Schatten gekennzeichnet.

Die Windows 11-Taskleiste bietet eine begrenzte (aber nützliche) Auswahl an Anpassungsoptionen, die über *Einstellungen | Personalisierung | Taskleiste* verfügbar sind (oder indem Sie mit der rechten Maustaste auf eine beliebige leere Stelle in der Taskleiste und dann auf *Taskleisteneinstellungen* klicken). Abbildung 3.10 zeigt eine erweiterte Ansicht der ersten beiden Gruppen von Optionen, die auf dieser Seite verfügbar sind.

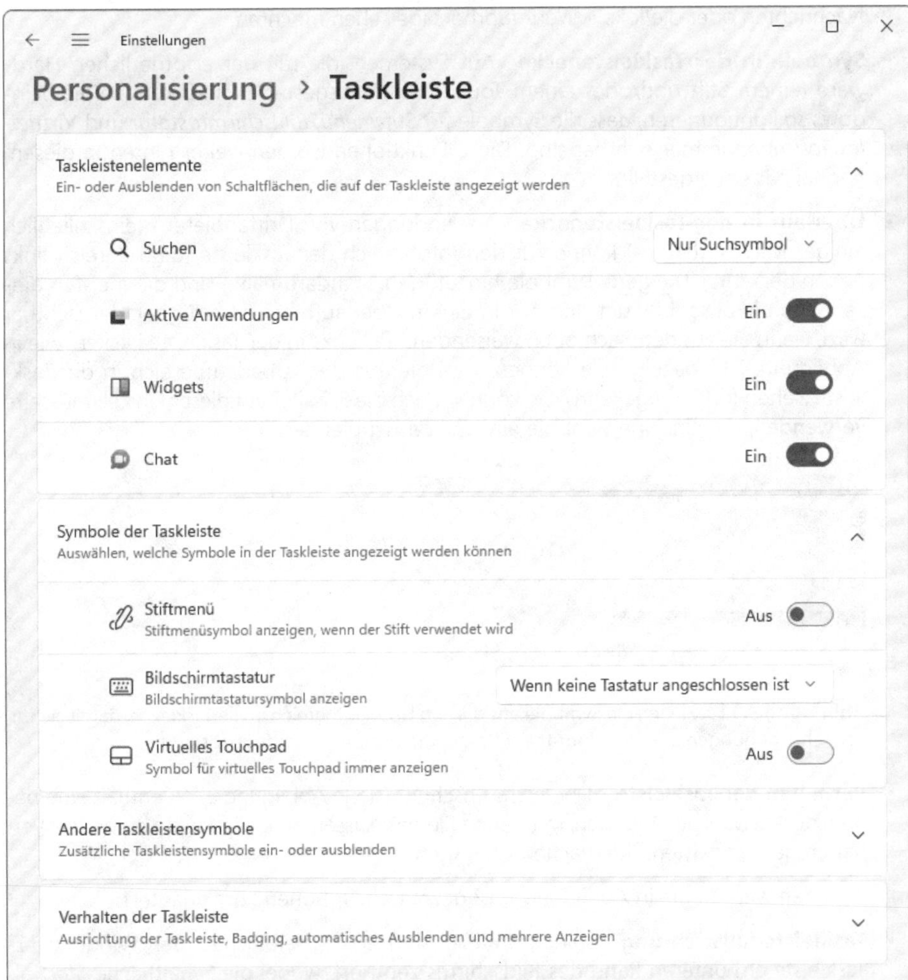

Abbildung 3.10 Die Einstellungen der Taskleiste sind in vier zusammenklappbare Gruppen unterteilt, einschließlich dieser Optionen zum Ein- und Ausblenden von Schaltflächen und Symbolen.

Im Folgenden finden Sie eine Übersicht über die verfügbaren Optionen zur Anpassung der Taskleiste:

- **Taskleistenelemente** Mit den vier Elementen in dieser Gruppe blenden Sie Elemente ein oder aus, die unabhängig von App-Schaltflächen auf der Taskleiste angezeigt werden: *Suche*, *Aktive Anwendungen*, *Widgets* und *Chat*. Wenn Sie eine oder mehrere dieser Funktionen nicht verwenden, kann es sinnvoll sein, sie nicht auf der Taskleiste anzuzeigen. Um Platz zu sparen, können Sie sogar die Schaltfläche für eine Funktion, die Sie nur gelegentlich verwenden, ausblenden und stattdessen die entsprechende Tastenkombination verwenden. Sie können zum Beispiel die Schaltfläche *Widgets* ausblenden und die Tastenkombination [Win]+[W] drücken, wenn Sie die Schlagzeilen der Nachrichten oder die lokale Wettervorhersage sehen möchten.
- **Symbole in der Taskleistenecke** Auf Systemen, die mit der erforderlichen Hardware (einem Stift und/oder einem Touchscreen) ausgestattet sind, können Sie Windows so konfigurieren, dass die Symbole für *Stiftmenü*, *Bildschirmtastatur* und *Virtuelles Touchpad* immer sichtbar sind. Diese Funktionen werden weiter hinten in diesem Kapitel näher vorgestellt.
- **Überlauf in der Taskleistenecke** Anwendungen von Drittanbietern (einschließlich einiger Microsoft-Apps) können in den Infobereich der Taskleiste (dem Bereich links neben der Uhrzeit) eigene Symbole hinzufügen. Standardmäßig sind die meisten dieser Symbole ausgeblendet und nur in einem Überlaufbereich verfügbar, der sichtbar wird, wenn Sie auf den nach oben weisenden Pfeil links in der Taskleiste klicken, wie in Abbildung 3.11 gezeigt. Sie können Symbole aus dem Überlaufbereich in die Taskleiste ziehen (oder umgekehrt). Sie können auch die Schalter auf dieser Einstellungsseite verwenden, um einzelne Symbole ein- oder auszublenden.

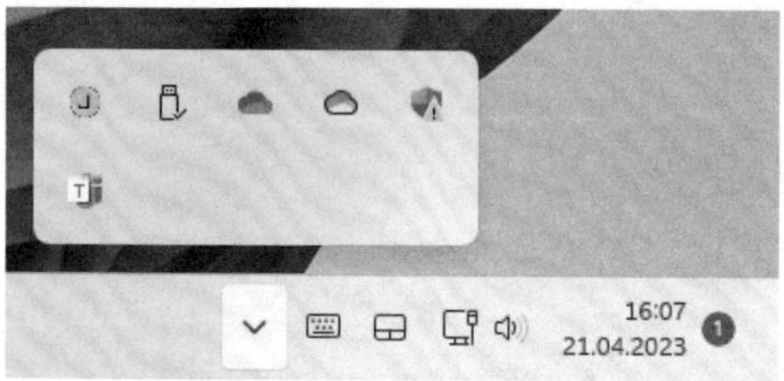

Abbildung 3.11 Ziehen Sie Symbole aus diesem Überlaufbereich in die Taskleiste, damit sie für Benachrichtigungen und den Zugriff auf Kontextmenüs immer verfügbar sind.

- **Verhalten der Taskleiste** Der letzte Abschnitt (siehe Abbildung 3.12) enthält eine begrenzte Auswahl an Optionen, mit denen Sie das Aussehen der Taskleiste sowie das Verhalten der Taskleistenschaltflächen verwalten.

Im Folgenden werden die in Abbildung 3.12 gezeigten Optionen kurz erläutert:

- **Taskleistenausrichtung** Standardmäßig sind die Schaltflächen der Windows 11-Taskleiste am unteren Rand des Bildschirms zentriert, wobei die Schaltfläche *Start* als erste Schaltfläche angezeigt wird. Ändern Sie diese Option in *Links*, wenn Sie möchten, dass die *Start*-Schaltfläche in der unteren linken Ecke angezeigt wird und die Schaltflächen der Taskleiste wie in früheren Windows-Versionen rechts daneben angezeigt werden.
- **Taskleiste automatisch ausblenden** Standardmäßig bleibt die Taskleiste immer sichtbar. Falls das aus irgendwelchen Gründen unpraktisch ist, können Sie dafür sorgen, dass sie verschwindet. Wenn diese Option aktiviert ist, zieht sich die Taskleiste an den

unteren Rand des Desktops zurück, wenn ein Fenster den Fokus hat. Um die ausgeblendete Taskleiste wieder anzuzeigen, bewegen Sie den Mauszeiger an den unteren Rand des Desktops. Auf einem Touchscreen wischen Sie von diesem Rand zur Mitte des Bildschirms.

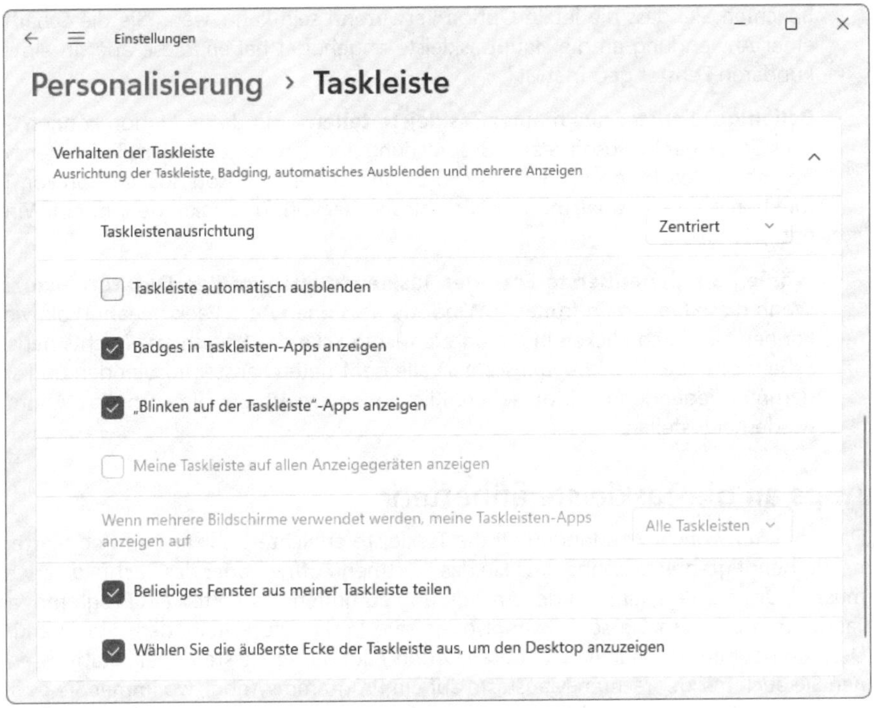

Abbildung 3.12 Verwenden Sie die Einstellung *Taskleistenausrichtung*, um die Schaltfläche *Start* nach links zu verschieben. Beachten Sie, dass einige der hier gezeigten Optionen nur auf PCs mit mehreren Bildschirmen verfügbar sind.

- **Badges in Taskleisten-Apps anzeigen** Apps-Badges sind kleine kreisförmige Benachrichtigungen, die über den Schaltflächen der Taskleiste angezeigt werden, um darauf hinzuweisen, dass etwas in der jeweiligen App Ihre Aufmerksamkeit erfordert. Badges auf der Uhrzeitanzeige zeigen zum Beispiel an, dass ein Alarm gestellt wurde, während Symbole über den Schaltflächen der Apps To Do und Mail anzeigen, dass Sie überfällige Aufgaben bzw. ungelesene Nachrichten haben.
- **Blinken in Taskleisten-Apps anzeigen** Mit dieser Option kann Windows eine Schaltfläche in der Taskleiste blinken lassen, wenn eine sofortige Aktion Ihrerseits erforderlich ist, um fortzufahren. Wenn Sie diese Option deaktivieren, ändert die Taskleistenschaltfläche ihre Farbe, um Sie zu warnen, ohne zusätzlich auf sich aufmerksam zu machen.
- **Meine Taskleiste auf allen Anzeigegeräten anzeigen** Wenn Ihr PC für die Verwendung mehrerer Bildschirme konfiguriert ist, können Sie wählen, ob jeder Bildschirm seine eigene Taskleiste haben soll. Wenn diese Option deaktiviert ist, wird die Taskleiste nur auf dem Hauptbildschirm angezeigt. (Den Hauptbildschirm legen Sie unter *Einstellungen | System | Bildschirm* fest. Weitere Informationen finden Sie im Abschnitt »Bildschirme und Grafikkarten konfigurieren« in Kapitel 13, »Hardware und Geräte verwalten«.)

- **Wenn mehrere Bildschirme verwendet werden, meine Taskleisten-App anzeigen auf** Wenn Sie die Option gewählt haben, Taskleisten auf allen Bildschirmen anzuzeigen, können Sie wählen, ob die Schaltflächen für laufende Anwendungen auf allen Taskleisten, auf der Haupttaskleiste und dem Fenster, in dem das Fenster geöffnet ist, oder nur auf der Taskleiste, in der das Fenster geöffnet ist, angezeigt werden sollen. Beachten Sie, dass die letzte Option verwirrend sein kann, wenn Sie die Schaltfläche einer Anwendung an die Haupttaskleiste angeheftet haben, diese aber in einem sekundären Fenster geöffnet ist.
- **Beliebiges Fenster aus meiner Taskleiste teilen** Mit dieser Option können Sie ein Fenster in einer Microsoft Teams-Besprechung über ein Menü auf dem Taskleistensymbol freigeben. Beachten Sie, dass diese Funktion mit der Microsoft 365-Version von Teams funktioniert, nicht aber mit der kostenlosen Version für Endkunden, die in Windows enthalten ist.
- **Wählen Sie die äußerste Ecke der Taskleiste aus, um den Desktop anzuzeigen** Wenn diese Option (in früheren Windows-Versionen Aero Peek genannt) aktiviert ist, können Sie durch Klicken in die untere rechte Ecke des Bildschirms (rechts neben der Schaltfläche *Benachrichtigungscenter*) alle geöffneten Fenster ausblenden und so den darunter liegenden Desktop sehen. Klicken Sie erneut, um die vorherige Anordnung wiederherzustellen.

Apps an die Taskleiste anheften

Das Anheften von Anwendungen an die Taskleiste erleichtert das Finden und Starten von häufig benötigten Apps, ohne dass Sie das Startmenü öffnen oder das Suchfeld verwenden müssen, um die Verknüpfung der Anwendung zu finden. Sie heften ein Programm an der Taskleiste an, indem Sie sein Symbol oder eine Verknüpfung (aus dem Startmenü, vom Desktop oder aus irgendeinem anderen Ordner) auf die Taskleiste ziehen. Stattdessen können Sie auch mit der rechten Maustaste auf ein Programmsymbol, wo immer Sie es finden, oder auf die Taskleistenschaltfläche eines laufenden Programms klicken und den Befehl *An Taskleiste anheften* wählen.

Sie entfernen ein angeheftetes Programm wieder von der Taskleiste, indem Sie sein Symbol mit der rechten Maustaste anklicken und *Von Taskleiste lösen* wählen. Dieser Befehl erscheint auch in anderen Verknüpfungen des Programms, etwa auf dem Desktop und im Startmenü.

Sie können die Schaltflächen der Taskleiste verwenden, um eine Anwendung zu starten, die gerade nicht ausgeführt wird, oder um von einer laufenden Anwendung zu einer anderen zu wechseln. Sie können auch auf eine Taskleistenschaltfläche klicken, um ein geöffnetes Fenster zu minimieren oder ein minimiertes Fenster wiederherzustellen. Wenn Ihnen diese Funktionen zu trivial erscheinen, haben wir hier einen Trick, den Sie vielleicht noch nicht kennen: Sie können eine neue Instanz einer bereits ausgeführten Anwendung öffnen – zum Beispiel ein neues Microsoft Word-Dokument oder ein neues Fenster des Datei-Explorers –, indem Sie die Taskleistenschaltfläche mit der rechten Maustaste anklicken und dann auf den Namen der Anwendung klicken.

Ändern der Reihenfolge der Schaltflächen in der Taskleiste

Um die Reihenfolge der Schaltflächen auf der Taskleiste zu ändern, ziehen Sie sie an die gewünschte Position. Angeheftete Anwendungen behalten ihre Reihenfolge zwischen den Sitzungen bei, sodass Sie Ihre am häufigsten verwendeten Programme schnell an ihrem (für Sie) vertrauten Ort finden können.

> ### Expertentipp
>
> ***Tastenkombinationen für Taskleistenschaltflächen verwenden***
>
> **Auf die ersten zehn Taskleistenschaltflächen (ohne die Schaltfläche *Start* und die optionalen Schaltflächen *Suche*, *Aktive Anwendungen*, *Widgets* sowie *Chat*) können Sie sowohl über die Tastatur als auch mit der Maus zugreifen. Drücken Sie die Tastenkombination [Win]+[1] für die erste Schaltfläche, [Win]+[2] für die zweite und so weiter (die zehnte hat die Nummer [0]). Wenn Sie eine dieser Tastenkombinationen drücken, hat das dieselbe Wirkung, als ob Sie die entsprechende Taskleistenschaltfläche anklicken: Wenn das der Schaltfläche zugeordnete Programm noch nicht läuft, wird es gestartet; wenn ein einziges Fenster des Programms offen ist, wechseln Sie zu diesem Fenster; wenn mehrere Fenster offen sind, zeigt Windows kleine Vorschaubilder aller Fenster an und wechselt zum ersten Fenster. Drücken Sie [⇧]+[Win]+Zahl, um ein neues Dokument in der entsprechenden Anwendung zu öffnen.**
>
> **Halten Sie die [Win]-Taste gedrückt und drücken Sie mehrmals auf die entsprechende Zifferntaste, um nacheinander durch alle offenen Fenster für dieses Programm zu wechseln.**
>
> **Wenn Sie die Reihenfolge der Taskleistenschaltflächen ändern, müssen Sie daran denken, dass Sie dabei auch die Nummern der Tastenkombinationen ändern, mit denen ein bestimmtes Programm gestartet wird.**
>
> **Eine weitere nützliche Tastenkombination ist [Win]+[T], die das erste Element der Taskleiste auswählt. Anschließend können Sie mehrmals [Win]+[T], [⇧]+[Win]+[T] oder die Pfeiltasten drücken, um andere Taskleistenschaltflächen auszuwählen. Wenn eine Taskleistenschaltfläche ausgewählt ist, können Sie [Leertaste] drücken, um die Schaltfläche »anzuklicken«, oder mit der [Menue]-Taste deren Sprungliste anzeigen.**

Verwenden von Sprunglisten für den schnellen Zugriff auf Dokumente und Ordner

Eine Sprungliste ist die offizielle Bezeichnung für die zusätzlichen Menüoptionen, die angezeigt werden, wenn Sie mit der rechten Maustaste auf eine Taskleistenschaltfläche einer Anwendung klicken, die diese Funktion unterstützt.

Bei Microsoft Office-Programmen, Adobe Acrobat und anderen dokumentenzentrierten Anwendungen enthalten Sprunglisten in der Regel Links zu zuletzt verwendeten Dateien sowie angeheftete Verknüpfungen zu Dateien und Ordnern. In Microsoft Edge sind diese Gruppen mit *Beste Websites* und *Zuletzt geschlossen* gekennzeichnet. Sprunglisten können Verknüpfungen zu allgemeinen Aufgaben enthalten, die mit dem jeweiligen Programm ausgeführt werden können, wie zum Beispiel *Neues Fenster* oder *Neues privates Fenster* in einer Microsoft Edge-Sprungliste und *Neue E-Mail-Nachricht* oder *Neuer Termin* in der Sprungliste für Microsoft Outlook.

Abbildung 3.13 zeigt die Standardsprungliste für den Datei-Explorer.

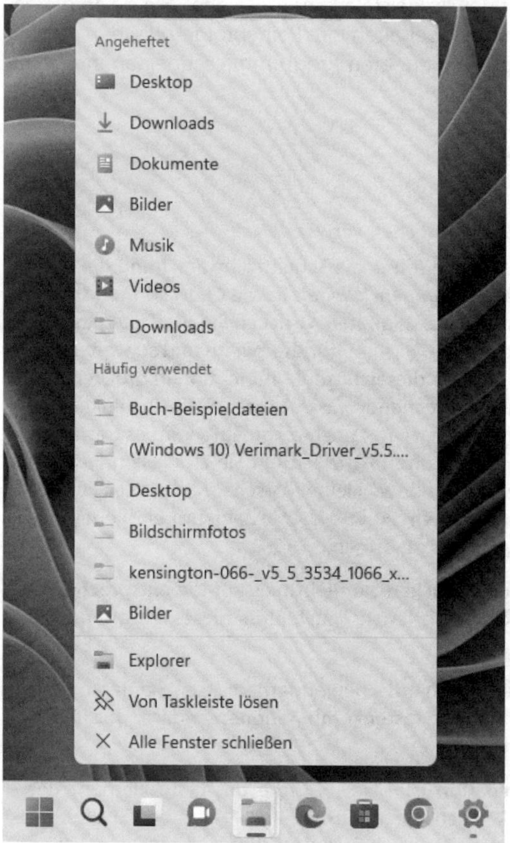

Abbildung 3.13 Klicken Sie mit der rechten Maustaste auf eine Schaltfläche der Taskleiste, zum Beispiel *Datei-Explorer*, um eine Sprungliste mit den zuletzt geöffneten Dateien und Ordnern anzuzeigen, mit der Option, Elemente für den schnellen Zugriff anzuheften.

Sie können keine einzelne Dateien und Ordner direkt an die Taskleiste anheften. Sie können diese jedoch zu Sprunglisten in jedem Programm hinzufügen, das diese Funktion unterstützt. Das Öffnen einer Datei oder eines Ordners vom Datei-Explorer aus fügt in der Anwendung, in der sie geöffnet wurde, der Liste *Zuletzt geöffnet* einen Eintrag hinzu. Klicken Sie mit der rechten Maustaste auf die Schaltfläche in der Taskleiste, zeigen Sie auf den Eintrag und klicken Sie auf das Stecknadelsymbol, um die Datei oder den Ordner in den angehefteten Abschnitt der Sprungliste zu verschieben:

- Um ein angeheftetes Dokument oder einen Ordner zu öffnen, klicken Sie mit der rechten Maustaste auf die Taskleistenschaltfläche und dann auf den Namen des Dokuments oder Ordners.
- Um ein angeheftetes Dokument oder einen angehefteten Ordner aus der Sprungliste zu entfernen, klicken Sie mit der rechten Maustaste auf die Taskleistenschaltfläche und zeigen Sie auf den Namen des zu entfernenden Dokuments oder Ordners. Klicken Sie auf das Stecknadelsymbol, das dann angezeigt wird.

Bereich Schnelleinstellungen anpassen

Drei Symbole auf der rechten Seite der Taskleiste verhalten sich anders als ihre Nachbarn. Die Symbole für Netzwerk, die Lautstärke und den Akku befinden sich zwischen der Taskleiste und der Uhrzeitanzeige und können nicht ausgeblendet oder verschoben werden.

Wenn Sie mit der rechten Maustaste auf eines dieser drei Symbole klicken, wird ein Kontextmenü für die jeweilige Funktion des Symbols angezeigt. Wenn Sie jedoch auf einen beliebigen Teil des Bereichs klicken, wird das Popup-Fenster mit den Schnelleinstellungen geöffnet, das in Abbildung 3.14 dargestellt ist. Alternativ können Sie auch die Tastenkombination [Win]+[A] verwenden, um die Schnelleinstellungen zu öffnen.

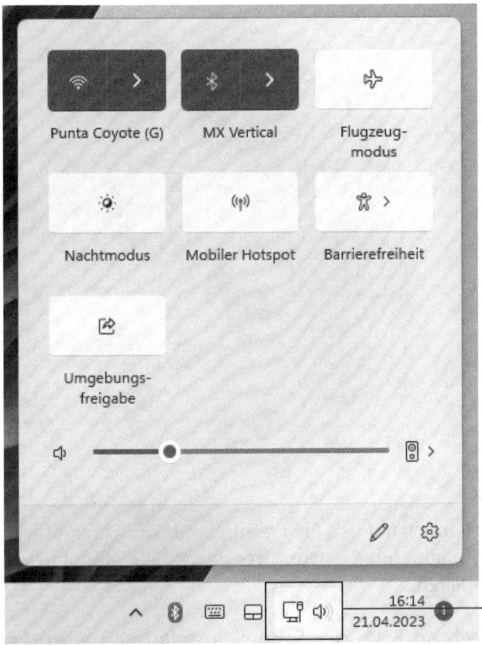

Abbildung 3.14 Der Bereich *Schnelleinstellungen* enthält eine breite Palette von Werkzeugen zur effizienten Verwaltung gängiger Systemeinstellungen.

Dieses kompakte Fenster bietet auf kleinem Raum eine beeindruckende Sammlung von Steuerelementen. In dem in Abbildung 3.14 gezeigten Beispiel ermöglicht jede der sieben Schaltflächen am oberen Rand des Fensters die direkte Steuerung allgemeiner Systemeinstellungen, ohne dass die vollständige Einstellungs-App geöffnet werden muss. Darunter befinden sich zwei Schieberegler zur Steuerung der Bildschirmhelligkeit bzw. der Systemlautstärke. Wenn Sie auf das Batteriesymbol klicken, wird die Seite *Energie und Akku* in den Einstellungen geöffnet, auf der Sie Einstellungen für Energie, Standbymodus (Ruhezustand) und Akku ändern bzw. aktivieren können.

Die Wiedergabesteuerungen oberhalb des Schnelleinstellungsfensters sind für Apps verfügbar, die diese Funktionen nicht im Taskleistenelement selbst enthalten, wie dies bei einer Progressive Web App der Fall ist, die Microsoft Edge als Engine verwendet.

Bei den Schnelleinstellungen, die auf der rechten Seite mit einem Pfeil versehen sind, können Sie eine zusätzliche Option für dieses Steuerelement auswählen. Klicken Sie zum Beispiel auf den Pfeil rechts neben dem Lautstärkeregler, um die Tonausgabe auf ein anderes

Kapitel 3

Gerät zu leiten. Sowohl die WLAN- als auch die Bluetooth-Steuerung verfügen über eine geteilte Taste, wobei die linke Seite die Funktion ein- oder ausschaltet. Klicken Sie auf den Pfeil rechts neben dem WLAN-Bedienelement, um aus einer Liste verfügbarer WLAN-Netzwerke auszuwählen; klicken Sie auf den Pfeil rechts neben der Bluetooth-Schaltfläche, um eine Liste gekoppelter Bluetooth-Geräte anzuzeigen, die für eine Verbindung zur Verfügung stehen, wie in Abbildung 3.15 dargestellt.

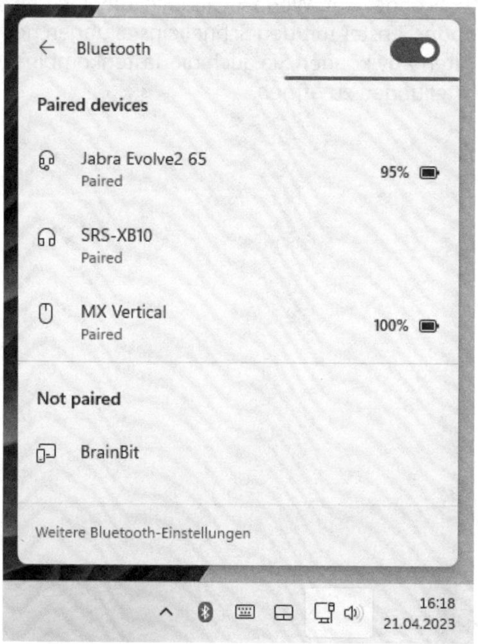

Abbildung 3.15 Klicken Sie in den Schnelleinstellungen auf den Pfeil rechts neben der Bluetooth-Schaltfläche, um diese Liste zu öffnen und eine Verbindung mit einem zuvor gekoppelten Gerät herzustellen oder um ein nicht gekoppeltes Gerät zu pairen.

Über das Zahnradsymbol in der unteren rechten Ecke der Schnelleinstellungen wird die vollständige Einstellungen-App geöffnet. Klicken Sie auf das Stiftsymbol links neben dem Zahnrad, um im oberen Rand des Fensters Steuerelemente hinzuzufügen, zu entfernen oder neu anzuordnen (siehe Abbildung 3.16). Klicken Sie auf *Hinzufügen*, um eine Liste der verfügbaren Steuerelemente anzuzeigen, die an diesen Bereich angeheftet werden können; klicken Sie neben einem Steuerelement auf das Symbol zum *Lösen*, um es zu entfernen. Ziehen Sie die Symbole, um deren Reihenfolge zu ändern.

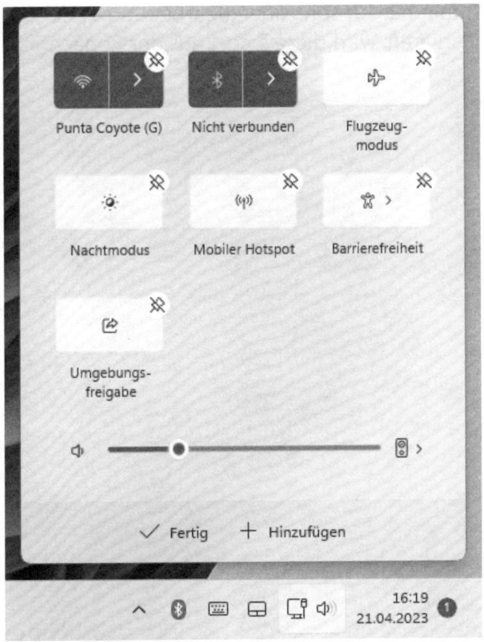

Abbildung 3.16 Mit diesen Optionen können Sie Steuerelemente im Bereich *Schnelleinstellungen* hinzufügen, entfernen oder neu anordnen.

Benachrichtigungen verwalten und Ablenkungen beseitigen

Windows 11 ist in der Lage, Benachrichtigungen von Apps, Diensten und Windows selbst anzuzeigen, um Sie auf eingehende Nachrichten, Alarme und Ereignisse aufmerksam zu machen. Diese Benachrichtigungen können als Banner in der unteren rechten Ecke des primären Bildschirms erscheinen; sie werden auch im Benachrichtigungscenter (das auch Mitteilungszentrale genannt wird) angezeigt, einem Bereich, der auf der rechten Seite des Bildschirms erscheint, wenn Sie von rechts nach innen wischen (auf einem Touchscreen), die Tastenkombination [Win]+[N] drücken oder an der rechten Seite der Taskleiste auf die aktuelle Uhrzeit klicken. Dieser Bereich enthält nicht nur Benachrichtigungen, sondern auch einen ausklappbaren Kalender sowie eine Reihe von Funktionen, mit denen Sie Ablenkungen beseitigen können, die u.a. durch Benachrichtigungen verursacht werden.

Abbildung 3.17 zeigt das Benachrichtigungscenter mit zwei Benachrichtigungen und aktivierter »Bitte nicht stören«-Funktion. Die Benachrichtigungen sind unter Überschriften gruppiert, die den benachrichtigenden Anwendungen entsprechen.

Sie können auf verschiedene Weisen auf Benachrichtigungen reagieren. Wenn Sie mit der Maus auf eine Benachrichtigung zeigen, erscheint in der oberen rechten Ecke die Schaltfläche *Schließen* und links davon die Schaltfläche *Einstellungen* (drei Punkte). Klicken Sie auf *Schließen*, um die Benachrichtigung zu schließen. Wenn Sie auf den Text der Benachrichtigung klicken, wird die zugehörige Aktion ausgeführt. Wenn Sie zum Beispiel auf eine E-Mail-Nachricht klicken, wird diese in der zugehörenden Anwendung (beispielsweise Mail oder Outlook) geöffnet. Wenn Sie auf eine Nachricht von Snipping Tool klicken, die Sie darüber informiert, dass Sie erfolgreich einen Screenshot aufgenommen haben, wird die Snipping Tool-Anwendung geöffnet, in der die Aufnahme zur sofortigen Bearbeitung verfügbar ist. Wenn Sie so auf eine Benachrichtigung reagieren, wird diese sofort aus der Benachrichtigungszentrale entfernt.

Abbildung 3.17 Benachrichtigungen sind eine nützliche Methode, um den Überblick über Ereignisse zu behalten. Um ihr Ablenkungspotenzial zu verringern, verwenden Sie die Funktion *Bitte nicht stören* (oben) oder starten Sie eine Fokus-Sitzung (unten).

Wenn es mehr Benachrichtigungen von einer einzelnen App gibt, als in das Benachrichtigungscenter passen, zeigt eine kleine Meldung an, wie viele zusätzliche Benachrichtigungen verfügbar sind. Klicken Sie auf diese Meldung, um die Liste zu erweitern und alle verfügbaren Benachrichtigungen zu sehen. Sie können auf die Schaltfläche *Schließen* rechts neben einer beliebigen Überschrift klicken, um alle Benachrichtigungen in dieser Gruppe zu schließen.

Klicken Sie in der oberen rechten Ecke der Mitteilungszentrale auf *Alle löschen*, um alle Benachrichtigungen sofort zu löschen.

Benachrichtigungen anpassen

Die Optionen, mit denen Sie steuern können, welche Anwendungen und Dienste Benachrichtigungen an das Benachrichtigungscenter senden, finden Sie unter *Einstellungen | System | Benachrichtigungen*, wie in Abbildung 3.18 dargestellt. Der Abschnitt *Benachrichtigungen* oben auf der Seite enthält einen Ein/Aus-Schalter, mit dem Sie alle Benachrichtigungen ausschalten. Wenn Sie die Benachrichtigungen aktiviert lassen, können Sie mit den Kontrollkästchen unter diesem Schalter die mit den Benachrichtigungen verbundenen Töne ausschalten und festlegen, ob die Benachrichtigungen auf dem Sperrbildschirm angezeigt werden.

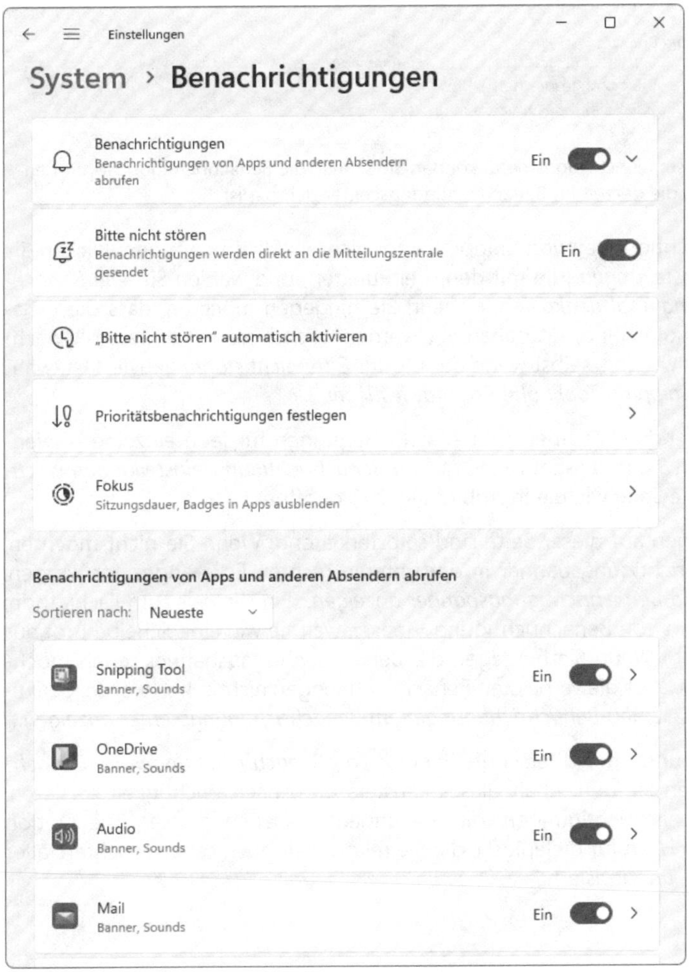

Abbildung 3.18 Verwenden Sie den Schalter am oberen Rand dieser Seite, um alle Benachrichtigungen zu unterdrücken.

Das Ausschalten aller Benachrichtigungen ist ein ziemlich drastischer Schritt. Wenn Sie die Anzahl der Benachrichtigungen als zu hoch empfinden, sollten Sie die Einstellungen für jede Quelle einzeln anpassen. Sie können diese Einstellung direkt in der Mitteilungszentrale vornehmen, indem Sie auf die Schaltfläche *Einstellungen* rechts neben einer Gruppenüberschrift klicken. Dadurch wird ein Menü wie das in Abbildung 3.19 gezeigte geöffnet.

Kapitel 3

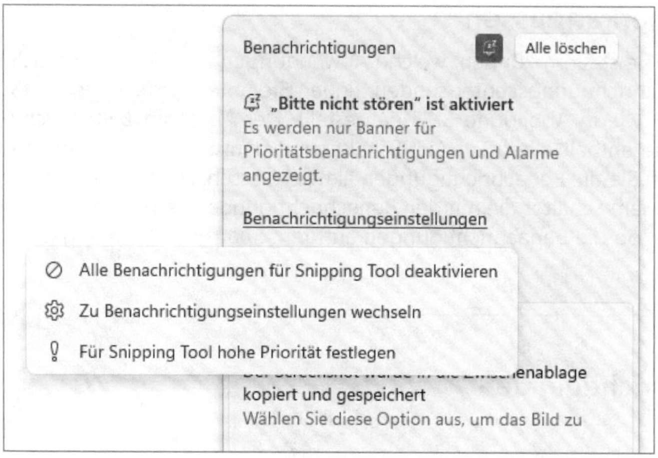

Abbildung 3.19 Mit diesem Einstellungsmenü können Sie schnell die Benachrichtigungsoptionen für eine Gruppe anpassen, die derzeit im Benachrichtigungscenter sichtbar ist.

Wenn Sie die Benachrichtigungen von Snipping Tool nicht wirklich benötigen, klicken Sie auf die Schaltfläche *Einstellungen* (die mit den drei Punkten) und wählen Sie *Alle Benachrichtigungen für Snipping Tool deaktivieren*. Wenn Sie hingegen möchten, dass diese Benachrichtigungen mit hoher Priorität behandelt werden, sodass sie vor anderen Benachrichtigungen angezeigt werden, selbst wenn der Modus *Bitte nicht stören* aktiviert ist, wählen Sie die Option *Für Snipping Tool hohe Priorität festlegen*.

Wenn Sie detailliertere Kontrolle über die Benachrichtigungen für jede einzelne Anwendung wünschen, klicken Sie in diesem Menü auf *Zu Benachrichtigungseinstellungen wechseln*. Daraufhin wird eine Seite wie die in Abbildung 3.20 geöffnet.

Die meisten der Optionen auf dieser Seite sind selbsterklärend. Wenn Sie nicht möchten, dass kurzzeitig Benachrichtigungsbanner in der unteren rechten Ecke angezeigt werden, deaktivieren Sie das Feld *Benachrichtigungsbanner anzeigen*. (Ein Hinweis zum Fachjargon: Windows nennt diese Art von Benachrichtigung »Toast«, weil sie wie eine Scheibe Brot aus einem Toaster aufpoppt.) Wenn Sie hingegen die Benachrichtigungsbanner sehen möchten, sobald sie eintreffen, aber die verpassten Benachrichtigungen nicht sehen wollen, deaktivieren Sie das Kontrollkästchen *Benachrichtigungen im Benachrichtigungscenter anzeigen*.

Mit den drei Optionen unter der Überschrift *Priorität von Benachrichtigungen im Benachrichtigungscenter* können Sie den Inhalt dieses Fensters grob nach Wichtigkeit sortieren. Wählen Sie für die Benachrichtigungen, die Sie unbedingt sehen müssen, die Option *Oberste*; verwenden Sie *Hoch* für diejenigen, die Sie relativ weit oben sehen möchten; alles andere wird als *Normal* kategorisiert.

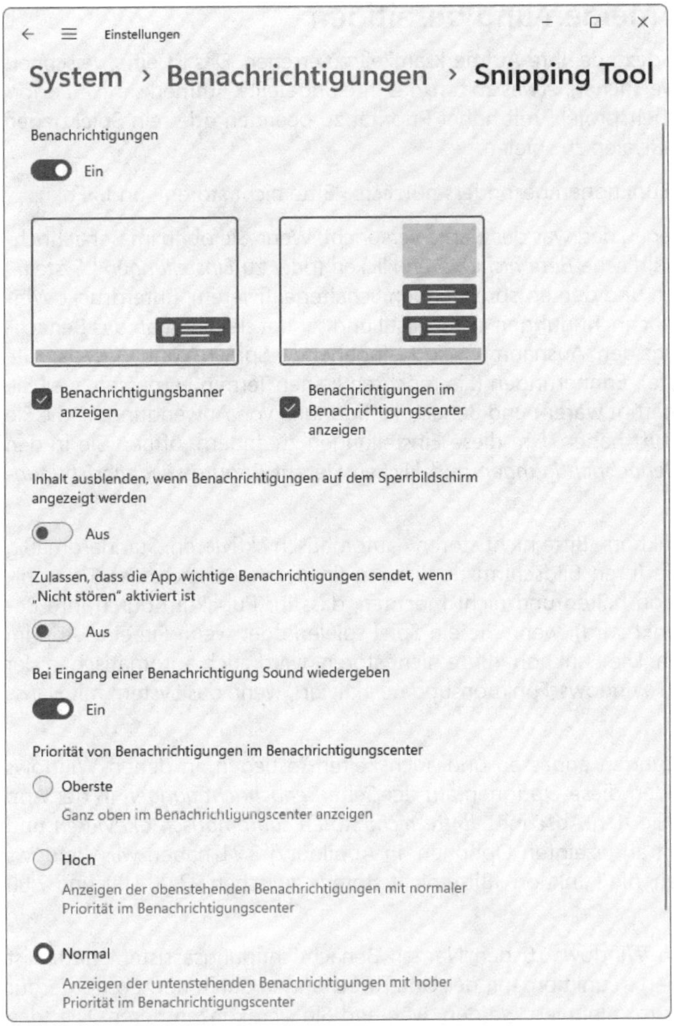

Abbildung 3.20 Jede App, jeder Dienst und jede Systemfunktion, die in der Lage ist, Benachrichtigungen zu senden, kann mit Einstellungen wie den hier gezeigten feinabgestimmt werden.

Auf einem gut genutzten Windows 11-PC können Ihnen Dutzende von Apps und Diensten sowie Windows-Funktionen wie USB und Bluetooth Benachrichtigungen senden. Sie können selbst bestimmen, was Sie im Benachrichtigungscenter sehen, indem Sie durch die gesamte Liste unten in *Einstellungen | System | Benachrichtigungen* blättern. Stellen Sie den Schalter für jede App, von der Sie nichts hören möchten, auf *Aus*, und gehen Sie dann durch die einzelnen Einstellungen, um das Verhalten der Benachrichtigungen derjenigen Apps anzupassen, die Benachrichtigungen senden dürfen.

Ablenkungen vermeiden und beseitigen

Benachrichtigungen sind dazu da, Ihre Aufmerksamkeit zu erregen. Das ist ein zweischneidiges Schwert, wenn Sie versuchen, etwas zu tun, das Ihre ungeteilte Aufmerksamkeit erfordert, zum Beispiel ein Arbeitsprojekt mit hoher Priorität zu beenden oder ein Spiel gegen einen erfahrenen Online-Rivalen zu spielen.

Für diese Fälle sind zwei Funktionen besonders nützlich: »Bitte nicht stören« und »Fokus«.

»Bitte nicht stören« tut genau das, was der Name verspricht: Wenn Sie oben im Benachrichtigungscenter auf die Schaltfläche *Bitte nicht stören* klicken (oder zu *Einstellungen | System | Benachrichtigungen* gehen und den entsprechenden Schalter aktivieren), unterdrückt Windows vorübergehend Benachrichtigungen im Toaststil und sendet sie direkt an das Benachrichtigungscenter. Die einzigen Ausnahmen sind eingehende Sprach- und Videoanrufe (einschließlich VoIP-Anrufe), Erinnerungen (Sie möchten keinen Termin verpassen, weil Sie mit dem Spiel Halo beschäftigt waren) und Benachrichtigungen von Anwendungen, die Sie als *Hohe Priorität* eingestuft haben. Um diese Einstellungen zu ändern, öffnen Sie in den Einstellungen die Seite *Benachrichtigungen* und klicken Sie auf *Prioritätsbenachrichtigungen festlegen*.

Windows 11 kann die Funktion »Bitte nicht stören« automatisch aktivieren. Standardmäßig ist dies der Fall, wenn Sie Ihren Bildschirm duplizieren (in der Annahme, dass Sie wahrscheinlich eine Präsentation halten und nicht möchten, dass Ihr Publikum durch Ihre Benachrichtigungen abgelenkt wird), wenn Sie ein Spiel spielen oder wenn Sie eine App im Vollbildmodus verwenden. Die Funktion »Bitte nicht stören« wird auch automatisch in der ersten Stunde nach einem Windows-Funktionsupdate aktiviert, wenn das System mit Hausarbeiten beschäftigt ist.

Sie können diese Einstellungen anpassen und auch Zeiten festlegen, in denen Windows ruhig bleiben soll. Sie finden diese Optionen auf der Seite *Benachrichtigungen* in der App Einstellungen. Erweitern Sie den Abschnitt *"Bitte nicht stören" automatisch aktivieren* und konfigurieren Sie die dort angezeigten Optionen. In Abbildung 3.21 haben wir Windows beispielsweise angewiesen, die Funktion »Bitte nicht stören« zwischen 23:00 Uhr und 7:00 Uhr zu aktivieren.

Die Fokusfunktion (die in Windows 10 den Namen Benachrichtigungsassistent hatte) ist eine produktivitätsorientierte Funktion, mit der Unterbrechungen durch den Computer für einen bestimmten Zeitraum minimiert werden, während Sie sich konzentrieren. Die Idee dahinter ist, dass Sie Ihre Aufmerksamkeit ununterbrochen auf eine produktive Tätigkeit richten.

Abbildung 3.21 Windows schaltet die Funktion »Bitte nicht stören« automatisch ein, wenn es erkennt, dass Sie nicht gestört werden möchten. Sie können hier Ihre eigenen »Ruhezeiten« festlegen.

Um eine Fokussitzung zu starten, öffnen Sie das Benachrichtigungscenter und suchen Sie nach den Steuerelementen am unteren Rand des Fensters, unterhalb des Kalenders. Standardmäßig dauert eine Fokussitzung 30 Minuten. Verwenden Sie die Plus- und Minusschaltflächen, um die Zeit gegebenenfalls zu ändern, und klicken Sie dann auf *Fokus*. Wenn Sie, wie in Abbildung 3.22 gezeigt, eine Sitzungsdauer von mehr als 30 Minuten festlegen, schlägt Ihnen Windows vor, Pausen einzulegen.

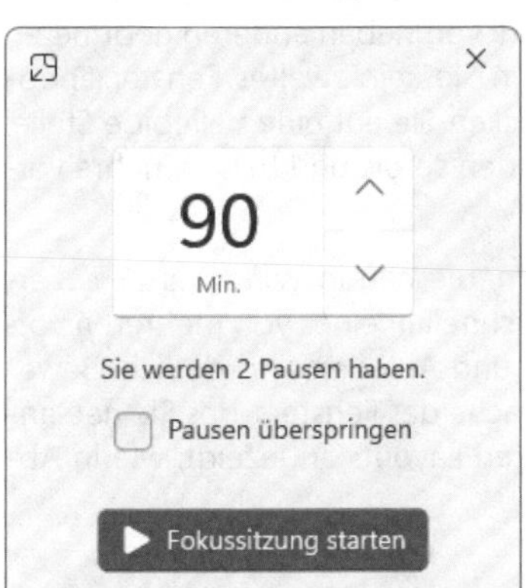

Abbildung 3.22 Verwenden Sie Fokussitzungen, um Ihre Produktivität zu steigern, indem Sie Benachrichtigungen und andere Ablenkungen für einen bestimmten Zeitraum ausblenden.

Wenn Sie sich in einer Fokussitzung befinden, schaltet Windows automatisch die Funktion »Bitte nicht stören« ein und unterdrückt Benachrichtigungen und Badges auf den Schaltflächen der Taskleiste. Um Ihnen zu helfen, sich zu konzentrieren, zeigt Windows eine minimalistische Ansicht der Uhr-App mit einem kleinen Timer und einer Stopp-Schaltfläche an, mit der Sie die Fokussitzung vorzeitig beenden können.

Standardmäßig besitzt dieser Timer eine einfache kreisförmige Fortschrittsanzeige; Sie können diese anklicken, um die gesamte verbleibende Zeit der Sitzung anzuzeigen. Wenn Ihre Fokussitzung endet, informiert Windows Sie hierüber, indem es Ihren Gedankengang (natürlich) mit einer Benachrichtigung unterbricht.

Um diese Optionen zu konfigurieren, gehen Sie zu *Einstellungen | System | Fokus*. Beachten Sie, dass Sie diese Einstellungen nicht anpassen können, während Sie sich in einer Fokussitzung befinden.

Fenster verwalten und anordnen

Windows 11 stellt eine Vielzahl von Tastenkombinationen und Touchgesten zur Verfügung, die die Größenänderung, das Verschieben, Minimieren, Anordnen und Verwalten von Fenstern erheblich vereinfachen. Der nützlichste Trick ist eine Sammlung von Andocktechniken, die es schon seit mehreren Windows-Versionen gibt; in Windows 11 wurden die vertrauten Methoden um einige sehr nützliche neue Tricks erweitert.

Das einfachste Szenario in diesem Zusammenhang ist ein PC mit einem einzigen Bildschirm, auf dem Sie zwei Fenster nebeneinander anordnen wollen. Vielleicht wollen Sie zwei Word-Dokumente vergleichen, Dateien aus dem Dokumente-Ordner in ein Archiv verschieben oder Finanzdaten in einem Webbrowser recherchieren und in eine Excel-Tabelle einfügen.

Wenn Sie die Titelleiste eines Fensters an den linken oder rechten Rand des Bildschirms ziehen, rastet es so ein, dass es die Hälfte des Bildschirms einnimmt. Wenn Sie eine Fenstertitelleiste an eine beliebige Ecke des Bildschirms ziehen, so wird sie so ausgerichtet, dass sie diesen Quadranten des Bildschirms ausfüllt. Sobald Sie die Titelleiste loslassen, nimmt das Fenster seine neue angedockte Position ein. Windows zeigt Miniaturansichten aller anderen geöffneten Fenster an, damit Sie leichter entscheiden können, welches Sie neben Ihrem ersten eingerasteten Fenster sehen wollen.

In Abbildung 3.23 haben wir beispielsweise ein Fenster des Datei-Explorers an der linken Seite des Bildschirms platziert und haben nun eine Auswahl von sieben anderen geöffneten Fenstern, die den Platz daneben ausfüllen können. (Wenn Sie kein zweites Fenster andocken wollen, drücken Sie einfach die Esc-Taste oder klicken Sie auf eine beliebige Stelle, nur nicht auf eine dieser Miniaturansichten. Sie verschwinden sofort und behalten ihre vorherige Größe und Position.)

Eine noch einfachere Technik zum Einrasten von Fenstern, die neu in Windows 11 ist, ermöglicht es Ihnen, ein Fenster durch Zeigen und Klicken schnell in eines von mehreren vorgegebenen Layouts einzurasten – hierbei ist kein Ziehen und Ablegen erforderlich. Bewegen Sie dazu den Mauszeiger auf die *Maximieren*-Schaltfläche des Fensters, das Sie neu anordnen möchten. Daraufhin wird eine Liste der verfügbaren Layouts angezeigt, wie in Abbildung 3.24 zu sehen.

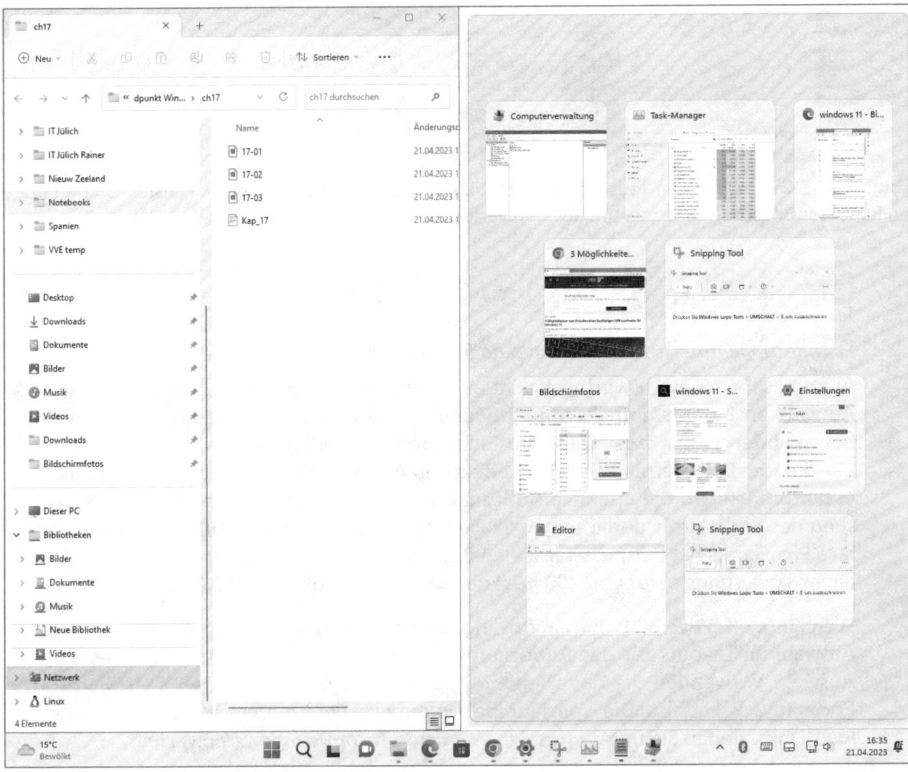

Abbildung 3.23 Wenn Sie ein Fenster an einer Kante des Bildschirms einrasten lassen, zeigt Windows andere geöffnete Fenster in Miniaturansichten neben dem eingerasteten Fenster an, damit Sie sie leicht nebeneinander anordnen können.

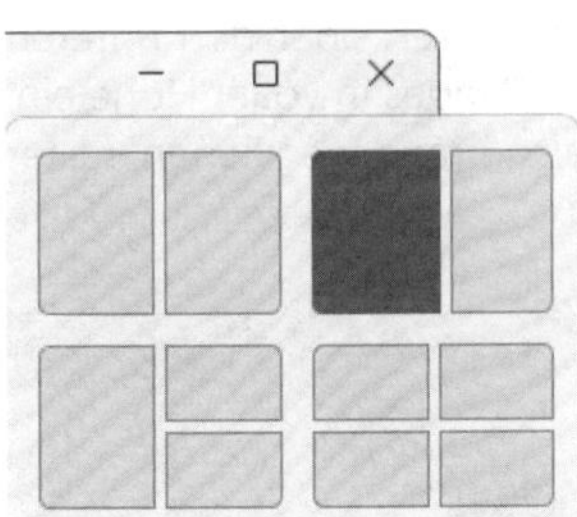

Abbildung 3.24 Bewegen Sie den Mauszeiger auf die Schaltfläche *Maximieren*, um dieses Menü mit den verfügbaren Fanglayouts anzuzeigen. Klicken Sie darauf, um das Fenster sofort in der gewählten Position zu fixieren.

Eine Variation dieser Funktion, die erstmals in Windows 11 Version 22H2 verfügbar ist, erleichtert das Einrasten von Fenstern auf einem Gerät mit Touchscreen. Ziehen Sie die Titelleiste nach oben, bis Sie ein Menü mit den verfügbaren Layouts sehen, das von der Mitte der oberen Kante des Bildschirms nach unten fällt, wie in Abbildung 3.25 gezeigt.

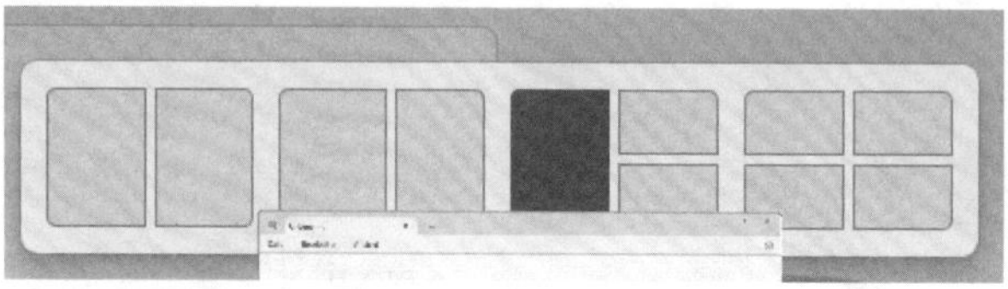

Abbildung 3.25 Auf einem Touchscreen-Gerät können Sie die Titelleiste eines Fensters an den oberen Rand des Bildschirms ziehen, um aus den verfügbaren Andock-Layouts auszuwählen.

Expertentipp

Erweitern Sie Ihre Auswahl an Layouts für das Einrasten von Fenstern

Aufmerksamen Lesern wird vielleicht auffallen, dass Abbildung 3.25 eine erweiterte Auswahl an Layouts enthält, mit Optionen zur Positionierung von drei Fenstern nebeneinander anstatt zwei. Diese Optionen sind nur bei breiten Bildschirmen verfügbar, d.h. bei Bildschirmen mit einer effektiven Auflösung von mindestens 1850 Pixeln in der Breite. (Um die effektive Auflösung zu berechnen, teilen Sie die native Auflösung des Bildschirms durch seinen Skalierungsfaktor. Die native Auflösung eines Surface Pro-Geräts hat beispielsweise eine Breite von 2880 Pixeln, aber bei dem empfohlenen Skalierungsfaktor von 200% ist die effektive Auflösung 1440 Pixel breit.)

Wenn Ihre effektive Bildschirmauflösung zu gering ist, um in Windows 11 die größere Auswahl an Layouts für das Andocken von Fenstern zu unterstützen, gibt es einen Ausweg. Verwenden Sie das Dienstprogramm FancyZones, das Teil des Microsoft PowerToys-Pakets ist. Die vollständige Dokumentation, einschließlich eines Download-Links, finden Sie unter *https://learn.microsoft.com/windows/powertoys*.

Sobald Sie ein angedocktes Fenster vom Rand des Bildschirms wegziehen, kehrt es zu seiner vorherigen Größe und Position zurück.

Wenn Sie den oberen Fensterrand (nicht die Titelleiste) an den oberen oder den unteren Rand des Bildschirms ziehen, rastet das Fenster bei Erreichen des Randes in voller Höhe ein, ohne seine Breite zu verändern. Wenn Sie den Rahmen vom Fensterrand wegziehen, rastet der gegenüberliegende Rand an seiner vorherigen Position ein.

Expertentipp

Fenster nebeneinander mit unterschiedlicher Breite andocken

Windows ordnet Fenster automatisch nebeneinander und mit gleicher Breite an, aber Sie brauchen diese gleichberechtigte Verteilung nicht hinzunehmen. Auf einem großen Desktopmonitor kann es zum Beispiel sinnvoll sein, an der rechten Seite Ihres Bildschirms einen Nachrichtenfeed oder eine Chatsitzung anzuordnen, der/die ein Drittel oder weniger der Gesamtbreite einnimmt, damit Word oder Excel einen viel größeren Anteil der Bildschirmfläche einnehmen können.

Wenn Sie einen ausreichend großen Monitor haben, können Sie diese Option aus einem vorgegebenen Layout auswählen. Aber unabhängig von der effektiven Bildschirmauflösung können Sie die relative Breite der gefangenen Fenster problemlos ändern. Der Trick besteht darin, das erste Fenster anzudocken und seinen inneren Rand sofort auf die gewünschte Breite zu ziehen.

→

Greifen Sie nun die Titelleiste des Fensters, das Sie daneben anordnen möchten, und rasten Sie es an der gegenüberliegenden Kante des Bildschirms ein. Das neu gefangene Fenster erweitert sich, um den Platz auszufüllen, der nach der Anpassung der Breite des ersten Fensters verbleibt. Um die Aufteilung des Platzes zwischen den beiden Fenstern anzupassen, können Sie den Rand zwischen den beiden Fenstern ziehen. Wenn Sie beispielsweise im Internet recherchieren, könnten Sie sich für ein breiteres Microsoft Word- oder OneNote-Fenster entscheiden, in dem Sie Ihre Notizen unterbringen, und daneben ein relativ schmales Fenster für Ihren Browser einrichten.

Dieselben Regeln gelten auch dann, wenn Sie mehrere Monitore angeschlossen haben. Bei zwei nebeneinander angeordneten Monitoren können Sie beispielsweise ein Fenster am inneren Rand eines Bildschirms einrasten lassen, wodurch Sie zwei Paare gleich breiter Fenster nebeneinander anordnen können. Durch Ziehen der Titelleiste können Sie auch ein maximiertes Fenster in einem Multimonitorsystem von einem Bildschirm zum anderen verschieben.

Expertentipp

Zum Aufräumen bitte kräftig schütteln

Ein altes Windows-Feature namens Aero Shake, das mit Windows Vista eingeführt wurde, ist auch in Windows 11 erhalten geblieben. Greifen Sie die Titelleiste des Fensters und bewegen Sie sie ein paar Mal schnell hin und her. Plötzlich ziehen sich alle Fenster in die Taskleiste zurück, mit Ausnahme des Fensters, dessen Titelleiste Sie gerade geschüttelt haben. Diese Bewegung erfordert ein wenig Übung, aber es lohnt sich, sie zu erlernen. Sie erfordert nur drei gleichmäßige »Schüttelbewegungen« – am besten eine Bewegung nach links, rechts, links – und kein wahnsinniges Schütteln. Wenn dieses Feature nicht funktioniert, müssen Sie es möglicherweise noch aktivieren. Gehen Sie zu *Einstellungen | System | Multitasking* und setzen Sie den Schalter für *Fenstertitelleiste schütteln* auf *Ein*.

Kapitel 3

Windows 11 stellt einige Tastenkombinationen zur Verfügung, die den beschriebenen Mauseingabeaktionen entsprechen. Diese (und ein paar weitere) sind in Tabelle 3.1 aufgeführt.

Aufgabe	Tastenkombination	Touchgeste
Fenster maximieren	Win + ↑	Titelleiste an den oberen Rand des Bildschirms ziehen
Fenster auf volle Bildschirmhöhe vergrößern, ohne seine Breite zu ändern	⇧ + Win + ↑	Oberen oder unteren Fensterrand an Bildschirmrand ziehen
Vorherige Größe eines maximierten oder auf volle Bildschirmhöhe vergrößerten Fensters wiederherstellen	Win + ↓	Titelleiste oder Fensterrand vom Bildschirmrand wegziehen
Minimieren eines wiederhergestellten Fensters	Win + ↓	Schaltfläche *Minimieren* anklicken

→

Aufgabe	Tastenkombination	Touchgeste
In der linken Bildschirmhälfte andocken	Win + ← *	Titelleiste an den linken Bildschirmrand ziehen
In der rechten Bildschirmhälfte andocken	Win + → *	Titelleiste an den rechten Bildschirmrand ziehen
Zum nächsten virtuellen Desktop verschieben	Strg + Win + ← bzw. Strg + Win + →	Drei-Finger-Wischen, auf Präzisionstouchpad; bei Maus nicht verfügbar
Zum nächsten Monitor verschieben	⇧ + Win + ← bzw. ⇧ + Win + →	Titelleiste ziehen
Alle Fenster außer dem aktiven minimieren (drücken Sie die Tastenkombination erneut, um die dabei minimierten Fenster wiederherzustellen)	Win + Pos1	Titelleiste »schütteln«
Minimieren aller Fenster	Win + M	
Fenster nach dem Minimieren wiederherstellen	⇧ + Win + M	

* Wenn Sie diese Tastenkombination mehrmals drücken, wechseln Sie durch die linke, rechte und wiederhergestellte Position. Falls mehrere Monitore angeschlossen sind, wechselt das Fenster nacheinander auf jedem Monitor durch diese Positionen.

Tabelle 3.1 Tastenkombinationen und Eingabeaktionen zum Ändern der Fenstergröße und Verschieben von Fenstern

In der Taskleiste von Windows 11 sind auch einige traditionelle Menüs zum Verwalten von Fenstern zu finden. Und wo sind sie? Halten Sie die ⇧-Taste gedrückt, während Sie mit der rechten Maustaste auf eine Schaltfläche in der Taskleiste klicken. Für eine Schaltfläche, die ein einzelnes Fenster darstellt, enthält das Menü die folgenden Befehle: *Wiederherstellen, Verschieben, Größe ändern, Minimieren, Maximieren und Schließen.*

Das Andocken von Fenstern ist eines unserer Lieblingsfeatures in Windows 11. Wenn Sie die Fenster jedoch lieber manuell anordnen möchten, gehen Sie zu *Einstellungen | System | Multitasking*. Stellen Sie den Schalter *Fenster andocken* auf *Aus*, um dieses Feature vollständig zu deaktivieren. Wenn Sie nur einige der verfügbaren Optionen anpassen möchten (zum Beispiel das Deaktivieren der Andocklayouts, die angezeigt werden, wenn Sie ein Fenster an den oberen Bildschirmrand ziehen), verwenden Sie die Kontrollkästchen unter diesem Schalter.

Zwischen Tasks und Desktops wechseln

Wie in früheren Windows-Versionen können Sie zu einer anderen App wechseln, indem Sie auf die entsprechende Schaltfläche in der Taskleiste klicken. Und wenn Sie sich nicht sicher sind, unter welchem Symbol Ihr Dokument versteckt ist, können Sie den Mauszeiger über eine Taskleistenschaltfläche bewegen, um eine Miniaturansicht des Fensters (oder der Fenster) über der Schaltfläche anzuzeigen.

Wenn die Live-Miniaturansicht nicht ausreicht, um das richtige Fenster auszuwählen, bewegen Sie den Mauszeiger über eines der Vorschaubilder. Dadurch wird das Fenster in den Vordergrund geholt und der Inhalt aller anderen geöffneten Fenster wird vorübergehend ausgeblendet.

Auf einem modernen PC mit reichlich Arbeitsspeicher und Festplattenspeicher kann die Anzahl der geöffneten Fenster überwältigend werden, sodass es mühsam ist, diese Fenster manuell zu verwalten. Um diese Aufgabe zu vereinfachen, stellt Windows 11 zwei Features zur Verfügung, die den Verwaltungsprozess vereinfachen können: *Aktive Anwendungen* sowie *Virtuelle Desktops.*

Aktive Anwendungen zum Wechseln zwischen Fenstern verwenden

Die Ansicht *Aktive Anwendungen* ist eine bewährte Alternative zur manuellen Fensterverwaltung per Mausklick. Sie zeigt große Live-Miniaturansichten jedes geöffneten Fensters auf dem aktuellen Bildschirm an, sodass Sie problemlos wechseln können.

Klicken Sie auf die Schaltfläche *Aktive Anwendungen* oder verwenden Sie die Tastenkombination [Win]+[Tab], um zu beginnen. Auf einem Gerät mit Touchscreen können Sie mit drei Fingern vom unteren Rand des Bildschirms nach innen wischen. Abbildung 3.26 zeigt die Ergebnisse auf einem System mit sieben verfügbaren Fenstern.

Abbildung 3.26 Die Ansicht *Aktive Anwendungen* zeigt laufende Programme als kleine Fenster an. Durch Klicken oder Tippen auf eine beliebige Miniaturansicht wird dieses Fenster an der aktuellen Position geöffnet.

Diese Miniaturansichten bleiben geöffnet, bis Sie etwas tun: Sie können durch Klicken oder Tippen auf eine Miniaturansicht zu diesem Fenster wechseln oder die [Esc]-Taste drücken, um zum aktuellen Fenster zurückzukehren.

Wenn zu viele Fenster geöffnet sind, um als Miniaturansichten auf dem Bildschirm angezeigt zu werden, verwenden Sie am unteren Rand des Bildschirms die nach oben und unten zeigenden Pfeile, um durch die vollständige Liste zu blättern.

Die klassische Task-Switcher-Funktion mit Alt+Tab, die jeder Windows-Benutzer eines gewissen Alters kennt, ist ebenfalls noch verfügbar. Das Konzept ist ähnlich, aber die Miniaturansichten werden nur so lange angezeigt, wie Sie die Alt-Taste gedrückt halten. Halten Sie die Alt-Taste gedrückt und tippen Sie auf die Tab-Taste, um durch alle geöffneten Fenster zu blättern (von links nach rechts, von oben nach unten). Wenn Sie das Fenster markiert haben, das Sie in den Vordergrund bringen möchten, lassen Sie sowohl die Alt- als auch die Tab-Taste los.

In der Ansicht *Aktive Anwendungen* haben Sie auch die Möglichkeit, ein Fenster zu schließen, indem Sie auf das X in der oberen rechten Ecke der Vorschau klicken oder, wenn Ihr Mausrad das Klicken unterstützt, mit dem Rad auf das Vorschaubild klicken. Andere grundlegende Fensteraufgaben sind über das Kontextmenü verfügbar, das erscheint, wenn Sie mit der rechten Maustaste auf das Vorschaubild klicken.

Zwischen virtuellen Desktops wechseln

Das Konzept der virtuellen Desktops ist im Grunde ganz einfach: Anstatt Programmfenster auf einem einzigen Desktop anzuordnen, erstellen Sie einen zweiten, dritten, vierten Desktop oder sogar mehr. Auf jedem Desktop ordnen Sie einzelne Anwendungen (oder Kombinationen verwandter Anwendungen) an, die Sie für eine bestimmte Aufgabe verwenden möchten. Wenn es dann an der Zeit ist, eine dieser Aufgaben in Angriff zu nehmen, wechseln Sie zum virtuellen Desktop und machen sich gleich an die Arbeit, ohne von den nicht verwandten Programmen auf den anderen Desktops abgelenkt zu werden.

Um einen neuen Desktop zu erstellen, zeigen Sie mit dem Mauszeiger auf die Schaltfläche *Aktive Anwendungen* und klicken Sie dann auf die Verknüpfung *Neuer Desktop*. (Wenn Sie die Schaltfläche *Aktive Anwendungen* ausgeblendet haben oder wenn Sie einfach Tastenkombinationen bevorzugen, drücken Sie Win+Tab, um die Liste der derzeit konfigurierten Desktops und das Symbol für den neuen Desktop sichtbar zu machen.)

Virtuelle Desktops werden als eine Reihe von Miniaturansichten am unteren Rand des Fensters *Aktive Anwendungen* angezeigt, wie in Abbildung 3.27 dargestellt.

Abbildung 3.27 Das Anordnen von Gruppen geöffneter Fenster in separaten virtuellen Desktops kann Ihnen helfen, sich auf bestimmte Aufgaben zu konzentrieren, ohne von zu viel nicht benötigten Fenstern überwältigt zu werden.

Klicken Sie mit der rechten Maustaste auf einen virtuellen Desktop, um ihm einen neuen Namen zu geben oder einen Hintergrund auszuwählen.

Die in Abbildung 3.27 dargestellte Konfiguration besitzt zwei virtuelle Desktops. Windows zeichnet einen hellen Rahmen, um anzuzeigen, welcher Desktop aktiv ist, und blendet die anderen aus. Eine Miniaturansicht des neuen Desktops erleichtert das Erweitern des Layouts. Sie können von einem virtuellen Desktop zu einem anderen wechseln, indem Sie auf dessen Miniaturansicht klicken. Sie werden feststellen, dass sich Ihre Taskleiste ändert und die Zusammensetzung des aktuellen Desktops widerspiegelt. Um einen vorhandenen virtuellen Desktop zu schließen, wählen Sie seinen Namen aus und klicken auf die angezeigte *Schließen*-Schaltfläche. Wenn auf dem Desktop, den Sie schließen, Fenster geöffnet sind, werden diese auf den vorhergehenden Desktop übertragen, zum Beispiel von Desktop 2 auf Desktop 1.

Um den Namen eines virtuellen Desktops zu ändern, zum Beispiel von Desktop 2 in Jahresberichtsprojekt, klicken Sie mit der rechten Maustaste auf die Miniaturansicht und wählen Sie *Umbenennen.*

Verwendung von Tastatur und Spracheingabe in Windows 11

Wenn Sie in Windows 11 in einer Anwendung oder einem Dialogfeld Text eingeben müssen, haben Sie verschiedene Möglichkeiten. Die meiste Zeit tippen Sie auf einer physischen Tastatur, die an Ihrem PC angeschlossen ist. Wenn Sie ein Gerät mit Touchscreen verwenden, haben Sie die Möglichkeit, eine virtuelle Tastatur zu verwenden, bei der Sie auf den Bildschirm tippen oder wischen können. Und mit einem neuen Feature, das in der Version 22H2 von Windows 11 hinzugefügt wurde, können Sie Ihrem PC im wahrsten Sinne des Wortes sagen, was er tun soll, indem Sie Sprachbefehle und Diktate verwenden. In diesem Abschnitt gehen wir auf alle drei Eingabemöglichkeiten ein.

Anpassen und Verwenden einer physischen Tastatur

Um mit einer Desktop- oder Laptop-Tastatur produktiver zu werden, muss man sich nur an das unterschiedliche »Gefühl« des jeweiligen Geräts gewöhnen. Die sehr begrenzten Optionen für die Feineinstellung der Tastatur befinden sich immer noch in der Systemsteuerung im alten Stil und haben es nicht in die moderne Einstellungen-App geschafft. Um diese Optionen zu finden, geben Sie in das Suchfeld **Tastatur** ein und klicken dann auf das Ergebnis, das unter der Überschrift *Einstellungen* angezeigt wird. Daraufhin wird das in Abbildung 3.28 gezeigte Dialogfeld geöffnet.

Die Verzögerung (die festlegt, wie lange Windows wartet, bis es das Zeichen einer Taste erneut eingibt, wenn Sie die Taste länger gedrückt halten) ist in der Standardeinstellung für geübte Tipper recht lang. Sie können den Wert verkleinern, indem Sie den Schieberegler nach rechts ziehen. Falls Sie andererseits gelegentlich Probleme damit haben, dass Windows Zeichen entgegen Ihrer Absicht wiederholt, können Sie den Schieberegler nach links ziehen. In diesem Fall kann es auch sinnvoll sein, die Wiederholrate zu verringern.

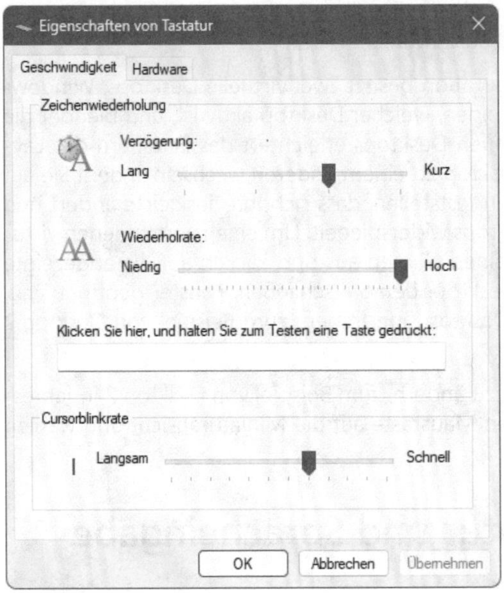

Abbildung 3.28 Passen Sie diese Optionen an, wenn Sie feststellen, dass Ihre Tastatur gelegentlich Zeichen ohne Ihre Zustimmung wiederholt.

Expertentipp

Konfigurieren der Feststelltaste

Wenn Ihnen gelegentlich die Finger abrutschen und Sie versehentlich auf die Caps Lock-Taste drücken, sodass Ihre E-Mails aussehen, als würden Sie schreien (weil Sie nur Großbuchstaben verwenden), oder wenn Eigennamen wie nEW yORK cITY in völlig vertauschter Groß- und Kleinschreibung erscheinen, gibt es eine Lösung.

Es ist zwar möglich, die Registrierung zu bearbeiten, um die Feststelltaste zu deaktivieren, aber diese Technik ist unnötig kompliziert. Die viel sicherere und einfachere Alternative ist, die Hilfe eines Softwareprogramms in Anspruch zu nehmen, um diese Änderung vorzunehmen. Wir haben erfolgreich SharpKeys (ein kostenloser Download von *https://github.com/randyrants/sharpkeys*) verwendet, um die Feststelltaste zu deaktivieren; Sie können damit jede beliebige Taste neu belegen oder deaktivieren.

Wir können auch das Microsoft PowerToys Utility-Paket empfehlen, das ein Modul für die Tastaturumbelegung enthält. Sie finden es unter *https://learn.microsoft.com/windows/powertoys/*. Die Dokumentation und die Möglichkeit, Probleme zu melden, finden Sie unter *https://github.com/microsoft/PowerToys*.

Produktivitätssteigerung mit Tastenkombinationen

Wie seine Vorgänger bietet auch Windows 11 so viele Tastenkombinationen, dass es eine bemerkenswerte Leistung wäre, sie alle zu kennen – Sie können es vielleicht damit vergleichen, die ersten 80 Nachkommastellen von Pi auswendig zu lernen. Wenn Sie sich jedoch mit einer Handvoll (oder mehreren Handvoll) vertraut machen, können Sie Ihre Produktivität definitiv steigern, ohne Ihr Langzeitgedächtnis zu belasten.

Tabelle 3.2 enthält eine Auswahl von Tastenkombinationen für den Alltag – diejenigen, die wir am häufigsten verwenden und ohne die wir nur schwer leben könnten. (Diese sind natürlich zusätzlich zu der separaten Tabelle mit Tastenkombinationen, die mit der Fensterverwaltung zu tun haben, weiter oben in diesem Kapitel aufgeführt.) Da sich Ihre eigenen Bedürfnisse jedoch wahrscheinlich von unseren unterscheiden, sollten Sie sich die wirklich umfassende Liste unter *https://aka.ms/keyboard-shortcuts* ansehen.

Tastenkombination	**Auswirkung**
Strg + C	Auswahl kopieren
Strg + X	Auswahl ausschneiden
Strg + V	Inhalt der Zwischenablage einfügen
Strg + Z	Rückgängig
Strg + Y	Wiederherstellen
Strg + N	Neues Fenster öffnen (in vielen Anwendungen)
Strg + S	Speichern
Strg + W	Aktuelles Fenster schließen (in vielen Anwendungen)
Strg + P	Drucken (in vielen Apps)
Strg + A	Alles auswählen
Strg + ⇧ + Esc	Task-Manager öffnen
F2	Umbenennen (im Datei-Explorer)
F3	Suche (im Datei-Explorer und den meisten Webbrowsern)
F5	Aktualisieren (im Datei-Explorer und den meisten Webbrowsern)
Alt + F4	Aktuelles Fenster schließen
Alt + ↵	Eigenschaftsdialog für das aktuell ausgewählte Objekt öffnen
⊞	Startmenü öffnen
⊞ + E	Neues Datei-Explorer-Fenster öffnen
⊞ + I	App Einstellungen öffnen
⊞ + R	*Ausführen*-Dialogfeld öffnen
⊞ + X	Quicklink-Menü öffnen

Tabelle 3.2 Eine kurze Liste allgemeingültiger Tastenkombinationen

Tastenkombinationen für Emojis

Windows 11 bietet ein beeindruckendes Tool zur Eingabe von Zeichen, die auf einer Standardtastatur nicht verfügbar sind. Drücken Sie in einem beliebigen Fenster, das Texteingaben zulässt, [Win]+[.] (Punkt) oder [Win]+[;] (Semikolon), um die Emoji-Tastatur zu öffnen. Dieser Name lässt leider nicht einmal ansatzweise erahnen, was dieses vielseitige Eingabetool für Sie tun kann. Ja, es ermöglicht Ihnen die Eingabe beliebiger Zeichen aus der standardbasierten Emoji-Bibliothek, aber es kann noch viel mehr. Wenn Sie eines der Zeichen in der oberen Zeile auswählen, ändert sich der Eingabetyp wie folgt:

- **Emoji** Emojis sind nach Kategorien geordnet (Smileys, Lebensmittel, Menschen usw.). Um den Hautton eines Emojis in der Kategorie *Menschen* zu ändern, klicken Sie auf einen der sechs farbigen Punkte neben der Kategorieüberschrift.

> **Hinweis**
>
> **Eine vollständige Liste der offiziell unterstützten Windows-kompatiblen Emoji-Zeichen finden Sie unter *https://emojipedia.org/microsoft-emoji-list/*.**

- **GIF** Mit diesem Tool können Sie nach animierten GIFs suchen und sie in Beiträge in sozialen Medien oder Präsentationen einfügen.
- **Kaomoji** Dabei handelt es sich um Kombinationen von Textzeichen, die ausdrucksstarke Gesichtszüge annehmen. Eines der berühmtesten Zeichen ist das Achselzucken: ¯_(ツ)_/¯.
- **Symbole** Dieses Panel ist außerordentlich nützlich, wenn Sie ungewöhnliche Formen von Interpunktionszeichen, Währungssymbolen, lateinischen Zeichen mit diakritischen Zeichen und anderen Zeichen eingeben müssen, für die sonst obskure Tastenkombinationen oder das alte Dienstprogramm Zeichentabelle erforderlich wären.
- **Zwischenablageverlauf** Wenn Sie diese Funktion aktiviert haben, werden hier die 25 zuletzt in die Zwischenablage kopierten Elemente angezeigt. Um diesen Bereich direkt zu öffnen, verwenden Sie die Tastenkombination [Win]+[V]; Sie können dann durch die Liste blättern und auf ein beliebiges Element klicken, um es an der aktuellen Einfügemarke einzufügen.

Auf die Emoji-Bibliothek kann auch über die Touch-Tastatur zugegriffen werden, deren Verwendung wir weiter hinten in diesem Kapitel beschreiben (siehe »Bildschirmtastatur verwenden«).

Alternative Tastaturlayouts verwenden

Windows 11 stellt Tastaturunterstützung für mehr als 300 Sprachen bereit. Die meisten dieser Sprachen sind als vollständige Sprachpakete verfügbar. Durch die Installation eines Sprachpakets wird die gesamte Windows-Benutzeroberfläche – Menüs, Dialogfelder und so weiter – auf die ausgewählte Sprache umgestellt. Sie können aber auch einfach ein Tastaturlayout für eine andere Sprache installieren, ohne die Sprache der Benutzeroberfläche zu ändern. Dies kann sich als praktisch erweisen, wenn Sie in einer internationalen Umgebung arbeiten und gelegentlich eine E-Mail an einen ukrainischsprachigen Kollegen oder Kunden schreiben müssen.

Um eine andere Tastatur zu installieren, gehen Sie zu *Einstellungen | Zeit und Sprache | Sprache und Region*. Wenn Sie auf *Sprache hinzufügen* klicken, wird die gesamte Palette der verfügbaren Sprachen angezeigt (siehe Abbildung 3.29), und Sie können Ihre Auswahl treffen. Sobald die Tastatur installiert ist, wird sie über das Eingabemethoden-Systemsymbol verfügbar, das sich normalerweise in der Taskleiste neben der Uhr befindet. Wenn Sie es anklicken, öffnet sich ein Menü mit den verfügbaren Tastaturen und dem Befehl *Spracheinstellungen*.

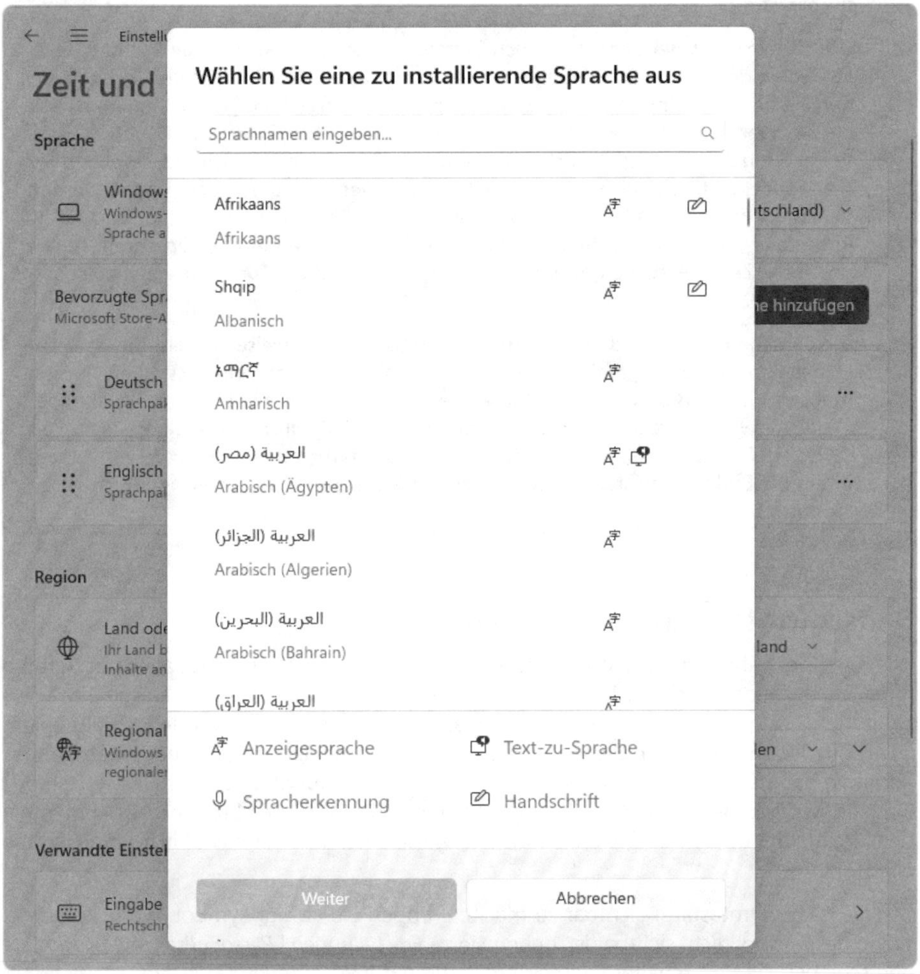

Abbildung 3.29 Nachdem Sie eine zusätzliche Sprache installiert haben, können Sie das Tastaturlayout ändern, um diese Sprache zu unterstützen.

Um eine Sprache zu entfernen, sie zur Standardsprache zu machen oder Optionen für die Sprache festzulegen, kehren Sie zu *Einstellungen | Zeit und Sprache | Sprache und Region*. zurück und klicken Sie dann auf *Sprache*.

Expertentipp

Emojis, diakritische Zeichen und Sprachenassistenz mit der Bildschirmtastatur

Die Hauptaufgabe der Bildschirmtastatur ist, wie ihr Name andeutet, Ihnen die Texteingabe auf einem Touch-fähigen Gerät zu ermöglichen. Wir stellen dies im folgenden Abschnitt genauer vor. Sie ist jedoch für bestimmte Eingaben auf jedem Computer von unschätzbarem Wert, weshalb sie auch auf Geräten ohne Touch-Display verfügbar ist.

Um das Emoji-Panel über der Touch-Tastatur anzuzeigen, klicken Sie auf das Herz-Symbol in der oberen linken Ecke über der Esc-Taste. Ein diakritisches Zeichen können Sie eingeben, indem Sie die Schaltfläche des Basiszeichens gedrückt halten; nach kurzer Wartezeit erscheinen die Auswahlmöglichkeiten in einem Popup-Fenster. Wenn Sie beispielsweise die Schaltfläche für die Taste n gedrückt halten, erhalten Sie die Möglichkeit, das Zeichen ñ einzugeben. Und wenn Sie o gedrückt halten, werden Varianten wie ò, ô und sogar oe angeboten. Falls Sie schon einmal mühsam ANSI-Codes auswendig gelernt haben oder auf der Suche nach dem gewünschten Akzent durch die Zeichentabelle gewandert sind, werden Sie diese Funktion sicher zu schätzen wissen.

Die Sprachenassistenz kommt ins Spiel, wenn Sie beispielsweise ein sehr flüssiger 10-Finger-Blindtipper auf der deutschen Tastatur sind, aber auf der russischen Version mühsam nach jedem einzelnen Buchstaben suchen. Wenn Sie Russisch als Eingabequelle auswählen, wechselt die Bildschirmtastatur auf Kyrillisch. Sie können sie nun als Spickzettel nutzen, wenn Sie auf Ihrer Standardtastatur tippen. Oder Sie verwenden direkt die Bildschirmtastatur, damit Sie zumindest vorher sehen, welchen Buchstaben Sie eintippen.

Bildschirmtastatur verwenden

Wie bereits erwähnt, ist die Bildschirmtastatur auf jedem Gerät verfügbar, auch auf Geräten ohne Touchscreen. (In dieser Konfiguration müssen Sie die virtuellen Tasten mit der Maus »antippen«.) Am nützlichsten, ja unverzichtbar, ist die Bildschirmtastatur jedoch auf einem Gerät mit Touchscreen, vor allem, wenn Sie die physische Tastatur vorübergehend abgenommen haben. Verwenden Sie sie zur Texteingabe oder für andere Formen der Tastatureingabe in Dialogfeldern, Webformularen, der Adressleiste Ihres Browsers, Dokumenten, dem Suchfeld – überall dort, wo Sie normalerweise eine Hardwaretastatur für die Eingabe benötigen.

Um die Bildschirmtastatur sichtbar zu machen, tippen Sie auf ihr Symbol in der Taskleiste. Wenn das Symbol nicht sichtbar ist, gehen Sie zu *Einstellungen* | *Personalisierung* | *Taskleiste* und schieben Sie den Schalter *Bildschirmtastatur* in die Position *Ein*.

Abbildung 3.30 zeigt das Standardlayout der Bildschirmtastatur.

Wenn keine Hardwaretastatur angeschlossen ist, sollte durch Tippen auf eine beliebige Stelle, die eine Texteingabe zulässt, automatisch die Bildschirmtastatur angezeigt werden. (Um diese Funktion ein- oder auszuschalten, gehen Sie zu *Einstellungen* | *Zeit und Sprache* | *Eingabe* und erweitern Sie den Abschnitt *Bildschirmtastatur*. Dort finden Sie auch Optionen zum Hinzufügen von Tastentönen während der Eingabe, zum automatischen Hinzufügen eines Punkts beim Doppeltippen auf die Leertaste und zum Großschreiben des ersten Worts eines neuen Satzes.)

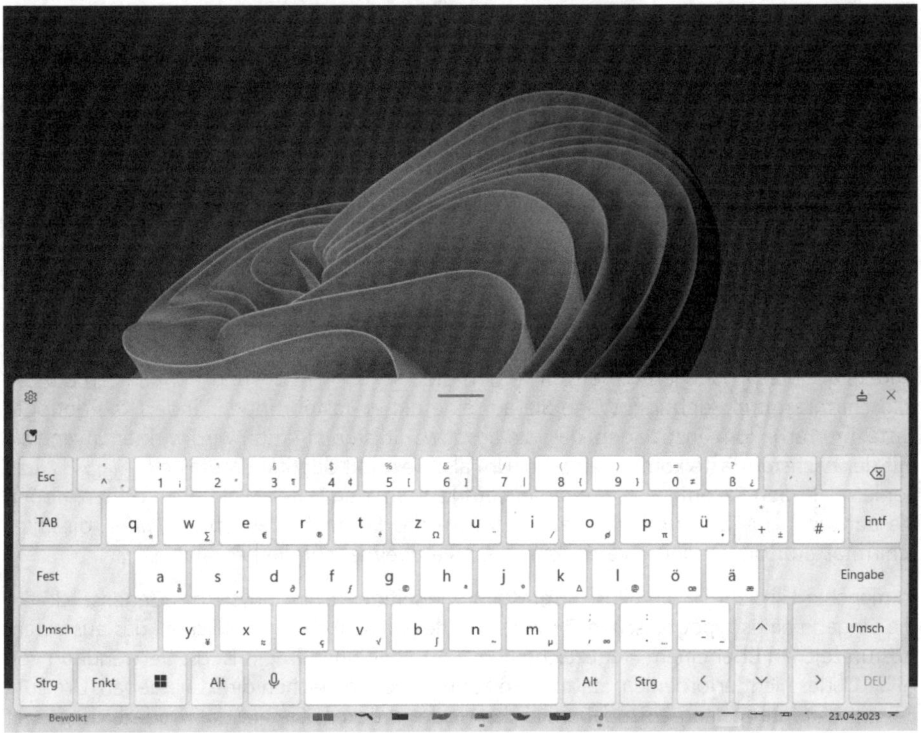

Abbildung 3.30 Verwenden Sie das Zahnradsymbol in der oberen linken Ecke der Bildschirmtastatur, um das Layout zu ändern.

Wenn Sie auf das Zahnradsymbol in der oberen linken Ecke klicken, können Sie ein alternatives Layout auswählen. Wählen Sie *Default*, wenn Sie eine virtuelle Tastatur sehen möchten, die alle Zeichen einer Standardtastatur mit 103 Tasten enthält, einschließlich umgekehrter Schrägstriche, eckiger Klammern und der separaten Zahlenreihe, um nur einige zu nennen. Um die Funktionstasten (F1 bis F12) anzuzeigen, wechseln Sie zum traditionellen Layout und tippen Sie auf Fnkt.

Das kleine Layout verkleinert das Standardlayout auf etwa ein Viertel seiner Breite. Sie können diese Tastatur dann an eine beliebige Stelle des Bildschirms ziehen, was praktisch ist, wenn das größere Layout die Übersicht über ein komplexes Dokument, zum Beispiel ein Formular, beeinträchtigt. Wählen Sie das Layout *Geteilt*, wenn Sie mit einem Tablet arbeiten und den Text mit dem linken und rechten Daumen eingeben möchten.

Im Standardlayout können Sie Zahlen eingeben, indem Sie die entsprechende Taste in der obersten Reihe gedrückt halten (Q für 1, W für 2 usw.). Diese Technik ist natürlich nicht produktiv, wenn Sie eine umfangreiche Zahleneingabe vornehmen müssen. Tippen Sie in diesem Fall in der unteren linken Ecke der Tastatur auf die Taste &123, um das QWERTZ-Standardlayout durch ein Layout zu ersetzen, das Zahlen und Sonderzeichen enthält, wie in Abbildung 3.31 gezeigt.

Wenn das gesuchte Symbol nicht sichtbar ist, tippen Sie auf die Taste mit dem nach rechts weisenden Pfeil oberhalb der Strg-Taste, um ein zweites Layout mit weiteren Symbolen anzuzeigen.

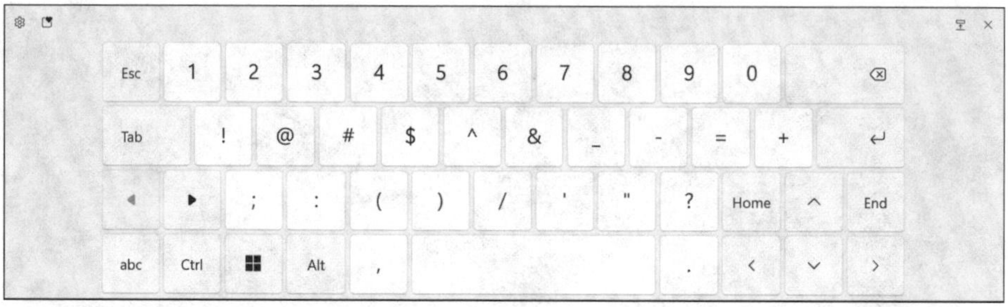

Abbildung 3.31 Tippen Sie auf die Taste abc in der unteren linken Ecke, um zwischen den Standard-QWERTZ-Tasten und dieser alternativen Ansicht der Symbole und Zahlen zu wechseln.

Anders als ihre physischen Gegenstücke sind die Strg-, Alt- und Windows-Tasten auf der Bildschirmtastatur »klebrig«. Wenn Sie auf eine dieser Tasten tippen, ändert die getippte Taste ihre Farbe, um anzuzeigen, dass sie ausgewählt ist; die Aktion wird wirksam, wenn sie mit der nächsten Taste kombiniert wird. Um also Text mit der Standardtaste Strg+C zu kopieren, tippen Sie auf Strg und dann auf C. Um den Datei-Explorer zu öffnen, tippen Sie auf die Windows-Taste und dann auf E. (Um das Startmenü zu öffnen, wenn die Bildschirmtastatur die Taskleiste verdeckt, tippen Sie zweimal auf die Windows-Taste.)

In mancher Hinsicht ist die Bildschirmtastatur vielseitiger als ihr physisches Gegenstück. Für die Eingabe eines typografischen Symbols wie des Interrobang (ein Zeichen, das aus einem Ausrufezeichen über einem Fragezeichen besteht) oder eines Emojis ist die Verwendung von ANSI-Codes nicht erforderlich. Stattdessen können Sie die Zeichen direkt eingeben. Um zum Beispiel ein Interrobang einzugeben, klicken (oder drücken) Sie auf das Fragezeichen oder das Ausrufezeichen und halten Sie es gedrückt. Die entsprechenden Sonderzeichenoptionen werden in einem Feld oberhalb des angeklickten Zeichens angezeigt. Verwenden Sie die gleiche Technik, um zum Beispiel einen Vokal mit Akzentzeichen einzugeben.

Expertentipp

Wischen statt Tippen

Wenn Sie das Suchen nach dem richtigen Zeichen als mühsam und langsam empfinden, zeichnen Sie stattdessen Ihre Wörter. Mit dem kompakten oder dem breiten (Standard-)Layout der Bildschirmtastatur können Sie Wörter erstellen, indem Sie von einem Buchstaben zum nächsten eine Linie ziehen. Windows erkennt Ihre Absichten sehr gut, und wo dies nicht der Fall ist, schlägt es alternative Möglichkeiten vor (genauso wie es dies tun würde, wenn Sie sich beim herkömmlichen Tippen vertippen). Mobiltelefone verfügen schon seit geraumer Zeit über dieses »Wischen statt Tippen«-Feature, und wenn Sie schon einmal auf diese Weise auf einer Handheld-Plattform getextet haben, werden Sie feststellen, dass es auch auf Ihrem Windows-Tablet funktioniert.

Mit all diesen Layouts können Sie die hervorragende Textvorhersage-Engine von Microsoft in Anwendungen nutzen, die sie unterstützen, wie zum Beispiel Microsoft Word. Sobald Sie ein Wort beenden (und manchmal auch vorher), werden in einer Reihe am oberen Rand der Tastatur wahrscheinliche Fortsetzungen angezeigt. Wenn Sie zum Beispiel »Geben Sie mir ein paar Minuten, um das Geld zu holen« schreiben möchten, müssen Sie nur die ersten beiden Buchstaben eingeben. Sie können sich durch den Rest des Satzes klicken. Wenn Sie Eingaben an eine App senden, die Emojis versteht, schlägt die Engine diese ebenso vor wie Textfortsetzungen.

Eine zusätzliche Option, die angezeigt wird, wenn Sie auf das Zahnradsymbol tippen, ist *Handschrift*, die die Tastatur durch ein Eingabefeld ersetzt, in das Sie Text eingeben können. Dieses Feld ist vor allem bei Geräten nützlich, die die Stifteingabe unterstützen, aber Sie können zur Texteingabe auch Ihre Fingerspitze verwenden. Windows wandelt Ihre Eingaben in Druck- oder Schreibschrift automatisch in Zeichen um, die an der aktuellen Einfügemarke eingegeben werden können.

Wenn Ihre Handschrift so unleserlich ist, dass selbst Sie Schwierigkeiten haben, sie zu entziffern, werden Sie vielleicht eine Überraschung erleben. Für den unwahrscheinlichen Fall, dass das Bedienfeld nicht herausfinden kann, was Sie gemeint haben, können Sie aus einer Reihe von Vorschlägen auswählen, die oben im Fenster angezeigt werden.

Verwenden von Sprachbefehlen und Diktieren von Text

Wenn Sie nicht tippen möchten, können Sie stattdessen auch sprechen. Setzen Sie die Einfügemarke an eine beliebige Stelle, an der Texteingabe möglich ist, und drücken Sie [Win]+[H], um die Spracheingabe zu aktivieren. Wenn die Bildschirm-Tastatur sichtbar ist, tippen Sie auf die Mikrofonschaltfläche, um zu beginnen.

Wenn Sie diese Funktion zum ersten Mal verwenden, werden Sie aufgefordert, gerätebasierte Spracherkennungskomponenten zu installieren. Wenn die Installation abgeschlossen ist, wird eine Mikrofonschaltfläche angezeigt, auf die Sie klicken oder tippen können, um mit dem Diktieren zu beginnen.

Sie können das Diktat mit Sprachbefehlen wie »Diktat pausieren« oder »Nicht mehr zuhören« unterbrechen oder beenden. Zusätzlich zu den Wörtern können Sie auch Satzzeichen und Bearbeitungsanweisungen wie »Letzte zehn Wörter löschen« oder »Neue Zeile« diktieren.

Ab Windows 11 Version 22H2 können Sie auch ein Feature namens Sprachzugriff aktivieren, mit der Sie alle Windows-Funktionen mit Ihrer Stimme steuern können. (Leider steht der Sprachzugriff derzeit nur für Englisch zur Verfügung.) Um loszulegen, führen Sie die Sprachzugriff-App aus, die die erforderlichen Komponenten herunterlädt und Sie auffordert, Ihr Mikrofon einzurichten. Sprachzugriff fügt am oberen Rand des Bildschirms eine Leiste mit einer Mikrofonschaltfläche und einem Zahnradsymbol zum Anpassen der Einstellungen hinzu. Um die Funktion zu aktivieren, sagen Sie »voice access wake up«. Um eine Liste der Befehle anzuzeigen, die Sie verwenden können, sagen Sie »what can I say?«.

Sprachzugriff verfügt über einen umfangreichen Befehlssatz und einige überraschend leistungsstarke Funktionen. So können Sie zum Beispiel alle möglichen Objekte, die angeklickt werden können, auf dem Bildschirm mit Zahlen versehen und dann »click 14« sagen, anstatt zu versuchen, die Taste zu beschreiben, die Sie betätigen möchten. Für Menschen, die Schwierigkeiten bei der Interaktion mit einer physischen Tastatur oder Maus haben, lohnt es sich, Sprachzugriff zu beherrschen.

Verwenden eines Stifts unter Windows 11

Auf PCs, die für die Verwendung mit einem Stift ausgelegt sind, einschließlich der Surface Pro-Tablets von Microsoft, kann ein Stift ein leistungsstarkes Eingabewerkzeug sein. Sie können ihn anstelle einer Maus verwenden, um mit größerer Präzision zu zeigen und zu klicken, als dies mit dem Finger möglich ist. Sie können ihn auch zum Zeichnen und zur direkten Texteingabe in Apps verwenden, die ihn unterstützen.

Um den Zugriff auf Anwendungen mit Stiftunterstützung zu erleichtern, sollten Sie das Stiftmenü in die Taskleiste einfügen. (Sie finden diese Einstellung unter *Einstellungen* | *Personali-*

sierung | Taskleiste | Taskleistensymbole. Tippen Sie auf das Stiftsymbol, um dieses Menü zu öffnen. Tippen Sie dann auf das Zahnradsymbol und wählen Sie *Stiftmenü bearbeiten*, um eine Liste der stiftkompatiblen Anwendungen anzuzeigen, die Sie hier anheften können.)

Optionen, die sich auf Ihren Stift beziehen, finden Sie unter *Einstellungen | Bluetooth und Geräte | Stift und Windows Ink*. Im unteren Teil dieser Einstellungsseite finden Sie eine Reihe von Optionen zum Konfigurieren von Stiftkurzbefehlen (siehe Abbildung 3.32). Diese Optionen, für die ein Stift mit einer Kurzbefehlstaste erforderlich ist, bestimmen, was passiert, wenn Sie diese Taste einmal oder zweimal kurz hintereinander drücken oder gedrückt halten.

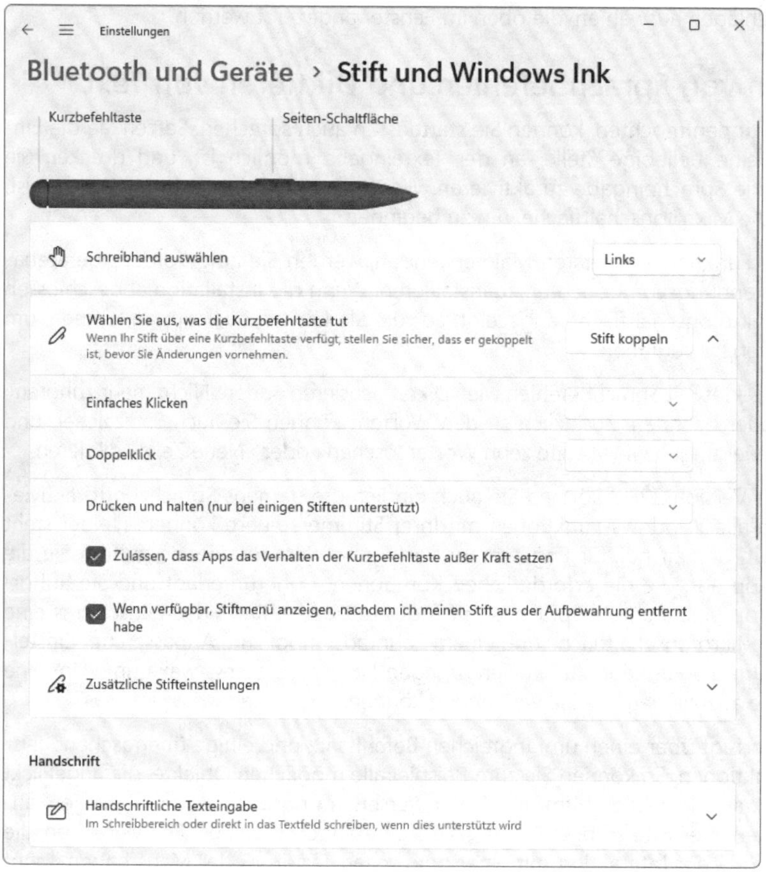

Abbildung 3.32 Sie können Ihren Stift darauf trainieren, ein Programm zu starten, eine Bildschirmaufnahme zu machen oder das Stiftmenü zu öffnen, wenn Sie eine seiner Verknüpfungstasten verwenden.

Innerhalb der drei Dropdownmenüs gibt es Optionen zum Starten von Programmen, zum Aufnehmen von Bildschirmausschnitten und mehr.

Kapitel 4

Windows 11 personalisieren

Wie die bisherigen Versionen von Windows bietet Ihnen auch Windows 11 unzählige Optionen zur Personalisierung Ihres Arbeitsbereichs. Diese Optionen sorgen dafür, dass sich Ihr Computer so anfühlt, als wäre es wirklich Ihr eigenes Gerät, das Ihre eigenen Designvorlieben verkörpert, und sie sorgen dafür, dass Ihre Interaktion mit Windows für Sie funktioniert. Die meisten dieser Anpassungen haben nur einen beiläufigen Effekt auf Ihre Produktivität. Wenn Sie jedoch einen ästhetisch ansprechenden Arbeitsbereich schaffen, fühlen Sie sich mit Ihrem PC wohler, und wenn Sie sich wohler fühlen, sind Sie auch produktiver.

Mit diesem Ziel vor Augen möchten wir Ihnen die umfangreiche Palette an Personalisierungsfunktionen in Microsoft Windows 11 vorstellen. Wahrscheinlich kennen Sie viele Features, die wir in diesem Kapitel behandeln, bereits aus älteren Windows-Versionen, aber es gibt genügend Änderungen in der Art und Weise, wie diese Funktionen implementiert sind, sodass wir empfehlen, dieses Kapitel zu lesen, damit Sie wissen, was neu ist. Besonders erwähnenswert ist, dass fast alle Personalisierungsoptionen jetzt in die moderne App Einstellungen umgezogen sind; nur einige ältere Optionen, wie die Option zum Anpassen der Systemsounds, befinden sich weiterhin in der Systemsteuerung im alten Stil.

Wenn Sie mehrere Windows-PCs verwenden und sich mit demselben Microsoft-Konto oder Azure Active Directory (Azure AD)-Konto anmelden, können Sie festlegen, dass Ihre Anpassungen für alle diese Geräte gelten sollen. Um diese Funktion zu steuern, gehen Sie zu *Einstellungen | Konten | Windows-Sicherung* und erweitern Sie den Abschnitt *Meine Einstellungen speichern*.

Aktivieren Sie die Kontrollkästchen *Kennwörter* und *Spracheinstellungen*, um festzulegen, ob diese Einstellungen zwischen Geräten synchronisiert werden sollen. Zu den Einstellungen, die synchronisiert werden, wenn die Option *Weitere Windows-Einstellungen* ausgewählt ist, gehören Designs, Eingabehilfen und Benachrichtigungseinstellungen. Beachten Sie, dass die Einstellungen für jeden Benutzer einzeln synchronisiert werden. Einstellungen, die für alle Benutzer auf Ihrem Computer gelten, wie zum Beispiel die Bildschirmauflösung, sind nicht im aktuellen Design oder anderen synchronisierten Einstellungen enthalten. Einstellungen, die mit einem lokalen Benutzerkonto verbunden sind, werden nicht mit anderen Computern synchronisiert.

Die Browsereinstellungen werden nicht mit Ihrem Windows-Konto synchronisiert. Um die Synchronisierung in Microsoft Edge zu konfigurieren, öffnen Sie in Edge die Seite *Einstellungen* und wählen Sie *Profile | Synchronisieren*. (Wir behandeln die Synchronisierungsfunktionen in Microsoft Edge ausführlicher in Kapitel 7, »Microsoft Edge verwenden«.)

Anpassen des Erscheinungsbilds und der Bedienung von Windows

Die naheliegendste Möglichkeit, Ihr Windows-Erlebnis zu personalisieren, ist das Ändern des visuellen Erscheinungsbildes – des Desktophintergrunds, des Bilds auf dem Sperrbildschirm, der Akzentfarben und so weiter. Diese Optionen sind unter der Überschrift *Personalisierung* in der App Einstellungen übersichtlich angeordnet.

Desktophintergrund auswählen

Sie können jeden Desktop mit einem Hintergrundbild aufpeppen. Als Hintergrund kann eine Grafikdatei in einem der gängigen Formate verwendet werden: BMP, GIF (nur statisch, nicht animiert), JPEG, PNG und TIFF. Wenn Sie sich nicht für ein Bild entscheiden können, richten Sie eine Diashow mit Bildern aus Ihrer eigenen Sammlung gespeicherter Fotos oder aus der kuratierten Windows Spotlight-Sammlung von Microsoft ein. Und wenn Sie Bilder als zu störend empfinden, wählen Sie einfach eine Hintergrundfarbe (diese letzte Option könnte sich als besonders nützlich erweisen, wenn Sie Ihren Desktop mit Dateien, Ordnern und App-Verknüpfungen bevölkern möchten; diese Symbole sind ohne die Ablenkung durch ein Hintergrundbild leichter zu erkennen).

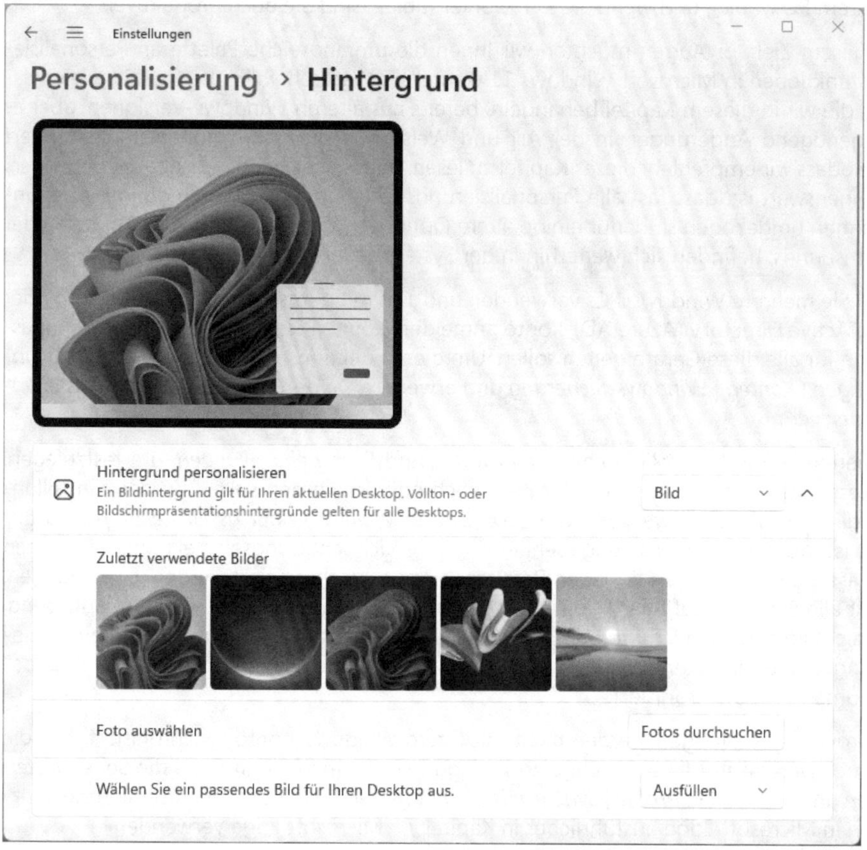

Abbildung 4.1 Verwenden Sie die hier gezeigten Optionen, um ein einzelnes Bild auszuwählen und es als Desktophintergrund zu verwenden.

Sie können eine dieser Möglichkeiten auswählen, indem Sie zu *Einstellungen | Personalisierung | Hintergrund* gehen. Die Standardauswahl in der Dropdownliste *Hintergrund personalisieren* ist *Bild*, die die in Abbildung 4.1 gezeigten Optionen bietet.

Die Optionen aus der Liste *Hintergrund personalisieren* ermöglichen folgende Einstellungen:

- **Bild** zeigt ein einzelnes Bild Ihrer Wahl an, das an die Auflösung Ihres Bildschirms angepasst wird. Windows 11 enthält eine Standardauswahl an Bildern, und PC-Hersteller bieten oft zusätzliche Auswahlmöglichkeiten an. Klicken Sie auf *Fotos durchsuchen*, um eines Ihrer eigenen Bilder auszuwählen.
- **Volltonfarbe** tönt den Hintergrund in einer Farbe, die Sie aus einer Palette mit zwei Dutzend Vorschlägen auswählen können. Sie können auch eine benutzerdefinierte Farbe erstellen, die dann das fünfundzwanzigste Element in Ihrer Palette wird. Klicken Sie rechts neben der Beschriftung *Benutzerdefinierte Farben* auf die Schaltfläche *Farben anzeigen* und klicken oder tippen Sie dann auf die angezeigte Farbauswahl, um die gewünschte Farbe festzulegen, wie in Abbildung 4.2 dargestellt.

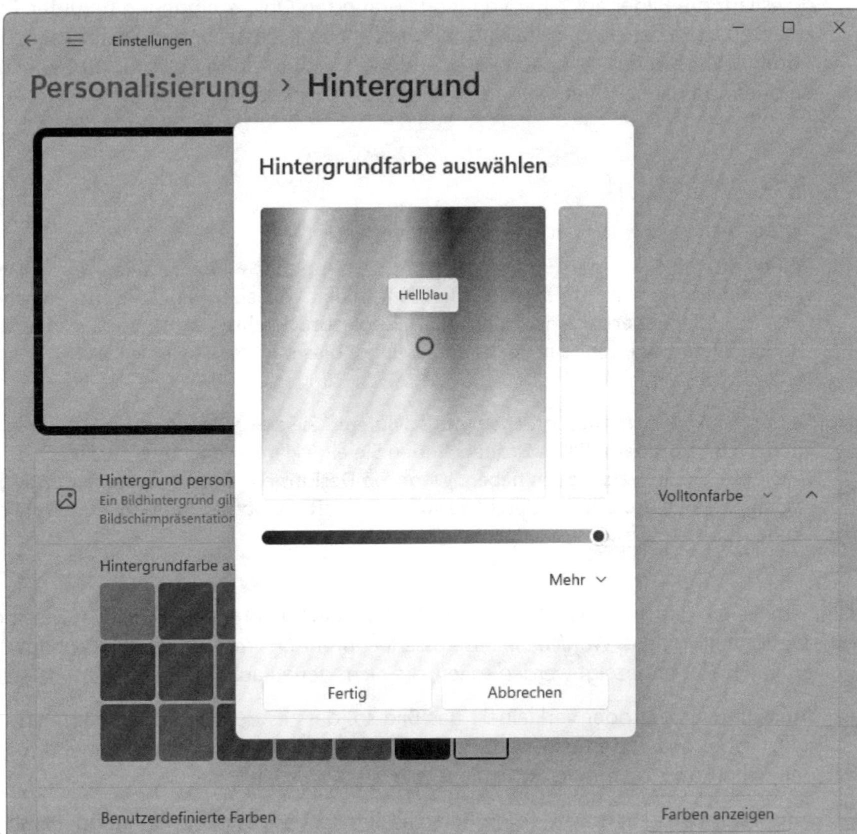

Abbildung 4.2 Verwenden Sie das Farbauswahlwerkzeug, um eine eigene Farbe zu erstellen, wenn keine der 24 Standardfarben die richtige zu sein scheint.

Wählen Sie im Quadrat oben eine Farbe aus; verwenden Sie dann den Schieberegler darunter, um die Intensität von dunkel (links) bis hell (rechts) einzustellen. Der vertikale Balken auf der rechten Seite zeigt oben das Ergebnis Ihrer aktuellen Auswahl und darunter die aktuelle benutzerdefinierte Farbe (falls vorhanden).

- **Diashow** lässt sich mit der Option *Bild* vergleichen, bleibt aber nicht auf ein einzelnes Bild beschränkt. In einem von Ihnen gewählten Intervall (in einem von sechs vordefinierten Intervallen zwischen 1 Minute und 1 Tag) wechselt Windows das Bild für den Desktophintergrund und wählt dafür ein Bild aus dem von Ihnen angegebenen Ordner aus. Sofern Sie nichts anderes angeben, verwendet Windows den Ordner *Bilder* im aktuellen Benutzerprofil als Quelle. Um optimale Ergebnisse zu erzielen, empfehlen wir Ihnen, eine Gruppe von Bildern in geeigneter Größe auszuwählen, sie in einen eigenen Ordner zu kopieren und dann auf *Durchsuchen* zu klicken, um den Standardordner durch Ihren eigenen Ordner zu ersetzen. Beachten Sie, dass diese Option bei einer Einrichtung mit mehreren Monitoren auf jedem Bildschirm ein anderes Bild verwendet.

  Zwei zusätzliche Optionen ermöglichen es Ihnen, die Reihenfolge der Bilder zu ändern und die Diashow auch dann laufen zu lassen, wenn Ihr PC im Akkubetrieb läuft. Diese beiden Optionen sind standardmäßig ausgeschaltet.

- **Windows Spotlight** zeigt jeden Tag ein neues Bild auf dem Sperrbildschirm an. Windows lädt die Bilder aus einer von Bing kuratierten Onlinesammlung herunter. Es sind keine zusätzlichen Konfigurationsoptionen in den Einstellungen verfügbar, obwohl Administratoren das Verhalten von Windows Spotlight mithilfe von Gruppenrichtlinien oder Software zur Verwaltung mobiler Geräte verwalten können.

Expertentipp

Wiederherstellung der mit Windows gelieferten Fotos

Wenn Sie auf *Fotos durchsuchen* klicken und ein neues Bild auswählen, ersetzt Ihre Auswahl das ganz rechte der aktuellen fünf Bilder. Was aber, wenn Sie sich entscheiden, dass Sie lieber zu einem der tollen Fotos zurückkehren möchten, die mit Windows geliefert wurden? Die Rückkehr zu einem dieser Bilder ist einfach, aber nicht offensichtlich.

Klicken Sie auf *Fotos durchsuchen* und navigieren Sie zu *C:\Windows\Web\Wallpaper*. In den Unterordnern dieses Ordners finden Sie eine Handvoll schöner Bilder, darunter auch die, die Sie verschoben haben. Wenn Sie Designs aus Onlinequellen heruntergeladen haben, einschließlich derer, die von Microsoft angeboten werden, finden Sie die Bilder für diese Designs ebenfalls an diesem Ort.

Nachdem Sie ein Bild ausgewählt oder eine Diashow eingerichtet haben, wählen Sie eine der sechs Optionen im Menü *Wählen Sie das Passende für Ihr Desktopbild aus*, um Windows mitzuteilen, wie Bilder angezeigt werden sollen, die nicht genau auf Ihren Bildschirm passen:

- **Ausfüllen** streckt oder verkleinert das Bild so, dass es den gesamten Bildschirm ausfüllt, wobei das Bild in einer oder beiden Dimensionen so beschnitten wird, dass an den Seiten bzw. oben und unten kein Leerraum verbleibt.
- **Anpassen** verkleinert oder vergrößert das Bild so, dass es in der Breite oder Höhe genau passt, ohne das Seitenverhältnis zu ändern oder Teile wegzulassen. Daher können an beiden Seiten oder oberhalb und unterhalb des Bilds Leerräume entstehen, die mit der aktuellen Hintergrundfarbe angezeigt werden.
- **Dehnen** verkleinert oder vergrößert das Bild so, dass es in beiden Dimensionen passt. Dabei wird das Bild entsprechend verzerrt. Wenn sich die Seitenverhältnisse des Bilds und des Monitors stark unterscheiden, wirkt das Bild vielleicht sehr unnatürlich.

- **Kachel** wiederholt das Bild in seiner Originalgröße, um den Bildschirm zu füllen. Diese Option eignet sich gut für abstrakte Hintergründe oder für kleine Bilder, deren wiederholte Darstellung ein Muster ergibt.
- **Zentrieren** zeigt das Bild in seiner Originalgröße in der Mitte des Bildschirms an, ohne es zu strecken. Wenn das Bild kleiner ist als die Bildschirmauflösung, kann an den Seiten oder oben und unten Leerraum entstehen; wenn das Bild größer als der Bildschirm ist, werden möglicherweise einige Teile des Bilds abgeschnitten.
- **Strecken** funktioniert wie *Ausfüllen*, um ein einzelnes Bild auf mehreren Monitoren anzuzeigen. Auf einem PC mit nur einem Monitor hat die Auswahl dieser Option die gleiche Wirkung wie die Auswahl von *Ausfüllen*.

Expertentipp

Auf Computern mit mehreren Monitoren jedem Bildschirm ein eigenes Bild zuweisen

Von den sechs genannten Optionen ist nur *Strecken* speziell für Computer vorgesehen, die über mehrere Monitore verfügen. Bei den anderen fünf Optionen wird das ausgewählte Bild mit den entsprechenden Anpassungen auf jedem Monitor wiederholt. Die App Einstellungen bietet keine offensichtliche Lösung, um auf jedem Monitor ein anderes Bild anzuzeigen.

Abbildung 4.3 Auf einem PC mit mehreren Monitoren können Sie mit der rechten Maustaste auf ein beliebiges Miniaturbild aus der Liste der zuletzt verwendeten Bilder klicken, um dieses Bild einem bestimmten Monitor zuzuweisen.

> **Auch wenn es nicht leicht zu finden ist, gibt es ein geheimes Menü, mit dem Sie ein Bild für einen bestimmten Monitor auswählen können. Die Bilder, die Sie verwenden möchten, müssen auf der Seite *Hintergrund* der Einstellungen-App in der Liste der fünf Miniaturansichten bereitstehen. Klicken Sie die gewünschten Miniaturansichten der Reihe nach mit der rechten Maustaste an und wählen Sie in der Dropdownliste *Hintergrund* den Monitor aus (Abbildung 4.3).**
>
> **Für noch mehr Kontrolle über Multimonitor-Konfigurationen empfehlen wir das Drittanbieter-Dienstprogramm DisplayFusion (*https://displayfusion.com*). Die Software ist in einer kostenlosen Version erhältlich, die eine breite Palette von Optionen für Hintergrundbilder pro Monitor unterstützt; eine kostenpflichtige Pro-Version ist ebenfalls erhältlich.**

Hier sind einige andere Möglichkeiten, den Desktophintergrund zu ändern:

- Klicken Sie im Datei-Explorer mit der rechten Maustaste auf eine Bilddatei und wählen Sie *Als Desktophintergrund festlegen*.
- Öffnen Sie in Paint eine beliebige Bilddatei, öffnen Sie das Menü *Datei* und wählen Sie *Als Desktophintergrund festlegen*. In einem Untermenü können Sie das Bild mit den Optionen *Füllung*, *Kacheln* oder *Zentrieren* positionieren.
- Verwenden Sie die App Fotoanzeige, um eine Bilddatei zu öffnen, klicken Sie mit der rechten Maustaste und wählen Sie *Festlegen als | Hintergrund*.
- Wenn eine Diashow läuft, klicken Sie mit der rechten Maustaste auf eine beliebige freie Stelle auf dem Desktop und wählen Sie *Nächster Desktophintergrund*, um zum nächsten Bild in der Sammlung zu springen.

Farben auswählen

Wie im vorherigen Abschnitt beschrieben, können Sie dem Desktophintergrund eine Volltonfarbe zuweisen. Um die Farben in allen anderen Bereichen von Windows anzupassen, gehen Sie zu *Einstellungen | Personalisierung | Farben*. Hier können Sie zwischen dem dunklen und dem hellen Modus wählen, mit separaten Einstellungen für Anwendungen und für Windows selbst. Sie können auch eine Akzentfarbe zuweisen und festlegen, wo diese Akzentfarbe verwendet werden soll. Schließlich können Sie entscheiden, ob Sie auf verschiedene Fenster und Flächen in der Windows-Benutzeroberfläche Transparenzeffekte anwenden möchten.

Mit der Option *Modus auswählen* können Sie zwischen den Modi *Hell* und *Dunkel* für Windows und Apps wählen (mit Apps sind hier alle Windows-Standardanwendungen gemeint, einschließlich der App Einstellungen). Wählen Sie den Modus *Benutzerdefiniert* aus (wie in Abbildung 4.4 gezeigt), wenn Sie für Windows und die Apps jeweils einen anderen Modus festlegen möchten.

Die Optionen für den dunklen Modus sind nützlich, um die Akkulaufzeit auf tragbaren Geräten zu verlängern. Ein weiterer wichtiger Vorteil besteht darin, dass die Augen nicht überanstrengt werden, insbesondere in schummrigen oder dunklen Umgebungen. Wenn Sie die Auswahl in der Dropdownliste von *Benutzerdefiniert* auf *Hell* oder *Dunkel* ändern, wird der ausgewählte Modus sowohl auf Windows-Elemente als auch auf Apps angewendet. Wenn Sie den Schalter für die *Transparenzeffekte* auf *Ein* stellen, können Sie Anzeigeelemente hinter dem Vordergrundfenster schwach durchscheinen lassen.

Abbildung 4.4 Der dunkle Modus ist in schwach beleuchteten Umgebungen angenehmer für die Augen. Der helle Modus bietet eine traditionellere Ansicht der Windows-Oberfläche.

Die nächste Gruppe von Optionen auf der Seite *Personalisierung | Farben* ermöglicht es Ihnen, eine komplementäre Akzentfarbe auszuwählen und festzulegen, wo und wie sie verwendet werden soll. In Windows 11 können Sie eine und nur eine Akzentfarbe aus einer Palette von 48 Volltonfarben auswählen (oder eine und nur eine zusätzliche Farbe Ihrer Wahl, wenn Sie auf *Farben anzeigen* klicken), wie in Abbildung 4.5 gezeigt.

Die Änderung der Menüoption *Akzentfarbe* von *Manuell* in *Automatisch* ist nützlich, wenn Sie eine Diashow für den Desktophintergrund konfiguriert haben. Wenn diese Einstellung aktiviert ist, ändert sich die Akzentfarbe bei jedem Wechsel des Hintergrundbildes, wodurch die Wahrscheinlichkeit, dass ein bestimmtes Bild einen schlechten Kontrast zu einer manuell gewählten Hintergrundfarbe bildet, minimiert wird. Andererseits sollten Sie sich darauf einstellen, dass die Akzentfarbe je nach Bild in grellen Lila-, Rosa- oder Gelbtönen erscheint. (Wenn Sie Ihre Meinung ändern möchten, müssen Sie den Schalter nicht auf *Manuell* zurückstellen. Wählen Sie einfach eine andere Farbe und Windows ändert sie für Sie.)

Die von Ihnen gewählte Akzentfarbe wird an einigen Stellen automatisch angezeigt – zum Beispiel in Textlinks in integrierten Anwendungen wie Mail und Einstellungen und auf dem Desktop, wenn ein Hintergrundbild den Bildschirm nicht vollständig ausfüllt.

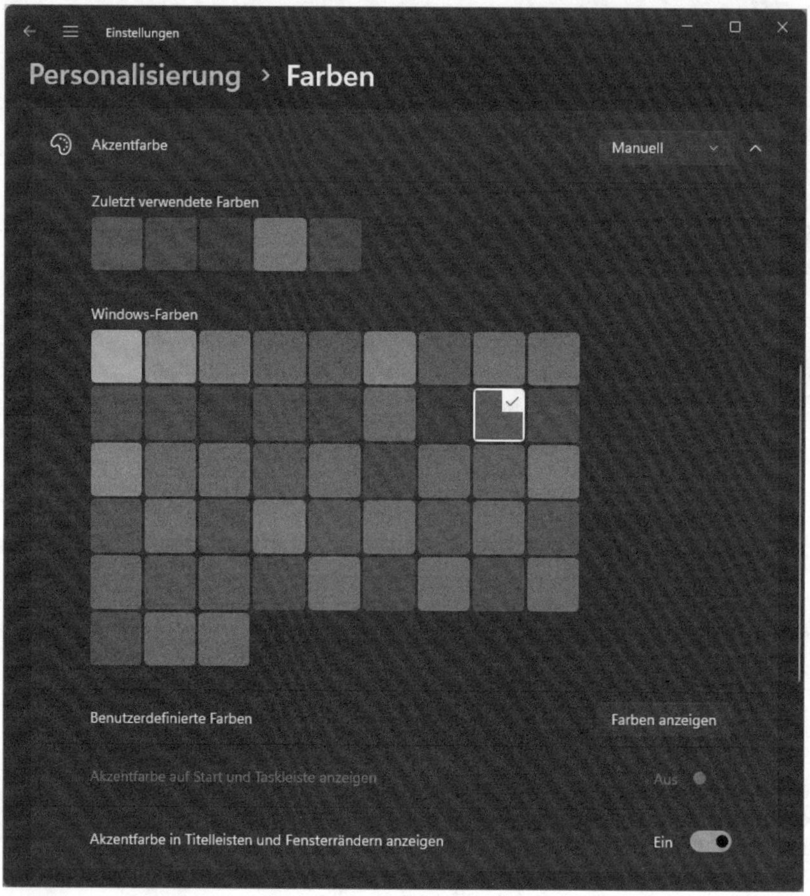

Abbildung 4.5 Mit der Option *Manuell* im Menü *Akzentfarbe* können Sie eine eigene Akzentfarbe auswählen; wählen Sie *Automatisch*, wenn Sie möchten, dass Windows eine Akzentfarbe auswählt, die zu Ihrem Hintergrund passt.

Wenn Sie Windows für die Verwendung des dunklen Modus konfiguriert haben, können Sie die Option *Akzentfarbe auf Start und Taskleiste anzeigen* aktivieren. (Dieser Schalter ist ausgegraut und nicht verfügbar, wenn Sie für Windows den hellen Modus ausgewählt haben.) Wenn Sie diese Einstellung wählen, wird Ihre Akzentfarbe als Hintergrund für die Taskleiste und das Startmenü verwendet, während diese sichtbar sind. Wenn diese Option deaktiviert ist, haben diese Bereiche einen neutralen Hintergrund, der dem ausgewählten Modus entspricht. Eine separate Option, *Akzentfarbe in Titelleisten und Windows-Rändern anzeigen*, schaltet die Farbe für die Titelleisten in Desktopanwendungen und in Store-Apps, die keine benutzerdefinierte Farbe angeben, ein oder aus.

Sperrbildschirm und Anmeldebildschirm anpassen

Der Sperrbildschirm ist eine Sicherheitsmaßnahme, die verhindern soll, dass jemand mit Ihrem Konto auf dem Computer arbeitet, wenn Sie angemeldet sind, aber den Schreibtisch kurz verlassen. Um den Sperrbildschirm anzuzeigen, klicken Sie auf *Start* und dann auf das Bild Ihres Kontos, wo sich im Menü der verfügbaren Optionen die Option *Sperren* befindet. Natürlich gibt es eine schnellere Möglichkeit, den Bildschirm zu sperren: Verwenden Sie die Tastenkombination [Win] + [L] (das L steht für das englische Wort »lock«).

Genauso wie Sie den Desktophintergrund anpassen können, können Sie auch den Sperrbildschirm nach Ihren Wünschen verändern, indem Sie eigene Bilder hinzufügen und festlegen, welche Benachrichtigungen auf dem Sperrbildschirm angezeigt werden, wenn Sie nicht anwesend sind. Die verfügbaren Optionen finden Sie in *Einstellungen | Personalisierung | Sperrbildschirm*, wie in Abbildung 4.6 gezeigt.

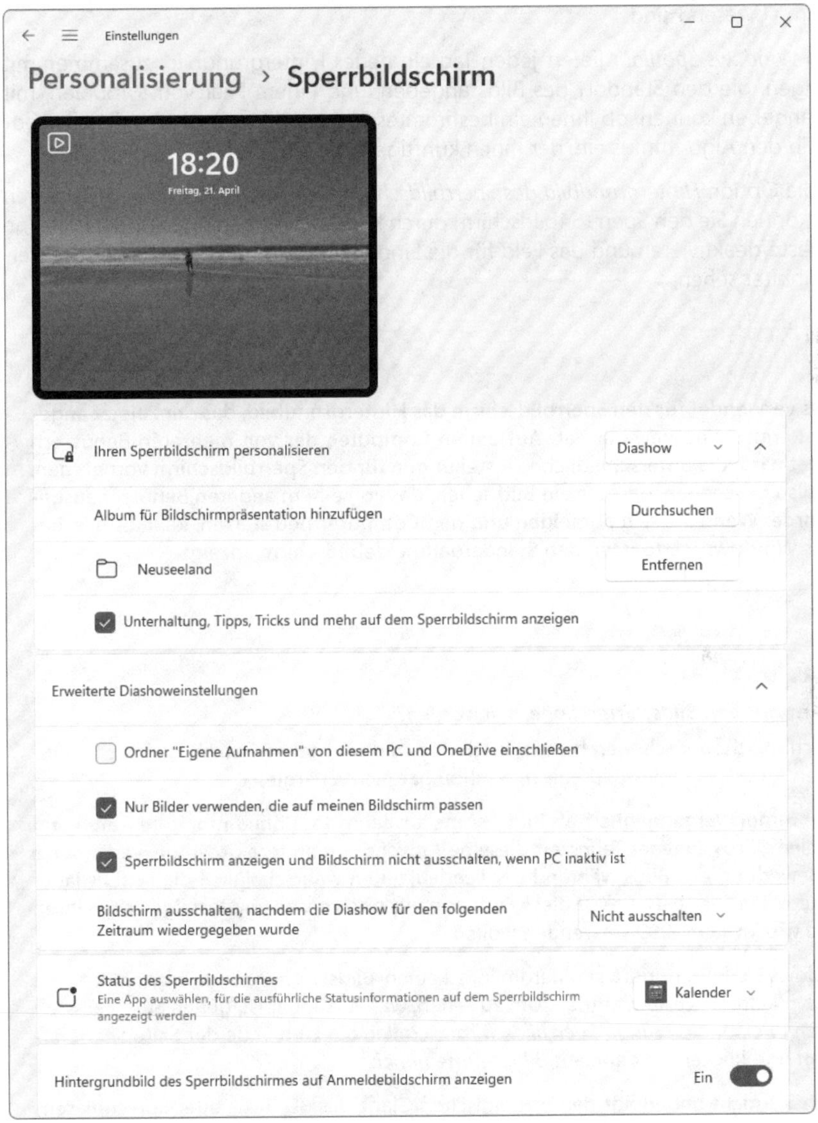

Abbildung 4.6 Wie beim Desktophintergrund können Sie anstelle eines statischen Bilds auch eine Diashow für Ihren Sperrbildschirm auswählen.

Diese Einstellungen ähneln denen für den Desktophintergrund sehr. Wenn Sie im Bereich *Sperrbildschirm personalisieren* die Option *Bild* wählen, finden Sie die Einstellmöglichkeiten, die genauso funktionieren wie die im Bereich *Hintergrund personalisieren*, daher wiederholen wir hier die detaillierten Anweisungen nicht.

Die Option *Diashow* enthält jedoch mehrere Optionen, die nicht mit denen für den Desktophintergrund übereinstimmen. Insbesondere können Sie festlegen, dass nur Bilder verwendet werden, die Ihrer Bildschirmauflösung entsprechen, sodass Sie nicht mit einem verzerrten Bild begrüßt werden, wenn Sie versuchen, sich anzumelden. Sie können das System auch so konfigurieren, dass die Diashow sichtbar bleibt, wenn Ihr PC inaktiv ist, mit einer zusätzlichen Option zum Abschalten des Bildschirms, wenn Sie länger als einen festgelegten Zeitraum abwesend sind.

Die Option *Windows Spotlight* liefert jeden Tag ein neues Hintergrundbild, zusammen mit Beschriftungen, die den Standort des Bilds angeben, und einem Paar von Symbolen, mit denen Sie angeben können, ob Ihnen ein bestimmtes Bild gefällt oder nicht – dieses Feedback fließt in den Algorithmus ein, der Ihnen künftige Bilder liefert.

Wenn Sie die Option *Hintergrundbild des Sperrbildschirms auf Anmeldebildschirm anzeigen* aktivieren, können Sie den Sperr154bildschirm durch Klicken, Wischen oder Tippen auf eine beliebige Taste deaktivieren und das Feld für die Eingabe Ihrer Anmeldedaten mit demselben Bild dahinter sehen.

Hinweis

Windows verwendet für den Sperrbildschirm das Hintergrundbild, das der zuletzt angemeldete Benutzer ausgewählt hat. Auf einem Computer, der von mehreren Benutzern verwendet wird, die unterschiedliche Einstellungen für den Sperrbildschirm vornehmen, kann es also geschehen, dass Sie ein Bild sehen, das von einem anderen Benutzer ausgewählt wurde. Wenn Sie sich abmelden und den Computer neu starten, kann es geschehen, dass Windows stattdessen den Standardanmeldebildschirm anzeigt.

Expertentipp

Was ist aus den Bildschirmschonern geworden?

Bildschirmschoner schonen keine Bildschirme und Sie sparen – im Vergleich zum einfachen Ausschalten des Bildschirms – schon gar nicht Energie.

In der fernen Vergangenheit, als Bildschirme ausnahmslos Röhrenmonitore waren und in vielen Büros zu jeder Tageszeit dieselbe Anwendung angezeigt wurde, verlängerte die Bewegung des Bilds während der Leerlaufzeiten wahrscheinlich die Lebensdauer einiger Bildschirme. Heute ist diese Funktion nur noch etwas für Nostalgiker, die ihren PC so wie im Jahr 1999 verwenden wollen.

Windows 11 konfiguriert standardmäßig keinen Bildschirmschoner, obwohl es eine Handvoll alter Favoriten enthält. Um zu sehen, was verfügbar ist, gehen Sie zu *Einstellungen | Personalisierung | Sperrbildschirm*, scrollen Sie zum Ende der Seite *Sperrbildschirm* und klicken Sie dann auf *Bildschirmschoner.*

Wenn Sie nicht unbedingt den nostalgischen Glanz des 3D-Text- oder Sprechblasen-Bildschirmschoners aus der Windows 95-Ära wiedererleben möchten, empfehlen wir Ihnen jedoch, diese alten Optionen zu ignorieren und die moderne Alternative zu verwenden. Konfigurieren Sie Ihren Sperrbildschirm so, dass eine Diashow angezeigt wird, und sperren Sie Ihren PC durch Drücken von [Win]+[L], wenn Sie sich von Ihrem Arbeitsplatz entfernen.

Sie können zulassen, dass eine oder mehrere Apps ihren aktuellen Status – zum Beispiel die Anzahl neuer E-Mail-Nachrichten, anstehende Termine usw. – auf dem Sperrbildschirm anzeigen. Sie können hier auch Alarme und Erinnerungen sehen. Je nach Ihren persönlichen Vorlieben sind diese Benachrichtigungen entweder praktisch oder ein potenzielles Problem für die Privatsphäre. Wenn Sie nicht möchten, dass jeder, der an Ihrem Schreibtisch vorbeikommt, Benachrichtigungen sieht, gehen Sie zu *Einstellungen | System | Benachrichtigungen*. Erweitern Sie den Abschnitt *Benachrichtigungen* und deaktivieren Sie dann *Benachrichtigungen auf dem Sperrbildschirm anzeigen* und *Erinnerungen und eingehende VoIP-Anrufe auf dem Sperrbildschirm anzeigen*.

Wenn Sie sich für die Verwendung von Sperrbildschirm-Benachrichtigungen entscheiden, können Sie eine einzelne App so konfigurieren, dass detaillierte Statusmeldungen angezeigt werden (zum Beispiel Uhrzeit, Titel und Ort Ihres nächsten Termins oder eine Wettervorhersage für Ihren Standort). Verwenden Sie unter *Einstellungen | Personalisierung | Sperrbildschirm* das Menü *Status des Sperrbildschirms*, um auszuwählen, welche App diese bevorzugte Behandlung erhält.

Zuweisung von Tönen zu Systemereignissen

Vor Jahrzehnten, als Windows noch neu war, waren benutzerdefinierte Soundschemata eine beliebte Form der Personalisierung. Microsoft und Drittentwickler boten Sammlungen von Pieptönen, Glucksen und Zwitschern an, die Windows und verschiedene Anwendungen als Reaktion auf unterschiedliche System- und Anwendungsereignisse abspielten.

Diese Soundschemata haben den Weg von Pet Rocks, Beanie Babies und anderen einst beliebten Modeerscheinungen geebnet. In Windows 11 haben die Designer von Microsoft eine Sammlung von Systemtönen zusammengestellt, die subtil, aber unverwechselbar sind und hilfreich sein sollen, ohne aufdringlich zu sein.

In der Tat finden Sie in der modernen Einstellungen-App keine Option zur Anpassung der Systemtöne. Stattdessen befinden sich diese Steuerelemente in einem alten Dialogfeld, das sich seit 30 Jahren nicht verändert hat. Um dorthin zu gelangen, gehen Sie zu *Einstellungen | Personalisierung | Designs* und klicken Sie auf die Schaltfläche *Sounds* unterhalb der Miniaturansicht oben auf der Seite. Daraufhin wird das in Abbildung 4.7 gezeigte Dialogfeld geöffnet.

Bei einer Neuinstallation von Windows wird nur ein einziges Schema mitgeliefert, das sogenannte Schema *Windows-Standard*. Wenn Sie ein benutzerdefiniertes Soundschema finden und installieren, können Sie es aus der Liste *Soundschema* auswählen oder das aktuelle Soundschema an Ihre Wünsche anpassen.

Um zu sehen, welche Sounds derzeit Ereignissen zugeordnet sind, blättern Sie durch die Liste der Programmereignisse. Wenn einem Ereignis ein Sound zugeordnet ist, wird seinem Namen ein Lautsprechersymbol vorangestellt; wählen Sie den Namen des Ereignisses aus und klicken Sie dann auf *Testen*, um den Sound zu hören. Um zu einem anderen Sound zu wechseln, blättern Sie in der Liste *Sounds* oder klicken Sie auf *Durchsuchen*. In der Liste werden *.wav*-Dateien im Ordner *%windir%\Media* angezeigt, Sie können aber jede *.wav*-Datei verwenden. Um den mit einem Ereignis verknüpften Sound zu entfernen, wählen Sie das Ereignis aus und wählen Sie dann *(Kein)*, das Element am Anfang der Liste *Sounds*.

Abbildung 4.7 Es ist unwahrscheinlich, dass Sie die mit Systemereignissen verknüpften Töne ändern müssen, aber die Steuerelemente sind hier, falls Sie sie doch benötigen.

Wenn Sie die Zuordnung von Klängen zu Ereignissen neu anordnen, sollten Sie die neue Anordnung als Soundschema speichern. (Klicken Sie auf *Speichern unter* und geben Sie einen Namen ein.) Auf diese Weise können Sie weiter experimentieren und trotzdem zu der gespeicherten Konfiguration zurückkehren.

Expertentipp

Stummschalten des Computers

Wenn Sie im Prinzip mit den Sounds einverstanden sind, aber gelegentlich Ihre Ruhe haben möchten, wählen Sie in der Liste *Soundschema* den Eintrag *Keine Sounds*. Achten Sie darauf, auch das Kontrollkästchen *Windows-Startsound wiedergeben* zu deaktivieren. Ist Sound wieder willkommen, können Sie zum Schema *Windows-Standard* zurückkehren oder zu einem anderen Schema, das Sie eingerichtet haben. Durch den Wechsel auf *Keine Sounds* ist der Computer zwar nicht wirklich still, denn Sie können immer noch Musik abspielen, aber Sie hören keine Ankündigungen für eingehende E-Mails und andere Ereignisse mehr.

Wenn Sie die Lautstärke etwas genauer einstellen möchten, damit einige Apps ganz ruhig sind und andere etwas leiser, klicken Sie das Lautstärkesymbol im Infobereich mit der rechten Maustaste an und wählen *Lautstärkemixer öffnen*. Der Lautstärkemixer bietet einen Lautstärkeregler (und eine Stummschalttaste) für jedes Ausgabegerät und jede Anwendung, die Töne oder eine Audioausgabe jeglicher Art erzeugt.

Mauszeiger anpassen

Im Laufe der letzten Jahre haben die Designer von Microsoft die Personalisierungsoptionen von der klassischen Systemsteuerung in die neue App Einstellungen verlagert. Obwohl diese Migration fast abgeschlossen ist, gibt es noch einige Überbleibsel der Systemsteuerung im alten Stil. Dies gilt beispielsweise für die Optionen zur Änderung des Aussehens des Mauszeigers.

Möglicherweise möchten Sie die Größe und Farbe des Mauszeigers ändern, damit er besser zu sehen ist. Diese Optionen sind besonders hilfreich, wenn Sie einen großen, hochauflösenden Bildschirm verwenden, auf dem der weiße Standardzeiger vor einem hellen Hintergrund schwer zu erkennen ist.

Um die Zeigergröße und -farbe schnell zu ändern, gehen Sie zu *Einstellungen | Barrierefreiheit | Mauszeiger und Touchbedienung*, damit die in Abbildung 4.8 gezeigten Optionen angezeigt werden.

Abbildung 4.8 Ein größerer Zeiger, insbesondere ein Zeiger in einer hellen Farbe, kann auf einem großen Bildschirm leichter zu erkennen sein.

Die erste Option unter der Überschrift *Mauszeigerart* ist der weiße Standardzeiger mit einer dünnen schwarzen Umrandung. Wählen Sie die zweite oder dritte Option, um den Zeigerstil auf einfarbig schwarz oder einen invertierten Zeiger zu ändern, der je nach Hintergrund von dunkel nach hell wechselt. Wenn Sie das vierte Kästchen auswählen, wird eine

Reihe von sieben leuchtenden Farben angezeigt (mit einer Option *Andere Farbe auswählen*, wenn Sie einen eigenen Farbton wählen möchten); unserer Erfahrung nach eignen sich die fluoreszierenden grünen und rosafarbenen Optionen erstaunlich gut, um auch auf einem großen Bildschirm den Mauszeiger zu finden.

Durch Anpassen des Schiebereglers *Größe* wird der Mauszeiger größer oder kleiner. Mit den Steuerelementen für den *Touch-Indikator* können Sie die visuelle Rückmeldung bei der Verwendung eines Stifts oder eines Fingers auf einem Touchscreen anpassen.

Außerdem können Sie einen völlig anderen Zugang zu einer eng verwandten Gruppe von Optionen finden, indem Sie zu *Einstellungen | Personalisierung | Designs* gehen und unter der Miniaturansicht am oberen Rand der Seite auf die Option *Mauszeiger* klicken. Dadurch wird das in Abbildung 4.9 gezeigte Dialogfeld *Eigenschaften von Maus* im alten Stil geöffnet, in dem Sie aus verschiedenen Zeigerschemata wählen können, die denen im Abschnitt *Barrierefreiheit | Mauszeiger und Touchbedienung* der App Einstellungen entsprechen. Wenn Sie die Zeigergröße um eine Stufe erhöhen und den Zeigerstil *Invertiert* wählen, haben Sie eines der vorgefertigten Systemschemata für den Mauszeiger ausgewählt – in diesem Fall *Windows Invertiert (Groß)*.

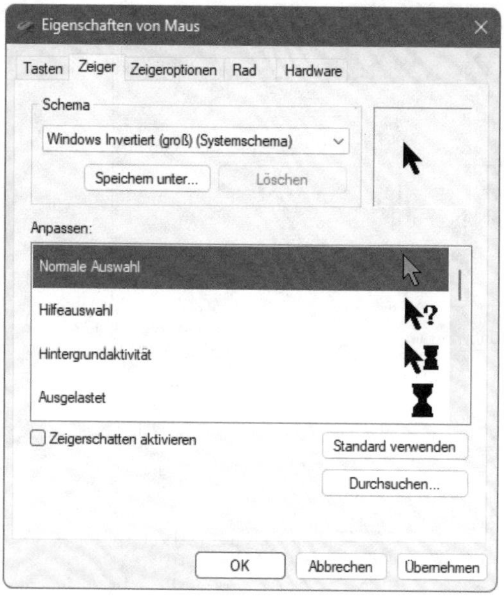

Abbildung 4.9 Alle Änderungen, die Sie im Abschnitt *Mauszeiger und Touchbedienung* in der App Einstellungen vornehmen, werden auf der Registerkarte *Zeiger* reflektiert, und umgekehrt.

Obwohl es möglich ist, die Form jedes in der Liste *Anpassen* aufgelisteten Zeigers zu ändern, erwarten wir nicht, dass viele diese Option auf einem Windows 11-PC nutzen werden. Diese Optionen stammen noch aus der Ära von Windows 95, als benutzerdefinierte Designs verrückte Zeigeroptionen unterstützten. (Die Schaltfläche *Durchsuchen* führt Sie zu *%windir%\Cursors* und zeigt Dateien mit den Erweiterungen *.cur* und *.ani* an. Letztere sind animierte Cursor.)

Auf der Registerkarte *Zeigeroptionen*, die in Abbildung 4.10 dargestellt ist, sind einige weitere interessante Einstellungen verfügbar.

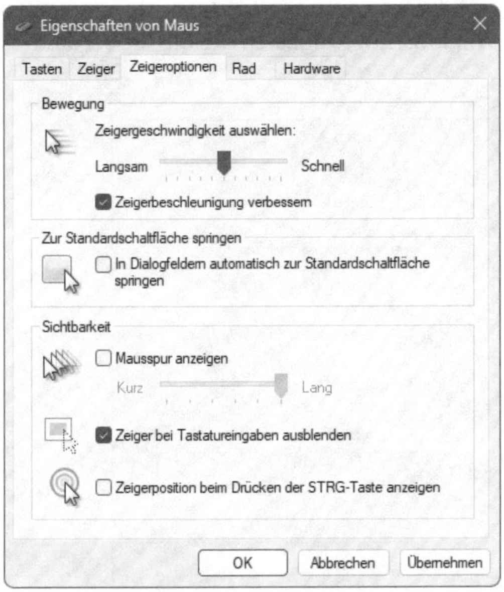

Abbildung 4.10 Verwenden Sie diese herkömmlichen Zeigeroptionen, damit der Mauszeiger bei seiner Bewegung besser zu erkennen ist.

Wenn Sie manchmal Schwierigkeiten haben, die Maus zu finden, selbst wenn Sie sie ein wenig bewegt haben, sollten Sie die Option *Mausspur anzeigen* aktivieren. Die letzte Option auf der Seite, *Zeigerposition beim Drücken der STRG-Taste anzeigen*, bietet einen cleveren Ausweg, wenn Sie unwillkürlich »Wo ist der Zeiger?« spielen. Drücken Sie auf die `Strg`-Taste, um eine Reihe von konzentrischen Kreisen zu sehen, in denen sich der Mauszeiger gerade versteckt. Unserer Erfahrung nach ist es in der Regel effektiver, die Größe und den Stil des Mauszeigers zu ändern, um dieses Problem zu lösen.

In der modernen App Einstellungen *(Einstellungen | Bluetooth und Geräte | Maus)* finden Sie einige zusätzliche Mausoptionen. Hier gibt es zum Beispiel die Möglichkeit, die Geschwindigkeit des Mauszeigers anzupassen. Außerdem finden Sie einen seltsamen Schalter mit einem etwas verwirrenden Namen: *Scrollen von inaktiven Fenster, wenn der Mauszeiger darüber schwebt.* Dieses Verhalten, das manchmal auch als »Fokus folgt der Maus« bezeichnet wird, wird denjenigen vertraut sein, die Linux-basierte Betriebssysteme verwendet haben. Obwohl es etwas gewöhnungsbedürftig ist, haben wir festgestellt, dass es unnötige Mausklicks beim Wechsel zwischen Fenstern vermeiden kann, insbesondere auf großen Bildschirmen.

Verwendung von Designs zum Speichern und Anwenden von Personalisierungen

Ein Design ist eine benannte Sammlung von Personalisierungseinstellungen, die Hintergrundbilder, Farbeinstellungen, Systemtöne und Mauszeiger umfasst. Windows 11 enthält eine kleine Sammlung vorgefertigter Designs sowie einen Link zu einer viel größeren Sammlung von kostenlosen Designs im Microsoft Store. Auf der Seite *Einstellungen | Personalisierung | Designs* werden Miniaturansichten aller derzeit installierten und verfügbaren

Designs angezeigt; um ein Design anzuwenden, klicken Sie es einfach an. Abbildung 4.11 zeigt die in einer Standardinstallation von Windows 11 verfügbaren Designs, wobei das Design Windows (hell) verwendet wird.

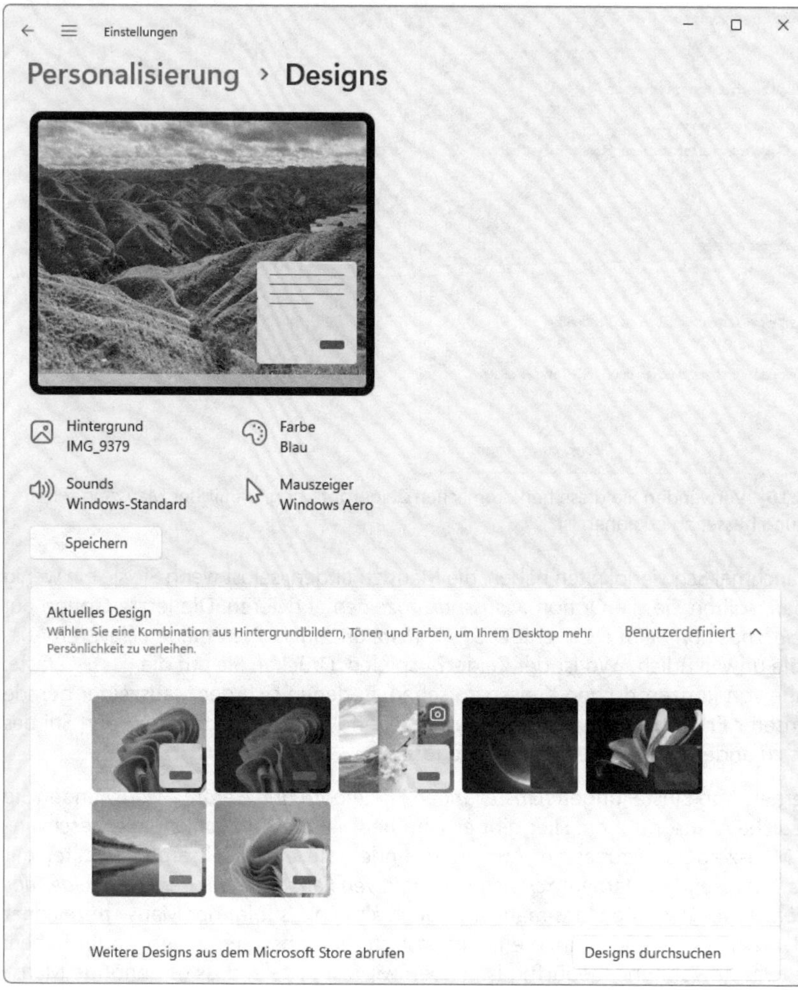

Abbildung 4.11 Mithilfe von Designs können Sie das allgemeine Erscheinungsbild von Windows schnell anpassen, ohne einzelne Einstellungen zu verändern.

Nachdem Sie das Erscheinungsbild von Windows angepasst haben, können Sie Ihre Arbeit speichern, damit Sie später darauf zurückgreifen können. Um die aktuellen Einstellungen als Design zu speichern, gehen Sie zu *Einstellungen* | *Personalisierung* | *Designs*. Oben auf der Seite sehen Sie eine Zusammenfassung der aktuellen Einstellungen. Klicken Sie auf die Schaltfläche *Speichern* und geben Sie Ihrem Design einen Namen.

Benutzerdefinierte Designeinstellungen werden als einfache Textdatei mit der Dateinamenerweiterung *.theme* im Ordner *%LocalAppData%\Microsoft\Windows\Themes* gespeichert. (Unter *https://bit.ly/windows-theme-format* finden Sie ausführliche Informationen über das Format von *.theme*-Dateien.)

Vielleicht noch wichtiger als die Möglichkeit, eigene Anpassungen vorzunehmen, ist der Link zum Microsoft Store, der Ihnen kostenlosen Zugang zu Hunderten von wunderschönen Designs bietet, die von Profi- und Amateurfotografen aus aller Welt erstellt wurden. Eine vollständige Liste finden Sie unter *https://www.microsoft.com/store/collections/windowsthemes*. Die meisten dieser Designs sind Diashows, einige enthalten auch Sounds. Nachdem Sie ein Design aus dem Store installiert haben, wählen Sie es unter *Einstellungen | Personalisierung | Designs* aus. Wenn Sie ein Design als Diashow anwenden, können Sie das Änderungsintervall unter *Einstellungen | Personalisierung | Hintergrund* konfigurieren, genau wie bei einer Diashow mit Ihren eigenen Fotos.

Feinabstimmung der visuellen Optionen

Windows 11 enthält einige Legacy-Anpassungsoptionen, mit denen Sie kleine Aspekte des Benutzererlebnisses detailliert steuern können. Keine der hier beschriebenen Optionen hat den Übergang in die neue App Einstellungen geschafft, dennoch sind sie es wert, dass Sie sie kennen.

Desktopsymbole konfigurieren

Ein frisch installierter Windows 11-Desktop (im Gegensatz zu einem, der durch eine Upgrade-Installation erzeugt wurde) enthält nur ein einziges Symbol – den Papierkorb. Wenn Sie andere Systemsymbole anzeigen möchten, gehen Sie zu *Einstellungen | Personalisierung | Designs* und klicken Sie auf *Desktopsymboleinstellungen*. Daraufhin wird das Dialogfeld in Abbildung 4.12 geöffnet. Hier finden Sie Kontrollkästchen für fünf Systemordner: *Computer*, *Benutzerdateien* (der Stammordner Ihres eigenen Profils), *Netzwerk*, *Papierkorb* und *Systemsteuerung*.

Abbildung 4.12 Verwenden Sie die Kontrollkästchen oben in diesem Dialogfeld, um bestimmte Symbole auf dem Desktop ein- oder auszublenden.

Kapitel 4

Wenn Sie die Anpassung etwas weitertreiben möchten, können Sie die fünf Symbole, die im mittleren Bereich des Dialogfelds angezeigt werden, durch andere Symbole ersetzen. Auch dies ist eine Option, die aus den ersten Tagen von Windows übrig geblieben ist, und wir gehen davon aus, dass nur sehr wenige davon Gebrauch machen. Beachten Sie, dass das Symbol für die Systemsteuerung nicht in diesem mittleren Feld angezeigt wird, auch wenn Sie das entsprechende Kontrollkästchen aktivieren; Windows bietet keine Möglichkeit, es zu ändern.

Um ein Symbol zu ändern, wählen Sie es im mittleren Feld aus und klicken Sie auf *Anderes Symbol*. Standardmäßig zeigt die Schaltfläche *Durchsuchen* eine Auswahl an alternativen Symbolen aus der Datei *%windir%\System32\Imageres.dll* an. (Verwenden Sie die horizontale Bildlaufleiste, um alle zu sehen.) Wenn Ihnen keines dieser Symbole zusagt, versuchen Sie, zu *%windir%\System32\Shell32.dll* zu wechseln.

Sobald die gewünschten Symbole auf dem Desktop angezeigt werden, möchten Sie wahrscheinlich deren Anordnung ändern. Wenn Sie den Desktop mit der rechten Maustaste anklicken, finden Sie am Anfang des Kontextmenüs zwei Befehle, mit denen dies möglich ist. Damit die Symbole automatisch neu angeordnet werden, falls Sie eines löschen, klicken Sie auf *Ansicht | Symbole automatisch anordnen*. Damit die Symbole einen respektvollen Abstand von ihren Nachbarn einhalten und alle fein säuberlich auf der linken Seite des Bildschirms bleiben, klicken Sie auf *Ansicht | Symbole am Raster ausrichten*. Falls die Symbole gelegentlich im Weg sind, weil Sie zum Beispiel das aktuelle Desktophintergrundbild in voller Schönheit bewundern möchten, klicken Sie auf *Ansicht | Desktopsymbole anzeigen*. Verwenden Sie denselben Befehl, wenn die Symbole wieder angezeigt werden sollen.

Um die Reihenfolge der Desktopsymbole zu ändern, klicken Sie den Desktop mit der rechten Maustaste an und wählen *Sortieren nach*. Dann können Sie die Symbole nach vier Eigenschaften sortieren: *Name*, *Größe*, *Elementtyp* und *Änderungsdatum*. Wenn Sie denselben Befehl erneut wählen, ändert sich die Sortierreihenfolge von aufsteigend nach absteigend, oder umgekehrt.

Weitere kleine optische Einstellungen vornehmen

Windows ist voll von kleinen Animationen, wie sie zum Beispiel beim Öffnen und Schließen eines Fensters sichtbar werden. Zusammen mit anderen Effekten kann dies die Aufmerksamkeit auf das aktuelle Fenster oder die aktuelle Aktivität lenken. Aber manche finden die Effekte störend, und einige führen vielleicht als Argument an, dass sie Rechenleistung kosten. Also – wenn Sie keine Animationen mögen, schalten Sie die Effekte einfach ab.

Geben Sie im Suchfeld der Einstellungen-App oder der Systemsteuerung **Leistung** ein und wählen Sie *Darstellung und Leistung von Windows anpassen*. Das Dialogfeld *Leistungsoptionen* (siehe Abbildung 4.13) wird geöffnet und Windows 11 ermöglicht Ihnen die Konfiguration von Animationen und anderen Effekten.

Auf moderner Hardware wirken sich diese Optionen kaum oder gar nicht auf die Leistung aus, selbst wenn nur ein schwacher Grafikprozessor verwendet wird. Die fehlende Animation kann allerdings irritierend sein, wenn man sich zum Beispiel fragt, wo ein bestimmtes Element nach dem Minimieren geblieben ist. Am wichtigsten sind diese Optionen auf älteren Geräten mit schwacher Grafikhardware, die nicht für die Verwendung von Windows 11 konzipiert wurden. Wenn Sie die Installationsbeschränkungen umgehen mussten, um Windows 11 einrichten zu können, lohnt es sich, diese Optionen zu erkunden.

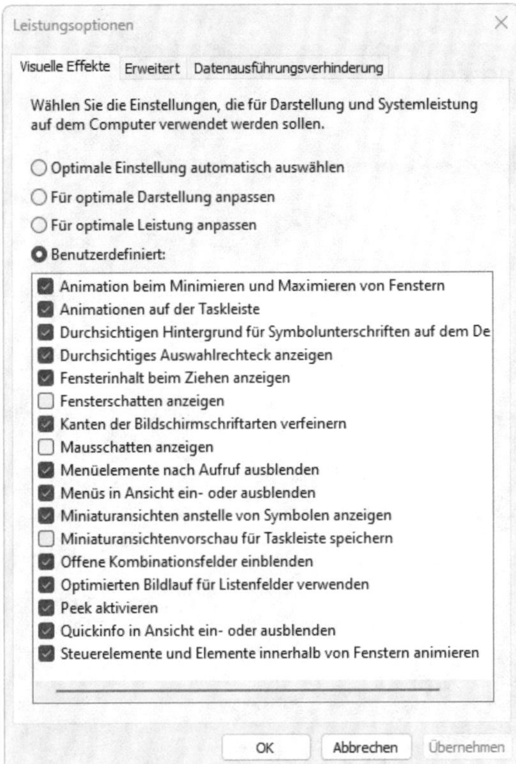

Abbildung 4.13 Im Allgemeinen ist es am besten, hier die erste Option zu wählen: Windows wählen lassen, was für den Computer am besten ist.

Datum und Uhrzeit, Währung und andere Regionaleinstellungen konfigurieren

Um eine personalisierte Darstellung zu ermöglichen, muss Windows einige Informationen darüber haben, wo Sie sich befinden. Dazu gehören grundlegende Informationen darüber, wie in Ihrem Teil der Welt das Datum und die Uhrzeit angezeigt werden, Währungssymbole und bevorzugte Zahlenformate, ob beispielsweise ein Komma oder ein Punkt als Dezimaltrennzeichen verwendet werden soll.

In Windows 11 werden einige Sprachoptionen durch die Windows-Basisversion bestimmt. Windows konfiguriert zusätzliche regionale Einstellungen anhand Ihres Standorts (mit Ihrer Erlaubnis).

In den meisten Fällen wählt Windows bei der Installation die richtigen regionalen Einstellungen aus. Möglicherweise müssen Sie einige dieser Optionen anpassen, wenn Sie die Einstellungen für eine bestimmte Region (in der Regel Ihre Heimat) bevorzugen, Windows aber darauf besteht, die Einstellungen für eine andere Region zu übernehmen, zum Beispiel für eine Region, die Sie gerade besuchen. Ihre erste Anlaufstelle ist *Einstellungen | Zeit und Sprache | Datum und Zeit.* Hier können Sie die Zeitzone ändern und andere zeitbezogene Einstellungen vornehmen, wie in Abbildung 4.14 gezeigt.

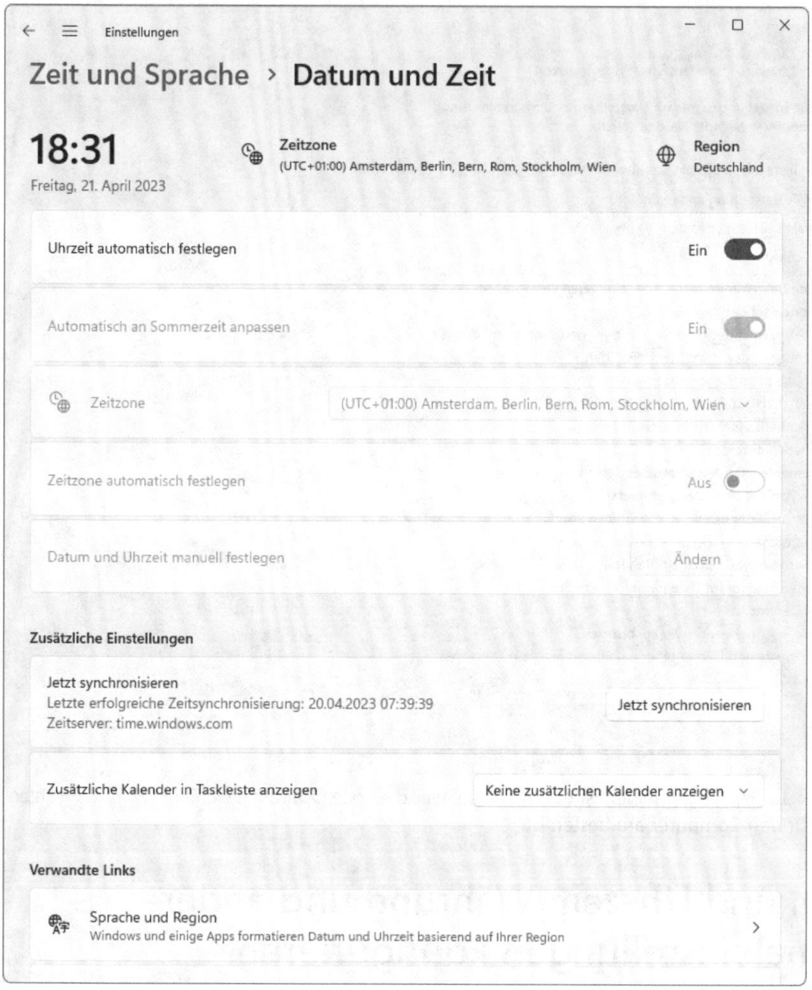

Abbildung 4.14 Mit den beiden hier gezeigten automatischen Optionen werden Uhrzeit und Datum normalerweise richtig eingestellt. Schieben Sie eine der beiden Optionen auf *Aus*, wenn Sie Anpassungen vornehmen müssen.

Wenn Sie eine ständig aktive Internetverbindung haben, empfehlen wir Ihnen, die Optionen *Uhrzeit automatisch festlegen* und *Zeitzone automatisch festlegen* aktiviert zu lassen. Windows 11 verwendet Ihren Standort (und den Ihres Internetanbieters), um Ihre Zeitzone zu bestimmen, und synchronisiert die Uhr Ihres Computers regelmäßig mit einem internetbasierten Zeitserver, um eine eventuelle Abweichung zu korrigieren, falls die Uhr Ihres PCs »nicht richtig tickt«. (In einem domänenbasierten Netzwerk wird diese Einstellung vom Domänencontroller gesteuert.)

Es kann vorkommen, dass Windows Ihre Zeitzone nicht richtig erkennt. Dies ist beispielsweise der Fall, wenn Sie einen satellitengestützten Internetdienstanbieter verwenden. In diesem Fall können Sie die Zeitzone des PC manuell einstellen, indem Sie die automatische Einstellung deaktivieren und aus der Liste der Zeitzonen den richtigen Standort auswählen.

Wenn Sie häufig mit Personen in anderen Zeitzonen kommunizieren, möchten Sie vielleicht eine oder zwei weitere Uhren zu Windows hinzufügen, wobei jede die Zeit in einer relevanten Zeitzone anzeigt, wenn Sie mit dem Mauszeiger auf die Uhr im Infobereich der Taskleiste zeigen. (Die zusätzlichen Zeiten werden auch direkt über dem Kalender angezeigt, wenn Sie auf die Uhrzeitanzeige auf der rechten Seite der Taskleiste klicken.)

Um diese Änderung vorzunehmen, klicken Sie auf *Einstellungen | Zeit und Sprache | Datum & Zeit*. Klicken Sie unter *Verwandte Links* auf *Zusätzliche Uhren*. Windows öffnet ein Dialogfeld, in dem Sie eine oder zwei Uhren konfigurieren und für jede Uhr eine Zeitzone auswählen sowie einen Anzeigenamen eingeben können.

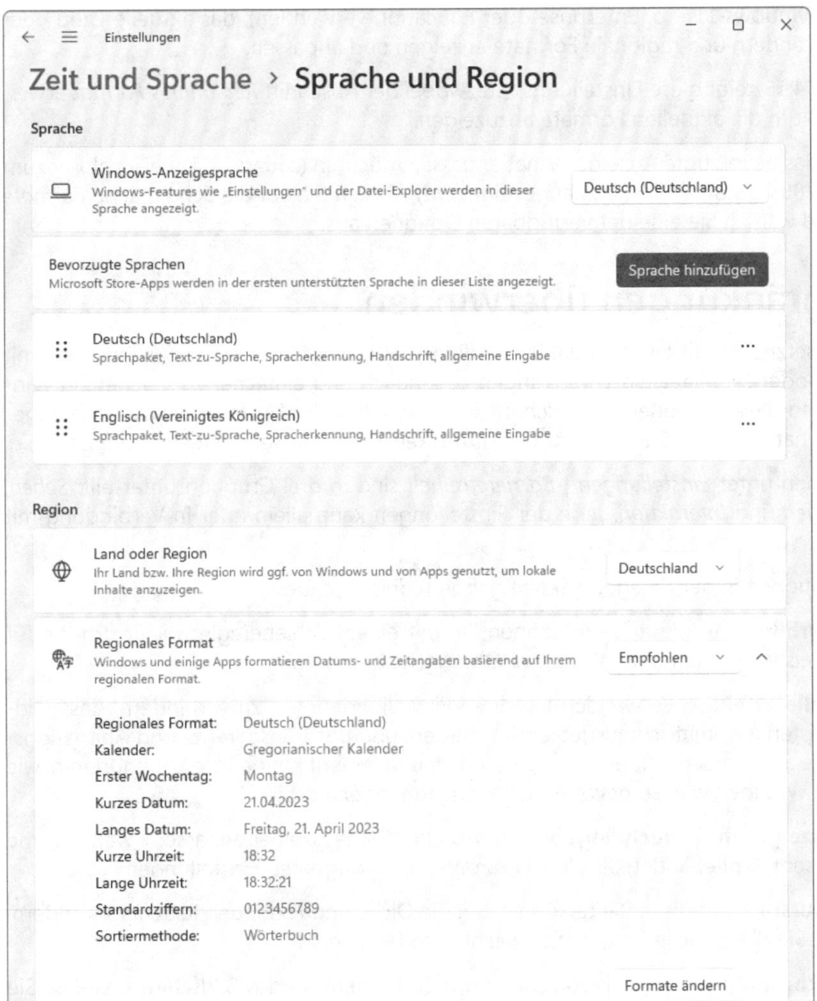

Abbildung 4.15 Erweitern Sie den Abschnitt *Regionales Format* auf dieser Seite, um zu sehen, wie Windows Datums- und Zeitangaben formatiert, und um diese Einstellungen eventuell anzupassen.

Aktuelle Versionen von Windows 11 unterstützen die chinesischen Mondkalender in den Stilen traditionell und vereinfacht. Um einen der beiden Kalender zu installieren, gehen Sie zu *Einstellungen | Zeit und Sprache | Datum & Zeit* und wählen Sie dann den gewünschten Mondkalender in der Liste *Zusätzliche Kalender in der Taskleiste anzeigen* aus. Ihr Kalender zeigt dann die Monddaten unter den entsprechenden gregorianischen Daten an.

Windows verwendet die Einstellungen für Land/Region und Sprache, um personalisierte Inhalte zu übermitteln, um Datum, Uhrzeit, Währungen und Zahlen in den richtigen Formaten anzuzeigen und um Werte in den bevorzugten Maßeinheiten auszugeben. Um diese Formate anzupassen, gehen Sie zu *Einstellungen | Zeit und Sprache | Sprache und Region*. Dort können Sie die Windows-Anzeigesprache ändern, ein Sprachpaket hinzufügen (nur wenn Sie Windows 11 Pro, Enterprise oder Education verwenden), das aktuelle Land oder die Region ändern und regionale Formate anzeigen und anpassen.

Abbildung 4.15 zeigt diese Einstellungsseite, wobei der Abschnitt *Regionales Format* erweitert wurde, um die aktuellen Formate anzuzeigen.

Wenn Sie das bevorzugte Anzeigeformat anpassen möchten (sodass im Datei-Explorer zum Beispiel 05.09.23 statt 05.09.2023 angezeigt wird), klicken Sie auf die Schaltfläche *Formate ändern* und wählen Sie eine der verfügbaren Optionen aus.

Einschränkungen überwinden

Microsoft setzt sich seit Langem dafür ein, die Nutzung von Computern für Personen mit Seh-, Hör- oder Mobilitätseinschränkungen zugänglich und einfacher zu machen. In Windows 11 sind diese Optionen im Abschnitt *Barrierefreiheit* der *Einstellungen* zusammengefasst. (Alternativ können Sie auch Windows+U drücken, um diese Seite direkt zu öffnen.)

Die Optionen unter *Einstellungen | Barrierefreiheit* sind in drei Gruppen unterteilt: *Sehen*, *Hörvermögen* und *Interaktion*. Jede der Einstellungen kann allein oder in Verbindung mit anderen verwendet werden.

Zu den Optionen in der Kategorie *Sehen* gehören die folgenden:

- **Textgröße** Auf dieser Seite können Sie mit einem Schieberegler die Textgröße für die meisten Elemente der Windows-Oberfläche anpassen.
- **Visuelle Effekte** Verwenden Sie diese Einstellungen, um zu verhindern, dass Bildlaufleisten automatisch ausgeblendet werden, und um Transparenz- und Animationseffekte anzupassen. Mit einem separaten Steuerelement können Sie konfigurieren, wie lange Windows wartet, bevor es Benachrichtigungen ausblendet.
- **Mauszeiger und Toucheingabe** Im Abschnitt »Mauszeiger anpassen« weiter vorne in diesem Kapitel finden Sie Details zu den hier verfügbaren Einstellungen.
- **Textcursor** Auf dieser Seite können Sie die Dicke und Farbe des Textcursors ändern, damit Sie die aktuelle Textposition leichter finden können.
- **Bildschirmlupe** Dieses Werkzeug vergrößert einen Teil des Bildschirms, sodass Sie kleine Texte, Symbole oder andere Elemente leichter erkennen können. Verwenden Sie die Einstellungen hier, um diese Funktion automatisch zu aktivieren, wenn Sie sich anmelden, und um ihre Zoomstufen zu konfigurieren. Um die Lupe von einer beliebigen Stelle in Windows aus zu aktivieren, drücken Sie Windows+Plus. Um sie auszuschalten, drücken Sie die Tastenkombination Windows+Esc.

- **Farbfilter** Diese Filter wurden entwickelt, um Benutzern mit Farbenblindheit zu helfen. Die verfügbaren Filter umfassen *Rot-Grün (Grünschwäche, Deuteranopie)*, *Rot-Grün (Rotsehschwäche, Protanopie)*, *Blau-Gelb (Tritanopie)*, *Graustufe*, *Invertierte Graustufen* und *Invertiert*.
- **Kontrast-Designs** Dieses Tool konfiguriert Windows so, dass ein kontrastreiches Farbschema verwendet wird (standardmäßig weißer Text auf schwarzem Hintergrund), das Benutzern mit einer Sehbehinderung das Lesen des Bildschirms erleichtert.
- **Sprachausgabe** Dieses Tool liest den Text vor, der auf dem Bildschirm steht. Die Sprachausgabe ist über die Lautsprecher des Computers zu hören. Eine enorme Vielfalt von Optionen, einschließlich verschiedener Stimmen, ermöglicht es Menschen, die blind sind oder schwere Sehbehinderungen haben, Windows zu verwenden.

Zur Kategorie *Hörvermögen* gehört die Seite *Audio*, auf der Sie *Mono-Audio* einschalten und Audiowarnungen durch optische Hinweise ergänzen können. Zum Beispiel können Sie, sobald eine Audiowarnung abgespielt wird, die Titelleiste des aktiven Fensters, das gesamte aktive Fenster oder sogar den gesamten Bildschirm blinken lassen. Außerdem finden Sie im Abschnitt *Hörvermögen* die Seite *Untertitel*, auf der Sie das Aussehen von Untertiteln in Videos konfigurieren können.

Die Kategorie *Interaktion* umfasst folgende Seiten:

- **Spracherkennung** Auf dieser Seite können Sie die Spracherkennung mit dem Schalter *Spracherkennung aktivieren* ein- und ausschalten. Wenn die Spracherkennung aktiviert ist, können Sie Text, Systembefehle und Bearbeitungsbefehle diktieren, statt sie einzutippen. Wenn Sie dieses Feature zum ersten Mal aktivieren, leitet ein Assistent Sie durch einige simple Einrichtungsschritte und öffnet eine Microsoft-Support-Seite, auf der Sie sich unter anderem eine Tabelle der erkannten Bearbeitungsbefehle ansehen und ausdrucken können.

▶ **Weitere Einzelheiten zu diesen Funktionen finden Sie im Abschnitt »Verwenden von Sprachbefehlen und Diktieren von Text« in Kapitel 3, »Windows 11 verwenden«.**

- **Tastatur** Diese Sammlung von Tools ermöglicht Menschen mit eingeschränkter Mobilität die Texteingabe mit einem Zeigegerät. Wenn Sie auf der Bildschirmtastatur auf *Optionen* klicken, können Sie die Arbeitsweise der Tastatur anpassen. Sie können zum Beispiel festlegen, ob die Eingabe durch einen Klick auf eine Taste erfolgt oder ob es ausreicht, den Zeiger eine bestimmte Zeit lang über eine Taste zu halten. Andere Tools auf der Seite *Tastatur* ermöglichen es Menschen mit eingeschränkter Mobilität, Einzelbuchstaben und Tastenkombinationen leichter einzugeben.
- **Maus** Diese Seite enthält Tools, die es Menschen mit Sehschwäche erleichtert, den Mauszeiger zu erkennen. Ein anderes Tool ermöglicht es, den Mauszeiger mit der numerischen Tastatur statt mit einer Maus zu bewegen.
- **Augensteuerung** Windows unterstützt die Verwendung von Eye-Tracking-Geräten, die es dem Benutzer ermöglichen, die Maus und die Tastatur zu bedienen und die Sprachausgabe mit den Augen ein- oder auszuschalten. (Derzeit wird eine Reihe von Tobii Eye Tracker-, EyeX- und Dynavox-Geräten sowie das EyeTech TM5 Mini unterstützt. Zurzeit wird nur das EN-US-Tastaturlayout unterstützt. Unterstützung für weitere Tastaturlayouts und Hardware-Geräte ist für die Zukunft versprochen.)

Die einfachste Möglichkeit, Ihren Computer auf einen Schlag für adaptive Anforderungen zu konfigurieren, besteht darin, auf *Start* zu klicken, als Suchbegriff **Erleichterte Bedienung** einzugeben und dann auf *Einstellungen für erleichterte Bedienung empfehlen lassen* zu klicken. Dadurch wird ein Assistent gestartet (siehe Abbildung 4.16), der Sie durch den Prozess der Konfiguration der Eingabehilfen führt.

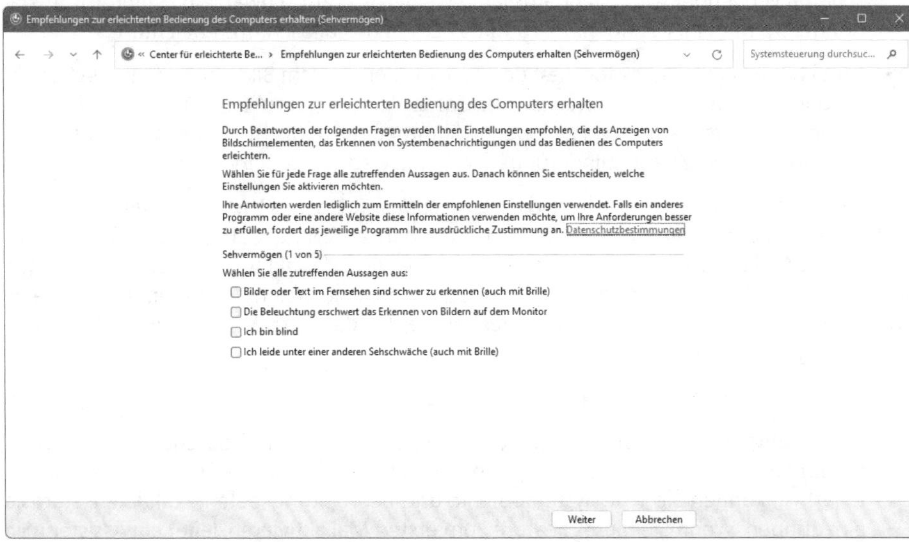

Abbildung 4.16 Verwenden Sie dieses Dialogfeld, um automatisch Barrierefreiheitsoptionen anzuwenden, die die Verwendung von Windows erleichtern.

Wenn Sie möchten, dass die Optionen für die Barrierefreiheit jederzeit verfügbar sind, auch bevor Sie sich am Computer anmelden, klicken Sie oben auf der Seite auf den nach oben zeigenden Pfeil, um in der Systemsteuerung zum *Center für erleichterte Bedienung* zu gelangen. Klicken Sie dann im linken Bereich auf den Link *Anmeldeeinstellungen ändern*. Auf dieser Seite, die in Abbildung 4.17 dargestellt ist, können Sie alle Änderungen angeben, die Sie an der Anmeldeoberfläche vornehmen möchten.

Wenn Sie sich dafür entscheiden, diese Option nicht zu aktivieren, können Sie die Barrierefreiheit auf dem Anmeldebildschirm trotzdem ein- oder ausschalten. Klicken Sie auf das kleine Symbol für die Barrierefreiheit in der unteren rechten Ecke des Anmeldebildschirms, um eine Liste der verfügbaren Einstellungen anzuzeigen. Drücken Sie die `Leertaste`, um die einzelnen Einstellungen zu aktivieren.

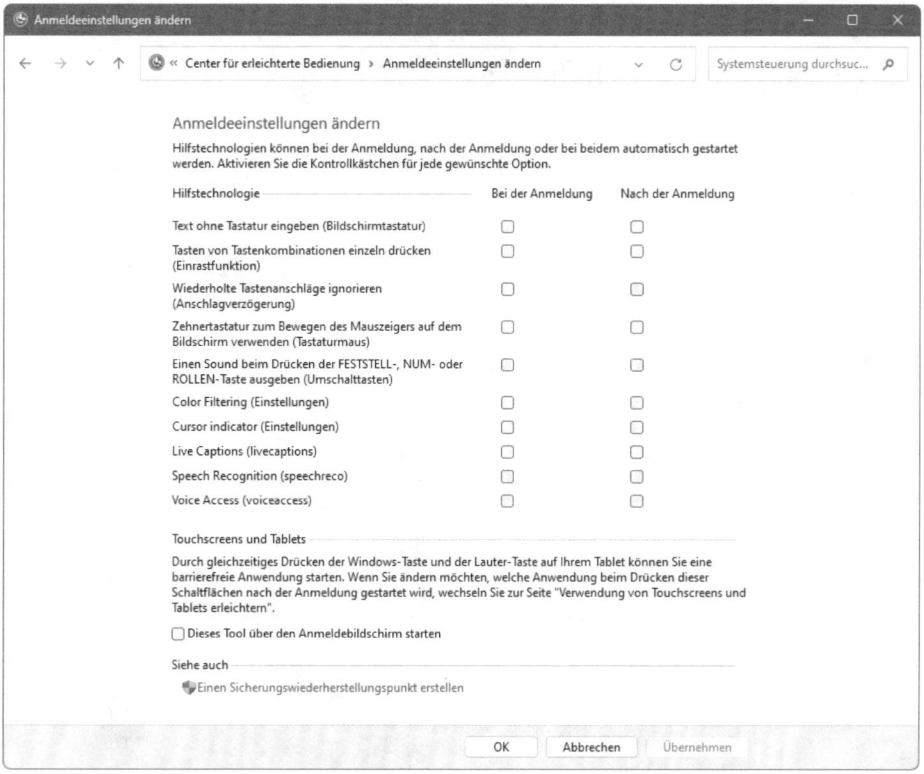

Abbildung 4.17 Verwenden Sie diese altmodische Option der Systemsteuerung, um die Einstellungen für die Barrierefreiheit automatisch anzuwenden, wenn Sie sich bei Windows anmelden.

Schriftarten verwenden

Microsoft Windows enthält eine umfangreiche Bibliothek von Schriftarten mit mehr als 60 Schriftfamilien, die alle dazu dienen, die Lesbarkeit von Text in allen von Windows unterstützten Sprachen zu verbessern und die Anzeige von Sonderzeichen zu ermöglichen, die nicht Teil des Alphabets sind, wie Wingdings und Emoji. (Wenn Sie sich für die Technologien interessieren, die für die Darstellung von Schriftarten in Windows erforderlich sind, finden Sie auf der Microsoft-Website *Typography* eine Fülle von Informationen: *https://learn.microsoft.com/typography.*)

Um alle verfügbaren Schriftarten anzuzeigen, neue Schriftarten zu installieren oder die Schrifteinstellungen zu verwalten, gehen Sie zu *Einstellungen* | *Personalisierung* | *Schriftarten*. Es öffnet sich eine Seite wie die, die Sie in Abbildung 4.18 sehen.

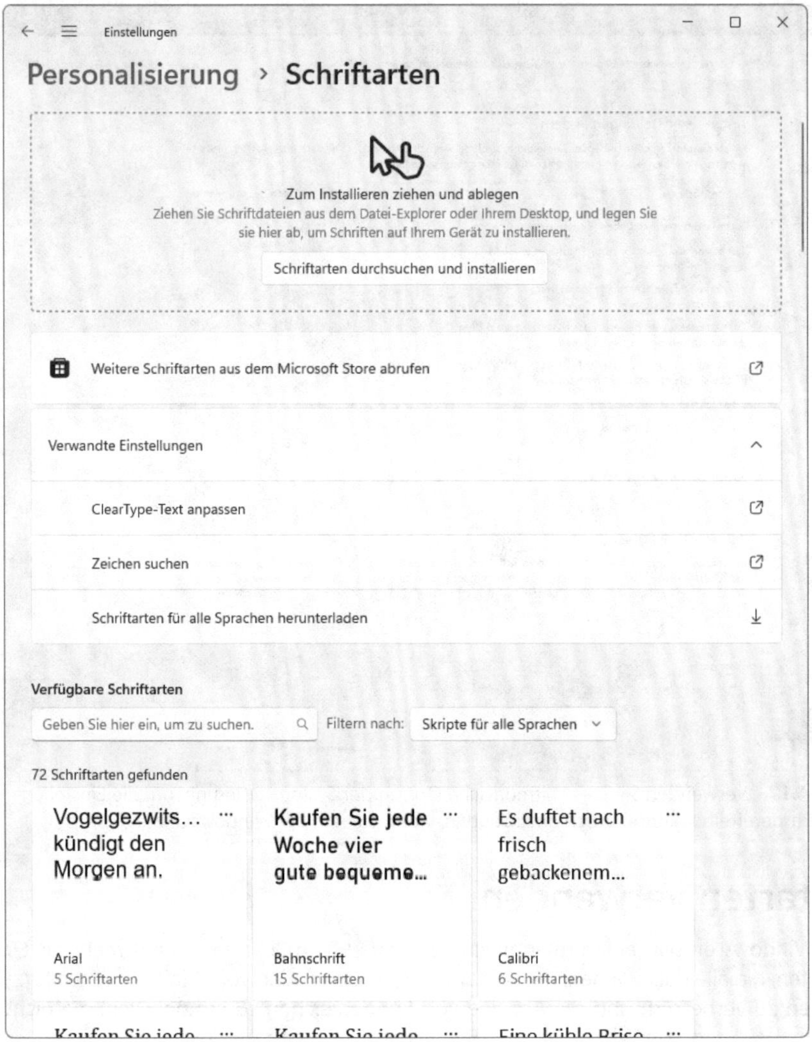

Abbildung 4.18 Schluss mit »Franz jagt im komplett verwahrlosten Taxi ...« – Windows 11 verwendet eine Reihe von cleveren Textausschnitten für die Vorschau installierter Schriften.

Verwenden Sie den Ablagebereich oben auf der Seite, um Schriftarten zu installieren, indem Sie sie aus dem Datei-Explorer dorthin ziehen und ablegen. Ein Link darunter führt Sie zum Microsoft Store, wo weitere Schriftarten verfügbar sind.

Unter der Überschrift *Verfügbare Schriftarten* zeigt ein Vorschaufeld die Anzahl der verfügbaren Schriftarten für jede installierte Schriftfamilie an. Klicken Sie auf ein beliebiges Feld, um eine vollständige Liste der Schriftarten mit zusätzlichen Metadaten über die Schriftartversion und den Designer sowie Details zu Lizenzierung, Copyright und Markenzeichen anzuzeigen. Abbildung 4.19 zeigt alle neun Mitglieder der Arial-Familie auf einem System, auf dem Microsoft 365 neben den in Windows enthaltenen Schriftarten zusätzliche installiert hat.

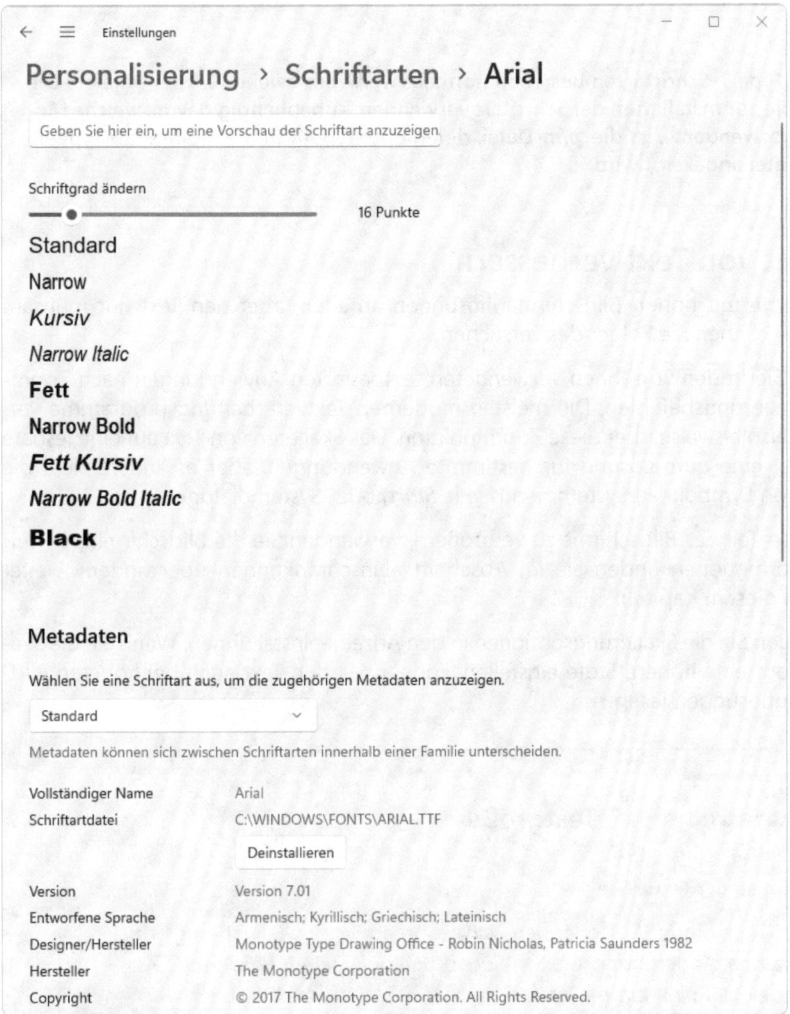

Abbildung 4.19 Jede der oben auf dieser Seite aufgeführten Schriftarten steht für eine andere Schriftdatei derselben Familie – in diesem Fall Arial.

Das von Windows verwendete Schriftformat ist OpenType – eine »Obermenge« von Schriftformaten, die TrueType- und PostScript Type 1-Schriften umfasst. Um eine neue Schriftart zu installieren, können Sie deren Datei aus einem Ordner oder einem komprimierten *.zip*-Archiv auf die Seite *Schriftarten* in den *Einstellungen* ziehen. Eine noch einfachere Möglichkeit, eine heruntergeladene Schriftart zu installieren, besteht darin, die Datei im Datei-Explorer mit der rechten Maustaste anzuklicken und *Installieren* zu wählen. Da die Namen der Schriftartendateien oft etwas kryptisch sind, sollten Sie auf die Datei doppelklicken, um das Vorschaufenster der Schriftart zu öffnen und zu sehen, was Sie erhalten. Wenn die Schriftart Ihren Vorstellungen entspricht, klicken Sie auf die Schaltfläche *Installieren*.

Kapitel 4

> **Hinweis**
>
> **PostScript Type 1-Schriftarten bestehen normalerweise aus zwei oder drei Dateien. Die Datei, die Sie zur Installation der Schriftart verwenden – unabhängig davon, welche Methode Sie verwenden –, ist die *.pfm*-Datei, deren Dateityp im Datei-Explorer als Type-1-Schriftartdatei angezeigt wird.**

Lesbarkeit von Text verbessern

Wenn Sie gerne mit hohen Bildschirmauflösungen arbeiten, aber den Text nur mühsam lesen können, können Sie Folgendes versuchen:

- Suchen Sie in den von Ihnen verwendeten textbasierten Anwendungen nach Zoom- oder Skalierungsbefehlen. Die meisten modernen Textverarbeitungsprogramme verfügen beispielsweise über diese Zoomfunktion. Das Skalieren von Text auf eine lesbare Größe ist eine gute Lösung für bestimmte Anwendungen, aber es ändert nicht die Größe von Symboltext, Systemmenüs (wie *Start*) oder Systemdialogen.
- Um einen Teil des Bildschirms zu vergrößern, verwenden Sie die Bildschirmlupe (weitere Informationen finden Sie im Abschnitt »Einschränkungen überwinden« weiter vorne in diesem Kapitel).
- Verwenden Sie die Skalierungsoptionen in den Anzeigeeinstellungen. Wenn Sie die Skalierung auf eine höhere Stufe einstellen, können Sie den Text auch bei höheren Bildschirmauflösungen lesen.

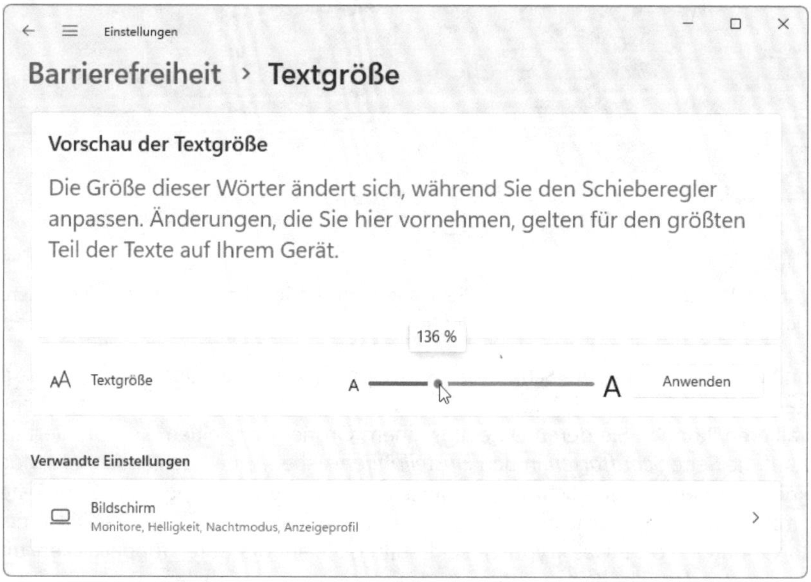

Abbildung 4.20 Durch Ziehen dieses Schiebereglers können Sie die Größe von Text in Windows vergrößern.

Es gibt keine unterstützte Möglichkeit, die Systemschriftart von Windows 11 zu ändern, und wir raten davon ab, einen der online verfügbaren Registry-Hacks zu verwenden, die Ihnen bei dieser Anpassung helfen sollen. Sie können jedoch die Größe des Textes überall ändern, ohne die Gesamtskalierung Ihres Systems zu verändern. Gehen Sie zu *Einstellungen | Barrierefreiheit | Textgröße* und bewegen Sie den Punkt auf dem Schieberegler für die Textgröße nach rechts. Im Fenster *Vorschau der Textgröße* sehen Sie, wie groß Ihr Text wird, und eine QuickInfo auf dem Schiebepunkt zeigt die prozentuale Vergrößerung an, von 100 bis 225 Prozent, wie in Abbildung 4.20 gezeigt. Klicken Sie auf *Anwenden*, um die Änderungen zu übernehmen.

Schriftglättung, um den Text für die Augen angenehmer zu machen

ClearType ist eine Methode zur Glättung der relativ groben und unregelmäßigen Ränder, die Buchstaben auf einem Bildschirm aufweisen. Sie soll die Belastung der Augen verringern.

Um die Einstellungen für die Schriftglättung zu überprüfen oder zu ändern, öffnen Sie die Seite *Einstellungen | Personalisierung | Schriftarten*, erweitern Sie die Gruppe *Verwandte Einstellungen* und klicken Sie dann auf *ClearType-Text anpassen*. Auf diese Weise wird der ClearType-Textoptimierer geöffnet, mit dem Sie ClearType aktivieren und dann die Einstellungen mithilfe einer Reihe von Auswahlmöglichkeiten, die an einen Augentest beim Optiker erinnern (»Was ist besser, Nummer 1 oder Nummer 2«), anpassen können. Wenn Sie mehr als einen Monitor angeschlossen haben, führt der ClearType-Textoptimierer diese Übung für jeden einzelnen durch.

Windows enthält sieben Schriftarten, die für ClearType optimiert sind. Die Namen von sechs dieser Schriften – Constantia, Cambria, Corbel, Calibri, Candara und Consolas – beginnen mit dem Buchstaben c, um die Verbindung zu ClearType zu verdeutlichen. Wenn Sie zu Ermüdungserscheinungen der Augen neigen, sollten Sie diese Schriftarten bei der Erstellung von Dokumenten bevorzugen. (Constantia und Cambria sind Serifenschriften, die sich besonders für längere Dokumente und Berichte eignen. Die anderen vier sind serifenlose Schriften, die sich für Überschriften und Werbung eignen.) Die siebte ClearType-optimierte Schriftart, Segoe UI, ist die Schriftart, die für Textelemente in der gesamten Windows-Benutzeroberfläche verwendet wird. (Windows enthält auch eine ClearType-optimierte Schriftart namens Meiryo, die die Lesbarkeit von horizontal angeordneten asiatischen Sprachen verbessern soll.)

- ▶ **Informationen über die Funktionsweise von ClearType finden Sie auf der ClearType-Website von Microsoft unter *https://bit.ly/ClearTypeInfo*.**

Kapitel 5

Apps installieren und konfigurieren

Apps machen es möglich, mit Microsoft Windows Sachen zu erledigen. Das gilt für Unternehmen jeder Größe, die Produktivitätsanwendungen wie Outlook, Word und Excel nutzen, um ihren Mitarbeitern die Erstellung von Dokumenten, die Zusammenarbeit und Kommunikation zu ermöglichen. Große Unternehmen verlassen sich oft auf eine Mischung aus benutzerdefinierten Geschäftsanwendungen und handelsüblicher Buchhaltungs- und Verwaltungssoftware, die zum Teil vor Jahrzehnten entwickelt wurde. Und Apps sind nicht nur für die Arbeit gedacht, wie der Erfolg von PC-basierten Spielen und Streaming-Media-Diensten deutlich macht.

Eine Standardinstallation von Windows 11 enthält Dutzende von Anwendungen. Kapitel 6, »Integrierte Windows-Apps verwenden und verwalten«, beschreibt, wie Sie mit einigen der nützlichsten Apps produktiver arbeiten (oder mehr Spaß haben) können. Die eigentliche Stärke von Windows ist jedoch seine Fähigkeit, eine wirklich erstaunliche Auswahl an alten und neuen Anwendungen hinzuzufügen und auszuführen, von denen viele über den Microsoft Store erhältlich sind, bei dem es sich auch um eine Windows-App handelt.

Im weiteren Verlauf dieses Kapitels werden die Tools und Techniken zur Installation, Konfiguration, Problembehandlung und Deinstallation von Drittanbieteranwendungen behandelt. Diese Tools sind besonders nützlich für den Umgang mit den alten Desktopanwendungen, die immer noch die Hauptstütze vieler Windows-PCs sind.

Wir beginnen mit einer Erörterung der Frage, wie diese altmodischen Programme, von denen viele für frühere Windows-Versionen geschrieben wurden, problemlos neben modernen Apps koexistieren können.

Die Windows-App-Landschaft verstehen

Was die meisten Apps angeht, sind Windows 10 und Windows 11 funktional identisch. Außerdem war bei der Entwicklung dieser beiden Betriebssysteme die Abwärtskompatibilität eine der wichtigsten Zielvorgaben. Zusammengenommen helfen diese beiden Aussagen, die groben Umrisse der Windows-App-Landschaft zu erklären.

Wenn Sie Windows schon länger als ein paar Jahre verwenden, sind für Sie wahrscheinlich *Apps* und *Desktopanwendungen* getrennte Wesen. In den ersten Jahren nach der Veröffentlichung von Windows 10 verwendete das Betriebssystem verschiedene Bezeichnungen für »vertrauenswürdige Microsoft Store-Apps«, die über den Store erworben wurden, und »Desktopanwendungen«, die separat heruntergeladen und installiert werden mussten. In der Ära von Windows 11 wurden diese Grenzen aufgehoben: Wenn Sie nach einem Programm suchen, wird der Abschnitt, der in der Liste mit den Suchergebnissen erscheint, einfach mit *App* bezeichnet.

Das ist nicht nur eine semantische Unterscheidung. Vielmehr spiegelt er die erheblichen Veränderungen in der Windows-App-Landschaft der letzten Jahre wider. Sie können immer noch ältere Desktopanwendungen herunterladen, die ursprünglich vor Jahren geschrieben wurden, und sie durch einen Doppelklick auf ein Installationspaket einrichten. Dennoch haben Entwickler die Möglichkeit, Desktopanwendungen sicher über den Microsoft Store zu vertreiben, der selbst für Windows 11 erheblich umgestaltet wurde. Darüber hinaus können sie Websites in Progressive Web-Apps (PWAs) umwandeln, die wie native Apps funktionieren. Sie können einige PWAs finden, die für die Bereitstellung über den Store verpackt sind; außerdem können Sie auch Microsoft Edge verwenden, um eine unterstützte Website als PWA zu installieren.

In Windows 11 gibt es für Apps eine eigene Rubrik auf oberster Ebene in den Einstellungen, auf die wir später in diesem Kapitel näher eingehen. Dort finden Sie Einstellungen für jede installierte App, unabhängig von ihrer Herkunft.

Im weiteren Verlauf dieses Abschnitts werden wir die Unterschiede zwischen Legacy-Desktop-Apps, Store-Apps und PWAs genauer betrachten.

> ### Expertentipp
>
> ***Sie brauchen die Systemsteuerung nicht mehr***
>
> **Microsoft hat bewundernswerte Fortschritte bei der Migration der Steuerelemente aus der alten Systemsteuerung zu den modernen Seiten in der App Einstellungen gemacht. Das gilt natürlich auch für die Apps. Unter *Einstellungen | Apps | Installierte Apps* können Sie die Versionsinformationen für jede App prüfen, sehen, wie viel Speicherplatz sie verbraucht, ihre Installation ändern (wenn das Installationsprogramm dies erlaubt) und die App deinstallieren. Diese Funktionen sind sowohl für Apps aus dem Microsoft Store als auch für PWAs sowie ältere Desktop-Apps verfügbar.**
>
> **Für ältere Win32-Anwendungen gibt es in der Systemsteuerung im alten Stil noch eine Seite *Programme und Features*. Sie enthält jedoch nur eine klitzekleine Funktion, die auf der entsprechenden modernen Seite in der App Einstellungen nicht verfügbar ist: Anwendungen, die eine Website-Adresse als Teil ihrer Anwendungsinformationen enthalten, haben einen anklickbaren Link, der Sie zu dieser Adresse führt. Wenn Sie absolut ratlos über die Herkunft einer auf Ihrem System installierten Desktopanwendung sind, könnte das ein Grund sein, die Systemsteuerung zu öffnen. Aber abgesehen von dieser einen Ausnahme gibt es keinen Grund, die App Einstellungen zu verlassen.**

Legacy-Desktopanwendungen

Die älteste Kategorie besteht aus Windows-Desktopanwendungen, die unter Verwendung der Win32-Programmierschnittstelle (API) entwickelt wurden. Lassen Sie sich von dem Namen nicht täuschen: Diese API hat ihre Wurzeln in 16-Bit-Windows-Versionen, wurde aber im Laufe der Jahre weiterentwickelt, um 32-Bit- und dann 64-Bit-Windows-Versionen zu unterstützen, was ein Grund dafür ist, dass ihr offizieller Name jetzt einfach *Windows API* lautet.

Diese Legacy-Anwendungen, die manchmal auch Win32-Anwendungen genannt werden, sind so konzipiert, dass sie auf allen Versionen von Windows ausgeführt werden können, wobei die Funktionen und Möglichkeiten der Version, auf der sie ausgeführt werden, genutzt werden. Traditionell wurden sie als eigenständige Pakete ausgeliefert, die von jedem, der auf einem Windows-PC Administratorrechte besitzt, heruntergeladen und installiert werden können.

Windows 11 unterstützt weiterhin diese traditionellen Anwendungen, die es PC-Besitzern ermöglichen, mit Anwendungen produktiv zu bleiben, die ihre Nützlichkeit seit einem Jahrzehnt oder mehr und über mehrere Windows-Versionen hinweg bewiesen haben. Diese Legacy-Anwendungen sind größtenteils für die Verwendung mit einer Tastatur und einer Maus konzipiert, und viele von ihnen entstanden in der Ära, als Desktopcomputer die Computerlandschaft dominierten.

Seit Mai 2022 erlaubt Microsoft den Entwicklern von Win32-Anwendungen, diese über den Microsoft Store zu vertreiben. Apps, die über diesen Kanal vertrieben werden, unterliegen der Zertifizierung durch den Store, einem Prozess, der eine Reihe von Sicherheitsprüfungen sowie die Bestätigung umfasst, dass die App installiert werden kann, ohne dass eine Aktivität des Benutzers erforderlich ist, und dass sie sauber deinstalliert werden kann, ohne Dateien, Ordner oder fehlerhafte Registrierungseinträge zu hinterlassen.

Apps, die auf diese Weise verteilt werden, funktionieren genauso, als wenn sie aus dem Internet heruntergeladen und installiert würden. Sie unterliegen nicht denselben Einschränkungen wie native Store-Apps und sind auch nicht berechtigt, automatische Updates über den Store zu erhalten. Auch wenn Entwickler aktualisierte Versionen von Desktop-Apps an den Store übermitteln können, werden diese Updates nicht automatisch installiert.

Expertentipp

Wie verhindert man, dass Nutzer unsichere Anwendungen installieren?

Herkömmliche Windows-Installationsprogramme, die von beliebigen Quellen heruntergeladen und mit Administratorrechten ausgeführt werden, können Windows-Dienste erstellen und ausführen, Dateien in geschützten Systemordnern installieren und der Windows-Registrierung Unrat hinzufügen. Da dasselbe Installationsprogramm auch für den Deinstallationsprozess verantwortlich ist, gibt es keine Garantie, dass es, wenn Sie die Anwendung nicht mehr auf Ihrem System haben möchten, die von ihm vorgenommenen Änderungen im Rahmen der Deinstallation aufräumt. Außerdem besteht die Möglichkeit, dass ein heruntergeladenes Installationsprogramm Malware oder zusätzliche, unerwünschte Software enthält.

Apps, die über den Microsoft Store angeboten werden, wurden geprüft, um sicherzustellen, dass der Benutzer nicht diesen potenziellen Risiken ausgesetzt wird. Die Schlussfolgerung liegt auf der Hand: Ein Windows-PC ist sicherer, wenn die Benutzer nur zertifizierte Apps aus dem Store installieren dürfen.

Einige OEM-PCs werden mit Windows 11 Home Edition ausgeliefert, die im S-Modus läuft. Auf diesen Systemen können nur Apps aus dem Store installiert werden, auch von Administratoren. Die Installation von Legacy-Desktop-Apps ist untersagt. System-Apps, die auf der Befehlszeile arbeiten, einschließlich Cmd.exe und PowerShell, dürfen ebenfalls nicht ausgeführt werden. Der große Nutzen dieser Verbote ist eine drastische Erhöhung der Systemstabilität.

→

Auf einem PC, auf dem eine Standardversion von Windows 11 ausgeführt wird, können Sie eine ähnliche Konfiguration erstellen, indem Sie zu *Einstellungen | Apps | Erweiterte Einstellungen für Apps* gehen. Die vier Auswahlmöglichkeiten unter der Überschrift *Auswählen, wo Apps abgerufen werden können*, die Sie in Abbildung 5.1 sehen, ermöglichen es Ihnen, das System so zu konfigurieren, dass Standardbenutzer von der Installation von Apps aus Quellen außerhalb des Stores ausgeschlossen (oder davon abgehalten) werden. Die extremste Option (die mit dem Hinweis »empfohlen« versehen ist), erlaubt nur Apps aus dem Microsoft Store.

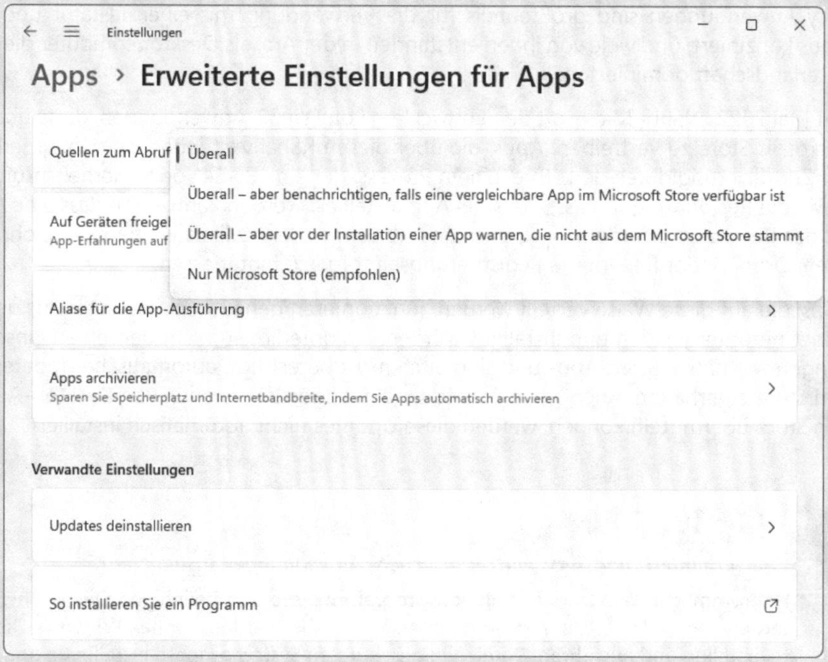

Abbildung 5.1 Mit diesen Einstellungen kann ein Administrator Windows 11 so konfigurieren, dass nur die Installation von Apps aus dem Microsoft Store zulässig ist.

Was diese Konfiguration vielseitiger macht als das strenge Windows 11 im S-Modus, ist, dass sie Ihnen (als Administrator) erlaubt, eine Handvoll vertrauenswürdiger Legacy-Apps herunterzuladen und zu installieren, von denen Sie wissen, dass sie sicher sind, bevor Sie die App-Installationsberechtigungen sperren. So können auch Standardbenutzer diese Apps ausführen und gleichzeitig verhindern, dass sie das System versehentlich gefährden, indem sie andere ältere Desktopanwendungen aus anderen Quellen als dem Store installieren.

Windows-Apps

Die zweite Kategorie besteht aus Apps, die so geschrieben und kompiliert wurden, dass sie nur unter Windows 10 und Windows 11 ausgeführt werden können. Zu dieser Kategorie gehören viele der in Windows 11 enthaltenen integrierten Apps sowie Apps von Drittanbietern, die über den Microsoft Store (früher als Windows Store bekannt) bereitgestellt werden. Apps dieser Kategorie werden als Pakete geliefert und an sicheren Orten im Dateisystem installiert, die für Benutzer nicht ohne Weiteres zugänglich sind. Außerdem werden sie »sandboxed«, also als »Sandkastenlösung« ausgeführt, was bedeutet, dass sie in einer sicheren Isolation laufen, frei von potenziell gefährlichen Interaktionen mit anderen laufenden Prozessen.

Die erste Generation von Apps, die über den Store bereitgestellt wurde, war für die Verwendung auf mobilen Geräten mit Touchscreen und Windows 8 optimiert. Später entwickelte Microsoft eine Untergruppe von Windows-APIs speziell für Windows 10-Geräte, die Universal Windows Platform (UWP).

Heute ist UWP größtenteils veraltet. Entwicklern steht eine neue Reihe von Tools zur Verfügung, das Windows App Software Development Kit (SDK), mit dem sie Desktop-Apps für Windows 11 erstellen können. Dieses SDK bietet ein gemeinsames Benutzererlebnis-Framework namens Windows UI Library (WinUI 3); mit diesen Tools erstellte Apps unterstützen native Windows 11-Funktionen, können aber auch unter Windows 10 Version 1809 und höher ausgeführt werden.

Windows-Apps, die mit diesen Tools erstellt wurden, können über den Store in einem Paketformat namens MSIX vertrieben werden (der Name ist eine Kombination aus dem Win32 Microsoft Windows Installer-Format, MSI, und dem UWP-Ära Windows Application Package File Format, APPX). Diese Anwendungen vereinen die Funktionen herkömmlicher Desktopanwendungen in einem Paket, das wie eine UWP-Anwendung installiert und lizenziert und über den Microsoft Store aktualisiert wird. Desktop-Apps, die so ausgeliefert werden, müssen strenge Standards erfüllen, einschließlich der Fähigkeit, als interaktiver Standardbenutzer ausgeführt zu werden, ohne auf Treiber im Kernel-Modus oder Windows-Dienste angewiesen zu sein.

Gepackte Desktopanwendungen werden in der Regel aus dem Microsoft Store installiert, können aber auch als eigenständige Pakete geliefert werden, die Sie durch Doppelklick installieren. Bei dieser Art der Installation verhält sich die Anwendung so, als ob sie im Microsoft Store erworben worden wäre.

Weitere Einzelheiten über das Windows App SDK und die Windows UI Library finden Sie in der auf Entwickler ausgerichteten Dokumentation unter *https://docs.microsoft.com/windows/apps/windows-app-sdk* und *https://docs.microsoft.com/windows/apps/winui*.

Progressive Web-Apps (PWAs)

Moderne Website-Entwickler können eine Reihe interessanter offener Webtechnologien (Service Worker, Push-Benachrichtigungen, Fetch-Netzwerke, Cache-API und Web App Manifest, um nur einige zu nennen) verwenden, um Websites ähnlich wie native Apps zu gestalten. Mit ein paar recht einfachen Ergänzungen kann ein Entwickler seine Arbeit in ein Progressive Web App-Paket umwandeln, das auf fast jeder Plattform läuft, als wäre es eine native App. (Warum nennt man sie progressiv? Weil sich die Benutzererfahrung jeweils den Fähigkeiten des Geräts, auf dem die App ausgeführt wird, anpasst.)

Im Gegensatz zu einer Website funktioniert eine PWA auch, wenn ein Gerät offline ist. PWAs laufen in einem eigenen Fenster, unabhängig vom Browser, und können an das Startmenü und an die Taskleiste angeheftet werden. Sie können mit Hardware interagieren (beispielsweise mit einer eingebauten Webcam und einem Mikrofon), auf Benutzerressourcen zugreifen (zum Beispiel auf einen Kalender, gespeicherte Dokumente oder lokale Musikdateien) und Push-Benachrichtigungen an Windows senden, während sie gleichzeitig unter der Kontrolle derselben Windows-Sicherheitsfunktionen stehen, die als Paket verpackte Apps sicher in einer Sandbox halten.

Entwickler können PWAs als verpackte UWP-Apps an den Microsoft Store übermitteln, aber Microsoft verwendet auch seinen Bing App Crawler, um Websites zu identifizieren, die ein Web-App-Manifest enthalten, und macht einige dieser Apps im Store verfügbar. (Sie können diese Apps leicht erkennen – als Herausgeber wird Microsoft Store aufgeführt.) Darüber hinaus können Websites, die als PWAs funktionieren, über das Menü *Apps* in Microsoft Edge installiert werden.

Weitere Einzelheiten zu progressiven Web-Apps in Microsoft Edge finden Sie im Support-Artikel »Überblick über progressive Web-Apps (PWAs)« unter *https://bit.ly/edge-pwa-overview.* Weitere Informationen zur Funktionsweise von PWAs finden Sie unter »Verwenden von progressiven Web-Apps in Microsoft Edge« unter *https://bit.ly/edge-pwa-ux.*

Installieren, Verwalten und Deinstallieren von Apps

Wie im vorigen Abschnitt erwähnt, können Sie ältere Desktop-Apps direkt von Softwareherstellern, aus Drittanbieter-Stores und leider auch von zweifelhaften Websites erwerben und installieren. Alle anderen Anwendungen werden in der Regel über den Microsoft Store (oder, im Falle von PWAs, über einen Browser) installiert. In diesem Abschnitt sehen wir uns an, wie diese verschiedenen Installationsmethoden bestimmen, wo sich die Programmdateien befinden, wie Apps mit anderen Systemressourcen interagieren dürfen und wie eine App deinstalliert werden kann.

Eine Liste der verfügbaren Apps können Sie an zwei Stellen einsehen. Gehen Sie zu *Einstellungen | Apps | Installierte Apps* (oder klicken Sie mit der rechten Maustaste auf *Start* und wählen Sie *Installierte Apps* aus dem Quicklink-Menü), um eine Liste aller auf dem aktuellen System installierten Apps zu erhalten. Diese Liste, auf die wir später in diesem Abschnitt näher eingehen, enthält nicht nur Apps, sondern auch Programmbibliotheken, Treiberinstallationsprogramme, Updatemanager, Benachrichtigungstools und andere Dienstprogramme, die Sie vielleicht nicht kennen, weil sie in der Regel als Teil eines größeren Pakets installiert sind.

Sie finden eine kleinere, gezieltere Liste von Apps, wenn Sie auf *Start* und dann auf *Alle Apps* klicken. Die Liste, die Sie dann sehen, enthält alle Apps, die eine Benutzerinteraktion zulassen. Dienstprogramme, die ausschließlich im Hintergrund arbeiten und keine Benutzeroberfläche besitzen, werden hier nicht angezeigt. Microsoft Edge Update und Microsoft Update Health Tools sind beispielsweise in der Standardinstallation von Windows 11 enthalten und befinden sich in der Liste der installierten Apps; da sie keine für den Benutzer zugänglichen Funktionen haben, finden Sie sie nicht im Startmenü.

Jedes Element in der Liste *Alle Apps* kann an das Startmenü, an die Taskleiste oder an beide Stellen angeheftet werden. Klicken Sie im *Startmenü* oder in der Liste *Alle Apps* ein beliebiges App-Symbol mit der rechten Maustaste an, um ein Kontextmenü mit einer begrenzten Anzahl von Verwaltungstools anzuzeigen. Für jede Anwendung ist im Menü der Befehl *Deinstallieren* verfügbar, mit der Sie sie entfernen können. (Windows-Systemanwendungen und einige bereitgestellte Anwendungen verfügen nicht über einen *Deinstallieren*-Befehl.)

Eine Liste der Windows-System- und bereitgestellten Apps finden Sie im Abschnitt »In Windows 11 enthaltene Apps« in Kapitel 6. Weitere Informationen zur Organisation von App-Symbolen finden Sie im Abschnitt »Startmenü verwenden und anpassen« in Kapitel 3, »Windows 11 verwenden«.

Wie bereits erwähnt, ist die vollständige Liste von Apps unter *Einstellungen | Apps | Installierte Apps* verfügbar. Jeder Eintrag zeigt zunächst den Namen der App, den Namen ihres Entwicklers (falls verfügbar), das Datum, an dem die App installiert wurde, und den Speicherplatz, die sie derzeit verwendet (einschließlich aller Daten, die als Teil des lokalen Datenspeichers der App gespeichert werden, nicht aber Datendateien, die sich im Profil des Benutzers befinden).

Die Liste ist standardmäßig alphabetisch sortiert; Sie können das Menü *Sortieren nach* oben in der Liste verwenden, um die Reihenfolge in *Größe* (um potenzielle Speicherplatzfresser zu identifizieren, die entfernt werden sollen, wenn der Speicherplatz knapp ist) oder *Datum der Installation* (um schnell eine oder mehrere Anwendungen zu entfernen, die Sie kürzlich zu Testzwecken installiert haben und nicht behalten möchten) zu ändern. Abbildung 5.2 zeigt die standardmäßig aktivierte Listenansicht mit der Option *Sortieren nach*, die auf *Größe (groß bis klein)* eingestellt ist.

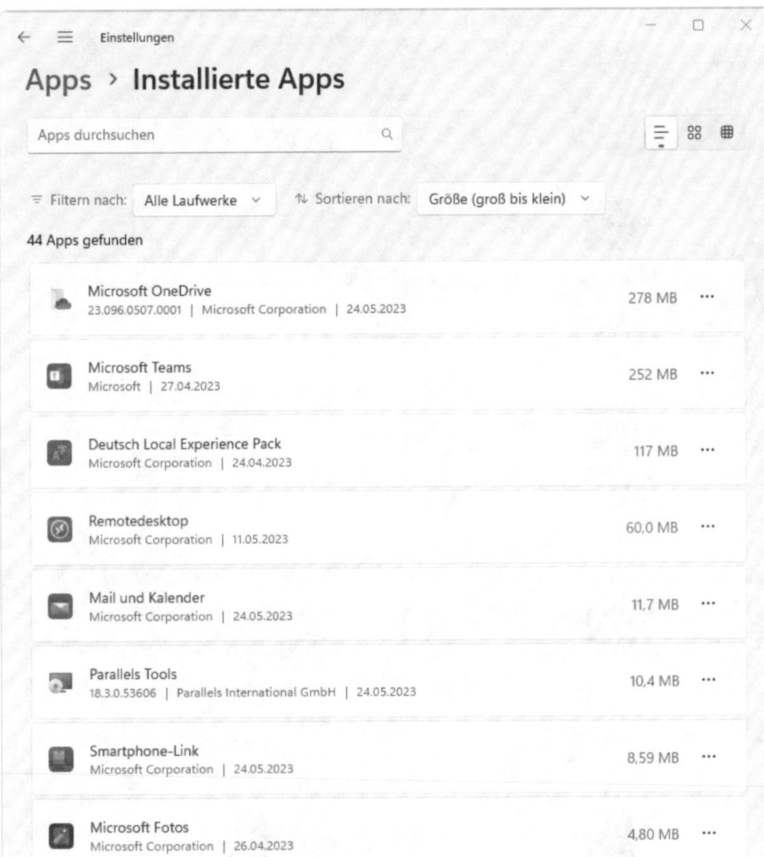

Abbildung 5.2 Die Liste der installierten Apps enthält neben den Apps aus dem Microsoft Store auch ältere Desktop-Apps. Die Sortierung der Liste nach Größe (groß bis klein) zeigt, welche Apps den meisten Speicherplatz benötigen.

Sie können auch nach Laufwerk filtern, für den unwahrscheinlichen Fall, dass Sie zusätzlich zu Ihrem Systemlaufwerk Anwendungen auf einem zweiten Laufwerk installiert haben.

Wenn Ihnen die Liste zu unübersichtlich erscheint, können Sie versuchen, den Inhalt über das Suchfeld zu filtern. Beachten Sie, dass die Ergebnisse auch Treffer für den App-Namen und den Namen des Entwicklers enthalten; die letztere Option ist eine besonders effektive Möglichkeit, um alle vom PC-Hersteller vorinstallierten Apps zu sehen.

Mit den Optionen in der oberen rechten Ecke der Liste der installierten Apps können Sie von der Standardlistenansicht zu einer kompakteren Anordnung wechseln, bei der die Versionsnummer und der Entwicklername von jedem Eintrag weggelassen werden und mehrere Einträge in jeder Zeile möglich sind. Die Kachelansicht ist die platzsparende Anordnung; die in Abbildung 5.3 gezeigte Rasteransicht zeigt jeden Eintrag als quadratische Kachel mit einem Deinstallationslink unter den App-Details an.

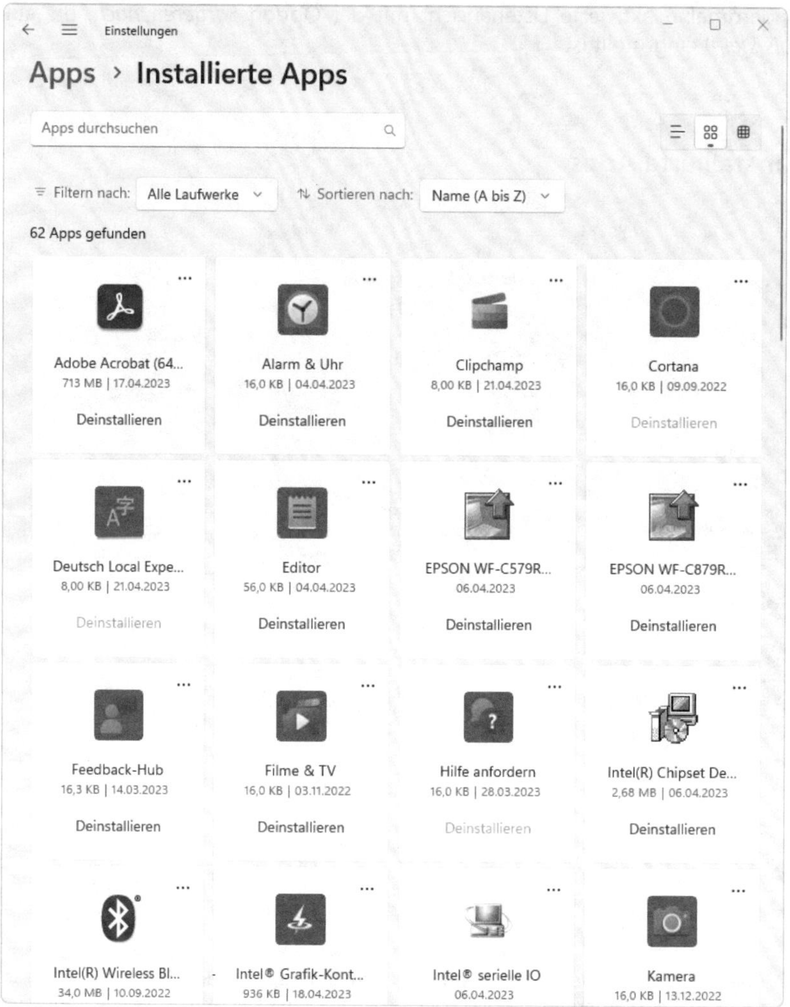

Abbildung 5.3 Die Rasteransicht bietet eine kompaktere Ansicht der Liste der installierten Apps, wobei die Option *Deinstallieren* unter jeder angezeigten App verfügbar ist.

Unabhängig davon, welche Ansicht Sie gewählt haben, können Sie in dieser Liste auf die drei Punkte rechts neben einem Eintrag klicken, um zusätzliche Optionen für die Verwaltung dieser App anzuzeigen. Was Sie in dieser erweiterten Liste sehen, hängt davon ab, wie die App installiert wurde.

Bei Desktopanwendungen enthält das Kontextmenü die Optionen *Ändern* und *Deinstallieren*, die das für die jeweilige Anwendung registrierte Installationsprogramm starten. Wenn die Option *Ändern* ausgegraut und nicht verfügbar ist, bedeutet dies, dass das Installationsprogramm für diese App keine sogenannte Wartungsinstallationsoption enthält, mit der Sie Features hinzufügen oder entfernen oder die aktuelle Konfiguration anderweitig ändern können.

Für verpackte Apps und PWAs (aber nicht für Desktop-Apps), die über den Microsoft Store installiert wurden, enthält das Kontextmenü drei Befehle: *Erweiterte Optionen*, *Verschieben* und *Deinstallieren*. Im nächsten Abschnitt werden diese Optionen genauer betrachtet.

Verwenden und Verwalten von Store-Apps

Der Microsoft Store ist ein Kaufhaus, in dem Sie eine breite Palette digitaler Waren und Dienstleistungen erwerben können: Spiele, Filme, Fernsehsendungen und Apps. (Es ist jedoch kein sich ständig erweiternder Marktplatz. In den Jahren seit der Einführung von Windows 10 hat Microsoft den Verkauf von Musik und E-Books über den Store eingestellt, und die meisten Fernsehsendungen und Filme werden von Besitzern von Xbox-Konsolen gekauft oder ausgeliehen; diese Konsolen laufen mit einer Variante von Windows 10/11 und nutzen denselben Microsoft Store, um digitale Inhalte bereitzustellen.)

Aber wenn man sich nur auf den Handel konzentriert, läuft man Gefahr, den eigentlichen Zweck des Stores zu verkennen, der als sicherer Kanal für die Verteilung von Apps dient, einschließlich derjenigen, die mit Windows vorinstalliert sind. Ein Teil dieser Sicherheit ergibt sich daraus, dass Apps einen Überprüfungsprozess durchlaufen müssen, um über den Store vertrieben werden zu dürfen. Es ist unwahrscheinlich, dass eine bösartige App diesen Überprüfungsprozess übersteht, und in dem unwahrscheinlichen Fall, dass es ihr doch gelingt, sich in den Store zu schleichen, würde sie abgeschaltet, sobald ihr Fehlverhalten entdeckt wird.

Ein ebenso wichtiger Teil des Sicherheitsmodells des Stores ist die Art und Weise, wie die Installation und Aktualisierung von App-Paketen verwaltet wird – ein hochgradig strukturierter Prozess, der Dateien in einer eingeschränkten Hierarchie im Dateisystem installiert, ihren Inhalt als schreibgeschützt kennzeichnet, alles mithilfe von Dateiberechtigungen sperrt und sie auf dem neuesten Stand hält, ohne dass ein Benutzereingriff erforderlich ist. Diese Kombination verhindert, dass Store-Apps dazu beitragen, dass Windows »verrottet« und dass die Systemleistung beeinträchtigt wird. Außerdem können sie sauber deinstalliert werden, ohne digitalen Müll zu hinterlassen.

Bei einer Desktopanwendung wird die ausführbare Datei (zusammen mit den unterstützenden Dateien) normalerweise in einem Unterordner von *%ProgramFiles%* oder *%ProgramFiles(x86)%* gespeichert. Im Gegensatz dazu werden gepackte Anwendungen in einem versteckten Ordner namens *%ProgramFiles%\windowsApps* gespeichert. Dieser Ordner ist gesperrt, sodass nur die Microsoft Store-App oder das Windows-Systemkonto seinen Inhalt anzeigen, ausführen oder ändern kann. Das mag zwar diejenigen frustrieren, die gerne jeden versteckten Winkel ihrer Festplatte durchkämmen, aber es gibt einen guten Grund für die hohe Sicherheit: Anstatt einzelne Dateien zu signieren, wie es bei den meisten Desktopanwendungen der Fall ist, wird das gesamte Anwendungspaket signiert, wodurch es möglich ist, den Inhalt einer oder aller Dateien des Pakets zu überprüfen. Anstatt eine ausführbare Datei auszuführen und andere Ressourcen aufzurufen, führt Windows das gesamte Paket in einer geschützten App-Container-Umgebung aus. Da Benutzer (einschließlich Sie) und andere Anwendungen daran gehindert werden, Änderungen vorzunehmen, sind die Anwendungsdateien sicher.

Expertentipp

Werfen Sie einen Blick auf die installierten Windows-Pakete

Wenn Sie versuchen, den Ordner *windowsApps* im Datei-Explorer zu öffnen, stellen Sie schnell fest, dass Ihr Benutzerkonto nicht über die erforderlichen Berechtigungen verfügt, um den Inhalt dieses Ordners zu durchsuchen. Sie könnten natürlich ein Eingabeaufforderungsfenster mit Administratorrechten öffnen und den Ordner über die Befehlszeile durchsuchen. Wenn Sie jedoch nur daran interessiert sind, zu sehen, welche Art von Dateien und Ressourcen für eine bestimmte Anwendung an diesem Ort gespeichert ist, können wir Ihnen eine nützliche Hintertür zeigen. (Keine Sorge: Sie können zwar die Ordnerverzeichnisse einsehen, aber keine Änderungen vornehmen.) Die folgenden Schritte führen Sie dorthin:

1. **Öffnen Sie nach dem Start der Anwendung, die Sie genauer untersuchen möchten, den Task-Manager. (Einzelheiten finden Sie im Abschnitt »Anwendungen und Prozesse mit dem Task-Manager verwalten« weiter hinten in diesem Kapitel.)**
2. **Klicken Sie auf der Registerkarte *Prozesse* mit der rechten Maustaste auf den Namen der gewünschten Anwendung. (Wenn dem Namen der Anwendung eine Zahl in Klammern folgt, müssen Sie den Eintrag zunächst erweitern, indem Sie auf den Pfeil auf der linken Seite klicken. Klicken Sie dann in der erweiterten Liste mit der rechten Maustaste auf den Namen der Anwendung.)**
3. **Klicken Sie auf *Zu Details wechseln*. Der Task-Manager wechselt zur Registerkarte *Details* und wählt die ausführbare Datei der Anwendung aus.**
4. **Klicken Sie mit der rechten Maustaste auf die ausführbare Datei und wählen Sie *Dateispeicherort öffnen*. Sie befinden sich nun im Ordner *windowsApps*.**

Sie können von diesem Ordner aus keine Anwendung direkt starten und auch keine Änderungen an den dort gespeicherten Dateien vornehmen.

Legacy-Desktopanwendungen, die Sie von außerhalb des Stores herunterladen und installieren, können für alle Benutzer oder für einen einzelnen Benutzer installiert werden. Im Gegensatz dazu werden Windows-Apps, die über den Store verwaltet werden, nur für das aktuelle Benutzerkonto installiert. Nach der Installation finden Sie die Datendateien für die neu installierte App in einem Teil Ihres Benutzerprofils, wo sie privat gehalten werden und nicht von anderen Apps manipuliert werden können. Sie können diese Ordner unter *%LocalAppData%\Packages* einsehen (aber deren Inhalt nicht ändern).

Jeder, der sich mit einem anderen Benutzerkonto auf demselben PC anmeldet, kann die installierten Anwendungsdateien gemeinsam nutzen, allerdings erst, nachdem er den Store besucht, die Anwendung für sein eigenes Konto installiert und seine eigenen privaten Datenordner eingerichtet hat. Die Deinstallation einer App ist ebenfalls ein benutzerspezifischer Vorgang, bei dem die Datenordner des aktuellen Benutzers bereinigt werden, ohne die Dateien anderer Benutzerkonten, die dieselbe App installiert haben, zu berühren. Wenn

Sie eine Anwendung deinstallieren, die von keinem anderen Konto auf demselben PC verwendet wird, entfernt Windows die Anwendung und ihre Ressourcen vollständig aus dem Ordner *%ProgramFiles%\windowsApps*.

Gepackte Desktopanwendungen, die Sie aus dem Store installieren (sowie Anwendungen, die mit denselben Tools erstellt, aber als eigenständige Pakete vertrieben werden), folgen einer ähnlichen, auf Sicherheit ausgerichteten Installationsroutine. Im Gegensatz zu herkömmlichen Desktopanwendungen, die in der Regel für die Installation Administratorrechte erfordern und die Dateien in den Windows-Systemordnern verteilen können, folgen diese verpackten Desktop-Apps einem starren Satz von Installationsregeln, die ihre Möglichkeiten, das System zu stören, erheblich einschränken.

Wie bei Windows-Apps werden auch verpackte Desktop-Apps an einem gut verwalteten Speicherort installiert, wobei die Dateiberechtigungen den Paketinhalt vor Manipulationen schützen. Im Gegensatz zu anderen Store-Apps müssen sie jedoch nicht in einem App-Container mit Sandbox ausgeführt werden. Stattdessen werden diese sogenannten voll vertrauenswürdigen Apps (Full-Trust-Apps) im Kontext des Benutzerkontos ausgeführt, das sie gestartet hat. Daher können sie das Verhalten einer herkömmlichen Desktopanwendung imitieren.

Hinter den Kulissen werden diese Anwendungen jedoch so verwaltet, dass sie den Rest des Systems nicht beeinträchtigen. Unter Windows 11 werden die folgenden Änderungen am Dateisystem und der Registrierung vorgenommen:

- Wenn die Anwendung versucht, Dateien oder Ordner in den *AppData*-Ordner des Benutzers zu schreiben, fängt Windows diese Anforderungen ab und schreibt sie stattdessen in einen privaten Speicherort, der mit dem eigentlichen *AppData*-Ordner zusammengeführt wird, wenn die Anwendung ausgeführt wird. Diese Architektur ermöglicht eine saubere Deinstallation von Anwendungen und vermeidet, dass nach der Deinstallation Datenmüll in Windows verbleibt.
- Alle Dateien, die normalerweise zu den Ordnern *%windir%\System32* oder *Program Files (x86)* hinzugefügt werden (zum Beispiel DLL-Dateien), werden stattdessen in einem Ordner des virtuellen Dateisystems (VFS) als Teil des Anwendungspakets gespeichert. Diese Dateien werden dynamisch mit den tatsächlichen Systemordnern zusammengeführt, wenn die Anwendung ausgeführt wird, sodass die Anwendung denkt, dass alles so funktioniert, wie es der Entwickler beabsichtigt hat.
- App-Pakete enthalten eine Datei *registry.dat*, die den Inhalt des entsprechenden Zweigs von *HKLM\Software* widerspiegelt. Wenn die App ausgeführt wird, fügt diese virtuelle Registrierung ihren Inhalt in die Registrierung ein, damit die App wie erwartet ausgeführt werden kann.
- Wenn die Anwendung Änderungen an HKCU vornimmt, werden diese Änderungen an einen privaten Speicherort geschrieben und zusammengeführt, wenn die Anwendung ausgeführt wird, wodurch das System diese Informationen bereinigen kann, wenn die Anwendung deinstalliert wird.

Anwendungen im Microsoft Store finden

Die Microsoft Store-App trennt ihr Angebot in drei Registerkarten: *Apps*, *Gaming* sowie *Filme & TV*. Auf der Registerkarte *Apps* können Sie durch kategorisierte, kuratierte Listen blättern, um beliebte Apps oder Sammlungen verwandter Apps zu finden. Wenn Sie mehr oder weniger wissen, wonach Sie suchen, können Sie das Suchfeld verwenden. Suchen Sie nach Namen oder Herausgeber, und die Suchergebnisse enthalten sowohl Unterhaltungsangebote als auch Apps. Abbildung 5.4 zeigt den Microsoft Store in Windows 11, wobei die Registerkarte *Apps* ausgewählt ist.

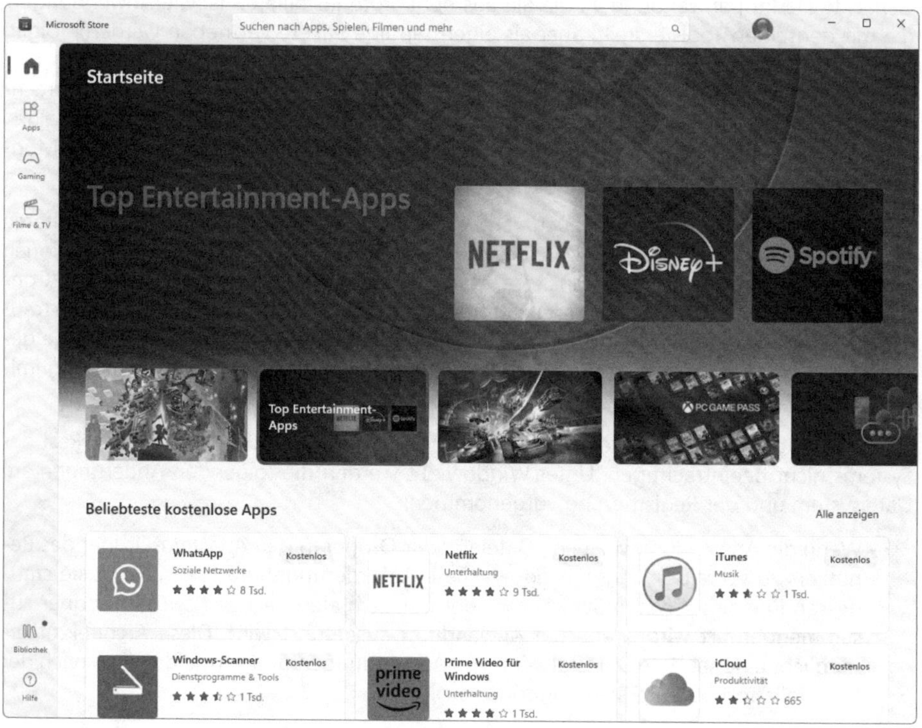

Abbildung 5.4 Klicken Sie auf das Symbol *Apps* in der Navigationsleiste auf der linken Seite, um eine kategorisierte Liste der für Windows 11 verfügbaren Apps anzuzeigen.

Klicken Sie auf einen Eintrag in der Liste, um die Detailseite der App anzuzeigen. Hier finden Sie die meisten Informationen, die Sie benötigen, um zu entscheiden, ob es sich lohnt, eine App zu installieren, einschließlich des Namens des Entwicklers, einer Beschreibung, Screenshots, die die App in Aktion zeigen, sowie Bewertungen und Rezensionen von anderen, die die Apps erworben haben.

Abbildung 5.5 zeigt den Eintrag für *Adobe Lightroom*, eine beliebte Drittanbieter-Anwendung zum Organisieren und Bearbeiten von Digitalfotos.

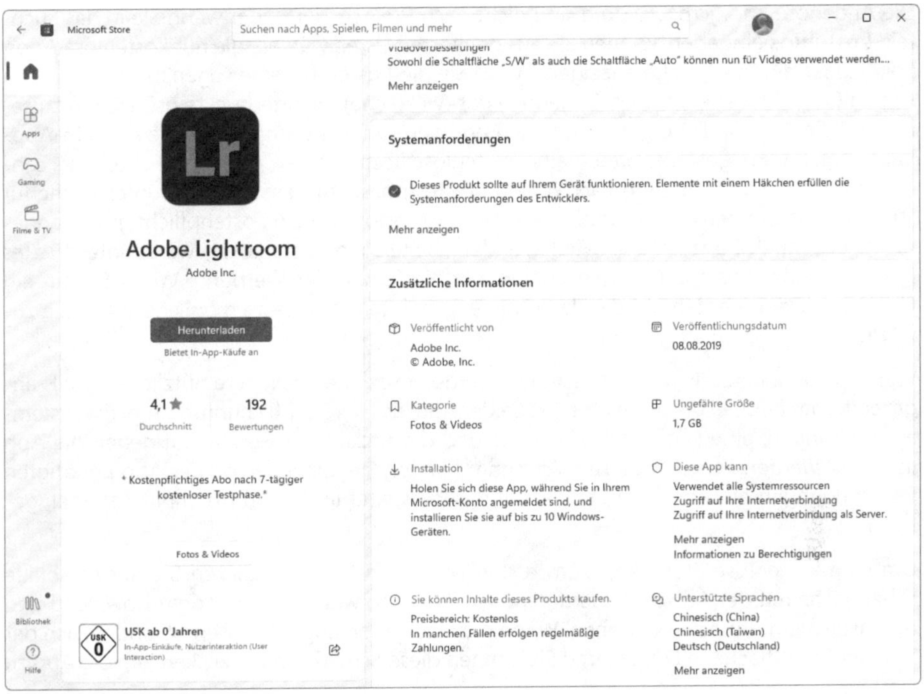

Abbildung 5.5 Der Abschnitt *Systemanforderungen* sollte Sie auf eventuelle Inkompatibilitäten hinweisen.

Expertentipp

Handelt es sich um eine Store-App oder eine Desktop-App?

Wie weiter vorn in diesem Kapitel erwähnt, können Sie über den Microsoft Store herkömmliche Desktop-Apps herunterladen und installieren. Wie können Sie diese Art von Desktopanwendungen von einer UWP-Anwendung oder einer als Paket verpackten Desktopanwendung unterscheiden, die vom Store verwaltet oder aktualisiert wird? Sehen Sie sich die blaue Schaltfläche an.

Wenn die blaue Schaltfläche das Wort *Kaufen* anzeigt (oder, im Falle einer kostenpflichtigen App, einen Preis), wird die App vom Microsoft Store verwaltet. Wenn Sie das Wort *Öffnen* sehen, handelt es sich um eine vom Store verwaltete App, die Sie bereits installiert haben.

Wenn Sie das Wort *Installieren* sehen, handelt es sich um eine herkömmliche Desktopanwendung. Wenn Sie auf diese Schaltfläche klicken, wird das Installationsprogramm heruntergeladen und im Hintergrund ausgeführt, ohne dass Sie etwas tun müssen, außer eine Eingabeaufforderung der Benutzerkontensteuerung zu bestätigen. Wenn Sie die Anwendung zuvor installiert haben, sehen Sie keine blaue Schaltfläche, stattdessen wird das Wort *Installiert* in schwacher Schrift auf grauem Hintergrund angezeigt. Der nächste Abschnitt behandelt Techniken zur Verwaltung von installerbasierten Desktopanwendungen.

Die Angebote im Microsoft Store sind nicht nach Preis sortiert, aber wenn Sie in das Suchfeld **kostenlos** eingeben, können Sie aus gefilterten Listen wählen, die nur kostenlose Apps, Spiele oder digitale Inhalte anzeigen. Wenn Sie die Kosten für eine sogenannte kostenlose App in Betracht ziehen, sollten Sie jedoch das (wörtliche) Kleingedruckte prüfen, um zu sehen, ob die App-Auflistung ein Sternchen und den Hinweis enthält, dass die App »In-App-Käufe« bietet. Einige Apps bieten eine kostenlose Testphase an, verlangen aber eine Zahlung für die weitere Nutzung nach Ablauf der Testphase. Andere Apps, darunter solche für Streaming-Videodienste wie Netflix oder Disney+, erfordern ein kostenpflichtiges Abonnement, um Inhalte anzusehen. Wieder andere bieten ein kostenloses, werbeunterstütztes Paket mit einer kostenpflichtigen Option zum Entfernen der Werbung. Wenn Sie auf ein Element klicken, werden auf der daraufhin angezeigten Detailseite möglicherweise die zusätzlichen Angebote aufgelistet.

Wenn Sie bis zum Ende der Seite scrollen, werden in der Regel weitere nützliche Details angezeigt, zum Beispiel die ungefähre Größe der App, das Veröffentlichungsdatum, die Systemanforderungen, eine Datenschutzrichtlinie und die Anzahl der Geräte, auf denen die App installiert werden kann. (In diesem Abschnitt können Sie auch die von der App benötigten Berechtigungen einsehen, ein Thema, auf das wir später in diesem Abschnitt näher eingehen.)

Um eine kostenlose Store-App zum ersten Mal zu installieren, klicken Sie auf die blaue Schaltfläche mit der Aufschrift *Herunterladen*. Dadurch wird sofort mit dem Download und der Installation der App begonnen. Wenn die Installation abgeschlossen ist, ändert sich der Text der Schaltfläche in *Öffnen*, und Sie können diese Schaltfläche anklicken, um die App zu starten.

Wenn eine Zahlung erforderlich ist, ist die blaue Schaltfläche mit dem Preis beschriftet, und durch Anklicken dieser Schaltfläche wird der Kaufvorgang eingeleitet. Die Zahlung selbst wird über Ihr Microsoft-Konto abgewickelt. Wenn Sie sich mit einem lokalen Konto oder einem Azure AD-Konto bei Windows 11 anmelden, werden Sie an dieser Stelle aufgefordert, die Anmeldedaten für das Microsoft-Konto einzugeben, das Sie im Store verwenden möchten. Außerdem werden Sie aufgefordert, einen Zahlungsmechanismus zu konfigurieren, falls Sie dies noch nicht getan haben.

Aktualisieren und Neuinstallieren von Store-Anwendungen

Wenn Sie auf das Bibliothekssymbol in der unteren linken Ecke der Store-App klicken, wird eine Seite wie in Abbildung 5.6 gezeigt geöffnet. Oben auf der Seite werden alle verfügbaren Updates sowie laufende Downloads angezeigt. Im unteren Bereich wird eine Liste der im aktuellen Benutzerprofil verfügbaren Apps, Spiele und digitalen Inhalte angezeigt. Mit den Steuerelementen am oberen Rand der Liste können Sie den Inhalt so filtern, dass nur Apps angezeigt werden, wie wir es hier getan haben.

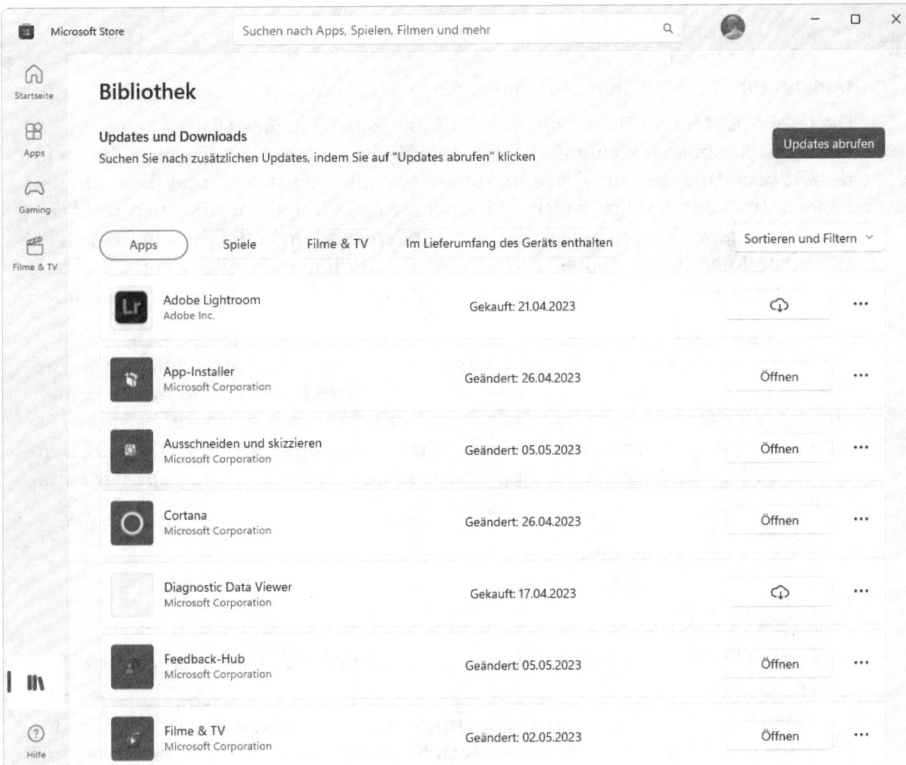

Abbildung 5.6 In der Standardansicht zeigt die Bibliotheksseite oben Updates und Downloads an und darunter eine Liste der verfügbaren Store-Anwendungen. Beachten Sie das Download-Symbol rechts neben Adobe Lightroom, das anzeigt, dass die Anwendung derzeit nicht installiert ist.

Das Menü *Sortieren und Filtern* oberhalb der Liste enthält die Optionen *Nach Datum sortieren* und *Nach Name sortieren*, die wie erwartet funktionieren und eine Liste aller derzeit installierten und zuvor gekauften Anwendungen anzeigen. Eine weitere Option in diesem Menü fungiert als Filter. Wenn Sie die Option *Nur installierte Produkte anzeigen* einschalten, wird die Liste so gefiltert, dass nur Store-Apps und verpackte Desktop-Apps angezeigt werden, die im aktuellen Profil installiert sind, sortiert nach dem Datum der letzten Änderung. Herkömmliche Desktop-Apps, die über den Store bereitgestellt werden, sind nicht enthalten.

Die Ansicht mit deaktivierter Option *Nur installierte Produkte anzeigen* ist besonders nützlich, wenn Sie einen neuen PC einrichten (oder Ihre Windows-Installation auf einem alten PC aktualisieren). Gehen Sie die Liste durch, um alle Apps zu identifizieren, die Sie zuvor erworben haben. Wenn Sie eine App nicht erkennen, klicken Sie auf ihren Namen, um ihre Detailseite im Microsoft Store aufzurufen. Klicken Sie auf das Cloudsymbol rechts neben einer App, um die App herunterzuladen und auf Ihrer neuen Windows-Installation zu installieren.

Expertentipp

Updates für Microsoft Store-Anwendungen manuell abrufen

Die Liste *Updates und Downloads* oben auf der Seite *Bibliothek* (siehe Abbildung 5.6) enthält in der oberen rechten Ecke die Schaltfläche *Updates abrufen*, über die Sie jederzeit nach Updates für Microsoft Store-Anwendungen suchen und diese abrufen können. Theoretisch sollte es nicht notwendig sein, nach Updates zu suchen, da Microsoft Store-Anwendungen regelmäßig nach Updates suchen und diese automatisch installieren. Wenn Ihr Computer jedoch längere Zeit offline war oder wenn Sie gerade eine Neuinstallation durchgeführt haben, sollten Sie den Aktualisierungsprozess überwachen.

Der automatische Aktualisierungsprozess funktioniert gut, und wir empfehlen, ihn aktiviert zu lassen. Wenn Sie die automatischen Updates lieber deaktivieren möchten, öffnen Sie die Store-App, klicken Sie auf das Symbol für Ihr Benutzerprofil, klicken Sie auf *Einstellungen* und schieben Sie den Schalter *App-Updates* in die Position *Aus*. Denken Sie einfach daran, die Store-App zu öffnen und regelmäßig nach Updates zu suchen.

Expertentipp

Verwenden Sie den Windows-Paket-Manager zur Installation von Anwendungen über die Befehlszeile

Die einfachste Möglichkeit, Anwendungspakete zu installieren, ist die Verwendung des Microsoft Store. Sie können aber auch Softwarepakete, die in einem bekannten Repository verfügbar sind, mit dem Befehlszeilentool Windows-Paket-Manager, *Winget.exe*, über die Befehlszeile installieren.

Winget wird automatisch mit Windows 11 installiert und erlaubt es jedem, Pakete aus dem Windows Package Manager Community Repository, das Sie unter *https://github.com/microsoft/winget-pkgs* finden, zu installieren. Obwohl diese Funktion in erster Linie für Entwickler interessant ist, die mit dem entsprechenden Paket-Manager in Linux-Distributionen vertraut sind, ist sie auch für technisch nicht versierte Benutzer relativ einfach zu nutzen. Sie können zum Beispiel die neueste Version von PowerShell mit dem folgenden Befehl installieren:

```
winget install --id Microsoft.Powershell --source winget
```

Eine vollständige Dokumentation zur Verwendung von Winget finden Sie unter *https://learn.microsoft.com/windows/package-manager.*

Verwalten, Problembehandlung und Deinstallation von Store-Apps

Für verpackte Apps, die über den Store verwaltet werden, einschließlich UWP-Apps und verpackte Desktop-Apps, enthält Windows eine Reihe von Tools, mit denen Sie Wartungsaufgaben durchführen können, bis hin zur Deinstallation der App.

Der einfachste Weg, auf diese Funktionen zuzugreifen, ist, im Startmenü mit der rechten Maustaste auf das angeheftete Symbol der App zu klicken und dann *App-Einstellungen* zu wählen. (Wenn das App-Symbol nicht angeheftet ist, gehen Sie zu *Alle Apps*, klicken Sie mit der rechten Maustaste auf die App und dann auf *Mehr | App-Einstellungen*.) Sie können diese Seite auch über den Eintrag der App unter *Einstellungen | Apps | Installierte Apps* aufrufen: Klicken Sie dort auf die drei Punkte rechts neben einem Eintrag in der Liste und wählen Sie *Erweiterte Optionen*. Daraufhin wird eine Seite wie die in Abbildung 5.7 geöffnet.

Abbildung 5.7 Die Seite *Erweiterte Optionen* zeigt Versionsinformationen an und bietet Wartungstools für Anwendungen, die vom Store verwaltet werden.

Der Abschnitt *Spezifikationen* oben auf der Seite zeigt die Versionsnummer und den vom App-Paket belegten Speicherplatz an. Darunter befindet sich ein Abschnitt *App-Berechtigungen*, in dem Sie die Berechtigungen ändern können, die der App bei der Installation zugewiesen wurden. Mit der Einstellung *Hintergrund-App-Berechtigungen* wird gesteuert, ob die App im Hintergrund ausgeführt werden darf – eine Einstellung, die sich positiv auf die Akkulaufzeit von mobilen Geräten auswirken kann.

Jede im Microsoft Store aufgeführte Anwendung muss angeben, welche Berechtigungen sie benötigt. Eine verpackte Desktopanwendung ist eine »voll vertrauenswürdige« Anwendung. Auf der Seite der App im Store finden Sie unter der Überschrift *Diese App kann* die folgenden Informationen zu den Berechtigungen: »Verwendet alle Systemressourcen«. Eine vollständige Liste der etwa 30 verfügbaren App-Berechtigungen finden Sie unter *https://bit.ly/Windows11-app-permissions*.

Wenn Sie auf der Seite etwas nach unten scrollen, finden Sie zwei Optionen, die bei der Fehlersuche in einer fehlerhaften Anwendung nützlich sind:

- **Beenden** In den seltenen Fällen, in denen eine Anwendung nicht reagiert und nicht geschlossen werden kann, klicken Sie auf *Beenden*, um die Anwendung und alle zugehörigen Prozesse zwangsweise zu schließen.
- **Zurücksetzen** Unter dieser Überschrift finden Sie zwei Schaltflächen. Mit der Option *Reparieren* wird versucht, alle Fehler in der App-Installation zu beheben, ohne dass Ihre Benutzerdaten beeinträchtigt werden. *Zurücksetzen* ist eine drastischere Option, die alle Benutzerdaten für diese App löscht, einschließlich der Anmeldedaten.

Der einfachste Weg, eine gepackte Anwendung zu deinstallieren, besteht darin, das Symbol der App im Startmenü mit der rechten Maustaste anzuklicken und dann *Deinstallieren* zu wählen. Die Schaltfläche *Deinstallieren* befindet sich auch auf der Seite *Erweiterte Optionen*. (Beachten Sie, dass einige Anwendungen, die als Teil von Windows 11 installiert wurden, nicht deinstalliert werden können. Eine vollständige Liste dieser Anwendungen finden Sie in Kapitel 6.)

Wie bereits erwähnt, werden App-Pakete pro Benutzer installiert, und die Deinstallation funktioniert ebenfalls auf diese Weise. Wenn Sie eine Anwendung für mehrere Benutzerkonten installiert haben, verbleibt das Anwendungspaket so lange auf dem System, bis es von allen Benutzerkonten deinstalliert wurde.

TROUBLESHOOTING

Store-Apps lassen sich nicht deinstallieren

Wenn die normale Deinstallationsroutine für eine Store-App nicht zu funktionieren scheint, können Sie das störende Element mit Windows PowerShell entfernen. (Informationen zur PowerShell finden Sie in Kapitel 16, »Windows-Terminal, PowerShell und andere Verwaltungstools«.) Verwenden Sie das Cmdlet `Get-AppxPackage`**, um eine Liste der auf Ihrem System installierten Pakete abzurufen. Suchen Sie das Paket, das Sie entfernen möchten, und notieren Sie sich dessen Eigenschaft** `PackageFullName`**. Übergeben Sie diese Eigenschaft dann als Parameter an das Cmdlet** `Remove-AppxPackage`**. Beachten Sie, dass Sie in einer PowerShell-Sitzung mit administrativen Rechten arbeiten müssen.**

Verwalten von Legacy-Desktop-Apps

Von wenigen Ausnahmen abgesehen unterstützt Windows 11 praktisch alle älteren Win32-Desktopanwendungen, die mit Windows 7 kompatibel sind. Alle Desktop-Apps, die Sie besitzen und die nicht im Microsoft Store verfügbar sind, können auf die übliche Weise installiert werden, indem Sie auf eine Installationsdatei doppelklicken, die Sie aus dem Internet herunterladen.

Desktopanwendungen deinstallieren

Wenn Sie eine Legacy-Desktopanwendung installieren, stellt das Installationsprogramm Windows Anweisungen zur Deinstallation der Anwendung zur Verfügung (einige Beispiele für diese Anweisungen finden Sie in der Registrierung unter *HKCU\SOFTWARE\Microsoft\Windows\CurrentVersion\Uninstall*). Um diese Anweisungen auszuführen, klicken Sie im Startmenü mit der rechten Maustaste auf das Symbol der Anwendung, und klicken Sie dann auf *Deinstallieren*. Wenn die Anwendung Anweisungen zu einer stillen Deinstallation enthielt (was bei den meisten nicht der Fall ist), werden Sie aufgefordert, Ihre Absicht zu bestätigen; wenn Sie dies tun, wird die Anwendung ohne weitere Interaktion deinstalliert.

Bei Desktopanwendungen, die nicht über die erforderlichen Schalter für eine stille Deinstallation verfügen, gelangen Sie durch Auswahl dieser Option aus dem Rechtsklick-Verknüpfungsmenü auf die Seite *Programme und Features* der Systemsteuerung im alten Stil. Wählen Sie den Namen aus der Liste *Programm deinstallieren oder ändern* und klicken Sie auf *Deinstallieren*, um fortzufahren.

Wenn Sie sich den Abstecher zur Systemsteuerung sparen möchten, starten Sie unter *Einstellungen | Apps | Installierte Apps*. Suchen Sie den Eintrag für die App, die Sie entfernen möchten, klicken Sie auf die drei Punkte rechts neben dem Namen und dann auf *Deinstallieren*.

Desktopanwendungen als Administrator oder als anderer Benutzer ausführen

Windows 11 enthält eine Reihe von Win32-Anwendungen, die für Systemverwaltungsaufgaben verwendet werden, darunter einige Verwaltungstools, die seit Jahrzehnten Bestandteil von Windows sind. Diese Anwendungen und ähnliche Systemdienstprogramme von Drittanbietern müssen mit Administratorberechtigungen ausgeführt werden. Um beispielsweise die Registrierung zu bearbeiten, müssen Sie den Registrierungs-Editor (*Regedit.exe*) als Administrator ausführen. Sie können die meisten Anwendungen als Administrator ausführen, indem Sie mit der rechten Maustaste auf die ausführbare Datei oder eine Verknüpfung einer Anwendung (auf *Start* oder anderswo) klicken, *Als Administrator ausführen* wählen und die Aufforderung der Benutzerkontensteuerung (UAC) entweder mit Ihrer Zustimmung oder Ihren Anmeldeinformationen bestätigen. (Diese Option funktioniert nicht für den Datei-Explorer, *Explorer.exe*.) Hier sind zwei weitere Möglichkeiten, um das gleiche Ergebnis zu erzielen:

- Starten Sie als Administrator eine Eingabeaufforderungs- oder PowerShell-Sitzung. In dieser Konsole können Sie den Namen der ausführbaren Datei für die gewünschte Anwendung eingeben, die dann das Administrator-Token aus der Sitzung mit erhöhten Rechten übernimmt.

  Um den Registrierungs-Editor auszuführen, geben Sie zum Beispiel **regedit** ein. Da Sie die UAC-Prüfung für die Eingabeaufforderungssitzung bereits bestanden haben und alles, was Sie von der Eingabeaufforderung aus ausführen, ein untergeordneter Prozess der Eingabeaufforderung ist, müssen Sie sich nicht mit weiteren UAC-Eingabeaufforderungen befassen. (Die gleichen Regeln gelten für PowerShell.) Diese Methode eignet sich hervorragend für Situationen, in denen Sie eine Reihe von Anwendungen als Administrator ausführen müssen. Lassen Sie ein Eingabeaufforderungs- oder PowerShell-Fenster auf administrativer Ebene geöffnet und führen Sie Ihre Anwendungen über die Befehlszeile aus.

- Geben Sie den Namen der Anwendung, die Sie ausführen möchten, in das Suchfeld der Taskleiste ein und drücken Sie dann Strg+⇧+↵.

Um eine Anwendung unter einem anderen Benutzerkonto auszuführen, können Sie den Befehl *Runas* verwenden. Sie können dies von der Eingabeaufforderung oder von PowerShell aus tun. Die Syntax lautet:

```
Runas /user:Benutzername appname
```

Nachdem Sie den Befehl ausgeführt haben, werden Sie aufgefordert, das Kennwort für das angegebene Benutzerkonto einzugeben. Beachten Sie, dass der Befehl Runas nicht mit dem Datei-Explorer oder mit Snap-Ins der Microsoft Management Console (MMC) funktioniert.

Expertentipp

Verwenden Sie die Schrittaufzeichnung zur Problembehandlung bei fehlerhafter Software

Wenn Sie einem technischen Support-Mitarbeiter Details zu einem Software-Problem mitteilen müssen, kann sich das integrierte Tool *Schrittaufzeichnung* (*Psr.exe*) als nützlich erweisen. Um diese Anwendung zu finden, klicken Sie auf *Start*, geben Sie in das Suchfeld Schritt ein und klicken Sie dann in der Liste der Suchergebnisse auf *Schrittaufzeichnung*. Klicken Sie auf *Aufzeichnung starten*, führen Sie Ihre Schritte durch die problematische Anwendung durch und klicken Sie dann auf *Aufzeichnung beenden*.

Schrittaufzeichnung macht an jedem entscheidenden Punkt (jedem Mausklick oder Befehl) einen Screenshot und einen Zeitstempel und fügt dann jedem Schritt einen beschreibenden Text hinzu. Sie können währenddessen eigene Kommentare ergänzen. Nachdem Sie die Aufnahme angehalten und gespeichert haben, können Sie sie an den technischen Support weitergeben. (Schrittaufzeichnung ist auch ein hervorragendes Werkzeug zur Erstellung von Dokumentationen, die von anderen in Ihrem Unternehmen verwendet werden können.)

Umgang mit Kompatibilitätsproblemen

Anwendungen, die unter Windows 7 problemlos laufen, sollten auch unter Windows 11 gut funktionieren. Bestimmte ältere Desktopanwendungen können jedoch Probleme verursachen. Windows versucht, mögliche Kompatibilitätsprobleme zu erkennen, wenn Sie ein solches Programm zum ersten Mal ausführen. Der angezeigte Programmkompatibilitätsassistent bietet Ihnen die Möglichkeit, online nach Lösungen zu suchen (zum Beispiel eine neuere Version herunterzuladen) oder das Programm auszuführen.

Wenn Sie eine Anwendung installieren und anschließend auf Kompatibilitätsprobleme stoßen, wird möglicherweise eine Kompatibilitätsproblembehandlung angezeigt. Alternativ können Sie die Problembehandlung auch selbst über die Systemsteuerung ausführen. Sie finden sie, indem Sie **Kompatibilität** in das Suchfeld des Startmenüs eingeben. Klicken Sie auf *Programme ausführen, die für frühere Windows-Versionen entwickelt wurden*, um die Problembehandlung zu starten, und klicken Sie im ersten Fenster auf *Weiter*.

Die Problembehandlung beginnt mit der Suche nach Problemen, die sie automatisch erkennen kann. Wenn der Assistent keine findet, wird eine Liste der auf Ihrem System installierten Anwendungen angezeigt, aus der Sie diejenige auswählen können, die Ihnen Probleme bereitet. Wählen Sie die problematische Anwendung aus und folgen Sie den Anweisungen, um das Problem zu lösen.

Verwaltung progressiver Web-Apps

Progressive Web-Apps (PWAs) können über den Store oder direkt über einen Webbrowser installiert werden, der PWAs unterstützt, einschließlich Microsoft Edge und Google Chrome. Der einzige Hinweis darauf, dass ein Store-Eintrag zu einer PWA gehört, ist ein Kompatibilitätshinweis, der lautet: »Für diese App ist die aktuellste Version von Microsoft Edge erforderlich.« Wenn Sie mit Microsoft Edge eine Website besuchen, die als PWA installiert werden kann, wird in der Adressleiste das Symbol *App verfügbar* angezeigt. In Google Chrome wird in der Adressleiste eine Schaltfläche *Installieren* angezeigt. Wenn Sie auf das entsprechende Symbol oder die Schaltfläche klicken, wird die PWA installiert.

Die XML-Dateien, aus denen eine PWA besteht, werden an demselben geschützten Ort gespeichert wie verpackte Windows-Apps, und die Verwaltungsoptionen sind identisch mit denen, die für Apps aus dem Store verfügbar sind.

Um eine Liste der über den Microsoft Store oder Microsoft Edge installierten PWAs anzuzeigen, öffnen Sie Edge und gehen Sie zu *edge://apps*. Auf dieser Seite können Sie jede App öffnen, indem Sie auf *Öffnen* klicken. Um mehr über eine App zu erfahren oder sie zu deinstallieren, klicken Sie auf *Details*.

Anwendungen und Prozesse mit dem Task-Manager verwalten

Der Task-Manager ist ein Werkzeug, das zwei wichtige Aufgaben erfüllt. Sie können ihn verwenden, um Aspekte der Systemleistung zu verfolgen und zu sehen, welche Anwendungen und Prozesse ausgeführt werden. Außerdem können Sie ihn verwenden, um Apps zu beenden, wenn die normalen Methoden zum Beenden nicht funktionieren.

Informationen über die Verwendung des Task-Managers zur Überwachung der Systemleistung finden Sie in Kapitel 14, »Leistung und Energieverwaltung«.

Am einfachsten lässt sich der Task-Manager mit dem Tastaturkürzel Strg + ⇧ + Esc aufrufen. Alternativ können Sie auch mit der rechten Maustaste auf *Start* klicken und aus dem Quicklink-Menü *Task-Manager* wählen. Abbildung 5.8 zeigt die Registerkarte *Prozesse* im Task-Manager.

Standardmäßig sind die auf der Registerkarte *Prozesse* aufgeführten Elemente nach Typ gruppiert – Apps ganz oben, gefolgt von Hintergrundprozessen, dann von Windows-Prozessen usw. Die Gruppierung ist optional. Deaktivieren Sie im Menü *Ansicht* die Option *Nach Typ gruppieren*, wenn Sie eine einzige Liste wünschen.

Beachten Sie, dass einige Elemente in der Apps-Liste über Gliederungssteuerelemente verfügen. Sie können diese erweitern, um zu sehen, welche Dateien oder Dokumente geöffnet sind. Die Listen sind zunächst in aufsteigender alphabetischer Reihenfolge nach Namen sortiert (innerhalb jeder Gruppe, wenn die Gruppierung aktiviert ist). Klicken Sie auf eine beliebige Überschrift, um nach dieser Spalte in absteigender Reihenfolge zu sortieren. Auf diese Weise können Sie auf einen Blick erkennen, welche Anwendungen oder Prozesse die Ressourcen in dieser Spalte am stärksten beanspruchen. Wenn Sie beispielsweise auf die Überschrift *CPU* klicken, erhalten Sie eine sich ständig aktualisierende sortierte Liste, aus der hervorgeht, welche Anwendungen und Hintergrundprozesse dafür verantwortlich sind, dass der Lüfter Ihres Laptops in Aktion tritt.

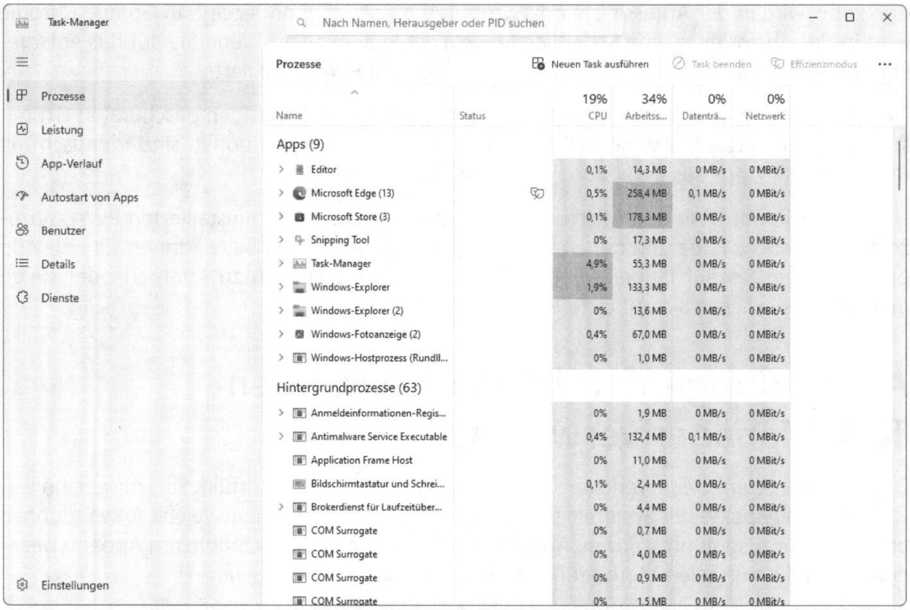

Abbildung 5.8 Der Task-Manager ist zum Beenden widerspenstiger Anwendungen und Prozesse sowie zur Überwachung der Systemleistung nützlich.

Beenden einer Anwendung mit dem Task-Manager

Die Registerkarte *Prozesse* enthält eine Spalte *Status*. (Wenn diese nicht sichtbar ist, klicken Sie mit der rechten Maustaste auf eine beliebige Spaltenüberschrift und wählen Sie *Status*.) Die meiste Zeit sind die Einträge in dieser Spalte leer, was bedeutet, dass alles gut läuft. Wenn sich eine Anwendung aus irgendeinem Grund aufhängt, sehen Sie in dieser Spalte die Meldung »Keine Rückmeldung«. In diesem Fall können Sie versuchen, den Übeltäter zu beenden, indem Sie mit der rechten Maustaste auf seinen Namen und dann auf *Task beenden* klicken. Seien Sie jedoch nicht zu voreilig: »Keine Rückmeldung« bedeutet nicht unbedingt, dass die App dauerhaft ausfällt. Wenn die Anwendung alle Ressourcen für eine andere Aufgabe verwendet, ist sie vielleicht einfach zu beschäftigt, um mit dem Task-Manager zu kommunizieren.

Bevor Sie sich entscheiden, die Anwendung zu beenden, sollten Sie ihr die Chance geben, ihre Arbeit zu Ende zu bringen. Wie lange sollten Sie warten? Das hängt von der Aufgabe ab. Wenn der Vorgang eine große Datenmenge im Speicher umfasst (zum Beispiel die Transcodierung eines großen HD-Videos), sollten Sie mehrere Minuten warten, insbesondere wenn Sie Anzeichen von Festplattenaktivität feststellen. Wenn die betreffende Aufgabe jedoch normalerweise in wenigen Sekunden abgeschlossen ist, brauchen Sie nicht so lange zu warten.

Detaillierte Informationen über eine Anwendung finden

Um detaillierte Informationen über den Prozess zu erhalten, der eine Anwendung ausführt, klicken Sie mit der rechten Maustaste auf die Anwendung und wählen Sie *Zu Details wechseln*. Dies führt Sie zu dem zugehörigen Element auf der Registerkarte *Details*.

Für jeden Prozess enthält der Task-Manager standardmäßig die folgenden Informationen: Name (der Name der ausführbaren Datei des Prozesses), Prozess-ID (PID), Status (zum Beispiel *Wird ausgeführt* oder *Angehalten*), Benutzername (der Name des Kontos, das den Prozess initiiert hat), CPU (der Prozentsatz der CPU-Kapazität, den der Prozess derzeit verwendet), Arbeitsspeicher (die Menge an Speicher, die der Prozess benötigt, um seine regulären Funktionen auszuführen, auch bekannt als privater Arbeitsspeicher) und Beschreibung (ein Textfeld, das den Prozess beschreibt). Um zusätzliche Informationen für jeden Prozess anzuzeigen, klicken Sie mit der rechten Maustaste auf eine der Überschriften und wählen Sie *Spalten auswählen*.

Verwalten von Startup-Anwendungen

Der Autor einer Win32-Desktop-Anwendung kann diese leicht so einrichten, dass sie automatisch beim Start von Windows ausgeführt wird. Viele Anwendungen tun dies während ihrer Installation, manchmal ohne Sie um Ihre Zustimmung zu bitten. Seriöse Anbieter bieten in der Regel die Möglichkeit, den automatischen Start in den Einstellungen der Anwendung zu aktivieren oder zu deaktivieren.

Auch über den Store vertriebene, verpackte Apps lassen sich so konfigurieren, dass sie beim Start von Windows ausgeführt werden. Diese Option ist in der Regel in den Einstellungen der App und nicht in Windows selbst konfigurierbar.

Win32-Anwendungen, die sich selbst für die automatische Ausführung einrichten, können dies auf unterschiedlichen Wegen tun. Wenn Sie Probleme mit einer Anwendung haben, die automatisch gestartet wird und keinen Mechanismus enthält, um die Ausführung beim Start zu verhindern, kann die folgende Liste Ihnen helfen, die Einstellung zu finden (und zu deaktivieren):

- **Schlüssel Run (im Knoten HKEY_LOCAL_MACHINE/HKLM)** Die im Registrierungsschlüssel *HKLM\Software\Microsoft\Windows\CurrentVersion\Run* aufgeführten Anwendungen sind beim Start für alle Benutzer verfügbar. Für 32-Bit-Anwendungen können diese Daten in *HKLM\Software\Wow6432Node\Microsoft\Windows\CurrentVersion\Run* gespeichert sein.
- **Schlüssel Run (im Knoten HKEY_CURRENT_USER/HKCU)** Die im Schlüssel *HKCU\Software\Microsoft\Windows\CurrentVersion\Run* aufgeführten Anwendungen werden ausgeführt, wenn sich der aktuelle Benutzer anmeldet. Ein ähnlicher Unterschlüssel, *HKCU\Software\Microsoft\Windows NT\CurrentVersion\Windows\Run*, kann ebenfalls verwendet werden.
- **Eintrag Load** Apps, die im Load-Wert des Registrierungsschlüssels *HKCU\Software\Microsoft\Windows NT\CurrentVersion\Windows* aufgeführt sind, werden ausgeführt, wenn sich ein Benutzer anmeldet.
- **Aufgabenplanung** In der Windows-Aufgabenplanung können Aufgaben erstellt werden, die beim Start ausgeführt werden. Darüber hinaus kann ein Administrator Aufgaben für Ihren Computer einrichten, die beim Start ausgeführt werden und die Sie nicht ändern oder löschen können.
- **Schlüssel RunOnce und RunOnceEx** Diese Gruppe von Registrierungsschlüsseln identifiziert Anwendungen, die nur einmal, beim Start, ausgeführt werden. Diese Konfiguration ist normalerweise Teil der Ersteinrichtung einer Anwendung. Diese Schlüssel können einem bestimmten Benutzerkonto oder dem Computer zugewiesen werden:

- *HKLM\Software\Microsoft\Windows\CurrentVersion\RunOnce*
- *HKLM\Software\Microsoft\Windows\CurrentVersion\RunOnceEx*
- *HKCU\Software\Microsoft\Windows\CurrentVersion\RunOnce*
- *HKCU\Software\Microsoft\Windows\CurrentVersion\RunOnceEx*

- **Schlüssel RunServices und RunServicesOnce** Wie ihr Name schon sagt, können diese selten verwendeten Schlüssel den automatischen Start von Diensten steuern. Sie können einem bestimmten Benutzerkonto oder einem Computer zugewiesen werden.
- **Schlüssel Winlogon** Der Schlüssel *Winlogon* steuert Aktionen, die bei der Anmeldung an einem Computer mit Windows ausgeführt werden. Die meisten dieser Aktionen unterstehen der Kontrolle des Betriebssystems, aber Sie können hier auch benutzerdefinierte Aktionen hinzufügen. Die Unterschlüssel *HKLM\Software\Microsoft\Windows NT\CurrentVersion\Winlogon\Userinit* und *HKLM\Software\Microsoft\Windows NT\CurrentVersion\Winlogon\Shell* können automatisch Anwendungen starten.
- **Gruppenrichtlinien** Der Editor für Gruppenrichtlinien enthält zwei Richtlinien (eine in *Computerkonfiguration | Administrative Vorlagen | System | Anmelden* und eine im entsprechenden Knoten *Benutzerkonfiguration*) mit der Bezeichnung *Diese Programme bei der Benutzeranmeldung ausführen,* die eine Liste von Anwendungen festlegen, die bei jeder Benutzeranmeldung ausgeführt werden.
- **Schlüssel Policies\Explorer\Run** Die Verwendung von Richtlinieneinstellungen zum Festlegen von Startanwendungen, wie im vorherigen Absatz beschrieben, erstellt entsprechende Werte in einem der beiden Registrierungsschlüssel: *HKLM\Software\ Microsoft\Windows\CurrentVersion\Policies\Explorer\Run* oder *HKCU\Software\Microsoft\ Windows\CurrentVersion\Policies\Explorer\Run.*
- **Anmeldeskripte** Anmeldeskripte, die beim Starten automatisch ausgeführt werden, können andere Anwendungen öffnen. Anmeldeskripte werden in der Gruppenrichtlinie unter *Computerkonfiguration | Windows-Einstellungen | Skripts (Starten/Herunterfahren)* und *Benutzerkonfiguration | Windows-Einstellungen | Skripts (Anmelden/Abmelden)* festgelegt.

Darüber hinaus können sich als Paket verpackte Apps per Programm so konfigurieren, dass sie beim Start ausgeführt werden; außerdem können sie Dienstprogramme ausführen, die zusammen mit dem Anwendungspaket installiert werden.

Autostart-Apps deaktivieren oder entfernen

Das Problem, das viele Benutzer mit Startup-Apps haben, liegt nicht in deren Erstellung (das ist einfach und geschieht in vielen Fällen ohne Ihre ausdrückliche Zustimmung, wenn das Programm installiert wird), sondern darin, sie loszuwerden. Zu viele Startanwendungen führen nicht nur dazu, dass Ihr System länger braucht, um zu starten, sondern auch dazu, dass Speicherplatz verschwendet wird. Wenn Sie eine Anwendung beim Start nicht benötigen, sollten Sie sie aus der Liste der automatisch startenden Anwendungen entfernen.

Diese Aufgabe ist jedoch nicht immer so einfach, wie sie sich anhört, da es – wie bereits erwähnt – viele Möglichkeiten gibt, eine Anwendung beim Start von Windows zu starten.

Um eine Liste der Startprozesse anzuzeigen, öffnen Sie den Task-Manager und wechseln Sie auf die Registerkarte *Autostart von Apps*. Wie Abbildung 5.9 zeigt, werden auf dieser Registerkarte die einzelnen Elemente angezeigt und ihre Auswirkungen auf die zum Starten der Windows-Umgebung benötigte Zeit geschätzt.

Sie können ein Startelement nicht aus dieser Liste entfernen, aber Sie können es deaktivieren, damit es nicht bei jedem Start des Computers automatisch ausgeführt wird. Wählen Sie dazu das Element aus und klicken Sie dann auf *Deaktivieren.*

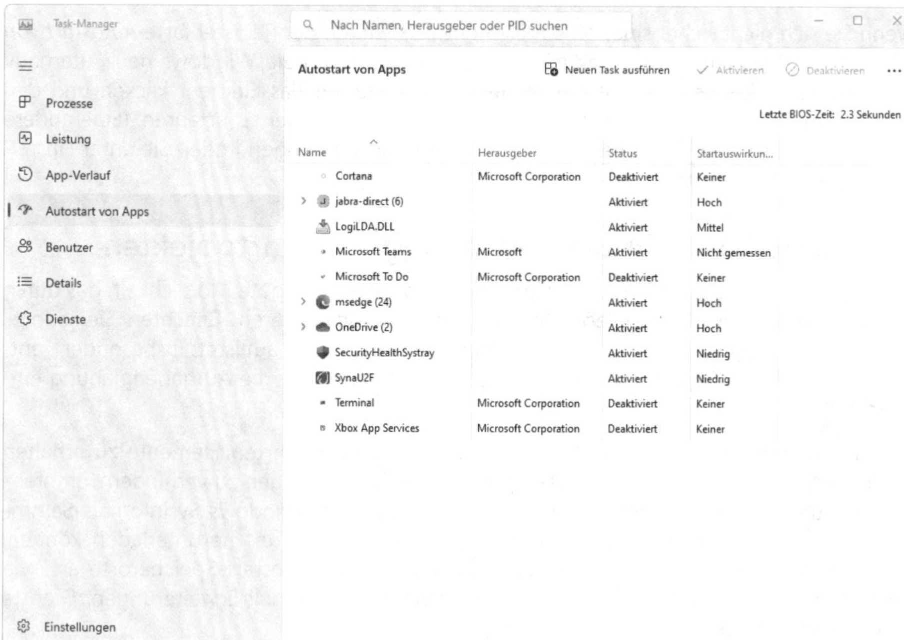

Abbildung 5.9 Auf der Registerkarte *Autostart von Apps* im Task-Manager sehen Sie, welche Startanwendungen aktiviert sind und wie stark sich diese auf die Startzeit von Windows auswirken.

Standardmäßig zeigt die Registerkarte *Autostart von Apps* nur ein Minimum an Informationen über die einzelnen Elemente in der Liste an. Um ein vollständigeres Bild jedes Startelements zu erhalten, einschließlich detaillierter Leistungsinformationen, klicken Sie auf der Registerkarte *Autostart von Apps* mit der rechten Maustaste auf eine beliebige Spaltenüberschrift und machen Sie eine oder mehrere der folgenden Spalten sichtbar:

- **Starttyp** listet auf, wo das Befehlselement gespeichert ist.
- **Datenträger-E/A beim Start** misst die gesamte Festplattenaktivität für das ausgewählte Element während des letzten Starts.
- **CPU beim Start** misst, wie lange die CPU für das ausgewählte Element während des letzten Starts aktiv war.
- **Derzeit ausgeführt** unterscheidet zwischen Befehlen, die weiter ausgeführt werden, und solchen, die nach dem Ausführen einer Startaufgabe beendet werden.
- **Deaktiviert (Zeit)** zeigt das Datum und die Uhrzeit an, zu der das Element deaktiviert wurde.
- **Befehlszeile** zeigt den vollständigen Pfad, einschließlich Schalter, für Startelemente an.

Diese Liste ist bei Weitem nicht erschöpfend. Sie enthält Elemente, die sich in einem der *CurrentVersion\Run*-Schlüssel in der Registrierung befinden, sowie Elemente, die als Teil eines Anwendungspakets installiert werden und so programmiert sind, dass sie beim Start automatisch ausgeführt werden. (Die letztgenannte Klasse von Startelementen erkennen Sie an der Spalte *Starttyp*, in der der Eintrag leer ist; außerdem zeigt die Spalte *Befehlszeile* für diese Art von Elementen den Namen der ausführbaren Datei, nicht aber den vollständigen Pfad.)

Wenn Sie sich nicht sicher sind, ob ein Element wirklich auf der Registerkarte *Autostart von Apps* vorhanden sein sollte, deaktivieren Sie es und starten Sie Windows neu. Alternativ oder zusätzlich können Sie mit der rechten Maustaste auf das Element klicken und den praktischen Befehl *Online suchen* verwenden, um mehr darüber zu erfahren. (Eine andere Möglichkeit zur Verwaltung dieser Gruppe von Startanwendungen finden Sie unter *Einstellungen | Apps | Autostart*.)

Erweiterte Tools für die Verwaltung von Startobjekten

Die Registerkarte *Autostart von Apps* im Task-Manager ist eine gute Möglichkeit, das durch Registrierungsschlüssel festgelegte Startverhalten zu deaktivieren. Beachten Sie jedoch, dass der Task-Manager möglicherweise nicht alle Startobjekte auflistet; insbesondere enthält die Liste keine Objekte, die durch Gruppenrichtlinien oder die Aufgabenplanung eingerichtet wurden.

Um eine möglichst umfassende Liste der beim Start ausgeführten Elemente zu erhalten sowie als praktisches Tool, um den Start bestimmter Anwendungen zu verhindern, empfehlen wir Autoruns, ein kostenloses Dienstprogramm aus der Windows Sysinternals-Sammlung von Microsoft. Autoruns, das Sie von *https://bit.ly/autoruns* herunterladen können, zeigt alle oben aufgeführten Registrierungsschlüssel und Autostart-Speicherorte an. Wie Sie in Abbildung 5.10 sehen, finden Sie hier auch Explorer-Shell-Erweiterungen, Dienste und viele weitere exotische Startoptionen.

Autoruns ist besonders bei der Suche nach Prozessen von Nutzen, die es nicht auf dem Computer geben sollte (wie Trojanische Pferde und andere Schadsoftware). Es hilft auch bei der Suche nach Prozessen, die im Verdacht stehen, Probleme zu bereiten. Sie können diese Elemente deaktivieren, ohne sie zu entfernen, um Ihre Vermutungen zu überprüfen. Oder Sie löschen deren Autostart-Einträge.

Sobald Sie ein Element auswählen, erscheinen im unteren Bereich des Fensters weitere Details zu dem Element, wie in Abbildung 5.10 dargestellt. Um ein Element zu deaktivieren, löschen Sie das Kontrollkästchen neben dessen Namen. Später können Sie es wieder aktivieren, indem Sie das Kontrollkästchen einschalten. Um ein Element aus der Autostart-Liste zu löschen, wählen Sie es aus und klicken in der Menüleiste auf *Entry | Delete*. (Beachten Sie, dass der Eintrag dadurch nur aus der Registrierung und anderen Orten gelöscht wird, die für einen Autostart verwendet werden. Weder wird hierdurch die Anwendung deinstalliert noch ihre ausführbare Datei gelöscht.)

Die Registerkarten im oberen Teil des Autoruns-Fensters filtern zwar die Autostart-Elemente nach verschiedenen Kriterien, aber die Zahl der Einträge kann trotzdem überraschend groß sein. Eine bemerkenswerte Funktion von Autoruns ist seine Fähigkeit, Komponenten herauszufiltern, die ein Bestandteil von Windows sind oder von Microsoft digital signiert wurden, denn diese Elemente stellen wahrscheinlich keine Probleme dar. Mit den Befehlen im Menü *Options* können Sie das Erscheinungsbild dieser Elemente steuern.

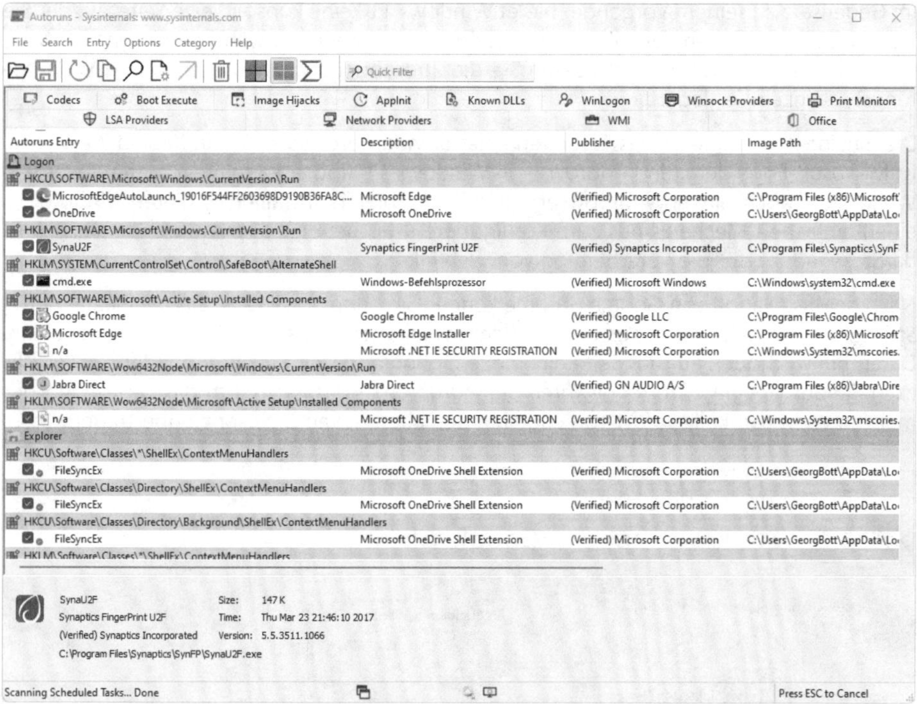

Abbildung 5.10 Das kostenlose Dienstprogramm AutoRuns zeigt alle denkbaren Möglichkeiten zum automatischen Starten eines Windows-Prozesses an. Noch wichtiger ist, dass es Optionen zum Entfernen dieser automatisch startenden Programme bietet.

Außerdem können Sie die Funktion *Compare* von Autoruns verwenden, um zwei Snapshots zu vergleichen, die zu verschiedenen Zeitpunkten aufgenommen wurden. Starten Sie Autoruns, bevor Sie eine neue Anwendung installieren, speichern Sie die Daten und starten Sie Autoruns erneut, nachdem Sie die Installation der Anwendung abgeschlossen haben. Vergleichen Sie die Ergebnisse. Dann sehen Sie, welche Änderungen durch die Installation der Anwendung bei den Autostartprogrammen erfolgt sind.

Festlegen von Standard-Apps und Dateitypzuordnungen

Die meisten Anwendungen, die Sie in Windows verwenden, sind mit bestimmten Dateitypen und Protokollen verknüpft. Diese Zuordnungen ermöglichen es Ihnen beispielsweise, auf eine MP3-Datei im Datei-Explorer doppelzuklicken, um sie in Ihrem bevorzugten Musik-Player zu öffnen, oder auf einen Hyperlink in einer E-Mail-Nachricht zu klicken, um die Website in Ihrem bevorzugten Browser zu öffnen. Einige dieser Verknüpfungen wurden wahrscheinlich vom Betriebssystem erstellt, als Sie eine Neuinstallation oder ein Upgrade von einer früheren Version von Windows durchgeführt haben. Andere wurden (mit oder ohne Ihre ausdrückliche Zustimmung) festgelegt, während Sie eine Anwendung installiert haben. Unabhängig davon, wie die Zuordnungen zwischen Anwendungen und Dateitypen und Protokollen derzeit festgelegt sind, können Sie die Einstellungen in Windows einsehen und ändern.

Im Gegensatz zu seinem Vorgänger bietet Windows 11 keine konsolidierte Seite, auf der Sie Standardanwendungen für allgemeine Computeraufgaben auswählen können – E-Mail, Musik, Fotos usw. Stattdessen müssen Sie die Zuordnungen nach Dateityp und Verknüpfungstyp einzeln festlegen.

Die einzige Ausnahme ist das Festlegen eines Standardbrowsers. Wie in Kapitel 7 erwähnt, ist Microsoft Edge der Standardbrowser in Windows 11, und er kann nicht entfernt werden. Wenn Sie jedoch einen Webbrowser eines Drittanbieters installieren, bietet Windows 11 einen einfachen Mechanismus zum Konfigurieren des neu installierten Browsers als Standardanwendung für die Verarbeitung von Weblinks.

Nach der Installation von Google Chrome können Sie beispielsweise zu *Einstellungen | Apps | Standard-Apps* gehen und aus der Liste der installierten Apps *Google Chrome* auswählen. Daraufhin wird oben auf der Seite eine neue Option angezeigt (siehe Abbildung 5.11). Klicken Sie auf *Google Chrome als Ihren Standardbrowser festlegen,* um die Zuordnung der meisten Webprotokolle sofort von Edge auf den alternativen Browser zu übertragen.

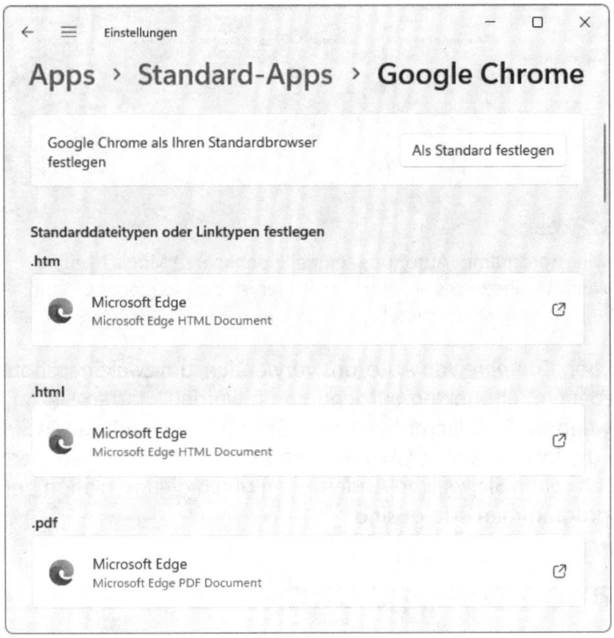

Abbildung 5.11 Verwenden Sie nach der Installation des Webbrowsers eines Drittanbieters in den Einstellungen diese Option auf der Seite *Standard-Apps*, um anzugeben, dass Sie den neuen Browser zum Öffnen von Links zu Webseiten in E-Mail-Nachrichten und Dokumenten verwenden möchten.

Bei anderen App-Kategorien ist es nicht so einfach, Standardeinstellungen zuzuweisen. Nach der Installation einer neuen App könnten Sie zum Beispiel feststellen, dass diese das Recht zum Öffnen eines Dateityps übernommen hat, den Sie lieber mit der zuvor zugewiesenen Standard-App verwenden würden. Oder Sie stellen fest, dass eine neu installierte Anwendung keine Verknüpfungen mit Dateitypen beansprucht hat, die sie öffnen kann.

In diesem Fall können Sie die Standard-App-Zuordnungen neu zuweisen, aber dazu müssen Sie die Dateityp-Erweiterungen genau kennen – ein Thema, das selbst für Experten verwirrend sein kann.

Wenn Sie mit *Einstellungen | Apps | Standard-Apps* beginnen, können Sie aus der Liste eine App auswählen und dann nach und nach die Liste der Dateitypen durchgehen, die sie verarbeiten kann. Abbildung 5.12 zeigt exemplarisch die Einstellungen, die nach der Installation des beliebten VLC Media Players verfügbar sind. Obwohl er in der Lage ist, *.mov*-Dateien wiederzugeben, bleibt dieser Dateityp mit der integrierten Windows 11-App Medienwiedergabe verknüpft.

Abbildung 5.12 Um die Dateitypzuordnungen auf der Seite *Standard-Apps* in den *Einstellungen* zu ändern, müssen Sie jeden Dateityp einzeln durchgehen.

Falls Sie lieber die neu installierte Anwendung verwenden möchten, wenn Sie auf eine *.mov*-Datei doppelklicken, haben Sie drei Möglichkeiten:

- Suchen Sie im Datei-Explorer eine Datei mit der Erweiterung *.mov*. Klicken Sie diese mit der rechten Maustaste an und wählen Sie *Öffnen mit | Andere App auswählen*. Wählen Sie Ihre bevorzugte Anwendung aus und aktivieren Sie das Kontrollkästchen *Immer diese Anwendung zum Öffnen von .mov-Dateien verwenden*. Klicken Sie auf *OK*, um Ihre Einstellung zu speichern.
- Geben Sie unter *Einstellungen | Apps | Standard-Apps* in das *Suchfeld Einen Standard für einen Dateityp oder Link-Typ festlegen* oben auf der Seite **.mov** ein. Klicken Sie auf das aktuell verknüpfte Programm, das direkt darunter angezeigt wird, und wählen Sie dann im Dialogfeld *Wie möchten Sie .mov-Dateien von jetzt an öffnen* den Eintrag *VLC Media Player* aus.

- Klicken Sie in den Einstellungen auf der Seite *Standard-Apps* auf den Eintrag für das neu installierte VLC-Programm, klicken Sie auf den Dateityp *.mov* und wählen Sie dann im Dialogfeld *Wie möchten Sie .mov-Dateien von jetzt an öffnen* den Eintrag *VLC Media Player.*

> ### Expertentipp
>
> ***Von Fall zu Fall eine andere App als die Standard-App verwenden***
>
> **Wenn Sie eine Datei gelegentlich mit einer anderen App als der Standard-App öffnen möchten, brauchen Sie nicht die Einstellungen für die Standard-App zu ändern. Klicken Sie die Datei einfach im Datei-Explorer mit der rechten Maustaste an und wählen Sie *Öffnen mit*. Windows zeigt ein Menü mit den verfügbaren Anwendungen, die den Dateityp öffnen können. Falls Sie nicht finden, was Sie suchen, klicken Sie auf *Andere App auswählen*.**
>
> **In diesem Menü können Sie zwei Dinge tun. Erstens können Sie die Standard-App für den Dateityp ändern. Dazu wählen Sie eine der aufgelisteten Apps und aktivieren das Kontrollkästchen *Immer diese App zum Öffnen von <Dateityp>-Dateien* verwenden. Zweitens können Sie auf *Weitere Apps* klicken, um eine andere App zu wählen. Dadurch erscheint eine Liste mit Apps, von denen allerdings viele völlig ungeeignet für den gewählten Dateityp sind. Wählen Sie eine aus, wenn Sie neugierig sind, was geschehen wird. Aber aktivieren Sie nicht *Immer diese App zum Öffnen von <Dateityp>-Dateien* verwenden, wenn Sie sich nicht sicher sind. Falls das Programm mit dem Dateityp nicht klarkommt, kann das schnell lästig werden; Sie müssen dann wieder eine andere App als Standard-App festlegen.**

Optionale Windows-Features aktivieren und deaktivieren

Wenn Sie bestimmte Windows-Features aktivieren oder deaktivieren möchten, die unabhängig vom Hauptbetriebssystem installiert werden können, gehen Sie zu *Einstellungen | Apps | Optionale Features*. Unter der Überschrift *Installierte Features* finden Sie die Standardfunktionen, die derzeit installiert sind. Diese Liste enthält einige wichtige Funktionen, wie zum Beispiel die Windows Hello-Gesichtserkennung und den Internet Explorer-Modus für Microsoft Edge; sie enthält auch einige klassische Systemanwendungen wie WordPad und die veraltete Windows Medienwiedergabe-Anwendung. Wenn Sie keinen zwingenden Grund haben, sie zu entfernen, empfehlen wir, diese Standardfunktionen installiert zu lassen.

Klicken Sie auf *Features anzeigen*, um eine Liste mit optionalen Features zu öffnen, die bei Bedarf installiert werden können. Diese Gruppe enthält zusätzliche Schriftarten für alternative Sprachen, die derzeit nicht installiert sind, sowie Unterstützung für einige ältere Hardware, die normalerweise nicht auf modernen PCs zu finden ist, zum Beispiel IrDA-Infrarotgeräte. Sie finden hier auch einige spezialisierte Verwaltungstools, darunter eine Gruppe von Dienstprogrammen, die für Windows-Domänenadministratoren zur Verwendung mit den Remote Server Administration Tools erforderlich sind. Die meisten Benutzer benötigen diese Features nicht.

Eine weitere Gruppe von Windows-Features ist über einen Link am unteren Rand der Seite *Optionale Features* verfügbar; klicken Sie auf *Mehr Windows-Funktionen*, um das in Abbildung 5.13 gezeigte Dialogfeld *Windows-Features* zu öffnen.

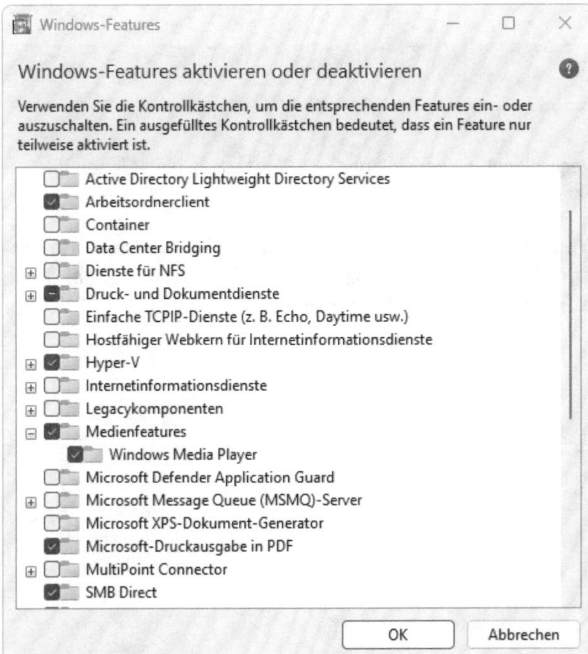

Abbildung 5.13 Das Dialogfeld *Windows-Features* bietet eine einfache Möglichkeit, ausgewählte Funktionen und Fähigkeiten zu deaktivieren oder zu aktivieren.

Hier können Sie die *Hyper-V-Verwaltungstools* (sofern sie nicht bereits aktiviert sind) und die *Windows Sandbox* aktivieren (weitere Informationen zu diesen Funktionen finden Sie in Kapitel 17, »Windows 11 in einem virtuellen Computer oder in der Cloud ausführen«). Sie können auch Funktionen deaktivieren, die standardmäßig verfügbar sind. Sie können zum Beispiel das Feature *Microsoft-Druckausgabe in PDF* entfernen, wenn Sie diese Funktion bereits über eine Anwendung eines Drittanbieters zur Verfügung haben. Beachten Sie, dass einige Elemente in der Liste Untereinträge besitzen. Bei denjenigen, die durch ein ausgefülltes Kontrollkästchen (und nicht durch ein Häkchen) gekennzeichnet sind, sind einige Komponenten aktiviert und andere nicht.

Einstellen der AutoPlay-Optionen

Bei der automatischen Wiedergabe handelt es sich um eine Funktion, die es Windows ermöglicht, beim Einlegen von Wechseldatenträgern wie USB-Flashlaufwerken, Audio-CDs, DVDs oder Speicherkarten in ein Laufwerk entsprechende Maßnahmen zu ergreifen.

Das Betriebssystem erkennt die Art des Datenträgers oder Speichermediums und führt die Aktion aus, die für den Medientyp festgelegt wurde. Wenn Sie noch keine Entscheidung darüber getroffen haben, was das Betriebssystem tun soll, erscheint eine Meldung wie in Abbildung 5.14.

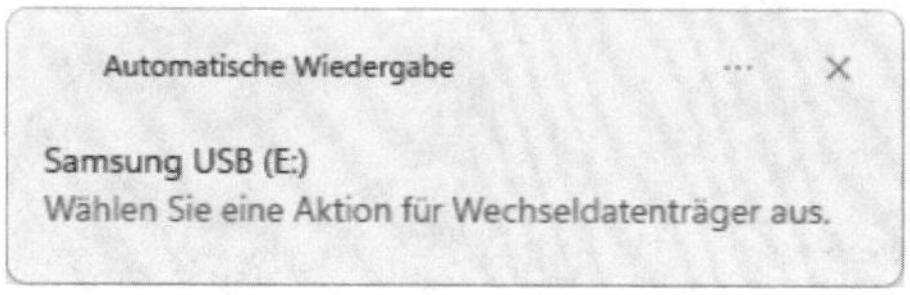

Abbildung 5.14 Wenn Sie einen Wechseldatenträger einlegen oder anstecken, bietet Ihnen die automatische Wiedergabe an, eine Aktion für Sie auszuführen.

Wenn Sie nicht möchten, dass Windows etwas unternimmt, können Sie die Meldung einfach ignorieren; sie verschwindet nach ein paar Sekunden. Andernfalls gelangen Sie durch Klicken oder Tippen auf die Meldung zu dem Bildschirm, den Sie in Abbildung 5.15 sehen.

Abbildung 5.15 Wenn Sie einen Wechseldatenträger einlegen, fragt Windows, was Sie in Zukunft bei ähnlichen Aktionen tun möchten.

Beachten Sie, dass die Auswahl auf Aktionen beschränkt ist, die zum Gerätetyp passen; zusätzlich können Sie sich für *Keine Aktion durchführen* entscheiden. Legen Sie zum Beispiel eine Musik-CD ein, haben Sie nur die Wahl zwischen dem Abspielen der CD mit der Standard-App und *Keine Aktion durchführen*. Falls Sie keine der Optionen auswählen möchten, können Sie das Menü mit [Esc] schließen.

Um diese Funktion ein- oder auszuschalten, gehen Sie zu *Einstellungen | Bluetooth und Geräte | Automatische Wiedergabe* und schieben Sie den Schalter oben auf der Seite in die Position *Aus*. Wenn diese Option aktiviert ist, können Sie hier die Standardaktion für Wechsellaufwerke und Speicherkarten ändern. Um die Einstellungen für die automatische Wiedergabe von DVDs, Blu-ray-Discs und CDs zu konfigurieren, müssen Sie die entsprechende Seite in der *Systemsteuerung* aufrufen. Um diese Seite zu öffnen, klicken Sie auf *Start*, geben Sie in das Suchfeld **automatisch** ein und klicken Sie dann in der Ergebnisliste auf *CDs und andere Medien automatisch wiedergeben*.

Expertentipp

Sie wollen keine Standardaktion?

Um für einen bestimmten Medientyp festzulegen, dass es keine Standardaktion gibt, wählen Sie *Jedes Mal nachfragen*. Um das Dialogfeld *Automatische Wiedergabe* vollständig zu unterdrücken, wählen Sie *Keine Aktion durchführen*.

Kapitel 6

Integrierte Windows-Apps verwenden und verwalten

In diesem Kapitel stellen wir die Apps vor, die in einer Standardinstallation von Microsoft Windows 11 enthalten sind. Windows 11 bietet eine ganze Reihe moderner Produktivitäts- und Kommunikations-Apps, die sowohl für Touch- und Stifteingabe als auch für herkömmliche Eingabemethoden (Tastatur, Maus) konzipiert sind. Unser Ziel ist es, einen Überblick über diese Produktivitäts-Apps zu geben sowie über die Apps, die Sie zur Verwaltung und Bearbeitung von Mediendateien verwenden können. Wir erwähnen ebenfalls (wenn auch nur kurz) eine Handvoll älterer Dienstprogramme, darunter Notepad und Paint, die für Windows 11 aktualisiert wurden.

Mit Systemdienstprogrammen wie dem Registrierungs-Editor, der PowerShell und mit Windows-Terminal befassen wir uns größtenteils in anderen Kapiteln. Das größere Thema Microsoft Edge, der Standardbrowser in Windows 11, behalten wir uns für Kapitel 7 vor.

> **Hinweis**
>
> **Da Microsoft regelmäßig kumulative Updates zur Funktionserweiterung von Windows 11 sowie Updates für die im Microsoft Store erhältlichen Apps bereitstellt, könnten sich, wenn Sie dies lesen, einige der in diesem Kapitel beschriebenen Apps bereits geändert haben – einige geringfügig, andere erheblich. Wir beschreiben die Apps so, wie sie zum Zeitpunkt der Veröffentlichung von Version 22H2 aussahen.**

Einige dieser Apps waren auch in Windows 10 enthalten und sind im Wesentlichen mit ihren Vorgängern identisch. In anderen Fällen gibt es wesentliche Unterschiede oder neue Funktionen, die wir hier hervorheben. Zum Beispiel bietet die Uhr-App immer noch die Möglichkeit, als Timer oder Stoppuhr zu fungieren, aber das Windows 11-Update fügt die Möglichkeit hinzu, Fokussitzungen zu verwalten, die es Ihnen ermöglichen, für eine bestimmte Zeitspanne ununterbrochen zu arbeiten. Auch die integrierte Musik-App, die in Windows 10 als Groove Music bekannt war, heißt jetzt Medienwiedergabe, Media Player. (Verwirrenderweise ist die alte Windows Media Player-App auch in Windows 11 enthalten; wir stellen die Unterschiede in diesem Kapitel vor.)

Um sicherzustellen, dass wir von den gleichen Fakten ausgehen, beginnen wir mit einem Überblick über die Apps, die in der Standardinstallation von Windows 11 enthalten sind.

In Windows 11 enthaltene Apps

Jede Installation von Windows 11 enthält eine Sammlung von Apps, die die Kernfunktionen des Betriebssystems aktivieren und Produktivitätsfunktionen hinzufügen. Diese Apps werden je nach Bedarf über den Microsoft Store aktualisiert und erfordern keinen separaten Update-Mechanismus. Sie lassen sich in drei Kategorien einteilen: Systemanwendungen, bereitgestellte Anwendungen und installierte Anwendungen. In diesem Abschnitt werden die Unterschiede zwischen diesen Kategorien beschrieben und die Apps aufgeführt, die Teil der aktuellen Windows 11-Installationen sind.

Beachten Sie, dass die Auflistung in diesem Abschnitt nicht die Dutzende von Legacy-Anwendungen enthält, die in einem Fenster des Datei-Explorers angezeigt werden, wenn Sie auf *Start* | *Alle Apps* | *Windows-Tools* klicken. Einige dieser Anwendungen sind wichtige Verwaltungstools (zum Beispiel Task-Manager, Ereignisanzeige und Registrierungs-Editor), aber viele wurden ursprünglich für frühere Windows-Versionen entwickelt und sind in Windows 11 hauptsächlich aus Kompatibilitätsgründen enthalten.

Windows-System-Apps

System-Apps werden als Teil von Windows installiert und gelten als integraler Bestandteil des Betriebssystems. Viele von ihnen sind im Grunde unsichtbar, obwohl Sie ihre Funktionen bei der Arbeit mit Windows 11 ständig nutzen. Jedes Mal, wenn Sie beispielsweise auf *Start* klicken, starten Sie den *Microsoft Windows Start Menu Experience Host*. Ebenso wird die Systemanwendung *Suchen* immer dann aktiv, wenn Sie die Suchschaltfläche in der Taskleiste verwenden. Sie interagieren regelmäßig mit den Apps Accounts Control Host und Credential Dialog Host, ohne dass Sie deren Namen jemals sehen. Die einzige Anwendung in dieser Kategorie, die sofort erkennbar ist, ist die Anwendung Einstellungen (auch bekannt als *Immersive Control Panel*).

Die meisten System-Apps befinden sich im Ordner *%windir%\SystemApps*. Die beiden Ausnahmen sind die App Einstellungen, deren Dateien sich in *%windir%\ImmersiveControlPanel* befinden, und die App Windows-Druckdialog, die in *%windir%\PrintDialog* gespeichert ist.

System-Apps können nicht über die Windows-Benutzeroberfläche deinstalliert werden, und die Gründe dafür scheinen offensichtlich. Ehrlich gestanden, fällt uns kein guter Grund ein, warum jemand dies tun sollte. Um alle System-Apps aufzulisten, verwenden Sie diesen PowerShell-Befehl:

```
Get-AppxPackage -PackageTypeFilter Main |
   ? { $_.SignatureKind -eq "System" } | Sort
Name | Format-Table Name, InstallLocation
```

Bereitgestellte Windows-Apps

Bereitgestellte Windows-Anwendungen werden in einem Benutzerkonto installiert, wenn Sie sich das erste Mal mit diesem Konto anmelden.

Sie können alle bereitgestellten Windows-Apps von einem PowerShell-Fenster mit erhöhten Rechten aus mit folgendem Befehl auflisten:

```
Get-AppxProvisionedPackage -Online | Format-Table DisplayName, PackageName
```

In Windows 11 Version 22H2 enthält die Liste der bereitgestellten Apps eine kleine Anzahl von Kernanwendungen, die für den Betrieb von Windows unerlässlich sind, aber nicht als System-Apps installiert werden:

- **Microsoft Store** (die immer noch den alten Namen Windows Store trägt, wenn Sie PowerShell verwenden, um bereitgestellte Apps aufzulisten) ist der Ort, an dem Sie Apps aller Art erwerben und aktualisieren können; weitere Informationen finden Sie im Abschnitt »Verwenden und Verwalten von Store-Apps« in Kapitel 5, »Apps installieren und konfigurieren«. In der Liste der bereitgestellten Apps befindet sich auch eine App namens **Store Purchase App**, die bei der Bezahlung von Store-Apps behilflich ist.
- **Desktop App Installer** bietet die Möglichkeit, verpackte Desktop-Apps durch Doppelklick auf ein App-Paket zu installieren, ohne den Microsoft Store zu durchlaufen oder esoterische PowerShell-Befehle zu verwenden. Die Befehlszeilenversion dieses Tools, Winget, kann verpackte Apps im offiziellen Repository von Microsoft finden, diese installieren und aktualisieren. (Eine begleitende App, das Visual C++ Runtime-Framework, ist ebenfalls für gepackte Desktop-Apps, die es benötigen, verfügbar.)
- Der neue **Microsoft Edge**-Browser ist als bereitgestellte Anwendung in Windows 11 enthalten. Weitere Einzelheiten finden Sie in Kapitel 7, »Microsoft Edge verwenden«.
- **Windows-Sicherheit** liefert die Benutzeroberfläche für Microsoft Defender und verwandte Sicherheitsfunktionen, die in Windows 11 integriert sind. Mehr über diese Funktionen erfahren Sie in Kapitel 12, »Sicherheit und Datenschutz in Windows 11«.
- Der **Web Experience Client** verwaltet das Widgets-Feature, das in Kapitel 3, »Windows 11 verwenden«, näher beschrieben wird.

Die Sammlung der bereitgestellten Anwendungen umfasst auch eine ganze Reihe von Erweiterungen, die es Windows-Anwendungen ermöglichen, einige relativ neue Mediendateiformate zu verarbeiten: HEIF Image Extensions, VP9 Video Extensions, Web Media Extensions, eine Raw Image Extension und die WebP Image Extensions.

Darüber hinaus können OEMs einige bereitgestellte Apps, wie zum Beispiel Dienstprogramme für die Verwaltung von Hardware, als Teil ihres Standard-Images für PCs mit vorinstalliertem Windows 11 bereitstellen. Im weiteren Verlauf dieses Abschnitts werden wir die lange Liste der bereitgestellten Apps nach Kategorien aufschlüsseln.

Informationen

- **Cortana** wird als App in Windows 11 installiert. Sie ist nicht mehr direkt mit der Windows-Suche verknüpft, wie es in frühen Versionen von Windows 10 der Fall war. Stattdessen wird sie als Sprachassistent für Microsoft 365 Business-Konten verwendet und erfordert die Anmeldung mit einem Azure Active Directory-Konto. Seltsamerweise enthält ihr Name in der Liste der bereitgestellten Apps keinen Hinweis auf ihre wahre Identität, sondern nur eine Nummer: Microsoft.549981C3F5F10.
- **Feedback-Hub** ermöglicht es jedem, Fehlerberichte zu erstellen, zu suchen, weiterzugeben und zu bewerten sowie Vorschläge an das Windows-Entwicklungsteam zu machen.
- **Hilfe anfordern** bringt Sie mit dem virtuellen Agenten von Microsoft in Kontakt. Sie können dem Agenten Ihre Probleme schildern, der automatisierte Hilfe anbietet. Wenn das Ihr Problem nicht löst, können Sie darum bitten, mit einem echten Menschen zu sprechen.
- **Erste Schritte** ist ein einfaches Lernprogramm für Windows 11.
- **Karten** zeigt Karten und Satellitenbilder zusammen mit Wegbeschreibungen zwischen Punkten an. Es bietet auch eine unterstützte Möglichkeit, einen Standardstandort für Ihren PC anzugeben, wie später in diesem Kapitel beschrieben.

- **Nachrichten**, ein Nachrichtenaggregator, der ähnliche Ergebnisse wie auf der Microsoft-Startseite und im entsprechenden Windows 11-Widget anzeigt, wird von Microsofts Suchmaschine Bing unterstützt.
- **Wetter** zeigt die aktuellen Wetterbedingungen und detaillierte Vorhersagen für Orte auf der ganzen Welt an, wobei die Informationen von Microsofts Suchmaschine Bing stammen.

Kommunikation und Produktivität

- Das Paket **Windows Communications App** enthält zwei Anwendungen, die separat geöffnet werden können, aber die gleiche Infrastruktur nutzen: **Mail** ermöglicht das Senden, Empfangen und Verwalten von E-Mail-Nachrichten unter Verwendung einer Vielzahl von Standardprotokollen. Der **Kalender** verwaltet Termine und andere Ereignisse. Eine separate App **Kontakte** verwaltet Kontaktinformationen aus verknüpften Konten. (Auf alle drei Apps gehen wir weiter hinten in diesem Kapitel ein.)
- **Microsoft To Do** ist eine relativ neue Ergänzung zu den oben genannten Anwendungen, die als separates Paket geliefert wird, aber in Mail und Kalender in Windows integriert ist und mit der Sie Aufgabenlisten verwalten können.
- **Microsoft Teams** ersetzt die alte Skype-App und ermöglicht Audio-/Videokonferenzen. (Wie wir später in diesem Kapitel erklären, gibt es zwei separate Apps, die die Marke Microsoft Teams verwenden, eine für die Unternehmenskommunikation und die andere für die private Nutzung.)
- **Smartphone-Link** (früher *Ihr Smartphone* genannt) verbindet Ihr Windows-Gerät mit Ihrem mobilen Gerät. Auf kompatiblen Android-Geräten und auch auf iPhones können Sie damit Textnachrichten senden und empfangen und den Bildschirm Ihres Smartphones auf Ihrem PC spiegeln.
- **Office**, das unter Windows auch als My Office, Get Office und Office Hub bekannt war, erhielt im Jahr 2023 eine weitere Namensänderung, und heißt nun **Microsoft 365**. Es enthält Details zu Ihrem Microsoft 365-Abonnement und listet Office-Dateien auf, mit denen Sie kürzlich gearbeitet haben. Wenn Sie kein Microsoft 365-Abonnement haben, bietet die App Zugriff auf die webbasierten Versionen der Office-Anwendungen, wobei die Dateien in OneDrive gespeichert sind.
- **Kurznotizen** bietet einen Platz für kleine Notizen, die an die allgegenwärtigen gelben Post-it-Notizen von 3M erinnern. Diese Notizen können mit OneNote und mit dem Microsoft Launcher auf Android-Geräten synchronisiert werden.

Unterhaltung

- **Medienwiedergabe** ist die Standard-Player-App für Dateien in unterstützten Audioformaten. Sie war zuvor unter dem Namen Groove Music bekannt, und ihr App-Paket verrät ihre Wurzeln als Client für den unglücklichen Zune-Player. (Weitere Informationen finden Sie im Abschnitt »Musik, Fotos und Filme« weiter hinten in diesem Kapitel.)
- **Filme & TV** gibt persönliche Videos wieder und ermöglicht es Ihnen, Filme und Fernsehsendungen zu kaufen oder zu leihen, die auch auf Xbox-Konsolen abgespielt werden können. (Weitere Informationen finden Sie im Abschnitt »Musik, Fotos und Filme« weiter hinten in diesem Kapitel.)

- **Microsoft Solitaire Collection** enthält eine modernisierte Version des klassischen Zeitverschwenders Klondike und vier andere Kartenspiele für Einzelspieler sowie Online-Wettbewerbe und -Turniere.
- **Xbox** verbindet Sie mit der Welt der Computerspiele, von Kartenspielen bis hin zu Ego-Shootern. (Die Liste der bereitgestellten Apps enthält auch eine Handvoll Xbox-bezogener Tools, die für die Durchführung von fortgeschrittenen Aufgaben gedacht sind, einschließlich Xbox Game Bar, Xbox Game Overlay, Xbox Gaming Overlay, Xbox Identity Provider, Xbox Speech to Text Overlay und Xbox Title-callable UI.)

Kreative Werkzeuge

- **Clipchamp**, das 2021 von Microsoft übernommen wurde, ist ein leichtgewichtiges Dienstprogramm zum Erstellen und Bearbeiten kurzer Videoclips.
- Mit **Windows-Fotoanzeige** können Sie eine Sammlung von digitalen Bildern speichern, organisieren und bearbeiten. Wir behandeln diese Anwendung weiter hinten in diesem Kapitel.
- **Paint** ist eine Store-kompatible Version des altehrwürdigen Microsoft-Bildbearbeitungsprogramms. In Windows 10 versuchte Microsoft, es durch eine völlig andere App namens Paint 3D zu ersetzen, aber die Paint-Anhänger protestierten so lautstark, dass Microsoft seine Pläne zur Abschaffung des älteren Paint zurücknahm und die alte App mit neuen Features aktualisierte.
- **Sprachrekorder**, früher Sound Recorder genannt, verwendet das Mikrofon Ihres PC, um Audiodateien aufzunehmen. Sie können Markierungen hinzufügen, um Schlüsselmomente zu kennzeichnen, und die rudimentären Bearbeitungswerkzeuge der App verwenden, um gespeicherte Audiodateien zu trimmen.

Utilties

- **Alarm & Uhr** zeigt die Weltzeit an und fungiert als Wecker, Stoppuhr und Timer. In Windows 11 können Sie nun auch »Fokussitzungen« starten und verwalten, sodass Sie über einen längeren Zeitraum hinweg ohne Unterbrechungen arbeiten können.
- Der **Rechner** verfügt über einen Programmiermodus (spezialisiert auf bitweise Operationen mit binären, oktalen und hexadezimalen Werten) sowie über die üblichen Standard- und wissenschaftlichen Modi. Außerdem kann der Rechner zur einfachen Umrechnung von Volumina, Längen, Winkeln, Zeitangaben und so weiter verwendet werden und mithilfe aktueller Wechselkurstabellen auch Währungsumrechnungen vornehmen.
- Die **Kamera** nimmt Standbilder und Videos von einer Webcam auf.
- Der **Editor** ist eine aktualisierte Version des klassischen Texteditors, die als Store-App geliefert wird und um einige neue Funktionen erweitert wurde, darunter die Unterstützung für dunkle Designs.
- **Power Automate** ist eine Low-Code-Plattform, die es Benutzern ermöglicht, sich wiederholende Aufgaben zu automatisieren, indem sie vorgefertigte Aktionen und einen Rekorder verwendet, der Maus- und Tastatureingaben erfasst, um Aufgaben als »Desktop-Flows« zu speichern.
- **Hilfe anfordern** ermöglicht es Windows-Benutzern, über einfache Tools für die Bildschirmfreigabe praktische Hilfe von einem Freund oder einem Support-Mitarbeiter zu erhalten.

- **Snipping Tool** ist ein Dienstprogramm zum Aufnehmen und Bearbeiten von Bildschirmausschnitten. Diese App war zuvor als *Ausschneiden & Skizzieren* bekannt.
- **Windows-Terminal** bietet eine Oberfläche mit mehreren Registerkarten für die Arbeit mit dem Windows-Befehlsprozessor, der PowerShell und der Befehlszeilen-Shell des Windows-Subsystems für Linux. Diese Tools werden in Kapitel 16, »Windows-Terminal, PowerShell und andere Verwaltungstools«, ausführlicher beschrieben.

Einige der bereitgestellten Apps können mit den Tools unter *Einstellungen | Apps | Installierte Apps* deinstalliert werden. Wenn der Befehl *Deinstallieren* ausgegraut und nicht verfügbar ist, kann es möglich sein, eine bereitgestellte App mit PowerShell-Befehlen zu entfernen. Wir raten aber davon ab, diese Optionen zu verwenden, da sie unbeabsichtigte Folgen haben können.

Installierte Apps

Diese letzte Kategorie besteht aus Anwendungen, die als Teil der Anmeldung bei einem neuen Konto installiert werden und über den Windows Content Delivery Manager bereitgestellt werden. Zu diesen Apps gehören einige Produkte von Drittanbietern, die eine kostenlose Testphase beinhalten können, gefolgt von der Anforderung, für das vollständige Produkt zu bezahlen. Hierzu gehören auch einige Anwendungen von Microsoft.

Die Liste der installierten Anwendungen ändert sich in regelmäßigen Abständen auf der Grundlage der Partnerschaften von Microsoft mit Drittanbietern.

Bei PCs mit Windows 11 Home oder Pro, bei denen das neue Profil zu einem lokalen Konto oder einem Microsoft-Konto gehört, umfasst die Liste in der Regel Social-Media-Apps wie TikTok und Facebook sowie einige Unterhaltungssoftware wie die Video-Streaming-Dienste Amazon Prime und Disney+.

Wenn Sie Windows 11 Enterprise installieren und sich mit einem beliebigen Kontotyp anmelden oder wenn Sie Windows 11 Pro installieren und sich entweder mit Active Directory-Anmeldeinformationen in einer Windows-Domäne oder mit Azure Active Directory-Anmeldeinformationen anmelden, die beispielsweise mit einem Microsoft 365 Business- oder Enterprise-Abonnement verknüpft sind, sehen Sie eine andere Gruppe von installierten Apps, die sich hauptsächlich auf die Produktivität konzentrieren.

Alle Apps in dieser Kategorie können mit den Tools unter *Einstellungen | Apps | Installierte Apps* deinstalliert werden. Einige der Apps in dieser Kategorie werden als Vorschläge zu Start hinzugefügt, anstatt installiert zu werden. Sie können sie von Start entfernen, ohne dass eine Spur der App zurückbleibt.

Mail, Kalender, Kontakte und To Do

Die Apps Mail, Kalender, Kontakte und To Do sind so konzipiert, dass sie sich mit cloudbasierten Diensten verbinden und E-Mails, Kalendereinträge, Kontakte und Aufgaben von diesen Konten synchronisieren.

Mail und Kalender sind die beiden wichtigsten Anwendungen in der Gruppe und sind gleichberechtigte Partner. In der Liste der installierten Apps haben sie einen gemeinsamen Eintrag mit dem Titel *Mail und Kalender*, aber in diesem Kapitel behandeln wir sie als separate Apps, da sie in separaten App-Fenstern und mit separaten Prozessen arbeiten. Sie sind in der Lage, sich mit einer Vielzahl von Online-Diensten zu synchronisieren: Sie können sich mit kostenlosen und kostenpflichtigen Konten von Microsoft (Outlook.com und Microsoft 365) und Google (Gmail und Google Workspace) anmelden; andere unterstützte Dienste sind Apples iCloud, Yahoo Mail und jeder Server, der über standardisierte Mail- und Kalenderprotokolle kommuniziert. Wenn Ihr Arbeitsplatz Microsoft Exchange auf seinen eigenen Servern verwendet, können Sie sich auch mit diesen Konten verbinden.

Mit den Apps Mail und Kalender können Sie eine Verbindung zu Konten bei mehreren Diensten herstellen und deren Inhalte gleichzeitig anzeigen. Diese Funktion macht es einfach, zwischen privaten und geschäftlichen E-Mail-Konten zu wechseln oder eine einheitliche Ansicht mehrerer Konten bereitzustellen; außerdem können Sie die Inhalte mehrerer Kalender in einer einzigen überlagerten Ansicht anzeigen. Alle Neueinträge, Löschungen oder Änderungen, die Sie an Nachrichten und Kalendereinträgen in einer der beiden Apps vornehmen, werden auf dem Server gespeichert, der mit dem jeweiligen Konto verknüpft ist. Bei cloudbasierten Konten, die die Synchronisierung unterstützen, werden Änderungen, die Sie in einer anderen App (einschließlich derer auf mobilen Geräten) vornehmen, automatisch mit der Mail- und Kalender-App synchronisiert.

Obwohl sie eng miteinander verknüpft sind, zeigen die Apps Mail, Kalender, Kontakte und To Do ihre Inhalte in separaten Fenstern an. Verknüpfungen für die Mail- und Kalender-Apps sind standardmäßig an das Startmenü angeheftet, und Sie können die Symbole in der unteren linken Ecke dieser Apps verwenden, um eine der anderen Apps zu öffnen oder zu ihnen zu wechseln.

Die App To Do verfügt nicht über die gleiche Navigationsleiste wie Mail und Kalender. Obwohl Sie eine Verbindung zu mehreren Konten herstellen können, zeigt sie jeweils nur den Inhalt eines Kontos an.

Die App Kontakte hat keine Verknüpfung in *Alle Apps* und ist für sich genommen nur von geringem Nutzen. Ihre Hauptaufgabe besteht darin, Kontaktinformationen für das Senden von E-Mail-Nachrichten und Kalendereinladungen zu organisieren.

Expertentipp

Wofür sind die Anwendungen Mail und Kalender gut?

Wenn Sie bereits einen bevorzugten E-Mail-Client haben, können Sie diesen weiterhin verwenden und die Windows 11 Mail- und Kalender-Apps getrost ignorieren. Das bedeutet aber nicht, dass Sie die Verknüpfungen für diese Apps aus Ihrem Startmenü löschen müssen. Die Mail-App ist eine hervorragende Option, um sekundäre Konten zu überprüfen, zum Beispiel ein kostenloses Outlook.com-Konto, das Sie für Newsletter, Werbeaktionen und andere Korrespondenz verwenden, die Sie nicht über Ihr Hauptkonto laufen lassen möchten. Sie können Mail und Kalender auch als Backup-Client für Ihr Hauptkonto verwenden, insbesondere auf Geräten, die Sie nicht regelmäßig verwenden.

Verwalten von Onlinekonten

Wie wir bereits erwähnt haben, sind die Mail- und die Kalender-App eng miteinander verknüpft. Wenn Sie in der Mail-App ein neues Konto hinzufügen, wird es automatisch zur Kalender-App hinzugefügt und umgekehrt.

Außerdem werden alle Konten, die Sie an einem der beiden Orte hinzufügen, automatisch der Liste der Konten hinzugefügt, die für andere Windows-Anwendungen verfügbar sind, und die Sie unter *Einstellungen | Konten | E-Mail und Konten* verwalten können.

Wenn Sie die Mail- oder Kalender-App zum ersten Mal öffnen, werden Sie aufgefordert, ein Konto hinzuzufügen, wie in Abbildung 6.1 dargestellt.

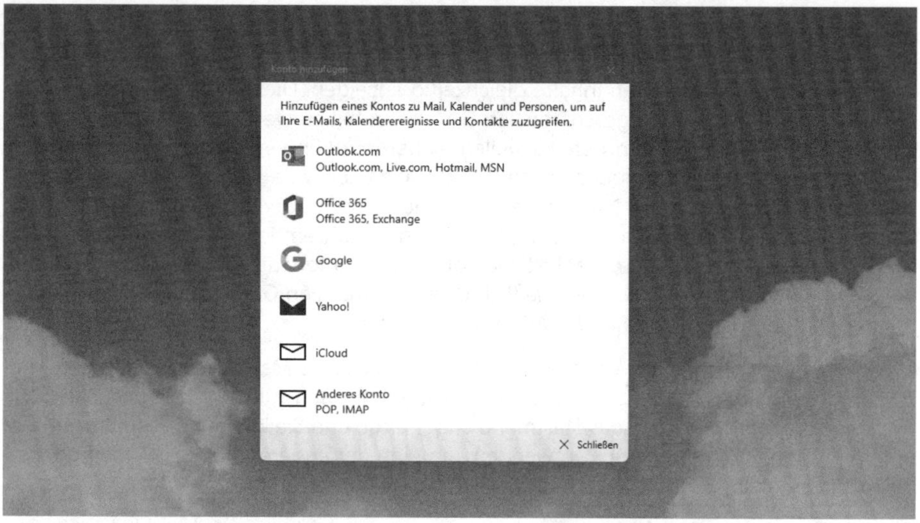

Abbildung 6.1 Um ein Konto einzurichten, das einen dieser bekannten Clouddienste nutzt, müssen Sie nur eine E-Mail-Adresse und ein Passwort eingeben.

Wenn Sie sich mit einem Microsoft-Konto oder einem Azure AD-Konto bei Windows anmelden, wird die mit diesem Konto verbundene E-Mail-Adresse oben auf dieser Einrichtungsseite angezeigt. Wenn dies das einzige E-Mail-Konto ist, das Sie verwenden, können Sie fortfahren, indem Sie dieses Konto auswählen und Windows erlauben, sein Konto automatisch hinzuzufügen.

Wenn Sie sich mit einem lokalen Konto anmelden oder wenn Sie ein anderes E-Mail-Konto als das mit Ihrem Windows-Anmeldekonto verbundene einrichten möchten, wählen Sie im Dialogfeld *Konto hinzufügen* einen Kontotyp aus. Mail unterstützt Outlook.com, Microsoft 365, Microsoft Exchange, Google-Konten (Gmail und Google Workspace), Yahoo! Mail und Apples iCloud sowie generische Konten, die auf den Standards POP und IMAP basieren. Der Einrichtungsprozess ist einfach und fordert Sie zur Eingabe Ihrer E-Mail-Adresse und Ihres Passworts auf.

Wenn Sie für Ihr Konto zusätzliche Einstellungen vornehmen müssen, zum Beispiel die Namen Ihrer Posteingangs- und Postausgangsserver, blättern Sie zum Ende der Liste *Konto hinzufügen* und klicken Sie dann auf *Erweitertes Setup*.

Konten hinzufügen, löschen und umbenennen

Um nach Abschluss dieser ersten Konfiguration weitere E-Mail- und Kalenderkonten hinzuzufügen, öffnen Sie die *Einstellungen*, indem Sie auf das Zahnradsymbol in der unteren linken Ecke des E-Mail-Fensters klicken, und klicken Sie dann auf *Konten verwalten* | *Konto hinzufügen*. Wählen Sie einen Kontotyp aus, geben Sie Ihre Anmeldedaten ein und folgen Sie den Aufforderungen zur Authentifizierung.

Jedes Konto, das Sie hinzufügen, erhält einen eigenen Eintrag im Navigationsbereich, der sowohl in der Mail- als auch in der Kalenderanwendung auf der linken Seite angezeigt wird. Um den dort angezeigten Anzeigenamen zu ändern, öffnen Sie das Menü *Konten verwalten* und klicken Sie dann auf den Kontonamen, um das Dialogfeld wie in Abbildung 6.2 zu öffnen.

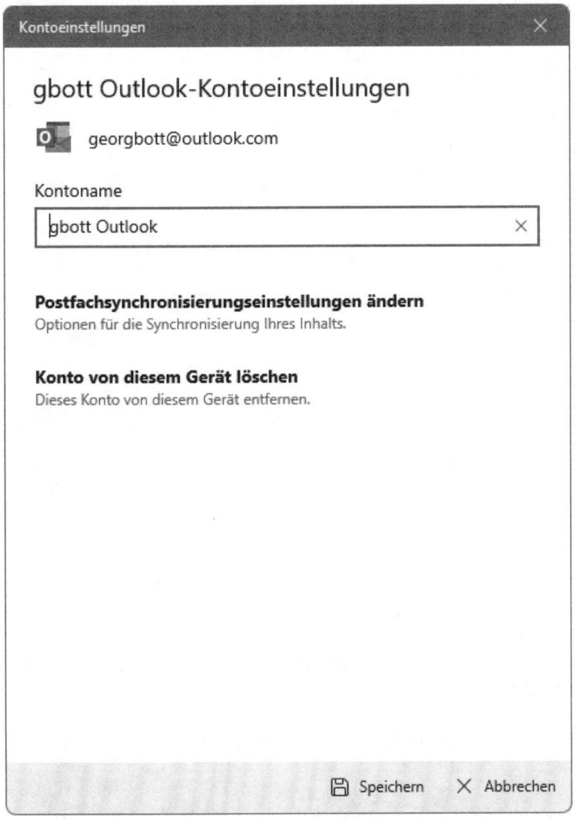

Abbildung 6.2 Klicken Sie in das Feld *Kontoname*, um den Anzeigenamen zu ändern, der im Navigationsbereich der Mail- und Kalender-App angezeigt wird.

Um ein bestehendes Konto zu löschen, wählen Sie den entsprechenden Eintrag im Menü *Konten verwalten* aus und klicken Sie dann auf *Konto von diesem Gerät löschen*. Beachten Sie, dass auf diese Weise alle synchronisierten Kopien von E-Mail-Nachrichten und Kalendereinträgen entfernt werden, aber keine Änderungen an den auf dem Server gespeicherten Einträgen vorgenommen werden.

Synchronisierungsoptionen einstellen

Um die Synchronisierungsoptionen für ein Konto zu konfigurieren, öffnen Sie die Mail- oder Kalender-App und gehen Sie zu *Einstellungen* | *Konten verwalten*; wählen Sie das Konto aus, das Sie konfigurieren möchten, und klicken Sie dann auf *Postfachsynchronisierungseinstellungen ändern*. Daraufhin wird ein Dialogfeld wie das in Abbildung 6.3 geöffnet. Lassen Sie sich vom Namen in der Titelleiste nicht in die Irre führen; wie das Dialogfeld deutlich macht, können Sie damit die Synchronisierung von E-Mail-, Kalender- und Kontaktelementen konfigurieren.

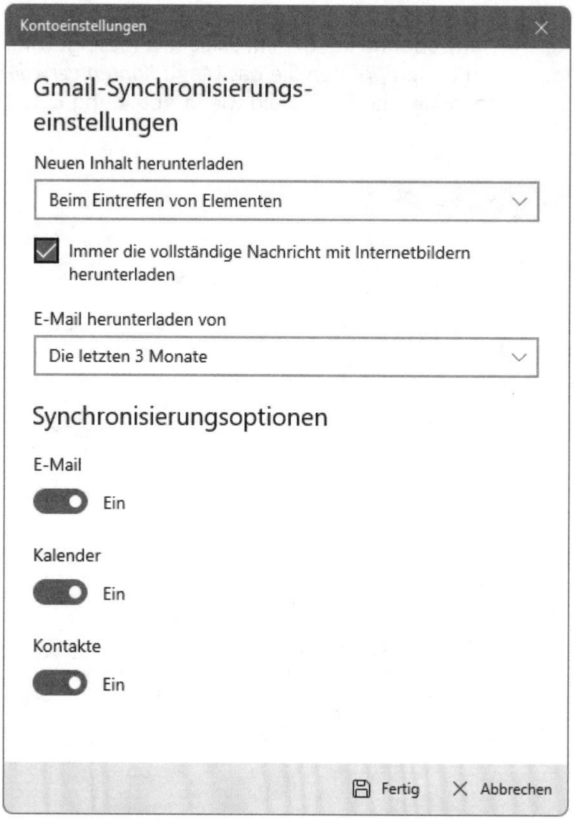

Abbildung 6.3 Bei sekundären E-Mail-Konten, für die Sie keinen Kalender oder Kontakte verwalten, können Sie die beiden unteren Schalter deaktivieren.

Mit den beiden Einstellungen oben können Sie die Netzwerkverbindungen bzw. den Speicherplatz verwalten.

Für Ihr primäres Konto ist für die Einstellung *Neuen Inhalt herunterladen* die Standardeinstellung *Beim Eintreffen von Elementen* geeignet. Diese Option minimiert die Gefahr, dass Sie eine zeitkritische Nachricht verpassen. Für sekundäre Konten, die keine wichtigen Inhalte enthalten, sollten Sie das Synchronisierungsintervall auf einen langsameren Rhythmus einstellen. Zu den Optionen gehören *Alle 15 Minuten, Alle 30 Minuten* oder *Stündlich*. Wählen Sie *Manuell* für Konten mit geringem Datenverkehr, die Sie bei Bedarf aktualisieren und lesen möchten.

Mit der Einstellung *E-Mail herunterladen von* können Sie Speicherplatz sparen, indem Sie alte Nachrichten auf dem Server belassen und nur die jüngste Korrespondenz synchronisieren. Die Optionen reichen hier von *Letzte 3 Tage* bis *Letzte 3 Monate*. Bei der Standardeinstellung *Beliebiger Zeitpunkt* wird der gesamte Inhalt Ihres E-Mail-Kontos synchronisiert, was eine beträchtliche Menge an Speicherplatz erfordern kann.

Mit den drei Schaltern unter der Überschrift *Synchronisierungsoptionen* können Sie festlegen, welche Daten die Mail- und Kalender-Apps von Ihrem Konto synchronisieren. Wenn Sie einen Kalender und eine Kontaktliste als Teil Ihres E-Mail-Kontos führen, möchten Sie wahrscheinlich alle drei Elemente hier synchronisieren. Bei sekundären Konten, die Sie verwenden, um Newsletter und Werbe-E-Mails von Ihrem primären Posteingang fernzuhalten, sollten Sie die Schalter für *Kalender* und *Kontakte* in die Position *Aus* stellen.

E-Mail-Nachrichten lesen, verfassen und verwalten

In der Mail-App erhält jedes Konto, das Sie hinzufügen, eine eigene Überschrift im Navigationsbereich auf der linken Seite. Wenn Sie auf diese Überschrift klicken, wird unten im Navigationsbereich die Liste der mit diesem Konto verbundenen Ordner angezeigt. (Wenn das Mail-Fenster nicht breit genug ist, müssen Sie in der oberen linken Ecke auf die Schaltfläche *Erweitern/Reduzieren* klicken, um die Ordnerliste zu sehen.) Abbildung 6.4 zeigt die Mail-App in Aktion mit einem einzelnen Konto.

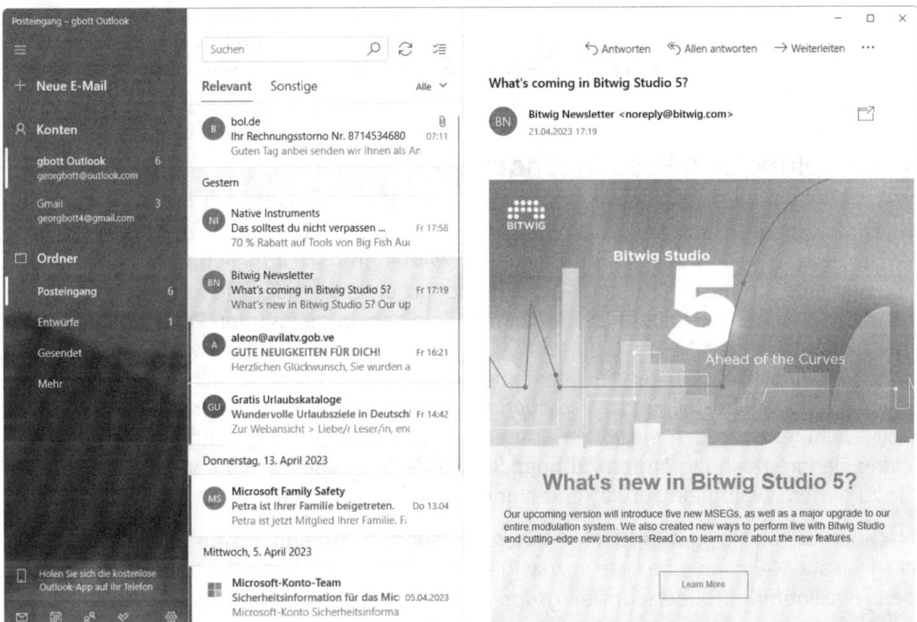

Abbildung 6.4 Die Mail-App verwendet ein klassisches Layout mit drei Bereichen: Navigation auf der linken Seite, eine Nachrichtenliste in der Mitte und ein Vorschaufenster auf der rechten Seite.

Wenn Sie schon einmal einen PC-basierten E-Mail-Client verwendet haben, sollte Ihnen dieses Layout mit drei Bereichen vertraut vorkommen. Standardmäßig zeigen die Einträge unter der Überschrift *Ordner* die am häufigsten verwendeten Ordner an: *Posteingang, Entwürfe, Gesendet* und so weiter. Klicken Sie auf *Mehr* (am unteren Rand der Ordnerliste), um ein Fenster mit einer Liste zusätzlicher Ordner, die für dieses Konto verfügbar sind, auszufahren. Wählen Sie einen beliebigen Ordner aus, um dessen Inhalt im Nachrichtenfenster anzuzeigen. Klicken Sie auf das Pluszeichen rechts neben der Liste *Alle Ordner*, um einen neuen Ordner hinzuzufügen.

Klicken Sie mit der rechten Maustaste auf einen vorhandenen Ordner, um grundlegende Verwaltungsaufgaben auszuführen: Benennen Sie den Ordner um, löschen Sie ihn, leeren Sie seinen Inhalt oder erstellen Sie einen neuen Unterordner. Verwenden Sie die Option *Zu Favoriten hinzufügen*, um den Ordner mit einem Stern zu versehen und seine Verknüpfung im Navigationsbereich unter der Überschrift *Ordner* anzuheften. Jeder Ordner in der Favoritenliste ist ein praktisches Drag-and-Drop-Ziel für Nachrichten, die Sie aus Ihrem Ordner *Posteingang* entfernen möchten.

Expertentipp

Anheften eines Ordners oder eines ganzen Kontos an Startmenü

Möchten Sie beim Abrufen Ihrer Nachrichten einen oder zwei Schritte überspringen? Wenn Sie mehrere Konten eingerichtet haben, können Sie mit der rechten Maustaste zuerst auf einen Kontonamen und dann auf *Auf Startseite anheften* klicken. Wenn Sie auf die angeheftete Kachel klicken, gelangen Sie direkt zu den Inhalten des betreffenden Kontos. Sie können auch mit der rechten Maustaste auf einen Ordner klicken und ihn an die Startseite anheften. Diese Option ist besonders nützlich, wenn Sie Regeln verwenden, um eingehende Nachrichten automatisch in Ordnern abzulegen, und Sie die neuesten Eingänge in diesem Ordner überprüfen möchten.

Verknüpfung von Posteingängen

Wenn Sie über zwei oder mehr E-Mail-Konten verfügen, erstellt Mail für jedes Konto im Navigationsbereich auf der linken Seite einen eigenen Eintrag unter der Rubrik *Konten*. Wenn Sie eine Kontenüberschrift auswählen, werden in der Ordner- und Nachrichtenliste nur Elemente aus diesem Konto angezeigt. Möglicherweise finden Sie es bequemer, eingehende Nachrichten aus diesen beiden Konten in einem gemeinsamen Posteingang zusammenzufassen. Öffnen Sie dazu in der Mail-App *Einstellungen | Konten verwalten | Posteingänge verknüpfen*. Geben Sie den Namen ein, der im Navigationsbereich angezeigt werden soll (die Standardeinstellung ist *Verknüpfter Posteingang*), und aktivieren Sie dann die Kontrollkästchen neben den einzelnen Konten, die Sie in diese Gruppe aufnehmen möchten. Wenn Sie Ihre Meinung ändern, können Sie die Verknüpfung der Konten aufheben, indem Sie zu diesem Dialogfeld zurückkehren und die Häkchen entfernen.

Nachdem Sie im Navigationsbereich einen verknüpften Posteingang ausgewählt haben, klicken Sie auf *Mehr*, um eine Liste anzuzeigen, die Ordner aus jedem Konto enthält, die unter den jeweiligen Kontoüberschriften gruppiert sind. Anfänglich befinden sich vier Ordner in der Liste und werden von verknüpften Konten konsolidiert: *Posteingang, Entwürfe, Archiv* und *Gesendet*.

Die Übersichtlichkeit durch den Posteingang mit Relevanz verbessern

Das Feature *Posteingang mit Relevanz* (engl. Focus inbox) nutzt maschinelles Lernen, um Ihre eingehenden Nachrichten in zwei Gruppen zu sortieren: diejenigen, von denen der Algorithmus annimmt, dass Sie sie sofort lesen möchten, und diejenigen, von denen er annimmt, dass Sie sie weniger wichtig finden. Dieses Feature zeigt im Fensterabschnitt der Nachrichten-Header zwei Registerkarten über der Liste der Nachrichten an: *Relevant* und *Sonstige* (siehe Abbildung 6.5). Wenn der Algorithmus Ihre eingehenden Nachrichten korrekt kategorisiert hat, sehen Sie auf der Registerkarte *Relevant* nur wichtige Nachrichten und alles andere auf der Registerkarte *Sonstige*.

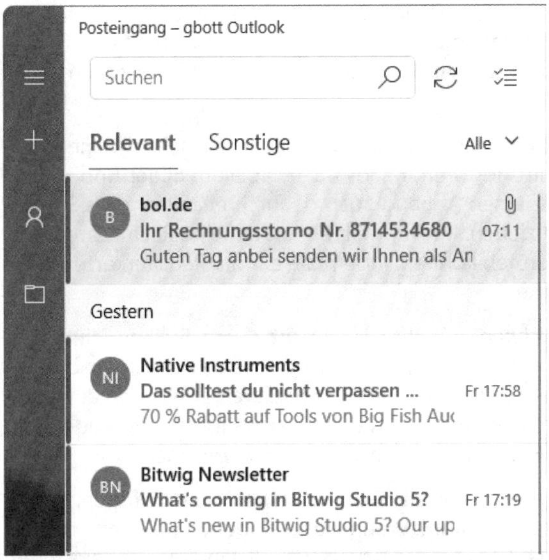

Abbildung 6.5 Das Feature *Posteingang mit Relevanz* nutzt maschinelles Lernen, um wichtige Nachrichten hervorzuheben und weniger wertvolle Inhalte auf die Registerkarte *Sonstige* zu verschieben.

Der Algorithmus für den Posteingang mit Relevanz trifft seine Sortierentscheidungen auf der Grundlage von Signalen, die er aus dem Inhalt der eingehenden Nachrichten ableitet, und indem er sich Notizen darüber macht, mit wem Sie am häufigsten E-Mails austauschen. Newsletter, Werbesendungen und Ähnliches werden als weniger wichtig eingestuft und daher auf der Registerkarte *Sonstige* abgelegt. Sie trainieren das Feature Posteingang mit Relevanz, dass es genauer arbeitet, indem Sie eine Nachricht in der Nachrichtenliste mit der rechten Maustaste anklicken und *Immer in Sonstige verschieben* oder *Immer in Relevant verschieben* wählen.

Das gleiche Kontextmenü enthält auch den Befehl *Ignorieren*, mit der Sie Mail anweisen können, Ihnen keine Nachrichten in einer bestimmten Unterhaltung mehr anzuzeigen. Diese Option ist äußerst praktisch, wenn Sie Teil einer Mailingliste sind, deren Mitglieder nicht aufhören, einem langen, laufenden Thread etwas hinzuzufügen.

Das Feature Posteingang mit Relevanz kann für einzelne Konten ein- und ausgeschaltet werden. Öffnen Sie hierzu das Menü *Einstellungen*, klicken Sie auf *Posteingang mit Relevanz*, wählen Sie in der Liste ein Konto aus und schieben Sie den Schalter in die gewünschte Position. Wenn der Posteingang mit Relevanz deaktiviert ist, werden alle eingehenden Nachrichten für dieses Konto auf der Registerkarte *Posteingang* angezeigt.

E-Mail-Nachrichten erstellen und senden

Um eine neue E-Mail-Nachricht zu erstellen, wählen Sie zunächst ein Konto aus und klicken Sie dann am oberen Rand des Navigationsbereichs auf die Schaltfläche *Neue E-Mail*. Wenn Sie von einem verknüpften Posteingang aus versenden, enthält das Feld *Von* eine Dropdownliste, aus der Sie das Konto auswählen können, über das Sie die Mail versenden wollen.

Das Fenster zum Verfassen von Nachrichten enthält ein Menüband mit einer Reihe von grundlegenden Bearbeitungs- und Formatierungswerkzeugen. Auf der Registerkarte *Format* finden Sie beispielsweise Optionen zum Ändern von Schriftarten und -größen sowie zum Anpassen der Größe und Farbe von Text.

Klicken Sie auf die Registerkarte *Einfügen*, wenn Sie eine Datei an Ihre Nachricht anhängen wollen. Sie können in diesem Abschnitt des Menübands auch Tabellen, Bilder und Hyperlinks einfügen. Stattdessen können Sie einen Anhang auch dadurch erstellen, dass Sie einfach eine Datei in Ihre neue Nachricht ziehen. Mail enthält außerdem eine Rechtschreibprüfung, mit der Sie Ihre Nachricht überprüfen können, indem Sie auf die Registerkarte *Optionen* und dort auf *Rechtschreibung* klicken.

Verwenden Sie die Registerkarte *Zeichnen*, um Ihre Nachricht durch Freihandeingaben, Zeichnungen oder Anmerkungen zu ergänzen. Daraufhin wird eine Leiste mit verschiedenen Zeichenwerkzeugen eingeblendet. Diese Optionen funktionieren am besten auf Geräten, die einen Stift unterstützen, aber Sie können auch einen Zeichenbereich einfügen und mit einer Maus oder sogar mit Ihrem Finger auf einem Touchscreen zeichnen.

In einer neuen Mail-Nachricht oder einer Antwort können Sie Verweise einfügen. Dieses Feature wird auch »@mentions«-Feature genannt. Wenn Sie @ eingeben und dann mit der Eingabe eines Namens beginnen, schlägt Mail automatisch Vervollständigungen aus Ihrem Adressbuch und aus früheren Nachrichten vor. Nachdem Sie den gewünschten Namen ausgewählt haben, hebt Mail ihn in der Nachricht hervor und fügt ihn in die *An*-Zeile im Nachrichten-Header ein (sofern er dort noch nicht vorhanden ist), damit die Person, die Sie markiert haben, Ihre Nachricht sieht.

Sie können dann den Namen im Nachrichtentext bearbeiten, wenn Sie möchten; zum Beispiel können Sie den Nachnamen weglassen, um informell zu bleiben.

Wenn jemand eine Nachricht mit einer solchen Kontakthervorhebung bekommt, bleibt die Stelle deutlich sichtbar. Außerdem ist der hervorgehobene Name ein *mailto*-Link; die Empfänger brauchen also lediglich den Namen anzuklicken, um ein neues Nachrichtenfenster zu öffnen, in dem der Name bereits in das *An*-Feld eingetragen ist.

Sie können Ihren Posteingang so filtern, dass er nur Nachrichten anzeigt, die eine Kontakthervorhebung mit Ihrem Namen enthalten. Klicken Sie dazu auf das Pfeilsymbol am oberen Rand der Nachrichtenliste und wählen Sie *Erwähnungen*.

Kalender einrichten und verwenden

Es überrascht nicht, dass die Kalender-App ähnlich aufgebaut ist wie ihr Gegenstück, die Mail-App. Auf der linken Seite befindet sich ein Navigationsbereich, oben eine Datumsauswahl für einen Monat und darunter Kontrollkästchen für die verfügbaren Kalender. Abbildung 6.6 zeigt einen Kalender, der für eine Arbeitswoche Ereignisse aus drei Kalendern anzeigt.

Im Kalender können Sie zwischen verschiedenen Ansichten Ihrer anstehenden Termine, Besprechungen und Ereignisse wechseln: Tag, Woche, Monat und Jahr. Sie können einen bestimmten Zeitraum auswählen, mit dem Sie arbeiten möchten. Verwenden Sie dazu den Miniaturkalender im Navigationsbereich oder die Links/Rechts-Pfeile oben im Kalender selbst. Um zum aktuellen Datum zurückzukehren, klicken Sie auf *Heute*.

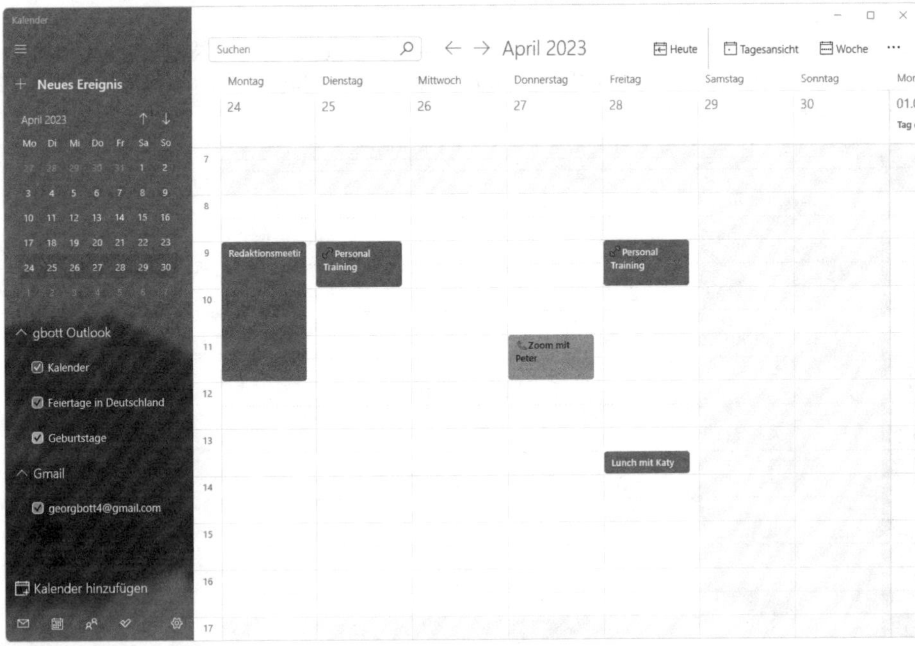

Abbildung 6.6 Verwenden Sie die Kontrollkästchen im Navigationsbereich, um Ereignisse aus einem beliebigen Kalender anzuzeigen oder auszublenden. Jeder Kalender weist den Ereignissen seine eigene Farbe zu.

Wenn Sie auf *Tagesansicht* klicken, wird erwartungsgemäß eine einzelne Spalte angezeigt, in der nur die Ereignisse des aktuell ausgewählten Tages erscheinen. Wenn Sie jedoch den Mauszeiger über diese Schaltfläche bewegen, erscheint rechts ein kleiner Pfeil. Klicken Sie auf den Pfeil, um ein Menü mit Ansichten für mehrere Tage anzuzeigen; Sie können hiermit Ereignisse für zwei bis sechs Tage anzeigen lassen. Wenn Sie auf den Pfeil rechts an der Schaltfläche *Woche* klicken, können Sie die Ansicht auf *Arbeitswoche* umstellen. Die Jahresansicht zeigt keine Ereignisinformationen an, ist aber nützlich, wenn Sie zu einem zukünftigen Datum springen möchten, ohne im Navigationsbereich monatsweise blättern zu müssen.

Wenn Sie mehrere Konten für die Synchronisierung von Kalenderelementen eingerichtet haben, werden Ihre Besprechungen und Ereignisse in einer einzigen Ansicht auf der rechten Seite zusammengefasst. Verwenden Sie die Kontrollkästchen im Navigationsbereich, um festzulegen, welche Konten zum kombinierten Kalender beitragen können.

Die Kalendereinträge eines Kontos sind farblich gekennzeichnet, wobei die dem jeweiligen Kalender zugewiesene Farbe sichtbar ist, wenn Sie das entsprechende Kontrollkästchen aktivieren. Um die Farbe eines Kalenders zu ändern, zeigen Sie auf seinen Eintrag im Navigationsbereich, klicken Sie auf den Pfeil nach unten, der rechts davon erscheint, und wählen Sie eine Farbe aus.

Sie können auch spezielle Kalender mit Terminen für Sportmannschaften, Fernsehsendungen usw. hinzufügen. Klicken Sie dazu auf *Kalender hinzufügen*. (Wenn Sie mehrere von Microsoft gehostete Konten in Kalender eingerichtet haben, können Sie unter *Einstellungen | Kalendereinstellungen | Interessante Kalender* festlegen, welches Konto die von Ihnen hinzugefügten Kalender anzeigt.)

Ereignisse hinzufügen

Um ein Ereignis zu Ihrem Kalender hinzuzufügen, klicken oder tippen Sie auf *Neues Ereignis*; dadurch wird ein Fenster geöffnet, in das Sie alle Details für das Ereignis eingeben können (siehe Abbildung 6.7).

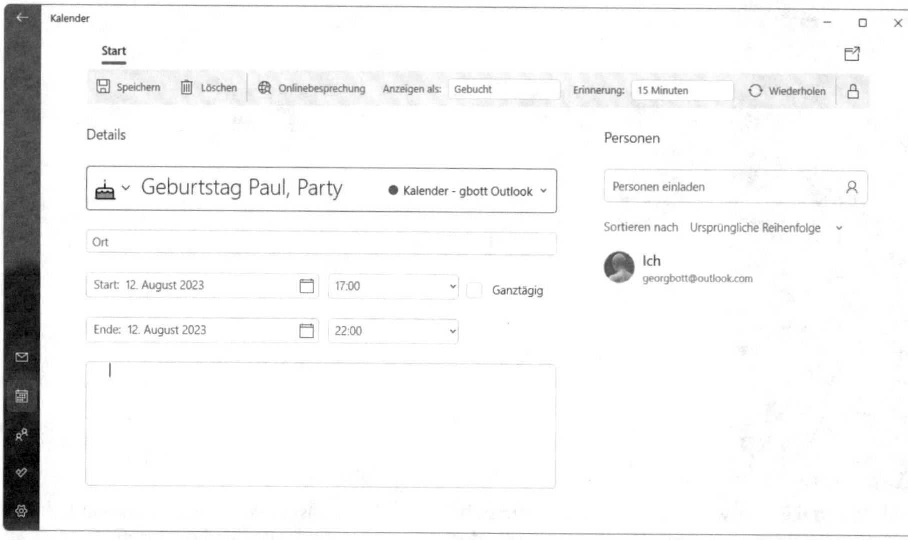

Abbildung 6.7 Das Formular *Neues Ereignis* bietet alle Details, die Sie zum Erstellen eines Ereignisses oder einer Besprechung benötigen. Vergewissern Sie sich, dass Sie aus der Dropdownliste rechts neben dem Namen des Termins den richtigen Kalender auswählen.

Wenn Sie in der Tages- oder Wochenansicht auf eine bestimmte Uhrzeit oder in der Monatsansicht auf ein Datum doppelklicken, erhalten Sie eine kleinere Version des Fensters *Neuer Termin* in Form eines Popup-Fensters. Es enthält alle Informationen, die Sie benötigen, um einen einfachen Termin an dem ausgewählten Tag zu erstellen und eine Erinnerung bis zu einer Woche vor dem Termin zu setzen. Wenn Sie ein Detail ändern müssen, das nicht in dieser kompakten Form enthalten ist, wie zum Beispiel das Termindatum, können Sie zur Vollansicht wechseln, indem Sie auf *Weitere Details* klicken. Wenn Sie Kalender so konfiguriert haben, dass mehr als ein Konto verwendet wird, müssen Sie in jedem Fall angeben, zu welchem Konto das neue Ereignis gehören soll.

Bei Ereignissen, die Sie einem Microsoft 365- oder Outlook.com-Kalender hinzufügen, führt die Eingabe in das Feld *Ort* eine Live-Suche nach lokalen Adressen durch, die Ihrem Eintrag entsprechen. Anhand dieser Daten können verknüpfte Navigationsanwendungen Sie (und Ihre Gäste) zum richtigen Treffpunkt führen.

Um ein Ereignis einzurichten, das in regelmäßigen Abständen stattfindet, starten Sie ein neues Ereignis und klicken dann auf die Schaltfläche *Wiederholen*, die sich rechts in der Menüleiste im Fenster *Neues Ereignis* befindet. Der Kalender zur Konfiguration der Wiederholung stellt die Optionen *Täglich*, *Wöchentlich*, *Monatlich* und *Jährlich* sowie Variationen wie *Alle 4 Wochen* oder *Jeden Monat am zweiten Dienstag* zur Verfügung.

Andere zu einem Termin einladen

Um eine Besprechung zu erstellen und andere Personen einzuladen, fügen Sie die E-Mail-Adressen der Eingeladenen in den Abschnitt *Personen* des Formulars ein. Wenn sich die potenziellen Teilnehmer in Ihrer Kontaktliste befinden, können Sie auf das Symbol rechts neben dem Text *Personen einladen* klicken und dann Namen aus der Liste auswählen. Verwenden Sie die Schaltfläche *Online-Meeting*, um ein virtuelles Meeting mit Microsoft Teams zu planen (klicken Sie erneut, um die Online-Details zu löschen, wenn Sie ein persönliches Event planen).

Wenn Sie eine oder mehrere E-Mail-Adressen eingeben, wird die Schaltfläche *Speichern* des Terminformulars zur Schaltfläche *Senden*. Nachdem Sie auf *Senden* geklickt haben, erhält jeder, den Sie einladen, eine E-Mail-Nachricht, auf die er im Ja/Nein/Vielleicht-Stil antworten kann. Die Links *Zusagen*, *Mit Vorbehalt* und *Ablehnen* mit den zugehörigen Dropdownoptionen erleichtern Ihnen als Eingeladenem die Antwort auf eine Einladung.

Optionen einstellen

Um die Tage Ihrer Arbeitswoche und die Stunden Ihres Arbeitstages festzulegen, klicken Sie auf *Einstellungen | Kalendereinstellungen*. Auf der Seite *Kalendereinstellungen* können Sie weitere Einstellungen vornehmen, zum Beispiel die Wochennummern festlegen und zu anderen Sprachen und Kalendern wechseln. Kalender bietet zum Beispiel neben dem hierzulande üblichen gregorianischen Kalender auch die Optionen *Hijiri, Umm al-Qura, Hebräischer Mondkalender* und *Saka-Ära* an. Viele weitere Kalendersysteme stehen für andere Sprachen zur Verfügung

Drucken aus dem Kalender

Um zu drucken, klicken Sie auf *Anzeigen* (die drei Auslassungspunkte in der oberen rechten Ecke des Kalenderfensters) und dann auf *Drucken* oder verwenden Sie die Standard-Windows-Tastenkombination `Strg`+`P`. Dort können Sie das Startdatum für Ihre Ausgabe angeben und festlegen, ob Sie nach Tag (Auswahl eines Bereichs von einem bis sieben Tagen), Woche, Arbeitswoche oder Monat drucken möchten. Eine Schaltfläche für die Vorschau gibt Ihnen die Möglichkeit, die Ausgabe zu überprüfen, bevor Sie sie zu Papier bringen (mit der Option, die Ansicht *Darstellung* über ein Touchpad oder durch Gedrückthalten der `Strg`-Taste bei Verwendung eines Mausrads zu zoomen).

Hinzufügen oder Bearbeiten von Kontakten mit Personen

Von den vier Apps, die wir in diesem Abschnitt behandeln, ist Personen, die auch Kontakte oder People genannt wird, definitiv die am meisten eingeschränkte. Sie ist auch gut versteckt und besitzt in der Liste *Alle Apps* des Startmenüs keine eigene Verknüpfung.

Microsoft hatte viel größere Erwartungen an diese App, als sie zu Beginn der Windows 10-Ära eingeführt wurde. Damals enthielt die Windows-Taskleiste eine spezielle Symbolleiste namens *Meine Kontakte* mit der Option, Elemente aus der Kontakte-App für den schnellen Zugriff auf Messaging-Apps und andere Details anzuheften. Die Option *An Taskleiste anheften* ist immer noch verfügbar, wenn Sie in Windows 11 mit der rechten Maustaste auf ein Kontaktelement in der Kontakte-App klicken, aber sie bewirkt absolut nichts. (Die Option zum Anheften eines Kontakts an das Startmenü funktioniert jedoch wie erwartet.)

Die Hauptaufgabe von Kontakte besteht darin, als Speicher für Kontakte zu dienen, die mit Konten verbunden sind, die Sie in Mail oder Kalender eingerichtet haben. Diese Funktion ist leicht zugänglich, wenn Sie eine neue E-Mail-Nachricht oder ein Kalenderereignis erstellen.

Klicken Sie auf die kleine Schaltfläche *Kontakte auswählen*, um eine optimierte Version der Kontakte-App mit einer Liste von vorgeschlagenen Kontakten und einem Suchfeld anzuzeigen, mit dem Sie den richtigen Kontakt aus der vollständigen Liste auswählen können.

Um die vollständige Personen-App zu starten, klicken Sie auf das entsprechende Symbol unten im Navigationsbereich der Mail- oder Kalender-App. Diese Ansicht bietet eine vollständige Liste von Kontakten aus mehreren Konten und fasst Kontaktinformationen und freigegebene Kalenderereignisse für den ausgewählten Kontakt in einem Bereich auf der rechten Seite zusammen.

Obwohl Kontakte über einen interessanten Funktionsumfang verfügt, gibt es keine überzeugenden Argumente für die Verwendung als eigenständige App. In den meisten Fällen erzielen Sie bessere Ergebnisse, wenn Sie Ihre Kontakte in Ihrem Webbrowser verwalten. Dann können Sie diese Kontaktliste mit der Kontakte-App verbinden und diese Adressen für die grundlegenden Aufgaben der Auswahl von E-Mail-Adressen für neue Nachrichten und Meetings verfügbar machen.

Aufgaben und Listen mit Microsoft To Do verwalten

Microsoft To Do, das neueste Mitglied von Microsofts Gruppe kommunikationsbezogener Apps, wurde speziell dafür entwickelt, Sie produktiver zu machen – oder Ihnen zumindest zu helfen, auf einen Blick zu sehen, was Sie heute noch nicht geschafft haben. Die App funktioniert nur mit Microsoft-Konten (privat und geschäftlich) und bietet Tools zur Verwaltung anstehender Aufgaben und zur Erstellung von Listen, die überraschend komplex werden können.

Sie können die To Do-App über ihre Verknüpfung im Startmenü oder über ihre Schaltfläche am unteren Rand des Navigationsbereichs in Mail oder Kalender öffnen. Wie in Abbildung 6.8 zu sehen ist, folgt die To Do-App vielen der gleichen Navigationsprinzipien wie ihre Kollegen, mit einem Navigationsbereich auf der linken und einem Detailbereich auf der rechten Seite, der den Inhalt der im Navigationsbereich ausgewählten Elemente anzeigt.

Um der Liste eine neue Aufgabe hinzuzufügen, klicken Sie in das Feld *Aufgabe hinzufügen* am unteren Rand des Aufgabenfensters und geben Sie einen Titel ein. Wenn Sie der Aufgabe weitere Details hinzufügen möchten, klicken Sie auf den entsprechenden Eintrag in der Liste, um auf der rechten Seite ein Bearbeitungsfenster zu öffnen. Dort können Sie eine Erinnerung hinzufügen, ein Fälligkeitsdatum angeben oder mit dem Hinzufügen von Schritten beginnen, um eine große Aufgabe in einzelne Meilensteine zu unterteilen. Sie können auch Notizen und Dateianhänge zu jeder Aufgabe hinzufügen und Aufgaben an andere Personen übertragen. Wenn Sie To Do zum ersten Mal mit einem Microsoft-Konto verwenden, finden Sie in der Liste "*Erste Schritte*" eine Kurzanleitung. Wenn diese Option nicht verfügbar ist, besuchen Sie *https://support.microsoft.com/todo*, wo Sie eine Reihe von Tipps, Tricks und Ratschlägen zur Fehlerbehebung finden.

Über die Schaltfläche *Neue Liste* am unteren Rand des Navigationsbereichs können Sie beliebig viele Listen erstellen.

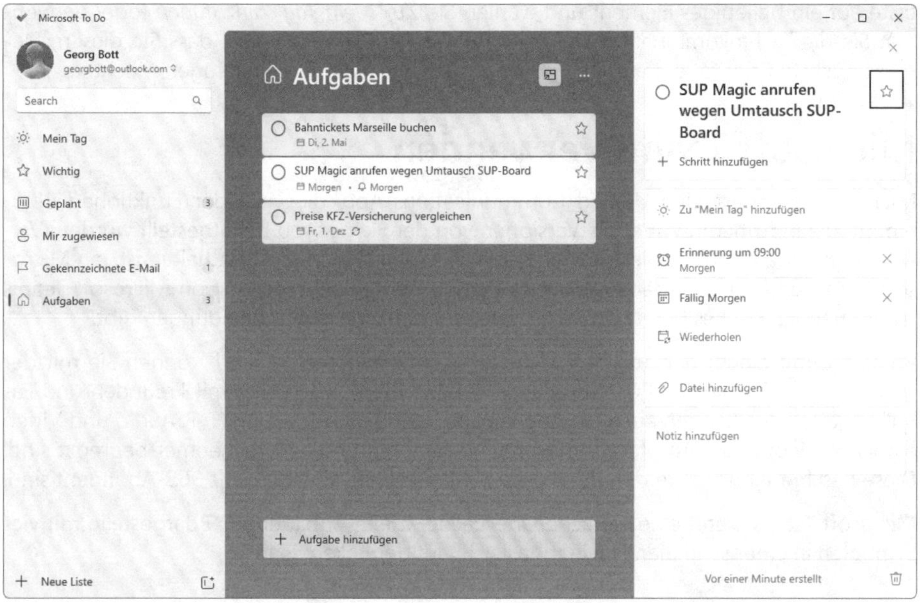

Abbildung 6.8 Das Hauptaugenmerk von Microsoft To Do liegt auf dieser Aufgabenliste, aber Sie können damit alles erstellen, von einer einfachen Einkaufsliste bis hin zu einem Schritt-für-Schritt-Aktionsplan.

Obwohl Sie Aufgaben für die Verwendung mit mehreren Konten konfigurieren können, können Sie jeweils nur eine Gruppe von Listen sehen. Um To Do für die Verwendung mit einem weiteren Konto zu konfigurieren, klicken Sie auf den Doppelpfeil rechts neben Ihrem Kontonamen und dann auf *Konten verwalten*. Dort finden Sie auch einen Link zur Einstellungsseite der App mit Optionen zum automatischen Starten von To Do, wenn Sie sich bei Windows anmelden, und zur Steuerung, ob die App automatisch Text wie *nächsten Dienstag* in Termine umwandelt.

Expertentipp

E-Mail-Nachrichten zu Ihrer To Do-Liste hinzufügen

Die Option *Nachricht kennzeichnen* in der Windows 11 Mail-App und in Microsoft Outlook arbeitet nahtlos mit Microsoft To Do zusammen. Öffnen Sie die *Einstellungen* und stellen Sie dann unter der Überschrift *Verbundene Apps* den Schalter *Gekennzeichnete E-Mail* auf *Ein*. Dadurch wird im Navigationsbereich die neue Überschrift *Gekennzeichnete E-Mail* hinzugefügt. Alle Nachrichten, die Sie zur Nachverfolgung gekennzeichnet haben, werden hier mit einem Auszug aus dem Nachrichtentext und einem Link zum Öffnen der vollständigen Nachricht in Outlook im Web angezeigt.

Wenn Sie auf den Stern neben einem Element klicken, wird es als wichtig gekennzeichnet, an den Anfang der Liste gesetzt und in die Ansicht *Wichtig* im Navigationsbereich aufgenommen. (To Do nennt diese Ansichten »intelligente Listen«. Sie können über Schalter in den Einstellungen festlegen, welche davon sichtbar sind.) Klicken Sie mit der rechten Maustaste auf ein beliebiges Element und wählen Sie *Zu "Mein Tag" hinzufügen* (oder verwenden Sie die Tastenkombination [Strg]+[1]), um To Do mitzuteilen, dass Sie diesem Element höchste Priorität einräumen und es zur Ansicht *Mein Tag* hinzufügen möchten.

Microsoft Teams verwenden

Microsoft Teams ist eine Unified Communications-App, die viele der Funktionen übernimmt, die in früheren Windows-Versionen von der Skype-App bereitgestellt wurden. Verwirrenderweise erfordert diese kostenlose App, die in Windows 11 enthalten ist, ein Microsoft-Konto und arbeitet derzeit nicht mit der Unternehmensversion von Microsoft Teams zusammen, obwohl es beim Funktionsumfang erhebliche Überschneidungen gibt.

Wenn Sie mit einem persönlichen Microsoft-Konto angemeldet sind, können Sie mit der Teams-App auf Windows-PCs, Macs und Mobilgeräten unbegrenzt mit Freunden und Familie chatten. Sie können auch Gruppenanrufe und Online-Meetings mit Audio und Video einrichten, wobei die Anrufe auf maximal 60 Minuten und 100 Teilnehmer begrenzt sind. Diese Beschränkungen werden deutlich erhöht, wenn Sie ein Microsoft 365-Abonnent sind.

Microsoft Teams bietet eine einfache Oberfläche, wie in Abbildung 6.9 dargestellt, mit vier Symbolen in einer schmalen Navigationsleiste auf der linken Seite.

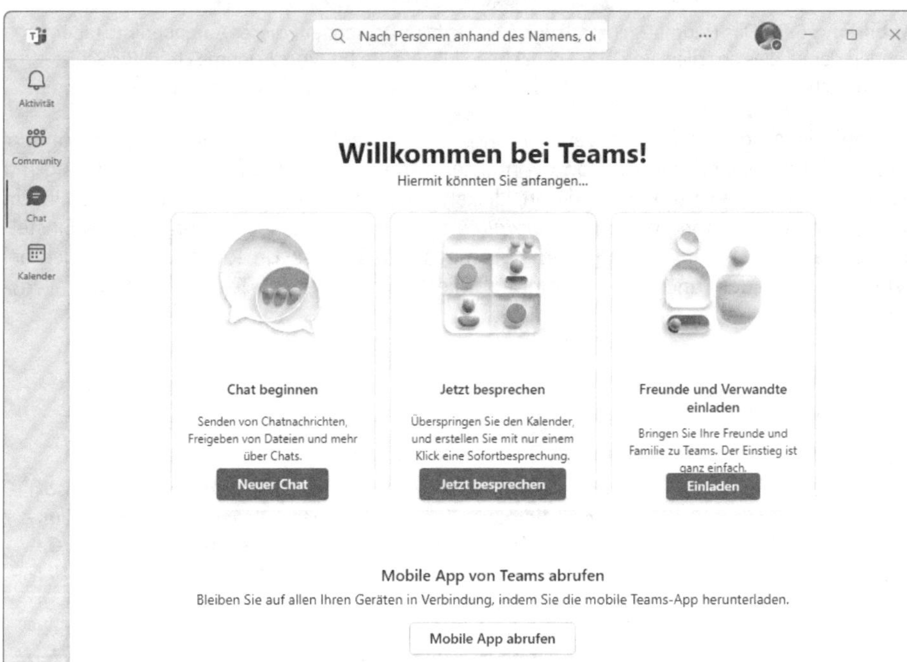

Abbildung 6.9 Verwenden Sie die Registerkarte *Chat*, um ein Microsoft Teams-Meeting zu starten oder zu planen. Sie können einen Meeting-Link kopieren, über den andere Personen über einen Browser teilnehmen können, ohne die App zu installieren.

Die Seite *Aktivität* zeigt einen Feed an, der Benachrichtigungen von all Ihren Kontakten zusammenfasst, während Sie mit den übrigen Symbolen einen Chat (im Textmodus oder mit Audio- und Videounterstützung) starten, ein Online-Meeting einleiten oder ein zukünftiges Meeting planen können.

Expertentipp

Automatische Ausführung von Teams stoppen

Wenn Ihre Freunde, Familienmitglieder und Geschäftspartner Microsoft Teams verwenden, ist es sinnvoll, Ihre Kontakte mit der App zu synchronisieren, damit Sie schnell ein Gespräch beginnen können. Öffnen Sie in der Teams-App die *Einstellungen*, klicken Sie auf *Personen* und dann unter der Überschrift *Kontakte synchronisieren* auf *Verwalten*, um Kontaktinformationen von Ihren Outlook.com- und Skype-Konten, von Google- und iCloud-Diensten und von Ihrem Mobilgerät zu importieren.

Wenn Sie Teams jedoch nicht verwenden, werden Sie sich wahrscheinlich darüber ärgern, dass das Programm automatisch gestartet wird, obwohl Sie es gar nicht verwenden wollen. Das lässt sich ganz einfach beheben. Klicken Sie beim Starten der App auf das Menü *Einstellungen* (links neben Ihrem Profilbild in der oberen rechten Ecke), klicken Sie auf die Registerkarte *Allgemein* und deaktivieren Sie dann das Kontrollkästchen *Teams automatisch starten*. Wenn Sie sicher sind, dass Sie die App nie verwenden werden, gehen Sie zu *Einstellungen | Apps | Installierte Apps*, suchen Sie die kostenlose Microsoft Teams-App und deinstallieren Sie sie.

Musik, Fotos und Filme

Das Aufkommen von Smartphones und cloudbasierten Streamingdiensten bedeutet, dass der PC nicht mehr der unverzichtbare Mittelpunkt für digitale Medien ist. PCs sind nach wie vor hervorragend für Aufgaben geeignet, bei denen es um die Bearbeitung und Verwaltung einer persönlichen Mediensammlung und die Synchronisierung Ihrer Sammlung mit Clouddiensten geht; aber Sie werden genauso häufig ein kleineres Mobilgerät oder ein Tablet verwenden, um Musik abzuspielen, einen Film anzusehen oder durch eine Sammlung digitaler Bilder zu blättern.

Microsoft Windows 11 enthält drei zentrale Medienanwendungen – Medienwiedergabe, Fotoanzeige/Fotos und Filme & TV. Eine vierte App, Clipchamp, ist eine relativ neue Ergänzung zu Windows 11 und bietet Tools zum Erstellen und Bearbeiten kurzer Videoclips. In diesem Abschnitt stellen wir alle vier Apps vor, wobei wir davon ausgehen, dass die meisten unserer Leser für viele der Aufgaben, für die diese Apps entwickelt wurden, Apps von Drittanbietern bevorzugen.

Verwenden von Medienwiedergabe zur Wiedergabe von Musik- und Videodateien

Windows 11 enthält zwei verschiedene Anwendungen zur Wiedergabe von Medien:

- Die neue App **Medienwiedergabe**, die Microsoft in der Benutzeroberfläche der App auch »neuer Media Player« nennt, ist der Ersatz für die mit Windows 10 eingeführte Groove Music-App. Wie sein Vorgänger ist es eine moderne Windows-Anwendung, die Musikdateien abspielen kann, aber Updates für die Windows 11-Version haben die Fähigkeit hinzugefügt, Audio-CDs und Videodateien abzuspielen und CD-Titel in digitale Dateiformate zu rippen.

- Der **Windows Media Player Legacy**, wie er in Windows 11 Version 22H2 genannt wird, ist praktisch identisch mit der Anwendung, die vor mehr als einem Jahrzehnt in Windows 7 eingeführt wurde. Sie dient ausschließlich der Abwärtskompatibilität und die meisten Windows 11-Benutzer werden keine Verwendung dafür haben.

Beide Anwendungen unterstützen dieselben Audiodateiformate und erstellen indizierte Bibliotheken aus dem Inhalt von Ordnern in Ihrer Musikbibliothek. Die neue Medienwiedergabe-App erstellt auch eine Indexbibliothek mit Videodateien. (Die von den beiden Apps erstellten Indizes verwenden unterschiedliche Formate und werden getrennt gespeichert.) Ein kürzlich durchgeführtes Update der neuen Medienwiedergabe-App ermöglicht die Wiedergabe und das Kopieren von Titeln von Audio-CDs.

Die Aufgabe der Windows 11-App Medienwiedergabe besteht darin, eine native Wiedergabefunktion für eine Vielzahl von Dateiformaten anzubieten. Obwohl Sie alternativ auch Apps von Drittanbietern installieren können, leistet diese App gute Arbeit bei der Wiedergabe von nahezu allen Mediendateien. Wir können uns keinen guten Grund vorstellen, warum jemand die Windows Media Player Legacy-App verwenden sollte.

Unterstützte Dateiformate

Windows 11 installiert eine Sammlung von Codecs, die Unterstützung für eine Vielzahl von Audio-, Video- und Bilddateiformaten bieten. All diese Codecs funktionieren mit den nativen Windows 11-Anwendungen, einschließlich Medienwiedergabe und Fotoanzeige. Eine vollständige Liste der unterstützten Formate finden Sie unter *https://bit.ly/supported-codecs*.

Was die Komprimierung betrifft, so unterstützt Windows 11 sowohl verlustbehaftete als auch verlustfreie Formate. Die meisten gängigen Algorithmen zur Komprimierung von Audio- (und Video-) Dateien sind verlustbehaftet, was bedeutet, dass die Komprimierung durch die Eliminierung von Daten erfolgt. Bei Audiodateien in den beliebten MP3- und AAC-Formaten (sowie den weniger beliebten Ogg-Formaten) bestehen die Daten, die während des Komprimierungsprozesses entfernt werden, hauptsächlich aus Frequenzen, die außerhalb des normalen Hörbereichs des Menschen liegen. Der Grad der Komprimierung wird durch die Bitrate bestimmt. Höhere Bitraten bewahren mehr von der ursprünglichen Klangqualität der Audiospuren, führen aber zu größeren Dateien auf Ihrer Festplatte oder Ihrem tragbaren Player. Bei niedrigeren Bitraten wird mehr Musik auf begrenztem Raum untergebracht, allerdings auf Kosten der Klangtreue.

Windows 11 unterstützt auch verlustfrei komprimierte Formate, darunter Apple Lossless Audio Codec (ALAC) und Free Lossless Audio Codec (FLAC). Diese Formate benötigen mehr Speicherplatz als ihre verlustbehafteten Gegenstücke, bieten aber eine bessere Audioqualität und benötigen deutlich weniger Speicherplatz als unkomprimierte Waveform Audio (WAV)-Dateien.

Windows 11 unterstützt auch die Wiedergabe mehrerer Videoformate, darunter MPEG-4-Video (*.mp4* und *.m4v*), QuickTime (*.mov*), Matroska-Video (*.mkv*), WebM (*.webm*) und Ogg-Container oder Theora-Dateien (*.ogv*).

Bei jeder Installation von Windows 11 wird Medienwiedergabe als Standard-Musik- und Video-Player für unterstützte Formate festgelegt.

Musik- und Videobibliotheken verwalten

Wie bei anderen nativen Windows 11-Anwendungen umfasst die Oberfläche der Medienwiedergabe auf der linken Seite den Navigationsbereich und auf der rechten Seite den Inhaltsbereich. Die schnörkellose Oberfläche besitzt eine Startseite, auf der Sie die zuletzt abgespielten Musik- und Videotitel erneut aufrufen können, und darunter separate Links für Ihre Musik- und Videobibliotheken. Abbildung 6.10 zeigt die Musikbibliothek, sortiert nach Interpreten.

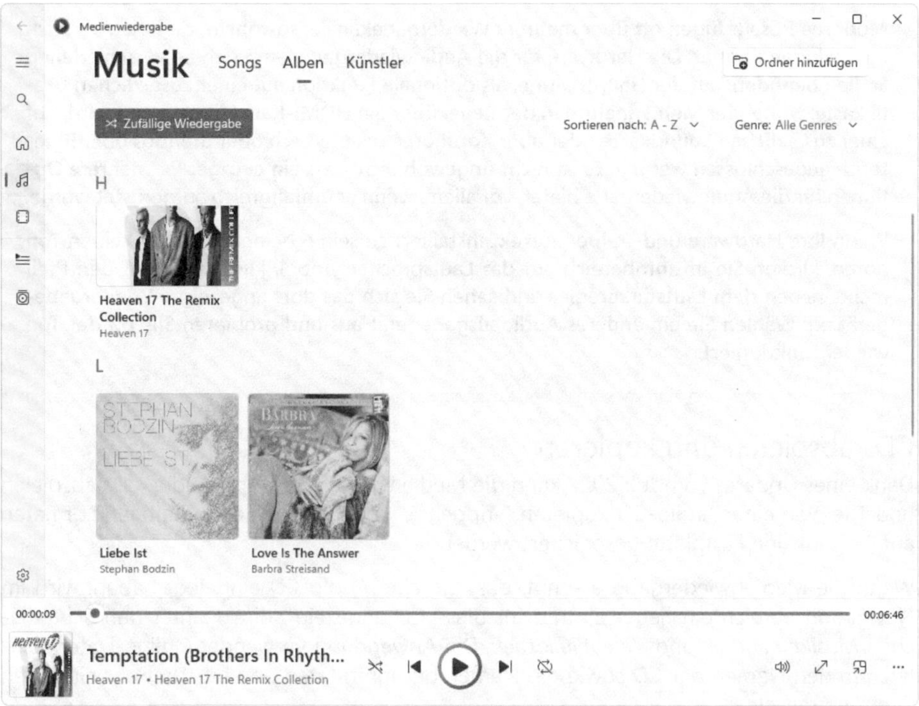

Abbildung 6.10 Medienwiedergabe kann online Albumcover und andere Metadaten für Titel in Ihrer Musikbibliothek abrufen.

Die Seite *Musikbibliothek* enthält Gruppierungsoptionen, die es Ihnen ermöglichen, Ihre lokale Sammlung nach Titeln, Alben oder Interpreten zu gliedern und mit einer Vielzahl von Sortier- und Filteroptionen darzustellen. Wenn Sie eine große Bibliothek haben, ist die Option, Alben nach Jahr sortiert anzuzeigen, eine effektive Möglichkeit, eine Zeitreise durch die Musikgeschichte zu unternehmen.

Die Seite *Videobibliothek* ist weit weniger anpassbar. Sie zeigt jede Videodatei in Ihrer Bibliothek an, Punkt.

Medienwiedergabe folgt den Konventionen der meisten modernen Player-Anwendungen, sodass das grundlegende Aussehen und die Bedienung vertraut sein sollten. Klicken Sie auf die Schaltfläche *Wiedergabe*, um die Wiedergabe eines Titels, Albums oder Videos sofort zu starten. Klicken Sie mit der rechten Maustaste auf einen Titel, ein Album oder ein Video und klicken Sie dann auf *Hinzufügen zu | Wiedergabewarteschlange*, um eine fortlaufende Live-Wiedergabeliste zu erstellen. Klicken Sie im Navigationsbereich auf *Wiedergabewarteschlange*, um zu sehen, was gerade abgespielt wird und was als Nächstes ansteht.

Unterhalb dieser Hauptnavigationslinks befindet sich die Option *Wiedergabelisten*, die einen Bereich öffnet, in dem Sie benutzerdefinierte Wiedergabelisten aus Titeln in Ihrer Bibliothek erstellen und bereits erstellte Wiedergabelisten verwalten können.

TROUBLESHOOTING

Ihre Lautsprecher bleiben stumm

Moderne PCs verfügen oft über mehrere Wiedergabekanäle, sowohl im digitalen als auch im analogen Format. Die Hardware für die Audiowiedergabe kann sich an verschiedenen Stellen befinden: auf der Hauptplatine, als optionale Funktion auf einer zusätzlichen Grafikkarte, wobei der Mehrkanalton in der Regel über ein HDMI-Kabel übertragen wird, auf einer zusätzlichen Soundkarte oder über Kopfhörer, die physisch oder drahtlos über Bluetooth angeschlossen werden. Es ist nicht ungewöhnlich, dass ein einziger PC mehrere Optionen für die Audiowiedergabe bietet, vor allem, wenn er umfangreich aufgerüstet wurde.

Wenn Ihre Hardware und Treiber korrekt installiert zu sein scheinen, Sie aber keinen Ton hören, klicken Sie im Infobereich auf das Lautsprechersymbol, klicken Sie auf den Pfeil rechts neben dem Lautstärkeregler und sehen Sie sich das dort angezeigte Wiedergabegerät an. Wählen Sie ein anderes Audioausgabegerät aus und probieren Sie, ob der Ton wieder funktioniert.

CDs abspielen und kopieren

Dank eines Updates vom Juli 2022 kann die Medienwiedergabe-App Audio-CDs abspielen und Titel von einer Audio-CD kopieren (»rippen«), wobei diese Titel in digitalen Formaten auf Ihrer lokalen Festplatte gespeichert werden.

Wenn die Medienwiedergabe erkennt, dass Sie eine Audio-CD eingelegt haben, wird im Navigationsbereich ein neuer Eintrag für diese CD angezeigt, direkt unter den Schaltflächen *Musikbibliothek* und *Videobibliothek*. Die Anwendung verwendet Online-Datenquellen, um den Namen der CD sowie die Namen der Interpreten und die Titel der einzelnen Titel zu ermitteln.

Um das digitale Format für Ihre gerippten CD-Tracks auszuwählen, wählen Sie in der Navigationsleiste den Eintrag für die Audio-CD aus und klicken Sie neben der Schaltfläche *Wiedergabe* auf die Schaltfläche *Rip-Einstellungen*. Wenn diese Schaltfläche nicht sichtbar ist, klicken Sie zuerst auf *Weitere Infos* (die drei Punkte). Daraufhin werden die Optionen für die Rip-Einstellungen angezeigt (siehe Abbildung 6.11).

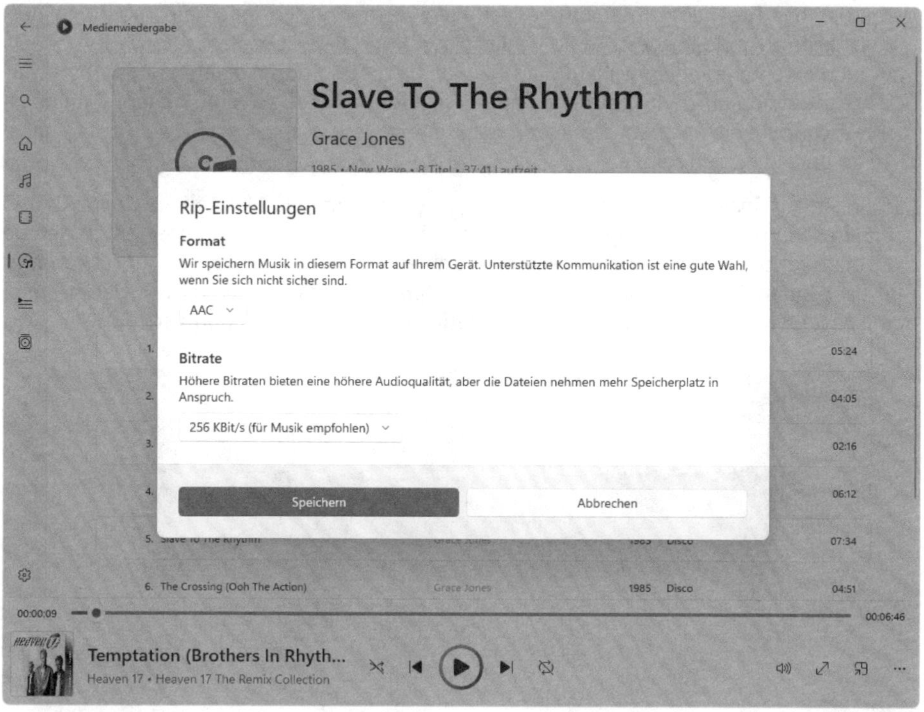

Abbildung 6.11 Der neue Media Player bietet eine Auswahl an verlustbehafteten und verlustfreien Formaten zum Rippen von Tracks von Audio-CDs.

Das Menü *Format* bietet vier Optionen. Für maximale Kompatibilität wählen Sie *AAC*, das funktionell dem bekannten MP3-Format entspricht und mit jeder modernen Medienwiedergabesoftware abspielbar sein sollte. Wenn Sie sich für dieses Format entscheiden, wählen Sie im darunter liegenden Menü *Bitrate* eine Qualitätsstufe aus, wobei höhere Bitraten zwar zu einer besseren Klangqualität führen, aber auch mehr Speicherplatz erfordern. (Uns fällt kein guter Grund ein, das verlustbehaftete WMA-Format zu wählen.)

Expertentipp

Warum gibt es in der Medienwiedergabe-App keine Option zum Rippen im MP3-Format?

Warum bietet der neue Media Player nicht die Möglichkeit, Titel in das beliebte MP3-Format zu rippen? Diese Entscheidung ist auf die Softwarelizenzierungsanforderungen zurückzuführen. Softwareentwickler, die die MP3-Codierungsalgorithmen verwenden, müssen an die Fraunhofer-Gesellschaft, die Inhaberin der MP3-Patente ist, eine Lizenzgebühr zahlen. Für Microsoft würde das bedeuten, dass man für jeden der über eine Milliarde Windows-PCs weltweit ein paar Cent zahlen müsste, obwohl nur ein winziger Bruchteil dieser PCs jemals einen einzigen MP3-Titel codieren wird. Im Hinblick auf die Kompatibilität ist das AAC-Format ebenso attraktiv und die Lizenzgebühren sind wesentlich geringer.

Wenn Sie Ihre Titel lieber in einem verlustfreien Format rippen möchten, haben Sie zwei Möglichkeiten: Apple Lossless Audio Codec (ALAC) und Free Lossless Audio Codec (FLAC). Im Allgemeinen empfehlen wir, FLAC zu wählen, da dieses Format weithin unterstützt wird und Musikdateien effizient speichert, ohne dass Informationen verloren gehen. Zumindest theoretisch sollte ein in einem dieser verlustfreien Formate gespeicherter Titel vom Original nicht zu unterscheiden sein.

Klicken Sie auf *Speichern*, um Ihre Einstellungen festzulegen, und klicken Sie dann auf *Info bearbeiten*, um eine Auflistung wie die in Abbildung 6.12 gezeigte anzuzeigen, in der Sie die Details für das Album ändern können, z.B. einen Tippfehler in einem Songtitel korrigieren. Verwenden Sie den Link *Albuminformationen online aktualisieren* am oberen Rand, damit Medienwiedergabe online nach alternativen Versionen des Albums sucht.

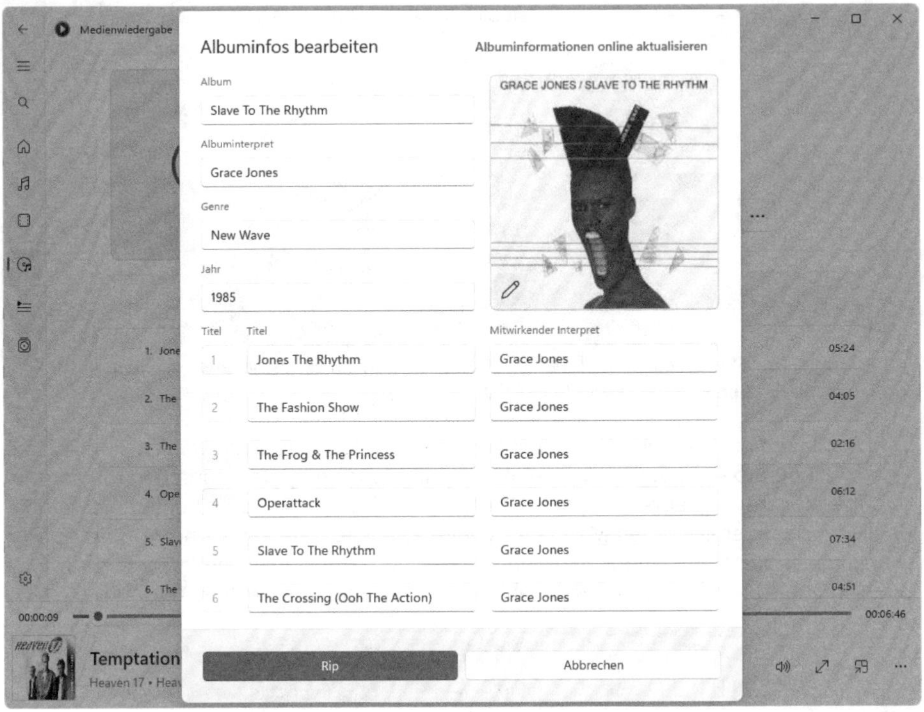

Abbildung 6.12 Nehmen Sie sich ein wenig Zeit, um diese Metadaten vor dem Kopieren einer CD zu erfassen, damit die digitalen Dateien richtig organisiert sind.

Medienwiedergabe verwendet diese Metadaten, um für den Interpreten einen Ordner und für das zu rippende Album einen Unterordner zu erstellen und die Titel zu benennen. Klicken Sie auf *Rip*, um zu beginnen. Medienwiedergabe kopiert jeden CD-Titel in eine separate Datei und speichert diese standardmäßig im Speicherort für die Musikbibliothek des aktuell angemeldeten Benutzerprofils (standardmäßig ist dieser Speicherort *%UserProfile%\Music*).

Ausführliche Informationen zum Ändern des Standardspeicherorts finden Sie unter »Bibliotheken verwenden« in Kapitel 9, »Datei-Explorer verwenden«.

Verwenden der App Fotoanzeige zum Anzeigen und Bearbeiten von Bilddateien

Windows-Fotoanzeige, das in jeder Ausgabe von Windows 11 enthalten ist, ist ein leichtgewichtiges, aber leistungsfähiges Tool zum Anzeigen, Verwalten und Bearbeiten einer Sammlung von digitalen Bildern. Microsoft hat diese Anwendung mit Windows 11 Version 22H2 erheblich verbessert und wir stellen in diesem Kapitel die aktuelle Version vor.

> **Hinweis**
>
> **Der alte Hase unter den Bildbearbeitungsprogrammen, Paint, wurde für Windows 11 neu verpackt und aktualisiert, bleibt aber aus Kompatibilitätsgründen weiterhin Bestandteil des Betriebssystems. Wir gehen in diesem Kapitel auf Paint nicht weiter ein.**

Windows-Fotoanzeige Version 2022 hat eine neue Benutzeroberfläche, die sich stärker an anderen integrierten Windows-Anwendungen orientiert. Sie enthält die meisten Funktionen ihres Vorgängers, mit einer bemerkenswerten Ausnahme: Die Videobearbeitungstools der Vorgängerversion stehen nicht zur Verfügung. (Wenn Sie einen Videoclip bearbeiten müssen, erwarten die Entwickler von Windows 11, dass Sie Clipchamp, das neue Standard-Videobearbeitungsprogramm, verwenden.)

Die vorherige Version der App Fotoanzeige aktualisiert sich automatisch auf die neue Version. Wenn Sie die vorherige Version installieren müssen, ist sie im Microsoft Store unter dem Namen *Microsoft Fotos-Legacy* verfügbar. Eine Verknüpfung zu diesem Store-Element ist in der neuen App Fotoanzeige verfügbar. Gehen Sie zu den *Einstellungen* und klicken Sie unter der Überschrift *Über* auf *Photos Legacy abrufen*.

Fotoanzeige sammelt Ihre Digitalfotos (aus lokalen Ordnern und von OneDrive) und zeigt sie in einer Miniaturansicht an, die einfach zu durchsuchen ist. Wenn Sie die OneDrive-App auf Ihrem Smartphone installiert und so konfiguriert haben, dass Ihre neuen Fotos automatisch hochgeladen werden, sobald Sie sie aufgenommen haben, haben Sie einfachen Zugriff auf die leichtgewichtigen Bearbeitungswerkzeuge in der App Fotoanzeige, ohne sich mit dem Import von Fotos herumschlagen zu müssen.

Abbildung 6.13 zeigt die Benutzeroberfläche der neuen Fotoanzeige, in der die gesamte Fotosammlung zum Durchsuchen und Bearbeiten zur Verfügung steht.

Fotoanzeige zeigt eine vereinheitlichte Ansicht aller Bilddateien an, die sich in Ihrer Bilderbibliothek befinden. Sie enthält auch die Option, Fotos und Videos von OneDrive anzuzeigen, selbst wenn diese Dateien nicht mit Ihrem PC oder Tablet synchronisiert sind.

Der Navigationsbereich auf der linken Seite enthält oben die Verknüpfung *Alle Fotos*. Wenn Sie auf diese Verknüpfung klicken, wird eine kombinierte Ansicht aller digitalen Bilder im Ordner *Bilder* des verknüpften OneDrive-Kontos und aller Ordner in der lokalen Bilderbibliothek geöffnet. Klicken Sie auf eine einzelne Ordnerüberschrift im Navigationsbereich, um nur die an diesem Ort gespeicherten Bilddateien anzuzeigen.

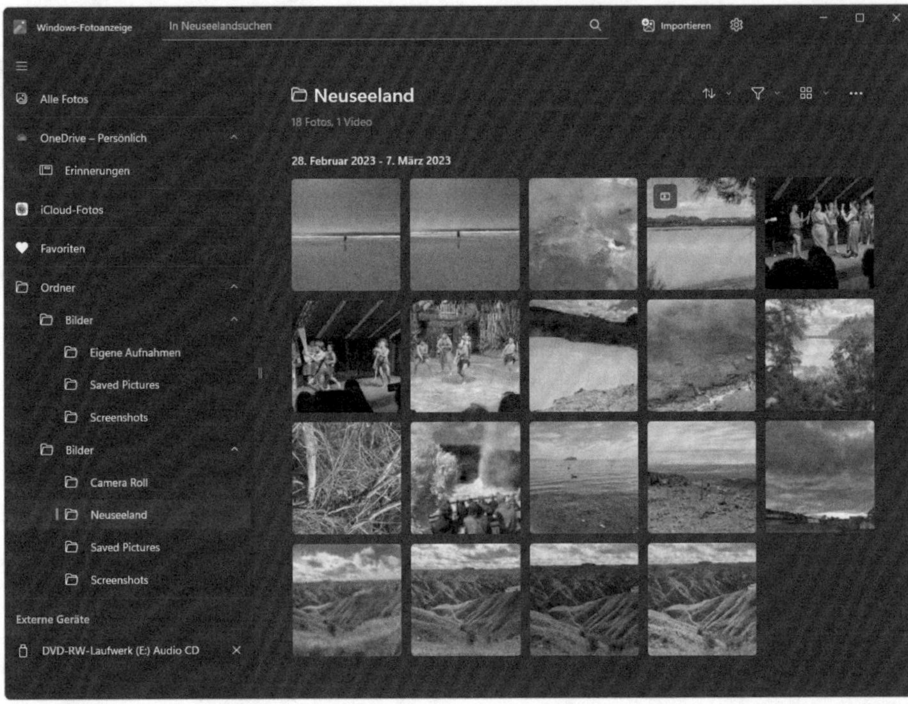

Abbildung 6.13 Wenn Sie oben im Navigationsbereich auf *Alle Fotos* klicken, wird eine vereinheitlichte Sammlung von digitalen Bildern aus verschiedenen Ordnern angezeigt, die nach Datum sortiert sind, wobei die neuesten Fotos zuerst angezeigt werden.

▶ **Einzelheiten zur Funktionsweise von Bibliotheken finden Sie im Abschnitt »Bibliotheken verwenden« in Kapitel 9.**

Um einen Ordner hinzuzufügen oder zu entfernen, klicken Sie auf die Überschrift *Ordner*. Diese Aktion zeigt alle derzeit verfügbaren Ordner im Inhaltsbereich an. Klicken Sie auf die Schaltfläche *Ordner hinzufügen* und wählen Sie einen beliebigen vorhandenen Ordner aus, um ihn zur Bilderbibliothek hinzuzufügen und in der Fotoanzeige verfügbar zu machen. Klicken Sie mit der rechten Maustaste auf einen beliebigen Ordner und wählen Sie *Ordner entfernen*, um die Anzeige seines Inhalts in der App zu beenden. (Wenn Sie hier einen Ordner entfernen, wird er nicht aus dem lokalen Speicher oder aus OneDrive gelöscht.)

Mit den drei Symbolen oben rechts können Sie die Darstellung des Inhaltsfensters ändern. Dort können Sie die Sortierreihenfolge festlegen (*Datum der Aufnahme* ist die Standardeinstellung), den Inhalt so filtern, dass nur Fotos oder nur Videos angezeigt werden, und die Darstellung der Miniaturansichten ändern. Für letztere Einstellung wählen Sie *Fluss*, um die Miniaturbilder in ihrem tatsächlichen Seitenverhältnis anzuzeigen, und *Quadrat*, um jedes Foto als Quadrat darzustellen. Bei beiden Optionen können Sie auch eine Größe wählen, von *Groß* (am besten, wenn Sie schnell durch eine kleine Gruppe zusammengehöriger Bilder gehen wollen) über *Mittel* bis *Klein* (ideal, um schnell durch eine Zeitleiste zu blättern, um Fotos eines bestimmten Datums zu finden).

> ## Hinweis
>
> **Als wir diesem Kapitel den letzten Schliff gaben, kündigte Microsoft an, dass die neueste Version der iCloud-App von Apple, die im Microsoft Store erhältlich ist, die Integration Ihrer iCloud-Fotobibliothek in die App Fotoanzeige ermöglicht. Diese Integration fügt dem Navigationsbereich im Datei-Explorer und in der Fotoanzeige die Überschrift *iCloud-Fotos* hinzu, deren Inhalt in der Ansicht *Alle Fotos* angezeigt wird.**

Wenn Sie durch eine Sammlung blättern, ändert sich die Überschrift über den Miniaturbildern und zeigt das Aufnahmedatum an (oder, wenn Sie die Sortierreihenfolge geändert haben, das Datum, an dem das Bild erstellt oder geändert wurde). Auf den Miniaturansichten selbst bedeutet ein blaues Symbol, dass sich das Bild in OneDrive befindet; ein separates Symbol mit drei sich überlappenden Rechtecken zeigt an, dass das Bild über doppelte Kopien verfügt.

Abbildung 6.14 Wählen Sie nach dem Öffnen eines Bilds ein oder mehrere weitere Miniaturbilder aus dem Filmstreifen am unteren Rand aus, um die Bilder nebeneinander zu vergleichen.

Klicken Sie auf ein beliebiges Miniaturbild, um es in voller Größe zu öffnen. Dabei wird das Bild so gezoomt, dass es ohne Beschneidung in das App-Fenster passt, und es werden kleine Miniaturbilder anderer Bilder von derselben Stelle in der Sammlung in einem Filmstreifen am unteren Rand des Fensters angezeigt. Klicken Sie mit der rechten Maustaste auf das Bild, um weitere Optionen anzuzeigen, wie in Abbildung 6.14 dargestellt.

Die Optionen im oberen Teil des Kontextmenüs sind relativ einfach: *Speichern als, Drucken, Kopieren* usw. Wählen Sie *Bildgröße ändern*, wenn Sie ein Bild auf einer Webseite oder als Teil einer E-Mail verwenden und den Speicherplatz reduzieren möchten.

Mit den Optionen *Tatsächliche Größe anzeigen* und *Fenster ausfüllen* können Sie ein Bild näher betrachten, das größer ist als das Fenster der App, wobei Sie möglicherweise scrollen müssen, um Details zu sehen, die nicht in das Fenster hineinpassen. Klicken Sie auf *Mit Zoom anpassen*, um zur Standardansicht zurückzukehren. Verwenden Sie die sich darunter befindenden Befehle *Zu Favoriten hinzufügen/Aus Favoriten entfernen* darunter, um Bilder, die Ihnen gefallen, zu markieren, damit Sie sie schnell über die Favoritenansicht abrufen können.

> ### Hinweis
> **Sie können nur Dateien im *.jpg*- und im *.mp4*-Format zu den Favoriten hinzufügen.**

Wenn Sie unten im Filmstreifen mehrere Miniaturbilder auswählen, zeigt Fotoanzeige die Bilder nebeneinander im App-Fenster an. So können Sie ähnliche Aufnahmen aus derselben Sequenz vergleichen und entscheiden, welche besser ist.

Die kleine Symbolleiste oben in diesem Fenster enthält einige Bearbeitungsoptionen sowie eine Schaltfläche *Dateiinformationen*. (Wenn Sie Ihre Hände lieber auf der Tastatur lassen möchten, drücken Sie Alt+↵.) Der Infobereich zeigt Details über die Bilddatei und einige ihrer Metadaten an, wie in Abbildung 6.15 dargestellt.

Abbildung 6.15 Drücken Sie Alt+↵, um diesen Infobereich zu öffnen, in dem Sie die Bilddatei umbenennen, die Metadaten des Bilds einsehen und eine eigene Beschreibung hinzufügen können.

Im Infobereich können Sie den Namen einer Bilddatei ändern – nützlich, wenn Sie den von der Kamera generierten Standarddateinamen durch einen aussagekräftigeren Namen ersetzen möchten. Sie können der Bilddatei auch eine Beschreibung hinzufügen, mit der Sie sie im Datei-Explorer finden können. Beachten Sie, dass viele der im Infobereich angezeigten Metadaten, einschließlich technischer Details zur Kamera, schreibgeschützt sind. Sie können jedoch die Angaben zum Aufnahmedatum und zur Aufnahmezeit ändern. Dies kann zum Beispiel notwendig sein, wenn die Uhr Ihrer Kamera oder Ihres Smartphones noch auf Ihre Heimatzeitzone eingestellt war, obwohl das Foto auf einem anderen Kontinent aufgenommen wurde.

Bei Fotos, die in einem lokalen oder Netzwerkordner gespeichert sind, können Sie direkt mit der Datei und ihren Metadaten arbeiten; klicken Sie auf den Link unter der Überschrift Dateipfad, um den Ordner, der das Bild enthält, im Datei-Explorer zu öffnen.

Fotoanzeige zum Zuschneiden und Bearbeiten von Bildern verwenden

Die größte Stärke der Fotoanzeige besteht darin, dass die App eine Sammlung von einfach zu verwendenden, und dennoch leistungsfähigen Bearbeitungswerkzeugen enthält. Nachdem Sie ein Bild geöffnet haben, klicken oder tippen Sie in der Symbolleiste oben im Fenster auf die Schaltfläche *Bild bearbeiten* oder drücken Sie `Strg`+`E` (E für »edit«).

TROUBLESHOOTING

Keine Befehlsnamen und Texte in App für die Bearbeitung der Fotos

Leider enthält in der aktuellen deutschen Version von Windows 11 (Stand Mai 2023) die App, die für das Bearbeiten der Fotos verwendet wird, einen Programmfehler: Die App zeigt nur Symbole/Schaltflächen, aber keine Texte an. Sie können dieses Problem mit einem Workaround beheben:

1. **Gehen Sie zu *Einstellungen | Zeit und Sprache | Sprache und Region*.**
2. **Klicken Sie im Abschnitt *Bevorzugte Sprachen* auf *Sprache hinzufügen*.**
3. **Fügen Sie eines der Sprachpakete für Englisch hinzu, beispielsweise *Englisch (Vereinigtes Königreich)*.**
4. **Warten Sie, bis die Installation beendet ist.**
5. **Klicken Sie neben dem Sprachpaket *Englisch* auf die drei Punkte. Wählen Sie so oft *Nach oben*, bis dieses Sprachpaket oben in der Liste steht.**
6. **Wenn Sie jetzt Windows-Fotoanzeige neu starten, die aufgrund der Änderung der *Bevorzugten Sprache* im Startmenü als *Photos* angezeigt wird, sehen Sie alle Beschriftungen, wenn leider auch nur in englischer Sprache. Ohne die Beschriftungen ist die App kaum gut zu bedienen.**

Dieser Workaround ändert die Anzeigesprache für die modernen Windows-Apps, die Bestandteil von Windows 11 sind. Wenn Sie die anderen Apps lieber mit einer deutschen Oberfläche verwenden, können Sie, nachdem Sie Fotoanzeige nicht mehr benötigen, das Sprachpaket Deutsch wieder an die erste Stelle der Liste *Bevorzugte Sprachen* ziehen.

Für die weiteren Bildschirmabbildungen der Fotoanzeige verwenden wir das Sprachpaket Englisch, damit Sie sich besser zurechtfinden.

Wenn Sie eine zufällige Aufnahme schnell in etwas verwandeln möchten, das Sie behalten und weitergeben möchten, beginnen Sie mit den Werkzeugen im Menü *Zuschneiden*, wo Sie das Bild nach Bedarf zuschneiden, spiegeln, drehen und begradigen können. Unterhalb des Bilds sind zwei Gruppen von Bearbeitungswerkzeugen verfügbar. Die erste Gruppe, die oben in Abbildung 6.16 zu sehen ist, enthält einen Schieberegler, mit dem Sie ein Bild beliebig drehen und so begradigen können, sowie zusätzliche Schaltflächen zum Drehen um jeweils 90° und zum Spiegeln des Bilds. Klicken Sie auf das Symbol unter der Mitte des Schiebereglers, um die Auswahlmöglichkeiten zu öffnen, die Sie unten in Abbildung 6.16 sehen und mit denen Sie ein bestimmtes Seitenverhältnis festlegen können.

Abbildung 6.16 Klicken Sie auf das Symbol unter dem Schieberegler, mit dem Sie das Bild drehen und auf diese Art begradigen können, um die Auswahl an festen Seitenverhältnissen anzuzeigen, die für das Zuschneiden auf eine bestimmte Form nützlich sind.

Begradigen Sie ein Bild, indem Sie seinen Horizont um jeweils ein Grad in eine der beiden Richtungen verschieben. Nachdem Sie ein Seitenverhältnis ausgewählt haben, greifen Sie eine der Seiten oder Ecken des Bilds und ziehen Sie, um seine Größe zu ändern. Wenn Sie die Option *Frei/Free* wählen, können Sie das Bild ohne Einschränkungen in eine beliebige rechteckige Form ziehen.

Klicken Sie auf *Anpassen/Adjustment*, um zu einem anderen Satz von Bearbeitungswerkzeugen zu wechseln, wie in Abbildung 6.17 gezeigt.

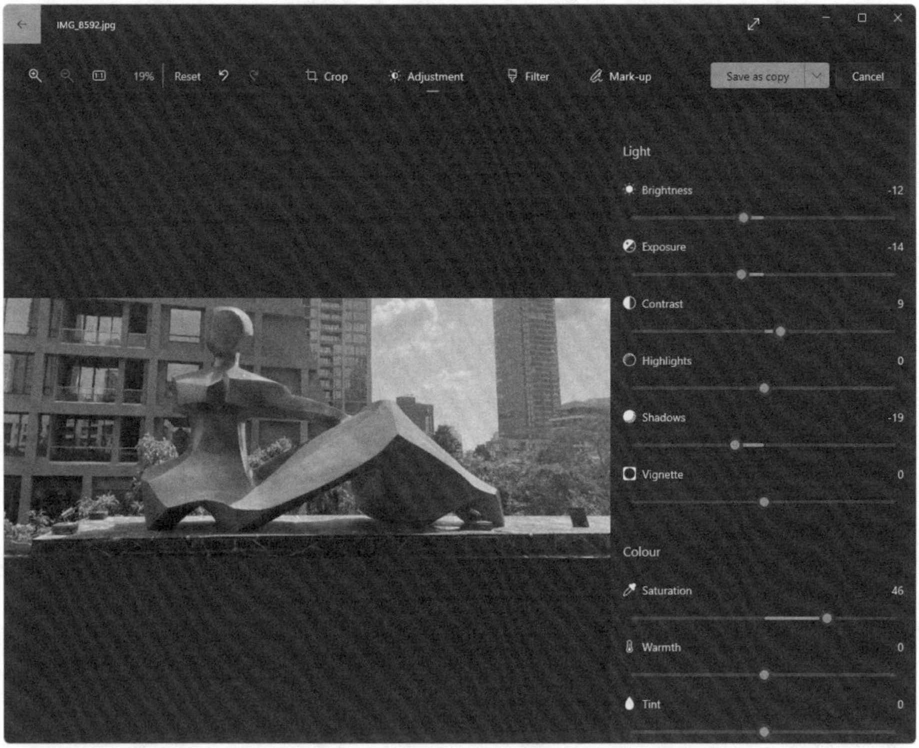

Abbildung 6.17 Mit diesen Werkzeugen zur Licht- und Farbbearbeitung, die schlechte Beleuchtung oder Belichtung ausgleichen können, lässt sich ein Foto verbessern.

Die Schieberegler für *Helligkeit/Brightness* und *Belichtung/Exposure* am oberen Rand des Fensters funktionieren auf einfache Weise. Schieben Sie sie nach links, um ein überbelichtetes Foto dunkler zu machen, oder nach rechts, um ein Bild aufzuhellen, das etwas zu dunkel erscheint.

Verwenden Sie die drei unteren Schieberegler unter der Überschrift *Farbe/Color*, um die Farbtemperatur, den Farbton oder die Sättigung des Bilds zu ändern, zum Beispiel um einen Blaustich durch Innenbeleuchtung auszugleichen. Schieben Sie die Leiste ganz nach links, um alle Farben zu entfernen und das Bild in einfarbig umzuwandeln, und nach rechts, um die Sättigung des Bilds zu erhöhen. Alle diese Effekte sollten nur in Maßen eingesetzt werden.

Wenn Ihnen das Ergebnis nach dem Experimentieren mit diesen Effekten nicht gefällt, klicken Sie oben links auf die Schaltfläche *Zurücksetzen/Reset*, um das Bild auf die ursprünglichen Einstellungen zurückzusetzen und neu zu beginnen.

Die Überschrift *Filter* öffnet eine Palette mit 15 vordefinierten Filtern, die zusammen dem Bild ein unverwechselbares Aussehen verleihen. Verwenden Sie den Schieberegler *Intensität/Intensity*, um die Wirkung des Filters einzustellen. Es ist überhaupt kein Problem, verschiedene Filter auszuprobieren, um zu sehen, ob Ihnen das Ergebnis gefällt. Sie können jederzeit die Option *Original* (das erste Element in der Liste der Filter) wählen, um alle Effekte zu entfernen.

Wenn Sie mit Ihren Bearbeitungen zufrieden sind, verwenden Sie das Menü oben rechts, um eine Kopie des Bilds unter einem neuen Namen zu speichern *(Als Kopie speichern /Save as copy)* oder um alle Bearbeitungen unter demselben Dateinamen zu übernehmen und das aktuelle Bild zu ersetzen *(Speichern/Save).*

Filme & TV verwenden, um gekaufte Mediendateien anzusehen

Mit den jüngsten Verbesserungen von Microsoft, die den neuen Media Player/die Medienwiedergabe zum Standardplayer für persönliche Videodateien machen, wurde die App *Filme & TV* deutlich degradiert. Ab Windows 11 Version 22H2 besteht ihre Hauptaufgabe in der Wiedergabe von Filmen und Fernsehsendungen, die über den Microsoft Store gekauft wurden, bei dem es sich nicht nur zufällig um die gleiche Quelle handelt, die für den Kauf und die Wiedergabe von Medien auf Xbox-Konsolen verwendet wird. Wenn Sie ein begeisterter Konsument von Inhalten auf der Xbox-Plattform sind, könnte diese App für Sie interessant sein. Wenn nicht, ist sie weitgehend irrelevant.

Die App Filme & TV wurde seit Ende 2022 nicht mehr aktualisiert, und entspricht nicht den Designprinzipien anderer nativer Windows 11-Apps. Anstelle eines Navigationsbereichs auf der linken Seite befindet sich hier eine Navigationsleiste am oberen Rand des Fensters, wie in Abbildung 6.18 gezeigt.

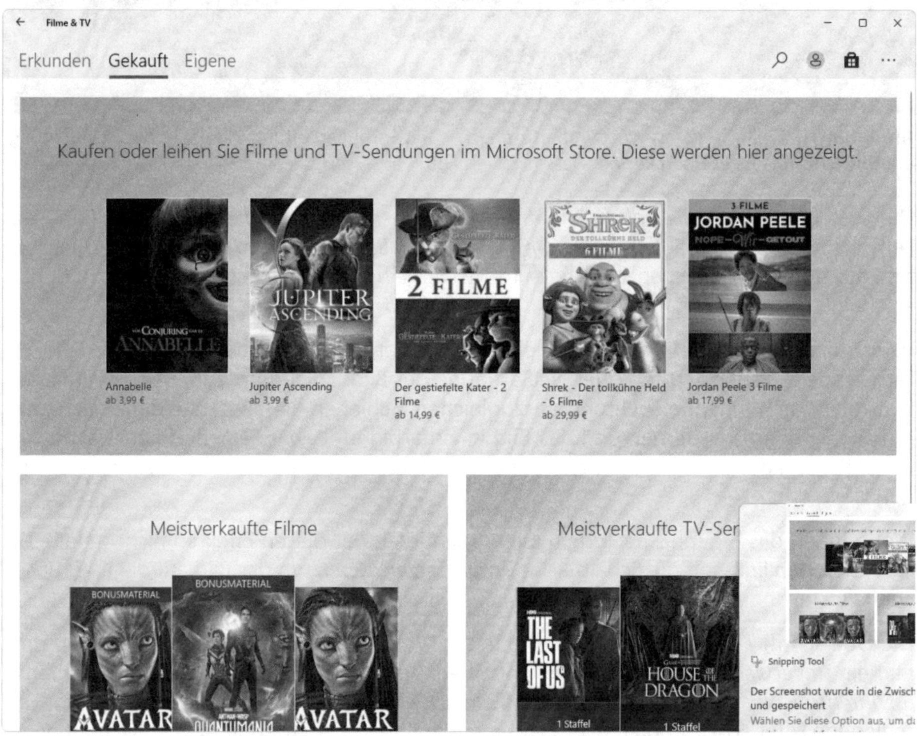

Abbildung 6.18 Filme und Fernsehsendungen, die Sie über eine Xbox oder im Microsoft Store gekauft haben, können in der App Filme & TV wiedergegeben werden.

Expertentipp

Warum können die integrierten Apps meine DVDs nicht abspielen?

Wie sein Vorgänger bietet auch Windows 11 keine Möglichkeit, DVDs (oder von DVDs gerippte MPEG-2-Dateien) abzuspielen. Diese Entscheidung spiegelt zwei Marktgegebenheiten wider: Die meisten neuen PCs sind nicht mehr mit optischen Laufwerken ausgestattet und die Kosten für Lizenzgebühren für DVD-Wiedergabesoftware sind erheblich. Bei dem kleinen Prozentsatz der PCs, die mit optischen Laufwerken ausgeliefert werden, liefert in der Regel der Hersteller eine Wiedergabesoftware mit.

Microsoft bietet eine DVD-Player-App an, die Sie im Store kaufen können. Als kostenlose Alternative empfehlen wir die Software VLC Media Player, die die erforderlichen Codecs enthält und als Desktop-Version unter *https://videolan.org* erhältlich ist. Die VLC-Desktop-App ist auch als Paketversion im Microsoft Store erhältlich. Eine ältere Version der VLC-App ist ebenfalls im Store unter dem Namen VLC UWP erhältlich; vermeiden Sie diese Version, die im Store eine deutliche Warnung enthält, dass sie keine DVD-Wiedergabe unterstützt.

Obwohl diese App eine Registerkarte *Eigene* enthält, auf der Dateien aus Ihrer Videobibliothek angezeigt werden, ist diese Anzeige ein Duplikat dessen, was Sie in der neueren Medienbibliothek finden, und wir empfehlen, diese App für Ihre Sammlung persönlicher Videodateien zu verwenden.

Clipchamp zum Bearbeiten von Videoclips verwenden

Obwohl Clipchamp in der Titelleiste als Videoeditor bezeichnet wird, könnte diese Bezeichnung etwas irreführend sein. Diese Anwendung könnte eher als Videoerstellungstool bezeichnet werden, mit besonderem Schwerpunkt auf Kurzvideos für Werbung und Social Media-Apps. Innerhalb der Anwendung gibt es keine Möglichkeit, eine Videodatei zu öffnen, obwohl Sie im Datei-Explorer mit der rechten Maustaste auf einen beliebigen Videoclip klicken und wählen können, dass er mit Clipchamp geöffnet wird.

Microsoft kaufte Clipchamp im Jahr 2021 und integrierte die App im folgenden Jahr in Windows 11. Im Gegensatz zu den meisten Apps, die in Windows 11 enthalten sind, folgt Clipchamp einem Freemium-Modell, bei dem erweiterte Funktionen ein kostenpflichtiges Abonnement erfordern.

Wenn Sie bereits ein Microsoft 365-Konto haben, können Sie mit Clipchamp Videos mit einer Auflösung von bis zu 1080p exportieren, mit kostenlosen Archivfotos und einer Auswahl an Filtern und Effekten. Ein kostenpflichtiges Abonnement fügt Premium-Stockfotos, Premium-Filter-Effekte und ein Markenkit hinzu, das Unternehmen nutzen können, um Schriftarten, Farben und Logos auf jedes Video anzuwenden.

Die Clipchamp-Benutzeroberfläche ermutigt Sie, Videos mit Vorlagen für gängige Online-Dienste wie YouTube, Instagram und TikTok zu erstellen, wie in Abbildung 6.19 gezeigt. Sie können ein Video mit Ihrem Bildschirm, Ihrer Webcam oder beidem aufnehmen.

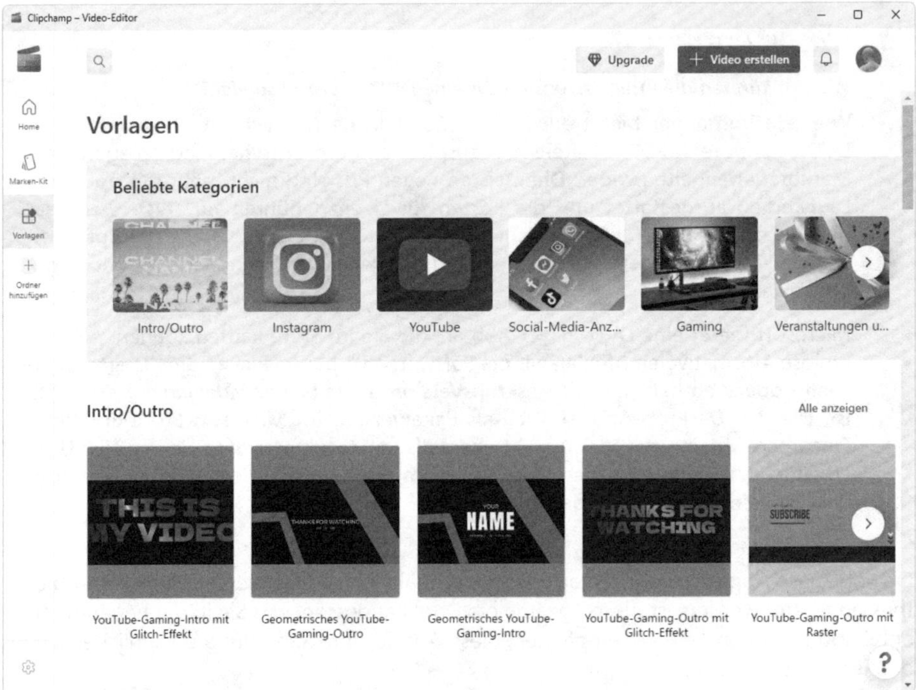

Abbildung 6.19 Die Clipchamp-Benutzeroberfläche ist für die Erstellung von Inhalten für soziale Medien, Anzeigen und anderen kurzen Clips konzipiert.

Wenn Sie ein Video aus einer dieser Vorlagen erstellen, gelangen Sie zu einem voll funktionsfähigen Video-Editor, den wir wahrscheinlich auf vielen Seiten beschreiben könnten. Wir vermuten, dass Clipchamp einige bedeutende Überarbeitungen durchlaufen wird, während es seinen Platz in der Windows-App-Landschaft findet. Anstatt die Funktionen hier zu dokumentieren, empfehlen wir Ihnen, es selbst auszuprobieren.

Screenshots mit Snipping Tool erstellen

Bilder sagen mehr als Worte, und manchmal ist ein Screenshot des aktuellen Fensters oder Bildschirms der ideale Weg, um eine PowerPoint-Präsentation zu verbessern, einen Vorgang zu erklären oder sich zu einem späteren Zeitpunkt daran zu erinnern, was Sie wie gemacht haben. Alle Windows-Versionen, von der allerersten bis zur aktuellen, bieten zwei Tastenkombinationen für die Erfassung von Bildschirminhalten:

- `Druck/S-Abf` nimmt ein Bild des gesamten Bildschirms auf. Wenn Sie mehrere Monitore haben, umfasst das Bild alle Bildschirme.
- `Alt` + `Druck/S-Abf` nimmt ein Bild des aktuellen Fensters auf.

Beide Methoden erstellen Bitmaps und legen sie in die Zwischenablage. Von dort können Sie das Ergebnis in jedes beliebige Programm einfügen, das mit Bildern umgehen kann.

Hinweis

Diese beiden Methoden können auch automatisch eine Bilddatei (im PNG-Format) in Ihrem persönlichen OneDrive-Konto speichern. Um diese Funktion ein- oder auszuschalten, klicken Sie im Infobereich mit der rechten Maustaste auf das OneDrive-Symbol und wählen Sie *Einstellungen*. Die Einstellung befindet sich auf der Registerkarte *Sicherung* unter *Screenshots*.

Windows 11 stellt wie seine Vorgänger zwei zusätzliche integrierte Tastenkombinationen zur Verfügung:

- [Win]+[Druck/S-Abf] erfasst ein Bild aller aktuellen Bildschirme (einschließlich der sekundären Bildschirme) und speichert dieses Bild als *.png*-Datei im Unterordner *Screenshots* Ihres Ordners *Bilder*.
- [Win]+[⇧]+[S] blendet den Bildschirm aus und öffnet die App Snipping Tool, die am oberen Rand des Bildschirms eine Symbolleiste mit vier Schaltflächen anzeigt, mit denen Sie den aktuellen Bildschirm ganz oder teilweise erfassen können, wie in Abbildung 6.20 gezeigt.

Abbildung 6.20 Mit der App Snipping Tool können Sie den gesamten oder einen Teil des Windows 11-Bildschirms erfassen.

Von links nach rechts können Sie mit diesen Schaltflächen eine der folgenden Arten von Screenshots festlegen:

- **Rechteckmodus** Klicken Sie, um eine Ecke des zu erfassenden Bereichs zu definieren, und ziehen Sie dann diagonal. Lassen Sie die Maustaste los, wenn Sie die gegenüberliegende Ecke des rechteckigen Bereichs erreichen.
- **Freihandmodus** Klicken und ziehen Sie in eine beliebige Richtung, um eine unregelmäßige Form zu definieren.
- **Fenstermodus** Nachdem Sie diese Option ausgewählt haben, bewegen Sie den Mauszeiger über das Fenster, das Sie aufnehmen möchten, bis es nicht mehr verdeckt ist, und klicken Sie es dann an.
- **Vollbildmodus** Klicken Sie auf eine beliebige Stelle, um den gesamten Bildschirm zu erfassen.

Wenn Sie Ihre Aufnahme beenden, wird die Auswahl in die Zwischenablage kopiert und in der unteren rechten Ecke des Bildschirms sowie in der Mitteilungszentrale wird eine Benachrichtigung angezeigt. Klicken Sie auf diese Benachrichtigung, um den gespeicherten Screenshot in der App Snipping Tool zu öffnen. Dort können Sie den Screenshot mit Anmerkungen versehen oder zuschneiden und dann das Ergebnis als Datei speichern, in eine andere App einfügen oder drucken.

Karten verwenden

Karten-Apps gehören seit Langem zu den unverzichtbaren Werkzeugen des modernen Lebens. Microsofts moderne Karten-App ist eine kompetente Alternative zu webbasierten Optionen. Sie ermöglicht es Ihnen, eine unbekannte Stadt zu erkunden, einen Roadtrip zu planen, ein Restaurant oder eine Bank zu finden, eine Wegbeschreibung auszudrucken, um sie mit auf die Reise zu nehmen, oder einfach nur Luftaufnahmen der Welt oder Ihrer Nachbarschaft zu genießen.

Beim ersten Start bittet Karten um die Erlaubnis, Ihre Standortinformationen zu verfolgen. Wenn Sie zustimmen, setzt Karten eine Markierung an Ihren aktuellen Standort. Immer wenn Sie auf *Meinen Standort anzeigen* (die wie eine einfache Zielscheibe aussehende Schaltfläche in der Symbolleiste auf der rechten Seite des Bildschirms) tippen, wird Ihr aktueller Standort angezeigt, vorausgesetzt, die App weiß, wo sich dieser befindet. (Die Tastenkombination `Strg`+`Pos1` erfüllt denselben Zweck.)

Suche nach Orten und Dienstleistungen

Um einen Ort zu finden, klicken Sie auf die Suchfunktion links in der Menüleiste oder drücken Sie die Tastenkombination `Strg`+`F`. Sie können eine Adresse, den Namen einer Person oder eines Unternehmens aus Ihrer Kontaktliste oder den Namen einer bestimmten Lokalität eingeben, den die Karten-App kennt, zum Beispiel eine Einrichtung oder ein Restaurant. Wie in Abbildung 6.21 dargestellt, zeigt Karten den Ort auf der Karte, ein oder mehrere Bilder von der Straßenseite und andere interessante Informationen an.

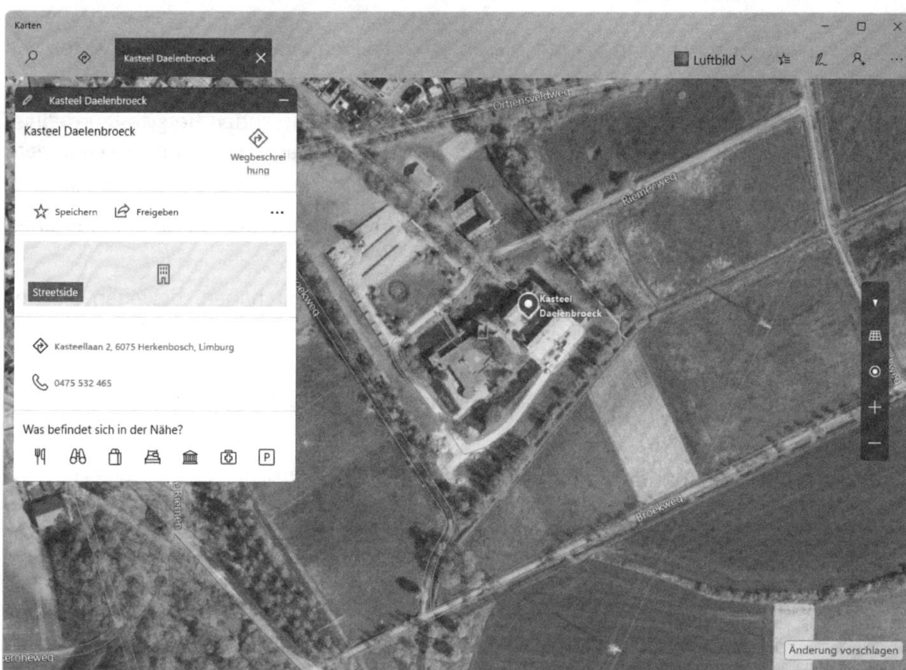

Abbildung 6.21 Verwenden Sie die Symbole unter der Überschrift *Was befindet sich in der Nähe*, um Restaurants, Hotels, Parkplätze und weitere nützliche Orte in der Nähe Ihres Suchorts zu finden.

Mit den Steuerelementen auf der rechten Seite der Menüleiste können Sie die Ansicht ändern (zum Beispiel von Straße auf Luftbild) und Orte in Ihrem Microsoft-Konto speichern, damit Sie sie auf einem anderen Gerät erneut besuchen können, wenn Sie mit demselben Konto angemeldet sind. Mit der vertikalen Symbolleiste auf der rechten Seite der Karte können Sie die Kartenansicht neigen, die Ausrichtung ändern oder hinein- und herauszoomen. (Wenn Sie in der Straßenansicht weit genug hineinzoomen, sehen Sie Straßennummern an den Umrissen der einzelnen Gebäude.)

Wegbeschreibung

Auch wenn Sie vorhaben, die Navigationsoptionen Ihres Mobilgeräts oder Ihres Autos zu nutzen, um von Punkt A nach Punkt B zu gelangen, kann es nützlich sein, sich Ihre Route anzusehen, bevor Sie losfahren. So können Sie sich einen Überblick verschaffen, wohin Sie fahren.

Um eine Wegbeschreibung zu erhalten, klicken Sie auf die Schaltfläche *Wegbeschreibung* in der oberen linken Ecke (rechts neben der Schaltfläche *Suchen*) und wählen Sie dann Ihren Start- und Zielpunkt aus. (Einer der beiden Punkte könnte bereits vorhanden sein, wenn Sie gerade danach gesucht haben.) Klicken Sie auf *Wegbeschreibung anzeigen*, um eine Reihe von Routenalternativen in einer Dropdownliste anzuzeigen. Jedes Ziel enthält eine geschätzte Reisezeit und eine farblich gekennzeichnete Route auf der Karte. Sie können die Routendetails ändern, um die geschätzte Zeit anzuzeigen, wenn Sie mit dem Auto fahren, den öffentlichen Nahverkehr nutzen oder zu Fuß gehen.

Klicken oder tippen Sie auf die linke Seite einer Routenliste, um eine schrittweise Wegbeschreibung anzuzeigen. Klicken oder tippen Sie auf *Los*, um Abbiegeanweisungen zu sehen und zu hören. Beachten Sie jedoch, dass die Verwendung von Abbiegehinweisen nur auf einem Gerät möglich ist, das mit GPS ausgestattet ist.

Herunterladen von Karten für die Offline-Nutzung

Wenn Sie unterwegs sind und keine Datenverbindung für Ihr tragbares Gerät haben, können Sie dennoch Karten verwenden, die Sie zuvor heruntergeladen haben. Um diese Funktion zu nutzen, gehen Sie zu *Einstellungen | Apps | Offline-Karten*. Wählen Sie eine Region und klicken Sie dann auf *Herunterladen*.

Die Karten werden häufig aktualisiert. Um sicherzustellen, dass Sie über die neuesten Daten verfügen, gehen Sie zu *Einstellungen | Apps | Offline-Karten | Kartenaktualisierungen* und schalten Sie das Kontrollkästchen *Automatisches Update wenn angeschlossen und mit WLAN verbunden* ein.

Kapitel 7

Microsoft Edge verwenden

Seit den Anfängen der Internet-Ära hat Microsoft mit jeder Windows-Version einen Webbrowser ausgeliefert. In den Anfangstagen war dieser Browser der Internet Explorer, der einst das World Wide Web beherrschte, dann aber wegen weitverbreiteter Sicherheits- und Kompatibilitätsprobleme in Ungnade fiel.

Mit Windows 10 führte Microsoft einen neuen Browser namens Microsoft Edge ein. Er war eine spürbare Verbesserung gegenüber dem Internet Explorer, hatte aber so viele Kompatibilitätsprobleme, dass er die Popularität des unangefochtenen Browser-Weltmeisters Google Chrome nicht beeinträchtigen konnte.

Daher beschloss Microsoft im Jahr 2020, Microsoft Edge neu aufzulegen und ihn auf Basis der gleichen quelloffenen Chromium-Codebasis wie Google Chrome zu entwickeln. Außerdem wurde der neue Browser auf allen wichtigen Mobil- und Desktop-Plattformen veröffentlicht. Da dieser neue Edge seinen Kerncode mit Google Chrome teilt, ist er nicht von Kompatibilitätsproblemen geplagt. Viele Add-ons, die ursprünglich für Chrome geschrieben wurden, funktionieren unverändert in Edge, und Microsoft hat Datenschutzfunktionen eingebaut, die ihn von Chrome unterscheiden.

Jede Kopie von Windows 11 enthält Microsoft Edge als Standardbrowser. Wenn Sie einen anderen Browser bevorzugen, können Sie Edge verwenden, um diese Alternative herunterzuladen und als neuen Standardbrowser festzulegen. Aber Microsoft Edge ist ein guter Browser, und es lohnt sich, ihn kennenzulernen. Vielleicht gefällt er Ihnen sogar so gut, dass Sie Ihren alten Favoriten ersetzen.

Der Internet Explorer ist zwar nicht mehr als eigenständige Anwendung verfügbar, aber Windows 11 enthält eine neue Lösung, die Ihnen beim Umgang mit Webseiten hilft, die für diesen alten Browser entwickelt wurden.

Microsoft Edge im Überblick

Wenn Sie zuvor Windows 10 verwendet haben, sind Sie wahrscheinlich bereits mit der Chromium-basierten Version von Microsoft Edge vertraut, die seit Anfang 2021 der Standardbrowser in diesem Betriebssystem ist. Geben Sie eine URL oder einen Suchbegriff in die Adressleiste ein und drücken Sie die ↵-Taste, um ein bestimmtes Ziel zu finden. Die Navigationssteuerungen befinden sich links von der Adressleiste und zusätzliche Befehle in einer Symbolleiste auf der rechten Seite, wie in Abbildung 7.1 dargestellt. Weitere Optionen befinden sich in einem Menü, das sich öffnet, wenn Sie auf *Einstellungen und mehr* klicken; das sind die drei Punkte ganz rechts in der Symbolleiste.

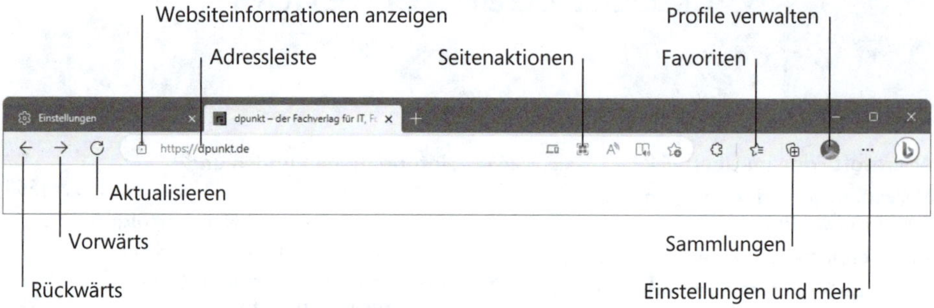

Abbildung 7.1 Im hier gezeigten Standardlayout sind nur einige wenige Befehlsschaltflächen sichtbar; Sie können mit den Optionen in den Edge-Einstellungen zusätzliche Schaltflächen ein- oder ausblenden.

Durch die Open-Source-Engine Chromium werden viele der Kompatibilitäts- und Sicherheitsprobleme beseitigt, die bei früheren Microsoft-Browsern auftraten. Wenn eine Seite auf Google Chrome, dem heute bei Weitem beliebtesten Webbrowser, ordnungsgemäß funktioniert, dann sollte sie auch auf Microsoft Edge funktionieren. Auch Sicherheitsprobleme, die den Kern des Browsers betreffen, können dank des schnellen Aktualisierungszyklus für neue Edge-Versionen rasch behoben werden.

Die grundlegenden Design- und Navigationsprinzipien von Microsoft Edge sollten auch jedem bekannt sein, der Google Chrome (oder einen anderen Browser, der auf dieser gemeinsamen Codebasis basiert) verwendet hat. Aber wenn Sie genau hinsehen, können Sie viele Stellen entdecken, an denen die Designer von Microsoft Edge Features hinzugefügt oder geändert haben. Wenn Sie beispielsweise auf das Vorhängeschloss links neben der Adressleiste in Edge klicken, wird ein Informationsfenster wie in Abbildung 7.2 gezeigt. Die Elemente im oberen Bereich sind mit denen identisch, die angezeigt werden, wenn Sie dieselbe Aktion in Chrome ausführen; jedoch ist der Abschnitt zur Verhinderung der Nachverfolgung im unteren Bereich nur im neuen Edge vorhanden.

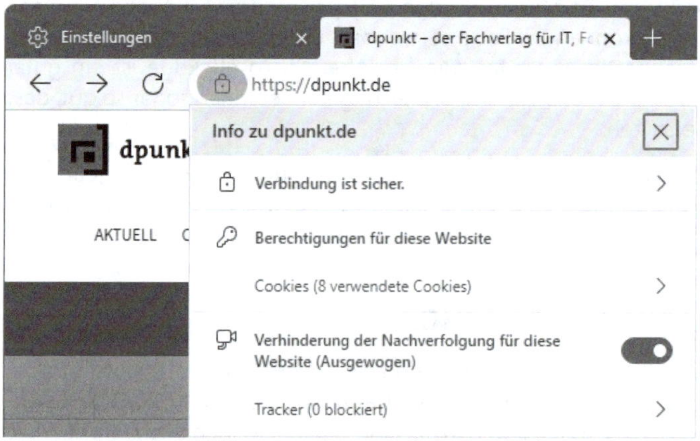

Abbildung 7.2 Microsoft Edge verwendet dieselbe Open-Source-Engine wie Google Chrome, weist jedoch einige wichtige Unterschiede auf, wie beispielsweise die Features zur Verhinderung der Nachverfolgung, deren Steuerelemente unten in diesem Informationsfenster sichtbar sind.

Im weiteren Verlauf dieses Kapitels gehen wir im Detail auf die Verwendung und Anpassung von Edge ein, damit Sie die Vorteile seiner einzigartigen Features optimal nutzen können. Doch zunächst soll es darum gehen, wie Sie die neueste Version von Edge bekommen und sie auf dem neuesten Stand halten.

> **Expertentipp**
>
> ***Ihren Standardbrowser ändern***
>
> **Microsoft Edge ist der von Microsoft empfohlene Standardbrowser, aber Sie können diesen Standard jederzeit ändern. Wenn Sie einen anderen Browser installiert haben, machen Sie ihn zu Ihrem Standard, indem Sie zu *Einstellungen | Apps | Standard-Apps* gehen und den Namen Ihres neu installierten Browsers aus der Liste der installierten Apps auswählen. In Windows 11 Version 22000 müssen Sie diese Einstellung für jeden verknüpften Dateityp oder Linktyp einzeln anpassen, was nicht nur mühsam ist, sondern auch die Gefahr birgt, dass Sie eine Verknüpfung entfernen, die mit einem anderen Programm bestehen bleiben sollte. In späteren Versionen von Windows 11 ist dieser Vorgang viel einfacher: Wählen Sie Ihren bevorzugten Browser auf der Seite *Standard-Apps* aus und suchen Sie dann oben auf dieser Seite nach der Schaltfläche *Als Standard festlegen.***

▶ **Informationen zur Feinabstimmung Ihrer Standardeinstellungen – zum Beispiel die Zuweisung bestimmter Browser zu bestimmten Webprotokollen – finden Sie unter »Festlegen von Standardprogrammen und Dateitypzuordnungen« in Kapitel 5, »Apps installieren und konfigurieren«.**

Auswahl eines Microsoft Edge-Vorschaukanals

In Windows 11 stammt die Standardversion von Microsoft Edge aus dem Stable-Kanal. Das ist die öffentliche Version, die etwa alle vier Wochen automatisch auf eine neue Version aktualisiert wird. Den Status aller Versionen im Stable-Channel (einschließlich der geplanten Versionen für die nächsten Monate) finden Sie unter *https://docs.microsoft.com/DeployEdge/microsoft-edge-release-schedule.*

Wie bei Windows testet Microsoft jede neue Edge-Version, bevor sie veröffentlicht wird. Wenn Sie an diesem Testprogramm teilnehmen möchten, können Sie dies tun, indem Sie Preview-Builds herunterladen und installieren.

Microsoft Edge Insider-Builds sind über drei Kanäle verfügbar:

- **Beta Channel** Dies ist der stabilste Microsoft Edge-Vorschaukanal. Er ist der öffentlichen Version immer eine Version voraus und erhält etwa alle vier Wochen wichtige Updates. Diese Version wird von Microsoft vollständig unterstützt.
- **Dev Channel** Diese Vorabversionen werden wöchentlich ausgeliefert und sind im Allgemeinen stabil genug für den täglichen Gebrauch, auch wenn Sie auf Probleme stoßen könnten. Wie der Name schon sagt, sind diese nicht portierten Versionen für Entwickler gedacht, die Funktionen testen möchten, die erst in ein oder zwei Monaten für die Öffentlichkeit verfügbar sein werden.

- **Canary Channel** Releases, die Sie über diesen Kanal installieren, werden täglich mit dem neuesten Code des Microsoft Edge-Entwicklungsteams aktualisiert und nicht offiziell unterstützt. In der Beschreibung von Microsoft wird dieser Kanal als »Bleeding Edge« bezeichnet. Wenn Sie eine Version aus diesem Kanal ausführen, kommt es gelegentlich zu Abstürzen und unerwartetem Verhalten.

Die gute Nachricht ist, dass Sie mehrere Vorabversionen nebeneinander installieren und frei zwischen ihnen wechseln können. (Die Vorabversionen von Microsoft Edge sind durch einen farbigen Streifen auf dem Taskleistensymbol gekennzeichnet.) Wenn Sie beim Laden einer Seite in einer Edge-Insider-Version auf Probleme stoßen, können Sie zum stabilen Kanal wechseln und Ihre Arbeit fortsetzen.

Zum Download der Previewversionen ist keine Anmeldung erforderlich. Laden Sie einfach eine Vorschauversion (oder mehrere Versionen) von *https://www.microsoftedgeinsider.com* herunter und installieren Sie sie.

Updates verwalten

Auch wenn Microsoft Edge mit Windows 11 installiert wird, aktualisiert es sich nicht über die gleichen Kanäle wie das Betriebssystem oder die Store-Apps. Stattdessen hat Edge seinen eigenen Updater, der als Systemdienst ausgeführt wird. Wenn Sie Versionen von Edge aus mehreren Veröffentlichungskanälen installiert haben, werden die einzelnen Versionen unabhängig voneinander aktualisiert.

Wenn ein Update bereitsteht, wird es im Hintergrund heruntergeladen. Ein grüner Pfeil nach oben im Menü *Einstellungen und mehr* zeigt an, dass das Update verfügbar ist und automatisch angewendet wird, wenn Sie Edge neu starten. Sie können auch überprüfen, ob ein Update vorhanden ist, indem Sie im Menü *Einstellungen und mehr* die Option *Hilfe und Feedback | Infos zu Microsoft Edge* wählen (oder gehen Sie zu *edge://settings/help*, was zum selben Ziel führt). In diesem Dialogfeld wird die derzeit installierte Version angezeigt. Wenn ein Update zur Installation bereit ist, ist eine Meldung wie in Abbildung 7.3 gezeigt zu sehen.

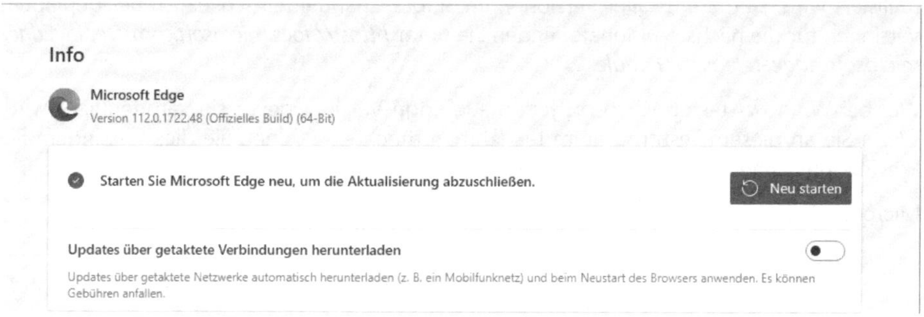

Abbildung 7.3 In diesem *Info*-Fenster werden Informationen zur aktuell installierten Edge-Version angezeigt. Außerdem werden Sie hier informiert, wenn ein Update zur Installation bereit ist.

In privaten und kleinen Unternehmen gibt es keinen guten Grund, Browser-Updates aufzuschieben. In Unternehmensbereitstellungen möchten Administratoren möglicherweise den Zeitpunkt von Updates und der Updateüberprüfung verwalten. Verwenden Sie dazu die Gruppenrichtlinien für Update-Einstellungen, die in diesem Microsoft Edge-Referenzdokument beschrieben werden:

https://docs.microsoft.com/deployedge/microsoft-edge-update-policies

Expertentipp

Verlangsamen Sie das Edge-Updatetempo mit dem erweiterten Stable-Kanal

Für Unternehmen, die sich von der Vorstellung abschrecken lassen, Browser-Updates im Vier-Wochen-Rhythmus zu verwalten, bietet Microsoft eine Wartungsoption namens *Extended Stable Channel* an. Unternehmenskunden, die sich für diesen Veröffentlichungsrhythmus entscheiden, erhalten neue Browserversionen alle acht statt alle vier Wochen und überspringen die ungeraden Versionen des Stable-Channels. (Sicherheitspatches und Fehlerbehebungen werden unabhängig davon geliefert.) Um dieses Feature zu aktivieren, müssen Sie eine Gruppenrichtlinie erstellen, was dieser Artikel beschreibt: *https://bit.ly/edge-extended-stable-release*.

Verwalten von Edge-Profilen und Synchronisierung

Wenn Sie Edge zum ersten Mal starten, fordert der Browser Sie auf, ein Profil zu erstellen, in dem er Ihre Einstellungen, Datenschutzeinstellungen, gespeicherten Kennwörter, den Browserverlauf usw. speichert. Sie können mehrere Profile einrichten und relativ einfach zwischen ihnen wechseln. Der häufigste Anwendungsfall ist die Trennung Ihrer beruflichen Aktivitäten vom privaten Surfen, damit Sie nicht versehentlich Ihren beruflichen und privaten Browserverlauf, Ihre E-Mails und Dienste verwechseln.

Achtung

Es ist möglich, Edge-Profile auf einem gemeinsam genutzten PC einzurichten, sodass verschiedene Familienmitglieder mit ihren eigenen gespeicherten Lesezeichen, Verlaufsdaten, Kennwörtern und Einstellungen surfen können. Für die gelegentliche Nutzung unter Aufsicht kann diese Konfiguration akzeptabel sein. Aus Sicherheitsgründen ist es jedoch besser, für jede Person, die den Computer regelmäßig nutzen möchte, ein eigenes Windows-Benutzerkonto einzurichten. Es ist einfach, zwischen den Konten zu wechseln, und auf diese Weise wird das Risiko vermieden, dass jemand das Browserprofil einer anderen Person verwendet.

Wenn Sie mit einem Microsoft-Konto oder einem Azure AD-Konto angemeldet sind, erscheint das Ihrem Profil zugeordnete Bild in der oberen rechten Ecke, gleich links neben dem Menü *Einstellungen und mehr* (die drei Punkte rechts in der Menüleiste). Wenn Sie auf das Profilbild klicken, wird ein Fenster wie in Abbildung 7.4 angezeigt, in dem Sie Ihr vorhandenes Profil verwalten, zu einem anderen Profil wechseln, als Gast surfen oder ein neues Profil hinzufügen können.

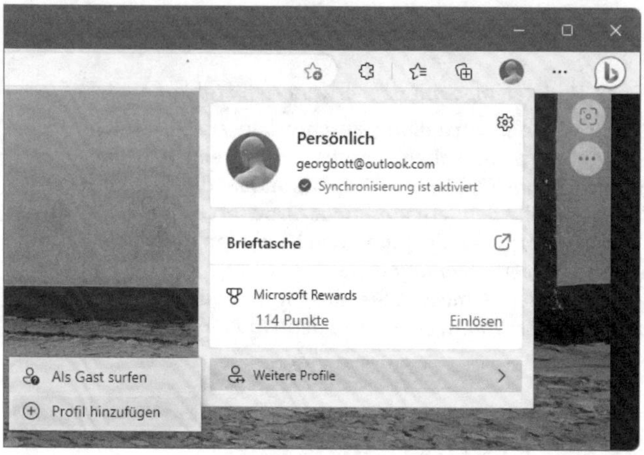

Abbildung 7.4 Wenn Sie in Edge ein persönliches und ein Arbeitsprofil einrichten, können Sie zwischen diesen Profilen wechseln, um gespeicherte Einstellungen und den Verlauf getrennt zu halten.

Edge erstellt generische Namen für Profile, die Sie mit der Option *Profil hinzufügen* einrichten: *Persönlich* für solche, die mit Microsoft-Konten verknüpft sind, *Geschäftlich* für solche, die mit Azure AD über Microsoft 365 Business-Abonnements verknüpft sind, und *Profil <Nummer>* für Profile, bei denen Sie sich nicht anmelden. Der Vorteil der Anmeldung mit einem Microsoft- oder Azure AD-Konto ist natürlich, dass Sie Ihre Browsing-Daten über mehrere Geräte hinweg synchronisieren können. Klicken Sie im Menü *Profile* auf *Profileinstellungen verwalten* (das Zahnrad), um eine Seite wie die in Abbildung 7.5 gezeigte zu öffnen.

Die Seite mit den Profileinstellungen enthält einige nützliche Optionen. Wenn Sie versuchen, sich bei einem Dienst mit einem Konto anzumelden, das mit einem anderen Profil verknüpft ist, bietet Edge standardmäßig an, zu diesem Profil zu wechseln. Sie können diese Option deaktivieren, wenn Sie es vorziehen, das Profil nur auf Wunsch zu wechseln. Auf derselben Seite finden Sie eine Option, mit der Sie festlegen können, welches Profil Edge verwendet, wenn Sie auf einen Link in einer E-Mail-Nachricht oder einem Dokument klicken. In der Standardeinstellung wird die Anforderung an das Profil gesendet, das Sie zuletzt verwendet haben. Wenn Sie möchten, können Sie angeben, dass externe Links immer in einem bestimmten Profil geöffnet werden sollen.

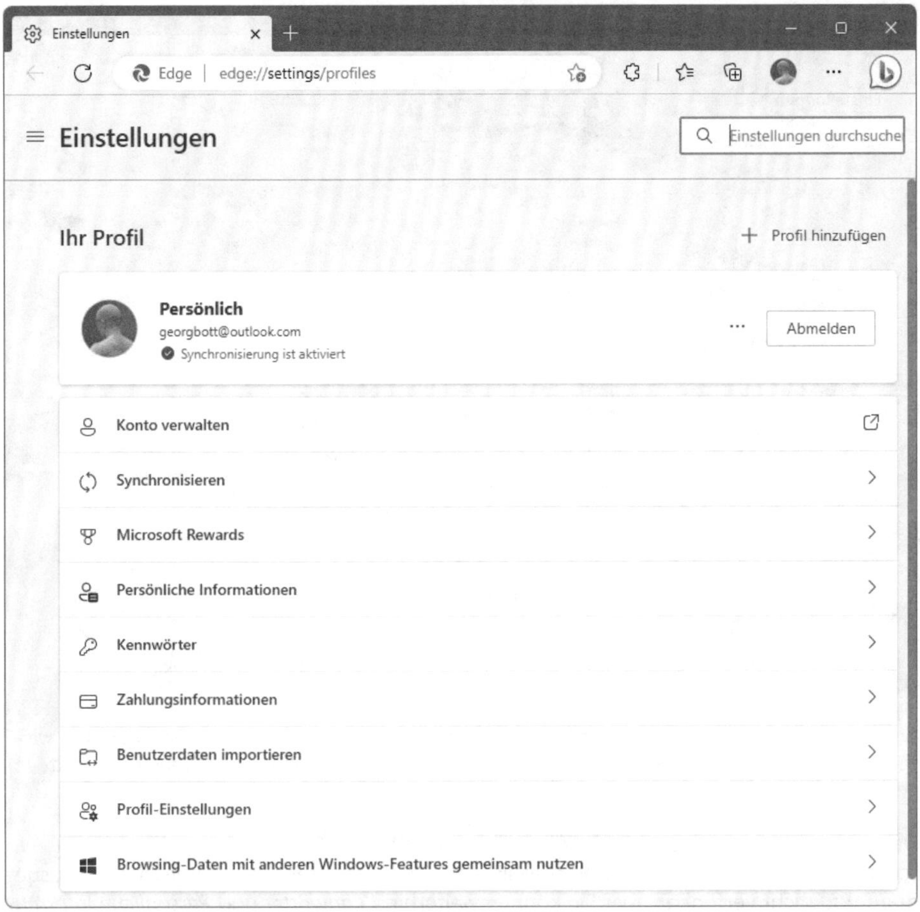

Abbildung 7.5 Um den Namen des aktuellen Profils zu ändern oder um das Profil zu löschen, verwenden Sie das Menü, das unter dem Menü *Weitere Aktionen* (die drei Punkte) angezeigt wird.

Bei einem Profil, das mit einem Onlinekonto verknüpft ist, klicken Sie auf *Synchronisieren*, um zu verwalten, welche Browsing-Daten zwischen den Sitzungen synchronisiert werden. Diese Synchronisierung funktioniert zwischen verschiedenen Geräten, einschließlich PCs und Macs sowie mobilen Geräten, auf denen Edge unter iOS oder Android ausgeführt wird. Die Verwendung von übereinstimmenden Profilen macht es auch bequemer, auf demselben PC neben der stabilen Version Edge-Insider-Builds zu verwenden. Sie haben die Möglichkeit, die Synchronisierung vollständig zu deaktivieren und das Profil ausschließlich für die Anmeldung bei Onlinediensten zu verwenden und Ihre Einstellungen und den Browserverlauf lokal zu speichern. Die meisten Benutzer werden jedoch die Einstellungen über die in Abbildung 7.6 gezeigten Steuerelemente anpassen wollen.

Wir können uns nicht vorstellen, warum jemand die automatische Synchronisierung von Favoriten und Sammlungen deaktivieren sollte, aber wenn Sie einen Passwort-Manager eines Drittanbieters verwenden, sollten Sie die Schalter *Kennwörter* und *Persönliche Informationen* auf *Aus* stellen. (Im folgenden Abschnitt finden Sie weitere Informationen über die Synchronisierung und Verwaltung dieser Informationen.)

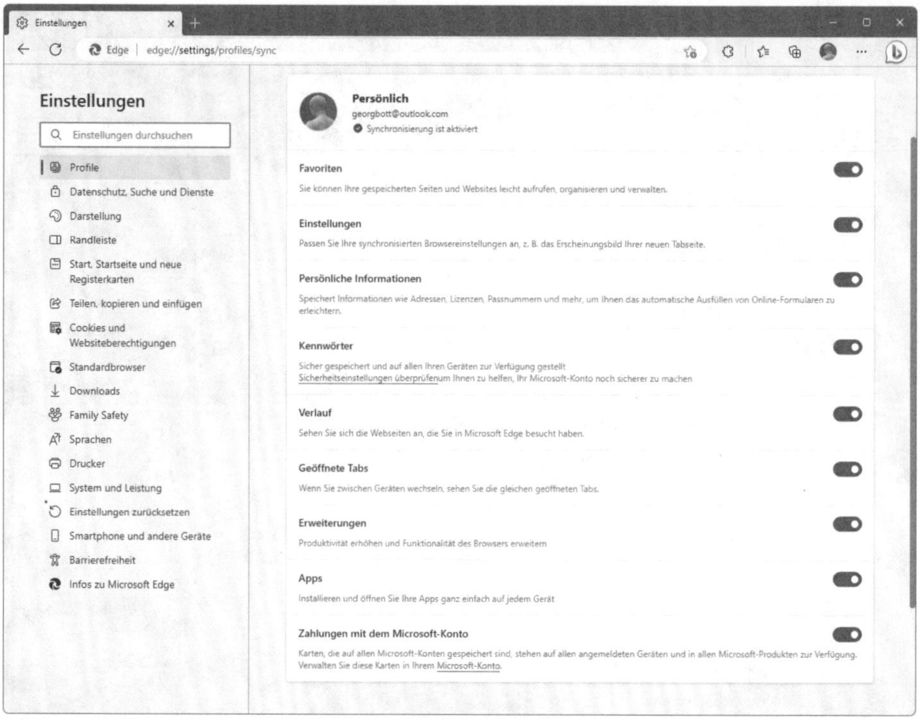

Abbildung 7.6 Wenn Sie mit einem Microsoft-Konto angemeldet sind, können Sie auswählen, welche Arten von Browsing-Daten synchronisiert werden sollen, oder die Synchronisierung komplett deaktivieren.

Definitionsgemäß können Profile, die nicht angemeldet sind, keine Browsing-Daten zwischen verschiedenen Sitzungen synchronisieren. Der Befehl *Synchronisieren* ist dann ausgegraut und nicht verfügbar, aber Sie können weiterhin *Kennwörter* und *Persönliche Informationen* wie Adressen als Teil des lokalen Profils speichern.

Um das Profil zu wechseln, klicken Sie auf das Profilbild und wählen dann im Menü das alternative Profil aus. Jedes Profil wird in einem separaten Browserfenster geöffnet und verfügt über eine eigene Schaltfläche in der Taskleiste, die durch ein kleines Profilbild gekennzeichnet ist, um es von anderen Profilen zu unterscheiden. Die Option *Als Gast surfen* verwendet ein temporäres Profil, das von allen anderen Profilen auf dem Gerät getrennt ist; es speichert keinen Verlauf, keine Cookies oder andere Website-Daten und kann auch keine Erweiterungen verwenden. Die Option *Im Kindermodus browsen*, die derzeit nur für Englisch (USA) verfügbar ist, schaltet den Browser in eine Vollbildsitzung um, bei der der Zugriff auf Websites beschränkt ist, die in einer von Edge genehmigten Liste aufgeführt sind. Als Geräteadministrator richten Sie den Kindermodus ein, und Sie müssen Ihre Anmeldeinformationen eingeben, um zu einer normalen Edge-Sitzung zurückzukehren oder eine Website zu besuchen, die nicht in der Liste der sicheren Websites enthalten ist.

Verwendung des integrierten Kennwort-Managers

Sicherheitsexperten haben einige einfache Ratschläge für die Erstellung sicherer Onlinekennwörter: Verwenden Sie eine zufällige Kombination aus Zahlen, Symbolen und Groß- und Kleinbuchstaben, die nicht erraten werden kann, und verwenden Sie niemals auf verschiedenen Websites dasselbe Passwort. Aber wie können Sie sich diese zufälligen, eindeutigen Anmeldedaten merken, wenn Sie jeden Monat Dutzende von kennwortgeschützten Websites besuchen?

Die Lösung ist die Verwendung eines Kennwort-Managers, der diese Geheimnisse speichert und diese Angaben automatisch ausfüllt, wenn Sie eine Shopping-Website besuchen, Ihre E-Mails abrufen, Rechnungen online über Ihr Finanzinstitut bezahlen oder einen Abonnementdienst nutzen.

Wie alle modernen Browser verfügt auch Microsoft Edge über eine Reihe zuverlässiger Tools zur Verwaltung von Kennwörtern, die sie speichern, synchronisieren und Ihnen bei der Verwaltung Ihrer Anmeldeinformationen helfen können. Es kann Ihnen sichere Kennwörter für neue Websites vorschlagen und Sie warnen, wenn Ihre gespeicherten Anmeldeinformationen in ein Online-Datenleck verwickelt waren. Das Programm muss nicht extra heruntergeladen werden, und es fallen auch keine Abonnementgebühren an, wie es bei einigen anderen Programmen für die Verwaltung von Kennwörtern der Fall ist. Ihre gespeicherten/synchronisierten Daten sind durch dieselben Verschlüsselungs- und Zwei-Faktor-Authentifizierungsfunktionen gesichert, die Sie auch bei den E-Mail- und Cloudspeicherdiensten von Microsoft verwenden.

Expertentipp

Verwenden Sie Microsoft Authenticator zum Speichern und Synchronisieren von Kennwörtern

Es gibt keine integrierte Funktion, mit der Sie in Microsoft Edge gespeicherte Kennwörter mit den entsprechenden Funktionen in anderen Browsern (wie Chrome oder Safari) auf einem anderen Windows-PC oder Mac synchronisieren können. Auf mobilen Geräten, einschließlich Android- und iOS-Smartphones, können Sie jedoch über die App Microsoft Authenticator Passwörter und andere Informationen zum automatischen Ausfüllen (zum Beispiel Adressen und Zahlungsdetails) synchronisieren. Nachdem Sie die Authenticator-App auf Ihrem Smartphone installiert haben, tippen Sie auf der Startseite auf die Schaltfläche *Kennwörter* und wählen das Microsoft-Konto aus, mit dem Sie synchronisieren möchten. Legen Sie *Authenticator* als Provider für das automatische Ausfüllen fest, und Sie können die Kennwörter, die Sie im passenden Edge-Profil auf Ihrem Windows-PC gespeichert haben, über einen beliebigen mobilen Browser oder eine App eingeben.

Unabhängig davon, wie Sie Ihre eigenen Kennwörter verwalten möchten, gehen Sie zu *edge://settings/passwords*, wie in Abbildung 7.7 gezeigt, und bestätigen Sie, dass die Einstellungen für Ihr Profil Ihren Präferenzen entsprechen.

Wenn die Option *Speichern von Kennwörtern anbieten* aktiviert ist, überwacht Edge Ihre Aktivitäten und fordert Sie auf, Anmeldeinformationen einzugeben, wenn Sie sich bei einer kennwortgeschützten Website anmelden. Wenn Sie ein Dialogfeld wie in Abbildung 7.8 sehen, klicken Sie auf *Speichern*, um die Anmeldeinformationen zu Ihrem Profil hinzuzufügen, oder klicken Sie auf *Nie*, um diese Website zu einer Liste von Websites hinzuzufügen, auf denen Ihre Anmeldeinformationen nicht gespeichert werden sollen.

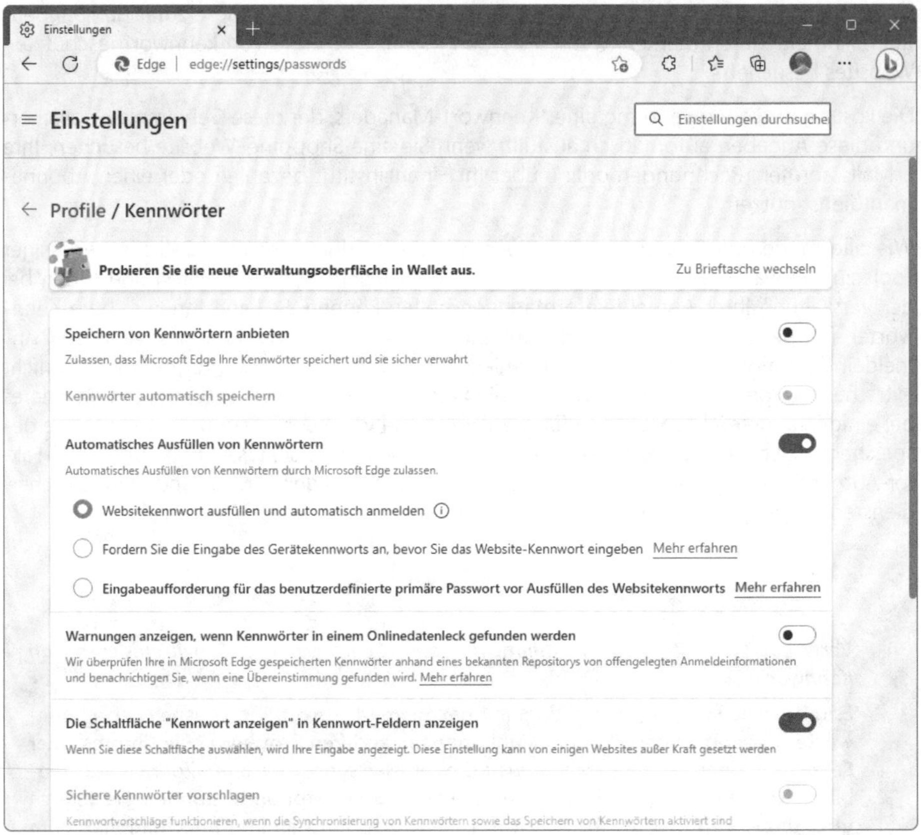

Abbildung 7.7 Die Schalter auf dieser Seite steuern die in Edge integrierten Verwaltungsfunktionen für Kennwörter.

Abbildung 7.8 Wenn Sie auf *Alles klar* klicken, speichert Edge den Benutzernamen und das Kennwort für die aktuelle Website. Klicken Sie auf *Nie*, wenn Sie diese Anmeldeinformationen nicht speichern und für diese Website keine erneute Aufforderung erhalten möchten.

Wenn Sie sich zum ersten Mal auf einer Website anmelden oder Ihr Kennwort ändern, klicken Sie in das Kennwortfeld, damit Edge ein sicheres Kennwort generiert. Sie können das Kennwort speichern oder auf *Aktualisieren* klicken, um ein neues Kennwort zu generieren.

Sie können nicht ändern, wie Edge Kennwörter generiert. Sie können jedoch ein von Edge generiertes Kennwort manuell ändern, was erforderlich sein kann, wenn es den Kennwortkomplexitätsstandards der Website nicht entspricht.

Wenn Sie ein von Edge automatisch eingegebenes Kennwort manuell ändern, wird ein ähnliches Dialogfeld zur Aktualisierung des gespeicherten Kennworts angeboten. Wenn Sie auf die Schaltfläche *Bearbeiten* klicken, können Sie den Benutzernamen und das Kennwort anzeigen und ggf. ändern, bevor Sie die Daten speichern.

Verwenden Sie bei der Eingabe gespeicherter Anmeldedaten auf Webseiten die Anmeldeoptionen auf der Seite *edge://settings/passwords*, um zusätzliche Sicherheitsmaßnahmen zu ergreifen. Wählen Sie eine der folgenden Optionen:

- **Automatisches Ausfüllen von Kennwörtern durch Microsoft Edge zulassen** Edge zeigt auf jeder Seite, auf der Sie zur Eingabe eines Kennworts aufgefordert werden, automatisch die passenden gespeicherten Anmeldedaten an. Klicken Sie, um den Benutzernamen und das Kennwort ohne weitere Schritte einzugeben.
- **Fordern Sie die Eingabe des Gerätekennworts an, bevor Sie das Website-Kennwort eingeben** Bei dieser Option müssen Sie sich mit denselben Anmeldedaten authentifizieren, die Sie auch für die Anmeldung an Ihrem Windows-PC verwenden (einschließlich Windows Hello, falls Sie dies eingerichtet haben). Sie können festlegen, dass Edge diese Prüfung einmal pro Browsing-Sitzung durchführt. Um zu verhindern, dass jemand an Ihren nicht gesperrten PC herantritt und sich mit Ihren Anmeldedaten auf einer Webseite anmeldet, können Sie auch darauf bestehen, dass Edge vor dem Eingeben von Kennwörtern immer um Erlaubnis fragt.
- **Eingabeaufforderung für das benutzerdefinierte primäre Passwort vor Ausfüllen des Websitekennworts** Wenn Sie diesen Sicherheitsschritt wählen, fordert Edge Sie auf, ein benutzerdefiniertes Kennwort mit mindestens vier Zeichen zu erstellen, das Sie beim ersten Versuch, in einer Browsersitzung ein gespeichertes Kennwort automatisch auszufüllen, eingeben müssen. Beachten Sie, dass das benutzerdefinierte Kennwort lokal gespeichert wird und nicht mit anderen Geräten synchronisiert wird. Wenn Sie dieses Kennwort vergessen, können Sie auf diesem Gerät keine gespeicherten Kennwörter mehr abrufen. Wenn Sie sich für die Synchronisierung von Kennwörtern entschieden haben, können Sie die Synchronisierung deaktivieren und dann wieder aktivieren, um eine neue Kopie der gespeicherten Kennwörter herunterzuladen. Wenn Sie die Kennwörter nicht synchronisieren und das benutzerdefinierte Kennwort vergessen haben, können die gespeicherten Kennwörter nicht wiederhergestellt werden.

Beachten Sie, dass Sie die Option *Speichern von Kennwörtern anbieten* deaktivieren und dennoch gespeicherte Kennwörter für Websites eingeben können. Sie können diese Konfiguration wählen, wenn Sie in einem bestimmten Edge-Profil eine Handvoll Anmeldeinformationen für eine kleine Anzahl von Websites speichern und gleichzeitig sicherstellen möchten, dass Sie nicht versehentlich andere Kennwörter in diesem Profil speichern.

Unten auf der Seite *Kennwörter* der Edge-Einstellungen befindet sich eine vollständige Liste der Websites, für die Edge Kennwörter gespeichert hat. Die Liste enthält die Domäne oder Subdomäne der Website, den Benutzernamen, das Kennwort und das Symbol für den Kennwortstatus, wie im Beispiel in Abbildung 7.9 gezeigt. Darunter befindet sich die Liste der Websites, für die Sie festgelegt haben, dass Edge keine Kennwörter speichern soll.

Abbildung 7.9 Sie müssen Ihre Identität authentifizieren, bevor Sie auf dieser Seite gespeicherte Kennwörter anzeigen, bearbeiten oder kopieren können. Verwenden Sie die Option *Integrität*, um schwache oder wiederverwendete Anmeldeinformationen zu erkennen.

Aus Sicherheitsgründen werden gespeicherte Kennwörter als eine Reihe von Punkten angezeigt, die weder den Inhalt noch die Länge eines einzelnen Kennworts verrät. Um ein Kennwort anzuzeigen, klicken Sie auf *Kennwort anzeigen* (das Augensymbol) und authentifizieren Sie sich mit einem Kennwort, einer PIN oder einem der biometrischen Verfahren von Windows Hello. Klicken Sie auf das Menü *Weitere Aktionen* (die drei Punkte ganz rechts), um für jede gespeicherte Anmeldeinformation zusätzliche Aktionen anzuzeigen. Von dort aus können Sie den Benutzernamen und das Kennwort (aber nicht die gespeicherte Webadresse) für jeden Eintrag bearbeiten und speichern, das Kennwort in die Zwischenablage kopieren oder einen Eintrag löschen, um ihn dauerhaft aus der Liste zu entfernen.

Expertentipp

Mit Edge können Sie sichere Kennwörter erstellen

Das Symbol für Integrität verwendet ein einfaches Schema, um Kennwörter hervorzuheben, die schwach sind oder auf anderen Websites verwendet werden. Wenn alle drei schwarzen Balken ausgefüllt sind, entspricht das Kennwort den Edge-Standards für sichere Kennwörter und wird nicht wiederverwendet. Wenn nur zwei der drei Balken ausgefüllt sind, ist das Kennwort entweder schwach oder wird auf mehreren Websites verwendet; ein Balken bedeutet, dass das Kennwort schwach ist und wiederverwendet wird.

Klicken Sie auf die Überschrift *Integrität*, um nach diesem Feld zu sortieren und alle Anmeldedaten anzuzeigen, die Ihre Aufmerksamkeit erfordern. Sie können für jedes Kennwort auf das Menü *Weitere Aktionen* klicken und *Ändern* wählen, um die Website aufzurufen, auf der Sie sich mit den vorhandenen Anmeldedaten anmelden können. Verwenden Sie dann die Option *Sichere Kennwörter vorschlagen*, um ein komplexes, eindeutiges Kennwort zu erstellen und es in Edge zu speichern. Wiederholen Sie diesen Vorgang, bis alle gespeicherten Kennwörter komplex genug sind und nur einmal verwendet werden.

Bei großen Sammlungen von gespeicherten Kennwörtern kann es mühsam sein, durch die Liste zu blättern, um einen bestimmten Eintrag zu finden. Verwenden Sie stattdessen in Ihrem Profil auf der Seite *Kennwörter* das Suchfeld *Kennwörter suchen*, um eine bestimmte Website oder einen Benutzernamen zu finden. Aus Sicherheitsgründen durchsucht dieses Tool nicht den Inhalt der Kennwörter selbst.

Über das Menü *Weitere Aktionen* oben in der Liste, gleich rechts neben dem Suchfeld, können Sie Ihre gespeicherten Kennwörter als CSV-Datei exportieren. Sie können diese Datei verwenden, um Ihre gespeicherten Edge-Kennwörter in einen Kennwort-Manager eines

Drittanbieters zu übertragen; Sie können sie auch an einem sicheren Ort als Backup aufbewahren. Dasselbe Menü enthält auch einen Befehl zum Importieren einer CSV-Datei mit gespeicherten Kennwörtern aus einem anderen Browser oder Kennwort-Manager.

Weitere Informationen synchronisieren und ausfüllen

Neben Kennwörtern kann Edge in webbasierten Formularen auch andere Arten von Informationen automatisch ausfüllen. Anstatt zum Beispiel Ihre Adresse einzutippen (und sich möglicherweise zu vertippen), können Sie diese Informationen in Ihrem Benutzerprofil speichern und Edge erlauben, sie bei Bedarf zu verwenden. Wie bei Kennwörtern können diese Informationen mit einem Microsoft-Konto oder Azure Active Directory-Anmeldeinformationen synchronisiert werden.

Um diese Art von Informationen zur Wiederverwendung zu speichern, klicken Sie auf der Seite *Profile* auf *Persönliche Informationen* oder gehen Sie zu *edge://settings/personalinfo*. Von dort aus können Sie alle vorhandenen Einträge bearbeiten oder auf *Grundlegende Informationen hinzufügen* klicken, um ein neues Formular zu öffnen. Möglicherweise möchten Sie getrennte Einträge für Ihre Privat- und Arbeits-E-Mail-Adresse und Ihre Postadresse sowie zusätzliche Einträge für alternative E-Mail-Adressen und Identitäten erstellen. Abbildung 7.10 zeigt das Formular *Grundlegende Informationen hinzufügen* im Einsatz.

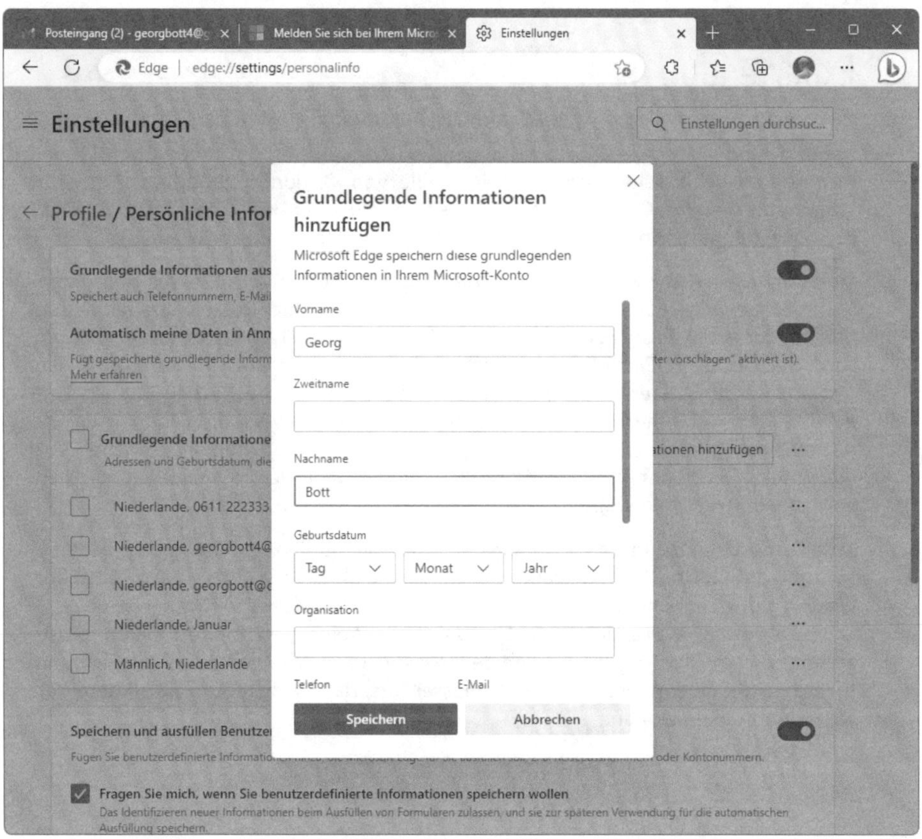

Abbildung 7.10 Füllen Sie dieses Basisprofil aus, um Edge die Informationen zu geben, die es zum Ausfüllen von Adressen, Geburtsdaten und anderen Details in Webformularen benötigt.

Wenn das Formular *Grundlegende Informationen* nicht alle Details enthält, die Sie griffbereit haben möchten, blättern Sie nach unten zum Abschnitt *Benutzerdefinierte Informationen*. Dort können Sie eigene Formularfelder für Führerschein- und Reisepassdaten, Mitgliedsnummern für Organisationen, denen Sie angehören, und alle anderen Informationen hinzufügen, die Sie gerne griffbereit hätten und die Edge automatisch ausfüllen sowie synchronisieren soll.

Wählen Sie schließlich auf der Seite *Profile* die Option *Zahlungsinformationen*, um Kreditkartennummern, Ablaufdaten und Verifizierungscodes hinzuzufügen, um die Eingabe bei der Bezahlung von Online-Einkäufen zu erleichtern. Wie bei anderen sensiblen Daten müssen Sie sich authentifizieren, bevor Edge eine Kreditkartennummer einträgt.

Browsereinstellungen anpassen

Für jedes Profil, das Sie in Microsoft Edge erstellen, können Sie die Browsereinstellungen so anpassen, dass sie Ihren Präferenzen entsprechen. Wenn Sie ein einziges Profil verwenden, das mit demselben Microsoft-Konto verknüpft ist, mit dem Sie sich bei Windows anmelden, bleiben diese Einstellungen bei der Verwendung von Edge erhalten. Wenn Sie jedoch, wie im vorherigen Abschnitt beschrieben, zusätzliche Profile erstellt haben, verfügt jedes Profil über eigene Einstellungen.

Expertentipp

Verwenden Sie die edge://-Syntax, um schneller ans Ziel zu kommen

Mit dem Google-Browser Chrome können Sie über das Präfix *chrome://*, gefolgt von bestimmten Schlüsselwörtern, auf eine Fülle von Optionen zugreifen. Microsoft Edge nutzt dieselbe Chromium-Codebasis und implementiert eine ähnliche Funktion, verwendet aber (natürlich) ein anderes Präfix: *edge://*.

Sie können eine Auswahl dieser Verknüpfungen sehen, indem Sie aus dem Edge-Menü *Einstellungen und mehr* (Alt+F) einfach einen der Befehle auswählen und dann in der Adressleiste nachsehen. Wenn Sie zum Beispiel auf *Einstellungen* klicken, wird die Hauptseite *Einstellungen* geöffnet, deren Schlüsselwort für die Adressleiste (erwartungsgemäß) *edge://settings* lautet. Weitere nützliche Verknüpfungen sind *edge://extensions*, mit der Sie Erweiterungen anzeigen und verwalten können, *edge://newtab*, das (wie zu erwarten war) die Seite für neue Registerkarten öffnet, und *edge://version*, die Ihnen mehr über den aktuell installierten Browser verrät, als Sie wahrscheinlich wissen wollten.

Jede Option, die Sie in den Edge-Einstellungen auswählen, hat eine entsprechende benutzerdefinierte URL in diesem Bereich, die Sie als Favorit hinzufügen und später wieder aufrufen können. Eine vollständige Liste der vielen verfügbaren *edge://*-Schlüsselwörter erhalten Sie, wenn Sie *edge://about* eingeben. Die resultierende Liste enthält Dutzende von Optionen, von denen viele nur für Webentwickler nützlich sind. Vielleicht finden Sie aber auch ein Schlüsselwort, das Sie sich für eine spätere Verwendung merken wollen.

Das Erscheinungsbild des Browsers ändern

Die Edge-Benutzeroberfläche ist vom Design her extrem einfach, mit einer begrenzten Anzahl von Steuerelementen, die das Hauptfenster umgeben, das Inhalte aus dem Web enthält. Das bedeutet jedoch nicht, dass die Edge-Oberfläche in Stein gemeißelt ist. Sie können die folgenden Aspekte mithilfe der unter *edge://settings/appearance* verfügbaren Steuerelemente anpassen.

Im Abschnitt *Gesamtdarstellung* können Sie, wie in Abbildung 7.11 gezeigt, zwischen den Modi *Dunkel* und *Hell* wählen oder Edge anweisen, den für Windows eingestellten Modus zu übernehmen. Mit den Optionen unter der Überschrift *Design* können Sie für die Registerkarten und Symbolleisten ein Paar komplementärer Farben auswählen. Die letzte Option in diesem Abschnitt, *Weitere Designs entdecken*, führt Sie zum Microsoft Store für Edge-Add-Ons, wo Sie benutzerdefinierte Designs herunterladen können, die Farben und ein Hintergrundbild für neue Registerkarten enthalten.

Weitere praktische Anpassungsoptionen finden Sie im Bereich *Symbolleiste anpassen*, der in Abbildung 7.12 dargestellt ist. Die Symbolleiste ist der Bereich direkt unter den Registerkartenüberschriften. Sie können die Schaltfläche *Startseite* links neben der Adressleiste ein- oder ausblenden und die Sammlung der Symbolleistenschaltflächen so gestalten, dass die von Ihnen regelmäßig verwendeten Funktionen und Erweiterungen dort zu finden sind.

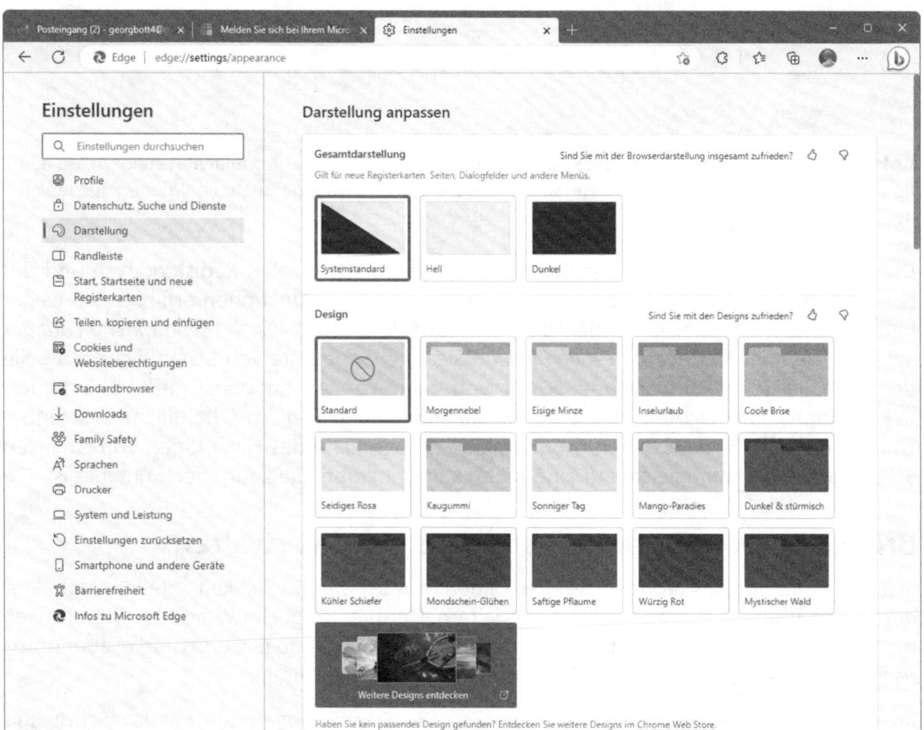

Abbildung 7.11 Verwenden Sie Designs, um verschiedene Profile zur leichteren Erkennung farblich zu unterscheiden. Seien Sie jedoch vorsichtig: Einige der kräftigen Farben können die Lesbarkeit von Text erschweren.

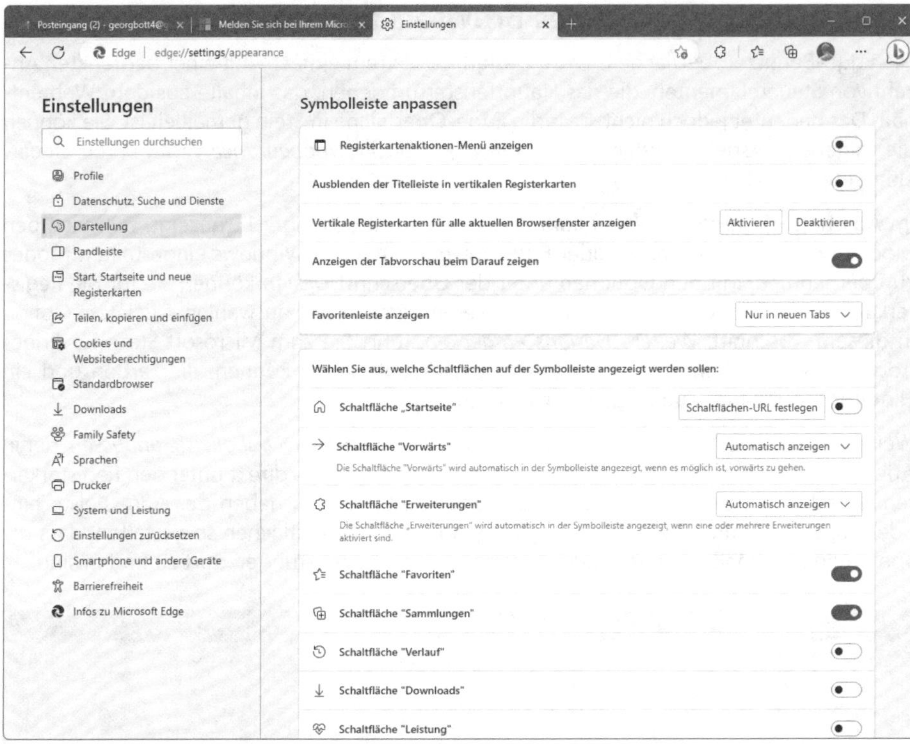

Abbildung 7.12 Anpassungen, die Sie hier vornehmen, können Ihre Produktivität steigern, da häufig verwendete Funktionen leichter zugänglich sind, während selten genutzte Funktionen ausgeblendet werden.

Die beiden oberen Gruppen von Optionen steuern die vertikalen Registerkarten und das Ein- und Ausblenden der Favoritenleiste. Mehr über diese Funktionen erfahren Sie weiter hinten in diesem Kapitel. Unter der Überschrift *Wählen Sie aus, welche Schaltflächen auf der Symbolleiste angezeigt werden sollen* finden Sie eine lange Liste von Schaltflächen, die Sie der Symbolleiste hinzufügen (oder aus ihr entfernen) können, um den Zugriff auf integrierte Funktionen zu erleichtern. Widerstehen Sie dem Drang, all diese Schaltflächen verfügbar zu machen; auf allen außer den größten Bildschirmen kann das Hinzufügen von zu vielen Schaltflächen die Adressleiste auf eine Breite komprimieren, die kaum noch nutzbar ist.

Browsererweiterungen installieren und verwalten

Seit den Anfängen des World Wide Web bieten Browser die Möglichkeit, ihre Funktionalität durch Add-ons von Drittanbietern zu erweitern. Der ursprüngliche Windows-Webbrowser, der Internet Explorer, unterstützte ActiveX-Steuerelemente, eine leistungsstarke, aber notorisch unsichere Möglichkeit, dem Browser neue Tricks beizubringen.

Im Gegensatz dazu verwenden moderne Browser *Erweiterungen*, die mit JavaScript und HTML erstellt und über einen verwalteten Store vertrieben werden, um dem Browser auf sichere Weise neue Features beizubringen. In den letzten zehn Jahren haben Drittentwickler ein florierendes Ökosystem von Erweiterungen für Google Chrome aufgebaut. Kennwort-Manager, Werbeblocker, Schreibwerkzeuge und Recherchehilfen gehören zu den beliebtesten Kategorien, aber die schiere Bandbreite der Erweiterungen ist atemberaubend. Fast alle dieser Erweiterungen funktionieren unverändert in Microsoft Edge (die Ausnahmen erfordern meist den Zugriff auf ein Google-Konto oder auf Google-Dienste) und viele von ihnen wurden für den Vertrieb in Microsofts Edge Add-ons-Store angepasst.

Abbildung 7.13 zeigt exemplarisch die Erweiterung OneNote Web Clipper in Aktion. Wenn Sie in der Edge-Menüleiste auf die Schaltfläche klicken, werden die vier hier gezeigten Optionen angezeigt, mit denen die Seite für die Verwendung in einem OneNote-Notizbuch neu formatiert wird. Diese Aufgabe wäre manuell entweder nur sehr mühsam oder gar nicht zu bewältigen.

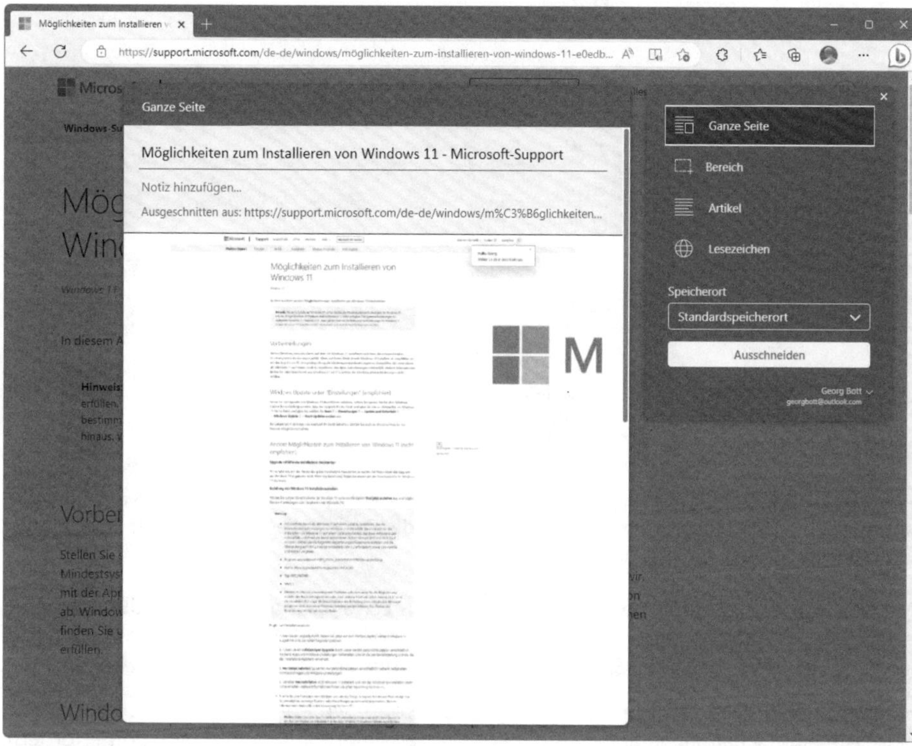

Abbildung 7.13 Mit Erweiterungen wie dem *OneNote Web Clipper* können Sie Seiten im Handumdrehen umformatieren, um sie leichter als Teil eines OneNote-Notizbuchs speichern zu können.

Entwickler können ein paar kleine Änderungen an einer Google Chrome-Erweiterung vornehmen und sie im Edge Add-ons-Store einreichen. Sie können die gesamte Auswahl nach Kategorien durchsuchen oder unter *https://microsoftedge.microsoft.com/addons* nach einer bestimmten Erweiterung suchen.

Wenn die von Ihnen benötigte Erweiterung nicht von Microsoft erhältlich ist, können Sie sie wahrscheinlich aus dem Chrome Web Store von Google beziehen. Um Erweiterungen aus dieser Quelle zu installieren, müssen Sie in Edge auf der Seite *Erweiterungen* die Einstellung *Lassen Sie Erweiterungen aus anderen Stores zu* aktivieren, wie in Abbildung 7.14 dargestellt. Von dort aus können Sie auch die installierten Erweiterungen verwalten.

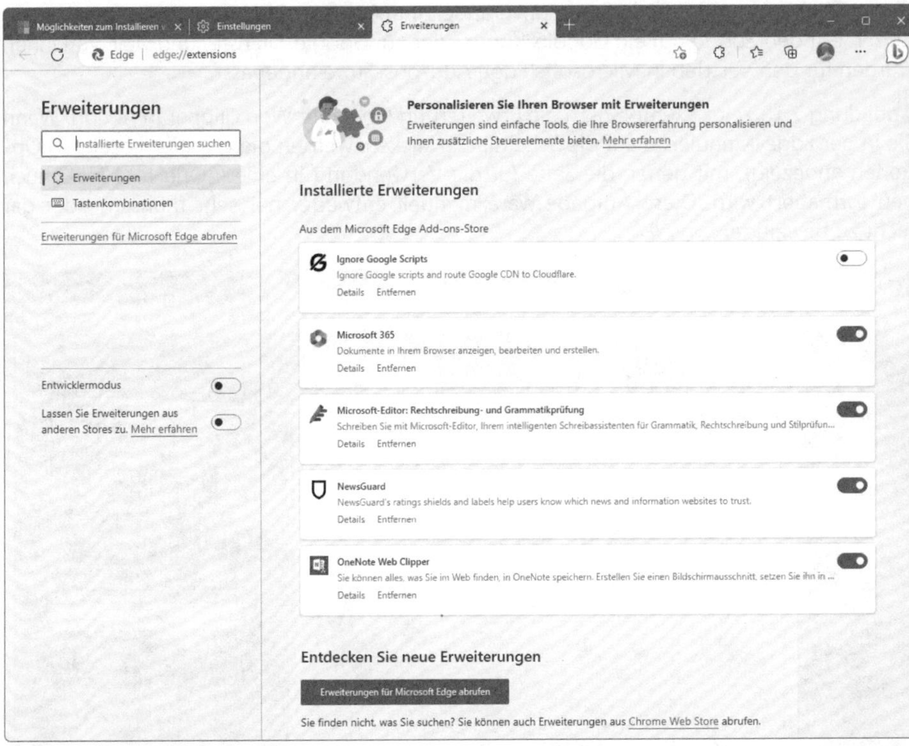

Abbildung 7.14 Installierte Erweiterungen werden in dieser Liste angezeigt. Klicken Sie auf *Details*, um zusätzliche Einstellungen anzuzeigen, einschließlich der Option, die Schaltfläche der Erweiterung anzuzeigen oder sie zu deinstallieren.

Mit dem Ein/Aus-Schalter neben jeder installierten Erweiterung können Sie diese spontan aktivieren oder deaktivieren. Die meisten Erweiterungen sind so konzipiert, dass sie immer laufen, aber vielleicht haben Sie spezielle Add-ons, die Sie nur bei Bedarf einschalten.

Standardmäßig wird für jede Erweiterung in der Edge-Symbolleiste rechts neben der Adressleiste eine Schaltfläche angezeigt. Das ist für Erweiterungen, die Interaktion erfordern, um ihre Wirkung zu entfalten, nützlich. Bei Erweiterungen, die hauptsächlich im Hintergrund arbeiten, können Sie die Unordnung verringern, indem Sie mit der rechten Maustaste auf die Schaltfläche klicken und den Befehl *Aus Symbolleiste ausblenden* wählen. (Sie können die Schaltfläche wieder einblenden, indem Sie *Weitere Aktionen | Erweiterungen* und dann aus dem Menü *Weitere Aktionen* für diese Erweiterung den Befehl *In Symbolleiste anzeigen* wählen.)

Schließlich können Sie die Vorteile von Tastenkombinationen einsetzen, um den Nutzen von Erweiterungen zu erhöhen. Klicken Sie auf der Seite *Erweiterungen* auf *Tastenkombinationen* (oder gehen Sie zu *edge://extensions/shortcuts*). Klicken Sie in das Feld rechts neben einer beliebigen Erweiterung und drücken Sie eine Tastenkombination, die entweder aus `Strg` oder `Alt` plus einem Buchstaben oder einer Zahl besteht.

Neue Registerkarte anpassen

Wenn Sie zum ersten Mal ein neues Profil einrichten, werden Sie aufgefordert, ein Design für die Seite auszuwählen, die Sie immer dann sehen, wenn Sie eine neue Registerkarte öffnen. Wenn Sie sich mit einem Microsoft-Konto oder einem lokalen Konto angemeldet sind, können Sie ein Suchfeld, Microsoft News-Schlagzeilen, ein neues Hintergrundbild oder beides hinzufügen. Abbildung 7.15 zeigt ein benutzerdefiniertes Layout mit einem Suchfeld und einem Hintergrundbild, aber ohne Nachrichtenüberschriften.

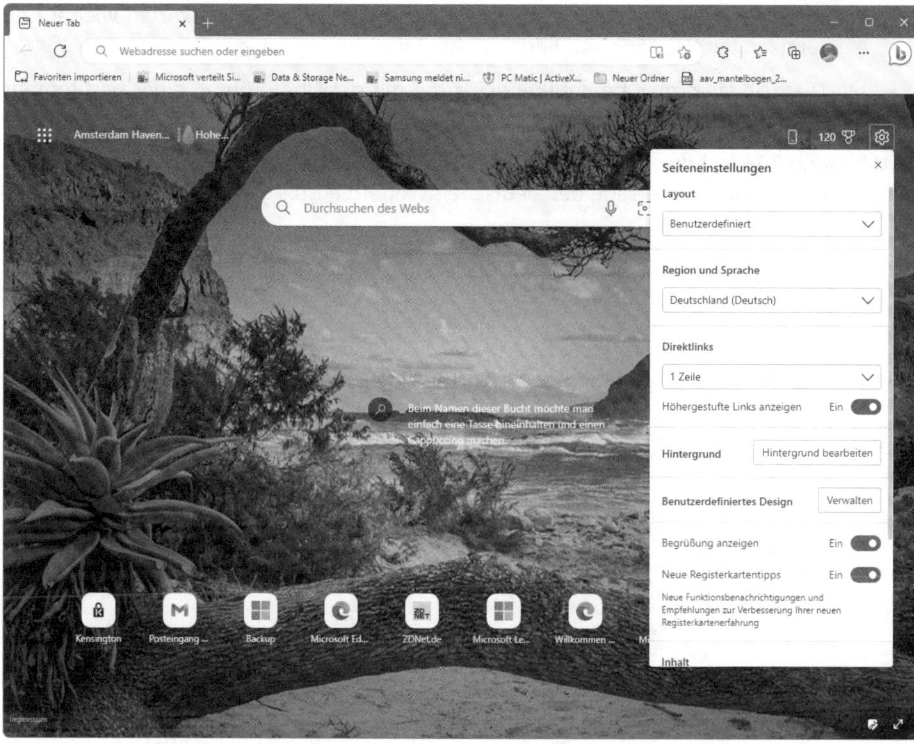

Abbildung 7.15 Mit der Option *Benutzerdefiniert* wird eine neue Registerkarte erstellt, die ein Suchfeld mit einem Bild kombiniert, das sich täglich ändert. Beachten Sie, dass die Auswahl *Inhalt*, die MSN-Schlagzeilen anzeigt, deaktiviert ist.

Wenn Ihr Edge-Profil ein Azure AD-Konto verwendet, das mit einem Microsoft 365 Business-Abonnement verbunden ist, erhalten Sie einige zusätzliche Optionen, darunter Links zu Online-Apps und Dokumenten, mit denen Sie kürzlich gearbeitet haben. In beiden Fällen können Sie das Layout jederzeit ändern, indem Sie eine neue Registerkarte öffnen und auf das Zahnradsymbol in der oberen rechten Ecke klicken.

In beiden Seitenlayouts enthält die neue Registerkarte auch eine Reihe von sieben Direktlinks, die jeweils als Kachel mit einem Namen und einem Favicon (das ist der offizielle Name des Symbols, das neben dem Seitentitel in jeder Browser-Registerkarte erscheint) angezeigt werden. Klicken Sie auf die obere rechte Ecke eines dieser Direktlinks, um den Namen zu bearbeiten oder die Kachel zu entfernen.

Wenn keine dieser Optionen Ihren Anforderungen entspricht, müssen Sie eine Browsererweiterung finden, die die Einstellungen für die neue Registerkarte wie gewünscht vornimmt.

Startseite anpassen

Wenn Sie es vorziehen, jede neue Browserinstanz auf eine vorhersehbare Weise zu starten, gehen Sie zu *Edge-Einstellungen | Start, Startseite und neue Registerkarten* (*edge://settings/startHomeNTP*) und wählen Sie dort eine der Alternativen:

- Die Standardeinstellung *Neue Registerkartenseite öffnen* öffnet jede neue Instanz von Microsoft Edge auf der neuen Registerkartenseite, wie im vorherigen Abschnitt beschrieben.
- *Registerkarten aus der vorherigen Sitzung öffnen* stellt die Registerkarten wieder her, die beim letzten Beenden von Edge geöffnet waren.
- Mit *Diese Seiten öffnen* beginnt jede Sitzung mit der Überprüfung einer bestimmten Gruppe von Websites.

In Abbildung 7.16 ist Edge beispielsweise so konfiguriert, dass beim Start zwei Nachrichtenseiten und die lokale Vorhersage des Deutschen Wetterdienstes geöffnet werden.

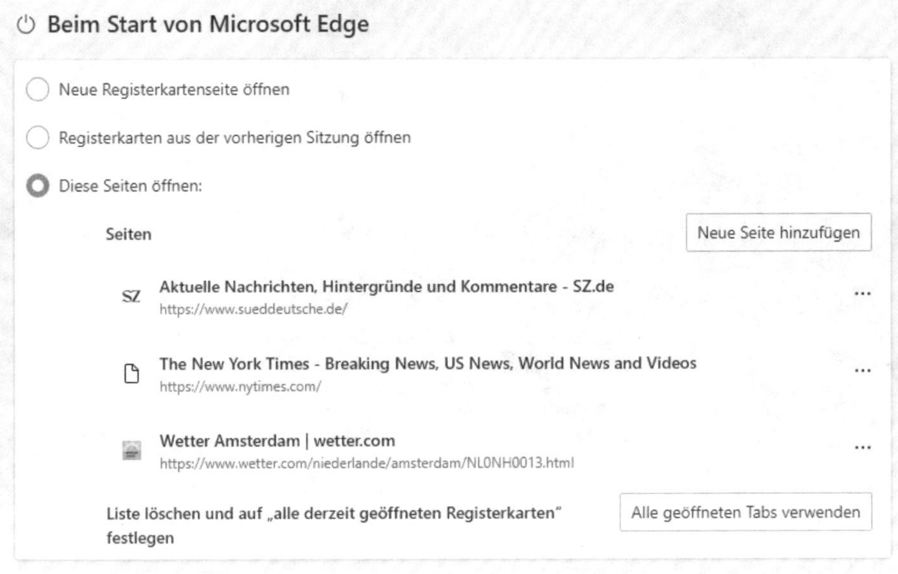

Abbildung 7.16 Wählen Sie diese Option, wenn Sie jeden Tag mit der Überprüfung Ihrer bevorzugten Nachrichten- und Wetterseiten beginnen möchten.

Der einfachste Weg, um festzulegen, dass beim Start mehrere Seiten geöffnet werden sollen, ist, in der aktuellen Browsersitzung diese Seiten (und nur diese) in separaten Registerkarten zu öffnen. Gehen Sie dann in einer neuen Registerkarte zum Abschnitt *Beim Starten von Microsoft Edge*, wählen Sie *Diese Seiten öffnen* und klicken Sie auf *Alle geöffneten Tabs verwenden*. Um der aktuellen Auswahl eine weitere Seite hinzuzufügen, kopieren Sie deren URL, klicken auf *Neue Seite hinzufügen* und fügen den Inhalt der Zwischenablage in das Feld *URL eingeben* ein.

Feinabstimmung der Browserleistung

Edge enthält zwei Gruppen von Features, die das Surfen im Internet verbessern sollen. Eine Gruppe von Features sorgt dafür, dass Edge immer im Hintergrund ausgeführt wird, sodass Sie nie darauf warten müssen, dass der Browser geladen wird. Das andere Feature ermöglicht es Edge, inaktive Registerkarten in den Ruhezustand zu versetzen, damit sie keine weiteren Systemressourcen verbrauchen. Beide Gruppen von Steuerelementen befinden sich in den Edge-Einstellungen auf der Seite *System und Leistung* (*edge://settings/system*), wie in Abbildung 7.17 gezeigt.

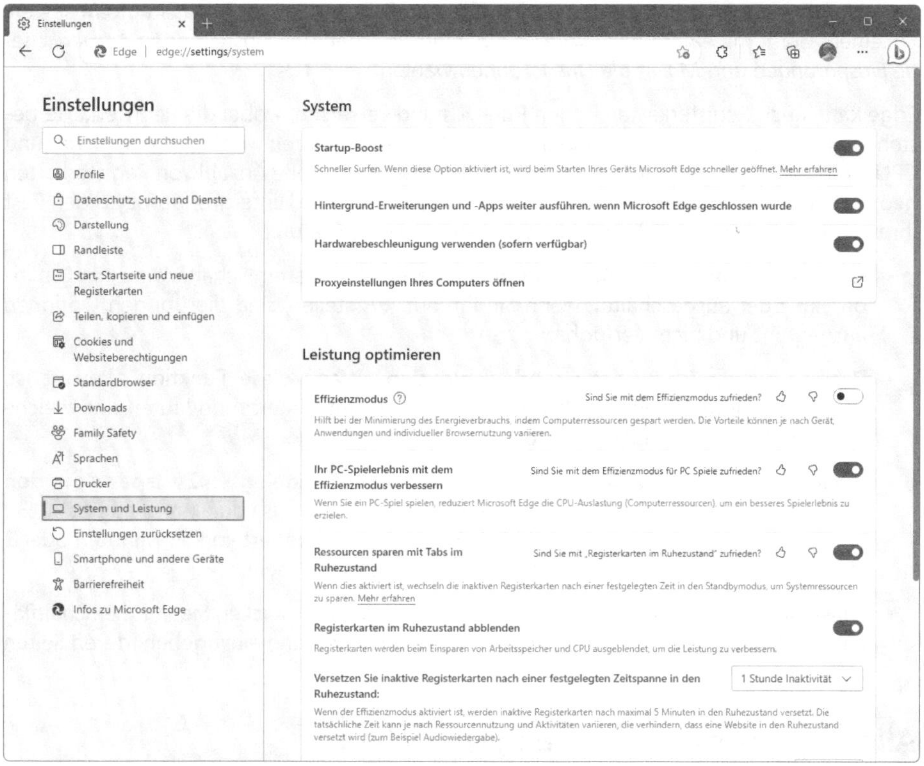

Abbildung 7.17 Wenn *Startup-Boost* aktiviert ist, wird Edge weiter im Hintergrund ausgeführt, wenn Sie das Browserfenster schließen, sodass es bei erneutem Bedarf schneller gestartet werden kann.

Oben auf dieser Seite finden Sie das Feature *Startup-Boost*, das den Edge-Browser beim Start Ihres Geräts lädt und die Hauptprozesse im Hintergrund weiterlaufen lässt, auch wenn Sie den Browser schließen. Wenn Sie ein Browserfenster erneut öffnen, sollte es dank dieser Hintergrundprozesse fast sofort geladen werden. Die Auswirkungen auf die Leistung und die Ressourcennutzung sind minimal, was bedeutet, dass diese Funktion auf allen außer den am stärksten ressourcenbeschränkten Systemen verwendet werden kann.

Auf einigen Systemen ist *Startup-Boost* standardmäßig deaktiviert und kann aufgrund von kollidierenden Erweiterungen nicht aktiviert werden. (Ironischerweise ist eine dieser Erweiterungen das Microsoft-eigene Office-Add-In.) Über eine Schaltfläche auf der Seite mit den Edge-Einstellungen können Sie die kollidierende Erweiterung deaktivieren, um *Startup-Boost* zu aktivieren.

Die zweite Gruppe von Optionen befindet sich unter der Überschrift *Leistung optimieren*. Ein häufiges Problem bei Webbrowsern ist, dass die Aktivitäten auf den im Browser ausgeführten Registerkarten übermäßig viel Strom verbrauchen können; das ist besonders dann unerwünscht, wenn ein Laptop mit Akkustrom betrieben wird. Die Aktivierung des Effizienzmodus hilft, den Stromverbrauch zu minimieren und die Lebensdauer des Akkus zu verlängern. Im Effizienzmodus schaltet Edge Hintergrundregisterkarten nach 5 Minuten Inaktivität in den Ruhezustand (wenn die Funktion für schlafende Registerkarten aktiviert ist) und minimiert auch die Auswirkungen von Videowiedergabe und Animationen.

Standardmäßig ist der Effizienzmodus ausgeschaltet. Sie können angeben, dass Sie den Effizienzmodus einschalten möchten, indem Sie den Schalter *Effizienzmodus* auf *Ein* setzen. Bei einem Gerät mit einem Akku können Sie dann zwischen den Einstellungen *Ausgeglichene Einsparungen* und *Maximale Einsparungen* wählen.

Edge kann auch Registerkarten in den Ruhezustand versetzen, wobei die Registerkarte bestehen bleibt, aber alle Hintergrundaktivitäten heruntergefahren werden, um Speicher und CPU zu sparen. Diese Option ist ideal, wenn Sie gerne eine große Anzahl von Registerkarten geöffnet haben, aber nicht möchten, dass ein unkontrollierter Hintergrundprozess den Rest Ihres Systems verlangsamt. Vier Optionen steuern dieses Feature:

- **Ressourcen sparen mit Tabs im Ruhezustand** Mit diesem Schalter wird die Funktion ein- oder ausgeschaltet; wenn Sie ihn auf *Aus* stellen, sind die übrigen Optionen ausgegraut und nicht verfügbar.
- **Registerkarten im Ruhezustand abblenden** Wenn diese Funktion aktiviert ist, können Sie auf einen Blick erkennen, welche Tabs im Hintergrund laufen und welche in den Ruhezustand versetzt wurden.
- **Versetzen Sie inaktive Registerkarten nach einer festgelegten Zeitspanne in den Ruhezustand** Wählen Sie in der Liste ein Intervall aus, das von extrem aggressiv (30 Sekunden) bis extrem großzügig (12 Stunden) reicht. Ein Wert von 30 Minuten oder 1 Stunde sollte für die meisten Anwendungen angemessen sein.
- **Diese Websites nie in den Standbymodus versetzen** Klicken Sie auf die Schaltfläche *Hinzufügen*, um eine bestimmte Adresse oder Domäne einzugeben, deren Seiten immer im Hintergrund laufen dürfen.

Alle Anpassungen rückgängig machen

Wenn Edge anfängt, sich unvorhersehbar zu verhalten, besteht ein drastischer, aber nützlicher Schritt zur Fehlerbehebung darin, alle Browsereinstellungen auf ihre Standardwerte zurückzusetzen. Diese Option ist die Einzige, die Sie auf der Seite *Einstellungen zurücksetzen* in den Edge-Einstellungen finden. Dadurch werden die Startseite, die Seite mit den neuen Registerkarten und die Standardsuchmaschine auf ihre Standardwerte zurückgesetzt; außerdem werden alle Cookies gelöscht, alle angehefteten Registerkarten entfernt und alle Erweiterungen deaktiviert (aber nicht entfernt). Gespeicherte Favoriten, der Browserverlauf und gespeicherte Kennwörter bleiben erhalten.

Mit Registerkarten (Tabs) arbeiten

Wie bei allen modernen Browsern können Sie mit Microsoft Edge mehrere Seiten gleichzeitig öffnen, wobei jede Seite im Browserfenster eine eigene Registerkarte belegt. Dieses Feature ist eine enorme Zeitersparnis für alle, die recherchieren oder versuchen, mehrere Aufgaben zu erledigen. Es ist auch ein Rezept für Informationsüberlastung, weshalb Edge eine Reihe von Funktionen enthält, die Ihnen helfen, zwischen Registerkarten zu wechseln und sie zu organisieren.

Sie können eine neue Registerkarte auf verschiedene Arten öffnen. Beachten Sie, dass die meisten dieser Aktionen Tastenkombinationen beinhalten, die Sie sich merken sollten, wenn Sie regelmäßig mit einer großen Anzahl von Registerkarten jonglieren:

- Um eine Registerkarte zu öffnen, drücken Sie Strg+T (T für Tab) oder klicken Sie auf die Schaltfläche *Neuer Tab* rechts neben der ganz rechts geöffneten Registerkarte.
- Um einen Link in einer neuen Registerkarte zu öffnen, ohne den Fokus von der aktuellen Registerkarte zu verlagern, klicken Sie mit der rechten Maustaste auf den Link und wählen Sie *Link in neuem Tab öffnen* oder halten Sie die Strg-Taste gedrückt, während Sie auf den Link klicken.
- Um einen Link in einer neuen Registerkarte zu öffnen und den Fokus auf die neu geöffnete Registerkarte zu verschieben, halten Sie Strg+⇧ gedrückt, während Sie auf den Link klicken.
- Um eine Registerkarte zu duplizieren, drücken Sie Strg+⇧+K oder klicken Sie mit der rechten Maustaste auf die Registerkarte und wählen Sie aus dem Kontextmenü *Tab duplizieren*. Beachten Sie, dass die neue, duplizierte Registerkarte auch den Verlauf der ursprünglichen Registerkarte enthält.
- Um eine geöffnete Registerkarte zu schließen, zeigen Sie auf die Überschrift der Registerkarte und klicken Sie auf das X an der rechten Seite. (Beachten Sie, dass das X für alle außer der aktuellen Registerkarte ausgeblendet wird, sobald Sie genügend Registerkarten geöffnet haben.) Um die aktuelle Registerkarte zu schließen, drücken Sie Strg+W.

Sie können Tastenkombinationen verwenden, um zwischen den Registerkarten zu wechseln: Drücken Sie Strg+⇆, um von links nach rechts zu wechseln, oder Strg+⇧+⇆, um von rechts nach links zu wechseln. Um eine Registerkarte innerhalb einer Reihe von Registerkarten zu verschieben, ziehen Sie die Registerkarte, die Sie verschieben möchten, seitlich. Um eine Registerkarte aus dem aktuellen Browserfenster zu entfernen und sie in einem neuen Fenster anzuzeigen, ziehen Sie sie von der Registerkartenleiste weg und lassen Sie sie los.

Sie können mehrere Registerkarten auswählen, indem Sie die Standard-Windows-Aktion Strg+Klick (zur Auswahl einer nicht zusammenhängenden Gruppe von Registerkarten) und ⇧+Klick (für eine zusammenhängende Gruppe) verwenden. Nachdem Sie eine Auswahl getroffen haben, klicken Sie mit der rechten Maustaste und wählen Sie die Option, diese Registerkarten in ein anderes Fenster zu verschieben, oder ziehen Sie die Auswahl aus dem aktuellen Fenster, um sie in einem eigenen Browserfenster zu öffnen. Klicken Sie mit der rechten Maustaste auf die Auswahl, um eine andere Aktion auszuführen: Fügen Sie die Registerkarten zu Ihren Favoriten hinzu, fügen Sie sie zu einer Sammlung hinzu, fügen Sie sie zu einer neuen Registerkartengruppe hinzu oder schließen Sie sie. Weitere Optionen im Kontextmenü sind *Andere Tabs schließen*, um die nicht ausgewählten Tabs zu schließen, und *Tabs rechts schließen*, um Websites zu schließen, die Sie in neuen Tabs geöffnet haben, wenn Sie versehentlich zu viele Browser-Tabs geöffnet haben.

Expertentipp

Eine laute Registerkarte stummschalten

Es gibt nichts Frustrierenderes, als wenn plötzlich Ton aus den PC-Lautsprechern dröhnt, weil auf einer Webseite automatisch ein Videoclip abgespielt wird. Wenn der Ton von der aktuellen Seite kommt, können Sie Strg + M drücken (M für das englische »mute«), um den Ton stummzuschalten. Wenn Sie nicht sicher sind, welche Seite plötzlich anfängt Krach zu machen, zu brüllen oder zu singen, suchen Sie in den Registerkartenüberschriften nach einem Lautsprechersymbol, das anzeigt, dass der Ton von dieser Registerkarte abgespielt wird. Klicken Sie auf dieses Lautsprechersymbol, um den Ton sofort stummzuschalten, ohne die Registerkarte selbst öffnen zu müssen. Klicken Sie erneut darauf, um die Stummschaltung des Audiostreams der Registerkarte aufzuheben.

Vertikale Registerkarten verwenden

Bei der herkömmlichen, horizontalen Anordnung werden die Registerkarten des Browsers mit zunehmender Anzahl der geöffneten Registerkarten immer schmaler. Wenn Sie zahlreiche Registerkarten öffnen, werden sie so schmal, dass Sie nur noch das Seitensymbol sehen; der Titel sowie die Schaltfläche *Tab schließen* sind nicht mehr sichtbar.

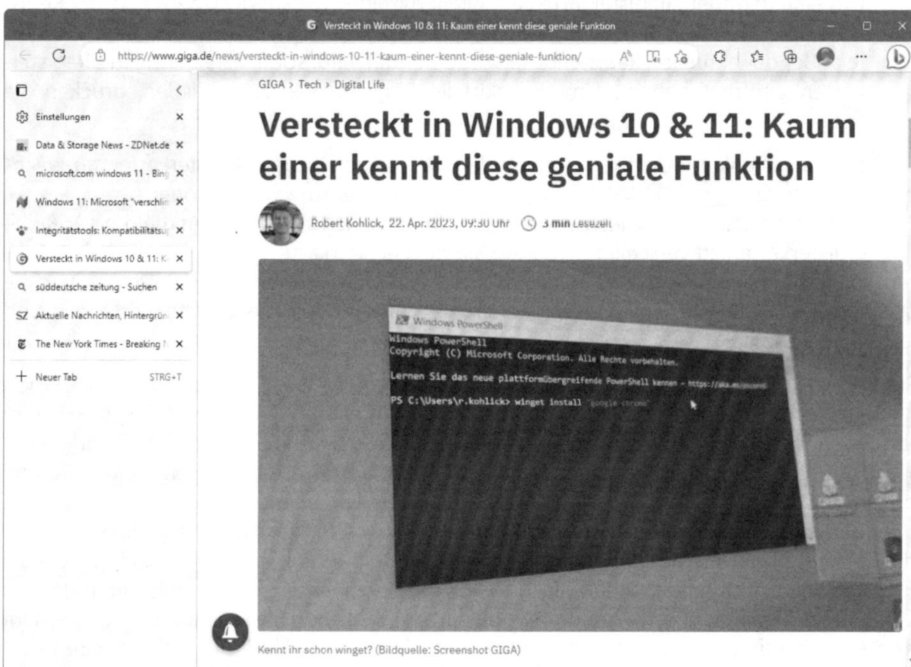

Abbildung 7.18 Wenn Sie die Registerkarten so konfigurieren, dass sie an der linken Seite in einer vertikalen Liste angezeigt werden, können Sie auch dann den vollständigen Seitentitel sehen, wenn viele Tabs geöffnet sind.

Eine Lösung für das Problem der zu vielen Registerkarten ist das Feature »vertikale Registerkarten«, mit der die Registerkarten vom oberen Rand des Browserfensters an die linke Seite verschoben werden. Auf einem breiten Bildschirm ermöglicht diese Anordnung die Anzeige eines aussagekräftigen Teils des Titels jeder Registerkarte, wobei angeheftete Registerkarten am oberen Rand des Fensters angezeigt werden. Abbildung 7.18 zeigt das Microsoft Edge-Fenster nach dem Aktivieren der vertikalen Registerkarten.

Um schnell zwischen horizontalen und vertikalen Registerkarten zu wechseln, verwenden Sie den ersten Befehl im Menü *Registerkartenaktionen*, das ganz links (oder oben) in den geöffneten Registerkarten in Edge angezeigt wird. Wenn es Sie stört, dass dieses Symbol angezeigt wird, können Sie es ausblenden, indem Sie zu *edge://settings/appearance* gehen und den Schalter *Registerkartenaktionen-Menü anzeigen* auf *Aus* stellen. Sie können weiterhin mit einem Tastaturkürzel zwischen den beiden Registerkartenmodi wechseln: `Strg`+`⇧`+`,` (Komma).

Registerkarten für schnellen Zugriff anpinnen

Wenn Sie möchten, dass eine bestimmte Registerkarte bei jedem Start von Microsoft Edge verfügbar und leicht zu finden ist, besteht die einfachste Lösung darin, diese Registerkarte anzuheften, anzupinnen. Angepinnte Tabs nehmen in der Registerkartenleiste nur einen winzigen Bereich in Anspruch; sie befinden sich ohne sichtbaren Titel als Symbol ganz links in der Registerkartenleiste (oder ganz oben in der Liste, wenn Sie die vertikalen Registerkarten aktiviert haben). Klicken Sie mit der rechten Maustaste auf eine beliebige Registerkarte und wählen Sie *Tab anpinnen*, um sie als angeheftete Registerkarte hinzuzufügen. Klicken Sie mit der rechten Maustaste auf die angeheftete Registerkarte und wählen Sie *Tab lösen*, wenn Sie Ihre Meinung ändern.

Eine weitere Möglichkeit, eine bestimmte Registerkarte leichter auffindbar zu machen, besteht darin, sie an die Taskleiste anzuheften. Um die aktuell geöffnete Seite an die Taskleiste zu heften, klicken Sie auf *Einstellungen und mehr* | *Weitere Tools* | *An Taskleiste heften.*

Websites, die als progressive Web-Apps (PWAs) installiert werden können, können auch an das Startmenü angepinnt werden, indem Sie *Einstellungen und mehr* | *Apps* | *Diese Site als eine App installieren* wählen. (Weitere Informationen zur Funktionsweise von progressiven Web-Apps finden Sie in Kapitel 5.)

Die Lesbarkeit von Webseiten verbessern

Microsoft Edge bietet einfache Möglichkeiten, Text und Grafiken auf einer Webseite größer oder kleiner zu machen. Wenn Sie auf einem Touchscreen oder einem Gerät mit einem Präzisions-Touchpad arbeiten, können Sie mit den Standardtouchgesten vergrößern und verkleinern. Spreizen Sie zwei Finger auf einer Seite, um den Inhalt zu vergrößern; führen Sie zwei Finger zusammen, um ihn zu verkleinern.

Mit dem Befehl *Zoomen* im Menü *Einstellungen und mehr* können Sie die Größe der Seite in logischen Schritten vergrößern oder verkleinern. Mit einem Mausrad können Sie die Ansicht vergrößern oder verkleinern, indem Sie die `Strg`-Taste gedrückt halten, während Sie das Rad vorwärts oder rückwärts drehen. Das Zoomen mit dem Mausrad hat den Vorteil, dass die Position des Objekts, auf das Sie zeigen, beibehalten wird, wenn Sie mit dem Zoomen beginnen. Angenommen, Sie zoomen hinein, um ein grafisches Element am rechten Rand des Bildschirms besser sehen zu können. Wenn Sie andere Zoom-Methoden verwenden, verschwindet das Element, das Sie interessiert, schließlich aus dem Fenster. Wenn Sie jedoch mit dem Mauszeiger auf das Element zeigen und dann das Rad drehen, behält das Element seine Position relativ zu Ihrem Mauszeiger bei, während es größer wird.

Wenn Sie die Tastatur bevorzugen, können Sie zum Vergrößern und Verkleinern zwei Tastenkombinationen verwenden. Halten Sie die Strg-Taste gedrückt und drücken Sie die Taste +, um die Vergrößerung eine Stufe zu erhöhen, mit der Tastenkombination Strg + - zoomen Sie wieder heraus. Um zur normalen Größe (100%) zurückzukehren, drücken Sie Strg + 0.

Wenn Sie also an einer bestimmten Adresse fast immer eine bestimmte Vergrößerungsstufe benötigen, können Sie diese einmal einstellen und müssen sich nicht mehr darum kümmern. Gespeicherte Zoomstufen für jede Website werden unter *edge://settings/content/zoomLevels* gespeichert. Um die Zoomeinstellungen global zu ändern, gehen Sie zu *edge://settings/appearance* und wählen Sie einen Zoomfaktor aus.

Das Heranzoomen ist ein hervorragendes Mittel, um kleine Texte für die Augen angenehmer zu machen. Wenn Sie den Lesekomfort noch weiter verbessern möchten, sollten Sie in Microsoft Edge den plastischen Reader ausprobieren. Diese Ansicht entfernt von einer Webseite ablenkende Elemente und formatiert den Text neu, damit Sie sich auf das konzentrieren können, was Sie lesen möchten. Der plastische Reader ist besonders nützlich auf Seiten, die mit Werbung überladen sind und auf denen der Designer eine zu kleine Schrift verwendet hat oder wo es Probleme mit dem Kontrast zum Hintergrund gibt.

Um die aktuelle Seite in der Ansicht plastischer Reader anzuzeigen, klicken Sie auf das Symbol *Plastischen Reader aktivieren*, das einem aufgeschlagenen Buch ähnelt; es befindet sich am rechten Ende der Adressleiste. Eine einfachere Möglichkeit ist das Drücken der F9-Taste. Um zur normalen Ansicht zurückzukehren, klicken Sie erneut auf das Buchsymbol *Plastischen Reader beenden* oder klicken Sie auf *Zurück* oder drücken Sie F9.

Expertentipp

Zwingen Sie eine Seite in die Ansicht plastischer Reader, um störende Popups zu umgehen

Einige Websitebetreiber versuchen, den gelegentlichen Besuch ihrer Seiten durch Nicht-Abonnenten zu verhindern, indem sie den Artikel nach einigen Absätzen abkürzen und ein Popup-Fenster mit der Aufforderung zur Anmeldung einblenden. Manchmal handelt es sich bei diesen Pop-ups um eine Bezahlschranke, für die es keine einfache Umgehung gibt. Für viele Verlage ist die Unterbrechung jedoch kaum mehr als ein Hindernis. In diesen Fällen können Sie versuchen, auf *Plastischen Reader aktivieren* zu klicken, um zu sehen, ob die Seite dann vollständig geladen wird.

Wenn das Symbol des plastischen Readers nicht verfügbar ist, können Sie möglicherweise die Anzeige der Seite in dieser Ansicht erzwingen, indem Sie vor der URL *read://* ohne nachgestelltes Leerzeichen einzugeben. Lassen Sie die ursprüngliche URL der Seite intakt, einschließlich des *https://-Teils* der Adresse.

Abbildung 7.19 zeigt dieselbe Seite in der normalen Anzeige (links) und mit aktiviertem plastischem Reader (rechts). Beachten Sie das Symbol für den Readermodus, das links in der Adressleiste an der Stelle erscheint, an der normalerweise das Symbol für *Websiteinformationen anzeigen* steht.

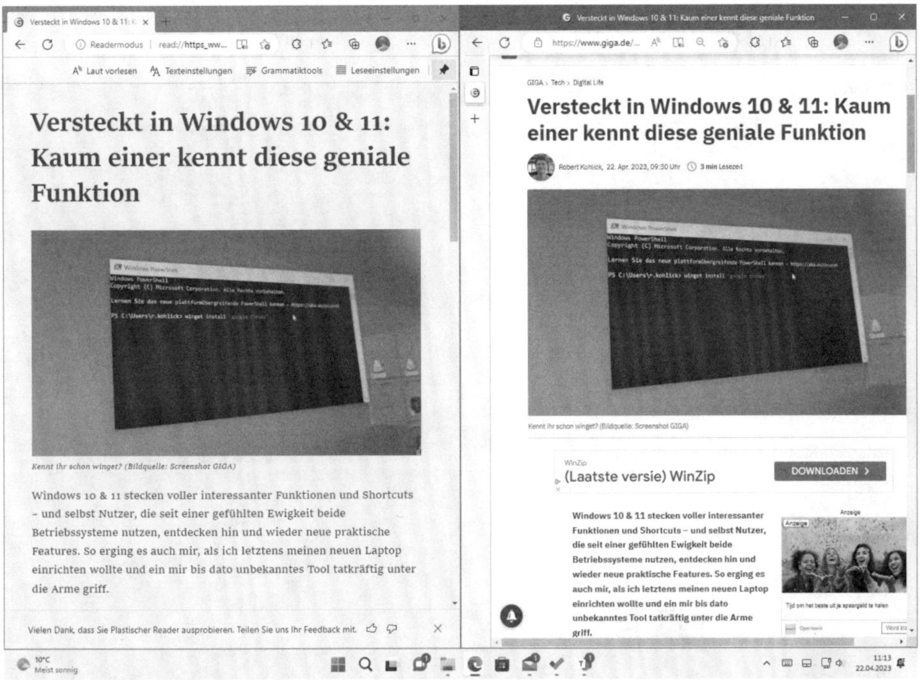

Abbildung 7.19 Drücken Sie F9, um eine unübersichtliche Webseite in eine optimierte Version zu verwandeln, bei der der Text zur besseren Lesbarkeit neu formatiert wurde.

Im Readermodus wird am oberen Rand des Fensters eine Symbolleiste angezeigt. (Wenn die Symbolleiste ausgeblendet ist, bewegen Sie den Mauszeiger an den oberen Rand der Seite, bis sie nach unten gleitet. Klicken Sie auf das Stecknadelsymbol, um die Symbolleiste zu fixieren, damit sie nicht automatisch ausgeblendet wird.) Klicken Sie auf *Texteinstellungen*, um das Aussehen der Seite anzupassen, wie in Abbildung 7.20 gezeigt.

Die meisten der Optionen sind selbsterklärend. Wählen Sie eine Schriftart und passen Sie die Größe und den Abstand von Text und Spalten nach Ihren Wünschen an. Unter *Seitendesigns* finden Sie fünf Optionen zur Anpassung der Farbe des Seitenhintergrunds und des kontrastierenden Texts. Wenn das Lesen immer noch eine Herausforderung ist, können Sie sich von der Leseansicht vorlesen lassen. Schalten Sie dazu Ihre Lautsprecher ein oder schließen Sie Ihr Headset an und klicken Sie in der Symbolleiste auf die Schaltfläche *Laut vorlesen*. (Der Befehl *Laut vorlesen* kann auch für PDF-Dateien verwendet werden.)

Abbildung 7.20 Im Readermodus können Sie eine Schriftart auswählen, die Textgröße und die Abstände anpassen und ein Farbschema für den Text und den Hintergrund auswählen.

Informationen finden und organisieren

Dieser Abschnitt befasst sich mit den in den Microsoft Edge-Browser integrierten Tools, die es Ihnen ermöglichen, mithilfe der gesamten Palette von Online-Suchwerkzeugen im Web Informationen aufzuspüren und diese Ergebnisse dann, je nach Bedarf, zu organisieren, wiederzuverwenden und weiterzugeben. Einige dieser Tools sind bereits bekannt, wie die Favoriten, die seit einem Vierteljahrhundert in Microsoft-Browsern enthalten sind. Sie können Favoriten in Ordnern organisieren oder eine neue Alternative namens Sammlungen verwenden, die nur in Edge zu finden ist. Der offensichtlichste Ausgangspunkt ist jedoch der Ort, an den Sie sich wenden, wenn Sie nicht wissen, wohin Sie gehen sollen: Ihre Lieblingssuchmaschine.

Ändern des Standardsuchanbieters

Sie müssen nicht direkt die Website einer Suchmaschine öffnen, um in Microsoft Edge Informationen zu finden. Wenn Sie eines der Microsoft-Layouts für die neue Registerkarte verwenden, können Sie eine Registerkarte öffnen und Ihre Anfrage in das Suchfeld auf dieser Seite eingeben. Noch einfacher ist es, wenn Sie einfach anfangen, in die Adressleiste zu tippen. Während Sie Ihre Eingabe in der Adressleiste vornehmen, macht der Browser Vorschläge zur automatischen Vervollständigung, zusammen mit Trendthemen und einer Liste passender Websites aus Ihrem Browserverlauf.

Bei einer Neuinstallation von Windows 11 ist, wenig überraschend, Bing von Microsoft der Standardsuchanbieter. Mit ein paar einfachen Schritten können Sie den Standard auf eine der vordefinierten Alternativen ändern. Wählen Sie in den Edge-Einstellungen die Registerkarte *Datenschutz, Suche und Dienste*. Scrollen Sie zum unteren Ende der Seite und klicken Sie auf *Adressleiste und Suche*. (Wenn Ihnen das zu viel Arbeit ist, gehen Sie direkt zu *edge://settings/search*.) Ihre Optionen sind in Abbildung 7.21 dargestellt.

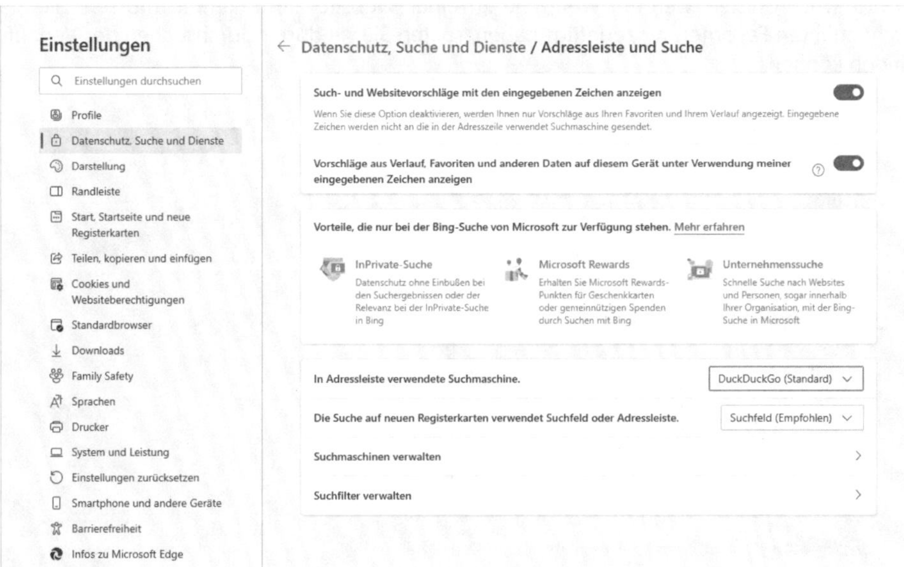

Abbildung 7.21 Die zweite Option von oben, mit der Sie der neuen Registerkarte eine andere Suchmaschine zuweisen können, wird erst dann angezeigt, wenn Sie die Suchmaschine in der Adressleiste auf etwas anderes als Bing ändern.

Wenn Sie die während des Tippens automatisch angebotenen Vorschläge als störend empfinden, können Sie mit den beiden oberen Optionen auf dieser Seite Suchvorschläge und Vorschläge aus Ihrem Verlauf bzw. Ihren Favoriten deaktivieren.

Zu den Optionen der Einstellung *In Adressleiste verwendete Suchmaschine* gehören einige bekannte Namen, darunter Google und Yahoo sowie das auf Datenschutz ausgerichtete DuckDuckGo. Um einen Suchanbieter hinzuzufügen, der den OpenSearch-Standard unterstützt, aber nicht in der Standardliste enthalten ist, gehen Sie auf die Website des Suchanbieters und suchen Sie nach irgendetwas; diese Aktion reicht aus, um den neuen Anbieter zur Liste der verfügbaren Suchmaschinen hinzuzufügen.

Das Ändern der Quelle der Suchergebnisse in der Adressleiste hat keine Auswirkungen auf das Suchfeld auf der neuen Registerkarte von Microsoft, das auch nach der Änderung weiterhin Bing verwendet. Wenn Sie eine andere Suchmaschine als Bing auswählen, wird eine zweite Option angezeigt: *Die Suche auf neuen Registerkarten verwendet Suchfeld oder Adressleiste*. Setzen Sie diese Option auf *Adressleiste*, damit beide Orte übereinstimmen. (Beachten Sie, dass diese Einstellung keinen Einfluss darauf hat, was Sie in das Suchfeld im Windows-Startmenü eingeben.)

Zuvor besuchte Seiten im Verlauf finden

Microsoft Edge speichert einen lokalen Verlauf der von Ihnen besuchten Websites. Dieser Verlauf wird für jedes Profil, das Sie in Edge erstellen, separat gespeichert. Für Profile, bei denen Sie bei einem Microsoft-Konto angemeldet sind oder bei denen Sie ein Azure Active Directory-Konto verwenden, verwaltet Edge einen separaten Verlauf und synchronisiert diese Liste mit allen Instanzen von Edge, bei denen Sie angemeldet sind und die mit diesem Konto synchronisiert werden. Wenn Sie zu einer Website zurückkehren müssen, die Sie nicht zu Ihren Favoriten hinzugefügt haben, sollten Sie sie durch Durchsuchen des Verlaufs finden können.

Abbildung 7.22 Wenn Sie auf die Registerkarte *Alles* klicken, werden Ihr lokaler und synchronisierter Browserverlauf kombiniert und die Ergebnisse in umgekehrter chronologischer Reihenfolge angezeigt. Diese Liste ist an der rechten Seite des Browserfensters angeheftet.

Um in Microsoft Edge Ihren Browserverlauf einzusehen, klicken Sie auf *Einstellungen und mehr | Verlauf* oder verwenden Sie die Tastenkombination Strg + H (H für das englische »history«). Standardmäßig zeigt Edge den Verlauf in einer kompakten Liste an, die von der Symbolleiste aus herunterklappt. Klicken Sie oben rechts in dieser Liste auf die Schaltfläche *Verlauf anheften*, um sie als neuen Bereich auf der rechten Seite des Browserfensters zu fixieren, wie es Abbildung 7.22 zeigt.

Die Liste ist in drei Registerkarten unterteilt, wobei standardmäßig die Registerkarte *Alles* angezeigt wird. Sie kombiniert lokale und synchronisierte Verlaufslisten und zeigt die gemeinsamen Ergebnisse in absteigender chronologischer Reihenfolge an, wobei relative Daten und Zeiten für Überschriften verwendet werden: *Zuletzt, Heute, Gestern, Letzte Woche* und so weiter. Die Registerkarte *Zuletzt geschlossen* zeigt eine kurze Liste lokaler Seiten, die Sie bei Bedarf erneut öffnen können, während die Liste *Tabs von anderen Geräten* Ihren Verlauf von anderen synchronisierten Geräten zeigt, wobei der Verlauf nach Gerät in umgekehrter chronologischer Reihenfolge angeordnet ist.

Kapitel 7

Möglicherweise können Sie eine Seite finden, indem Sie durch die Liste blättern, vor allem wenn der Besuch auf der Website relativ kurz zurückliegt. Für eine gezieltere Suche klicken Sie in das Feld *Verlauf durchsuchen* (Sie erkennen es an der Lupe) und geben ein Wort oder einen Textausschnitt ein, um Einträge zu finden, die den Suchtext im Seitentitel oder in der URL enthalten. Schließen Sie den Suchtext in Anführungszeichen ein, um eine bestimmte Phrase zu finden. Wenn Sie die Wörter einzeln ohne Anführungszeichen eingeben, gibt Edge Ergebnisse für alle Seiten zurück, die alle angegebenen Wörter enthalten.

Wenn Sie eine interessante Seite gefunden haben, klicken Sie mit der rechten Maustaste auf den Eintrag in der Liste, um ein Kontextmenü mit Optionen anzuzeigen, mit denen Sie die Seite in einer neuen Registerkarte oder einem neuen Fenster öffnen, den Link zur Seite in die Zwischenablage kopieren oder das Element aus Ihrem Verlauf löschen können. Mit der letzten Option des Kontextmenüs, *Mehr von derselben Website*, können Sie die Verlaufsliste so filtern, dass nur Seiten von der gleichen Domäne wie die ausgewählte Seite angezeigt werden.

In der Liste *Alles* können Sie jeden Eintrag löschen, indem Sie mit dem Mauszeiger auf den Eintrag zeigen, bis rechts davon ein X erscheint. Klicken Sie auf dieses X, um die Seite dauerhaft aus Ihrem Verlauf zu entfernen.

Das Menü *Weitere Optionen*, das Sie mit den drei Punkten rechts neben der Schaltfläche *Verlauf durchsuchen* öffnen, bietet drei interessante Optionen. Der erste Befehl, *Verlaufsseite öffnen*, zeigt Ihren Verlauf in einer Ganzseitenansicht an, die ein Suchfeld und Steuerelemente für das Filtern nach Datum enthält. Der zweite Befehl, *Browserdaten löschen*, löscht Ihren lokalen Verlauf vollständig und unwiderruflich. Der letzte Befehl, *Schaltfläche "Verlauf" in der Symbolleiste anzeigen*, bietet eine zusätzliche Möglichkeit zum schnellen Öffnen und Schließen der Verlaufsliste.

Favoriten speichern, bearbeiten und organisieren

Wie jeder moderne Browser ermöglicht es Ihnen auch Microsoft Edge, eine Sammlung von Lieblingswebseiten anzulegen – Ziele, von denen Sie wissen oder vermuten, dass Sie sie immer wieder aufsuchen werden – und diese Sammlung in Ordnern zu organisieren. Sobald eine Seite als Favorit eingestuft wurde, können Sie sie mit nur wenigen Klicks erneut öffnen, ohne sie erneut suchen oder aus Ihrem Browserverlauf abrufen zu müssen.

Um eine Verknüpfung für die aktuelle Seite zu der Liste der Favoriten hinzuzufügen, klicken Sie in Microsoft Edge auf der rechten Seite der Adressleiste auf den Stern oder verwenden Sie die Tastenkombination Strg + D. Wie Abbildung 7.23 zeigt, wird dadurch das Dialogfeld *Favorit hinzugefügt* geöffnet, in dem Sie den Namen in einen aussagekräftigen Namen ändern und die Verknüpfung in einen vorhandenen Ordner verschieben können. (Klicken Sie auf *Mehr*, um eine vollständige Liste der Ordner anzuzeigen und ggf. einen neuen Ordner zu erstellen.) Klicken Sie auf *Fertig*, um Ihre Änderungen zu speichern.

Abbildung 7.23 Drücken Sie Strg + D oder klicken Sie an der rechten Seite der Adressleiste auf den Stern, um eine Seite zu Ihren Favoriten hinzuzufügen oder daraus zu entfernen.

Expertentipp

Benennen Sie Favoriten immer um

Gewöhnen Sie sich an, einen beschreibenden Namen zu vergeben, wenn Sie einen Favoriten speichern. Achten Sie darauf, dass der von Ihnen gewählte Name die Wörter enthält, die Sie zukünftig wahrscheinlich als Suchbegriffe verwenden werden. Vermeiden Sie extralange Namen. Webdesigner erstellen oft unverschämt lange Seitentitel, die Beschreibungen und Schlüsselwörter zusammenpacken, um in Suchmaschinen besser platziert zu werden, und dieser Name wird automatisch als Standard für einen neu erstellten Favoriten eingegeben. Kürzere, aussagekräftigere Namen sind leichter zu erkennen, wenn man durch einen Ordner voller Favoriten blättert. Apropos Ordner: Verwenden Sie diese auf jeden Fall, um Ihre Favoriten zu kategorisieren. Je mehr Favoriten Sie ansammeln, desto glücklicher werden Sie sein, dass Sie sie organisiert haben.

Die Favoritenleiste ist ein spezieller Ordner, dessen Inhalt unterhalb der Adressleiste in Microsoft Edge angezeigt werden kann. (Betrachten Sie diesen Ort als Ihre Lieblingsfavoriten.) Standardmäßig ist sie ausgeblendet. Um sie sichtbar zu machen, klicken Sie auf *Einstellungen und mehr | Favoriten | Weitere Optionen | Favoritenleiste anzeigen*. Oder verwenden Sie die Tastenkombination Strg + ⇧ + B, um die Favoritenleiste ein- und auszublenden.

Der einfachste Weg, auf Ihre gespeicherten Favoriten zuzugreifen, besteht darin, in der Adressleiste mit der Eingabe zu beginnen. Alle passenden Favoriten werden oben in der Liste angezeigt. Um die gesamte Liste zu sehen, klicken Sie in der Symbolleiste auf die Schaltfläche *Favoriten*. Sie können die Favoritenliste auch aufrufen, indem Sie Strg + ⇧ + O drücken. Auf der gleichen Seite können Sie über das Suchfeld oben auf der Seite nach Favoriten suchen.

Klicken Sie auf einen Favoriten, um ihn auf der aktuellen Registerkarte zu öffnen. Halten Sie die [Strg]-Taste gedrückt, während Sie klicken, um den Link in einer neuen Registerkarte zu öffnen (oder klicken Sie mit der rechten Maustaste auf den Link und dann auf *In neuem Tab öffnen*). Halten Sie die [⇧]-Taste gedrückt und klicken Sie, um den Link in einem neuen Fenster zu öffnen. Das Menü, das beim Klicken mit der rechten Maustaste angezeigt wird, bietet Ihnen auch die Möglichkeit, eine Verknüpfung umzubenennen oder zu entfernen, sowie eine Option zum Bearbeiten der URL, die mit jedem gespeicherten Favoriten verbunden ist. Klicken Sie mit der rechten Maustaste auf *Favoritenliste* oder auf den Namen eines Ordners, um einen neuen Ordner zu erstellen oder die Liste nach Namen zu sortieren.

Wenn Sie von einem anderen Browser zu Microsoft Edge wechseln, haben Sie möglicherweise Favoriten oder Lesezeichen, die Sie importieren möchten. Wenn Sie diese Lesezeichen in eine Datei exportiert haben, gehen Sie zu *edge://settings/profiles/importBrowsingData*. Klicken Sie auf *Zu importierende Elemente auswählen*, wählen Sie die exportierte Datei aus der Dropdownliste oben aus, wählen Sie die Daten aus, die Sie zu Ihrem Edge-Profil hinzufügen möchten, und klicken Sie dann auf *Importieren*.

Ihre Recherchen als Sammlungen speichern und teilen

Sammlungen sind ein nur in Microsoft Edge vorhandenes Feature. Sammlungen bieten eine Möglichkeit zum Speichern und Freigeben von Recherchen, die in keinem anderen modernen Browser zu finden ist. Sammlungen sind eine ideale Lösung für die Recherche von Reisen, Einkäufen, Projekten und Schularbeiten. Oberflächlich betrachtet ähneln sie Ordnern voller Favoriten, wobei die Inhalte in einem Bereich angezeigt werden, der unterhalb der Symbolleiste angezeigt wird und rechts an das Hauptbrowserfenster angeheftet werden kann. Im Gegensatz zu einem Ordner voller Favoriten können Sammlungen jedoch mehr als nur einfache Links enthalten. Abbildung 7.24 zeigt eine Sammlung, die Recherchen für den Kauf eines neuen Autos enthält.

Sammlungen bestehen aus Karten, von denen jede einen bestimmten Teil der Daten enthält, die Sie sammeln möchten. Sie können ganze Seiten hinzufügen, indem Sie oben im Bereich *Sammlungen* auf *Aktuelle Seite hinzufügen* klicken.

Auf diese Weise wird eine Karte mit einem Link und einer Miniaturansicht der Webseite erstellt. Sie können auch einen Link oder einen Textausschnitt aus einer Webseite in den Sammlungsbereich ziehen, um ihn direkt zu speichern, zusammen mit einem Link, auf den Sie klicken können, um zur Quellseite zurückzukehren. Klicken Sie mit der rechten Maustaste auf einen beliebigen webbasierten Inhalt, einschließlich Bilder, und verwenden Sie das Menü *Zu Sammlungen hinzufügen*, um ihn als Teil einer bestehenden Sammlung zu speichern oder eine neue Sammlung zu erstellen.

Wenn Sie am oberen Rand einer geöffneten Sammlung auf die Schaltfläche *Weitere Optionen* (die drei Punkte) klicken und dann *Notiz hinzufügen* wählen, wird eine gelbe Haftnotiz geöffnet. Sie können die Symbolleiste verwenden, um die Notiz zu formatieren und um eine Liste mit Aufzählungszeichen zu erstellen. Klicken Sie nach dem Erstellen der Notiz auf das Häkchen, um die Notiz zu speichern.

Um eine neue Sammlung von Grund auf zu erstellen, klicken Sie in der Symbolleiste auf die Schaltfläche *Sammlungen* und dann oben im Bereich *Sammlungen* auf den Link *Neue Sammlung erstellen*. Wenn Sie im aktuellen Edge-Fenster bereits mit der Recherche begonnen haben, wählen Sie mit [Strg]+Klick eine Gruppe von Registerkarten aus, klicken Sie mit der rechten Maustaste, um ein Menü anzuzeigen, und klicken Sie dann auf *Ausgewählte Registerkarten zu Sammlungen hinzufügen*.

Abbildung 7.24 Sammlungen bestehen aus Karten, die Sie durch Ziehen neu anordnen können. Sie können Bilder, Textabschnitte, Produktdetails oder sogar Notizen speichern.

Sie können Sammlungen im Bereich *Sammlungen* in die von Ihnen gewünschte Reihenfolge bringen und Karten in einer Sammlung ziehen, um sie neu anzuordnen. Bewegen Sie den Mauszeiger über eine Karte, um ein Kontrollkästchen in der oberen rechten Ecke anzuzeigen. Aktivieren Sie dieses Kästchen (und wiederholen Sie den Vorgang ggf. für andere Karten), um eine Symbolleiste anzuzeigen, mit der Sie die ausgewählten Elemente kopieren, freigeben oder löschen können.

Sammlungen lassen sich gut in Microsoft Office-Anwendungen integrieren. Wenn Sie die Option zum Freigeben einer Auswahl oder einer ganzen Sammlung wählen, werden die in Abbildung 7.25 dargestellten Menüoptionen angezeigt. Sie können sie mit Excel, OneNote oder Word freigeben. Sie können die Karten in Ihrer Sammlung auch in einem beliebigen Ziel, einschließlich einer anderen Sammlung, öffnen, kopieren oder einfügen.

Abbildung 7.25 Wenn Sie eine Sammlung freigeben, können Sie ausgewählte Elemente an wichtige Office-Anwendungen senden, sodass Sie mit minimalem Aufwand einen ordentlichen Bericht erstellen können.

Daten schützen und Nachverfolgung (Tracking) verhindern

Das Schöne am Internet ist, dass Sie es nutzen können, um sofort Zugang zu einer nahezu unbegrenzten Welt von Informationen zu erhalten. Die schlechte Nachricht ist, dass einige dieser Ziele potenziell gefährlich für die Gesundheit Ihres PC und Ihre Privatsphäre sind.

Es gibt keine Möglichkeit, das Internet vollkommen sicher zu machen, aber Windows 11 enthält Features, die Ihnen dabei helfen, Bedenken hinsichtlich Sicherheit und Datenschutz zu minimieren.

Wenn Ihnen die Online-Sicherheit am Herzen liegt, sollten Sie beim täglichen Surfen eine sichere Verbindung (HTTPS) bevorzugen, auch auf Websites, die dies normalerweise nicht erfordern. Ungesicherte Links zu scheinbar harmlosen Zielen können Informationen über Sie preisgeben und auch dazu verwendet werden, Websites zu fälschen, wodurch ein Computer möglicherweise durch einen Man-in-the-Middle-Angriff kompromittiert werden kann. Alle modernen Browser, einschließlich Microsoft Edge, kennzeichnen die Adressen von Websites, die unsicher sind, sowie von Websites, die eine Mischung aus sicheren und unsicheren Inhalten enthalten (achten Sie in der Adressleiste auf die Meldung »Nicht sicher«, die dort angezeigt wird, wo normalerweise das Vorhängeschloss-Symbol erscheint). In diesem Sinne haben wir uns in diesem Buch bemüht, HTTPS-Links zu verwenden. In diesem Abschnitt konzentrieren wir uns in erster Linie auf Funktionen, die für das Surfen im Internet typisch sind.

Wenn Sie keine außergewöhnlichen Maßnahmen ergreifen, wie zum Beispiel für jede Browsersitzung ein virtuelles privates Netzwerk (VPN) zu verwenden, gibt die einfache Verbindung zu einer Website Informationen über Ihren PC, Ihren Internetdienstanbieter und Ihren allgemeinen Standort preis. In Kombination mit anderen Details kann sogar ein einziger, scheinbar harmloser Besuch einer Webseite Teil Ihres permanenten Online-Profils werden, das von Unternehmen und Organisationen genutzt wird, von denen Sie noch nie etwas gehört haben. Verfechter des Datenschutzes haben wiederholt gezeigt, dass selbst mit anonymisierten Daten ein Profil erstellt werden kann, mit dem Sie genauso sicher identifiziert werden können, als hätten Sie einen Fingerabdruck zurückgelassen.

Sie können online nicht völlig verschwinden, aber Sie können einige vernünftige Vorsichtsmaßnahmen ergreifen, um Ihre Spuren zu verwischen und nicht zu viel von sich preiszugeben.

Online-Nachverfolgung verhindern

Einige Websites verwenden Tracking-Funktionen, um Informationen über Ihren Browserverlauf, Informationen, die Sie in Ihren Browser eingeben, und andere Details Ihres Online-Lebens zu sammeln, um damit ein Profil zu erstellen, das Unternehmen für gezielte Werbung und andere Zwecke verwenden können. Wenn Sie das stört, können Sie Microsoft Edge so einstellen, dass bestimmte Arten der Nachverfolgung verhindert werden. Um Ihre Einstellungen festzulegen, verwenden Sie oben auf der Seite *Datenschutz, Suche und Dienste* in den Edge-Einstellungen die Tools zum Verhindern der Nachverfolgung. Abbildung 7.26 zeigt die drei für dieses Feature verfügbaren Optionen.

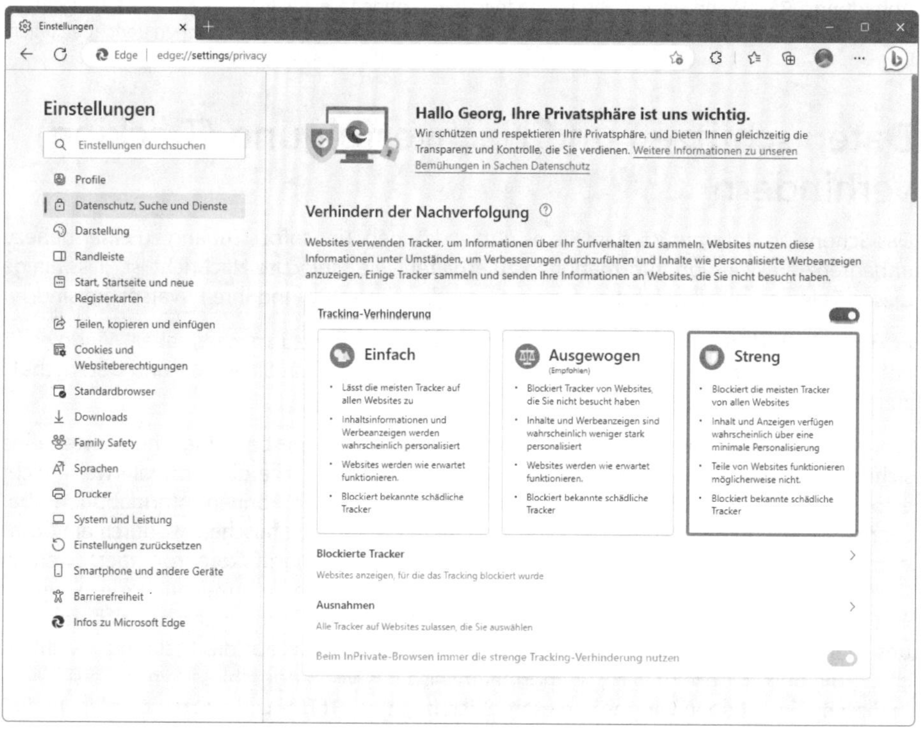

Abbildung 7.26 Standardmäßig ist die *Tracking-Verhinderung* auf *Ausgewogen* eingestellt. Wenn Sie die Option *Streng* wählen, wird diese Funktion effektiv zu einem Werbeblocker und kann bei einigen Websites Probleme verursachen.

Die Funktion zum Verhindern von Tracking in Microsoft Edge verwendet Open-Source-Listen zum Schutz vor Tracking, um Online-Tracker zu klassifizieren und sie in Kategorien einzuteilen. Diese »Trust Protection Lists« werden von Disconnect, einem Unternehmen mit

Sitz in San Francisco, Kalifornien, verwaltet. (Die aktuelle Version kann unter *https://github.com/disconnectme/disconnect-tracking-protection* eingesehen werden.) Diese Listen werden automatisch heruntergeladen und lokal gespeichert; Edge verwendet sie, um zu verhindern, dass Ressourcen, die als Tracker definiert sind, Ressourcen speichern oder auf gespeicherte Ressourcen zugreifen. (Eine detaillierte Beschreibung der Funktionsweise dieser Funktion finden Sie im Microsoft Docs-Artikel »Nachverfolgungsprävention in Microsoft Edge« unter *https://docs.microsoft.com/microsoft-edge/web-platform/tracking-prevention*.)

Die drei verfügbaren Ebenen der Tracking-Prävention funktionieren wie folgt:

- **Einfach** Dies ist die am wenigsten restriktive Stufe, die fast alle Tracker zulässt und nur bösartige Tracker blockiert, wie zum Beispiel solche, die versuchen, unerlaubtes Cryptomining durchzuführen. Wenn Sie ein Werbeblocker-Tool eines Drittanbieters verwenden, könnte diese Einstellung angemessen sein.
- **Ausgewogen** Die Standardstufe blockiert Tracker von Websites, die Sie nicht direkt besucht haben, und minimiert gleichzeitig das Risiko von Kompatibilitätsproblemen.
- **Streng** Die Aktivierung dieser Einstellung bietet den größtmöglichen Schutz der Privatsphäre und verwandelt die Tracking-Verhinderungsfunktion effektiv in ein Werbeblocker-Tool. Dabei müssen Sie damit rechnen, dass einige Webseiten unterbrochen werden.

Standardmäßig ist die Tracking-Verhinderung auf die Stufe *Ausgewogen* eingestellt. Mit dieser Einstellung sehen Sie immer noch eine ganze Reihe von Anzeigen, aber das Tracking von Dritten wird größtenteils blockiert. Wenn Sie die Einstellung auf *Streng* setzen, können einige Webfunktionen unterbrochen werden und Sie erhalten viele Meldungen, die Sie darauf hinweisen, dass Sie Ihren Werbeblocker deaktivieren müssen.

Sie können sehen, welche Tracker blockiert wurden und diese Funktion für eine einzelne Website ein- oder ausschalten, indem Sie in der Adressleiste auf die Schaltfläche mit dem Vorhängeschloss klicken und die Steuerelemente am unteren Rand des Informationsfensters für diese Seite verwenden. Eine Liste aller blockierten Tracker finden Sie unter *edge://settings/privacy/blockedTrackers*.

Expertentipp

Sparen Sie sich die Mühe, Do Not Track-Anfragen zu senden

Eine beeindruckende Gruppe von Webexperten und Verfechtern des Datenschutzes hat unter der Schirmherrschaft eines Ausschusses des World Wide Web Consortiums (W3C) jahrelang an der Entwicklung des DNT-Standards (Do Not Track) gearbeitet. Das zugrunde liegende Konzept ist einfach: Wenn DNT aktiviert ist, sendet der Browser bei jeder Anfrage nach einer neuen Seite einen DNT=1-Header. Dieser Header dient als formale Aufforderung: »Do not track me.«

Leider wurde diese scheinbar einfache Option nicht allgemein akzeptiert und die endgültige Version des Standards ist zahnlos und wird durch keinerlei technische oder rechtliche Durchsetzungsmechanismen gestützt. Auf der Registerkarte *Datenschutz, Suche und Dienste* in den Edge-Einstellungen finden Sie den Schalter für *"Nicht verfolgen"-Anforderungen (Do not track) senden*, da aber DNT allgemein ignoriert wird, hat das Ein- oder Ausschalten keine praktische Wirkung.

InPrivate-Browsing verwenden, um den Verlauf zu unterdrücken

Wenn Sie Ihre lokalen Spuren nur für eine bestimmte Browsingsitzung verwischen möchten, brauchen Sie sich nicht mit Verlaufseinstellungen oder dem Löschen von Elementen im Nachhinein herumzuschlagen. Öffnen Sie stattdessen ein InPrivate-Fenster. Während einer InPrivate-Sitzung speichert Microsoft Edge alle Ihre Browserdaten (einschließlich Verlauf, Cookies und zwischengespeicherter Bilder) im temporären Speicher und löscht sie vollständig, wenn Sie das letzte InPrivate-Fenster schließen. In einer InPrivate-Sitzung können Sie auf Favoriten, gespeicherte Kennwörter und Formulardaten von dem Profil zugreifen, mit dem Sie begonnen haben. Alle Dateien, die Sie herunterladen, bleiben erhalten, obwohl der Download-Verlauf gelöscht wird.

Um ein InPrivate-Fenster zu öffnen, klicken Sie auf *Einstellungen und mehr | Neues InPrivate-Fenster* oder verwenden Sie die Tastenkombination `Strg`+`⇧`+`N`. Alle weiteren InPrivate-Fenster, die Sie öffnen, sind Teil der gleichen Sitzung. Wenn Sie das letzte InPrivate-Fenster schließen, beendet der Browser die Sitzung und löscht die gespeicherten Browsing-Daten (zum Beispiel Sitzungscookies und andere temporäre Dateien). Die besuchten Websites werden nicht im Verlauf gespeichert.

Beachten Sie, dass privates Surfen nicht mit anonymem Surfen gleichzusetzen ist. Die von Ihnen besuchten Websites können Ihre IP-Adresse aufzeichnen, und Ihr Netzwerkadministrator oder Internetdienstanbieter (auch jeder, der einen öffentlichen WLAN-Hotspot kontrolliert) kann sehen, mit welchen Websites Sie sich verbinden, und kann alle unverschlüsselten Informationen erfassen, die Sie übertragen oder empfangen.

Sie können die Verwendung von Erweiterungen im InPrivate-Modus für jede einzelne Erweiterung erlauben oder verbieten, wie im Abschnitt »Browsererweiterungen installieren und verwalten« weiter vorn in diesem Kapitel beschrieben.

Kontrolle der Websiteberechtigungen steuern

Microsoft Edge enthält eine Vielzahl von Berechtigungen, die Sie konfigurieren können, um zu steuern, wie Webseiten mit Ihrem PC interagieren. Die vollständige Liste finden Sie auf der Seite *Cookies und Websiteberechtigungen* unter *edge://settings/content*. Dort können Sie die globalen Optionen für Cookies und gespeicherte Daten und Websiteberechtigungen anpassen, einschließlich des Zugriffs auf Ihre Kamera und Ihr Mikrofon. Wenn Sie beispielsweise nicht möchten, dass Sie irgendeine Website mit Benachrichtigungen belästigt, können Sie die Berechtigung für Benachrichtigungen so einstellen, dass alle derartigen Anfragen blockiert werden.

Eine der nützlichsten Einstellungen in dieser Gruppe ist der Schalter für die automatische Wiedergabe von Medien, der normalerweise so eingestellt ist, dass jede Website mit der Wiedergabe eines Video- oder Audioclips beginnt, sobald Sie auf die Website gelangen. Gehen Sie zu *edge://settings/content/mediaAutoplay* und vergewissern Sie sich, dass diese Option auf *Einschränken* eingestellt ist.

Um die Einstellungen für eine bestimmte Site anzupassen, klicken Sie links in der Adressleiste auf das Vorhängeschloss-Symbol und dann auf *Berechtigungen für diese Website*.

Ihren Browserverlauf und andere persönliche Informationen löschen

Ihr Browser speichert eine Kopie der Webseiten, Bilder und Medien, die Sie kürzlich angesehen haben. Diese zwischengespeicherten Informationen werden an allgemein unzugänglichen Orten gespeichert. Dennoch können sie jemandem, der physischen Zugriff auf Ihren Computer hat, mehr Informationen geben, als Sie vielleicht wünschen – insbesondere in Kombination mit Cookies, gespeicherten Formulardaten, gespeicherten Kennwörtern und anderen Details.

Um den größten Teil Ihrer Online-Spuren in Microsoft Edge zu löschen, öffnen Sie in den Edge-Einstellungen die Registerkarte *Datenschutz, Suche und Dienste*. Klicken Sie dann unter der Überschrift *Browserdaten löschen* auf *Zu löschende Elemente* auswählen. Diese Schritte öffnen das Fenster in Abbildung 7.27, in dem Sie eine Reihe von Kontrollkästchen finden.

Bevor Sie die Datentypen angeben, die Sie bereinigen und löschen möchten, können Sie die zu löschenden Daten einschränken, indem Sie eine der Optionen im Menü *Zeitbereich* auswählen: *Letzte Stunde, Letzte 24 Stunden, Letzte 7 Tage, Letzte 4 Wochen* oder *Gesamte Zeit*. Wenn Sie beispielsweise nach möglichen Geburtstagsgeschenken für ein Haushaltsmitglied suchen, das gelegentlich Ihren Computer benutzt, möchten Sie vielleicht alle oder einen Teil Ihrer Browserdaten der letzten Woche löschen, um nicht versehentlich die Überraschung zu verderben.

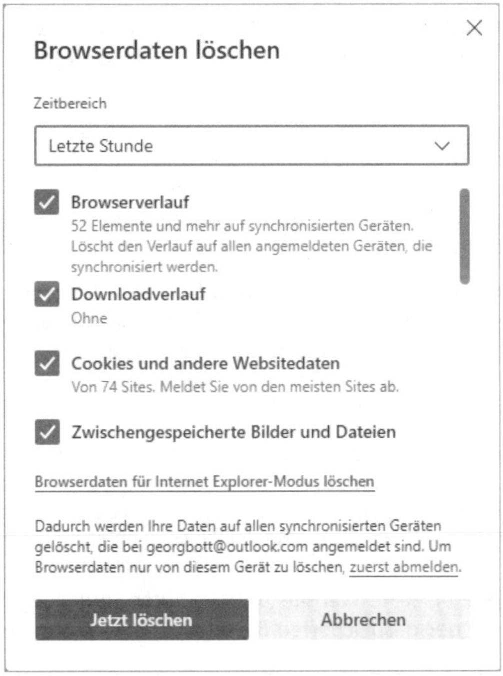

Abbildung 7.27 Verwenden Sie die Optionen unter *Browserdaten löschen*, um festzulegen, welche Elemente Ihres Browserverlaufs von Microsoft Edge gelöscht werden sollen.

Beachten Sie außerdem, dass, wenn Sie angemeldet sind und Daten mit einem Microsoft-Konto synchronisieren, die Daten, die Sie hier löschen, auch von anderen Geräten entfernt werden können, die sich mit diesem Konto anmelden. Um nur lokale Daten zu entfernen, melden Sie sich zuerst ab.

Nachdem Sie sich um diese Details gekümmert haben, können Sie die zu löschenden Daten auswählen:

- **Browserverlauf** Dies ist einfach eine Liste der Websites, die Sie seit dem letzten Löschen des Verlaufs besucht haben, unabhängig davon, ob Sie sie direkt besucht haben oder den Hyperlinks einer anderen Website gefolgt sind. Sie können diese Liste auch über die Verlaufsliste anzeigen und dort einzelne Einträge löschen. (Weitere Informationen finden Sie im Abschnitt »Zuvor besuchte Seiten im Verlauf finden« weiter vorne in diesem Kapitel.)
- **Downloadverlauf** Dies ist die Liste, die auf der Seite *Downloads* angezeigt wird. Wenn Sie diesen Verlauf hier löschen (oder oben in der Liste *Downloads* auf *Weitere Optionen | Alle Downloadverläufe löschen* klicken), werden die Downloads selbst nicht entfernt. Sie bleiben dort, wo Sie sie abgelegt haben.
- **Cookies und andere Websitedaten** Ein Cookie ist eine kleine Textdatei, die es einer Website ermöglicht, dauerhafte Informationen auf Ihrer Festplatte zu speichern. Cookies, insbesondere Erstanbieter-Cookies, sind im Allgemeinen gutartig und nützlich. Beachten Sie, dass das Entfernen von Cookies über diese Option nicht deren Ankunft in der Zukunft verhindert. (Siehe dazu den folgenden Abschnitt, »Cookies verwalten«.)
- **Zwischengespeicherte Bilder und Dateien** Dies sind lokale Kopien von Seiten und Medieninhalten von Websites, die Sie besuchen. Der Browser speichert lokale Kopien dieser Daten, um bei späteren Besuchen die Anzeige der Seiten zu beschleunigen.
- **Kennwörter** Wie bereits in diesem Kapitel beschrieben (siehe »Verwendung des integrierten Kennwort-Managers«), gibt es Vor- und Nachteile beim Speichern von Anmeldedaten für Websites. Wenn Sie zu einem Kennwort-Manager eines Drittanbieters wechseln, nachdem Sie dem Browser erlaubt haben, einige Anmeldedaten zu speichern, können Sie die Daten hier löschen.
- **AutoAusfüllen-Formulardaten (einschließlich Formulare und Karten)** Ihr Browser ermöglicht es Ihnen, einige Adressdaten zu speichern, zum Beispiel Ihre Versand- oder E-Mail-Adresse sowie Kreditkartendaten. Die Verwendung dieser gespeicherten Informationen macht das Ausfüllen von Formularen bequemer. Diese Option löscht gespeicherte Einträge für den gewählten Zeitraum.
- **Websiteberechtigungen** Wenn Sie eine Webseite besuchen, kann diese die Berechtigung zur Durchführung bestimmter Aktionen anfordern, zum Beispiel zum Senden von Benachrichtigungen, zum Umschalten auf Vollbild oder zur Verwendung Ihres Standorts für die Personalisierung. Schalten Sie dieses Kontrollkästchen ein, um alle gespeicherten Berechtigungen zu entfernen, oder klicken Sie auf *Berechtigungen verwalten*, um diese Einstellungen für jede einzelne Website zu überprüfen und zu ändern. Sie können die vollständige Liste der gespeicherten Berechtigungen einsehen, indem Sie zu *edge://settings/content* gehen.
- **Gehostete App-Daten** Wenn Sie eine Website als App installieren, erhält sie die Erlaubnis, einige Daten für den eigenen Gebrauch zu speichern. Der Text unter diesem Eintrag listet alle Apps auf, die App-Daten speichern können.

- **Alle Daten der vorherigen Version von Microsoft Edge** Diese Option ist nur auf Geräten verfügbar, die von der alten Edge-Version auf die neuere, auf Chromium basierende Edge-Version aktualisiert wurden. Nach dem Löschen dieser Daten ist die Option nicht mehr verfügbar.
- **Media Foundation-Daten** Diese Daten werden verwendet, um die Wiedergabe kopiergeschützter digitaler Medien zu autorisieren.

Nachdem Sie Ihre Auswahl getroffen haben, klicken Sie auf *Jetzt löschen*. Wenn Sie eine bestimmte Art von Browserdaten jedes Mal automatisch löschen möchten, wenn Sie den Browser schließen oder sich abmelden, gehen Sie zurück zu den Edge-Einstellungen und klicken Sie auf *Wählen Sie aus, was beim Schließen des Browsers gelöscht werden soll*. Dies führt zu einer Seite mit Ein/Aus-Schaltern für die ersten sieben oben aufgeführten Datentypen.

Cookies verwalten

Cookies – kleine Informationseinheiten, die Websites auf Ihrer Festplatte speichern – gibt es in zwei Varianten. Erstanbieter-Cookies werden von der Website verwendet, die Sie gerade besuchen, und dienen in der Regel dazu, Ihre Erfahrungen mit der Website zu personalisieren, Warenkorbinformationen zu speichern und so weiter. Cookies von Drittanbietern werden von einer anderen Website als der, die Sie gerade besuchen, verwendet, zum Beispiel von einem Werbenetzwerk oder einem sozialen Mediendienst, der eine Anzeige oder eine *Teilen*-Schaltfläche auf der Website platziert hat, die Sie gerade besuchen.

Cookies enthalten keinen ausführbaren Code (es sind Textdateien) und können nicht zur Verbreitung von Viren oder Schadsoftware verwendet werden. Ein Cookie kann einer Website nur Informationen zur Verfügung stellen, die Sie während des Besuchs der Website eingeben; ein Cookie hat keinen Zugriff auf das Windows-Dateisystem und kann keine Ihrer persönlichen Informationen lesen, einschließlich Ihres Adressbuchs oder Ihrer Finanzdaten. Die Informationen, die ein Cookie sammelt, können nur von Seiten gelesen werden, die sich in derselben Domäne befinden wie derjenige, der das Cookie erstellt hat.

Dennoch gibt es Bedenken hinsichtlich des Datenschutzes, wenn Werbetreibende und Webanalyseunternehmen beginnen, die Informationen aus Cookies von Drittanbietern miteinander zu verknüpfen, um ein Profil Ihrer Aktivitäten zu erstellen. Da es nicht immer offensichtlich ist, wer Ihnen ein Cookie schickt und welchen Zwecken dieses Cookie dient, sind einige verständlicherweise vorsichtig, wenn es darum geht, Cookies auf ihren Systemen zuzulassen.

Am effektivsten lässt sich diese Form der Nachverfolgung mit dem Feature *Verhinderung der Nachverfolgung* in Microsoft Edge (die weiter vorne in diesem Kapitel beschrieben wird) oder mit Werbeblocker-Software von Drittanbietern blockieren. Sie können jedoch auch in den Edge-Einstellungen globale Cookie-Richtlinien festlegen, und zwar auf der Seite *Cookies und Websiteberechtigungen*. Um Cookies für die aktuelle Webseite zu überprüfen und zuzulassen oder zu blockieren, klicken Sie an der linken Seite der Adressleiste auf das Symbol des Vorhängeschlosses und dann auf *Cookies*. Daraufhin wird ein Dialogfeld geöffnet wie das in Abbildung 7.28.

Wenn Sie ein Problem mit einer bestimmten Seite haben, können Sie es möglicherweise beheben, indem Sie die Cookies für diese Website entfernen. Öffnen Sie das in Abbildung 7.28 gezeigte Dialogfeld, wählen Sie ein oder mehrere Cookies aus der Liste aus und klicken Sie auf *Entfernen*. Versuchen Sie dann, die Seite neu zu laden.

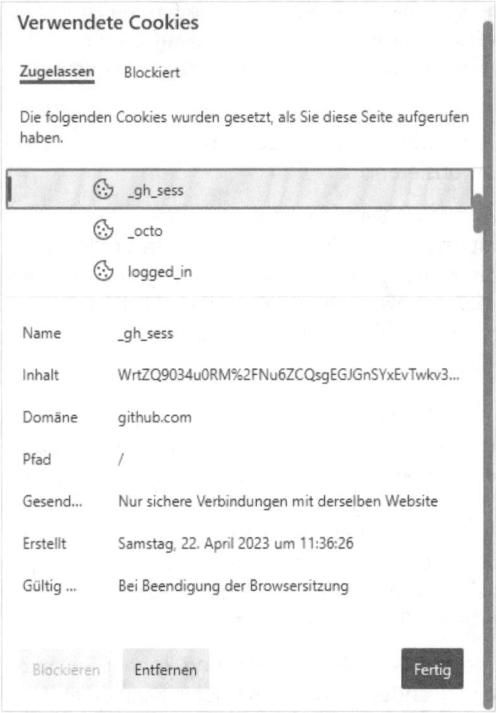

Abbildung 7.28 Die Cookie-Verwaltungstools in Microsoft Edge sind für Entwickler und Sicherheitsexperten interessant, aber für die meisten alltäglichen Anwendungen ist die Funktion zur Verhinderung von Tracking die bessere Option.

Inkompatible Seiten im Internet Explorer-Modus öffnen

Microsoft hat den Internet Explorer 11-Browser für Windows offiziell aus dem Verkehr gezogen. Er ist in einer Neuinstallation von Windows 11 nicht enthalten und es gibt keine unterstützte Möglichkeit, ihn hinzuzufügen.

Abgesehen von einem leichten Anflug von Nostalgie gibt es für die meisten wenig Grund, sich um das Fehlen des Internet Explorers zu kümmern. Moderne Websites sind für moderne Browser, einschließlich Microsoft Edge, konzipiert, und es gibt nur wenige Websites im öffentlichen Web, die noch den Internet Explorer erfordern.

Der einzige Ort, an dem dieser veraltete Browser noch eine Rolle spielt, sind Unternehmensnetzwerke, in denen webbasierte Anwendungen, die vor vielen Jahren geschrieben wurden, immer noch tagtäglich verwendet werden und wahrscheinlich nicht aktualisiert werden. In einigen Fällen sind diese Anwendungen auf Funktionen angewiesen, die von keinem modernen Browser unterstützt werden. Für diese Websites bietet Edge den Internet Explorer-(IE-)Modus, der diese älteren Webanwendungen in speziellen Registerkarten öffnet, die die ältere Trident-Rendering-Engine verwenden und Internet Explorer-Funktionen wie ActiveX-Steuerelemente und Browser Helper Objects unterstützen. Websites, die im IE-

Modus geladen werden, werden in Registerkarten innerhalb des Edge-Browsers geöffnet, die nur durch ein kleines Logo in der Adressleiste gekennzeichnet sind, wie in Abbildung 7.29 zu sehen.

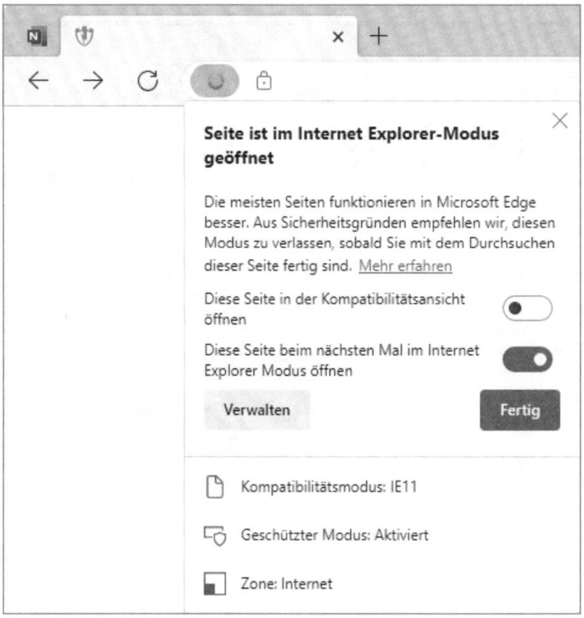

Abbildung 7.29 Wenn Sie auf eine Seite stoßen, für die Internet Explorer erforderlich ist, können Sie sie im IE-Modus neu laden.

In Unternehmen können Administratoren mit Gruppenrichtlinien eine Liste mit bestimmten Websites festlegen, damit Edge diese Seiten automatisch im IE-Modus öffnet. Auf Windows-Computern, die in Privathaushalten und kleinen Unternehmen installiert sind und nicht über Gruppenrichtlinien verwaltet werden, können Sie bestimmte Seiten im IE-Modus neu laden, wenn Sie Kompatibilitätsprobleme mit Edge feststellen und vermuten, dass die Seite ursprünglich für den älteren Browser geschrieben wurde. Die Option *Im Internet Explorer-Modus neu laden* befindet sich im Menü *Einstellungen und mehr*. Wenn Sie diese Option nicht sehen, gehen Sie zu den Edge-Einstellungen und sehen Sie sich die Optionen auf der Seite *Standardbrowser* an, insbesondere die Option *Neuladen von Websites im Internet Explorer-Modus (IE-Modus) zulassen*. Ändern Sie diese Einstellung in *Zulassen* und starten Sie den Browser neu, um diese Menüoption verfügbar zu machen; stellen Sie sie auf *Nicht zulassen*, wenn Sie nie eine Seite im IE-Modus öffnen möchten.

Microsoft Edge zum Lesen und Bearbeiten von PDF-Dateien verwenden

Bei einer Neuinstallation legt Windows 11 Microsoft Edge als Standardleseprogramm für PDF-Dateien fest. Wenn Sie eine Datei im PDF-Format herunterladen, wird sie im Edge-Fenster mit einer Symbolleiste, wie in Abbildung 7.30 gezeigt, geöffnet. Sie können diese Werkzeuge verwenden, um die Datei zu drehen, zu zoomen, zu drucken, zu speichern und mit Anmerkungen zu versehen.

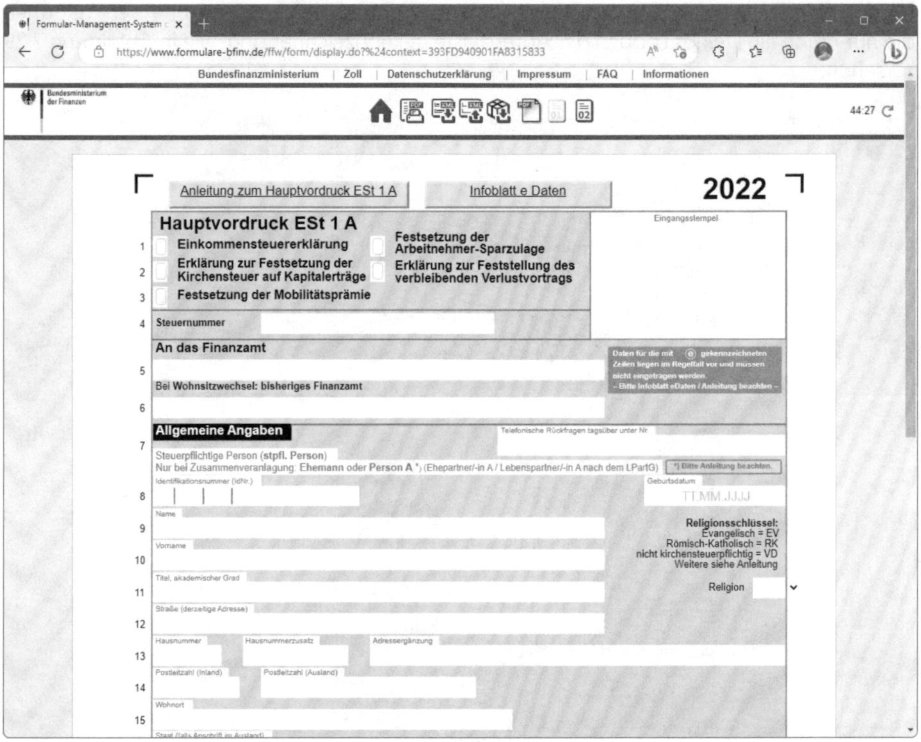

Abbildung 7.30 Sie können ein PDF-Formular in Edge mit Maus und Tastatur ausfüllen, aber die Zeichen- und Markierungswerkzeuge funktionieren am besten auf einem Gerät mit Stiftunterstützung.

Edge ermöglicht Ihnen das Ausfüllen von Formularen für Dokumente, die mit dieser Funktion erstellt und als PDF-Datei gespeichert wurden. Sie können auch die Werkzeuge in der PDF-Symbolleiste verwenden, um auf dem Dokument zu zeichnen (gut zum Hinzufügen von Unterschriften) und Teile des Dokuments mit einem digitalen Marker in einer von fünf Farben hervorzuheben. Verwenden Sie die Schaltflächen *Drucken* und *Speichern*, um eine Kopie des Dokuments zu speichern, nachdem Sie ein Formular ausgefüllt oder mit Anmerkungen versehen haben.

Kapitel 8

Lokalen Speicher und Cloudspeicher verwalten

Der verstorbene, großartige Komiker George Carlin sagte einmal: »Alles, was du im Leben brauchst, ist ein kleiner Platz für deine Sachen.« Wenn Sie Ihren Computer nicht ausschließlich als Spielgerät verwenden, ist die Verwaltung Ihrer digitalen »Sachen« – Ihrer Dokumente, Apps und digitalen Kommunikation – wahrscheinlich die wichtigste Fähigkeit, die Sie sich aneignen müssen. Clouddienste bieten zusätzliche Flexibilität und stellen Sie vor neue organisatorische Herausforderungen, insbesondere dann, wenn Sie mit mehreren Geräten mit unterschiedlichen Speicherkapazitäten jonglieren.

In diesem Kapitel geht es um die Einrichtung und Verwaltung der Speicherorte für all diese Daten: altmodische Festplatten, schnelle Solid-State-Laufwerke (SSD) und Wechseldatenträger, die es ermöglichen, Daten von einem Gerät auf ein anderes zu verschieben. (Die Werkzeuge und Techniken zum Verwalten und Organisieren dieser Dateien stellen wir in Kapitel 9, »Datei-Explorer verwenden«, vor.)

Im modernen Zeitalter gibt es auch die Möglichkeit, Ihre Daten in der Cloud zu speichern, wo sie von jedem Gerät mit einer Internetverbindung zugänglich sind. OneDrive, der Cloudspeicherdienst von Microsoft, bietet mit jedem kostenlosen Microsoft-Konto ein großzügiges Kontingent an Speicherplatz und mit einem Microsoft 365-Abonnement noch viel mehr. Die in Windows 11 integrierte Synchronisierungs-Engine ermöglicht es Ihnen, Ihren Cloudspeicher zu durchsuchen, ohne dass Sie alle Daten auf den lokalen Computer herunterladen und so Speicherplatz beanspruchen müssen. In diesem Kapitel erklären wir, wie Sie OneDrive so konfigurieren, dass Ihre wichtigsten Dateien bei Bedarf verfügbar sind, auch wenn Sie nicht mit dem Internet verbunden sind.

Schließlich behandelt dieses Kapitel auch die Werkzeuge und Techniken für die Arbeit mit vorhandenen lokalen Laufwerken – internen, externen und Wechsellaufwerken – einschließlich der Verwaltung von Volumes und der Überwachung der Festplattennutzung.

Festplatten und andere Speichergeräte einrichten

Wie seine Vorgänger-Versionen enthält auch Windows 11 zwei Tools, die bei der Einrichtung eines neuen Speichergeräts nützlich sind:

- **Datenträgerverwaltung** Diese Konsole bietet eine grafische Oberfläche zum Initialisieren, Partitionieren und Formatieren von Speichergeräten. Sie ist über das Quicklink-Menü zugänglich, das erscheint, wenn Sie mit der rechten Maustaste auf *Start* klicken oder die Tastenkombination [Win]+[X] drücken.

- **DiskPart** Für diejenigen, die Festplattenverwaltungsaufgaben in Skripte einbinden müssen oder die es einfach vorziehen, Verwaltungsaufgaben auf einer Befehlszeile auszuführen, stellt Windows dieses Dienstprogramm zur Verfügung, das sich im Ordner *Windows\System32* befindet.

Alles, was Sie mit der Datenträgerverwaltung tun können, können Sie auch mit DiskPart tun; Sie müssen lediglich etwas mehr und auch sorgfältiger arbeiten.

▶ **Die Windows 11-Einstellungen-App enthält einige zusätzliche Tools zum Überprüfen der Eigenschaften von Speichergeräten, zum Verwalten der Festplattennutzung nach Kategorien und zum Bereinigen unerwünschter Dateien. Wir behandeln diese Optionen weiter hinten in diesem Kapitel.**

Das Geheimnis bei der Festplattenverwaltung in Windows 10 und Windows 11 besteht darin, zu wissen, wann man welches Tool verwenden muss. Die Datenträgerverwaltung eignet sich beispielsweise ideal zum Verkleinern und Erweitern von Datenträgern, während der DiskPart-Befehl *clean* die Vorbereitung eines Datenträgers für die Formatierung auf eine neue Rolle erleichtert. Dieser Befehl hat in der Datenträgerverwaltung kein Gegenstück.

Dieser Abschnitt behandelt die Befehle, die erforderlich sind, um ein neues Laufwerk für die Verwendung auf einem Windows-PC vorzubereiten und um vorhandene Speichergeräte zu warten und neu zu konfigurieren.

Datenträgerverwaltung verwenden

Um die Datenträgerverwaltung auszuführen, geben Sie in eine Eingabeaufforderung **diskmgmt.msc** ein; alternativ können Sie [Windows]+[X] drücken (oder mit der rechten Maustaste auf die Schaltfläche *Start* klicken) und dann im Quicklink-Menü auf *Datenträgerverwaltung* klicken. Wenn Sie mit einem Standardkonto angemeldet sind, meldet sich die Benutzerkontensteuerung und Sie müssen administrative Anmeldeinformationen angeben. Abbildung 8.1 zeigt die Konsole der Datenträgerverwaltung auf einem PC mit einer internen und einer externen Festplatte, einem USB-Flashlaufwerk sowie einem CD-Laufwerk.

Die Datenträgerverwaltung bietet eine Fülle von Informationen über physische Festplatten und die auf diesen Festplatten vorhandenen Volumen, Partitionen und logischen Laufwerke. Mit diesem Dienstprogramm können Sie die folgenden festplattenbezogenen Aufgaben durchführen:

- Überprüfen Sie die Größe, das Dateisystem, den Status und andere Eigenschaften von Festplatten und Volumes.
- Erstellen, formatieren und löschen Sie Volumes, Partitionen und logische Laufwerke.
- Weisen Sie Laufwerkbuchstaben für Festplattenvolumes, Wechsellaufwerke und optische Laufwerke zu.
- Stellen Sie ein Laufwerk als Ordner bereit (mounten).
- Erweitern oder verkleinern Sie Volumes.

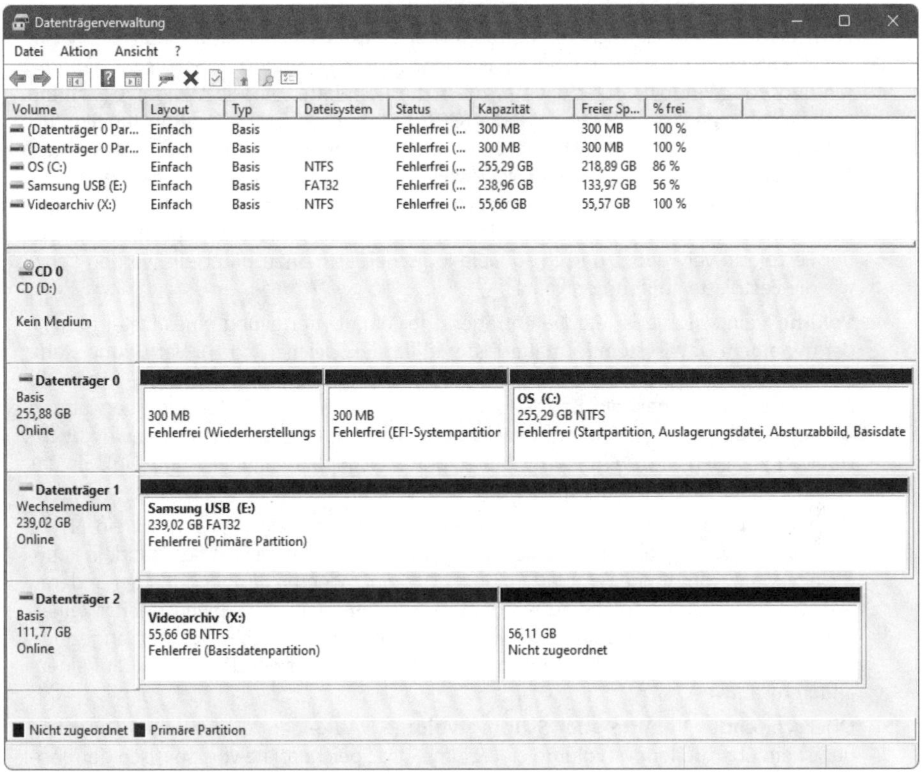

Abbildung 8.1 Verwenden Sie die Konsole *Datenträgerverwaltung*, um Informationen über Festplatten- und Wechsellaufwerke zu sammeln und zu verwalten.

Wichtige Begriffe für die Datenträgerverwaltung

Die meisten Aufgaben, die Sie mit der Datenträgerverwaltung ausführen werden, sind recht einfach, aber wenn Sie lange genug herumstochern, werden Sie zweifellos auf die obskure Sprache der Datenträgerverwaltung stoßen. Die folgenden Begriffe und Konzepte sollten Sie kennen:

- **Basisdatenträger und dynamischer Datenträger** In modernen Versionen von Windows wird jeder feste Datenträger als Basisdatenträger eingerichtet. Alle Volumes auf einem Basisdatenträger müssen einfache Volumes sein. Ältere Windows-Versionen, insbesondere Server, boten eine zweite Option an, die als dynamischer Datenträger bezeichnet wird und übergreifende Volumes oder Stripesetvolumes enthalten kann, die Speicherplatz von mehreren Festplatten kombinieren. Auch wenn dieser Datenträgertyp in Windows 11 aus Kompatibilitätsgründen noch verfügbar ist, wird er formal abgeschafft, und wir gehen davon aus, dass nur sehr wenige unserer Leser jemals dynamische Datenträger verwenden werden.

→

- **Partitionsstil** Auf Geräten, die mit dem Unified Extensible Firmware Interface (UEFI) eingerichtet wurden – dazu gehören alle Geräte, die die Mindeststandards für die Ausführung von Windows 11 erfüllen –, muss die Festplatte, die die Windows-Partition enthält, mit einer GUID Partition Table (GPT), zu Deutsch GUID-Partitionstabelle, formatiert sein. Bei älteren BIOS-basierten Geräten müssen alle Laufwerke im Master Boot Record-Format, kurz MBR, formatiert sein. Ein GPT-Datenträger kann bis zu 128 Partitionen enthalten; ein MBR-Laufwerk bis zu vier Partitionen, einschließlich einer erweiterten Partition, die den gesamten verbleibenden nicht zugewiesenen Speicherplatz auf der Festplatte verwendet und in so viele logische Partitionen unterteilt werden kann, wie die Festplatte aufnehmen kann.
- **Volume** Ein Volume ist ein Datenträger oder eine Unterteilung eines Datenträgers, der mit einem Dateisystem formatiert ist und für die Speicherung zur Verfügung steht. Auf Basisdatenträgern werden primäre Partitionen und logische Laufwerke innerhalb erweiterter Partitionen als Basisvolumes bezeichnet (in der Datenträgerverwaltung werden sie als einfache Volumes bezeichnet). Wenn einem Volume ein Laufwerkbuchstabe zugewiesen wird, wird es im Datei-Explorer als separate Einheit angezeigt. Ein Basisdatenträger kann ein oder mehrere Basisvolumes haben.
- **Gemountetes Laufwerk** Ein gemountetes (bereitgestelltes) Laufwerk ist ein NTFS-formatiertes Volume (bei dem es sich um eine einzelne primäre Partition handeln kann, die eine ganze physische Festplatte belegt), das einem leeren Ordner auf einer anderen NTFS-formatierten Festplatte zugeordnet ist. Ein gemountetes Laufwerk besitzt keinen eigenen Laufwerkbuchstaben und wird im Datei-Explorer nicht separat angezeigt. Stattdessen wird es im Dateisystem so angezeigt, als wäre es ein Unterordner auf einem anderen Laufwerk.
- **Übergreifendes Volume oder Stripesetvolume** Auf einem dynamischen Datenträger ist ein übergreifendes Volume ein Volume, das Speicherplatz von physisch getrennten Festplatten kombiniert, um wie ein einziges Speichermedium zu funktionieren. Ein Stripesetvolume ist ein Volume, bei dem Daten in 64-KB-Streifen auf physisch getrennten Festplatten gespeichert werden, um die Leistung zu verbessern. Beide Typen sind inzwischen veraltet, und Microsoft empfiehlt die Verwendung von Storage Spaces (weiter hinten in diesem Kapitel im Abschnitt »Mit Speicherplätzen Festplatten kombinieren« beschrieben) für Konfigurationen, die mehrere Laufwerke verwenden, um Ausfallsicherheit zu gewährleisten.
- **Systempartition** Die Systempartition enthält die Bootstrap-Dateien, mit denen Windows Ihr System startet und das Bootmenü anzeigt. Auf einem GPT-Laufwerk wird diese Funktion von der EFI-Systempartition (ESP) übernommen; sie ist mindestens 100 MB groß, im FAT32-Dateiformat formatiert und wird vom Betriebssystem verwaltet. Auf einem MBR-Laufwerk ist die Systempartition ebenfalls mindestens 100 MB groß und muss als aktive Partition festgelegt werden.
- **Windows-Partition** Auf dieser Partition, die im NTFS-Format formatiert sein muss, befinden sich die Dateien des Windows-Betriebssystems.
- **Microsoft Reserved Partition (MSR)** Diese Partition ist auf GPT-Laufwerken erforderlich, um die Partitionsverwaltung zu erleichtern. Sie ist mindestens 16 MB groß, erhält aber keine Partitions-ID und kann mit den Tools zur Festplattenverwaltung in Windows 11 nicht angezeigt werden.
- **Partition für Wiederherstellungstools** Bei Neuinstallationen ist diese Partition mindestens 300 MB groß (Hardware-OEMs können eine größere Wiederherstellungspartition erstellen, um zusätzliche Tools unterzubringen). Sie enthält das Windows-Wiederherstellungsabbild und befindet sich immer auf einer anderen Partition als auf der, auf der sich die Windows-Systemdateien befinden.

Die Datenträgerverwaltung zeigt Informationen in zwei Fensterbereichen an. In der Standardeinstellung zeigt der obere Fensterbereich jedes Volume auf Ihrem System an und gibt Auskunft über Typ, Status, Kapazität, verfügbaren freien Speicherplatz usw. des Volumes. Sie können Befehle für ein Volume ausführen, indem Sie mit der rechten Maustaste auf einen Eintrag in der ersten Spalte dieses Fensterbereichs (die Spalte mit der Bezeichnung *Volume*) klicken und einen Befehl auswählen.

Im unteren Bereich steht jede Zeile für ein physisches Gerät. Die Überschrift auf der linken Seite jeder Zeile zeigt den Namen an, unter dem das Gerät dem Betriebssystem bekannt ist (Disk 0, Disk 1 usw.), sowie Typ, Größe und Status des Geräts. Auf der rechten Seite befinden sich Bereiche, die Informationen über die auf den einzelnen Geräten vorhandenen Volumes anzeigen. Beachten Sie, dass diese Bereiche standardmäßig nicht skaliert sind. Um die von der Datenträgerverwaltung verwendete Skalierung zu ändern, klicken Sie auf *Ansicht* und dann auf *Einstellungen*. Auf der Registerkarte *Skalierung* des Dialogfelds *Einstellungen* finden Sie verschiedene Optionen.

Wenn Sie mit der rechten Maustaste auf eine der Überschriften auf der linken Seite des unteren Fensterbereichs klicken (gekennzeichnet durch eine Festplattennummer), sehen Sie Befehle, die sich auf das gesamte Speichergerät beziehen. Wenn Sie mit der rechten Maustaste auf einen Bereich klicken, der ein Volume darstellt, finden Sie im Kontextmenü Befehle, die Sie auf dieses Volume anwenden können.

Festplatten über die Eingabeaufforderung verwalten

Um DiskPart zu verwenden, führen Sie zunächst Windows PowerShell oder eine Eingabeaufforderung (Cmd.exe) mit Administratorrechten aus.

▶ **Weitere Informationen zu PowerShell und Cmd.exe finden Sie in Kapitel 16, »Windows-Terminal, PowerShell und andere Verwaltungstools«.**

Wenn Sie DiskPart starten, wird ein Befehlsinterpreter gestartet, den Sie an dieser Eingabeaufforderung erkennen:

```
DISKPART>
```

Wenn Sie **help** eingeben und die [↵]-Taste drücken, sehen Sie eine Liste mit allen verfügbaren Befehlen.

Auch wenn Sie Befehlszeilenprogramme lieber nicht verwenden und Sie keine Skripte für die Festplattenverwaltung schreiben wollen, sollten Sie DiskPart kennen. Betrachten Sie es als eine Art Überlebens-Kit: Wenn Sie jemals Festplatten über die Windows-Wiederherstellungsumgebung (Windows RE, Windows Recovery Environment) verwalten müssen, haben Sie zwar Zugriff auf DiskPart, nicht aber auf die Konsole Datenträgerverwaltung. (Windows RE ist eine spezielle Umgebung, die Sie für die Systemwiederherstellung verwenden können, wenn ein größeres Hardware- oder Softwareproblem Windows daran hindert, ordnungsgemäß zu starten.)

> **Achtung**
>
> **DiskPart ist nicht für gelegentliche Experimente geeignet. Sein Hauptzweck ist die Skripterstellung und nicht die interaktive Nutzung. Der DiskPart-Befehlszeileninterpreter ist dicht und kryptisch. Er weist eine komplexe Struktur auf, die es erfordert, dass Sie Objekte auflisten und auswählen, bevor Sie darauf eine Aktion anwenden. Weitere Einzelheiten über DiskPart finden Sie im Microsoft-Artikel »DiskPart-Befehle« (*https://bit.ly/diskpart-commands*). Die Details über die Syntax und Verwendung von DiskPart in diesem Artikel sind von unschätzbarem Wert.**

Eine neue Festplatte einrichten

Unabhängig davon, ob Sie Windows auf einer brandneuen Festplatte installieren oder einfach eine neue Festplatte (intern oder extern) zu einem bestehenden System hinzufügen, sollten Sie sich überlegen, wie Sie den neuen Speicherplatz nutzen möchten, bevor Sie mit der Erstellung von Volumes beginnen. Wenn Sie beispielsweise einen großen Speicherbereich für die Datensicherung oder die Speicherung von Medien einrichten möchten, sollten Sie die gesamte Festplatte für ein einziges Volume reservieren. Wenn Sie hingegen zwei oder mehr getrennte Volumes einrichten möchten – eines für Windows-Systemdateien und ein weiteres für Datendateien –, müssen Sie festlegen, wie viele Gigabyte Sie den einzelnen Partitionen zuweisen. Sie können Ihre Meinung später noch ändern, aber es ist am einfachsten, die Anzahl der Volumes auf einer Festplatte und ihre relativen Größen anzupassen, bevor Sie ein Volume mit einer großen Menge an Daten füllen.

Windows auf einer neuen Festplatte installieren

Wenn Sie das Windows 11-Setup-Programm auf einem Computer mit einer einzigen, nicht bereits initialisierten Festplatte ausführen (zum Beispiel auf einem Desktop-Computer, den Sie selbst aus neuen Teilen zusammengebaut haben, oder auf einem PC, bei dem Sie das Systemlaufwerk ausgetauscht oder die Partitionierungsdetails vollständig gelöscht haben), wird ein Bildschirm angezeigt, der die Festplatte und ihre Größe angibt. Wenn Sie ein einzelnes Volume erstellen möchten, das die gesamte Festplatte umfasst, können Sie auf *Weiter* klicken, um fortzufahren. Das Setup übernimmt dann die Initialisierung der Festplatte, die Erstellung eines neuen Volumes und dessen Formatierung. Andernfalls können Sie auf *Neu* klicken und im selben Fenster die Größe des Volumes auswählen, das Sie für Ihre Windows-Installation erstellen möchten.

Wenn Sie nicht die gesamte Festplattenkapazität für das Windows-Systemlaufwerk verwenden möchten, können Sie mit dem Setup-Programm zusätzliche Volumes erstellen. Dazu besteht jedoch keine besondere Notwendigkeit. Nach der Installation von Windows können Sie mit der Datenträgerverwaltung in dem nicht zugewiesenen Speicherplatz auf der Festplatte ein oder mehrere zusätzliche Volumes erstellen.

▶ **Weitere Informationen zum Einrichten von Windows finden Sie in Kapitel 2, »Installieren eines neuen Windows 11-PCs«.**

Neue Festplatte zu einer bestehenden Windows-Installation hinzufügen

Wenn Sie die Datenträgerverwaltung nach dem Einbau einer neuen Festplatte zum ersten Mal öffnen, bietet Windows an, den Datenträger zu initialisieren (siehe Abbildung 8.2). (Wenn dieses Dialogfeld nicht automatisch angezeigt wird oder wenn Sie es zuvor ausgeblendet haben, können Sie die Anzeige erzwingen, indem Sie mit der rechten Maustaste auf das Feld links neben dem Datenträger im unteren Bereich der Datenträgerverwaltung klicken und dann *Datenträgerinitialisierung* wählen.) Diese Aktion definiert den Partitionsstil für den Datenträger und ist ein wichtiger erster Schritt, bevor Sie mit der Datenträgerverwaltung weitere Aktionen durchführen können.

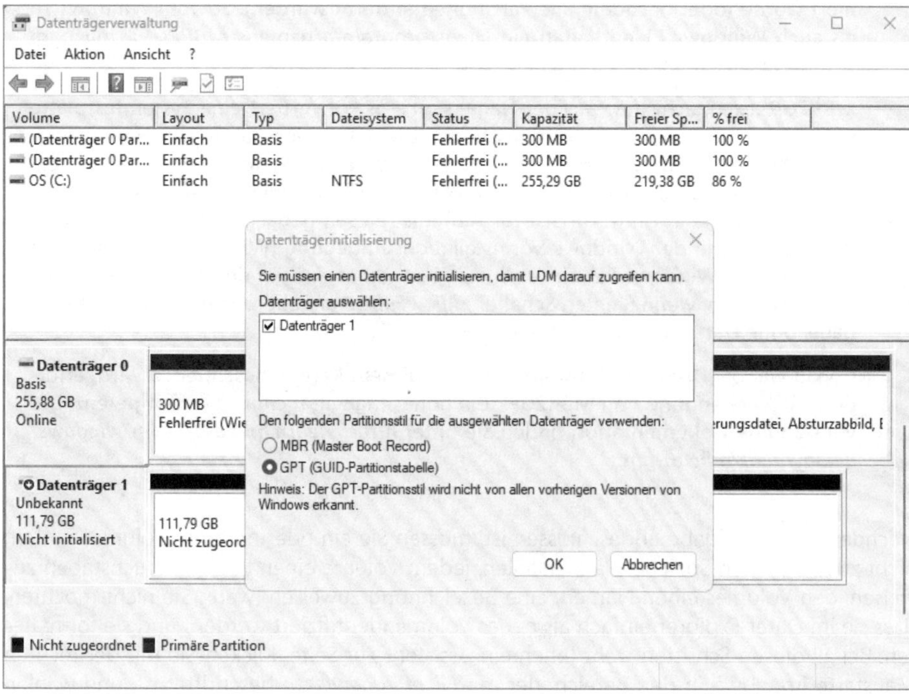

Abbildung 8.2 Sie müssen eine Festplatte mit einem dieser beiden Partitionsstile initialisieren, bevor Sie ein neues Volume erstellen und für die Datenspeicherung formatieren können.

MBR (Master Boot Record) und GPT (GUID Partition Table) sind Begriffe, die verschiedene Methoden zur Verwaltung der Informationen beschreiben, die festlegen, wie eine Festplatte Daten speichert. Welchen Partitionsstil sollten Sie wählen? GPT ist auf Laufwerken erforderlich, die die Windows-Partition auf UEFI-basierten Systemen enthalten – eine Beschreibung, die auf jeden PC zutrifft, der mit Windows 11 kompatibel ist. Wählen Sie MBR nur in den seltenen Fällen, in denen Kompatibilität mit älteren Betriebssystemen auf älterer Hardware erforderlich ist. GPT-Festplatten unterstützen größere Volumes (bis zu 18 Exabyte) und mehr Partitionen (bis zu 128 auf einer Basisplatte).

Expertentipp

MBR-Datenträger in GPT konvertieren

In früheren Versionen von Windows konnten Sie einen Datenträger nur von MBR zu GPT (oder umgekehrt) konvertieren, bevor ein Datenträger zum ersten Mal partitioniert wurde (oder nachdem alle Partitionen entfernt wurden). Sowohl Windows 10 als auch Windows 11 enthalten ein Dienstprogramm namens *MBR2GPT*, mit dem sich diese Einschränkung umgehen lässt.

MBR2GPT.exe macht das, was der Name sagt – es konvertiert eine Systemfestplatte vom Master Boot Record-Partitionsstil zur GUID Partition Table. Der Hauptzweck des Tools ist die Erleichterung der Konvertierung von Systemen, die im Legacy-BIOS-Modus laufen, in UEFI. (Sie können dieses Tool ausschließlich für Systemdatenträger verwenden.) MBR2GPT ist für Administratoren gedacht, die es während der Bereitstellung in der Windows-Vorinstallationsumgebung (Windows Preinstallation Environment, Windows PE) einsetzen. Sie können es auch in der Windows-Befehlszeile ausführen, wenn Sie den Schalter */AllowFullOS* angeben. Es erledigt seine Aufgabe, ohne Daten auf dem Zieldatenträger zu löschen.

Genau wie bei DiskPart, das weiter oben in diesem Kapitel beschrieben wird, erfordert die Verwendung von MBR2GPT ein hohes Maß an technischer Kompetenz. Die vollständige Dokumentation finden Sie unter *https://learn.microsoft.com/windows/deployment/mbr-to-gpt*.

Nachdem diese Aufgabe abgeschlossen ist, müssen Sie ein oder mehrere Volumes in dem nicht zugewiesenen Speicherplatz erstellen, jedem Volume einen Laufwerkbuchstaben zuweisen, den Volumes einen Namen, eine Bezeichnung zuweisen (wenn Sie nicht möchten, dass sie im Datei-Explorer einfach als neues Volume identifiziert werden) und sie formatieren. Bei all diesen Schritten steht Ihnen ein Assistent zur Seite. Klicken Sie mit der rechten Maustaste irgendwo in den Bereich, der mit *Nicht zugewiesen* beschriftet ist, und wählen Sie den Befehl *Neues einfaches Volume*. Der Assistent zum Erstellen neuer einfacher Volumes wird gestartet. Führen Sie die folgenden Schritte aus:

1. **Volumegröße angeben.** Diese Seite zeigt an, wie viel Platz Sie dem neuen Volume mindestens und höchstens zuweisen können. Der Assistent ermöglicht Ihnen keine Aufteilung des verfügbaren Speicherplatzes in Prozent. Wenn Sie also zwei oder mehr Volumes gleicher Größe erstellen möchten, müssen Sie ein wenig rechnen, bevor Sie fortfahren.

2. **Laufwerkbuchstabe oder -pfad zuweisen.** Sie können dem neuen Datenträger jeden verfügbaren Laufwerkbuchstaben zuweisen. (Beachten Sie, dass die Buchstaben A und B, die früher für Diskettenlaufwerke reserviert waren, nicht mehr reserviert sind.) Sie haben auch die Möglichkeit, überhaupt keinen Laufwerkbuchstaben zuzuweisen. (Mit der zusätzlichen Option *In folgendem leeren NTFS-Ordner bereitstellen* können Sie auf das Volume zugreifen, als wäre es ein Unterordner eines vorhandenen Volumes. Einzelheiten dazu finden Sie im Abschnitt »Ein Volume in einem NTFS-Ordner bereitstellen« weiter hinten in diesem Kapitel.)

3. **Partition formatieren.** Sie müssen das neue Volume nicht sofort formatieren, aber es gibt selten einen guten Grund, damit zu warten. Sie haben folgende Möglichkeiten, wie in Abbildung 8.3 dargestellt:

- **Dateisystem** Ein Dateisystem ist eine Methode, um Ordner (Verzeichnisse) und Dateien auf einem Speichermedium zu organisieren. Für Festplattenvolumes über 4GB (4096MB) sind das Standarddateisystem NTFS und exFAT die beiden einzigen Optionen. Wenn Sie Wechselmedien wie USB-Speichersticks oder optische Medien formatieren, sind andere Dateisysteme verfügbar. Weitere Informationen finden Sie weiter hinten in diesem Kapitel im Abschnitt »Dateisystem auswählen«.
- **Größe der Zuordnungseinheit** Die Größe einer Zuordnungseinheit, auch Clustergröße genannt, ist die kleinste Speichermenge, die einer Datei zugeordnet werden kann. Die Einstellung *Standard*, bei der Windows selbst eine passende Clustergröße festlegt, ist hier die beste Wahl.
- **Volumebezeichnung** Die Volumebezeichnung ist im Fenster des Datei-Explorers zu sehen. Die Standardbeschriftung ist »Volume«. Es empfiehlt sich, einem Volume einen Namen zu geben, aus dem der Verwendungszweck ersichtlich ist.

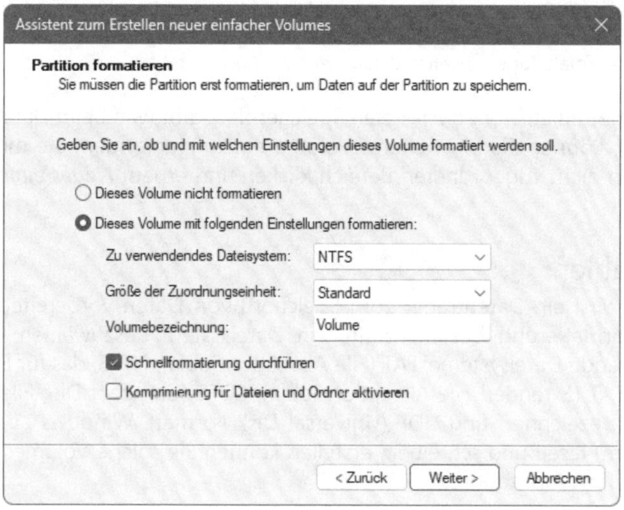

Abbildung 8.3 Verwenden Sie die Seite *Partition formatieren*, um das Dateisystem, die Größe der Zuordnungseinheit und die Bezeichnung des Datenträgers Ihres neuen Volumes festzulegen.

Aktivieren Sie das Kontrollkästchen *Schnellformatierung durchführen*, wenn Sie möchten, dass die Datenträgerverwaltung den manchmal zeitaufwendigen Prozess der Überprüfung des Datenträgers überspringt. Obwohl die Option *Komprimierung für Dateien und Ordner aktivieren* verlockend sein könnte, empfehlen wir, das Kontrollkästchen deaktiviert zu lassen.

Die NTFS-Komprimierung eignet sich nicht für Datenträger, die Windows-Systemdateien enthalten, oder für Laufwerke, die bereits komprimierte Datendateien enthalten, wie beispielsweise MP3-Audiodateien. Am nützlichsten ist es bei sekundären Datenvolumes, die große Mengen von Datendateien in unkomprimierten Formaten enthalten, wie beispielsweise WAV-Audiodateien.

4. **Fertig stellen.** Nachdem Sie diese Auswahl getroffen haben, klicken Sie auf *Weiter*, um zur letzten Seite des Assistenten zu gelangen, wo Sie noch einmal die Möglichkeit haben, Ihre Angaben zu überprüfen. Sie sollten sich einen Moment Zeit nehmen, um die hier angezeigten Einstellungen zu überprüfen, bevor Sie auf *Fertig stellen* klicken.

Nachdem die Datenträgerverwaltung ihre Arbeit getan hat und die Formatierung des Datenträgers abgeschlossen ist, erscheint im unteren Bereich der Konsole über dem neuen Volume ein dunkelblauer Balken. Abbildung 8.4 zeigt das Ergebnis, nachdem wir ein zweites Laufwerk hinzugefügt und eine Partition erstellt haben, die die Hälfte des verfügbaren Platzes für die Speicherung eines Archivs mit Videodateien verwendet.

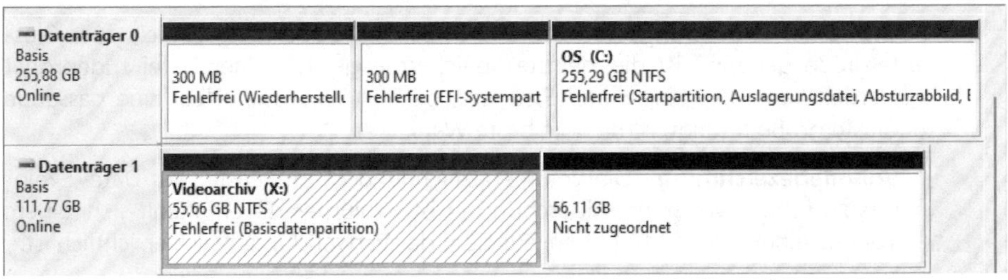

Abbildung 8.4 Der dunkelblaue Balken über dem neu erstellten Volume auf Datenträger 1 bedeutet, dass es einsatzbereit ist. Der schwarze Balken und die Beschriftung *Nicht zugeordnet* bedeutet, dass der verbleibende Speicherplatz für ein zweites Volume zur Verfügung steht.

Wenn es auf Ihrem Festplattenlaufwerk noch freien Speicherplatz gibt (wie beim Datenträger in unserem Beispiel), können Sie ein weiteres Volume hinzufügen, indem Sie mit der rechten Maustaste in den nicht zugeordneten Bereich klicken und erneut *Neues einfaches Volume* wählen.

Dateisystem auswählen

Durch das Formatieren wird ein Datenträger zum Speichern von Daten vorbereitet. Der erste Schritt bei der Formatierung besteht darin, ein Dateisystem auszuwählen. Windows 11 unterstützt folgende Dateisysteme: FAT (File Allocation Table), NTFS, das für Flashlaufwerke optimierte exFAT (Extended File Allocation Table), CDFS (Compact Disc File System, auch als ISO-9660 bezeichnet) und UDF (Universal Disk Format). Windows 11 kann ReFS (Resilient File System) lesen und schreiben, erstellen können Sie solche Volumes aber nur auf Windows 11 Pro for Workstations.

Welche Formatierungsoptionen für ein bestimmtes Volume angeboten werden, hängt davon ab, welche Art von Medium Sie formatieren. Für Festplatten bietet die Datenträgerverwaltung nur NTFS und exFAT an. Wenn Sie eine Festplatte mit FAT oder FAT32 formatieren möchten, müssen Sie in einer Eingabeaufforderung den Befehl **format** mit dem Schalter **/FS** verwenden. Weitere Informationen erhalten Sie, indem Sie in der Eingabeaufforderung **format /?** eingeben. Der einzige gute Grund, das zu tun, wäre die Kompatibilität zu Computern, auf denen Nicht-Microsoft-Betriebssysteme laufen und die von Haus aus das NTFS-Dateiformat nicht unterstützen.

Formatieren Sie dagegen einen USB-Speicherstick oder eine MicroSD-Karte, ist FAT32 oder exFAT eine sinnvolle Wahl. Da es sich bei NTFS um ein Journaling-Dateisystem handelt, ist das Lesen und Schreiben von Dateien auf NTFS-Laufwerken mit einem höheren Aufwand verbunden als ähnliche Vorgänge auf FAT32- und exFAT-Laufwerken. Flash-Laufwerke können eine begrenzte Anzahl von Lese- und Schreibvorgängen durchführen, bevor sie ausgetauscht werden müssen. Daher haben sie mit FAT32 oder exFAT möglicherweise eine längere Lebenserwartung als mit NTFS. Auf UEFI-Systemen ist FAT32 für bootfähige Installationsmedien erforderlich. (Weitere Informationen über exFAT finden Sie in der Seitenleiste »exFAT versus FAT32« weiter hinten in diesem Kapitel.) Einen tabellarischen Vergleich der Dateisysteme finden Sie im Microsoft Docs-Artikel »Vergleich der Dateisystemfunktionalität« unter *https://bit.ly/file-systemcomparison*.

Bei fest eingebauten Festplattenlaufwerken ist NTFS normalerweise die beste Wahl. Es bietet einige wichtige Vorteile gegenüber den älteren Dateisystemen FAT und FAT32:

- **Sicherheit** Auf einem NTFS-Volume können Sie den Zugriff auf Dateien und Ordner beschränken, indem Sie entsprechende Berechtigungen vergeben (weitere Informationen über NTFS-Berechtigungen finden Sie im Abschnitt »Was sind Zugriffssteuerungslisten?« in Kapitel 10, »Benutzerkonten, Kennwörter und Anmeldeinformationen verwalten«). Als zusätzlichen Schutz können Sie Dateien verschlüsseln, sofern Ihre Edition von Windows 11 dies unterstützt. (Windows 11 Home unterstützt keine Dateiverschlüsselung mit EFS, alle anderen Editionen schon.) Bei einem FAT- oder FAT32-Laufwerk kann jeder, der physischen Zugang zu Ihrem Computer hat, auf beliebige Dateien zugreifen, die auf dem Laufwerk gespeichert sind.
- **Zuverlässigkeit** Da NTFS ein Änderungsjournal führt, ist ein NTFS-Volume nach einem Fehler leichter wiederherstellbar als ein FAT32-Volume. NTFS erfasst sämtliche Aktivitäten auf dem Volume in Protokolldateien. Sollte das System abstürzen, kann Windows 11 diese Protokolldateien verwenden, um beim nächsten Start des Computers automatisch Fehler im Dateisystem zu reparieren. Außerdem kann NTFS automatisch Cluster, die beschädigte Sektoren enthalten, auf unbeschädigte Cluster verschieben und die beschädigten entsprechend markieren, damit das Betriebssystem sie nicht länger verwendet. FAT- und FAT32-Laufwerke sind anfälliger für Laufwerkfehler.
- **Erweiterbarkeit** Mit NTFS formatierte Volumes lassen sich erweitern, ohne dass man die sonst üblichen Arbeitsschritte durchführen müsste (sichern, neu partitionieren, neu formatieren, wiederherstellen).
- **Effizienz** Auf Partitionen, die größer sind als 8GB, verwaltet NTFS den Platz effizienter als FAT32. Die Maximalgröße für eine FAT32-Partition unter Windows 10 oder Windows 11 ist 32GB. Ein NTFS-Volume kann selbst mit den Standardeinstellungen 16 TB (das sind 16.384GB) groß werden. Ändert man die Clustergröße, liegt die Maximalgröße bei 256 TB.
- **Optimierte Speicherung kleiner Dateien** Dateien bis zu etwa 100 Byte können direkt in der MFT (Master File Table) gespeichert werden. Sie erfordern also keine separate Zuordnungseinheit außerhalb der MFT. Sehr kleine Dateien werden daher sehr effizient gespeichert.

exFAT versus FAT32

Microsoft hat das Dateisystem Extended FAT (exFAT) zuerst mit Windows Embedded CE 6.0 eingeführt. Das ist ein Betriebssystem, das für industrielle Controller und für Geräte aus dem Bereich der Konsumelektronik konzipiert wurde. Anschließend wurde exFAT mit dem Windows Vista Service Pack 1 (SP1) verfügbar gemacht. Der prinzipielle Vorteil gegenüber FAT32 ist die Skalierbarkeit. Das exFAT-Dateisystem hebt die Größenbeschränkungen von 32GB für Volumes und 4GB für Dateien auf, die unter FAT32 gelten. Außerdem kann es mehr als 1.000 Dateien pro Verzeichnis verwalten. Der prinzipielle Nachteil liegt in der beschränkten Abwärtskompatibilität. Einige Geräte aus dem Bereich der Unterhaltungselektronik sind vielleicht in der Lage, ältere FAT-Medien zu lesen, aber nicht exFAT.

Wenn Sie ein Flashlaufwerk formatieren, um darauf große Videodateien zu speichern, ist exFAT vermutlich eine gute Wahl. Wenn Sie dagegen mit dem Flashlaufwerk Fotos transportieren, die Sie im lokalen Drogeriemarkt ausdrucken lassen möchten, sind Sie mit FAT32 auf der sicheren Seite.

Expertentipp

Beim Formatieren werden die Daten eines Speichermediums nicht gelöscht

Bei der Formatierung eines Volumes werden Sie darauf hingewiesen, dass die auf dem Volume befindlichen Daten durch diesen Vorgang verloren gehen. Das stimmt. Nach der Formatierung sind die Daten mit normalen Mitteln nicht mehr zugänglich. Wenn Sie format allerdings ohne den Schalter /P aufrufen, bleiben die Daten in irgendeiner Form erhalten und jemand, der physischen Zugriff auf das Gerät bekommt und die richtigen Tools hat, könnte die Daten wiederherstellen. Wenn Sie dafür sorgen möchten, dass die Daten tatsächlich gelöscht werden, geben Sie format *volume* /P:<*x*> ein, wobei <*x*> für die Zahl der Löschvorgänge steht und *volume* den Laufwerkbuchstaben (gefolgt von einem Doppelpunkt), den Bereitstellungspunkt oder den Volumenamen angibt. Oder löschen Sie das Volume nach der Formatierung mit dem Befehlszeilenprogramm *Cipher.exe*, das Sie mit dem Schalter /W aufrufen. (Geben Sie an der Eingabeaufforderung cipher /? ein, um weitere Informationen zu erhalten.) Informationen zu anderen Möglichkeiten, einen Datenträger zu bereinigen, finden Sie im Abschnitt »Alle Daten eines Datenträgers unwiderruflich löschen« weiter hinten in diesem Kapitel.

Mit Speicherplätzen Festplatten kombinieren

Bei Speicherplätzen (Storage Spaces) handelt es sich um eine Technologie, die seit mehr als einem Jahrzehnt Teil der Windows Server- und Desktop-Editionen ist. Dabei werden ein oder mehrere Festplattenlaufwerkezu Speicherpools zusammengefasst. Sie können dann innerhalb dieses Pools virtualisierte Volumes (»Speicherplätze«) erstellen.

Sie könnten zum Beispiel mit zwei externen USB-Laufwerken mit einer Kapazität von jeweils 3TB beginnen und dann Speicherplätze verwenden, um diese physischen Festplatten zu einer einzigen virtualisierten Festplatte mit einer Kapazität von 6TB zu kombinieren.

Außerdem können Sie Speicherplätze verwenden, um wichtige Daten ausfallsicher zu speichern. Mit den erwähnten beiden 3-TB-Festplatten können Sie zum Beispiel einen Speicherplatz mit 2-Wege-Spiegelung erstellen, wobei jede auf einer Festplatte gespeicherte Datei auf der anderen Festplatte gespiegelt wird. Fällt eines der beiden Festplattenlaufwerke aus, bleiben die Daten auf dem anderen erhalten.

Die Fehlertoleranz eines Speicherplatzes wird mit seinem *Resilienztyp* angegeben. Es stehen drei Resilienztypen zur Verfügung:

- **Zwei-Wege-Spiegelung** Das System schreibt zwei Kopien Ihrer Daten. Eine Festplatte kann ausfallen, ohne dass Sie Daten verlieren. Es sind mindestens zwei physische Festplattenlaufwerke erforderlich. Der verfügbare Speicherplatz entspricht der Hälfte des gesamten Speicherpools oder der Kapazität der kleineren Festplatte, je nachdem, welcher Wert kleiner ist.
- **Drei-Wege-Spiegelung** Das System schreibt drei Kopien Ihrer Daten. In dieser Konfiguration können zwei physische Festplatten ausfallen, ohne dass Sie Datenverlust erleiden. Es sind mindestens drei physische Festplatten erforderlich, und der verfügbare Speicherplatz beträgt etwa ein Drittel der Gesamtkapazität des Speicherpools.

- **Parität** Das System verteilt Daten in Form von Streifen über die Festplattenlaufwerke und speichert zudem Paritätsinformationen, mit denen der Schutz und die Wiederherstellung beim Ausfall eines Laufwerks effizienter erfolgen. Es sind mindestens drei Festplattenlaufwerke erforderlich.

Die Einstellung *Einfach (keine Resilienz)* wird empfohlen, wenn Sie mehrere kleine Festplatten zu einer größeren zusammenfassen möchten. Vielleicht haben Sie eine umfangreiche Sammlung von Mediendateien und einige ältere (und somit kleinere) Festplatten, die praktisch nicht mehr benutzt werden. Ein einfacher Speicherplatz ist auch bei platzintensiven Arbeiten, die keine besonderen Anforderungen an die Robustheit des Speichersystems stellen, eine gute Wahl, beispielsweise für die Bearbeitung von Videos. In einem einfachen Speicherplatz werden Dateien in Streifen über die verfügbaren Festplattenlaufwerke verteilt, wodurch sich auch die Leistung verbessert.

Für maximale Ausfallsicherheit bei Festplattenversagen sollten Sie die Einstellung *Parität* wählen. Allerdings sinkt dabei die Schreibleistung, weil der Computer Paritätsinformationen berechnen und speichern muss. Diese Option kann für Archive sinnvoll sein.

Beachten Sie Folgendes:

- Sie können einen Speicherplatz nur auf Festplatten erstellen, die noch nicht zugeordneten Speicherplatz enthalten. In der Windows 11-Version von *Speicherplätze* können Sie keinen Speicherpool mit Festplatten erstellen, die Sie bereits partitioniert haben, selbst wenn diese Volumes unformatiert und leer sind.
- Sie können auf einem einzigen PC mehrere Speicherpools und mehrere Speicherplätze verwenden.
- Jeder von Ihnen erstellte Speicherpool wird in der Datenträgerverwaltung wie ein physisches Laufwerk angezeigt. Seine Eigenschaften weisen ihn als Microsoft Storage Space Device aus. Jeder Speicherplatz innerhalb dieses Speicherpools wird in der Datenträgerverwaltung als Basisdatenträger angezeigt.
- Speicherplätze sind kein Ersatz für eine durchdachte Backup-Strategie. Sie schützen nicht vor Diebstahl, Feuer und anderen katastrophalen Ereignissen, die eine gesamte Gruppe von Hardwarelaufwerken beschädigen.

In Windows 10 waren die Steuerelemente zum Einrichten und Verwalten eines Speicherplatzes in der veralteten Systemsteuerung vergraben. In Windows 11 wurden diese Steuerelemente mit einer moderneren Oberfläche neu gestaltet. Gehen Sie zu *Einstellungen | System | Speicher*, klicken Sie auf *Erweiterte Speichereinstellungen* und dann auf *Speicherplätze*.

Wenn derzeit kein Speicherplatz eingerichtet ist, enthält diese Seite nur ein einziges Steuerelement mit der Bezeichnung *Hinzufügen eines neuen Speicherpools*. Klicken Sie auf *Hinzufügen*, um zu beginnen. Daraufhin wird das in Abbildung 8.5 gezeigte Dialogfeld geöffnet.

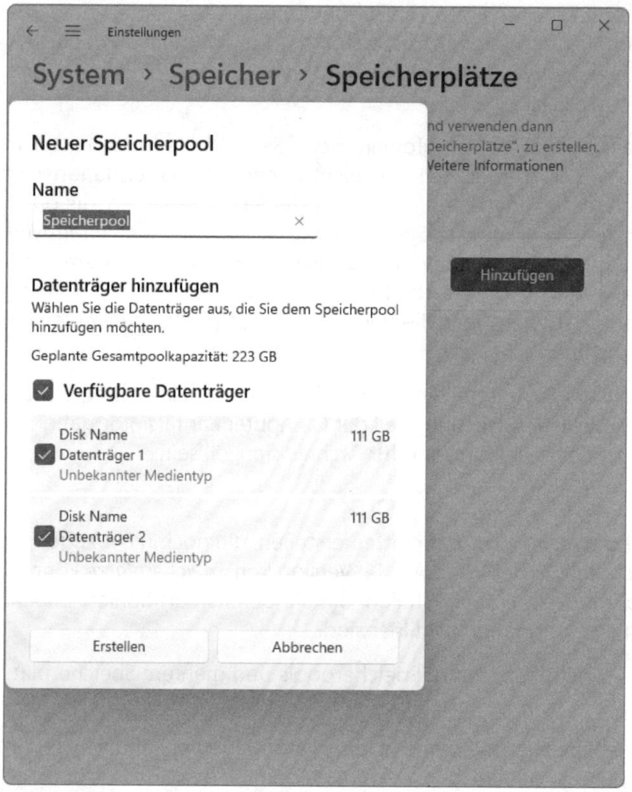

Abbildung 8.5 Erstellen Sie einen neuen Speicherpool, indem Sie zwei oder mehr nicht zugeordnete Festplatten kombinieren.

TROUBLESHOOTING

Die Laufwerke, die Sie hinzufügen möchten, sind nicht verfügbar

Wenn Sie die Windows 11-Steuerelemente zum Erstellen eines neuen Speicherpools verwenden, zeigt Windows nur Datenträger an, die noch nicht zugeordneten Speicherplatz enthalten. Wenn Sie einen Datenträger angeschlossen haben, dieser jedoch in der Liste *Verfügbare Datenträger* nicht angezeigt wird, klicken Sie auf *Abbrechen* und öffnen Sie die Datenträgerverwaltung. Suchen Sie den Eintrag für den Datenträger, den Sie hinzufügen möchten, und löschen Sie alle vorhandenen Volumes (auch wenn sie unformatiert sind), damit die Datenträger nur noch nicht zugeordneten Speicherplatz enthalten.

Nachdem Sie bestätigt haben, dass Sie die ausgewählten Festplatten zu Ihrem neuen Speicherpool hinzufügen möchten, ersetzen Sie den allgemeinen Namen durch einen beschreibenden Namen und klicken auf *Erstellen*. Nachdem Sie einen Speicherpool erstellt haben, fordert Windows Sie auf, einen neuen Speicherplatz zu erstellen. Abbildung 8.6 zeigt das Dialogfeld *Neuer Speicherplatz*.

Abbildung 8.6 Die wichtigste Einstellung hier ist der *Resilienztyp*. Wir haben uns dafür entschieden, einen einfachen Speicherplatz zu erstellen, der mehrere Laufwerke zu einem einzigen, größeren Laufwerk zusammenfasst.

Auch hier können Sie den generischen Namen in einen aussagekräftigeren Namen ändern. (Wenn Sie diesen Schritt jetzt überspringen, können Sie den Namen später leicht anpassen.) Wählen Sie einen Resilienztyp und eine Größe. Beachten Sie, dass Sie einen Speicherplatz erstellen können, der größer ist als der Speicherplatz in Ihrem aktuellen Speicherpool. Dies bietet sich an, wenn Sie wissen, dass Sie dem Pool später weitere Festplatten hinzufügen werden.

Klicken Sie auf *Erstellen*, um Ihre Änderungen zu speichern. In dem daraufhin angezeigten Dialogfeld können Sie eine Laufwerkbezeichnung und ein Dateisystem für Ihren neuen Speicherplatz auswählen (die Standardeinstellung NTFS ist in der Regel angemessen). Fügen Sie gegebenenfalls eine Laufwerkbezeichnung hinzu und formatieren Sie dann den neuen Speicherplatz.

Um vorhandene Speicherplätze zu verwalten, öffnen Sie in den *Einstellungen* die Seite *Speicherplätze* und erweitern Sie den Bereich für den Speicherpool, mit dem Sie arbeiten möchten. Sie sehen dann eine Seite ähnlich wie die in Abbildung 8.7.

Abbildung 8.7 Auf dieser Seite können Sie die Größe eines Speicherpools erhöhen, indem Sie eine neue Festplatte hinzufügen. Wenn Sie mehrere Speicherpools erstellt haben, verwenden Sie die Schaltfläche *Umbenennen* am oberen Rand, um jedem Pool einen aussagekräftigen Namen zu geben.

Sie können einen Pool oder Speicherplatz umbenennen, einen neuen Speicherplatz hinzufügen und die Kapazität eines vorhandenen Pools durch Hinzufügen einer weiteren Festplatte vergrößern.

Um einen Speicherplatz zu löschen, klicken Sie auf die Schaltfläche *Eigenschaften* rechts neben dem Speicherplatz und dann auf die Schaltfläche *Löschen*. Beachten Sie, dass beim Löschen eines Speicherplatzes alle mit ihm verbundenen Daten dauerhaft gelöscht werden. Für einen Speicherplatz gibt es keinen Papierkorb.

Um eine Festplatte aus einem einfachen Speicherpool zu entfernen, müssen Sie zunächst alle Speicherplätze löschen, die diesem Pool zugeordnet sind. Klicken Sie dann auf die Schaltfläche *Eigenschaften* rechts neben der Festplatte, die Sie entfernen möchten, und klicken Sie auf *Für das Entfernen vorbereiten*. Nachdem der Speicherplatz seine Aufräumarbeiten abgeschlossen hat, können Sie auf *Entfernen* klicken.

▶ **Weitere Informationen zu Speicherplätzen finden Sie in den Support-Informationen unter *https://bit.ly/storage-spaces-help*. Details zur Architektur dieses Features finden Sie unter *https://bit.ly/storage-spaces*. Zum Zeitpunkt der Erstellung dieses Kapitels war der letztgenannte Artikel noch nicht für Windows 11 aktualisiert worden, aber die darin enthaltenen Informationen sind nach wie vor korrekt.**

OneDrive mit Ihrem Windows-PC verbinden

OneDrive, der Cloudspeicherdienst von Microsoft, ist ein wesentlicher Aspekt von Windows 11. Wenn Sie sich mit einem Microsoft-Konto anmelden, synchronisiert Windows 11 Ihre Einstellungen mit OneDrive und speichert zum Beispiel Wiederherstellungsschlüssel für verschlüsselten Speicher. Auf OneDrive steht jedem neu angelegten Microsoft-Konto 5GB Speicherplatz kostenlos zur Verfügung. (Manche ältere Konten haben noch mehr Platz, der nicht nachträglich verkleinert wurde.) Sie können diese Kapazität mit kostenpflichtigen Upgrades für OneDrive-Speicher erweitern oder mit einem Microsoft 365 Personal- oder Family-Abonnement ein massiv erhöhtes Cloudspeicher-Kontingent (1024GB pro Benutzer) erhalten.

OneDrive for Business, das Verwaltungsfunktionen auf Unternehmensniveau bietet, nutzt denselben Synchronisierungsclient wie die OneDrive-Version für Privatkunden. In einem Microsoft 365 Business- oder Enterprise-Abonnement sind pro Benutzer 1024GB Cloudspeicher Dienst enthalten. Definitionsgemäß werden OneDrive for Business-Konten von einer Organisation zugewiesen und verwaltet, was bedeutet, dass ein Administrator Ihre Fähigkeit, Dateien und Ordner freizugeben oder auf OneDrive for Business-Dateien von einem Gerät aus zuzugreifen, das nicht bei Ihrer Organisation registriert ist, einschränken kann.

OneDrive stellt für alle wichtigen Desktop- und Mobilbetriebssysteme einen Synchronisierungsclient zur Verfügung. In Windows 11 ist dieser Client bereits integriert und wird automatisch aktualisiert. Bevor wir jedoch zu diesem Synchronisierungsclient kommen, sollten wir mit einem Überblick über OneDrive und OneDrive for Business beginnen.

▶ **Einzelheiten zur Integration von OneDrive in den Datei-Explorer finden Sie in Kapitel 9.**

So funktionieren OneDrive und OneDrive for Business

Die beiden cloudbasierten Dateispeicherdienste von Microsoft verwenden den gleichen Markennamen und einen gemeinsamen Synchronisierungsclient, aber es gibt einige große Unterschiede in der Funktionsweise der beiden Dienste.

OneDrive, der Dienst für Privatanwender, ist für die persönliche Nutzung konzipiert und bietet spezielle Ansichten, in denen Fotobibliotheken und Alben präsentiert werden. (Der OneDrive-Client auf mobilen Geräten bietet die Möglichkeit, die Fotos des Geräts mit OneDrive zu synchronisieren.) Mit einem kostenlosen OneDrive-Konto kann jeder Dokumente mit gängigen Office-Dateiformaten und den Onlineversionen von Word, Excel, PowerPoint und OneNote erstellen und bearbeiten. Die Editionen Microsoft 365 Family und Personal stellen automatisch eine Verbindung zu OneDrive-Konten her, sodass Abonnenten Dateien mit den Windows-Versionen dieser Office-Anwendungen erstellen und bearbeiten können.

Die in OneDrive gespeicherten Dateien sind in Ordnern und Unterordnern organisiert, genau wie auf einem lokalen Laufwerk. Abbildung 8.8 zeigt die Ordner auf oberster Ebene in einem OneDrive-Konto, wie es in einem Webbrowser angezeigt wird. Beachten Sie die verschiedenen Optionen, die in der Befehlsleiste für den ausgewählten Ordner verfügbar sind, sowie die zusätzlichen Menüoptionen, die über das Menü *Mehr* (die drei Punkte) verfügbar sind.

Wenn Sie auf das Nutzungsdiagramm in der unteren linken Ecke klicken, wird eine Seite mit Details zum Speicher für dieses Abonnement geöffnet. (Falls Sie hier »Premium OneDrive« lesen, zeigt dies an, dass dieses Konto mit einem Microsoft 365-Abonnement verbunden ist.)

OneDrive for Business bietet eine ähnliche webbasierte Ansicht, allerdings mit einem entscheidenden Unterschied: Die Abonnementeinstellungen sind nicht über den Navigationsbereich auf der linken Seite zugänglich. Das liegt daran, dass ein OneDrive for Business-Abonnement von einem Unternehmensadministrator verwaltet wird, mit zusätzlichen Optionen für die Sicherheit und Zusammenarbeit, die für die Verwendung in einer Organisation geeignet sind.

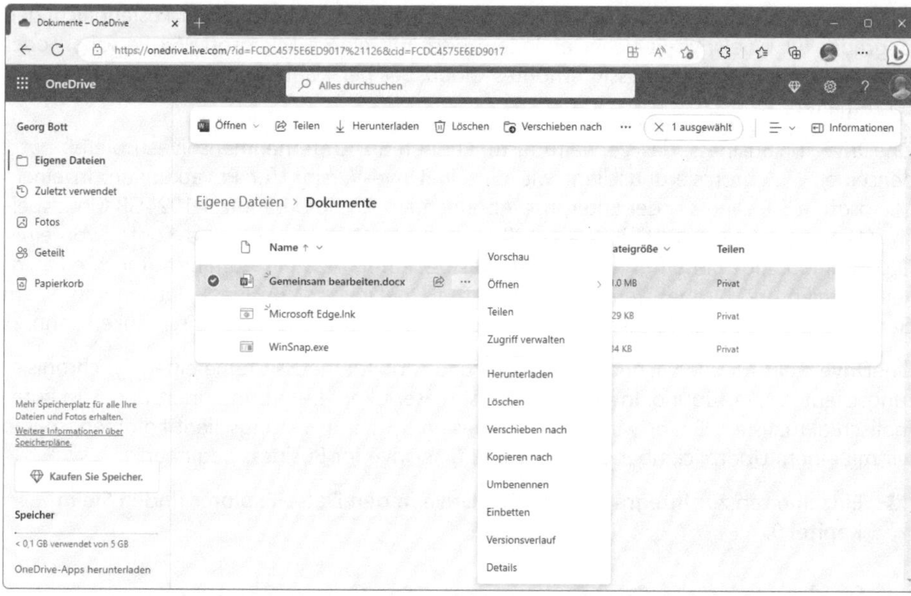

Abbildung 8.8 Wenn Sie OneDrive in einem Webbrowser verwenden, können Sie die meisten Dateiverwaltungsaufgaben durchführen und haben die Möglichkeit, Office-Dokumente zu erstellen, zu bearbeiten und gemeinsam zu bearbeiten.

Beide Dienste ermöglichen es Abonnenten, Dateien und Ordner mit anderen Personen zu teilen. Die Endkunden-Edition von OneDrive ermöglicht die vollständige Kontrolle über die Freigabe: Sie können wählen, ob Sie eine Datei, ein Foto oder einen ganzen Ordner öffentlich machen möchten. Sie können den Zugriff auch über einen Link freigeben, für den Sie sich nicht bei einem Microsoft-Konto anmelden müssen.

Die Freigabeoptionen für OneDrive for Business werden von einem Unternehmensadministrator verwaltet, der die Freigabe von Dateien für andere Personen einschränken kann, insbesondere in Ordnern, die vertrauliche Unternehmensinformationen enthalten.

Sowohl OneDrive als auch OneDrive for Business verfügen über eine integrierte Versionskontrolle, sodass Sie den Verlauf eines Dokuments sehen und eine frühere Version herunterladen können, wenn Sie einen Teil eines früheren Entwurfs wiederherstellen möchten. Der Papierkorb für beide Dienste ermöglicht es, gelöschte Dokumente bis zu 30 Tage lang wiederherzustellen.

OneDrive einrichten und verwenden

Obwohl Sie OneDrive im Web und auf mobilen Geräten verwenden können, ist es am nützlichsten, wenn der OneDrive-Speicher mit einem PC unter Windows synchronisiert wird, insbesondere in Kombination mit den Office-Desktop-Apps in Microsoft 365. Sie können ein, und zwar genau ein persönliches OneDrive-Konto mit einem Windows 11-Benutzerprofil verknüpfen. Sie können außerdem ein oder mehrere OneDrive for Business-Konten mit jedem Benutzerprofil verknüpfen.

Auf einem PC mit Windows 10 werden Sie im Rahmen der Ersteinrichtung eines neuen Benutzerprofils aufgefordert, Ihr Windows-Konto mit OneDrive zu verknüpfen. Wenn Sie Ihre Dateien lieber nicht mit OneDrive synchronisieren möchten, können Sie die Aufforderung zur Anmeldung ignorieren und sich später darum kümmern – oder nie. Mit Windows 11 hat sich diese Einrichtungsoption jedoch erheblich geändert.

Wenn Sie ein Microsoft-Konto verwenden, um sich zum ersten Mal bei einer neuen Installation von Windows 11 anzumelden, verbindet die Ersteinrichtung des Benutzerprofils Ihr Gerät mit OneDrive unter Verwendung dieses Kontos. (Wenn Sie sich mit einem lokalen Konto oder einem Azure AD-Konto anmelden, wird Ihr PC nicht automatisch mit OneDrive verbunden; Sie müssen diese Verbindung manuell herstellen.)

Wenn Sie sich mit einem Microsoft-Konto anmelden und die Standardoptionen wählen, aktiviert Windows auch ein Feature namens *OneDrive-Sicherung*. Diese Funktion ist nützlich, kann aber auch verwirrend sein. So funktioniert sie.

OneDrive-Sicherung ist für drei Ordner in Ihrem Benutzerprofil verfügbar: Desktop, Dokumente und Bilder. Wenn Sie die OneDrive-Sicherung aktivieren, überprüft Windows Ihr OneDrive-Konto, um festzustellen, ob Sie bereits über Ordner mit diesen Namen verfügen, und erstellt gegebenenfalls diese Ordner. Anschließend verschiebt Windows die Dateien aus Ihren lokalen Ordnern in die entsprechenden OneDrive-Ordner. Schließlich ändert Windows den Speicherort, der den Verknüpfungen in Ihren Benutzerprofilen zugewiesen ist, sodass Sie, wenn Sie auf Dokumente klicken, den synchronisierten Speicherort für den OneDrive-Dokumentenordner anstelle des lokalen Ordners, *C:\Benutzer\<Benutzername>\Dokumente*, öffnen.

Auch wenn Sie beim ersten Einrichten eines Profils die Möglichkeit haben, Dateien lokal zu speichern, anstatt die OneDrive-Sicherung zu aktivieren, klicken viele einfach auf *Weiter* und aktivieren diese automatische Integration. Das kann zu einer unangenehmen Überraschung führen, wenn Sie darauf nicht vorbereitet sind.

Wenn der neu konfigurierte Computer der einzige PC ist, der mit diesem Microsoft-Konto verbunden ist, ist die OneDrive-Sicherungsfunktion wahrscheinlich eine willkommene Ergänzung. Wenn jedoch auch ein anderer PC diese Ordner auf OneDrive sichert, sehen Sie alle seine Dateien in den entsprechenden Ordnern auf Ihrem neuen PC, und alle Dateien, die Sie auf einem der beiden Geräte erstellen, bearbeiten oder löschen, werden mit beiden Orten synchronisiert. Dies kann zu Problemen mit dem verfügbaren Speicherplatz führen, insbesondere wenn Sie nur über begrenzten OneDrive-Speicher verfügen. Es kann auch zu Problemen mit Programmen von Drittanbietern führen, die Konfigurations- und Datendateien im Ordner *Dokumente* speichern.

Um zu überprüfen, ob die OneDrive-Sicherung eingerichtet ist, öffnen Sie den Datei-Explorer und klicken auf *Start* (auf einem PC mit Windows 11 Version 21H2 klicken Sie auf *Schnellzugriff*). Wenn Sie unterhalb der Ordner *Desktop*, *Dokumente* und *Bilder* statt »Lokal gespeichert« Ihren OneDrive-Benutzernamen sehen, wie es Abbildung 8.9 zeigt, können Sie die automatische Sicherung deaktivieren, bevor Sie fortfahren.

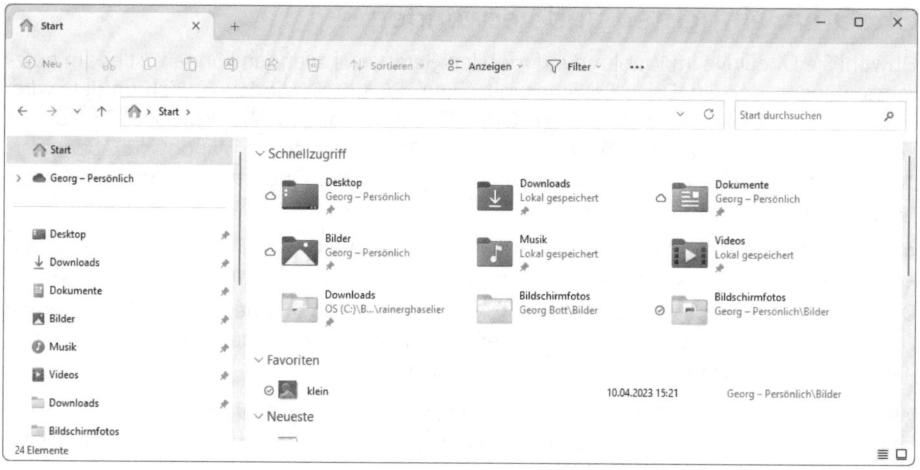

Abbildung 8.9 Wenn für das aktuelle Benutzerprofil die OneDrive-Sicherung aktiviert ist, wird unter jedem gesicherten Ordner Ihres Benutzerprofils die OneDrive-Bezeichnung Ihres Kontos angezeigt.

Um die OneDrive-Sicherung zu deaktivieren, klicken Sie mit der rechten Maustaste auf den OneDrive-Knoten im Navigationsbereich des Datei-Explorers und dann auf *OneDrive | OneDrive-Sicherung verwalten*. Oder klicken Sie auf *OneDrive | Einstellungen*, öffnen Sie in den OneDrive-Einstellungen die Registerkarte *Synchronisieren und sichern* und klicken Sie dann auf *Sicherung verwalten*. Dadurch wird das Dialogfeld *Sichern von Ordnern auf diesem Gerät in OneDrive* geöffnet, das Sie in Abbildung 8.10 sehen.

Abbildung 8.10 Wenn Sie die OneDrive-Sicherung beenden, verbleiben die Inhalte der einzelnen Ordner in ihren jeweiligen OneDrive-Ordnern. Änderungen werden nicht mehr mit Ihrem lokalen PC synchronisiert.

Setzen Sie für einen oder mehrere Ordner, deren Synchronisierung Sie beenden wollen, den Schalter auf *Aus*. Nachdem Sie die Sicherung des lokalen Ordners zu OneDrive gestoppt haben, ändert Windows die Datei-Explorer-Verknüpfungen für diese Ordner zurück auf die Speicherorte in Ihrem lokalen Benutzerprofil, verschiebt aber keine Dateien von OneDrive in den lokalen Ordner. Stattdessen fügt Windows in den Ordner einen Link zu dem betreffenden OneDrive-Order hinzu. Seien Sie nicht beunruhigt, wenn Ihre Dateien zu fehlen scheinen. Sie sind immer noch im entsprechenden OneDrive-Ordner verfügbar, und Sie können sie in den lokalen Ordner kopieren oder verschieben (oder zum Dialogfeld zur Verwaltung der Ordnersicherung zurückkehren und dort die Sicherung für den/die Ordner reaktivieren).

Beachten Sie, dass das Microsoft-Konto, das Sie in OneDrive verknüpfen, nicht dasselbe sein muss, das Sie für die Anmeldung bei Windows verwenden, obwohl dies die häufigste (und logische) Konfiguration ist. Wenn Sie sich, aus welchem Grund auch immer, entscheiden, ein anderes persönliches OneDrive-Konto als das zu verwenden, mit dem Sie sich anmelden, müssen Sie zunächst die Verknüpfung des Standardkontos aufheben; öffnen Sie die *OneDrive-Einstellungen* und klicken Sie auf der Registerkarte *Konto* auf *Verknüpfung dieses PC aufheben*.

Um ein OneDrive for Business-Konto hinzuzufügen, öffnen Sie die *OneDrive-Einstellungen*, wechseln Sie zur Registerkarte *Konto* und klicken Sie auf *Konto hinzufügen*. Nachdem Sie Ihre Anmeldeinformationen eingegeben haben, durchlaufen Sie den OneDrive-Einrichtungsassistenten, der einen lokalen Ordner erstellt, in dem Ihre synchronisierten Dateien gespeichert werden. Wiederholen Sie diesen Vorgang, falls Sie weitere OneDrive for Business-Konten einrichten möchten.

Expertentipp

OneDrive-Integration mit Windows 11 deaktivieren

Vielleicht möchten Sie aus grundsätzlichen Erwägungen keine Dateien in der Cloud speichern. Vielleicht verwenden Sie lieber einen Clouddienst eines anderen Anbieters. Oder vielleicht halten Sie OneDrive sowieso für völlig überflüssig. Was auch immer Ihre Gründe sind, wenn Sie OneDrive nicht verwenden möchten, Sie brauchen es nicht zu tun. Wenn Sie aufgefordert werden, sich beim Synchronisierungsclient anzumelden, klicken Sie einfach auf *Abbrechen*, und alle Ihre Dateien bleiben auf Ihrem lokalen Laufwerk oder in Ihrem lokalen Netzwerk. Wenn OneDrive mit Ihrem Windows-Konto verbunden ist, öffnen Sie die *OneDrive-Einstellungen* und klicken Sie auf der Registerkarte *Konto* auf *Verknüpfung dieses PC aufheben*.

Außerdem können Sie auf der Registerkarte *Autostart von Apps* im Task-Manager den Synchronisierungsclient von OneDrive so konfigurieren, dass er beim Start des Computers nicht geladen wird. Weitere Informationen hierzu finden Sie im Abschnitt »Autostart-Apps deaktivieren oder entfernen« in Kapitel 5.

Bei dieser Option bleibt jedoch das OneDrive-Symbol im Navigationsbereich des Datei-Explorers erhalten. Um es verschwinden zu lassen, müssen Sie eine einfache Registrierungsänderung vornehmen.

→

In Windows 11 Pro oder Enterprise können Sie diese Änderung mithilfe einer Gruppenrichtlinie vornehmen. Öffnen Sie den Editor für lokale Gruppenrichtlinien (*Gpedit.msc*) und gehen Sie zu *Computerkonfiguration | Administrative Vorlagen | Windows-Komponenten | OneDrive*. Doppelklicken Sie auf die Richtlinie *Verwendung von OneDrive für die Dateispeicherung verhindern* und setzen Sie sie auf *Aktiviert*. Nachdem Sie Ihren PC neu gestartet haben, ist das OneDrive-Symbol nicht mehr im Navigationsbereich zu sehen und der Synchronisierungsclient wird nicht mehr ausgeführt.

Auf Geräten, auf denen Windows 11 Home ausgeführt wird, ist der Gruppenrichtlinieneditor nicht verfügbar. Sie müssen die Registrierung von Hand ändern. Starten Sie den Registrierungs-Editor und navigieren Sie zu *HKLM\Software\Policies\Microsoft\Windows\OneDrive*. Falls der Schlüssel nicht vorhanden ist, müssen Sie ihn erstellen. Fügen Sie den DWORD-Wert *DisableFileSyncNGSC* hinzu und geben Sie ihm den Wert 1. Starten Sie den Computer neu, damit die Änderung wirksam wird.

Beachten Sie, dass diese Änderung für jeden Benutzer des betreffenden Geräts gilt. Alle zuvor synchronisierten Dateien sind zwar noch im lokalen Ordner OneDrive verfügbar, aber nicht mehr mit ihren Gegenstücken in der Cloud verknüpft.

Der Standardspeicherort für synchronisierte Dateien ist ein Ordner in Ihrem Benutzerprofil mit dem Namen *OneDrive*. Wenn Sie mehrere Konten konfiguriert haben, folgt auf den Ordnernamen ein Bindestrich und entweder das Wort *Persönlich* oder, im Falle von OneDrive for Business-Konten, der Name Ihrer Organisation. Sie können den Ordnernamen und den Speicherort ändern, die meisten Benutzer akzeptieren jedoch die Standardeinstellung.

Beide Versionen von OneDrive aktivieren standardmäßig das Feature *Dateien bei Bedarf*, das auf dem lokalen Datenträger Speicherplatz spart. Eine vollständige Auflistung der Dateien und Ordner in Ihrem OneDrive-Konto wird im Datei-Explorer angezeigt, und Sie können jede Datei durch einen Doppelklick öffnen; wenn die Datei derzeit nur online verfügbar ist, lädt der OneDrive-Synchronisierungsclient sie automatisch herunter und hält die lokale Kopie mit der Cloud synchron. Dieses Feature ist ausfuhrlicher in Kapitel 9 beschrieben.

Sie können Ihre OneDrive-Konfiguration jederzeit ändern: Klicken Sie mit der rechten Maustaste auf den OneDrive-Ordner im Navigationsbereich des Datei-Explorers und klicken Sie dann auf *OneDrive | Einstellungen*; oder klicken Sie in der Taskleiste auf das Symbol, das diesem Konto zugeordnet ist (das OneDrive-Kontosymbol ist weiß; OneDrive for Business-Symbole sind blau), klicken Sie auf das Zahnradsymbol und dann auf *Einstellungen*. Im daraufhin angezeigten Dialogfeld können Sie ein neues Konto hinzufügen, die Verknüpfung eines vorhandenen Kontos aufheben, die Auswahl der sichtbaren Ordner ändern und die Bandbreite begrenzen, die Ihr System beim Synchronisieren von Dateien verwendet.

Persönlichen Tresor verwenden

Die Privatkundenversion von OneDrive (aber nicht OneDrive for Business) bietet ein Feature namens *Persönlicher Tresor*. Hierbei handelt es sich um einen mit BitLocker verschlüsselten virtueller Ordner, für den eine zweistufige Authentifizierung erforderlich ist und der nach einer gewissen Zeit der Inaktivität (standardmäßig 20 Minuten) automatisch gesperrt wird. Sie können den persönlichen Tresor verwenden, um vertrauliche Dokumente oder Bilder zu speichern, wie beispielsweise Finanz- oder Versicherungsunterlagen, Scans von Führerscheinen und Pässen, Steuer- und Bankformulare und so weiter. Wenn Sie die Microsoft Authenticator-App auf einem Mobilgerät eingerichtet haben, können Sie auf eine Push-Benachrichtigung reagieren, um die Anforderung zu bestätigen, oder Sie können OneDrive bitten, per SMS oder E-Mail einen Code zu senden. Eine Verknüpfung zum persönlichen Tresor befindet sich in der obersten Ordnerstruktur für Ihr persönliches OneDrive-Konto – entweder im Datei-Explorer oder an der entsprechenden Stelle in der Webansicht von OneDrive.

Speicher auf Datenträgern verwalten

In den letzten Jahren sind zwei langfristige Trends zusammengekommen, die die Art und Weise, wie PC-Hersteller an die Datenspeicherung herangehen, verändert haben. Die sinkenden Kosten für schnelle Solid-State-Laufwerke (SSDs) und Flashspeicher bedeuten, dass auch preiswerte Geräte über schnelle, zuverlässige Speichergeräte verfügen können. Darüber hinaus haben drastische Steigerungen der Internetgeschwindigkeiten das Speichern in der Cloud praktikabler gemacht; daher müssen Systemlaufwerke nicht mehr riesig sein, um nützlich zu sein.

Bei einem Desktop-PC haben Sie die Möglichkeit, den Speicherplatz zu erweitern, indem Sie das primäre Laufwerk durch ein schnelleres, größeres oder beides ersetzen; bei den meisten vollwertigen Desktop-PCs können Sie auch zusätzliche Laufwerke installieren, um Platz für zusätzliche Dateien zu schaffen. Viele tragbare Geräte verfügen dagegen über einen integrierten Primärspeicher, der auf die Systemplatine gelötet ist und nicht einfach ausgetauscht werden kann. Bei einigen tragbaren Geräten gibt es die Möglichkeit, den Speicherplatz mit preiswerten Wechselmedien zu erweitern. Einige PCs verfügen beispielsweise über einen Steckplatz für Wechselspeicher in Form einer MicroSD-Karte, die als dedizierter Speicher behandelt und für Datendateien verwendet werden kann.

Die Verwaltung von Speicherplatz auf einem Windows 11-Gerät ist mit zwei verschiedenen Herausforderungen verbunden:

- Standardspeicherorte für Dateien festlegen, um den verfügbaren Speicher optimal zu nutzen
- Gelegentlich Wartungsaufgaben durchführen, damit kein Platz (besonders auf dem Systemlaufwerk) für unnötige Dateien verschwendet wird

Einen Überblick über den verfügbaren und genutzten Gesamtspeicherplatz auf einem Windows 11-Gerät erhalten Sie, wenn Sie *Einstellungen* | *System* | *Speicher* öffnen. Sie sehen dann eine Seite wie die in Abbildung 8.11 gezeigte. Dieses Beispiel zeigt eine typische Windows-Konfiguration mit einem C-Laufwerk, auf dem derzeit knapp 37GB von einer Gesamtkapazität von 256GB verwendet werden.

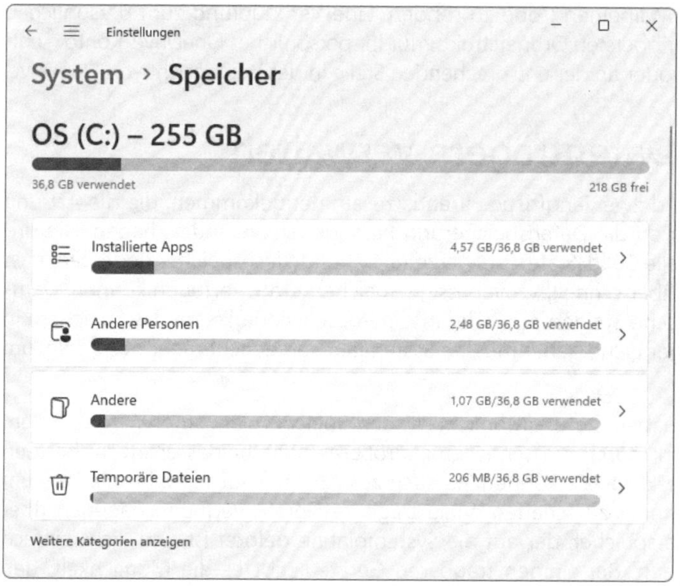

Abbildung 8.11 Die Seite *Speicher* in den *Einstellungen* zeigt an, wie viel Speicherplatz auf den einzelnen Laufwerken im aktuellen System belegt ist.

Expertentipp

Warum ist die tatsächliche Speicherkapazität kleiner als die angebliche Laufwerkgröße?

Wenn Sie sich in den integrierten Microsoft-Datenträgertools die Speicherkapazität eines Laufwerks ansehen, wird sie anhand des Binärsystems (Basis 2) berechnet: 1KB ist 1.024 Bytes, 1MB ist 1.024KB, 1GB ist 1.024MB und so weiter. Bei dieser Rechenmethode umfasst 1GB also 1.073.741.824 Bytes. Aber die Hersteller von Speichergeräten sowie die PC-Hersteller, die SSDs und Festplatten in ihre Produkte einbauen, geben in ihren Anzeigen meist die Speichergröße nach dem simplen Rechensystem an, dass 1GB gleich eine Milliarde Bytes sind. Dieser Unterschied ist der Grund, warum ein System, das mit 32GB Speicher angepriesen wird, lediglich etwa 28GB meldet, wenn Sie in der Datenträgerverwaltung und anderen Windows-Tools nachsehen. Glücklicherweise geben diese Tools auch die Zahl der Bytes für den Speicher an, sodass Sie leicht prüfen können, ob die vom Hersteller genannte Kapazität auch stimmt.

Die erste Ansicht auf dieser Seite zeigt nur die wichtigsten Kategorien an, die in diesem Beispiel nur einen kleinen Teil des insgesamt verwendeten Speicherplatzes ausmachen. Um die vollständige Liste zu sehen, klicken Sie auf den Link *Weitere Kategorien anzeigen*, der sich unterhalb dieser Liste befindet. Um weitere Details zum Speicherplatzverbrauch in einer bestimmten Kategorie zu erhalten, klicken Sie auf den Namen der Kategorie. Abbildung 8.12 zeigt zum Beispiel die Aufschlüsselung der Kategorie *System und reserviert*.

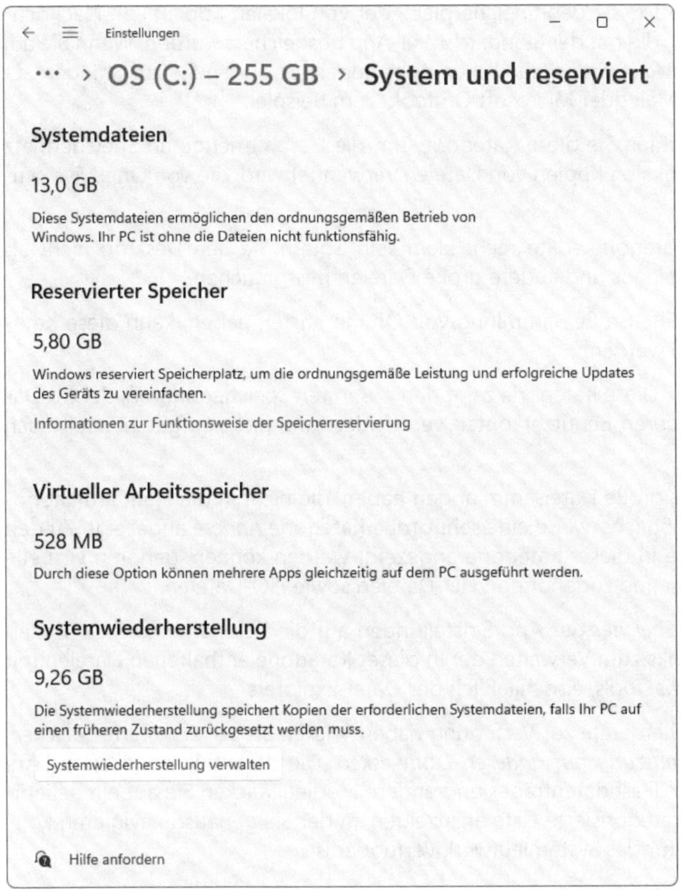

Abbildung 8.12 Wenn Sie die Details der Speichernutzung genauer betrachten, erhalten Sie ein klareres Bild davon, welche Features und Apps den meisten Speicherplatz beanspruchen.

Hier sind einige Beispiele für die verschiedenen Kategorien der obersten Ebene:

- **System und reserviert** Diese Kategorie ist in der Regel groß und enthält Dateien, die für den Betrieb des Systems wichtig sind. Der tatsächlich genutzte Speicherplatz hängt von der Art des Geräts und der Größe des Speichers ab, den es enthält. Mehr Speicher bedeutet beispielsweise eine größere Auslagerungsdatei, was sich in der Unterkategorie *Virtueller Arbeitsspeicher* widerspiegelt.
- **Temporäre Dateien** Die hier angezeigte Gesamtzahl umfasst Dateien, die von Windows verwaltet werden, aber für den Betrieb eines Windows 11-Geräts normalerweise nicht erforderlich sind.
- **Installierte Apps** Diese Kategorie umfasst Standard-Apps sowie ältere Desktop-Apps und solche, die Sie aus dem Microsoft Store heruntergeladen haben.
- **Dokumente, Bilder, Musik, Videos** Diese separaten Kategorien zeigen an, wie viel Speicherplatz in den Standardspeicherorten der jeweiligen Dateitypen belegt ist. Beachten Sie, dass dieser Wert nicht der Gesamtwert ist, der in den gleichnamigen Bibliotheken zu finden ist.

- **E-Mail** Dieser Wert misst den Speicherplatz, der von lokalen Kopien von Nachrichten verwendet wird, die mit der Standard-Mail-App gespeichert wurden. Wenn Sie auf die Schaltfläche *E-Mails verwalten* klicken oder tippen, gelangen Sie zur Standard-E-Mail-Anwendung: Mail oder Microsoft Outlook, zum Beispiel.
- **OneDrive** Überprüfen Sie diese Kategorie, um die Gesamtmenge an Speicherplatz zu sehen, die von lokalen Kopien von Dateien verwendet wird, die von OneDrive synchronisiert wurden.
- **Desktop** Diese Kategorie sollte recht klein sein, sofern Sie den Desktop nicht als Müllhalde für Downloads und andere große Dateien missbrauchen.
- **Karten** Falls Sie eine große Sammlung von Offline-Karten haben, kann diese Kategorie ziemlich groß werden.
- **Andere Personen** Diese Kategorie zeigt den gesamten Speicherplatz an, der für Datendateien von anderen Benutzerkonten verwendet wird, nicht aufgeschlüsselt nach Dateitypen.
- **Andere** Wenn Sie große Dateisammlungen haben, die nicht in die Standardkategorien passen, wird möglicherweise eine sehr große Kategorie *Andere* angezeigt. Zu den großen Dateien, die in dieser Kategorie angezeigt werden können, gehören virtuelle Hyper-V-Maschinen und zugehörige VHD-Dateien sowie ISO-Dateien.

Wenn Sie im Abschnitt *Speicher* der App Einstellungen auf die Kategorien klicken, finden Sie Schaltflächen und Links zum Verwalten der in dieser Kategorie enthaltenen Dateien mit den integrierten Windows-Tools, einschließlich des Datei-Explorers.

Wenn Sie mehrere Speichergeräte zur Verfügung haben, klicken Sie auf *Erweiterte Speichereinstellungen | Speichernutzung auf anderen Laufwerken*. Die daraufhin angezeigte Liste enthält USB-Datenträger, Flashdatenträger und andere Medien. Klicken Sie auf ein beliebiges Laufwerk, um eine kategorisierte Liste anzuzeigen, in der Sie genauso navigieren können wie in der Liste, die für das Systemlaufwerk verfügbar ist.

Standardspeicherorte ändern

Auf Systemen, die über mehrere Laufwerke verfügen (auch Wechseldatenträger), können Sie den Standardspeicherort für bestimmte Dateitypen ändern. Wenn Sie beispielsweise eine große Musiksammlung haben, möchten Sie MP3-Dateien vielleicht lieber auf einer separaten Festplatte speichern, die Sie speziell für diesen Zweck bereitstellen. Öffnen Sie dazu die Seite *Speicher* der Einstellungen-App, klicken Sie auf *Erweiterte Speichereinstellungen* und dann auf *Speicherort für neue Inhalte*.

> Hinweis
>
> **Wenn Sie den Standardspeicherort für einen Dateityp ändern, wirkt sich das auf die Speicherung neuer Elemente aus. Die bereits vorhandenen Elemente bleiben an ihrem bisherigen Platz.**

Wenn Sie den Standardspeicherort für diese Kategorien auf ein sekundäres Laufwerk verschieben, legt Windows 11 auf diesem Laufwerk innerhalb eines Ordners, der den Namen Ihres Benutzerkontos trägt, Unterordner an, die den Kategorienamen für die Dateitypen entsprechen.

Wenn Sie einen Elementtyp umleiten, der momentan in einer Bibliothek gespeichert wird, fügt Windows den neuen Speicherort zur entsprechenden Bibliothek hinzu.

- **Informationen über Bibliotheken finden Sie im Abschnitt »Bibliotheken verwenden« in Kapitel 9.**

Nicht mehr benötigte Dateien löschen

Ein Feature namens *Speicheroptimierung* (engl. storage sense) dient dazu, Dateien, die Sie nicht mehr brauchen, automatisch zu löschen und so Festplattenplatz freizugeben. Weil die Gefahr besteht, dass dieses Feature einen Fehler macht und Dateien löscht, die Sie noch brauchen, ist es in der Standardeinstellung ausgeschaltet. Sie können die Speicheroptimierung einschalten und ihr Verhalten konfigurieren, indem Sie zu *Einstellungen | System | Speicher* gehen und den Schieberegler *Speicheroptimierung* auf *Ein* setzen. Klicken Sie dann auf den Bereich *Speicheroptimierung*, um die Seite aus Abbildung 8.13 zu öffnen.

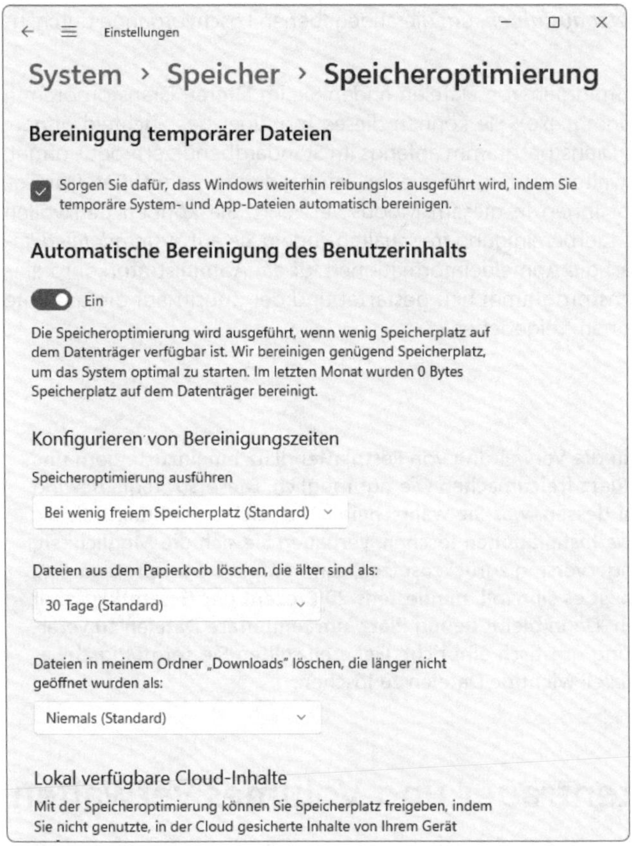

Abbildung 8.13 Das Feature *Speicheroptimierung* löscht, je nach den von Ihnen hier gewählten Einstellungen, automatisch Dateien, die Windows als unnötig einstuft.

Normalerweise wird die Speicheroptimierung nur ausgeführt, wenn der Speicherplatz knapp ist. Wenn Sie einen schlankeren Festplattenbetrieb bevorzugen, ändern Sie die Option *Speicheroptimierung ausführen* in eine der angebotenen Alternativen: *Täglich*, *Jede Woche* oder *Jeden Monat*.

Kapitel 8

In der Standardeinstellung leert Speicheroptimierung den Papierkorb alle 30 Tage. Sie können diesen Wert auf *1 Tag*, *14 Tage* oder *60 Tage* ändern. Wenn Sie über ausreichend Speicherplatz verfügen und Sie die Möglichkeit, Dateien aus dem Papierkorb wiederherzustellen, so lange wie möglich beibehalten möchten, können Sie alternativ auch *Nie* wählen.

Wie wir aus eigener Erfahrung bestätigen können, hat der Ordner *Downloads* das Potenzial, zu einer gigantischen Größe anzuschwellen, wenn er nicht markiert ist. Mit der Option *Dateien in meinem Ordner "Downloads" löschen, die länger nicht geöffnet wurden*, können Sie diese alten Dateien automatisch löschen, um Platz für einen neuen Schwung von Downloads zu schaffen.

Die Speicheroptimierung bietet auch die Möglichkeit, lokal verfügbare Kopien von Dateien aus OneDrive-, OneDrive for Business- und SharePoint-Konten zu löschen. Für jede dieser Kategorien können Sie ein Alter für Dateien angeben: von *1 Tag* bis *60 Tage* oder *Nie*.

Sie können jederzeit Ad-hoc-Löschungen von temporären oder heruntergeladenen Dateien durchführen. Scrollen Sie zum unteren Ende der Seite *Speicheroptimierung* und klicken Sie auf *Speicheroptimierung jetzt ausführen*, um die angegebenen Löschvorgänge durchzuführen.

Zusätzliche Optionen zum Aufräumen von Dateien finden Sie im älteren Dienstprogramm *Datenträgerbereinigung* (Cleanmgr.exe). Sie können dieses Tool über das Suchfeld öffnen. Beachten Sie, dass sich dieses Dienstprogramm anfangs im Standardbenutzermodus öffnet, wodurch Sie nur Dateien verwalten dürfen, auf die Ihr Benutzerkonto Zugriff hat. Der Zugriff auf Systemdateien bleibt Ihnen in diesem Modus verwehrt. Sie können den vollen Funktionsumfang der Datenträgerbereinigung freischalten, indem Sie auf *Systemdateien bereinigen* klicken und bei Bedarf die Anmeldeinformationen für ein Administratorkonto eingeben. Dadurch wird das Dienstprogramm neu gestartet und der Zugriff auf die gesamte Palette der Bereinigungsoptionen freigegeben.

Achtung

Es besteht die Gefahr, sich in die Verwaltung von Festplattenplatz hineinzusteigern und mithilfe aller Tricks so viel Platz freizumachen wie nur möglich. Diese Strategie bewirkt aber letztlich das Gegenteil dessen, was Sie wahrscheinlich erreichen wollten. Falls Sie zum Beispiel ältere Windows-Installationen löschen, verbauen Sie sich die Möglichkeit, das System auf eine Vorgängerversion zurückzusetzen, um Kompatibilitätsprobleme zu beseitigen. Im Allgemeinen ist es sinnvoll, mindestens 20 Prozent der Gesamtkapazität eines Laufwerks freizuhalten. Dann bleibt genug Platz, um temporäre Dateien zu verarbeiten, ohne dass die Leistung drastisch einbricht. Generell sollten Sie sorgfältig abwägen, ob es sich lohnt, potenziell wichtige Dateien zu löschen.

Vorhandene Datenträger und Volumes verwalten

Unabhängig davon, wie gut Sie planen, wird sich Ihr Ansatz für die Bereitstellung von Speicherressourcen im Laufe der Zeit wahrscheinlich ändern. Die Datenträgerverwaltung (*Diskmgmt.msc*) kann Ihnen dabei helfen, sich an veränderte Anforderungen anzupassen. Sie können eine Datenträgerbezeichnung ändern, neue Laufwerkbuchstaben zuweisen und einen sekundären Datenträger neu formatieren (jedoch nicht das Systemlaufwerk). Bei erweiterten Konfigurationen können Sie Volumes verkleinern, erweitern und löschen und sogar ein Volume so zuordnen, dass es als Unterordner innerhalb eines anderen Volumes erscheint. Diese Optionen werden als Nächstes behandelt.

▶ **In diesem Abschnitt wird davon ausgegangen, dass Sie mit physischen Festplatten arbeiten, die bereits für die Verwendung mit Windows vorbereitet wurden, und mit Volumes, die bereits Daten enthalten. Einzelheiten zur Verwendung der Datenträgerverwaltung mit neuen physischen Festplatten finden Sie im Abschnitt »Festplatten und andere Speichergeräte einrichten« weiter vorne in diesem Kapitel.**

Volumebezeichnung festlegen oder ändern

In Windows 11, wie auch in früheren Versionen von Windows, können Sie jedem Volume einen beschreibenden Text zuweisen. Das Zuweisen einer Bezeichnung ist rein optional, aber es ist eine gute Praxis, besonders wenn Sie ein Multiboot-System haben oder wenn Sie separate Volumes einrichten, um Ihre Daten zu organisieren. Dies ist besonders hilfreich, wenn Sie eine Sammlung von Wechsellaufwerken (beispielsweise USB-Flashlaufwerke) nutzen, die keine Labels besitzen. Sie können *Daten* als Bezeichnung für Ihr Datenvolume verwenden, *Musik* für das Volume, auf dem sich Ihre Sammlung digitaler Musikstücke befindet, und so weiter.

Eine Volumebezeichnung können Sie bereits bei der Formatierung eines neuen Volumes festlegen. Die Bezeichnung lässt sich jederzeit ändern. Klicken Sie das Volume in der Datenträgerverwaltung oder im Datei-Explorer mit der rechten Maustaste an, wählen Sie den Befehl *Eigenschaften* und geben Sie den Text in das Eingabefeld oben auf der Registerkarte *Allgemein* ein. Die Bezeichnung des Volumes darf nicht länger als 32 Zeichen sein.

Laufwerkbuchstaben zuweisen und ändern

Sie können einem Volume nur einen einzigen Buchstaben zuweisen. Windows weist dem Systemlaufwerk den Laufwerkbuchstaben C: zu, wenn Sie eine installierte Instanz von Windows starten, und es ist nicht möglich, diese Zuordnung zu ändern. Darüber hinaus können Sie der EFI-Systempartition, der Wiederherstellungspartition oder der Microsoft Reserved (MSR)-Partition keinen Laufwerkbuchstaben zuweisen. Für alle anderen Volumes können Sie den Laufwerkbuchstaben jederzeit ändern oder entfernen.

Sie ändern einen Laufwerkbuchstaben, indem Sie das Volume in der Datenträgerverwaltung mit der rechten Maustaste anklicken und den Befehl *Laufwerkbuchstaben und -pfade ändern* wählen. Wenn das Volume bereits über einen Laufwerkbuchstaben verfügt und Sie diesen Buchstaben ändern möchten, brauchen Sie nur den Buchstaben auszuwählen und auf *Ändern* zu klicken. Wurde dem Laufwerk noch kein Buchstabe zugeordnet, müssen Sie auf *Hinzufügen* klicken. Wählen Sie nun in der Liste *Folgenden Laufwerkbuchstaben zuweisen* einen freien Buchstaben aus und schließen Sie die offenen Dialogfelder jeweils mit einem Klick auf *OK*.

Wenn das Volume, dessen Laufwerkbuchstaben Sie ändern möchten, derzeit in Gebrauch ist, müssen Sie Windows möglicherweise neu starten, um die Änderung vorzunehmen. Bis zu diesem Zeitpunkt sind sowohl der alte als auch der neue Laufwerkbuchstabe für das Volume verfügbar.

Ein Volume in einem NTFS-Ordner bereitstellen

Zusätzlich zu einem Laufwerkbuchstaben (oder stattdessen) können Sie einem Volume auch einen oder mehrere Pfade zuweisen, die auf NTFS-Ordner zeigen. Dadurch entsteht ein bereitgestelltes Volume (mounted volume). Ein bereitgestelltes Volume erscheint in einem NTFS-Ordner als ein Ordner, dem ein Laufwerkbuchstabe zugewiesen wurde. Damit lässt sich nicht nur die Beschränkung auf 26 Laufwerkbuchstaben umgehen. Bereitgestellte Volumes haben folgende Vorteile:

- Sie können den Speicherplatz eines vorhandenen Volumes erweitern, wenn der Speicherplatz knapp wird. Ist zum Beispiel Ihre digitale Musiksammlung für Ihr Laufwerk C zu groß geworden, können Sie in Ihrem Musikordner einen Unterordner anlegen und ihn beispielsweise *Mehr Musik* nennen. Dann weisen Sie einem neuen Volume einen Laufwerkpfad zum Ordner *Mehr Musik* zu. Dies hat den Effekt, dass Ihr Musikordner größer wird. Der Ordner *Mehr Musik* erscheint in diesem Beispiel als Teil des ursprünglichen Musikordners, aber tatsächlich handelt es sich um ein anderes Volume.
- Sie können häufig verwendete Dateien an mehreren Stellen verfügbar machen. Angenommen, Sie verfügen über eine große Sammlung von Standarddokumenten, die Sie auf Laufwerk *X* speichern. Im Ordner *Dokumente* jedes Benutzers können Sie einen leeren Unterordner mit dem Namen *Standard* erstellen und den Pfad dieses Ordners dem Volume *X* zuweisen. Auf diese Weise ist die gesamte Sammlung immer im Ordner *Dokumente* jedes Benutzers verfügbar, und niemand muss sich Gedanken darüber machen, Verknüpfungen zu *X* zu erstellen oder Laufwerkbuchstaben zu ändern, während er arbeitet.

Beachten Sie, dass das Volume, das Sie einem NTFS-Ordnerpfad zuordnen, nicht leer sein muss und auch nicht mit NTFS formatiert sein muss. Wenn Sie ein Wechsellaufwerk haben, das mit exFAT formatiert ist und bereits Dateien enthält, können Sie es einem leeren NTFS-Ordner auf einem anderen Volume zuordnen.

Um ein bereitgestelltes Volume zu erstellen, gehen Sie folgendermaßen vor:

1. Klicken Sie in der Datenträgerverwaltung mit der rechten Maustaste auf den Datenträger, den Sie ändern möchten (entweder in der grafischen Ansicht oder in der Datenträgerliste), und klicken Sie dann auf *Laufwerkbuchstaben und -pfade ändern.*
2. Klicken Sie auf *Hinzufügen*, um das Dialogfeld *Laufwerkbuchstabe oder Pfad hinzufügen* zu öffnen.
3. Wählen Sie *In folgendem leeren NTFS-Ordner bereitstellen.* (Diese Option ist nur verfügbar, wenn dem Datenträger bereits ein Laufwerkbuchstabe zugewiesen ist.)
4. Klicken Sie auf *Durchsuchen.* Das angezeigte Dialogfeld *Nach Laufwerkpfad suchen* zeigt nur NTFS-Volumes an, und die Schaltfläche *OK* ist nur dann aktiviert, wenn Sie einen leeren Ordner auswählen oder auf *Neuer Ordner* klicken, um einen zu erstellen.
5. Klicken Sie auf *OK*, um den ausgewählten Speicherort im Dialogfeld *Laufwerkbuchstabe oder Pfad hinzufügen* hinzuzufügen, und klicken Sie dann auf *OK*, um den Laufwerkpfad zu erstellen.

Sie können Dateien und Unterordner innerhalb eines gemounteten Volumes so verwalten, als ob sie in einem normalen Ordner gespeichert wären. Im Datei-Explorer erscheint das bereitgestellte Volume in der Liste der Ordner, gekennzeichnet durch ein Laufwerksymbol mit einem Verknüpfungspfeil. Wenn Sie, wie in Abbildung 8.14 gezeigt, mit der rechten Maustaste auf das Ordnersymbol klicken und dann auf *Eigenschaften* klicken, wird auf der

Registerkarte *Allgemein* angezeigt, dass es sich bei dem Ordner tatsächlich um ein bereitgestelltes Volume handelt, und Sie erhalten weitere Informationen über das Laufwerk, dem der Ordner zugeordnet ist.

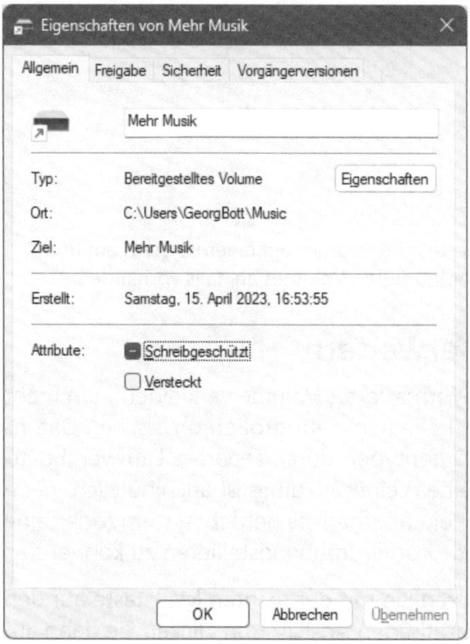

Abbildung 8.14 Das Eigenschaftendialogfeld weist den Ordner als bereitgestelltes Volume aus.

Klicken Sie auf der Registerkarte *Allgemein* auf die Schaltfläche *Eigenschaften*, um weitere Details zu dem Laufwerk anzuzeigen, dem der Ordner zugeordnet ist.

Wenn Sie in einer Eingabeaufforderung den Befehl **dir** ausführen, erscheinen bereitgestellte Ordner als <JUNCTION> (für Junction Point, eine weitere Bezeichnung für bereitgestellte Volumes), während gewöhnliche Ordner mit <DIR> gekennzeichnet sind (für Directory, die MS-DOS-Bezeichnung für einen Ordner).

Achtung

Vermeiden Sie bei der Bereitstellung von Volumes Schleifen in der logischen Struktur. Erstellen Sie zum Beispiel nicht auf Laufwerk X einen Pfad, der auf einen Ordner auf Laufwerk D verweist, und dann auf Laufwerk D einen Pfad, der auf einen Ordner auf Laufwerk X verweist. Windows lässt dies zwar zu, aber es ist keine gute Idee, denn Anwendungen, die Unterordner öffnen, beispielsweise die Suche, können sich in Endlosschleifen verfangen.

Sie können sich eine Liste aller auf Ihrem Computer bereitgestellten Laufwerke ansehen, indem Sie im Menü der Datenträgerverwaltung den Befehl *Ansicht | Laufwerkpfade* wählen. Daraufhin öffnet sich das Dialogfeld *Laufwerkpfade* (Abbildung 8.15). In diesem Dialogfeld können Sie einen Laufwerkpfad entfernen. Der Ordner bleibt dann an derselben Stelle, aber er ist wieder ein ganz normaler, leerer Ordner. Die Dateien und Ordner bleiben im Volume erhalten; Sie können darauf zugreifen, indem Sie ihm einen Laufwerkbuchstaben oder einen anderen leeren Ordner zuweisen.

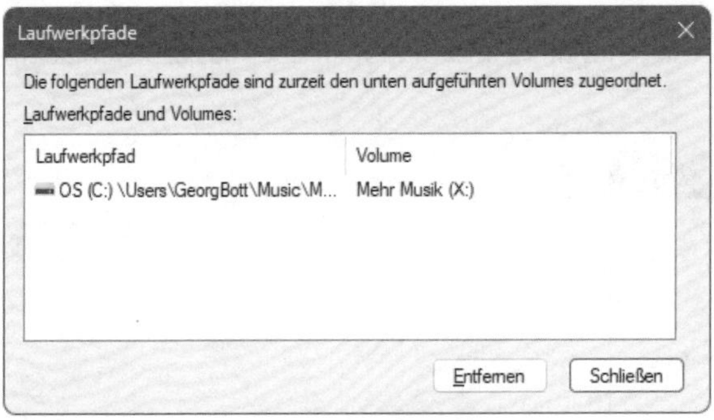

Abbildung 8.15 Dieses Dialogfeld listet alle bereitgestellten Volumes auf einem System auf und zeigt den Laufwerkpfad und die Bezeichnung jedes gemounteten Volumes an, falls vorhanden.

NTFS-Volumes verkleinern oder erweitern

Sofern Platz vorhanden ist, können Sie ein NTFS-formatiertes Volume verkleinern, um mehr Platz für andere Volumes zu schaffen. Dies kann bei einem sehr großen physischen Datenträger sinnvoll sein, auf dem Sie verschiedene Datentypen durch separate Laufwerkbuchstaben voneinander trennen möchten. Das Verkleinern eines Volumes ist auch nützlich, wenn Sie ein separates Volume erstellen möchten, um ein alternatives Betriebssystem (oder eine zweite Kopie von Windows 11) in einer Dual-Boot-Konfiguration installieren zu können.

Öffnen Sie dazu die Datenträgerverwaltung, klicken Sie mit der rechten Maustaste auf den Datenträger in der Datenträgerliste oder in der grafischen Ansicht und klicken Sie dann auf *Volume verkleinern*. Die Datenträgerverwaltung analysiert daraufhin den Datenträger und meldet den Umfang der möglichen Verkleinerung, wie in Abbildung 8.16 gezeigt.

Geben Sie die Anzahl der Megabytes ein, um die Sie Ihr Volume verkleinern möchten, und klicken Sie dann auf *Verkleinern*. Die Datenträgerverwaltung defragmentiert den Datenträger, indem sie alle Daten in einen zusammenhängenden Block verschiebt, und führt dann die Verkleinerung durch.

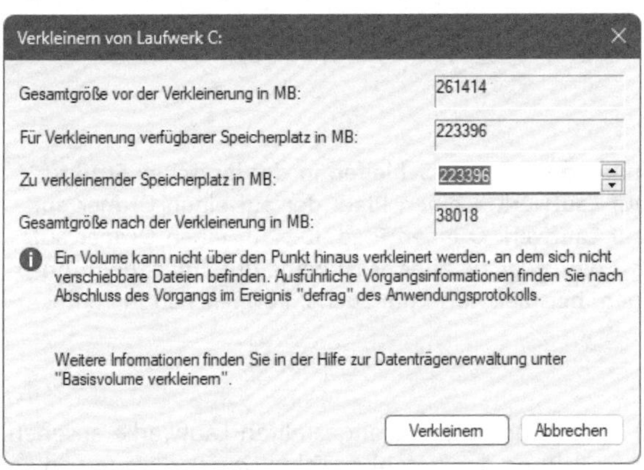

Abbildung 8.16 Wenn Sie mit einem Systemlaufwerk arbeiten, ist der verfügbare Speicherplatz zum Verkleinern eines Volumes in der Regel kleiner als der gesamte leere Speicherplatz aufgrund von nicht verschiebbaren Dateien.

Beachten Sie, dass zwei vom System verwaltete Dateitypen, nämlich Auslagerungsdateien und Volumeschattenkopiedateien, bei der Defragmentierung nicht verschoben werden können. Das bedeutet, dass Sie das Volume vielleicht nicht so weit verkleinern können, wie Sie erwartet haben. Microsoft weist auch darauf hin, dass der Betrag, um den sich ein Volume verkleinern lässt, keine feste Größe ist. Er hängt auch davon ab, was gerade auf dem Volume geschieht. Wenn Sie zum Beispiel versuchen, ein Volume um 10 GB zu verkleinern, aber die Datenträgerverwaltung bietet Ihnen nur 7 GB an, sollten Sie die 7 GB nehmen und es später noch einmal versuchen.

Auf einer Festplatte, die ein einziges großes Volume enthält, gibt es keine Möglichkeit, die Größe eines Volumes zu erweitern. Wenn Sie jedoch ein Volume haben, das weniger als den gesamten Speicherplatz auf einem Datenträger belegt, können Sie dieses Volume möglicherweise vergrößern. Diese Konfiguration ist ungewöhnlich und tritt nur dann auf, wenn die Festplatte, mit der Sie arbeiten, ursprünglich in mehrere Volumes partitioniert war und Sie ein oder mehrere Volumes gelöscht haben, beispielsweise wenn Sie zuvor ein Volume verkleinert haben, um eine zweite Kopie von Windows 11 in einer Dual-Boot-Konfiguration installieren zu können, und dann das hinzugefügte Volume entfernt haben.

Expertentipp

Machen Sie es sich einfach, wenn Sie ein Volume vergrößern

Das Erweitern eines Volumes ist einfach und schnell, wenn sich der nicht zugewiesene Speicherplatz direkt rechts neben dem zu erweiternden Volume befindet. Befindet sich der nicht zugewiesene Speicherplatz jedoch links von dem zu erweiternden Volume oder liegt ein vorhandenes Volume zwischen dem zu erweiternden Volume und dem nicht zugewiesenen Speicherplatz, warnt Sie die Datenträgerverwaltung, dass die Aktion Ihren Basisdatenträger in einen dynamischen Datenträger umwandelt. Dasselbe gilt, wenn Sie ein vorhandenes Volume um nicht zugewiesenen Speicherplatz auf einem anderen physischen Datenträger erweitern möchten.

Das Erstellen eines dynamischen Datenträgers macht die zukünftige Datenträgerverwaltung noch komplexer und wir empfehlen, diese Option nach Möglichkeit zu vermeiden. Wie wir bereits erwähnt haben, hat Microsoft die dynamischen Festplatten in Windows 11 als veraltet eingestuft, was bedeutet, dass die Möglichkeit besteht, dass dieses Feature in Zukunft vollständig entfernt wird.

Auch wenn dies umständlicher ist, können Sie diese Konfigurationsprobleme in der Regel umgehen, indem Sie den Inhalt des Volumes, das sich an einem problematischen Ort befindet, auf ein Volume kopieren, auf dem rechts davon noch freier Speicherplatz verfügbar ist. Wenn das nicht möglich ist, können Sie auch ein externes Laufwerk verwenden, um Dateien vorübergehend zu speichern, während Sie die Volumes neu anordnen.

Wenn Sie regelmäßig mit dem Layout und der Größe von Volumes auf mehreren Festplatten herumspielen, sollten Sie wahrscheinlich ein Festplattenverwaltungsprogramm eines Drittanbieters in Betracht ziehen, das Volumes flexibler verschieben und in der Größe verändern kann.

Um ein Volume zu erweitern, klicken Sie mit der rechten Maustaste auf das gewünschte Volume und dann auf *Volume erweitern*. Klicken Sie auf *Weiter*, um die Begrüßungsseite des Assistenten zum Erweitern von Volumes zu überspringen. Die Seite *Datenträger auswählen* (siehe Abbildung 8.17) wird angezeigt.

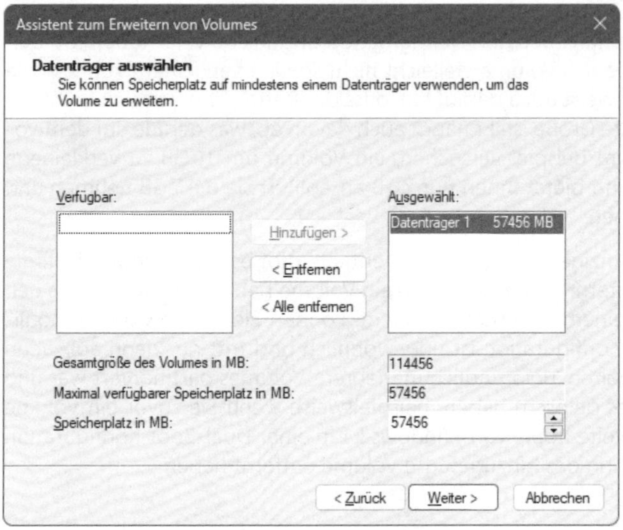

Abbildung 8.17 Verwenden Sie den Assistenten zum Erweitern von Volumes, um ein Volume auf nicht zugewiesenen Speicherplatz auf derselben Festplatte oder einer anderen Festplatte mit freiem Speicherplatz zu erweitern.

Die Liste *Ausgewählt* auf der rechten Seite dieses Dialogfelds zeigt zunächst den Datenträger an, dessen Volume Sie erweitern möchten. Das Feld *Maximal verfügbarer Speicherplatz in MB* zeigt an, um wie viel Sie das Volume vergrößern können, vorausgesetzt, Sie wollen die Erweiterung auf den aktuellen Datenträger beschränken. Im Feld *Speicherplatz in MB*, das anfänglich auf den maximal verfügbaren Speicherplatz eingestellt ist, geben Sie die Anzahl der Megabytes an, die Sie dem Volume hinzufügen möchten, und im Feld *Gesamtgröße des Volumes in MB* sehen Sie, wie groß Ihr Volume bald sein wird.

Wenn Sie bereit sind, fortzufahren, klicken Sie auf *Weiter*, überprüfen Sie auf der folgenden Seite Ihre Einstellungen und klicken Sie dann auf *Fertig stellen*. Beachten Sie, dass kein separater Formatierungsschritt erforderlich ist; der neu erweiterte Datenträger verwendet die gleichen Formatierungsoptionen wie das Original.

Ein FAT32-Volume nach NTFS konvertieren

Um ein FAT- oder FAT32-Volume nach NTFS zu konvertieren, verwenden Sie das Befehlszeilenprogramm Convert.exe. Die Syntax ist einfach:

```
convert <Laufwerk>: /fs:ntfs
```

Dabei ist *<Laufwerk>* der Laufwerkbuchstabe des Volumes, das Sie konvertieren möchten. Wenn Sie mehr über die restlichen Parameter wissen möchten, können Sie in einer Eingabeaufforderung **convert /?** eingeben.

Convert kann seine Arbeit verrichten, während Windows läuft, jedenfalls solange das zu konvertierende Laufwerk nicht benutzt wird. Wenn Sie das Systemvolume oder ein Volume konvertieren möchten, das eine Auslagerungsdatei enthält, werden Sie nach dem Start von Convert eine Fehlermeldung sehen. In diesem Fall müssen Sie die Konvertierung so planen, dass sie beim nächsten Start von Windows erfolgt, oder den Schalter **/X** verwenden, um die sofortige Aufhebung der Bereitstellung des Volumes zu erzwingen. Nach dem Neustart des Computers erhalten Sie eine Meldung, die Sie auf die bevorstehende Konvertierung hinweist. Sie haben zehn Sekunden Zeit, um die Konvertierung abzubrechen. Wenn Sie die Konvertierung laufen lassen, startet Windows das Programm Chkdsk und führt anschließend die Konvertierung durch, wobei der Computer automatisch neu gestartet wird.

Beachten Sie, dass das Dienstprogramm Convert nicht mit Datenträgern funktioniert, die mit dem Dateisystem exFAT formatiert sind.

Löschen eines Volumes

Es ist ganz einfach, ein Volume zu löschen – und es lässt sich nicht rückgängig machen. Bei diesem Vorgang gehen alle Daten verloren. Überprüfen Sie also vorher, ob Sie über aktuelle Sicherungskopien verfügen oder die Daten tatsächlich nicht mehr brauchen. Klicken Sie dann das Volume in der Datenträgerverwaltung mit der rechten Maustaste an und wählen Sie *Volume löschen*. Das Volume wird wieder zu einem Speicherbereich, der nicht zugeordnet ist. Falls es sich um das letzte Volume eines dynamischen Datenträgers handelt, wird er wieder in einen Basisdatenträger konvertiert.

Alle Daten eines Datenträgers unwiderruflich löschen

Wenn Sie ein Volume formatieren, erhalten Sie einen Stammordner, der leer zu sein scheint. Aufgrund der Funktionsweise der Formatierung kann aber jemand, der über die entsprechenden Programme und das Wissen verfügt, gelöschte Dateien unter Umständen auch nach der Formatierung wiederherstellen. Wenn Sie einen alten Computer oder einen alten Datenträger entsorgen, sollten Sie für den Fall Vorsorge treffen, dass die Geräte tatsächlich jemandem in die Hände fallen, der sie nach wiederherstellbaren Daten durchsucht, die sich zum Identitätsdiebstahl und für andere Freveltaten eignen.

Wenn Sie eine alte Festplatte ausmustern, können Sie eine Wiederherstellung der Daten verhindern, indem Sie das Laufwerk aus dem Computer ausbauen und zerstören. Mit den unterschiedlichsten Werkzeugen wie Motorsäge, Bohrer, Schweißbrenner oder Vorschlaghammer können Sie sicherstellen, dass die Festplatte nicht mehr betriebsbereit ist (eine Schutzbrille ist unbedingt zu empfehlen). Diese Methoden sind zwar effektiv, weisen aber einige Nachteile auf. Sie erfordern Zeit und einige Anstrengung. Und sie weisen alle Risiken auf, die mit der Verwendung von Werkzeugen verbunden sind. Der wichtigste Nachteil ist wohl, dass eine Festplatte übrig bleibt, die sich nicht mehr verkaufen oder an jemanden verschenken lässt, der sie gebrauchen kann.

Wie bereits erwähnt, können Sie den Befehl **format** (mit dem Schalter **/P**) und den Befehl **cipher** (mit dem Schalter **/W**) verwenden, um alles auf einem Datenträger zu überschreiben, aber diese Werkzeuge sind für die Bereinigung des Systemvolumens unpraktisch.

> Expertentipp
>
> ***Löschen Sie eine Festplatte mithilfe der BitLocker-Laufwerkverschlüsselung***
>
> **Eine sehr effektive Methode, bei der Sie mit den integrierten Tools auskommen, besteht darin, Windows 11 Pro oder Enterprise neu zu installieren, wobei Sie ein lokales Konto mit einem langen, rein zufälligen Kennwort verwenden, das Sie durch wildes Herumhauen auf der Tastatur generieren. Schreiben Sie dieses Kennwort nicht auf. Verschlüsseln Sie das gesamte Laufwerk mit allen unbelegten Bereichen mithilfe der integrierten BitLocker-Verwaltungstools.**

→

Starten Sie dann den Computer von einem Windows-Wiederherstellungslaufwerk und löschen Sie mit den Datenträgerverwaltungstools alle Partitionen des Systemlaufwerks. Sogar wenn es einem gewieften Datendieb gelingt, die Partitionen wiederherzustellen, wird er es nicht schaffen, irgendetwas Nützliches vom verschlüsselten Systemlaufwerk auszulesen.

Eine andere einfache Lösung besteht darin, ein Tool zum Löschen von Festplatten einzusetzen, wie es von verschiedenen Herstellern angeboten wird. Ein kostenlos erhältliches Programm, das uns gut gefällt, ist DBAN (Darik's Boot And Nuke). Sie können es von *https://dban.org* herunterladen. DBAN ist ein bootfähiges ISO-Image, das die Festplatten eines Computers löscht. Falls Sie sich Sorgen machen, DBAN oder ein anderes Hilfsprogramm könnte heimlich Ihre Daten stehlen, trennen Sie einfach Ihren Computer vom Netzwerk, bevor Sie das Programm verwenden.

Falls Ihre Festplatte extrem vertrauliches Material enthält und Sie absolut sicher sein möchten, dass die Daten nicht wiederhergestellt werden können, brauchen Sie ein Hilfsprogramm, das den Richtlinien »NIST Special Publication 800-88: Guidelines for Media Sanitization« zur Säuberung und »Entschärfung« von Medien erfüllt (*https://bit.ly/nist-800-88*). Software, die sich an diese Richtlinien hält, kann Datenträger so löschen, dass auch die leistungsfähigsten Wiederherstellungstools nichts mehr ausrichten können.

Mit virtuellen Festplatten arbeiten

Mit der Datenträgerverwaltung können Sie virtuelle Festplatten (Virtual Hard Disks, VHDs) in denselben Formaten erstellen, die der Hyper-V-Manager von Windows 11 verwendet. Eine VHD-Datei kapselt alle Eigenschaften eines einfachen Volumes in einer einzigen Datei. Sobald Sie eine VHD-Datei erstellt, initialisiert und formatiert haben, können Sie diese Datei so mounten, dass sie im Datei-Explorer und der Datenträgerverwaltung als Festplattenlaufwerk aufgeführt wird. Im Unterschied zu einer physischen Festplatte können Sie aber die gesamte Festplatte sichern oder verschieben, indem Sie einfach die VHD-Datei kopieren. Eine solche Datei kann sich als Ersatz für Zip-Dateien nützlich erweisen, wenn Sie große Datenmengen in einer ausgeklügelten Ordnerhierarchie archivieren und weitergeben wollen.

▶ **Weitere Informationen zum Hyper-V Manager finden Sie im Abschnitt »Mit Hyper-V-Manager virtuelle Computer erstellen und verwalten« in Kapitel 17.**

Um eine virtuelle Festplatte zu erstellen, öffnen Sie die Datenträgerverwaltung und wählen Sie *Aktion | Virtuelle Festplatte erstellen*. Die Datenträgerverwaltung zeigt das Dialogfeld *Virtuelle Festplatte erstellen und anfügen* an, das Sie in Abbildung 8.18 sehen.

Geben Sie einen Dateinamen mit einem voll qualifizierten Pfad an. Am einfachsten geht dies über die Schaltfläche *Durchsuchen*, aber beachten Sie, dass die Datei nicht in Ihrem Ordner *%SystemRoot%* (normalerweise *C:\Windows*) gespeichert werden kann.

Sie können eine virtuelle Festplatte in einem von zwei Dateiformaten erstellen. Das VHD-Format unterstützt Festplatten bis zu 2 TB; diese können auf Systemen mit Windows 7 oder höher verwendet werden. Das VHDX-Format unterstützt viel größere Festplatten, bis zu 64 TB, wird aber nur von Windows 10 und Windows 11 unterstützt. VHDX ist das Standardformat in Windows 11, und das aus gutem Grund: Es ist widerstandsfähiger gegen Stromausfälle und eine bessere Wahl, wenn Sie keine Interoperabilität mit älteren Windows-Versionen benötigen.

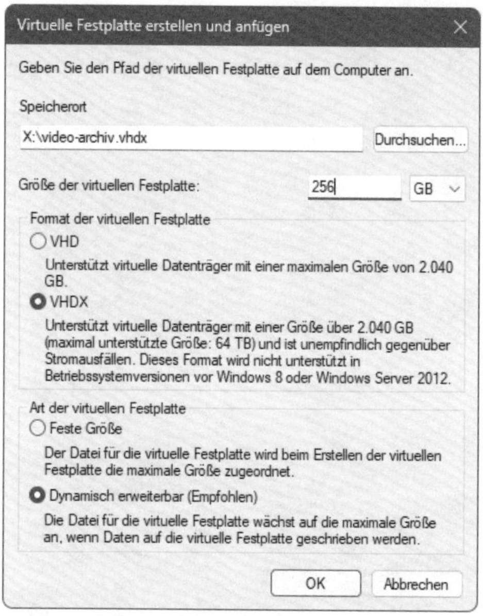

Abbildung 8.18 Sie können eine virtuelle Festplatte in einem von zwei Formaten erstellen. Die Option *Dynamisch erweiterbar* nutzt den vorhandenen Speicherplatz am besten aus.

Wenn Sie möchten, dass die Größe der Festplatte mit dem Hinzufügen von Dateien wächst, wählen Sie *Dynamisch erweiterbar*. (Die empfohlene Option hängt davon ab, welches VHD-Format Sie gewählt haben.) In jedem Fall müssen Sie auch eine Größe angeben (bei dynamischer Erweiterung eine maximale Größe). Die Mindestgröße beträgt 3 MB, die Maximalgröße ist der auf Ihrer (echten) Festplatte verfügbare freie Speicherplatz. Sobald Sie Ihre Wahl im Dialogfeld *Virtuelle Festplatte erstellen und anfügen* getroffen und auf *OK* geklickt haben, fügt die Datenträgerverwaltung die neue virtuelle Festplatte zum grafischen Bereich hinzu, und zwar als unbekannten, nicht initialisierten Datenträger, dessen Speicherplatz nicht zugeordnet ist.

Klicken Sie das Laufwerk im linken Teil der grafischen Ansicht (mit der Datenträgernummer) mit der rechten Maustaste an und wählen Sie den Befehl *Datenträgerinitialisierung*. Richten Sie den Datenträger so ein, als wäre er ein neu angeschlossener physischer Datenträger, und folgen Sie dann den zuvor in diesem Kapitel beschriebenen Verfahren, um ein oder mehrere Volumes auf dem neuen Datenträger zu erstellen. Nachdem Sie einen Datenträger erstellt, formatiert und ihm einen Laufwerkbuchstaben zugewiesen haben, wird der Datenträger wie jeder andere in der Datenträgerverwaltung und im Datei-Explorer angezeigt.

Um eine virtuelle Festplatte zu entfernen, klicken Sie das Laufwerk im linken Bereich der grafischen Darstellung der Datenträgerverwaltung mit der rechten Maustaste an und wählen Sie dann *Virtuelle Festplatte trennen*. Die Datenträgerverwaltung informiert Sie darüber, dass die Festplatte nicht verfügbar ist, bis Sie die Platte erneut anfügen. Außerdem zeigt Ihnen das Dialogfeld, wo die Datei liegt, die Ihre virtuelle Festplatte enthält, und wie sie heißt.

Wenn Sie eine entfernte virtuelle Festplatte wieder anfügen möchten, klicken Sie in der Datenträgerverwaltung auf *Aktion | Virtuelle Festplatte anfügen*. Suchen Sie dann die VHD- oder VHDX-Datei heraus oder geben Sie ihren vollständigen Pfadnamen ein. Im Datei-Explorer wird der Dateityp als Festplatten-Imagedatei angegeben. Sie können eine virtuelle Festplatte auch anhängen, indem Sie im Datei-Explorer mit der rechten Maustaste auf die VHD- oder VHDX-Datei klicken und *Bereitstellen* wählen.

TEIL 2

Windows 11 verwalten

Kapitel 9

Datei-Explorer verwenden

Das Hauptwerkzeug für die Verwaltung von Dateien in Microsoft Windows 11 ist der Datei-Explorer (der direkte Nachfolger des Windows-Explorers in Windows 7 und früheren Versionen), und zwar unabhängig davon, wo die Dateien gespeichert sind. Der Datei-Explorer ist ein erstaunlich leistungsfähiges Tool mit vielen Features, die Ihre Arbeitsprozesse optimieren und das Auffinden von Dateien aller Art erleichtern, unabhängig davon, wo sie gespeichert sind. Die meisten Windows-Benutzer kratzen kaum an der Oberfläche des Datei-Explorers, deshalb widmen wir einen großen Teil dieses Kapitels seinen fortgeschrittenen Funktionen.

In Windows 11 hat Microsoft die Benutzeroberfläche des Datei-Explorers erheblich gestrafft und das Menüband im Office-Stil aus seinem unmittelbaren Vorgänger entfernt und durch eine einzige Befehlsleiste ersetzt. Eine viel wichtigere Änderung ist die in Version 22H2 hinzugefügte Registerkartenoberfläche, mit der Sie geöffnete Ordner so organisieren können, wie Sie mehrere Registerkarten in einem modernen Webbrowser verwalten.

Vielleicht mehr als jede andere Funktion in Windows haben die Suchwerkzeuge das Potenzial, Ihre Arbeitsweise zu verändern. Wenn Ihre Ablagephilosophie das digitale Äquivalent dazu ist, alles in einen riesigen Schuhkarton zu werfen, werden Sie erstaunt sein, wie einfach es ist, das zu finden, wonach Sie suchen. Selbst wenn Sie sich für einen außerordentlich gut organisierten Windows-Benutzer halten, werden Sie sicher Möglichkeiten finden, die Suchwerkzeuge des Datei-Explorers in Ihre tägliche Routine zu integrieren.

Mit dem Datei-Explorer arbeiten

Sie können kein Windows-Experte werden, ohne zu lernen, wie Sie sich schnell und sicher im Datei-Explorer bewegen. Dieses Allzweckwerkzeug wird in ganz Windows für alle Arten von Dateiverwaltungsaufgaben, zum Öffnen und Speichern von Dateien in Windows-Anwendungen und sogar in Teilen der Windows-Shell verwendet. Je mehr Sie über die Funktionsweise des Datei-Explorers wissen, desto effektiver können Sie Ihre Aufgaben ohne unnötigen Zeitaufwand erledigen. Da es wichtig ist, sich zurechtzufinden, beginnen wir diesen Abschnitt mit einer kurzen Tour.

Expertentipp

Den Datei-Explorer mit Tastenkombinationen aktivieren

Sie finden den Datei-Explorer an verschiedenen Stellen in Windows 11, aber wenn Sie gut mit der Tastatur umgehen können, brauchen Sie ihn nicht zu suchen. Drücken Sie ⊞+E, um direkt eine neue Instanz des Datei-Explorers zu öffnen. Wenn Sie zu einer geöffneten Instanz des Datei-Explorers springen möchten, verwenden Sie die Tastenkombination ⊞+*Zahl*, wobei die *Zahl* die Position der Datei-Explorer-Schaltfläche in der Taskleiste angibt. Standardmäßig befindet sich die Datei-Explorer-Schaltfläche an der ersten Position, gleich links neben der Schaltfläche für Microsoft Edge. Wenn Sie also das Layout nicht geändert haben, sollte ⊞+1 zwischen geöffneten Datei-Explorer-Fenstern wechseln.

Abbildung 9.1 zeigt das Standardlayout des Datei-Explorers.

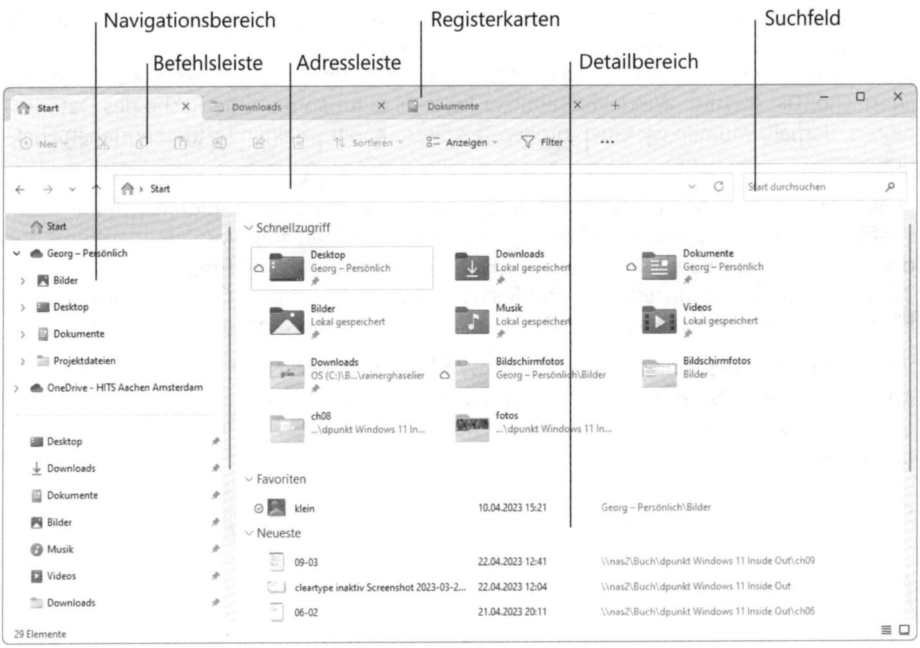

Abbildung 9.1 Der Datei-Explorer enthält die hier gezeigten Navigations- und Anzeigeelemente, von denen einige angepasst werden können.

Mit dem Übergang von Windows 10 zu Windows 11 wurde der Datei-Explorer grundlegend überarbeitet. Die sichtbarste Änderung ist das Entfernen des Menübands im Office-Stil, das durch eine einfachere Befehlsleiste ersetzt wurde. Am oberen Rand des Navigationsbereichs wurde das Symbol *Start* ergänzt. Wenn Sie auf *Start* klicken, wird ein Inhaltsbereich mit drei Regionen angezeigt, die Verknüpfungen zu angehefteten Ordnern und kürzlich verwendeten Ordnern *(Schnellzugriff)*, angehefteten Dateien *(Favoriten)* und kürzlich aufgerufenen Dateien *(Neueste)* enthalten. Ab Version 22H2 bietet der Datei-Explorer auch die Möglichkeit, den Inhalt von Ordnern in separaten Registerkarten innerhalb eines einzigen Fensters anzuzeigen.

Das Verschwinden des Menübands im Datei-Explorer bedeutet, dass Sie möglicherweise länger suchen müssen, um die gesuchten Menüoptionen zu finden. Wenn Sie beispielsweise den Detailbereich oder das Vorschaufenster anzeigen möchten, müssen Sie drei Menüebenen verwenden: *Anzeigen | Einblenden | Detailbereich* (oder *Vorschaufenster*). Im Menü *Anzeigen* finden Sie außerdem Befehle zum Anzeigen von Elementkontrollkästchen (die die Auswahl mehrerer Elemente erleichtern, ohne dass Sie Tastenkombinationen drücken müssen) oder zum Anzeigen von Dateinamenerweiterungen (die normalerweise ausgeblendet sind).

Das Menü *Weitere Infos*, das auf der rechten Seite der Befehlsleiste durch drei Punkte dargestellt wird, enthält einige nützliche Menüoptionen, wie beispielsweise *Alles auswählen, Nichts auswählen* sowie *Auswahl umkehren*. (Der letzte Befehl eignet sich hervorragend, um eine große Anzahl von Dateien auszuwählen und nur einige wenige nicht auszuwählen. Klicken Sie mit `Strg`+Klick auf die Dateien, die Sie nicht auswählen möchten, und klicken Sie dann auf den Befehl *Auswahl umkehren,* um alle verbleibenden Dateien auszuwählen und dieAuswahl der zuvor ausgewählten zu entfernen.) Es gibt auch einen Menübefehl *Pfad kopieren,* der nützlich ist, wenn Sie mit einer bestimmten Datei in einer Eingabeaufforderung oder einem PowerShell-Fenster arbeiten möchten.

Wie überall in Windows ist das Klicken mit der rechten Maustaste auf ein beliebiges Objekt (oder auf eine leere Stelle in einem Fenster) oft der effektivste Weg, um etwas zu erledigen. Wenn Sie in Windows 11 im Datei-Explorer mit der rechten Maustaste auf ein Element klicken, wird ein vereinfachtes Kontextmenü angezeigt, das in der Regel, aber nicht immer, die gesuchte Option enthält. Wenn Sie auf eine Option zugreifen müssen, die nicht in diesem Kurzmenü enthalten ist, klicken Sie auf *Weitere Optionen anzeigen* (oder drücken Sie `⇧`+`F10`), um das vollständige Menü im alten Stil anzuzeigen. Abbildung 9.2 zeigt das Kurzmenü (links) und das entsprechende vollständige Menü (rechts).

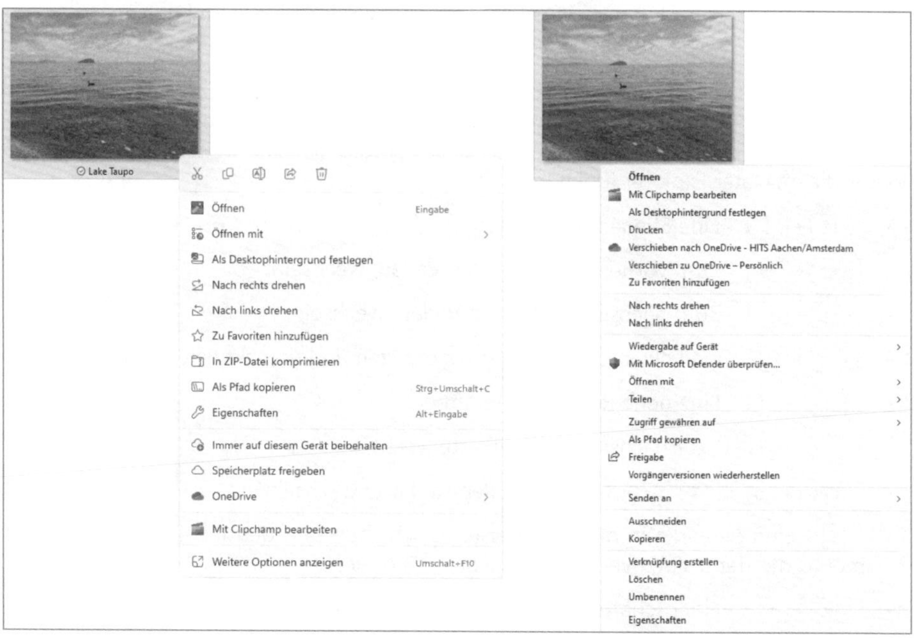

Abbildung 9.2 Wenn Sie im Datei-Explorer mit der rechten Maustaste auf ein Menü klicken, wird standardmäßig eine vereinfachte Auswahl an Befehlen angezeigt (links). Klicken Sie auf *Weitere Optionen anzeigen*, um das vollständige Menü anzuzeigen (rechts).

Wenn Sie daran gewöhnt sind, dass die gebräuchlichsten Dateioperationen – *Ausschneiden, Kopieren, Einfügen, Umbenennen* usw. – als Optionen im Kontextmenü aufgeführt sind, werden Sie wahrscheinlich durch die vereinfachten Kontextmenüs verwirrt sein, zumindest am Anfang. Wie Abbildung 9.2 zeigt, erscheinen diese Befehle jetzt als Symbole am oberen oder unteren Rand des Kontextmenüs.

Expertentipp

Zurück zu den vollständigen Kontextmenüs im Datei-Explorer

Wenn Sie die vereinfachten Menüs ausprobiert haben und sich einfach nicht daran gewöhnen können, ist es ganz einfach, Windows so einzustellen, dass es immer die vollständigen Kontextmenüs anzeigt. Klicken Sie mit der rechten Maustaste auf *Start* und wählen Sie *Terminal (Administrator)*. Geben Sie im daraufhin angezeigten PowerShell- oder Eingabeaufforderungsfenster den folgenden Befehl ein:

```
Reg.exe add "HKCU\Software\Classes\CLSID\
{86CA1AA0-34AA-4E8B-A509-50C905BAE2A2}\InprocServer32" /f /ve
```

(Beachten Sie die geschweiften Klammern um die lange GUID.)

Starten Sie nach der Ausführung dieses Befehls Ihren PC neu oder öffnen Sie den Task-Manager, klicken Sie *Windows-Explorer* mit der rechten Maustaste an und klicken Sie auf *Neu starten*. Um wieder die vereinfachten Menüs von Windows 11 herzustellen, verwenden Sie diesen Befehl, um den zuvor hinzugefügten Schlüssel zu löschen:

```
Reg.exe delete "HKCU\Software\Classes\CLSID\{86CA1AA0-34AA-4E8B-A509-
50C905BAE2A2}"
```

Nach dem Neustart von Explorer.exe sollte alles wieder normal funktionieren.

Wenn der Datei-Explorer geöffnet ist, können Sie eine Vielzahl von Tastenkombinationen verwenden. Durch Drücken von `Strg`+`N` wird ein neues Fenster desselben Ordners geöffnet. Mit `Strg`+`W` schließen Sie das aktuelle Fenster. Hier sind weitere Tastenkombinationen, die im Datei-Explorer funktionieren:

- `Alt`+`↑` Eine Ebene höher gehen.
- `Alt`+`←` Zum vorherigen Ordner im Verlauf wechseln.
- `Alt`+`→` Zum nächsten Ordner im Verlauf wechseln.
- `Alt`+`D` Den Fokus auf die Adressleiste setzen und den aktuellen Pfad auswählen
- `Strg`+`T` Eine neue Registerkarte öffnen
- `Strg`+`⭾` Zur nächsten Registerkarte wechseln
- `Strg`+`⇧`+`⭾` Zur vorherigen Registerkarte wechseln
- `F4` Einfügemarke in die Adressleiste verschieben und den Inhalt des Dropdownmenüs mit den zuletzt verwendeten Adressen öffnen
- `Alt`+`↵` Eigenschaften der ausgewählten Datei anzeigen
- `⭾` Nacheinander die folgenden Elemente durchlaufen: Registerkarten, Navigationsschaltflächen, Spaltenüberschriften, Navigationsbereich, Adressleiste, Suchfeld

- F11 Vollbildmodus aktivieren/deaktivieren
- Strg + ⇧ + N Im aktuellen Ordner einen neuen Unterordner erstellen
- Strg + ⇧ + E Im Navigationsbereich den aktuellen Ordner erweitern

Den Navigationsbereich verwenden

In seiner Standardanordnung ist der Navigationsbereich auf der linken Seite in Knoten unterteilt, die bei Bedarf erweitert und reduziert werden. Im Rahmen der Neugestaltung für Windows 11 besteht dieser Bereich nun aus drei Zonen:

- Der obere Bereich enthält das Symbol *Start*, das die Startseite anzeigt; es zeigt auch Knoten für alle OneDrive- und OneDrive for Business-Konten an, die mit dem aktuellen Benutzerprofil verbunden sind.
- In der mittleren Zone werden angeheftete und zuletzt verwendete Ordner angezeigt – genau wie in der Schnellzugriffsliste auf der Startseite.
- Der untere Bereich enthält den Knoten *Dieser PC*, der erweitert werden kann, um alle lokalen Laufwerke anzuzeigen, gefolgt von separaten Knoten für Bibliotheken, Wechsellaufwerke, für das lokale Netzwerk und für Drittanbieter von Clouddiensten.

Jeder der Knoten der obersten Ebene im Navigationsbereich ist Ausgangspunkt für die Navigation durch die Dateien an dem zugehörigen Speicherort. Beachten Sie, dass Sie mit der rechten Maustaste auf eine beliebige leere Stelle im Navigationsbereich klicken können, um ein Menü anzuzeigen, mit dem Sie die Knoten für *Dieser PC* sowie *Netzwerk* ein- oder ausblenden. Sie können außerdem festlegen, ob Sie den Knoten *Bibliotheken* ein- oder ausblenden möchten. (Weitere Informationen darüber, wie Windows Bibliotheken zur Organisation von Dateien verwendet, finden Sie im Abschnitt »Bibliotheken verwenden« weiter hinten in diesem Kapitel.)

Wenn Sie die ältere, baumartige Ansicht mit einer einzigen Hierarchie bevorzugen, klicken Sie mit der rechten Maustaste auf eine leere Stelle im Navigationsbereich und wählen Sie *Alle Ordner anzeigen*. Wenn die Option *Alle Ordner anzeigen* ausgewählt ist, enthält der Navigationsbereich Ihre Profilordner (die Sie durch Klicken auf Ihren Benutzernamen im Navigationsbereich erweitern können), Wechsellaufwerke (die auch direkt unter *Dieser PC* angezeigt werden), OneDrive-Konten, SharePoint-Sites, Systemsteuerung, Papierkorb und alle Ordner, die Sie direkt auf dem Desktop erstellt haben.

Wenn Sie einfach nur die Dateien in einem Ordner sehen möchten, ohne durch den Navigationsbereich abgelenkt zu werden, können Sie ihn ganz einfach ausblenden: Klicken Sie auf *Anzeigen* | *Einblenden* und deaktivieren Sie das Häkchen links neben dem Menüeintrag *Navigationsbereich*. Sie können diese Darstellung wählen, wenn Sie den Inhalt von zwei Ordnern in nebeneinander liegenden Fenstern vergleichen und Sie der Navigationsbereich hierbei stört.

Schnelleres Navigieren mit Dateien und Ordnern als Favoriten

In Windows 11 nimmt die Startseite den Platz des Schnellzugriffs ein, der in Windows 10 am oberen Rand des Navigationsbereichs erschien. Wenn die Startseite ausgewählt ist, werden im Inhaltsbereich drei Gruppen von Verknüpfungen angezeigt, über die Sie schnell auf die von Ihnen am häufigsten verwendeten Ordner und Dateien zugreifen können.

Der Schnellzugriff ist nicht mehr ein Knoten der obersten Ebene im Navigationsbereich, sondern ein Ort, an dem Sie Verknüpfungen zu Ordnern sammeln können, die Sie regelmäßig verwenden. Windows heftet hier automatisch die Ordner Desktop, Downloads, Dokumente und Bilder an. Um diese Auswahl zu erweitern, klicken Sie mit der rechten Maustaste auf einen beliebigen Ordner und wählen Sie *An Schnellzugriff anheften*. Sie können das Anheften eines Ordners aufheben, indem Sie das Element mit der rechten Maustaste anklicken und dann *Von Schnellzugriff lösen* wählen.

Zusätzlich zu den angehefteten Ordnern enthält der Schnellzugriff Ordner, mit denen Sie in letzter Zeit gearbeitet haben, in einer Liste, die sich je nach Ihren Arbeitsgewohnheiten ändert.

Der Bereich direkt unter dem Schnellzugriff, *Favoriten*, bietet einen ähnlichen Zugriff auf einzelne Dateien. Alle Dateien, die Sie in Office-Anwendungen (Word, Excel usw.) als Favoriten markieren, werden hier automatisch aufgenommen. Sie können auch mit der rechten Maustaste auf eine beliebige Datei klicken und *Zu Favoriten hinzufügen* wählen, um sie in diese Liste aufzunehmen. (Beachten Sie, dass im Gegensatz zu den Ordnern im Schnellzugriff angeheftete Dateien in den Favoriten nicht mit einem Stecknadelsymbol versehen sind.) Um eine Datei aus der Favoritenliste zu entfernen, klicken Sie mit der rechten Maustaste und wählen dann *Aus Favoriten entfernen*.

Der Abschnitt *Neueste* der Startseite des Datei-Explorers enthält die Dateien, mit denen Sie zuletzt gearbeitet haben; die Dateien sind nach Datum sortiert und die zuletzt verwendete Datei steht ganz oben. Wenn Sie einen Dateinamen mit der rechten Maustaste anklicken und dann *Dateipfad öffnen* wählen, gelangen Sie direkt zu dem Ordner, in dem sich die Datei befindet. Wenn Sie eine bestimmte Datei in dieser Liste nicht mehr benötigen und Platz für eine andere schaffen möchten, klicken Sie die Datei mit der rechten Maustaste an und wählen Sie dann *Aus Neueste entfernen*.

Abbildung 9.3 Verwenden Sie die Kontrollkästchen im Abschnitt *Datenschutz*, um Windows anzuweisen, die zuletzt verwendeten Dateien und Ordner nicht automatisch auf der Startseite des Datei-Explorers anzuzeigen.

Die Startseite des Datei-Explorers ist ein äußerst praktisches Navigationstool, da es die Dinge zusammenfasst, die Sie am meisten interessieren, unabhängig davon, wo diese Elemente tatsächlich gespeichert sind. Falls Sie dieses Tool jedoch nicht benötigen oder nicht möchten, dass andere sehen, woran Sie arbeiten, wenn sie Ihnen über die Schulter schauen, können Sie Windows anweisen, keine Dateien oder Ordner hinzuzufügen, wenn Sie sie nicht ausdrücklich anheften. Klicken Sie zu diesem Zweck auf *Weitere Infos | Optionen*. Auf der Registerkarte *Allgemein* des Dialogfelds *Ordneroptionen* befinden sich die erforderlichen Kontrollkästchen im Abschnitt *Datenschutz*, wie in Abbildung 9.3 gezeigt.

(Wenn Sie nur Ihre unmittelbaren Spuren verwischen möchten, ohne das Gesamtverhalten des Datei-Explorers zu ändern, ist es wahrscheinlich einfacher, im Abschnitt *Datenschutz* auf *Löschen* zu klicken.)

Layouts, Vorschau und andere Möglichkeiten zur Anordnung von Dateien

Sie können die Anzeige des Inhalts jedes einzelnen Ordners im Datei-Explorer über Optionen im Menü *Anzeigen* anpassen. Sie haben zahlreiche Auswahlmöglichkeiten: *Symbole* (in vier Größen), *Liste, Details, Kacheln* und *Inhalt*. Die Anzeigeoptionen sind ordnerspezifisch und beständig.

Die Auswahl an Optionen für die verschiedenen Symbolansichten ist größer, als sie aussieht. Obwohl oben im Menü *Anzeigen* vier unterschiedliche Auswahlmöglichkeiten zur Verfügung stehen – *Extra große Symbole, Große Symbole, Mittelgroße Symbole* und *Kleine Symbole* – beträgt die tatsächliche Anzahl der Größen 76. Sie können alle 76 Größen problemlos durchlaufen, indem Sie eine der vier voreingestellten Größen auswählen und dann die Strg-Taste gedrückt halten, während Sie das Rad Ihrer Maus drehen oder auf einem Trackpad mit zwei Fingern nach oben oder unten blättern. Bei jedem Schritt sehen Sie, wie die Symbole wachsen oder schrumpfen (obwohl bei einigen der kleineren Größen die Veränderung kaum wahrnehmbar ist).

Die verbleibenden vier Optionen funktionieren wie folgt:

- **Liste** Diese Ansicht ist äußerst effizient und zeigt lediglich die Dateinamen in Spalten an.
- **Details** Diese Ansicht ist eine der wichtigsten Alternativen. Sie bietet eine mehrspaltige Tabellendarstellung Ihrer Dateien, die eine breite Palette von Sortier-, Filter- und Gruppierungsoptionen freischaltet, die wir weiter hinten in diesem Kapitel im Abschnitt »Sortieren, Filtern und Gruppieren im Datei-Explorer« beschreiben.
- **Kacheln** Wählen Sie diese Ansicht, um jede Datei und jeden Ordner in einem einzelnen Rechteck anzuzeigen, das eine Miniaturansicht (oder ein Symbol für Dateien, die keine Miniaturansichten unterstützen) mit dem Dateinamen, dem Typ und der Größe in drei Textzeilen rechts neben der Miniaturansicht zeigt.
- **Inhalt** In dieser Ansicht sind die Listen in mehrzeiligen Bändern angeordnet, die die gesamte Breite des Fensters einnehmen.

Eine zusätzliche Option, *Kompakte Ansicht*, verkleinert den Abstand zwischen den Elementen im Navigationsbereich und, nur in den Ansichten *Liste* und *Details*, zwischen den Elementen im Inhaltsbereich.

Die Standardanordnung der Spaltenüberschriften in der Detailansicht wird durch den Ordnertyp bestimmt, aber Sie können diese Anordnung in jedem Ordner anpassen. Um eine Spaltenüberschrift hinzuzufügen oder zu entfernen, klicken Sie mit der rechten Maustaste auf eine beliebige Stelle in der Zeile mit den Spaltenüberschriften. Wenn die angezeigte Liste der Spaltenüberschriften nicht die gewünschte Überschrift enthält, klicken Sie unten im Menü auf *Weitere*. Wie Abbildung 9.4 zeigt, bietet Ihnen das daraufhin angezeigte Dialogfeld *Details auswählen* eine Fülle von Auswahlmöglichkeiten – mehr als 300, wenn Sie die gesamte Liste durchblättern.

Abbildung 9.4 Verwenden Sie diese umfassende Liste, um festzulegen, welche Überschriften in der Detailansicht angezeigt werden.

Im Dialogfeld *Details auswählen* werden die derzeit sichtbaren Spaltenüberschriften am Anfang der Liste angezeigt. Verwenden Sie die Schaltflächen *Nach oben* und *Nach unten*, um die Reihenfolge der Überschriften zu ändern. (Sie können die Spaltenreihenfolge auch im Datei-Explorer ändern, indem Sie die Überschriften mit der Maus ziehen.)

Expertentipp

Verwenden Sie Tastenkombinationen zum Wechseln der Ansichten

Für jede der acht Ansichtsoptionen im Menü *Ansicht* gibt es ein leicht zu merkendes Tastenkürzel: `Strg`+`⇧`+Zahl, wobei die Zahl der Position des Befehls im Menü *Anzeigen* entspricht. Wenn Sie sich nicht das gesamte Menü merken wollen, sollten Sie sich merken, dass `Strg`+`⇧`+`6` der Detailansicht entspricht und `Strg`+`⇧`+`2` den großen Symbolen. Für diese beiden Ansichten können Sie auch die unauffälligen Schaltflächen in der unteren rechten Ecke des Datei-Explorer-Fensters verwenden. Wenn Sie den Mauszeiger auf eine dieser Schaltflächen bewegen, sehen Sie in einer QuickInfo, welche Ansicht die Schaltfläche aktiviert und die zugehörige Tastenkombination.

Zunächst wird allen Ordnern, die für die Speicherung von Benutzerdaten vorgesehen sind (einschließlich der von Ihnen erstellten), eine von fünf Ordnervorlagen zugewiesen, die die Standardüberschriften festlegen, die der Datei-Explorer für den Inhaltstyp für angemessen hält. Die Logik ist ganz einfach: Wahrscheinlich möchten Sie einen Ordner mit MP3-Titeln nach der *Titelnummer* sortieren, und die Spalte *Aufnahmedatum* ist äußerst hilfreich, um digitale Fotos zu filtern. Aber keine der beiden Spalten wäre in einem Ordner mit Microsoft Word-Dokumenten besonders nützlich.

> Expertentipp
>
> ***Ordnervorlagen anpassen***
>
> **Sie sind sich nicht sicher, in welchem Ordnertyp Sie sich befinden? Klicken Sie mit der rechten Maustaste auf eine leere Stelle im Ordner und dann auf *Weitere Optionen anzeigen | Ordner anpassen*. Schauen Sie sich auf der Registerkarte *Anpassen* des Dialogfelds *Eigenschaften* die Auswahl in der Dropdownliste *Diesen Ordner optimieren für* an, die den aktuell gültigen Ordnertyp anzeigt.**

Die letzte Option im Menü *Anzeigen*, *Einblenden*, öffnet ein Untermenü mit sechs weiteren Elementen der Datei-Explorer-Oberfläche, die Sie ein- oder ausblenden können. Jedes Element im Menü *Einblenden* ist ein Umschalter, mit dem Sie zum Beispiel *Dateinamenerweiterungen* und *Elementkontrollkästchen* schnell ein- oder ausblenden können. Die Optionen *Detailbereich* und *Vorschaufenster* erscheinen rechts vom Inhaltsbereich und zeigen entweder Details zur aktuellen Datei (ein Thema, das wir im nächsten Abschnitt behandeln) oder eine Vorschau der aktuell ausgewählten Datei. Zu den im Vorschaufenster unterstützten Dateiformaten gehören die meisten Bilddateien, Microsoft Office-Dokumente sowie PDF-Dateien. Klicken Sie einmal, um das Fenster sichtbar zu machen; klicken Sie erneut, um das Fenster auszublenden. Wenn Sie beide Funktionen regelmäßig nutzen, sollten Sie sich die Tastenkombinationen merken: [Alt]+[P] für Vorschau, [Alt]+[⇧]+[P] für Details.

Dateieigenschaften und Metadaten verwalten

Jede Datei, die Sie im Datei-Explorer betrachten, hat eine Handvoll Eigenschaften, die die Datei selbst beschreiben: der Dateiname und die Dateinamenerweiterung (die mit der Anwendung verknüpft ist, die diesen Dateityp öffnet), die Dateigröße, das Datum und die Uhrzeit der Erstellung und letzten Änderung sowie alle Dateisystemattribute. Diese Eigenschaften werden im Dateisystem gespeichert und sind von zentraler Bedeutung für die Anzeige des Inhalts eines Ordners oder eines anderen Speicherorts und für die Durchführung einfacher Suchvorgänge.

Zusätzlich zu diesen grundlegenden Dateieigenschaften können viele Dateiformate benutzerdefinierte Metadaten in der Datei selbst speichern. Diese zusätzlichen Eigenschaften können von einem Gerät oder einer Software hinzugefügt werden; in einigen Fällen kann der Benutzer sie ändern. Wenn Sie ein digitales Bild aufnehmen, fügt Ihre Kamera oder Ihr Smartphone beim Speichern der Datei möglicherweise die Marke und das Modell des Geräts, die Belichtungszeit, die ISO-Filmempfindlichkeit und andere Details hinzu. Wenn Sie einen digitalen Musiktitel oder ein Album kaufen, enthalten die einzelnen Audiodateien benutzerdefinierte Eigenschaften (oft als Tags bezeichnet, nach dem IDv3-Tag-Format, das in MP3-Dateien verwendet wird), die den Künstler, das Album, die Titelnummer und andere Details identifizieren. Sie können auch benutzerdefinierte Tags zu digitalen Bildern hinzufügen, die in Formaten gespeichert sind, die diese zusätzlichen Metadaten unterstützen.

Microsoft Word und andere Microsoft Office-Anwendungen fügen in von Ihnen erstellten Dokumenten automatisch Ihren Namen in das Feld *Autor* ein; Sie können zusätzliche Eigenschaften wie Schlüsselwörter und Kommentare eingeben und diese mit der Datei speichern.

Am einfachsten lassen sich die Metadaten einer Datei anzeigen, indem Sie in der Befehlsleiste des Datei-Explorers auf *Anzeigen* und dann auf *Einblenden | Detailbereich* klicken. Dadurch wird auf der rechten Seite ein Fenster geöffnet, in dem eine Miniaturansicht der ausgewählten Datei (wenn eine Miniaturansicht verfügbar ist) sowie die als Dateieigenschaften gespeicherten Metadaten angezeigt werden. Sie können durch eine Gruppe von Dateien in schneller Folge klicken, wobei sich der Inhalt des Detailbereichs mit jeder neuen Auswahl ändert. Abbildung 9.5 zeigt diese Details für ein im JPEG-Format gespeichertes Foto. Zu den gespeicherten Dateieigenschaften gehören das Datum und die Uhrzeit der Aufnahme, die Marke und das Modell der Kamera (in diesem Fall ist die Kamera ein Smartphone), die Abmessungen des Bilds, die Belichtungseinstellungen und viele weitere Details.

Abbildung 9.5 Der Detailbereich im Datei-Explorer zeigt eine Auswahl von Eigenschaften der aktuell ausgewählten Datei an. Einige sind direkt bearbeitbar, andere sind fix und können nicht geändert werden.

Das Speichern benutzerdefinierter Informationen als Metadaten kann das Auffinden dieser Datei (und anderer ähnlicher Dateien) mit den Suchwerkzeugen, die wir später in diesem Kapitel beschreiben, erleichtern.

Die in der Detailansicht angezeigten Eigenschaften sind ein hervorragender Ausgangspunkt, aber sie enthalten möglicherweise nicht alle Details, die für die ausgewählte Datei verfügbar sind. Um die vollständige Liste anzuzeigen, klicken Sie mit der rechten Maustaste auf das Element und dann auf *Eigenschaften* (oder wählen Sie das Element aus und drücken Sie `Alt`+`↵`). Klicken Sie dann im Dialogfeld *Eigenschaften* auf die Registerkarte *Details*.

Expertentipp

Bewerten Sie Ihre bevorzugten digitalen Mediendateien

Bei digitalen Fotos, Musik und anderen Mediendateien werden Sie feststellen, dass in der Detailansicht das Feld *Bewertung* verfügbar ist. Anstelle eines Feldes für die Eingabe von Freitext oder einer Zahl zeigt dieses Feld fünf Sterne an, die alle in grau angezeigt werden, wenn dieser Wert leer ist. Sie können jede Datei auf einer Skala von einem bis fünf Sternen bewerten, indem Sie im Detailbereich auf den entsprechenden Stern klicken oder tippen. Das Hinzufügen von Bewertungen ist eine nützliche Methode, um große Mediensammlungen so zu filtern, dass nur die Einträge angezeigt werden, die Sie zuvor hoch bewertet haben. Bewertungen sind auch für die Zusammenstellung von Wiedergabelisten und Diashows nützlich.

Abbildung 9.6 zeigt eine Gegenüberstellung des Dialogfelds *Eigenschaften* und der Detailansicht eines Musiktitels. Einem Gelegenheitshörer mag es egal sein, dass er beim Durchblättern des Eigenschaften-Dialogs so exotische Dinge wie Stimmung, Beats-Per-Minute und ursprüngliche Tonart (im Dialogfeld fälschlicherweise mit »Schlüssel« übersetzt) sieht. Vermutlich kann jedoch ein professioneller DJ diese zusätzlichen Informationen sicher gut gebrauchen.

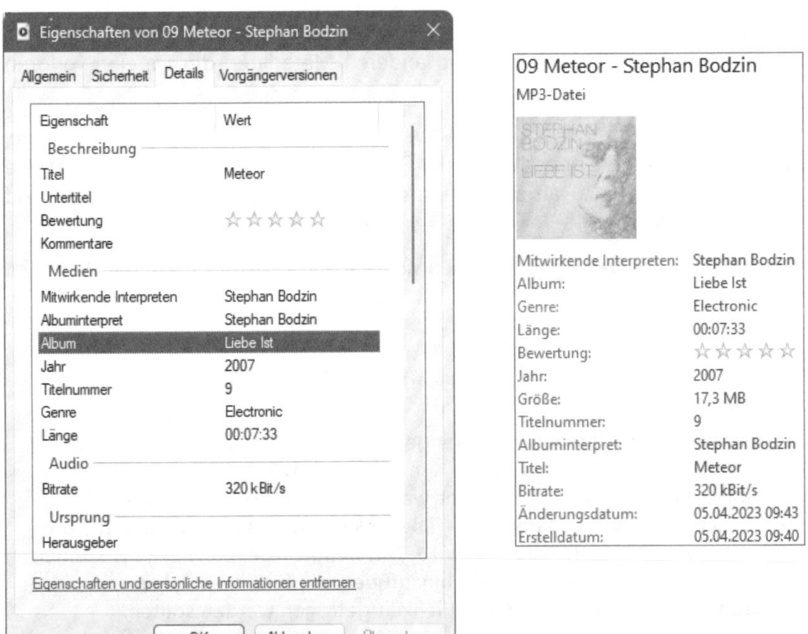

Abbildung 9.6 Die Registerkarte *Details* im Dialogfeld *Eigenschaften* einer Datei (links) bietet eine umfangreichere Auswahl an bearbeitbaren Eigenschaften als die einfachere Detailansicht (rechts).

In der Detailansicht oder im Dialogfeld *Eigenschaften* können Sie viele (aber nicht alle) Eigenschaften des Objekts bearbeiten. Einige Eigenschaften, wie zum Beispiel die Dateigröße, Fotoabmessungen und MP3-Bitrate, werden vom Dateisystem berechnet oder sind anderweitig festgelegt und können nicht direkt geändert werden. Sie können jedoch benutzerdefinierte Metadaten bearbeiten, wenn das Format der zugrunde liegenden Datei dies zulässt.

Um den Wert einer Eigenschaft einzugeben oder zu ändern, klicken Sie auf den Feldnamen und geben Sie den Wert in das entsprechende Feld ein. Wenn Sie einem Feld, das mehrere Einträge zulässt (zum Beispiel Tags, Komponisten oder Autoren), zwei oder mehr Wörter oder Ausdrücke hinzufügen, trennen Sie sie durch Semikola. Drücken Sie die [↵]-Taste oder klicken Sie auf *Speichern*, um die neuen oder geänderten Eigenschaften zur Datei hinzuzufügen.

Sie können Eigenschaften für mehrere Dateien gleichzeitig bearbeiten. Dies ist besonders nützlich, wenn Sie einen Fehler in einem Album- oder Interpretennamen korrigieren möchten; wählen Sie einfach alle Titel im Ordner des Albums aus. Wenn mehr als eine Datei ausgewählt ist, beachten Sie, dass sich einige Eigenschaften in der Detailansicht (zum Beispiel Titelnummern und Songtitel) ändern, um anzuzeigen, dass das angegebene Feld mehrere Werte enthält. Eine Änderung, die Sie an einem Feld vornehmen, wird in alle ausgewählten Dateien geschrieben.

Die Metadaten werden in der Datei selbst gespeichert, unter Verwendung von Industriestandard-Datenspeicherformaten. Softwareentwickler, die ein benutzerdefiniertes Dateiformat erstellen müssen, können dessen Metadaten für Windows verfügbar machen, indem sie ein Add-In verwenden, das als »Property Handler« bezeichnet wird und das Dateiformat zum Lesen und Schreiben seiner Eigenschaften öffnet. Da die Metadaten in der Datei selbst gespeichert werden, sind die Eigenschaften, die Sie im Datei-Explorer oder einem Windows-Programm bearbeiten, vollständig portabel. Dies eröffnet einige nützliche Möglichkeiten:

- Sie können Dateien auf andere Computer verschieben, auch auf solche mit anderen Betriebssystemen, ohne dass die Tags und anderen Metadaten der Dateien verloren gehen.
- Sie können eine Datei in einer anderen Anwendung als der, in der sie erstellt wurde, bearbeiten, ohne dass die Eigenschaften der Datei verloren gehen (vorausgesetzt, die andere Anwendung hält sich an die Standards des Dateiformats für das Lesen und Schreiben von Metadaten).
- Die Eigenschaften einer Datei sind für jeden sichtbar, der Lesezugriff auf die Datei hat.

Expertentipp

Persönliche Metadaten aus Datenschutzgründen entfernen

Metadaten in einer Datei können eine Menge über Sie verraten. Kameras speichern Daten darüber, wann (und bei manchen Kameras auch wo genau) ein Bild aufgenommen wurde und welche Kamera oder welches Smartphone verwendet wurde. Microsoft Office fügt Dokumenten und Tabellenkalkulationen automatisch Autoren- und Unternehmensinformationen hinzu. Mit benutzerdefinierten Tags können Sie persönliche und geschäftliche Details hinzufügen, die für eine lokale Kopie nützlich sein könnten, aber nicht in die Öffentlichkeit getragen werden sollten.

Um eine Datei von unerwünschten Metadaten zu befreien, markieren Sie eine oder mehrere Dateien im Datei-Explorer, klicken Sie mit der rechten Maustaste und wählen Sie *Eigenschaften*, öffnen Sie die Registerkarte *Details* und klicken Sie dann auf *Eigenschaften und persönliche Informationen entfernen*. Daraufhin wird das Dialogfeld *Eigenschaften entfernen* geöffnet, das Sie in Abbildung 9.7 sehen.

→

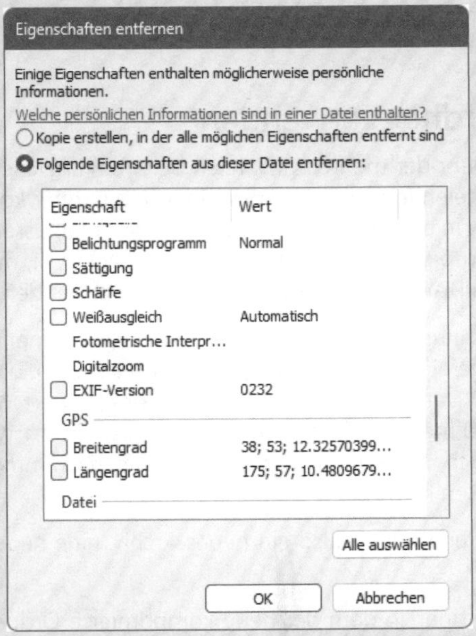

Abbildung 9.7 In diesem Dialogfeld können Sie gespeicherte Metadaten entfernen, zum Beispiel das Aufnahmedatum eines Fotos oder den GPS-Standort, an dem es aufgenommen wurde.

An dieser Stelle haben Sie zwei Möglichkeiten. Die Standardoption, *Kopie erstellen, in der alle möglichen Eigenschaften entfernt sind,* erstellt eine Kopie Ihrer Datei (unter Verwendung des ursprünglichen Dateinamens mit dem angehängten Wort Kopie) und entfernt alle Eigenschaften, die je nach Dateityp geändert werden können. Mit der zweiten Option, *Folgende Eigenschaften aus dieser Datei entfernen*, aktivieren Sie die Kontrollkästchen neben den einzelnen Eigenschaften und entfernen diese Eigenschaften dauerhaft aus der Datei, wenn Sie auf *OK* klicken. (Wenn kein Kontrollkästchen sichtbar ist, kann die betreffende Eigenschaft nicht bearbeitet werden.)

Natürlich sollte der gesunde Menschenverstand walten, wenn es um Fragen des Datenschutzes geht. Diese Option löscht die Metadaten, ändert aber nichts am Inhalt der Datei selbst. Sie müssen wachsam sein, um sicherzustellen, dass ein digitales Foto nicht im Bild selbst potenziell aufschlussreiche Informationen enthält oder dass keine vertraulichen, persönlichen oder geschäftlichen Daten im Inhalt eines Dokuments gespeichert sind.

Sie können benutzerdefinierte Eigenschaften nur in Dateien bearbeiten, die in einem Format gespeichert sind, das eingebettete Metadaten unterstützt. Für digitale Bilddateien unterstützt Windows die Formate JPEG, GIF und TIFF, aber Sie können keine Metadaten in Bitmap-Bildern und Grafikdateien im PNG-Format speichern, da diese Formate nicht mit Blick auf Metadaten entwickelt wurden. Bei den Musikdateiformaten unterstützen MP3, WMA und FLAC eine breite Palette von Eigenschaften, die die Verwaltung einer Musiksammlung erleichtern. Dateien im reinen Text- und Rich-Text-Format (*.rtf*) unterstützen keine benutzerdefinierten Metadaten; Dateien, die in Word-Formaten gespeichert sind, weisen eine Vielzahl zusätzlicher Eigenschaften auf, ebenso wie alle anderen nativen Dateiformate von Microsoft Office-Programmen.

In manchen Fällen können Sie die Metadaten in einer Datei nicht anzeigen oder bearbeiten, obwohl das zugrunde liegende Format Metadaten unterstützt. In diesem Fall ist der Schuldige ein fehlender Property Handler.

Komprimierte (gezippte) Ordner verwenden

Je nach Dateityp können Sie den von einer oder mehreren Dateien belegten Speicherplatz erheblich reduzieren, indem Sie diese Dateien in einen ZIP-komprimierten Ordner komprimieren. Sie können auch mehrere Dateien in einer einzigen ZIP-Datei zusammenfassen und dabei die Ordnerhierarchie dieser Dateigruppe beibehalten, sodass es einfacher ist, mehrere Dateien zu speichern oder sie als E-Mail-Anhang an eine andere Person zu senden.

Lassen Sie sich aber nicht von der Bezeichnung täuschen: Ein komprimierter Ordner (auch als ZIP-Datei oder Archiv bekannt) ist eine einfache Datei, deren Inhalt nach dem Zip-Format komprimiert wurde und die mit der Dateinamenerweiterung *.zip* gespeichert wurde. Jede Windows-Version kann eine Datei öffnen, die in diesem Format gespeichert wurde, wie andere moderne Betriebssysteme auch. Außerdem gibt es viele Hilfsprogramme von anderen Herstellern, die dieses Format lesen können.

So erstellen Sie einen neuen komprimierten Ordner (also ein neues Archiv, eine neue ZIP-Datei):

1. Öffnen Sie im Datei-Explorer den Ordner, in dem der neue komprimierte Ordner liegen soll.
2. Klicken Sie eine leere Stelle im Ordner mit der rechten Maustaste an und wählen Sie dann *Neu | ZIP-komprimierter Ordner*.
3. Geben Sie dem Ordner einen Namen.

Um Dateien und Ordner zum Archiv hinzuzufügen, ziehen Sie die gewünschten Elemente im Datei-Explorer auf das Symbol des komprimierten Ordners. Oder klicken Sie doppelt auf den komprimierten Ordner, um ihn in einem eigenen Fenster zu öffnen, und ziehen Sie dann die gewünschten Elemente in dieses Fenster. Sie können auch die Zwischenablage verwenden, um Elemente zu kopieren und einzufügen. Um ein Element aus einem komprimierten Ordner zu entfernen, klicken Sie den Ordner doppelt an, damit sein Inhalt sichtbar wird. Dann klicken Sie das Element mit der rechten Maustaste an und wählen *Löschen*.

Sie können einen komprimierten Ordner auch aus der aktuellen Auswahl im Datei-Explorer erstellen, indem Sie mit der rechten Maustaste auf eine ausgewählte Datei oder einen Ordner klicken und auf *In ZIP-Datei komprimieren* klicken. Windows erstellt eine Archivdatei mit demselben Namen wie das ausgewählte Objekt. Wenn Sie eine einzelne Datei komprimieren, ist dieser Standardname möglicherweise akzeptabel. Wenn Sie eine Gruppe von Dateien und/oder Ordnern komprimieren, ersetzen Sie den vorgegebenen Namen durch einen, der den Inhalt der ZIP-Datei besser beschreibt.

Um einzelne Dateien oder Ordner aus einem komprimierten Ordner zu extrahieren, öffnen Sie ihn im Datei-Explorer und ziehen Sie die zu extrahierenden Elemente an einen neuen Speicherort oder verwenden Sie die Zwischenablage zum Kopieren und Einfügen. Um alle Elemente aus einem gezippten Ordner an einen bestimmten Ort zu extrahieren, klicken Sie mit der rechten Maustaste auf das Symbol des gezippten Ordners und dann auf *Alle extrahieren* oder öffnen Sie den gezippten Ordner im Datei-Explorer und klicken Sie in der Befehlsleiste auf *Alle extrahieren*.

Persönliche Daten mit Benutzerprofilordnern und Bibliotheken organisieren

Windows verwendet eine logische Grundstruktur, die dabei hilft, Daten in bekannten Systemordnern zusammenzuhalten. Wie in diesem Abschnitt erläutert, können Sie den Speicherort einiger dieser Ordner ändern, um den verfügbaren Speicherplatz optimal zu nutzen. Außerdem können Sie virtuelle Speicherorte einrichten, die Bibliotheken genannt werden und die beispielsweise Suchabfragen erleichtern.

Was steckt in Ihrem Benutzerprofil und wo ist es?

Ihre persönlichen Dateien und Einstellungen werden standardmäßig in Ihrem Benutzerprofil gespeichert, das erstellt wird, indem der Inhalt des Standardprofils in einen neuen Ordner kopiert wird, wenn Sie sich zum ersten Mal auf einem Gerät bei einem Benutzerkonto anmelden. Neben vordefinierten Ordnern für persönliche Dokumente und digitale Mediendateien enthält dieses neue Profil auch die Details, die die Desktopumgebung definieren: die eigenen Registrierungseinstellungen des Benutzers *(HKEY_CURRENT_USER)* sowie Benutzerdaten und Einstellungen für installierte Apps und Desktopanwendungen.

> Hinweis
>
> **Sie können das Standardprofil zwar anpassen, aber dazu brauchen Sie Bereitstellungstools, die in Unternehmen verwendet werden. Für private Installationen und kleine Firmen ist dieser Aufwand nicht gerechtfertigt.**

Zusätzlich zu den individuellen Benutzerprofilen erstellt Windows 11 ein öffentliches Profil, das eine Gruppe von Ordnern für allgemeine Dokumenttypen enthält, die denen in Ihrem Benutzerprofil entsprechen. Sie können die Ordner *Öffentliche Dokumente, Öffentliche Musik, Öffentliche Bilder* und *Öffentliche Videos* in den entsprechenden Bibliotheken sehen. Diese Ordner bieten den Vorteil, dass andere Benutzer Dateien an diesen Orten speichern können, sei es über das Netzwerk oder auf demselben Computer, aber mit einem anderen Benutzerkonto.

Lokale Benutzerprofile werden in *%SystemDrive%\Benutzer* gespeichert. (Auf den meisten Windows 11-PCs entspricht diese Adresse dem Pfad *C:\Benutzer.*) Das Profil der einzelnen Benutzer wird in einem Unterordner gespeichert, dessen Name auf dem Namen des Benutzerkontos basiert (zum Beispiel *C:\Benutzer\Katy*). Der gesamte Pfad für das Profil des aktuellen Benutzers ist über eine andere häufig verwendete Umgebungsvariable, *%UserProfile%,* zugänglich. Wenn Sie den Navigationsbereich des Datei-Explorers so konfigurieren, dass alle Ordner angezeigt werden, können Sie die Unterordner Ihres Profils sehen, indem Sie im Navigationsbereich auf Ihren Benutzernamen klicken. (Um diese Option im Navigationsbereich ein- oder auszuschalten, klicken Sie mit der rechten Maustaste auf eine leere Stelle im Navigationsbereich und wählen Sie den Menübefehl *Alle Ordner anzeigen* oder deaktivieren Sie sie.)

TROUBLESHOOTING

Der Name des Benutzerkontos und der Name des Benutzerprofilordners stimmen nicht überein

Wie bereits erwähnt, erstellt Windows den Profilordner eines Benutzers, wenn sich der Benutzer das erste Mal am Gerät anmeldet. Wenn dies mit einem lokalen oder Azure AD-Konto erfolgt, entspricht der Name des Profilordners dem Benutzernamen (es sei denn, es gibt bereits einen Ordner mit diesem Namen von einer früheren Installation, in diesem Fall fügt Windows einen Punkt und den Namen des PC an den Ordnernamen an).

Diese Benennungskonvention wird durchbrochen, wenn Sie sich zum ersten Mal mit einem Microsoft-Konto anmelden. In diesem Fall erstellt Windows einen Ordnernamen aus den ersten fünf Zeichen des mit dem Microsoft-Konto verknüpften Benutzernamens. Wenn Ihr Benutzername aus sechs oder mehr Zeichen besteht, wird der Ordnername (der auch im Datei-Explorer als Profilname angezeigt wird) abgekürzt. So wird der Profilordner für *edbott@example.com* zu *C:\Users\edbot*.

Wenn Sie dieser Ordnername stört, haben wir eine schlechte Nachricht: Es gibt keine unterstützte Möglichkeit, den Namen des Benutzerprofilordners nach der ersten Anmeldung zu ändern. Aber Sie können dafür sorgen, dass dies nicht noch einmal passiert. Der Trick besteht darin, ein lokales Benutzerkonto mit demselben Namen zu erstellen, den Sie für Ihren Benutzerprofilordner verwenden möchten. (Folgen Sie den Anweisungen im Abschnitt »Benutzerkonten erstellen und verwalten« in Kapitel 10.) Nachdem Sie sich dann zum ersten Mal mit diesem lokalen Konto angemeldet haben, können Sie Ihr Microsoft-Konto verbinden.

Um die in Ihrem Benutzerprofil enthaltenen Ordner zu sehen, öffnen Sie den entsprechenden Ordner direkt unter *C:\Benutzer* oder über das Dropdownmenü links in der Adressleiste. Wie Sie in Abbildung 9.8 sehen können, enthält die Liste einige bekannte Ziele. (Da Anwendungen von Drittanbietern ihre eigenen Datenordner zum Benutzerprofil hinzufügen können, enthält Ihr System möglicherweise einige zusätzliche Ordner.)

Die persönlichen Datenordner (Dokumente, Downloads, Musik, Bilder und Videos) dienen als Standardspeicherort für Anwendungen, die diese Dateitypen verwenden. Außerdem finden Sie hier Ordner mit den Inhalten der synchronisierten OneDrive- und SharePoint-Datenspeicher. Hier erfahren Sie alles, was Sie über die übrigen Ordner wissen müssen:

- **3D-Objekte** Dieser Systemordner wurde erstmals in Windows 10 eingeführt. Er wird zum Speichern von Datendateien verwendet, die von Anwendungen wie Paint 3D erstellt wurden, die in Windows 11 nicht mehr enthalten sind. Bei einer Neuinstallation von Windows 11 ist dieser Ordner nicht vorhanden.
- **Desktop** Dieser Ordner enthält Elemente, die auf dem Desktop des Benutzers erscheinen, einschließlich Dateien und Verknüpfungen. (Ein öffentliches Gegenstück steuert ebenfalls Elemente zum Desktop bei.) Ein Link zu diesem Speicherort erscheint im Abschnitt *Schnellzugriff* des Navigationsbereichs.
- **Favoriten** Der Internet Explorer speichert hier Verknüpfungen zu Websites. Wie in Kapitel 7 erwähnt, behandelt Microsoft Edge seine Favoritensammlung anders, und da die Internet Explorer-App nicht mehr von Windows 11 aus zugänglich ist, wird der Inhalt dieses Ordners nicht verwendet.

- **Gespeicherte Spiele** Dieser Ordner ist der Standardspeicherort für Anwendungen, die den Status eines laufenden Spiels speichern können.

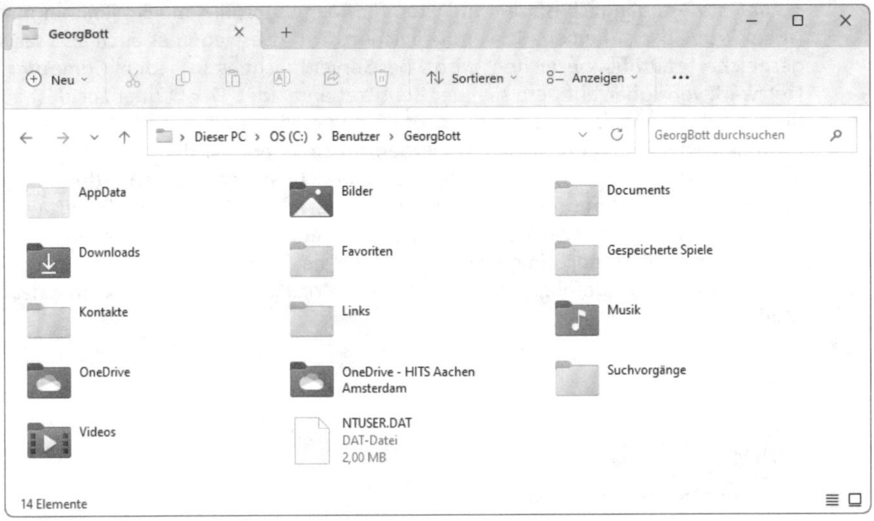

Abbildung 9.8 Jedes Benutzerprofil enthält Ordner, die für bestimmte Datentypen vorgesehen sind, sowie einen versteckten AppData-Ordner für Daten, auf die nur innerhalb einer Anwendung zugegriffen werden soll.

- **Kontakte** Dieser Ordner wurde erstmals in Windows Vista eingeführt und diente zum Speichern von Kontaktinformationen, die von Windows Mail verwendet werden. Er wird von keinem der in Windows 10 oder Windows 11 enthaltenen Programme verwendet und wird aus Kompatibilitätsgründen mit älteren Programmen zur Verwaltung persönlicher Daten von Drittanbietern beibehalten.
- **Links** In Windows 7 enthält dieser Ordner Verknüpfungen, die in der Favoritenliste am oberen Rand des Navigationsbereichs angezeigt werden. Sein Inhalt wird in Windows 11 nicht verwendet.
- **Suchvorgänge** Dieser Ordner nimmt gespeicherte Suchanfragen auf und ermöglicht auf diese Weise, dieselben Suchvorgänge später zu wiederholen. (Die Verwendung dieses Features wird weiter hinten in diesem Kapitel erläutert.)

Expertentipp

Was befindet sich im Ordner »AppData«?

Der versteckte Ordner *AppData*, der mit Windows Vista eingeführt wurde, wird von älteren Windows-Programmen häufig verwendet, um Benutzerdaten und -einstellungen an einem Ort zu speichern, an dem sie vor versehentlichen Änderungen oder Löschungen geschützt sind. Dieser Ordner enthält anwendungsspezifische Daten – benutzerdefinierte Wörterbücher und Vorlagen für ein Textverarbeitungsprogramm, synchronisierte Kopien von Nachrichten, die auf einem E-Mail-Server gespeichert sind, benutzerdefinierte Symbolleisteneinstellungen und so weiter.

Der Ordner *AppData* enthält standardmäßig drei Unterordner mit den Namen *Local*, *LocalLow* und *Roaming*. Der Ordner *Roaming*, der auch über die Umgebungsvariable *%AppData%* zugänglich ist, nimmt Daten für Roamingprofile auf. Ein Roamingprofil ist ein Profil, das auf einem Server gespeichert wird (weswegen es auch als »servergespeichertes Profil« bezeichnet wird). Der Server macht es auf jedem Computer im Netzwerk verfügbar, auf dem sich der Benutzer anmeldet. Der Ordner *Local* ist auch über die Systemvariable *%LocalAppData%* zugänglich und nimmt Daten auf, die nicht auf einem Server gespeichert werden sollen. Er enthält den Ordner *Temp*, der über die Umgebungsvariable *%Temp%* zugänglich ist und Dateien aufnimmt, die von Windows und Apps nur temporär verwendet werden. Der Ordner *LocalLow* wird von Anwendungen verwendet, die auf einer niedrigeren Integritätsebene ausgeführt werden, darunter einige Spiele, Seiten, die im Internet Explorer-Modus in Microsoft Edge ausgeführt werden, und der Mozilla-Browser Firefox im privaten Modus.

Expertentipp

Das »Senden an«-Menü anpassen

Der Ordner *Senden an* in *%AppData%\Microsoft\Windows* enthält Verknüpfungen zu einigen Ordnern und Anwendungen, die im Untermenü *Senden an* angezeigt werden, wenn Sie mit der rechten Maustaste auf eine Datei oder einen Ordner im Datei-Explorer (oder auf dem Desktop) klicken. Der Ordner *Senden an* ist nicht verborgen. Sie können dem Menü *Senden an* eigene Einträge hinzufügen, indem Sie in diesem Ordner Verknüpfungen erstellen. Geben Sie in der Adressleiste des Datei-Explorers oder im Dialogfeld *Ausführen* (Windows + R) shell:sendto ein, um diesen Ordner zu öffnen und Verknüpfungen hinzuzufügen oder zu löschen.

Ordner mit persönlichen Daten verschieben

Die Art, in der Windows persönliche Datenordner organisiert (Dokumente, Musik, Bilder und so weiter werden in sichtbaren Unterordnern von *%UserProfile%* gespeichert), ist für die meisten Benutzer sinnvoll. Auf Mobilgeräten und All-in-One-PCs, die nur über ein einziges Speichermedium verfügen, ist es die einzige Option.

Auf Desktop-PCs, die mit mehreren Speichergeräten ausgestattet sind, ziehen es manche vor, ihre Dokumente und andere persönliche Daten auf einem anderen Volume als dem Systemlaufwerk zu speichern. In dieser Konfiguration ist es einfacher, umfangreiche Datensammlungen zu verwalten, insbesondere Mediendateien, denn diese haben die Eigenart, sämtlichen verfügbaren Platz auf Systemvolumes für sich zu beanspruchen. (Es empfiehlt sich, einen Teil des Systemvolumes aus Leistungsgründen und für Wartungszwecke freizuhalten, zum Beispiel für Updates, die ebenfalls Speicherplatz beanspruchen.)

Diese Möglichkeit ist besonders auf Desktop-PCs interessant, wenn Sie Windows auf einem SSD-Laufwerk (Solid-State-Drive) installiert haben, um eine möglichst hohe Leistung zu erreichen. Wenn Sie zusätzliche herkömmliche Festplatten verwenden, deren Kosten pro GB Speicherplatz immer noch deutlich geringer als bei einer SSD sind, können Sie große Datenmengen speichern, ohne die Systemleistung zu beeinträchtigen.

Am einfachsten und sichersten lässt sich dies erreichen, wenn Sie Ihre persönliche Daten in Ordnern speichern, die auf einem anderen Volume liegen, und diese Ordner dann in Ihre Bibliotheken aufnehmen und als Standardspeicherorte konfigurieren. Darüber erfahren Sie mehr im nächsten Abschnitt. Auf diese Weise behalten Sie den Standardsatz an Profilordnern bei und können ihn bei Bedarf immer noch verwenden, während der größte Teil Ihrer Datendateien auf einem anderen Laufwerk gespeichert ist.

Allerdings mag nicht jeder Bibliotheken. Sie müssen die Bibliotheken auch gar nicht lieben. Sie können auch in Windows 11 einen oder alle Unterordner Ihres Profils verschieben, wie es in früheren Windows-Versionen üblich war. Die folgenden Schritte beschreiben, wie Sie einen Ordner aus einem Benutzerprofil an einen anderen Ort verlegen, indem Sie die Eigenschaften des Ordners bearbeiten:

1. Öffnen Sie Ihren Benutzerprofilordner, navigieren Sie zu *C:\Benutzer* und doppelklicken Sie dann auf Ihren Profilnamen. Alternativ können Sie auch *%UserProfile%* in die Adressleiste eingeben.
2. Klicken Sie mit der rechten Maustaste auf den Ordner, den Sie verschieben möchten, und wählen Sie *Eigenschaften*. Oder wählen Sie den Ordner aus und klicken Sie dann in der Befehlsleiste auf *Weitere Infos* (die drei Punkte) und dann auf *Eigenschaften*.
3. Geben Sie auf der Registerkarte *Pfad* die Adresse ein, an die Sie den Ordner verschieben möchten. Wenn Sie beispielsweise den Ordner *Videos* von seinem Standardspeicherort im Benutzerprofil auf Laufwerk *C:* nach *H:\Videos* verschieben möchten, geben Sie den Pfad wie in Abbildung 9.9 gezeigt ein oder fügen Sie ihn ein.

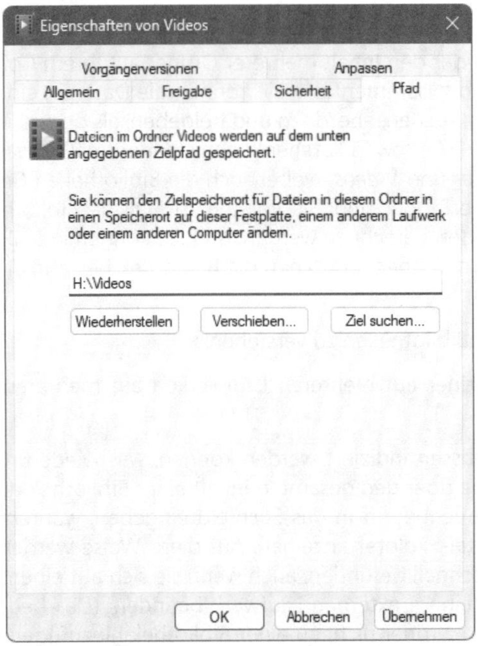

Abbildung 9.9 Mit diesem Dialogfeld können Sie den Speicherort von Systemordnern ändern.

4. Klicken Sie auf *OK*. Windows bittet um die Erlaubnis, den Zielordner zu erstellen, wenn er noch nicht existiert. Klicken Sie auf *Ja*. Ein Dialogfeld zum Verschieben von Ordnern ähnlich dem in Abbildung 9.10 wird geöffnet.

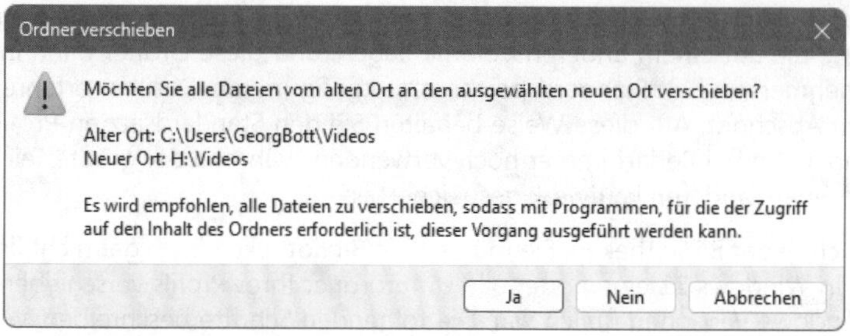

Abbildung 9.10 Wenn Sie den Standardspeicherort für einen Benutzerprofilordner auf ein neues Laufwerk verschieben, ist es ratsam, auch die Dateien zu verschieben.

5. Sofern kein triftiger Grund dagegenspricht, die vorhandenen Dateien vom alten Speicherort an den neuen zu verschieben, können Sie auf *Ja* klicken.

Es ist wirklich keine gute Idee, in diesem Dialogfeld auf *Nein* zu klicken. Erstens ist es schwer vorstellbar, warum Sie Ihre persönlichen Dokumente in zwei identisch benannte Ordner auf verschiedenen Datenträgern aufteilen wollen. (Wenn Sie Ihre bestehenden Dateien von denen, die Sie in Zukunft speichern, getrennt halten wollen, verschieben Sie die alten Dateien in einen Unterordner am neuen Speicherort, anstatt sie am alten Ort zu belassen.) Zweitens: Da *%UserProfile%* ein vom System erzeugter Ordner und kein gewöhnlicher Datenordner ist, der einem festen Speicherort auf der Festplatte entspricht, erhalten Sie durch das Zurücklassen einiger Dateien zwei Unterordner mit demselben Namen in *%UserProfile%*.

Bibliotheken verwenden

Eine Bibliothek ist ein virtueller Ordner, der den Inhalt mehrerer Ordner auf Ihrem Computer, in Ihrem Netzwerk oder in der Cloud zusammenfasst. Sie können die Daten in einer Bibliothek so sortieren, filtern, gruppieren, suchen, anordnen und freigeben, als ob sie sich an einem einzigen Ort befinden würden. In Windows 11 stehen Ihnen standardmäßig mehrere zur Verfügung: *Dokumente, Musik, Bilder* und *Videos*, wobei auch die Bibliotheken *Gespeicherte Bilder* und *Eigene Aufnahmen* verfügbar sind. Sie können zusätzliche Bibliotheken erstellen, um Ihren Speicheranforderungen gerecht zu werden, und Sie können jede Bibliothek anpassen, indem Sie die physischen Ordner, aus denen die Bibliothek besteht, ändern oder hinzufügen.

Die folgenden Punkte sind wichtig, um Bibliotheken zu verstehen:

- Eine Bibliothek kann mehrere Ordner auf mehreren Laufwerken auf mehreren vernetzten Geräten umfassen.
- Alle Ordner in einer Bibliothek müssen indiziert werden können, was wiederum bedeutet, dass Sie eine schnelle Suche über den gesamten Inhalt einer Bibliothek durchführen können, indem Sie einen Suchbegriff in das Suchfeld eingeben, während Sie den Inhalt einer Bibliothek im Datei-Explorer anzeigen. Auf diese Weise werden alle übereinstimmenden Dokumente schnell gefunden, auch wenn sie sich auf einem vernetzten PC oder Server oder auf einem externen Laufwerk befinden. (Das bedeutet auch, dass Sie einen freigegebenen Ordner nicht zu einer Bibliothek hinzufügen können, wenn er sich auf einem an das Netzwerk angeschlossenen Speichergerät befindet, das die Windows-Indizierung nicht unterstützt.)
- Bibliotheksdateien werden automatisch vom *Dateiversionsverlauf* gesichert, aber nur, wenn Sie diese Features aktiviert haben.

Bibliotheken eignen sich zum Beispiel, um große Sammlungen mit Mediendateien zu speichern. Die archivierten Dateien können dabei auf einem freigegebenen Netzwerkordner oder einem externen Laufwerk gespeichert werden, während die aktuellen Projekte auf einem lokalen Laufwerk verbleiben. Außerdem sind sie eine große Hilfe bei Teamprojekten. Erstellen Sie für jedes Projekt eine eigene Bibliothek, die Ihren lokalen Projektordner und die freigegebenen Ordner enthält, in denen Sie und Ihre Kollegen Vorlagen, Grafiken und Beiträge von externen Mitarbeitern speichern.

Um eine neue Bibliothek zu erstellen, klicken Sie mit der rechten Maustaste auf die Überschrift *Bibliotheken* im Navigationsbereich, klicken Sie auf *Weitere Optionen anzeigen* und dann auf *Neu | Bibliothek*. (Wenn Sie die Überschrift *Bibliotheken* nicht sehen, klicken Sie mit der rechten Maustaste auf eine leere Stelle im Navigationsbereich und dann auf *Bibliotheken anzeigen*.) Geben Sie der neuen Bibliothek einen beschreibenden Namen und drücken Sie die ↵-Taste. Ihre neu erstellte Bibliothek wird im Navigationsbereich angezeigt. Öffnen Sie sie und klicken Sie dann auf die Schaltfläche *Ordner hinzufügen*, um die Bibliothek zu füllen.

Wählen Sie im Dialogfeld *Ordner in <Bibliotheksname> aufnehmen* den Ordner aus, den Sie als Standardspeicherort für Dateien in dieser Bibliothek verwenden möchten, und klicken Sie dann auf *Ordner aufnehmen*. Dadurch wird die Bibliothek geöffnet und der Inhalt des soeben ausgewählten Ordners aufgelistet.

Um weitere Ordner zur Bibliothek hinzuzufügen, klicken Sie mit der rechten Maustaste auf den Bibliotheksnamen im Navigationsbereich des Datei-Explorers und dann auf *Eigenschaften*. Daraufhin wird ein Dialogfeld wie in Abbildung 9.11 geöffnet, in dem Sie die Speicherorte der Bibliothek verwalten können.

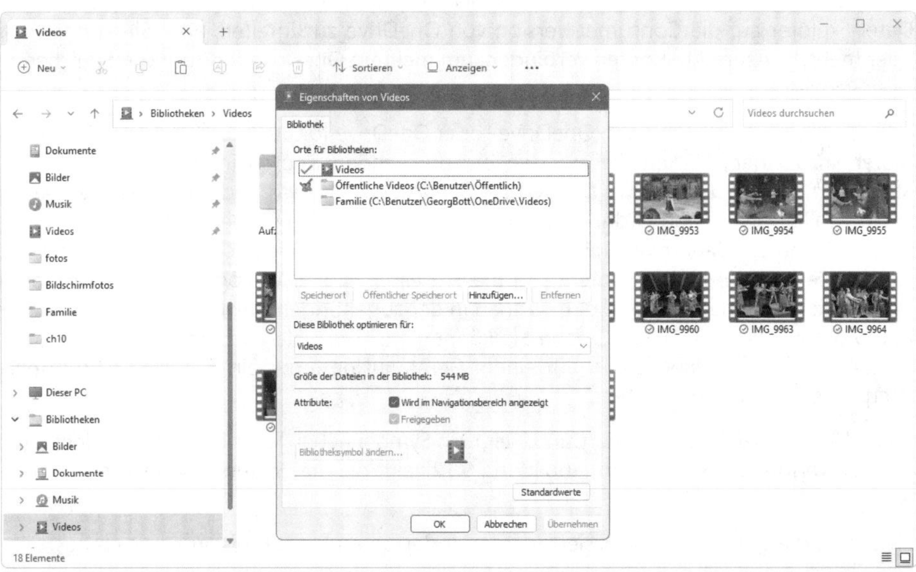

Abbildung 9.11 Der erste Ordner, den Sie einer Bibliothek hinzufügen, wird zum Standardspeicherort für die Dateien in dieser Bibliothek. In diesem Dialogfeld können Sie weitere Ordner hinzufügen und Einstellungen ändern.

In diesem Dialogfeld können Sie natürlich nicht nur Ordner hinzufügen, sondern auch entfernen, und Sie können den Standard-Speicherordner der Bibliothek ändern. Der Standardspeicherordner ist wichtig für Anwendungen, die erwarten, dass ihre Dokumente an bestimmten Orten gespeichert werden – ein Musikdienst zum Beispiel, der erwartet, dass heruntergeladene Songs in einem bestimmten Ordner innerhalb der Musikbibliothek gespeichert werden. Es ist auch der Ordner, den der Datei-Explorer verwendet, wenn Sie eine Datei auf die Überschrift der Bibliothek im Navigationsbereich ziehen.

Um eine Bibliothek zu löschen, klicken Sie mit der rechten Maustaste auf ihren Eintrag im Navigationsbereich und dann auf *Löschen*. Auf diese Weise wird die Bibliothek entfernt, aber ihre Komponentenordner und deren Inhalt bleiben erhalten.

> Expertentipp
>
> ***Datei oder Ordner in einer Bibliothek öffnen***
>
> **Da es sich bei Bibliotheken um virtuelle Ordner handelt, ist es manchmal schwierig, Operationen direkt mit ihrem Inhalt durchzuführen. Wenn Sie eine Datei oder einen Ordner an seinem tatsächlichen Speicherort im Datei-Explorer sehen möchten, klicken Sie mit der rechten Maustaste und wählen Sie *Pfad öffnen* oder *Ordnerpfad öffnen*.**

OneDrive in den Datei-Explorer integrieren

Wie in Kapitel 8 erläutert, enthält jedes Microsoft-Konto ein großzügiges Kontingent an kostenlosem, cloudbasiertem Dateispeicher von OneDrive. Wenn Sie ein kostenpflichtiges Microsoft 365-Abonnement haben, erhöht sich dieses Kontingent auf ein ganzes Terabyte Speicherplatz. Sie können nur ein einziges Microsoft-Konto mit Windows verbinden, um im Datei-Explorer auf die Consumer-Version von OneDrive zuzugreifen, aber Sie können ein oder mehrere Azure AD-Konten verbinden, um mehrere OneDrive for Business-Speicherorte zu verwenden.

Um den Inhalt eines beliebigen OneDrive- oder OneDrive for Business-Kontos im Datei-Explorer anzuzeigen, klicken Sie auf den entsprechenden Knoten im Navigationsbereich. Standardmäßig ist das Feature *Dateien bei Bedarf* aktiviert, was bedeutet, dass der Datei-Explorer alle Dateien und Ordner anzeigt, die in diesem Konto gespeichert sind. Die Dateien selbst sind bei Bedarf verfügbar, werden aber erst heruntergeladen, wenn sie benötigt werden. Je nach Größe der Datei kann dies zu einer kurzen Verzögerung zwischen dem Doppelklick auf eine Datei und dem Öffnen in der zugehörigen Anwendung führen. Dieser Kompromiss ist es jedoch wert, denn Sie können auf Hunderte von Gigabyte an cloudbasierten Dateien zugreifen, selbst auf einem Gerät, auf dem nur ein Bruchteil dieses Speicherplatzes zur Verfügung steht.

Wenn Dateien bei Bedarf aktiviert sind, zeigt ein Symbol neben jeder Datei oder jedem Ordner den Verfügbarkeitsstatus an. Abbildung 9.12 zeigt die drei Statussymbole, die Sie sehen werden.

Elemente, die gerade synchronisiert werden (oder deren Synchronisierung noch aussteht, weil Sie sie geöffnet haben), sind durch rotierende Pfeile gekennzeichnet.

Auf einem Gerät mit ausreichend Speicherplatz können Sie Ihre gesamte Cloud-Dateisammlung synchronisieren. Stellen Sie jedoch sicher, dass der Speicherplatz ausreicht, um alle dort gespeicherten Fotos, Musikdateien, Videoclips und Dokumente zu verwalten. Auf Geräten mit begrenztem lokalem Speicherplatz können Sie selektiv Ordner in der Cloud mit dem lokalen Gerät synchronisieren, damit diese Dateien auch dann verfügbar sind, wenn Sie offline sind.

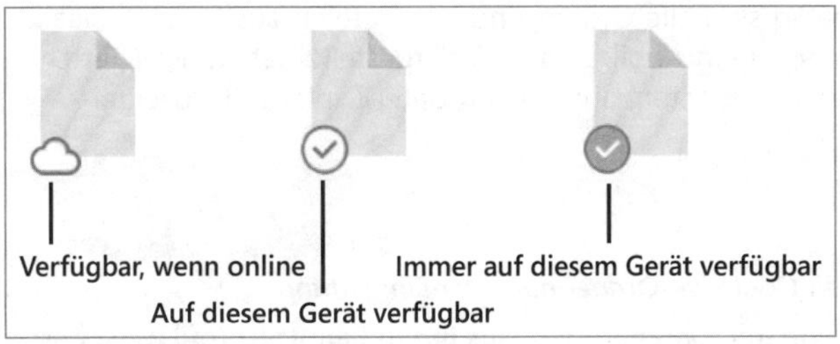

Abbildung 9.12 Diese Symbole neben den einzelnen Dateien und Ordnern zeigen deren aktuellen Status an. Nur online verfügbare Dateien belegen keinen lokalen Speicherplatz, können aber bei Bedarf heruntergeladen werden.

Standardmäßig sind alle Dateien und Ordner zunächst als *Verfügbar, wenn online* markiert. Ihr Status ändert sich zu *Auf diesem Gerät verfügbar*, wenn Sie auf ein Element doppelklicken, um es herunterzuladen. Wenn Sie möchten, dass eine oder mehrere einzelne Dateien oder Ordner jederzeit verfügbar sind, klicken Sie das Element mit der rechten Maustaste an und wählen Sie *Immer auf diesem Gerät beibehalten*. Wenn Sie diesen Befehl für einen Ordner wählen, werden alle neuen Dateien, die Sie in diesem Ordner speichern, automatisch als *Immer auf diesem Gerät verfügbar* markiert.

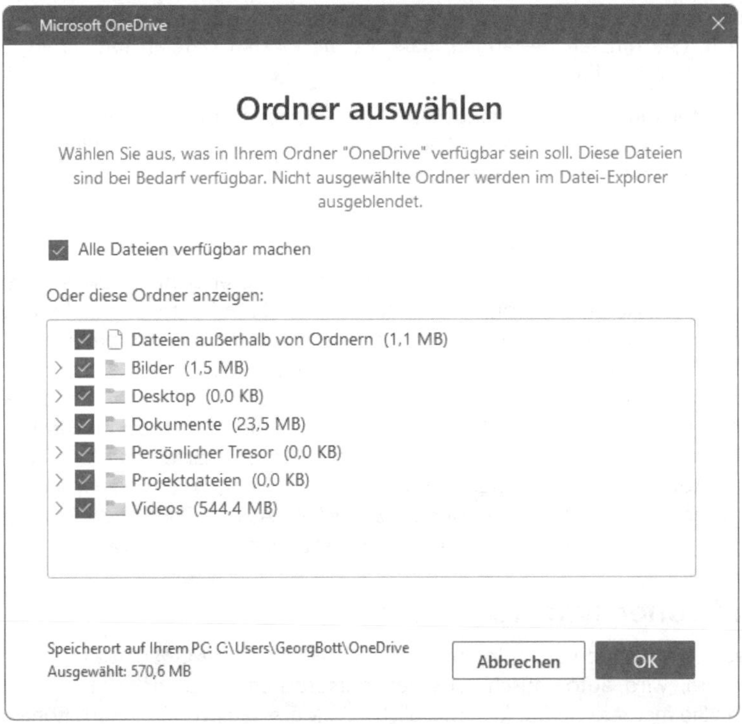

Abbildung 9.13 Deaktivieren Sie das Kontrollkästchen *Alle Dateien verfügbar machen*, wenn Sie den Inhalt einiger OneDrive-Ordner nicht im Datei-Explorer sehen möchten.

Wenn »Dateien bei Bedarf« aktiviert ist, können Sie Dateien und Ordner im Datei-Explorer selektiv anzeigen oder ausblenden. Öffnen Sie das Dialogfeld *OneDrive-Einstellungen* für das Konto, das Sie anpassen möchten und klicken Sie auf die Registerkarte *Konto* und dann

Kapitel 9

auf *Ordner wählen.* Standardmäßig sind alle Ordner und alle Dateien ausgewählt. Deaktivieren Sie in der Liste der Ordner, wie in Abbildung 9.13 dargestellt, das Kontrollkästchen für alle Ordner, die Sie online lassen möchten, ohne sie im Datei-Explorer anzuzeigen.

Expertentipp

Verschieben Sie den lokalen OneDrive-Ordner nach der Einrichtung

Im Unterschied zu vielen anderen Datenordnern aus Ihrem Benutzerprofil weist das Eigenschaftendialogfeld des Ordners *OneDrive* keine Registerkarte *Pfad* auf. Deswegen haben wir darauf hingewiesen, schon bei der Konfiguration von OneDrive über einen geeigneten Speicherort nachzudenken.

Falls Sie aber nach der Synchronisation von vielen Dateien feststellen, dass Sie den OneDrive-Ordner verschieben möchten, gibt es eine relativ einfache Lösung.

Klicken Sie das OneDrive-Symbol im Infobereich mit der rechten Maustaste an und wählen Sie *Einstellungen*. Klicken Sie auf der Registerkarte *Konto* des Dialogfelds, das sich dann öffnet, auf *Verknüpfung dieses PCs aufheben*. Keine Sorge, weder Ihre lokalen Dateien noch die Dateien in der Cloud sind davon betroffen. Nachdem OneDrive bestätigt hat, dass Ihr Konto nicht mehr verknüpft ist, können Sie den (jetzt nicht mehr synchronisierten) Ordner verschieben. Dann richten Sie OneDrive wieder ein und geben als Synchronisationsort den Pfad an, der Ihren verschobenen Ordner enthält. (Sie müssen bestätigen, dass Sie die lokalen Dateien mit Ihrem Cloudspeicher zusammenführen wollen.)

Nach der erneuten Einrichtung bestätigt OneDrive, dass die Dateien in der Cloud mit denen aus dem neuen Speicherort übereinstimmen. Dieser Vorgang sollte eigentlich reibungslos und ohne Datenverlust verlaufen.

Sie können das Feature *Dateien bei Bedarf* deaktivieren, wenn Sie dies bevorzugen. In dieser Konfiguration sind nur die Dateien und Ordner im Datei-Explorer sichtbar, die Sie aus der Cloud mit dem lokalen Gerät synchronisieren möchten. Um diese Einstellung zu finden, wählen Sie das OneDrive- oder OneDrive for Business-Symbol im Navigationsbereich, direkt unter *Start*. Klicken Sie dann auf das OneDrive-Symbol in der oberen rechten Ecke des Datei-Explorers, direkt über dem Detailbereich, um das Menü für den Synchronisierungsstatus zu öffnen. Klicken Sie schließlich auf das Zahnradsymbol, um die OneDrive-Einstellungen zu öffnen. Klicken Sie in OneDrive for Business auf der Registerkarte *Synchronisieren und sichern* auf den Abwärtspfeil rechts neben *Erweiterte Einstellungen*, um die Optionen anzuzeigen, und stellen Sie den Schalter *Dateien bei Bedarf* auf *Aus*. In *OneDrive – Persönlich* finden Sie diese Einstellung auf der Registerkarte *Einstellungen*.

Dateien und Ordner synchronisieren

Jede Datei oder jeder Ordner, den Sie in Ihrem lokalen OneDrive- oder OneDrive for Business-Ordner speichern, wird automatisch an einen entsprechenden Speicherort in der Cloud kopiert. Wenn Sie mehrere Geräte (einschließlich PCs, Macs, Tablets und Smartphones) haben, die dasselbe OneDrive- oder OneDrive for Business-Konto verwenden, werden alle Dateien und Unterordner, die Sie auf einem Gerät ändern, hinzufügen oder löschen, auf alle anderen Geräte synchronisiert. Wenn Sie zum Beispiel regelmäßig im Büro und zu Hause auf unterschiedlichen Computern an denselben Dokumenten arbeiten, brauchen Sie die Dateien auf jedem System lediglich im OneDrive-Ordner zu speichern; auf diese Weise ist sichergestellt, dass Sie von überall die jeweils neueste Version abrufen können.

Falls Sie diese automatische Synchronisierung aus irgendwelchen Gründen unterbrechen müssen, können Sie mit der rechten Maustaste auf das OneDrive- oder OneDrive for Business-Symbol im Infobereich der Taskleiste klicken und den Befehl *Synchronisierung anhalten* wählen. Sie können die Synchronisierung für zwei Stunden, acht Stunden oder einen ganzen Tag unterbrechen.

Sie können sich einen schnellen Überblick über den OneDrive-Synchronisierungsstatus verschaffen (sowie darüber, wie viel Ihres verfügbaren Speichers Sie verwendet haben), indem Sie auf das Cloud-Symbol in der oberen rechten Ecke des Datei-Explorer-Fensters für das OneDrive- oder OneDrive for Business-Konto klicken. Detaillierte Informationen über einen laufenden Synchronisierungsvorgang erhalten Sie, indem Sie auf das OneDrive-Symbol im Infobereich der Taskleiste klicken, wie es Abbildung 9.14 zeigt.

Abbildung 9.14 Klicken Sie auf das Cloudsymbol im Infobereich (weiß für ein persönliches Konto, blau für ein OneDrive for Business-Konto), um das Fenster mit dem Synchronisierungsstatus anzuzeigen.

Das Zahnradsymbol am oberen Rand des Statusfensters öffnet ein Menü, das einen Link zu den OneDrive-Einstellungen enthält. Die Navigationsleiste am unteren Rand dieses Statusfensters enthält mehrere Schaltflächen. Klicken Sie auf *Ordner öffnen*, um den entsprechenden OneDrive- oder OneDrive for Business-Ordner im Datei-Explorer zu öffnen. Klicken Sie auf *Online anzeigen*, um sich das OneDrive-Konto in einem Browserfenster anzusehen. Klicken Sie auf *Papierkorb*, um ein Browserfenster zu öffnen, in dem Dateien und Ordner angezeigt werden, die Sie gelöscht haben, die aber zur Wiederherstellung verfügbar sind.

OneDrive-Dateien und -Ordner teilen

Um eine Datei oder einen Ordner in Ihrem persönlichen OneDrive freizugeben, klicken Sie mit der rechten Maustaste auf das Element im Datei-Explorer und dann auf *OneDrive | Teilen*. Ein Teilen-Dialogfeld ähnlich wie in Abbildung 9.15 wird angezeigt.

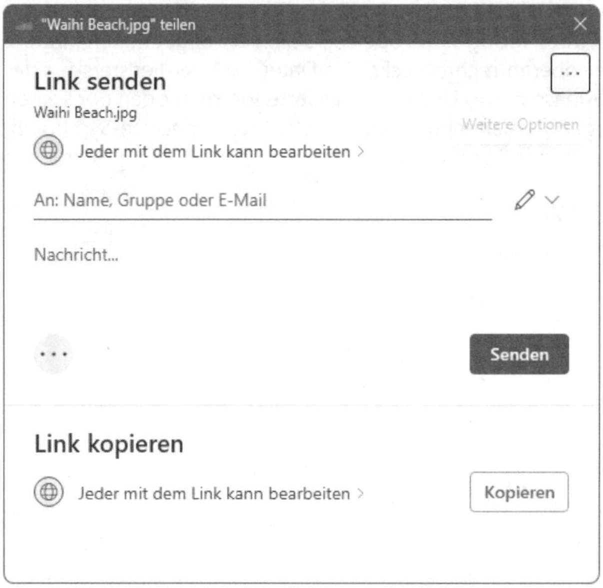

Abbildung 9.15 Mit diesem Dialogfeld können Sie jede beliebige Datei oder jeden beliebigen Ordner für andere freigeben oder einen Link erstellen, über den jeder diese Datei oder diesen Ordner öffnen kann.

Wie Abbildung 9.15 zeigt, ist das Teilen zunächst so eingestellt, dass alle Empfänger Bearbeitungsrechte haben. Klicken Sie auf *Jeder mit dem Link kann bearbeiten*, um die Freigabeeinstellungen zu öffnen. Wenn Sie auf *Kann bearbeiten* klicken, können Sie in einem Menü *Kann anzeigen* wählen, um eine freigegebene Datei mit Schreibschutz zu versehen. Außerdem können Sie der Freigabe auch ein Kennwort und ein Ablaufdatum zuweisen.

Geben Sie eine E-Mail-Adresse ein, um den Link für eine bestimmte Person freizugeben, oder klicken Sie auf die Schaltfläche *Link kopieren*, die den Freigabelink in die Zwischenablage kopiert, sodass Sie ihn selbst in eine Nachricht einfügen können. Die Freigabeoptionen und -verfahren sind in OneDrive for Business ähnlich. Klicken Sie mit der rechten Maustaste auf ein OneDrive for Business-Element im Datei-Explorer und klicken Sie auf *Teilen*. Dies öffnet das gleiche Dialogfeld *Link senden* wie in *OneDrive – Persönlich*. Klicken Sie auf den Pfeil rechts neben dem Link, um zusätzliche Einstellungen zu sehen, wie zum Beispiel eine Option, die die Freigabe nur für Mitglieder Ihrer Organisation erlaubt. Beachten Sie, dass die Optionen zur Freigabe außerhalb Ihrer Organisation möglicherweise von Ihrem Administrator eingeschränkt werden. Sie können auch Nur-Lese- oder Bearbeitungsrechte zuweisen und verschiedene andere Optionen auswählen.

Expertentipp

Dateien zwischen mehreren Konten freigeben und synchronisieren

Eines der bestgehüteten Geheimnisse von OneDrive ist, dass Freunde und Kollegen mithilfe von geteilten Ordnern an denselben Dateien zusammenarbeiten können. (Die Autoren und Lektoren dieses Buches haben bei ihrer Arbeit ausgiebig von dieser Möglichkeit Gebrauch gemacht.) Die Technik ist einfach: Sie kennzeichnen einen Ordner als geteilt und geben Ihren Kollegen Zugriff auf den Ordner, wenn sie sich mit einem Konto anmelden, das über Lese- und Schreibzugriff auf diesen Ordner verfügt.

Am anderen Ende der Leitung öffnet Ihre Kollegin OneDrive im Webbrowser und klickt im Navigationsbereich auf der linken Seite auf *Geteilt*. Sie öffnet den geteilten Ordner und klickt auf *Zu meinem OneDrive hinzufügen*. Nun ist der Ordner in der Liste der Ordner verfügbar, die synchronisiert werden können. Sie beide haben nun Vollzugriff auf den Inhalt des geteilten Ordners.

Damit diese Methode übersichtlich bleibt, sollten Sie dem Ordner einen aussagekräftigen Namen geben, beispielsweise »Freigegebene Dateien für die Budgetplanung«, damit jeder, der diesen Ordner sieht, sofort erkennt, dass er freigegeben ist.

Verlorene, beschädigte und gelöschte Dateien und Ordner wiederherstellen

Es dauert nur einen Sekundenbruchteil, um die Arbeit einer ganzen Woche zu löschen. Vielleicht löschen Sie versehentlich einen Ordner voller Dateien oder, schlimmer noch, Sie überschreiben eine ganze Dateigruppe mit Änderungen, die sich nicht rückgängig machen lassen. Was auch immer der Grund für das Missgeschick ist, die Werkzeuge von Windows ermöglichen vielleicht eine Wiederherstellung der Daten. Ist eine Datei einfach nur verloren gegangen, können Sie nach ihr suchen (siehe Abschnitt »Im Datei-Explorer suchen« weiter hinten in diesem Kapitel). Bei versehentlichem Löschen sollten Sie zuerst den Papierkorb aufsuchen, eine Windows-Institution seit 1995.

Hinweis

Wie seine Vorgänger enthält auch Windows 11 ein alternatives Sicherungs- und Wiederherstellungstool namens Dateiversionsverlauf. In Windows 11 hat Microsoft die Konfigurationsoptionen für diese Funktion aus der App Einstellungen entfernt; um den Dateiversionsverlauf zu aktivieren und zu verwenden, müssen Sie eine gut versteckte Option aus der alten Systemsteuerung verwenden, die wir in Kapitel 15, »Problembehandlung, Sicherung und Wiederherstellung«, beschreiben. In Windows 11 ist die bevorzugte Methode zum Schutz wichtiger Datendateien die Synchronisierung mit OneDrive, das einen eigenen Papierkorb sowie robuste Versionsverlaufsfunktionen bietet, die eine Wiederherstellung nach einem einfachen versehentlichen Löschen oder sogar nach einem Ransomware-Angriff ermöglichen.

Der Papierkorb schützt vor dem versehentlichen Löschen von Dateien. In den meisten Fällen verschwinden gelöschte Dateien oder Ordner nicht einfach in den luftleeren Raum, sondern landen im Papierkorb. Falls Sie später Ihre Meinung ändern, können Sie die Dateien aus dem Papierkorb zurückholen. Irgendwann, wenn der Papierkorb zu voll wird, beginnt Windows damit, die Dateien, die schon am längsten im Papierkorb liegen, endgültig zu löschen.

Folgende gelöschte Elemente werden nicht in den Papierkorb verschoben:

- Dateien auf Wechselmedien, zum Beispiel auf USB-Speichersticks
- Dateien auf Netzlaufwerken, selbst wenn sich das Volume auf einem Computer befindet, der über einen eigenen Papierkorb verfügt
- Dateien, die in einer Eingabeaufforderung gelöscht werden
- Dateien, die aus komprimierten (gezippten) Ordnern gelöscht werden

Sie können den Papierkorb selbst umgehen und ein Element dauerhaft löschen, indem Sie die [⇧]-Taste gedrückt halten, während Sie das Element löschen. Dies kann sinnvoll sein, wenn Sie versuchen, Speicherplatz zurückzugewinnen, indem Sie große Dateien und Unterordner dauerhaft löschen.

Das Stammverzeichnis jedes Festplattenlaufwerks auf einem Windows 11-PC verfügt über einen eigenen versteckten Ordner *$Recycle.Bin*, der gelöschte Dateien für alle Benutzerkonten enthält und auf dessen Inhalt nur über die virtuelle Ansicht der Verknüpfung *Papierkorb* zugegriffen werden kann. Windows weist dem Papierkorb normalerweise bis zu zehn Prozent des Speicherplatzes jedes Festplattenlaufwerks zu. Um den dem Papierkorb derzeit zugewiesenen Speicherplatz für jedes von ihm geschützte Laufwerk anzuzeigen und anzupassen, klicken Sie mit der rechten Maustaste auf das Papierkorbsymbol auf dem Desktop und dann auf *Eigenschaften*. Im Dialogfeld *Eigenschaften von Papierkorb* (siehe Abbildung 9.16) können Sie ein Laufwerk auswählen und einen anderen Wert in das Feld *Benutzerdefinierte Größe* eingeben. (Wenn der Papierkorb voll ist, werden die ältesten Objekte durch die neuesten ersetzt.)

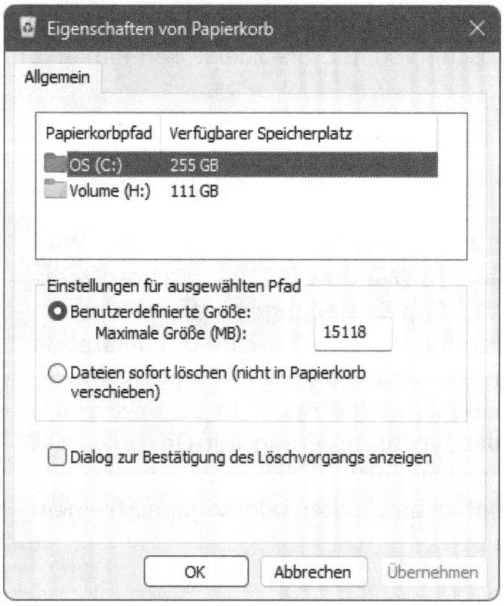

Abbildung 9.16 In diesem Dialogfeld können Sie die Menge an Speicherplatz, die der Papierkorb verwenden darf, feineinstellen oder die Funktion für ausgewählte Laufwerke vollständig deaktivieren.

Beachten Sie, dass in diesem Dialogfeld nicht angezeigt wird, wie viel Speicherplatz jedes Laufwerks derzeit vom Papierkorb verwendet wird. Um diese Details zu finden, müssen Sie zu *Einstellungen | System | Speicher* gehen, was in Kapitel 8 im Abschnitt »Speicher auf Datenträgern verwalten« beschrieben ist.

Wenn Sie denken, dass zu viel Platz reserviert wird, sollten Sie einen kleineren Wert eingeben. Wenn Sie sicher sind, dass Sie auf einem bestimmten Laufwerk keine Dateien wiederherstellen möchten, können Sie für dieses Laufwerk die Einstellung *Dateien sofort löschen (nicht in Papierkorb verschieben)* wählen.

Windows verschiebt Dateien beim Löschen normalerweise unbemerkt in den Papierkorb. Wenn Sie es vorziehen, jedes Mal, wenn Sie eine Datei oder einen Ordner löschen, eine Bestätigungsaufforderung zu sehen, aktivieren Sie das Kontrollkästchen *Dialog zur Bestätigung des Löschvorgangs anzeigen*.

Dateien und Ordner wiederherstellen

Wenn Sie den Papierkorb im Datei-Explorer öffnen, wird eine virtuelle Ansicht angezeigt, die die Namen und andere wichtige Details aller kürzlich gelöschten Elemente des aktuellen Benutzerprofils enthält. In der Detailansicht können Sie sehen, wann und aus welchem Ordner die einzelnen Elemente gelöscht wurden. Verwenden Sie die Spaltenüberschriften, um den Ordner zu sortieren, und beispielsweise die zuletzt gelöschten Elemente oben anzuzeigen, während die vor längerer Zeit gelöschten Elemente unten erscheinen. Alternativ können Sie die Ablage auch nach Datenträger und Ordner sortieren, indem Sie auf die Überschrift *Ursprung* klicken. Wenn Ihnen diese Methoden nicht helfen, das zu finden, was Sie wiederherstellen möchten, können Sie das Suchfeld verwenden.

Beachten Sie, dass gelöschte Ordner nur als Ordner angezeigt werden; die Namen der in den Ordnern enthaltenen Elemente werden nicht angezeigt. Wenn Sie jedoch einen gelöschten Ordner wiederherstellen, stellt Windows sowohl den Ordner als auch dessen Inhalt wieder her.

Mit den Befehlen zum Wiederherstellen, die Sie in der Befehlsleiste des Datei-Explorers finden (*Alle Elemente wiederherstellen* und *Ausgewählte Elemente wiederherstellen*) werden die Elemente in den Ordnern wiederhergestellt, aus denen sie gelöscht wurden. Wenn ein Ordner derzeit nicht existiert, fragt Windows Sie nach Ihrer Erlaubnis, ihn neu zu erstellen. Beachten Sie, dass der Befehl *Alle Elemente wiederherstellen* Chaos anrichten kann, wenn Ihr Papierkorb Hunderte oder Tausende von gelöschten Dateien enthält, die Wochen oder Monate alt sind. Dieser Befehl ist dann sinnvoll, wenn Sie den Papierkorb kürzlich geleert haben und der gesamte Inhalt auf einen Blick sichtbar ist.

Bei Bedarf können Sie eine Datei oder einen Ordner an einem anderen Ort wiederherstellen. Ziehen Sie das Element aus dem Papierkorb und legen Sie es in dem Ordner ab, in dem Sie es speichern möchten. Um eine komprimierte Sicherungskopie eines oder mehrerer Elemente im Papierkorb zu erstellen, markieren Sie diese, klicken Sie mit der rechten Maustaste und wählen Sie dann im Kontextmenü den Befehl *In ZIP-Datei komprimieren*.

Papierkorb leeren

Eine gelöschte Datei, die sich in Ihrem Papierkorb befindet, nimmt genauso viel Platz ein wie vor dem Löschen. Wenn Sie Dateien löschen, um Speicherplatz für neue Programme und Dokumente freizugeben, bringt es nichts, sie in den Papierkorb zu verschieben. Sie müssen sie dauerhaft entfernen. Am sichersten ist es, die Elemente auf ein anderes Speichermedium zu verschieben, zum Beispiel auf eine andere Festplatte oder ein Wechselmedium.

Wenn Sie sicher sind, dass Sie eine bestimmte Datei nie wieder brauchen, können Sie sie auch auf die übliche Weise löschen und sie dann aus dem Papierkorb löschen. Öffnen Sie den Papierkorb, wählen Sie das Element aus und drücken Sie `Entf`.

Um den Papierkorb vollständig zu entleeren, klicken Sie in der Befehlsleiste des Datei-Explorers auf *Papierkorb leeren*.

Sortieren, Filtern und Gruppieren im Datei-Explorer

Unabhängig von den Ansichtseinstellungen, die Sie für einen Ordner gewählt haben, können Sie die Anzeige des Ordnerinhalts jederzeit anpassen, indem Sie die Sortierreihenfolge ändern, den Inhalt nach einer oder mehreren Eigenschaften filtern, um nur ausgewählte Elemente einzuschließen, und den Inhalt nach einer bestimmten Überschrift gruppieren und anordnen. In jeder Ansicht sind die Optionen zum Sortieren und Gruppieren verfügbar, indem Sie mit der rechten Maustaste auf eine beliebige Stelle im Inhaltsbereich klicken und die Option *Sortieren nach* oder *Gruppieren nach* wählen. In den meisten Fällen ist es jedoch einfacher, diese Aktionen auszuführen, indem Sie in die Detailansicht wechseln und die Spaltenüberschriften verwenden; dies ist auch die bevorzugte Art zu filtern.

Beachten Sie, dass alle diese Techniken auch mit virtuellen Ordnern, wie Suchergebnissen und Bibliotheken, funktionieren.

Inhalt eines Ordners sortieren

Um einen Ordner in der Detailansicht zu sortieren, klicken Sie auf die Überschrift, die Sie als Sortierschlüssel verwenden möchten. Wenn Sie beispielsweise nach dem Änderungsdatum sortieren möchten, klicken Sie auf die Überschrift *Änderungsdatum*. Klicken Sie erneut auf die gleiche Überschrift, um die Sortierreihenfolge umzukehren. Ein nach oben oder unten gerichteter Pfeil weist darauf hin, ob die Sortierung in aufsteigender oder absteigender Reihenfolge erfolgt.

In allen anderen Ansichten klicken Sie mit der rechten Maustaste auf eine leere Stelle im Inhaltsbereich und wählen einen Wert aus dem Menü *Sortieren nach* aus. Ein Aufzählungszeichen neben *Aufsteigend* oder *Absteigend* zeigt die aktuelle Sortierreihenfolge an; wählen Sie die andere Option, um die Sortierreihenfolge umzukehren.

Ordnerinhalte filtern

Nur in der Detailansicht können Sie Spaltenüberschriften verwenden, um den Inhalt eines Ordners zu filtern. Wenn Sie den Mauszeiger einen Moment auf einer Spaltenüberschrift stehen lassen, erscheint rechts neben der Überschrift ein nach unten zeigender Pfeil. Wenn Sie auf den Pfeil klicken, wird eine Reihe von Filter-Kontrollkästchen angezeigt, die für diese Überschrift geeignet sind. In den meisten Fällen wird die Filterliste spontan aus dem Inhalt der aktuellen Dateiliste erstellt. Wenn Sie nach einem bestimmten Dateityp suchen, beispielsweise nach einem Word- oder PDF-Dokument oder einer ausführbaren Datei, können Sie nach Dateityp filtern, damit nur die gewünschten Dateien angezeigt werden. Abbildung 9.17 zeigt die Filterliste für das Feld *Typ* im Ordner *Downloads*, wobei der Inhalt so gefiltert wurde, dass nur Dateien angezeigt werden, deren Typ mit der Anwendung übereinstimmt.

Aktivieren Sie das Kontrollkästchen neben einem beliebigen Element, um es der Filterliste hinzuzufügen; deaktivieren Sie das Kontrollkästchen, um ein zuvor ausgewähltes Element aus dem Filter zu entfernen. Nachdem Sie die Liste in der Detailansicht gefiltert haben, können Sie zu einer beliebigen anderen Ansicht wechseln, und der Filter bleibt erhalten. Sehen Sie in der Adressleiste nach, welcher Filter wirksam ist. Klicken Sie dann auf den Ordnernamen links neben dem Suchbegriff in der Adressleiste, um den Filter zu entfernen, ohne dafür in die Detailansicht zu wechseln.

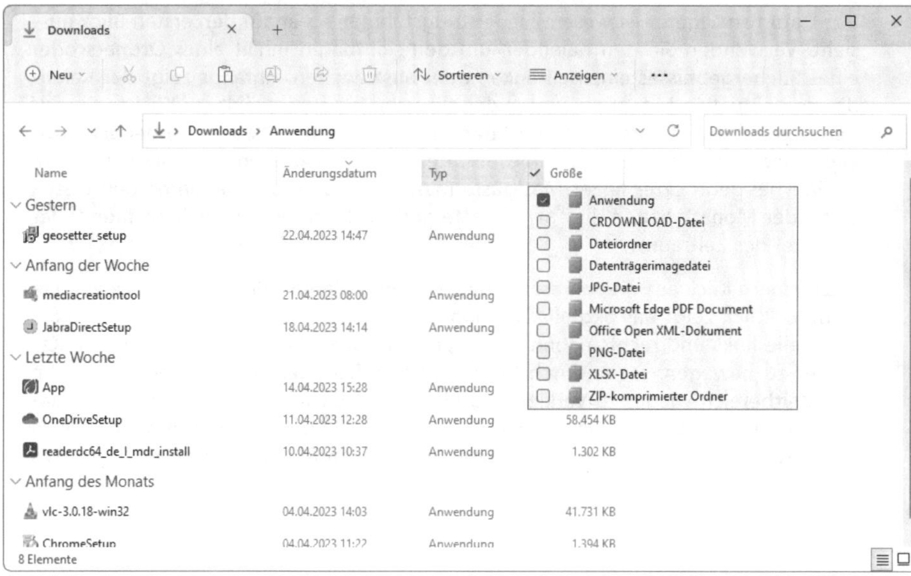

Abbildung 9.17 Wenn Sie auf den nach unten gerichteten Pfeil neben einer Spaltenüberschrift klicken, erscheint eine Liste mit Filteroptionen, die zur Spalte passen.

Wenn Sie die Elemente eines Ordners nach ihren Namen oder ihrer Größe filtern, bietet Windows nur eine sehr beschränkte Auswahl an, die nicht aus einzelnen Werten besteht, sondern aus Wertebereichen.

Ein einzelner Filter kann mehrere Elemente aus der Filterliste einer Spalte enthalten. Die Elemente werden mit einer logischen ODER-Verknüpfung ausgewertet. Anders ausgedrückt, der Datei-Explorer zeigt alle Elemente an, die zu einem der gewählten Filterkriterien passen. Ein Filter kann auch mehrere Spalten umfassen, wobei die Kriterien mit einer logischen UND-Verknüpfung ausgewertet werden. Der Datei-Explorer zeigt dann nur die Elemente an, die in jeder Spalte die ausgewählten Kriterien erfüllen. Sie können zum Beispiel einen Bilderordner so filtern, dass nur Fotos mit einer Bewertung von vier oder fünf Sternen angezeigt werden, und bei denen der Wert im Feld *Aufnahmedatum* in diesem Jahr liegt. So erhalten Sie eine Liste mit Ihren Lieblingsfotos des Jahres, die Sie zum Beispiel für das Familienfotoalbum verwenden können.

Wird ein Ordner gefiltert, erscheint rechts neben den Überschriften der Spalten, die zur Filterung verwendet werden, ein kleines Häkchen. Die Werte, nach denen die Filterung erfolgt, werden in der Adressleiste angezeigt. In der Ergebnisliste können Sie die meisten der üblichen Dateiverwaltungsarbeiten durchführen und einzelne Dateien zum Beispiel umbenennen und Dateien verschieben oder über die Zwischenablage in einen anderen Ordner kopieren.

Expertentipp

Verwenden Sie den Datumsnavigator, um durch die Zeit zu zoomen

In den Filteroptionen der Datumsspalte ist ein Datumsnavigator verfügbar, der einige gebräuchliche Zeitkategorien zur Auswahl anbietet. Sie können auch auf *Datum bzw. Datumsbereich auswählen* klicken und den Kalender verwenden, um die Dateiliste nach Bedarf zu filtern.

Der Datumsnavigator ist wesentlich leistungsfähiger, als er auf den ersten Blick aussieht. Verwenden Sie den Kalender, um den sichtbaren Inhalt eines Ordners oder eines Suchergebnisses einzuschränken oder auszuweiten. Anfangs zeigt der Kalender den aktuellen Monat an, wobei der aktuelle Tag ausgewählt ist. Klicken Sie auf den Namen des Monats. Dann zeigt der Kalender das aktuelle Jahr, wobei der aktuelle Monat ausgewählt ist. Einen bestimmten Zeitraum können Sie festlegen, indem Sie ihn bei gedrückter linker Maustaste markieren. Oder Sie markieren den ersten Tag (oder Monat), halten die `Strg`-Taste gedrückt und wählen weitere Tage (oder Monate) des Zeitraums.

Nach einem Klick auf die Jahresangabe zeigt der Kalender die aktuelle Dekade. Ein weiterer Klick zeigt das aktuelle Jahrhundert. In jeder Kalenderansicht können Sie die Pfeile links und rechts neben der Überschrift anklicken, um sich durch den Kalender zu bewegen, sei es durch Monate, Jahre, Dekaden oder Jahrhunderte. Um den Zeitbereich wieder zu verkleinern, klicken Sie jeweils auf ein angezeigtes Element. Diese Methode ist besonders praktisch, wenn Sie mit Ordnern oder Suchergebnissen arbeiten, in denen Hunderte oder Tausende von Dateien und Ordnern enthalten sind.

Ordnerinhalte gruppieren

Wenn das Sortieren und Filtern nicht reicht, um Dateien zu organisieren oder zu finden, versuchen Sie es mit dem Gruppieren. Wenn Sie Elemente gruppieren, sammelt der Datei-Explorer alle Elemente, die eine gemeinsame Eigenschaft haben. Jede Gruppe wird unter einer Überschrift angezeigt, mit der es in den meisten Ansichten möglich ist, die Gruppe ein- oder auszublenden.

Die Listenansicht bietet eine besonders interessante Perspektive, da jede Gruppe von Ergebnissen unter einer Spaltenüberschrift erscheint. Die gruppierte Anordnung wird als Teil der benutzerdefinierten Ansichtseinstellungen für diesen Ordner gespeichert; wenn Sie den Ordner das nächste Mal öffnen, ist die Gruppierung immer noch vorhanden.

Um Elemente in einem Datei-Explorer-Fenster zu gruppieren, klicken Sie auf *Sortieren*, wählen Sie *Gruppieren nach* und klicken Sie dann auf die Eigenschaft, die Sie verwenden möchten. Im Datei-Explorer wird vor der ausgewählten Eigenschaft ein Punkt angezeigt. Sie können die Gruppierung aufheben, indem Sie zu *Gruppieren nach* zurückkehren und *Keine* wählen.

Expertentipp

Mit Kontrollkästchen einfacher Elemente auswählen

Der Datei-Explorer bietet zwei Modi für die Auswahl von Dateien und Ordnern – mit und ohne Kontrollkästchen. Sie können zwischen diesen beiden Modi umschalten, indem Sie auf *Anzeigen | Einblenden* klicken und dann *Elementkontrollkästchen* aktivieren oder deaktivieren.

Wenn die Kontrollkästchen aktiviert sind, können Sie mehrere nicht benachbarte Elemente auswählen, indem Sie nacheinander auf das Kontrollkästchen klicken oder tippen; um ein Element aus der Auswahl zu entfernen, deaktivieren Sie sein Kontrollkästchen. In beiden Fällen brauchen Sie die Strg-Taste nicht gedrückt zu halten. (Diese Option ist besonders nützlich, wenn Sie versuchen, Dateien über einen Touchscreen auszuwählen.) Die Auswahl mit Strg oder ⇧ funktioniert wie gewohnt, gleichgültig, ob die Elementkontrollkästchen sichtbar sind oder nicht.

Im Datei-Explorer suchen

Die Suchfunktionen in Windows 11 sind direkte Nachkommen von eigenständigen Tools und Windows-Funktionen, die bis zum Anfang des 21. Jahrhunderts zurückreichen. Diese ursprünglichen Suchtools basierten auf der sogenannten Advanced Query Syntax (AQS), die, nur leicht modifiziert, in einer größtenteils undokumentierten Form bis heute überlebt hat.

Windows 11 blendet die meisten Anzeichen von AQS gründlich aus, wenn Sie eine Suche über das Menü *Suchoptionen*, das Sie in der Befehlsleiste finden, erstellen. Wenn Sie die erweiterte Abfragesyntax beherrschen, können Sie Ihre eigenen Suchabfragen erstellen und sie sogar zur Wiederverwendung speichern, was wir weiter hinten in diesem Abschnitt erklären. Lassen Sie uns jedoch mit der einfachen Suche beginnen.

Um die Suchwerkzeuge des Datei-Explorers zu verwenden, wählen Sie zunächst einen Ordner, eine Bibliothek oder ein OneDrive-Konto aus. Damit legen Sie den Umfang Ihrer Suche fest, d.h. den Satz von Dateien, aus dem Sie Suchergebnisse ziehen möchten. (Wenn Sie nicht sicher sind, welcher Ordner die gesuchten Dateien enthält, wählen Sie im Navigationsbereich die Option *Start*.)

Klicken Sie dann in der oberen rechten Ecke des Datei-Explorer-Fensters in das Suchfeld. Geben Sie ein Wort oder einen Satz in das Suchfeld ein. Während Sie tippen, zeigt der Datei-Explorer eine verkürzte Liste von Dateien und Ordnern an, deren Name, Eigenschaften oder Inhalt mit dem Suchbegriff übereinstimmen. Drücken Sie die ↵-Taste oder klicken Sie auf den Pfeil rechts neben dem Suchfeld und Ihre Suchergebnisse werden angezeigt. Gleichzeitig fügt der Datei-Explorer der Befehlsleiste das Menü *Suchoptionen* hinzu; klicken Sie darauf, um die in Abbildung 9.18 gezeigten zusätzlichen Optionen anzuzeigen.

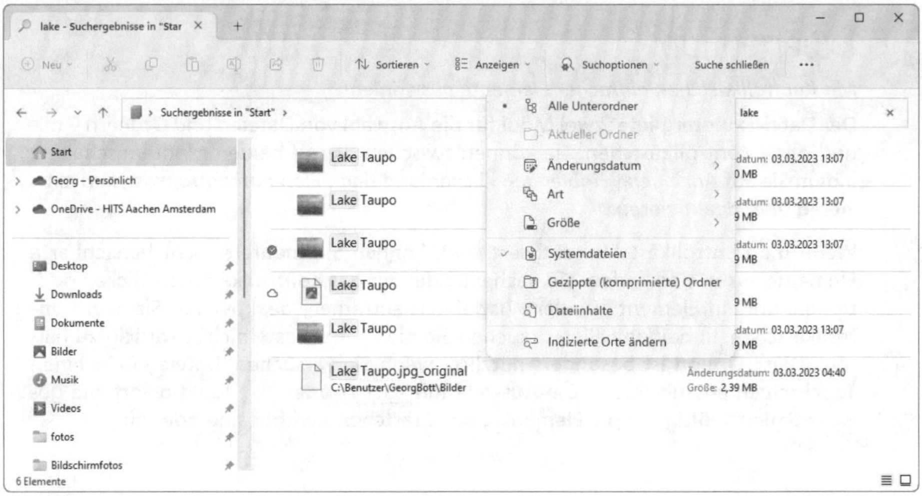

Abbildung 9.18 Starten Sie eine Suche, indem Sie einen Suchbegriff oder einen Suchoperator in das Suchfeld eingeben; klicken Sie dann auf das Menü Suchoptionen, um die Suche zu verfeinern.

Die Suche funktioniert nach den folgenden Regeln:

- Was Sie als Suchbegriff eingeben, muss am Anfang eines Worts erscheinen, nicht in der Mitte. Daher liefert die Eingabe von **des** Elemente, die Wörter wie *Des*ktop, *Des*ign oder *Des*oxyribonukleinsäure enthalten, aber nicht Wörter wie To*des*angst oder Min*des*tlohn. Das lässt sich allerdings mit passenden Platzhaltern im Suchbegriff ändern. Darauf kommen wir im Abschnitt »Fortgeschrittene Suchwerkzeuge und -techniken« weiter hinten in diesem Kapitel zurück.

- Die Groß- und Kleinschreibung spielt in Suchbegriffen keine Rolle. Die Eingabe von **Bott** liefert zum Beispiel Elemente mit dem Namen Georg Bott als Tag oder Eigenschaft, aber auch Dateien und E-Mail-Nachrichten mit Wörtern wie *bott*om oder *bott*le.

- Standardmäßig ignoriert die Suche Umlaute und andere diakritische Zeichen. Wenn Sie häufig Begriffe wie Händel und Handel unterscheiden müssen, klicken Sie auf *Suchoptionen | Indizierte Orte ändern*. Klicken Sie im Dialogfeld *Indizierungsoptionen* auf *Erweitert* (Sie brauchen hierfür Administratorberechtigungen) und wählen Sie dann *Ähnliche Worte, die diakritische Zeichen enthalten, als unterschiedliche Worte behandeln.*

- Zur exakten Suche nach einer bestimmten Phrase geben Sie die Phrase in Anführungszeichen ein. Wenn Sie mehrere Wörter ohne Anführungszeichen eingeben, führt die Ergebnisliste Elemente auf, die jedes dieser Wörter einzeln enthalten.

Suchergebnisse für indizierte Ordner werden so schnell angezeigt, dass es vielleicht schon eine ganze Reihe von Ergebnissen gibt, bevor Sie den zweiten oder dritten Buchstaben eingegeben haben. Wenn Ihr Suchbegriff Teil eines Unterordnernamens ist, enthält Ihre Ergebnisliste den gesamten Inhalt dieses Unterordners. Das macht die Suche etwas komplizierter.

Expertentipp

Alle Dateien in einem Ordner und seinen Unterordnern anzeigen

Wenn Sie im Datei-Explorer einen bestimmten Ordner geöffnet haben und Sie sich die Mühe ersparen möchten, die Unterordner zu öffnen, um deren Inhalte zu überprüfen, sollten Sie es mit dem Platzhalterzeichen versuchen. Das gibt es schon so lange, wie Microsoft Betriebssysteme herstellt. Wenn Sie ein Sternchen (*) in das Suchfeld eingeben, werden sofort alle Dateien und Unterordner im aktuellen Ordner und allen Unterordnern angezeigt. Wenn die Liste eine überschaubare Größe hat, können Sie die Elemente innerhalb des Ordners gruppieren, filtern, sortieren oder anderweitig neu anordnen, um genau das zu finden, wonach Sie suchen.

Wenn die einfache Eingabe eines Suchbegriffs nicht zu den gewünschten Ergebnissen führt, haben Sie zwei Möglichkeiten. Die einfachste ist, eine neue Suche zu erstellen (oder die aktuelle zu verfeinern), indem Sie die Befehle im Menü *Suchoptionen* anklicken. Die andere Möglichkeit ist, die mächtige, aber kryptische Suchsyntax zu verwenden, um eine Suche manuell zu erstellen.

Das Menü *Suchoptionen* bietet eine Fülle von Optionen zum Erstellen und Verfeinern einer Suche. Die Auswahl, die Sie hier treffen, liefert Ergebnisse aus dem aktuellen Suchbereich. Standardmäßig ist *Alle Unterordner* ausgewählt. Klicken Sie auf *Aktueller Ordner*, um die Ergebnisse einzuschränken, sodass der Inhalt von Unterordnern nicht berücksichtigt wird.

Im Menü *Suchoptionen* finden Sie drei wichtige Filter:

- **Änderungsdatum** Gibt das Datum an, an dem eine Datei oder ein Ordner zuletzt gespeichert wurde. Bei einer heruntergeladenen Programmdatei handelt es sich nicht um das Datum, an dem der Entwickler die Datei erstellt hat, sondern um das Datum, an dem Sie die Datei lokal gespeichert haben.
- **Art** Diese Liste enthält einige vordefinierte Dateitypen. Darunter befinden sich auch einige, die nicht im Datei-Explorer zugänglich sind. Am häufigsten werden Sie hier *Dokument* wählen. Dazu gehören Textdateien, alle in einem Microsoft Office-Format gespeicherten Dateien und PDF-Dateien. Verwenden Sie *Musik, Film* oder *Bild*, wenn Sie nach digitalen Mediendateien suchen.
- **Größe** Diese Liste zeigt einige vordefinierte Größenbereiche. Wenn Sie auf Ihrem Systemlaufwerk Platz schaffen möchten, finden Sie mit den Bereichen *Sehr groß (1–4GB)* oder *Riesig (> 4GB)* große Dateien, die vermutlich gelöscht oder auf einem externen Laufwerk archiviert werden können.

Jeder dieser Filter kann helfen, eine bestimmte Datei zu finden. Wenn Sie beispielsweise nach einer Rechnung suchen, von der Sie sicher sind, dass sie im letzten Monat erstellt wurde, klicken Sie auf *Suchoptionen | Änderungsdatum* und wählen Sie dann *Letzten Monat*. Wenn die Anzahl der Ergebnisse immer noch zu groß ist, um sie zu durchsuchen, können Sie die Suche mit weiteren Optionen im Menü *Suchoptionen* verfeinern oder in das Suchfeld klicken und ein Wort oder einen Satz eingeben, von dem Sie wissen, dass er im Dateinamen oder im Inhalt der Datei enthalten ist.

Sie können auch Suchoperatoren, gefolgt von einem Doppelpunkt, verwenden, um die Suchergebnisse einzuschränken. Für einen Ordner, der für allgemeine Objekte optimiert ist, sind die folgenden vier Operatoren nützlich:

- **Typ** Geben Sie eine Dateierweiterung (zum Beispiel **pdf**, **xls** oder **docx**) oder einen beliebigen Teil der Beschreibung ein, die in der Detailansicht im Feld *Typ* zu sehen ist; geben Sie zum Beispiel **Excel** ein, um Excel-Arbeitsmappen in einem beliebigen Format zurückzugeben.
- **Name** Geben Sie hier eine Textzeichenfolge ein. In der Ergebnisliste werden alle Dateien oder Ordner angezeigt, die genau diese Zeichenfolge am Anfang eines beliebigen Wortes in ihrem Namen enthalten.
- **Ordnerpfad** Geben Sie hier eine Textzeichenfolge ein. In der Ergebnisliste werden alle Dateien und Ordner angezeigt, die genau diese Zeichenfolge irgendwo in ihrem vollständigen Pfad enthalten. Wenn Sie **dok** eingeben, werden alle Dateien und Ordner im Ordner *Dokumente* und seinen Unterordnern angezeigt (da *Dokumente* Teil des Pfads für diese Unterordner ist) sowie der Inhalt aller anderen Ordner, deren Name ein Wort enthält, das mit diesen drei Buchstaben beginnt.
- **Markierungen/Tags** Fast jede Datendatei enthält dieses Feld, das als Metadaten in der Datei selbst gespeichert ist. Sie können jeder Datei ein oder mehrere Tags hinzufügen, indem Sie den Detailbereich oder die Registerkarte *Details* im Dialogfeld *Eigenschaften* verwenden.

Die Liste der verfügbaren Optionen ist für andere Ordnertypen etwas anders. Dokumentordner bieten zum Beispiel zusätzlich die Operatoren *Autoren* und *Titel* und Fotoordner die Operatoren *Aufnahmedatum* und *Bewertung*.

Um an einem anderen Speicherort dieselbe Suche durchzuführen, wechseln Sie im Navigationsbereich einfach auf einen anderen Knoten und beginnen von vorn.

Konfigurieren des Windows-Suchindexes

Das Herzstück des Windows-Suchdienstes ist ein schneller, leistungsfähiger und gut funktionierender Indizierungsdienst, der Dateien und Ordner nach Namen, Eigenschaften und (in unterstützten Formaten) nach Inhalt auflistet. All diese Details werden im Suchindex gespeichert, einer Datenbank, die indizierte Dateinamen, Eigenschaften und den Inhalt von Dateien aufzeichnet. Prinzipiell gilt, dass Windows bei den meisten gängigen Suchvorgängen zuerst den Index prüft und die dort gefundenen Ergebnisse zurückgibt.

> **Hinweis**
>
> **Der Suchindex wird standardmäßig in *%ProgramData%\Microsoft\Search\Data* gespeichert. Die Standardberechtigungen für diesen Ordner sind so eingestellt, dass nur das Systemkonto und Mitglieder der Gruppe *Administratoren* darauf zugreifen können. Sie können den Speicherort über das Dialogfeld *Indizierungsoptionen* ändern (das über eine Suche im Startmenü oder die Systemsteuerung erreichbar ist). Uns fällt jedoch kein triftiger Grund ein, dies zu tun. Dieser Ordner enthält keine vom Benutzer bearbeitbaren Dateien und wir empfehlen Ihnen, ihn an seinem Standardspeicherort zu belassen und seinen Inhalt nicht zu verändern.**

Expertentipp

Wann wird der Index bei einer Suche übersprungen?

Dieser Abschnitt handelt zwar weitgehend von der indizierten Suche, aber Windows 11 enthält tatsächlich zwei Suchmodule. Das zweite Suchmodul wird informell als Grep-Suche bezeichnet. Der Name stammt von einem alten UNIX-Befehl und leitet sich von »global | regular expression | print« ab. Die Windows-Suche verwendet den Index, wenn Sie das Suchfeld auf der Taskleiste oder in Bibliotheken benutzen. Unter diesen Bedingungen erfolgt die Suche nur im Index. Unterordner, die vom Index ausgeschlossen sind, bleiben unberücksichtigt. (Um Systemdateien in die Suchergebnisse einzuschließen oder auszuschließen, klicken Sie auf *Suchoptionen* und wählen Sie dann *Systemdateien* oder deaktivieren Sie das Häkchen.)

Windows verwendet das Grep-Suchmodul, wenn Sie die Suche im Ordner *Dieser PC*, im Stammverzeichnis eines lokalen Laufwerks (einschließlich des Systemlaufwerks) oder in einem lokalen Dateiordner beginnen. Grep durchsucht auch alle Unterordner im Suchbereich, unabhängig davon, ob sie im Suchindex enthalten sind oder nicht.

Um den Index zu erstellen, der diese Magie möglich macht, verwendet Windows Search mehrere separate Prozesse. Der Index wird dynamisch durch den Windows-Suchdienst *SearchIndexer.exe* aufgebaut. Er enthält Metadaten für alle Dateien an allen Speicherorten, die für die Indizierung vorgeschrieben sind; für Dokumente in Formaten, die die Indizierung von Dateiinhalten unterstützen, extrahiert der Indizierer den Text der Dateien und speichert ihn zusammen mit den Dateieigenschaften so ab, dass er schnell abgerufen werden kann.

Der Windows-Suchdienst beginnt seine Arbeit kurz nach dem Beginn einer neuen Windows-Sitzung und läuft die ganze Zeit im Hintergrund. Er erstellt den anfänglichen Index und aktualisiert ihn, wenn neue Dateien hinzugefügt und vorhandene geändert oder gelöscht werden. Protokollhandler übernehmen es, die Dokumente in den verschiedenen Formaten zu öffnen, damit Elemente zum Index hinzugefügt werden können. Eigenschaftenhandler ermöglichen es Windows Search, Werte aus den Eigenschaften der Elemente auszulesen und im Index zu speichern. Filter extrahieren Inhalte der unterstützten Dateitypen, damit Sie für diese Dokumente eine Volltextsuche durchführen können.

Der Suchdienst tut sein Bestes, um die Auswirkungen seiner Aktivitäten auf die Leistung Ihres Systems zu minimieren. Der Indizierungsprozess wird zurückgefahren oder gestoppt, wenn das System eine hohe Festplattenauslastung feststellt, und unter diesen anderen Bedingungen:

- Wenn der Spielmodus eingeschaltet ist
- Wenn Energiesparen oder ein Energiesparmodus aktiviert ist
- Wenn Ihr System von Netzstrom auf Akkubetrieb umschaltet oder die Batterieladung weniger als 50 Prozent beträgt
- Wenn die CPU-Nutzung über 80 Prozent oder die Festplattennutzung über 70 Prozent steigt

Darüber hinaus ist der Indizierungsalgorithmus in Windows 11 so konzipiert, dass er eine hohe Festplattenauslastung erkennt und den Indizierer so verwaltet, dass er die Leistung nicht beeinträchtigt.

Welche Dateien und Ordner befinden sich im Index?

Jede 0 und jede 1 auf der Festplatte zu indizieren, wäre nicht nur sehr aufwendig, sondern auch sinnlos. Wenn Sie nach einem bestimmten Text suchen, handelt es sich vermutlich um einen Text, den Sie selbst geschrieben, kopiert oder gespeichert haben. In den Suchergebnissen sollten keine Programmdateien auftauchen, die irgendwo in ihrem Code zufällig den Text enthalten, den Sie als Suchbegriff verwenden. (Ja, wir wissen, dass einige Entwickler damit nicht einverstanden sind, aber sie sind die Ausnahme, und Entwicklungswerkzeuge sind die bevorzugte Methode, um mit solchen Ausnahmen umzugehen.) Die Standardeinstellungen für den Indizierer sehen also einige vernünftige Ein- und Ausschlüsse vor.

Bestimmte Speicherorte sind ausdrücklich eingeschlossen. Dazu gehören alle Benutzerprofile (aber nicht der Ordner *AppData*), der Inhalt des Startmenüs und, wenn Microsoft 365 installiert ist, Ihre OneNote- und Outlook-Daten. Lokal synchronisierte Dateien von OneDrive werden automatisch in Ihren lokalen Index aufgenommen. Sie können andere Ordner explizit zum Index hinzufügen, aber mit Windows 11 ist dies nicht mehr nötig. Klicken Sie stattdessen einfach mit der rechten Maustaste auf den Ordner, klicken Sie auf *In Bibliothek aufnehmen* und wählen Sie eine vorhandene Bibliothek aus oder erstellen Sie eine neue. Wenn Sie dies tun, fügt Windows diesen Ordner automatisch der Liste der indizierten Speicherorte hinzu und beginnt mit der Indizierung seines Inhalts, ohne dass weitere Schritte Ihrerseits erforderlich sind.

Wenn Sie sich über die möglichen Auswirkungen auf die Leistung im Klaren sind und Sie dennoch weitere Ordner indizieren wollen, gehen Sie zu *Einstellungen* | *Datenschutz und Sicherheit* | *Windows durchsuchen* und ändern Sie die Option *Eigene Dateien suchen* von *Klassisch* auf *Erweitert*. Diese Option ändert das Verhalten der Suche und liefert Ergebnisse aus allen Ordnern und Laufwerken, einschließlich Ihres Desktops.

Um zu sehen, welche Ordner gerade indiziert werden, öffnen Sie das Dialogfeld *Indizierungsoptionen*. Sie können auf verschiedene Weise dorthin gelangen, u.a. durch Eingabe von **Indizierungsoptionen** in das Suchfeld in der Taskleiste.

> ### Achtung
>
> **Wir empfehlen Ihnen dringend, nicht zu versuchen, Orte manuell über das Dialogfeld *Indizierte Orte* zu verwalten. Wenn Sie einen Ordner zu einer Bibliothek hinzufügen und ihn dann aus der Liste der indizierten Speicherorte entfernen, bleibt der Ordner im Navigationsbereich unter der zugehörigen Bibliothek erhalten, aber keiner seiner Inhalte ist in der Bibliothek selbst sichtbar.**

Innerhalb dieser Liste indizierter Speicherorte zeichnet der Windows-Suchdienst den Dateinamen und die Eigenschaften (Größe, Änderungsdatum usw.) jeder Datei oder jedes Ordners auf. Dateien, die mit den Attributen *System* und *Versteckt* gekennzeichnet sind, werden indiziert, aber nur dann in den Suchergebnissen angezeigt, wenn Sie die Einstellungen des Datei-Explorers so ändern, dass diese Dateitypen angezeigt werden. Metadaten für gängige Musik-, Bild- und Videodateiformate werden standardmäßig in den Index aufgenommen. Der Indizierer enthält auch den Inhalt einer Datei und ihre benutzerdefinierten Eigenschaften, wenn das Dateiformat über einen zugehörigen Eigenschaftshandler und -filter verfügt, wie es bei den meisten gängigen Dokumentformaten der Fall ist.

Um festzustellen, ob ein bestimmtes Dateiformat die Inhaltsindizierung unterstützt, öffnen Sie das Dialogfeld *Indizierungsoptionen*, klicken Sie auf *Erweitert* und dann auf die Registerkarte *Dateitypen*. Suchen Sie die dem Dateityp zugeordnete Erweiterung und suchen Sie dann in der Spalte *Filterbeschreibung* nach dem Namen des Filters, der diese Erweiterung verarbeitet. Wenn Sie *Dateieigenschaftenfilter* sehen, unterstützt der Dateityp die Inhaltsindizierung nicht. Unterstützte Dateitypen haben einen benannten Filter, zum Beispiel *Microsoft Office-Filter*, *Open Document Format ODT-Filter*, *HTML-Filter* oder *Reader Search Handler*.

Auf Ihrem Computer kann die Liste der Formate auf der Registerkarte *Dateitypen* weitere Dateitypen enthalten, wenn Sie Windows-Programme installiert haben, die benutzerdefinierte Eigenschaftshandler und Filter enthalten, wie zum Beispiel den mit Microsoft 365 installierten Office Open XML Format Word Filter.

Die Windows-Suche indiziert weder den Inhalt von Dateien, die ohne Dateinamenerweiterung gespeichert wurden, noch den Inhalt von Dateien, die durch Information Rights Management (IRM) oder Digital Rights Management (DRM) geschützt sind.

Einige wenige Speicherorte sind ausdrücklich von der Indizierung ausgeschlossen. Selbst wenn Sie manuell angeben, dass Ihr Systemlaufwerk (normalerweise C) in den Index aufgenommen werden soll, werden die folgenden Dateien und Ordner ausgeschlossen:

- Der gesamte Inhalt des Ordners *\Windows* und alle seine Unterordner. Der Ordner *Windows.old*, der bei einer Upgrade-Installation von Windows 10 auf Windows 11 erstellt wird, ist ebenfalls ausgeschlossen.
- *\$Recycle.Bin* (der versteckte Ordner, der gelöschte Dateien für alle Benutzerkonten enthält)
- *\Benutzer\Standard* und alle seine Unterordner. Dies ist die Benutzerprofilvorlage, die zum Erstellen eines Profils für einen neuen Benutzer verwendet wird.
- Der gesamte Inhalt der Ordner *\Programme* und *\Programme (x86)* und alle ihre Unterordner
- Der Ordner *\ProgramData* (mit Ausnahme des Unterordners, der Verknüpfungen für das gemeinsame Startmenü enthält)

Überwachung des Index und Optimierung der Indiziererleistung

Die Statusmeldung oben im Dialogfeld *Indizierungsoptionen* informiert Sie in Echtzeit darüber, was der Indizierer gerade tut. *Indizierung abgeschlossen* bedeutet, dass es keine ausstehenden Aufgaben mehr gibt. Die Statusmeldung listet die Anzahl der Objekte (Dateien, Ordner usw.) auf, die sich derzeit im Index befinden.

Indizierung angehalten bedeutet, dass der Dienst vorübergehend alle Indizierungsaufgaben gestoppt hat; Sie sehen diese Meldung, wenn Sie den Status des Indizierers kurz nach dem Start des Computers überprüfen, da die Standardeinstellung für den Windows-Suchdienst *Automatisch (verzögerter Start)* ist.

Erfolgt gerade eine Indizierung, steigt oder fällt die Zahl der Elemente in der Statusanzeige, wenn neue, geänderte und gelöschte Dateien bearbeitet werden. Die Indexerstellung wurde so entworfen, dass sie sich selbst bremst, wenn sie erkennt, dass der Computer an anderen, vermutlich wichtigeren Aufgaben arbeitet. Daher werden Sie bei einer Überprüfung möglicherweise folgende Meldung erhalten: *Die Indizierungsgeschwindigkeit wurde durch eine Benutzeraktivität reduziert.*

Diese Meldung bedeutet, dass der Indexdienst auf Ihre Aktivität reagiert und nur mit einem Bruchteil seiner normalen Geschwindigkeit arbeitet. Ist die Zahl der zu indizierenden Dateien groß, weil Sie zum Beispiel einen Ordner mit mehreren Tausend Dokumenten kopiert haben, werden Sie feststellen, dass sich die Indizierungsgeschwindigkeit beträchtlich erhöht, wenn Sie etwa eine Minute lang die Hände von der Tastatur und der Maus lassen.

Die genaue Indizierungsgeschwindigkeit hängt von verschiedenen Faktoren ab, angefangen bei der Leistungsfähigkeit der CPU und der Festplatte. Außerdem spielen natürlich die Zahl, Größe und Komplexität der Dokumente eine Rolle und die Frage, ob der Inhalt ebenfalls indiziert wird. Leider bietet die Statusanzeige im Dialogfeld *Indizierungsoptionen* keine Fortschrittsanzeige und gibt auch nicht an, wie viele Dateien noch indiziert werden müssen. Daher lässt sich kaum entscheiden, ob die aktuelle Aufgabe gerade begonnen wurde oder kurz vor dem Abschluss steht. Wenn Sie in der letzten Zeit keine neuen Ordner zum Index hinzugefügt haben, sondern einfach nur im Rahmen Ihrer normalen Arbeit einige Dateien geändert haben, sollte die Indexerstellung beinahe oder völlig abgeschlossen sein (vorausgesetzt, Sie hatten jemals einen vollständigen Index).

In der Vergangenheit konnte man auf einigen Websites Beschwerden über den vermeintlichen Leistungseinbruch lesen, den Windows Search verursacht. Manche empfahlen sogar, den Windows-Suchdienst zu deaktivieren, um die Gesamtleistung des Systems zu verbessern. Wir empfehlen, den Dienst laufen zu lassen. Unserer Erfahrung nach beansprucht der Windows-Suchdienst nur einen kleinen Teil der verfügbaren Prozessorleistung, selbst wenn er sich in seiner aktivsten Phase befindet. Der Indexdienst wurde so entworfen, dass er langsamer läuft, wenn der Benutzer den Computer für andere Arbeiten braucht. Er hält sich im Hintergrund und lässt wichtigeren Vordergrundprozessen den Vorrang, wenn der Benutzer beispielsweise gerade das Startmenü öffnet. Wenn Windows 11 den Index erstmalig erstellt oder wenn Sie eine große Zahl von Dateien auf einmal auf den Computer kopieren, kann die Indizierung einige Zeit in Anspruch nehmen. Sie werden zwar eine erhöhte CPU- und Festplattenaktivität beobachten können, aber einen spürbaren Leistungseinbruch des Computers sollte es nicht geben. Einige ungewöhnliche Indizierungsaktivitäten können das Ergebnis von Wartungsaktivitäten sein, die der Suchdienst automatisch alle 100.000 Dateien durchführt. Diese Vorgänge dauern in der Regel weniger als fünf Minuten.

Der Datei-Explorer greift direkt auf den Index zu. Selbst wenn der Indizierer mit der Verarbeitung neuer und geänderter Dateien beschäftigt ist, sollte dies keinen Einfluss auf die Geschwindigkeit eines Suchvorgangs haben. Im Normalbetrieb sollte das Abrufen von Suchergebnissen selbst aus einem sehr großen Index nicht mehr als ein paar Sekunden dauern. Möglicherweise bemerken Sie eine Verzögerung beim Öffnen eines Ordners, der eine große Anzahl von komprimierten Ordnern enthält, einschließlich Zip-Dateien und ISO-Laufwerk-Images.

TROUBLESHOOTING

Sie können Dateien nicht finden, die eigentlich im Suchindex vorhanden sein sollten?

Wenn von Ihnen gesuchte Dateien nicht in den Suchergebnissen erscheinen, obwohl sie sich an einem indizierten Speicherort befinden, ist der Index vielleicht beschädigt. Wie bei so vielen Windows-Funktionen gibt es auch dafür ein Problembehandlungsmodul.

→

Öffnen Sie die Einstellungen-App und geben Sie im Suchfeld Probleme mit Windows Search erkennen und beheben ein. Das Problembehandlungsmodul, das sich nun öffnet, sucht und behebt automatisch alle Probleme, die es erkennen kann. Kann es keine finden, schlägt es eine Reihe von Schritten vor, um das Problem zu isolieren und zu beseitigen.

Als Alternative bietet es sich an, manuell einen Neuaufbau des Index einzuleiten. Klicken Sie im Dialogfeld *Indizierungsoptionen* auf *Erweitert* und im Abschnitt *Problembehandlung* auf *Neu erstellen*.

Wir empfehlen Ihnen, Ihr System neu zu starten, bevor Sie versuchen, den Index neu zu erstellen, um sicherzustellen, dass keine geöffneten Dateien den Indizierungsprozess behindern. Der Neuaufbau des Indexes kann sehr viel Zeit in Anspruch nehmen, insbesondere wenn eine große Anzahl von Dateien indiziert werden muss. Um die Effizienz des Neuindizierungsprozesses zu maximieren, sollten Sie den Vorgang starten, wenn Sie wissen, dass Sie Ihren PC nicht benutzen müssen und ihn eingeschaltet lassen können, zum Beispiel vor der Mittagspause oder am Ende Ihres Arbeitstages.

Fortgeschrittene Suchwerkzeuge und -techniken

Die einfachste Abfrage beginnt in der Regel mit der Eingabe eines Schlüsselworts (oder eines Teils eines Worts) in das Suchfeld. Angenommen, Sie beginnen mit der Eingabe an einem Ort, der indizierte Suchen unterstützt (zum Beispiel das Suchfeld im Startmenü oder im Datei-Explorer Ihr lokal synchronisierter OneDrive-Ordner), dann enthält die Liste der Suchergebnisse jedes Element an diesem Ort, das ein indiziertes Wort enthält (in seinem Namen oder seinen Eigenschaften oder seinem Inhalt), das mit den von Ihnen eingegebenen Buchstaben beginnt. Sie können die Ergebnisliste dann mit zusätzlichen Suchparametern einschränken.

Hinweis

Die hier beschriebene erweiterte Suchsyntax funktioniert im Suchfeld des Datei-Explorers, aber nicht bei Suchvorgängen, die Sie im Suchfeld des Startmenüs durchführen.

Kapitel 9

Erweiterte Abfragen unterstützen die folgenden Arten von Suchparametern, die sich mit Suchoperatoren kombinieren lassen:

- **Dateiinhalte** Schlüsselwörter, Phrasen, Zahlen und Zeichenfolgen
- **Elementarten** Ordner, Dokumente, Bilder, Musik, E-Mail-Nachrichten etc.
- **Datenspeicher** Bestimmte Datenbanken und Speicherorte, die indizierte Elemente enthalten
- **Dateieigenschaften** Größe, Datum, Markierungen und so weiter

In all diesen Fällen bestehen diese Parameter immer aus einem Wort, das die Suchmaschine als Eigenschaft oder als anderen Indexoperator erkennt, gefolgt von einem Doppelpunkt und dem Wert, der zu suchen oder auszuschließen ist. (Wenn Windows Search ein Wort, dem ein Doppelpunkt folgt, als gültige Eigenschaft erkennt, wird der Operator blau dargestellt.) Sie können Suchbegriffe mit booleschen Operatoren und Klammern kombinieren.

Der Wert nach dem Doppelpunkt kann verschiedene Formen haben. Wenn Ihnen eine geringe (partielle) Übereinstimmung ausreicht, geben Sie einfach ein Wort oder den Anfang eines Worts ein. Daher liefert **typ:Word** Dateien der Typen Microsoft Word-Dokument, Microsoft Word 97-2003-Dokument, Microsoft Word 97-2003-Vorlage, Microsoft Word-Vorlage mit Makros und so weiter. Um eine genaue Übereinstimmung anzugeben, verwenden Sie ein Gleichheitszeichen und schreiben den Wert bei Bedarf in Anführungszeichen, zum Beispiel

```
Typ:="Microsoft Word Dokument"
```

Sie können auch boolesche Operatoren (*UND*, *ODER* sowie *NICHT)* und Klammern verwenden, um Kriterien zu kombinieren. Wenn Sie sich noch an MS-DOS erinnern, sind Ihnen wahrscheinlich die Zeichen * und ? als Platzhalter geläufig, und Sie können die Wirkung einer Abfrage durch eine harmlos aussehende Tilde (~) sehr stark ändern, denn Windows führt dann eine strikte Suche an indizierten Orten durch, wie weiter hinten in diesem Kapitel ausführlicher beschrieben.

Die Abfragen sind noch nützlicher, wenn sie gespeichert werden, damit sie sich bei Bedarf erneut verwenden lassen. Dazu finden Sie am Ende dieses Kapitels im Abschnitt »Suchabfragen speichern« weitere Informationen.

Nach Elementtyp oder Elementart suchen

Um nach Dateien mit einer bestimmten Dateinamenerweiterung zu suchen, geben Sie einfach die Erweiterung in das Suchfeld ein, wobei Sie die Dateinamenerweiterung durch **ext** ersetzen, etwa so:

```
*.ext
```

(Beachten Sie, dass diese Suchmethode nicht für *.exe*- oder *.msc*-Dateien funktioniert.) Die Ergebnisse umfassen Dateien, die die Erweiterung sowohl in ihrem Inhalt als auch in ihrem Dateinamen enthalten – was vielleicht nicht das ist, was Sie wollen. Eine gezieltere Suche erhalten Sie, wenn Sie den Operator *Erweiterung:* und zusätzlich den Platzhalter * sowie einen Punkt verwenden, etwa so:

```
Erweiterung:*.txt
```

> ### Hinweis
>
> **Wie bei vielen Eigenschaften können Sie auch eine genaue Dateinamenerweiterung nicht nur auf eine Weise angeben. Außer Erweiterung: oder ext: können Sie zum Beispiel auch Dateierweiterung: oder Typ: verwenden.**

Dateinamenerweiterungen sind für manche Suchen sinnvoll, aber Sie erhalten bessere Ergebnisse, wenn Sie zwei verschiedene Sucheigenschaften verwenden: *Typ* und *Art*. Die Eigenschaft *Typ* schränkt die Suche anhand des Werts ein, der sich im *Typ*-Feld der Objekte befindet. Suchen Sie zum Beispiel nach Dateien, die in einem Format von Microsoft Excel gespeichert sind, geben Sie folgenden Term ins Suchfeld ein:

```
Typ:Excel
```

Um Musikdateien zu finden, die im MP3-Format gespeichert wurden, geben Sie diesen Text ins Suchfeld ein:

```
Typ:mp3
```

Um die Suche auf zusammengehörige Dateitypen einzuschränken, verwenden Sie die Eigenschaft *Art* mit der Syntax *Art:=Wert*. Geben Sie zum Beispiel **Art:=dok** ein, wenn Sie Textdateien suchen, Microsoft Office-Dokumente, Adobe Acrobat-Dokumente, HTML- und XML-Dateien und andere Dateien in Dokumentformaten. Dieser Suchbegriff akzeptiert zum Beispiel auch **Ordner**, **Bild**, **Musik**, **Programm** oder **Video** als Werte, nach denen gesucht werden kann.

Ändern des Suchbereichs

Mit *Ordner:*, *unter:*, *in:* oder *Pfad:* können Sie einen Ordner oder einen Speicherort in einer Bibliothek angeben. Daher schränkt **Ordner:Dokumente** den Suchbereich auf Ihre Dokumentbibliothek ein und **in:Videos Mackie** liefert alle Dateien in der Videobibliothek, die ein *Mackie* im Namen oder in einer Eigenschaft haben.

Suchen nach Elementeigenschaften

Eine Suche können Sie auf der Basis jeder Eigenschaft durchführen, die vom Dateisystem erkannt wird. Es sind dieselben Eigenschaften für Dateien verfügbar, wie bereits im Abschnitt »Layouts, Vorschau und andere Möglichkeiten zur Anordnung von Dateien« weiter vorne in diesem Kapitel beschrieben. Um die gesamte Liste der verfügbaren Eigenschaften anzuzeigen, wechseln Sie im Datei-Explorer in die Detailansicht, klicken Sie mit der rechten Maustaste auf eine Spaltenüberschrift und dann auf *Weitere*. Das daraufhin erscheinende Dialogfeld *Details auswählen* zeigt die verfügbaren Eigenschaften an.

Wenn Sie Text in das Suchfeld eingeben, durchsucht Windows Dateinamen, alle Eigenschaften und indizierten Inhalte und gibt Elemente zurück, wenn es eine Übereinstimmung mit diesem Wert findet. Dadurch erscheinen oft wesentlich mehr Ergebnisse als gewünscht. Um alle Dokumente zu finden, deren Autor Jean ist, wobei Dokumente, die das Wort Jean in ihrem Dateinamen oder Inhalt enthalten, ausgeschlossen werden, geben Sie in das Suchfeld **Autor:Jean** ein. (Um Dokumente auszuschließen, die von Jeanne, Jeannette oder Jeanelle verfasst wurden, fügen Sie ein Gleichheitszeichen hinzu und schließen Jean in Anführungszeichen ein: **Autor:="Jean"**.)

Bei der Suche auf der Grundlage von Datumsangaben können Sie je nach Wunsch Lang- oder Kurzformen verwenden. Zum Beispiel sind die Suchwerte

```
Geändert:29.9.23
```

und

```
Geändert:29.9.2023
```

vom Ergebnis her gleichwertig.

Für die Suche nach Elementen, die vor oder nach einem bestimmten Stichtag geändert wurden, können Sie die Operatoren kleiner (<) und größer (>) verwenden. So liefert

```
Geändert:>30.9.23
```

alle Elemente, die nach dem 30. September 2023 geändert wurden. Mit denselben Operatoren können Sie auch nach Dateigrößen bis zu einem bestimmten Wert oder über einem bestimmten Wert suchen.

Zur Suche nach Elementen aus einem bestimmten Datumsbereich verbinden Sie die beiden Tagesangaben durch zwei Punkte. Wenn Sie nach Dateien suchen, die im Juli oder August 2023 geändert wurden, geben Sie zum Beispiel folgenden Suchbegriff ins Suchfeld des Datei-Explorers ein:

```
Geändert:1.7.2023..31.8.2023
```

Sie können auch bei der Suche nach bestimmten Dateigrößen Bereiche angeben. Der Suchfilter schlägt einige übliche Größenbereiche vor und gibt ihnen passende Namen. Sie können also **Größe:** eingeben und in der Auswahlliste, die sich dann öffnet, auf *Mittel* klicken, wenn Sie Dateien im Bereich von 1 MB bis 128 MB suchen.

Lassen Sie sich nicht zu der Annahme verleiten, diese Liste stelle die gesamte Auswahl an Bereichen dar. Sie können genaue Größen angeben und dabei Operatoren wie >, >=, < und <= verwenden und Sie können den Bereichsoperator »..« verwenden (zwei Punkte hintereinander). So ist **Größe:0MB..1MB** dasselbe wie **Größe:<=1MB**. Sie können Werte mit den Größenordnungen *B*, *KB*, *MB* und *GB* verwenden.

Mehrere Kriterien in komplexen Suchabfragen kombinieren

Sie können die booleschen Operatoren *UND*, *ODER* und *NICHT* verwenden, um Kriterien im Suchfeld zu kombinieren oder zu negieren. Diese Operatoren müssen in Großbuchstaben geschrieben werden, damit sie nicht als gewöhnlicher Text eingestuft werden. Statt des Operators *UND* können Sie ein Pluszeichen (+) verwenden und statt des Operators *NICHT* ein Minuszeichen (-). Außerdem können Sie die Kriterien mit Klammern zusammenfassen. Begriffe, die in den Klammern stehen und durch ein Leerzeichen getrennt sind, werden so ausgewertet, als seien sie mit einem impliziten *UND*-Operator verbunden. Tabelle 9.1 zeigt einige Beispiele für komplexere Abfragen.

Dieser Suchbegriff	gibt folgendes zurück
`Siechert UND Bott`	Elemente mit mindestens einem indizierten Bestandteil (Eigenschaft, Dateiname oder ein ganzes Wort im Inhalt), der mit *Siechert* beginnt oder mit diesem Wort übereinstimmt, und einem weiteren Bestandteil in derselben Kategorie, der mit *Bott* beginnt oder mit diesem Wort übereinstimmt
`Titel:("report" NICHT draft)`	Elemente, deren Eigenschaft *Titel* das Wort *Report* enthält und kein Wort enthält, das mit *draft* beginnt
`Markierungen:Steuer UND Autor:Doug`	Elemente, deren Autor *Doug* ist und die im Feld *Markierungen* das Wort Steuer enthalten
`Markierungen:Steuer UND Autor:(Doug ODER Craig) UND Geändert:<1.1.23`	Elemente, deren Autoren *Doug* oder *Craig* sind, die zum letzten Mal vor dem 1. Januar 2023 geändert wurden und im Feld *Markierungen* das Wort *Steuer* enthalten

Tabelle 9.1 Einige Beispiele für komplexe Suchausdrücke

> Hinweis
>
> **Wenn Sie mehrere Kriterien auf der Basis unterschiedlicher Eigenschaften angeben, wird implizit eine *UND*-Verknüpfung angenommen, solange Sie keine anderen Angaben machen. Der Suchbegriff Markierungen:Ed Autor:Carl wirkt also wie Markierungen:Ed UND Autor:Carl.**

Verwendung von Platzhaltern und Zeichensuche

Die Spuren der bei Dateisuchen verwendeten Platzhalter lassen sich bis in die Anfangszeit der Microsoft-Betriebssysteme zurückverfolgen, lange vor der Ära von Windows. In Windows 11 haben zwei dieser altgedienten Operatoren überlebt und warten auf ihren Einsatz:

- Das Sternchen (*) kann an beliebiger Stelle in der Suchzeichenfolge eingegeben werden und entspricht je nach den Umständen keinem, einem oder mehreren Zeichen. In indizierten Suchen, die Ihr Schlüsselwort als Präfix betrachten, wird dieser Operator immer implizit am Ende des Suchbegriffs angenommen. Daher liefert die Suche nach **Voice** Ergebnisse wie *Voice*, *Voices* und *Voice-over*. Wenn Sie am Anfang Ihres Suchbegriffs ein Sternchen hinzufügen (***voice**), liefert die Suche auch Ergebnisse wie *Invoice* oder *Invoices*.

  Das Sternchen können Sie auch mitten im Suchbegriff angeben. Das ist ganz nützlich, wenn man Ordner durchsuchen muss, deren Dateien einer Standardnamenskonvention folgen. Wenn Ihre Rechnungen alle mit **INV** beginnen, gefolgt von der Rechnungsnummer, an die sich das Datum anschließt (wie in **INV0038-20220227**), können Sie schnell eine Liste aller Rechnungen aus dem Jahr 2022 erstellen, indem Sie nach **INV*2022*** suchen.

- Das Fragezeichen (?) ist ein etwas präziserer Platzhalter. In Indexsuchen entspricht es genau einem Zeichen, und zwar genau an der Position, an der es geschrieben wird. Mit dem Namensschema aus dem vorigen Beispiel könnten Sie den Suchbegriff **Dateiname:INV-????-2022*** verwenden, um alle Dateien aus dem aktuellen Speicherort aufzulisten, die aus dem Jahr 2022 stammen und deren Rechnungsnummer (zwischen den Bindestrichen) genau vier Zeichen lang ist.

Um die Windows-Suche zu zwingen, strikte Zeichenübereinstimmungen an einer indizierten Stelle zu verwenden, geben Sie als erstes Zeichen eine Tilde (~) in das Suchfeld ein, unmittelbar gefolgt von Ihrem Begriff. Wenn Sie Ihre Dokumentenbibliothek öffnen und in das Suchfeld **~??v** eingeben, finden Sie jedes Dokument, dessen Dateiname ein beliebiges Wort mit einem *v* an dritter Stelle enthält, zum Beispiel *saved*, *level* und natürlich *invoice*. Diese Technik ist nicht auf den Inhalt der Datei anwendbar.

Suchabfragen speichern

Nachdem Sie eine Suche abgeschlossen und die Ergebnisse im Datei-Explorer angezeigt haben, können Sie die Suchparameter zur späteren Wiederverwendung speichern. Klicken Sie mit der rechten Maustaste auf eine beliebige Stelle in dem Fenster, in dem die Suchergebnisse angezeigt werden, und klicken Sie auf *Suche speichern*. Die gespeicherte Suche wird standardmäßig in *%UserProfile%\Suchvorgänge* gespeichert; behalten Sie den Standardnamen bei oder geben Sie ihm einen aussagekräftigeren Namen. Sie können die Suche jederzeit mit dem dann aktuellen Inhalt des Index erneut ausführen, indem Sie im Navigationsbereich oder im Ordner *Suchvorgänge* auf die gespeicherte Suche klicken. (Um den Zugriff zu erleichtern, können Sie die Verknüpfung *Suchvorgänge* an den Schnellzugriff oder an Start anheften.)

Wenn Sie eine Suche speichern, speichern Sie ihre Spezifikation (technisch gesehen eine persistedQuery), nicht ihre aktuellen Ergebnisse. Wenn Sie an den XML-Daten interessiert sind, die die Suche definieren, klicken Sie mit der rechten Maustaste auf die gespeicherte Suche in Ihrem Suchordner, wählen Sie *Öffnen mit* und wählen Sie einen Texteditor wie Notepad oder WordPad aus.

Expertentipp

Machen Sie Ihre Suchabfragen flexibel

Sie brauchen in einem Suchbegriff nicht immer ein genaues Datum anzugeben. Windows Search erkennt auch »unscharfe« Datumsangaben wie Heute, Gestern, Diese Woche und Letzter Monat. Mit diesen Angaben können Sie Suchabfragen erstellen und speichern, die schnell alle Dateien anzeigen, an denen Sie zum Beispiel diese oder letzte Woche gearbeitet haben, wie beispielsweise geändert: (Diese Woche ODER Letzte Woche). Eine entsprechende Suchabfrage mit festen Datumsangaben aus dem Kalender wird sich nächsten Monat vermutlich nicht mehr so gut zur Suche nach aktuellen Projekten eignen. Eine Suchabfrage mit den relativen Datumsangaben können Sie dagegen auch in Zukunft verwenden.

Kapitel 10

Benutzerkonten, Kennwörter und Anmeldeinformationen verwalten

Bevor Sie mit einem Gerät arbeiten können, auf dem Microsoft Windows 11 ausgeführt wird, müssen Sie sich mit den Anmeldeinformationen eines Benutzerkontos anmelden, das zur Verwendung dieses Geräts berechtigt ist. Benutzerkonten sind ein wesentlicher Eckpfeiler der Windows-Sicherheit und auch für die Bereitstellung einer personalisierten Benutzererfahrung wichtig. Als Administrator bestimmen Sie, welche Benutzerkonten sich an einem bestimmten Gerät anmelden dürfen. Mit Benutzerkonten auf einem Windows 11-Gerät können Sie außerdem:

- den Zugang zu Ihren Dateien und anderen Ressourcen kontrollieren
- Systemereignisse überwachen, wie Anmeldungen und die Verwendung von Dateien und anderen Ressourcen
- Dateien und Einstellungen zwischen Ihren verschiedenen Computern synchronisieren, sofern die Anmeldungen mit demselben Konto erfolgen
- sich automatisch an E-Mail- und anderen Onlinediensten anmelden
- von jedem Benutzer verlangen, dass er seine Identität durch einen weiteren Faktor beweist (die sogenannte Multi-Faktor-Authentifizierung oder mehrstufige Authentifizierung), wenn er sich das erste Mal bei einem neuen Gerät anmeldet

Die mit einem Benutzerkonto verknüpften Anmeldeinformationen bestehen aus einem Benutzernamen und einem Kennwort, die zur Identifizierung dienen und theoretisch sicherstellen, dass niemand den Computer verwenden oder Dateien, E-Mail-Nachrichten und andere persönliche Daten, die mit einem Benutzerkonto verknüpft sind, einsehen kann, wenn er nicht dazu berechtigt ist.

Wenn Sie der Meinung sind, dass sich Ihr Computer an einem sicheren Ort befindet, an dem nur Personen, denen Sie vertrauen, physischen Zugriff darauf haben, könnten Sie versucht sein, Familienmitgliedern oder Arbeitskollegen zu erlauben, Ihr Benutzerkonto gemeinsam zu nutzen. Wir raten dringend von dieser Konfiguration ab und empfehlen stattdessen, für jede Person, die den Computer benutzt, ein eigenes Benutzerkonto zu erstellen. Auf diese Weise kann jedes Konto auf sein eigenes Benutzerprofil zugreifen, persönliche Dateien und Benutzereinstellungen innerhalb dieses Profils speichern und auf cloudbasierte Ressourcen zugreifen. Mit der schnellen Benutzerumschaltung, die weiter hinten in diesem Kapitel beschrieben wird, ist der Wechsel zwischen Benutzerkonten eine Sache von ein paar Klicks.

Mit der richtigen Hardware und einigen Konfigurationsarbeiten erreichen Sie, dass Sie sich anmelden und abmelden können, ohne Ihre vollständigen Anmeldedaten eingeben zu müssen. Das Feature namens »Windows Hello« bietet die Möglichkeit, sich mit biometrischen Verfahren anzumelden, also beispielsweise per Gesichtserkennung oder einem Fingerabdruck. In diesem Kapitel erfahren Sie außerdem, wie Sie die Microsoft Authenticator-App auf einem vertrauenswürdigen Mobilgerät installieren und sich damit bei einem Microsoft-Konto oder Azure AD-Konto anmelden können, ohne ein Passwort eingeben zu müssen.

Benutzerkonten erstellen und verwalten

Wenn Sie Windows 11 zum ersten Mal auf einem neuen Computer (oder auf einem PC mit einer Neuinstallation von Windows) konfigurieren, erstellt das Setupprogramm ein Profil für ein Benutzerkonto, das ein Administratorkonto ist. (Ein *Administratorkonto* ist ein Konto, das volle Kontrolle über den Computer hat. Weitere Informationen finden Sie im Abschnitt »Administrator- oder Standardbenutzerkonto?« weiter hinten in diesem Kapitel.) Je nachdem, welche Art von Konto Sie bei der Einrichtung auswählen, kann dieses erste Konto ein Microsoft-Konto, ein Azure Active Directory (Azure AD)-Konto oder ein lokales Benutzerkonto sein. Ein vierter Benutzerkontotyp – ein Konto in einer lokalen Active Directory-Domäne – ist nur in einem verwalteten Netzwerk verfügbar, nachdem dieses anfängliche lokale Konto erstellt wurde und Sie den Computer mit der Windows-Domäne verbunden haben. (Informationen zu den Unterschieden zwischen diesen Kontotypen finden Sie im nächsten Abschnitt, »Kontotyp auswählen«.)

Falls Sie Ihren Windows 10-Computer auf Windows 11 aktualisieren und bereits lokale Konten vorhanden sind, migriert Windows diese Konten zu Ihrer Windows 11-Installation. Diese migrierten Konten behalten ihre Gruppenmitgliedschaften und Kennwörter.

Nachdem Sie sich zum ersten Mal angemeldet haben, können Sie unter *Einstellungen | Konten* neue Benutzerkonten erstellen und routinemäßige Änderungen an bestehenden Konten vornehmen. Auf der Seite *Ihre Infos* können Sie Ihr Kontobild konfigurieren und auf die Kontoeinstellungen zugreifen (siehe Abbildung 10.1).

Unter *Konten* finden Sie verschiedene Optionen und Einstellungen, je nachdem, welche Art von Konto Sie verwenden (Microsoft-Konto, Azure AD-Konto oder lokales Konto), ob Ihr Konto Mitglied der Gruppe *Administratoren* ist und – wenn Ihr Computer einer Domäne angehört – ob Gruppenrichtlinien wirksam sind. Auf einem Computer, der mit einer Active Directory-Domäne verbunden ist, wird die gesamte Verwaltung von Benutzerkonten, die über grundlegende Aufgaben wie die Auswahl eines Bilds hinausgeht, normalerweise von einem Domänenadministrator durchgeführt.

Einige kontobezogene Einstellungen befinden sich unter der Überschrift *Benutzerkonten* in der Systemsteuerung, die in Abbildung 10.2 dargestellt ist. Manche dieser Einstellungen duplizieren Funktionen, die auch unter *Einstellungen | Konten* verfügbar sind.

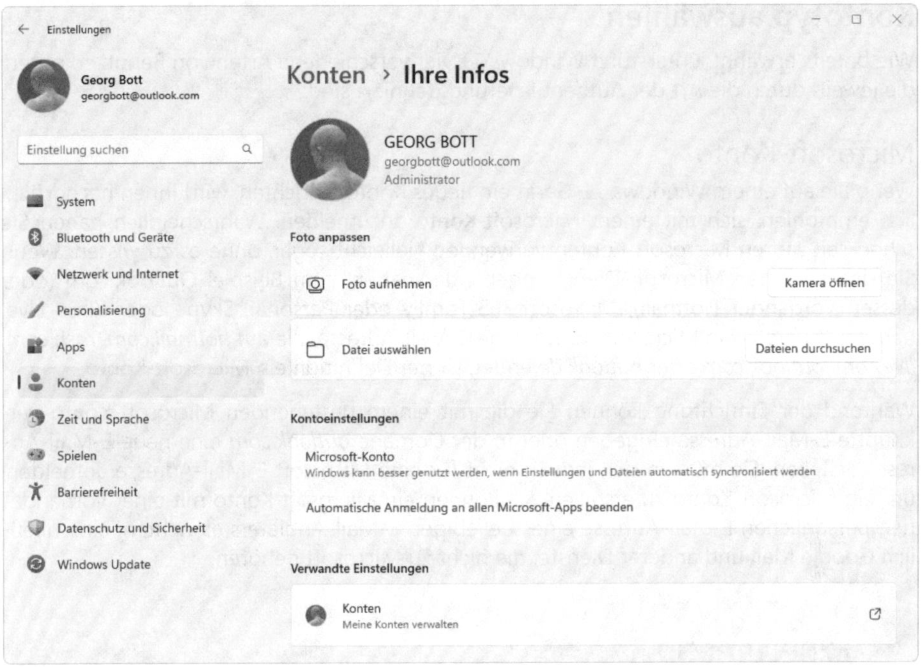

Abbildung 10.1 Auf der Seite *Ihre Infos* werden Ihre Kontodaten angezeigt.

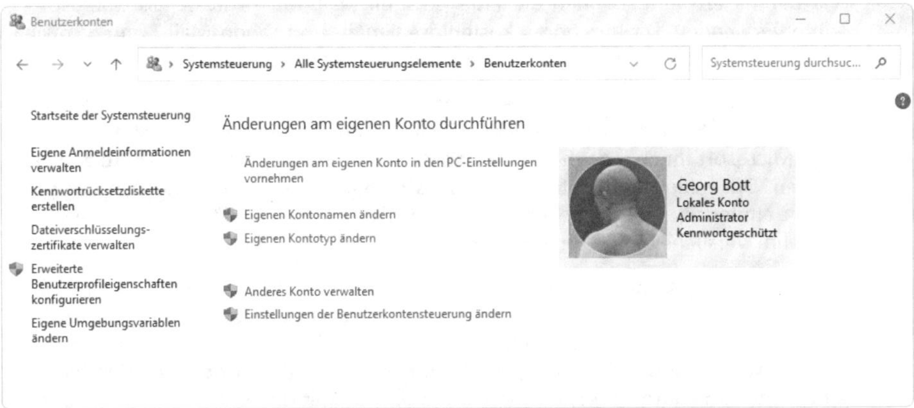

Abbildung 10.2 Der Besuch dieser Seite in der Systemsteuerung ist selten notwendig, da die meisten Optionen zum Erstellen und Verwalten von Konten in der App Einstellungen verfügbar sind.

Sie können ein neues Konto nur über die Seite *Konten* in den *Einstellungen* hinzufügen. Sie können entweder von dieser Seite oder von der entsprechenden Seite in der Systemsteuerung ein Konto entfernen oder seinen Typ ändern. Alle esoterischen Optionen auf der linken Seite der Seite *Benutzerkonten* sowie die Option *Einstellungen für die Benutzerkontensteuerung ändern* sind nur in der Systemsteuerung verfügbar.

Kontotyp auswählen

Wie bereits erwähnt, unterstützt Windows 11 vier verschiedene Arten von Benutzerkonten, die jeweils durch die Art der Authentifizierung definiert sind.

Microsoft-Konto

Wenn Sie auf einem Windows 11-Gerät ein neues Konto einrichten, wird Ihnen nachdrücklich empfohlen, sich mit einem Microsoft-Konto anzumelden. Wahrscheinlich haben Sie schon seit Jahren Microsoft-Konten verwendet, vielleicht sogar, ohne es zu wissen. Wenn Sie sich für einen Microsoft-Dienst angemeldet haben, zum Beispiel Outlook.com (oder dessen Vorgänger Hotmail), Microsoft 365 Family oder Personal, Skype oder Xbox Live, haben Sie bereits ein Microsoft-Konto. Jede E-Mail-Adresse, die auf *hotmail.com, msn.com, live.com, outlook.com* oder *outlook.de* endet, ist per Definition ein Microsoft-Konto.

Während der Einrichtung können Sie die mit einem bestehenden Microsoft-Konto verknüpfte E-Mail-Adresse eingeben oder in der Domäne *outlook.com* eine neue E-Mail-Adresse erstellen. Sie müssen sich jedoch nicht für eine Microsoft-E-Mail-Adresse anmelden, um ein Microsoft-Konto zu erstellen. Sie können ein Microsoft-Konto mit einer vorhandenen persönlichen E-Mail-Adresse eines beliebigen E-Mail-Anbieters einrichten, einschließlich Google Mail und anderer Dienste, die nicht zu Microsoft gehören.

> **Expertentipp**
>
> ***Verwenden Sie keine geschäftliche E-Mail-Adresse als Microsoft-Konto***
>
> Wie bereits erwähnt, können Sie jede persönliche E-Mail-Adresse als Microsoft-Konto verwenden. Dazu gehören kostenlose Gmail- und Yahoo-Mail-Konten sowie Konten, die von einem Internetprovider bereitgestellt werden.
>
> Wenn Sie eine E-Mail-Adresse auf einer benutzerdefinierten Domäne haben, die auf Microsoft 365 Exchange Online- oder Google Workspace-Servern gehostet wird, erlaubt Microsoft Ihnen jedoch nicht mehr, diese Adresse als Microsoft-Konto zu verwenden. Der neue Kontoerstellungsprozess erkennt kommerzielle Konten mit benutzerdefinierten Domänen, die auf einem dieser Servertypen gehostet werden, und lehnt Versuche ab, sie für ein Microsoft-Konto zu verwenden.
>
> Das ist, offen gestanden, eine willkommene Änderung. Wenn Sie bisher eine geschäftliche E-Mail-Adresse für ein Microsoft-Konto verwendet haben, wurden Sie jedes Mal belästigt, wenn Sie versuchten, sich bei einem der beiden Dienste anzumelden, weil Windows 11 fragte, ob Sie Ihr Microsoft-Konto oder Ihr Geschäfts-, Schul- oder Unikonto verwenden wollten. Wenn Sie mit dieser unglücklichen Konfiguration konfrontiert sind, können Sie die Dinge in Ordnung bringen, indem Sie Ihrem Microsoft-Konto einen neuen E-Mail-Alias zuweisen, den Alias zur primären Adresse machen und dann die unerwünschte geschäftliche Adresse aus dem Microsoft-Konto entfernen. Detaillierte Anweisungen für diese Aufgabe finden Sie weiter hinten in diesem Abschnitt.

Wenn Sie sich mit einem Microsoft-Konto anmelden, können Sie die PC-Einstellungen zwischen mehreren Computern synchronisieren. Wenn Sie mehr als einen PC verwenden, zum Beispiel einen Desktop-PC auf der Arbeit, einen anderen Desktop zu Hause, einen Laptop für unterwegs und ein Tablet zu Hause, können Sie durch die Anmeldung mit einem Microsoft-Konto mühelos denselben Desktophintergrund, dieselben gespeicherten Kennwörter, dasselbe Kontobild, dieselbe Zugriffskonfiguration usw. verwenden. Die Synchronisierung erfolgt automatisch und fast augenblicklich.

Einige Windows 11-Features, einschließlich OneDrive und Familieneinstellungen, erfordern die Verwendung eines Microsoft-Kontos oder eines Azure AD-Kontos. Es ist möglich, OneDrive und andere Dienste, die von einem Microsoft-Konto abhängen, auch dann zu verwenden, wenn Sie sich mit einem anderen Kontotyp bei Windows anmelden. In dieser Konfiguration müssen Sie sich jedoch bei jedem Dienst einzeln anmelden und einige Funktionen sind möglicherweise nicht verfügbar oder weniger bequem zu verwenden.

Normalerweise verknüpfen Sie eine einzige persönliche E-Mail-Adresse mit Ihrem Microsoft-Konto und verwenden diese Adresse für die Anmeldung bei Windows. Da jedoch jedes Microsoft-Konto bis zu zehn E-Mail-Aliasse unterstützt, können Sie für die Anmeldung an Ihrem Microsoft-Konto auch einen beliebigen Alias verwenden, der mit Ihrer primären Adresse verknüpft ist.

Die Aliasse für ein Microsoft-Konto verwalten Sie, indem Sie zur Seite *https://account.live.com/names/Manage* gehen und sich mit Ihrem Microsoft-Konto anmelden. Klicken Sie im Abschnitt *Kontoalias auf E-Mail-Adresse hinzufügen*, um einen neuen Alias zu erstellen oder eine vorhandene persönliche E-Mail-Adresse als Alias zu verwenden. Sobald die neue E-Mail-Adresse verifiziert wurde, können Sie sie zur primären Adresse machen und (wenn Sie möchten) die alte Adresse löschen. (Jeder Alias verwendet dasselbe Kennwort wie das ursprüngliche Konto.)

Im Abschnitt *Anmeldeeinstellungen* können Sie die Einstellungen für E-Mail-Aliasse so ändern, dass ein bestimmter Alias nicht für die Anmeldung an Ihrem Microsoft-Konto benutzt werden darf. Diese Vorsichtsmaßnahme ermöglicht es, einen Alias zum Senden und Empfangen von E-Mail zu nutzen, verhindert aber, dass er für den Zugriff auf Ihr Microsoft-Konto verwendet wird.

Lokales Benutzerkonto

Ein *lokales Konto* ist ein Konto, das seine Anmeldeinformationen und andere Kontodaten auf Ihrem PC speichert. Ein lokales Konto funktioniert nur auf einem einzigen Computer. Es benötigt weder eine E-Mail-Adresse als Benutzernamen noch kommuniziert es mit einem externen Server, um die Anmeldedaten zu überprüfen.

Diese Kontenart war jahrzehntelang der Standard in Windows. Für Windows 11 empfiehlt Microsoft, auf Computern, die keine Mitglieder von verwalteten Netzwerken sind, statt lokaler Konten Microsoft-Konten zu benutzen. Es ist aber nicht zwingend erforderlich, ein Microsoft-Konto zu verwenden. Lokale Benutzerkonten werden weiterhin voll unterstützt.

Möglicherweise bevorzugen Sie ein lokales Konto, wenn Ihr Heim- oder Firmennetzwerk auch Computer mit Windows 7 oder früheren Versionen umfasst (also Versionen, die die Verwendung von Microsoft-Konten nicht ausdrücklich unterstützen).

▶ **Einzelheiten finden Sie im Abschnitt »Dateien, Drucker und andere Ressourcen über ein lokales Netzwerk freigeben« in Kapitel 11, »Windows-Netzwerke konfigurieren«.**

Darüber hinaus haben einige Leute Bedenken hinsichtlich des Datenschutzes und der Datensicherheit, wenn persönliche Informationen auf den Servern eines großen Unternehmens gespeichert werden, unabhängig davon, ob diese Infrastruktur von Microsoft, Google, Apple, Amazon oder einem anderen Cloudanbieter verwaltet wird. Wenn Sie sich mit einem lokalen Benutzerkonto anmelden, sendet Ihr Computer weniger Daten an die Microsoft-Server.

Expertentipp

Wie sollten Sie die Sicherheitsfragen für ein lokales Konto konfigurieren?

Wenn Sie mit Windows 11 ein neues, kennwortgeschütztes lokales Konto einrichten, müssen Sie drei Sicherheitsfragen (aus einer Liste von sechs) auswählen und die Antworten auf diese Fragen eingeben. (Sie können diesen Schritt überspringen, indem Sie die Internetverbindung trennen, bevor Sie beim Erstellen des neuen Kontos diese Seite erreichen.)

Die vorbereiteten Fragen bieten keine gute Sicherheit. Einige der Informationen, zum Beispiel der Name Ihres ersten Haustiers oder Ihr Geburtsort, sind kaum ein Hindernis für einen Angreifer, der Sie persönlich kennt. Ein Dieb, der Ihr Notebook mitgenommen hat, kommt wahrscheinlich nicht so einfach an diese Informationen, aber jemand aus Ihrem Bekanntenkreis weiß möglicherweise die Antworten.

Auf einem Heim-PC, der an einem sicheren Platz steht, mag diese Maßnahme sinnvoll sein, besonders wenn Sie einen PC für vergessliche Verwandte einrichten. Aber wenn Sie es zu gefährlich finden, diese Fragen zu beantworten, ist hier ein anderer Ansatz: *Lügen Sie drauflos!* Windows prüft natürlich nicht, ob Ihre Antworten wahr oder auch nur sinnvoll sind. Statt die gestellten Fragen zu beantworten, können Sie sich eine aus mehreren Wörtern zusammengesetzte Phrase ausdenken und sie statt der tatsächlichen Antwort eintragen. Wenn Sie es für sich selbst wie auch für einen Angreifer unmöglich machen wollen, mithilfe der Sicherheitsfragen das Kennwort zurückzusetzen, können Sie einfach wild auf die Tastatur einhämmern und eine lange Abfolge von Unsinn als Antwort auf jede Frage eintippen.

Alternativ bietet es sich an, eine Kennwortrücksetzdiskette zu erstellen, die Sie – getrennt von Ihrem PC – an einem sicheren Ort verwahren. Sie brauchen dazu einen Wechseldatenträger, zum Beispiel einen USB-Speicherstick, ein externes Festplattenlaufwerk oder eine Speicherkarte. Melden Sie sich mit Ihrem Konto an, öffnen Sie *Systemsteuerung | Benutzerkonten* und klicken Sie auf *Kennwortrücksetzdiskette erstellen*. Folgen Sie nun den Anweisungen des Assistenten für vergessene Kennwörter. Sie können für jedes lokale Benutzerkonto nur eine einzige Kennwortrücksetzdiskette erstellen. Wenn Sie eine neue erstellen, wird die alte ungültig und kann nicht mehr benutzt werden. Wie Sie Ihr Kennwort mithilfe dieses Datenträgers zurücksetzen, beschreiben wir weiter hinten in diesem Kapitel.

Sie können zwischen der Verwendung eines Microsoft-Kontos und eines lokalen Kontos wechseln, indem Sie zu *Einstellungen | Konten | Ihre Infos* gehen. Auf dieser Seite (siehe Abbildung 10.1) klicken Sie auf *Stattdessen mit einem lokalen Konto anmelden*. Windows führt Sie durch ein paar einfache Schritte, um ein lokales Konto zu erstellen, das Sie dann für die Anmeldung verwenden.

Wenn Sie derzeit mit einem lokalen Konto angemeldet sind, lautet der Link auf dieser Seite *Stattdessen mit einem Microsoft-Konto anmelden*. Klicken Sie auf diesen Link, um Ihr lokales Konto durch ein Microsoft-Konto zu ersetzen. Im Rahmen der Umstellung müssen Sie Ihr lokales Kennwort ein weiteres Mal eingeben. Ein paar Bildschirme später sind Sie mit einem bestehenden oder einem neu erstellten Microsoft-Konto verbunden. Von diesem Zeitpunkt an melden Sie sich mit Ihrem Microsoft-Konto an.

Azure Active Directory-Konto

Der dritte Kontentyp, der bei der Ersteinrichtung von Windows 11 Pro, Enterprise oder Education verfügbar ist, ist ein Geschäfts-, Schul- oder Unikonto mit Azure Active Directory. Azure AD bietet einige der Vorteile eines Microsoft-Kontos, einschließlich der Unterstützung für die Multi-Faktor-Authentifizierung und die einmalige Anmeldung (single sign-on) bei Onlinediensten, wobei Netzwerkadministratoren gegebenenfalls mit der entsprechenden Verwaltungssoftware Beschränkungen festlegen können. Diese Konten sind am häufigsten in mittleren und großen Unternehmen, Organisationen, Schulen, Universitäten und anderen Bildungseinrichtungen zu finden.

Organisationen, die Microsofts Onlinedienste abonnieren, die sich vor allem an Unternehmen richten – einschließlich der Business- oder Enterprise-Editionen von Microsoft 365 (früher bekannt als Office 365), Microsoft Intune und Microsoft Dynamics CRM Online –, verfügen im Rahmen ihres Abonnements automatisch über Zugang zu Azure AD-Diensten. Für jedes Benutzerkonto in diesen Diensten existiert automatisch ein entsprechender Azure AD-Verzeichniseintrag.

Sie können bei einer Windows 11-Neuinstallation ein Azure AD-Konto verwenden, wie wir in »Durchführen einer Neuinstallation« in Kapitel 2, »Installieren eines neuen Windows 11-PCs« erklären. Sie können ein Windows 11-Gerät auch mit Azure AD verknüpfen, nachdem es für die Verwendung eines lokalen Kontos oder eines Microsoft-Kontos eingerichtet wurde. Gehen Sie dazu zu *Einstellungen | Konten | Auf Geschäfts-, Schul- oder Unikonto zugreifen* und klicken Sie dann auf *Verbinden*. Das daraufhin angezeigte Dialogfeld, das in Abbildung 10.3 dargestellt ist, bietet Ihnen zwei Optionen.

Abbildung 10.3 Das Hinzufügen eines Geschäfts-, Schul- oder Unikontos über die Einstellungen-App bietet mehrere Optionen. Die Links *Dieses Gerät einbinden* geben Ihrer Organisation die Kontrolle über das Gerät.

Die Standardoption ermöglicht es Ihnen, sich weiterhin mit Ihrem Microsoft-Konto oder Ihrem lokalen Konto bei Windows anzumelden, und fügt einfach Ihr Azure AD-Konto hinzu, um den Zugriff auf Microsoft 365-Dienste, einschließlich Exchange Online-E-Mail und OneDrive for Business, zu erleichtern. Wenn das Ihr Ziel ist, klicken Sie auf *Weiter* und folgen Sie den Aufforderungen.

Wenn Sie den PC so umkonfigurieren möchten, dass Sie sich mit Ihrem Azure AD-Konto bei Windows anmelden, geben Sie im Dialogfeld *Geschäfts-, Schul- oder Unikonto einrichten* keine E-Mail-Adresse ein, sondern klicken Sie unten im Dialogfeld auf den Link *Dieses Gerät in Azure Active Directory einbinden.* Diese Option öffnet das in Abbildung 10.4 gezeigte Dialogfeld. Nachdem Sie sich mit Ihren Azure AD-Anmeldeinformationen angemeldet haben, haben Sie eine letzte Möglichkeit, zu bestätigen, dass Sie sich mit den Anmeldeinformationen Ihrer Organisation anmelden und Administratoren erlauben möchten, Richtlinien auf Ihr Gerät anzuwenden.

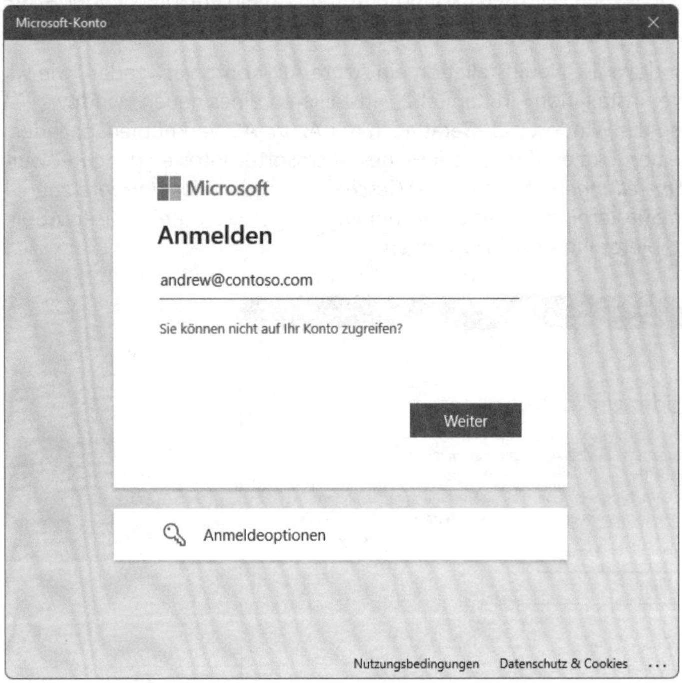

Abbildung 10.4 Geben Sie die Anmeldeinformationen eines Azure Active Directory-Kontos ein, z.B. eines Microsoft 365 Enterprise-Abonnements, um das Gerät in diese Organisation einzubinden.

Nachdem Sie einen Windows 11-PC in Azure AD eingebunden haben, können Sie Ihr Benutzerprofil anzeigen und bearbeiten, indem Sie zu *Einstellungen | Konten | Ihre Infos* und auf *Meine Konten verwalten* klicken. Sie können die Registerkarten verwenden, um Sicherheitsinformationen zu verwalten, einschließlich Anmeldemethoden und Multi-Faktor-Authentifizierung. Je nach den von Ihrem Unternehmen vorgenommenen Einstellungen können Sie möglicherweise Ihr eigenes Kennwort zurücksetzen.

Active Directory-Domänenkonto

In Organisationen mit einem Windows-Domänenserver, auf dem die Active Directory-Dienste ausgeführt werden, können Administratoren einen PC mit der Domäne verbinden und ein Domänencomputerkonto erstellen. (Diese Option ist nur in den Editionen Windows 11 Pro, Enterprise und Education verfügbar.) Nachdem dieser Schritt abgeschlossen ist, kann sich jeder Anwender, der in der Domäne ein Benutzerkonto besitzt, an diesem Computer anmelden und auf lokale und domänenbasierte Ressourcen zugreifen. Dieser Kontotyp wird in Kapitel 19, »Windows-PCs in Unternehmen verwalten«, ausführlicher behandelt.

Administrator- oder Standardbenutzerkonto?

Das Rückgrat der Windows-Sicherheit ist die Möglichkeit, jeden Benutzer eindeutig zu identifizieren. Bei der Einrichtung eines Computers – oder auch zu jedem späteren Zeitpunkt – erstellt ein Administrator ein oder mehrere Benutzerkonten, von denen jedes durch einen Benutzernamen identifiziert und normalerweise durch ein Kennwort geschützt ist. Wenn sich der Benutzer mit diesen Anmeldeinformationen am PC anmeldet, steuert Windows den Zugriff auf die Systemressourcen auf der Grundlage der Berechtigungen und Rechte, die den einzelnen Benutzerkonten von den Eigentümern der Ressourcen und dem Systemadministrator zugewiesen wurden.

Windows klassifiziert jedes Benutzerkonto als einen von zwei Kontotypen:

- **Administrator** Die Mitglieder der Gruppe *Administratoren* werden als Administratorkonten eingestuft. Die Gruppe *Administratoren* umfasst standardmäßig das erste Konto, das Sie beim Einrichten des Computers erstellen, sowie ein Konto namens *Administrator*, das standardmäßig deaktiviert und ausgeblendet ist. Im Gegensatz zu anderen Kontotypen besitzen Administratoren die volle Kontrolle über das System.
- **Standardbenutzer** Mitglieder der Gruppe *Benutzer* werden als Standardbenutzerkonten eingestuft. Benutzer haben nur begrenzten administrativen Zugriff, können aber grundlegende administrative Funktionen ausführen, beispielsweise die Eigenschaften ihres eigenen Kontos ändern oder Windows-Updates verwalten.

Den Personen, die einen Computer benutzen, einen geeigneten Kontotyp zuzuweisen, ist ganz einfach. Mindestens ein Benutzer muss ein Administrator sein; das sollte natürlich die Person sein, die die Nutzung und Wartung des Computers verwaltet. Alle anderen regelmäßigen Benutzer sollten standardmäßige Benutzerkonten haben.

> **Hinweis**
>
> **Für Computer mit Windows 11, die Sie mit Azure AD verbinden, können Sie einen Benutzer innerhalb Ihres Azure AD-Tenants als Geräteadministrator festlegen. Diese Aufgabe kann automatisch ausgeführt werden, während Sie das Gerät in Azure AD einbinden.**

Was ist mit dem Konto Administrator passiert?

Jeder Computer, auf dem Windows läuft, hat ein spezielles Konto namens Administrator. In den Windows-Versionen vor Windows 7 war der Administrator das primäre Konto für die Verwaltung des Computers. Wie andere Administratorkonten hat auch das Konto *Administrator* volle Rechte auf dem gesamten Computer. In Windows 11 ist das Konto *Administrator* jedoch standardmäßig deaktiviert.

In Windows 11 besteht nur selten die Notwendigkeit, das Konto *Administrator* anstelle eines anderen Administratorkontos, also eines Benutzerkontos, das Mitglied der Gruppe Administratoren ist, zu verwenden. In den Standardeinstellungen von Windows besitzt das Konto *Administrator* ein besonderes Merkmal: Für dieses Konto wird die Benutzerkontensteuerung (UAC, user account control) nie ausgeführt, und zwar auch dann nicht, wenn die Benutzerkontensteuerung für alle anderen Konten aktiviert ist. Alle anderen Administratorkonten (die manchmal auch als geschützte Administratorkonten bezeichnet werden) werden mit Standardbenutzerberechtigungen ausgeführt, es sei denn, der Benutzer stimmt der Ausführung mit erhöhten Rechten zu. Das Konto *Administrator* wird immer mit vollen Administratorrechten ausgeführt; daher wird niemals Ihre Zustimmung für die Erhöhung der Rechte benötigt. (Aus diesem Grund bringt die Nutzung dieses Konto bestimmte Risiken mit sich. Jede Anwendung, die als Administrator ausgeführt wird, hat die volle Kontrolle über den Computer, was bedeutet, dass Anwendungen, die von böswilligen oder unerfahrenen Programmierern geschrieben wurden, Ihrem System erheblichen Schaden zufügen können.)

Expertentipp

Und was ist mit dem Gastkonto?

In der Vergangenheit bot das integrierte Gastkonto eine Möglichkeit, gelegentlichen Benutzern begrenzten Zugriff zu gewähren. Nicht so in Windows 11. Obwohl dieses Konto immer noch existiert, ist es standardmäßig deaktiviert, und die unterstützten Tools zur Aktivierung (beispielsweise die Konsole *Lokale Benutzer und Gruppen*) funktionieren nicht so, wie Sie es vielleicht erwarten. Unserer Erfahrung nach wird der Versuch, Windows 11 dazu zu bringen, diese Funktion zu aktivieren, mit ziemlicher Sicherheit in Frustration enden. In der cloudzentrierten Welt von Windows 11 funktioniert das Gastkonto nicht mehr wie früher, und seine Aktivierung kann zu den unterschiedlichsten Problemen führen. Eine bessere Lösung (wenn Ihre Gäste kein eigenes Gerät haben, das eine Verbindung zu Ihrem drahtlosen Netzwerk herstellen kann) ist die Einrichtung eines Standardbenutzerkontos für die Nutzung durch Gäste.

Kontoeinstellungen ändern

Mit den Optionen in der App Einstellungen und in der Systemsteuerung können Sie Änderungen an Ihrem eigenen Konto oder am Konto eines anderen Benutzers vornehmen.

Um Ihr eigenes Konto zu ändern, gehen Sie zu *Einstellungen* | *Konten* | *Ihre Infos*, wie in Abbildung 10.1 gezeigt. Noch schneller geht es so: Öffnen Sie das Startmenü, klicken oder tippen Sie auf Ihr Kontobild und wählen Sie dann *Kontoeinstellungen ändern*.

Hier können Sie Ihr Profilbild ändern. Suchen Sie dazu eine passende Bilddatei heraus oder nehmen Sie mit der Webcam ein Foto auf. Wenn Sie sich mit einem Microsoft-Konto anmelden, öffnet ein Klick auf die Verknüpfung *Meine Konten verwalten* Ihren Standardwebbrowser, der dann Ihre Kontoseite unter *https://account.microsoft.com* lädt. Auf dieser Seite können Sie Ihr Kennwort oder den Namen ändern, der mit dem Microsoft-Konto verknüpft ist. Mit den anderen Verknüpfungen am oberen Rand der Seite prüfen Sie Ihre Dienste und Abonnements, Sicherheitseinstellungen, den Bestellverlauf und die Bezahlung und ändern Ihre Zahlungsoptionen. Sie können auch Informationen über andere Geräte abrufen, die mit Ihrem Microsoft-Konto verknüpft sind.

Wenn Sie zu Ihrem Computer einen oder mehrere Benutzer hinzugefügt haben, können Sie (als Computeradministrator) Änderungen am Konto all dieser Benutzer vornehmen. (Informationen über das Hinzufügen von Benutzern finden Sie im Abschnitt »Ein Benutzerkonto erstellen« weiter hinten in diesem Kapitel.)

Um den Kontotyp eines Benutzers zu ändern, gehen Sie zu *Einstellungen | Konten | Weitere Benutzer*. Klicken Sie auf den Namen des Kontos, das Sie ändern möchten, und dann auf *Kontotyp ändern*. Sie haben die Wahl zwischen *Standardbenutzer* und *Administrator*, wie im vorherigen Abschnitt beschrieben.

Wenn sich die Person mit einem Microsoft-Konto anmeldet, können Sie keine weiteren Änderungen vornehmen. (Sie können keine Änderungen am Microsoft-Konto einer anderen Person vornehmen; nur der Besitzer dieses Kontos kann das, indem er sich unter *https://account.microsoft.com* anmeldet.) Für Benutzer, die sich mit einem lokalen Benutzerkonto anmelden, können Sie einige zusätzliche Änderungen vornehmen, jedoch müssen Sie dazu in der Systemsteuerung unter *Benutzerkonten* beginnen (siehe Abbildung 10.2). Klicken Sie auf *Anderes Konto verwalten* und dann auf den Namen des Kontos, das Sie ändern möchten. Sie können die folgenden Änderungen vornehmen:

- **Kontoname** Der Name, den Sie hier ändern, ist der vollständige Name, der auf dem Anmeldebildschirm, im Startmenü und in den Benutzerkonten angezeigt wird.
- **Kennwort** Sie können ein Kennwort erstellen und einen Hinweis speichern, der Sie an ein vergessenes Kennwort erinnert. Wenn das Konto bereits durch ein Kennwort geschützt ist, können Sie das Kennwort über Benutzerkonten ändern oder entfernen. Weitere Informationen zu Kennwörtern finden Sie im Abschnitt »Kennwort festlegen oder ändern« weiter hinten in diesem Kapitel.
- **Kontotyp** Die Auswahlmöglichkeiten hier sind dieselben wie unter *Einstellungen | Konten*: *Administrator* (damit wird das Konto der Gruppe *Administratoren* hinzugefügt), oder *Standardbenutzer* (damit wird das Konto der Gruppe *Benutzer* hinzugefügt).
- **Löschen** Sie können das Konto löschen und dabei wählen, ob die Dateien des Benutzers gelöscht oder beibehalten werden sollen.

Wenn Sie sich mit einem lokalen Benutzerkonto anmelden, können Sie die folgenden zusätzlichen Änderungen an Ihrem eigenen Konto (also dem Konto, mit dem Sie gerade angemeldet sind) vornehmen, indem Sie auf die Links im linken Fensterbereich klicken:

- **Eigene Anmeldeinformationen verwalten** Dieser Link öffnet den Manager für Anmeldeinformationen, mit dem Sie gespeicherte Anmeldeinformationen verwalten können, die Sie für den Zugriff auf Netzwerkressourcen und Websites verwenden. Beachten Sie, dass der neue Microsoft Edge-Browser, der auf der Chromium-Engine basiert, seinen eigenen Speicher für gespeicherte Anmeldeinformationen hat und diesen ignoriert.

- **Kennwortrücksetzdiskette erstellen** Dieser Link ist nur verfügbar, wenn Sie mit einem lokalen Konto angemeldet sind. Er startet den Assistenten für vergessene Kennwörter, mit dem Sie auf einem Wechseldatenträger ein Tool zur Kennwortrücksetzung erstellen können. Alternativ können Sie mit Windows 11 ein vergessenes Kennwort wiederherstellen, indem Sie die Antworten auf die Fragen zum Zurücksetzen des Kennworts verwenden, die Sie beim Einrichten des Kontos ausgewählt haben.
- **Dateiverschlüsselungszertifikate verwalten** Dieser Link öffnet einen Assistenten, mit dem Sie Zertifikate erstellen und verwalten können, die die Verwendung von Encrypting File System (EFS) ermöglichen. EFS ist nur in den Pro- und Enterprise-Editionen von Windows 11 verfügbar und ermöglicht die Verschlüsselung von Ordnern und Dateien, damit sie nur für Personen mit der entsprechenden Zugriffsberechtigung einsehbar sind. Weitere Informationen finden Sie im Abschnitt »Informationen verschlüsseln« in Kapitel 12, »Sicherheit und Datenschutz in Windows 11«.
- **Erweiterte Benutzerprofileigenschaften konfigurieren** Diese Verknüpfung wird für den Wechsel zwischen einem lokalen Profil, das auf dem lokalen Computer gespeichert ist, und einem Roamingprofil verwendet, das in einer Domänenumgebung auf einem Netzwerkserver gespeichert ist. Bei einem lokalen Profil haben Sie auf jedem Computer, auf dem Sie arbeiten, ein anderes Profil. Ein Roamingprofil bleibt dagegen stets gleich, unabhängig davon, auf welchem Computer aus dem Netzwerk Sie sich anmelden. Ein Roamingprofil setzt ein Domänennetzwerk voraus, in dem die Active Directory-Dienste von Windows Server verfügbar sind. Microsoft-Konten und Azure AD-Konten verwenden einen anderen Mechanismus zum Synchronisieren von Einstellungen.
- **Eigene Umgebungsvariablen ändern** Diese Verknüpfung ist vor allem für Programmierer interessant. Sie öffnet ein Dialogfeld, in dem Sie Umgebungsvariablen erstellen und bearbeiten können, die nur für Ihr Benutzerkonto verfügbar sind; außerdem können Sie die systemweit gültigen Umgebungsvariablen einsehen, die für alle Konten gelten.

Konto löschen

Als lokaler Administrator können Sie jedes lokale Konto oder Microsoft-Konto löschen, das auf einem Windows 11-PC eingerichtet ist, es sei denn, das Konto ist gerade angemeldet. Um ein Konto zu löschen, gehen Sie zu *Einstellungen* | *Konten* | *Weitere Benutzer* und klicken Sie auf den Namen des Kontos, das Sie löschen möchten. Klicken Sie dann auf *Entfernen*. Windows warnt dann vor den Folgen des Löschens eines Kontos, zu denen auch das Entfernen der Dateien des Benutzers gehört.

> Hinweis
>
> **Windows lässt es nicht zu, dass Sie das letzte lokale Konto auf dem Computer löschen, selbst wenn Sie mit dem integrierten Konto *Administrator* angemeldet sind. Diese Einschränkung ist eine weitere Maßnahme, um die Sicherheit zu verbessern; sie soll den Benutzer veranlassen, für die normalen Arbeiten am Computer ein anderes Konto als *Administrator* zu verwenden.**

Nachdem Sie ein Benutzerkonto gelöscht haben, kann sich dieser Benutzer nicht mehr anmelden. Das Löschen eines Kontos hat noch eine weitere Auswirkung, die Sie beachten sollten: Sie können den Zugriff auf Ressourcen, die derzeit für den Benutzer freigegeben sind, nicht wiederherstellen, indem Sie das Konto einfach neu erstellen. Das betrifft gemeinsam verwendete Dateien sowie die vom Benutzer verschlüsselten Dateien, persönliche Zertifikate und gespeicherte Kennwörter für Websites und Netzwerkressourcen. Der Grund dafür ist, dass die Berechtigungen nicht direkt mit dem Benutzernamen verknüpft sind, sondern mit der Sicherheitskennung (Security Identifier, SID) des Benutzers. Selbst wenn Sie mit demselben Namen und demselben Kennwort ein neues Konto erstellen, hat dieses Konto eine neue SID. Diese Sicherheitskennung ermöglicht keinen Zugriff auf Ressourcen, die für das ursprüngliche Konto zugänglich waren. (Weitere Informationen über Sicherheitskennungen finden Sie im Abschnitt »Grundlagen der Zugriffssteuerung in Windows 11« weiter hinten in diesem Kapitel.)

Expertentipp

Ein Konto löschen, ohne die Benutzerdaten zu löschen

In früheren Versionen von Windows gab es eine Option, mit der die Datendateien eines Kontos – Dokumente, Fotos, Musik, Downloads und andere im Benutzerprofil gespeicherte Dateien und Ordner – beim Löschen des Benutzerkontos erhalten blieben. Windows 11 bietet diese Option ebenfalls an, aber Sie finden sie nicht in den Einstellungen. Öffnen Sie stattdessen die *Benutzerkonten* in der Systemsteuerung. Klicken Sie auf *Anderes Konto verwalten*, wählen Sie das Konto aus, das Sie entfernen möchten, und klicken Sie dann auf *Konto löschen*.

Die Systemsteuerung lässt Sie auswählen, was mit den Dateien aus dem Benutzerprofil geschehen soll:

- **Dateien löschen** Nachdem Sie *Dateien löschen* ausgewählt und im nächsten Fenster bestätigt haben, löscht Windows das Konto, sein Benutzerprofil und alle Dateien im Benutzerprofil dieses Kontos.
- **Dateien behalten** Windows kopiert bestimmte Teile des Benutzerprofils – insbesondere Dateien und Ordner, die auf dem Desktop und in den Ordnern *Dokumente, Favoriten, Musik, Bilder* und *Videos* gespeichert sind – in einen Ordner auf Ihrem Desktop, wo sie Teil Ihres Profils werden und unter Ihrer Kontrolle bleiben. Alle anderen Ordner im Benutzerprofil werden gelöscht, nachdem Sie Ihre Absicht auf der nächsten Seite bestätigt haben; E-Mail-Nachrichten und andere im Ordner *AppData* gespeicherte Daten werden ebenfalls gelöscht, ebenso wie die in der Registrierung gespeicherten Einstellungen.

Den Anmeldevorgang sicherer machen

Wie im vorigen Abschnitt erwähnt, ist jedes Konto auf einem Windows 11-PC durch eine Reihe von Anmeldedaten gesichert, die aus einem Benutzernamen (der in Form einer E-Mail-Adresse vorliegen kann) und einem Kennwort bestehen. Sie können diese Anmeldedaten verwenden, um sich bei Ihrem Konto auf einem Windows 11-PC anzumelden: Wählen Sie auf dem Anmeldebildschirm Ihren Namen aus (falls er noch nicht ausgewählt ist) und geben Sie dann Ihr Kennwort ein.

Hinweis

Wenn Sie Ihren Computer zum ersten Mal einschalten oder nach der Abmeldung wieder darauf zugreifen, wird der Sperrbildschirm angezeigt. Der Sperrbildschirm zeigt normalerweise ein Bild, die aktuelle Uhrzeit und das Datum sowie Benachrichtigungen von ausgewählten Anwendungen an. (Sie können ein eigenes Bild für den Sperrbildschirm auswählen und festlegen, welche Informationen auf dem Sperrbildschirm angezeigt werden sollen. Weitere Informationen finden Sie im Abschnitt »Sperrbildschirm und Anmeldebildschirm anpassen« in Kapitel 4.) Um vom Sperrbildschirm zum Anmeldebildschirm zu gelangen, klicken Sie auf eine beliebige Stelle, drücken Sie eine beliebige Taste oder (wenn Sie einen Touchscreen haben) wischen Sie nach oben.

Expertentipp

Ohne Tastatur Strg+Alt+Entf drücken

Manche Netzwerkadministratoren aktivieren eine Richtlinie, die es für den Wechsel vom Sperrbildschirm zum Anmeldebildschirm erforderlich macht, die Tastenkombination `Strg`+`Alt`+`Entf` zu drücken. (Diese Tastenkombination, deren Rolle in der Windows-Sicherheit auf die frühesten Versionen von Windows NT zurückgeht, wird als »Secure Attention Sequence« bezeichnet.) Diese Anforderung kann es schwierig machen, sich auf einem Tablet ohne Tastatur bei Ihrem Unternehmensnetzwerk anzumelden – bis Sie den Trick kennen. Bei modernen hybriden Windows 11-PCs wie den Surface Pro- und Surface Book-Gerätefamilien von Microsoft kann das Display von der Tastatur getrennt werden; drücken Sie in dieser Konfiguration gleichzeitig den Ein-/Aus-Schalter und die Leiser-Taste, um die erforderliche Sequenz zu senden. In dem unwahrscheinlichen Fall, dass Sie Windows 11 auf einem Gerät der Windows 8-Ära mit einer dedizierten ⊞-Taste ausführen, drücken Sie gleichzeitig die ⊞-Taste und den Ein-/Aus-Schalter.

Die Anmeldung mit einem sicheren Kennwort kann lästig sein, vor allem wenn es lang ist und aus einer Mischung aus Groß- und Kleinbuchstaben, Zahlen und Sonderzeichen besteht. Die ganze Sache wird noch schwieriger, wenn Sie das sichere Kennwort auf einem Gerät eingeben müssen, auf dem keine physische Tastatur vorhanden ist.

Um den Anmeldevorgang bequemer zu gestalten, ohne die Sicherheit zu beeinträchtigen, unterstützt Windows 11 mehrere Optionen, die Sie anstelle Ihres Kontokennworts verwenden können. Abbildung 10.5 zeigt die gesamte Palette der Alternativen, die Sie unter *Einstellungen | Konten | Anmeldeoptionen* finden.

Die ersten drei Optionen in der Liste beziehen sich auf Windows Hello, eine Funktion, die den Windows 11-Anmeldeprozess um eine Form der hardwarebasierten Sicherheit erweitert. Zu den weiteren Anmeldeoptionen auf dieser Seite gehören Tools zum Verwalten von physischen Sicherheitsschlüsseln sowie zum Einrichten und Verwalten der dynamischen Sperre.

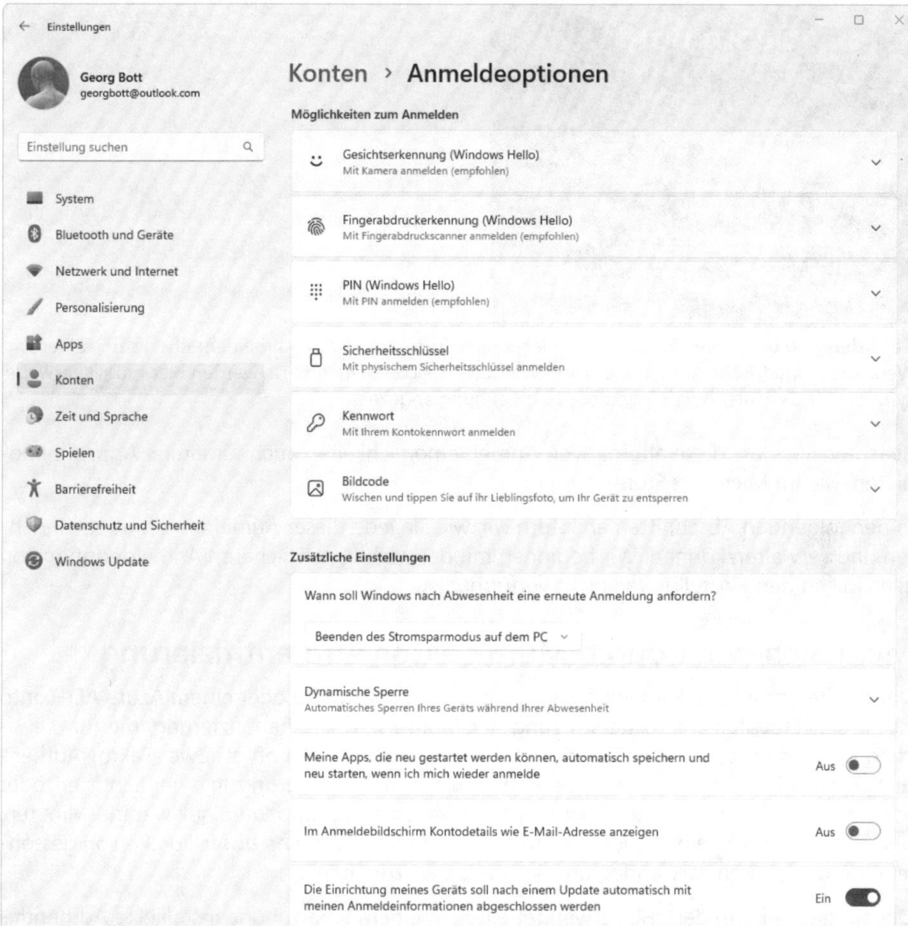

Abbildung 10.5 Die biometrischen Optionen von Windows Hello sind nur verfügbar, wenn Sie über eine kompatible Infrarotkamera oder einen Fingerabdruckleser verfügen.

Wenn Sie mehr als eine Option für die Anmeldung eingerichtet haben, können Sie eine andere Methode als die Standardmethode wählen, indem Sie auf dem Anmeldebildschirm auf *Anmeldeoptionen* klicken. Diese Möglichkeit könnte sich als nützlich erweisen, wenn beispielsweise Windows Hello Ihr Gesicht oder Ihren Fingerabdruck nicht erkennen kann. Die Symbole für jede der von Ihnen eingerichteten Optionen werden dann wie in Abbildung 10.6 zu sehen angezeigt; klicken oder tippen Sie auf eine, um die Methode zu wechseln.

Abbildung 10.6 Klicken Sie auf *Anmeldeoptionen*, um eine andere Anmeldemethode zu wählen. Wenn die biometrische Authentifizierung Windows Hello eingerichtet ist, werden hier möglicherweise Symbole für Gesichts- oder Fingerabdruckerkennung angezeigt.

Beachten Sie, dass diese alternativen Anmeldemöglichkeiten auch für einige Apps funktionieren, wie im Microsoft Store.

In den folgenden Abschnitten erläutern wir, wie Sie jede dieser Anmeldemethoden einrichten und verwalten können. Wir beginnen mit der wichtigsten sicheren Anmeldeoption von allen, die in den Einstellungen nicht verfügbar ist.

Mehr Sicherheit durch Multi-Faktor-Authentifizierung

Der größte Vorteil der Anmeldung mit einem Microsoft-Konto oder einem Azure AD-Konto ist unseres Erachtens die Unterstützung der Multi-Faktor-Authentifizierung, die für die Sicherheit Ihres PC und seiner Daten sorgt. (Diese Funktion wird oft als Zwei-Faktor-Authentifizierung oder 2FA bezeichnet, kann aber auch als Verifizierung in zwei Schritten oder »two-step verification« bezeichnet werden.) Die Einrichtung dauert nur wenige Minuten, und das Ergebnis ist eine Schutzschicht, die verhindert, dass eine böswillige Person gestohlene Anmeldedaten verwendet, um sich als Sie auszugeben.

Die gängigste Form der 2FA verwendet eine auf einem Smartphone installierte Authentifizierungs-App, um bei Bedarf eine zweite Form des Identitätsnachweises zu erbringen. In diesem Fall sind die beiden Faktoren das klassische »etwas, das Sie wissen« (Ihr Kennwort) und »etwas, das Sie haben« (das mobile Gerät, das Sie als vertrauenswürdiges Gerät eingerichtet haben). Die Kombination dieser beiden Faktoren stellt eine Hürde dar, die alle außer den entschlossensten Angreifern aufhalten wird.

Um diese Funktion für ein Microsoft-Konto zu aktivieren, gehen Sie zu *https://account.live.com/proofs* und melden Sie sich an. Auf dieser Seite können Sie Möglichkeiten zum Nachweisen Ihrer Identität hinzufügen und die mehrstufige Überprüfung aktivieren.

Für Geräte, die über Azure AD mit einer Organisation verbunden sind, muss ein Administrator die Multi-Faktor-Authentifizierung aktivieren. Nachdem dieser Schritt abgeschlossen ist, können Benutzer die Sicherheitsüberprüfung über das Azure AD-Portal *My Account* verwalten. Beginnen Sie auf *https://myaccount.microsoft.com*, melden Sie sich mit Ihrem Geschäfts-, Schul- oder Unikonto an und klicken Sie dann auf der Seite *Sicherheitsinformationen* auf *Anmeldemethode hinzufügen*; Sie können auch direkt mit *https://mysignins.microsoft.com/security-info* zu dieser Seite wechseln.

Für Windows 11 funktioniert die Identitätsüberprüfung am besten mit der App Microsoft Authenticator, die sowohl für Android- als auch für iOS-Smartphones im Store der jeweiligen Plattform oder unter *https://www.microsoft.com/authenticator* erhältlich ist. Diese App verwaltet die Authentifizierung für Azure AD- und Microsoft-Konten; sie unterstützt auch die meisten Konten von Drittanbietern, einschließlich der Konten von Google, Facebook und Amazon. Die Authenticator-App unterstützt fingerabdruck- und gesichtsbasierte Überprüfungen auf kompatibler Hardware und funktioniert mit verschiedenen Arten von Smartwatches.

Wenn die Multi-Faktor-Authentifizierung aktiviert ist, müssen Sie diesen zusätzlichen Faktor verwenden, um Ihre Identität in Situationen nachzuweisen, die laut Microsoft zusätzliche Sicherheit erfordern, beispielsweise wenn Sie sich zum ersten Mal auf einem neuen Gerät anmelden oder Änderungen an den Kontoeinstellungen vornehmen; in der Regel müssen Sie dazu auf einem zuvor verifizierten Gerät eine Benachrichtigung bestätigen, beispielsweise mit der Microsoft Authenticator-App auf einem Smartphone.

Windows Hello verwenden

Mit dem Feature »Windows Hello« können Sie Ihren Windows 11-PC als vertrauenswürdiges Gerät konfigurieren, das Sie mit biometrischer Hardware oder einer gerätespezifischen PIN entsperren können. In dieser Konfiguration werden Ihre Anmeldedaten in verschlüsselter Form auf dem Gerät gespeichert. Um sich anzumelden, entsperren Sie diese Anmeldedaten mit einer PIN oder einer biometrischen Identifizierung (mit Ihrem Fingerabdruck oder Ihrem Gesicht).

Um Windows Hello einzurichten, müssen Sie zunächst Ihre Identität bestätigen, indem Sie Ihre Anmeldedaten korrekt eingeben. Nachdem Sie diesen Test bestanden haben, können Sie eine PIN hinzufügen und, insofern die erforderliche Hardware vorhanden ist, Ihre biometrischen Merkmale registrieren. Wenn dieser Registrierungsprozess abgeschlossen ist, können Sie das Kennwort überspringen und sich bei Windows 11 anmelden, indem Sie Ihre PIN eingeben oder das, was die Microsoft-Ingenieure als »biometrische Geste« bezeichnen, mithilfe der Gesichtserkennung oder eines Fingerabdrucklesers eingeben.

Das Gerät, mit dem Sie sich anmelden, fungiert als Authentifizierungskomponente, da Sie Ihre Identität bei seiner Einrichtung festgelegt haben; Ihre zusätzlichen Informationen (die PIN oder Ihre biometrischen Daten) sind mit dem angemeldeten Gerät verknüpft und werden nicht auf einem Remote-Server gespeichert. Diese Anordnung verhindert sogenannte Shoulder-Surfing-Angriffe, bei denen jemand versucht, Ihr Kennwort zu stehlen, indem er, während Sie sich anmelden, Ihre Tastatureingaben beobachtet. Da Windows Hello eine gerätespezifische PIN verwendet, können sich andere Personen nicht bei Ihrem Konto anmelden, es sei denn, sie stehlen auch Ihren Computer.

Wenn Sie möchten, können Sie ein Gerät auch so konfigurieren, dass die einzigen verfügbaren Anmeldeoptionen die Windows Hello-PIN oder biometrische Merkmale sind; in dieser Konfiguration sind die Anmeldeoptionen Kennwort und Bildcode nicht verfügbar. Um diese Option zu aktivieren, gehen Sie zu *Einstellungen | Konten | Anmeldeoptionen* und aktivieren Sie die Einstellung *Zur Verbesserung der Sicherheit, Windows Hello-Anmeldung nur für Microsoft-Konten auf diesem Gerät zulassen (empfohlen)*.

Expertentipp

Windows Hello for Business konfigurieren

Bei PCs mit Windows 11 in nicht verwalteten Umgebungen verwendet Windows Hello eine »Komfort-PIN« oder »benutzerfreundliche PIN«, um verschlüsselte Anmeldeinformationen auf dem Gerät zu entsperren. In verwalteten Bereitstellungen können Administratoren die Einstellungen für Windows Hello for Business mithilfe von Gruppenrichtlinien oder Software zur Verwaltung mobiler Geräte wie Microsoft Intune konfigurieren. Wenn diese Richtlinien aktiviert sind, werden die Anmeldeinformationen des Geräts durch ein Zertifikat oder einen Verschlüsselungsschlüssel gesichert, der wiederum an das Trusted Platform Module (TPM) auf dem Gerät gebunden ist; beim Entsperren des Geräts wird ein auf dem Zertifikat oder Schlüssel basierendes Authentifizierungstoken bereitgestellt. Diese Architektur macht die netzwerkbasierte Authentifizierung weniger anfällig für »Replay«-Angriffe (Angriffe durch Wiedereinspielung). Weitere Einzelheiten zu Windows Hello for Business finden Sie unter *https://bit.ly/windowsHelloForBusiness*.

PIN für Windows Hello einrichten

Windows 11 fordert Sie auf, eine PIN einzurichten, wenn Sie zum ersten Mal ein neues Benutzerkonto erstellen. Wenn Sie diesen Schritt bei der Einrichtung übersprungen haben, gehen Sie zur Seite *Einstellungen* | *Konten* | *Anmeldeoptionen* und klicken Sie auf *PIN (Windows Hello)*. Klicken Sie dann auf *Einrichten* und folgen Sie den Anweisungen auf dem Bildschirm. Sie müssen Ihre Identität bestätigen, indem Sie zunächst Ihr Kontokennwort eingeben. Geben Sie dann Ihre neue PIN ein und bestätigen Sie sie, wie in Abbildung 10.7 dargestellt. Die Mindestlänge beträgt vier Ziffern (nur 0–9), aber Ihre PIN kann so lang sein, wie Sie möchten. Wenn Sie eine komplexere und schwieriger zu erratende PIN wünschen, schalten Sie das Kontrollkästchen *Buchstaben und Symbole einschließen* ein.

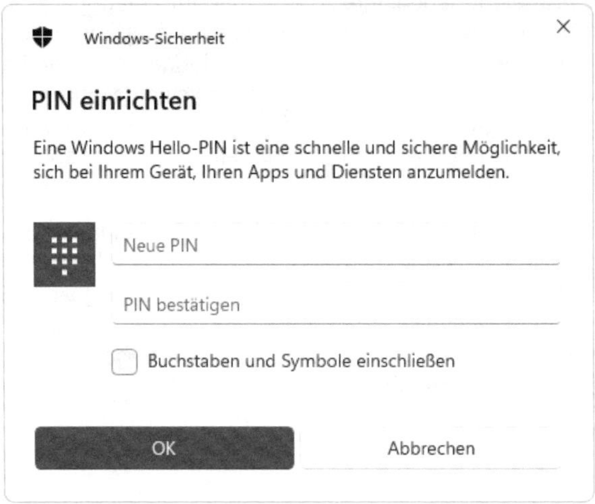

Abbildung 10.7 Eine PIN dient als bequeme Alternative für die Anmeldung bei Windows und die Überprüfung Ihrer Identität in Anwendungen und Diensten. Sie können eine PIN wählen, die länger als das Minimum von vier Zeichen ist.

Wenn Sie Ihre PIN ändern möchten, wählen Sie auf der Seite *Anmeldeoptionen* die Option *PIN (Windows Hello)* und klicken dann auf *PIN ändern*. Befolgen Sie die Anweisungen auf dem Bildschirm, um den Vorgang abzuschließen.

Um sich mit einer PIN anzumelden, geben Sie die Zahlen auf Ihrer Tastatur ein. Beachten Sie, dass Tasten, die Sie auf dem Ziffernblock der Tastatur eingeben, als Zahlen registriert werden, wenn Sie sich im Feld *PIN* auf den Anmeldebildschirm befinden, und zwar unabhängig davon, ob die Num-Sperre aktiviert ist. Wenn Ihr Computer nicht über eine Tastatur verfügt, wird auf dem Bildschirm ein Ziffernblock angezeigt, in den Sie Ihre PIN eingeben können. (Wenn der Ziffernblock nicht angezeigt wird, tippen Sie in das Feld für die PIN-Eingabe.)

Expertentipp

Machen Sie Ihre PIN noch sicherer

Vielleicht ist eine vierstellige PIN Ihrer Meinung nach zu einfach zu erraten. Aber Windows 11 lässt nur fünf Fehlversuche zu, bevor es keine weiteren Anmeldeversuche mehr annimmt. Nach vier Falscheingaben werden Sie aufgefordert, eine bestimmte Zeichenfolge einzugeben. Damit soll überprüft werden, ob Ihre Tastatur richtig arbeitet. Nach dem fünften Fehlversuch wird ein potenzieller Eindringling ausgesperrt. An diesem Punkt fordert Windows Sie auf, Ihr Gerät neu zu starten und sich erneut anzumelden. Nach einer Handvoll Fehlversuche akzeptiert Windows keine neuen Versuche mehr und fordert Sie auf, Ihr Kennwort einzugeben.

Stellen Sie sich die Überraschung eines Gauners vor, wenn er feststellt, dass eine PIN länger als vier Stellen sein kann. Wenn Sie eine sechsstellige PIN statt einer vierstelligen wählen, gibt es bereits eine Million möglicher Kombinationen. Auch der hartnäckigste Angreifer wird kaum diese Geduld aufbringen. Aber selbst eine achtstellige PIN ist einfacher als ein komplexes Kennwort einzugeben, obwohl sie bereits 100 Millionen Kombinationen zulässt.

Als noch sicherere Alternative können Sie das Kontrollkästchen *Buchstaben und Symbole einbeziehen* aktivieren und eine komplexe PIN einrichten, die aus acht Zeichen besteht, die mehr als eine Billion möglicher Kombinationen aus Zahlen, Buchstaben und Symbolen darstellen.

Wenn Sie sich bei einer Active Directory-Domäne oder Azure AD anmelden, kann ein Netzwerkadministrator mithilfe von Gruppenrichtlinien unter Windows 11 Pro oder Enterprise eine Mindestlänge für die PIN festlegen und die Verwendung von Buchstaben und Zahlen erzwingen, sodass die PIN praktisch nicht erraten werden kann. Diese Einstellungen befinden sich im Gruppenrichtlinien-Editor unter *Computerkonfiguration | Administrative Vorlagen | Windows-Komponenten | Windows Hello For Business*.

Windows Hello für biometrische Authentifizierung verwenden

Mit der entsprechenden Hardware können Sie sich mit einem Fingerabdruck anmelden oder, noch einfacher, indem Sie in die Kamera Ihres Computers schauen. Möglicherweise können Sie auch Ihre Identität mit Windows Hello verifizieren, wenn Sie einen Einkauf tätigen oder auf einen sicheren Dienst zugreifen.

Um Windows Hello für biometrische Anmeldungen auf einem PC zu verwenden, benötigen Sie eines der folgenden Geräte:

- Ein Fingerabdrucklesegerät, das das Windows Biometric Framework unterstützt. Falls diese Hardware nicht bereits im Gerät integriert ist, können Sie einen externen Fingerabdruckleser verwenden, der über USB angeschlossen wird.
- Eine spezielle 3D-Infrarotkamera, wie sie in Surface-Laptops und -Tablets von Microsoft sowie anderen modernen Geräten zu finden ist; beachten Sie, dass eine Standard-Webcam nicht funktioniert. Es gibt jedoch auch externe Webcams, die die biometrische Anmeldung mit Windows Hello unterstützen.

Hinweis

Sie müssen eine PIN hinzufügen, wie weiter vorne in diesem Kapitel beschrieben, bevor Sie die biometrischen Funktionen von Windows Hello nutzen können. Diese PIN dient als Backup-Anmeldeoption für den Fall, dass Ihre biometrische Hardware nicht funktioniert oder Sie nicht erkennen kann.

Um Windows Hello einzurichten, gehen Sie zu *Einstellungen | Konten | Anmeldeoptionen*. Erweitern Sie unter *Möglichkeiten zum Anmelden* entweder *Gesichtserkennung (Windows Hello)* oder *Fingerabdruckerkennung (Windows Hello)*. Klicken Sie dann für das biometrische Gerät, das Sie verwenden möchten, auf *Einrichten*.

Windows fordert Sie auf, Ihre PIN einzugeben, um Ihre Identität zu überprüfen. Danach müssen Sie Ihre biometrischen Daten erfassen. Bei der Gesichtserkennung müssen Sie in die Kamera schauen (siehe Abbildung 10.8); um einen Fingerabdruckleser einzurichten, folgen Sie den Aufforderungen, Ihren Finger mehrmals auf das Lesegerät aufzulegen, bis Windows Hello die benötigten Daten erfasst hat.

Wenn Sie das Scannen von Fingerabdrücken einrichten, können Sie zusätzliche Finger registrieren, damit Sie eine Alternative haben, wenn der Finger, den Sie normalerweise verwenden, zum Beispiel mit einem Pflaster oder Verband bedeckt ist. Klicken Sie auf *Weiteren hinzufügen*, nachdem Sie die Registrierung für einen Fingerabdruck abgeschlossen haben. Wenn Sie später einen weiteren Fingerabdruck hinzufügen möchten, kehren Sie zu *Einstellungen | Konten | Anmeldeoptionen | Fingerabdruckerkennung* zurück und klicken Sie auf *Finger hinzufügen*. Sie können einen zusätzlichen Fingerabdruck auch mit einem anderen Benutzerkonto auf demselben Gerät verknüpfen. Melden Sie sich bei dem geänderten Konto an und richten Sie dort den zweiten Fingerabdruck ein. Wenn Sie das Gerät neu starten, können Sie Ihr Konto auswählen, indem Sie den Fingerabdruck verwenden, der mit diesem Konto verknüpft ist.

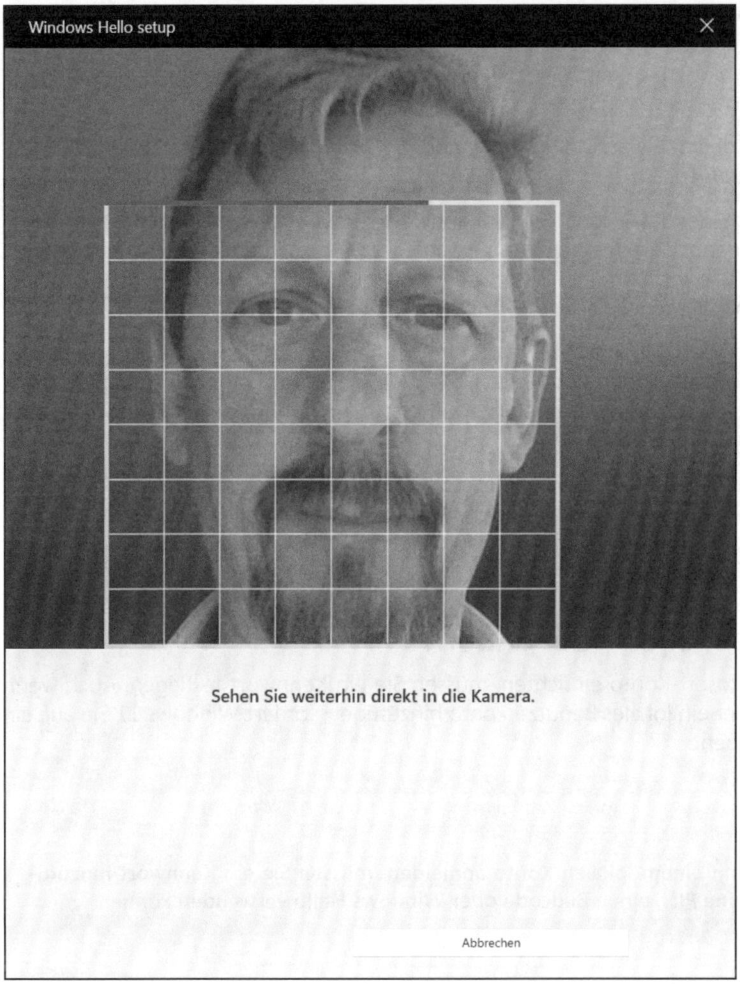

Abbildung 10.8 Windows Hello-Setup führt Sie durch den kurzen Prozess des Scannens und Speicherns Ihrer biometrischen Daten.

Einen Bildcode verwenden

Diese Option ist ein bisschen ein Außenseiter auf der Liste der Anmeldeoptionen. Sie bietet nicht das gleiche Maß an Sicherheit wie Windows Hello (was der Hauptgrund ist, warum wir ihre Verwendung nicht empfehlen), aber die Option bleibt für Benutzer bestehen, die die Idee der Personalisierung des Anmeldevorgangs mögen.

> **Hinweis**
>
> **Wenn Sie die Einstellung *Für verbesserte Sicherheit, nur Windows Hello-Anmeldung für Microsoft-Konten auf diesem Gerät zulassen (empfohlen)* aktiviert haben, wird die Option *Bildcode* auf der Seite *Anmeldeoptionen* nicht angezeigt.**

Mit einem Bildcode können Sie sich auf einem Touchscreen anmelden, indem Sie eine Kombination von Gesten (insbesondere Kreise, gerade Linien und Antippen) auf einem Bild auf dem Anmeldebildschirm ausführen. Der einfachste Weg, sich mit einem Bildcode vertraut zu machen, ist, eines zu erstellen.

Um zu beginnen, gehen Sie zu *Einstellungen* | *Konten* | *Anmeldeoptionen*. Klicken Sie unter *Bildcode* auf *Hinzufügen*.

Verifizieren Sie Ihre Identität, indem Sie Ihr Kennwort eingeben, um einen Einführungsbildschirm anzuzeigen, auf dem Sie ein Bild auswählen. Sie können dann eines Ihrer eigenen Bilder auswählen, das auf dem Anmeldebildschirm erscheinen soll. Wenn Sie mit Ihrer Auswahl zufrieden sind, klicken Sie auf *Dieses Bild verwenden*.

Auf dem nächsten Bildschirm geben Sie die drei Gesten an, mit denen Sie sich anmelden möchten. Diese Gesten können aus Kreisen, geraden Linien und Tippbewegungen bestehen. Nachdem Sie die Reihe von Gesten wiederholt haben, um Ihr neues *Kennwort* zu bestätigen, klicken Sie auf *Fertig stellen*.

Um sich mit einem Bildcode anzumelden, müssen Sie die gleichen drei Gesten auf dem Anmeldebildschirm in der gleichen Reihenfolge, an den gleichen Stellen und in der gleichen Richtung ausführen. Sie müssen nicht so genau sein; Windows lässt geringfügige Abweichungen bei der Positionierung zu.

Kennwort festlegen oder ändern

Wenn Sie ein Microsoft-Konto einrichten, müssen Sie ein Kennwort festlegen. Auch wenn Sie Ihrem Computer ein lokales Benutzerkonto hinzufügen, fordert Windows 11 Sie auf, ein Kennwort anzugeben.

> Hinweis
>
> **Wenn Sie sich mit einem lokalen Konto anmelden, müssen Sie ein Kennwort hinzufügen, bevor Sie eine PIN, einen Bildcode oder Windows Hello verwenden können.**

Um das Kennwort für Ihr Microsoft-Konto festzulegen oder zu ändern, gehen Sie zu *Einstellungen* | *Konten* | *Anmeldeoptionen*. Klicken oder tippen Sie unter *Kennwort* auf *Ändern*. Wenn Windows Hello eingerichtet ist, müssen Sie zunächst Ihre PIN eingeben oder eine biometrische Authentifizierung vornehmen. Anschließend müssen Sie Ihr bestehendes Kennwort eingeben, um Ihre Identität zu bestätigen. Windows fordert Sie dann auf, Ihr neues Kennwort einzugeben.

> Hinweis
>
> **Wenn Sie die Einstellung *Für verbesserte Sicherheit, nur Windows Hello-Anmeldung für Microsoft-Konten auf diesem Gerät zulassen (empfohlen)* aktiviert haben, wird die Option *Kennwort* auf der Seite *Anmeldeoptionen* nicht angezeigt.**

Das Ändern des Kennworts für ein lokales Konto erfordert einen zusätzlichen Schritt: Sie müssen einen Kennworthinweis angeben. Der Kennworthinweis wird angezeigt, nachdem Sie auf dem Anmeldebildschirm auf Ihren Namen geklickt und Ihr Kennwort falsch eingegeben haben. Achten Sie darauf, dass Ihr Hinweis nur eine subtile Erinnerung ist, denn jeder Benutzer kann auf Ihren Namen klicken und dann den Hinweis sehen. (Windows lässt es nicht zu, dass Sie einen Kennworthinweis erstellen, der Ihr Kennwort enthält.)

Hinweis

Wenn Sie sich mit einem lokalen Konto anmelden, können Sie eine schnellere Alternative verwenden: Drücken Sie `Strg`**+**`Alt`**+**`Entf` **und klicken Sie auf *Kennwort ändern*. Bei dieser Methode gibt es keine Möglichkeit, einen Kennworthinweis einzugeben.**

Sie können auch das Kennwort für das lokale Konto eines anderen Benutzers auf Ihrem Computer festlegen oder ändern. Öffnen Sie dazu die *Benutzerkonten* in der Systemsteuerung, klicken Sie auf *Anderes Konto verwalten* und klicken Sie auf den Namen des Benutzers, dessen Kennwort Sie ändern möchten. Klicken Sie dann auf *Kennwort ändern* oder (wenn das Konto noch kein Kennwort hat) auf *Kennwort erstellen*.

Achtung

Falls der andere Benutzer Dateien mit EFS verschlüsselt hat, sollten Sie sein Kennwort nicht ändern oder eines für ihn erstellen. Zeigen Sie ihm stattdessen, wie er diese Aufgabe selbst für sein eigenes Konto erledigt. Entfernen oder ändern Sie auch nicht das Kennwort eines anderen Benutzers, sofern der Benutzer nicht sein Kennwort vergessen hat und es absolut keinen anderen Weg gibt, auf das Konto zuzugreifen (im Textkasten »Kennwort vergessen?« finden Sie zu diesem Thema weitere Informationen). Wenn Sie das Kennwort eines anderen Benutzers festlegen, ändern oder entfernen, verliert dieser Benutzer alle persönlichen Zertifikate und gespeicherte Kennwörter für Websites und Netzwerkressourcen. Ohne die persönlichen Zertifikate verliert er den Zugang zu all seinen verschlüsselten Dateien und zu allen E-Mails, die mit seinem privaten Schlüssel verschlüsselt sind. Windows löscht diese Zertifikate und Kennwörter, um zu verhindern, dass Administratoren, die ein Kennwort ändern, unberechtigt Zugriff erhalten. Aber diese Sicherheitsmaßnahme hat ihren Preis!

Kennwort vergessen?

Irgendwann wird es passieren: Sie versuchen, sich an Ihrem Computer anzumelden, und müssen das Kennwort eingeben. Wie lautet das noch mal ...? Die Wahrscheinlichkeit, dass das passiert, ist größer, wenn Sie sich normalerweise per Gesichtserkennung oder mit einer PIN anmelden, da Sie Ihr Kennwort dann nur selten eingeben.

Bei einem Microsoft-Konto oder einem Azure AD-Konto können Sie einen Link auf dem Anmeldebildschirm anklicken (entweder *Ich habe mein Kennwort vergessen* oder *Ich habe meine PIN vergessen*). Daraufhin wird eine Verbindung zu den Microsoft-Servern aufgebaut und Sie werden durch die Schritte geleitet, um Ihre Identität zu bestätigen und Ihr Kennwort beziehungsweise die PIN zurückzusetzen. Während dieses Prozesses wird eine alternative Methode angeboten: Verwenden Sie Microsoft Authenticator – eine App, die Sie auf Ihrem Mobilgerät installieren –, um Ihre Identität zu überprüfen und sich anzumelden.

→

Bei einem Microsoft-Konto haben Sie stattdessen auch die Möglichkeit, mit einem anderen Computer oder einem Mobilgerät auf die Seite *https://account.live.com/password/reset* zu gehen. Dort müssen Sie eine Reihe von Fragen beantworten und erhalten einen Code für eine der alternativen Überprüfungsmethoden Ihres Kontos, beispielsweise eine Textnachricht auf Ihr Mobilgerät oder eine E-Mail an eine bestimmte Adresse. Geben Sie den Code ein, um Ihre Identität zu beweisen, und Sie können Ihr Kennwort zurücksetzen.

Bei einem lokalen Konto haben Sie zwei Möglichkeiten, wenn Ihnen der Kennworthinweis nicht weiterhilft. Bei der ersten Variante werden Sie aufgefordert, die drei Fragen zum Zurücksetzen des Kennworts richtig zu beantworten, die Sie bei der Ersteinrichtung des lokalen Kontos ausgewählt haben. Die zweite Option besteht darin, die Kennwortrücksetzdiskette zu verwenden, die Sie hoffentlich erstellt und sicher verwahrt haben, bevor der Notfall eintrat.

Falls die Kennwort-Amnesie einsetzt, versuchen Sie, ein Passwort zu erraten. Wenn Sie sich irren, informiert Windows Sie darüber, dass das Kennwort falsch ist, und bietet einen Hinweis und einen Link zum Zurücksetzen des Kennworts an. Wenn Sie einen Kennwortrücksetzdatenträger haben, scrollen Sie nach unten und klicken Sie auf *Verwenden Sie stattdessen einen Kennwortrücksetzdatenträger.* Daraufhin startet der Kennwortrücksetzassistent, der Sie fragt, in welchem Laufwerk sich der Kennwortrücksetzdatenträger befindet. Er liest den verschlüsselten Schlüssel ein und fordert Sie dann auf, ein neues Kennwort festzulegen. Nachdem Sie sich mit dem neuen Kennwort beim Computer angemeldet haben, bleibt Ihr Kennwortrücksetzdatenträger weiterhin gültig und lässt sich auch verwenden, wenn Sie das neue Kennwort vergessen. Sie brauchen keinen neuen zu erstellen.

Wenn Sie sich nicht mehr an das Kennwort erinnern können und keine der oben genannten Optionen funktioniert, haben Sie Pech. Ein lokaler Administrator kann sich anmelden und Ihr Kennwort für Sie ändern oder entfernen, aber Sie verlieren den Zugriff auf Ihre verschlüsselten Dateien und E-Mail-Nachrichten sowie Ihre gespeicherten Anmeldedaten. Angesichts dieser beunruhigenden Perspektive sollten Sie vielleicht den Wechsel auf ein Microsoft-Konto in Betracht ziehen.

Verwaltung eines physischen Sicherheitsschlüssels

Ein Sicherheitsschlüssel ist ein physisches Gerät mit Verschlüsselungshardware, das den Fast Identity Online (FIDO2)-Standard unterstützt. Diese Schlüssel, die in der Regel an einen USB-Anschluss angeschlossen oder über Bluetooth oder NFC verbunden werden, können als zweiter Identitätsfaktor verwendet werden, um sich bei einem Microsoft-Konto anzumelden oder ein Kennwort zurückzusetzen. Sicherheitsschlüssel funktionieren auch mit Kennwort-Manager-Apps und werden von allen wichtigen Browsern unter Windows 11 unterstützt, was wiederum die Verwendung eines dieser Geräte für die 2FA-Unterstützung beliebter Webdienste ermöglicht. In diesem Szenario werden Sie in der Regel aufgefordert, nach der Eingabe Ihrer Anmeldedaten auf den Sicherheitsschlüssel zu tippen. Durch Hinzufügen einer PIN können Sie einen Sicherheitsschlüssel für die kennwortlose Anmeldung verwenden.

Windows 11 unterstützt Sicherheitsschlüssel für die Anmeldung nicht direkt, aber Sie können damit einen Hardwareschlüssel verwalten. Gehen Sie zu *Einstellungen* | *Konten* | *Anmeldeoptionen*, klicken Sie auf *Sicherheitsschlüssel* und dann auf *Verwalten*. Tippen Sie auf den Hardwareschlüssel, um ihn auszuwählen, und verwenden Sie dann die in Abbildung 10.9

gezeigten Optionen, um die Sicherheitsschlüssel-PIN hinzuzufügen oder zu ändern oder gespeicherte Anmeldeinformationen aus dem Schlüssel zu entfernen und ihn auf die Werkseinstellungen zurückzusetzen.

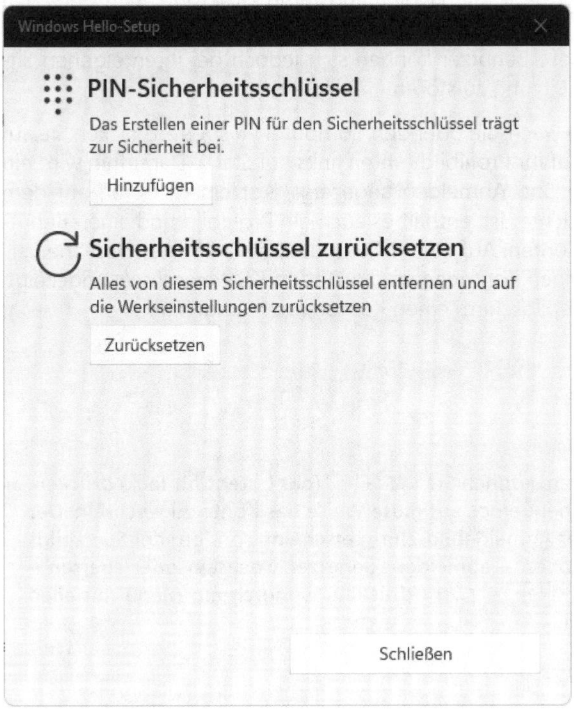

Abbildung 10.9 Sie können einen physischen Sicherheitsschlüssel als zweiten Faktor für die Anmeldung bei Webdiensten, einschließlich Microsoft-Konten, verwenden. Verwenden Sie diese Steuerelemente, um die PIN zu ändern oder gespeicherte Anmeldedaten zu entfernen.

Abmelden, Wechseln des Kontos und Sperren des Computers

Wenn Sie sich von Ihrem Computer entfernen, möchten Sie ihn nicht in einem Zustand zurücklassen, in dem andere Ihre Anmeldedaten verwenden können, um auf Ihre Dateien zuzugreifen, sich mit den gespeicherten Kennwörtern bei Websites oder Diensten anzumelden, Ihre E-Mail-Nachrichten zu lesen und zu beantworten oder auf andere Weise Ihre digitale Identität zu beeinträchtigen. Aus Sicherheitsgründen sollten Sie sich abmelden, das Konto wechseln oder den Computer sperren:

- **Abmelden** Mit dieser Option werden alle laufenden Anwendungen geschlossen und der Sperrbildschirm wird angezeigt.
- **Benutzerwechsel** Mit dieser Option, die auch schnelle Benutzerumschaltung genannt wird, bleibt Ihre Sitzung erhalten und die Anwendungen laufen weiter. Der Anmeldebildschirm erscheint und ist bereit, die Anmeldung des Benutzers durchzuführen, den Sie ausgewählt haben. Ihr Konto bleibt angemeldet, aber nur Sie können Ihre Sitzung

öffnen. Das geht natürlich erst, wenn der Benutzer, der momentan angemeldet ist, sich abmeldet, selbst einen Benutzerwechsel durchführt oder den Computer sperrt.

- **Sperren** Mit dieser Option werden Ihre Anwendungen weiterhin ausgeführt, aber der Sperrbildschirm wird angezeigt, damit niemand Ihren Desktop sehen oder den Computer verwenden kann. Nur Sie können den Computer entsperren, um zu Ihrer Sitzung zurückzukehren; andere Benutzer können sich jedoch bei ihren eigenen Sitzungen anmelden, ohne Ihre Sitzung zu stören.

Um sich abzumelden, das Konto zu wechseln oder den Computer zu sperren, klicken Sie auf *Start* und klicken oder tippen Sie auf Ihr Profilbild (unten links auf Start). Daraufhin wird ein Menü mit Optionen zum Sperren und Abmelden angezeigt. Auf einem Gerät, auf dem mehr als ein Benutzerkonto eingerichtet ist, enthält es auch ein Profilbild und einen Benutzernamen für andere verfügbare Konten. Auf einem Computer, der mit einer Domäne verbunden ist, wird anstelle der einzelnen Kontonamen die Option *Konto wechseln* angezeigt. Sie können dann auf dem Anmeldebildschirm einen Kontonamen eingeben.

Expertentipp

Tastenkombinationen verwenden

Um Ihren Computer zu sperren, können Sie [Win]+[L] (das L steht für lock) drücken. Vielleicht finden Sie es auch bequemer, auf diese Weise das Konto zu wechseln. Der Unterschied ist, dass nicht der Anmeldebildschirm erscheint, sondern der Sperrbildschirm. Für jede dieser Aktionen – abmelden, Benutzer wechseln oder sperren – können Sie zunächst [Strg]+[Alt]+[Entf] drücken, wodurch ein Menü mit allen drei Optionen angezeigt wird.

Dynamische Sperre verwenden

Windows 11 bietet eine weitere Möglichkeit, einen Computer zu sperren: die dynamische Sperre. Mit der dynamischen Sperre wird der Computer automatisch gesperrt, wenn er von Ihrem Smartphone getrennt wird, zum Beispiel, wenn Sie sich vom Schreibtisch entfernen, während sich das Smartphone in Ihrer Tasche oder Handtasche befindet. Gehen Sie folgendermaßen vor, um die dynamische Sperre zu verwenden:

Wenn Sie dies noch nicht getan haben, koppeln Sie Ihr Bluetooth-fähiges Smartphone mit Ihrem Computer. Weitere Informationen finden Sie im Abschnitt »Bluetooth-Geräte einrichten« in Kapitel 13, »Hardware und Geräte verwalten«. Öffnen Sie *Einstellungen | Konten | Anmeldeoptionen*. Wählen Sie unter der Überschrift *Zusätzliche Einstellungen* die Option *Dynamische Sperre* und aktivieren Sie dann das Kontrollkästchen *Zulassen, dass Windows Ihr Gerät in Ihrer Abwesenheit automatisch sperrt.*

Nachdem Sie diese Schritte durchgeführt haben, fragt Windows das Smartphone mehrmals pro Minute ab. (Dadurch wird dessen Akkulaufzeit ein wenig reduziert.) Wenn Windows feststellt, dass das Smartphone nicht mehr in Reichweite ist, wird der Computer gesperrt. Beachten Sie jedoch, dass die Sperre nicht sofort erfolgt. Windows fragt das Smartphone nur in regelmäßigen Abständen ab, und es dauert einige Zeit, bis Sie sich weit genug entfernt haben, dass es nicht mehr in Reichweite ist.

Wie weit ist »nicht mehr in Reichweite«? Diese Empfindlichkeit hängt von mehreren Faktoren ab, unter anderem von der Signalstärke Ihrer beiden Geräte und der Anzahl von Wänden und anderen Hindernissen zwischen den Geräten. Ein Wert in der Registrierung legt den Schwellenwert fest, aber um ihn zu kalibrieren, muss man ein wenig experimentieren. Rafael Rivera hat ein Tool für die Arbeit mit Schwellenwerten für die dynamische Sperre entwickelt; Infos und den Download finden Sie unter *https://bit.ly/DynLock*.

Aus Sicherheitsgründen bietet Windows 11 keine entsprechende dynamische Entsperrfunktion. Wenn Sie zu Ihrem Computer zurückkehren, auch mit dem Smartphone in der Hand, müssen Sie sich mit einer der üblichen Methoden anmelden: Windows Hello, Kennwort oder PIN.

Ihren PC gemeinsam mit anderen Benutzern verwenden

Persönliche Computer sind normalerweise genau das – persönlich. Es gibt jedoch Situationen, in denen es sinnvoll ist, dass ein einzelner PC von mehreren Benutzern gemeinsam genutzt wird. In solchen Fällen ist es ratsam, das gemeinsam genutzte Gerät sicher zu konfigurieren. Eine sinnvolle Einstellung des Sicherheitssystems kann verhindern, dass die Daten der Benutzer versehentlich oder absichtlich gelöscht, geändert oder gestohlen werden.

> Hinweis
>
> **In diesem Abschnitt finden Sie Hinweise zur Konfiguration eines PC mit Microsoft-Konten und lokalen Konten. Azure AD- und Domänenkonten werden zentral verwaltet.**

Beachten Sie die folgenden Empfehlungen, wenn Sie Ihren Computer einrichten:

- **Kontrollieren Sie, wer sich anmelden kann.** Erstellen Sie Konten nur für solche Benutzer, die die Ressourcen Ihres Computers nutzen müssen, indem sie sich entweder lokal oder über ein Netzwerk anmelden. Wenn ein von Ihnen erstelltes Konto nicht mehr benötigt wird, löschen oder deaktivieren Sie es.
- **Verwenden Sie für zusätzliche Benutzer nur Standardkonten.** Während der Installation richtet Windows ein lokales Administratorkonto für die Installation von Anwendungen, die Erstellung und Verwaltung von Konten usw. ein. Alle anderen Konten können und sollten nur mit Standardberechtigungen ausgeführt werden.
- **Stellen Sie sicher, dass alle Konten durch komplexe Kennwörter und Zwei-Faktor-Authentifizierung geschützt sind.** Dies ist besonders wichtig für Administratorkonten und für andere Konten, deren Profile wichtige oder vertrauliche Daten und Dokumente enthalten.
- **Beschränken Sie die Anmeldezeiten.** Vielleicht möchten Sie die Zeit am Computer für einige beschränken, beispielsweise für Kinder. Für Privatnutzer ist dies mit Familienkonten am einfachsten. Weitere Informationen erhalten Sie im Abschnitt »Computernutzung von Familienmitgliedern einschränken« weiter hinten in diesem Kapitel.
- **Schränken Sie den Zugriff auf bestimmte Dateien ein.** Vermutlich möchten Sie, dass einige Dateien für alle zugänglich sind, während andere nur für die Person verfügbar sein sollen, die sie erstellt hat. Der öffentliche Ordner und die persönlichen Ordner eines Benutzers sind ein gutes Grundgerüst für diese Unterscheidung. Sie können das Schutzschema für Dateien noch weiter ausbauen, indem Sie für die verschiedenen Dateien, Ordner und Benutzer noch entsprechende Berechtigungen festlegen.

Ein Benutzerkonto erstellen

Damit sich ein anderer an Ihrem Computer anmelden und auf eigene Dateien und Einstellungen zuzugreifen kann, müssen Sie für diese Person ein Benutzerkonto einrichten. Wie Sie dieses Konto erstellen, hängt davon ab, wie Sie als Administrator den Zugang der anderen Person verwalten möchten. Sie können ein sekundäres Konto hinzufügen, indem Sie die E-Mail-Adresse des Microsoft-Kontos der anderen Person angeben (oder ein lokales Benutzerkonto mit einem Benutzernamen und Kennwort Ihrer Wahl erstellen); Ihre einzige Verwaltungsoption in diesem Fall ist die Auswahl, ob der Kontotyp *Administrator* oder *Standardbenutzer* ist. Wenn Sie Konten für andere Familienmitglieder (insbesondere Kinder) hinzufügen, können Sie aus einer Reihe anderer Optionen wählen, die Ihnen eine viel genauere Kontrolle darüber ermöglichen, wann und wie diese auf den PC zugreifen.

Um ein herkömmliches sekundäres Konto zu erstellen, ohne die Familieneinstellungen zu verwenden, melden Sie sich zunächst als Administrator an und gehen Sie dann zu *Einstellungen | Konten*. Wählen Sie dann *Weitere Benutzer*. (Unter Windows 11, Version 21H2, befindet sich diese Option unter der Überschrift *Familie und andere Benutzer*.)

> **Hinweis**
>
> **Die Option, Konten für andere Familienmitglieder einzurichten, ist auf PCs, die mit einer Windows-Domäne oder Azure Active Directory verbunden sind, nicht verfügbar.**

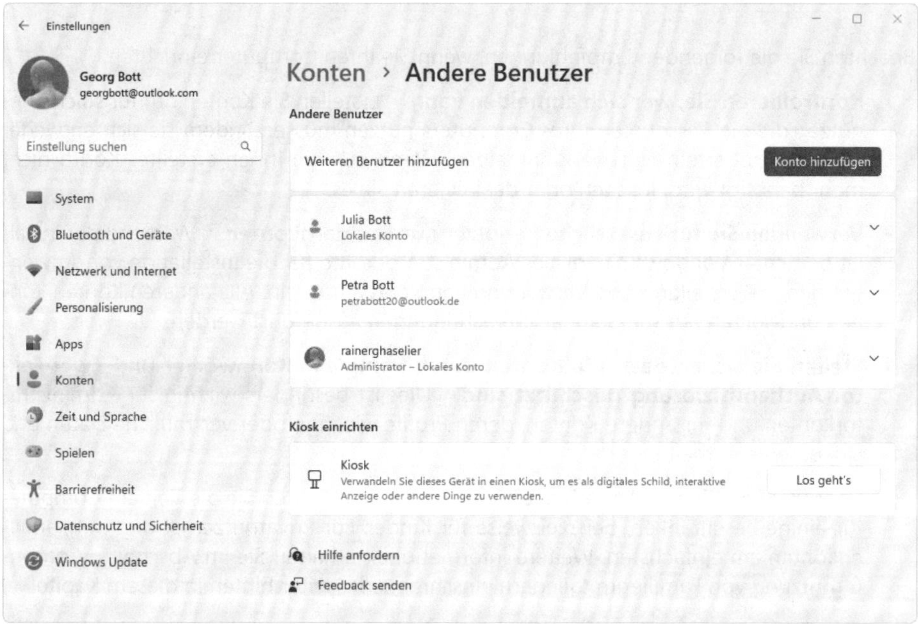

Abbildung 10.10 Auf dieser Einstellungsseite können Sie ein lokales Konto oder ein Microsoft-Konto hinzufügen. Die Option Geschäfts-, Schul- oder Unikonto ist nur verfügbar, wenn bereits ein anderes Geschäfts-, Schul- oder Unikonto eingerichtet ist.

Unter *Weitere Benutzer*, wie in Abbildung 10.10 gezeigt, können Sie weitere Konten hinzufügen, entweder lokale Konten oder Microsoft-Konten. Um einen Benutzer mit einem Microsoft-Konto hinzuzufügen, klicken Sie auf *Konto hinzufügen*, geben Sie die E-Mail-Adresse (oder Telefonnummer) für das derzeit verwendete Konto ein und schließen Sie den Assistenten zum Erstellen des Benutzerkontos ab.

Wenn Sie ein lokales Konto erstellen möchten, klicken Sie auf *Konto hinzufügen* und dann auf *Ich kenne die Anmeldeinformationen für diese Person nicht.* Wählen Sie dann auf der Seite *Konto erstellen* die Option *Benutzer ohne Microsoft-Konto hinzufügen*.

Die Seite *Benutzer für diesen PC erstellen* wird angezeigt (siehe Abbildung 10.11) und Sie können den Benutzernamen und das Kennwort für die andere Person eingeben.

Abbildung 10.11 Es erfordert etwas Ausdauer, aber Sie können den Aufforderungen, ein Microsoft-Konto zu verwenden, widerstehen und stattdessen ein lokales Benutzerkonto einrichten; schließlich gelangen Sie zu diesem Dialogfeld.

Außerdem müssen Sie drei Sicherheitsfragen für das lokale Konto auswählen und beantworten. (Wenn auf Ihrem Computer nur lokale Konten eingerichtet sind, gelangen Sie direkt zu diesem letzten Dialogfeld und überspringen die beiden, die Sie zu einem Microsoft-Konto führen. Klicken Sie auf *Weiter* und Ihre Arbeit ist getan.)

Um ein Konto für ein Familienmitglied hinzuzufügen, gehen Sie zu *Einstellungen | Konten | Familie* und klicken Sie dann im Abschnitt *Ihre Familie* auf *Jemanden hinzufügen*. Geben Sie die E-Mail-Adresse des Microsoft-Kontos ein, das von dem Familienmitglied verwendet wird, und schließen Sie den Assistenten ab, um das Konto hinzuzufügen.

Sie werden aufgefordert, die Rolle des neuen Benutzers zu definieren: Ein *Organisator* kann Familien- und Sicherheitseinstellungen bearbeiten; ein *Mitglied* kann seine eigenen Einstellungen bearbeiten, indem es Optionen auf der Grundlage seines Alters verwendet. Wenn Sie die Rolle definiert haben, klicken Sie auf *Einladen*, um eine Einladung an das konfigurierte E-Mail-Konto des Benutzers zu senden; dieser kann dann diese Einladung verwenden, um das Hinzufügen seines Kontos zum Computer abzuschließen.

> Hinweis
>
> **Die Einladungs-E-Mail hat als Betreff »Microsoft Family Safety« und enthält einen Link mit der Beschriftung *Einladung annehmen*. Durch Auswahl dieses Links wird die Family Safety-Online-App geöffnet und der Benutzer kann der Familiengruppe mit dem angegebenen E-Mail-Konto beitreten.**

Das Benutzerkonto wird mit dem Status *Ausstehend* angezeigt, bis der Benutzer die Einladung annimmt.

> Hinweis
>
> **Nachdem Sie das Konto hinzugefügt haben, ändern Sie den Kontotyp und wählen Sie zwischen *Standardbenutzer* und *Administrator*.**

Wenn Sie ein Konto für ein Kind hinzufügen möchten, klicken Sie wie oben beschrieben auf *Jemanden hinzufügen*. Klicken Sie dann im Dialogfeld *Microsoft-Konto* auf den Link *Konto für Minderjährige(n) erstellen*. Nachdem Sie das Konto auf die übliche Weise erstellt haben, wird es dem Computer hinzugefügt.

Computernutzung von Familienmitgliedern einschränken

In älteren Windows-Versionen gab es eine Funktion namens *Jugendschutz* (Windows Vista und Windows 7) oder *Family Safety* (Windows 8), mit denen Eltern die Verwendung des Computers durch ihre Kinder beschränken und überwachen konnten. Sowohl Windows 11 als auch Windows 10 bieten ähnlicher Features, aber die Umsetzung ist völlig anders. Die älteren Versionen haben ihre Einstellungen noch lokal auf dem PC gespeichert, aber in Windows 11 werden die Familieneinstellungen im Rahmen des Microsoft-Kontos gespeichert und verwaltet.

> Hinweis
>
> **Anstatt jede Person als Kind oder Erwachsener zu klassifizieren, fungieren Sie als Organisator für Ihre Familie. Wenn Sie Ihrer Familie ein Konto hinzufügen, können Sie diese Person als Mitglied, dessen Aktivitäten verwaltet werden können, oder als Organisator, der die Einstellungen online einsehen und ändern kann, zuweisen.**

Dieser Ansatz hat einige Vorteile:

- Sie brauchen nicht auf jedem Computer Einstellungen für jedes Kind vorzunehmen. Nachdem Sie ein Familienmitglied auf einem PC hinzugefügt haben, verwalten Sie die Einstellungen in der Cloud, und diese Einstellungen gelten für jeden PC, auf dem sich das Familienmitglied anmeldet.
- Sie können die Computernutzung der einzelnen Familienmitglieder von jedem Computer aus verwalten, der mit dem Internet verbunden ist.

Die Familieneinstellungen haben eine Voraussetzung, die manche als Nachteil empfinden könnten: Jedes Familienmitglied muss über ein Microsoft-Konto verfügen und sich mit diesem Konto anmelden.

Sie verwenden die Family Safety-Webseite, die Windows Family-App (auf einem Windows 10- oder Windows 11-PC) oder die Family Safety-App auf iOS oder Android, um Familieneinstellungen zu verwalten.

> **Hinweis**
>
> **Die Windows 11 Family-App wird in der Regel automatisch mit Windows 11 Version 22H2 installiert; auf einem PC mit Version 21H2 müssen Sie möglicherweise den Microsoft Store besuchen, um diese nützliche App herunterzuladen.**

Was können Sie mit Family Safety tun?

- **Legen Sie die Bildschirmzeiten fest.** Legen Sie Grenzen für die Geräte, Apps und Spiele Ihrer Kinder fest.
- **Finden Sie Ihre Familie.** Ermöglicht es Ihnen, Familienmitglieder zu lokalisieren, indem Sie Standortdaten von deren Mobilgeräten abrufen.
- **Überwachung der Fahrsicherheit.** Ermöglicht es Ihnen, Einblicke in die Fahrgewohnheiten Ihrer Familienmitglieder zu erhalten, einschließlich Geschwindigkeit, Telefonnutzung und plötzliches Bremsen. Dies ist ein Premium-Feature.
- **Aktivitätsberichte ansehen.** Sehen Sie sich die Nutzung von Geräten und Apps durch Familienmitglieder an.
- **Definieren Sie Inhaltsfilter.** Steuern Sie, auf welche Art von Inhalten Mitglieder online zugreifen können.
- **Verwalten Sie E-Mail, Kalender und OneNote der Familie.** Ermöglicht die Planung von Terminen, die gemeinsame Nutzung von Notizen und die Einrichtung von Gruppen-E-Mails.

> **Hinweis**
>
> **Die Familienmitglieder müssen sich anmelden und den Organisatoren die Erlaubnis erteilen, ihre Aktivitäten und ihren Standort auf einem Android-Gerät zu sehen.**

Als Organisator führen Sie alle Verwaltungsaufgaben online (unter *https://family.microsoft.com*) oder in der Familien-App aus. Melden Sie sich mit Ihrem Microsoft-Konto an, um loszulegen. Abbildung 10.12 zeigt einen Teil der Benutzeroberfläche zum Einrichten von Tageslimits und der Zeiten, in denen ein Familienmitglied einen Windows 11-PC oder eine Xbox One-Konsole verwenden kann.

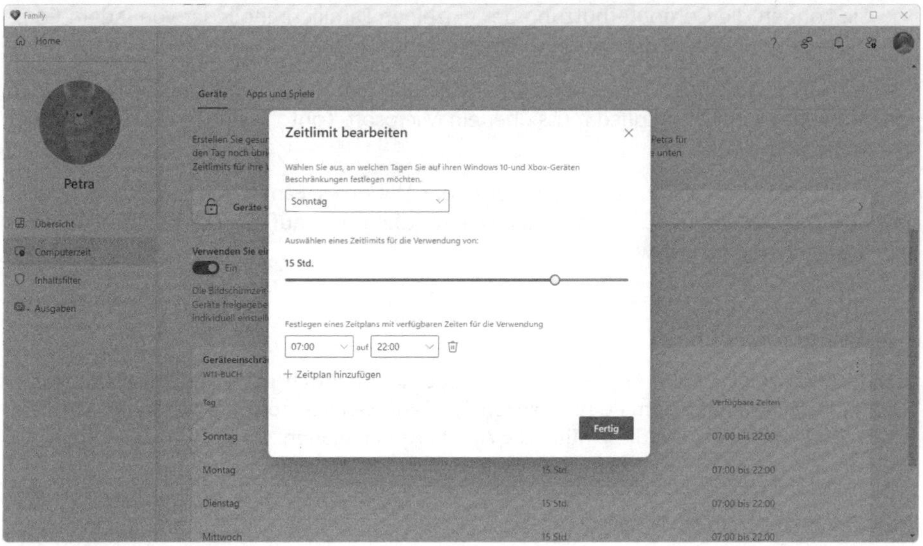

Abbildung 10.12 Mit den Einstellungen für die Computerzeit legen Sie eine zulässige Zeitspanne für die tägliche Nutzung von Windows 11-PCs und einer Xbox One-Konsole durch ein Kind fest.

TROUBLESHOOTING

Die E-Mail mit der Einladung kommt nicht an

Trotz wiederholter Versuche, ein Konto für ein Familienmitglied einzurichten, wird die Einladung manchmal nicht verschickt. Als Alternative bietet es sich an, die Seite *https://family.microsoft.com* aufzurufen. Klicken Sie auf der angezeigten Webseite auf die Schaltfläche *Familienmitglied hinzufügen* (das Pluszeichen unter der Überschrift *Ihre Familie*) und folgen Sie den Anweisungen.

Beachten Sie, dass die Konten Ihrer Familie bereits eingerichtet sind, wenn Sie sich auf einem Ihrer anderen Computer anmelden. Sie müssen die Familienmitglieder nicht auf jedem Gerät hinzufügen. Standardmäßig können sich die anderen Familienmitglieder jedoch nicht auf diesen anderen Geräten anmelden. Um den Zugriff zu erlauben, kehren Sie zur Seite *Einstellungen | Konten | Familie* zurück und klicken Sie neben dem Benutzernamen auf *Anmeldung zulassen*. Um den Zugriff für ein Familienmitglied auf einem bestimmten Gerät zu deaktivieren, klicken Sie auf *Anmeldung sperren*.

Computernutzung durch zugewiesenen Zugriff einschränken

Der zugewiesene Zugriff (engl. assigned access) ist ein etwas seltsames Feature, mit dem Sie den Computer so einrichten können, dass ein ganz bestimmter Benutzer (jemand, der auf Ihrem Computer bereits über ein Konto verfügt) nur eine einzige moderne App verwenden kann. Wenn sich der Benutzer anmeldet, wird die ausgewählte App automatisch gestartet und im Vollbildmodus ausgeführt. Der Benutzer kann die App nicht schließen oder eine andere App starten. Der einzige Weg, die App zu beenden, ist `Strg` + `Alt` + `Entf` oder bei einem Tablet der gleichzeitige Druck auf die `⊞`-Taste und den Ein-/Aus-Schalter. Dadurch wird der Benutzer abgemeldet und der Anmeldebildschirm erscheint.

Es gibt zwar nur wenige sinnvolle Anwendungen dieser Funktion, aber hier sind ein paar Beispiele:

- Eine Kiosk-App für die Verwendung in der Öffentlichkeit (siehe »Gerät für den Kioskmodus einrichten« in Kapitel 19)
- Eine Kassen-App in einem Verkaufsraum, in dem Kunden Zutritt haben
- Ein Spiel für ein sehr kleines Kind

Wenn Sie sich eine Verwendung für diese Funktion vorstellen können, klicken Sie unten auf der Seite *Weitere Benutzer* unter der Überschrift *Kiosk einrichten* auf *Los geht's*.

Wenn Sie diesen Assistenten starten, müssen Sie entweder ein neues Konto hinzufügen oder ein bestehendes Konto auswählen und eine moderne Windows-App (keine Legacy-Desktopanwendung) für die Verwendung mit dem Kioskkonto festlegen. Wenn Sie einen Webbrowser als Anwendung ausgewählt haben, müssen Sie die URL eingeben, die der Browser öffnen soll.

Grundlagen der Zugriffssteuerung in Windows 11

Diesen recht technischen Abschnitt haben wir uns für den Schluss aufgehoben. Die meisten Windows-Benutzer müssen sich nie mit den Einzelheiten des Windows-Sicherheitsmodells befassen. Aber Entwickler, Netzwerkadministratoren und jeder, der gerne ein Power-User sein möchte, sollte zumindest ein grundlegendes Verständnis davon haben, was passiert, wenn Sie Konten erstellen, Dateien freigeben, Gerätetreiber installieren und andere Aufgaben durchführen, die Auswirkungen auf die Sicherheit haben.

Der Sicherheitsansatz von Windows für den Zugriff auf Ressourcen ist folgender: Jede sicherbare Systemressource, beispielsweise eine Datei oder ein Drucker, hat einen Besitzer. Dieser Besitzer wiederum hat die Entscheidungsgewalt darüber, wer die Ressource verwenden darf und wer nicht. Gewöhnlich ist derjenige Benutzer der Besitzer einer Ressource, der sie erstellt hat. Wenn Sie zum Beispiel eine Datei erstellen, sind Sie normalerweise der Besitzer dieser Datei. (Computeradministratoren sind eine Ausnahme, denn sie können Ressourcen in Besitz nehmen, die sie nicht erstellt haben.)

Hinweis

Damit der Zugriff auf einzelne Dateien umfassend kontrolliert werden kann, müssen diese Dateien auf einem NTFS-Volume gespeichert sein (diese Funktion ist auch auf PCs mit Windows 11 Pro for Workstations mit ReFS-formatierten Volumes verfügbar). Aus Kompatibilitätsgründen unterstützt Windows 11 die Dateisysteme FAT und FAT32, die bei früheren Windows-Versionen und vielen USB-Flashlaufwerken üblich sind, sowie das Dateisystem exFAT, das von einigen externen Laufwerken verwendet wird. Keines der FAT-basierten Dateisysteme unterstützt jedoch Zugriffsberechtigungen. Wenn Sie das Sicherheitssystem von Windows verwenden möchten, müssen Sie die Dateisysteme NTFS oder ReFS verwenden. Weitere Informationen über Dateisysteme finden Sie im Abschnitt »Dateisystem auswählen« in Kapitel 8, »Lokalen Speicher und Cloudspeicher verwalten«.

Was sind Sicherheitskennungen?

Das Sicherheitssystem von Windows verwendet eine Sicherheitskennung (Security Identifier, SID), um einen Benutzer zu identifizieren. Wenn Sie auf Ihrem Computer ein Benutzerkonto erstellen, weist Windows diesem eine eindeutige SID zu. Diese SID bleibt mit dem Benutzerkonto verknüpft, bis es gelöscht wird. Anschließend wird diese SID nie wieder verwendet, weder für den aktuellen noch für einen anderen Benutzer. Selbst wenn Sie das Konto mit denselben Angaben erneut erstellen, wird eine neue SID verwendet.

Eine SID ist ein Wert mit variabler Länge, der eine Versionsangabe enthält, einen 48-Bit-Wert für eine Bezeichnerautorität und einige 32-Bit-Werte für Teilautoritätskomponenten. Eine SID hat die Form S-1-x-y1-y2-.... Darin steht S-1 für die Kennung als SID der Version 1; x ist der Wert für die Bezeichnerautorität und y1, y2 und so weiter sind Werte für die Teilautoritätskomponenten.

Manchmal sehen Sie eine SID in einem Sicherheitsdialogfeld, beispielsweise auf der Registerkarte *Sicherheit* im Dialogfeld *Eigenschaften* einer Datei, weil Windows noch keine Zeit hatte, den Namen des zugehörigen Benutzerkontos herauszusuchen. Außerdem finden Sie SIDs im ausgeblendeten und geschützten Ordner *$RECYCLE.BIN* (wobei jede SID in diesem Ordner den Papierkorb eines bestimmten Benutzers darstellt) und in der Registrierung. Der Abschnitt *HKEY_USERS* enthält für jedes Benutzerkonto auf dem Computer einen Schlüssel, wobei die SID als Bezeichnung für den Schlüssel verwendet wird. Außerdem lassen sich SIDs noch an anderen Stellen finden. Ihre eigene SID ermitteln Sie am einfachsten mit dem Befehlszeilenprogramm Whoami. Einzelheiten dazu finden Sie weiter hinten im Expertentipp »Erfahren Sie mit Whoami mehr über Ihr Benutzerkonto«.

Nicht alle SIDs sind eindeutig, auch wenn die SIDs der Benutzerkonten immer eindeutig sind. Einige häufig verwendete SIDs gibt es praktisch auf allen Windows-Installationen. S-1-5-18 ist zum Beispiel die SID für das integrierte Konto *Lokales System*, ein verborgenes Mitglied der Gruppe *Administratoren*, das vom Betriebssystem und von Diensten verwendet wird, die sich mit dem Konto *Lokales System* anmelden. Eine vollständige Liste solcher SIDs finden Sie im Microsoft Knowledge Base-Artikel »Sicherheitsbezeichner« (*https://support.microsoft.com/kb/243330*).

Um zu steuern, welche Benutzer Zugriff auf eine Ressource haben, verwendet Windows die jedem Benutzerkonto zugewiesene SID. Ihre SID, eine sehr große Zahl, die als eindeutig angesehen wird, folgt Ihnen überall hin, wohin Sie in Windows gehen. Wenn Sie sich anmelden, überprüft das Betriebssystem zuerst Ihren Benutzernamen und Ihr Kennwort. Dann erstellt es ein Sicherheitstoken. Sie können sich dieses Sicherheitstoken als elektronisches

Äquivalent eines Ausweises vorstellen. Es enthält Ihren Namen, Ihre SID und Informationen darüber, in welchen Sicherheitsgruppen Ihr Benutzerkonto Mitglied ist. Jede App, die Sie starten, erhält eine Kopie Ihres Sicherheitstokens.

Expertentipp

Erfahren Sie mit Whoami mehr über Ihr Benutzerkonto

In Windows gibt es ein Befehlszeilenprogramm namens Whoami (Who Am I, »Wer bin ich?«). Sie können Whoami verwenden, um den Namen des aktuell angemeldeten Kontos zu ermitteln, dessen SID, die Namen der Sicherheitsgruppen, in denen es Mitglied ist, und seine Berechtigungen. Um mit Whoami zu arbeiten, öffnen Sie eine Eingabeaufforderung. Sie brauchen dabei keine erhöhten Rechte.

Um den Namen des angemeldeten Benutzers zu erfahren, geben Sie whoami ein. Das ist besonders dann von Nutzen, wenn Sie als Standardbenutzer angemeldet sind, aber eine Eingabeaufforderung mit erhöhten Rechten verwenden. Dann ist vielleicht nicht offensichtlich, wer »man« eigentlich ist. Wenn Sie Ihre SID erfahren möchten, geben Sie whoami /user ein. Eine vollständige Liste der Whoami-Parameter erhalten Sie, indem Sie whoami /? eingeben.

Wenn die Benutzerkontensteuerung (User Account Control, UAC) aktiviert ist, erhalten Administratoren bei ihrer Anmeldung zwei Sicherheitstoken, eines mit den Berechtigungen eines Standardbenutzers und eines mit den Berechtigungen eines Administrators.

Immer dann, wenn Sie in Windows versuchen, durch ein überwachtes »Tor« zu gehen (indem Sie zum Beispiel eine Verbindung mit einem freigegebenen Drucker herstellen), oder wenn eine Anwendung dies in Ihrem Namen tut, überprüft das Betriebssystem Ihr Sicherheitstoken und entscheidet, ob Sie hindurchgehen dürfen. Ist der Zutritt gestattet, bemerken Sie nichts davon. Ist der Zutritt verboten, hören Sie einen Pieps und erhalten eine Meldung mit einer Ablehnung.

Die Entscheidung, wer hindurchgehen darf und wer nicht, trifft Windows anhand der Zugriffssteuerungsliste (Access Control List, ACL) der Ressource. Das ist eine Liste mit SIDs, in der die gewährten Zugriffsberechtigungen eingetragen sind. Jede Ressource, die von der Zugriffssteuerung überwacht wird, hat eine Zugriffssteuerungsliste. Diese Art, den Zugang zu Ressourcen wie Dateien und Druckern zu gewähren oder zu verweigern, hat sich seit Windows NT bewährt und ist seitdem im Wesentlichen unverändert geblieben.

Was sind Zugriffssteuerungslisten?

Jeder Ordner und jede Datei auf einem mit NTFS formatierten Volume verfügt über eine Zugriffssteuerungsliste (Access Control List, ACL), auch DACL (Discretionary Access Control List, besitzerverwaltete Zugriffssteuerungsliste) genannt. Eine ACL enthält für jeden Benutzer, der Zugriff auf den Ordner oder die Datei erhalten soll, einen Zugriffssteuerungseintrag (Access Control Entry, ACE) mit den NTFS-Berechtigungen des Benutzers. Damit können Sie den Zugang zu jeder Datei und jedem Ordner kontrollieren, wobei die einzelnen Benutzer oder Benutzergruppen unterschiedliche Berechtigungen erhalten können.

→

Um die NTFS-Berechtigungen für eine Datei oder einen Ordner zu überprüfen oder zu bearbeiten, klicken Sie das Symbol des Objekts mit der rechten Maustaste an und wählen *Eigenschaften*. Die Registerkarte Sicherheit listet alle Gruppen und Benutzer auf, die auf das Objekt zugreifen dürfen (Abbildung 10.13). Für jeden Benutzer lassen sich andere Berechtigungen festlegen. Das können Sie leicht feststellen, indem Sie die aufgelisteten Benutzer und Gruppen der Reihe nach anklicken.

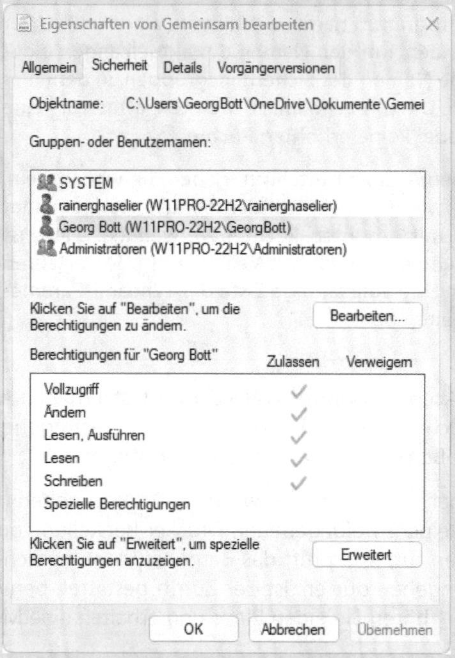

Abbildung 10.13 Klicken Sie auf die Schaltfläche *Bearbeiten*, um die NTFS-Berechtigungen für eine Datei oder einen Ordner zu ändern.

Klicken Sie auf *Bearbeiten*, wenn Sie Einstellungen für einen Benutzer oder eine Gruppe aus der Liste ändern möchten oder einen Benutzer oder eine Gruppe zur Liste hinzufügen oder aus ihr entfernen möchten. Aber seien Sie vorsichtig. NTFS-Berechtigungen festzulegen, ohne die Konsequenzen wirklich zu verstehen, kann unerwartete und gravierende Folgen haben. Es kann so weit gehen, dass kein Zugriff auf die betroffenen Dateien und Ordner mehr möglich ist. Die wichtigste Regel lautet, dass Sie auf keinen Fall in die Tiefen der NTFS-Berechtigungen vordringen sollten, wenn Ihr Ziel lediglich darin besteht, die Netzwerkfreigabe zu verwalten; sie wird durch eine andere Gruppe von Optionen gesteuert. Einzelheiten finden Sie in Kapitel 11, »Windows-Netzwerke konfigurieren«.

Die einzelnen Berechtigungen ermöglichen folgende Zugriffsarten:

- **Vollzugriff** Benutzer mit Vollzugriff können den Inhalt eines Ordners auflisten, Dateien lesen und öffnen, neue Dateien erstellen, Dateien und Unterordner löschen, Berechtigungen von Dateien und Unterordnern ändern und Dateien in Besitz nehmen.
- **Ändern** Erlaubt dem Benutzer, Dateien zu lesen, zu ändern, zu erstellen und zu löschen, aber nicht, die Berechtigungen von Dateien zu ändern oder Dateien in Besitz zu nehmen.

→

- **Lesen, Ausführen** Erlaubt dem Benutzer, Dateien einzusehen und Anwendungen auszuführen.
- **Ordnerinhalt anzeigen** Bietet dieselben Berechtigungen wie Lesen, Ausführen, kann aber nur auf Ordner angewendet werden.
- **Lesen** Erlaubt dem Benutzer, den Inhalt eines Ordners aufzulisten, Dateien, Dateiattribute und Berechtigungen zu lesen und Dateien zu synchronisieren.
- **Schreiben** Erlaubt dem Benutzer, Dateien zu erstellen, Daten zu schreiben, Attribute und Berechtigungen zu lesen und Dateien zu synchronisieren.
- **Spezielle Berechtigungen** Die zugewiesenen Berechtigungen entsprechen nicht den bisher beschriebenen Berechtigungen. Klicken Sie auf *Erweitert*, wenn Sie genauer wissen möchten, um welche Berechtigungen es sich handelt.

Die Benutzerkontensteuerung bietet eine weitere Kontrollebene auf der Basis von Benutzerkonten. Bei aktivierter Benutzerkontensteuerung werden Anwendungen, die ein Administrator startet, normalerweise mit seinem Standardbenutzertoken ausgeführt (Standardbenutzer verfügen natürlich nur über ein Standardbenutzertoken). Wenn eine Anwendung Administratorrechte erfordert, fragt die UAC nach Ihrer Zustimmung (wenn Sie als Administrator angemeldet sind) oder nach den Anmeldeinformationen eines Administrators (wenn Sie als Standardbenutzer angemeldet sind), bevor sie die Anwendung ausführen lässt. Ist die Benutzerkontensteuerung deaktiviert, arbeitet Windows in derselben (relativ gefährlichen) Weise wie Windows-Versionen von vor mehr als zwei Jahrzehnten, bevor Microsoft sich ernsthaft um die Sicherheit kümmerte: Administratorkonten können so gut wie alles tun (was diese Benutzer manchmal in Schwierigkeiten bringt) und Standardkonten haben nicht die erforderlichen Berechtigungen, die für viele ältere Anwendungen erforderlich sind.

▶ **Weitere Informationen über die UAC finden Sie in Kapitel 12 im Abschnitt »Unsichere Aktionen mit der Benutzerkontensteuerung verhindern«.**

Kapitel 11

Windows-Netzwerke konfigurieren

Moderne Computerumgebungen definieren sich durch unsere Fähigkeit, mit Geräten aller Formen und Größen miteinander zu kommunizieren, zu teilen und zusammenzuarbeiten. Heutzutage erfolgt der Großteil dieser Aktivitäten über das größte globale Netzwerk der Welt, das Internet. Dabei kommt eine Vielzahl weithin akzeptierter Hardware- und Softwarestandards zum Einsatz. Das Internet ist auch die Basis für Clouddienste, die gerade die Art und Weise verändern, in der wir arbeiten und spielen.

Dieselben Netzwerkstandards, die Verbindungen ins Internet ermöglichen, können auch dazu dienen, ein lokales Netzwerk (Local Area Network, LAN) aufzubauen, mit dem Sie zu Hause oder im Büro Dateien, Drucker und andere Ressourcen teilen können.

Es ist noch gar nicht so lange her, dass es ein zermürbender Prozess war, eine Netzwerkverbindung einzurichten. Oft war dazu professionelle Hilfe erforderlich. Heute ist Netzwerkhardware allgegenwärtig und das Einrichten einer Netzwerkverbindung in Windows 11 erfordert wenig oder gar kein technisches Verständnis. Das heißt nun nicht, dass der Prozess völlig schmerzfrei ist: Die Analyse und Behebung von Netzwerkproblemen kann frustrierend sein; Kenntnisse über die Grundlagen von Netzwerken sind eine große Hilfe, wenn Sie Probleme analysieren und beseitigen müssen.

In diesem Kapitel behandeln wir die Grundlagen für die Verbindung eines Windows 11-Geräts mit kabelgebundenen und drahtlosen Netzwerken zu Hause oder in einem kleinen Büro. Wir beschreiben auch, wie Sie Ihre Windows 11-Computer mit Cloudanwendungen und Cloud-Ressourcen wie Microsoft 365 verbinden können.

Außerdem wird erklärt, wie Sie Ressourcen sicher freigeben und wie Sie den Status Ihrer Netzwerkverbindung überprüfen, ob sie ordnungsgemäß funktioniert. Wenn Sie nicht nur auf die freigegebenen Ressourcen, sondern auf den gesamten Computer zugreifen möchten, können Sie dies mit dem Feature Remotedesktop tun; ein Abschnitt dieses Kapitels erläutert, wie dies funktioniert.

In früheren Windows-Versionen gab es ein Feature, das die einfache Freigabe von Ressourcen über ein Heimnetzwerk ermöglichte. Dieses Feature, das als *Heimnetzgruppe* bekannt ist, tauchte erstmals in Windows 7 auf, wurde aber 2018 aus Windows 10 entfernt, und auch Windows 11 unterstützt diese Funktion nicht mehr. Natürlich ist es trotzdem möglich, Freigaben unkompliziert einzurichten und zu verwalten. Weiter hinten in diesem Kapitel beschreiben wir Alternativen zur Heimnetzgruppe.

Grundlagen von Windows 11-Netzwerken

Bevor Sie eine Verbindung mit dem Internet oder einem lokalen Netzwerk herstellen können, benötigt Ihr Windows 11-Gerät einen Netzwerkadapter, der ordnungsgemäß mit funktionierenden Treibern installiert ist.

Seit der Veröffentlichung von Windows 7 schreiben die Hardware-Zertifizierungsanforderungen von Microsoft vor, dass jeder Desktop-PC, jedes Notebook, jedes All-in-One-Gerät und jedes tragbare Gerät einen zertifizierten Ethernet- oder WLAN-Adapter enthalten muss. Einige tragbare Geräte enthalten auch Modems, die eine Verbindung zu mobilen Breitbandnetzwerken herstellen; Bluetooth-Adapter unterstützen begrenzte Arten von Direktverbindungen zwischen PCs.

Üblicherweise finden Sie Ethernetadapter (für Kabel) in Desktop-PCs und All-in-One-Modellen, wo eine dauerhafte Kabelnetzwerkverbindung sinnvoll ist. Diese Adapter können in das Motherboard integriert oder in einem Erweiterungssteckplatz installiert sein, angeschlossen werden daran die RJ45-Stecker geschirmter Netzwerkkabel. (Die meisten dieser Geräte enthalten auch einen WLAN-Adapter.)

Die meisten modernen kabelgebundenen Netzwerkadapter unterstützen den Gigabit-Ethernet-Standard, der eine Datenübertragung mit bis zu 1 GBit/s (1000 MBit/s) bietet. (Ältere Geräte beschränken sich unter Umständen auf den Fast-Ethernet-Standard mit einer maximalen Übertragungsrate von 100 MBit/s.) In einem Büro oder Privathaushalt, in dem die Verkabelung für Ethernet vorbereitet ist, können Sie Ihre Netzwerkadapter an eine Netzwerkdose in der Wand anschließen, die über ein sogenanntes Patch-Panel zu einem zentralen Router, Hub oder Switch führt. In einer Wohnung oder einem Büro ohne strukturierte Verkabelung müssen Sie den PC direkt an ein Netzwerkgerät anschließen.

Expertentipp

Verbindung zu einem Kabelnetzwerk über einen USB-Anschluss

Wenn Sie die hohe Geschwindigkeit und Zuverlässigkeit eines Kabelnetzwerks wollen, aber einen tragbaren PC oder ein mobiles Gerät ohne eingebauten Ethernetadapter haben, können Sie sich einen USB-Netzwerkadapter besorgen. Ein USB-2.0-Anschluss unterstützt Fast-Ethernet-Geschwindigkeiten, während ein modernes Gerät mit einem USB-3.0- oder USB-3.1-Port in der Lage ist, Gigabit-Ethernet-Geschwindigkeiten zur Verfügung zu stellen. Einige Netzwerk-Dockingstationen und USB-Hubs enthalten einen Ethernet-Adapter, der es Ihnen ermöglicht, einen einzigen USB-Typ-C-Anschluss für den sofortigen Zugriff auf ein kabelgebundenes Netzwerk und andere Erweiterungsgeräte zu nutzen, während Sie an Ihrem Schreibtisch sitzen.

In den letzten Jahren hat die drahtlose Netzwerktechnologie einen explosionsartigen Anstieg der Popularität erfahren. Kabellose Zugangspunkte gehören zur Standardausstattung der meisten Heimrouter und Kabelmodems, und WLAN-Verbindungen sind praktisch allgegenwärtig. Sie können sich in Hotels, Zügen, Bussen, Fähren, Flugzeugen und sogar in öffentlichen Parks mit WLAN verbinden, oft sogar kostenlos. Außerdem gibt es noch die schon klassischen Hotspots in Cafés und Bibliotheken.

Alle Laptops und mobilen Geräte, die für Windows 11 entwickelt wurden, enthalten einen WLAN-Adapter, der aus einem Transceiver und einer Antenne besteht, die mit einem drahtlosen Zugangspunkt kommunizieren können. Drahtlose Adapter werden auch immer häufiger in Desktop- und All-in-One-Computern eingesetzt, sodass sie auch in Wohnungen und Büros verwendet werden können, in denen es unpraktisch oder sogar unmöglich ist, Netzwerkkabel zu verlegen.

Ethernet und WLAN sind die dominierenden Netzwerktechnologien in privaten Haushalten und Büros. Anstelle der Twisted-Pair-Verkabelung, die normalerweise für die Verbindung von Endpunkten in kabelgebundenen Netzwerken verwendet wird, können Sie vorhandene Koaxialkabel-Installationen, wie sie von Kabelfernsehsystemen verwendet werden, mit Adaptern an jedem Endpunkt verwenden, die die MoCA-Technologie unterstützen (die Abkürzung steht für »Multimedia over Coax Alliance«, die Organisation, die den Standard definiert). Jeder Adapter enthält einen Anschluss für das Koaxialkabel und einen separaten RJ45-Anschluss für ein Ethernet-Kabel. Mit dieser Konfiguration können Sie PCs mit Ethernet-Adaptern mit Gigabit-Ethernet und höheren Geschwindigkeiten anschließen.

Alternativen sind Telefonleitungsnetzwerke, die in älteren Häusern in Telefonbuchsen eingesteckt werden, und Stromleitungsnetze (Powerline, LAN over Power), die mithilfe von Adaptern kommunizieren, die an normale Stromsteckdosen angeschlossen werden. Die Verfügbarkeit billiger Geräte für Funknetzwerke hat die Telefon- und Powerline-Technologien in einen Nischenstatus verdrängt. Sie sind fast nur noch in älteren Häusern und Büros sinnvoll, wo sich keine Netzwerkkabel einziehen lassen und Funknetzwerke aufgrund großer Entfernungen, Baumaterialien oder Störungen unzuverlässig sind. (In manchen Umgebungen ist ein hybrider Ansatz nützlich, bei dem Sie einen WLAN-Extender an eine vorhandene Stromleitung anschließen, um die Signalstärke in einem weiter entfernten Standort zu erhöhen oder um ein sogenanntes Mesh-Netzwerk zu erstellen.)

Sie müssen sich nicht ausschließlich auf eine Art von Netzwerk verlassen. Wenn Ihr Kabelmodem über einen Router und einen WLAN-Zugangspunkt verfügt, können Sie Netzwerkkabel daran anschließen und die Funkkomponente für mobile Geräte oder für Computer verwenden, die in Bereichen stehen, wo Sie kein Netzwerkkabel verlegen können.

Windows 11 erkennt und konfiguriert Netzwerkhardware automatisch und installiert Treiber aus seiner internen Sammlung. Eine kabelgebundene Internetverbindung sollte automatisch erkannt werden; bei einer drahtlosen Verbindung werden Sie während des Einrichtungsvorgangs normalerweise aufgefordert, den Zugangsschlüssel einzugeben.

> Hinweis
>
> **In diesem Kapitel gehen wir davon aus, dass es in Ihrem Privathaushalt oder Büro eine ständig aktive Breitbandverbindung gibt oder Sie die Verbindung ins Internet über eine öffentliche oder private WLAN-Verbindung mit Internetzugriff herstellen.**

Status Ihres Netzwerks überprüfen

Wie bereits erwähnt, konfigurieren sich die meisten Netzwerkverbindungen in Windows 11 während der Einrichtung automatisch, obwohl Sie möglicherweise aufgefordert werden, einen Netzwerksicherheitsschlüssel einzugeben, um eine Verbindung mit einem drahtlosen WLAN-Zugangspunkt herzustellen. Die in Windows 11 enthaltenen Tools ermöglichen es Ihnen, den Status der aktuellen Verbindung zu überprüfen und entweder Änderungen vorzunehmen oder Probleme zu beheben.

Das am leichtesten zugängliche Netzwerktool ist das Statussymbol, das standardmäßig im Infobereich an der rechten Seite der Taskleiste erscheint.

Dieses Symbol zeigt den aktuellen Netzwerktyp (kabelgebunden oder drahtlos) und den Status des Netzes an. Klicken Sie auf dieses Symbol, um das Menü *Schnelleinstellungen* aufzurufen, in dem neben anderen Windows-Einstellungen auch Optionen für die jeweilige Art der Netzwerkverbindung angezeigt werden.

Abbildung 11.1 zeigt das Symbol in der Taskleiste und das Menü *Schnelleinstellungen* für einen Desktop-Computer mit einer aktiven kabelgebundenen Ethernet-Verbindung und einem WLAN-Adapter, der derzeit keine aktive Verbindung hat. Beide Netzwerke scheinen ordnungsgemäß zu funktionieren.

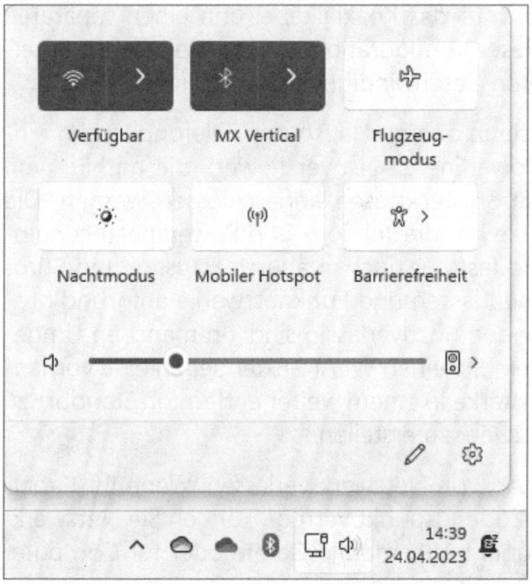

Abbildung 11.1 Das Netzwerksymbol im Infobereich der Taskleiste zeigt an, dass die kabelgebundene Verbindung das primäre Netzwerk ist. Klicken Sie im Menü *Schnelleinstellungen* auf den Pfeil rechts neben der Schaltfläche *WLAN*, um die verfügbaren drahtlosen Netzwerke anzuzeigen.

In Windows 11 Version 22H2 können Sie durch Klicken oder Tippen auf die Schaltfläche *Flugzeugmodus* alle drahtlosen Verbindungen, einschließlich WLAN, Bluetooth, Mobilfunk, GPS und Nahfeldkommunikation (NFC), ausschalten. Wenn Sie Bluetooth oder WLAN aktivieren, nachdem Sie den Flugmodus eingeschaltet haben, merkt sich Windows Ihre Wahl und lässt diese drahtlose Verbindung aktiviert, wenn Sie das nächste Mal den Flugzeugmodus einschalten.

Auf jedem Gerät mit einem WLAN-Adapter gibt es eine Schaltfläche *Mobiler Hotspot*, mit der das System als mobiler Hotspot aktiviert wird. Informationen zur Verwendung Ihres Geräts als mobiler Hotspot finden Sie in Abschnitt »Mobile Hotspots und andere getaktete Verbindungen« weiter hinten in diesem Kapitel.

Hinweis

Es kann passieren, dass ein tragbarer Computer, der überhaupt nicht über einen Ethernetadapter verfügt, das Symbol für eine Kabelverbindung statt für WLAN anzeigt. Das ist der Fall, wenn Sie einen virtuellen Netzwerkadapter für virtuelle Computer eingerichtet haben oder einen USB-Ethernetadapter verwenden. (Details über virtuelle Netzwerkadapter und virtuelle Switches finden Sie in Kapitel 17, »Windows 11 in einem virtuellen Computer oder in der Cloud ausführen«.)

Um eine Liste der verfügbaren drahtlosen Netzwerke anzuzeigen, klicken Sie auf den Pfeil rechts neben der Schaltfläche *WLAN*; Sie sehen dann die SSID der einzelnen Drahtlosnetzwerke sowie deren relative Signalstärke. Abbildung 11.2 zeigt vier Netzwerke, die alle geschützt sind.

Abbildung 11.2 Wählen Sie ein beliebiges verfügbares Netzwerk aus, klicken Sie auf *Verbinden* und geben Sie den erforderlichen Schlüssel ein. Das Vorhängeschloss-Symbol zeigt an, dass die Verbindung gesichert ist und einen Schlüssel erfordert. Verwenden Sie den Schalter *WLAN*, um den drahtlosen Adapter ein- oder auszuschalten.

Um WLAN zu deaktivieren, schieben Sie den Schalter am oberen Rand des Dialogfelds in die Position *Aus*. Sie werden dann aufgefordert, auszuwählen, wann Sie WLAN wieder aktivieren möchten. Sie können dies manuell tun, was die Standardeinstellung ist, oder dies für in einer Stunde, in vier Stunden oder in einem Tag ab dem aktuellen Zeitpunkt planen.

Hinweis

Die Möglichkeit, das WLAN zeitweise zu deaktivieren, ist sehr praktisch, wenn Sie unterwegs sind und nur ein schwaches Signal (was den Akku Ihres Notebooks beansprucht, weil er ständig versucht, eine Verbindung herzustellen) oder ein kostenpflichtiges WLAN-Angebot haben, das Ihnen zu teuer ist. Wenn Sie einen Zeitraum bis zum Wiedereinschalten festlegen, wird die Verbindung neu aufgebaut, ohne dass Sie dies von Hand erledigen müssten.

Unten im Dialogfeld können Sie den Link *Mehr WLAN-Einstellungen* auswählen. Dadurch wird die App Einstellungen geöffnet und automatisch zur Seite *Netzwerk und Internet* | *WLAN* navigiert, die Sie in Abbildung 11.3 sehen.

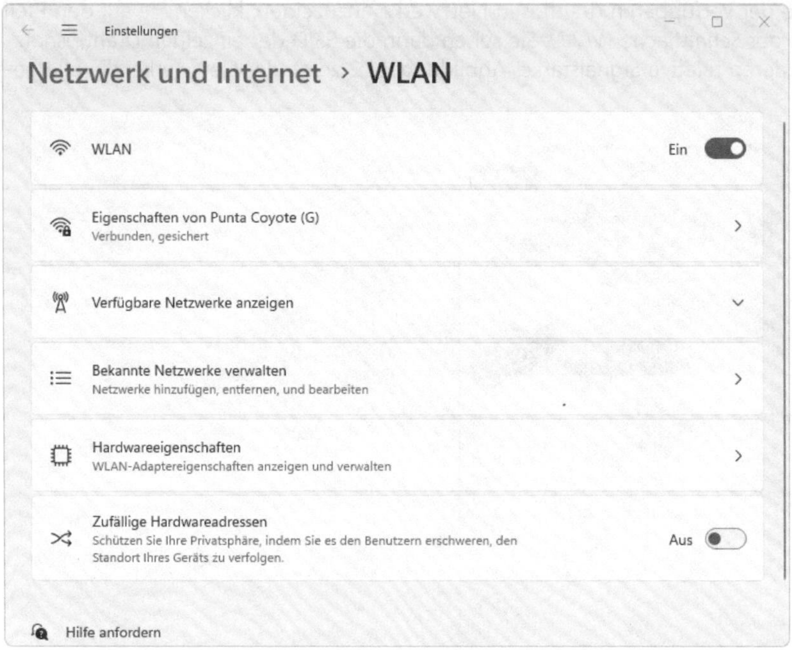

Abbildung 11.3 In der Einstellungen-App können Sie zusätzliche WLAN-Optionen konfigurieren.

Mit dem Schalter *WLAN* oben auf dieser Seite können Sie den Drahtlosadapter deaktivieren oder aktivieren. Wenn Sie mit einem drahtlosen Netzwerk verbunden sind, zeigt der Eintrag unter dem Schalter den aktuellen Netzwerknamen an; klicken Sie auf diesen Eintrag, um detaillierte Eigenschaften für die WLAN-Verbindung anzuzeigen. Sie können auf dieser Seite die folgenden zusätzlichen Einstellungen konfigurieren:

- *Verfügbare Netzwerke anzeigen* zeigt eine Liste der nahegelegenen WLAN-Netzwerke an, die für eine Verbindung verfügbar sind.
- *Bekannte Netzwerke verwalten* ermöglicht es Ihnen, Netzwerke zu verwalten, mit denen Sie dieses Gerät bereits verbunden haben, und die Einstellungen für diese Netzwerke zu überprüfen oder zu ändern. Außerdem können Sie hier die gespeicherten Informationen für ein Netzwerk entfernen sowie manuell eine Verbindung zu einem Nicht-WLAN-Netzwerk hinzufügen, das seine SSID nicht ankündigt.

Expertentipp

Bekannte Netzwerke verwalten

Wenn Sie Ihre Windows-Einstellungen zwischen Geräten synchronisieren, werden auch Ihre WLAN-Netzwerkeinstellungen synchronisiert. Diese Option erleichtert es, mit einem neuen Gerät eine Verbindung zu bekannten Netzwerken herzustellen, nachdem Sie sich mit dem Microsoft-Konto angemeldet haben, das Sie zum Synchronisieren dieser Einstellungen verwendet haben.

- Unter *Hardwareeigenschaften* können Sie die Einstellungen für die IP-Zuweisung und die DNS-Server-Zuweisung überprüfen oder neu konfigurieren. Diese sind standardmäßig automatisch über das Dynamic Host Configuration Protocol (DHCP) eingestellt.
- *Zufällige Hardwareadressen* bieten eine Methode, um Ihren Computer und damit auch Sie selbst schwerer nachverfolgbar zu machen.

> Expertentipp
>
> ***Zufällige Hardwareadressen***
>
> **Wenn Sie diese Einstellung verwenden, schützt Windows Sie vor bestimmten Formen der Nachverfolgung. Dazu wird eine zufällige Media Access Control (MAC)-Adresse für Ihren WLAN-Adapter generiert, anstatt seine tatsächliche physische Adresse zu verwenden. Wenn keine WLAN-Verbindung besteht, sendet Ihr PC regelmäßig ein Signal an WLAN-Netzwerke in der Nähe, damit Sie eine Verbindung herstellen können. Das Signal enthält die eindeutige physische Hardwareadresse (MAC) für Ihr Gerät. Diese eindeutige Adresse kann an einigen Orten, beispielsweise in Einkaufszentren, Geschäften oder anderen öffentlich zugänglichen Bereichen, dazu verwendet werden, Ihre Bewegungen nachzuverfolgen. Wenn diese Einstellung aktiviert ist, sendet Windows jedes Mal, wenn Sie eine Verbindung zu diesem Netzwerk herstellen, eine neue zufällige MAC-Adresse. Dadurch wird verhindert, dass die Zugriffspunkte in der Nähe Ihre MAC-Adresse verwenden, um Ihre Bewegungen nachzuverfolgen. Sie können festlegen, dass Windows zufällige Hardwareadressen für ein bestimmtes Netzwerk oder für alle Netzwerke verwenden soll.**

Wenn keine Netzwerkverbindung besteht oder Sie keinen Zugang zum Internet haben, wird das Netzwerksymbol als Weltkugel mit einem überlagerten Zeichen für »Kein Internetzugriff« bzw. »Keine Verbindungen verfügbar« angezeigt.

Tools für die Netzwerkverwaltung

Wie bei so vielen anderen Komponenten von Windows 11 sind die Knöpfe, Regler und Schalter zur Steuerung der Netzwerkfunktionen von der Systemsteuerung in die Einstellungen-App gewandert. Tatsächlich gibt es keinen Grund mehr (außer vielleicht Nostalgie), in der Systemsteuerung die alte Seite der Kategorie *Netzwerk und Internet* zu verwenden. Sie finden alle Netzwerkeinstellungen, die Sie benötigen, unter *Einstellungen | Netzwerk und Internet*, wie in Abbildung 11.4 dargestellt. Von hier aus können Sie auf Folgendes zugreifen:

- WLAN und Ethernet-Einstellungen
- Virtual Private Network (VPN) und Einwahlmöglichkeiten
- Einstellungen für den mobilen Hotspot
- Flugzeugmodus
- Proxy-Einstellungen
- Erweiterte Netzwerkeinstellungen, einschließlich einer Liste der einzelnen Netzwerkadapter, erweiterte Freigabeeinstellungen und eine Option zum Zurücksetzen des Netzwerks

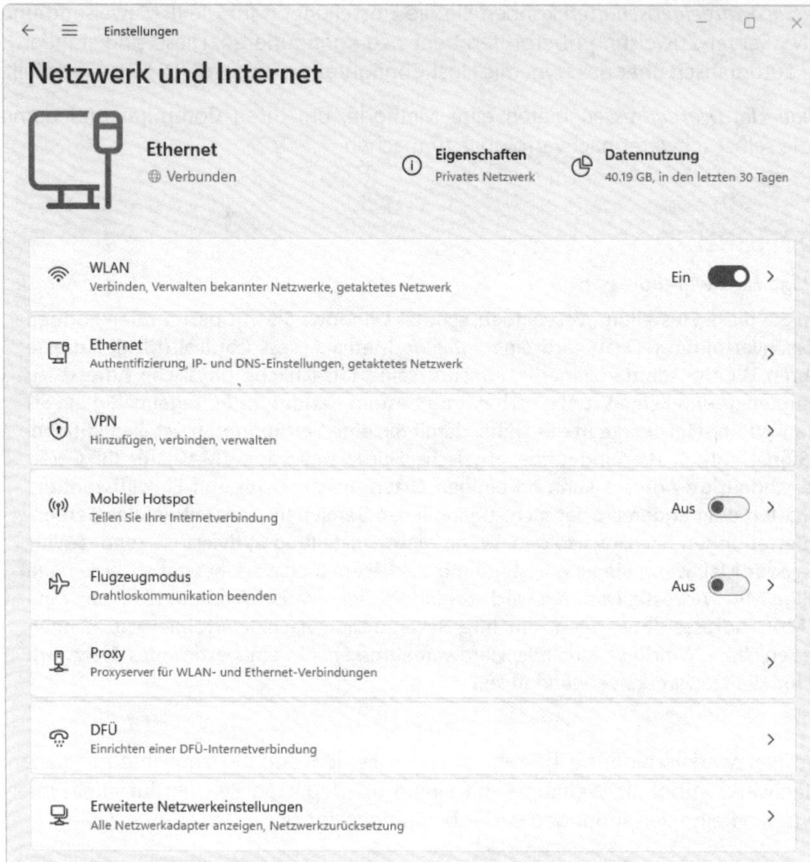

Abbildung 11.4 Von diesem Ausgangspunkt in der App Einstellungen aus können Sie so gut wie alle netzwerkbezogenen Aufgaben erledigen.

> **Hinweis**
>
> **Um etwas schneller auf die Netzwerkeinstellungen zuzugreifen, klicken Sie mit der rechten Maustaste auf das Netzwerksymbol in der Taskleiste und dann auf *Netzwerk- und Interneteinstellungen*.**

Sie können auch weiterhin die Systemsteuerung verwenden, wenn Sie dies bevorzugen. Wählen Sie in der Systemsteuerung *Netzwerk und Internet* und dann *Netzwerk- und Freigabecenter*.

Sie können die verfügbaren Netzwerkverbindungen in den Einstellungen überprüfen, indem Sie auf der Seite *Netzwerk und Internet* die Option *Erweiterte Netzwerkeinstellungen* wählen (siehe Abbildung 11.5). Diese Aktion zeigt eine Liste der verfügbaren Adapter sowie Steuerelemente an, die Sie benötigen, um deren Einstellungen neu zu konfigurieren.

Hinweis

Netzwerkadapternamen, die mit *vEthernet* beginnen, sind virtuelle Adapter, die beim Einrichten eines virtuellen Switches mit Hyper-V erstellt werden. Verschiedene Diagnosetools zeigen möglicherweise andere virtuelle Adapter an, die für spezielle Funktionen verwendet werden, wie beispielsweise WLAN-Direct-Verbindungen. Im Allgemeinen empfehlen wir, dass Sie nicht versuchen, diese Adapter manuell zu verwalten.

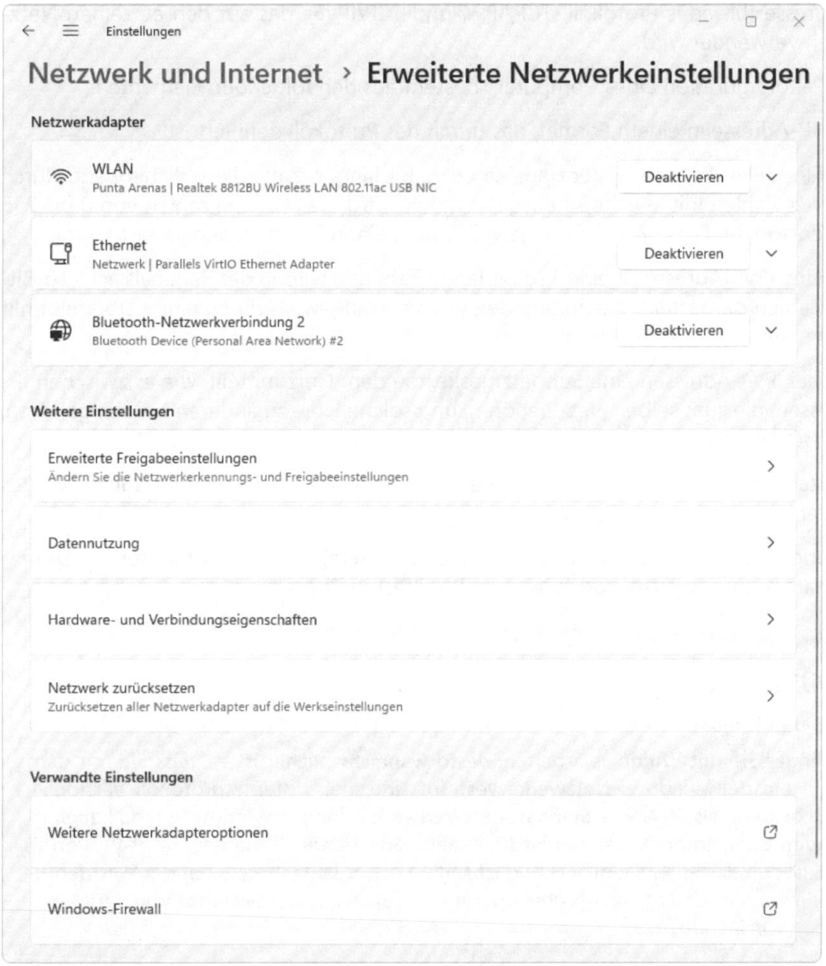

Abbildung 11.5 Auf der Seite *Erweiterte Netzwerkeinstellungen* wird eine Liste der verfügbaren Adapter angezeigt. Sie können jeden Adapter deaktivieren oder die Einstellungen eines Adapters, einschließlich der TCP/IP-Einstellungen, neu konfigurieren.

TCP/IP-Konfiguration

Transmission Control Protocol/Internet Protocol (TCP/IP) ist das Standard-Kommunikationsprotokoll für das Internet und für moderne lokale Netzwerke. In Windows 11 wird es automatisch installiert und konfiguriert und kann nicht entfernt werden. Gewöhnlich sollte Ihre TCP/IP-Verbindung funktionieren, ohne dass eine manuelle Konfiguration erforderlich ist. (Einige Techniken zur Problembehandlung beschreiben wir am Ende dieses Kapitels.)

Netze, die das TCP/IP-Protokoll verwenden, nutzen IP-Adressen, um Datenpakete von Punkt zu Punkt zu übermitteln. In einem TCP/IP-Netzwerk hat jeder Computer eine eindeutige IP-Adresse für jedes Protokoll (TCP/IPv4 und TCP/IPv6), das auf den einzelnen Netzwerkkarten verwendet wird.

Die TCP/IP-Konfiguration eines Computers besteht aus den folgenden Elementen:

- Eine IP-Adresse in einem Format, das durch das Protokoll definiert ist:
    - Eine IPv4-Adresse besteht aus einer 32 Bit langen Zahl, die üblicherweise durch vier Zahlen mit je acht Bit ausgeschrieben wird, was Dezimalzahlen von 0 bis 255 entspricht. Diese Zahlen sind jeweils durch einen Punkt voneinander getrennt.
    - Eine IPv6-Adresse ist eine 128 Bit lange Zahl und wird in der Regel als acht 16-Bit-Zahlen dargestellt, die angegeben werden und jeweils durch einen Doppelpunkt voneinander getrennt sind.
- Nur bei IPv4-Adressen eine Subnetzmaske, die dem Netz mitteilt, wie es zwischen IP-Adressen, die zum selben Netz gehören, und solchen, die zu anderen Netzen gehören, unterscheiden soll
- Ein Standardgateway, das Datenpakete weiterleitet, die an Empfänger außerhalb des lokalen Netzwerks gerichtet sind
- Ein oder mehrere DNS-Server (Domain Name System), das sind Computer, die Domänennamen (wie *www.microsoft.com*) in IP-Adressen übersetzen

Expertentipp

IPv6 und Windows 11

Je länger Sie mit Windows arbeiten, desto wahrscheinlicher ist es, dass Sie mit dem Urgestein der Windows-Netzwerke vertraut sind, dem Internetprotokoll Version 4, auch bekannt als IPv4. Eine Standardnetzwerkverbindung in Windows 11, ob kabelgebunden oder drahtlos, verwendet IPv4, aktiviert aber auch die neuere IP-Version 6. IPv6 ist standardmäßig aktiviert und ist seit fast zwei Jahrzehnten, seit der Veröffentlichung von Windows Vista, das bevorzugte Protokoll in allen Desktop- und Serverversionen von Windows.

Ohne zu sehr in die Einzelheiten der Netzwerkadressierung eintauchen zu wollen, sollte es genügen, zu wissen, dass IPv4 mit seinen Adressen, die auf vier Zahlengruppen von 0 bis 255 basieren, ein großes Problem hat. Als das Internet noch jung war, erschien dieser Adressraum, der aus 4,3 Milliarden eindeutigen Kombinationen von gepunkteten Adressen wie 192.168.1.108 oder 10.0.0.242 bestand, unglaublich riesig zu sein. Leider hat niemand vorausgesehen, wie groß das Internet werden würde, und den Behörden, die IP-Adressen im Internet vergeben, sind buchstäblich die IPv4-Adressen ausgegangen.

→

Die Lösung ist IPv6, das 128-Bit-Adressen verwendet und daher über einen maximalen Adressraum von 3,4 × 10^{38} Adressen verfügt. Wir sind zuversichtlich, dass dies für die nächsten paar Generationen von Internetnutzern ausreicht. Die meisten Internetdienstanbieter unterstützen IPv6, ebenso wie die größten Inhaltsanbieter, darunter Microsoft, Google, Facebook, Netflix und ... nun, Sie verstehen schon.

Windows-Veteranen könnten versucht sein, IPv6 zu meiden und das vertrautere IPv4 vorzuziehen. Manche gehen sogar so weit, IPv6 zu deaktivieren. Unserer Erfahrung nach ist das ein Fehler. IPv6 ist da und wird bleiben. Machen Sie sich damit vertraut, Sie werden feststellen, es funktioniert.

Windows bietet mehrere Methoden an, um vernetzte Computer mit IP-Adressen zu versorgen:

- **Dynamic Host Configuration Protocol (DHCP)** Das ist die Standardkonfiguration für Windows 11. Ein DHCP-Server verwaltet einen Pool an IP-Adressen für Geräte, die im Netzwerk erreichbar sein müssen. Wenn Sie eine Verbindung mit einem Netzwerk herstellen, weist der DHCP-Server Ihrem Computer eine IP-Adresse aus diesem Pool zu und legt die Subnetzmaske und andere Einstellungen fest. Viele Firmen verwenden in ihren Netzwerken DHCP, um eine manuelle Verwaltung von festen Adressen für sich ständig ändernde Ressourcen zu vermeiden. Alle Versionen von Windows Server ermöglichen die Einrichtung eines DHCP-Servers. Auch die meisten Router und Gateways bieten DHCP-Server zur automatischen Konfiguration der angeschlossenen Geräte.
- **Automatic Private IP Adressing (APIPA)** Wenn kein DHCP-Server verfügbar ist, weist Windows automatisch eine IPv4-Adresse in einem bestimmten privaten IP-Bereich zu. (Eine Erläuterung der Funktionsweise privater IP-Adressen finden Sie im Textkasten »Öffentliche und private IP-Adressen« weiter hinten in diesem Kapitel.) Wenn alle Computer in einem Subnetz APIPA-Adressen verwenden, können sie miteinander kommunizieren, ohne dass eine zusätzliche Konfiguration erforderlich ist. IPv6 verwendet eine verbindungslokale (link-local) IPv6-Adresse, um eine ähnliche Funktion zu erfüllen.
- **Statische IP-Adressen** Durch die Angabe einer IPv4/IPv6-Adresse zusammen mit den zugehörigen Details (zum Beispiel die Subnetzmaske für eine IPv4-Adresse oder ein IPv6-Präfix) können Sie eine Windows-Arbeitsstation manuell konfigurieren, sodass ihre Adresse immer gleich bleibt. Diese Methode nimmt mehr Zeit in Anspruch und kann zu einigen Konfigurationsproblemen führen, aber sie ermöglicht ein hohes Maß an Kontrolle über die Netzwerkadressen.
- **Alternative IP-Konfiguration** Mit dieser Funktion können Sie mehrere IPv4-Adressen für eine einzelne Netzwerkverbindung festlegen (es kann jedoch immer nur eine Adresse verwendet werden). Diese Funktion ist vor allem bei tragbaren Computern nützlich, die sich regelmäßig mit verschiedenen Netzwerken verbinden. Sie können die Verbindung so konfigurieren, dass sie automatisch eine IP-Adresse von einem verfügbaren DHCP-Server bezieht, und Sie können dann eine statische Reserveadresse zuweisen, die verwendet wird, falls die erste Konfiguration nicht erfolgreich ist.

> **Hinweis**
>
> **IPv6 unterstützt eine Funktion namens zustandslose Autokonfiguration. Ein IPv6-Gerät, zum Beispiel ein Windows 11-Computer, »hört« auf Netzwerkpakete an der lokalen Netzwerkschnittstelle und ist in der Lage, die Konfigurationsdetails für das lokale Subnetz anhand von Router-Ankündigungen zu ermitteln. Das Gerät konfiguriert dann eine gültige IPv6-Konfiguration auf der Grundlage der Router-Konfiguration.**

Um sich Details zu Ihrer aktuellen IP-Konfiguration anzusehen, öffnen Sie *Einstellungen | Netzwerk und Internet* und erweitern Sie dann den entsprechenden Netzwerkadapter. Wie in Abbildung 11.6 gezeigt, können Sie die aktuellen IPv4- und IPv6-Einstellungen überprüfen und gegebenenfalls die Option *Bearbeiten* wählen, um diese Einstellungen zu ändern.

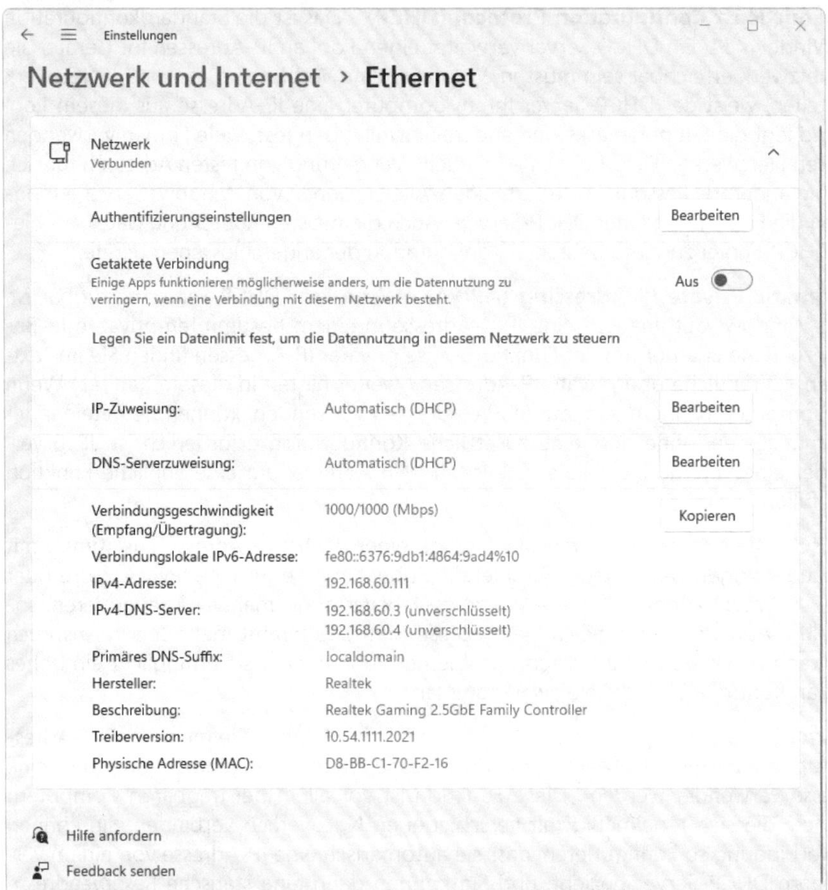

Abbildung 11.6 Sie können die Netzwerkeinstellungen sowohl für IPv4 als auch für IPv6 überprüfen. Klicken Sie auf die Schaltflächen *Bearbeiten*, um die Einstellungen für die IP-Zuweisung und die DNS-Server-Zuweisung zu ändern.

Hinweis

Bei den meisten Windows 11-Geräten müssen Sie IPv4 oder IPv6 nicht manuell konfigurieren. Fast alle Geräte erhalten eine IPv4-Konfiguration über einen DHCP-Server oder einen WLAN-Access Point mit integrierter DHCP-Funktionalität. Für IPv6 haben die meisten Geräte in der Regel nur eine verbindungslokale Adresse, die mit fe80 beginnt; dies ist vergleichbar mit einer APIPA-Adresse in IPv4. Wenn ein IPv6-Router vorhanden ist, ermittelt das Gerät automatisch zusätzliche IPv6-Konfigurationsdaten.

Für einige Computer kann es nützlich sein, statische IP-Adressen zu haben. Wenn Sie beispielsweise Ihren Router so eingerichtet haben, dass er externe Pakete an einen bestimmten Computer weiterleitet, auf dem eine Serveranwendung läuft, kann es praktisch sein, die interne Adresse als statisch zu definieren.

Um in Windows 11 eine statische IP-Adresse festzulegen, gehen Sie wie folgt vor:

1. Öffnen Sie *Einstellungen* und wählen Sie *Netzwerk und Internet*.
2. Wählen Sie den entsprechenden Netzwerkadapter aus; klicken Sie beispielsweise auf *Ethernet*. Klicken Sie auf der Seite *Ethernet*, die in Abbildung 11.6 dargestellt ist, neben *IP-Zuweisung* auf *Bearbeiten*.
3. Klicken Sie im Dialogfeld *IP-Einstellungen bearbeiten* auf das Dropdownmenü und wählen Sie *Manuell*.
4. Setzen Sie für IPv4 den Schalter *IPv4* auf *Ein* und geben Sie dann einige oder alle der folgenden Details ein. (Beachten Sie, dass Sie nicht jede Einstellung ausfüllen müssen. Wenn Sie beispielsweise nur einen bevorzugten DNS-Server angeben möchten, füllen Sie das Feld *Bevorzugter DNS* aus und lassen den Rest leer; Windows verwendet DHCP für die übrigen IP-Zuweisungen.)
   - IP-Adresse
   - Subnetzmaske
   - Gateway
   - Bevorzugter DNS
   - Alternativer DNS
5. Klicken Sie auf *Speichern*, um die Konfigurationsänderungen zu übernehmen. Abbildung 11.7 zeigt das Dialogfeld, in dem alle Felder ausgefüllt sind.

Abbildung 11.7 Wenn Sie statische IP-Adressen zuweisen, müssen Sie alle Felder korrekt ausfüllen oder leer lassen.

Hinweis

Wenn ein IPv4-Subnetz oder eine IPv4-Adresse im Format 172.16.16.1/20 ausgedrückt wird, spricht man von einer CIDR-Adresse (Classless Inter-Domain Routing) oder manchmal auch von einer VLSM-Adresse (Variable Length Subnet Mask). Dieses Format, das in Microsoft Azure-Subnetzen und anderswo verwendet wird, drückt die Subnetzmaske als Präfix in einer Anzahl von Bits aus – in diesem Beispiel 20. Das bedeutet, dass 20 Bits in diesem Fall Netzwerk- oder Subnetzbits sind und die restlichen zwölf Bits Hostbits. So können Sie feststellen, in welchem Subnetz sich dieser Host befindet (in diesem Beispiel 172.16.16.0/20).

Öffentliche und private IP-Adressen

Jeder Computer, der direkt mit dem Internet verbunden ist, benötigt eine öffentliche IP-Adresse. Diese Adresse muss von anderen Computern im Internet aus erreichbar sein, damit die von Ihnen angeforderten Informationen (beispielsweise Webseiten und E-Mails) ordnungsgemäß an Ihren Computer weitergeleitet werden können. Wenn Sie eine Verbindung zu einem Internetdienstanbieter herstellen, wird Ihnen eine öffentliche IP-Adresse aus einem Block von Adressen zugewiesen, die bei diesem Internetdienstanbieter registriert sind. Wenn Sie über eine DSL-, ADSL-, Kabelmodem- oder Glasfaserkabelverbindung eine dauerhafte Verbindung zu Ihrem Internetdienstanbieter haben, ist Ihre IP-Adresse möglicherweise dauerhaft – oder halb dauerhaft und ändert sich nur, wenn Sie Ihren Router zurücksetzen.

Wie finden Sie Ihre öffentliche IP-Adresse? Diese Information sollte auf der webbasierten Verwaltungsschnittstelle für Ihren Internetanschluss verfügbar sein. Wenn Sie aber nicht genau wissen, wo Sie suchen sollen, ist es einfacher, eine der zahlreichen Websites zu nutzen, die sich mit dieser Aufgabe befassen:

- *https://www.wieistmeineip.de*
- *https://whatismyip.com*
- *https://myexternalip.com* (nur IPv4)
- *https://whatismypublicip.com* (nur IPv4)
- *https://icanhazip.com* (nur IPv6)

In einem Heim- oder kleinen Büronetzwerk muss nicht unbedingt jeder Computer im Netzwerk eine öffentliche IP-Adresse haben. Die Konfiguration eines Netzwerks mit mehreren öffentlichen Adressen kann die Sicherheitsrisiken erhöhen und erfordert oft eine zusätzliche Gebühr von Ihrem Internetanbieter. Eine sicherere und kostengünstigere Lösung besteht darin, Ihrem Router oder Gateway eine einzige öffentliche IP-Adresse zuzuweisen, über die alle anderen Computer im Netzwerk mit dem Internet verbunden sind. Jeder der Computer im lokalen Netzwerk hat eine private IP-Adresse, die von außen nicht direkt erreichbar ist. Um mit dem Internet zu kommunizieren, verwendet der Router an der Grenze des Netzwerks eine Technologie namens Network Address Translation (NAT), um Pakete zwischen der einzigen öffentlichen IP-Adresse und mehreren privaten IP-Adressen im Netzwerk auszutauschen.

Die Internet Assigned Numbers Authority (IANA) hat die folgenden drei Blöcke des IPv4-Adressraums für die Verwendung in privaten Netzen reserviert, die nicht direkt mit dem Internet verbunden sind:

- 10.0.0.0 bis 10.255.255.255, üblicherweise ausgedrückt als 10.0.0.0/8
- 172.16.0.0 bis 172.31.255.255, gewöhnlich ausgedrückt als 172.16.0.0/12
- 192.168.0.0 bis 192.168.255.255, gewöhnlich ausgedrückt als 192.168.0.0/16

Darüber hinaus verwendet die automatische private IP-Adressierungsfunktion (APIPA) in allen Windows-Versionen nach 1998 private IP-Adressen im Bereich 169.254.0.0 bis 169.254.255.255.

Router und Gateways, die NAT verwenden, arbeiten praktisch immer mit Adressen aus diesen privaten Bereichen. Linksys-Router zum Beispiel weisen gewöhnlich Adressen nach dem Schema 192.168.1.*x* zu.

Mobile Hotspots und andere getaktete Verbindungen

Manche Geräte, die Datenverbindungen über ein Mobiltelefonnetz aufbauen, bieten die Möglichkeit, das Gerät in einen mobilen WLAN-Hotspot zu verwandeln; dies wird als *Tethering* bezeichnet. Diese Fähigkeit ist großartig, wenn Sie Arbeit auf einem tragbaren PC erledigen müssen, aber keine bezahlbare, zuverlässige WLAN-Verbindung verfügbar ist. Die meisten modernen Smartphones, seien es iPhone- oder Android-Geräte, bieten die Möglichkeit, als Hotspot zu fungieren. Allerdings muss der Mobilfunkprovider dieses Feature freischalten.

Wenn Sie einen mobilen Hotspot mit einem Tarif verwenden, bei dem Sie pro Megabyte oder Gigabyte bezahlen müssen, riskieren Sie, dass Ihnen möglicherweise höhere Kosten entstehen (besonders wenn Sie beim Roaming Ihr eigenes Netz verlassen) oder dass Sie Ihr Datenlimit erreichen und Ihre Verbindung gedrosselt oder ganz unterbrochen wird. Um diese Möglichkeit zu minimieren, identifiziert Windows 11 mobile Hotspots als getaktete Verbindungen und begrenzt automatisch bestimmte Hintergrundaktivitäten. In der Standardeinstellung umfasst die Liste der beschränkten Aktivitäten alle Downloads von Windows Update und eine dauerhaft aktivierte Exchange Server-Verbindung in Microsoft Outlook.

Um sicherzustellen, dass Windows 11 ein bestimmtes Netzwerk als getaktete Verbindung behandelt, öffnen Sie *Einstellungen | Netzwerk und Internet | WLAN | Bekannte Netzwerke verwalten*. Erweitern Sie die gewünschte WLAN-Verbindung und setzen Sie dann den Schalter *Getaktete Verbindung* auf *Ein*, wie in Abbildung 11.8 gezeigt.

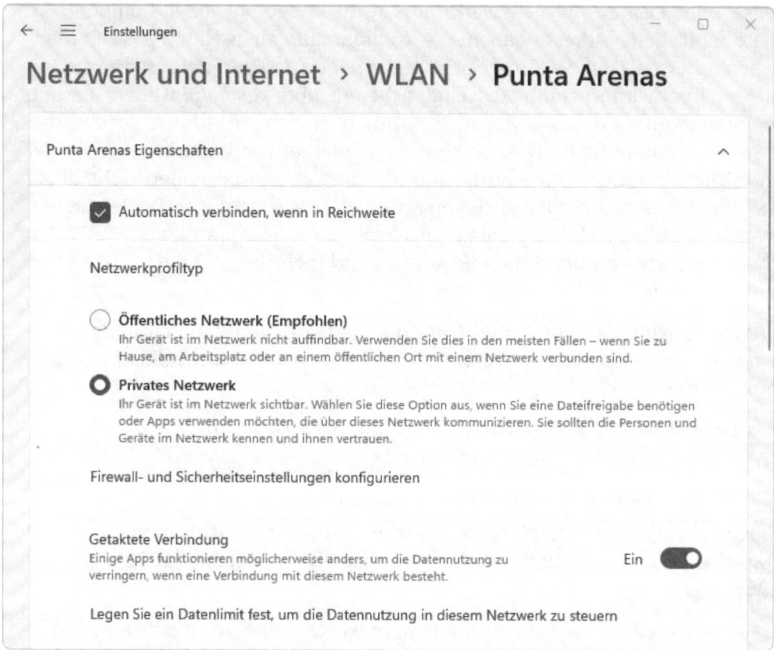

Abbildung 11.8 In kostenpflichtigen Netzwerken oder in Netzwerken mit Datenobergrenzen können Sie die verwendete Datenmenge reduzieren, indem Sie Windows 11 anweisen, die Verbindung als getaktet zu behandeln.

Sie können eine Obergrenze für die Datenmenge festlegen, die Windows über ein aktuell verfügbares Netzwerk senden oder empfangen darf, indem Sie zu *Einstellungen | Netzwerk und Internet | Erweiterte Netzwerkeinstellungen | Datennutzung* gehen. Wählen Sie, wie in Abbildung 11.9 dargestellt, die entsprechende Netzwerkverbindung aus (falls nicht bereits ausgewählt) und klicken Sie dann auf *Grenzwert eingeben*. Außerdem können Sie für die ausgewählte Verbindung die Datennutzung der letzten 30 Tage überprüfen. Die Grenzwerte können monatlich, einmalig oder unbegrenzt sein. Bei monatlichen Limits können Sie den Tag des Monats festlegen, an dem die Zähler zurückgesetzt werden. Sie können die Grenzwerte in MB oder GB angeben.

Abbildung 11.9 Sie können die Datennutzung überprüfen und für jede verfügbare Netzwerkverbindung ein Datenlimit festlegen.

In den aktuellen Versionen von Windows 11 wurde die Funktion *Mobiler Hotspot* erweitert, um die Freigabe einer beliebigen Netzwerkverbindung auf einem Windows 11-PC zu unterstützen. Wenn Sie beispielsweise im Flugzeug für WLAN bezahlt haben, können Sie diese Verbindung sicher mit bis zu acht anderen Geräten teilen.

Sie finden alle Optionen, die Sie dafür brauchen, in *Einstellungen | Netzwerk und Internet | Mobiler Hotspot.* Hier gibt es vier Einstellungen, die Sie beachten müssen:

1. Um mit der gemeinsamen Nutzung Ihrer Netzwerkverbindung zu beginnen, stellen Sie den Schalter *Mobiler Hotspot* auf *Ein*.
2. Wählen Sie die Verbindung, die Sie freigeben möchten. In dem in Abbildung 11.10 gezeigten Fernster ist WLAN die einzige Option, aber Sie können jede verfügbare Verbindung freigeben: kabelgebunden, WLAN oder sogar mobile Daten.

Abbildung 11.10 Aktivieren Sie den Schalter für den mobilen Hotspot, um Ihre Internetverbindung mit anderen Geräten zu teilen. Wenn Sie mehrere Netzwerke zur Verfügung haben (zum Beispiel Ethernet und WLAN), können Sie auswählen, welches Netzwerk Sie freigeben möchten.

3. Wählen Sie, wie Sie Ihre Verbindung freigeben möchten: über WLAN oder Bluetooth.
4. Klicken Sie auf *Bearbeiten*, um den Verbindungsnamen zu ändern, das standardmäßige Zufallspasswort durch ein von Ihnen gewähltes zu ersetzen und die Art der Verbindung anzupassen.

Nach Abschluss der Einrichtung können Sie Ihren mobilen Hotspot über das Menü *Schnelleinstellungen* oder über *Einstellungen* einschalten und die freigegebene Verbindung mit einem beliebigen Gerät (einschließlich eines Mobiltelefons) nutzen.

Netzwerkerkennung aktivieren

Damit ein lokales Netzwerk ordnungsgemäß funktioniert, muss Ihr Computer in der Lage sein, andere Ressourcen, einschließlich anderer Computer, zu finden. Ebenso müssen andere Ressourcen eine Möglichkeit haben, Ihren Computer zu finden.

In Windows 11 wird diese Funktion *Netzwerkerkennung* genannt. In der Standardeinstellung ist die Netzwerkerkennung deaktiviert. Um sie zu aktivieren, öffnen Sie *Einstellungen | Netzwerk und Internet | Erweiterte Netzwerkeinstellungen* und wählen Sie dann *Erweiterte Freigabeeinstellungen*. Sie können die Option *Netzwerkerkennung* für private Netzwerke, öffentliche Netzwerke oder beides aktivieren.

Wenn Sie die Netzwerkerkennung aktivieren, wird eine Reihe von Windows-Diensten gestartet, sofern sie nicht bereits ausgeführt werden: DNS-Client (dnscache), Funktionssuche-Ressourcenveröffentlichung (Function Discovery Resource Publication Services, fdrespub), SSDP-Suche (Simple Service Discovery Protocol, ssdpsrv) und PnP-Gerätehost (UPnP Device Host, upnphost). Darüber hinaus wird eine Windows Defender Firewall-Ausnahme für die Netzwerkerkennung erstellt.

Expertentipp

Arbeitsgruppen versus Domänen

Windows 11-Computer in einem Netzwerk können Mitglied einer Arbeitsgruppe oder einer Domäne sein. Sie können jedoch nicht zu beiden gehören.

In einer Arbeitsgruppe befindet sich die Sicherheitsdatenbank für jeden Computer (mit der Liste der Benutzerkonten und den Privilegien, die jedem gewährt werden) direkt auf dem jeweiligen Computer. Wenn Sie sich an einem Computer anmelden, der Mitglied einer Arbeitsgruppe ist, prüft Windows in der lokalen Sicherheitsdatenbank, ob Sie einen Benutzernamen mit Kennwort eingegeben haben, der einem Eintrag in dieser Datenbank entspricht. Und wenn Netzwerkbenutzer versuchen, eine Verbindung zu Ihrem Computer aufzubauen, prüft Windows ebenfalls die lokale Sicherheitsdatenbank. Alle Computer in einer Arbeitsgruppe müssen im selben Subnetz liegen. Manchmal wird eine Arbeitsgruppe auch Peer-to-Peer-Netzwerk genannt.

Dagegen besteht eine Domäne aus Computern, die sich eine Sicherheitsinfrastruktur teilen, nämlich Active Directory. Diese Sicherheitsinfrastruktur wird auf einem oder mehreren Domänencontrollern verwaltet, die unter Windows Server laufen. Das Cloudangebot von Microsoft, Azure Active Directory, stellt eine Teilmenge dieser Infrastruktur bereit, ohne dass die IT-Abteilung des Unternehmens lokale Server verwalten muss. Active Directory und Azure Active Directory können kombiniert werden, um leistungsfähige hybride Umgebungen aufzubauen. Wenn Sie sich mit einem Domänenkonto anmelden, authentifiziert Windows Ihre Anmeldeinformationen anhand der Sicherheitsdatenbank, die von Ihrem Netzwerkadministrator verwaltet wird.

In diesem Kapitel (wie auch im gesamten Buch) konzentrieren wir uns auf Arbeitsgruppennetzwerke.

Netzwerkstandort festlegen

Der Netzwerkstandort ist eng mit der Netzwerkerkennung verbunden. In einem öffentlichen Netzwerk sollten Sie die Netzwerkerkennung in der Regel deaktivieren, um das Risiko zu verringern, dass ein unbekannter Host im selben Netzwerk auf freigegebene Ressourcen zugreift. Wenn Sie dagegen den Netzwerkstandort auf privat setzen, signalisieren Sie, dass Sie anderen Ressourcen im lokalen Netzwerk vertrauen und diese verfügbar sein sollen. Dies ist besonders wichtig bei mobilen Geräten, die mit verschiedenen Netzwerktypen verbunden werden können – einer Unternehmensdomäne, einem drahtlosen Hotspot in einem Café oder einem privaten Heimnetzwerk.

Jeder Netzwerktyp stellt andere Sicherheitsanforderungen. Windows verwendet das Konzept der Netzwerkstandorte, um das betreffende Netzwerk einzustufen und die passenden Sicherheitseinstellungen anzuwenden. Wenn Sie eine Verbindung zu einem neuen Netzwerk herstellen, wendet Windows eine von drei Sicherheitseinstellungen an:

- **Öffentlich** Dies ist die Standardeinstellung für jede neue, nicht vertrauenswürdige Netzwerkverbindung. Die Netzwerkerkennung ist für öffentliche Netzwerke deaktiviert. Eingehende Verbindungen, die nicht angefordert wurden, werden blockiert, wodurch es für andere Personen, die denselben Zugangspunkt nutzen, schwieriger wird, eine Verbindung zu Ihrem Computer herzustellen. Diese Option ist für Netzwerke an öffentlichen Orten geeignet, zum Beispiel für drahtlose Hotspots in Cafés, Hotels, Flughäfen und Bibliotheken. Sie ist auch die richtige Wahl, wenn Ihr Desktop- oder Laptop-PC direkt mit einem Kabelmodem oder einer anderen Breitbandverbindung ohne den Schutz eines Routers und einer Hardware-Firewall verbunden ist.
- **Privat** Dieser Typ ist der richtige, wenn Sie eine Verbindung zu einem vertrauenswürdigen Netzwerk herstellen, zum Beispiel Ihrem eigenen Heimnetzwerk – aber nur dann, wenn dieses Netzwerk durch einen Router oder ein Gateway (ein Gerät, das DSL oder Kabelmodem, Router und WLAN-Zugriffspunkt vereinigt) oder vergleichbare Sicherheitsmechanismen geschützt ist. Wenn Sie diesen Typ wählen, aktiviert Windows die Netzwerkerkennung, um Freigaben mit anderen Benutzern im Netzwerk zu ermöglichen.
- **Domäne** Dieser Typ wird automatisch angewendet, wenn Sie sich bei Windows mit einem Computer anmelden, der einer Windows-Domäne angehört, wie zum Beispiel Ihrem Firmennetzwerk. In diesem Szenario ist die Netzwerkerkennung aktiviert, sodass Sie andere Computer und Server im Netzwerk sehen und mithilfe von Konten und Berechtigungen, die von einem Netzwerkadministrator gesteuert werden, darauf zugreifen können.

▶ **Wenn Sie einen mobilen Computer benutzen, der mit mehreren Netzwerken verbunden ist, beachten Sie, dass die Windows Defender Firewall separate Netzwerksicherheitsprofile für private (zu Hause oder am Arbeitsplatz), öffentliche und domänenbasierte Netzwerke verwaltet. Weitere Informationen zur Windows-Firewall finden Sie im Abschnitt »Eindringlinge mit der Windows Defender Firewall blockieren« in Kapitel 12, »Sicherheit und Datenschutz in Windows 11«.**

Der Netzwerkprofiltyp des aktuellen Netzwerks wird auf der Detailseite für eine ausgewählte Netzwerkverbindung angezeigt, wie in Abbildung 11.8 weiter vorn in diesem Kapitel dargestellt.

Um das Profil des aktuellen Netzwerks von öffentlich zu privat oder umgekehrt zu ändern, gehen Sie zu *Einstellungen | Netzwerk und Internet*. Oben auf der Seite finden Sie neben den Netzwerknamen einen Link mit der Bezeichnung *Eigenschaften*, der den aktuellen Netzwerkprofiltyp anzeigt. Klicken Sie auf den Link *Eigenschaften* und wählen Sie dann im Abschnitt *Netzwerkprofiltyp* die Option *Privates Netzwerk* oder *Öffentliches Netzwerk (empfohlen)*.

Sie können auch die PowerShell-Cmdlets `Get-NetConnectionProfile` und `Set-NetConnectionProfile` verwenden, um die Eigenschaft *NetworkCategory* für Ihre Netzwerkverbindungen zu überprüfen und zu ändern. Wie in Abbildung 11.11 gezeigt, hat der Administrator die Eigenschaften für das aktuelle Netzwerkprofil auf dem lokalen Computer abgerufen. Diese Cmdlets sind dokumentiert unter *https://learn.microsoft.com/powershell/module/netconnection*.

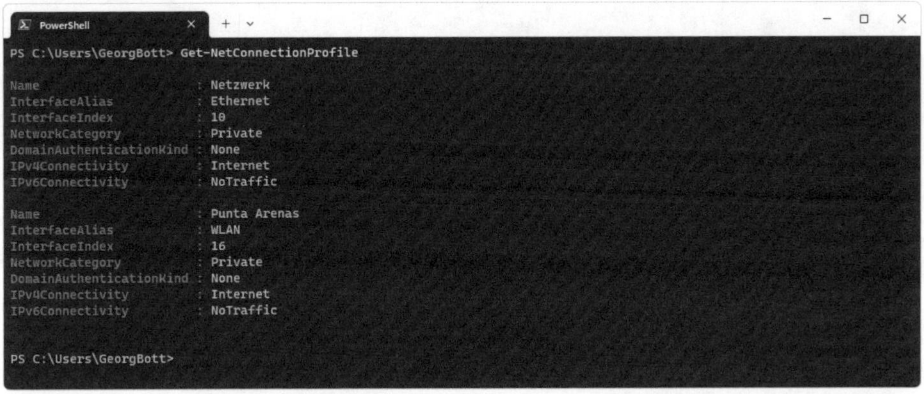

Abbildung 11.11 Die Eigenschaft *NetworkCategory* bestimmt, ob der Netzwerkprofiltyp öffentlich oder privat ist.

Verbindung zu einem WLAN-Netzwerk herstellen

In diesem Abschnitt gehen wir davon aus, dass Sie bereits einen WLAN-Zugangspunkt konfiguriert haben (der häufig in Kabelmodems, Routern für den Internetzugang und anderen Netzwerkzugangsgeräten enthalten ist, die von Ihrem Internetprovider bereitgestellt werden) und sich vergewissert haben, dass er ordnungsgemäß funktioniert, oder dass Sie sich an einem Ort mit einem öffentlichen oder privaten WLAN-Zugangspunkt befinden, der von einem anderen Anbieter verwaltet wird. Sobald der WLAN-Netzwerkadapter Ihres Computers installiert und eingeschaltet ist, sucht Windows nach verfügbaren WLAN-Zugriffspunkten.

Wenn Sie im Infobereich der Taskleiste auf das Netzwerksymbol und dann auf den Pfeil rechts neben der *WLAN*-Schaltfläche klicken, sehen Sie wahrscheinlich viele Zugangspunkte, die für eine Verbindung zur Verfügung stehen. Die meisten davon gehören Ihren Nachbarn oder Besuchern in der Nähe. In der Annahme, dass diese Netzwerke ausreichend mit einem Netzwerksicherheitsschlüssel gesichert sind, den Sie nicht kennen und nicht erraten können, werden Sie keine Chance haben, eine Verbindung zu ihnen herzustellen.

Wenn Sie eine verfügbare WLAN-Verbindung auswählen, die Sie kennen und für die Sie den Netzwerksicherheitsschlüssel besitzen, können Sie das Kontrollkästchen *Automatisch verbinden* aktivieren, wie in Abbildung 11.12 dargestellt. Wenn Sie sich in Zukunft in Reichweite des Netzwerks befinden, gibt Ihr Computer automatisch das gespeicherte Kennwort ein und stellt eine Verbindung zum Netzwerk her.

> **Hinweis**
>
> **Beachten Sie, dass gespeicherte Kennwörter für WLAN-Netzwerke zwischen Ihren Geräten synchronisiert werden, wenn Sie sich mit einem Microsoft-Konto anmelden. So kann es vorkommen, dass ein brandneues Gerät, das Sie noch nie verwendet haben, automatisch eine Verbindung zu Ihrem Heim- oder Büro-WLAN herstellt, ohne dass Sie gefragt werden müssen.**

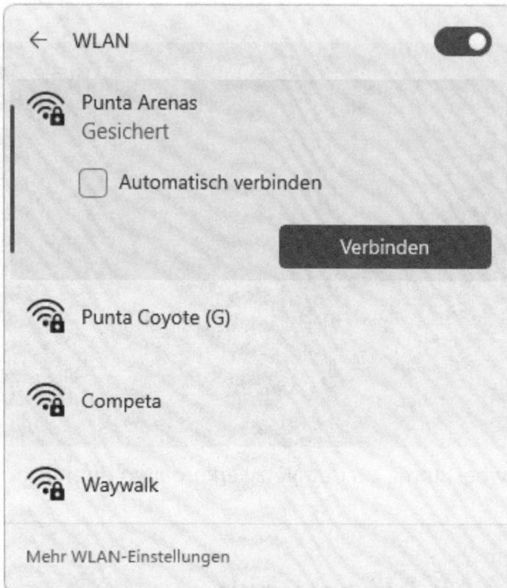

Abbildung 11.12 Wenn Sie das Kontrollkästchen *Automatisch verbinden* einschalten, wird diese WLAN-Verbindung automatisch hergestellt, wenn Sie sich das nächste Mal in Reichweite des Netzwerks befinden.

Wenn Sie für einen gesicherten WLAN-Zugangspunkt auf die Schaltfläche *Verbinden* klicken, wird ein Feld angezeigt, in das Sie ein Netzwerkkennwort (auch Netzwerksicherheitsschlüssel genannt) eingeben müssen (siehe Abbildung 11.13). Wenn Ihre Eingabe mit der Konfiguration des Zugangspunkts übereinstimmt, sind Sie angemeldet. In einem von Ihnen kontrollierten Netzwerk, in dem Sie den Netzwerksicherheitsschlüssel festlegen, ist der Zugang einfach. Für einen gesicherten Zugangspunkt, der von jemand anderem kontrolliert wird – das Wartezimmer eines Arztes, ein Café, das Büro eines Freundes –, müssen Sie jemanden, meist den Eigentümer des Netzwerks, nach dem Kennwort fragen.

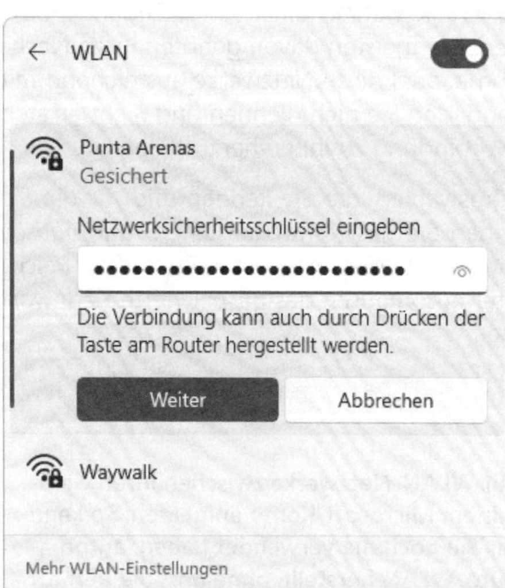

Abbildung 11.13 Wenn Sie sich zum ersten Mal mit einem gesicherten WLAN-Netzwerk verbinden, müssen Sie eine Passphrase oder einen Sicherheitsschlüssel korrekt eingeben.

Um die Verbindung zu einem WLAN-Zugangspunkt zu trennen, klicken oder tippen Sie auf den entsprechenden Eintrag im Menü *Schnelleinstellungen* und dann auf *Trennen*. Dadurch wird die Option, sich in Zukunft automatisch mit diesem Netzwerk zu verbinden, automatisch deaktiviert.

Windows 11 speichert die Anmeldeinformationen für jeden WLAN-Zugangspunkt, mit dem Sie sich verbinden, sodass Sie bei einem erneuten Besuch mit einem Fingertipp eine Verbindung herstellen können. Wenn Ihnen dieser Gedanke unangenehm ist, können Sie die vollständige Liste der Netzwerke anzeigen und verwalten, indem Sie *Einstellungen | Netzwerk und Internet | WLAN* öffnen und auf *Bekannte Netzwerke verwalten* klicken.

Diese Liste kann verblüffend lang sein, vor allem, wenn Sie viel unterwegs sind. Um die Eigenschaften einer Verbindung zu überprüfen, wählen Sie sie in der Liste aus. Wenn Sie eine Netzwerkverbindung entfernen möchten, klicken Sie rechts neben dem Netzwerknamen auf die Schaltfläche *Nicht speichern* (siehe Abbildung 11.14).

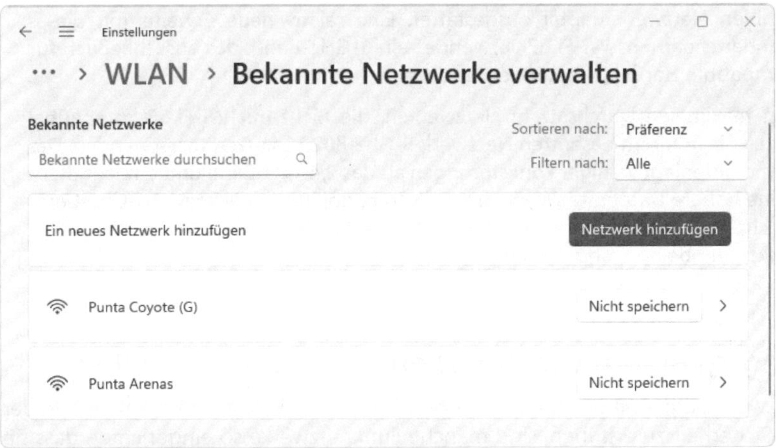

Abbildung 11.14 Drahtlose Netzwerke, mit denen Sie sich verbinden, werden in dieser Liste gespeichert. Tippen Sie auf *Nicht speichern*, um den gespeicherten Sicherheitsschlüssel zu löschen und das Netzwerk aus der Liste zu entfernen.

Expertentipp

Die WLAN-Standards verstehen

Die beliebtesten Funknetzwerke nutzen eine von verschiedenen Varianten des IEEE-802.11-Standards (Institute of Electrical and Electronics Engineers), der auch als Wi-Fi bezeichnet wird. In modernen WLAN-Netzwerken stoßen Sie gewöhnlich auf einen der folgenden vier Standards (sortiert vom ältesten bis zum neuesten):

- **802.11g Dieser Standard war bis 2009 das Flaggschiff, kurz vor dem Release von Windows 7. Er wird immer noch auf älteren PCs und WLAN-Zugriffspunkten verwendet. Er kann Daten mit höchstens 54 MBit/s über Funkfrequenzen im 2,4-GHz-Bereich übertragen. 802.11g-Netzwerke haben den älteren Standard, 802.11b mit seiner Maximalgeschwindigkeit von 11 MBit/s, weitgehend ersetzt.**

→

- **802.11n** Von diesem Standard aus dem Jahr 2009 können Sie sich einen gewaltigen Anstieg der Geschwindigkeit (600 MBit/s) und eine erheblich größere Reichweite erwarten. Im Unterschied zu älteren Standards arbeitet 802.11n sowohl im Frequenzbereich 5 GHz als auch im 2,4-GHz-Bereich. Allerdings unterstützt nicht jede 802.11n-Hardware beide Bereiche.
- **802.11ac** Wird auch als Wi-Fi 5 bezeichnet. Dieser im Jahr 2014 verabschiedete Standard baut auf der Spezifikation von 802.11n auf und erlaubt an beiden Enden der Funkverbindung mehrere Verbindungen. Er bietet Durchsatzraten von 500 MBit/s pro Verbindung, wobei das theoretische Maximum bei 2.600 MBit/s liegt.
- **802.11ax** Bekannt als Wi-Fi 6, ist der neueste Wi-Fi-Standard und erweitert die Möglichkeiten von Wi-Fi 5. Er unterstützt die Umschaltung zwischen 2,4 GHz und 5 GHz und ermöglicht höhere Bandbreiten als Wi-Fi 5 (potenziell bis zu 9,6 Gigabit). Die meisten modernen Computer sind mit einem Wi-Fi 6 kompatiblen Netzwerkadapter ausgestattet. Eine relativ neue Erweiterung dieses Standards namens Wi-Fi 6E verwendet ein 6-GHz-Band, das ausschließlich für kompatible Hardware reserviert ist.

Für einen maximalen Durchsatz in Netzwerken, die nicht mit Wi-Fi 6E kompatibel sind, sollten Sie in Ihrem gesamten Netzwerk 5-Ghz-802.11ax-Geräte verwenden. Das 5-Ghz-Band unterliegt weniger Funkstörungen als das 2,4-Ghz-Band und erreicht theoretisch eine höhere Datenrate. Wenn Sie die Kompatibilität mit älteren 2,4-Ghz-Geräten aufrechterhalten müssen, ist die ideale Lösung die Verwendung eines WLAN-Zugriffspunkts, der beide Frequenzbereiche bedient.

Verbindung zu einem verborgenen Netzwerk herstellen

Jedes Funknetzwerk trägt einen Namen, die sogenannte SSID (Service Set Identifier). In der Hoffnung, die Sicherheit zu erhöhen, sind manche Funknetzwerke so eingerichtet, dass sie ihre SSID nicht aussenden. Es ist ein wenig schwieriger, die Verbindung zu einem solchen verborgenen Netzwerk herzustellen, weil sein Name nicht in der Liste der verfügbaren Netzwerke im WLAN-Flyout der Schnelleinstellungen oder der Seite *Netzwerk und Internet* in der Einstellungen-App auftaucht. Es ist aber durchaus möglich, eine solche Verbindung aufzubauen, wenn Sie den Netzwerknamen und die Sicherheitseinstellungen kennen.

Hinweis

Einen Router so zu konfigurieren, dass er seinen Namen nicht bekannt gibt, wurde von einigen fälschlicherweise als Sicherheitsmaßnahme angepriesen. Obwohl das Netzwerk dadurch für zufällige Schnüffler weniger zugänglich wird, ist das Fehlen einer ausgestrahlten SSID keine Abschreckung für einen versierten Angreifer. Darüber hinaus können Angreifer die SSID auch dann erfahren, wenn sie sich nicht in der Nähe Ihres drahtlosen Zugangspunkts befinden, da sie regelmäßig von Ihrem Computer gesendet wird, egal wo er sich gerade befindet. Wir stellen diese Schritte zur Verfügung, um Ihnen zu helfen, eine Verbindung zu einem versteckten Netzwerk herzustellen, das von jemand anderem verwaltet wird; wir empfehlen nicht, dass Sie Ihr Heim- oder Büronetzwerk ohne guten Grund auf diese Weise konfigurieren.

Um eine Verbindung zu einem verborgenen Netzwerk herzustellen, öffnen Sie *Einstellungen | Netzwerk und Internet | WLAN | Bekannte Netzwerke verwalten* und klicken Sie dann auf *Netzwerk hinzufügen*. Wie in Abbildung 11.15 dargestellt, müssen Sie den Netzwerknamen eingeben, den Sicherheitstyp auswählen, die relevanten Sicherheitsinformationen eingeben, das Kontrollkästchen *Verbinden, auch wenn dieses Netzwerk seinen Namen nicht überträgt* einschalten und dann auf *Speichern* klicken.

Abbildung 11.15 Geben Sie die erforderlichen Informationen ein, um eine Verbindung zu einem nicht beworbenen Netzwerk herzustellen.

Wenn Sie bestimmte Sicherheitstypen auswählen, wird das Dialogfeld *Ein neues Netzwerk hinzufügen* erweitert, um neue Optionen aufzulisten. Abbildung 11.16 zeigt die Einstellungen für ein Unternehmensnetzwerk, bei dem keine gemeinsam verwendeten Schlüssel oder Kennwörter eingegeben werden, sondern eine Benutzerauthentifizierung notwendig ist.

Abbildung 11.16 In Unternehmensnetzwerken erfordern einige Sicherheitsoptionen eine zusätzliche Konfiguration.

WLAN-Sicherheit

In einem herkömmlichen kabelgebundenen Netzwerk, insbesondere in einem Privathaushalt oder einem Büro, ist die physische Sicherheit relativ einfach zu gewährleisten: Wenn jemand einen Computer an eine Netzwerkbuchse oder einen Switch anschließt, können Sie die physische Leitung bis zum Computer des Eindringlings zurückverfolgen. Bei drahtlosen Netzwerken kann jedoch jeder, der in die Reichweite Ihres WLAN-Zugangspunkts kommt, Ihr Netzwerk anzapfen und dessen Signale abhören.

Wenn Sie ein kleines Unternehmen betreiben, möchten Sie Ihren Kunden vielleicht den Internetzugang über eine offene Internetverbindung ermöglichen. Einige Internetdienstanbieter richten auf den Modems (oder ähnlichen Zugangsgeräten) ihrer Kunden sichere Gastkonten ein, die es anderen Kunden dieses Dienstes ermöglichen, sich mit ihren Netzwerkanmeldedaten zu verbinden. Viele moderne WLAN-Router bieten die Möglichkeit, ein sicheres Gastnetzwerk einzurichten, das von dem Netzwerk, das Sie zu Hause oder im Büro nutzen, getrennt ist. Mit dieser Option können Kunden sicher auf das Internet zugreifen, ohne Zugang zu lokalen Netzwerkressourcen zu haben.

Abgesehen von diesen Szenarien wollen Sie Ihr Netzwerk aber wahrscheinlich so schützen, dass nur Leute, die Sie kennen und denen Sie explizit die Erlaubnis erteilt haben, eine Verbindung dazu herstellen können. Dazu müssen Sie die Sicherheitseinstellungen Ihres WLAN-Zugriffspunkts oder Routers konfigurieren. Wenn Sie eine Verbindung zu einem bekannten oder unbekannten Netzwerk herstellen, wird die Sicherheit durch den Verschlüsselungsstandard bestimmt, den der Netzwerkbesitzer gewählt hat und der von Netzwerkhardware auf beiden Seiten der Verbindung unterstützt wird.

Je nach Alter Ihrer Hardware sollten Sie zwischen einer oder mehreren der folgenden Optionen wählen können, von der am wenigsten sicheren bis zur sichersten:

- **Wired Equivalent Privacy (WEP)** WEP ist ein altes Verfahren, das noch aus der Zeit vor der Jahrhundertwende stammt. Es weist schwerwiegende Sicherheitsmängel auf, die es für den Einsatz in einem Netzwerk mit vertraulichen Daten ungeeignet machen. Die meisten modernen WLAN-Geräte unterstützen WEP aus Gründen der Abwärtskompatibilität mit älterer Hardware, aber wir raten dringend davon ab, es zu verwenden, es sei denn, es stehen keine anderen Optionen zur Verfügung. Wenn Sie ein älteres Gerät besitzen, das nur WEP unterstützt (und nicht durch ein Firmware-Update aufgerüstet werden kann), sollten Sie in Erwägung ziehen, dieses Gerät auszumustern oder zu ersetzen.
- **Wi-Fi Protected Access (WPA)** WPA ist eine frühe Version des Verschlüsselungsverfahrens, das inzwischen durch WPA2 und WPA3 ersetzt wurde. Es wurde speziell entwickelt, um die Schwächen von WEP zu überwinden. In einem kleinen Netzwerk, das WPA benutzt, verwenden Clients und Zugriffspunkte ein gemeinsames Netzwerkkennwort (der sogenannte vorinstallierte Schlüssel, Preshared Key oder PSK), das aus einer 256-Bit-Zahl oder einer 8 bis 63 Byte langen Passphrase besteht. (Eine längere Passphrase liefert einen stärkeren Schlüssel.) Bei einem hinreichend starken Schlüssel, der aus einer echten Zufallsfolge besteht, ist die Wahrscheinlichkeit eines erfolgreichen Angriffs von außen gering. Die meiste moderne Netzwerkhardware unterstützt WPA nur aus Gründen der Abwärtskompatibilität.
- **Wi-Fi Protected Access 2 (WPA2)** Basierend auf dem 802.11i-Standard bietet WPA2 einen starken Schutz für verbreitete Funknetzwerke. Es arbeitet mit 802.1x- Authentifizierung und AES-Verschlüsselung (Advanced Encryption Standard). In ihrer Kombination stellen diese Verfahren sicher, dass nur autorisierte Benutzer auf das Netzwerk Zugriff erhalten und dass abgehörte Daten nicht entschlüsselt werden können. Es gibt zwei Varianten von WPA2: WPA2-Personal und WPA2-Enterprise. WPA2-Personal verwendet eine Passphrase, aus der ein Verschlüsselungsschlüssel generiert wird. Dies ist eine gute Wahl für die Sicherheit von Funknetzwerken in Privathaushalten und kleinen Büros. Bei WPA2-Enterprise benötigen Sie einen Server, der die Netzwerkbenutzer überprüft. Alle WLAN-Produkte, die seit 2006 verkauft wurden, müssen WPA2 unterstützen, damit sie das Siegel »Wi-Fi CERTIFIED« erhalten.
- **Wi-Fi Protected Access 3 (WPA3)** WPA3 basiert ebenfalls auf dem Standard 802.11i und erweitert die Sicherheit von WPA2. Wie WPA2 verwendet es 802.1x-basierte Authentifizierung und Advanced Encryption Standard (AES)-Verschlüsselung; es implementiert außerdem eine Technologie namens Simultaneous Authentication of Equals (SAE), um die Sicherheit gegenüber WPA2 zu verbessern. Auch WPA3 gibt es in zwei Varianten: WPA3-Personal und WPA3-Enterprise. Wie bei WPA2 ist auch bei WPA3-Enterprise ein Server für die Benutzerüberprüfung erforderlich. WPA3-Enterprise bietet außerdem einen 192-Bit-Modus für zusätzlichen Schutz.

Möglicherweise sehen Sie andere Verschlüsselungsoptionen, einschließlich des 802.11x-Standards, der es Unternehmensnetzwerken ermöglicht, den Zugriff über Benutzeranmeldeinformationen wie Active Directory zu erzwingen. Diese Konfigurationen sind aber meist für den Einsatz in großen Unternehmensnetzwerken gedacht und würden daher den Rahmen dieses Buches sprengen.

Expertentipp

Verbessern Sie die Sicherheit am Zugriffspunkt

Wenn Sie mit vertraulichen Daten umgehen und Ihr Netzwerk in einem Wohnhaus oder einem Bürogebäude liegt, in dem Sie damit rechnen müssen, dass andere mit WLAN-Adaptern in den Sendebereich gelangen, sollten Sie sich nicht darauf beschränken, WPA2 zu aktivieren, sondern zusätzliche Sicherheitsmaßnahmen ergreifen. Sie können einige oder alle der folgenden Methoden nutzen, um Ihren WLAN-Zugriffspunkt vor Eindringlingen zu schützen:

- Ändern Sie den Netzwerknamen (SSID) Ihres Zugriffspunkts so, dass er nicht der Standardeinstellung des Geräts entspricht und dass er keine Informationen über Sie oder Ihr Unternehmen preisgibt.
- Deaktivieren Sie die Fernwartung des Zugriffspunkts. Wenn Sie Einstellungen ändern müssen, können Sie dies direkt über eine Kabelverbindung tun.
- Unabhängig davon, ob Sie die Fernwartung des Zugriffspunkts zulassen oder nicht, sollten Sie ein sicheres Kennwort festlegen, damit kein Besucher Ihre Netzwerkeinstellungen manipulieren kann.
- Überprüfen Sie in regelmäßigen Abständen die Firmware und die Treiber für drahtlose Hardware (Zugriffspunkts und Adapter) und installieren Sie die neuesten Versionen, die möglicherweise Sicherheitslücken beseitigen.
- Erwägen Sie die Verwendung eines virtuellen privaten Netzwerks (VPN) für WLAN-Verbindungen. Ein VPN sendet den gesamten WLAN-Verkehr über eine verschlüsselte Verbindung, wodurch es für andere unmöglich wird, Ihren WLAN-Verkehr abzuhören. Administratoren von Unternehmensnetzwerken helfen Ihnen, ein VPN unter Rückgriff auf die Sicherheitsinfrastruktur Ihres Unternehmens einzurichten. Für Windows 11-Geräte, die nicht professionell verwaltet werden, stehen VPN-Software und -Dienste zur Verfügung.

Wenn Sie einen WLAN-Zugangspunkt für ein Haus oder ein kleines Büro einrichten, wählen Sie eine starke Passphrase. Eine Passphrase für WPA2 oder WPA3 kann bis zu 63 Zeichen lang sein und Buchstaben (Groß- und Kleinschreibung beachten), Zahlen und Leerzeichen enthalten (jedoch keine Leerzeichen am Anfang oder Ende). Viele Geräte generieren einen zufälligen alphanumerischen Schlüssel, aber vielleicht ziehen Sie es vor, eine Passphrase zu verwenden, die Sie sich merken können. Wählen Sie in diesem Fall eine Passphrase, die nicht einfach erraten werden kann. Machen Sie die Passphrase lang. Außerdem ist es sinnvoll, einige Buchstaben durch andere Zeichen oder Falschschreibungen zu ersetzen, um es Angreifern schwerer zu machen. Weil die Passphrase gespeichert und zwischen Geräten synchronisiert werden kann, sollte es nicht allzu oft nötig sein, sie einzutippen.

Sie müssen für alle drahtlosen Geräte in Ihrem Netzwerk – Zugriffspunkte, Router, Netzwerkadapter, Druckserver, Kameras usw. – dieselbe Verschlüsselungsoption verwenden. Wählen Sie also die beste Option, die von allen Geräten unterstützt wird.

Mit Remotedesktop auf einen anderen Computer zugreifen

Die gemeinsame Nutzung von Computerressourcen über ein ordnungsgemäß konfiguriertes Netzwerk ermöglicht Ihnen den Zugriff auf alle Dateien, die Sie benötigen, unabhängig davon, wo sie gespeichert sind. Aber manchmal reicht selbst das nicht aus. Vielleicht müssen Sie eine Anwendung ausführen, die nur auf einem bestimmten Computer installiert ist, oder Sie müssen die Dateien und Einstellungen eines anderen Computers auf eine Weise konfigurieren und verwalten, die nur möglich ist, wenn Sie sich vor den Computer setzen. Für diese Fälle ist eine Remotedesktopsitzung die perfekte Lösung.

Wenn Sie über Remotedesktop mit Anwendungen arbeiten, die auf einem anderen Computer ausgeführt werden, dient Ihr Computer eigentlich nur als »dummes« Terminal. Ein nicht sehr leistungsfähiger Computer oder sogar ein Mobilgerät genügt, um eine direkte Verbindung zu einem Remotecomputer herzustellen. Remotedesktopverbindungen sind verschlüsselt. Ihre Daten sind also sicher.

Hinweis

Der Computer, den Sie steuern wollen (der sich also an einem anderen Standort befindet), wird als Remotecomputer oder Remotedesktopserver bezeichnet. Der Computer, auf dem Sie den Remotecomputer steuern, ist der Clientcomputer. In der Standardeinstellung wird Remotedesktopverkehr mit RDP (Remote Desktop Protocol) über TCP-Port 3389 gesendet und empfangen.

In diesem Abschnitt konzentrieren wir uns auf das häufigste Szenario: Sie konfigurieren einen PC mit Windows 11 Pro, Enterprise oder Education oder einer unterstützten Version von Windows Server, um eingehende Remotedesktopverbindungen zuzulassen, und verwenden einen zweiten PC mit einer beliebigen Edition von Windows 11 als Remoteclient über ein lokales Netzwerk. (PCs mit Windows Home Edition können als Remotedesktopclient verwendet werden, erlauben aber nicht das Hosten von Remotedesktopsitzungen.)

Expertentipp

Remotedesktopverbindungen konfigurieren, die die Grenze Ihres LANs überschreiten

Remotedesktopverbindungen über ein LAN sind relativ simpel, besonders wenn keine Sicherheitssoftware von Drittherstellern installiert ist. Aber wenn Sie versuchen, über das Internet eine Remotedesktopsitzung aufzubauen, wird es deutlich schwieriger. Um eine solche Fernverbindung durch das Internet herzustellen, müssen Sie den Remotecomputer über eine bekannte öffentliche IP-Adresse erreichen und einen Router sowie sämtliche Sicherheitssoftware überwinden, die zwischen den beiden Computern ihre Arbeit tut.

Wie sich diese Probleme beseitigen lassen, hängt von Ihrer konkreten Netzwerk- und Hardwarekonfiguration ab. Allgemein ausgedrückt müssen Sie Ihren Remotedesktopclient so konfigurieren, dass er sich mit der externen IP-Adresse Ihres Routers verbindet, und Ihren Router dann so konfigurieren, dass er Verkehr auf Port 3389 an die interne IP-Adresse des Remotedesktopservers weiterleitet.

→

Das geht natürlich nur so lange gut, bis Ihr Internetprovider Ihnen eine andere externe IP-Adresse zuweist. Sofern Sie ein Netzwerkexperte sind, sollte Ihnen diese allgemeine Übersicht alle Informationen liefern, die Sie brauchen, um Ihre Remotedesktopsitzung über das Internet aufzubauen.

Jemand, der kein Netzwerkexperte ist, dürfte allerdings den Eindruck gewinnen, dass es den Aufwand nicht wert ist. Wir stimmen in diesem Punkt zu, deshalb lautet unsere Empfehlung, eines der von verschiedenen Drittherstellern angebotenen Programme zu verwenden, das einen sicheren Remotezugriff erlaubt, und zwar ganz ohne Konfigurationsorgien und Sicherheitslücken, die sich dadurch ergeben, dass Sie direkte Verbindungen durch Ihre Netzwerkgrenzen hindurch erlauben. Wir empfehlen Splashtop Business Access (*https://www.splashtop.com/business*), das einen beeindruckenden Funktionsumfang zu einem Bruchteil der Kosten bietet, die viele bekanntere kommerzielle Pakete verursachen.

Installation der Remotedesktop-Clientsoftware

Windows 11 enthält eine Desktopanwendung für den Fernzugriff namens Remotedesktopverbindung. Obwohl die Hauptfunktionen und das allgemeine Erscheinungsbild dieses Programms seit seinem Debüt vor fast 20 Jahren weitgehend unverändert geblieben sind, ist es immer noch perfekt für Remoteverbindungen geeignet. Wenn Sie vor einem PC sitzen, auf dem eine beliebige Version von Windows läuft, können Sie mit dieser Anwendung eine Verbindung zu einem Windows 11-PC herstellen, der als Remotedesktopserver konfiguriert ist.

Eine etwas neuere Alternative namens Microsoft-Remotedesktop ist im Microsoft Store erhältlich. (Um die Liste zu sehen, gehen Sie zu *https://bit.ly/ms-rdc-store*.) Diese Anwendung funktioniert auf jedem Windows 11-Gerät und bietet einige Funktionen, die in der Remotedesktopverbindung nicht verfügbar sind. In diesem Abschnitt wird beschrieben, wie Sie beide Programme verwenden.

Auch wenn Sie keinen PC zur Verfügung haben, können Sie Ihr Windows 11-Gerät möglicherweise als Remotedesktopserver konfigurieren und sich von einem Gerät, das nicht unter Windows läuft, mit dem Remotedesktopserver verbinden. Microsoft bietet Remotedesktopclients für Mobilgeräte mit iOS und Android sowie für Apple-PCs, die unter macOS laufen, an. Downloadlinks und Installationsanweisungen finden Sie unter *https://aka.ms/rdapps*.

Eingehende Remotedesktopverbindungen zulassen

Aus Sicherheitsgründen sind eingehende Remotedesktopsitzungen ohne Ihre ausdrückliche Genehmigung nicht zulässig. Um den Zugriff auf einen Computer mit Windows 11 Pro, Enterprise oder Education zu erlauben, gehen Sie zu *Einstellungen* | *System* | *Remotedesktop* und schieben Sie den Schalter *Remotedesktop* auf *Ein*.

Sie müssen mit einem Administratorkonto angemeldet sein, um diese Änderung vorzunehmen, und Sie müssen in einem separaten Schritt auf *Bestätigen* klicken, um die Konfigurationsänderung noch einmal explizit zu bestätigen.

Durch die Aktivierung von Remotedesktop wird ein Dienst gestartet, der auf eingehende Verbindungen an Port 3389 wartet. Außerdem wird in der Windows-Firewall eine Ausnahme erstellt, die authentifizierten Datenverkehr an diesem Port zulässt. (Wenn Sie eine Sicherheitssoftware eines Drittanbieters verwenden, die eine Firewall enthält, sollte diese Konfigurationsänderung für Sie vorgenommen werden; falls nicht, müssen Sie die Einstellungen dieser Software so anpassen, dass sie den eingehenden Zugriff auf den TCP-Port 3389 zulässt.)

Nachdem Remotedesktop aktiviert wurde, können Sie weitere Einstellungen vornehmen. Zunächst können Sie die Authentifizierung auf Netzwerkebene (Network Level Authentification, NLA) für alle Remotedesktopverbindungen konfigurieren; diese Einstellung ist standardmäßig aktiviert und es wird empfohlen, dies nicht zu ändern. Normalerweise würden Sie diese Einstellung nur ändern, wenn Sie beabsichtigen, Verbindungen von älteren Versionen von Windows-Betriebssystemen zuzulassen, die Authentifizierung auf Netzwerkebene unterstützen.

Als Nächstes legen Sie fest, welche Benutzerkonten in der Lage sind, über Remotedesktop eine Verbindung zu Ihrem Computer herzustellen. Klicken Sie dazu auf der Seite *Remotedesktop* auf *Remotedesktopbenutzer*, wie in Abbildung 11.17 dargestellt.

Abbildung 11.17 Sie können die Anforderung der Authentifizierung auf Netzwerkebene deaktivieren und festlegen, welche Benutzer über Remotedesktop auf Ihren Computer zugreifen können. Der verwendete TCP-Port, 3389, kann nicht über die Einstellungen geändert werden.

Das aktuelle Benutzerkonto und alle Benutzerkonten, die Mitglied der lokalen Gruppe *Administratoren* sind, können eine Remoteverbindung zum Computer herstellen. Um anderen Benutzerkonten, die nicht Mitglied der lokalen Gruppe *Administratoren* sind, den Zugriff zu gestatten, klicken Sie auf *Remotedesktopbenutzer* und wählen Sie dann die Benutzer aus, die Sie autorisieren möchten.

Verwenden der Microsoft-Remotedesktop-App

Wie bereits erwähnt, ist die Microsoft-Remotedesktop-App nicht im Lieferumfang von Windows enthalten; sie kann jedoch kostenlos aus dem Microsoft Store heruntergeladen werden. Microsoft-Remotedesktop bietet eine vereinfachte Benutzererfahrung im Vergleich zum alten Programm Remotedesktopverbindung. Die App zeigt alle Remoteverbindungen auf der Startseite an. Eine Verbindung lässt sich durch einen einzigen Mausklick oder durch Antippen öffnen. Außerdem weist die Remotedesktop-App einige Leistungsverbesserungen auf, die für eine bessere Verbindungsqualität sorgen. Sie unterstützt mehrere Instanzen, daher können Sie zwei oder mehr Remotedesktopsitzungen parallel öffnen, jede in ihrem eigenen Fenster. Als moderne App lässt sich die Remotedesktop-App natürlich auch gut auf einem Touchscreen bedienen.

Beachten Sie, dass diese App nicht funktioniert, wenn Sie eine Verbindung zu Azure Virtual Desktop-Geräten oder zu Geräten, die mit Azure AD verbunden sind, planen. Verwenden Sie stattdessen die 64-Bit-Windows-App, die unter *https://bit.ly/AVC-remote-client* verfügbar ist.

Das Fenster der Microsoft-Remotedesktop-App ist geradezu spartanisch, bis Sie einen oder zwei Desktops gespeichert haben. Das Hinzufügen eines Desktops erfordert nur minimalen Aufwand: Klicken Sie auf die Schaltfläche *Hinzufügen* (+) und dann auf *PCs*. Die Seite *Einen PC hinzufügen* wird angezeigt, die Sie in Abbildung 11.18 sehen.

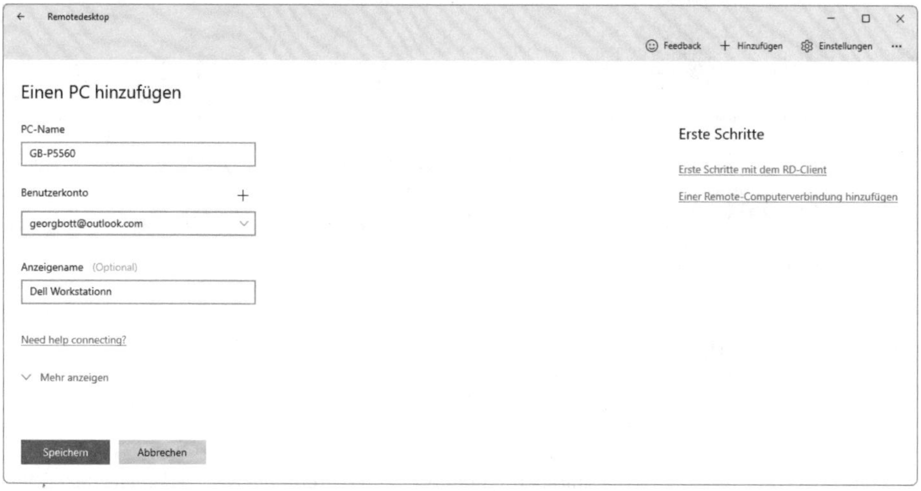

Abbildung 11.18 Im Feld *PC-Name* können Sie den Namen oder die IP-Adresse des entfernten Computers eingeben. Wenn Sie auf *Mehr anzeigen* klicken, können Sie Ihre Verbindung optimieren.

Geben Sie den Namen oder die IP-Adresse des PC ein, mit dem Sie eine Verbindung herstellen möchten. Alle anderen Felder im Fenster *Einen PC hinzufügen* sind optional.

Das Feld *Benutzerkonto* ist standardmäßig auf *Jedes Mal nachfragen* eingestellt. In dieser Konfiguration werden Sie jedes Mal, wenn Sie eine Verbindung zum Desktop herstellen, nach Ihrem Benutzernamen und Kennwort gefragt. Wenn Sie wissen, dass Sie immer dasselbe Konto verwenden möchten, können Sie hier die entsprechenden Anmeldedaten eingeben, und Remotedesktop meldet Sie jedes Mal ohne weitere Nachfragen an. Klicken Sie auf den Pfeil auf der rechten Seite, um ein zuvor konfiguriertes Benutzerkonto auszuwählen. Wenn das Konto, das Sie verwenden möchten, nicht in der Liste erscheint, klicken Sie auf das Pluszeichen über dem Feld *Benutzerkonto* und fügen Sie die erforderlichen Details hinzu. Geben Sie optional einen *Anzeigenamen* für die Verbindung ein und klicken Sie dann auf *Speichern*. Die neue Verbindung wird im App-Fenster als Kachel angezeigt.

Bevor Sie die Einstellungen speichern, können Sie im Fenster *Einen PC hinzufügen* auch auf *Mehr anzeigen* klicken. Dadurch werden die folgenden zusätzlichen Einstellungen angezeigt:

- **Gruppe** Wenn Sie mehrere gespeicherte Verbindungen haben, können Sie diese gruppieren, indem Sie einen Gruppennamen hinzufügen und dann für jede Verbindung eine Gruppe auswählen.
- **Gateway** Damit Sie einen Remotecomputer in einem Unternehmensnetzwerk durch einen Gatewayserver hindurch erreichen, können Sie seinen Namen oder seine IP-Adresse zusammen mit dem Namen eines Benutzerkontos eintragen, das über die notwenige Zugriffsberechtigung verfügt.
- **Mit Administratorsitzung verbinden** Für die Verbindung mit einem Computer, auf dem Windows 11 läuft, hat diese Option keine Auswirkungen, und Sie können sie getrost ignorieren. Sie ermöglicht den administrativen Zugriff auf einige ältere Windows Server-Konfigurationen.
- **Maustasten vertauschen** Diese Option ist für Linkshänder geeignet, die unter *Einstellungen | Bluetooth und Geräte | Maus* die rechte statt die linke Taste als primäre Maustaste eingestellt haben. Wenn Sie diese Einstellung aktivieren, werden die Funktionen der linken und rechten Maustaste während der Arbeit in der Remotedesktopsitzung entsprechend den lokalen Einstellungen vertauscht.
- **Anzeigeeinstellungen** Mit diesen Einstellungen können Sie eine Bildschirmauflösung und eine Anzeigegröße für den entfernten PC festlegen. Wenn Sie hier keine Auflösung angeben, verwendet Remotedesktop standardmäßig die Auflösung des Clientcomputers im Vollbildmodus. Nachdem Sie eine benutzerdefinierte Auflösung ausgewählt haben, können Sie auch einen benutzerdefinierten Skalierungsfaktor wählen.
- **Aktualisierung der Auflösung der Remotesitzung bei Größenänderung** Wenn diese Einstellung aktiviert ist, können Sie die Größe einer Remotedesktop-Sitzung in einem Fenster ändern, wobei die Anzeigeauflösung an Ihre neue Einstellung angepasst wird.
- **Lokale Ressourcen** Mit den drei Einstellungen in diesem Abschnitt können Sie den Inhalt der Zwischenablage und das Mikrofon des Clientcomputers für den Remotecomputer freigeben und festlegen, ob die Audiowiedergabe auf dem Remotecomputer, auf dem Client-Computer oder auf beiden erfolgt.

Arbeiten in einer Remotedesktopsitzung

Nachdem Sie eine Verbindung im Bereich *Einen PC hinzufügen* gespeichert haben, wird in der Remotedesktop-App ein Symbol für diese Verbindung angezeigt. Klicken Sie auf das Symbol, um eine Verbindung mit dem entfernten Computer herzustellen. Auf dem Weg dorthin können Sie auf einige Hindernisse stoßen:

- Wenn Sie im Feld *Benutzerkonto* die Option *Jedes Mal nachfragen* gewählt haben, fragt Remotedesktop nach dem Benutzernamen und dem Kennwort eines auf dem entfernten Computer autorisierten Kontos, um eine Verbindung herzustellen.
- Standardmäßig verwenden Remotedesktopsitzungen, die Sie in Ihrem lokalen Netzwerk erstellen, selbst gehostete digitale Zertifikate, die vom Clientcomputer nicht als vertrauenswürdig erkannt werden. Wenn Sie sicher sind, dass Sie eine Verbindung mit

dem richtigen Computer herstellen, aktivieren Sie das Kontrollkästchen *Keine Meldungen mehr zu diesem Zertifikat anzeigen* (damit Sie in zukünftigen Sitzungen nicht mehr belästigt werden) und klicken Sie auf *Verbinden*.

Nachdem diese Hürden überwunden sind, versucht Remotedesktop, eine Verbindung zu öffnen. Wenn das Konto, das Sie für die Remoteverbindung verwenden, bereits am Remotecomputer angemeldet ist – oder wenn derzeit niemand am Remotecomputer angemeldet ist –, wird der Desktop des Remotecomputers auf Ihrem Computer angezeigt.

Falls ein anderer Benutzer auf dem Remotecomputer angemeldet ist, lässt Windows Sie wissen, dass Sie diesen Benutzer durch die Verbindung zwangsweise abmelden. Sie erhalten die Gelegenheit, den Verbindungsversuch abzubrechen. Der Benutzer des Remotecomputers erhält eine ähnliche Meldung, die ihm für kurze Zeit die Gelegenheit gibt, den Verbindungsversuch abzulehnen. Zu jedem Zeitpunkt kann immer nur ein Benutzer einen Computer kontrollieren, auf dem Windows ausgeführt wird. Wer gerade angemeldet ist, hat das letzte Wort darüber, ob sich jemand anders anmelden kann.

Solange Sie mit dem Remotecomputer verbunden sind, zeigt dessen Bildschirm, sofern er eingeschaltet ist, nur den Sperrbildschirm. Dort ist nicht sichtbar, was Sie auf Ihrem (lokalen) Clientcomputer sehen. Auch wer direkt vor dem Remotecomputer steht, kann nicht sehen, was Sie tun. Er sieht nur, dass Sie im Remotezugriff angemeldet sind.

Wenn Sie mit der Microsoft-Remotedesktop-App eine Verbindung zu einem Remotecomputer herstellen, ohne eine benutzerdefinierte Auflösung festzulegen, übernimmt der Remotecomputer Ihren gesamten Bildschirm, wobei die Auflösung des Clientcomputers verwendet wird. Am oberen Rand des Bildschirms wird in der Mitte eine kleine Symbolleiste mit zwei Steuerelementen angezeigt. Klicken Sie auf das Lupensymbol, um in der Remoteanzeige zu zoomen. Das Symbol mit den drei Punkten öffnet zwei weitere Schaltflächen in der rechten oberen Ecke (Abbildung 11.19).

Abbildung 11.19 Verwenden Sie in der Store-Version der Remotedesktop-App diese großen Schaltflächen, um die Verbindung zu einer Sitzung zu trennen oder um sie im Vollbildmodus darzustellen.

Klicken Sie auf *Trennen*, um Ihre Remotesitzung zu beenden. Der entfernte Computer bleibt gesperrt, damit sich jemand lokal anmelden kann. Klicken Sie auf *Vollbild*, um zwischen der Vollbild- und der Fensteransicht des Remotecomputers umzuschalten.

Wenn die Anzeige im Vollbildmodus ist, können Sie den Mauszeiger an den oberen Rand des Bildschirms bewegen, um die Titelleiste der Remotedesktop-App einzublenden. Sie finden dort die üblichen Fenstersteuerelemente zum Minimieren, Ändern der Größe und Schließen. Wenn Sie den Mauszeiger an den unteren Rand des Bildschirms bewegen, wird die Taskleiste Ihres lokalen Computers sichtbar. Wenn Sie auf irgendein Symbol auf der lokalen Taskleiste klicken, wird der Fokus von der Remotesitzung zurück auf Ihren lokalen Computer verlagert. Wenn Sie die Remotedesktop-App auf einem PC mit Touchscreen verwenden, können Sie diese Steuerelemente auch einblenden, indem Sie vom oberen beziehungsweise unteren Rand des Bildschirms wischen.

Remotesitzung beenden

Wenn Sie die Arbeit in einer Remotedesktopsitzung abgeschlossen haben, können Sie die Sitzung sperren, sich abmelden oder die Verbindung trennen. Wird auf dem Remotecomputer Windows 11 ausgeführt, finden Sie diese Optionen an den üblichen Stellen, an denen entsprechende Optionen auf dem lokalen Computer angezeigt werden. Die Optionen *Sperren* und *Abmelden* erscheinen, wenn Sie das Kontosymbol im Startmenü des Remotecomputers anklicken. *Trennen* wird nach einem Klick auf das Symbol des Netzschalters im Startmenü verfügbar. Läuft auf dem Remotecomputer eine ältere Windows-Version, erscheinen diese Optionen in der unteren rechten Ecke des Startmenüs der Remotesitzung. (Sie müssen den Pfeil anklicken, um alle Optionen zu sehen.)

Wenn Sie den Computer sperren, bleibt die Remotesitzung verbunden und alle Programme laufen weiter, aber alles wird hinter einem Anmeldebildschirm versteckt, der ein Kennwort verlangt; dies ist vergleichbar mit der Tastenkombination [Windows]+[L], mit der der Computer gesperrt wird.

Beim Abmelden werden alle Programme geschlossen, die Benutzersitzung wird beendet und die Verbindung unterbrochen.

Wenn Sie die Verbindung trennen, ohne sich abzumelden, laufen Ihre Programme auf dem entfernten Computer weiter, aber die Verbindung wird beendet. Der Anmeldebildschirm ist auf dem entfernten Computer sichtbar und für einen anderen Benutzer verfügbar. Wenn Sie sich später anmelden – entweder lokal oder über eine Remoteverbindung –, können Sie genau dort weitermachen, wo Sie aufgehört haben. Statt die Befehle im Startmenü zu verwenden, können Sie auch die Schaltfläche *Trennen* anklicken, die Titelleiste der Remotedesktop-App anzeigen und auf die Schaltfläche *Zurück* klicken oder einfach das Fenster der Remotedesktop-App schließen.

Einstellungen der Microsoft-Remotedesktop-App anpassen

Oben im Fenster der Microsoft-Remotedesktop-App, rechts neben der Schaltfläche *Hinzufügen*, befindet sich eine Schaltfläche *Einstellungen*, die einen Bereich mit Optionen zum Anpassen der App freilegt. Hier können Sie beispielsweise die Anmeldeinformationen für gespeicherte Benutzerkonten bearbeiten. Um ein Benutzerkonto zu entfernen, wählen Sie einen Benutzernamen aus der Liste aus, klicken Sie auf das Stiftsymbol über dem Namen und dann auf den Link *Konto entfernen* am unteren Rand des Bereichs *Konto bearbeiten*.

Weitere Einstellungen in dieser Liste, die möglicherweise nützlich sind, sind der Schalter *Verbindungen im Vollbildmodus starten*, den Sie deaktivieren sollten, wenn Sie Remotesitzungen lieber in einem Fenster ausführen möchten, sowie der Schalter *Bildschirmtimeout verhindern*, der das lästige Wiederanmelden verhindert, wenn Sie eine offene Sitzung verlassen, um an anderen Aufgaben zu arbeiten.

Verwendung der App Remotedesktopverbindung

Remotedesktopverbindung ist eine Desktopanwendung, die langjährige Windows-Benutzer, die mit Fernverwaltungsaufgaben vertraut sind, kennen dürften. Um sie zu starten, geben Sie im Suchfeld **remote** ein und klicken Sie dann auf *Remotedesktopverbindung* oder geben Sie den Befehl direkt ein: **Mstsc.exe**. Es erscheint ein Dialogfenster wie in Abbildung 11.20. Geben Sie in das Feld *Computer* den Namen oder die IP-Adresse des Remotecomputers ein.

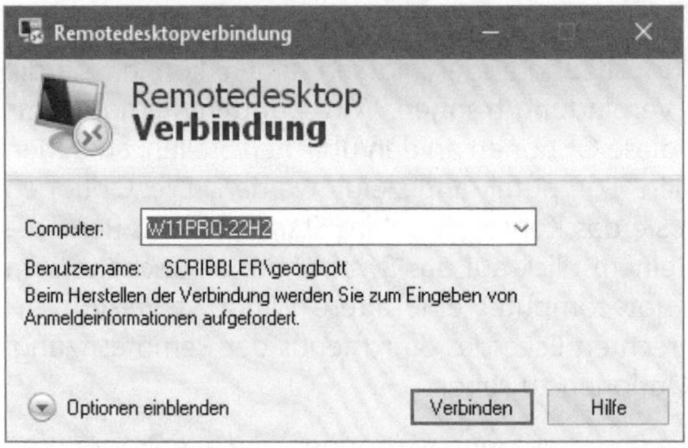

Abbildung 11.20 Sie können den Namen oder die IP-Adresse des Remotecomputers angeben.

Hinweis

Sowohl die Windows 11-App Microsoft-Remotedesktop als auch die Desktopanwendung Remotedesktopverbindung unterstützen die Verwendung von Sprunglisten. Wenn Sie eines der App-Symbole an das Startmenü oder die Taskleiste anheften und Anmeldeinformationen speichern, können Sie das Symbol mit der rechten Maustaste anklicken, um gespeicherte PCs aus der Sprungliste zu wählen und so direkt eine Remotedesktopsitzung zu öffnen.

Sobald Sie den Namen des Computers eingegeben haben, können Sie auf *Verbinden* klicken, um sofort die Verbindung zum Remotecomputer aufzubauen.

Wenn Sie eine Standardverbindung herstellen, füllt die Anzeige des Remotecomputers Ihren gesamten Bildschirm aus, wobei die Auflösung des Clientcomputers verwendet wird. Am oberen Rand des Bildschirms wird in der Mitte eine kleine Titelleiste, die auch Verbindungsleiste genannt wird, angezeigt. Mit dieser Liste können Sie zwischen Ihrem eigenen Desktop und dem entfernten PC umschalten. Die Schaltfläche mit der Stecknadel heftet die Verbindungsleiste am derzeitigen Ort fest.

Expertentipp

Verschieben Sie die Verbindungsleiste

Wenn die Verbindungsleiste einen Teil des Bildschirms verdeckt, den Sie sehen müssen, können Sie die Leiste nach links oder rechts verschieben, um das zu enthüllen, was sich darunter verbirgt.

Die Clientsoftware Remotedesktopverbindung bietet eine breite Palette zusätzlicher Konfigurationsoptionen. Wir werden nicht alle Registerkarten durchgehen, aber hier sind zwei Optionen, die Sie vielleicht nützlich finden:

- **Gespeicherte Anmeldeinformationen** Auf der Registerkarte *Allgemein* können Sie einen Benutzernamen eingeben und dann das Kontrollkästchen *Speichern der Anmeldeinformationen zulassen* aktivieren. Nachdem Sie die Zugangsdaten gespeichert haben (natürlich in verschlüsselter Form), werden sie automatisch eingegeben, sodass Sie ohne zusätzliche Schritte eine Verbindung herstellen können.

- **Lokale Ressourcen** Klicken Sie im Dialogfeld *Remotedesktopverbindung*, nachdem Sie die Optionen eingeblendet haben, auf die Registerkarte *Lokale Ressourcen*, um zu konfigurieren, ob Sie Drucker verwenden wollen, die an den lokalen Computer angeschlossen sind, ob Sie den Inhalt der Zwischenablage zwischen dem lokalen Computer und der Remotesitzung austauschen wollen und wie Sie Remoteaudio ausgeben wollen.

Dateien, Drucker und andere Ressourcen über ein lokales Netzwerk freigeben

Ein Großteil der Netzwerkinfrastruktur von Windows 11 ist eine Weiterentwicklung von Funktionen, die vor Jahrzehnten entwickelt wurden, als das Internet noch ein interessantes Experiment war. Heute ist die einfachste Möglichkeit, Dateien, digitale Medien und andere Ressourcen freizugeben, sogar zwischen Computern im selben Haus oder Büro, ein cloudbasierter Dienst wie OneDrive. Wenn Sie Microsoft 365 Business oder Enterprise abonniert haben, können Sie zusätzlich zu OneDrive for Business auch Teams und SharePoint nutzen, um mit Kollegen, Kunden und Lieferanten zusammenzuarbeiten.

Es gibt jedoch immer noch triftige Gründe dafür, dass Windows-PCs über ein lokales Netzwerk verbunden werden und Ressourcen gemeinsam nutzen. Diese traditionellen Netzwerktools und -techniken werden in Windows 11 vollständig unterstützt und Sie können sie neben der OneDrive-Freigabe oder den Microsoft 365-Funktionen für die Zusammenarbeit verwenden, wenn Sie dies wünschen.

Das zugrunde liegende System der Freigabe- und NTFS-Berechtigungen zur Steuerung des Zugriffs auf Objekte bleibt in Windows 11 erhalten und funktioniert ähnlich wie in früheren Windows-Versionen, die bis zu Windows NT in den frühen 1990er Jahren zurückreichen. Das ist der Ausgangspunkt für diesen Abschnitt.

> ## Expertentipp
>
> ***Was ist aus der Heimnetzgruppe geworden?***
>
> **Die ursprünglich mit Windows 7 eingeführte und in früheren Versionen von Windows 10 beibehaltene Funktion Heimnetzgruppe ermöglichte es Windows-Geräten, Ressourcen in einem Heimnetzwerk gemeinsam zu nutzen. In den aktuellen Versionen von Windows 10 und Windows 11 ist das Feature *Heimnetzgruppe* nicht mehr enthalten.**
>
> **Sie brauchen ihr allerdings nicht nachzuweinen. Die Heimnetzgruppe wurde zu einer Zeit entwickelt, als die Freigabe von Dateien, die auf einem Netzwerkcomputer gespeichert waren, eine komplexe Herausforderung darstellte, besonders für Benutzer von kleinen Heimnetzwerken. Seitdem haben sich aber Cloudspeicherdienste wie OneDrive zu einer bequemen und sicheren Methode entwickelt, Ihre Dateien, Fotos und Videos in der Cloud zu speichern.**

→

Auf diese Weise können Sie von jedem Gerät und jeder Plattform aus auf diese Dateien zugreifen und sie für andere Personen freigeben – gleichgültig, ob diese sich im Zimmer nebenan oder auf der anderen Seite der Welt befinden. (Weitere Informationen finden Sie unter »OneDrive mit Ihrem Windows-PC verbinden« in Kapitel 8, »Lokalen Speicher und Cloudspeicher verwalten«.)

Wenn Sie OneDrive oder einen ähnlichen Dienst nicht verwenden möchten, können Sie immer noch die in Windows integrierten Netzwerkfreigabefunktionen nutzen, um Dateien freizugeben. Der Unterschied – und der Grund, warum die Heimnetzgruppe nicht mehr benötigt wird – besteht darin, dass das Windows-Netzwerk die Verwendung von Microsoft-Konten unterstützt. Es ist nicht mehr erforderlich, auf jedem Computer identische lokale Benutzerkonten zu erstellen, um Dateien freizugeben.

Ein weiterer Vorteil der Heimnetzgruppe war die Möglichkeit, einen Drucker gemeinsam mit anderen Netzwerkbenutzern zu nutzen. Auch hier haben die Zeit und der technische Fortschritt diese Funktion überflüssig gemacht. Heute haben Sie eine Auswahl an funktionsreichen Heimdruckern, die über WLAN direkt mit jedem PC verbunden werden können, ohne dass Sie sich um das Netzwerk kümmern müssen. Und selbst bei Druckern mit USB-Anschluss bedeutet die Verfügbarkeit von Standardanmeldeinformationen, dass gemeinsames Drucken nicht mehr mühsam ist.

Die Freigabe- und Sicherheitsmodelle von Windows

Ähnlich wie Windows 10 bietet Windows 11 zwei Methoden zur gemeinsamen Verwendung von Ressourcen an, sei es lokal oder im Netzwerk:

- **Freigabe des öffentlichen Ordners** Wenn Sie Dateien und Ordner in Ihrem öffentlichen Ordner oder seinen Unterordnern ablegen, stehen diese Dateien allen Personen zur Verfügung, die über ein Benutzerkonto auf Ihrem Computer verfügen. Jede Person, die sich anmeldet, hat Zugriff auf ihre eigenen Profilordner (Dokumente, Musik usw.) und jeder, der sich anmeldet, hat Zugriff auf den öffentlichen Ordner. (Sie müssen ein wenig suchen, um den öffentlichen Ordner zu finden, denn im Unterschied zu anderen Profilen erscheint er nicht unter dem Knoten *Desktop* im linken Navigationsbereich des Datei-Explorers. Navigieren Sie zu *C:\Benutzer\Öffentlich*. Falls Sie den öffentlichen Ordner häufig verwenden, sollten Sie ihn an die Schnellzugriffsliste des Datei-Explorers anheften.)

  Standardmäßig können sich alle, die auf Ihrem Computer über ein Benutzerkonto verfügen, anmelden und im öffentlichen Ordner Dateien erstellen, anzeigen, bearbeiten und löschen. Die Person, die in einem öffentlichen Ordner eine Datei erstellt oder in einen öffentlichen Ordner kopiert, ist Besitzer der Datei und verfügt über Vollzugriff. Alle anderen, die sich lokal anmelden, dürfen die Datei ändern.

  Die Einstellungen in den erweiterten Freigabeeinstellungen (erreichbar über *Einstellungen | Netzwerk und Internet | Erweiterte Netzwerkeinstellungen*, mehr dazu im nächsten Abschnitt) legen fest, ob die Inhalte Ihres öffentlichen Ordners in Ihrem Netzwerk verfügbar gemacht werden und ob für den Zugriff die Eingabe eines Benutzernamens und eines Kennworts erforderlich ist. Wenn Sie die kennwortgeschützte Freigabe aktivieren, können nur Netzwerkbenutzer, die über ein Benutzerkonto auf Ihrem Computer verfügen (oder die den Benutzernamen und das Kennwort für ein Konto auf Ihrem Computer kennen), auf Dateien im öffentlichen Ordner zugreifen.

Ohne kennwortgeschützte Freigabe hat jeder in Ihrem Netzwerk Zugriff auf Ihre Dateien im öffentlichen Ordner, wenn Sie den öffentlichen Ordner im Netzwerk freigeben.

Sie können nicht festlegen, welche Benutzer aus dem Netzwerk Zugriff haben, und Sie können keine unterschiedlichen Zugriffsstufen für verschiedene Benutzer festlegen. Die Freigabe über den öffentlichen Ordner ist schnell und einfach, aber auch unflexibel.

- **Erweiterte Freigabe** Wenn Sie sich für die Freigabe von Ordnern oder Dateien außerhalb des öffentlichen Ordners entscheiden, können Sie genau festlegen, welche Benutzerkonten auf Ihre freigegebenen Daten zugreifen können und welche Arten von Berechtigungen Sie diesen Konten gewähren. Sie können verschiedenen Benutzern unterschiedliche Zugriffsberechtigungen geben. So können Sie beispielsweise einigen Benutzern erlauben, freigegebene Dateien zu ändern und neue Dateien zu erstellen, anderen Benutzern erlauben, Dateien zu lesen, ohne sie zu ändern, und wieder anderen gar keinen Zugang zu den Daten geben.

Sie brauchen sich nicht zwischen der Freigabe des öffentlichen Ordners und der Freigabe von bestimmten Ordnern zu entscheiden, weil beides gleichzeitig möglich ist. Vielleicht werden Sie feststellen, dass eine Mischung beider Methoden für Sie am besten funktioniert, denn jede hat ihre Vorteile:

- Die Freigabe von bestimmten Ordnern ist dann sinnvoll, wenn Sie bestimmte Dateien nur für einige Benutzer freigeben möchten, aber nicht für alle, oder wenn die Benutzer unterschiedliche Zugriffsrechte erhalten sollen.
- Die Freigabe des öffentlichen Ordners bietet einen bequemen Weg, um Ihre persönlichen Dokumente, Bilder, Musik und so weiter von den Dateien zu trennen, die Sie für jeden freigeben möchten, der Ihren Computer oder Ihr Netzwerk verwendet. (Vermutlich handelt es sich bei diesen anderen Benutzern um vertrauenswürdige Familienmitglieder oder Kollegen.)

Konfigurieren Ihres Netzwerks für die Freigabe

Wenn Sie vorhaben, Ordner und Dateien für andere Benutzer in Ihrem Netzwerk freizugeben, müssen Sie einige vorbereitende Schritte durchführen. (Wenn Sie Ihren Computer nur für andere Benutzer freigeben möchten, die sich lokal anmelden, können Sie diese Schritte überspringen. Falls Ihr Computer Teil einer Domäne ist, müssen einige dieser Schritte – oder deren Entsprechung in der Domänenwelt – von einem Administrator auf dem Domänencontroller durchgeführt werden. Auf diese Details gehen wir in diesem Buch nicht ein.)

1. **Stellen Sie sicher, dass alle Computer denselben Arbeitsgruppennamen verwenden.** Bei modernen Windows-Versionen ist dieser Schritt nicht unbedingt erforderlich, obwohl er die Leistung der Netzwerkerkennung verbessert.
2. **Setzen Sie den Netzwerkprofiltyp Ihres Netzwerks auf Privates Netzwerk.** Diese Einstellung ermöglicht es anderen Benutzern, gemeinsam genutzte Ressourcen zu entdecken, und bietet angemessene Sicherheit für ein Netzwerk in einem Heim oder Büro. (Wenn Sie den Profiltyp auf *Öffentlich* setzen, wird die Netzwerksicherheit verschärft und die meisten lokalen Netzwerkfeatures funktionieren nicht mehr.) Weitere Informationen finden Sie im Abschnitt »Netzwerkstandort festlegen« weiter vorne in diesem Kapitel.
3. **Vergewissern Sie sich, dass die Netzwerkerkennung aktiviert ist.** Dies sollte automatisch geschehen, wenn Sie den Netzwerkprofiltyp auf *Privates Netzwerk* setzen, aber Sie können die Einstellung in den erweiterten Freigabeeinstellungen überprüfen

und gegebenenfalls ändern. Um die erweiterten Freigabeeinstellungen zu öffnen, gehen Sie zu *Einstellungen | Netzwerk und Internet | Erweiterte Netzwerkeinstellungen*. Klicken Sie dann auf *Erweiterte Freigabeeinstellungen*, um die in Abbildung 11.21 gezeigte Seite zu öffnen.

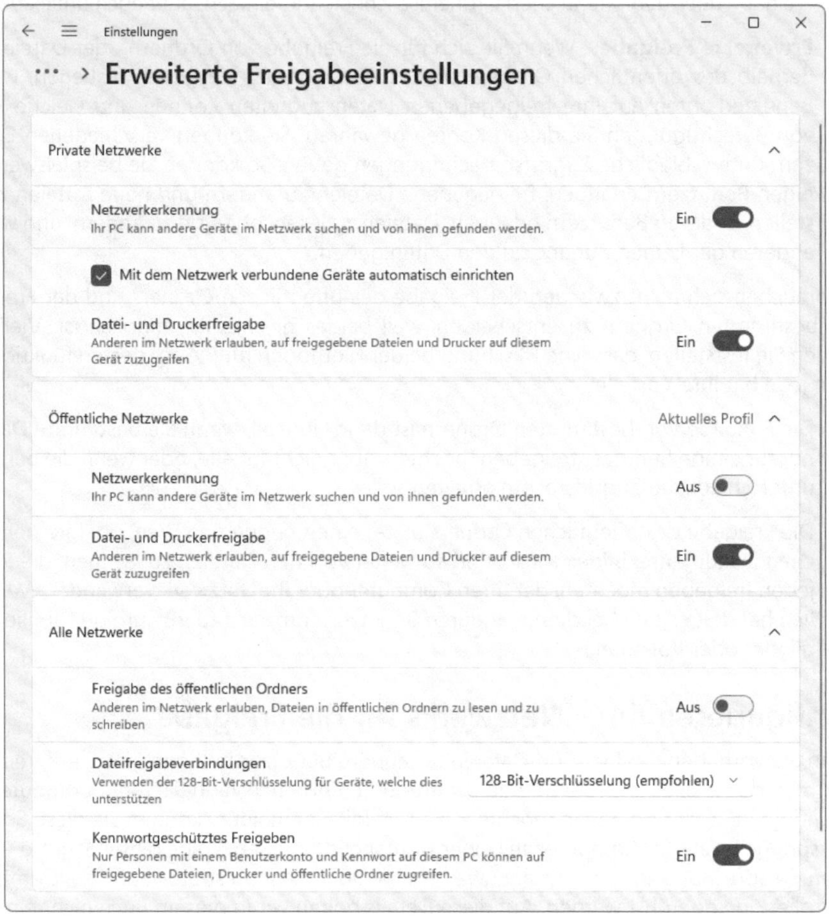

Abbildung 11.21 Nachdem Sie die Einstellungen für das Profil *Private Netzwerke* überprüft haben, klicken Sie auf den Pfeil neben *Öffentliche Netzwerke* und *Alle Netzwerke*, um weitere Optionen anzuzeigen.

4. **Wählen Sie Ihre Freigabeoptionen.** Treffen Sie unter *Erweiterte Freigabeeinstellungen* Ihre Wahl für jede der folgenden Netzwerkoptionen. Die erste Option befindet sich unter dem Profil *Private Netzwerke*; um die übrigen Einstellungen anzuzeigen, erweitern Sie *Alle Netzwerke*.

   - **Datei- und Druckerfreigabe** Aktivieren Sie diese Option, wenn Sie bestimmte Dateien oder Ordner, den öffentlichen Ordner oder Drucker freigeben möchten; sie muss aktiviert werden, wenn Sie Dateien (mit Ausnahme von Medienstreaming) über Ihr Netzwerk freigeben möchten.

     Allein durch die Aktivierung der Datei- und Druckerfreigabe werden keine Dateien oder Drucker Ihres Computers für andere Netzwerkbenutzer freigegeben; dies geschieht erst, nachdem Sie zusätzliche Freigabeeinstellungen vorgenommen haben.

- **Freigabe des öffentlichen Ordners** Wenn Sie Elemente in Ihrem öffentlichen Ordner für alle Netzwerkbenutzer freigeben möchten (oder, wenn Sie die kennwortgeschützte Freigabe aktivieren, für alle Benutzer, die ein Benutzerkonto und ein Kennwort auf Ihrem Computer haben), aktivieren Sie die *Freigabe des öffentlichen Ordners*. In diesem Fall haben Netzwerkbenutzer Lese- und Schreibzugriff auf öffentliche Ordner. Wenn die Freigabe öffentlicher Ordner deaktiviert ist, hat jeder, der sich lokal an Ihrem Computer anmeldet, Zugriff auf öffentliche Ordner, Netzwerkbenutzer jedoch nicht.
- **Dateifreigabeverbindungen** Lassen Sie die Einstellung auf 128-Bit-Verschlüsselung. Das ist seit vielen Jahren Standard.
- **Kennwortgeschütztes Freigeben** Wenn das kennwortgeschützte Freigeben aktiviert ist, können Netzwerkbenutzer nur dann auf Ihre freigegebenen Ordner (einschließlich öffentlicher Ordner, falls freigegeben) oder Drucker zugreifen, wenn sie den Benutzernamen und das Kennwort eines Benutzerkontos auf Ihrem Computer angeben können. Wenn diese Einstellung aktiviert ist und ein anderer Benutzer versucht, auf eine freigegebene Ressource zuzugreifen, sendet Windows den Benutzernamen und das Kennwort, mit dem sich die Person an ihrem eigenen Computer angemeldet hat. Wenn diese Daten mit den Anmeldeinformationen für ein lokales Benutzerkonto auf Ihrem Computer übereinstimmen, erhält der Benutzer sofortigen Zugriff auf die freigegebene Ressource (vorausgesetzt, dem Benutzerkonto wurde die Berechtigung zur Verwendung der Ressource erteilt). Wenn entweder der Benutzername oder das Kennwort nicht übereinstimmt, fordert Windows den Benutzer auf, seine Anmeldedaten anzugeben.

  Ist die kennwortgeschützte Freigabe nicht aktiviert, verlangt Windows von Netzwerkbesuchern weder Benutzernamen noch Kennwort. Stattdessen wird der Netzwerkzugriff über das Gastkonto gewährt. Es ist wichtig zu beachten, dass das Gastkonto in Windows 11 standardmäßig deaktiviert ist. Das bedeutet, dass selbst wenn Sie die Anforderung der kennwortgeschützten Freigabe deaktivieren, ein Benutzer immer noch ein gültiges Benutzerkonto benötigt, um eine Verbindung zu Ihren freigegebenen Ressourcen herzustellen. Sie können natürlich das Gastkonto auf Ihrem Computer aktivieren, aber wir raten Ihnen dringend, dies noch einmal zu überdenken, da dies ein erhebliches Sicherheitsrisiko darstellt.

5. **Konfigurieren Sie die Benutzerkonten.** Wenn Sie die kennwortgeschützte Freigabe verwenden, muss jede Person, die auf eine freigegebene Ressource auf Ihrem Computer zugreift, über ein Benutzerkonto auf Ihrem Computer verfügen. Wenn Sie ein Microsoft-Konto verwenden, stellen Sie sicher, dass das Konto auf beiden Computern hinzugefügt wird; bei einem lokalen Konto müssen der Benutzername und das Kennwort auf beiden Computern identisch sein. Wenn Sie die Konten richtig konfiguriert haben, können Netzwerkbenutzer auf gemeinsame Ressourcen zugreifen, ohne ihre Anmeldeinformationen eingeben zu müssen, nachdem sie sich auf ihrem eigenen Computer angemeldet haben.

Dateien und Ordner freigeben

Unabhängig davon, ob Sie Dateien und Ordner für andere Personen freigeben möchten, die Ihren Computer gemeinsam nutzen, oder für diejenigen, die über das Netzwerk eine Verbindung zu Ihrem Computer herstellen (oder beides), ist das Verfahren zum Einrichten freigegebener Ressourcen dasselbe, solange der Freigabe-Assistent aktiviert ist. Wir empfehlen Ihnen, den Freigabe-Assistenten zu verwenden, auch wenn Sie normalerweise Assistenten verschmähen. Er ist schnell und einfach und stellt sicher, dass alle Einstellungen für Netzwerkfreigaben und NTFS-Berechtigungen korrekt vorgenommen werden – eine manchmal mühsame Aufgabe, wenn sie manuell durchgeführt wird. Nachdem Sie die Freigaben mit dem Assistenten konfiguriert haben, können Sie bei Bedarf immer noch manuell Änderungen vornehmen. (Es ist zwar möglich, die Netzwerkfreigabe mithilfe der erweiterten Freigabeeinstellungen unabhängig von NTFS-Berechtigungen zu konfigurieren, wir raten aber von dieser Technik ab und behandeln sie nicht in diesem Buch.)

Um zu überprüfen, ob der Freigabe-Assistent aktiviert ist, öffnen Sie das Dialogfeld *Ordneroptionen* des Datei-Explorers. Klicken Sie dazu im Datei-Explorer auf *Weitere Infos* (die drei Punkte) | *Optionen*). Klicken Sie in dem angezeigten Dialogfeld (siehe Abbildung 11.22) auf die Registerkarte *Ansicht*. Vergewissern Sie sich, dass unten in der Liste *Erweiterte Einstellungen* das Kontrollkästchen *Freigabe-Assistent verwenden (empfohlen)* eingeschaltet ist.

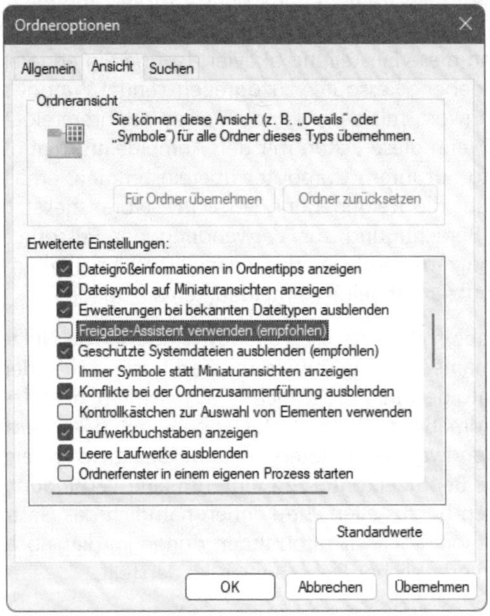

Abbildung 11.22 Vergewissern Sie sich auf der Registerkarte *Ansicht* des Dialogfelds *Ordneroptionen*, dass die Option zur Verwendung des Freigabe-Assistenten unter *Erweiterte Einstellungen* aktiviert ist.

Führen Sie die folgenden Schritte aus, um einen Ordner oder Dateien freizugeben:

1. Wählen Sie im Datei-Explorer die Ordner oder Dateien aus, die Sie freigeben möchten. (Sie können mehrere Objekte auswählen.)

2. Klicken Sie mit der rechten Maustaste auf den/die Ordner und klicken Sie auf *Weitere Optionen anzeigen*. Wählen Sie dann *Zugriff gewähren auf* | *Bestimmte Personen*. Das Dialogfeld *Netzwerkzugriff* wird angezeigt (siehe Abbildung 11.23).

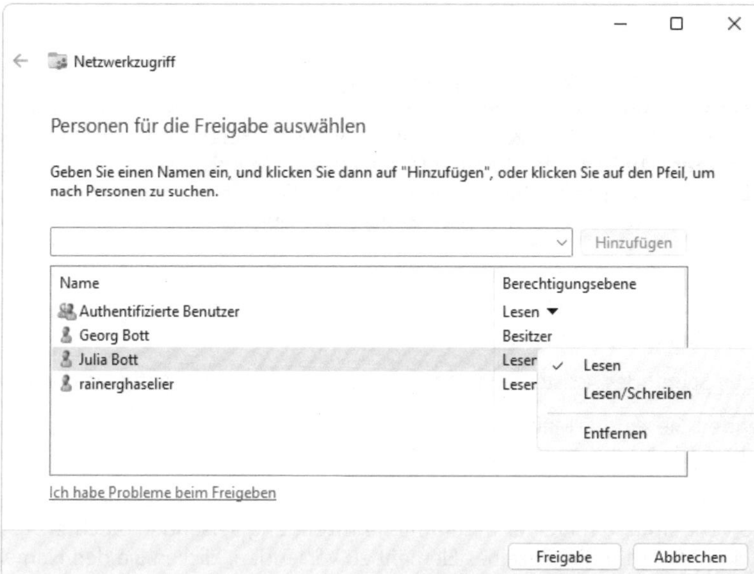

Abbildung 11.23 Für jeden Namen in der Liste mit Ausnahme des Besitzers können Sie auf den Pfeil klicken, um die Zugriffsstufe festzulegen – oder das Konto aus der Liste zu entfernen.

3. Geben Sie im Eingabefeld den Namen oder das Microsoft-Konto jedes Benutzers ein, der Zugriff erhalten soll. Sie können einen Namen in das Feld eingeben oder auf den Pfeil klicken, um eine Liste der verfügbaren Namen anzuzeigen; klicken Sie dann auf *Hinzufügen*.

   Wiederholen Sie diesen Schritt für jede Person, die Sie hinzufügen möchten. Sie können alle Benutzerkonten auf Ihrem Computer und auch Gruppen hinzufügen. In Abbildung 11.23 hat der Administrator die Gruppe *Authentifizierte Benutzer* hinzugefügt, was bedeutet, dass jeder Benutzer mit einem Konto auf diesem Computer auf das freigegebene Element zugreifen kann.

4. Wählen Sie für jeden Benutzer eine Berechtigungsstufe aus. Ihre Auswahlmöglichkeiten sind

   - **Lesen** Benutzer mit dieser Berechtigungsstufe können freigegebene Dateien anzeigen und freigegebene Programme ausführen, aber sie können keine Dateien ändern oder löschen. Die Auswahl von *Lesen* im Freigabe-Assistenten entspricht der Einstellung der NTFS-Berechtigungen auf *Lesen, Ausführen*.
   - **Lesen/Schreiben** Benutzer mit der Berechtigung *Lesen/Schreiben* haben die gleichen Rechte wie Sie als Besitzer: Sie können Dateien in einem gemeinsamen Ordner anzeigen, ändern, hinzufügen und löschen. Die Auswahl von *Lesen/Schreiben* setzt die NTFS-Berechtigungen für diesen Benutzer auf *Vollzugriff*.

> ### Hinweis
> **Möglicherweise sehen Sie noch weitere Berechtigungsebenen, wenn Sie die Freigabe eingerichtet haben und in den Freigabe-Assistenten zurückkehren. *Mitwirken* entspricht der Berechtigung *Ändern*. *Benutzerdefiniert* weist auf NTFS-Berechtigungen hin, die von *Lesen, Ausführen, Ändern* oder *Vollzugriff* abweichen. *Gemischt* erscheint, wenn Sie mehrere Elemente ausgewählt haben, die unterschiedliche Freigabeeinstellungen aufweisen. *Besitzer* identifiziert natürlich den Besitzer des Objekts.**

5. Klicken Sie auf *Freigabe*. Nach einigen Augenblicken zeigt der Assistent eine Seite an, wie sie in Abbildung 11.24 dargestellt ist.
6. Im letzten Schritt des Assistenten können Sie eine der folgenden Aktionen durchführen:
   - Senden Sie eine E-Mail an die Personen, für die Sie die Freigabe durchgeführt haben. Die Nachricht enthält eine Verknüpfung mit dem freigegebenen Element.
   - Kopieren Sie den Netzwerkpfad in die Zwischenablage. Das ist praktisch, wenn Sie die Verknüpfung mit einer bestimmten Anwendung versenden möchten. (Um die Verknüpfung für ein einzelnes Element zu versenden, klicken Sie den Namen der Freigabe mit der rechten Maustaste an und wählen Sie *Link kopieren*.)
   - Doppelklicken Sie auf einen Freigabenamen, um das freigegebene Element zu öffnen.
   - Öffnen Sie den Datei-Explorer und wählen Sie im Ordner *Netzwerk* Ihren Computer aus. Dann werden alle Netzwerkfreigaben Ihres Computers angezeigt.

   Wenn Sie mit diesen Aufgaben fertig sind, klicken Sie auf *Fertig*.

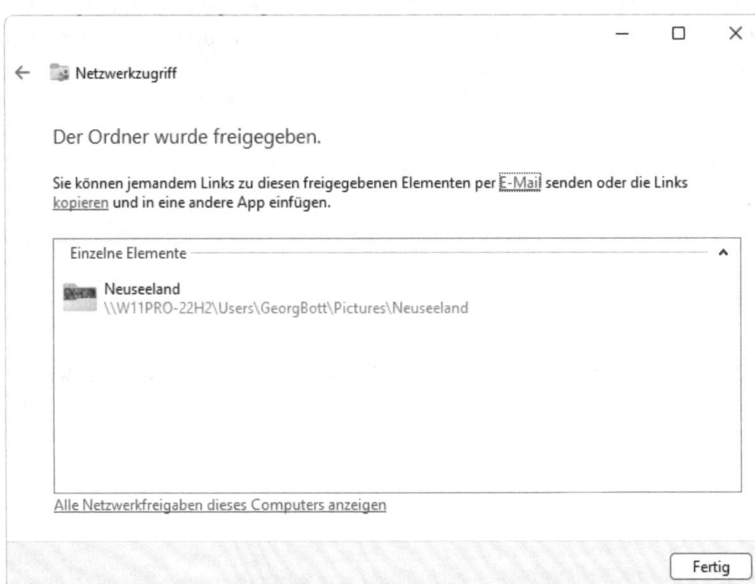

Abbildung 11.24 Der Freigabe-Assistent zeigt den Netzwerkpfad für jedes freigegebene Element an.

Das Erstellen einer Freigabe erfordert zwar eine Anhebung der Rechte, aber nachdem ein Ordner freigegeben wurde, ist die Freigabe für Benutzer aus dem Netzwerk verfügbar, und zwar unabhängig davon, wer am Computer angemeldet ist – oder ob überhaupt jemand angemeldet ist.

Expertentipp

Verwenden der erweiterten Freigabe, um kürzere Netzwerkpfade zu erstellen

Es ist etwas verwirrend, aber wenn Sie einen Ihrer Profilordner oder einen anderen Unterordner von Benutzer *(%SystemDrive%\Benutzer)* freigeben, erstellt Windows eine Netzwerkfreigabe für den Ordner *Benutzer* und nicht für den Ordner, den Sie freigegeben haben. Ein Sicherheitsproblem ergibt sich daraus allerdings nicht. Die NTFS-Berechtigungen verhindern, dass Benutzer aus dem Netzwerk irgendwelche Ordner oder Dateien sehen, die Sie nicht explizit freigegeben haben. Aber daraus ergeben sich relativ lange UNC-Pfade (Universal Naming Convention) auf Netzwerkfreigaben. Wenn Sie beispielsweise den Unterordner *Neuseeland* von *Dokumente* freigeben (wie in Abbildung 11.24 zu sehen), wird der Netzwerkpfad *\\W11PRO-22H2\Users\GeorgBott\Pictures\Neuseeland* erstellt. Hätte sich derselbe Ordner irgendwo auf Ihrem Computer außerhalb des Ordners *Users* befunden, egal wie tief verschachtelt, würde der Netzwerkpfad stattdessen *\\W11PRO-22H2\Neuseeland* lauten. Andere Personen, denen Sie Zugriff gewähren, müssten sich nicht durch eine Reihe von Ordnern klicken, um die Dateien im vorgesehenen Zielordner zu finden.

Netzwerkbenutzer können natürlich ein Netzlaufwerk erstellen oder eine Verknüpfung zu Ihrem Zielordner speichern, um dieses Problem zu vermeiden. Aber auch auf der Seite der Freigabe kann man etwas tun. Verwenden Sie die erweiterte Freigabe, um den Ordner direkt freizugeben. (Tun Sie dies, nachdem Sie den Freigabe-Assistenten verwendet haben, um die Berechtigungen einzurichten.) Achten Sie dabei darauf, dass der von Ihnen erstellte Freigabename keine Leerzeichen enthält. Wenn Sie diese entfernen, ist es einfacher, einen Freigabepfad einzugeben, der als Link funktioniert.

Freigabe einer Datei oder eines Ordners beenden oder ändern

Wenn Sie die Freigabe einer Datei oder eines Ordners beenden möchten, wählen Sie das Element im Datei-Explorer aus. Klicken Sie es dann mit der rechten Maustaste an und wählen Sie *Weitere Optionen anzeigen*. Wählen Sie im vollständigen Kontextmenü den Befehl *Zugriff gewähren auf* | *Zugriff entfernen*. Dadurch werden die Einträge in der Zugriffssteuerungsliste entfernt, die nicht geerbt sind. Außerdem wird die Netzwerkfreigabe entfernt. Der Ordner ist nicht länger im Ordner *Netzwerk* (Datei-Explorer) anderer Benutzer sichtbar.

Um die Freigabeberechtigungen zu ändern, klicken Sie mit der rechten Maustaste auf den Ordner, klicken Sie auf *Weitere Optionen anzeigen*, wählen Sie *Zugriff gewähren auf* und dann *Bestimmte Personen* aus. Im Dialogfeld *Netzwerkzugriff* können Sie Benutzer hinzufügen, Berechtigungen ändern oder Benutzer entfernen. (Um die Freigabe für einen Benutzer zu beenden, klicken Sie auf die Berechtigungsebene neben dem Namen des Benutzers und wählen Sie *Entfernen*.)

Drucker gemeinsam nutzen

Obwohl Windows keinen Assistenten für die Freigabe eines Druckers über das Netzwerk bietet, ist der Vorgang recht einfach. Sie konfigurieren alle Optionen für einen freigegebenen oder nicht freigegebenen Drucker über das Dialogfeld *Druckereigenschaften*, das Sie über *Einstellungen* | *Bluetooth und Geräte* | *Drucker und Scanner* aufrufen.

Um einen Drucker für andere Netzwerkbenutzer verfügbar zu machen, wählen Sie einen Drucker aus und klicken dann auf *Druckereigenschaften*. Schalten Sie auf der Registerkarte *Freigabe* das Kontrollkästchen *Drucker freigeben* ein und legen Sie einen Freigabenamen fest, wie in Abbildung 11.25 gezeigt.

Anders als bei freigegebenen Ordnern, für die getrennte Freigabe- und NTFS-Berechtigungen gelten, wird der Zugriff auf Drucker durch einen einzigen Satz von Berechtigungen gesteuert, unabhängig davon, ob es sich um lokale Benutzer oder um Netzwerkbenutzer handelt. (Natürlich sind nur freigegebene Drucker für Netzwerkbenutzer zugänglich.)

Abbildung 11.25 Der Freigabename für einen Drucker kann Leerzeichen enthalten.

Wenn Sie eine Druckerfreigabe einrichten, haben anfangs alle Benutzer aus der Gruppe *Jeder* die Berechtigung zum Drucken der Dokumente, die sie erstellen. Daher haben Benutzer Zugriff auf den Drucker und können ihre eigenen Dokumente in der Druckwarteschlange verwalten. Standardmäßig haben Mitglieder der Gruppe *Administratoren* außerdem die Berechtigung *Diesen Drucker verwalten*. Daher können sie einen Drucker freigeben, seine Eigenschaften ändern, den Drucker entfernen und die Berechtigungen ändern. Und sie verfügen über die Berechtigung *Dokumente verwalten*. Daher können sie den Druck aller Dokumente in der Druckwarteschlange anhalten und wieder weiterlaufen lassen und sie können alle Dokumente in der Druckwarteschlange verschieben oder aus ihr entfernen. Als Administrator können Sie die Berechtigungen im Dialogfeld *Eigenschaften* auf der Registerkarte *Sicherheit* anzeigen und ändern (um das Dialogfeld zu öffnen, klicken Sie den Drucker mit der rechten Maustaste an und wählen *Druckereigenschaften*).

Eigenschaften des Druckerservers einstellen

Sie können nicht nur die Eigenschaften einzelner Drucker über deren Eigenschaftsdialoge einstellen, sondern auch andere Eigenschaften über das Dialogfeld *Eigenschaften von Druckerserver*. Öffnen Sie dazu *Einstellungen | Bluetooth und Geräte | Drucker und Scanner*. Klicken Sie dann unter *Verwandte Einstellungen* auf *Druckerservereigenschaften*.

Die ersten drei Registerkarten steuern die Liste der Elemente, die im Eigenschaftsdialog für einen Drucker angezeigt werden:

- Die Registerkarte *Formulare* steuert die Liste der Formulare, die Sie Schächten über die Registerkarte *Geräteeinstellungen* im Dialogfeld *Eigenschaften* eines Druckers zuweisen können. Sie können neue Formulardefinitionen erstellen und von Ihnen erstellte Formulare löschen, aber Sie können keine der vordefinierten Formulare löschen.
- Auf der Registerkarte *Anschlüsse* können Sie die Anschlüsse konfigurieren, die auf der Registerkarte *Anschlüsse* im Dialogfeld *Eigenschaften* eines Druckers angezeigt werden.
- Die Registerkarte *Treiber* enthält eine Liste aller installierten Druckertreiber und bietet einen zentralen Ort, an dem Sie Treiber hinzufügen, entfernen oder aktualisieren können.

Auf der Registerkarte *Erweitert* haben Sie einige Benachrichtigungsoptionen und Sie können festlegen, wo gespoolte Dateien gespeichert werden. Wenn Sie auf dem aktuellen Laufwerk beim Druck von großen Dokumenten häufig zu wenig Platz haben, möchten Sie vielleicht einen anderen Ordner auf einem anderen Laufwerk verwenden. Außerdem können Sie auf dieser Registerkarte Benachrichtigungsoptionen wählen.

Expertentipp

Verwenden Sie die Konsole Druckverwaltung

Benutzer der Windows 11-Editionen Pro und Enterprise steht ein Tool zur Verfügung, das alle Druckverwaltungsaufgaben in einer praktischen Konsole zusammenfasst. Die Konsole *Druckverwaltung* (*Printmanagement.msc*), die in Abbildung 11.26 dargestellt ist, ist eine zentrale Anlaufstelle zur Verwaltung von Druckern, Druckertreibern, Druckwarteschlangen und Druckerfreigaben. Wenn Ihre Windows-Edition über die Konsole *Druckverwaltung* verfügt, geben Sie im Suchfeld Druck ein und klicken Sie dann auf *Druckverwaltung*.

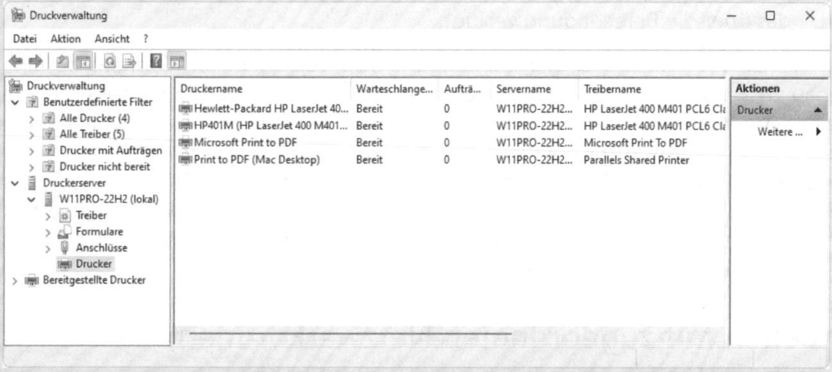

Abbildung 11.26 Die Konsole *Druckverwaltung* ist in größeren Netzwerken nützlich, in denen Sie möglicherweise mehrere Drucker verwalten müssen.

In einem Windows-Netzwerk freigegebene Ressourcen suchen und verwenden

Der Ordner *Netzwerk* ist Ihr primärer Zugang zu den verfügbaren Netzwerkressourcen, so wie *Dieser PC* der Zugang zu den auf Ihrem eigenen System gespeicherten Ressourcen ist. Der Ordner *Netzwerk* (siehe Abbildung 11.27) enthält ein Symbol für jeden Computer, den Windows in Ihrem Netzwerk erkennt; doppelklicken Sie auf das Symbol des Computers, um die dort vorhandenen freigegebenen Ressourcen anzuzeigen.

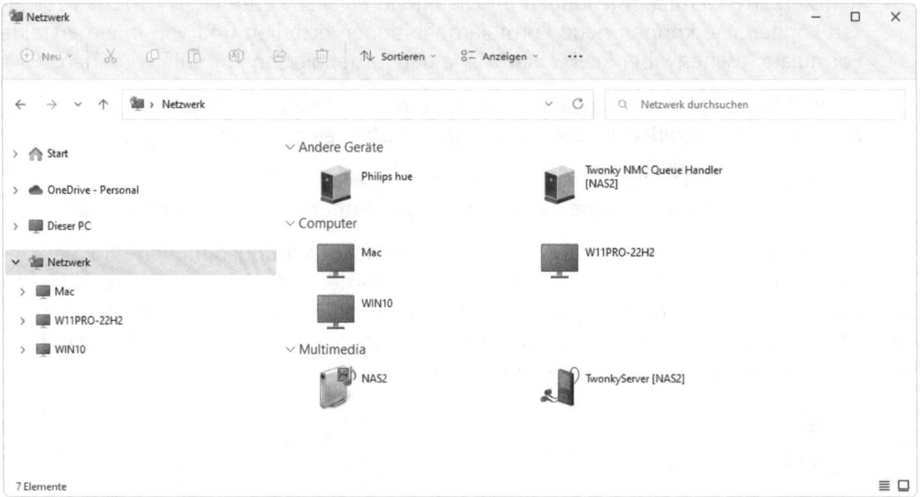

Abbildung 11.27 Der Ordner *Netzwerk* zeigt alle Computer in Ihrem Netzwerk an, nicht nur die in Ihrer Arbeitsgruppe.

Um auf einem anderen Computer einen freigegebenen Ordner zu öffnen, doppelklicken Sie im Ordner *Netzwerk* auf das Symbol des Ordners. Wenn Sie über die entsprechenden Berechtigungen verfügen, wird der Inhalt des Ordners im Datei-Explorer angezeigt. Es ist jedoch nicht immer so einfach. Wenn das Benutzerkonto, mit dem Sie angemeldet sind, nicht über die Berechtigung verfügt, den ausgewählten Computer oder die Ressource zu verwenden, fordert ein Dialogfeld Sie zur Angabe eines Kontos auf – samt Kennwort natürlich –, das über die Berechtigung verfügt.

Der vielleicht kniffligste Teil der Verwendung von freigegebenen Ordnern besteht darin, genau zu verstehen, welche Berechtigungen auf einen Ordner angewendet wurden und welche Anmeldeinformationen von den einzelnen Netzwerkbenutzern verwendet werden. Es ist wichtig zu wissen, dass der gesamte Netzwerkzugriff von dem Computer mit den freigegebenen Ressourcen kontrolliert wird. Unabhängig davon, welches Betriebssystem auf dem Computer läuft, der versucht, eine Verbindung zu einer Netzwerkfreigabe herzustellen, muss er die Sicherheitsanforderungen des Computers erfüllen, auf dem sich die freigegebene Ressource tatsächlich befindet.

Arbeiten mit zugeordneten Netzwerkordnern

Durch die Zuordnung eines Netzwerkordners zu einem Laufwerkbuchstaben wird dieser für Anwendungen so dargestellt, als ob er Teil des lokalen Computers ist. Windows weist dem zugeordneten Ordner einen Laufwerkbuchstaben zu, sodass der Ordner wie ein zusätzliches Laufwerk erscheint. Allerdings können Sie immer noch auf herkömmliche Weise auf einen zugeordneten Ordner zugreifen, indem Sie sich durch den Ordner *Netzwerk* klicken. Durch die Zuordnung erhält der Ordner jedoch einen Alias, einen zweiten Namen, nämlich einen Laufwerkbuchstaben, über den der freigegebene Ordner leichter zu nutzen ist.

Führen Sie die folgenden Schritte aus, um einen Netzwerkordner einem Laufwerkbuchstaben zuzuordnen:

1. Öffnen Sie den Datei-Explorer, klicken Sie mit der rechten Maustaste auf das Symbol *Netzwerk* und dann auf *Netzlaufwerk verbinden*, um das in Abbildung 11.28 dargestellte Dialogfeld zu öffnen.

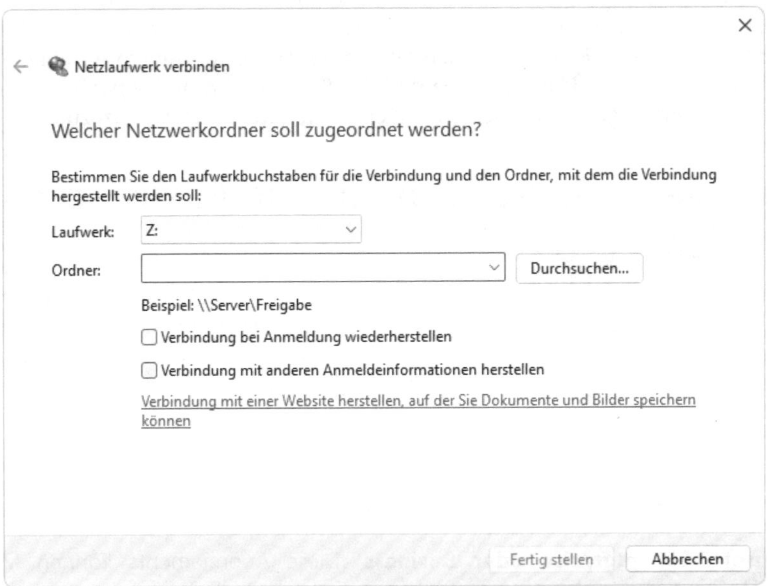

Abbildung 11.28 Das Verbinden eines Netzlaufwerkbuchstabens zu einem Ordner ist ein unkomplizierter Vorgang. Geben Sie die Adresse des freigegebenen Ordners im UNC-Format ein *(\\server\share)*.

2. Wählen Sie in der Liste *Laufwerk* einen Laufwerkbuchstaben aus. Sie können einen beliebigen Buchstaben wählen, der noch nicht verwendet wird.
3. Geben Sie im Feld *Ordner* den Pfad zu dem gewünschten Ordner ein oder klicken Sie auf *Durchsuchen* und navigieren Sie zu dem Ordner.
4. Schalten Sie das Kontrollkästchen *Verbindung bei Anmeldung wiederherstellen* ein, wenn Sie möchten, dass Windows zu Beginn jeder Sitzung automatisch eine Verbindung zu diesem freigegebenen Ordner herstellt.
5. Wenn Ihr reguläres Anmeldekonto keine Berechtigung für die Verbindung mit der Ressource hat, aktivieren Sie das Kontrollkästchen *Verbindung mit anderen Anmeldeinformationen herstellen.* (Nachdem Sie auf *Fertig stellen* geklickt haben, fragt Windows nach dem Benutzernamen und dem Kennwort, die Sie für diese Verbindung verwenden möchten.)
6. Klicken Sie auf *Fertig stellen*.

Der verbundene freigegebene Ordner wird nun im Datei-Explorer im Zweig *Dieser PC* als Laufwerk angezeigt.

Falls Sie die Zuordnung des Netzwerkordners wieder aufheben möchten, klicken Sie im Ordner *Dieser PC* mit der rechten Maustaste auf das Symbol des Ordners. Wählen Sie im Kontextmenü, das sich dann öffnet, den Befehl *Trennen*, um die Verbindung zu trennen.

Arbeiten mit Netzwerkdruckern

Um einen freigegebenen Drucker zu verwenden, öffnen Sie im Datei-Explorer den Ordner *Netzwerk* und doppelklicken Sie auf den Namen des Servers, an den der Drucker angeschlossen ist. Klicken Sie den gewünschten Drucker mit der rechten Maustaste an und wählen Sie *Verbinden*. Alternativ können Sie auch unter *Einstellungen | Bluetooth und Geräte | Drucker und Scanner* auf *Gerät hinzufügen* klicken. Wenn der gewünschte freigegebene Drucker nicht angezeigt wird, klicken Sie auf *Manuell hinzufügen* und verwenden Sie den Assistenten zum Hinzufügen von Druckern, um einen Netzwerkdrucker hinzuzufügen.

Cloudbasierte Anwendungen und Ressourcen verwenden

Unternehmen, die früher Server vor Ort betrieben haben, verlagern diese Ressourcen zunehmend in die Cloud, sodass der Cloudanbieter die Verantwortung für die Sicherheit und Zuverlässigkeit übernehmen kann. Die Unternehmen müssen sich dann auch nicht um Hardwareausfälle kümmern. Kleine Unternehmen und sogar Einzelpersonen können von der Nutzung von in der Cloud gehostetem Speicher und Software-as-a-Service (SaaS)-Abonnements profitieren.

Microsoft bietet zwei wichtige Clouddienste an, die für Unternehmen mit Windows 11 von Interesse sind:

- **Microsoft 365 Enterprise oder Business** Diese Abonnements können Microsoft 365-Cloudanwendungen (wie Exchange Online, OneDrive for Business, Teams und SharePoint Online) und die Verwaltung mobiler Geräte mit Microsoft Intune umfassen. Einige Tarife umfassen auch Microsoft 365-Anwendungen (ehemals Microsoft Office genannt), einschließlich Excel, Word und PowerPoint. Die umfassendsten Pläne enthalten außerdem die Lizenzierung der Windows 11 Enterprise- oder Education-Editionen.
- **Microsoft Azure** Das Flaggschiff unter den Clouddiensten von Microsoft unterstützt eine breite Palette von Diensten, die vor allem von Unternehmenskunden und Entwicklern genutzt werden. Einzelne Nutzer und kleine Unternehmen können virtuelle Geräte in der Azure-Cloud erstellen, um Server- und Desktop-Betriebssysteme auszuführen und spezielle Cloudordner zu erstellen, die für Backups und als Alternative zu OneDrive genutzt werden können.

Sowohl Microsoft 365 als auch Azure sind kostenpflichtige Abo-Dienste und nicht Teil von Windows 11. Um auf diese Clouddienste zuzugreifen, muss sich ein Benutzer mit einem Cloud-Benutzerkonto anmelden (in Windows 11 werden diese normalerweise als Geschäfts- oder Schul-/Unikonten bezeichnet). Diese werden in Azure AD gespeichert, das als Teil Ihrer Microsoft 365- oder Azure-Abonnements bereitgestellt wird. Einzelheiten zum Einrichten und Verwenden dieser Art von Konto finden Sie im Abschnitt »Azure Active Directory-Konto« in Kapitel 10, »Benutzerkonten, Kennwörter und Anmeldeinformationen verwalten«.

Netzwerkprobleme beheben

Netzwerkverbindungsprobleme können eine Quelle großer Frustration sein. Glücklicherweise enthält Windows 11 mehrere Tools, die Ihnen dabei helfen, die Ursache der Probleme zu erkennen und diese zu beheben. Noch besser ist, dass Windows über integrierte Netzwerkdiagnosefunktionen verfügt. Wenn also ein Problem mit Ihrer Netzwerkverbindung auftritt, weiß Windows in vielen Fällen vor Ihnen Bescheid, zeigt eine Meldung an und löst das Problem oft selbstständig.

Falls eine Aktivität fehlschlägt, die vom Netzwerk abhängig ist (zum Beispiel der Aufruf einer Website), überprüft Windows die häufigsten netzwerkbezogenen Probleme, beispielsweise bei der Freigabe von Dateien, beim Zugriff auf Websites, mit neu installierter Netzwerkhardware, bei Verbindungen mit WLAN-Netzwerken und bei der Verwendung einer Firewall eines Drittanbieters.

Wenn Sie auf ein Netzwerkproblem stoßen, das keine automatische Problembehandlung von Windows auslöst, sollten Sie zuerst versuchen, das Problem mit einem der entsprechenden Assistenten zu erkennen und zu lösen. Öffnen Sie *Einstellungen | System | Problembehandlung* und klicken Sie dann auf *Andere Problembehandlungen*. Sie können dann eine Liste gängiger Tools zur Problembehandlung einsehen, darunter:

- Internetverbindungen
- Eingehende Verbindungen
- Netzwerkadapter
- Freigegebene Ordner

Jeder der Problembehandlungs-Assistenten führt eine Reihe von Tests durch, überprüft und korrigiert gegebenenfalls die Einstellungen, schlägt Maßnahmen zur Problembehandlung vor und zeigt einen Bericht über die Analyseergebnisse an. Manchmal ist das Problem so simpel wie ein nicht eingestöpseltes Netzwerkkabel.

Falls die Diagnose nicht zu einem brauchbaren Ergebnis führt, sollten Sie versuchen, die betreffende Netzwerkhardware neu zu starten. Häufig ist das Problem damit schon gelöst, weil die Hardware gezwungen ist, das Netzwerk neu zu erkennen und neu einzubinden. Folgende Vorgehensweise hat sich zur Problembehandlung bewährt:

1. Isolieren Sie das Problem. Betrifft es alle Computer in Ihrem Netzwerk, eine Teilmenge Ihres Netzwerks oder nur einen Computer?
2. Wenn alle Computer betroffen sind, starten Sie die Geräte neu, die für die Internetverbindung zuständig sind, im Normalfall also das Kabel- oder DSL-Modem. Falls es keinen Netzstromschalter aufweist, ziehen Sie für einige Sekunden den Netzstecker heraus und stöpseln Sie ihn dann wieder ein.
3. Wenn das Problem eine Gruppe von Computern betrifft, versuchen Sie, den Router neu zu starten, an den diese Computer angeschlossen sind.
4. Ist nur ein einziger Computer betroffen, versuchen Sie, die Netzwerkverbindung für diesen Computer zu reparieren. Öffnen Sie *Einstellungen | Netzwerk und Internet | Erweiterte Netzwerkeinstellungen* und klicken Sie dann auf *Weitere Netzwerkadapteroptionen*. Die Systemsteuerung wird geöffnet. Klicken Sie unter *Netzwerkverbindungen* mit der rechten Maustaste auf die verdächtige Netzwerkverbindung und wählen Sie *Deaktivieren*. Klicken Sie dann die Netzwerkverbindung erneut mit der rechten Maustaste und wählen Sie *Aktivieren*. Dadurch werden der Adapter und seine Konfiguration neu initialisiert.

Expertentipp

»Netzwerk zurücksetzen« als letzter Ausweg

Die Seite *Einstellungen | Netzwerk und Internet | Erweiterte Netzwerkeinstellungen* bietet detaillierte Informationen über die aktuellen Verbindungen. Sie enthält auch einen Befehl zum Zurücksetzen des Netzwerks. Wenn Sie Netzwerkprobleme nicht mit der Netzwerk-Fehlerbehebung beheben können, klicken Sie auf *Netzwerk zurücksetzen*, um Ihre Netzwerkadapter zu entfernen, sie neu zu installieren, andere Netzwerkkomponenten auf die Standardeinstellungen zurückzusetzen und Ihren Computer neu zu starten.

Tools für die Behebung von Netzwerkproblemen

Die folgende Liste enthält einige der Befehlszeilendienstprogramme, mit denen Sie Netzwerkverbindungen überprüfen, überwachen und reparieren können. Um mehr über jedes Dienstprogramm zu erfahren, einschließlich der korrekten Syntax, öffnen Sie ein Eingabeaufforderungsfenster und geben Sie den Namen der ausführbaren Datei gefolgt von einem Leerzeichen und **/?** ein.

- **IP-Konfigurationsprogramm (Ipconfig.exe)** Ermöglicht es Ihnen, die aktuelle IP-Konfiguration für Ihre installierten Netzwerkadapter zu überprüfen.
- **Beim Namensserver nachsehen (Nslookup.exe)** Bietet eine gute Möglichkeit, die Namensauflösung zu testen.
- **Befehle für Netzdienste (Net.exe)** Führt eine breite Palette von Netzwerkaufgaben aus. Geben Sie **net** ohne Parameter ein, um eine vollständige Liste der verfügbaren Befehlszeilenoptionen anzuzeigen.
- **Netzwerk-Befehlsshell (Netsh.exe)** Zeigt die Netzwerkkonfiguration eines lokalen oder entfernten Computers an, der gerade ausgeführt wird, oder ändert sie. Dieses Befehlszeilen-Skriptprogramm verfügt über eine große Anzahl von Optionen, die in der Hilfe ausführlich beschrieben werden.
- **TCP/IP-Ping (Ping.exe)** Überprüft die Verbindung auf IP-Ebene zu einer anderen Internetadresse (oder einem Hostnamen), indem es ICMP-Pakete (Internet Control Message Protocol) sendet und die Antwortzeit in Millisekunden misst.
- **TCP/IP-Traceroute (Tracert.exe)** Ermittelt den Pfad zu einer Internetadresse (oder einem Hostnamen) und gibt die Zeit für jeden Verbindungsabschnitt (Hop) bei der Zielsuche an. Ist nützlich bei der Fehlersuche nach Verbindungsproblemen in bestimmten Netzwerksegmenten.

Wie bei anderen Befehlszeilenprogrammen stellt die Windows PowerShell-Umgebung Cmdlets zur Verfügung, die fast den gesamten Funktionsumfang dieser Tools beherrschen und zusätzlich die Skriptfähigkeit von PowerShell nutzen können. Eine Liste der häufiger verwendeten Cmdlets für Netzwerkaufgaben erhalten Sie, wenn Sie in einer PowerShell-Eingabeaufforderung folgenden Befehl eingeben:

```
Get-Command -modul nettcpip, netadapter
```

▶ **Weitere Informationen zu PowerShell finden Sie im Abschnitt »Eine Einführung in PowerShell« in Kapitel 16, »Windows-Terminal, PowerShell und andere Verwaltungstools«. Einzelheiten zu den Net-TCP/IP-Cmdlets finden Sie unter *https://bit.ly/NetTCPIP*. Auf dieser Seite finden Sie auch (über den Navigationsbereich auf der linken Seite) Details zu anderen netzwerkbezogenen Cmdlets, einschließlich der Cmdlets für Netzwerkadapter, Netzwerkverbindung und Informationen über den Netzwerkverbindungsstatus.**

Fehlersuche bei TCP/IP-Problemen

Wenn Sie Probleme mit TCP/IP-basierten Netzwerken haben und zum Beispiel keine Verbindung zu anderen Computern aus demselben Netzwerk oder zu externen Websites herstellen können, könnte das Problem mit TCP/IP zusammenhängen. Sie benötigen zumindest ein grundlegendes Verständnis der Funktionsweise dieses Protokolls, bevor Sie herausfinden können, mit welchem Tool Sie die Ursache des Problems aufdecken können.

Prüfen auf Verbindungsprobleme

Immer wenn Ihr Netzwerk Daten nicht ordnungsgemäß sendet und empfängt, sollte der erste Schritt zur Fehlerbehebung darin bestehen, die physische Verbindung zwischen dem lokalen Computer und dem Rest des Netzwerks auf Probleme zu überprüfen. Wenn Sie davon ausgehen, dass Ihre Netzwerkverbindung das TCP/IP-Protokoll verwendet, ist das erste Tool, das Sie verwenden sollten, das Dienstprogramm *Ping*. Wenn Sie den Ping-Befehl ohne Parameter verwenden, sendet Windows an die von Ihnen angegebene Adresse vier Echo-Datagramme – kleine ICMP-Pakete (Internet Control Message Protocol). Wenn der Rechner am anderen Ende der Verbindung antwortet, wissen Sie, dass die Netzwerkverbindung zwischen den beiden Punkten noch besteht.

Um den Ping-Befehl zu verwenden, öffnen Sie ein Eingabeaufforderungsfenster (*Cmd.exe*) und geben Sie den Befehl **ping <ziel>** ein (wobei *<ziel>* eine IP-Adresse oder der Name eines anderen Computers ist). Die Ausgabe sieht in etwa so aus:

```
C:\> ping www.example.com
Ping wird ausgeführt für www.example.com [93.184.216.34] mit 32 Bytes Daten:
Antwort von 93.184.216.34: Bytes=32 Zeit=103ms TTL=53
Antwort von 93.184.216.34: Bytes=32 Zeit=102ms TTL=53
Antwort von 93.184.216.34: Bytes=32 Zeit=99ms TTL=53
Antwort von 93.184.216.34: Bytes=32 Zeit=98ms TTL=53

Ping-Statistik für 93.184.216.34:
    Pakete: Gesendet = 4, Empfangen = 4, Verloren = 0
    (0% Verlust),
Ca. Zeitangaben in Millisek.:
    Minimum = 98ms, Maximum = 103ms, Mittelwert = 100ms
```

Wenn alle von Ihnen gesendeten Pakete zurückkommen und die Zeitwerte ungefähr gleich sind, ist Ihre TCP/IP-Verbindung in Ordnung und Sie können sich bei der Fehlersuche auf andere Bereiche konzentrieren. Wenn einige Pakete eine Zeitüberschreitung aufweisen, wird die Meldung »Zeitüberschreitung der Anforderung« angezeigt, was darauf hindeutet, dass Ihre Netzwerkverbindung zwar funktioniert, aber ein oder mehrere Hops zwischen Ihrem Computer und dem Zielcomputer Probleme aufweisen. Wiederholen Sie in diesem Fall den Ping-Test mit dem Schalter **-n**, um eine größere Anzahl von Paketen zu senden; **ping -n 30 192.168.1.1** sendet beispielsweise 30 Pakete an den Computer oder Router mit der IP-Adresse 192.168.1.1.

Hinweis

Der Ping-Befehl unterscheidet bei den Parametern zwischen Groß- und Kleinschreibung, Sie müssen -n in Kleinbuchstaben eingeben.

Eine hohe Zahl an Zeitüberschreitungen (oder Paketverlusten) bedeutet gewöhnlich, dass die Probleme irgendwo im Netzwerk liegen, nicht auf dem lokalen Computer. (Um die gesamte Auswahl an Schaltern zu sehen, die für den Ping-Befehl verfügbar sind, geben Sie **ping** ein, ohne ein Ziel anzugeben.)

Wenn jedes Ihrer Pakete mit der Meldung »Zeitüberschreitung der Anforderung« beantwortet wird, liegt das Problem möglicherweise an der TCP/IP-Verbindung auf Ihrem Computer oder an einer Störung bei einem anderen Computer in diesem Netzwerk. Um das Problem einzugrenzen, führen Sie der Reihe nach die folgenden Schritte aus und halten Sie an jeder Stelle an, an der ein Fehler auftritt:

1. Pingen Sie Ihren eigenen Rechner an, indem Sie einen der folgenden Befehle verwenden:

   ```
   ping ::1
   ping 127.0.0.1
   ping localhost
   ```

   Dies sind Standardadressen. Die erste Zeile ist die IPv6-Adresse für Ihren eigenen Computer; die zweite Zeile ist die entsprechende IPv4-Adresse; die dritte Zeile verwendet den Standard-Hostnamen. Wenn Ihre lokalen Netzwerkkomponenten richtig konfiguriert sind, sollte jeder dieser drei Befehle dem PC, auf dem der Befehl ausgeführt wird, erlauben, mit sich selbst zu kommunizieren. Wenn Sie eine Fehlermeldung erhalten, ist TCP/IP auf Ihrem System nicht richtig konfiguriert. Einzelheiten zur Fehlerbehebung finden Sie im Abschnitt »TCP/IP-Konfiguration reparieren« weiter hinten in diesem Kapitel.

2. Pingen Sie die IP-Adresse Ihres Computers an.

3. Pingen Sie die IP-Adresse eines anderen Computers in Ihrem Netzwerk an.

4. Pingen Sie die IP-Adresse Ihres Routers oder das Standardgateway in Ihrem Netzwerk an.

5. Pingen Sie die Adressen der einzelnen DNS-Server in Ihrem Netzwerk an. (Wenn Sie diese Adressen nicht kennen, lesen Sie im nächsten Abschnitt nach, wie Sie sie ermitteln können.)

6. Pingen Sie einen bekannten Host außerhalb Ihres Netzwerks an. Bekannte Websites mit hohem Datenverkehr sind ideal für diesen Schritt, vorausgesetzt, sie reagieren auf ICMP-Pakete.

7. Verwenden Sie den Befehl *PathPing*, um denselben Host zu kontaktieren, den Sie in Schritt 6 angegeben haben. Dieser Befehl kombiniert die Funktionen des *Ping*-Befehls mit dem Dienstprogramm *Traceroute*, um die Zwischenstationen im Internet zwischen Ihrem Computer und dem angegebenen Host oder Server zu ermitteln.

Expertentipp

Wählen Sie Ihre Test-Website sorgfältig

Manchmal kommt es beim Aufruf von Ping mit der Adresse einer externen Website zur Meldung »Zeitüberschreitung der Anforderung«, obwohl es kein Problem ist, diese Website zu erreichen. Lassen Sie sich davon nicht auf eine falsche Fährte locken. Manche beliebten Websites blockieren als Sicherheitsmaßnahme sämtlichen ICMP-Datenverkehr, auch Ping-Pakete. Auch manche Router und private Gateways sind so eingestellt, dass sie bestimmte Arten von ICMP-Datenverkehr blockieren. Versuchen Sie, mehrere Websites mit Ping zu erreichen, bevor Sie zu dem Ergebnis kommen, die Internetverbindung sei gestört.

Wenn einer der beiden letzten Schritte in diesem Prozess fehlschlägt, kann das Problem durch DNS-Probleme verursacht werden, wie weiter hinten beschrieben. (Weitere Informationen finden Sie im Abschnitt »DNS-Probleme beheben«.) Um diese Möglichkeit auszuschließen, pingen Sie stattdessen die numerische IP-Adresse eines Computers außerhalb Ihres Netzwerks an. (Wenn Sie DNS-Probleme haben, kann es natürlich schwierig sein, eine IP-Adresse zum Anpingen zu finden.) Wenn Sie eine Website über ihre IP-Adresse, nicht aber über ihren Namen erreichen können, deutet dies auf DNS-Probleme hin.

Wenn Sie vermuten, dass es zwischen Ihrem Computer und einem fernen Host oder Server im Internet ein Problem gibt, überprüfen Sie dies mit dem Hilfsprogramm Traceroute (Tracert.exe). Wie Ping ist auch Traceroute ein Befehlszeilenprogramm. Sie geben beim Aufruf mit der Syntax **tracert <Ziel>** ein Ziel an, als Hostname oder IP-Adresse, und das Hilfsprogramm sendet eine Reihe von Datenpaketen, wobei es ermittelt, wie viel Zeit für jeden Übergang (Hop) auf der Route erforderlich ist. Zeitüberschreitungen oder ungewöhnlich langsame Übertragungen weisen auf ein Verbindungsproblem hin. Sollte die Reaktionszeit von Ihrem Netzwerk zum ersten Übergangspunkt deutlich höher als bei den anderen Übergangspunkten sein, weist dies auf ein Problem bei der Verbindung zu Ihrem Internetprovider hin. In diesem Fall ist ein Anruf bei der Hotline des Internetproviders der nächste Schritt. Probleme, die sich später auf der Traceroute zeigen, weisen auf einen Engpass oder Hardwareprobleme in weiter entfernten Teilen des Internets hin, die nicht mehr zum Zuständigkeitsbereich Ihres Internetproviders gehören. Solche Symptome verschwinden vielleicht, wenn Sie eine andere URL verwenden, zu der ein anderer Pfad durch das Internet führt.

Wenn Ihre Tests keine einheitlichen Ergebnisse liefern, sollten Sie die Möglichkeit ausschließen, dass ein Firewall-Programm oder ein NAT-Gerät (beispielsweise ein Router oder ein privates Gateway) die Ursache sein könnten. Wenn Sie die Windows Defender Firewall oder ein Firewall-Programm eines Drittanbieters verwenden, deaktivieren Sie es vorübergehend. Versuchen Sie, den Router zu umgehen, und stellen Sie mit einem DSL- oder Kabelmodem eine direkte Verbindung her. Verwenden Sie diese Konfiguration aber nur zu Testzwecken und ganz kurz, denn sie setzt Ihren Computer der Gefahr von Angriffen aus.

Funktioniert der Ping-Test, wenn keine Firewall und kein NAT-Gerät mehr im Weg ist, können Sie andere Netzwerkprobleme ausschließen. Wahrscheinlich ist die Firewallsoftware oder der Router falsch konfiguriert. Achten Sie darauf, dass Sie nach dem Abschluss der Tests die Firewall und den Router wieder aktivieren!

Probleme mit der IP-Adresse beheben

Einzelheiten über Ihre IP-Konfiguration erhalten Sie vom IP-Konfigurationshilfsprogramm *Ipconfig.exe* in einer Eingabeaufforderung. Wenn Sie **ipconfig** ohne Parameter verwenden, werden das DNS-Suffix, die IPv4-Adresse, die IPv6-Adresse oder beide, die Subnetzmaske und das Standardgateway für jede Netzwerkverbindung angezeigt. Ausführlichere Angaben zu allen verfügbaren Netzwerkverbindungen erhalten Sie mit **ipconfig /all**.

Die IPv4-Adresse, die Sie sehen, kann Ihnen helfen, Verbindungsprobleme zu lösen:

- Wenn die Adresse im Format *169.254.x.y* vorliegt, verwendet Ihr Computer die automatische private IP-Adressierung (APIPA). Das bedeutet, dass der DHCP-Client Ihres Computers keinen DHCP-Server erreichen konnte, um eine IP-Adresse zu erhalten. Überprüfen Sie die Verbindung zu Ihrem Netzwerk.
- Wenn die Adresse zu einem der Blöcke von IP-Adressen gehört, die für die Verwendung in privaten Netzwerken reserviert sind (Einzelheiten finden Sie im Textkasten »Öffentliche und private IP-Adressen« weiter vorne in diesem Kapitel), stellen Sie sicher, dass ein Router oder ein privates Gateway Ihre Internetanfragen an eine ordnungsgemäß konfigurierte öffentliche IP-Adresse weiterleitet.
- Wenn die Adresse Ihres Computers als 0.0.0.0 angezeigt wird, ist entweder die Verbindung zum Netzwerk unterbrochen oder die statische IP-Adresse ist bereits im Netzwerk vorhanden.
- Überprüfen Sie, ob die richtige Subnetzmaske für Ihr lokales Netzwerk verwendet wird. Vergleichen Sie die IP-Einstellungen des Computers, der keine Verbindung aufbauen kann, mit der anderer Computer aus dem Netzwerk. Das Standardgateway und die Subnetzmaske sollten für alle Computer im Netzwerk gleich sein. Außerdem sollten die ersten drei Zahlen in der IP-Adresse jedes Computers identisch sein, sofern die Subnetzmaske 255.255.255.0 lautet. Diese Subnetzmaske bedeutet, dass alle Computer, bei denen die ersten drei Zahlen in der IP-Adresse gleich sind, zum selben Subnetz gehören. 192.168.0.83 und 192.168.0.223 können zum Beispiel über ein Netzwerk kommunizieren, in dem diese Subnetzmaske verwendet wird, aber 192.168.1.101 wird nicht als Mitglied dieses Subnetzes erkannt. Auch das Gateway muss zum selben Subnetz gehören. (Wenn Sie für den Internetzugang einen Router, einen Switch oder ein Gateway verwenden, muss die lokale Adresse dieses Geräts ebenfalls zu dem Subnetz passen, zu dem Ihr Computer gehört.)

Hinweis

Sind Sie von den Bezeichnungen *Subnetze* und ähnlichen technischen Ausdrücken verwirrt? Einen ausgezeichneten Überblick über diese manchmal verwirrenden Themen finden Sie in »Grundlagen zu TCP/IP-Adressierung und Subnetzen« (*https://bit.ly/ipv4-overview*), das Informationen über IPv4 enthält. Vergleichbare Details zu IPv6 finden Sie im Artikel »Übersicht über Internetprotokoll Version 6 (IPv6)« unter *https://bit.ly/ipv6-overview*.

TCP/IP-Konfiguration reparieren

Wenn Sie ein Problem mit Ihrer TCP/IP-Konfiguration vermuten, probieren Sie eine der folgenden Reparaturmöglichkeiten aus:

- **Automatische Reparaturoption verwenden** Öffnen Sie die Systemsteuerung und gehen Sie zu *Netzwerk und Internet | Netzwerkverbindungen*. Klicken Sie mit der rechten Maustaste auf das Verbindungssymbol der betreffenden Netzwerkkarte und wählen Sie *Diagnose*.

- **IP-Adresse freigeben und erneuern** Verwenden Sie den Befehl **ipconfig /release**, um die von DHCP zugewiesene IPv4-Adresse freizugeben. Verwenden Sie dann **ipconfig /renew**, um eine neue IP-Adresse vom DHCP-Server zu erhalten. Um eine IPv6-Adresse zu erneuern, verwenden Sie **ipconfig /release6** und **ipconfig /renew6**.

Expertentipp

Übersetzen von Namen in IP-Adressen und umgekehrt

Der Befehl *Nslookup* ist ein verborgener Schatz in Windows. Mit diesem Befehlszeilendienstprogramm können Sie einen voll qualifizierten Domänennamen schnell in seine IP-Adresse umwandeln. Sie können einen Hostnamen an das Ende der Befehlszeile anhängen, um eine einzelne Adresse zu identifizieren. So können Sie beispielsweise nslookup github.com eingeben, um die IP-Adresse von Microsofts Open-Source-Entwicklerplattform GitHub abzurufen. Oder geben Sie nslookup ein, um in den interaktiven Modus zu wechseln. An dieser Eingabeaufforderung können Sie einen beliebigen Domänennamen eingeben, um dessen IP-Adresse zu ermitteln.

Wenn Sie anspruchsvollere Nachschlagetools benötigen, ist ein guter Ausgangspunkt die MXToolBox (*https://mxtoolbox.com/DNSLookup.aspx*), die ein formularbasiertes Dienstprogramm bietet, das eine umfangreiche Sammlung von Details über einen Domänennamen, eine IP-Adresse oder einen Hostnamen liefern kann.

DNS-Probleme beheben

Das Domain Name System (DNS) ist ein wichtiger Bestandteil des Internets. DNS-Server übersetzen Hostnamen (zum Beispiel *www.microsoft.com*) in numerische IP-Adressen, damit Pakete ordnungsgemäß über das Internet weitergeleitet werden können. Wenn Sie mit dem *Ping*-Befehl eine numerische Adresse außerhalb Ihres Netzwerks erreichen können, aber nicht in der Lage sind, Websites nach Namen zu durchsuchen, hängt das Problem mit großer Wahrscheinlichkeit mit Ihrer DNS-Konfiguration zusammen.

Wenn Sie DNS-Probleme vermuten, sollten Sie sich folgende Fragen stellen:

- **Sind in den TCP/IP-Einstellungen die richtigen DNS-Server eingetragen?** Überprüfen Sie die Details Ihrer IP-Konfiguration und vergleichen Sie die dort aufgeführten DNS-Server mit denen, die Ihr Internetprovider empfiehlt. (Möglicherweise müssen Sie Ihren Internetprovider anrufen, um diese Angaben zu erhalten.)
- **Hat Ihr Internetprovider DNS-Probleme?** Ein falsch konfigurierter DNS-Server oder ein DNS-Server, der nicht online ist, machen es praktisch unmöglich, das Internet zu verwenden. Sofern Ihr Internetprovider über mehrere DNS-Server verfügt und Sie Probleme haben, einen bestimmten Server zu erreichen, löschen Sie diesen Server aus Ihrer TCP/IP-Konfiguration und verwenden Sie stattdessen einen anderen, solange dies erforderlich ist.

Vorübergehende DNS-Probleme können auch durch den DNS-Cache verursacht werden, den Windows aus Leistungsgründen pflegt. Wenn Sie plötzlich Probleme haben, eine bestimmte Website im Internet zu erreichen, und Sie überzeugt sind, dass mit der Website alles in Ordnung ist, öffnen Sie eine Eingabeaufforderung und geben Sie diesen Befehl ein, um den DNS-Cache zu löschen: **ipconfig /flushdns**.

Eine gründlichere Lösung bietet **ipconfig /registerdns**, das alle DHCP-Leases erneuert (wie im vorherigen Abschnitt beschrieben) und alle DNS-Namen neu registriert.

Kapitel 12

Sicherheit und Datenschutz in Windows 11

Wir wollen keine Panikmache betreiben, aber *es ist* jemand hinter Ihnen her. Computerangriffe nehmen von Jahr zu Jahr an Anzahl und Schwere zu. Obwohl die großen Datenschutzverletzungen – Millionen von Kreditkartennummern bei einer großen Handelskette oder Millionen von Personalakten bei der US-Regierung – das größte Medienecho verursachen, müssen Sie nicht denken, dass die Gauner nicht genauso gern in Ihren Computer eindringen würden. Ob es darum geht, Ihre wertvollen persönlichen Daten zu stehlen oder diese mittels eines Erpressungstrojaners zu verschlüsseln, sich Ihre Computerressourcen und Bandbreite anzueignen oder Ihren PC als Einfallstor für den Angriff auf ein größeres Ziel zu missbrauchen, mit dem Sie Geschäfte machen: Es gibt jede Menge Akteure, die Übles im Schilde führen.

In diesem Kapitel untersuchen wir, welcher Art von Bedrohungen Sie zu Hause und im Büro am ehesten ausgesetzt sind. Dann stellen wir die Sicherheitstools und -technologien in Windows 11 vor. Viele davon betreffen Schichten, die Sie nicht sehen können, zum Beispiel den hardwarebasierten Schutz, der zum Einsatz kommt, noch bevor Windows geladen wird.

Alle derzeit unterstützten Einzelhandels- und OEM-Versionen von Windows 11 enthalten die App Windows-Sicherheit, die als Dashboard für allgemeine Sicherheitsfunktionen fungiert. Sie bietet außerdem Zugriff auf andere sichtbare Sicherheitsfunktionen, einschließlich Windows Defender Firewall, Microsoft Defender Antivirus und Microsoft Defender SmartScreen. Dieses Kapitel befasst sich mit all diesen Tools sowie mit anderen verwandten Sicherheitsfunktionen, einschließlich Windows Update, Benutzerkontensteuerung und BitLocker-Laufwerkverschlüsselung.

Sicherheitsbedrohungen verstehen

Vor etwas mehr als einem Jahrzehnt waren die maßgebliche Bedrohung für Windows-Benutzer Viren und Würmer. Ach ja, die idyllischen alten Zeiten! Die moderne Bedrohungssituation ist viel komplexer und leider auch heimtückischer. Heutzutage ist ein Angreifer wahrscheinlich Mitglied einer organisierten Verbrecherbande oder sogar Mitarbeiter einer staatlichen Behörde und die Angriffe sind in der Regel so konzipiert, dass sie möglichst lange unbemerkt bleiben.

Ein böswilliges Programm, das ohne Ihr Wissen installiert wurde und läuft, kann Schaden anrichten und ohne Ihre Zustimmung Daten übertragen. Diese Kategorie von Software wird oft als *Schadsoftware* oder *Malware* bezeichnet.

Das Ziel der Angreifer besteht darin, Sie dazu zu bringen, ihre Software auszuführen. Zum Beispiel versucht jemand, Sie davon zu überzeugen, einen Trojaner (genauer ein trojanisches Pferd) zu installieren, das heißt ein Programm, das legitim und seriös aussieht, aber in Wirklichkeit böswillige Aktionen ausführt, sobald es installiert wurde. Diese Kategorie von Schadsoftware verbreitet sich nicht von allein, sondern versucht, die Opfer mithilfe von »Social Engineering« (oft über beliebte soziale Netzwerke wie Facebook und Twitter) dazu zu bringen, beim Installationsvorgang zu helfen. In seinen Nutzdaten verborgen kann ein Trojaner einen Downloader enthalten, der weitere böswillige und unerwünschte Programme installiert. Manche Trojaner installieren eine Backdoor (Hintertür), über die ein externer Angreifer den infizierten Computer im Remotezugriff kontrollieren und fernsteuern kann.

Worauf haben es die Angreifer abgesehen? Vor allem auf Geld, das auf unterschiedliche Arten eingenommen wird. Die Details hängen davon ab, wie die Angreifer durch Ihre Abwehrmaßnahmen gelangen. Hier ein paar Beispiele:

- Ein Kennwortlogger oder »Password Stealer« läuft im Hintergrund, zeichnet Benutzernamen und Kennwörter auf und leitet sie an einen externen Angreifer weiter. Die gestohlenen Anmeldeinformationen werden dann benutzt, um Waren zu kaufen, Bankkonten zu plündern oder Identitätsdiebstahl zu begehen.
- Angreifer machen sich Angst zunutze, indem sie gefälschte Sicherheitssoftware (sogenannte Scareware, »Erschreck-Software«) vertreiben, die Aktionen und Optik seriöser Antiviren-Software imitiert. Falls Sie ein solches Programm installieren, meldet es das Vorhandensein eines (herbeifantasierten) Virus und bietet an, ihn zu entfernen – gegen eine großzügige Gebühr natürlich. Einer ähnlichen Taktik bedient sich der sogenannte Tech-Support-Betrug, bei dem ein Windows-Benutzer von einem Betrüger angerufen wird, der sich als Microsoft-Support-Mitarbeiter ausgibt.
- Einen traurigen Spitzenplatz bei Schadsoftware nimmt die sogenannte Ransomware (»Lösegeld-Software«) ein, eine Form digitaler Erpressung, bei der ein Programm all Ihre Datendateien verschlüsselt und anbietet, sie nur gegen Zahlung eines Lösegelds wieder zu entschlüsseln.
- Phishing-Angriffe versuchen mithilfe von Social Engineering, Besucher dazu zu bringen, ihre Anmeldeinformationen zu verraten. Dies ist eine spezielle und bisweilen verheerende Form des Identitätsdiebstahls, die in jedem Browser unter jedem Betriebssystem zuschlagen kann.

Listen aktueller Schadsoftwarebedrohungen mit Links zu den jeweiligen Details finden Sie auf der Windows Defender Security Intelligence-Site unter *https://bit.ly/malware-encyclopedia*. Einen umfassenderen Bericht zu der sich ständig verändernden Gefahrensituation veröffentlicht Microsoft Security zweimal jährlich. Er wertet Daten von Hunderten von Millionen Windows-Benutzern und andere Quellen aus. Den neuesten Microsoft Digital Defense Report finden Sie unter *https://bit.ly/digital-defense-report*.

Schützen Sie Ihren Computer: Strategien für eine gestaffelte Verteidigung

Eine komplexe Gefahrenlage erfordert einen mehrstufigen Ansatz, um Ihren PC und Ihr Netzwerk zu schützen. Das übergeordnete Ziel besteht darin, Ihr Gerät, Ihre Daten und Ihre Identität zu schützen sowie Schadsoftware zu blockieren. In einem Heim- oder kleinen Unternehmensnetzwerk sind dies die wichtigsten Sicherheitsmaßnahmen:

- **Halten Sie Windows und verwundbare Programme auf dem neuesten Stand.** Windows Update übernimmt diese Aufgabe für Windows, Office und andere Microsoft-Programme. In diesem Kapitel wird ausführlich beschrieben, wie Sie die über diesen Kanal bereitgestellten Sicherheitsupdates überwachen und verwalten.

⟶

- **Schützen Sie Ihre Breitbandverbindung mit einem Hardwarerouter.** Dies ist ein wichtiger Teil der physischen Sicherheit, sogar wenn Ihr Netzwerk lediglich aus einem einzigen PC besteht. Die meisten Gateway-Geräte von Internetanbietern verfügen über diese Funktion.
- **Aktivieren Sie eine Softwarefirewall und lassen Sie sie eingeschaltet.** Sie können die Windows Defender Firewall verwenden, die in Windows 11 enthalten ist, oder eine Firewall, die Sie sich aus einer anderen Quelle besorgen, beispielsweise aus einem der verbreiteten Security Suite-Pakete. Mehr zu diesem Thema finden Sie im Abschnitt »Eindringlinge mit der Windows Defender Firewall blockieren« weiter hinten in diesem Kapitel.
- **Machen Sie das Anmeldeverfahren sicherer.** Biometrische Anmeldeverfahren arbeiten mit einem Fingerabdruckleser oder Gesichtserkennung mit Windows Hello. Sie bieten wesentlich mehr als lediglich Bequemlichkeit. Weil die biometrische Anmeldung mit einem bestimmten Gerät verknüpft ist, erhalten Sie eine effektive Zwei-Komponenten-Authentifizierung. Wenn Sie sich unter einem Microsoft-Konto oder mit Azure AD anmelden, sollten Sie die zweistufige Authentifizierung aktivieren, damit ein Angreifer Ihre Anmeldeinformationen nicht missbrauchen kann, sogar wenn er sie gestohlen hat. Weitere Informationen finden Sie im Abschnitt »Den Anmeldevorgang sicherer machen« in Kapitel 10, »Benutzerkonten, Kennwörter und Anmeldeinformationen verwalten«.
- **Legen Sie Standardbenutzerkonten an und lassen Sie die Benutzerkontensteuerung aktiviert.** Standardkonten helfen dabei, den Schaden, den ein ahnungsloser Benutzer anrichtet, indem er nicht vertrauenswürdige Programme installiert, zu verhindern oder wenigstens zu minimieren. Die Benutzerkontensteuerung (User Account Control, UAC) hilft Ihnen dabei, weil sie den Zugriff auf administrative Aufgaben beschränkt und Änderungen an Registrierung und Dateisystem virtualisiert. Einzelheiten finden Sie im Abschnitt »Grundlagen der Zugriffssteuerung in Windows 11« in Kapitel 10 und in »Unsichere Aktionen mit der Benutzerkontensteuerung verhindern« weiter hinten in diesem Kapitel.
- **Verwenden Sie ein Antischadsoftware-Programm und halten Sie es auf dem neuesten Stand.** Windows Defender Antivirus, das in Windows 11 enthalten ist, bietet Schutz vor Schadsoftware, es werden aber auch viele Lösungen anderer Hersteller angeboten. Einzelheiten finden Sie im Abschnitt »Microsoft Defender Antivirus verwenden« weiter hinten in diesem Kapitel.
- **Schützen Sie sich vor Bedrohungen in E-Mail-Nachrichten.** Ihre E-Mail-Lösung sollte zumindest ausführbare Dateien und andere potenziell gefährliche Anhänge blockieren oder in Quarantäne legen. Außerdem können wirksame Anti-Spam-Funktionen Skripte blockieren und Phishing-Versuche verhindern.
- **Verwenden Sie Jugendschutzeinstellungen, um Minderjährige zu schützen.** Wenn Sie Kinder im Haushalt haben, die Ihren Computer benutzen, helfen Ihnen die Family-Safety-Features in Windows, sie vor Sicherheitsbedrohungen zu schützen und zu verhindern, dass sie ungeeignete Sites besuchen. Dazu können Sie die Computeraktivitäten von Kindern auf unterschiedliche Arten einschränken. Weitere Informationen finden Sie im Abschnitt »Computernutzung von Familienmitgliedern einschränken« in Kapitel 10.

Die wichtigsten Schutzmaßnahmen, die aber leider oft vergessen werden, sind Schulung der Benutzer und Selbstbeherrschung. Jeder, der einen Computer einsetzt, muss die Disziplin besitzen, Sicherheitsmeldungen zu lesen und zu befolgen, wenn sie angezeigt werden.

→

Sie dürfen die Installation von Software nur erlauben, wenn klar ist, dass sie sicher ist. (Ein Benutzer, der über ein Standardbenutzerkonto verfügt, kann kein Programm installieren oder ausführen, das den gesamten Computer leer räumt. Er kann aber trotzdem sein eigenes Benutzerprofil so stark beschädigen, dass erhebliche Mühe für die Reparatur aufgewendet werden muss.) Unzählige erfolgreiche Schadsoftwareangriffe weltweit haben bewiesen, dass viele die Grundregeln für sichere Computernutzung nicht kennen oder in den Wind schlagen.

Sicherheit Ihres Computers überwachen

Sie können die App Windows-Sicherheit direkt von ihrem Platz in der App-Liste des Startmenüs aus öffnen oder die etwas unkonventionellen Navigationsoptionen in *Einstellungen | Datenschutz und Sicherheit | Windows-Sicherheit* verwenden. Auf dieser Seite finden Sie die Schaltfläche *Windows-Sicherheit öffnen* und sieben Schutzbereiche, die jeweils auf eine andere Seite der Windows-Sicherheit-App führen. Abbildung 12.1 zeigt die Windows-Sicherheits-Startseite, die den Status dieser sieben Gruppen von sicherheitsrelevanten Einstellungen sowie eine zusätzliche Option für den Schutzverlauf anzeigt.

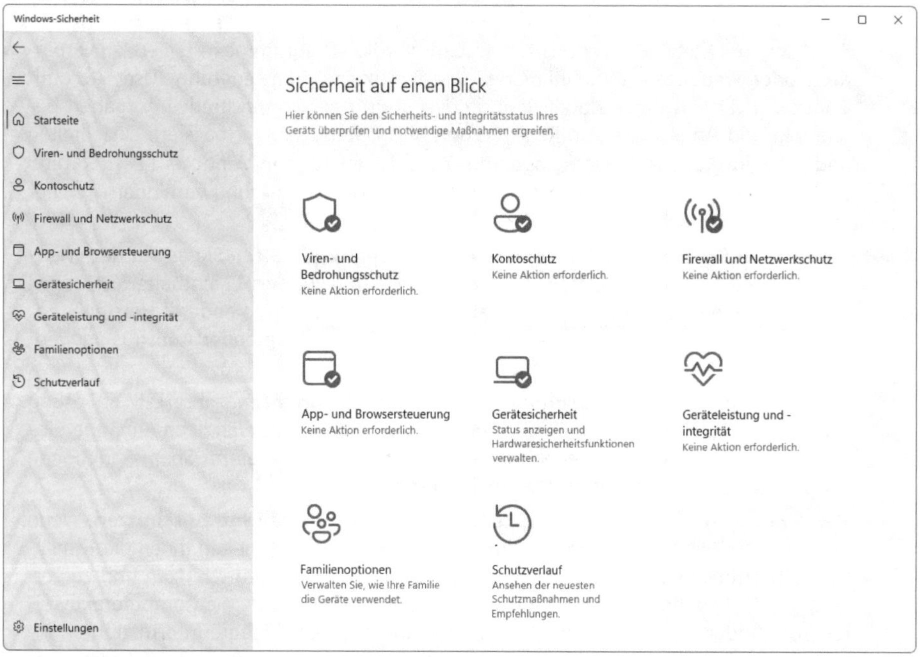

Abbildung 12.1 Das Dashboard *Windows-Sicherheit* bietet eine konsolidierte Ansicht des Sicherheitsstatus. Wenn Sie auf ein beliebiges Element klicken, erhalten Sie Zugriff auf die Einstellungen für die betreffende Gruppe von Funktionen.

Natürlich liefert die App Windows-Sicherheit auch dann Statusinformationen, wenn ihr Fenster nicht geöffnet ist. Ein Badge über dem App-Symbol im Infobereich der Taskleiste zeigt den aktuellen Sicherheitsstatus in Form eines grünen Häkchens, eines gelben Ausrufezeichens oder eines roten X an; bei Bedarf werden dort Optionen angeboten, um die Probleme zu beseitigen. Weitere Benachrichtigungen über die Aktivität (zum Beispiel die Ergebnisse der letzten Virenscans) erscheinen im Benachrichtigungscenter. Klicken Sie auf das Zahnradsymbol in der linken unteren Ecke im Fenster der App Windows-Sicherheit, um diese Optionen zu konfigurieren (siehe Abbildung 12.2). (Beachten Sie, dass Änderungen hier nur vorgenommen werden können, wenn Sie die Anmeldeinformationen eines Administrators angeben.)

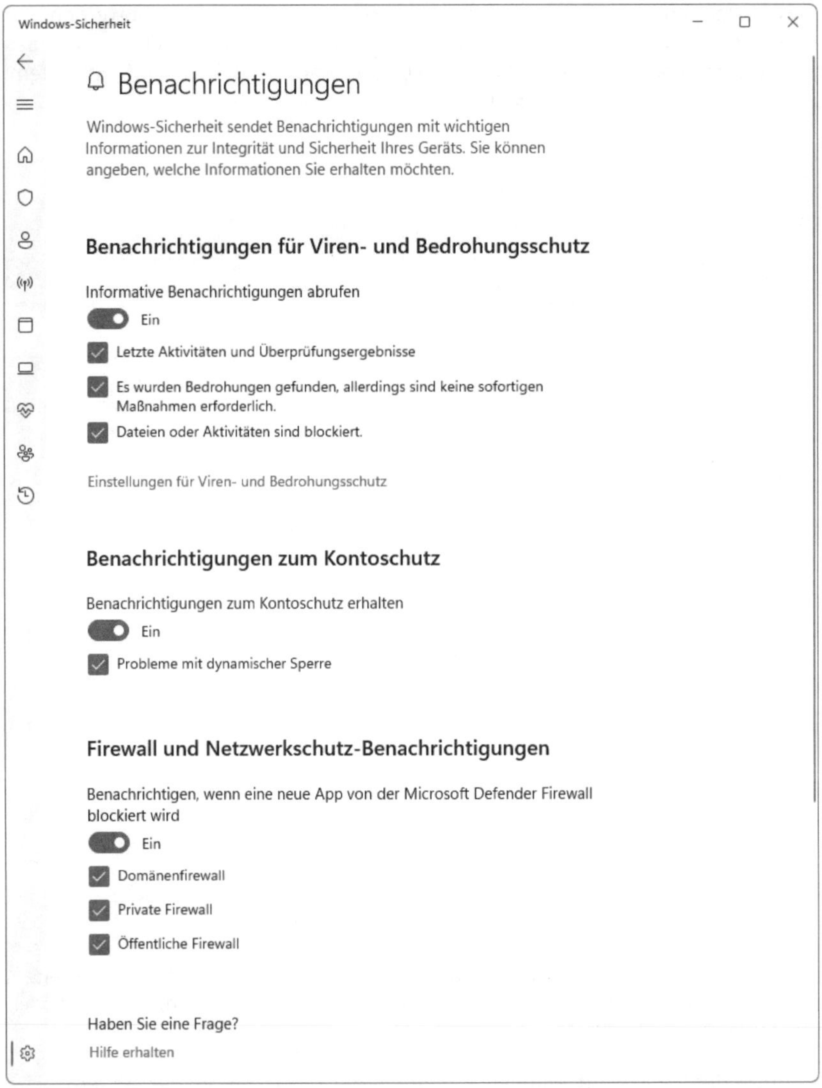

Abbildung 12.2 Wenn Sie nicht mit unkritischen Benachrichtigungen von Microsoft Defender Antivirus belästigt werden möchten, beispielsweise nach Scans, bei denen keine Bedrohungen erkannt wurden, deaktivieren Sie das Kontrollkästchen *Letzte Aktivitäten und Überprüfungsergebnisse.*

Die einzelnen Einstellungen, die über Windows-Sicherheit verfügbar sind, werden im weiteren Verlauf dieses Kapitels behandelt. Doch zunächst beschreiben wir das wichtigste aller Sicherheitsfeatures – Windows Update.

Windows auf dem neuesten Stand halten

Windows Update läuft als Dienst, der bei Bedarf automatisch gestartet wird; auch die zugehörigen Dienste, zum Beispiel der intelligente Hintergrundübertragungsdienst (Background Intelligent Transfer Service, BITS), sollten automatisch laufen. Sie selbst brauchen dabei wenig zu tun, abgesehen vom gelegentlich notwendigen Neustart. Wir empfehlen dringend, in regelmäßigen Abständen zu prüfen, ob Updates erwartungsgemäß eingespielt werden und ob die verschiedenen Windows Update-Dienste einwandfrei funktionieren. Öffnen Sie dazu *Einstellungen | Update und Sicherheit | Windows Update*. Abbildung 12.3 zeigt ein System, auf dem Updates zur Installation bereitstehen.

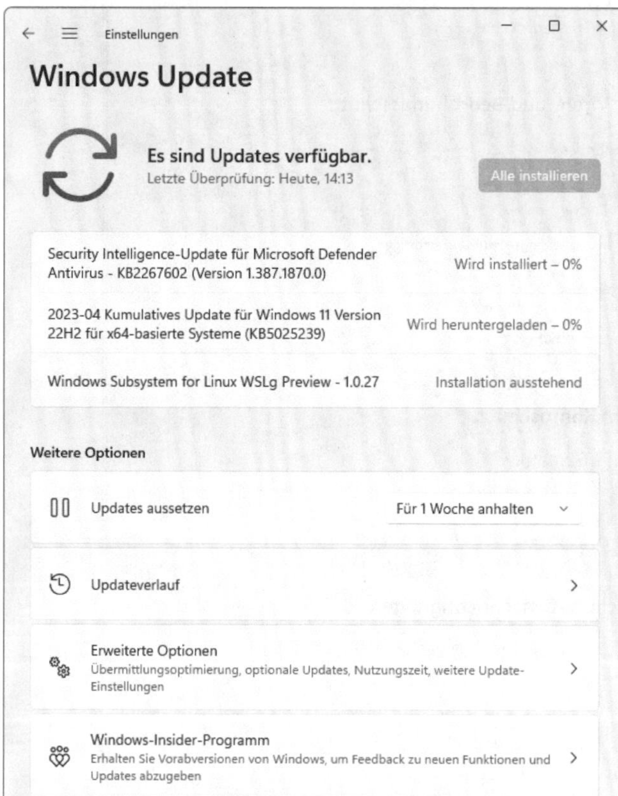

Abbildung 12.3 Wenn Updates verfügbar sind, können Sie den Installationsstatus auf dieser Seite einsehen. Sofern ein Neustart notwendig ist, können Sie auswählen, ob Sie den Computer sofort oder zu einem späteren Zeitpunkt neu starten.

Der Hinweis unter der Überschrift *Windows Update* verrät Ihnen, ob bei der letzten Suche festgestellt wurde, dass Updates verfügbar sind oder dass Ihr System auf dem neuesten Stand ist. Falls Updates für die Installation bereitstehen, können Sie das sofort erledigen lassen. Erfordern Updates einen Neustart, können Sie den Zeitpunkt dafür festlegen, wie weiter hinten in diesem Kapitel im Abschnitt »Festlegen, wann und wie Updates installiert werden« beschrieben.

Windows Update prüft täglich, ob neue Updates verfügbar sind, daher gibt es normalerweise keinen Grund, die Schaltfläche *Nach Updates suchen* zu betätigen. Wenn Sie sich auf eine Reise vorbereiten, kann es sinnvoll sein, manuell eine Suche nach Updates anzustoßen, damit Sie sich nicht mit ausstehenden Updates herumschlagen müssen, während Sie unterwegs sind.

Expertentipp

Keine Angst vor automatischen Updates – sie brauchen nur etwas Pflege

Als sich das Internet bis in die letzten Winkel durchsetzte, verkürzten Microsoft und andere Softwarefirmen jeglicher Größe die Intervalle zwischen der Auslieferung von Updates. Gelegentlich kommt es vor, dass ein solches Update selbst Probleme verursacht. Konservative IT-Profis schwören fast alle darauf, erst einmal abzuwarten, wenn Updates veröffentlicht werden. Früher konnte man davon ausgehen, dass problematische Updates binnen ein oder zwei Wochen identifiziert wurden, woraufhin sie entweder zurückgezogen oder korrigiert wurden. Nach einer angemessenen Wartezeit war es daher sicher, sie bereitzustellen.

Wie sieht es heutzutage aus? Sind die monatlichen kumulativen Updates in Windows 11 vertrauenswürdiger als ihre Ahnen? Ist es sicher, ein neues Funktionsupdate an dem Tag einzuspielen, an dem es veröffentlicht wird?

Diese Fragen lassen sich nicht mit absoluter Gewissheit beantworten. Aber zwei Unterschiede sind beim modernen Windows-Entwicklungsprozess wichtig. Erstens nutzt Microsoft die Telemetrie, eine Feedback-Schleife mit Diagnosedaten, die es erlaubt, Probleme in Echtzeit zu erkennen, bevor die Kunden die Supportleitungen zum Glühen bringen. Ein zweiter Faktor ist das Windows-Insider-Programm, bei dem eine große Gruppe von Early-Adoptern die Funktionsupdates testet und zur Reife bringt, bevor sie für die Allgemeinheit freigegeben werden.

Es lässt sich nicht völlig ausschließen, dass ein vermeintlich unschuldiges Update bei manchen Probleme verursacht. So etwas passiert immer wieder. Aber nach mehr als sieben Jahren Erfahrung mit Windows 10 und Windows 11 können wir bestätigen, dass solche Probleme jetzt viel schneller beseitigt werden als früher. Auf Geräten, die unter den Unternehmenseditionen laufen (Pro, Enterprise und Education), können Administratoren verhindern, dass gelegentlich fehlerhafte Updates in Umlauf geraten, indem sie Qualitätsupdates verzögern, die Installation von Funktionsupdates nach einem angemessenen Aufschubzeitraum steuern und Pilotprogramme in ihren Unternehmen einrichten, um Updates im Praxiseinsatz zu testen. (All diese Möglichkeiten beschreiben wir ausführlich in diesem Kapitel.) Für wirklich unternehmenskritische Systeme, bei denen jegliche Ausfallzeit katastrophale Folgen hätte und ein konservativer Ansatz unverzichtbar ist, bietet sich der Windows Enterprise Long Term Servicing Channel als Lösung an.

Was über Windows Update ausgeliefert wird

Wenn Sie nach neuen Updates in Windows 11 suchen, selbst auf einem Gerät, das seit vielen Monaten nicht mehr aktualisiert wurde, werden Sie wahrscheinlich höchstens eine Handvoll Updates sehen. Diese Updates lassen sich in verschiedene Kategorien einteilen, die wir nachfolgend beschreiben.

Qualitätsupdates

Windows 11 empfängt sogenannte Qualitätsupdates, die Sicherheits- und Zuverlässigkeitsprobleme beseitigen, in kumulativen Paketen, die auf die jeweilige Windows 11-Version zugeschnitten sind. (In diese Kategorie fallen die Fixes, die regelmäßig an jedem zweiten Dienstag im Monat bereitgestellt werden; dieser Tag heißt in Administratorkreisen »Patch-Tuesday« oder etwas formeller »Update-Tuesday«.) Jedes neue kumulative Update fasst alle bisherigen Updates für diese Version zusammen. Wenn Sie das neueste kumulative Update installieren, wendet es jeweils die neueste Version aller Qualitätsupdates an, die für Ihre Windows-Version erstellt wurden.

Funktionsupdates

Funktionsupdates sind das Äquivalent zu größeren Versions-Upgrades. Für Windows 11 werden sie jährlich in der zweiten Hälfte des Kalenderjahrs veröffentlicht. Weil diese Updates viel größer als Qualitätsupdates sind und ihre Installation sich wesentlich länger hinzieht, haben sie einen eigenen Satz von Verwaltungsoptionen (wir beschreiben sie weiter hinten in diesem Kapitel).

Wartungsstapelupdates

Der Wartungsstapel (engl. servicing stack) ist der Code, der Betriebssystem-Updates für Windows installiert. Er umfasst auch den *komponentenbasierten Wartungsstapel* (Component-Based Servicing Stack, CBS), auf den verschiedene Windows-Bereitstellungsfeatures zurückgreifen, darunter das Befehlszeilentool *DISM.exe* (Deployment Image Servicing and Management, Abbildverwaltung für die Bereitstellung); das Tool *Sfc.exe* (System Integrity Check and Repair, Systemintegritätsüberprüfung und Reparatur), ein direkter Nachfolger der Systemdateiprüfung aus der Windows XP-Ära; und das Tool Windows-Features (*OptionalFeatures.exe*).

Wartungsstapelupdates werden bei Bedarf ausgeliefert (üblicherweise nicht jeden Monat) und umfassen Zuverlässigkeits- und Sicherheits-Fixes. Sie sind versionsspezifisch, wobei für jede momentan installierte Windows-Version eigene Wartungsstapelupdates verfügbar sind. Meist werden sie gleichzeitig mit (aber getrennt von) den kumulativen Qualitätsupdates eines bestimmten Monats ausgeliefert.

Wenn Sie im Rahmen einer neuen Windows-Installation manuell Updates aus dem Microsoft Update-Katalog installieren, empfiehlt Microsoft, das neueste Wartungsstapelupdate einzuspielen, bevor Sie das neueste kumulative Update herunterladen. Diese manuelle Installation des neuesten Wartungsstapelupdates ist auch ein empfohlener Schritt zur Behebung von Problemen mit Windows Update.

Treiberupdates

Microsoft liefert einige Gerätetreiber- und Firmware-Updates über Windows Update aus. Zum Beispiel erhalten alle Geräte der Microsoft Surface-Reihe solche Updates über diesen Kanal. Windows Update stellt auch Treiber einiger Dritthersteller bereit, um das Setup für Geräte zu ermöglichen, die nicht im Windows-Installationspaket enthalten sind. Außerdem liefert Windows Update gelegentlich neuere Versionen von installierten Gerätetreibern, die als Ursache erheblicher Zuverlässigkeitsprobleme erkannt wurden.

Microsoft Defender Antivirus-Definitionen

Windows Defender Antivirus hat einen eigenen Update-Mechanismus, der regelmäßig Definitionsupdates (auch als *Signaturdateien* bezeichnet) herunterlädt. Wenn Sie in Windows Update von Hand nach Updates suchen, werden alle verfügbaren Definitions-Updates heruntergeladen und installiert, die seit der letzten Windows Defender-Überprüfung veröffentlicht wurden.

Windows-Tool zum Entfernen bösartiger Software

Das Tool zum Entfernen bösartiger Software (Malicious Software Removal Tool, MSRT) wird üblicherweise einmal pro Monat am Update-Tuesday ausgeliefert. Seine Aufgabe ist es, weitverbreitete Schadsoftware auf Windows-Computern zu erkennen und zu beseitigen. Es ist kein Ersatz für den leistungsfähigen Antischadsoftware-Code von Windows Defender. MSRT läuft automatisch im Hintergrund, generiert eine Protokolldatei und speichert sie unter *%windir%\debug\mrt.log*.

Weitere Einzelheiten zu MSRT, einschließlich Download-Links und Implementierungsanweisungen für IT-Administratoren, finden Sie unter *https://www.microsoft.com/download/details.aspx?id=9905*.

Festlegen, wann und wie Updates installiert werden

Alle Editionen von Windows 11 enthalten eine Gruppe von Einstellungen, mit denen Sie die Funktionsweise von Windows Update steuern können. Klicken Sie auf *Erweiterte Optionen*, um diese Einstellungen zu sehen (siehe Abbildung 12.4).

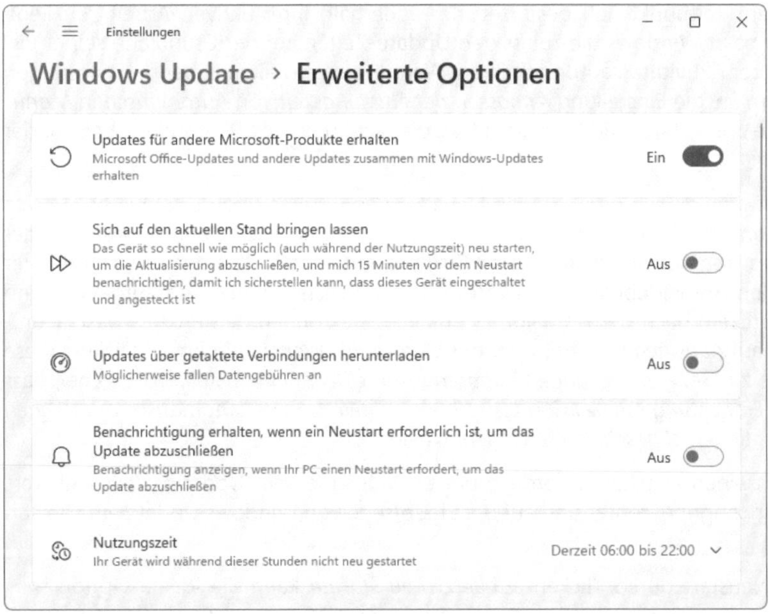

Abbildung 12.4 Die hier gezeigten Optionen sind in allen Editionen von Windows 11 verfügbar.

Wenn Sie den Schalter *Updates für andere Microsoft-Produkte erhalten* auf *Ein* stellen, erweitert Windows Update seinen Anwendungsbereich auf andere von Microsoft entwickelte Produkte, wie beispielsweise Microsoft Office-Versionen mit unbefristeter Lizenz. (Microsoft 365-Installationen verwenden einen separaten Update-Mechanismus.)

Der Schalter *Sich auf den aktuellen Stand bringen lassen* umgeht einige der normalen Vorsichtsmaßnahmen gegen unerwartete Neustarts, wenn Updates zur Installation bereitstehen. Dies ist eine geeignete Option, wenn Sie mit einem PC arbeiten, der seit mehreren Monaten nicht mehr benutzt wurde und mit den Updates weit im Rückstand ist.

Die dritte Option, *Updates über getaktete Verbindungen herunterladen*, ist nur relevant, wenn Sie eine getaktete Datennetzwerkverbindung konfiguriert haben, zum Beispiel über ein integriertes LTE-Modem oder ein Smartphone, das als WLAN-Hotspot agiert. In solchen Situationen verzichtet Windows normalerweise darauf, Updates herunterzuladen, um keine hohen Kosten zu verursachen oder das Datenbudget aufzubrauchen. Schalten Sie diese Option ein, wenn Sie sicher sind, dass Updates Ihr Datenbudget nicht sprengen. (Weitere Informationen finden Sie im Abschnitt »Mobile Hotspots und andere getaktete Verbindungen« in Kapitel 11, »Windows-Netzwerke konfigurieren«.)

Der letzte Schalter, *Benachrichtigung erhalten, wenn ein Neustart erforderlich ist, um das Update abzuschließen*, bietet eine zusätzliche Bestätigung, bevor Windows automatisch neu startet, um Updates zu installieren. Verwenden Sie diese Option, um die Möglichkeit zu minimieren, dass Arbeit verloren geht, wenn ein Neustart erforderlich ist.

Wenn Windows Ihr System neu starten muss, um die Installation eines Updates abzuschließen, haben Sie die Möglichkeit, sofort neu zu starten oder einen Zeitpunkt anzugeben, zu dem das System neu gestartet werden soll. Wenn Sie nichts von beidem tun, wird Windows Update zu einem Zeitpunkt neu gestartet, der außerhalb Ihrer aktiven Arbeitszeit liegt. Standardmäßig passt Windows die zulässigen Update-Zeiten auf der Grundlage seiner Beobachtungen Ihrer Aktivitäten automatisch an. Wenn Sie diese Zeiten lieber selbst festlegen möchten, ändern Sie die Einstellung *Anpassen der Nutzungszeit* von *Automatisch* in *Manuell* und legen Sie dann Start- und Endzeiten fest, die nicht mehr als 18 Stunden auseinander liegen.

Wenn die Installation eines Updates einen Neustart des Systems erfordert, müssen Sie sich normalerweise anmelden, bevor die Installation abgeschlossen wird. Wenn Sie während der Installation eines Upgrades nicht an Ihrem PC sind, kann es sein, dass das System bei Ihrer Rückkehr auf den Anmeldebildschirm wartet und zusätzliche Einrichtungsaufgaben (und zusätzliche Wartezeit) nach der Anmeldung anfallen. Sie können den Prozess beschleunigen, indem Sie auf *Apps neu starten* (unter der Überschrift *Weitere Optionen)* klicken; diese Aktion führt Sie zur Seite *Einstellungen | Konten | Anmeldeoptionen*. Stellen Sie sicher, dass die Option *Die Einrichtung meines Gerätes soll nach einem Update automatisch mit meinen Anmeldeinformationen abgeschlossen werden* aktiviert ist.

Wenn Windows einen Neustart erfordert, um ein oder mehrere Updates zu installieren, wird im Benachrichtigungscenter und auf der Hauptseite von Windows Update ein Hinweis angezeigt.

Ein sofortiger Neustart durch Klicken auf *Jetzt neu starten* kann die ideale Option sein, wenn Sie wissen, dass Sie für eine Besprechung oder eine Mittagspause, die länger dauert als die wenigen Minuten, die für die Installation eines Stapels von Updates erforderlich sind, nicht am PC sitzen werden. (Achten Sie jedoch auf Funktionsupdates, die vollständigen Upgrades gleichkommen und deren Installation je nach Hardware bis zu einer Stunde oder sogar länger dauern kann.) Speichern Sie Ihre Arbeit, schließen Sie alle geöffneten Dateien und klicken Sie dann auf *Jetzt neu starten*. Warten Sie auf jeden Fall, bis alle geöffneten Anwendungen geschlossen sind, bevor Sie das Haus verlassen. Es ist ärgerlich (und ein großer Hemmschuh für die Produktivität), wenn Sie aus einer Besprechung zurückkommen und feststellen, dass der Neustart nicht erfolgt ist, weil noch ein Dialogfeld geöffnet war, das auf Ihre Zustimmung wartete.

Wenn Sie stattdessen eine Neustartzeit festlegen möchten, klicken Sie auf *Neustart planen*. Wählen Sie das genaue Datum und die Uhrzeit (bis zu einer Woche ab dem aktuellen Tag), zu der der PC neu gestartet werden soll und die Installation der Updates beginnen soll.

Expertentipp

Halten Sie die Installation von Updates an, nachdem sie heruntergeladen wurden

Was passiert, wenn Sie Windows Update überprüfen und feststellen, dass Updates darauf warten, installiert zu werden, obwohl Sie noch nicht bereit sind? Vielleicht haben Sie Berichte gelesen, dass ein anstehendes Update Probleme mit Ihrem PC verursacht, oder Sie möchten den Update- und Neustart-Zyklus einfach nicht durchlaufen. Können Sie den Prozess unterbrechen?

Das können Sie in der Tat. Wenn noch nicht installierte Updates vorliegen, können Sie diesen Vorgang abbrechen und weitere Updates verhindern, indem Sie die Hauptseite von Windows Update aufrufen und bei *Updates aussetzen* auf *Für 1 Woche anhalten* klicken. Sie benötigen mehr Zeit? Verwenden Sie das Dropdownmenü, um eine längere Pause von bis zu fünf Wochen zu wählen. Wenn Sie Updates bereits angehalten haben, klicken Sie auf *Um 1 Woche verlängern* oder verwenden Sie das Dropdownmenü, um eine längere Zeitspanne auszuwählen, insgesamt bis zu fünf Wochen. Windows Update bleibt für die von Ihnen angegebene Zeit angehalten, es sei denn, Sie klicken auf der Seite *Windows Update* manuell auf die Schaltfläche *Updates fortsetzen*.

Updates aussetzen und verzögern

Der Grad der Kontrolle, den Administratoren darüber haben, wie und wann Updates auf einem Gerät installiert werden, hängt davon ab, welche Edition von Windows auf diesem Gerät installiert ist. Beachten Sie, dass die folgenden Regeln für öffentliche Versionen von Windows 11 gelten und nicht für Insider Preview-Builds anwendbar sind.

Auf Geräten mit Windows 11 Home werden alle Updates automatisch nach einem von Microsofts Updateservern festgelegten Zeitplan bereitgestellt. Bei dieser Edition sind keine Optionen zum Aufschieben von Updates verfügbar, obwohl Sie Updates für bis zu fünf Wochen, jeweils eine Woche, anhalten können, wie im vorherigen Abschnitt beschrieben. Sie müssen keine weiteren Maßnahmen ergreifen, abgesehen von den gelegentlichen Erinnerungen, Ihren Computer neu zu starten und, falls Sie dies wünschen, einen Neustart zu planen.

Auf Geräten, auf denen Windows 11 Pro, Enterprise und Education ausgeführt wird, sind die Standardeinstellungen die gleichen wie in Windows 11 Home. Als Administrator können Sie jedoch die Vorteile zusätzlicher Optionen nutzen, die als Teil der Gruppenrichtlinien verfügbar sind. Diese Einstellungen ermöglichen es Ihnen, die Installation von Qualitätsupdates um bis zu 30 Tage zu verzögern, nachdem sie ursprünglich von Microsoft zur Verfügung gestellt wurden, und die Installation von Funktionsupdates um bis zu 365 zusätzliche Tage zu verschieben.

Um diese Windows Update-Einstellungen anzuwenden, müssen Sie Gruppenrichtlinien verwenden, entweder als Teil einer Windows-Domäne mit Active Directory oder mit dem Editor für lokale Gruppenrichtlinien, *Gpedit.msc*. Diese Richtlinieneinstellungen sind unter *Computerkonfiguration | Administrative Vorlagen | Windows-Komponenten | Windows Update | Von Windows Update angebotene Updates verwalten* verfügbar. Abbildung 12.5 zeigt ein Beispiel für diese Richtlinien.

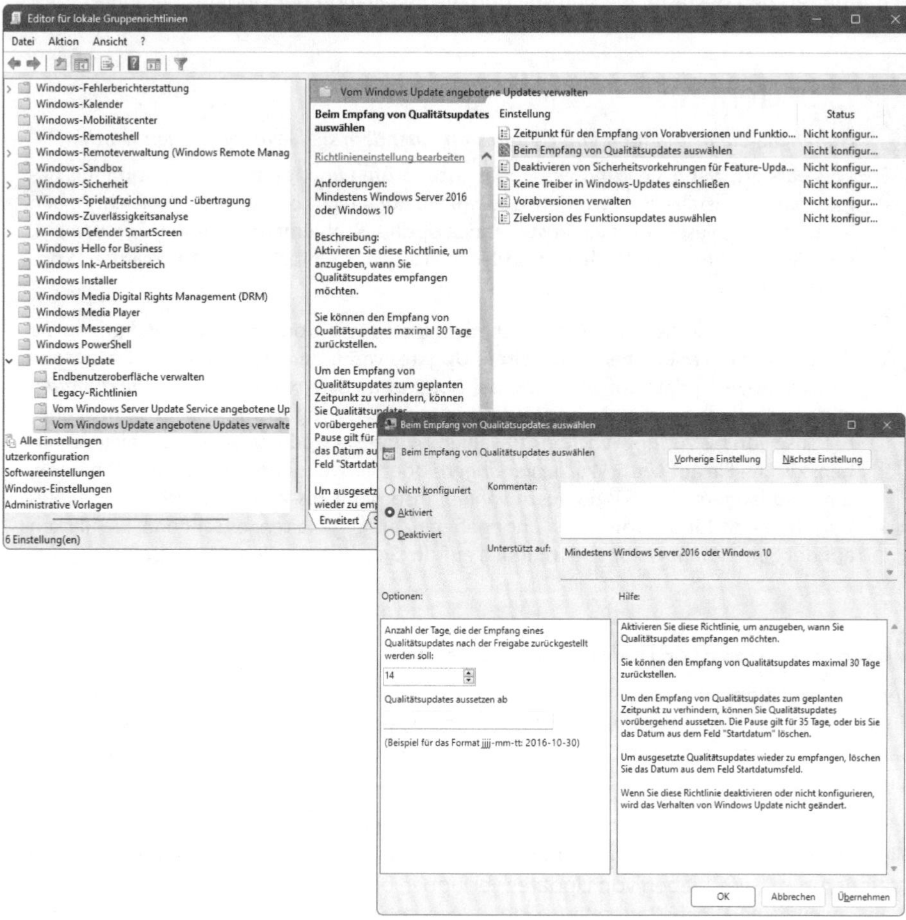

Abbildung 12.5 Mit Gruppenrichtlinien können Sie die Windows Update-Einstellungen anpassen, um die Installation von Qualitäts- und Funktionsupdates zu verzögern. Die hier gezeigten Optionen verschieben Qualitätsupdates um 14 Tage, nachdem sie von Microsoft für Windows Update freigegeben wurden.

Die folgenden Richtlinien können Sie konfigurieren:

- **Zeitpunkt für den Empfang von Vorabversionen und Funktionsupdates auswählen** Konfigurieren Sie diese Richtlinie, um Funktionsupdates und für Geräte, die am Windows-Insider-Programm teilnehmen, Vorabversionen aufzuschieben. Sie können dann eine Zeitspanne angeben, um das Update nach seiner Freigabe zu verschieben.

Dieser Wert wird in Tagen angegeben, wobei für Funktionsupdates im Kanal *Allgemeine Verfügbarkeit* ein Aufschub von bis zu 365 Tagen und für alle Vorabversionskanäle ein Aufschub von 14 Tagen zulässig ist.

- **Beim Empfang von Qualitätsupdates auswählen** (Die Übersetzung ist in der deutschen Version missverständlich, gemeint ist »Zeitpunkt für den Empfang von Qualitätsupdates auswählen«.) Mit dieser Richtlinie können Sie die normalen kumulativen Updates (die Sicherheits-, Zuverlässigkeits- und Treiber-Updates enthalten) um bis zu 30 Tage zurückstellen. Qualitätsupdates zu verzögern, bedeutet einen Balanceakt: Wenn Sie diese Richtlinie nutzen, erhalten Sie eine Möglichkeit, die neuesten Updates auf ausgewählten PCs in Ihrer Organisation bereitzustellen, bevor sie überall installiert werden; auf der anderen Seite setzen Sie damit Ihre anderen Computer einem Risiko aus, da diese keine potenziell wichtigen Sicherheitsupdates erhalten werden.
- **Deaktivieren von Sicherheitsvorkehrungen für Feature-Updates** Normalerweise blockiert Microsoft die Installation eines Feature-Updates auf Geräten, bei denen Kompatibilitätsprobleme bekannt sind. Diese Richtlinie ist für Administratoren und Entwickler gedacht, die ein Funktionsupdate auf einem solchen Gerät testen möchten, weil sie vielleicht einen Workaround oder eine andere Form der Abhilfe für das Problem bereitgestellt haben.
- **Keine Treiber in Windows-Updates einschließen** Aktivieren Sie diese Richtlinie, damit Windows Update keine Treiberupdates für das Gerät bereitstellt.
- **Vorabversionen verwalten** Diese Richtlinie enthält die Optionen, einen der drei Vorabversionskanäle des Windows-Insider-Programms auszuwählen. Mit einer vierten Option können Sie festlegen, dass Sie nur Qualitätsupdates aus dem Releasevorschau-Kanal erhalten möchten.
- **Zielversion des Funktionsupdates auswählen** Verwenden Sie diese Richtlinie, um ein bestimmtes Funktionsupdate zu definieren, das Windows Update für ein Gerät oder eine Gruppe von Geräten anbieten soll. Verwenden Sie die Versionsinformationen, wie sie unter der Überschrift *Windows 11-Versionsinformationen* auf *https://aka.ms/windowsTargetVersionInfo* angezeigt werden. Beachten Sie, dass Windows Update diese Richtlinie außer Kraft setzt, wenn die angegebene Version ihr End-of-Service-Datum erreicht hat.

Eine zusätzliche Gruppe von Richtlinien im Knoten *Windows Update | Endbenutzeroberfläche verwalten* entspricht in etwa denjenigen unter *Einstellungen | Windows Update*. Darüber hinaus können Administratoren, die sehr viele Computer auf dem neuesten Stand halten möchten, den Benutzerzugriff auf die Funktion *Updates anhalten* aufheben.

Expertentipp

Der Windows Update-Kalender hat nicht nur einen Dienstag

Microsoft liefert die meisten geplanten Updates am zweiten Dienstag jedes Monats aus. Dieser »Update-Tuesday« (meist »Patch-Tuesday« genannt) ist der wichtigste Termin für die Bereitstellung der monatlichen Updates und er ist der einzige regelmäßige Tag für die Veröffentlichung neuer Sicherheit-Fixes.

→

Zusätzliche Updates, die nicht sicherheitsrelevant sind, werden jeweils in der dritten und vierten Woche des Monats veröffentlicht. (Microsoft bezeichnet sie als »C«- und »D«-Releases, der Update-Tuesday ist das »B«-Release. Geplante Updates werden niemals am ersten Dienstag des Monats veröffentlicht, der »A«-Woche.) Es handelt sich dabei um Vorabversionen, die nicht automatisch installiert werden, sondern unter der Überschrift *Optionale Updates* erscheinen; sie sollen es Administratoren ermöglichen, die nicht sicherheitsrelevanten Fixes zu testen, die als Teil der »B«-Version des folgenden Monats ausgeliefert werden.

In seltenen Fällen erscheint auf Windows Update ein sogenanntes Out-of-Band-Release (»außer der Reihe«), um eine gefährliche Sicherheitslücke zu schließen (meist eine, die bereits aktiv ausgenutzt wird) oder um ein Qualitätsproblem zu beseitigen, das größere Auswirkungen hat. Weil Out-of-Band-Updates sowohl dringend als auch selten sind, gibt es dafür keine festen Termine.

Technische Informationen über Updates anzeigen

Die Informationen, die in der Liste der verfügbaren Updates und in Ihrem Updateverlauf erscheinen, sind kurz und oft wenig informativ. Warum genau wird Ihnen ein bestimmtes Update angeboten? Welche Zuverlässigkeits- und Sicherheitsprobleme werden in dem neuesten Qualitätsupdate genau behoben?

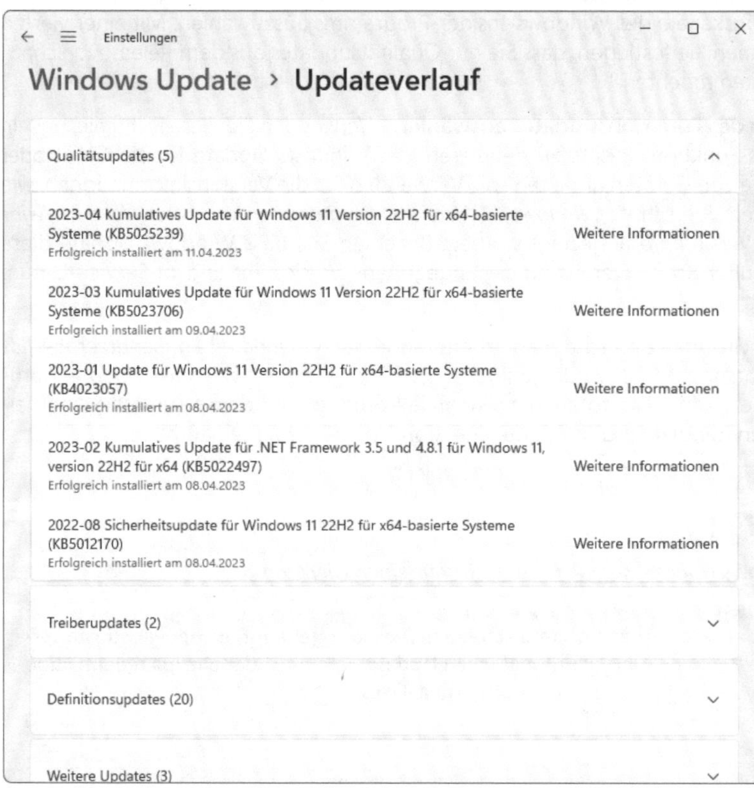

Abbildung 12.6 Klicken Sie neben einem beliebigen Eintrag in der Liste *Updateverlauf* auf *Weitere Informationen*, um zusätzliche Details zu einem Qualitätsupdate anzuzeigen.

Um die Antworten zu erhalten, müssen Sie ein wenig klicken. Beginnen Sie bei *Einstellungen | Windows Update | Updateverlauf*. Dies öffnet eine kategorisierte Liste aller auf dem aktuellen System installierten Updates, ähnlich wie die in Abbildung 12.6.

Jedes kumulative Update, das unter der Überschrift *Qualitätsupdates* aufgeführt ist, enthält einen beschreibenden Titel und die Nummer eines zugehörigen Knowledge Base (KB)-Artikels. Bei Versionen im Kanal *Allgemeine Verfügbarkeit* wird durch Anklicken des Links *Weitere Informationen* der entsprechende KB-Artikel geöffnet, der wiederum in der Regel eine Liste der wichtigsten Änderungen – Sicherheitsupdates und Qualitätsverbesserungen – enthält, die in diesem kumulativen Update neu sind, sowie eine Auflistung aller bei diesem Update bekannten Probleme. Außerdem enthält er einen Link zum Microsoft Update Catalog, von dem Sie ein eigenständiges Paket herunterladen können, mit dem Sie die Updates manuell installieren können. Ein Abschnitt mit Dateiinformationen enthält einen Link zu einer Liste von Dateien und Versionsinformationen, die mit dem Update verbunden sind (im CSV-Format). (Beachten Sie, dass viele dieser Informationen nicht verfügbar sind, wenn Sie eine Vorabversion des Windows-Insider-Programms verwenden.)

Expertentipp

Öffnen Sie jeden KB-Artikel direkt

Wenn Sie über einen Knowledge Base-Artikel lesen und keinen Zugriff auf einen Hyperlink haben, besuchen Sie am besten die Bing-Suchmaschine von Microsoft (*https://bing.com*) und suchen Sie den Artikel mit der siebenstelligen Nummer nach *KB*. Beachten Sie, dass es für eines der häufigsten Updates in dieser Liste, KB2267602, Security Intelligence Update für Microsoft Defender Antivirus, keinen zugehörigen Supportartikel gibt.

Bei kumulativen Updates, die Sicherheitslücken schließen, enthält der zugehörige Knowledge Base-Artikel normalerweise keine detaillierten Informationen über diese Fixes. Stattdessen enthält er einen Link zu Versionshinweisen, die Teil des Leitfadens für Sicherheitsupdates (Microsoft Security Update Guide) sind, der Auflistungen für alle Microsoft-Produkte enthält. Diese Versionshinweise sind nicht mit einer KB-Nummer verknüpft.

Jedes kumulative Update wird auch auf der Microsoft-Website *Windows 11, Updateverlauf* mit der KB-Nummer und der Minor-Build-Nummer aufgeführt. Dieser Index ist nach Version kategorisiert. Die neuesten Updates sind unter *https://aka.ms/Windows11UpdateHistory* aufgeführt, wobei Sie im Navigationsbereich links auf der Seite bestimmte Versionen (21H2 und 22H2) auswählen können.

Jedes Sicherheitsupdate enthält eine Einstufung für den Schweregrad der Bedrohung. Es werden vier Werte verwendet, sie sind hier von der schwerwiegendsten bis zur unkritischsten Bedrohung aufgeführt:

- **Kritisch (Critical)** Eine kritische Sicherheitslücke kann dazu führen, dass Code ohne Benutzerinteraktion ausgeführt wird.
- **Wichtig (Important)** Eine wichtige Sicherheitslücke kann so ausgenutzt werden, dass die Vertraulichkeit oder Integrität Ihrer Daten gefährdet ist oder dass ein Denial-of-Service-Angriff damit durchgeführt werden kann.

- **Mittel (Moderate)** Eine mittlere Verwundbarkeit lässt sich normalerweise durch Standardeinstellungen und Authentifizierungsanforderungen vermeiden. Anders ausgedrückt: Sie müssten sich recht ungeschickt anstellen, damit eine solche Bedrohung Ihr System oder Ihre Daten beschädigen kann.
- **Niedrig (Low)** Eine Verwundbarkeit von niedrigem Schweregrad kann normalerweise nur Schaden verursachen, wenn der Benutzer umfangreiche Interaktionen vornimmt oder eine ungewöhnliche Konfiguration vorliegt.

Für Sicherheitslücken mit dem Schweregrad *Kritisch* oder *Wichtig* gibt Microsoft einen sogenannten Exploitability-Index (»Ausnutzbarkeits-Index«) an, eine Schätzung, mit welcher Wahrscheinlichkeit ein Angreifer eine Verwundbarkeit, die in einem Sicherheitsupdate beschrieben wird, ausnutzen kann. Diese Informationen sollen Windows-Administratoren dabei helfen, Prioritäten für die Bereitstellung von Updates festzulegen.

Der Exploitability-Index kann vier Werte annehmen:

- **0 – Exploitation Detected (Missbrauch bekannt)** Die Verwundbarkeit wird aktiv ausgenutzt.
- **1 – Exploitation More Likely (Missbrauch recht wahrscheinlich)** Die Wahrscheinlichkeit ist hoch, dass Angreifer diese Verwundbarkeit konsistent ausnutzen könnten. Sie wird dadurch zu einem attraktiven Ziel.
- **2 – Exploitation Less Likely (Missbrauch nicht sehr wahrscheinlich)** Es wäre für Angreifer schwierig, Exploit-Code zu entwickeln. Die Verwundbarkeit ist daher ein eher unattraktives Ziel.
- **3 – Exploitation Unlikely (Missbrauch unwahrscheinlich)** Es ist unwahrscheinlich, dass funktionierender Exploit-Code für echte Angriffe genutzt werden kann. Die Auswirkung der Verwundbarkeit ist daher vermutlich gering.

Weitere Informationen über das *Security Update Severity Rating System* finden Sie unter *https://www.microsoft.com/msrc/security-update-severity-rating-system*. Weitere Informationen über den Microsoft Exploitability Index finden Sie unter *https://www.microsoft.com/msrc/exploitability-index*.

Updateprobleme beheben

Unserer Erfahrung nach ist Windows Update im Allgemeinen zuverlässig, aber es können auch Probleme auftreten. Diese Probleme lassen sich in eine Handvoll Kategorien einteilen: Updates, die Stabilitätsprobleme verursachen, Updates, die nicht richtig installiert werden, und allgemeine Probleme mit Windows Update.

Bei Updates, die Probleme verursachen, müssen Sie zunächst das problematische Update entfernen. (Bei besonders lästigen Problemen kann es erforderlich sein, in den abgesicherten Modus zu wechseln.) Gehen Sie zu *Einstellungen | Windows Update | Updateverlauf*, um die Liste der installierten Updates anzuzeigen (wie im vorherigen Abschnitt beschrieben), und klicken Sie dann unten auf dieser Seite auf den unauffälligen Link *Updates deinstallieren*.

Auf diese Weise gelangen Sie auf die Seite *Updates deinstallieren*, auf der die neuesten Updates aufgelistet sind, die sicher deinstalliert werden können. Klicken Sie auf den Link *Deinstallieren* rechts neben dem Update, das Sie entfernen möchten.

▶ **Informationen zur Deinstallation eines problematischen Gerätetreibers finden Sie im Abschnitt »Treiber deinstallieren« in Kapitel 13, »Hardware und Geräte verwalten«.**

Durch diese Maßnahme (nach einem Neustart) wird das unmittelbare Problem beseitigt. Aufgrund der Funktionsweise von Windows Update erscheint das unerwünschte Element jedoch erneut, wenn Windows das nächste Mal nach Updates sucht. Sie können diesen Zyklus unterbrechen, indem Sie die Updates anhalten (wie weiter vorn in diesem Kapitel beschrieben), während Sie das Problem beheben. Bei schwerwiegenden Problemen müssen Sie sich möglicherweise an den Microsoft-Support wenden.

TROUBLESHOOTING

Windows Update hängt in einer Neustartschleife fest

Es kann vorkommen, dass Windows Update in einer Schleife festhängt, weil es nicht gelingt, die Installation eines oder mehrerer Updates abzuschließen. In einer solchen Situation wiederholt es jedes Mal, wenn Sie das System neu starten, den erfolglosen Updateprozess.

Die Lösung? Setzen Sie Windows Update vollständig zurück, löschen Sie den Inhalt aus dem Updatecache und beginnen Sie mit frischen Downloads. In den meisten Fällen reicht das aus, um die Probleme zu beseitigen.

Microsoft hat eine Hilfsressource zur Diagnose und Behebung von Windows Update-Problemen erstellt, die unter *https://support.microsoft.com/help/971058* verfügbar ist. Der Prozess umfasst das Beenden mehrerer Dienste, das Entfernen des Ordners mit den laufenden Updates und die erneute Registrierung einer Liste von Systemdateien. Sie können eine Problembehandlung, die diese Schritte automatisch durchführt, von *https://aka.ms/wudiag* herunterladen. (Seien Sie nicht beunruhigt, wenn sich Microsoft Edge beschwert, dass die Datei unsicher ist und den Download blockiert. Es handelt sich um eine gültige, signierte Datei von Microsoft, und Sie können diese Blockierung aufheben, indem Sie auf die drei Punkte rechts neben der Fehlermeldung und dann auf *Beibehalten* klicken.)

Datenschutzoptionen konfigurieren

Man muss kein Anhänger von Verschwörungstheorien sein, um sich Gedanken über die eigene Privatsphäre zu machen. Manche Firmen missbrauchen Ihr Vertrauen und verkaufen Ihre Daten an andere, um Profit zu machen – häufig ohne Ihr Wissen und ohne Ihre Zustimmung. Sogar ein vertrauenswürdiger Dritter kann Fehler bei der Sicherheitskonfiguration machen, die dazu führen, dass Ihre privaten Daten von seinen Servern gestohlen werden. In der EU verpflichtet die Allgemeine Datenschutzgrundverordnung (DSGVO, auf Englisch: General Data Protection Regulation, GDPR) alle Organisationen und Unternehmen (auch Microsoft), strenge Datenschutzbestimmungen einzuhalten, wenn sie persönliche Daten innerhalb der EU erheben, verarbeiten und speichern. In den Vereinigten Staaten hat der Staat Kalifornien kürzlich ein ähnlich umfassendes Datenschutzgesetz verabschiedet. Einige Befürworter des Datenschutzes fordern, dass diese Schutzmaßnahmen weltweit ausgedehnt werden sollten.

Da Windows 11 eng mit Clouddiensten integriert ist, werden einige Ihrer Informationen mit Ihrer Zustimmung auf Microsoft-eigenen Servern gespeichert. Wenn Sie erstmals ein Benutzerkonto anlegen, holt Microsoft Ihre Erlaubnis ein, einige Ihrer Daten für personalisierte Hinweise und Vorschläge auszuwerten. Außerdem übermittelt Windows 11 Daten, die Microsoft *Diagnosedaten* oder *Telemetriedaten* nennt; sie dienen dazu, die Zuverlässigkeit des Betriebssystems zu optimieren.

Zu den Diagnosedaten, die vom Dienst *Benutzererfahrung und Telemetrie im verbundenen Modus* gesammelt werden, gehören Informationen über den Computer und seine Konfiguration, darunter Hardwareangaben wie Prozessor, installierter Speicher und installierter Massenspeicher sowie qualitätsbezogene Ereignisse und Messwerte zu Betriebsdauer, Energiesparmodi und die Anzahl von Abstürzen oder Hängern. Zu den weiteren Grundinformationen gehört eine Liste der installierten Apps und Treiber. Bei Systemen, die so eingestellt sind, dass neben den erforderlichen Daten auch optionale Diagnosedaten gesendet werden, umfassen die gesammelten Informationen auch Ereignisse, die die Interaktion zwischen dem Benutzer und dem Betriebssystem und den Anwendungen analysieren.

Nach Angaben von Microsoft wurde das Diagnosedatensystem so entwickelt, dass sich keine Datenschutzprobleme ergeben. »Wir sammeln eine begrenzte Menge von Daten, die uns helfen, eine sichere und zuverlässige Erfahrung bereitzustellen«, erklärt das Unternehmen. »Dazu gehören Daten wie eine anonyme Geräte-ID und der Gerätetyp. ... Nicht erfasst werden irgendwelche Ihrer Inhalte oder Dateien, und wir stellen durch mehrere Maßnahmen sicher, dass keinerlei Informationen erfasst werden, die dazu dienen könnten, Sie direkt zu identifizieren, zum Beispiel Name, E-Mail-Adresse oder Konto-ID.«

Hinweis

Eine ausführliche Beschreibung, wie Windows 11 Diagnosedaten erfasst, und eine Erklärung, wie Sie Einstellungen zum Sammeln von Diagnosedaten in einer Organisation verwalten, finden Sie unter *https://bit.ly/configure-telemetry*.

Einige Ihrer persönlichen Daten werden verwendet, um relevantere Werbung in Apps anzuzeigen. Wenn Sie sich dafür entscheiden, diese Personalisierung zu deaktivieren, sehen Sie zwar weiterhin Werbung, aber diese Werbung basiert nicht auf Ihrem Browserverlauf oder anderen Informationen über Sie. Unabhängig von den Datenschutzeinstellungen verwendet Microsoft nach eigenen Angaben für die Auswahl der Werbung weder Ihre E-Mail, Ihre Internet-Chats, Dateien noch andere persönliche Inhalte.

Es gibt eine Datenschutzbestimmung, die die meisten Verbraucherprodukte und Dienste von Microsoft, einschließlich Windows 11 abdeckt. Informationen zu den Datenschutzrichtlinien und die Möglichkeit, selbst zu entscheiden, wie Microsoft Ihre Daten verwendet, finden Sie unter *https://privacy.microsoft.com*. (Ein direkter Link zum Windows-Abschnitt der Microsoft-Datenschutzerklärung ist auch auf der Seite *Einstellungen | Datenschutz und Sicherheit | Allgemein* verfügbar.)

Noch wichtiger ist, dass Windows eine ganze Reihe von Optionen zur Abschirmung Ihrer Privatsphäre enthält. Sie finden diese unter der Überschrift *Datenschutz und Sicherheit* in den *Einstellungen*. Dort können Sie festlegen, welche Apps jedes der vielen Geräte Ihres Computers verwenden dürfen, ob Ihr Standort bekannt gegeben werden darf, ob Windows die cloudbasierte Spracherkennung verwenden darf und so weiter.

Für jede Datenschutzoption finden Sie einen Link zur Microsoft-Datenschutzerklärung, Links zu zusätzlichen Informationen sowie Steuerelemente, mit den Sie die Einstellungen anzeigen und ändern können. Die Datenschutzerklärung ist detailliert und dennoch klar formuliert und stellt eine wichtige Entscheidungshilfe für die Aktivierung der Optionen dar. Sie sollten jede dieser Optionen sorgfältig prüfen und selbst entscheiden, wo das richtige Gleichgewicht zwischen Ihrer persönlichen Privatsphäre und dem Komfort liegt.

Um beispielsweise die Erfassung von Diagnosedaten zu minimieren, gehen Sie zu *Einstellungen | Datenschutz und Sicherheit | Diagnose und Feedback*. Stellen Sie unter der Überschrift *Diagnosedaten*, wie in Abbildung 12.7 dargestellt, den Schalter *Optionale Diagnosedaten senden* auf *Aus*. (Beachten Sie, dass auf PCs, die als Teil des Windows-Insider-Programms konfiguriert sind, das Deaktivieren dieser Einstellung verhindert, dass der PC Insider-Preview-Builds empfängt; eine Meldung am oberen Rand des Abschnitts wird angezeigt, wenn Sie diese Konfiguration wählen.)

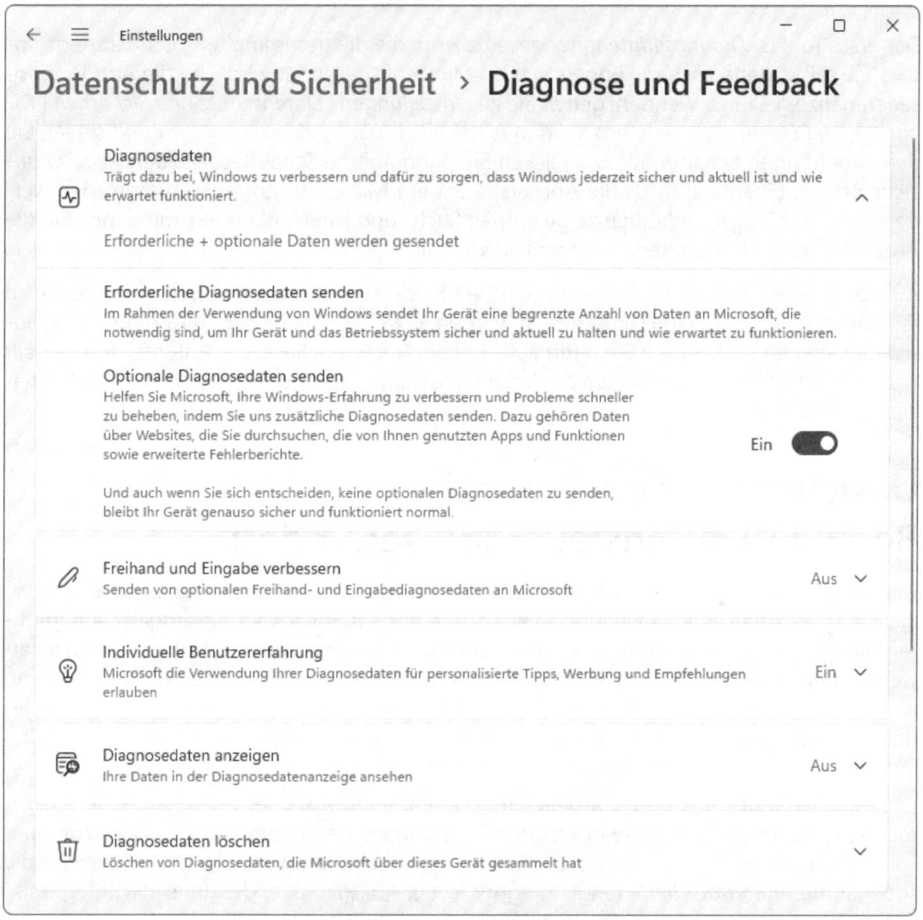

Abbildung 12.7 Wenn Sie nur ein Minimum an Diagnosedaten an die Telemetrieserver von Microsoft weitergeben möchten, stellen Sie den Schalter *Optionale Diagnosedaten senden* auf *Aus*.

Mithilfe von Gruppenrichtlinien und Geräteverwaltungssoftware ist es möglich, das Sammeln von Diagnosedaten zu deaktivieren. Beachten Sie, dass diese Einstellung nur für Geräte gilt, auf denen die Windows-Editionen Enterprise oder Education ausgeführt werden; wenn Sie sie auf einem Gerät mit Windows 11 Pro auswählen, ignoriert Windows die Richtlinie und verwendet die Einstellung *Erforderliche Diagnosedaten senden*. Da diese Richtlinieneinstellung auch Windows Update deaktiviert, wird sie nicht empfohlen und sollte nur verwendet werden, wenn ein alternativer Update-Mechanismus wie Windows Server Update Services verfügbar ist.

Um diese Einstellungen anzuzeigen und zu konfigurieren, öffnen Sie den Editor für lokale Gruppenrichtlinien, *Gpedit.msc*, und navigieren Sie zu *Computerkonfiguration | Administrative Vorlagen | Windows-Komponenten | Datensammlung und Vorabversionen*. Doppelklicken Sie auf *Diagnosedaten zulassen* und setzen Sie den Wert auf *Aktiviert*, um alle drei Ebenen unter Optionen anzuzeigen.

Mit zwei fortschrittlichen Tools können Sie Diagnosedaten auf Ihrem Computer überprüfen und verwalten. Diese Tools sind für alle derzeit unterstützten Windows 11-Editionen verfügbar.

Das erste Tool ist *Diagnosedatenanzeige*, eine App, die die gesammelten Daten anzeigt, sodass Sie selbst genau sehen können, was an Microsoft gesendet wird. Um die App Diagnosedatenanzeige zu verwenden, gehen Sie zu *Einstellungen | Datenschutz und Sicherheit | Diagnose und Feedback*, erweitern Sie den Abschnitt *Diagnosedaten anzeigen* und setzen Sie den zugehörigen Schalter auf *Ein*. Klicken Sie dann auf die Schaltfläche *Diagnosedatenanzeige öffnen*. (Eventuell muss die App erst aus dem Microsoft Store heruntergeladen werden.) Die App Diagnosedatenanzeige enthält Such- und Filterfunktionen, mit denen Sie die Anzeige von Diagnosedaten einschränken können.

Auf der gleichen Einstellungsseite können Sie Microsoft auch auffordern, Diagnosedaten zu löschen, die vom aktuellen Gerät erfasst wurden. Erweitern Sie dazu den Abschnitt *Diagnosedaten löschen* und klicken Sie dann auf *Löschen*. Nachdem Sie diese Anforderung gestellt haben, zeigt Windows das Datum der letzten Löschanforderung rechts neben der Schaltfläche *Löschen* an.

Unsichere Aktionen mit der Benutzerkontensteuerung verhindern

Die Benutzerkontensteuerung (User Account Control, UAC) greift immer dann ein, wenn ein Benutzer oder eine Anwendung versucht, eine Systemverwaltungsaufgabe auszuführen, und verlangt die Zustimmung eines Computeradministrators, bevor eine möglicherweise riskante Angelegenheit in Angriff genommen wird. Die Benutzerkontensteuerung wurde bei ihrer Einführung als Teil von Windows Vista im Jahr 2006 weithin verschmäht, jedoch hat sich das Feature seitdem zu einem effektiven Sicherheitsmittel weiterentwickelt – auch weil sie nicht mehr so lästig ist wie die ursprüngliche Implementierung.

Die Benutzerkontensteuerung arbeitet mit einem Feature namens *obligatorische Integritätssteuerung* (*Mandatory Integrity Control*) zusammen, das jedem Systemobjekt (zum Beispiel Prozessen und Registrierungsschlüsseln) eine Vertrauenswürdigkeitsstufe zuweist, die sogenannte *Integritätsebene* (engl. integrity level). Auf Prozesse, die unter der Integritätsebene *System* laufen, können Benutzerkonten überhaupt nicht direkt zugreifen. Ein Prozess mit der Integritätsebene *Hoch* ist fähig, Systemdaten zu ändern; er erfordert ein Administrator-Zugriffstoken. Die meisten normalen Prozesse laufen unter der Integritätsebene *Mittel* und brauchen ein Standardbenutzer-Zugriffstoken. (Store-Apps laufen auf der Integritätsebene *AppContainer* und andere Webbrowser als Microsoft Edge auf den Integritätsebenen *Niedrig* oder *Nicht vertrauenswürdig*. Ein Standardbenutzerkonto kann beide App-Typen ausführen, aber die niedrigere Integritätsebene erstellt quasi einen »Sandkasten«, der verhindert, dass diese Apps Objekte mit höheren Integritätsebenen verändern.)

In Windows 11 können Standardbenutzerkonten alle üblichen täglichen Computeraufgaben ausführen, sind aber daran gehindert, Prozesse mit einer hohen Integritätsstufe auszuführen. Diese Einschränkungen gelten nicht nur für den Benutzer, sondern auch für alle vom Benutzer gestarteten Programme.

Bei der Anmeldung generiert Windows ein Token, mit dem die Privilegstufen Ihres Kontos festgelegt werden. Standardbenutzer bekommen ein Standardtoken, aber Administratoren erhalten gleich zwei: ein Standardtoken und ein Administratortoken. (Diese Doppel-Token-Konfiguration wird Administratorbestätigungsmodus genannt.) Das Standardtoken wird benutzt, um *Explorer.exe* (die Windows-Shell) zu starten, aus der alle nachfolgenden Programme ausgeführt werden. Abgeleitete Prozesse erben das Token des Prozesses, der sie gestartet hat, daher laufen in der Standardeinstellung alle Anwendungen als Standardbenutzer – sogar, wenn Sie sich mit einem Administratorkonto angemeldet haben. Jegliche Aktivität, die einen Prozess mit hoher Integritätsebene ausführt, benötigt ein Administratortoken; sofern Ihr Konto dieses Token liefert, läuft das Programm. Dieser Prozess wird als *Privilegienanhebung* oder kurz *Anhebung* (engl. elevation) oder auch *Ausführung mit erhöhten Rechten* bezeichnet. Beachten Sie, dass ein Prozess mit erhöhten Rechten seinerseits weitere Prozesse als Administrator starten kann.

▶ **Informationen über Benutzerkonten finden Sie in Kapitel 11. Eine ausführliche technische Beschreibung der Benutzerkontensteuerung finden Sie im Artikel »How User Account Control works« auf *https://bit.ly/how-UAC-works*.**

Die meisten modernen Windows-Desktopanwendungen und alle Store-Apps sind so geschrieben, dass sie für die Ausführung alltäglicher Aufgaben keine Administratorrechte benötigen. Programme, die wirklich Administratorzugriff benötigen (beispielsweise Dienstprogramme, die Computereinstellungen ändern), fordern eine Anhebung der Privilegien an. Und an dieser Stelle kommt die UAC ins Spiel.

Was löst UAC-Eingabeaufforderungen aus?

Zu den Aktionen, die eine Anhebung auf Administratorstatus brauchen (und folglich eine UAC-Anhebungseingabeaufforderung anzeigen), gehören alle, die Änderungen an systemweiten Einstellungen oder Dateien in *%SystemRoot%* oder *%ProgramFiles%* vornehmen. (Auf einer Windows-Standardinstallation stehen diese Umgebungsvariablen für die Ordner *C:\Windows* beziehungsweise *C:\Programme*.) Unter anderem benötigen die folgenden Aktionen eine Privilegienanhebung:

- Installieren und Deinstallieren der meisten Desktop-Apps (außer denen, die in App-Pakete konvertiert und über den Microsoft Store ausgeliefert wurden oder die sich vollständig innerhalb des Benutzerprofils installieren)
- Installieren von Gerätetreibern, die nicht in Windows enthalten sind oder über Windows Update ausgeliefert wurden
- Installieren von ActiveX-Steuerelementen (die in Windows 11 im Microsoft Edge Internet Explorer-Modus noch unterstützt werden)
- Ändern von Einstellungen für die Windows Defender Firewall
- Ändern von Einstellungen für die Benutzerkontensteuerung
- Konfigurieren von Windows Update
- Hinzufügen oder Entfernen von Benutzerkonten
- Ändern des Kontotyps eines Benutzers
- Ausführen der Aufgabenplanung
- Bearbeiten der Registrierung
- Wiederherstellen gesicherter Systemdateien
- Anzeigen oder Ändern von Ordnern und Dateien eines anderen Benutzers

In der klassischen Windows-Desktop-Oberfläche (auch in den Überbleibseln der Systemsteuerung, die noch nicht in die Einstellungen-App migriert wurden) erkennen Sie viele Aktionen, die eine Privilegienanhebung benötigen, schon im Voraus. Ein Schildsymbol neben einer Schaltfläche oder einem Link zeigt an, dass eine UAC-Eingabeaufforderung angezeigt wird, falls Sie ein Standardkonto verwenden.

Wenn Sie sich mit einem Administratorkonto anmelden (und die UAC-Standardeinstellungen unverändert lassen), erscheinen weniger Bestätigungsaufforderungen als unter einem Standardkonto. Das liegt daran, dass in der Standardeinstellung der Administratorbestätigungsmodus zum Einsatz kommt, bei dem nur dann eine Bestätigung angefordert wird, wenn ein Programm versucht, Software zu installieren oder andere Änderungen am Computer vorzunehmen, aber nicht, wenn Sie selbst die Änderungen an Windows-Einstellungen durchführen – selbst, wenn diese Änderungen bei einem Standardbenutzer mit UAC-Standardeinstellungen eine Eingabeaufforderung auslösen. Windows führt für bestimmte Programme, die Teil von Windows sind, eine solche automatische Privilegienanhebung durch, bei der nicht die erwartete UAC-Eingabeaufforderung erscheint. Programme, deren Privilegien automatisch auf diese Weise angehoben werden, stammen aus einer vordefinierten Liste, sie müssen vom Windows-Hersteller digital signiert und in bestimmten geschützten Ordnern gespeichert sein.

Die Grenzen der Benutzerkontensteuerung

Die Benutzerkontensteuerung ist kein Allheilmittel für alle Sicherheitsprobleme. Sie ist lediglich eine Schicht innerhalb einer mehrstufigen Verteidigungsstrategie.

Manche Windows-Benutzer nehmen an, dass die UAC-Bestätigungsaufforderungen eine Sicherheitshürde bilden. Das ist nicht der Fall. Sie sind lediglich eine Stelle, an der ein Administrator die Entscheidung trifft, ob er jemandem vertraut. Falls ein Angreifer es schafft, Sie über Social Engineering davon zu überzeugen, dass Sie unbedingt sein Programm brauchen, haben Sie bereits eine Vertrauensentscheidung getroffen. Sie machen mindestens ein halbes Dutzend Klicks, um sein hinterhältiges Programm herunterzuladen, zu speichern und zu starten. Eine UAC-Bestätigungsaufforderung fügt sich völlig natürlich in diese Ereigniskette ein, warum sollten Sie also nicht einen weiteren Mausklick machen?

Wenn Sie dieses Szenario beunruhigt, besteht die offensichtliche Lösung darin, die UAC mit ihren schärfsten Einstellungen zu konfigurieren. Neben anderen Änderungen deaktiviert diese Einstellung die automatische Privilegienanhebung. (Einzelheiten dazu finden Sie im Abschnitt »Einstellungen der Benutzerkontensteuerung ändern« weiter hinten in diesem Kapitel.) Falls ein Programm versucht, mithilfe dieser Täuschung Systemänderungen an Ihnen vorbeizuschmuggeln, bekommen Sie eine unerwartete Bestätigungsaufforderung vom System. Aber sobald Sie die erhöhten Anmeldeinformationen eingeben, kann der Code alles tun, was er will.

Ein besserer Ansatz ist es, sich mit einem Standardkonto anzumelden, das eine echte Sicherheitshürde aufbaut. Ein Standardbenutzer, der nicht über das Administratorkennwort verfügt, kann nur Änderungen an seinem eigenen Benutzerprofil vornehmen. Das System bleibt vor unbeabsichtigter Manipulation geschützt.

→

Selbst wenn Sie als Standardbenutzer angemeldet sind, bietet das keinen vollständigen Schutz. Schadsoftware kann in Ihrem Benutzerprofil installiert werden, ohne dass irgendwelche Systemalarme ausgelöst werden. Die Malware kann Ihre Tastatureingaben aufzeichnen, Ihre Kennwörter ausspähen, Ihre Datendateien verschlüsseln und Lösegeld für die Freigabe fordern oder E-Mails unter Ihrer Identität versenden. Selbst wenn Sie die UAC auf die höchste Sicherheitsstufe setzen, kann es passieren, dass Sie auf Schadsoftware hereinfallen, die nur darauf wartet, dass Sie Ihre Privilegien anheben. In diesem Moment schlägt sie zu und schmuggelt ihre Manipulationen unter dem Deckmantel Ihrer eigenen Operationen ein.

Um es noch einmal deutlich zu betonen: Das Aktivieren der Benutzerkontensteuerung ist lediglich eine Maßnahme in einer mehrstufigen Sicherheitsstrategie. Sie funktioniert am besten, wenn sie durch gesundes Misstrauen, regelmäßige Schulung und topaktuelle Antischadsoftware-Programme ergänzt wird.

Umgang mit UAC-Eingabeaufforderungen

Wenn Sie versuchen, einen Prozess auszuführen, für den erhöhte Rechte erforderlich sind, prüft die Benutzerkontensteuerung die Anforderung und zeigt dann eine entsprechende Eingabeaufforderung an. Wenn Sie sich in der aktuellen Sitzung mit einem Administratorkonto angemeldet haben, ist die häufigste Eingabeaufforderung, die Sie sehen werden, die Zustimmungsaufforderung, die in Abbildung 12.8 dargestellt ist. Prüfen Sie, ob der Name des Programms und der Herausgeber stimmen, und klicken Sie auf *Ja*, wenn Sie sicher sind, dass Sie fortfahren wollen. (Beachten Sie, dass die Standardaktion *Nein* ist. Wenn Sie also unkonzentriert einfach auf ↵ drücken, bricht Windows die Anhebungsanforderung ab.)

Abbildung 12.8 Wenn Sie bei einem digital signierten Programm auf *Weitere Details anzeigen* klicken, wird ein Link zu dem zugehörigen Zertifikat angezeigt.

Wenn Sie sich hingegen mit einem Standardkonto bei der aktuellen Sitzung angemeldet haben, wird bei jedem Versuch, ein Programm auszuführen, für das eine Berechtigungserweiterung erforderlich ist, die Eingabeaufforderung für die Anmeldeinformationen angezeigt, die in Abbildung 12.9 dargestellt ist. Der Benutzer muss die Anmeldeinformationen eines Administrators angeben (d.h. Benutzername und Kennwort, Smartcard oder biometrische Authentifizierung, je nachdem, wie die Anmeldeoptionen auf dem Computer konfiguriert sind); nach Eingabe dieser Anmeldeinformationen wird die Anwendung mit dem Zugriffstoken des Administrators geöffnet.

In der Standardeinstellung öffnet sich das UAC-Dialogfeld auf dem sicheren Desktop, der in einer separaten Sitzung läuft. Auf diese Weise ist sichergestellt, dass ein vertrauenswürdiger Prozess mit Systemprivilegien läuft. (Würde die UAC-Eingabeaufforderung in derselben Sitzung wie andere Prozesse laufen, könnte sich ein böswilliges Programm als UAC-Dialogfeld tarnen, etwa mit einer Meldung, die Sie auffordert, das Programm fortzusetzen. Ein böswilliges Programm könnte auch Ihre Tastatureingaben abfangen und so Ihr Administratorkennwort ausspähen.) Während der sichere Desktop angezeigt wird, können Sie nicht zu einem anderen Programm wechseln und kein Fenster auf dem Desktop anklicken. (Auf dem sicheren Desktop von Windows 11 bekommen Sie ohnehin weder die Taskleiste noch irgendwelche anderen offenen Fenster zu sehen. Wenn die UAC zum sicheren Desktop wechselt, zeigt sie lediglich eine abgedunkelte Version des aktuellen Desktophintergrunds hinter dem UAC-Dialogfeld an.)

Hinweis

Wenn eine andere Anwendung als die Vordergrundanwendung eine Privilegienanhebung anfordert, unterbricht die UAC nicht Ihre Arbeit (also die Vordergrundanwendung) mit einer Eingabeaufforderung, sondern lässt die entsprechende Taskleistenschaltfläche blinken. Klicken Sie auf die Taskleistenschaltfläche, um die Eingabeaufforderung anzuzeigen.

Abbildung 12.9 Um eine administrative Aufgabe durchzuführen, wenn Sie mit einem Standardbenutzerkonto angemeldet sind, müssen Sie die vollständigen Anmeldeinformationen für ein Administratorkonto eingeben.

Nach einer Weile neigt man dazu, Dialogfelder wegzuklicken, ohne sie wirklich zu lesen oder auch nur kurz darüber nachzudenken. Es ist aber wichtig, sich bewusst zu machen, dass die Bedrohungen für Ihren Computer echt sind und dass Aktionen, die eine UAC-Eingabeaufforderung auslösen, möglicherweise gefährlich sind. Wenn Sie wissen, was Sie tun, und beispielsweise eine Schaltfläche anklicken, um den Registrierungs-Editor zu öffnen oder ein gerade von einer vertrauenswürdigen Site heruntergeladenes Desktopprogramm zu starten, können Sie das entsprechende Sicherheitsdialogfeld nach einem kurzen Blick bestätigen, sofern Sie sich überzeugt haben, dass es von der erwarteten Anwendung ausgelöst wurde. Aber wenn eine UAC-Eingabeaufforderung erscheint, ohne dass Sie es erwarten, sollten Sie innehalten, den Inhalt sorgfältig durchlesen und in Ruhe überlegen, bevor Sie Ihre Erlaubnis geben.

Einstellungen der Benutzerkontensteuerung ändern

Um die Optionen der Benutzerkontensteuerung zu überprüfen und Änderungen an der Funktionsweise vorzunehmen, geben Sie **uac** in das Suchfeld unter *Start* oder unter *Einstellungen* ein und klicken Sie auf *Einstellungen der Benutzerkontensteuerung ändern*. Es erscheint ein Fenster wie das in Abbildung 12.10.

Die Auswahlmöglichkeiten in diesem Fenster sind leicht unterschiedlich, je nachdem, ob Sie die aktuelle Sitzung mit einem Administratorkonto oder einem Standardbenutzerkonto gestartet haben. Für Standardbenutzerkonten ist die oberste Einstellung die Standardeinstellung, für Administratorkonten ist die zweite Einstellung von oben die Standardeinstellung. Tabelle 12.1 gibt einen Überblick über die verfügbaren Optionen.

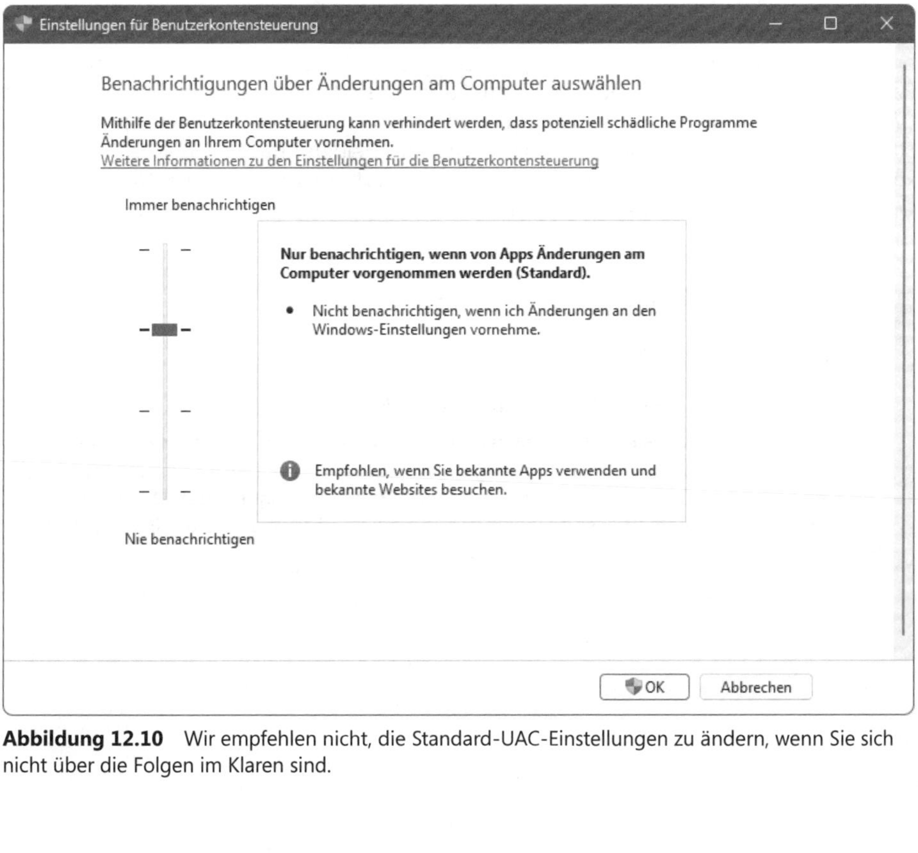

Abbildung 12.10 Wir empfehlen nicht, die Standard-UAC-Einstellungen zu ändern, wenn Sie sich nicht über die Folgen im Klaren sind.

Position des Schiebereglers	Bestätigungsaufforderung, wenn ein Programm versucht, Software zu installieren oder Änderungen am Computer vorzunehmen	Bestätigungsaufforderung, wenn Sie Änderungen an den Windows-Einstellungen vornehmen	Anzeige der Bestätigungsaufforderungen auf dem sicheren Desktop
Standardbenutzerkonto			
Oberste (Standard)	✓	✓	✓
Zweite	✓	✓	
Dritte	✓		
Unterste (aus)			
Administratorkonto			
Oberste	✓	✓	✓
Zweite (Standard)	✓		✓
Dritte	✓		
Unterste (aus)			

Tabelle 12.1 Einstellungen für die Benutzerkontensteuerung

Um Änderungen vorzunehmen, bewegen Sie den Schieberegler an die gewünschte Position. Achten Sie beim Verschieben des Schiebereglers auf die Hinweismeldung am unteren Rand des Feldes. Klicken Sie auf *OK*, wenn Sie fertig sind, und reagieren Sie dann auf die UAC-Eingabeaufforderung, die angezeigt wird. Beachten Sie, dass Sie, wenn Sie mit einem Standardbenutzerkonto angemeldet sind, keine der beiden unteren Optionen auswählen können, selbst wenn Sie das Kennwort für ein Administratorkonto kennen. Um eine dieser Optionen auszuwählen, müssen Sie sich als Administrator anmelden und dann die Änderung vornehmen.

TROUBLESHOOTING

Einstellungen für die Benutzerkontensteuerung bleiben nicht erhalten

Falls Sie feststellen, dass sich nichts ändert, obwohl Sie eine Änderung an den Einstellungen für die Benutzerkontensteuerung vorgenommen haben, sollten Sie sich überzeugen, dass Sie der Einzige sind, der momentan an Ihrem Computer angemeldet ist. Eine gleichzeitige Anmeldung, bei der der schnelle Benutzerwechsel verwendet wird, kann dieses Problem verursachen.

Expertentipp

Passen Sie das UAC-Verhalten mithilfe der lokalen Sicherheitsrichtlinie an

Auf PCs, die unter den Windows 10-Editionen Pro, Enterprise oder Education laufen, kann ein Administrator das Verhalten der UAC über die Konsole *Lokale Sicherheitsrichtlinie* verändern. Starten Sie diese Konsole (*Secpol.msc*) und öffnen Sie den Zweig *Sicherheitseinstellungen | Lokale Richtlinien | Sicherheitsoptionen*. Sehen Sie sich in der Detailansicht die Richtlinien an, deren Namen mit dem Wort »Benutzerkontensteuerung« beginnen. Klicken Sie eine dieser Richtlinien doppelt an und wechseln Sie zur Registerkarte *Erklärung*. Lesen Sie den Text durch, bevor Sie sich für eine Einstellung entscheiden. Mit diesen Richtlinien können Sie das Verhalten der UAC mit unterschiedlichen Methoden anpassen, darunter einigen, die im Fenster *Einstellungen für Benutzerkontensteuerung* nicht zur Verfügung stehen. (Administratoren in großen Unternehmensnetzwerken können diese Optionen auch über Gruppenrichtlinien-Verwaltungstools konfigurieren.) Einzelheiten zu diesen Richtlinien finden Sie im Artikel »User Account Control Group Policy and registry key settings« unter *https://bit.ly/10uac-gpo*.

Unabhängig von Ihren UAC-Einstellungen werden die Schildsymbole auf jeden Fall in der Systemsteuerung angezeigt, aber Sie sehen keine UAC-Eingabeaufforderungen, wenn Sie den UAC-Schutz auf eine niedrige Stufe gesetzt haben. Wenn Sie eine Schaltfläche oder einen Link anklicken, der mit einem Schildsymbol markiert ist, wird die entsprechende Aktion sofort gestartet. Administratoren arbeiten mit vollständigen Administratorprivilegien, Standardbenutzer haben natürlich weiterhin nur Standardprivilegien.

Achtung

Vergessen Sie nicht, dass hinter der Benutzerkontensteuerung mehr steckt als lästige Bestätigungsaufforderungen. Nur wenn die Benutzerkontensteuerung aktiviert ist, arbeitet ein Administrator mit einem Standardtoken. Nur wenn die Benutzerkontensteuerung aktiviert ist, laufen die Webbrowser auf einer niedrigen Integritätsebene, um webbasierte Angriffe ins Leere laufen zu lassen. Nur wenn die Benutzerkontensteuerung aktiviert ist, werden Sie gewarnt, falls eine böswillige Anwendung versucht, eine Operation mit systemweiten Auswirkungen auszuführen. Und natürlich geht beim Deaktivieren der Benutzerkontensteuerung auch die Datei- und Registrierungsvirtualisierung verloren, was Kompatibilitätsprobleme für Anwendungen auslösen kann, die normalerweise vom UAC-Feature korrigiert werden. Aus diesen Gründen raten wir dringend davon ab, in den Einstellungen für die Benutzerkontensteuerung die unterste Stufe zu wählen und damit die Benutzerkontensteuerung vollständig zu deaktivieren.

Schadsoftware blockieren

Der beste Weg, unerwünschte und böswillige Software zu bekämpfen, besteht darin, zu verhindern, dass sie überhaupt auf einem PC installiert wird, der Mitglied Ihres Netzwerks ist. Sie können für diese Aufgabe Software von Drittanbietern installieren oder Microsoft Defender Antivirus verwenden, das in jeder Edition von Windows 11 enthalten ist.

Microsoft Defender Antivirus wird als Systemdienst ausgeführt (genauer ausgedrückt als zwei Dienste: Windows Defender Antivirus Service und Windows Defender Antivirus-Netzwerkinspektionsdienst). Es verwendet eine Scan-Engine, um Dateien mit einer Datenbank zu vergleichen, die Virus- und Spywaredefinitionen enthält. Außerdem verwendet es heuristische Analysen des Verhaltens von Programmen, um verdächtige Aktivitäten einer Datei zu erkennen, die nicht in der Liste der bekannten Bedrohungen enthalten ist. Es scannt jede Datei, auf die Sie zugreifen, einschließlich Downloads aus dem Internet und E-Mail-Anhänge, die Sie erhalten. (Diese Funktion wird Echtzeitschutz genannt – nicht zu verwechseln mit den zeitgesteuerten Scans, die in regelmäßigen Abständen alle auf Ihrem Computer gespeicherten Dateien überprüfen, um Schadsoftware aufzuspüren.)

Microsoft Defender Antivirus verwenden

Im Allgemeinen müssen Sie Microsoft Defender Antivirus überhaupt nicht »verwenden«. Als Systemdienst arbeitet er unauffällig im Hintergrund. Das einzige Mal, dass Sie wissen, dass er da ist, ist, wenn er eine vermeintlich infizierte Datei findet; eine oder mehrere Benachrichtigungen werden angezeigt, um Sie zu warnen.

Trotzdem gibt es einige Einstellungen, die Sie optimieren können, außerdem können Sie manche Aufgaben von Hand ausführen. Öffnen Sie in der App Windows-Sicherheit die Seite *Viren- und Bedrohungsschutz*, um Details zur letzten, manuell oder automatisch durchgeführten, Überprüfung anzuzeigen. Wenn Microsoft Defender Antivirus eine Bedrohung erkannt hat, werden die Details angezeigt und Optionen für den Umgang mit der Bedrohung angeboten.

Klicken Sie unter der Überschrift *Einstellungen für den Viren- und Bedrohungsschutz* auf *Einstellungen verwalten*, um eine Seite zu öffnen, die eine Gruppe von Schaltern zur Anpassung des Verhaltens von Microsoft Defender Antivirus enthält.

Schieben Sie den Schalter für den *Echtzeitschutz* auf *Aus*, um den Schutz vorübergehend zu deaktivieren (eine Option, die Sie nur für kurze Zeiträume und nur dann verwenden sollten, wenn Sie absolut sicher sind, dass Sie nicht zulassen, dass sich Schadsoftware durch Aktionen auf Ihren PC einschleicht, die sonst blockiert würden). Die Optionen *Cloudbasierter Schutz* und *Automatische Übermittlung von Beispielen* arbeiten zusammen, um Bedrohungen zu blockieren, die noch nicht in Form einer Signatur identifiziert wurden. Die meisten Benutzer sollten diese Optionen eingeschaltet lassen.

Schließlich können Sie im Abschnitt *Ausschlüsse* Dateien, Ordner, Dateitypen (anhand Erweiterung) oder Prozesse angeben, die Microsoft Defender Antivirus ignorieren soll. Diese Option ist besonders nützlich für Entwickler, die mit Dateien arbeiten, die andernfalls Alarme auslösen würden.

Manuell nach Schadsoftware suchen

Die Kombination aus Echtzeitschutz und regelmäßigen, geplanten Überprüfungen reicht normalerweise aus, um Probleme mit Schadsoftware und Spyware zu erkennen und zu beheben. Wenn Sie jedoch den Verdacht haben, dass ein von Ihnen verwalteter PC durch Schadsoftware kompromittiert wurde, können Sie bei Bedarf manuell eine Überprüfung starten. Um sofort nach Problemen zu suchen, öffnen Sie die Registerkarte *Viren- und Bedrohungsschutz* in Windows-Sicherheit und klicken Sie auf *Schnellüberprüfung*. Mit dieser Option wird ein Scan gestartet, der nur die Stellen auf Ihrem Computer überprüft, die am ehesten von Schadsoftware und Spyware infiziert werden können.

Wenn Sie eine intensivere (oder gezieltere) Überprüfung wünschen, klicken Sie auf *Scanoptionen*, was zu einer Seite mit drei zusätzlichen Optionen führt. Wählen Sie *Vollständige Überprüfung*, wenn Sie eine Infektion vermuten (oder einfach nur die Gewissheit haben möchten, dass Ihr System sauber ist) und alle laufenden Programme und den gesamten Inhalt aller lokalen Volumes überprüfen möchten. Klicken Sie auf *Benutzerdefinierte Überprüfung*, wenn Sie den Scan auf eine beliebige Kombination von Laufwerken, Ordnern und Dateien beschränken möchten. Die Option *Microsoft Defender Antivirus (Offlineüberprüfung)* ist nützlich, um hartnäckige Infektionen zu entfernen, die den normalen Betrieb von Microsoft Defender Antivirus erfolgreich blockieren können. Diese Option erfordert einen Neustart und kann sehr viel Zeit in Anspruch nehmen.

> Expertentipp
>
> ***Ausführen einer Überprüfung aus einem Skript oder einer geplanten Aufgabe***
>
> **Windows Defender Antivirus umfasst ein Befehlszeilenprogramm, mit dem Sie Überprüfungen aus einem Skript oder einer geplanten Aufgabe heraus automatisieren können. Sie finden *MpCmdRun.exe* im Ordner *%ProgramFiles%\Windows Defender*. Einzelheiten über den Aufruf dieses Dienstprogramms erhalten Sie, wenn Sie eine Eingabeaufforderung mit erhöhten Rechten öffnen und das Programm ohne Parameter aufrufen.**

Behandeln von erkannten Bedrohungen

Falls Microsoft Defender Antivirus im Rahmen seines Echtzeitschutzes auf Schadsoftware oder Spyware stößt, zeigt er im Benachrichtigungscenter ein Banner sowie eine Meldung an und beseitigt das Problem in den meisten Fällen, ohne dass Sie einen Finger rühren müssen.

Um mehr über die Ergebnisse zu erfahren, öffnen Sie *Windows-Sicherheit* und klicken Sie auf der Registerkarte *Viren- und Bedrohungsschutz* auf *Schutzverlauf*. Windows-Sicherheit zeigt den Namen, den Schweregrad und das Erkennungsdatum jedes blockierten oder unter Quarantäne gestellten Elements an. Klicken Sie auf einen Eintrag, um zusätzliche Informationen über erkannte Bedrohungen und eine Liste von Maßnahmen zu erhalten, die Sie ergreifen können.

Ransomware durch überwachten Ordnerzugriff blockieren

In den letzten Jahren hat sich Ransomware zu einer der akutesten Bedrohungen entwickelt. Normalerweise verschlüsselt solche Schadsoftware im Hintergrund all Ihre Dokumente und andere Dateien. Sobald das Programm damit fertig ist, zeigt es eine digitale Lösegeldforderung an: »Wenn Sie Ihre Dateien jemals wiedersehen wollen, müssen Sie uns Geld schicken.« Der Entführer stellt in Aussicht, er würde Ihnen Entschlüsselungsschlüssel und eine Anleitung zum Wiederherstellen Ihrer Dateien schicken, sobald Sie (in der Regel über eine nicht zurückverfolgbare digitale Währung) gezahlt haben.

Das Feature *Überwachter Ordnerzugriff* wurde entwickelt, um Ransomware-Angriffe zu verhindern, indem bösartige und verdächtige Anwendungen daran gehindert werden, Änderungen an Dateien vorzunehmen, die in bestimmten Ordnern gespeichert sind – in der Regel alle Ihre Dokumentordner. Um dieses Feature zu aktivieren, öffnen Sie die Seite *Viren- und Bedrohungsschutz* in *Windows-Sicherheit* und klicken oder tippen Sie dann auf *Ransomware-Schutz verwalten*. Aktivieren Sie die Option *Überwachter Ordnerzugriff*, um dieses Feature und seine zwei konfigurierbaren Einstellungen zu aktivieren. Über den Link *Ge-*

schützte Ordner können Sie die Liste der von dieser Funktion überwachten Ordner anzeigen und ändern. Ein zweiter Link, *App durch überwachten Ordnerzugriff zulassen*, führt zu einer Seite, auf der Sie eine App zulassen können, von der Sie wissen, dass sie sicher ist. Dies ist nur dann erforderlich, wenn der überwachte Ordnerzugriff eine Anwendung blockiert, der Sie vertrauen; die meisten legitimen Anwendungen befinden sich auf einer Liste bekannter guter Anwendungen und benötigen keine Ausnahmegenehmigung, um ihre Arbeit erledigen zu können.

Auf dieser Seite finden Sie auch Details zu den Optionen für die Wiederherstellung von Dateien für OneDrive- und OneDrive for Business-Konten.

Windows vor Exploits schützen

Eine Gruppe von Einstellungen in Windows-Sicherheit verdient hier besondere Erwähnung, vor allem, damit wir Sie ermutigen können, sie in Ruhe zu lassen.

Wenn Sie auf der Seite *App- und Browsersteuerung* auf *Einstellungen für Exploit-Schutz* klicken (unter der Überschrift *Exploit-Schutz*), finden Sie eine Gruppe mit erweiterten Einstellungen. Hier können Sie Funktionen anpassen, die steuern, wie Programmcode im Speicher ausgeführt werden darf. Bei der *Datenausführungsverhinderung* (Data Execution Protection, DEP) handelt es sich beispielsweise um eine Hardwarefunktion, die Speicherblöcke so kennzeichnet, dass sie zwar Daten speichern, aber keine Programmanweisungen ausführen können. Address Space Layout Randomization (ASLR) randomisiert den Speicherort von Programmcode und anderen Daten im Speicher und erschwert so Angriffe, die direkt in den Systemspeicher schreiben, weil die Schadsoftware den benötigten Speicherplatz nicht finden kann.

Diese Einstellungen waren bisher nur als Teil eines separaten Downloads mit dem Namen *Enhanced Mitigation Experience Toolkit* verfügbar, das für Administratoren in Unternehmensumgebungen gedacht war. Obwohl es möglich ist, jede dieser Einstellungen systemweit oder pro Anwendung zu ändern, empfehlen wir Ihnen, nicht mit diesen Einstellungen zu experimentieren, wenn Sie nicht genau wissen, welche Auswirkungen sie haben werden. Eine vollständige Dokumentation finden Sie unter *https://bit.ly/win10-exploit-protection*. (Verwenden Sie den Navigationsbereich auf der linken Seite, um detailliertere Seiten zu diesem Thema anzuzeigen.)

Unbekannte oder böswillige Programme mit Microsoft Defender SmartScreen stoppen

Microsoft Defender SmartScreen ist seit mehr als einem Jahrzehnt Bestandteil von Windows und blockiert Sie immer dann, wenn Sie versuchen, ein Programm auszuführen, das Ihnen unbekannt ist oder das nach den Erfahrungen anderer Benutzer einen fragwürdigen Ruf hat. Dazu wird ein Hash eines heruntergeladenen Programms mit der Microsoft-Datenbank zur Anwendungsreputation verglichen. (Es werden auch Webinhalte überprüft, die von Microsoft Store-Anwendungen verwendet werden.)

Diese Reputationsprüfung erfolgt, wenn Sie ein Programm mit Microsoft Edge herunterladen. SmartScreen wird auch aktiviert, wenn Sie versuchen, ein Programm auszuführen, das Sie aus dem Internet heruntergeladen haben – unabhängig davon, welchen Browser Sie verwenden.

Programme mit einem guten Ruf werden ohne Aufhebens ausgeführt. Programme, die als schlecht bekannt sind oder die noch keinen guten Ruf haben, werden blockiert. In Microsoft Edge kann der Hinweis, dass ein potenziell gefährliches Programm blockiert wurde, in den Download-Details unten auf dem Bildschirm erscheinen. Wenn Sie eine Datei mit einem anderen Browser herunterladen und dann versuchen, sie auszuführen, wird möglicherweise eine Meldung angezeigt, die besagt: »Windows hat Ihren PC geschützt.«

Ironischerweise können Sie diese Art von Blockierung sogar beim Ausführen von Code sehen, der von Microsoft geschrieben und vertrieben wurde, wenn der Code noch zu neu ist, um sich einen positiven Ruf erworben zu haben. Wenn Sie sich sicher sind, dass ein Programm ungefährlich ist, können Sie die Sperre aufheben, indem Sie auf die Schaltfläche *Trotzdem ausführen* klicken. Bei den Standardeinstellungen benötigen Sie dann die Zustimmung einer Person mit einem Administratorkonto, bevor das Programm ausgeführt wird. Sagen Sie nicht, Sie wurden nicht gewarnt.

Um die Microsoft Defender SmartScreen-Einstellungen zu konfigurieren, einschließlich der Einstellungen für Microsoft Edge und für App-Inhalte in Microsoft Store-Apps, öffnen Sie *Windows-Sicherheit*, klicken Sie auf *App- und Browsersteuerung* und dann auf *Einstellungen für zuverlässigkeitsbasierten Schutz*.

Eine ähnliche Funktion namens Smart App Control ist neu in Windows 11 Version 22H2. Sie verwendet eine ähnliche cloudbasierte Vertrauenswürdigkeitsprüfung, um vorherzusagen, ob eine App sicher ausgeführt werden kann. Diese Funktion kann nur bei einer Neuinstallation von Windows 11 aktiviert werden. Weitere Einzelheiten finden Sie unter *https://bit.ly/smart-app-control*.

Informationen verschlüsseln

Die zunehmende Mobilität von PCs erhöht auch das Risiko eines Diebstahls. Einen Computer zu verlieren ist schon schlimm genug, aber alle auf dem Computer gespeicherten Daten aus der Hand zu geben, ist potenziell ein viel größerer Verlust. Windows 11 enthält eine Reihe von Datenschutzfunktionen, die sicherstellen, dass ein Dieb nicht auf Ihre Daten zugreifen kann:

- **Geräteverschlüsselung** Auf Geräten, die InstantGo unterstützen, werden die Daten auf dem Betriebssystemvolume standardmäßig verschlüsselt. (Dieses Feature hieß früher Connected Standby. InstantGo ist eine Microsoft-Hardwarespezifikation, die erweiterte Energieverwaltungsfunktionen ermöglicht. Neben anderen Anforderungen müssen InstantGo-Geräte von einem Solid-State-Laufwerk booten.) Bei der Verschlüsselung wird zunächst ein leerer Schlüssel verwendet, aber sobald sich ein lokaler Administrator zum ersten Mal mit einem Microsoft-Konto anmeldet, wird das Volume automatisch verschlüsselt. Ein Wiederherstellungsschlüssel ist verfügbar, wenn Sie sich mit diesem Microsoft-Konto unter *https://onedrive.com/recoverykey* anmelden; Sie benötigen den Schlüssel, wenn Sie das Betriebssystem neu installieren oder das Laufwerk in einen neuen PC einbauen wollen.
- **BitLocker-Laufwerkverschlüsselung** Dieses Feature schützt Daten, indem sie den gesamten Inhalt jedes Festplattenvolumens verschlüsselt, nicht nur das Systemlaufwerk, und ermöglicht in Unternehmensnetzwerken eine zentrale Verwaltung. Durch die Verknüpfung dieser Verschlüsselung mit einem Schlüssel, der in einem Trusted Platform Module (TPM) gespeichert ist, verringert BitLocker das Risiko eines Datenverlusts, wenn ein Computer gestohlen oder eine Festplatte entwendet und in einen an-

deren Computer eingesetzt wird. Der Standardansatz eines Diebes in diesen Situationen ist, ein anderes Betriebssystem zu starten und dann zu versuchen, die Daten zu kopieren. Mit BitLocker ist diese Art von Offlineangriff zum Scheitern verurteilt.

- **BitLocker To Go** Diese Funktion erweitert die BitLocker-Verschlüsselung auf Wechselmedien wie USB-Flashlaufwerke.
- **Verschlüsselndes Dateisystem (Encrypting File System, EFS)** Diese Technologie, die BitLocker vorausging, verschlüsselt den Inhalt von Dateien und Ordnern und nicht ganze Datenträger. Die Dateien sind nur lesbar, wenn Sie sich am Computer oder im Netzwerk mit einem Benutzerkonto anmelden, das Zugriff auf das Zertifikat hat, mit dem sie verschlüsselt wurden. Wenn Sie dieses Zertifikat verlieren, können die Daten nicht wiederhergestellt werden.

> Hinweis
>
> **Die Features BitLocker-Laufwerkverschlüsselung und verschlüsselndes Dateisystem stehen in Windows Home Edition nicht zur Verfügung. Die Verwendung von BitLocker To Go zum Verschlüsseln eines Wechsellaufwerks erfordert Windows Pro, Enterprise oder Education. Das verschlüsselte Laufwerk kann entsperrt und zum Lesen und Schreiben von Dateien auf einem Gerät mit einer beliebigen Edition von Windows 7 oder höher verwendet werden.**

Verschlüsseln mit BitLocker und BitLocker To Go

BitLocker-Laufwerkverschlüsselung kann ganze NTFS-Volumes verschlüsseln, was einen hervorragenden Schutz gegen Datendiebstahl bietet. BitLocker kann ein Laufwerk gegen Angriffe schützen, bei denen das Betriebssystem umgangen oder das Laufwerk entfernt und in einen anderen Computer eingesetzt wird. Da Windows 11 ein Trusted Platform Module (TPM) erfordert, kann BitLocker das TPM zum Speichern des Verschlüsselungsschlüssels verwenden und sicherstellen, dass ein Computer nicht manipuliert wurde, während er offline war.

Um die BitLocker-Laufwerkverschlüsselung auf das Systemlaufwerk anzuwenden, klicken Sie im Datei-Explorer mit der rechten Maustaste auf das Laufwerk und dann auf *BitLocker aktivieren*. (Wenn Sie stattdessen die Menüoption *BitLocker verwalten* sehen, ist das Laufwerk bereits verschlüsselt.) Bevor Sie fortfahren, fordert die Software Sie auf, Ihren Wiederherstellungsschlüssel zu sichern, wie in Abbildung 12.11 dargestellt. (Beachten Sie, dass der PC in diesem Beispiel mit einem Azure AD-Konto verbunden ist; wenn Sie sich mit einem Microsoft-Konto angemeldet haben, bietet die erste Option an, den Verschlüsselungsschlüssel in diesem Konto zu speichern.)

Ihr Wiederherstellungsschlüssel ist ein vom System generiertes, 48-stelliges, numerisches Sicherungskennwort. Sie benötigen diesen Wiederherstellungsschlüssel, wenn Sie die Möglichkeit verlieren, sich bei Ihrem PC anzumelden und Sie Windows neu installieren oder von einem anderen PC aus auf die verschlüsselten Daten des Laufwerks zugreifen müssen. BitLocker bietet an, diesen Schlüssel in einer Klartextdatei oder in der Cloud zu speichern; Sie sollten das Angebot annehmen und die Datei an einem sicheren Ort speichern. Es wird empfohlen, den Wiederherstellungsschlüssel auszudrucken, ihn mit einem beschreibenden Namen zu versehen und ihn an einem sicheren Ort (zum Beispiel in einem verschlossenen Aktenschrank oder einem Safe) zusammen mit den Wiederherstellungsschlüsseln für sichere Websites zu speichern, die mit einer mehrstufigen Authentifizierung geschützt sind.

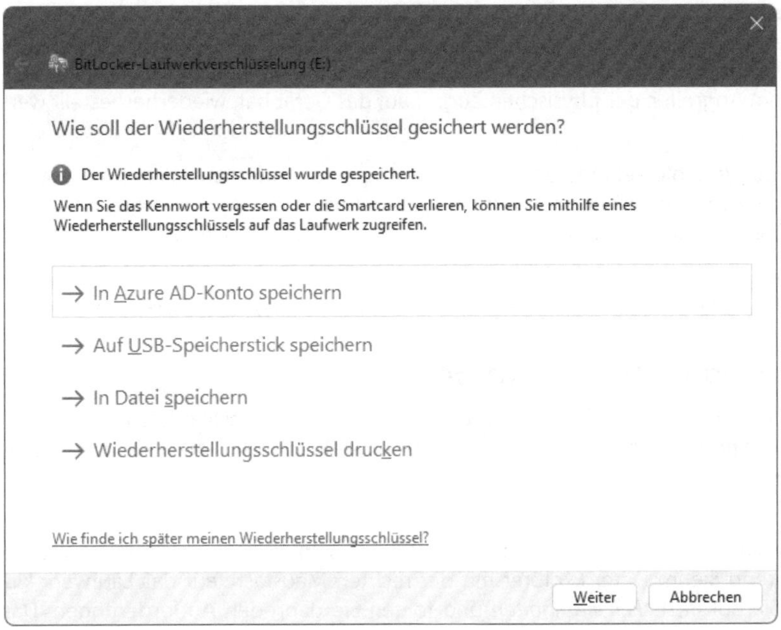

Abbildung 12.11 Die Option, den Wiederherstellungsschlüssel in einem Azure AD- oder Microsoft-Konto zu speichern, macht es viel einfacher, diesen Schlüssel zu finden, wenn Sie ihn brauchen.

Expertentipp

Speichern Sie Ihre Wiederherstellungsschlüssel auf OneDrive oder in Azure AD

Wenn Sie sich mit einem Microsoft-Konto angemeldet haben, legt die Option *In Microsoft-Konto speichern* den Wiederherstellungsschlüssel in OneDrive ab. Somit ist es möglich, ein eventuelles Problem mit der Verschlüsselung schnell zu beseitigen, sofern Sie ein anderes Gerät mit Internetanschluss haben (es reicht sogar ein Smartphone), mit dem Sie den Schlüssel abrufen können. Sie finden die Wiederherstellungsschlüssel für alle Geräte, die mit Ihrem Microsoft-Konto verknüpft sind, unter *https://onedrive.com/recoverykey*.

Haben Sie sich dagegen mit einem Azure AD-Konto angemeldet, speichert die Option *In Azure AD-Konto speichern* den Wiederherstellungsschlüssel im Azure AD-Portal Ihrer Organisation. Um die BitLocker-Wiederherstellungsschlüssel für ein Gerät zu finden, gehen Sie zu *https://myprofile.microsoft.com*, melden Sie sich mit Ihrem Azure AD-Konto an und klicken Sie im Navigationsbereich auf der linken Seite auf *Geräte*. Klicken Sie auf einen Gerätenamen, um den Eintrag zu erweitern. Wenn diesem Gerät BitLocker-Wiederherstellungsschlüssel zugeordnet sind, können Sie sie von hier aus abrufen.

Da Azure AD-Konten mit einer verwalteten Domäne verknüpft sind, kann sich ein globaler Administrator unter *https://portal.azure.com* anmelden und den Wiederherstellungsschlüssel für ein einzelnes Benutzerkonto auf der Registerkarte *Geräte* abrufen.

Nachdem alle Vorbereitungen abgeschlossen sind, beginnt BitLocker damit, Ihr Laufwerk zu verschlüsseln. Das dauert einige Minuten, sogar wenn das Laufwerk gerade erst frisch formatiert wurde. Wenn Sie es eilig haben, gibt es auch die Möglichkeit, lediglich den tatsächlich verwendeten Speicherplatz auf dem Laufwerk zu verschlüsseln. Diese Option kann Ihnen eine Menge Zeit sparen, wenn Ihr Laufwerk erst wenige Dateien enthält. Hierbei besteht das Sicherheitsrisiko natürlich darin, dass alte Daten auf dem gelöschten Teil des Laufwerks von einem Angreifer, der physischen Zugriff auf das Gerät hat, wiederhergestellt werden können.

Um die BitLocker-Verschlüsselung von einem Datenträger zu entfernen, verwenden Sie die Option *BitLocker verwalten*, wählen das verschlüsselte Laufwerk aus und klicken auf *BitLocker deaktivieren*. Die Software entschlüsselt den Datenträger; lassen Sie sich für diesen Vorgang etwas Zeit.

▶ **Weitere Informationen zu BitLocker finden Sie unter *https://bit.ly/BitLocker-win10*.**

Verwenden von BitLocker To Go

Mit BitLocker To Go können Sie den gesamten Inhalt eines USB-Flashlaufwerks, einer SD-Karte oder eines anderen Wechseldatenträgers verschlüsseln und ein starkes Kennwort zum Entsperren des Inhalts zuweisen. Wenn das Laufwerk verloren geht oder gestohlen wird, kann der Dieb ohne das Kennwort nicht auf die Daten zugreifen.

Um ein Wechsellaufwerk mit BitLocker To Go zu verschlüsseln, halten Sie die Umschalttaste gedrückt, während Sie im Datei-Explorer mit der rechten Maustaste auf das Laufwerk klicken, klicken Sie auf *BitLocker einschalten* und folgen Sie dann den Aufforderungen. Das Verfahren ähnelt dem, das Sie beim Verschlüsseln des Systemlaufwerks auf einem Windows 11-PC anwenden, mit einer bemerkenswerten Ausnahme: Anstatt den Inhalt des Laufwerks zu entsperren, indem Sie sich mit Ihren Windows-Anmeldedaten anmelden, weisen Sie ein Kennwort zu, das als Entschlüsselungsschlüssel verwendet wird. (Es gibt auch die Möglichkeit, eine Smartcard zu verwenden, aber diese Technologie wird hauptsächlich in Unternehmen eingesetzt.)

Nachdem die Verschlüsselung abgeschlossen ist, sollten Sie den Wiederherstellungsschlüssel an einem sicheren Ort aufbewahren und das Laufwerk wie gewohnt verwenden.

Um einen mit BitLocker verschlüsselten Wechseldatenträger zu lesen, müssen Sie ihn durch Eingabe Ihres Kennworts entsperren. Das Laufwerksymbol im Datei-Explorer ist mit einem Vorhängeschloss versehen, um anzuzeigen, dass es verschlüsselt ist. Doppelklicken Sie auf dieses Symbol, um das in Abbildung 12.12 dargestellte Dialogfeld anzuzeigen. Geben Sie Ihr Kennwort ein und klicken Sie auf *Entsperren*, um das Laufwerk zu entschlüsseln und wie gewohnt damit zu arbeiten.

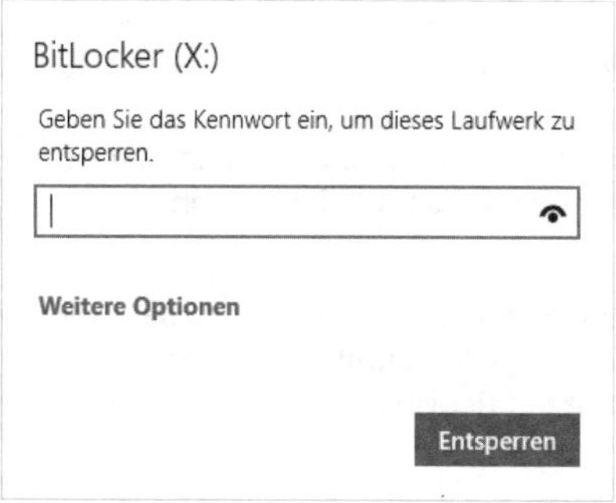

Abbildung 12.12 Wenn Sie ein verschlüsseltes Wechsellaufwerk an einen Windows-PC anschließen, müssen Sie ein Kennwort eingeben, um es zu entsperren.

Auf einem vertrauenswürdigen PC können Sie vermeiden, dass Sie jedes Mal Ihr Kennwort eingeben müssen, wenn Sie das Wechsellaufwerk verwenden möchten, indem Sie auf *Weitere Optionen* klicken und dann das Kontrollkästchen *Auf diesem PC automatisch entsperren* einschalten, bevor Sie auf die Schaltfläche *Entsperren* klicken. Wenn diese Option aktiviert ist, müssen Sie Ihr Kennwort auf diesem PC nicht mehr eingeben. Wenn Sie Ihre Meinung ändern und diese Funktion deaktivieren möchten, klicken Sie mit der rechten Maustaste auf das Symbol des Wechsellaufwerks im Datei-Explorer, klicken Sie dann auf *Weitere Optionen anzeigen* und wählen Sie anschließend *BitLocker verwalten* und klicken Sie dann auf *Automatische Entsperrung deaktivieren*.

Wenn Sie ein verschlüsseltes Laufwerk anschließen und feststellen, dass Sie das Kennwort verloren oder vergessen haben, klicken Sie auf *Weitere Optionen* und dann auf *Wiederherstellungsschlüssel eingeben*. Suchen Sie Ihre Sicherungskopie des Wiederherstellungsschlüssels und geben Sie den 48-stelligen Schlüssel hier ein. Wenn Sie mehrere Wiederherstellungsschlüssel-Textdateien haben, gibt BitLocker To Go eine achtstellige Schlüssel-ID an, die Ihnen helfen kann, den richtigen Schlüssel zu finden.

Wenn Sie sich bei Windows mit einem Microsoft-Konto angemeldet haben, ist Ihr Wiederherstellungsschlüssel möglicherweise online verfügbar. Suchen Sie nach dem Eintrag auf OneDrive (*https://onedrive.com/recoverykey*); wenn Sie den Wiederherstellungsschlüssel als Textdatei oder Ausdruck gespeichert haben, suchen Sie nach dieser Schlüssel-ID und geben Sie dann den Wiederherstellungsschlüssel im BitLocker-Dialogfeld ein. Sie erhalten einen temporären Zugriff auf die Dateien, der so lange gültig ist, bis Sie den Datenträger entfernen oder den Computer neu starten. Klicken Sie im Datei-Explorer mit der rechten Maustaste auf das Laufwerk und klicken Sie auf *BitLocker verwalten*, bevor Sie fortfahren. Wählen Sie das verschlüsselte Wechsellaufwerk aus und klicken Sie dann auf *Kennwort ändern*.

Das verschlüsselnde Dateisystem verwenden

Wie zu Beginn dieses Abschnitts erwähnt, handelt es sich bei EFS um eine Legacy-Technologie, die eine sichere Möglichkeit bietet, vertrauliche Daten in Dateien, Ordnern oder ganzen Laufwerken auf PCs mit Windows 11 Pro, Enterprise oder Education zu speichern. Windows erstellt einen zufällig generierten Dateiverschlüsselungsschlüssel (File Encryption Key, FEK) und verwendet dann den FEK, um die Daten transparent zu verschlüsseln, während die Daten auf die Festplatte geschrieben werden. Windows verschlüsselt den FEK dann mit Ihrem öffentlichen Schlüssel. (Windows erstellt ein persönliches Verschlüsselungszertifikat mit einem Schlüsselpaar aus einem öffentlichen und einem privaten Schlüssel, sobald Sie EFS zum ersten Mal nutzen.) Der FEK und somit die Daten, die er verschlüsselt, können nur mit Ihrem Zertifikat und dem zugehörigen privaten Schlüssel entschlüsselt werden. Und dieses Zertifikat steht nur zur Verfügung, wenn Sie sich mit Ihrem Benutzerkonto anmelden. (Zusätzlich können auch explizit festgelegte Datenwiederherstellungs-Agenten Ihre Daten entschlüsseln.) Andere Benutzer erhalten beim Versuch, auf Ihre verschlüsselten Dateien zuzugreifen, die Meldung »Zugriff verweigert«. Sogar Administratoren und andere Benutzer, die über die Berechtigung verfügen, den Besitz über Ihre Dateien zu übernehmen, können Ihre verschlüsselten Dateien nicht öffnen.

Sie können einzelne Dateien, ganze Ordner oder gesamte Laufwerke verschlüsseln. (Das Startvolume, auf dem sich die Windows-Betriebssystemdateien befinden, können Sie allerdings nicht mit EFS verschlüsseln. Hierfür müssen Sie BitLocker verwenden.) Wir empfehlen Ihnen, dass Sie Ordner oder Laufwerke verschlüsseln anstatt einzelne Dateien. Wenn Sie einen Ordner oder ein Laufwerk verschlüsseln, werden alle darin bereits enthaltenen Dateien verschlüsselt. Neue Dateien, die Sie in diesem Ordner oder Laufwerk erstellen oder dorthin kopieren, werden automatisch verschlüsselt.

Um einen Ordner zu verschlüsseln, gehen Sie folgendermaßen vor:

1. Klicken Sie im Datei-Explorer mit der rechten Maustaste auf den Ordner, wählen Sie *Eigenschaften*, klicken Sie auf die Registerkarte *Allgemein* und dann auf *Erweitert*. Das Dialogfeld in Abbildung 12.13 wird angezeigt. (Wenn das Dialogfeld *Eigenschaften* keine Schaltfläche *Erweitert* enthält, befindet sich der Ordner nicht auf einem NTFS-formatierten Volume und Sie können EFS nicht verwenden.)

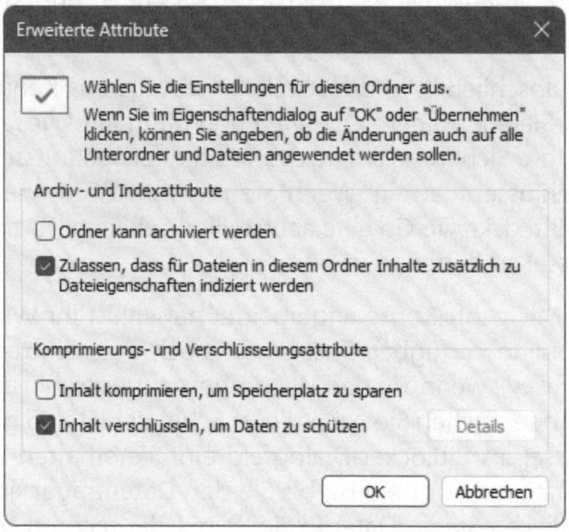

Abbildung 12.13 Klicken Sie auf das Kontrollkästchen *Inhalt verschlüsseln, um Daten zu schützen*, um einen Ordner mit EFS zu verschlüsseln.

2. Schalten Sie das Kontrollkästchen *Inhalt verschlüsseln, um Daten zu schützen* ein. (Beachten Sie, dass Sie komprimierte Dateien nicht verschlüsseln können. Wenn die Dateien bereits komprimiert sind, löscht Windows das Attribut »komprimiert«.)

3. Klicken Sie zweimal auf *OK*. Wenn der Ordner Dateien oder Unterordner enthält, zeigt Windows die in Abbildung 12.14 dargestellte Bestätigungsmeldung an.

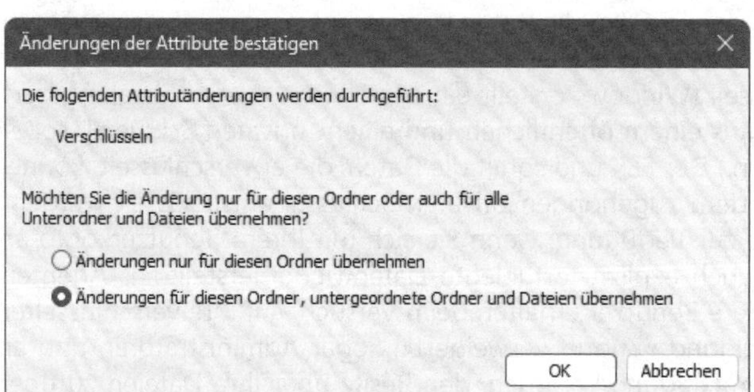

Abbildung 12.14 Wählen Sie hier die unterste Option, damit Dateien und Unterordner, die sich bereits im Ordner befinden, ordnungsgemäß verschlüsselt werden.

4. Klicken Sie auf *OK*, um die Verschlüsselung des Ordners und seiner Dateien abzuschließen. Eine Windows-Benachrichtigung fordert Sie auf, Ihr FEK zu sichern. Klicken Sie auf die Benachrichtigung, um einen Assistenten zu starten, der Sie dabei unterstützt, eine Kopie des Zertifikats zu erstellen und an einem sicheren Ort zu speichern (in der Cloud oder auf einem Wechseldatenträger).

Hinweis

Wenn Sie die Option *Änderungen nur für diesen Ordner übernehmen* wählen, verschlüsselt Windows keine der Dateien, die sich derzeit in diesem Ordner befinden. Alle neuen Dateien, die Sie in dem Ordner erstellen, einschließlich der Dateien, die Sie in den Ordner kopieren oder verschieben, werden jedoch verschlüsselt. Wir raten von dieser Option ab, da sie unnötig verwirrend ist.

Sobald eine Datei oder ein Ordner verschlüsselt wurde, zeigt der Datei-Explorer den Namen in grüner Schrift an. Dieser unscheinbare Hinweis ist üblicherweise die einzige Änderung, die Sie bemerken. Windows entschlüsselt Ihre Dateien im Hintergrund, sobald Sie darauf zugreifen, und verschlüsselt sie beim Speichern erneut.

Achtung

Bevor Sie etwas Wichtiges verschlüsseln, sollten Sie Ihr Dateiwiederherstellungszertifikat und Ihr persönliches Verschlüsselungszertifikat (mit den zugehörigen privaten Schlüsseln) sowie das Zertifikat des Datenwiederherstellungs-Agenten auf ein USB-Flashlaufwerk oder in Ihrem OneDrive speichern. Lagern Sie das Flashlaufwerk an einem sicheren Ort. Sie führen diese Datensicherung durch, indem Sie in der Systemsteuerung die Seite *Benutzerkonten* öffnen und auf *Dateiverschlüsselungszertifikate verwalten* klicken.

Falls die Zertifikate verloren gehen, die auf Ihrem Festplattenlaufwerk gespeichert sind (etwa wegen eines Datenträgerfehlers), können Sie die Sicherungskopie wiederherstellen und den Zugriff auf Ihre Dateien zurückerlangen. Wenn Sie alle Exemplare Ihres Zertifikats verlieren (und keine Zertifikate für Datenwiederherstellungs-Agenten vorhanden sind), wird es Ihnen nicht gelingen, Ihre verschlüsselten Dateien zu benutzen. Soweit wir wissen, gibt es keinen gangbaren Weg, ohne das Zertifikat auf diese verschlüsselten Dateien zuzugreifen. (Wäre das möglich, wäre es keine sonderlich gute Verschlüsselung.)

Um eine oder mehrere Dateien zu verschlüsseln, gehen Sie im Prinzip genauso vor wie bei Ordnern. Sie erhalten eine andere Bestätigungsnachricht, in der Sie daran erinnert werden, dass der Ordner, in dem die Datei liegt, nicht verschlüsselt ist; außerdem erhalten Sie in dieser Nachricht das Angebot, den Ordner ebenfalls zu verschlüsseln. Im Allgemeinen ist es nicht sinnvoll, einzelne Dateien zu verschlüsseln, weil es dann zu einfach ist, die Daten, die Sie schützen wollen, ohne Ihr Wissen zu entschlüsseln. Zum Beispiel erstellen einige Anwendungen eine Kopie des ursprünglichen Dokuments, sobald Sie ein Dokument zum Bearbeiten öffnen. Wenn Sie das Dokument speichern, nachdem Sie fertig sind, speichert die Anwendung die Kopie – die unverschlüsselt ist – und löscht das ursprüngliche verschlüsselte Dokument. Statische Dateien, die Sie nur zu Referenzzwecken, aber niemals zur Bearbeitung verwenden, können sicher verschlüsselt werden, ohne den übergeordneten Ordner zu verschlüsseln. Selbst in dieser Situation ist es jedoch wahrscheinlich einfacher, den gesamten Ordner zu verschlüsseln.

Eindringlinge mit der Windows Defender Firewall blockieren

Normalerweise besteht die erste Verteidigungslinie zur Sicherung Ihres Computers darin, ihn vor Angriffen von Außenstehenden zu schützen. Sobald Ihr Computer mit dem Internet verbunden ist, wird er zu einem weiteren Knoten in einem riesigen globalen Netzwerk. Eine Firewall bildet eine Barriere zwischen Ihrem Computer und dem Netzwerk, mit dem er verbunden ist, indem sie den Zugang zu unerwünschtem Datenverkehr verhindert und gleichzeitig autorisierten Verbindungen einen transparenten Durchgang ermöglicht.

Der Einsatz einer Firewall ist simpel und unverzichtbar, oft wird sie gar nicht wahrgenommen. Stellen Sie unbedingt sicher, dass alle Netzwerkverbindungen durch eine Firewall geschützt werden. Zu Ihrer Beruhigung könnte beitragen, dass Ihr tragbarer Computer durch eine Unternehmensfirewall geschützt wird, wenn Sie bei der Arbeit sind, und zu Hause durch eine Router-Firewall. Aber was ist mit öffentlichen Hotspots, die Sie nutzen, wenn Sie unterwegs sind?

Es ist sogar dann sinnvoll, eine softwarebasierte Firewall auf Ihrem Computer auszuführen, wenn Sie hinter einem heimischen Router oder der Unternehmensfirewall arbeiten. Andere in Ihrem Netzwerk sind vielleicht nicht so sorgfältig wie Sie, wenn es um den Schutz vor Viren geht. Wenn daher jemand einen tragbaren Computer, der mit einem Wurm infiziert ist, zu Ihnen mitbringt und ihn an das Netzwerk anschließt, sind Sie erledigt – sofern Ihre Netzwerkverbindung nicht mit einer eigenen Firewall geschützt ist.

Windows enthält eine bidirektionale Firewall, die statusbehaftete Inspektion und Paketfilterung bietet. Ihr Name ist Windows Defender Firewall. Die Windows Defender Firewall ist in der Standardeinstellung für alle Verbindungen aktiviert und beginnt schon beim Systemstart damit, Ihren Computer zu schützen. Die Firewall führt standardmäßig die folgenden Aktionen aus:

- Sie blockiert jeglichen eingehenden Verkehr, mit Ausnahme von Verkehr, der als Antwort auf eine Anforderung eintrifft, die Ihr Computer gesendet hat. Ebenfalls durchgelassen wird nicht angeforderter Verkehr, den Sie durch Erstellen einer Regel explizit erlaubt haben.
- Sie erlaubt jeglichen ausgehenden Verkehr, sofern er nicht durch eine konfigurierte Regel verboten wird.

Sie bemerken nichts davon, wenn ein Paket verworfen wird, aber Sie können solche Ereignisse bei Bedarf in einem Protokoll aufzeichnen lassen.

Expertentipp

Tief in die Firewall-Einstellungen eindringen

Windows 11 enthält eine erweiterte Benutzeroberfläche für die Windows-Firewall, mit der Sie Regeln für bestimmte Ports und Protokolle erstellen können. Sie können die Windows Defender Firewall mit erweiterter Sicherheit über die ausführbare Datei *Wf.exe* öffnen. Es handelt sich um eine komplexe und fast undurchdringliche Schnittstelle, die selbst die fortgeschrittensten Benutzer wahrscheinlich nie brauchen werden. Wenn Sie das Innenleben der Firewall erkunden möchten, empfehlen wir Ihnen, die Dokumentation unter *https://bit.ly/WF-Advanced* zu lesen.

Windows Defender Firewall mit unterschiedlichen Netzwerktypen verwenden

Die Windows Defender Firewall verwaltet für jeden der drei Netzwerktypen ein eigenes Profil (d.h. eine vollständige Sammlung von Einstellungen, einschließlich Regeln für verschiedene Programme, Dienste und Ports):

- **Domänenprofil** Dieses Profil wird benutzt, wenn Ihr Computer mit einer Active Directory-Domäne verbunden ist. In dieser Umgebung werden die Firewalleinstellungen üblicherweise (aber nicht zwingend) von einem Netzwerkadministrator konfiguriert.
- **Privates Profil** Dieses Profil wird benutzt, wenn Ihr Computer mit einem Heim- oder Arbeitsplatznetzwerk in einer Arbeitsgruppenkonfiguration verbunden ist.
- **Öffentliches Profil** Dieses Profil wird benutzt, wenn Ihr Computer mit einem Netzwerk an einem öffentlichen Ort verbunden ist, zum Beispiel auf einem Flughafen oder in einem Restaurant. Es ist üblich (und wird empfohlen), weniger Programme zu erlauben und stärkere Einschränkungen zu definieren, wenn Sie ein öffentliches Netzwerk benutzen.

Wenn Sie gleichzeitig mit mehreren Netzwerken verbunden sind (weil Sie zum Beispiel eine WLAN-Verbindung zu Ihrem Heimnetzwerk haben, während Sie über eine VPN-Verbindung mit Ihrer Unternehmensdomäne verbunden sind), verwendet Windows für jede Verbindung das passende Profil. Dafür ist ein Feature verantwortlich, das den Namen MAFP (Multiple Active Firewall Profiles) trägt.

Einstellungen nehmen Sie in der Windows Defender Firewall für jedes Netzwerkprofil getrennt vor. Die Einstellungen in einem Profil gelten für alle Netzwerke des jeweiligen Typs, zu denen Sie eine Verbindung herstellen. (Wenn Sie beispielsweise einem Programm den Zugriff durch die Firewall erlauben, wenn Sie mit einem öffentlichen Netzwerk verbunden sind, wird diese Programmregel immer aktiviert, wenn Sie mit einem anderen öffentlichen Netzwerk verbunden sind. Sie wird aber nicht aktiviert, wenn Sie mit einem Domänen- oder privaten Netzwerk verbunden sind; dazu müssten Sie das Programm explizit auch in diesen Profilen zulassen.)

▶ **Weitere Informationen über Netzwerktypen finden Sie im Abschnitt »Netzwerkstandort festlegen« in Kapitel 11, »Windows-Netzwerke konfigurieren«.**

Windows Defender Firewall verwalten

Weiter vorne in diesem Kapitel haben wir die App Windows-Sicherheit beschrieben; eine der Kategorien, die diese App überwacht, ist *Firewall und Netzwerkschutz*. Das Symbol auf der Startseite der App zeigt den aktuellen Status der Windows Defender Firewall, wobei ein grünes Häkchen bedeutet, dass die Windows Defender Firewall eingeschaltet ist und die aktuelle Netzwerkverbindung schützt.

Wenn Sie auf das Symbol *Firewall und Netzwerkschutz* klicken, erhalten Sie Zugriff auf zusätzliche Statusinformationen sowie Links zu erweiterten Konfigurationsoptionen. Klicken Sie auf einen der drei Netzwerkeinträge, um eine Statusseite für diese Verbindung anzuzeigen, mit einem einfachen Ein/Aus-Schalter für die Firewall für diesen Netzwerktyp, wie in Abbildung 12.15 gezeigt.

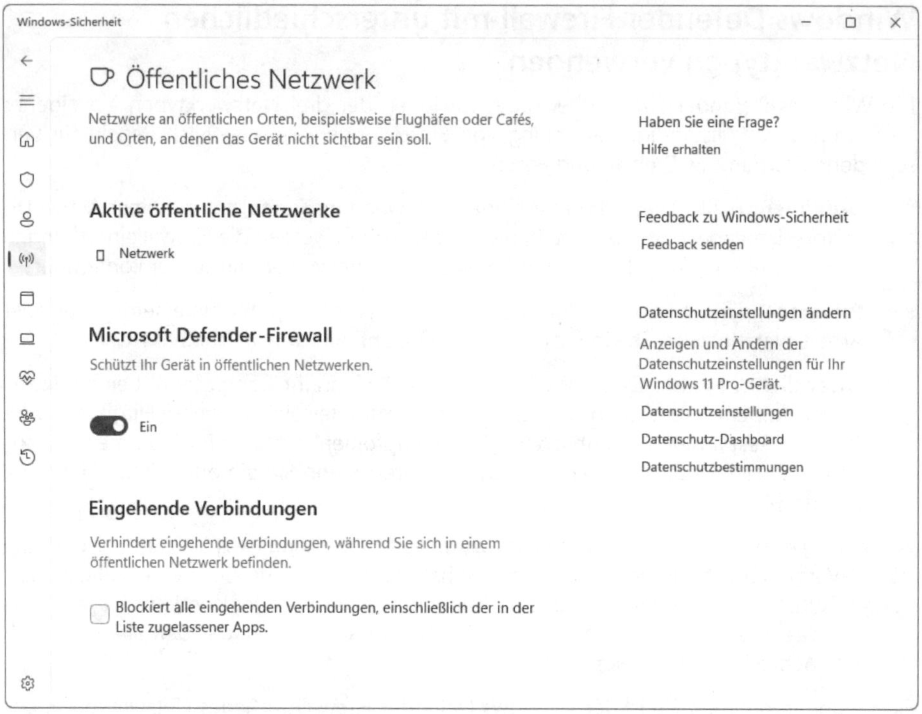

Abbildung 12.15 Jedes Netzwerkprofil – Öffentlich, Privat und Domäne – hat eine eigene Seite mit Statusinformationen.

Im Allgemeinen gibt es nur zwei Gründe, die Windows Defender Firewall auszuschalten: im Rahmen der Problembehandlung, um kurz (und mit größter Vorsicht) ein Verbindungsproblem zu analysieren, oder wenn Sie die Firewall eines anderen Herstellers installiert haben, die Sie statt der Windows Defender Firewall einsetzen möchten. Die meisten solcher Firewalls erledigen diesen Schritt allerdings automatisch im Rahmen des Installationsvorgangs.

Das Kontrollkästchen *Blockiert alle eingehenden Verbindungen* bietet zusätzlichen Schutz gegen Angriffsversuche. Wenn es aktiviert ist, weist die Windows Defender Firewall jeglichen nicht angeforderten eingehenden Verkehr ab, sogar wenn dieser Verkehr von erlaubten Programmen stammt oder eigentlich über eine Regel zugelassen wurde. Sie können diesen Modus einschalten, wenn Sie zusätzlichen Schutz vor externen Angriffen benötigen. Zum Beispiel können Sie alle Verbindungen blockieren, wenn Sie einen verdächtigen öffentlichen WLAN-Hotspot verwenden oder wissen, dass Ihr Computer momentan angegriffen wird.

Wie bereits erwähnt, sind Einstellungen für Domänennetzwerke in der Windows Defender Firewall nur auf Computern verfügbar, die tatsächlich einer Domäne beigetreten sind. Einstellungen für alle anderen Netzwerktypen können Sie jederzeit vornehmen, auch wenn Sie momentan nicht mit einem Netzwerk des entsprechenden Typs verbunden sind. Einstellungen für das Domänenprofil hat der Netzwerkadministrator allerdings oft mithilfe von Gruppenrichtlinien verriegelt.

> ### Hinweis
> **Wenn Sie das Kontrollkästchen *Blockiert alle eingehenden Verbindungen* einschalten, wird Ihr Computer nicht vom Internet abgeschnitten. Sogar in diesem Modus können Sie mit Ihrem Browser auf das Internet zugreifen. Auch andere ausgehende Verbindungen arbeiten ungehindert weiter – das gilt sowohl für berechtigte Dienste als auch für Spyware. Wenn Sie Ihre Verbindung zur Außenwelt wirklich kappen wollen, können Sie *Einstellungen | Netzwerk und Internet* öffnen und alle Netzwerkverbindungen deaktivieren. Stattdessen können Sie auch handgreiflich werden: Ziehen Sie Netzwerkkabel ab und schalten Sie WLAN-Adapter oder Zugriffspunkte aus.**

Die herkömmliche Methode, um den Status der Windows Defender Firewall zu überwachen, ist das Systemsteuerungselement desselben Namens. Dieses Dashboard ist weiterhin vorhanden, aber seine Hauptaufgaben (ein Programm durch die Firewall zulassen oder alle eingehenden Verbindungen blockieren) sind jetzt direkt über Links unten auf der Seite *Firewall und Netzwerkschutz* in der App Windows-Sicherheit verfügbar. Klicken Sie zum Beispiel auf *Zugriff von App durch Firewall zulassen,* um eine Liste der erlaubten Apps und Features anzuzeigen, wie in Abbildung 12.16 dargestellt.

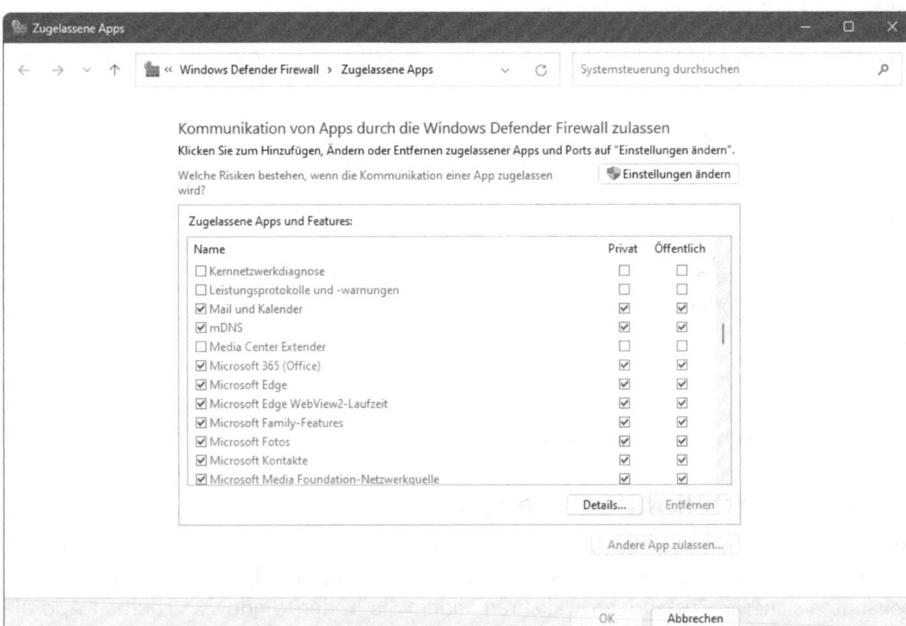

Abbildung 12.16 Klicken Sie auf *Einstellungen ändern* und aktivieren oder deaktivieren Sie dann ein Kontrollkästchen, um Verbindungen über jeden Netzwerktyp durch eine bestimmte App oder ein bestimmtes Feature zu steuern.

Die Liste *Zugelassene Apps und Features* enthält Programme und Dienste, die auf Ihrem Computer installiert sind. Sie können weitere hinzufügen, wie im nächsten Abschnitt beschrieben. Außerdem werden Programmregeln erstellt (aber nicht aktiviert), wenn ein Programm versucht, eine eingehende Verbindung einzurichten. Um Verbindungen für ein Programm oder einen Dienst zu erlauben, nachdem sie bereits definiert wurden, brauchen Sie lediglich das entsprechende Kontrollkästchen für jeden Netzwerktyp zu aktivieren, in dem Sie das Programm zulassen wollen. (Sie müssen auf *Einstellungen ändern* klicken und eine UAC-Eingabeaufforderung bestätigen, bevor Sie Änderungen vornehmen können.)

In all diesen Fällen aktivieren Sie in der Windows Defender Firewall eine Regel, die ein kleines Türchen in der Firewall öffnet und erlaubt, dass eine bestimmte Art von Verkehr hindurchgelassen wird. Jede Regel dieses Typs verringert in einem gewissen Maß Ihre Sicherheit, daher sollten Sie die Kontrollkästchen aller Programme deaktivieren, die Sie nicht brauchen. Sofern Sie sicher sind, dass Sie ein bestimmtes Programm niemals benötigen, können Sie es auswählen und dann auf *Entfernen* klicken. (Viele der Listenelemente, die in Windows für bestimmte Apps oder Dienste vordefiniert sind, lassen sich nicht löschen. Aber solange ihre Kontrollkästchen nicht aktiviert sind, stellen diese Apps keine Gefahr dar.)

Wenn Sie ein Programm, das versucht, eine eingehende Verbindung aufzubauen, zum ersten Mal starten, fragt die Windows Defender Firewall nach der entsprechenden Berechtigung, indem sie ein Dialogfeld anzeigt. Sie können das Programm zur Liste der erlaubten Programme hinzufügen, indem Sie auf *Zugriff zulassen* klicken.

Wenn Sie zum ersten Mal ein Programm ausführen, das versucht, eine eingehende Verbindung herzustellen, bittet die Windows Defender Firewall Sie in einem Dialogfeld um Ihre Erlaubnis. Sie können das Programm in die Liste der zugelassenen Programme aufnehmen, indem Sie auf *Zugriff zulassen* klicken.

Wenn ein solches Dialogfeld erscheint, sollten Sie es sorgfältig durchlesen und folgende Punkte durchdenken:

- Haben Sie das Programm, das eine Genehmigung fordert, wissentlich installiert und ausgeführt?
- Ist es vernünftig, dass für dieses Programm eingehende Verbindungen zugelassen werden?
- Verwenden Sie momentan einen Netzwerktyp, in dem es in Ordnung ist, wenn dieses Programm eingehende Verbindungen annimmt?

Wenn die Antwort auf eine dieser Fragen Nein lautet – oder Sie sich nicht sicher sind –, klicken Sie auf *Abbrechen*. Wenn Sie später feststellen, dass ein benötigtes Programm nicht richtig funktioniert, können Sie in der Windows Defender Firewall die Liste der zugelassenen Apps öffnen und die Regel aktivieren.

Standardeinstellungen wiederherstellen

Wenn Sie ein wenig mit der Windows Defender Firewall herumexperimentiert und vielleicht Verbindungen zugelassen haben, die Sie nicht hätten zulassen sollen, können Sie zu einem bekannten sicheren Zustand zurückkehren, indem Sie in der Windows-Sicherheit-App die Seite *Firewall und Netzwerkschutz* öffnen und auf *Standard für Firewalls wiederherstellen* klicken. Beachten Sie, dass dadurch alle Regeln, die Sie für alle Programme hinzugefügt haben, entfernt werden. Obwohl Sie auf diese Weise eine sichere Konfiguration erhalten, kann es sein, dass einige Ihrer mit dem Netzwerk verbundenen Programme nicht mehr richtig funktionieren. In einem solchen Fall können Sie die Zulassen-Regeln für erwünschte Programme erneut erstellen; dies wurde im letzten Abschnitt beschrieben.

Kapitel 13

Hardware und Geräte verwalten

Wahrscheinlich ist die Behauptung, dass es keine zwei Computer gibt, die sich völlig gleichen, nur unwesentlich übertrieben. Motherboards, Speichergeräte und -controller, Grafikkarten, Netzwerkadapter und Peripheriegeräte jeder Form und Größe bilden eine Kombination, die eine schier unbegrenzte Zahl möglicher Computerkonfigurationen zulässt.

Die gute Nachricht für alle Windows 11-Anwender lautet, dass die meisten dieser Geräte problemlos funktionieren. Bei den am häufigsten vorkommenden Hardwareaufrüstungen erkennt Windows das Gerät automatisch und installiert einen Treiber, sodass Sie das Gerät mit seinem vollen Funktionsumfang verwenden können. Dieses Kapitel beschreibt, wie solche automatischen Installationen ablaufen, erklärt aber auch, wie Sie Geräte von Hand installieren und optionale Konfigurationsschritte erledigen.

Dieses Kapitel befasst sich mit dem Feature Swift Pair, auch schnelle Kopplung genannt, das das Einrichten einiger Bluetooth-Geräte vereinfacht. Außerdem beschreibt dieses Kapitel Verbesserungen, die neuere Windows-Versionen im Bereich der Anzeige zur Verfügung stellen, darunter Unterstützung für Hardwarekonfigurationen mit hoher Auflösung (sogenannte High-DPI-Konfigurationen), wie sie inzwischen oft in High-End-Notebooks für Unternehmenskunden zu finden sind, und das Nachtmodus-Feature, das die augenschonende Nutzung von Mobilgeräten ermöglicht.

In diesem Kapitel beschäftigen wir uns mit der traditionellen Schaltzentrale der Hardware, dem Geräte-Manager, sowie mit den neueren Hardwarekonfigurationsoptionen in der Einstellungen-App. Wir erklären, wie Treiber funktionieren und wie Sie damit arbeiten. Außerdem beschreiben wir, wie Sie bestimmte Gerätekonfigurationen optimal einrichten, zum Beispiel mehrere Monitore, Bluetooth-Adapter und Drucker.

Hardwaregeräte hinzufügen, konfigurieren und entfernen

Seit der Einführung von Plug & Play in Windows 95 hat sich diese Technik enorm weiterentwickelt. Frühe Exemplare von Plug & Play-Geräten waren für ihre Unzuverlässigkeit berüchtigt, manche Benutzer brachten ihre Verachtung gar mit der Verballhornung »plug and pray« (einstecken und beten) zum Ausdruck. Nachdem die inzwischen ausgereifte Technik in ihr drittes Jahrzehnt kommt, sind Hardware- und Softwarestandards so gut aufeinander abgestimmt, dass die meisten Aufgaben bei der Gerätekonfiguration völlig automatisch ablaufen.

Jeder Computer, der als kompatibel zu Windows 7 oder neuer zertifiziert wurde, unterstützt den Plug & Play-Gerätestandard, der praktisch die gesamte Arbeit zum Konfigurieren von Computerhardware und angeschlossenen Geräten erledigt. Ein Plug & Play-Gerät identifiziert sich selbst bei Windows, wobei es eindeutige Kennungen aus einer durchdachten Hierarchie verwendet. Anhand dieser Kennung kann Windows die erforderlichen Ressourcen (einschließlich Treiber) ermitteln und die Software konfigurieren.

Plug & Play-Geräte können mit dem Betriebssystem interagieren, wobei beide Kommunikationspartner auf Gerätebenachrichtigungen und Energieverwaltungsereignisse reagieren. Ein Plug & Play-Treiber kann automatisch geladen werden, sobald Windows erkennt, dass ein Gerät angesteckt wurde, und er kann das Gerät anhalten, wenn das System in den Energiesparmodus schaltet, beziehungsweise es fortsetzen, sobald das System wieder aufgeweckt wird.

Hinweis

Es gibt zwar immer noch ältere Geräte, die nicht Plug & Play-fähige Anschlüsse besitzen, zum Beispiel Scanner, Plotter und ähnliche Peripheriegeräte, die an serielle oder Parallelanschlüsse angesteckt werden, aber solche Altgeräte werden immer seltener. Falls Sie ein derartiges Gerät besitzen, empfehlen wir, es nach Möglichkeit auszumustern und durch ein modernes Exemplar zu ersetzen. Falls Sie keine Wahl haben, weil Sie genau dieses Gerät brauchen, ist es sinnvoll, nach einer Community mit anderen Besitzern dieses Geräts Ausschau zu halten. Wahrscheinlich sind einige diese Benutzer in der Lage, Ihnen bei Konfigurationsproblemen zu helfen.

Installieren eines neuen Plug & Play-Geräts

Wenn Sie ein Plug & Play-Gerät zum ersten Mal installieren, fragt der Plug & Play-Manager das Gerät ab, um seine Hardware-ID und alle kompatiblen IDs zu ermitteln. Diese Hardware-ID vergleicht er dann mit einer Masterliste der entsprechenden Tags, die aus den Setupinformationsdateien im Ordner *%SystemRoot%\Inf* zusammengestellt wird. Wenn er einen signierten Treiber mit einem passenden Tag findet, installiert er das korrekte Treiberpaket und nimmt andere erforderliche Veränderungen am System vor, ohne dass Sie eingreifen müssen. Wenn alles wie erwartet läuft, ist der einzige subtile Hinweis, den Sie sehen können, ein Fortschrittsprotokoll (normalerweise minimiert), das einen grünen Balken über der Schaltfläche in der Taskleiste anzeigt und dann verschwindet, wenn die Arbeit abgeschlossen ist.

Hinweis

Jeder Benutzer kann ein neues Gerät anschließen und es verwenden, sofern ein Treiber für dieses Gerät in Windows 11 enthalten oder über Windows Update verfügbar ist. Um einen neuen Treiber zu installieren, der von der Website eines anderen Herstellers heruntergeladen und von einer anderen Stelle als Microsoft digital signiert wurde, benötigen Sie administrative Anmeldeinformationen.

Falls Windows ein Plug & Play-Gerät erkennt (nachdem Sie es zum Beispiel an einen USB-Port angeschlossenen haben), aber keinen digital signierten Treiber für die Geräte-ID findet, sucht es nach generischen Treiberpaketen, die zu kompatiblen IDs passen, die das Gerät gemeldet hat. Fördert auch diese Suche keinen geeigneten Treiber zutage, installiert der Plug & Play-Manager einen funktionslosen Universaltreiber (den sogenannten Stub) für das Gerät und wartet darauf, dass ein geeigneter Treiber zur Verfügung gestellt wird. Diese teilweise installierten Geräte werden im Geräte-Manager unter der Rubrik *Andere Geräte* mit einem gelben Ausrufezeichen über dem Gerätenamen angezeigt.

TROUBLESHOOTING

Treiber für integrierte Geräte fehlen

Nach einer Neuinstallation von Windows 11 zeigt der Geräte-Manager unter Umständen einige Geräte in der Kategorie *Andere Geräte* mit einem gelben Ausrufezeichen an, um darauf hinzuweisen, dass die passenden Treiber fehlen. Das passiert normalerweise auf einem PC, wenn er einige Geräte in das Motherboard integriert hat, die während der Windows 11-Installation nicht erkannt werden. (Dies tritt höchstwahrscheinlich bei der Installation von Windows 11 auf Hardware auf, die nicht die Mindestanforderungen für das Betriebssystem erfüllt.) Versuchen Sie, in Windows Update von Hand nach den richtigen Treibern zu suchen; werden dabei die benötigten Treiber nicht gefunden, sollten Sie beim Gerätehersteller prüfen, ob er Treiber zum Download anbietet. Suchen Sie besonders nach Chipsatztreibern, die die erforderlichen Einträge zur Windows-Plug & Play-Datenbank hinzufügen und es dadurch ermöglichen, die richtigen Treiber zu installieren.

Falls Windows Update keinen signierten Treiber findet (das kommt mit zunehmender Ausgereiftheit des Windows-Ökosystems glücklicherweise immer seltener vor), müssen Sie möglicherweise einen Gerätetreiber manuell herunterladen und installieren.

Die integrierten Windows-Treiber sind für viele Geräteklassen ausreichend. Bestimmte Geräte, insbesondere komplexe wie Scanner und All-in-One-Drucker, brauchen unter Umständen spezielle Dienstprogramme und zusätzliche Treiber, um den vollen Funktionsumfang des Geräts zu aktivieren.

Wie Gerätetreiber und Hardware zusammenarbeiten

Bevor Windows mit einem Hardwaregerät zusammenarbeiten kann, braucht es einen kompatiblen, richtig konfigurierten Gerätetreiber. Treiber sind kompakte Steuerprogramme, die sich direkt in Windows einhängen und die Grundaufgaben für die Kommunikation Ihrer Anweisungen an ein Hardwaregerät abwickeln und umgekehrt die Daten an Sie übergeben. Nachdem Sie ein Hardwaregerät eingerichtet haben, wird sein Treiber automatisch geladen und als Teil des Betriebssystems ausgeführt, ohne dass ein weiteres Eingreifen Ihrerseits erforderlich ist.

Viele der Techniken, die in Windows 11-Geräten verwendet werden, greifen auf sogenannte Minitreiber-Modelle zurück, bei denen der Gerätetreiber aus zwei Teilen besteht. Normalerweise schreibt Microsoft einen allgemeinen Klassentreiber, der Grundaufgaben erledigt, die in allen Geräten der jeweiligen Kategorie gebraucht werden. Der Gerätehersteller kann dann gerätespezifischen Code schreiben, um besondere Funktionen zur Verfügung zu stellen.

Windows 11 enthält eine umfassende Bibliothek von Klassentreibern, die es ermöglicht, die meisten Geräte ohne zusätzliche Software zu betreiben. Es gibt Klassentreiber für Hardware, die heutzutage meist in ein größeres System integriert ist, zum Beispiel Audiogeräte, Netzwerkadapter, Webcams oder Grafikkarten. Windows 11 bringt auch Treiber für externe Peripheriegeräte mit (per Kabel oder Funk angeschlossen), darunter Drucker, Monitore, Tastaturen, Scanner, Mäuse und andere Zeigegeräte, Smartphones und Wechseldatenträger.

Diese Kernbibliothek wird während der Windows-Installation in den geschützten Systemordner *%SystemRoot%\System32\DriverStore* kopiert. (Treiberdateien und die zugehörigen Elemente werden im Unterordner *FileRepository* gespeichert.) Jeder Benutzer, der sich am Computer anmeldet, hat Lese- und Ausführungsberechtigungen für Dateien, die in diesem Speicherort abgelegt sind; aber nur ein Installationsprogramm, das von einem Mitglied der Administratorengruppe autorisiert wurde, kann hier Dateien und Ordner anlegen oder ändern.

Sie haben mehrere Möglichkeiten, zum Treiberspeicher neue Treiber hinzuzufügen:

- Windows Update stellt Treiber bereit, wenn es feststellt, dass Sie ein Gerät verwenden, das kompatibel zu diesem Treiber ist, aber momentan eine ältere Version benutzt. (Sie können auch über Windows Update nach dem neuesten Treiber suchen, wenn Sie ein neues Gerät installieren.)
- Manche Qualitäts- oder Funktionsupdates aktualisieren den Treiberspeicher mit neuen und verbesserten Treibern.
- Als Administrator können Sie signierte Treiber anderer Hersteller zum Treiberspeicher hinzufügen, indem Sie ein Installationsprogramm ausführen. Alle Treiber, die auf diese Weise zum Treiberspeicher hinzugefügt werden, werden in einem eigenen Unterordner (mit einem kryptischen Ordnernamen, der auf eine 16-stellige eindeutige Identifizierungszeichenfolge endet) innerhalb des *FileRepository*-Ordners abgelegt, zusammen mit einigen Unterstützungsdateien, die Windows 11 selbst erstellt. Das ermöglicht es, die Treiber bei Bedarf neu zu installieren.

Jeder Treiber, den Sie zum Speicher hinzufügen, wird als vertrauenswürdig eingestuft und kann installiert werden, ohne dass eine Bestätigung oder Administratoranmeldeinformationen angefordert werden. Alle Treiber, sowohl neue als auch aktualisierte, die von Windows Update heruntergeladen werden, sind als vollständig kompatibel zu Windows 11 zertifiziert und von Microsoft digital signiert.

Expertentipp

Kopieren des Ordners »FileRepository« vor einer sauberen Neuinstallation

Falls Sie vorhaben, Windows 11 statt mit der Zurücksetzen-Funktion von einem startfähigen Installationsmedium neu zu installieren, sollten Sie vorher den Ordner *FileRepository* aus *%SystemRoot%\System32\DriverStore* auf einen Wechseldatenträger kopieren, zum Beispiel auf ein USB-Flashlaufwerk. Sobald Ihre Neuinstallation abgeschlossen ist, können Sie alle zusätzlichen Treiber schnell mithilfe der Aktualisierungsoption des Geräte-Managers erneut installieren und dabei den Sicherungsordner als Speicherort für die neuen Treiberdateien angeben.

Ein Windows-Hardwaretreiberpaket muss eine Setupinformationsdatei (mit der Erweiterung *.inf*) umfassen. Dabei handelt es sich um eine Textdatei, die detaillierte Informationen über das Gerät enthält, das installiert werden soll, darunter die Namen seiner Treiberdateien, die Speicherorte, an denen sie installiert werden sollen, eventuell benötigte Registrierungseinstellungen und Versionsinformationen. Zu allen Geräten, für die Treiber im Ordner *DriverStore* vorhanden sind, gibt es zugehörige Setupinformationsdateien im Ordner *%SystemRoot%\Inf*.

Die Setupinformationsdatei ist zwar ein wichtiges Element im Rahmen einer Treiberinstallation, Sie arbeiten aber nicht direkt mit dieser Datei. Sie stellt lediglich Anweisungen bereit, die das Betriebssystem befolgt, während die Plug & Play-Erkennung läuft, Sie ein Gerät mit einem Setupprogramm installieren oder von Hand ein Treiberupdate einspielen.

Achtung

Die Syntax von Setupinformationsdateien ist komplex und die Details von *.inf*-Dateien können sogar erfahrene Softwareentwickler überfordern. Falls Sie feststellen, dass eine Treibersetuproutine nicht richtig funktioniert, könnte Ihnen die Idee kommen, die Setupinformationsdatei zu verändern, um das Problem zu umgehen. Glauben Sie uns: Das wird mit an Sicherheit grenzender Wahrscheinlichkeit schiefgehen. Und noch schlimmer: Wenn Sie an *.inf*-Dateien herumfummeln, um einen Treiber zu installieren, der nicht als kompatibel zu Ihrer Hardware zertifiziert ist, laufen Sie Gefahr, Registrierungseinstellungen zu beschädigen und Ihr ganzes System instabil zu machen.

Wenn Windows die Installation eines Treiberpakets abgeschlossen hat, führt es die in der Setupinformationsdatei angegebenen Operationen aus und kopiert die Treiberdateien nach *%SystemRoot%\System32\Drivers*.

Expertentipp

Nur signierte Treiber für Windows 11

In allen Editionen von Windows 11 müssen sämtliche neuen Kernelmodustreiber bei Microsoft eingereicht und vom Windows Hardware Developer Center Dashboard-Portal digital signiert werden. (Kernelmodustreiber laufen auf derselben Privilegebene wie Windows selbst, im Gegensatz zu Benutzermodustreibern, die im Kontext des momentan angemeldeten Benutzers laufen und das System nicht zum Absturz bringen können.) Darüber hinaus müssen alle an Microsoft übermittelten Treiber mit einem gültigen Extended-Validation-Code-Signing-Zertifikat signiert sein – eine kostenintensivere Option, die zusätzliche Sicherheit hinsichtlich der Identität eines Herausgebers bietet.

Diese Änderungen führen dazu, dass es sehr schwierig ist, als Teil eines Treiberupdates Schadsoftware unterzuschieben.

Die Treibersignierung stellt eine gewisse Vertrauenswürdigkeit sicher, ist aber für sich allein gesehen noch kein Qualitätssiegel. Dafür ist es erforderlich, dass Sie sich die Signatur genauer ansehen.

Das höchste Qualitätsniveau weisen Treiber auf, die alle Kompatibilitäts- und Zuverlässigkeitstests für die jeweilige Gerätekategorie bestanden haben, wie sie in Microsofts Hardware Lab Kit definiert sind. Diese Geräte erwerben sich das Recht, das Windows-Logo zu tragen und in Microsofts Liste zertifizierter Produkte aufgeführt zu werden.

Hardwareentwickler, die ihren Kunden lediglich einen signierten Treiber bereitstellen wollen, können den Treiber bei Microsoft einreichen und seine Qualität »bezeugen« (engl. attest), statt tatsächliche Testergebnisse zu präsentieren. Die Attested-Signing-Service-Signatur unterscheidet sich von der eines Logo-zertifizierten Geräts, aber Windows 11 behandelt sie gleich, das heißt, beide Typen signierter Treiber können von jedem Benutzer ohne Nachfragen installiert werden.

Nützliche Informationen aus dem Geräte-Manager abrufen

Je mehr Sie über einzelne Hardwaregeräte und die zugehörige Treibersoftware wissen, desto eher können Sie Probleme beheben oder erweiterte Funktionen für ein Gerät konfigurieren. Ausgangspunkt ist in jedem Fall der Geräte-Manager, ein Dienstprogramm mit grafischer Oberfläche, das detaillierte Informationen über die gesamte installierte Hardware sowie Steuerelemente für die Konfiguration von Geräten, die Zuweisung von Ressourcen und die Einstellung erweiterter Optionen bietet.

> Hinweis
>
> **In Windows 11 enthält der Geräte-Manager auch Kategorien, die nicht wirklich Hardware entsprechen, zum Beispiel Druckerwarteschlangen oder die Einträge in der Rubrik Softwarekomponenten. In diesem Abschnitt konzentrieren wir uns auf die tatsächlichen Hardwaregeräte und ihre zugehörigen Treiber.**

Am einfachsten öffnen Sie den Geräte-Manager (*Devmgmt.msc*), indem Sie mit der rechten Maustaste auf die Schaltfläche *Start* klicken (oder [Win]+[X] drücken) und dann im Quicklink-Menü auf die Verknüpfung *Geräte-Manager* klicken. Alternativ können Sie auch in das Suchfeld **Geräte** eingeben und dann am Anfang der Ergebnisliste auf den Eintrag *Geräte-Manager* klicken. (Der Geräte-Manager steht auch als Snap-In im Knoten *System* in der vollständig bestückten Konsole *Computerverwaltung* zur Verfügung.)

Wie Abbildung 13.1 zeigt, ist der Geräte-Manager in Form einer hierarchischen Liste organisiert, in der alle im Computer befindlichen oder an den Computer angeschlossenen Hardwarekomponenten aufgeführt sind. In der Standardansicht werden die Geräte nach Typ angezeigt.

Um sich Informationen über ein bestimmtes Gerät anzusehen, doppelklicken Sie im Geräte-Manager in der Liste der installierten Geräte auf den entsprechenden Eintrag. Jedes Gerät hat ein Eigenschaftendialogfeld mit mehreren Registerkarten. Die meisten Hardwaregeräte stellen eine ganze Reihe von Registerkarten zur Verfügung, darunter *Allgemein* und *Treiber*. Die Registerkarte *Allgemein* führt grundlegende Daten über das Gerät auf, darunter den Gerätenamen und -typ, den Namen des Herstellers und den aktuellen Gerätestatus (siehe Abbildung 13.2).

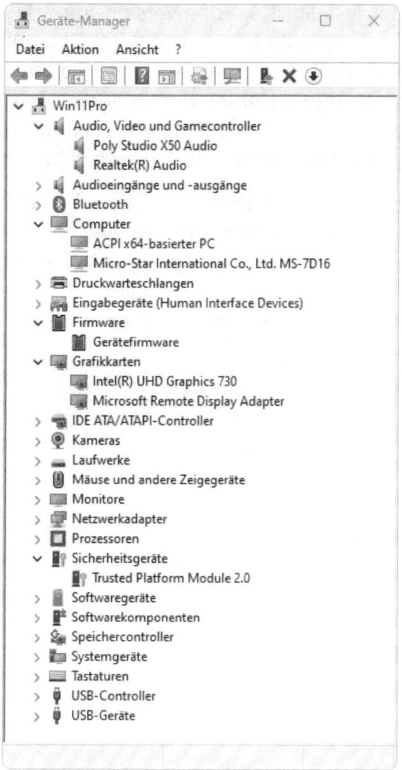

Abbildung 13.1 Klicken Sie auf den Pfeil links neben einer Kategorie im Geräte-Manager, um die Liste der einzelnen Geräte innerhalb dieser Kategorie zu erweitern oder zu reduzieren.

Abbildung 13.2 Die Registerkarte *Allgemein* enthält grundlegende Informationen über ein Gerät und zeigt an, ob es derzeit ordnungsgemäß funktioniert.

Auf der Registerkarte *Treiber*, die in Abbildung 13.3 dargestellt ist, werden Versionsinformationen über den derzeit installierten Treiber für das ausgewählte Gerät angezeigt. Obwohl die hier angezeigten Informationen spärlich sind, decken sie das Wesentliche ab. Sie können auf einen Blick erkennen, von wem der Treiber stammt und wer ihn digital signiert hat. Sie können auch das Datum und die Versionsnummer des Treibers ermitteln, was wichtig ist, wenn Sie überlegen, ob Sie ein verfügbares Update herunterladen und installieren sollten.

Wenn Sie auf der Registerkarte *Treiber* auf die Schaltfläche *Treiberdetails* klicken, wird ein weiteres Dialogfeld angezeigt, in dem die Namen und Speicherorte aller Dateien aufgeführt sind, die mit diesem Gerät und seinen Treibern verbunden sind. Wenn Sie einen beliebigen Dateinamen aus dieser Liste auswählen, werden im unteren Teil des Dialogfelds *Details* zu dieser Datei angezeigt. (Zu den anderen Schaltflächen kommen wir im nächsten Abschnitt.)

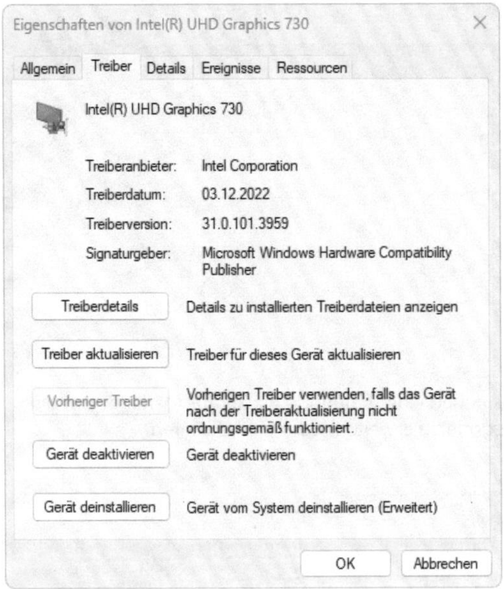

Abbildung 13.3 Die Registerkarte *Treiber*, die für jedes installierte Gerät verfügbar ist, bietet wertvolle Informationen und Tools zur Verwaltung der installierten Treiber.

Nach dem Öffnen der Registerkarte *Details* werden Sie von der Fülle der zusätzlichen Informationen fast erschlagen. Die Daten sind so im Dialogfeld angeordnet, dass Sie sich jeweils eine Eigenschaft mit ihrem Wert ansehen können. Eine vollständige Liste aller Eigenschaften erhalten Sie, indem Sie das Pfeilsymbol rechts in der Dropdownliste *Eigenschaft* anklicken. Abbildung 13.4 zeigt, wie lang diese Liste normalerweise ist.

Sobald Sie eine Eigenschaft auswählen, wird die Liste wieder eingeklappt, und der untere Abschnitt zeigt den Wert der ausgewählten Eigenschaft an, im Beispiel in Abbildung 13.5 beispielsweise die Plug & Play-Hardware-IDs des ausgewählten Geräts.

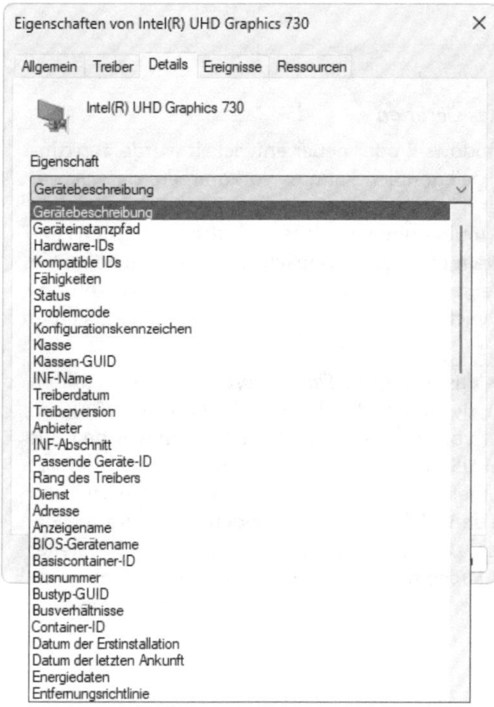

Abbildung 13.4 Die meisten Geräteeigenschaften, die Sie aus dieser Liste auswählen können, liefern unklare Details, aber einige sind für die Fehlersuche nützlich.

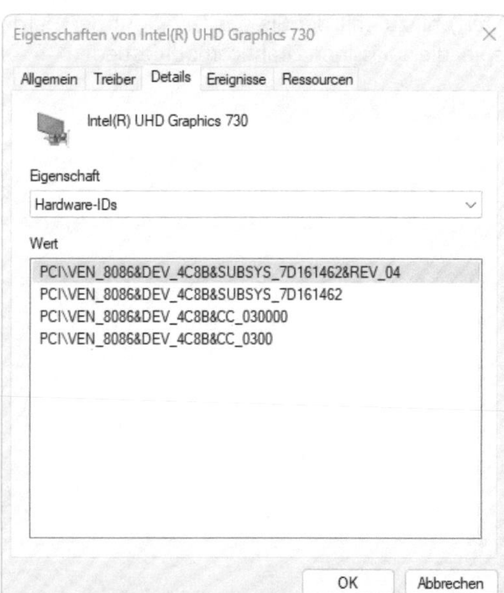

Abbildung 13.5 Wenn Sie den Eigenschaftsdialog eines Geräts genauer untersuchen, werden diese Hardware-IDs angezeigt. Diese Informationen können beim Aufspüren von Treibern für ein unbekanntes Gerät hilfreich sein.

TROUBLESHOOTING

Der Geräte-Manager zeigt ein unbekanntes Gerät an

Die meiste moderne Hardware, die für Windows 7 oder neuer entwickelt wurde, funktioniert einwandfrei mit Windows 11. Aber gelegentlich kann es vorkommen, dass Sie im Geräte-Manager mysteriöse Einträge unter der Rubrik *Andere Geräte* finden, mit wenigen oder gar keinen Details, ohne zugehörige Treiber und vor allem ohne den geringsten Hinweis, wie es weitergehen soll. Dieses Problem tritt höchstwahrscheinlich auf, nachdem Sie eine Neuinstallation von Windows 11 auf einem Gerät durchgeführt haben, das ursprünglich für eine frühere Windows-Version entwickelt wurde; das Problem kann aber auch bei älterer externer Hardware auftreten.

Oft finden Sie wichtige Hinweise, wenn Sie das Dialogfeld *Eigenschaften* des Geräts öffnen und sich die Registerkarte *Details* ansehen. Besonders die Eigenschaft *Hardware-IDs* kann sehr nützlich sein. Die ersten drei Zeichen vor dem Backslash geben an, an welchen Bus das Gerät angeschlossen ist, zum Beispiel USB oder PCI. Die Zeichenfolge VID_, gefolgt von einer Zahl, ist die Herstellerkennung (Vendor ID), PID_ ist eine Produktkennung und REV_ ist die Revisionsnummer. Öffnen Sie den Webbrowser und geben Sie in Ihrer bevorzugten Suchmaschine den ersten Wert ein, um herauszufinden, von welchem Hersteller das Gerät stammt; damit können Sie Ihre Suche möglicherweise schon deutlich eingrenzen. Suchen Sie dann nach einer Kombination der ersten beiden Werte, um das konkrete Gerät zu identifizieren.

Zusätzlich zu diesen grundlegenden Informationen kann das Dialogfeld *Eigenschaften* für ein bestimmtes Gerät eine beliebige Anzahl von benutzerdefinierten Registerkarten enthalten. Der drahtlose Netzwerkadapter in dem in Abbildung 13.6 gezeigten PC fügt beispielsweise eine benutzerdefinierte Registerkarte (*Erweitert*) hinzu, mit der Sie das Gerät auf der Hardware-Ebene konfigurieren können, zum Beispiel die zulässigen Drahtlosmodi festlegen.

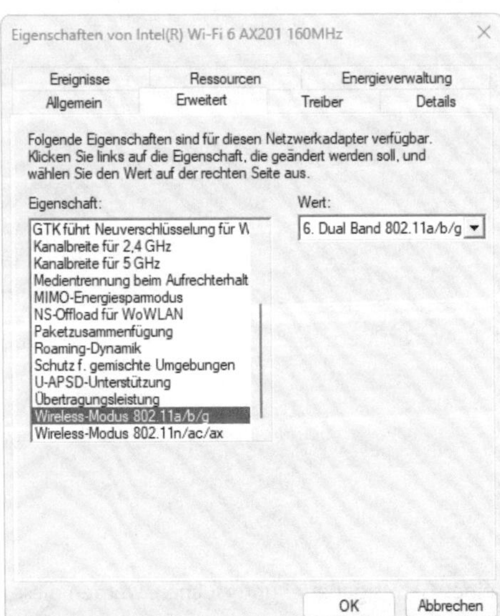

Abbildung 13.6 Sie können für einige Geräte erweiterte Eigenschaften konfigurieren, beispielsweise die zulässigen Drahtlosmodi für diesen Netzwerkadapter, indem Sie den Geräte-Manager verwenden.

Die im Geräte-Manager angezeigten Informationen sind dynamisch. Wenn Sie ein Gerät hinzufügen, entfernen oder neu konfigurieren, ändern sich auch die hier angezeigten Informationen.

Geräte aktivieren und deaktivieren

Sie können jedes im Geräte-Manager aufgeführte Gerät vorübergehend deaktivieren. Das kann sinnvoll sein, wenn Sie sicher sind, dass Sie ein installiertes Gerät unter normalen Bedingungen nie brauchen, es aber für alle Fälle verfügbar halten wollen. Beispielsweise kann ein Desktop-PC, der über ein Ethernetkabel mit Ihrem Netzwerk verbunden ist, zwar über einen konfigurierten WLAN-Adapter verfügen, den Sie aber deaktivieren. Dann haben Sie die Möglichkeit, den WLAN-Adapter bei Bedarf zu aktivieren und darüber mit einem Hotspot zu kommunizieren, falls das Kabelnetzwerk aus irgendeinem Grund ausfällt.

Klicken Sie mit der rechten Maustaste auf einen aktiven Eintrag im Geräte-Manager, um ein Kontextmenü mit dem Befehl *Gerät deaktivieren* zu öffnen. Um ein Gerät zu identifizieren, das derzeit deaktiviert ist, achten Sie auf den schwarzen, nach unten zeigenden Pfeil über dem Symbol im Geräte-Manager (siehe Abbildung 13.7). Um ein deaktiviertes Gerät wieder einzuschalten, klicken Sie mit der rechten Maustaste auf den Eintrag im Geräte-Manager und dann auf *Gerät aktivieren*.

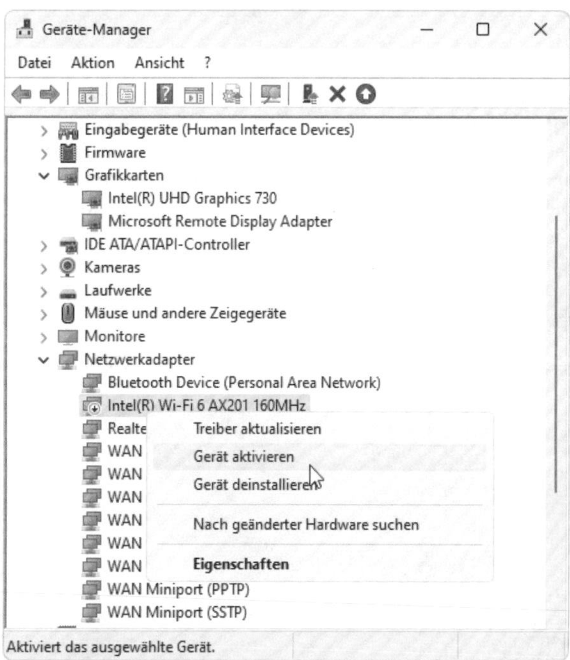

Abbildung 13.7 Verwenden Sie dieses Kontextmenü im Geräte-Manager, um ein Gerät vorübergehend zu deaktivieren und es wieder zu aktivieren, wenn es benötigt wird.

Erweiterte Geräteeinstellungen konfigurieren

Wie bereits erwähnt, enthalten einige Geräte spezielle Registerkarten im Dialogfeld *Eigenschaften*, das im Geräte-Manager verfügbar ist. Sie verwenden die Steuerelemente auf diesen zusätzlichen Registerkarten, um erweiterte Einstellungen und Eigenschaften für Geräte zu ändern. Zum Beispiel:

- Netzwerkadapter, Modems, Eingabegeräte und USB-Hubs besitzen oft die Registerkarte *Energieverwaltung*, auf der Sie einstellen können, ob das Gerät den Computer zwingen darf, aus dem Energiesparmodus aufzuwachen. Diese Funktion ist zum Beispiel nützlich, wenn Sie für ein Modem den Faxempfang ermöglichen wollen (ja, manche Firmen benutzen immer noch ein Fax) oder mit der Remotedesktopfunktion über das Internet auf einen Computer zugreifen wollen, der nicht ständig im Normalmodus läuft. Sowohl auf tragbaren als auch Desktopcomputern können Sie diese Möglichkeit außerdem nutzen, damit Windows ein Gerät ausschalten und so den Stromverbrauch senken kann.
- Die Registerkarte *Volumes* eines Festplattenlaufwerks enthält noch keine Informationen, wenn Sie das Dialogfeld *Eigenschaften* des Geräts zum ersten Mal öffnen. Klicken Sie auf die Schaltfläche *Auffüllen*, um die Volumeinformationen des ausgewählten Laufwerks einzulesen (Abbildung 13.8). Anschließend können Sie auf die Schaltfläche *Eigenschaften* klicken, um das Laufwerk auf Fehler zu prüfen, das Defragmentierungsdienstprogramm zu starten oder andere Wartungsaufgaben auszuführen. Sie können diese Aufgaben zwar auch erledigen, indem Sie im Datei-Explorer mit der rechten Maustaste auf ein Laufwerksymbol klicken, aber die Zugriffsmöglichkeit im Geräte-Manager kann nützlich sein, wenn Sie mehrere Festplatten installiert haben und den Verdacht hegen, dass eine davon mechanische Probleme aufweist. Auf diese Weise können Sie schnell prüfen, auf welcher Hardwarefestplatte ein bestimmtes Volume gespeichert ist.

Achtung

DVD-Laufwerke bieten die Möglichkeit, die DVD-Region zu ändern, die einschränkt, welche DVDs auf diesem Laufwerk abgespielt werden dürfen. Die Einstellung für die DVD-Region erhöht einen Zählerwert direkt auf dem Hardwarelaufwerk, und dieser Zähler darf nur wenige Male geändert werden. Spielen Sie nicht mit dieser Einstellung herum, sonst besteht die Gefahr, dass Sie auf diesem Laufwerk keine DVDs abspielen können, die für Ihre normale Region codiert sind.

Abbildung 13.8 Nachdem Sie auf die Schaltfläche *Auffüllen* geklickt haben, werden auf der Registerkarte *Volumes* die Volumes auf dem ausgewählten Laufwerk aufgelistet. Wählen Sie ein beliebiges Volume aus und klicken Sie auf *Eigenschaften*, um vollen Zugriff auf Tools zur Fehlerbehebung und Wartung zu erhalten.

- Wenn Sie mit Netzwerkadaptern arbeiten, finden Sie auf der Registerkarte *Erweitert* oft eine Reihe von Einstellmöglichkeiten für Leistungsaspekte. Es ist davon abzuraten, dass Sie ziellos an diesen Einstellungen herumändern. Allerdings können Sie in manchen Fällen bestimmte Leistungs- oder Verbindungsprobleme beseitigen, indem Sie die Einstellungen so konfigurieren, wie es vom Gerätehersteller oder einem Microsoft-Support-Artikel empfohlen wird.

Bluetooth-Geräte einrichten

Bluetooth ist einer der seltenen Standards, der regelmäßig die »Es funktioniert einfach«-Tests besteht. Heutzutage unterstützt praktisch jedes tragbare Gerät Bluetooth, um beispielsweise Headsets anzuschließen oder Fitnessgeräte zu koppeln.

Auch viele Desktop-PCs bieten Bluetooth-Unterstützung, um drahtlose Tastaturen und Mäuse anzuschließen. Die Bluetooth-Technologie funktioniert auch mit der App Smartphone-Link unter Windows 11, mit der Sie über die Audio-Hardware Ihres PC Anrufe über ein Android-Smartphone oder ein iPhone tätigen und entgegennehmen können. (Weitere Informationen hierzu finden Sie in Kapitel 19.)

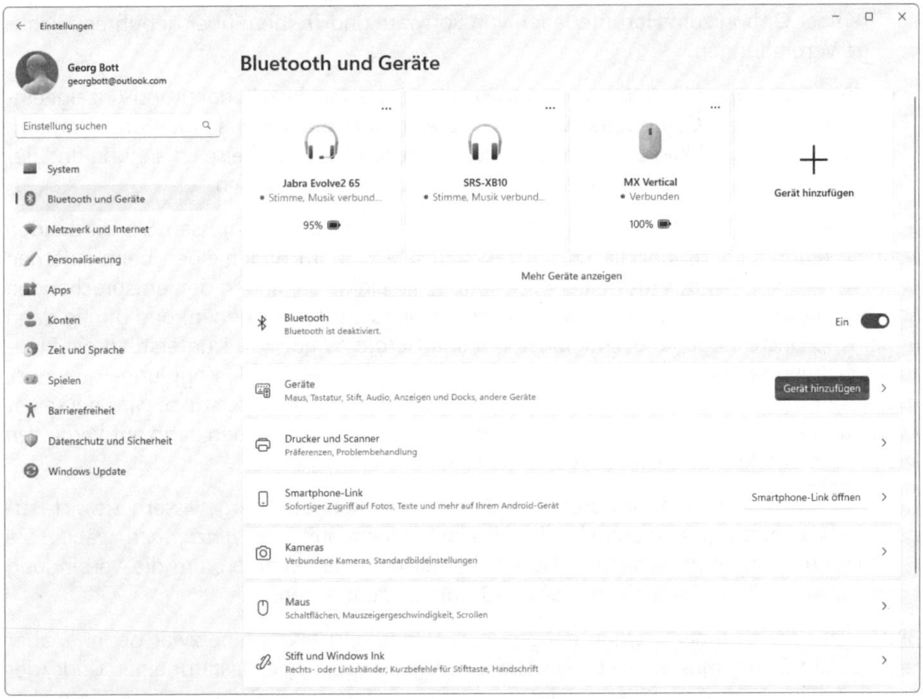

Abbildung 13.9 Verwenden Sie die Seite *Bluetooth und Geräte* in den *Einstellungen*, um neue Geräte zu koppeln und Verbindungen mit bereits gekoppelten Geräten zu verwalten.

Die jüngsten Funktionsupdates haben eine Reihe neuer Funktionen hinzugefügt, die die Zusammenarbeit von Windows 11-Geräten mit Bluetooth LE-Geräten wie Fitnessmonitoren verbessern sollen. In der Einstellungen-App ist die Seite *Bluetooth und Geräte* die Schnittstelle, über die Sie Bluetooth-Zubehör, drahtlose Docks, drahtlose Xbox-Funkcontroller und Mediengeräte über eine einheitliche Oberfläche verwalten können. Die Seite *Bluetooth und Geräte* ist in Abbildung 13.9 dargestellt.

Die Seite *Bluetooth und Geräte* bietet zahlreiche Informationen über Ihre Geräte. Sie können zum Beispiel den aktuellen Akkuladestand der eingeschalteten Geräte überprüfen, wie in Abbildung 13.9 dargestellt. Auf dieser Seite können Sie die folgenden Aufgaben ausführen:

- Gekoppelte Geräte und deren aktuellen Status überprüfen
- Geräte hinzufügen oder entfernen
- Bluetooth-Adapter aktivieren oder deaktivieren
- Links für angeschlossene Peripheriegeräte, wie Drucker und Scanner, Kameras, Touchpad, Mäuse und andere Geräte verwenden
- Zugriff und Konfiguration von Smartphone-Link für Ihr Android-Telefon oder iPhone
- Den Link *Mehr Geräte anzeigen* verwenden

Wenn Sie *Mehr Geräte anzeigen* wählen, zeigt Windows alle gekoppelten und angeschlossenen Geräte nach Kategorie an: *Eingabe*, *Audio* und *Weitere Geräte*. Außerdem gibt es Abschnitte für *Geräteeinstellungen* und *Verwandte Einstellungen*:

- Die *Geräteeinstellungen* bieten Optionen zum Aktivieren oder Deaktivieren von Benachrichtigungen für Verbindungen mit Swift Pair und zum Aktivieren oder Deaktivieren der Option zum Herunterladen von Software und Treibern über gebührenpflichtige Verbindungen.
- Unter *Verwandte Einstellungen* können Sie auf die Toneinstellungen und Anzeigeeinstellungen Ihres Computers zugreifen, Dateien über Bluetooth senden oder empfangen, auf weitere Bluetooth-Einstellungen zugreifen (beispielsweise Erkennung und Benachrichtigungen) und Geräte- und Druckereinstellungen öffnen.

Bevor Sie zwei Bluetooth-Geräte miteinander benutzen können, müssen Sie die beiden koppeln (engl. pairing). Bei diesem Prozess aktivieren Sie im Allgemeinen beim externen Gerät den Pairing-Modus (normalerweise indem Sie einige Sekunden den entsprechenden Schalter gedrückt halten oder in das Einstellungsmenü des Geräts gehen) und öffnen dann in der App Einstellungen die Seite *Bluetooth und Geräte*. Windows 11 unterstützt ein Bluetooth-Feature namens Swift Pair (in der deutschen Version »schnelle Kopplung« genannt), das diesen Vorgang stark vereinfacht. Wenn das Gerät Swift Pair unterstützt, wird bei seiner Erkennung eine Benachrichtigung von Windows angezeigt. Sie können dann auf *Verbinden* klicken, um den Kopplungsprozess abzuschließen.

Um ein Gerät zu koppeln, das diese Funktion nicht unterstützt, vergewissern Sie sich zunächst, dass Bluetooth eingeschaltet ist; klicken Sie dann auf *Gerät hinzufügen*, wählen Sie *Bluetooth* und dann Ihr Gerät aus. Tippen Sie auf den Gerätenamen, um die Verbindung herzustellen und das Gerät mit Windows 11 nutzbar zu machen.

Bluetooth-Verbindungen bergen ein gewisses Sicherheitsrisiko – eine zwar geringe, aber reale Gefahr. Daher müssen Sie beispielsweise beim Koppeln einer Tastatur einen Code, der auf dem Bildschirm des PC angezeigt wird, auf der Tastatur eintippen. Ohne diese Vorsichtsmaßnahme könnte ein Angreifer ohne Ihr Wissen eine Funktastatur an Ihren Computer anschließen und sie missbrauchen, um Daten auszuspähen oder unautorisierte und potenziell gefährliche Software auszuführen.

Wie bereits erwähnt, enthält die Seite *Bluetooth und Geräte* in den Einstellungen einen Ein/Aus-Schalter für den Bluetooth-Adapter. Bei mobilen PCs hilft das beim Stromsparen. Bei einem Desktop-PC ohne Touchscreen sollten Sie vorsichtig sein, bevor Sie Bluetooth deaktivieren, denn dadurch könnten Ihre kabellose Tastatur und Maus – und damit der gesamte PC – unbrauchbar werden. In diesem Fall hilft nur, eine kabelgebundene Tastatur oder Maus anzuschließen und die Einstellung wieder zu aktivieren.

USB-Geräte verwalten

Universal Serial Bus, besser bekannt unter der Abkürzung USB, ist einer der ältesten und zuverlässigsten Plug & Play-Standards auf der Welt. Im Lauf der Jahre hat sich der USB-Standard von Version 1.1 über 2.0 und 3.2 bis zu USB 4 weiterentwickelt, wobei der Versionssprung zu USB 3.1 und darüber hinaus eine gewaltige Steigerung bei der Datenübertragungsgeschwindigkeit zwischen USB-Geräten mit sich brachte (bis zu 20GBit/s bei USB-3.2-Gen-2x2-Geräten).

Durch ein unglückliches Timing, das zu einiger Verwirrung geführt hat, wurde ein neuer USB-Typ-C-Anschluss zur gleichen Zeit auf dem Markt eingeführt, als USB 3.1 in High-End-Computergeräten auftauchte, darunter in den Microsoft-Modellen Surface Laptop, Surface Pro und Surface Go. Mithilfe sogenannter alternativer Modi (und der zugehörigen Adapter) können Sie einen USB-Type-C-Anschluss nutzen, um eine Verbindung zu Geräten mit HDMI-, DisplayPort-, Thunderbolt- und MHL-Buchsen (Mobile High-Definition Link) herzustellen. Eine beliebte USB-Type-C-Kategorie ist der Multi-Port-Hub, in den Sie HDMI- und DisplayPort-Kabel, RJ-45-Stecker für Kabelnetzwerke, herkömmliche USB-Type-A-Kabel und sogar Notebook-geeignete Netzteile einstecken können. Mithilfe einer einzigen USB-Type-C-Buchse können Sie also einen tragbaren PC in einen vollständig ausgestatteten Desktop-PC verwandeln. Der USB-Type-C-Anschluss ist umkehrbar (kein dreimaliges Umdrehen des USB-Steckers mehr, bis Sie die richtige Ausrichtung gefunden haben). Diese neuen Anschlüsse sind mit älteren USB-Geräten kompatibel, erfordern jedoch einen Adapter.

> Hinweis
>
> **Geräte mit USB-Type-C-Anschlüssen unterstützen normalerweise USB 3.1, mit älteren USB-Geräten können Sie über Adapter kommunizieren. Aber weil die USB-Type-C-Spezifikation lediglich Unterstützung für den älteren, langsameren USB-2.0-Standard vorschreibt, bietet er keine Garantie für USB-3.1-Kompatibilität. Meist gibt es Probleme mit No-Name-Geräten, die in den Anfangszeiten der USB-Type-C-Unterstützung auf den Markt geworfen wurden.**

Alle USB-Geräte sind Plug & Play-kompatibel. Wenn Sie die Steckertypen und den höchsten Standard kennen, den Ihr Gerät unterstützt, können Sie sicher sein, dass keine Kompatibilitätsprobleme auftreten und Sie die richtigen Kabel dabeihaben.

Treiber aktualisieren und deinstallieren

Wenn Sie ein Hardwareproblem haben, von dem Sie vermuten, dass es durch einen Gerätetreiber verursacht wird, sollten Sie zuerst den Geräte-Manager öffnen. Öffnen Sie das Dialogfeld *Eigenschaften* für das Gerät und verwenden Sie die folgenden Schaltflächen auf der Registerkarte *Treiber*, um Wartungsaufgaben durchzuführen:

- **Treiber aktualisieren** Diese Schaltfläche öffnet das Dialogfeld *Treiber aktualisieren*, das wir im nächsten Abschnitt beschreiben.

- **Vorheriger Treiber** Mit dieser Schaltfläche wird der zuletzt manuell aktualisierte Treiber deinstalliert und die Systemkonfiguration auf den zuvor installierten Treiber zurückgesetzt. Diese Option ist im abgesicherten Modus verfügbar, wenn Sie einen Treiber entfernen müssen, der Fehler durch einen blauen Bildschirm (Stoppfehler/Abbruchfehler) verursacht. Im Gegensatz zur Systemwiederherstellung wirkt sich diese Option nur auf das ausgewählte Gerät aus. Wenn Sie den ausgewählten Treiber nie oder über Windows Update aktualisiert haben, ist diese Option nicht verfügbar.
- **Gerät deinstallieren** Mit dieser Schaltfläche werden die Treiberdateien und Registrierungseinstellungen für das ausgewählte Gerät vollständig entfernt. Bei Treiberpaketen, die Sie separat heruntergeladen und installiert haben, bietet sie auch die Möglichkeit, die zugehörigen Treiberdateien vollständig zu entfernen. Mit dieser Funktion können Sie einen Treiber entfernen, wenn Sie vermuten, dass er falsch installiert wurde. Anschließend können Sie den Originaltreiber neu installieren oder einen aktualisierten Treiber einspielen.

Expertentipp

Knüpfen Sie ein Sicherheitsnetz, bevor Sie mit Treibern herumspielen

Wenn Sie einen neuen Hardwaretreiber installieren, versucht Windows automatisch, einen neuen Systemwiederherstellungsprüfpunkt anzulegen. Das bedeutet jedoch nicht, dass die Wiederherstellung erfolgreich sein wird, insbesondere wenn die Systemwiederherstellung deaktiviert ist oder wenn ein Problem mit den Einstellungen der Systemwiederherstellung dazu geführt hat, dass dieses Dienstprogramm vorübergehend nicht funktioniert. Um sicherzustellen, dass Sie Ihre Änderungen bei Bedarf rückgängig machen können, setzen Sie manuell einen neuen Systemwiederherstellungsprüfpunkt, bevor Sie Änderungen an der Hardwarekonfiguration vornehmen. (Weitere Informationen finden Sie im Abschnitt »Das System auf einem früheren Wiederherstellungspunkt zurücksetzen« in Kapitel 15, »Problembehandlung, Sicherung und Wiederherstellung«.)

Automatische Treiberupdates verwalten

Microsoft verwendet den Windows Update-Mechanismus, um Treiber für viele Geräte auszuliefern. Dank dieses Features können Sie, wenn Sie ein neues Gerät anstecken, recht sicher sein, dass es funktioniert, ohne dass Sie etwas tun müssen. Außerdem erhalten Sie automatisch aktualisierte Treiber, die oft Zuverlässigkeits-, Stabilitäts- und Kompatibilitätsprobleme beseitigen.

In früheren Windows-Versionen war es wichtig, dass Sie die Auswirkungen der automatischen Installation von Treiberupdates als Teil Ihrer Windows-Update-Strategie berücksichtigen. Es wurde sogar empfohlen, dies zu vermeiden und stattdessen Treiber nur bei Bedarf manuell zu aktualisieren.

Heutzutage lautet die Empfehlung jedoch, die Treiber über Windows Update zu aktualisieren. Der Prozess ist deutlich zuverlässiger geworden, und es ist sehr unwahrscheinlich, dass Sie Probleme mit aktualisierten Treibern haben, die über Windows Update installiert werden.

> **Hinweis**
>
> **Viele Treiber-Updates sind als optional gekennzeichnet und können unter *Einstellungen | Windows Update | Erweiterte Optionen | Optionale Updates | Treiberupdates* überprüft werden. In einigen Fällen sind diese Treiber älter als die derzeit installierten und sollten nur dann installiert werden, wenn die neueren Versionen Probleme verursachen. Wenn Sie keine optionalen Treiberupdates installieren möchten, müssen Sie das auch nicht. Falls Sie die Updates installieren wollen, wählen Sie sie aus und klicken auf *Herunterladen & Installieren*.**

Gerätetreiber manuell aktualisieren

Microsoft und andere Hersteller veröffentlichen häufig Updates für Gerätetreiber. In manchen Fällen macht ein Update neue Funktionen verfügbar, in anderen Fällen beseitigt die neue Version einen Fehler, der sich möglicherweise auch auf Ihrem System bemerkbar gemacht hat. Neue von Microsoft signierte Treiber werden oft (aber nicht immer) über Windows Update ausgeliefert. Andere Treiber müssen Sie von der Website des Geräteherstellers herunterladen. Kernelmodustreiber müssen auf jeden Fall digital signiert sein, damit sie installiert werden können.

Wenn der neue Treiber ein Installationsprogramm enthält, führen Sie dieses Programm aus, um die erforderlichen Dateien in den Treiberspeicher Ihres Systems zu kopieren. Starten Sie dann den Aktualisierungsprozess, indem Sie den Geräte-Manager öffnen, den Eintrag für das zu aktualisierende Gerät auswählen und auf die Schaltfläche *Treiber aktualisieren* in der Symbolleiste oder auf den Befehl *Treiber aktualisieren* im Kontextmenü klicken. (Sie können auch auf der Registerkarte *Treiber* des Dialogfelds *Eigenschaften* des Geräts auf *Treiber aktualisieren* klicken.)

Diese Aktion öffnet das in Abbildung 13.10 gezeigte Dialogfeld.

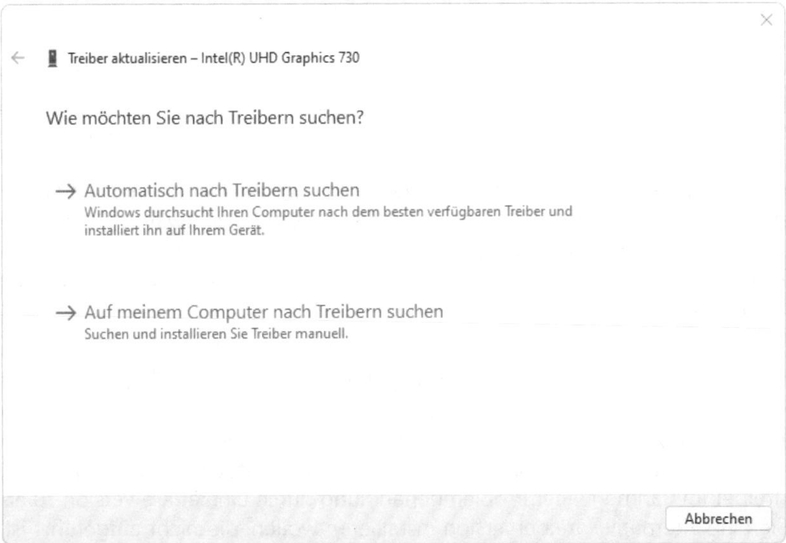

Abbildung 13.10 Wenn Sie einen Treiber manuell aktualisieren, versuchen Sie es zuerst mit der automatischen Option, es sei denn, Sie möchten einen bestimmten Treiber auswählen, den Sie zuvor heruntergeladen haben.

Kapitel 13

Klicken Sie auf *Automatisch nach aktualisierter Treibersoftware suchen*, wenn Sie wissen, dass der Treiber auf einem lokalen Datenträger bereitliegt, oder wenn Sie in Windows Update suchen wollen. Klicken Sie auf *Auf meinem Computer nach Treibern suchen*, wenn Sie den Speicherort eines heruntergeladenen Treiberpakets eingeben oder ein Gerät aus einer Liste verfügbarer Treiber im Treiberspeicher auswählen wollen. Die Option *Auf meinem Computer nach Treibern suchen* öffnet ein Dialogfeld wie in Abbildung 13.11 mit zwei Optionen zur manuellen Auswahl eines Treibers.

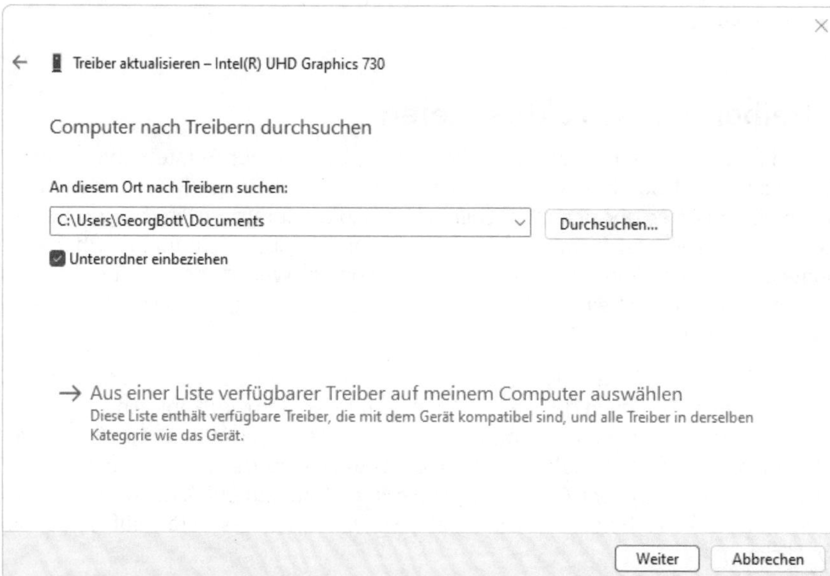

Abbildung 13.11 Wenn Sie ein Treiberpaket heruntergeladen haben, das kein Installationsprogramm enthält, wählen Sie hier den Speicherort aus, damit die Aktualisierung durchgeführt werden kann.

Wenn Sie die Treiberdateien auf die Festplatte heruntergeladen oder auf einen Wechseldatenträger kopiert haben, können Sie auf *Durchsuchen* klicken, den Speicherort auswählen und auf *Weiter* klicken. (Falls Sie den *FileRepository*-Ordner aus einer älteren Windows-Installation auf demselben Computer gesichert hatten, können Sie den entsprechenden Speicherort angeben.) Wenn das Kontrollkästchen *Unterordner einbeziehen* aktiviert ist, wie es in der Standardeinstellung der Fall ist, durchsucht die Treiberupdatesoftware den angegebenen Speicherort nach einer Setupinformationsdatei, die zur Hardware-ID des ausgewählten Geräts passt. Findet die Software eine passende Datei, installiert sie die angegebene Treibersoftware automatisch.

Verwenden Sie die zweite Möglichkeit, *Aus einer Liste verfügbarer Treiber auf meinem Computer auswählen,* wenn Sie wissen, dass sich die benötigte Treibersoftware bereits im lokalen Treiberspeicher befindet. Wenn Sie diese Option wählen, bekommen Sie im Allgemeinen nur einen einzigen Treiber angeboten. In manchen Fällen (wie in Abbildung 13.12 gezeigt) bekommen Sie Vorgängerversionen eines Treibers aufgelistet mit der Möglichkeit, einen neuen Treiber im Rahmen einer Problembehandlung durch eine ältere Version zu ersetzen. Falls Sie eine alternative Treiberversion installieren wollen, die nicht aufgeführt ist, müssen Sie das Kontrollkästchen *Kompatible Hardware anzeigen* deaktivieren und dann einen Treiber aus einer langen Liste aller passenden Geräte der jeweiligen Kategorie auswählen.

Abbildung 13.12 Deaktivieren Sie das Kontrollkästchen *Kompatible Hardware anzeigen* nur dann, wenn Sie absolut sicher sind, dass Plug & Play den falschen Treiber ausgewählt hat und Sie manuell einen anderen Treiber installieren möchten.

> **Expertentipp**
>
> ***Stellen Sie sicher, dass ein Update wirklich eine neuere Version enthält***
>
> **Wie stellen Sie fest, ob eine heruntergeladene Version neuer ist als der Treiber, der momentan auf Ihrem System installiert ist? Sorgfältige Release-Notes sollten diese Informationen liefern; sie sind die bevorzugte Möglichkeit, Versionsinformationen zu ermitteln. Gibt es keine brauchbare Dokumentation, liefert das Dateidatum einige Hinweise, aber diese Angaben sind nicht immer zuverlässig. Besser ist es, die Eigenschaften der Treiberdateien selbst zu untersuchen. Nachdem Sie die heruntergeladenen Treiberdateien in einen Ordner auf einem lokalen oder Netzlaufwerk entpackt haben, können Sie mit der rechten Maustaste irgendeine *.dll*- oder *.sys*-Datei anklicken und den Befehl *Eigenschaften* wählen. Auf der Registerkarte *Details* müssten Sie Informationen über die konkrete Treiberversion finden, die Sie mit den Treiberdetails vergleichen können, die der Geräte-Manager anzeigt.**

Die vorherige Treiberversion wiederherstellen

Leider können manuell aktualisierte Treiber manchmal neue Probleme verursachen, die schlimmer sind als die Probleme, die sie eigentlich beheben sollten. Dies gilt insbesondere, wenn Sie mit Vorabversionen neuer Treiber experimentieren. Wenn Sie bei der Fehlersuche den Verdacht haben, dass ein neu installierter Treiber die Ursache für die jüngsten Abstürze oder die Instabilität des Systems ist, sollten Sie diesen Treiber entfernen und Ihre Systemkonfiguration auf den zuvor installierten Treiber zurücksetzen.

Öffnen Sie dazu den Geräte-Manager und doppelklicken Sie auf den Eintrag für das Gerät, das Sie zurücksetzen möchten. Gehen Sie dann auf die Registerkarte *Treiber* und klicken Sie auf *Vorheriger Treiber*. Die weiteren Schritte sind simpel und selbsterklärend.

Hinweis

Sie können einen Treiber auch indirekt zurücksetzen, indem Sie eine Systemwiederherstellung durchführen. Wenn auf Ihrem Computer der Systemschutz aktiviert ist, können Sie die Systemwiederherstellung verwenden, um eine vollständige Computerkonfiguration von einem früheren Zeitpunkt zu übernehmen. Beachten Sie jedoch, dass dabei die gesamte Computerkonfiguration und nicht nur der Treiber zurückgesetzt wird.

Treiber deinstallieren

Es gibt mindestens drei Situationen, in denen Sie einen Gerätetreiber vollständig von Ihrem System entfernen möchten:

- Sie verwenden das Gerät nicht mehr und möchten verhindern, dass die zuvor installierten Treiber geladen werden oder irgendwelche Ressourcen verwenden.
- Sie haben festgestellt, dass die für das Gerät verfügbaren Treiber nicht stabil genug sind, um auf Ihrem System verwendet zu werden.
- Der aktuell installierte Treiber funktioniert nicht richtig, und Sie möchten ihn von Grund auf neu installieren.

Expertentipp

Verwalten von Plug & Play-Treibern

Es erfordert einen gewissen Aufwand, die Treiber für ein ansteckbares Plug & Play-Gerät zu entfernen und neu zu installieren. Weil diese Treiber dynamisch geladen und entladen werden, können Sie den Treiber nur entfernen, wenn das zugehörige Gerät angeschlossen ist. Klicken Sie auf die Schaltfläche *Gerät deinstallieren*, um den Treiber zu löschen, bevor Sie das Gerät loskoppeln. Sie können den Gerätetreiber neu installieren, ohne das Gerät ausstecken zu müssen, indem Sie den Geräte-Manager öffnen und im Menü *Aktion* den Befehl *Nach geänderter Hardware suchen* wählen.

Um einen Treiber dauerhaft zu entfernen, öffnen Sie den Geräte-Manager, klicken Sie mit der rechten Maustaste auf den Eintrag für das Gerät und dann auf *Gerät deinstallieren*. (Wenn der Eintrag für das betreffende Gerät bereits geöffnet ist, klicken Sie auf die Registerkarte *Treiber* und dann auf *Gerät deinstallieren*.) Klicken Sie auf *OK*, wenn die Bestätigung angefordert wird, dass Sie den Treiber deinstallieren wollen. Anschließend entfernt Windows die Dateien und Registrierungseinstellungen vollständig. Sie können das Gerät nun abstecken.

Wenn Sie die Treiberdateien aus einer heruntergeladenen Datei installiert haben, enthält das Dialogfeld *Gerät deinstallieren* ein Kontrollkästchen (siehe Abbildung 13.13), das Sie aktivieren können, um zu versuchen, die Dateien auch aus dem Treiberspeicher zu entfernen. Dadurch wird verhindert, dass ein problematischer Treiber versehentlich neu installiert wird, wenn Sie das Gerät wieder einstecken oder den Computer neu starten.

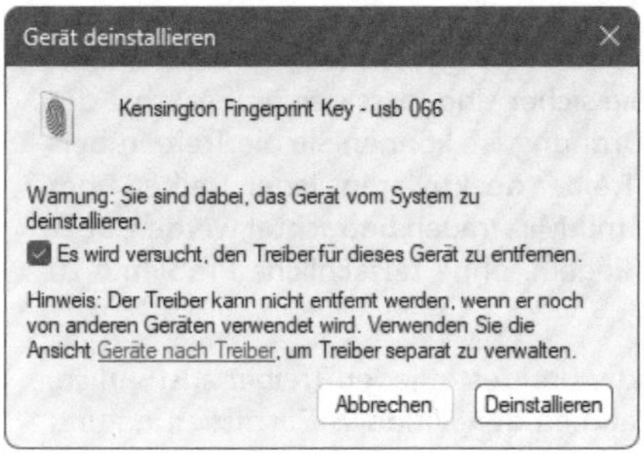

Abbildung 13.13 Aktivieren Sie unbedingt dieses Kontrollkästchen, wenn Sie versuchen möchten, einen problematischen Treiber zu entfernen, damit er sich nicht automatisch neu installiert.

Beachten Sie, dass Sie Treibersoftware, die in Windows 11 enthalten ist, nicht löschen können.

Expertentipp

Was ist aus dem Windows-Tool »Show/Hide Updates« geworden?

Wenn Windows Update einen problematischen Gerätetreiber liefert, ist sein Entfernen nur eine vorübergehende Lösung. Wenn Windows das nächste Mal nach neuen Updates sucht, lädt es denselben Treiber herunter und installiert ihn.

Langjährige Windows-Administratoren erinnern sich vielleicht noch an das Windows-Tool zum Ein- und Ausblenden von Updates, mit dem dieses Dilemma umgangen werden sollte. Mit diesem Dienstprogramm, das als Troubleshooting Pack-Datei mit dem Namen *Wushowhide.diagcab* geliefert wurde, konnten Windows-Administratoren Treiber und andere Updates ausdrücklich vom erneuten Herunterladen ausschließen.

Leider ist dieses Tool auf der Download-Website von Microsoft nicht mehr verfügbar und Support-Artikel, die darauf verweisen, enthalten ebenfalls Links, die nicht mehr funktionieren. Obwohl es möglich ist, alternative Download-Seiten für dieses Dienstprogramm zu finden, empfehlen wir, nicht nach ihnen zu suchen.

TROUBLESHOOTING

Sporadisch auftretende Hardwarefehler

Wenn sich Ihr Computer unvorhersehbar verhält, ist es durchaus möglich, dass defekte Hardware oder ein fehlerhafter Gerätetreiber schuld ist.

Für solche Situationen gibt es ein leistungsfähiges Problembehandlungstool, den Treiberüberprüfungs-Manager (*Verifier.exe*). Er bietet die Möglichkeit, fehlerhafte Gerätetreiber aufzuspüren. Statt Ihren Computer im ungünstigsten Moment mit einem irreführenden Abbruchfehler (Blue Screen of Death, BSOD, oder kurz Bluescreen) lahmzulegen, stoppt die Treiberüberprüfung Ihren Computer beim Hochfahren mit einem BSOD, der das tatsächliche Problem genau erläutert. Das hört sich erst einmal nicht nach einem riesigen Fortschritt an (schließlich funktioniert Ihr System immer noch nicht), aber der Treiberüberprüfungs-Manager führt im Rahmen der Problembehandlung einen wichtigen Schritt aus: die Analyse des Problems.

Anschließend haben Sie Gelegenheit, das Problem zu beseitigen, indem Sie den schuldigen Treiber deinstallieren oder ersetzen. (Wenn Sie sicher sind, dass der Treiber trotz der Warnung des Treiberüberprüfungs-Managers in Ordnung ist, können Sie die Treiberüberprüfung für alle Treiber oder einen bestimmten Treiber deaktivieren. Jeder Treiber, über den sich die Treiberüberprüfung beschwert, sollte mit Misstrauen betrachtet werden, aber manche Treiber dehnen lediglich ein wenig die Regeln, ohne tatsächliche Probleme zu verursachen.)

Die Treiberüberprüfung wird beim Systemstart aktiv und testet jeden Treiber ausführlich. Sie führt dabei etliche Tests durch, die auch im Rahmen der Windows-Zertifizierung und des Signierungsprozesses vorgenommen werden, zum Beispiel prüft sie, auf welche Weise der Treiber auf Arbeitsspeicher zugreift.

Hier eine Warnung: Falls der Treiberüberprüfungs-Manager einen Treiber findet, der nicht den Anforderungen entspricht (sogar, wenn es gar nicht der ist, der die Probleme verursacht), verhindert er, dass Sie Ihr System starten. Verwenden Sie die Treiberüberprüfung also nur, wenn Sie tatsächlich ernste Probleme haben.

Um den Treiberüberprüfungs-Manager zu verwenden, öffnen Sie eine Eingabeaufforderung mit erhöhten Rechten und geben Sie den Befehl verifier ein. Wählen Sie im Dialogfeld *Treiberüberprüfungs-Manager* (Abbildung 13.14) die Option *Standardeinstellungen erstellen* aus. (Falls Sie den aktuellen Zustand erfassen möchten, bevor Sie mit der Prüfung beginnen, können Sie die letzte Option wählen, *Informationen über verifizierte Treiber anzeigen*.)

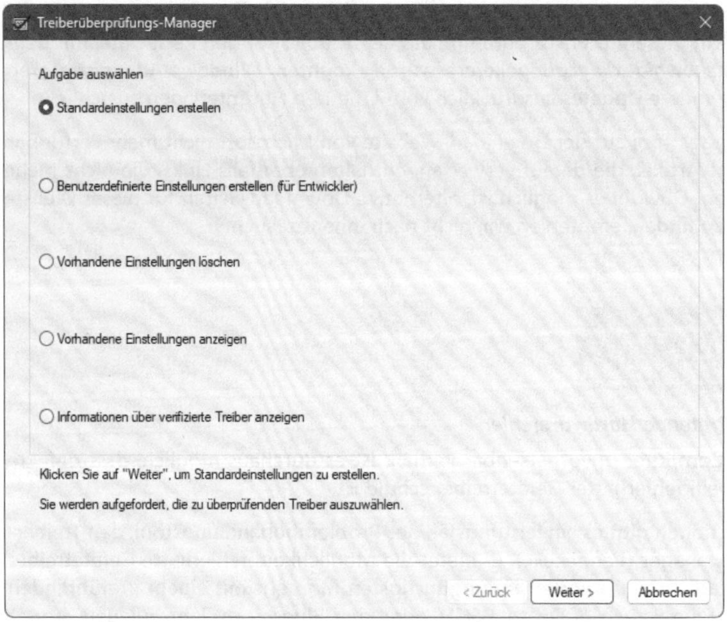

Abbildung 13.14 Die oberste Option im *Treiberüberprüfungs-Manager* erstellt eine Liste aller derzeit installierten Treiber, die Sie zur Fehlersuche verwenden können.

→

Wenn Sie auf *Weiter* klicken, zeigt der Treiberüberprüfungs-Manager eine Liste aller derzeit installierten Treiber an, die die von Ihnen angegebenen Bedingungen erfüllen. Beachten Sie, dass die Liste eine Mischung aus Hardwaretreibern und einigen Dateisystem-Filtertreibern enthalten kann, beispielsweise solche, die von Antivirenprogrammen, Sicherungsprogrammen, Anwendungen zum Brennen von CDs und DVDs und anderer Low-Level-Systemsoftware verwendet werden.

An diesem Punkt haben Sie zwei Möglichkeiten:

- Gehen Sie durch die Liste, notieren Sie sich alle identifizierten Treiber und klicken Sie dann auf *Abbrechen*. Es werden keine Änderungen an Ihrer Systemkonfiguration vorgenommen; Sie haben lediglich eine Liste verdächtiger Treiber erstellt, die Sie dann manuell entfernen oder deaktivieren können.
- Klicken Sie auf *Fertig stellen*, um den Assistenten abzuschließen und den Computer neu zu starten. Wählen Sie diese Option nur dann, wenn Sie auf die Konsequenzen vorbereitet sind, die in diesem Textkasten beschrieben werden.

Wenn Sie die zweite Option wählen und Ihr Computer bei der nächsten Anmeldung mit einem blauen Bildschirm stehen bleibt, haben Sie einen problematischen Treiber identifiziert. Die Fehlermeldung enthält den Namen des fehlerhaften Treibers und einen Fehlercode.

Sie können das Problem beseitigen, indem Sie Windows 11 über die Wiederherstellungsumgebung im abgesicherten Modus starten und den schuldigen Treiber deaktivieren oder deinstallieren. Anschließend sollten Sie beim Gerätehersteller prüfen, ob er einen funktionierenden Treiber anbietet, den Sie installieren können.

Um die Treiberüberprüfung zu deaktivieren, damit sie beim Systemstart keine Verifizierungstests mehr ausführt, können Sie den Treiberüberprüfungs-Manager erneut starten und im ersten Dialogfeld die Option *Vorhandene Einstellungen löschen* wählen. Stattdessen können Sie an einer Eingabeaufforderung auch verifier /reset eintippen. (Falls Sie das Treiberproblem noch nicht beseitigt haben, werden Sie natürlich mit einem Bluescreen gestoppt und sind nicht in der Lage, die Treiberüberprüfung zu deaktivieren. In diesem Fall können Sie im abgesicherten Modus starten und dort die Treiberüberprüfung deaktivieren.)

Sie können die Treiberüberprüfung so konfigurieren, dass sie nur ausgewählte Treiber testet. Öffnen Sie dazu den Treiberüberprüfungs-Manager, wählen Sie die Option *Standardeinstellungen erstellen* aus, klicken Sie auf *Weiter* und wählen Sie die letzte Option, *Treiber aus einer Liste wählen*. Mit dieser Option können Sie einen bestimmten Treiber aus der Treiberüberprüfung herausnehmen, zum Beispiel weil die Treiberüberprüfung ihn moniert, Sie aber sicher sind, dass er nicht Ursache der Probleme ist.

Hinweis

Die Treiberüberprüfung ist seit Windows 2000 in allen Windows-Versionen enthalten, auch in Windows 11. Informationen über den Einsatz des Tools finden Sie im Microsoft-Support-Artikel 244617, »Verwendung der Treiberüberprüfung zur Behandlung von Treiberproblemen in Windows (für fortgeschrittene Benutzer)« unter: *https://support.microsoft.com/kb/244617*

Drucker und Druckerwarteschlangen

Um einen modernen Drucker zu installieren, der an einen USB-Anschluss des PC angeschlossen wird, auf dem Sie ihn verwenden möchten, müssen Sie das Gerät nur anschließen. Plug & Play übernimmt den Rest der Arbeit. (Siehe »Installieren eines neuen Plug & Play-Geräts« weiter vorne in diesem Kapitel.)

> **Hinweis**
>
> **Obwohl es mit ziemlicher Sicherheit noch einige Drucker ohne Plug & Play-Funktion gibt, werden in diesem Buch keine manuellen Anschlussmöglichkeiten für ältere Geräte behandelt.**

Drucker, die über WLAN oder Bluetooth angeschlossen werden, unterstützen ebenfalls Plug & Play. Folgen Sie den Anweisungen des Herstellers, um die WLAN-Verbindung aufzubauen, oder blättern Sie einige Seiten bis zu der Stelle weiter, an der der Befehl *Drucker hinzufügen* beschrieben wird.

▶ **Sie können einen Drucker für andere Benutzer im selben lokalen Netzwerk freigeben. Befolgen Sie die Anweisungen unter »Dateien, Drucker und andere Ressourcen über ein lokales Netzwerk freigeben« in Kapitel 11, »Windows-Netzwerke konfigurieren«.**

Um einen Drucker zu konfigurieren oder mit Dokumenten in einer Druckerwarteschlange zu arbeiten, gehen Sie zu *Einstellungen | Bluetooth und Geräte | Drucker und Scanner.* Sie können dann die verfügbaren Geräte überprüfen, wie in Abbildung 13.15 dargestellt.

Um die Druckeroptionen zu überprüfen, wählen Sie einen Drucker aus. Sie können dann die folgenden Optionen zur Verwaltung des Druckers verwenden:

- *Druckerwarteschlange öffnen* führt Sie zu einer Liste der Seiten, die derzeit gedruckt werden oder die auf den Druck warten.
- Mit *Testseite drucken* können Sie eine Testseite an den ausgewählten Drucker senden.
- *Problembehandlung ausführen* zwingt Windows dazu, den Drucker auf Probleme zu überprüfen und Lösungen für erkannte Probleme vorzuschlagen.
- Mit den *Druckereigenschaften* können Sie die detaillierte Konfiguration des Druckers überprüfen, einschließlich Freigabe, Anschlüsse, Geräteeinstellungen, Farbmanagement, Sicherheit und Erweitert.
- In den *Druckeinstellungen* können Sie die Ausrichtung, die Seitenreihenfolge, die Seiten pro Blatt und die Papierquelle sowie viele andere Einstellungen überprüfen oder ändern.
- *Hardwareeigenschaften* zeigt das Dialogfeld *Eigenschaften* an, auf dem Sie auf Details und Ereignisse des Druckers zugreifen können.
- *Geräteinformationen* zeigt zusätzliche Informationen über den ausgewählten Drucker an, einschließlich Hersteller, Modell, Seriennummer und, falls ein Netzwerk angeschlossen ist, nützliche Daten wie MAC-Adresse und IP-Adresse.

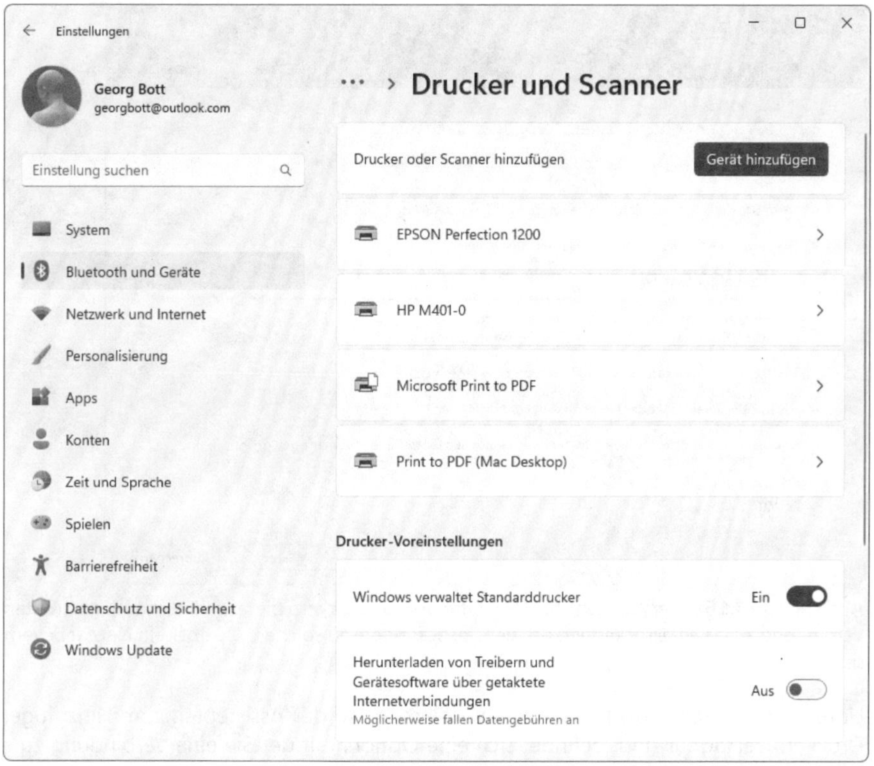

Abbildung 13.15 Diese Einstellungsseite zeigt die installierten Drucker und Scanner an. Klicken Sie auf ein beliebiges Element in der Liste, um weitere Details anzuzeigen.

Drucker sind keine unverwechselbaren Einzelstücke, aber es gibt so viele Variationen bei Hardware und Software, dass wir uns auf eine allgemeine Empfehlung beschränken müssen: Machen Sie sich mit Ihrem Drucker vertraut, indem Sie diese Einstellungen untersuchen, und lesen Sie nach Möglichkeit die Bedienungsanleitung.

Um einen drahtlosen oder vernetzten Drucker verfügbar zu machen, gehen Sie zu *Einstellungen | Bluetooth und Geräte | Drucker und Scanner* und klicken Sie auf *Gerät hinzufügen*. Sofern die Planeten günstig stehen, findet die automatische Erkennungssoftware möglicherweise Ihren Drucker und führt Sie durch die Einrichtung des Geräts.

Wenn Sie nicht so viel Glück haben, klicken Sie neben *Der gewünschte Drucker ist nicht aufgeführt* auf *Manuell hinzufügen*. Daraufhin wird das in Abbildung 13.16 gezeigte Dialogfeld geöffnet. In diesem Beispiel haben wir die Option *Freigegebenen Drucker über den Namen auswählen* gewählt, auf *Durchsuchen* geklickt und den freigegebenen Drucker auf einem Netzwerkserver gesucht.

Kapitel 13

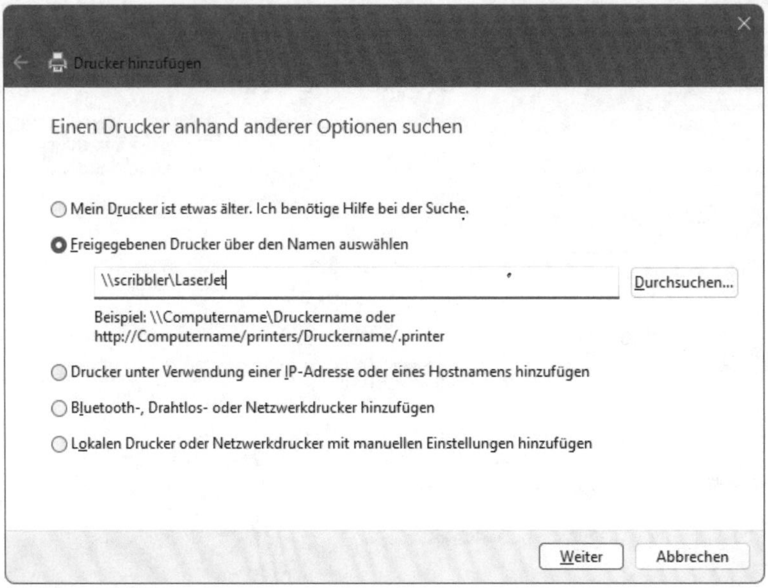

Abbildung 13.16 Der Assistent zum Hinzufügen von Druckern bietet zahlreiche Möglichkeiten, eine Verbindung zu einem Drucker herzustellen, insbesondere zu solchen, die über ein Netzwerk verfügbar sind.

Unter den »anderen Optionen«, die auf dieser Seite des Assistenten zum Hinzufügen von Druckern verfügbar sind, befindet sich eine Option, mit der Sie eine Verbindung zu einem Netzwerkdrucker über dessen UNC-Namen (Universal Naming Convention) herstellen können. Das in Abbildung 13.16 gezeigte Gerät ist beispielsweise mit einem Drucker namens *LaserJet* auf einem Server namens *scribbler* verbunden, sodass seine UNC-Adresse *\\scribbler\LaserJet* lautet. Sie können auch die IP-Adresse für ein Gerät verwenden, das eine fest zugewiesene Adresse hat, und Sie können die Hilfe eines Assistenten in Anspruch nehmen, um einen drahtlosen oder Bluetooth-Drucker hinzuzufügen.

Expertentipp

Ermitteln von TCP/IP-Adresse oder Hostnamen eines Druckers

Wenn Sie die TCP/IP-Adresse oder den Hostnamen eines Druckers ermitteln wollen, ist es oft am einfachsten, über das Bedienfeld des Druckers eine Konfigurationsseite auszudrucken. Dort finden Sie normalerweise diese Angabe.

Eine der einfachsten Möglichkeiten, eine Verbindung zu einem freigegebenen Netzwerkdrucker herzustellen, kommt ganz ohne Assistenten aus. Suchen Sie einfach im Datei-Explorer nach dem Netzwerkcomputer, bei Bedarf müssen Sie Anmeldeinformationen für die Freigabe eingeben und speichern. Sie müssten nun einen Eintrag für jeden freigegebenen Drucker sehen, der für Sie verfügbar ist. Klicken Sie doppelt auf das Symbol, um die Verbindung zu diesem Drucker aufzubauen. Weil Windows eine lokale Kopie für den Treiber des Netzwerkdruckers benötigt, brauchen Sie administrative Anmeldeinformationen.

> **Expertentipp**
>
> ***Verwenden Sie einen kompatiblen Treiber***
>
> **Falls Sie keinen Treiber finden, der speziell für Ihren Drucker entwickelt wurde, kommen Sie unter Umständen auch mit einem anderen Treiber aus. Versuchen Sie, in der Bedienungsanleitung herauszufinden, ob der Drucker ein verbreitetes Modell emuliert, zum Beispiel einen Hewlett-Packard LaserJet. Ist das der Fall, können Sie den entsprechenden Druckertreiber wählen und einige Testseiten drucken, sobald die Installation abgeschlossen ist. Möglicherweise verlieren Sie den Zugriff auf einige Sonderfunktionen, die Ihr Druckermodell beherrscht, aber zumindest sind Sie in der Lage, Dokumente auf Papier zu bringen.**

Bildschirme und Grafikkarten konfigurieren

Bei einem Desktop-PC oder einem tragbaren PC mit einem einzigen Bildschirm (und bei Anschluss eines externen Monitors mit dem richtigen Kabel) sollten Sie nichts tun müssen, um Ihren Bildschirm zu konfigurieren. Alle modernen Bildschirmadapter liefern aktuelle Treiber über Windows Update, und der Bildschirm ist in der Lage, sich selbst zu konfigurieren, sobald er angeschlossen ist. In diesem Kapitel behandeln wir eine Handvoll Szenarien, in denen Sie diese Einstellungen möglicherweise manuell überprüfen und anpassen möchten oder müssen.

Anzeigeeinstellungen ändern

Wie bereits erwähnt, ist Windows in der Regel sehr gut in der Lage, die Anzeigeeinstellungen zu konfigurieren. Um sie zu überprüfen, gehen Sie zu *Einstellungen | System | Bildschirm* (siehe Abbildung 13.17).

Die Helligkeitseinstellungen sind in der Regel nur auf einem Laptop-PC verfügbar. Auf die Einstellungen für das Nachtlicht gehen wir etwas später in diesem Abschnitt ein. Achten Sie besonders auf die Einstellungen unter der Überschrift *Skalieren und Layout*:

- **Skalieren** Auf hochauflösenden Monitoren können Sie die sichtbare Größe von Anwendungen und Text vergrößern oder verkleinern, ein Prozess, der technisch als Skalierung bezeichnet wird. Auch hier empfiehlt Windows einen Skalierungsfaktor, der sich nach der Größe des Bildschirms und der Auflösung richtet. Sie können einen größeren oder kleineren Skalierungsfaktor für Ihren persönlichen Komfort wählen. Auf einem System mit einem einzigen Bildschirm können Sie die Skalierung auf der Seite *Bildschirm* in den Einstellungen aus einem Dropdownmenü auswählen. Oder erweitern Sie den Abschnitt *Skalieren* und legen Sie auf der Seite *Benutzerdefinierte Skalierung* einen Skalierungsfaktor fest.

▶ **Die Skalierung wird in Kapitel 4, »Windows 11 personalisieren«, im Abschnitt »Lesbarkeit von Text verbessern« behandelt.**

- **Bildschirmauflösung** Jeder Monitor hat eine native Auflösung, bei der die Zahl der Hardwarepixel der Zahl der Pixel entspricht, die Windows anzeigen will. Wenn Sie die Anzeige in einer nicht-nativen Auflösung konfigurieren, leidet normalerweise die Bildqualität, die Anzeige wirkt dann unscharf oder das Seitenverhältnis stimmt nicht. Wenn beispielsweise ein Notebookmonitor eine native Auflösung von 1920 × 1080 Pixel besitzt und diese Auflösung eingestellt ist, können Sie dies an dem Zusatz »(empfohlen)« erkennen. Wenn Sie auf diese Dropdownliste klicken, öffnet sich eine Liste mit anderen unterstützten Auflösungen. Welchen Grund könnte es geben, eine nicht-native Auflösung zu wählen? Ein häufiger Fall ist die Projektion auf eine große Anzeige, beispielsweise in einem Konferenzraum oder mit einem Miracast-Adapter, der an den HDMI-Eingang eines Fernsehers angeschlossen ist. Wenn Sie die Möglichkeit wählen, die Anzeige auf beiden Monitoren zu duplizieren, müssen Sie die Auflösung auf den nativen Wert des Geräts stellen, das Ihr Publikum betrachtet. In diesem Fall kann es sein, dass die Darstellung auf Ihrem internen Bildschirm verzerrt aussieht.

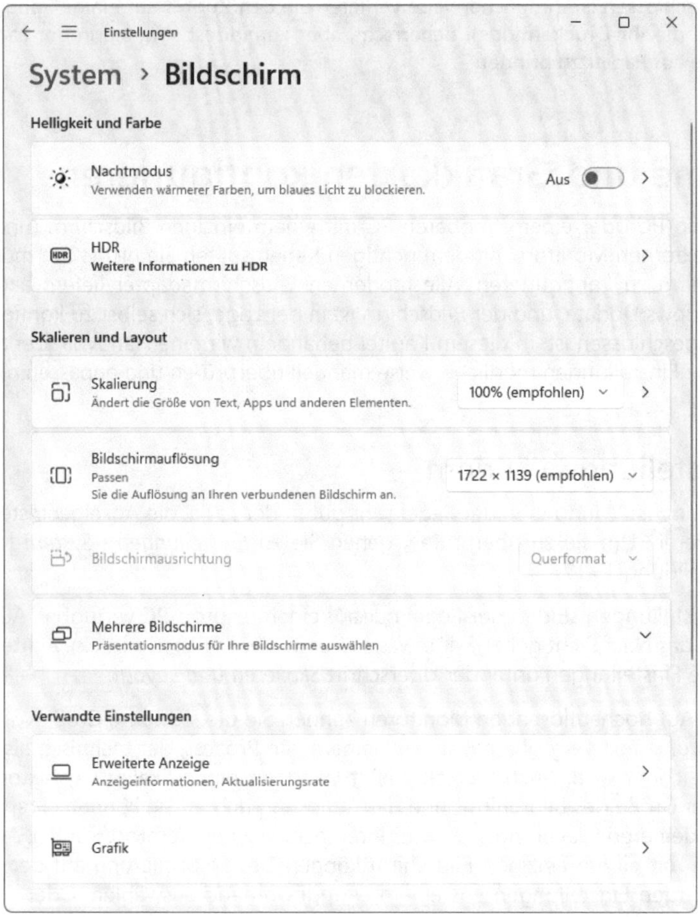

Abbildung 13.17 Wenn Sie nach den ersten beiden Optionen unter der Überschrift *Skalieren und Layout* »Empfohlen« sehen, bedeutet dies, dass Windows Ihre Bildschirmauflösung und Skalierung korrekt konfiguriert hat.

TROUBLESHOOTING

Die Bildschirmoptionen bieten nur Auflösungen bis 1920 × 1080 an, obwohl Ihr Monitor höhere Auflösungen unterstützt

Die wahrscheinlichste Ursache ist eine HDMI-Verbindung, die nicht in der Lage ist, die gewünschte Auflösung zu übertragen. Sofern entweder die Grafikkarte oder der Monitor lediglich den Standard HDMI 1.3 unterstützt, sind Sie auf Full-HD-Auflösung (1920 × 1080) beschränkt. Wenn beide Seiten der Verbindung HDMI 1.4 oder neuer unterstützen, müssen Sie ein High-Speed-HDMI-Kabel verwenden, ein Standard-HDMI-Kabel ist auf Full-HD-Auflösung beschränkt. In den meisten Fällen besteht die beste Lösung darin, auf eine andere Verbindung zu wechseln (sofern verfügbar). Der DisplayPort-Standard 1.2a, der mit Miniatur- und normalgroßen Steckern sowie mit USB-C-Adaptern arbeitet, unterstützt 4K-Auflösungen (3840 × 2160 oder 4096 × 2160) und der HDMI-Standard 1.4 unterstützt sogar 5K-Bildschirme (5120 × 2880).

- **Bildschirmausrichtung** Diese Einstellung ist bei tragbaren Geräten, die als Tablets verwendet werden können, und bei externen Bildschirmen, die für die Verwendung im Hochformat um 90 Grad gedreht werden können, verfügbar. Bei Laptops oder Desktop-Computern, bei denen die Ausrichtung des Bildschirms fest ist, würde eine Änderung der Ausrichtung zu einer merkwürdigen, meist unlesbaren Anzeige führen; daher ist diese Einstellung normalerweise nicht verfügbar.

Eine immer beliebtere Konfiguration für leistungsstarke tragbare PCs ist der Einbau von zwei GPUs. Einige Laptop-Modelle können beispielsweise zwischen der stromsparenden, aber dennoch leistungsfähigen integrierten Grafikkarte und einer leistungsfähigeren diskreten GPU auf Basis eines Nvidia- oder AMD-Chipsatzes umschalten. Wenn Sie einen PC mit zwei Grafikprozessoren besitzen, können Sie mit Windows 11 eine GPU mit einer bestimmten App verknüpfen.

Um benutzerdefinierte Optionen pro GPU zu konfigurieren, gehen Sie zu *Einstellungen | System | Bildschirm* und klicken Sie auf *Grafik*. Daraufhin wird die in Abbildung 13.18 gezeigte Seite *Grafik* geöffnet. Wie Sie sehen können, haben wir dieses Gerät bereits so angepasst, dass die Videoeditor-App Clipchamp einen zusätzlichen GPU-Boost erhält.

Die Technik zum Hinzufügen einer Anwendung zu dieser Liste ist unterschiedlich. Für eine ältere Desktopanwendung wählen Sie *Desktop-App* und klicken dann auf *Durchsuchen*, um die ausführbare Datei für dieses Programm zu finden. Bei einer Windows-App, die über den Store bereitgestellt wird, wählen Sie *Microsoft-Store-App* und dann die App aus der resultierenden Dropdownliste aus.

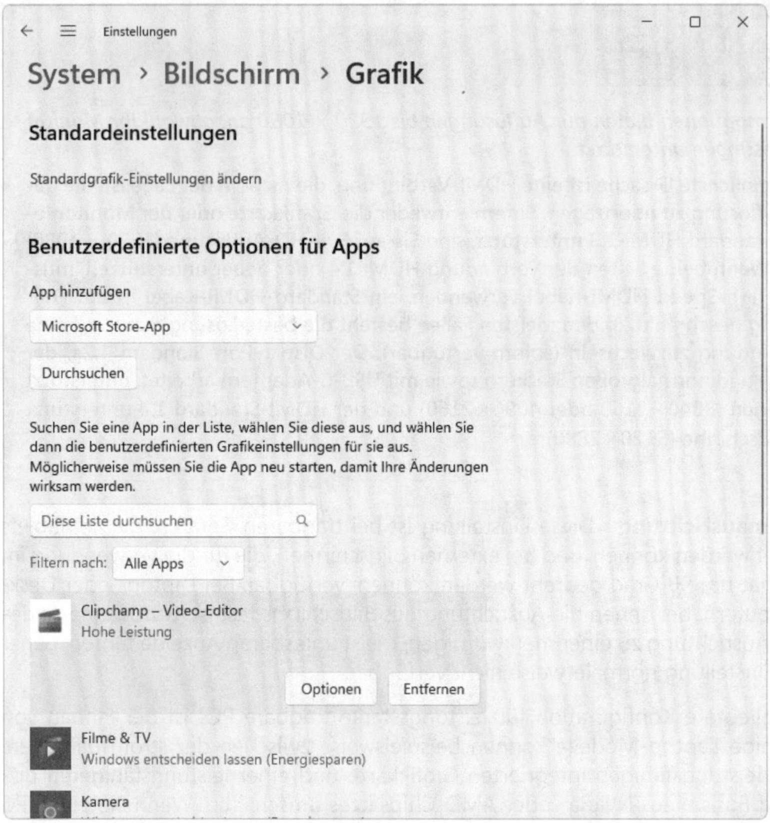

Abbildung 13.18 In Windows 11 können Sie die Grafikleistung für jede Anwendung einzeln konfigurieren. Auf High-End-Geräten mit umschaltbaren Grafikprozessoren können Sie bestimmten Anwendungen einen Grafikprozessor zuweisen, um die Leistung zu verbessern.

Klicken Sie auf *Hinzufügen*, um einen neuen Eintrag in der Liste für die ausgewählte Anwendung zu erstellen, und klicken Sie dann auf *Optionen*, um das in Abbildung 13.19 gezeigte Dialogfeld *Grafikeinstellungen* zu öffnen. Bei Systemen mit mehreren Grafikprozessoren ist der Grafikkartenadapter für hohe Leistung und die Onboard-Grafik für Energieeinsparung zuständig. Unabhängig von der Grafikhardware bietet Windows drei Optionen an:

- Windows entscheiden lassen
- Energiesparmodus
- Hohe Leistung

Das Kontrollkästchen *Keine Optimierungen für Fensterspiele verwenden* ermöglicht es Ihnen, Spiele mit Höchstgeschwindigkeit laufen zu lassen. Bei älteren Spielen müssen Sie möglicherweise mit dieser Option experimentieren, um ihre Wirkung zu erkennen.

Der Computer, den wir für diese Abbildung verwenden, besitzt neben der integrierten Intel UHD-Grafikkarte noch eine diskrete NVIDIA-Grafikkarte, die bei Apps wie dem Videoeditor Clipchamp von Microsoft für hohe Grafikleistung vorgesehen ist.

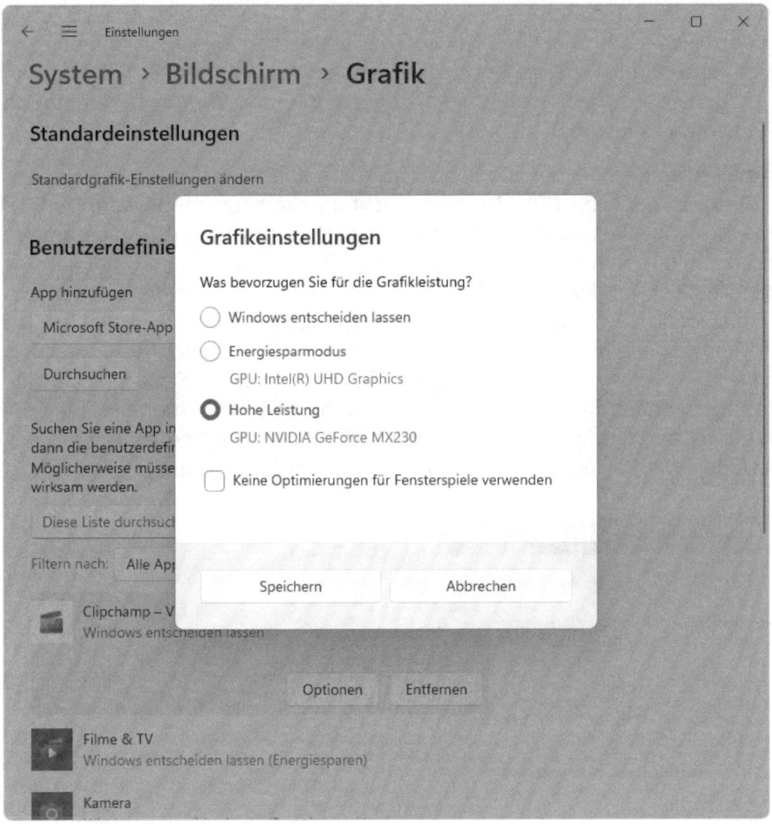

Abbildung 13.19 Normalerweise wählt Windows die geeigneten GPU-Einstellungen für eine Anwendung aus. Um diese Auswahl zu überschreiben, wählen Sie in diesem Dialogfeld *Energiesparmodus* oder *Hohe Leistung*.

Sie können sich jederzeit ansehen, welche GPU für eine bestimmte App verwendet wird, indem Sie den Task-Manager öffnen und auf der Registerkarte *Prozesse* die Spalte *GPU-Modul* untersuchen. Klicken Sie auf die Überschrift dieser Spalte, um die Liste so zu sortieren, dass alle Apps, die momentan eine der GPUs verwenden, oben in der Liste stehen.

Skalierung auf hochauflösenden Bildschirmen anpassen

Sogenannte High-DPI-Monitore sind heutzutage oft in tragbaren PCs der Oberklasse zu finden. Das Microsoft Surface Pro 9 zum Beispiel hat eine Bildschirmgröße von 13 Zoll (in der Diagonale gemessen) und eine native Auflösung von 2880 × 1920 Pixeln. Das entspricht 267 Pixeln pro Zoll (diese Einheit wird oft als Dots per Inch oder kurz DPI angegeben).

Diese Dichte übertrifft bei Weitem diejenige eines hochauflösenden Desktopmonitors (die Dichte dürfte in den meisten Fällen wenigstens doppelt so hoch sein) oder eines billigeren Notebook-PC mit ähnlicher Bildschirmdiagonale, aber geringerer nativer Auflösung. Wenn Sie ein High-DPI-System bei normaler Skalierung (100 Prozent) verwenden, sind Symbole und Text so klein, dass Sie kaum etwas erkennen werden. Daher ist das Surface Pro 9 in der Standardeinstellung so konfiguriert, dass es Windows 10 mit 200-Prozent-Skalierung ausführt. Das Ergebnis ist eine beeindruckend scharfe Bildschirmdarstellung. Alle Elemente der Windows-Oberfläche und in universellen Windows-Apps werden auf die doppelte Größe gedehnt, sodass sich jeder Punkt aus mehr physischen Pixeln zusammensetzt. (Bei 200-Prozent-Skalierung setzt sich jedes effektive Pixel aus vier physischen Pixeln zusammen.) Die meisten beliebten klassischen Desktop-Apps sehen auf primären High-DPI-Bildschirmen hervorragend aus, genauso wie jede Desktop-App, die auf Basis der Windows Presentation Foundation (WPF) entwickelt wurde.

Windows 11 enthält Anzeigecode, der das Rendering für einige ältere Desktopanwendungen verbessert, die zuvor auf High-DPI-Monitoren recht unscharf aussahen. Wenn Sie feststellen, dass eine Desktopanwendung nicht richtig skaliert wird, können Sie eine andere Option verwenden, um das Verhalten zu ändern. Suchen Sie die ausführbare Datei der Anwendung, klicken Sie diese mit der rechten Maustaste an und wählen Sie *Eigenschaften*, um das Eigenschaftsdialogfeld zu öffnen. Klicken Sie auf der Registerkarte *Kompatibilität* auf *Hohe DPI-Einstellungen ändern*, wählen Sie die in Abbildung 13.20 gezeigte Einstellung *Verhalten bei hoher DPI-Skalierung überschreiben* und ändern Sie sie in *System (Erweitert)*. Diese Einstellung überschreibt die Art und Weise, wie das ausgewählte Programm die DPI-Skalierung vornimmt. Dadurch wird verhindert, dass Bitmaps gedehnt werden. Die Anwendung wird gezwungen, die Skalierung von Windows durchführen zu lassen.

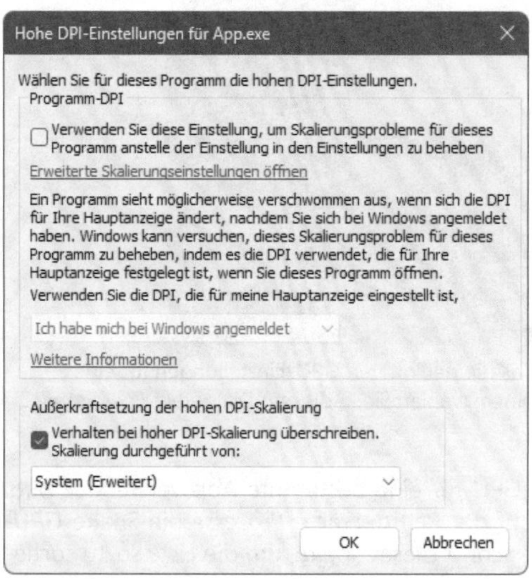

Abbildung 13.20 Die meisten Windows-Apps sollten auf Bildschirmen mit hoher DPI-Skalierung problemlos funktionieren. Bei Software, die ursprünglich für viel ältere Windows-Versionen geschrieben wurde, müssen Sie die hier gezeigten Einstellungen möglicherweise anpassen.

Windows 11 unterstützt Skalierungsfaktoren von 100 Prozent bis hin zu 450 Prozent, wobei die meisten Elemente der Benutzeroberfläche selbst bei den höchsten Skalierungsstufen kristallklar aussehen. Dazu gehören Start, Datei-Explorer und die Windows-Taskleiste.

Im Allgemeinen liefert die Skalierung eine Darstellung, die absolut natürlich aussieht. In manchen Fällen können allerdings Skalierungsprobleme auftreten, die sich in unscharfem Text, zu großen oder zu kleinen Desktopprogrammen oder abgeschnittenen und überlappenden Oberflächenelementen wie Menüs und Symbolleisten äußern.

Solche Skalierungsprobleme treten vor allem dann auf, wenn Sie versuchen, die Skalierung der Anzeige dynamisch zu verändern. Das kann in ganz unterschiedlichen Szenarien passieren: wenn Sie einen tragbaren PC, der intern einen High-DPI-Monitor besitzt, mit einem größeren externen Monitor verbinden, zum Beispiel über einen Videoausgang oder eine

Notebook-Dockingstation; wenn Sie eine High-DPI-Anzeige auf einen großen TV-Bildschirm projizieren; oder wenn Sie eine Remotedesktopverbindung herstellen. In all diesen Szenarien können unschöne Skalierungskombinationen entstehen, besonders wenn Sie Desktop-Apps verwenden, deren Entwickler ihre Produkte nicht auf Skalierungsänderungen vorbereitet haben.

In einem solchen Fall besteht die einzige Lösung darin, alle laufenden Apps zu schließen, sich von Windows abzumelden und dann erneut anzumelden. Dummerweise tritt dasselbe Problem auf, sobald Sie Ihr Notebook wieder von der Dockingstation trennen. Microsoft hat zum Glück einige ernsthafte technische Ressourcen für die Lösung dieses Ärgernisses in Windows 11 bereitgestellt.

Mehrere Monitore anschließen

Wenn Sie einen zweiten (oder dritten oder vierten) Monitor an Ihren Computer anschließen, verändert sich die Seite *Bildschirm* der Einstellungen-App. Für jeden Monitor wird im Vorschaufensterabschnitt eine Miniaturansicht angezeigt (Abbildung 13.21). Sie können die Miniaturansichten auf die andere Seite ziehen (oder sogar vertikal übereinanderstapeln). Sie können auch die Ausrichtung der beiden Miniaturansichten so verschieben, dass sie der tatsächlichen Aufstellung der echten Monitore entspricht. Auf diese Weise erreichen Sie, dass Sie den Mauszeiger ganz natürlich zwischen den Monitoren hin- und herbewegen können, ohne dass er einen Sprung macht, wenn er von einem Gerät zum anderen wechselt.

Es ist erwähnenswert, dass die Miniaturansichten nur eine zufällige Beziehung zur Größe der physischen Anzeigen haben, die sie darstellen.

Wenn Sie mit zwei oder mehr Bildschirmen arbeiten und sich nicht sicher sind, welcher der richtige ist, klicken Sie auf die Schaltfläche *Identifizieren*. Daraufhin wird einige Sekunden eine große Zahl auf jedem Bildschirm eingeblendet, die der Nummer auf einer Miniaturansicht entspricht.

Beachten Sie, dass Sie die Miniaturansicht für den entsprechenden Monitor ziehen können, damit die Anordnung der Monitore in der Einstellungen-App der physischen Anordnung auf Ihrem Schreibtisch entspricht.

Wenn Sie den internen Monitor auf einen externen Bildschirm duplizieren möchten, öffnen Sie das Dropdownmenü neben *Identifizieren* und wählen Sie dann *Diese Anzeigen duplizieren*. Je nach Anzahl der Monitore sind möglicherweise weitere Optionen verfügbar. Öffnen Sie den Abschnitt *Mehrere Bildschirme*, um weitere Optionen anzuzeigen. Dazu gehören die folgenden:

- **Diese Anzeige als Hauptanzeige verwenden** Ermöglicht den Zugriff auf die Taskleiste (obwohl Sie die Taskleiste so konfigurieren können, dass sie auf allen Bildschirmen angezeigt wird) und auf die Benachrichtigungen. Auch wenn die Taskleiste auf allen Bildschirmen angezeigt wird, erscheint der Infobereich der Taskleiste nur auf Ihrem Hauptbildschirm.

> Hinweis
>
> **Sie können dieses Taskleistenverhalten konfigurieren, indem Sie *Einstellungen | Personalisierung | Taskleiste | Verhalten der Taskleiste* öffnen. Schalten Sie das Kontrollkästchen *Meine Taskleiste auf allen Anzeigegeräten anzeigen* ein.**

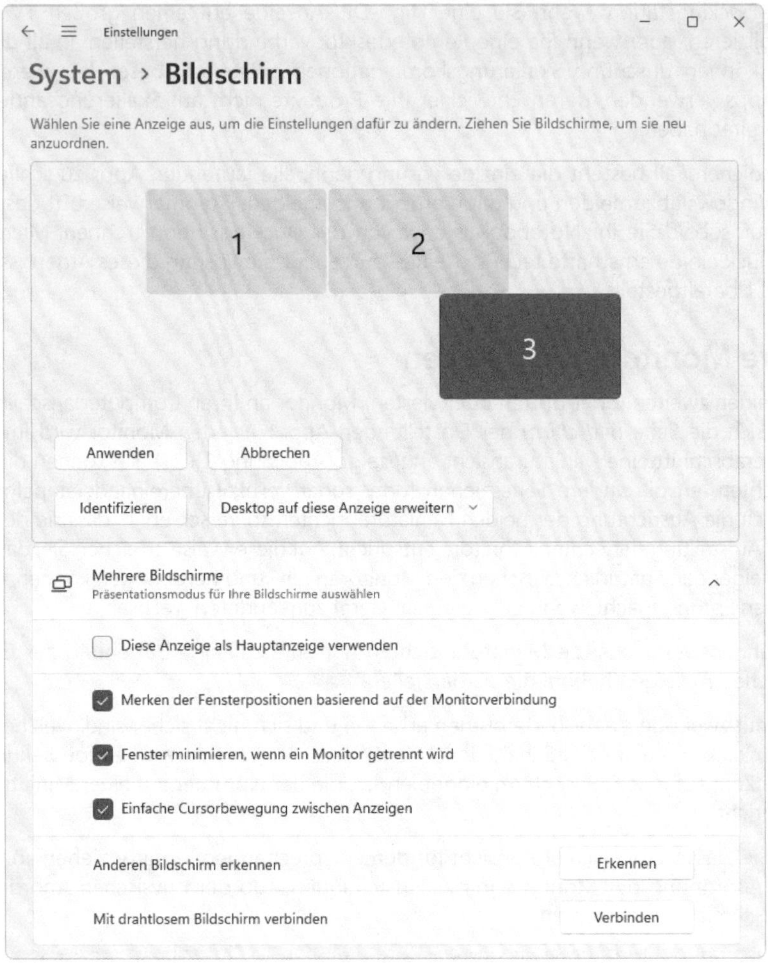

Abbildung 13.21 Bei mehreren Monitoren können Sie jeden einzelnen so anordnen, dass er mit dem physischen Layout übereinstimmt. Ziehen Sie die Miniaturansicht eines Monitors nach oben, unten oder an eine Seite der Miniaturansicht eines anderen Monitors.

- **Merken der Fensterpositionen basierend auf der Monitorverbindung** Dadurch wird sichergestellt, dass Ihre geöffneten Fenster und Anwendungen wieder auf den vorher verwendeten Monitoren angezeigt werden, wenn Sie Ihren Computer wieder andocken und die externen Monitore wieder aktiviert werden.
- **Fenster minimieren, wenn ein Monitor getrennt wird** Stellt sicher, dass alle Anwendungen auf einem nicht angeschlossenen Bildschirm minimiert werden, anstatt in einem Bereich zu verbleiben, der möglicherweise nicht zugänglich ist.

Sie können auch auf die Schaltfläche *Erkennen* klicken, um nach anderen angeschlossenen Bildschirmen zu suchen, oder auf *Verbinden*, um drahtlose Bildschirme zu finden und mit ihnen eine Verbindung herzustellen.

Nachtmodus

Das Feature Nachtmodus beruht auf einer relativ neuen wissenschaftlichen Erkenntnis: Blaues Licht hemmt die Ausschüttung von Melatonin, was den Schlaf-Wach-Rhythmus stört und so Schlafstörungen verursachen kann. Um diesen Effekt zu verringern, können Sie den Nachtmodus aktivieren, der wärmere Farben einstellt und die Menge des blauen Lichts auf einem Bildschirm reduziert.

Um dieses Feature zu aktivieren, gehen Sie zu *Einstellungen* | *System* | *Bildschirm* und schieben Sie unter der Überschrift *Helligkeit und Farbe* den Schalter *Nachtmodus* auf *Ein*. Für Feineinstellungen klicken Sie auf *Nachtmodus*, wodurch die in Abbildung 13.22 gezeigte Seite geöffnet wird.

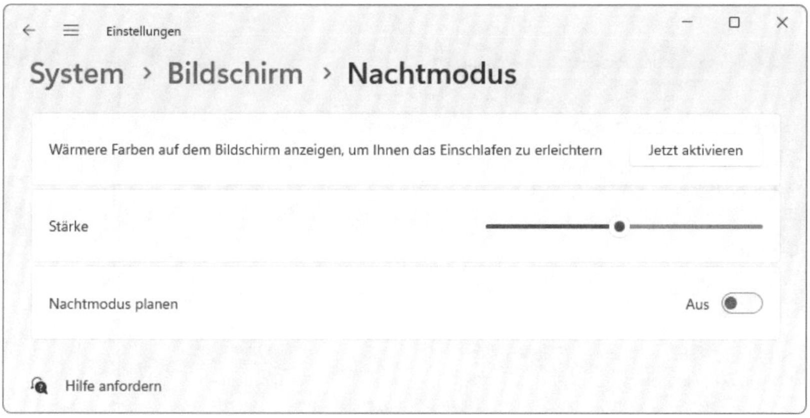

Abbildung 13.22 Wenn Sie regelmäßig Ihre E-Mail prüfen und andere Arbeiten erledigen, kurz bevor Sie ins Bett gehen, kann es sinnvoll sein, mit dem Windows 11-Nachtmodus die Menge des blauen Lichts bei Nacht zu verringern.

Mit dem Schieberegler *Stärke* können Sie das Aussehen der Anzeige durch Anpassen der Rot- und Gelbwerte feinabstimmen. Verwenden Sie die Einstellungen *Nachtmodus planen*, um den Nachtmodus automatisch bei Sonnenuntergang einzuschalten und nach Sonnenaufgang auszuschalten, je nach aktuellem Standort; alternativ können Sie bestimmte Stunden auf der Grundlage Ihres Schlafplans zuweisen oder die Schaltfläche oben im Dialogfeld verwenden, um die Funktion manuell ein- oder auszuschalten. (Sie können den Zeitplan zum Beispiel ignorieren, wenn Sie sich auf einem Transkontinentalflug in einer abgedunkelten Flugzeugkabine befinden.)

Eine wichtige Sache ist allerdings zu beachten: Natürlich ist die Farbdarstellung Ihres Bildschirms stark verzerrt, wenn der Nachtmodus aktiviert ist. Wenn Sie Fotos oder Videos bearbeiten oder andere Arbeiten erledigen, bei denen Farbtreue wichtig ist, sollten Sie dieses Feature nicht verwenden

Lautsprecher, Mikrofone und Headsets

Windows 11 unterstützt ein breites Spektrum an hochwertigen Audioausgängen, die Mehrkanal-Surround-Sound für anspruchsvolle Heimkinoanlagen liefern oder einfach nur die kleinen Lautsprecher eines Laptops ansteuern können. Diese Audiounterstützung umfasst auch Eingabegeräte in Form von internen Mikrofonen (die oft für den Einsatz mit Webcams konzipiert sind) sowie externe Geräte, die in Kopfhörer integriert sind, die über

USB und Bluetooth angeschlossen werden. Wie bei anderen Hardwaresubsystemen sind die meisten dieser Funktionen in die Windows-Kerntreiber integriert und erfordern keine speziellen Treiber von Hardwareherstellern. (Das hindert OEMs natürlich nicht daran, benutzerdefinierte Treiber und Audiosteuerungssoftware in ihre Windows 11-PCs zu installieren.)

Um Audiogeräte zu verwalten, öffnen Sie *Einstellungen | System | Sound*. Daraufhin wird eine Liste der derzeit auf dem PC verfügbaren Ausgabe- und Eingabegeräte angezeigt, wie in Abbildung 13.23 dargestellt.

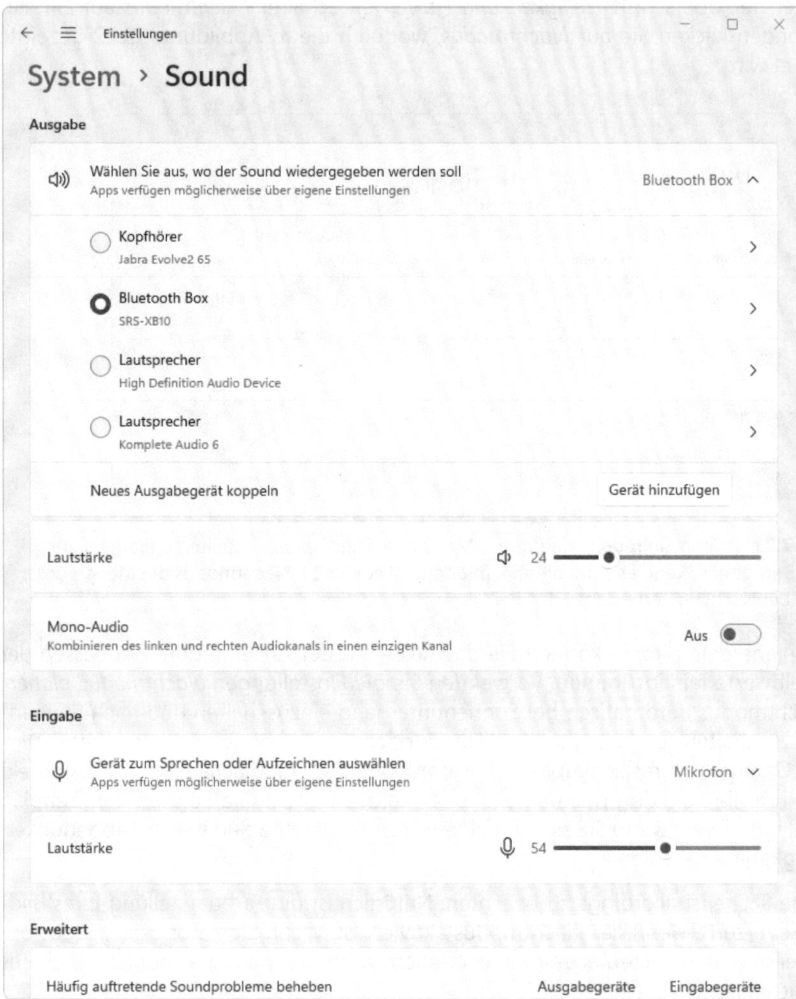

Abbildung 13.23 Auf dieser Einstellungsseite können Sie Standardgeräte für die Audiowiedergabe und für Kommunikationsanwendungen auswählen.

Das in Abbildung 13.23 gezeigte System veranschaulicht ein häufiges Dilemma bei modernen Windows-PCs: In der Regel haben Sie die Wahl zwischen mehreren Audioausgängen, und diese Ausgänge sind nicht immer so beschriftet, dass klar ist, welche Funktion die einzelnen Ausgänge haben.

Standardmäßig sind die beiden obersten Ausgabegeräte mit allgemeinen Bezeichnungen versehen: *Kopfhörer* bzw. *Lautsprecher*. Um diese Namen so zu ändern, dass sie aussagekräftiger sind, klicken Sie auf den Eintrag für ein beliebiges Gerät, wodurch eine Eigenschaftsseite wie die in Abbildung 13.24 geöffnet wird.

Abbildung 13.24 Verwenden Sie die Steuerelemente auf dieser Seite, um einem Audioausgabegerät einen beschreibenden Namen zuzuweisen und es als Standard-Audiogerät festzulegen.

Der Informationsblock oben auf dieser Seite zeigt den Namen und das Symbol an, die dem Gerät zugewiesen sind, sowie Informationen über den installierten Treiber. Klicken Sie auf *Umbenennen*, um den Gerätenamen zu ändern. (Es gibt keine Möglichkeit, das Symbol zu ändern.)

Mit der Dropdownliste im Feld *Als Standard-Audiogerät festlegen* können Sie auswählen, welches Gerät Sie als Standard-Audiowiedergabegerät und welches Sie als Standard-Kommunikationsgerät für Anwendungen wie Microsoft Teams und Zoom verwenden möchten. Sie könnten zum Beispiel einen Satz hochwertiger externer Lautsprecher für die Musikwiedergabe verwenden, aber die internen Lautsprecher für Online-Meetings nutzen, sodass der Ton von demselben Bildschirm kommt, auf dem die anderen Meeting-Teilnehmer zu sehen sind.

Wenn Windows automatisch ein Audio-Ausgabegerät einrichtet, das Sie nie verwenden möchten, beispielsweise ein Paar minderwertige Lautsprecher in einem externen Monitor, klicken Sie im ersten Feld unter der Überschrift *Allgemein* auf *Nicht zulassen*. Dadurch wird das Gerät aus der Liste der verfügbaren Ausgabegeräte auf der vorherigen Seite und auch aus dem Menü *Schnelleinstellungen* entfernt.

Der Lautstärkeregler unter der Überschrift *Ausgabeeinstellungen* erfüllt genau dieselbe Funktion wie der ähnliche Regler im Menü *Schnelleinstellungen*, der im Allgemeinen bequemer zu bedienen ist. Wenn Sie externe Stereolautsprecher verwenden, die sich in ungleicher Entfernung von Ihrer Hörposition befinden, sollten Sie den linken und rechten Kanal anpassen, um die richtige Balance zu finden.

Und was ist mit der Dropdownliste *Format*? Im Allgemeinen sollten Sie die von Windows angebotene Standardauswahl akzeptieren. Die meisten digitalen Audiodateien sind mit 48.000 Hz oder weniger codiert, und selbst wenn Sie Mediendateien und Wiedergabegeräte haben, die höhere Raten wiedergeben können, ist es äußerst unwahrscheinlich, dass Ihre Ohren den Unterschied erkennen können.

Sie können einen ähnlichen Prozess mit den verfügbaren Eingabegeräten durchlaufen. Verwenden Sie die Optionen unter der Überschrift *Mikrofon testen*, um die Eingangslautstärke auf ein angenehmes Niveau einzustellen.

Kapitel 14

Leistung und Energieverwaltung

»Ich spüre die Gier ... die Gier nach Tempo in mir.« Das war der denkwürdige, fast als Seufzer ausgesprochene Satz, den die von Tom Cruise gespielte Figur Leutnant Pete »Maverick« Mitchell im Film »Top Gun – Sie fürchten weder Tod noch Teufel« von sich gab. Es ist auch der Leitsatz für viele langjährige Windows-Nutzer.

Es stimmt, dass die reine Geschwindigkeit Ihre Produktivität steigern kann, vor allem bei Tätigkeiten wie der Bearbeitung und Konvertierung großer Videodateien, die auf einer Hochleistungs-Workstation nur wenige Minuten dauern, auf einem Low-End-Laptop jedoch eine Stunde oder mehr in Anspruch nehmen können. Ein schneller PC kann sogar dafür sorgen, dass das Leben nach dem Arbeitstag mehr Spaß macht. Fragen Sie einfach jeden ernsthaften Gamer, wie viel Zeit er damit verbracht hat, sich über die Bildrate Gedanken zu machen.

Aber hier ist die Realität: Die meiste Zeit ist Windows ein unschuldiger Zuschauer, wenn es darum geht, Dinge schnell zu machen. Die Leistung eines PC, auf dem Windows 11 ausgeführt wird, sollte akzeptabel sein, vorausgesetzt, die verwendete Hardware ist für die von Ihnen geforderte Arbeit geeignet. Ein preiswerter Laptop mit einem leistungsschwachen Mobilprozessor wird bei einer rechenintensiven Aufgabe wie dem Rendern von Videos mit Sicherheit Probleme haben. Aber auch ein PC der Workstation-Klasse kann schlechte Leistung abliefern, wenn Sie ein Problem mit einem wichtigen Subsystem haben oder wenn Windows falsch konfiguriert ist.

Wie seine Vorgänger stellt auch Windows 11 zwei wertvolle Tools zur Verfügung, mit denen Sie die Leistung Ihres Systems in Echtzeit überwachen können: Task-Manager und Ressourcenmonitor. Der Task-Manager ist seit vielen Windows-Versionen eine wichtige Stütze. Wie in Kapitel 5, »Apps installieren und konfigurieren«, beschrieben, können Sie ihn zum Beenden widerspenstiger Prozesse und zum Deaktivieren unerwünschter Startprogramme verwenden. Der Task-Manager enthält aber auch wertvolle Tools zur Leistungsüberwachung (mehr dazu weiter hinten in diesem Kapitel). Mit dem leistungsfähige Ressourcenmonitor können Sie Leistungsprobleme noch detaillierter aufdecken. In Kombination erlauben Ihnen diese Tools, die CPU-, Arbeitsspeicher-, Datenträger- und Netzwerkauslastung im Auge zu behalten.

Was verursacht Leistungsprobleme?

Wenn sich Menschen darüber beschweren, dass ihr Windows-PC zu langsam ist, äußern sie in der Regel ihre Frustration darüber, dass sie unerwartet warten müssen. Wenn eine Aufgabe ungewöhnlich lange braucht, um abgeschlossen zu werden, sind diese Faktoren unserer Erfahrung nach die häufigsten Ursachen für schlechte Leistung (ohne bestimmte Reihenfolge):

- **Unzureichende Hardwareressourcen** Die hohen Kompatibilitätsanforderungen von Microsoft für Windows 11-PCs sollten sicherstellen, dass die Grundleistung akzeptabel ist. Anspruchsvollere Aufgaben, wie beispielsweise die Codierung digitaler Medien, können jedoch einige Systeme an ihre Grenzen bringen. Die in diesem Kapitel beschriebenen Tools zur Leistungsüberwachung sollten Ihnen helfen, Bereiche zu identifizieren, in denen die Hardwareressourcen überlastet sind.
- **Defekte Hardware** Defekte RAM-Bausteine oder Datenträgerfehler sind am offensichtlichsten, wenn sie Systemabstürze verursachen, aber auch hardwarebedingte Probleme können zu Leistungseinbußen führen. Erkundigen Sie sich bei Ihrem Hardwarehersteller, welche Diagnosetools verfügbar sind.
- **Veraltete oder fehlerhafte Gerätetreiber** PC- und Gerätehersteller sind für die Bereitstellung von Treibern für die einzelnen Hardwarekomponenten verantwortlich, die in ihre Hardware eingebaut werden. Wenn Sie eine Neuinstallation durchführen, installiert Windows möglicherweise einen allgemeinen Treiber anstelle eines speziell für dieses Gerät programmierten Treibers. Viele Leistungsprobleme verschwinden sofort nach einem einfachen Treiberupgrade. (Gehen Sie dennoch nicht davon aus, dass ein neuerer Treiber automatisch besser ist als ein älterer; jede Treiberaktualisierung kann zu neuen Problemen führen.)
- **Außer Kontrolle geratene Prozesse oder Dienste** Manchmal gerät ein Programm oder eine Hintergrundaufgabe, die normalerweise problemlos läuft, außer Kontrolle und verbraucht bis zu 100 Prozent der CPU-Zeit oder beansprucht immer mehr Speicher oder andere Systemressourcen. Natürlich verlangsamt sich die Leistung aller anderen Aufgaben oder kommt zum Stillstand. Zu wissen, wie man diese Art von Prozessen oder Diensten erkennt und beendet und verhindert, dass sie erneut auftreten, ist eine wertvolle Fähigkeit zur Fehlerbehebung. Wenn Sie wissen, wie Sie einen solchen Prozess oder Dienst aufspüren und verhindern, dass sich das Problem wiederholt, besitzen Sie eine wertvolle Fähigkeit für die Problembehandlung.
- **Schadsoftware/Malware** Viren, trojanische Programme, Spyware und andere Formen unerwünschter Software können die Systemleistung beeinträchtigen. Prüfen Sie auf jeden Fall die Möglichkeit, dass sich Schadsoftware auf einem System eingenistet hat, wenn es scheinbar unerklärliche Leistungsprobleme zeigt.

Es wäre wunderbar, wenn man einfach den Registrierungs-Editor öffnen, einen neuen DWORD-Wert mit dem Namen *MakeEverythingGoFaster* erstellen, seinen Wert auf 1 setzen und ein System automatisch in den Overdrive schicken könnte. Leider ist die zuverlässigste Strategie für eine optimale Leistung weit weniger magisch: Verwenden Sie hochwertige Hardware, stellen Sie sicher, dass alle Geräte über korrekte und aktuelle Treiber verfügen, haben Sie ausreichend Arbeitsspeicher an Bord, halten Sie genügend freien Datenträgerspeicher für eine große Auslagerungsdatei vor, sorgen Sie für eine schnelle Internetverbindung und halten Sie Ihr System über Windows Update mit allen Qualitätsupdates und Sicherheitsfixes auf dem neuesten Stand.

Einige dieser Maßnahmen werden an anderer Stelle in diesem Buch behandelt, beispielsweise in Kapitel 13, »Hardware und Geräte verwalten«. Dieses Kapitel konzentriert sich auf die Diagnose und stellt Werkzeuge vor, die Sie verwenden können, um Informationen über Ihr System zu sammeln und eventuelle Leistungsengpässe zu erkennen. Es schließt mit dem Thema Energieverwaltung ab.

Detailinformationen über Ihr System anzeigen

Für die Beantwortung grundlegender Fragen zu Ihrem Betriebssystem und Ihrem Computer gibt es keinen besseren Ausgangspunkt als die integrierten Systeminformationstools, die grundlegende Systemdetails anzeigen: die aktuelle Windows-Edition, den Prozessortyp und den installierten Arbeitsspeicher, Details zum Computernamen und zur Netzwerkmitgliedschaft (Domäne oder Arbeitsgruppe) sowie den aktuellen Aktivierungsstatus.

Windows 11 bietet mehrere Versionen dieser Informationen. Auf einem Tablet oder einem System mit Touchscreen werden Sie wahrscheinlich die Einstellungen-App verwenden. Öffnen Sie *Einstellungen* | *System* | *Info*, um Details ähnlich wie in Abbildung 14.1 anzuzeigen.

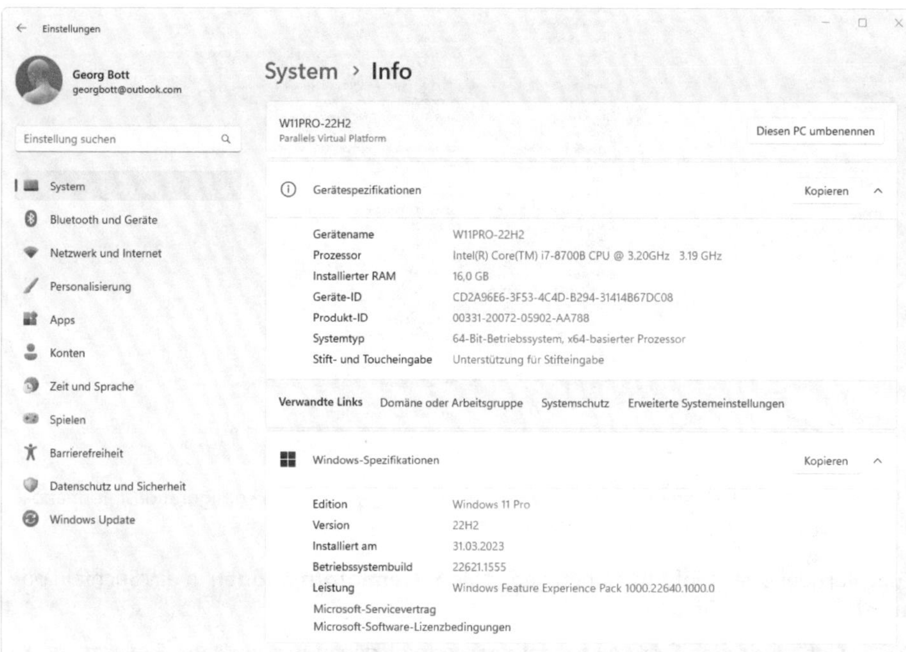

Abbildung 14.1 Gehen Sie zu *Einstellungen* | *System* | *Info*, um eine Seite wie diese anzuzeigen, die grundlegende Informationen über den lokalen PC sowie die Option zum Ändern seines Namens enthält.

Eine (etwas) schnellere Methode, um zur Seite *Info* in den Einstellungen zu gelangen, ist über das Quicklink-Menü: Klicken Sie mit der rechten Maustaste auf *Start* (oder drücken Sie [Win] + [X]) und dann auf *System*. Wenn der Datei-Explorer geöffnet ist, können Sie das gleiche Ziel erreichen, indem Sie mit der rechten Maustaste auf *Dieser PC* klicken und dann auf *Eigenschaften* klicken. Unabhängig davon, wie Sie dorthin gelangen, finden Sie nützliche Informationen über das Gerät und die aktuelle Windows-Installation. Mit der Schaltfläche *Kopieren* neben den beiden Abschnittsüberschriften können Sie diese Details erfassen und für Supportzwecke in eine E-Mail oder Messaging-App einfügen.

Für eine ausführlichere Aufstellung der Systemkonfiguration in einem reinen Textformat bietet Windows drei Tools, die unterschiedlich ausführliche Daten liefern: Systeminformation, Systeminfo und eine Sammlung von PowerShell-Cmdlets für Windows Management Instrumentation. Wir beschreiben diese Tools in den folgenden Abschnitten.

Systeminformationen

Das Tool *Systeminformation*, häufig mit dem Namen der ausführbaren Datei *Msinfo32.exe* bezeichnet, ist eine wahre Fundgrube für Technikbegeisterte. Es zeigt eine Fülle von Konfigurationsinformationen in einer einfachen Baum- und Detailstruktur an, wie in Abbildung 14.2 gezeigt. Sie können nach bestimmten Informationen suchen, Informationen speichern, Informationen über andere Computer anzeigen und sogar eine Liste der Änderungen an Ihrem System anzeigen.

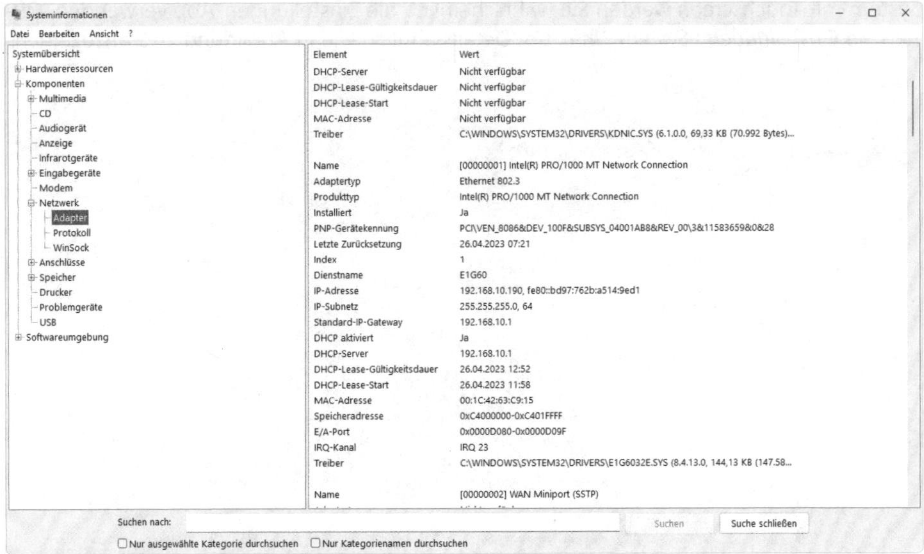

Abbildung 14.2 Die Systeminformationen dienen nur zur Anzeige von Konfigurationsinformationen; Sie können mit der App keine Einstellungen vornehmen.

Zum Start der Systeminformationen geben Sie **Systeminformationen** in das Suchfeld oder **msinfo32** an einer Eingabeaufforderung ein.

Die Navigation in den Systeminformationen erfolgt genau wie im Datei-Explorer: Sie klicken im linken Bereich auf eine Kategorie, um im rechten Bereich die dazugehörigen Daten anzuzeigen. Zur Suche nach bestimmten Informationen verwenden Sie das Textfeld *Suchen nach* am unteren Rand des Fensters *Systeminformationen*. (Falls die Suchleiste nicht sichtbar ist, drücken Sie `Strg`+`F` oder klicken Sie im Menü auf *Bearbeiten* und deaktivieren Sie das Häkchen neben dem Befehl *Suche ausblenden*.)

Die Suchfunktion ist einfach, aber effektiv. Hier sind ein paar Dinge, die Sie wissen sollten:

- Wenn Sie in das Textfeld *Suchen nach* einen Suchbegriff eingeben, um eine neue Suche zu starten, beginnt die Suche am Anfang des Suchbereichs (d.h. im gesamten Namensraum, es sei denn, Sie haben das Kontrollkästchen *Nur ausgewählte Kategorie durchsuchen* aktiviert) und nicht an der aktuellen Markierung.
- Wenn Sie das Kontrollkästchen *Nur Kategorienamen durchsuchen* aktivieren, sucht die Suchfunktion nur im linken Fensterbereich. Wenn dieses Kontrollkästchen deaktiviert ist, wird der Text in beiden Fenstern durchsucht.

Mit dem Programm *Systeminformationen* können Sie auf verschiedene Arten Informationen über Ihren Computer speichern, was eine spätere Wiederherstellung erleichtert:

- **Speichern Sie die Details als Systeminformationsdatei (.nfo).** Sie können die gespeicherten Informationen anzeigen, indem Sie die Datei mit Systeminformationen auf demselben oder auf einem anderen Computer öffnen. Um die Informationen in diesem Format zu speichern, klicken Sie auf *Datei* und wählen Sie *Speichern*. Auf diese Weise werden immer sämtliche Informationen gespeichert.
- **Speichern Sie alle oder einen Teil der Informationen als reine Textdatei.** Um Informationen als Textdatei zu speichern, wählen Sie die gewünschte Kategorie aus und klicken Sie auf *Datei* und wählen Sie *Exportieren*. Um alle Informationen als Textdatei zu speichern, markieren Sie den Knoten *Systemübersicht*, bevor Sie sie exportieren.
- **Drucken Sie alle oder einen Teil der Informationen.** Wählen Sie die gewünschte Kategorie aus, klicken Sie auf *Datei* und wählen Sie *Drucken* und stellen Sie sicher, dass unter Seitenbereich die Option *Auswahl* ausgewählt ist. Wenn Sie alles ausdrucken möchten, wählen Sie unter *Seitenbereich* die Option *Alle* – und stellen Sie sicher, dass Sie genügend Papier zur Hand haben. Je nach Systemkonfiguration und der Anzahl der installierten Anwendungen kann Ihr Bericht mehr als 100 Seiten umfassen. (Noch besser ist es, wenn Sie den Bericht als PDF-Datei ausdrucken und die Ergebnisse speichern.)

Unabhängig davon, wie Sie Ihre Informationen speichern, aktualisiert das Programm Systeminformationen die Informationen unmittelbar vor der Ausführung des Befehls.

> Expertentipp
>
> ***Speichern Sie Ihre Systeminformationen regelmäßig***
>
> **Die Informationen über die Systemkonfiguration dann zu speichern, wenn Ihr Computer ordnungsgemäß funktioniert, kann nützlich sein, wenn zu einem späteren Zeitpunkt Probleme auftreten. Ein Vergleich der aktuellen Konfiguration Ihres Computers mit einer bekannten guten Basiskonfiguration kann Ihnen helfen, mögliche Problembereiche zu erkennen. Sie können mehrere Instanzen des Programms Systeminformationen öffnen, um die aktuelle Konfiguration in einem Fenster und eine Basiskonfiguration in einem anderen anzuzeigen. Wenn Sie die Konfiguration in OneDrive speichern, können Sie auch nach einem Festplattentausch noch auf die Informationen zugreifen.**

Systeminfo

Systeminfo.exe ist ein Befehlszeilendienstprogramm, das Informationen über die Windows-Version, das BIOS, den Prozessor, den Arbeitsspeicher, die Netzwerkkonfiguration und einige weitere esoterische Elemente anzeigt. Abbildung 14.3 zeigt eine Beispielausgabe.

Um *Systeminfo* auszuführen, öffnen Sie eine Eingabeaufforderung oder ein PowerShell-Fenster, geben **systeminfo** ein und drücken dann die ↵-Taste. Neben dem in Abbildung 14.3 gezeigten Listenformat unterstützt Systeminfo zwei weitere Formate, die nützlich sind, wenn Sie mit den Informationen in einem anderen Programm arbeiten möchten: Tabelle (Spalten mit fester Breite) und CSV (kommagetrennte Werte). Um eines dieser Formate zu verwenden, fügen Sie den Schalter **/fo** an den Befehl an, zusammen mit dem Parameter *table* oder *csv*. Außerdem müssen Sie die Ausgabe in eine Datei umleiten. Wollen Sie die Informationen zum Beispiel im CSV-Format in einer Datei namens *Info.csv* speichern, geben Sie folgenden Befehl ein:

```
systeminfo /fo csv > info.csv
```

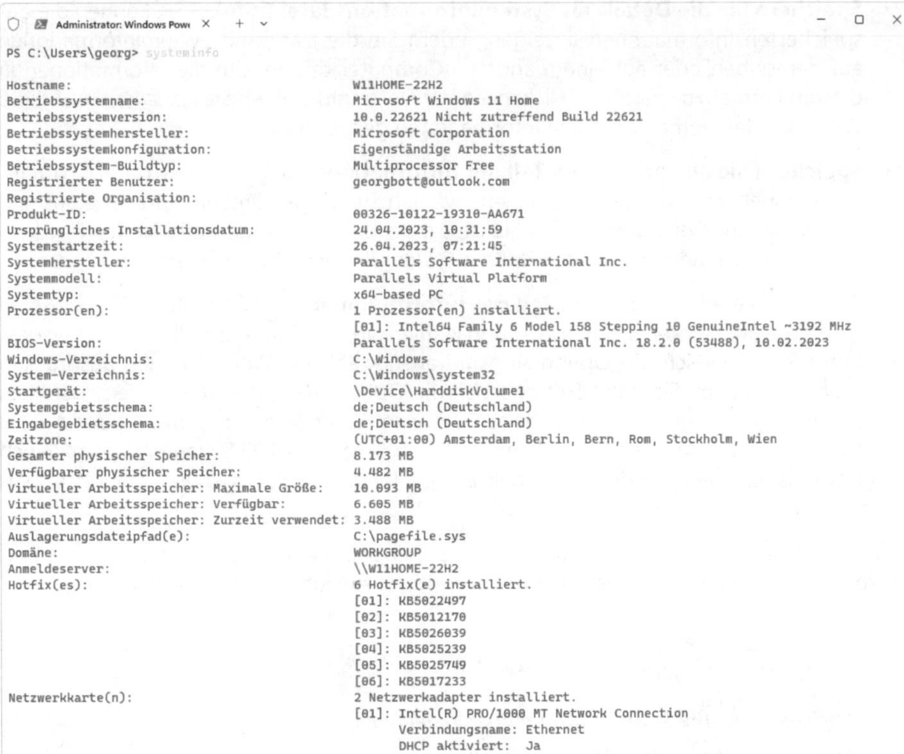

```
Administrator: Windows Pow
PS C:\Users\georg> systeminfo

Hostname:                                        W11HOME-22H2
Betriebssystemname:                              Microsoft Windows 11 Home
Betriebssystemversion:                           10.0.22621 Nicht zutreffend Build 22621
Betriebssystemhersteller:                        Microsoft Corporation
Betriebssystemkonfiguration:                     Eigenständige Arbeitsstation
Betriebssystem-Buildtyp:                         Multiprocessor Free
Registrierter Benutzer:                          georgbott@outlook.com
Registrierte Organisation:
Produkt-ID:                                      00326-10122-19310-AA671
Ursprüngliches Installationsdatum:               24.04.2023, 10:31:59
Systemstartzeit:                                 26.04.2023, 07:21:45
Systemhersteller:                                Parallels Software International Inc.
Systemmodell:                                    Parallels Virtual Platform
Systemtyp:                                       x64-based PC
Prozessor(en):                                   1 Prozessor(en) installiert.
                                                 [01]: Intel64 Family 6 Model 158 Stepping 10 GenuineIntel ~3192 MHz
BIOS-Version:                                    Parallels Software International Inc. 18.2.0 (53488), 10.02.2023
Windows-Verzeichnis:                             C:\Windows
System-Verzeichnis:                              C:\Windows\system32
Startgerät:                                      \Device\HarddiskVolume1
Systemgebietsschema:                             de;Deutsch (Deutschland)
Eingabegebietsschema:                            de;Deutsch (Deutschland)
Zeitzone:                                        (UTC+01:00) Amsterdam, Berlin, Bern, Rom, Stockholm, Wien
Gesamter physischer Speicher:                    8.173 MB
Verfügbarer physischer Speicher:                 4.482 MB
Virtueller Arbeitsspeicher: Maximale Größe:      10.093 MB
Virtueller Arbeitsspeicher: Verfügbar:           6.605 MB
Virtueller Arbeitsspeicher: Zurzeit verwendet:   3.488 MB
Auslagerungsdateipfad(e):                        C:\pagefile.sys
Domäne:                                          WORKGROUP
Anmeldeserver:                                   \\W11HOME-22H2
Hotfix(es):                                      6 Hotfix(e) installiert.
                                                 [01]: KB5022497
                                                 [02]: KB5012170
                                                 [03]: KB5026039
                                                 [04]: KB5025239
                                                 [05]: KB5025749
                                                 [06]: KB5017233
Netzwerkkarte(n):                                2 Netzwerkadapter installiert.
                                                 [01]: Intel(R) PRO/1000 MT Network Connection
                                                       Verbindungsname: Ethernet
                                                       DHCP aktiviert:  Ja
```

Abbildung 14.3 Das Befehlszeilendienstprogramm *Systeminfo.exe* bietet eine einfache Möglichkeit, Informationen über alle Ihre Netzwerkcomputer in einer einzigen Datenbank zu sammeln.

Mit dem Schalter **/S** können Sie Systeminformationen über einen anderen Computer in Ihrem Netzwerk abrufen. (Wenn Ihr Benutzername und Ihr Kennwort nicht mit denen eines Kontos auf dem Zielcomputer übereinstimmen, müssen Sie zusätzlich die Schalter **/U** und **/P** verwenden, um den Benutzernamen und das Kennwort eines autorisierten Kontos anzugeben.) Wenn Sie Informationen über alle Computer in Ihrem Netzwerk gesammelt haben, können Sie die von Ihnen erstellte Datei in ein Tabellenkalkulations- oder Datenbankprogramm importieren, um die Daten weiter zu analysieren. Der folgende Befehl fügt Informationen über einen Computer namens Bates an die von Ihnen erstellte Originaldatei an:

```
systeminfo /s Bates /fo csv >> info.csv
```

Werkzeuge zur Windows-Verwaltungsinstrumentation

Windows-Verwaltungsinstrumentation (englisch Windows Management Instrumentation, WMI) ist die umfassende Infrastruktur von Microsoft zur Automatisierung von Verwaltungsaufgaben auf Servern und Desktopcomputern unter Windows. WMI verwendet das Common Information Model (CIM), einen Industriestandard, der von der Distributed Management Task Force (DMTF) entwickelt und gepflegt wird, um in Unternehmensnetzwerken Details über Hardware, Systemkonfiguration, Benutzerkonten und andere Verwaltungsinformationen zu erfassen.

WMI-Befehle lassen sich in Skripten zusammenstellen und werden in der Regel zum Sammeln von Informationen für die Verwendung durch Unternehmensverwaltungsprogramme wie System Center Operations Manager und Windows Remote Management verwendet. WMI kann aber auch für grundlegende Verwaltungsaufgaben auf einem einzelnen PC verwendet werden.

IT-Profis, die lange genug mit Windows gearbeitet haben, sind wahrscheinlich mit dem WMI-Befehlszeilendienstprogramm vertraut, das besser unter dem Namen seiner ausführbaren Datei, *Wmic.exe*, bekannt ist. Dieses Dienstprogramm ist in Windows 11 immer noch verfügbar, obwohl es offiziell zugunsten von nativen WMI-Cmdlets für die Verwendung mit PowerShell veraltet ist.

Geben Sie **wmic** an einer Eingabeaufforderung ein, und das Dienstprogramm wird im Konsolenmodus ausgeführt, in dem Sie Befehle eingeben und die Ausgabe interaktiv anzeigen können. Alternativ können Sie auch globale Schalter oder Aliasse hinzufügen, die die Art der gewünschten Ausgabe einschränken, und die Ausgabe in einem Eingabeaufforderungsfenster anzeigen oder in eine Datei umleiten. Verwenden Sie zum Beispiel den folgenden Befehl, um eine sauber formatierte HTML-Datei zu erzeugen:

```
wmic qfe list brief /format:htable > %temp%\hotfix.html
```

(Beachten Sie, dass dieser Befehl in einer PowerShell-Sitzung nicht funktioniert, da PowerShell die Umgebungsvariable *%temp%* nicht erkennt.)

Sie können diese Datei dann in einem Webbrowser öffnen, um eine Liste aller installierten Updates auf dem aktuellen System anzuzeigen. Um die vollständige Syntax für *Wmic* zu sehen, öffnen Sie ein Eingabeaufforderungsfenster und geben Sie **wmic /?** ein. Die offizielle Dokumentation für die Verwendung dieses Tools, einschließlich einer Liste von Aliassen, Verben, Schaltern und Befehlen, finden Sie unter *https://bit.ly/wmic-syntax*.

Weitere Informationen zu PowerShell WMI-Cmdlets finden Sie unter *https://bit.ly/powershell-wmi*.

Leistungsüberwachung mit dem Task-Manager

Wenn Sie die Systemleistung analysieren müssen, ist die Seite *Leistung* des Task-Managers unvergleichlich. Sie gibt Ihnen einen schnellen Überblick über die Leistung Ihres Systems in Echtzeit, gemessen in mehreren Dimensionen. Die auf der Seite *Leistung* angezeigten Details und Diagramme bieten eine ständig aktualisierte Momentaufnahme der CPU-, GPU-, Speicher-, Datenträger- und Netzwerknutzung, während die Seite *Prozesse* Details zur Ressourcennutzung auf Prozessbasis anzeigt. Mit diesen beiden Anzeigen können Sie sehr schnell herausfinden, warum Ihr System langsamer arbeitet, als es sollte.

▶ **Einzelheiten zu den anderen wichtigen Funktionen des Task-Managers finden Sie unter »Anwendungen und Prozesse mit dem Task-Manager verwalten« in Kapitel 5, »Apps installieren und konfigurieren«.**

Um den Task-Manager zu öffnen, können Sie eine der folgenden Methoden verwenden:

- Drücken Sie `Strg`+`⇧`+`Esc`.
- Klicken Sie mit der rechten Maustaste auf *Start* (oder drücken Sie `Windows`+`X`) und klicken Sie dann im Quicklink-Menü auf *Task-Manager*.
- Drücken Sie `Strg`+`Alt`+`Entf` und klicken Sie dann auf *Task-Manager*.

Abbildung 14.4 zeigt die Seite *Leistung* des Task-Managers, wie sie auf einem PC mit Windows 11 Version 22H2 angezeigt wird; an der linken Seite sehen Sie in einer vertikalen Spalte die Symbole für den Zugriff auf die verschiedenen Seiten; unten links befindet sich das Zahnradsymbol, mit dem Sie die *Einstellungen* öffnen können. (In Windows 11 Version 21H2 und allen Versionen von Windows 10 sind diese Informationen in Form von Registerkarten angeordnet, die sich über den oberen Teil des Task-Manager-Fensters erstrecken, obwohl die Anzeige der Leistungsinformationen in beiden Versionen weitestgehend identisch ist.)

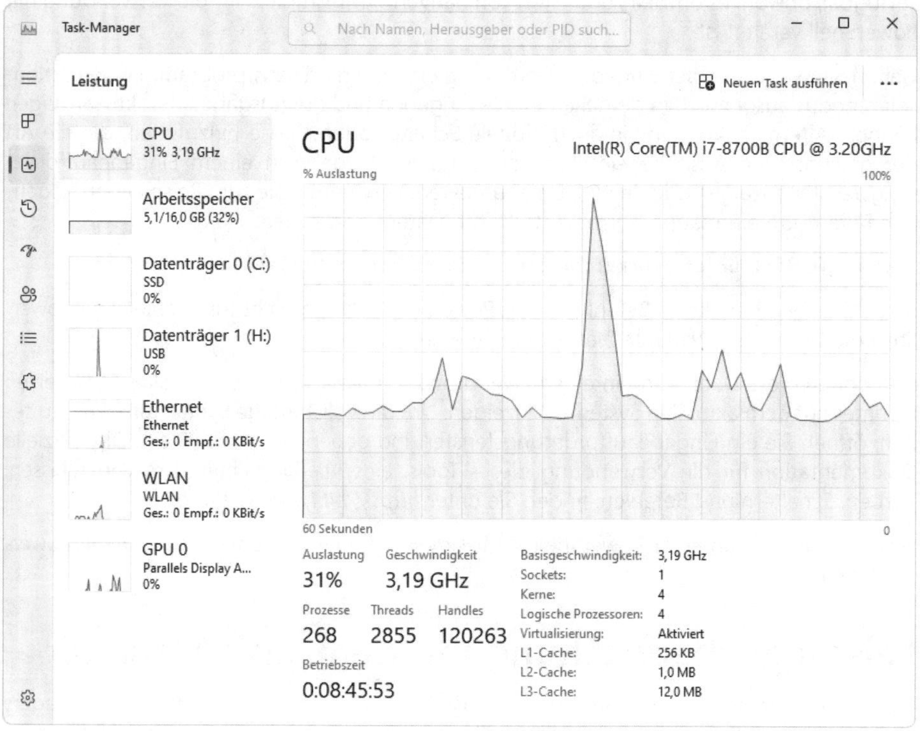

Abbildung 14.4 Die Seite *Leistung* des Task-Managers gibt Ihnen einen Überblick über die Ressourcennutzung.

Es ist erwähnenswert, dass die hier gezeigte Anzeige von einem gut ausgestatteten virtuellen Computer stammt: Jedes Laufwerk, jede Netzwerkverbindung und jeder Grafikprozessor erhält eine eigene Seite mit einer Miniaturgrafik. Auf diese Weise können Sie beispielsweise die Festplattengeschwindigkeiten interner und externer Laufwerke überwachen und die Leistung eines diskreten Grafikprozessors von der eines integrierten Grafikprozessors unterscheiden.

Die kleinen Miniaturgrafiken auf der linken Seite zeigen die aktuellen Daten in Echtzeit an. Wenn Sie eine dieser Miniaturgrafiken anklicken, wird auf der rechten Seite eine detailliertere Seite mit einer viel größeren Version der gleichen Grafik und zusätzlichen Informationen unterhalb der Grafik angezeigt.

Jedes Diagramm zeigt die Daten von 60 Sekunden an, die in Abständen von einer Sekunde aktualisiert werden. In Abbildung 14.4, die weiter oben gezeigt wurde, zeigt das CPU-Diagramm beispielsweise eine große Spitze, die durch das Öffnen einer grafikintensiven Anwendung verursacht wird, gefolgt von mehreren kleineren Spitzen, da andere Aktivitäten Anforderungen an die CPU stellen.

Wenn diese Abtastrate von einer Sekunde nicht die Informationen liefert, die Sie benötigen, können Sie sie ändern. Klicken Sie in der linken unteren Ecke des Task-Managers auf das Symbol *Einstellungen* und ändern Sie den Wert der Einstellung *Aktualisierungsgeschwindigkeit in Echtzeit* von der Standardeinstellung *Normal* auf *Hoch* (Aktualisierung alle halbe Sekunde) oder *Niedrig* (alle vier Sekunden). Sie können auch *Angehalten* wählen, wenn Sie die aktuellen Daten betrachten möchten, ohne dass sie nach links aus dem Diagramm hinausgeschoben werden.

Hier sind einige zusätzliche Aktionen, die Sie im Task-Manager vornehmen können, während die Seite *Leistung* angezeigt wird:

- Doppelklicken Sie auf eine beliebige Miniaturansicht (oder klicken Sie mit der rechten Maustaste auf eine Miniaturansicht und wählen Sie *Zusammenfassungsansicht*), um die gesamte Seite auszublenden und nur den Bereich mit den Miniaturansichten anzuzeigen. Um zur normalen Ansicht zurückzukehren, doppelklicken Sie erneut auf eine beliebige Miniaturansicht oder klicken Sie mit der rechten Maustaste auf eine Miniaturansicht und deaktivieren Sie das Häkchen neben der *Zusammenfassungsansicht*.
- Klicken Sie mit der rechten Maustaste auf den Bereich mit den Miniaturansichten und wählen Sie *Diagramme ausblenden*, um nur die Daten ohne Diagramme anzuzeigen; öffnen Sie das Kontextmenü erneut und wählen Sie *Diagramme anzeigen*, um die Miniaturdiagamme wieder einzublenden.
- Doppelklicken Sie auf das große Diagramm auf der aktuellen Seite, um es in der Diagrammübersichtsansicht zu öffnen, die das gesamte Task-Manager-Fenster verwendet und die Miniaturdiagramme und zusätzlichen Daten ausblendet. Doppelklicken Sie erneut auf das Diagramm, um zur normalen Anzeige der Leistungsdaten zurückzukehren.
- Klicken Sie auf das Menü *Weitere Infos* (die drei Punkte in der oberen rechten Ecke) und wählen Sie *Kopieren*, um eine Zusammenfassung der Daten der aktuellen Seite in der Windows-Zwischenablage bereitzustellen.

Wie wir in Kürze erläutern werden, bietet jede Seite auf der Leistungsseite spezifische Informationen über Ressourcennutzung durch das ausgewählte Gerät oder Subsystem. Doch bevor wir zu diesen Details kommen, lassen Sie uns zur Seite *Prozesse* wechseln, um einen etwas anderen Blick auf die allgemeine Systemleistung zu werfen.

In der Standardansicht der Seite *Prozesse* werden alle laufenden Prozesse in drei Typen unterteilt: Apps, Hintergrundprozesse und Windows-Prozesse. Abbildung 14.5 zeigt diese Seite in Aktion.

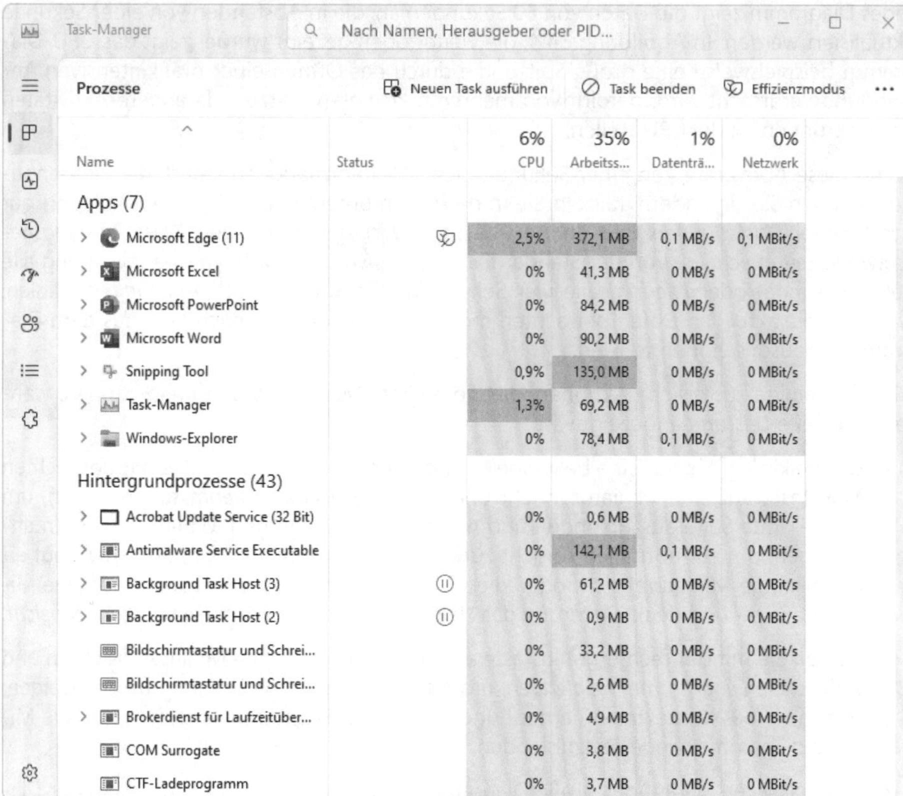

Abbildung 14.5 Auf der Seite *Prozesse* des Task-Managers können Sie die Ressourcennutzung pro App genauer betrachten.

In dieser Standardansicht hat jeder Prozess seinen eigenen Eintrag; einige Apps gruppieren mehrere Prozesse unter einem einzigen Eintrag, der erweitert oder reduziert werden kann. Rechts von jedem Eintrag können Sie die Ressourcennutzung für diesen Prozess oder diese Gruppe von Prozessen anzeigen, wobei die Werte standardmäßig in vier Spalten angeordnet sind: CPU, Arbeitsspeicher, Datenträger und Netzwerk. Farbcodierung hebt Werte hervor, die einen überdurchschnittlich hohen Anteil an der Ressource in dieser Spalte verwenden.

Expertentipp

Weitere Details auf der Seite Prozesse anzeigen

Die vier leistungsbezogenen Spalten, die standardmäßig auf der Seite *Prozesse* angezeigt werden, decken die Informationen ab, die für die meisten am nützlichsten sind. Bei Bedarf sind jedoch weitere Spalten verfügbar. Klicken Sie mit der rechten Maustaste auf eine Spaltenüberschrift, um ein Menü mit Spalten anzuzeigen, die Sie der Standardanzeige hinzufügen können. Für die Leistungsüberwachung sind die interessantesten Einträge in dieser Kategorie *GPU* und *Stromverbrauch*; Letztere kann Anwendungen hervorheben, die den Akku eines tragbaren PC stärker als normal beanspruchen.

Die Überschriften der Spalten auf der Seite *Prozesse* fassen zusammen, wie viel Prozent der jeweiligen Ressource vom System insgesamt genutzt wird. Um herauszufinden, welche Anwendungen oder Prozesse die meisten Ressourcen in dieser Kategorie verbrauchen, klicken Sie auf die Spaltenüberschrift. Diese Aktion hebt die Gruppierung der Prozesse auf und sortiert sie dann in absteigender Reihenfolge nach Nutzung.

Eine neue Funktion in Windows 11 Version 22H2 ist ein Indikator für Apps, die im Effizienzmodus ausgeführt werden. Dabei handelt es sich um eine Funktion von Microsoft, mit der Apps so eingestellt werden, dass sie stromsparend sind und weniger Ressourcen verbrauchen, wenn sie im Hintergrund laufen. Ein Blattsymbol in der Spalte *Status* bedeutet, dass ein oder mehrere Prozesse in einer Gruppe im Effizienzmodus ausgeführt werden; erweitern Sie die Gruppe, um Details für jeden Prozess zu sehen.

Sie können den Effizienzmodus für einige Anwendungen (aber nicht für Windows-Kernprozesse) manuell aktivieren, indem Sie die Anwendung im Fenster *Prozesse* auswählen und dann auf die Schaltfläche *Effizienzmodus* in der oberen rechten Ecke klicken. Dadurch wird die Basispriorität des Prozesses auf Niedrig reduziert und der Quality-of-Service-Modus (QoS) auf EcoQoS eingestellt. Diese Einstellungen verringern den Stromverbrauch und verhindern, dass Hintergrundanwendungen Prozesse mit höherer Priorität stören, beispielsweise eine Anwendung, die Sie gerade im Vordergrund verwenden.

Der Rest dieses Abschnitts befasst sich mit den einzelnen Kategorienseiten der Seite *Leistung* und zeigt, was Sie von jeder Seite lernen können.

CPU

Die Anzeige der CPU-Details auf der Seite *Leistung* im Task-Manager zeigt einige grundlegende Informationen über Ihre CPU an. In der oberen rechten Ecke, oberhalb des Leistungsdiagramms, sehen Sie den vollständigen Namen des Prozessors und seine Basisgeschwindigkeit. Unten rechts, unterhalb des Diagramms, werden technische Details zum Prozessor angezeigt, darunter die Anzahl der Kerne und logischen Prozessoren, ob die Virtualisierung aktiviert ist und wie viel Speicherplatz auf der CPU für die verschiedenen Caches (L1, L2 und L3) reserviert ist.

Unterhalb des CPU-Diagramms, auf der linken Seite, sehen Sie die gesamte CPU-Auslastung sowie die aktuelle CPU-Geschwindigkeit, die höher sein kann als die an anderer Stelle angezeigte Basisgeschwindigkeit. In diesem Bereich wird auch die Anzahl der Prozesse, Threads und Handles angezeigt, die derzeit verwendet werden. Größere Zahlen bedeuten eine höhere Arbeitsbelastung für das System; ob eine bestimmte Belastung zu viel ist, können Sie nur nach einer Langzeitüberwachung beurteilen.

Wenn Sie dieses Fenster während der Arbeit geöffnet lassen, können Sie sehen, wie sich eine bestimmte Aktivität auswirkt. Sie können beispielsweise die CPU-Auslastung beim Codieren einer Videodatei überwachen, um zu sehen, ob der Vorgang die CPU-Auslastung auf 100 Prozent ansteigen lässt. Wenn dies der Fall ist, könnte dies ein Hinweis darauf sein, dass Sie ein Upgrade auf einen PC mit einer leistungsfähigeren CPU und/oder GPU in Betracht ziehen sollten, der die gleiche Arbeit schneller erledigen kann, weniger Wärme erzeugt und es Ihnen ermöglicht, andere Dinge zu tun, während die Aufgabe im Hintergrund ausgeführt wird.

Expertentipp

Wie lange ist Ihr PC schon in Betrieb?

Wenn Sie die CPU-Details im Task-Manager anzeigen, sind viele der Informationen unterhalb des Leistungsdiagramms unklar und nur für Entwickler oder Ingenieure von Nutzen. Sie müssen wahrscheinlich nicht wissen, wie viele Handles durch Ihr aktuelles Arbeitsaufkommen verwendet werden. Ein Detail ist jedoch als Maßstab für die Stabilität interessant. Die *Betriebszeit* gibt die Zeit an, die seit dem letzten Neustart des Rechners verstrichen ist (in Tagen, Stunden, Minuten und Sekunden). Dank der monatlichen Updates, die immer einen obligatorischen Neustart beinhalten, ist es unwahrscheinlich, dass dieser Wert jemals größer ist als 30 Tage.

Arbeitsspeicher

Wenn Sie auf der Seite *Leistung* des Task-Managers auf die Miniaturansicht *Arbeitsspeicher* klicken, wird eine Momentaufnahme der Arbeitsspeichernutzung angezeigt (siehe Abbildung 14.6). Beachten Sie, dass die Gesamtmenge des für dieses System verfügbaren Arbeitsspeichers (hier 16GB) in der oberen rechten Ecke über dem Diagramm zu sehen ist. Details zum physischen Speicher selbst (beispielsweise die Anzahl der Speicherriegel und Steckplätze) werden unten angezeigt, zusammen mit der Menge des verwendeten und des verfügbaren RAMs.

Abbildung 14.6 Verwenden Sie die Option *Arbeitsspeicher* auf der Seite *Leistung*, um zu sehen, wie viel des Arbeitsspeichers Ihres Systems genutzt wird. Wenn der Wert bei 100 Prozent liegt, ist es an der Zeit, einige Anwendungen zu schließen, um die Leistung des Systems zu verbessern.

Auf dieser Seite wird unterhalb des Hauptdiagramms ein detailliertes Balkendiagramm zur Speicherzusammensetzung angezeigt. Auf den ersten Blick scheint es sich nur um eine alternative Ansicht des Hauptdiagramms der Speichernutzung zu handeln, aber wenn Sie den Mauszeiger auf eines der Segmente bewegen, sehen Sie seinen wahren Zweck. Die QuickInfos, die über jedem Segment erscheinen, erklären, was das jeweilige Segment darstellt, wie in Abbildung 14.7 gezeigt.

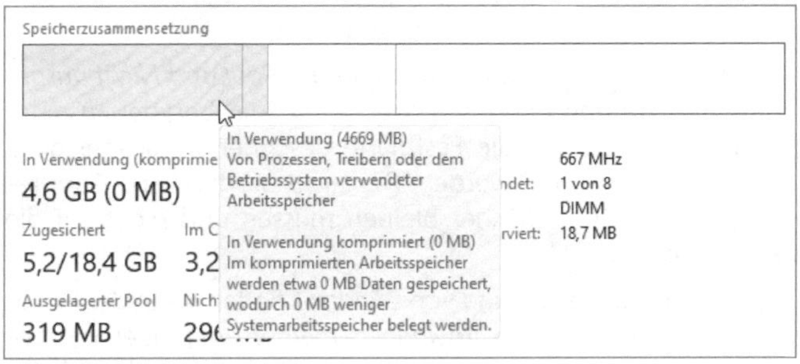

Abbildung 14.7 Verwenden Sie das Balkendiagramm *Speicherzusammensetzung*, um einen detaillierten Überblick über die Speichernutzung zu erhalten.

Auf der Seite *Arbeitsspeicher* finden Sie eine ganze Reihe technischer Details. Insgesamt bietet sie ein detailliertes Bild des gesamten virtuellen Adressraums, der den physischen Speicher und die Auslagerungsdatei umfasst, die eines der am meisten missverstandenen Subsysteme in Windows ist.

Die Auslagerungsdatei ermöglicht es Windows, mehr Speicher für die Nutzung durch Prozesse bereitzustellen, als physisch verfügbar ist. Diese Magie geschieht über das Windows-Subsystem für die Speicherverwaltung, das den Speicher in Seiten einteilt (jede Seite ist auf einem x86- und x64-PC 4KB groß) und diese Seiten dann dem physischen Speicher zuordnet, während sie in der Auslagerungsdatei gesichert werden, die standardmäßig auf der Systemfestplatte gespeichert ist.

Die Detailinformationen, die unten auf der Seite angezeigt werden, wenn Sie auf der Seite *Leistung* des Task-Managers die Kategorie *Arbeitsspeicher* auswählen, helfen dabei zu verstehen, wie die Auslagerungsdatei funktioniert:

- **In Verwendung (komprimiert)** Dieser Wert stellt die Menge an physischem Speicher dar, die derzeit laufenden Prozessen zugewiesen ist, einschließlich Windows selbst, Treibern und Anwendungen. Ein Teil des Codes in diesen Seiten ist komprimiert, wodurch Windows den knappen physischen Speicher effizienter nutzen kann.
- **Verfügbar** Dieser Wert ist die Menge des physischen Arbeitsspeichers abzüglich der derzeit verwendeten Menge.
- **Zugesichert** Wenn ein neuer Windows-Prozess startet, reserviert er einen Speicherblock für seine eigene Verwendung. Zugesicherter Speicher präsentiert Seiten, die für diesen Prozess zugewiesen wurden. Diese Seiten können sich im physischen RAM oder in der Auslagerungsdatei befinden. Die erste Zahl stellt die Summe des gesamten verwendeten Speichers dar; die zweite Zahl ist die Menge des insgesamt verfügbaren Speichers, bei dem es sich um die Summe aus physischem RAM und virtuellem Speicher in der Auslagerungsdatei handelt.
- **Für Hardware reserviert** Diese Gesamtsumme, die in der unteren rechten Ecke erscheint, enthält Hardwaretreiber, die immer im physischen Speicher verbleiben müs-

sen und für den Speichermanager nicht verfügbar sind. Wenn Sie oben rechts über dem Speicherdiagramm zwei Werte sehen, wird die kleine Summe durch Subtraktion dieser Menge vom gesamten physischen RAM berechnet.

- **Im Cache** Diese Gruppe repräsentiert Seiten, die zuvor von einer Anwendung oder einem Systemprozess verwendet wurden, aber nicht mehr in Gebrauch sind. Sie verbleiben im physischen Speicher, falls sie wieder benötigt werden, können aber, falls erforderlich, in die Auslagerungsdatei verschoben werden, um den physischen Arbeitsspeicher freizugeben.

Auf dieser Seite werden zwei weitere Werte angezeigt. *Ausgelagerter Pool* und *Nicht ausgelagerter Pool* repräsentieren den vom Windows-Kernel verwendeten Speicher; der ausgelagerte Pool repräsentiert Speicherseiten, die auf die Festplatte geschrieben (ausgelagert) werden können, wenn sie nicht mehr verwendet werden. Der nicht ausgelagerte Pool repräsentiert Daten, die immer im physischen Speicher bleiben müssen und nicht auf die Festplatte geschrieben werden können.

Eine ausführliche Beschreibung der Speicherverwaltung von Windows finden Sie in der Dokumentation im Windows Dev Center unter *https://bit.ly/windows-memory-management*. Die Erörterung über virtuellen und physischen Speicher ist besonders nützlich. Darüber hinaus enthält dieser lange Artikel eines Community-Mitglieds, Sushovon Sinha, Details, die sowohl für die Speicherverwaltung von Windows 10 als auch von Windows 11 gelten: *https://bit.ly/physical-virtual-memory*.

Expertentipp

Sollten Sie die Größe der Auslagerungsdatei ändern?

Ein weit verbreiteter Irrglaube über die Auslagerungsdatei ist, dass sie in irgendeiner Weise die Leistung beeinträchtigt und daher verkleinert, in eine feste Größe umgewandelt oder sogar eliminiert werden sollte. Dieser Ratschlag mag früher, bei sehr viel älteren Windows-Versionen relevant gewesen sein. Für Windows 11 ist das kein guter Ratschlag.

Die Steuerelemente zur Verwaltung des virtuellen Arbeitsspeichers (die Auslagerungsdatei) sind mehrere Ebenen tief im Dialogfeld *Systemeigenschaften* vergraben. Um dieses Dialogfeld zu öffnen, geben Sie in das Suchfeld systempropertiesadvanced ein und drücken dann die [↵]-Taste. Klicken Sie dann unter der Überschrift *Leistung* auf *Einstellungen*, klicken Sie im Dialogfeld *Leistungsoptionen* auf die Registerkarte *Erweitert* und schließlich unter der Überschrift *Virtueller Arbeitsspeicher* auf *Ändern*.

Standardmäßig ist hier die Option *Dateigröße für alle Laufwerke automatisch verwalten* eingeschaltet und alle anderen Optionen sind ausgegraut und nicht verfügbar. Wenn Sie dieses Kontrollkästchen deaktivieren, können Sie die Größe der Auslagerungsdatei ändern, sie auf ein separates Laufwerk verschieben oder die Auslagerungsdatei vollständig löschen. Dies kann unerwünschte Nebeneffekte haben.

Die Auslagerungsdatei wird verwendet, um Seiten im Speicher zu sichern, aber sie hat auch eine wichtige zweite Funktion, nämlich das Speichern von Crash-Dump-Berichten, wenn Windows auf einen Fehler stößt. Die Standardeinstellungen für die Auslagerungsdatei ermöglichen es Windows, ihre Größe und ihren Speicherort zu verwalten, damit sie über genügend Platz verfügt, um alle ihre Funktionen auszuführen. Auf einem modernen PC, der die Hardwareanforderungen für Windows 11 erfüllt, ist es unwahrscheinlich, dass das Verschieben der Auslagerungsdatei auf ein anderes Laufwerk zu spürbaren Leistungssteigerungen führt, und auch das manuelle Ändern der Größe der Auslagerungsdatei wird die Leistung nur in sehr speziellen Konfigurationen verbessern.

Datenträger

Die Ansicht *Datenträger* zeigt Diagramme zur Leistung aller fest eingebauten Laufwerke des aktuellen Systems an. (USB-Speichersticks und SD-Karten werden daher nicht angezeigt; externe Festplatten und SSD-Datenträger, die an einen Hochgeschwindigkeits-USB- oder Thunderboltport angeschlossen sind, sind zwar technisch gesehen austauschbar, werden aber behandelt, als seien sie fest eingebaut.)

Auf der linken Seite hat jeder Datenträger einen eigenen Eintrag, Details über die Leistung des ausgewählten Laufwerks finden Sie auf der rechten Seite, wie in Abbildung 14.8 dargestellt. Das obere Diagramm gibt an, welchen Zeitanteil das Laufwerk damit verbringt, Lese- oder Schreibanforderungen zu verarbeiten. Das untere Diagramm zeigt die Transferrate.

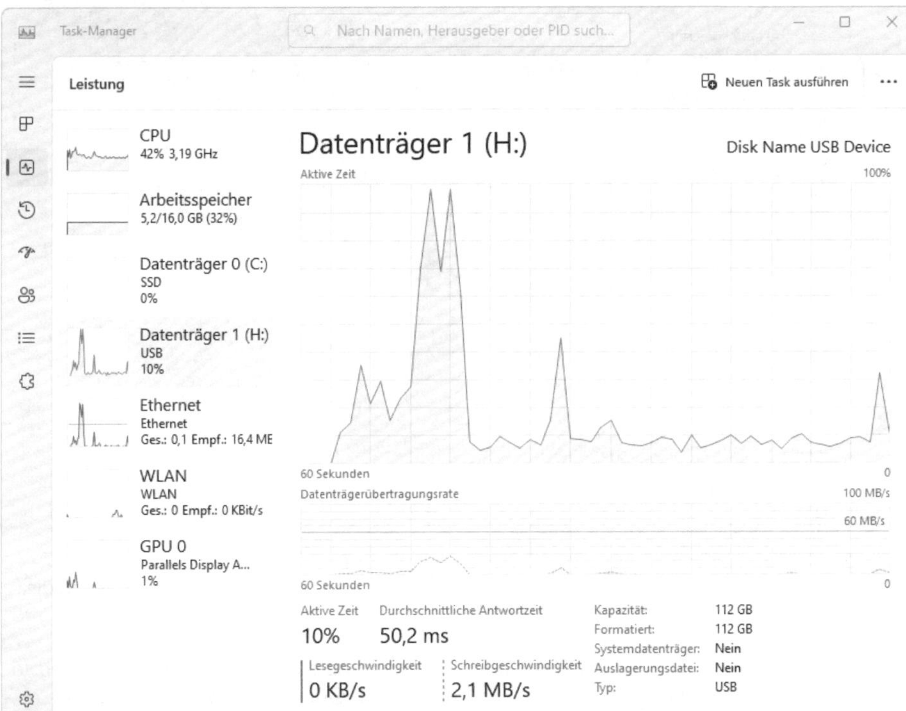

Abbildung 14.8 Die *Datenträger*-Ansicht des Task-Managers zeigt den Durchsatz eines fest eingebauten Datenträgers. Sie können hier prüfen, ob eine bestimmte Aktivität einen Engpass auslöst.

Die Informationen unterhalb des Diagramms *Datenträger* liefern einige Details über den physischen Datenträger, den es darstellt, einschließlich der Gesamtkapazität und der formatierten Kapazität, ob der Datenträger als Systemdatenträger verwendet wird und ob er eine Auslagerungsdatei enthält. Die Messungen der Lese- und Schreibgeschwindigkeit können Ihnen in Verbindung mit den Daten im kleineren Diagramm *Datenträgerübertragungsrate* helfen, die tatsächliche Übertragungsgeschwindigkeit eines Datenträgers zu ermitteln und Probleme mit dem Datenträgerdurchsatz zu erkennen.

Netzwerk

In der Ansicht *Netzwerk* wird im Task-Manager auf der Seite *Leistung* für jede aktive Netzwerkverbindung ein eigenes Diagramm angezeigt, das den Netzwerkdurchsatz für diese Verbindung darstellt. Abbildung 14.9 zeigt ein Beispiel für eine kabelgebundene Netzwerkverbindung in Aktion.

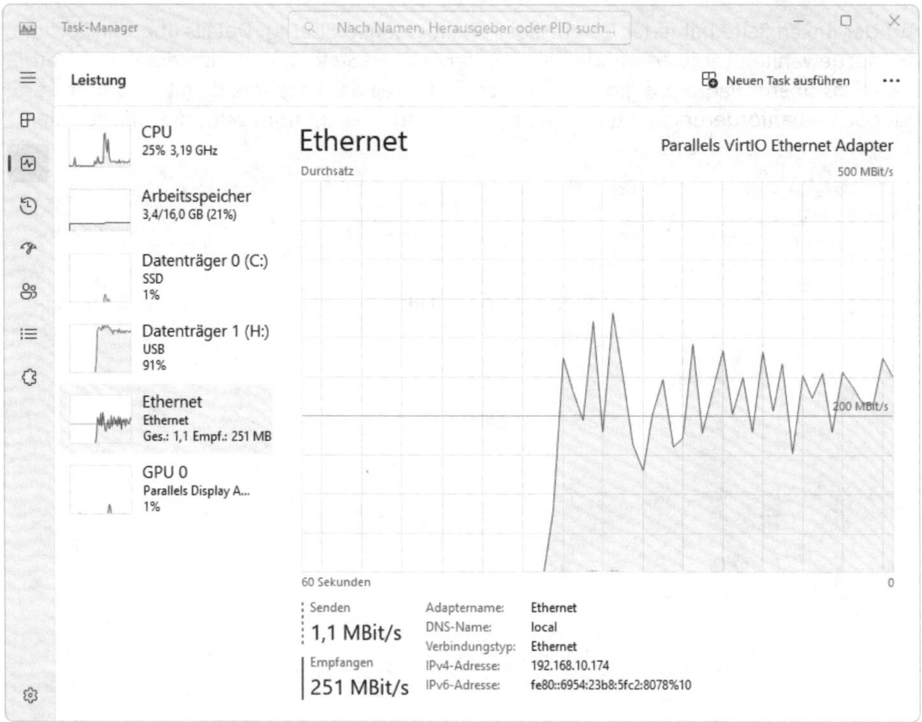

Abbildung 14.9 Diese Art von Schwankungen in der Netzwerkleistung ist üblich und spiegelt die Komplexität der Verwaltung von Netzwerkverbindungen wider.

Diese Abbildung zeigt exemplarisch die Leistung einer kabelgebundenen Netzwerkverbindung beim Herunterladen mehrerer großer Dateien von OneDrive. Obwohl es auf den ersten Blick nicht offensichtlich ist, gibt es tatsächlich zwei separate Linien: eine für die Geschwindigkeit, mit der Daten vom anderen Ende der Netzwerkverbindung empfangen werden, und die andere für die Geschwindigkeit, mit der Daten gesendet werden. In dem hier gezeigten Beispiel arbeitet die Sendeaktivität mit einem winzigen Bruchteil der Geschwindigkeit des Herunterladens, sodass die »Sendelinie« so klein ist, dass sie fast unsichtbar ist.

Die Sende- und Empfangsübertragungsrate werden unterhalb des Diagramms angezeigt und ändern sich in Echtzeit mit jedem Abtastintervall. Es ist auch erwähnenswert, dass sich die Skala des Diagramms mit der Netzwerkaktivität ändert, sodass Leistungsdaten auch dann angezeigt werden können, wenn die Netzwerkaktivität weniger als die volle Bandbreite nutzt.

Die Daten unterhalb des Diagramms zeigen einige nützliche Details der aktuellen Verbindung, einschließlich IPv4- und IPv6-Adressen; bei drahtlosen Verbindungen zeigt dieser Block auch den SSID-Namen, die Signalstärke und den verwendeten WLAN-Verbindungstyp an.

Eine gut versteckte Zusammenfassung der Netzwerkaktivitäten ist ebenfalls auf dieser Seite verfügbar. Klicken Sie mit der rechten Maustaste auf das Diagramm und wählen Sie *Netzwerkdetails anzeigen*, um ein Dialogfeld zu öffnen, das eine Tabelle mit kumulativen Daten für alle verfügbaren Netzwerkverbindungen in der aktuellen Sitzung anzeigt.

GPU

Leistungsdetails für Grafikkarten (Graphics Processing Units, GPUs) werden in einer Sammlung von Diagrammen angezeigt, die deutlich komplexer sind als die anderen Subsysteme auf der Seite *Leistung*. Abbildung 14.10 zeigt den vollständigen Satz für eine diskrete Grafikkarte, die sich derzeit vor allem langweilt.

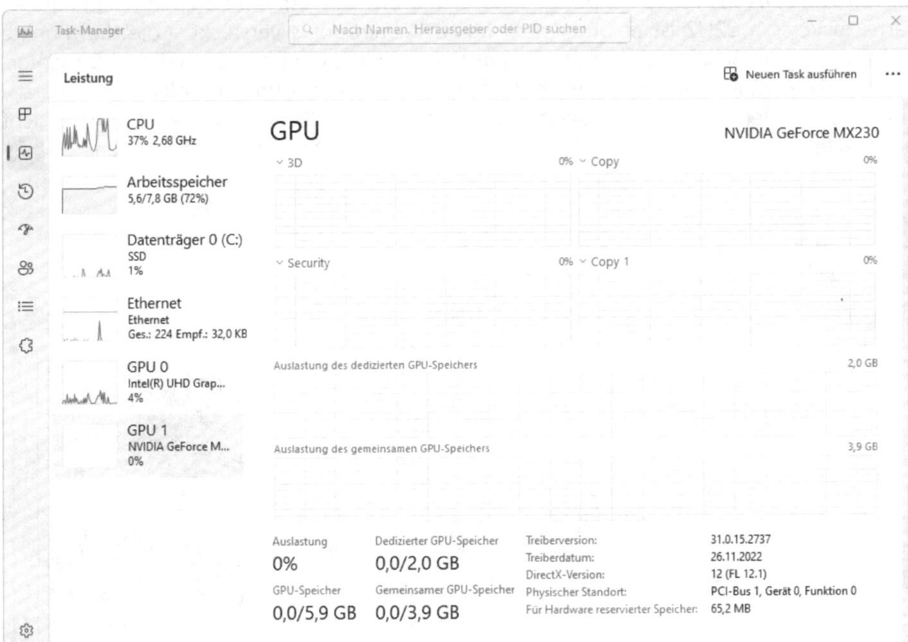

Abbildung 14.10 Leistungsangaben zu einem Grafikprozessor sind vor allem für Gamer und Videoprofis interessant, die versuchen, die maximale Leistung aus einer diskreten Grafikkarte herauszuholen.

Die vier oberen Diagramme messen die Geschwindigkeit des Renderns von 3D-Grafiken, des Kopierens von Daten zwischen Videopuffern und der Codierung und Decodierung von komprimiertem Video. Die beiden unteren Diagramme messen, wenn vorhanden, die Nutzung des dedizierten GPU-Speichers, der auf der Videohardware selbst installiert ist, und des gemeinsam genutzten Grafikspeichers, den Windows aus dem Haupt-RAM-Pool zuweist, der von Windows und Anwendungen verwendet wird.

Wie die anderen Details auf der Seite *Leistung* enthält auch diese Seite unterhalb des Diagramms Informationen über die verwendete Grafikhardware, die Treiberversion und (besonders wichtig bei Spielen oder GPU-intensiven Rendering-Aktivitäten) die Temperatur des Grafikprozessors.

Leistungsprobleme mit dem Ressourcenmonitor aufspüren

Wie die Registerkarte *Leistung* im Task-Manager liefert Ihnen auch der Ressourcenmonitor sowohl Momentanwerte als auch Aufzeichnungen eines kurzen Zeitraums, die über wichtige Leistungskennzahlen Auskunft geben. Und wie beim Task-Manager können Sie auch mit dem Ressourcenmonitor bis ins kleinste Detail herausfinden, was die einzelnen Prozesse tun.

Sie öffnen den Ressourcenmonitor, indem Sie im Startmenü danach suchen oder in einer Eingabeaufforderung den Befehl **perfmon /res** verwenden. Am schnellsten ist es allerdings, wenn Sie im Task-Manager den entsprechenden Link anklicken. (In der Originalversion von Windows 11, Version 21H2, befindet sich dieser Link am unteren Rand der Registerkarte; in Version 22H2 ist er unter dem Menü *Weitere Infos* versteckt – die drei Punkte rechts neben der Schaltfläche *Neuen Task ausführen* in der oberen rechten Ecke.) Diese Vorgehensweise ist unserer Ansicht nach die beste Methode, Leistungsprobleme zu untersuchen: Verschaffen Sie sich im Task-Manager auf der Seite *Leistung* schnell eine Übersicht und wechseln Sie zum Ressourcenmonitor, falls Sie mehr Informationen brauchen.

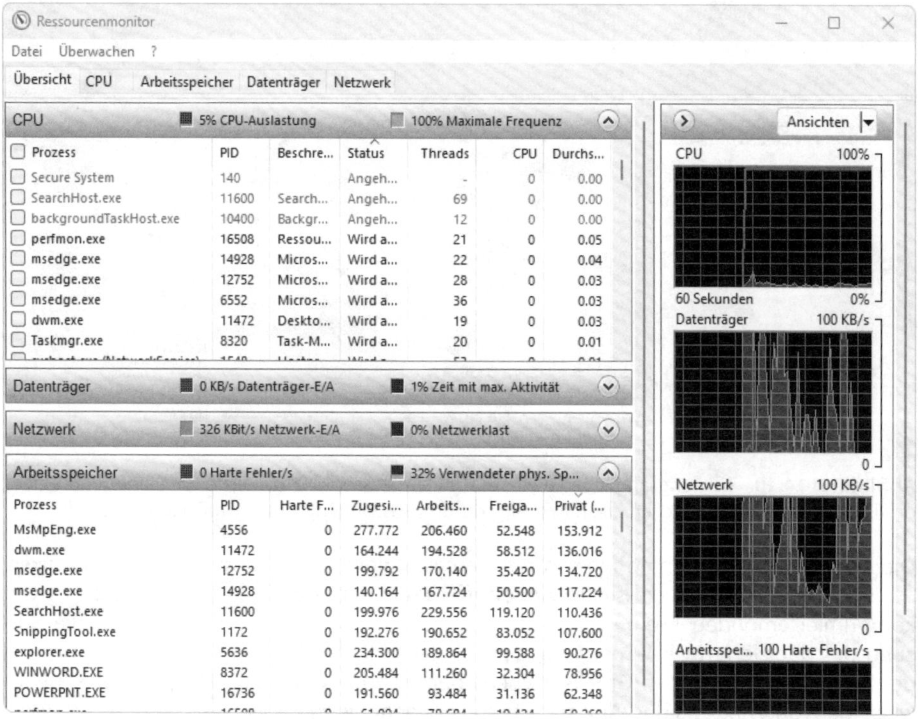

Abbildung 14.11 Die Standardansicht im Ressourcenmonitor zeigt die Ergebnisse für alle Prozesse. Wenn Details abgeschnitten sind, bewegen Sie den Mauszeiger über das Element, um eine QuickInfo mit den Details anzuzeigen.

Ressourcenmonitor organisiert die Informationen mit Registerkarten. Die Registerkarte *Übersicht* enthält Diagramme, die einen visuellen Echtzeitschnappschuss der Leistung in vier Bereichen bieten: CPU, Datenträger, Netzwerk und Arbeitsspeicher. Entsprechende Tabellen zeigen für jeden dieser vier Bereiche Details auf einer prozessbezogenen Basis an.

(Im Gegensatz zum Task-Manager bietet Ressourcenmonitor keine Leistungsdetails für GPUs.) Abbildung 14.11 zeigt die Registerkarte *Übersicht* in Aktion, wobei zwei der vier Detailtabellen nicht erweitert sind und nur eine zusammenfassende Überschrift anzeigen.

Mit den Registerkarten am oberen Rand des Fensters *Ressourcenmonitor* können Sie zu einem anderen Kontext wechseln und sich auf eine bestimmte Art der Ressourcennutzung konzentrieren. Das Grundlayout der einzelnen Registerkarten ist ähnlich und besteht aus einer Handvoll gemeinsamer Elemente.

Eine oder mehrere Tabellen enthalten Details über die Ressource, die auf der jeweiligen Registerkarte behandelt wird. Die erste Tabelle auf jeder Registerkarte wird als *Schlüsseltabelle* bezeichnet. Sie enthält eine Liste aller Prozesse, die momentan die ausgewählte Ressource nutzen. Die Schlüsseltabelle oben auf der Registerkarte *Übersicht* listet alle laufenden Prozesse in einer Tabelle auf, die der Seite *Prozesse* im Task-Manager ähnelt.

Wenn Sie einen oder mehrere Prozesse aus der Schlüsseltabelle auswählen, werden die in den darunter liegenden Tabellen angezeigten Daten gefiltert und nur die mit diesem Prozess verbundenen Aktivitäten angezeigt. Oben in jeder Detailtabelle erscheint eine orangefarbene Überschrift, die darauf hinweist, dass die Datenanzeige gefiltert ist, und in den Diagrammen auf der rechten Seite erscheint eine zusätzliche orangefarbene Linie, die anzeigt, wie viel von dieser Ressource durch den ausgewählten Prozess genutzt wird. Abbildung 14.12 zeigt die Registerkarte *Datenträger* mit ausgewähltem Windows Defender-Prozess (*Msmpeng.exe*).

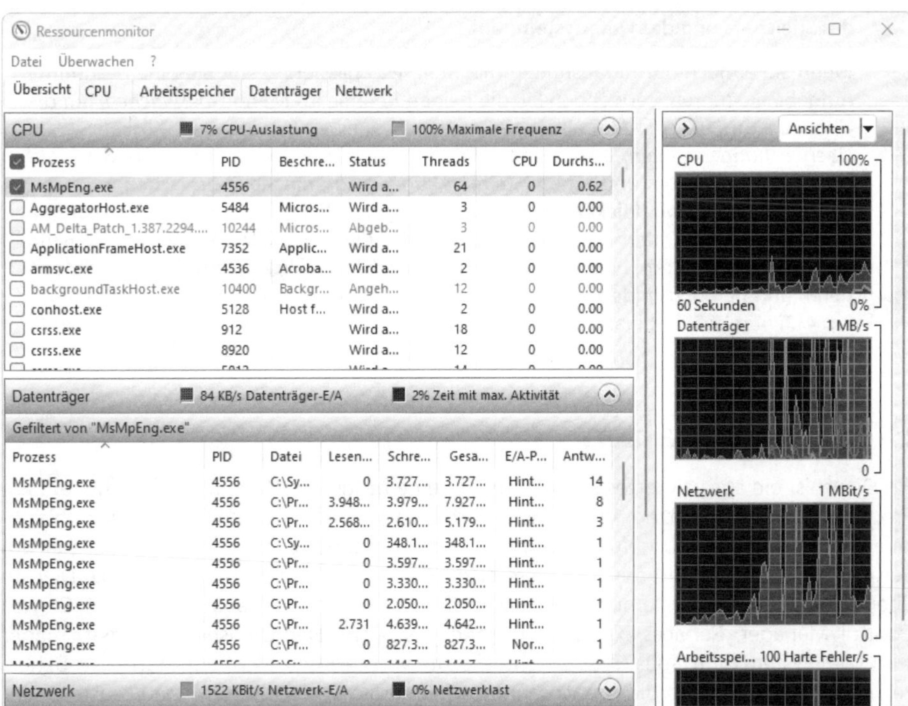

Abbildung 14.12 Die Auswahl eines Prozesses aus der Liste im oberen Teil des Fensters *Ressourcenmonitor* filtert seine Ausgabe im unteren Bereich.

Die Registerkarten *CPU, Datenträger* und *Netzwerk* funktionieren auf ähnliche Weise und bieten zusätzliche Details, die hauptsächlich für Programmierer von Nutzen sind. (Die Registerkarte *Arbeitsspeicher* zeigt eine Übersicht über die aktuelle Speichernutzung, ohne Berücksichtigung der in der Schlüsseltabelle ausgewählten Prozesse.)

Für die meisten Aufgaben beim Untersuchen von Leistungsproblemen ist der Ressourcenmonitor schon beinahe zu leistungsfähig. Seinen größten Nutzen entfaltet er, wenn Sie genau wissen wollen, welcher Prozess oder welche Datei für eine rätselhafte Aktivitätssteigerung verantwortlich ist.

Außerdem ist der Ressourcenmonitor von unschätzbarem Wert, wenn es darum geht, den Namen und den Speicherort einer bestimmten Datei aufzuspüren, die von Windows für einen bestimmten Prozess und eine bestimmte Aktion verwendet wird.

Expertentipp

Verwenden Sie das Menü Überwachen, um den Ressourcenmonitor zu fokussieren

Wenn der Ressourcenmonitor aktiv ist, kann es frustrierend sein, seiner Anzeige zu folgen. Selbst wenn Sie nicht direkt mit einem Programm arbeiten, ist Windows ständig mit seinen eigenen Haus- und Wartungsaufgaben beschäftigt, schreibt Informationen in Protokolldateien und in die Auslagerungsdatei, liest und schreibt Daten in die Registrierung und ruft alle möglichen Windows-Systemprozesse zur Verwaltung des Speichers und des Dateisystems auf.

Wenn Sie einfach nur herausfinden möchten, was passiert, wenn Sie eine bestimmte Aufgabe ausführen, verwenden Sie die beiden Befehle im Menü *Überwachen*, um die Überwachung und die Aktualisierung der Daten zeitweise anzuhalten. Klicken Sie auf *Überwachung beenden*, um die aktuelle Sitzung zu beenden; klicken Sie dann auf *Überwachung starten* und führen Sie die Aktionen aus, die Sie überwachen möchten. Wenn Sie fertig sind, klicken Sie erneut auf *Überwachung beenden*. Sie können nun die gesammelten Daten durchsuchen, indem Sie die Schlüsseltabelle verwenden, um nach Prozess zu filtern, und auf die Spaltenüberschriften klicken, um die Daten zu sortieren und herauszufinden, welche Prozesse und Dateien an der gerade durchgeführten Aktivität beteiligt waren.

Dienste verwalten

Ein *Dienst* ist ein spezialisiertes Programm, das eine bestimmte Aufgabe erfüllt, um andere Programme zu unterstützen. Viele Dienste arbeiten sehr weit unten in der Softwarehierarchie und müssen auch ausgeführt werden, wenn kein Benutzer angemeldet ist, weil sie zum Beispiel für die Steuerung der Hardware erforderlich sind. Windows verwaltet die Dienste über einen speziellen Systemprozess namens Dienststeuerungs-Manager (englisch Service Control Manager, Services.exe, auch bekannt als SCM). Der Dienststeuerungs-Manager wird vom Systemkonto (das über erhöhte Rechte verfügt) und nicht von normalen Benutzerkonten ausgeführt. In diesem Abschnitt erfahren Sie, wie Sie installierte Dienste anzeigen, starten, stoppen und konfigurieren sowie installieren oder entfernen können. Wir sehen uns auch einige der in Windows 11 verwendeten Dienste genauer an und zeigen Ihnen, wie Sie sie zu Ihrem Vorteil konfigurieren können.

Wenn Sie eine möglichst umfassende Darstellung der Dienste wünschen, verwenden Sie die Konsole *Dienste*. Außerdem können Sie den Task-Manager verwenden, um Dienste anzuzeigen und mit gewissen Einschränkungen zu verwalten. Dieser Abschnitt behandelt beide Tools.

Konsole »Dienste« verwenden

Dienste lassen sich mit dem Snap-In *Dienste* (*services.msc)* der Microsoft-Verwaltungskonsole verwalten (Abbildung 14.13). Um die Konsole mit diesem Snap-In zu öffnen, geben Sie im Suchfeld **Dienste** ein und klicken dann auf die App *Dienste* am Anfang der Ergebnisliste. (Damit Ihnen alle Funktionen zur Verfügung stehen, müssen Sie die Konsole *Dienste* als Administrator öffnen. Als Standardbenutzer können Sie zwar die Einstellungen der Dienste sehen, aber Sie können die meisten Dienste nicht starten oder beenden, den Starttyp nicht ändern und keine anderen Konfigurationsänderungen durchführen.)

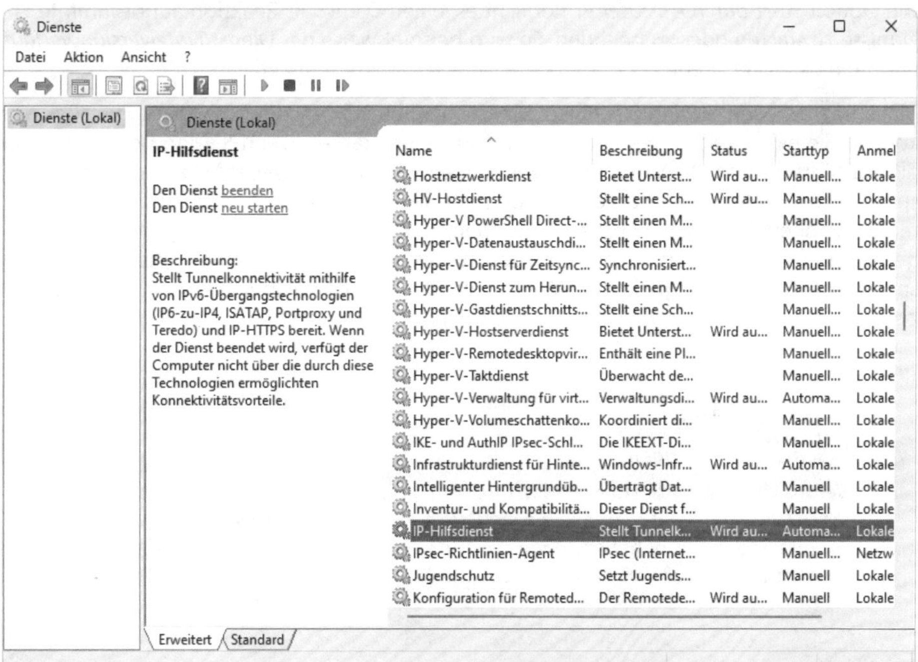

Abbildung 14.13 Verwenden Sie die Konsole *Dienste*, um Dienste zu starten, zu beenden und zu konfigurieren.

Mit einem Klick auf die Registerkarten *Erweitert* oder *Standard* am unteren Rand des Fensters der Konsole *Dienste* können Sie zwischen zwei Ansichten wählen. Sie unterscheiden sich in einem Punkt: Die Ansicht *Erweitert* zeigt auf der linken Seite des Detailbereichs eine Beschreibung des ausgewählten Dienstes. Für einige Dienste werden dort auch Verknüpfungen angezeigt, mit denen sich der ausgewählte Dienst starten, beenden oder anhalten lässt. Sofern Sie die Konsole nicht auf eine möglichst geringe Größe einstellen müssen, ist die Registerkarte *Erweitert* etwas übersichtlicher und informativer als die Standardansicht.

Die Konsole *Dienste* bietet in ihrer übersichtlichen Darstellung eine Fülle von Informationen. Sie können die Daten in jeder Spalte sortieren, indem Sie auf den Titel der Spalte klicken, wie es bei solchen Darstellungen üblich ist. Um die Zeilen in umgekehrter Reihenfolge zu sortieren, klicken Sie erneut auf den Titel. Außerdem können Sie Folgendes tun:

- Sie können den ausgewählten Dienst starten, beenden, zeitweilig anhalten und wieder weiterlaufen lassen, wie im folgenden Abschnitt beschrieben.
- Sie können das Eigenschaftendialogfeld für den ausgewählten Dienst öffnen. Darin erfahren Sie mehr über den Dienst und können ihn konfigurieren.

Die meisten wichtigen Dienste sind so eingestellt, dass sie beim Start des Computers automatisch gestartet werden. Das Betriebssystem beendet diese Dienste beim Herunterfahren des Computers. Einige Dienste, die für den Start des Computers nicht wichtig sind, werden auf den Starttyp *Automatisch (Verzögerter Start)* eingestellt. Diese Dienste werden zwei Minuten nach dem Ende des Hochfahrens gestartet, um das Hochfahren nicht zu verzögern. Die Option *Start durch Auslöser* ermöglicht es, einen Dienst als Reaktion auf bestimmte Ereignisse zu starten oder zu beenden. So wird beispielsweise der Dienst *Dateiversionsverlauf* nur dann gestartet, wenn Sie das Feature *Dateiversionsverlauf* aktivieren.

Manchmal müssen Sie jedoch einen Dienst manuell starten oder stoppen. Zum Beispiel können Sie einen selten genutzten Dienst nur dann starten, wenn Sie ihn benötigen. (Da die Ausführung von Diensten Systemressourcen wie beispielsweise Arbeitsspeicher beansprucht, können Sie die Leistung verbessern, wenn Sie sie nur bei Bedarf ausführen.) Andererseits können Sie einen Dienst auch stoppen, weil er nicht mehr benötigt wird. Ein häufiger Grund für das Beenden eines Dienstes ist, dass er nicht richtig funktioniert. Wenn beispielsweise Druckaufträge in der Warteschlange hängen bleiben, ist es manchmal am besten, den Dienst *Druckwarteschlange* zu beenden und dann neu zu starten.

> Expertentipp
>
> ***Anhalten statt beenden***
>
> **Wenn sich ein Dienst anhalten lässt, sollten Sie gegebenenfalls versuchen, ihn anzuhalten und dann weiterlaufen zu lassen, statt ihn zu beenden. Dadurch lassen sich bestimmte Probleme beheben, ohne die Aufträge abzubrechen, mit denen der Dienst beschäftigt ist, oder Verbindungen zu unterbrechen.**

Dienste starten und beenden

Nicht alle Dienste lassen eine Änderung ihres Ausführungsstatus zu. Einige lassen sich nicht beenden oder starten, andere lassen sich zwar beenden oder starten, aber nicht anhalten und fortsetzen. Einige Dienste lassen diese Aktionen nur für bestimmte Benutzer oder Gruppen zu. Die meisten Dienste erlauben zum Beispiel nur Mitgliedern der Gruppe Administratoren das Starten oder Beenden. Welche Statusänderungen zulässig sind und wer über die erforderlichen Berechtigungen verfügt, wird durch die Zugriffssteuerungslisten (Discretionary Access Control Lists, DACLs) der Dienste festgelegt, die gewöhnlich bei ihrer Installation erstellt werden.

Um den Status eines Dienstes zu ändern, wählen Sie ihn in der Konsole *Dienste* aus. Wenn Sie die Registerkarte *Erweitert* verwenden, erscheinen auf der linken Seite des Detailbereichs Verknüpfungen mit den verfügbaren Aktionen, die Sie anklicken können. Oder Sie verwenden die Steuerelemente zum Starten, Anhalten, Beenden oder Neustart auf der Symbolleiste. Sie können den Dienst auch mit der rechten Maustaste anklicken und die gewünschte Aktion im Kontextmenü auswählen.

Sie können den Status eines Dienstes auch ändern, indem Sie dessen Eigenschaftsdialogfeld öffnen und dann auf eine der Schaltflächen auf der Registerkarte *Allgemein* klicken. Der zusätzliche Schritt des Öffnens des Eigenschaftsdialogs zum Ändern des Status hat nur einen Vorteil: Sie können beim Starten eines Dienstes mit dieser Methode Startparameter angeben. Das ist allerdings nur selten erforderlich.

Dienste konfigurieren

Um zu überprüfen oder zu ändern, wie ein Dienst gestartet wird oder was passiert, wenn er nicht ordnungsgemäß gestartet wird, sehen Sie sich das Dialogfeld *Eigenschaften* an. Doppelklicken Sie dazu auf den Dienst in der Konsole *Dienste*. Abbildung 14.14 zeigt ein Beispiel.

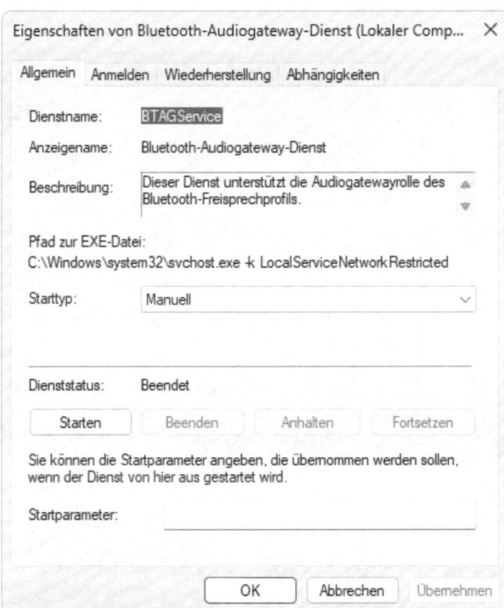

Abbildung 14.14 Geben Sie den Starttyp eines Dienstes auf der Registerkarte *Allgemein* an, wo Sie auch den eigentlichen Namen des Dienstes (in diesem Fall BTAGService) über seinem *Anzeigenamen* finden.

Startoptionen einstellen

Auf der Registerkarte *Allgemein* des Eigenschaftsdialogfelds (siehe Abbildung 14.14) geben Sie den Starttyp an:

- **Automatisch** Der Dienst wird beim Hochfahren des Computers gestartet.
- **Automatisch (verzögerter Start)** Der Dienst wird nach anderen automatisch startenden Diensten gestartet (plus einer kurzen Verzögerung), um die Startleistung und die Benutzerfreundlichkeit zu verbessern. Der SCM startet die mit dieser Option konfigurierten Dienste nacheinander und beachtet dabei die Abhängigkeiten.

- **Manuell** Der Dienst wird beim Hochfahren des Computers nicht automatisch gestartet, sondern kann von einem Benutzer, einem Programm oder einem abhängigen Dienst gestartet werden.
- **Deaktiviert** Der Dienst kann nicht gestartet werden.

Die Option *Start durch Auslöser* lässt sich nicht in der Konsole *Dienste* einstellen. Dafür müssen Sie auf *Sc.exe* zurückgreifen. Dabei handelt es sich um ein Befehlszeilenprogramm, das mit dem Dienststeuerungs-Manager kommuniziert. Wenn Sie sich nicht mit der ungewohnten Syntax dieses Befehls beschäftigen möchten, versuchen Sie es vielleicht mit dem kostenlosen *Service Trigger Editor* von Core Technologies Consulting, der unter *https://bit.ly/servicetriggereditor* erhältlich ist.

Weitere Startoptionen befinden sich auf der Registerkarte *Anmelden* des Eigenschaftsdialogfelds, das Abbildung 14.15 zeigt. Im Allgemeinen gibt es keinen Grund, die jeweiligen Standardeinstellungen zu ändern.

Abbildung 14.15 Die Einstellungen auf der Registerkarte *Anmelden* geben an, mit welchem Benutzerkonto der Dienst ausgeführt wird.

> ### Hinweis
>
> **Wenn Sie ein anderes Anmeldekonto als das Konto *Lokaler Dienst* wählen, sollten Sie überprüfen, ob das Konto über die erforderlichen Berechtigungen verfügt. Öffnen Sie die Konsole *Lokale Sicherheitsrichtlinie* (geben Sie in einer Eingabeaufforderung secpol.msc ein), navigieren Sie zu *Sicherheitseinstellungen\Lokale Richtlinien\Zuweisen von Benutzerrechten* und weisen Sie dem Konto das Recht *Anmelden als Dienst* zu. Diese Option ist nur selten für Dienste erforderlich, die Teil von Windows sind, und eine Anwendung eines Drittanbieters, die diese Art von Konfiguration erfordert, tut dies normalerweise als Teil des Installationsprozesses.**

Wiederherstellungsaktionen festlegen

Aus verschiedenen Gründen – wenn beispielsweise die Hardware nicht ordnungsgemäß funktioniert oder eine Netzwerkverbindung unterbrochen ist – kann ein Dienst, der reibungslos funktioniert, plötzlich ausfallen. Über die Einstellungen auf der Registerkarte *Wiederherstellung* des Dialogfelds *Eigenschaften* können Sie festlegen, was passiert, wenn ein Dienst ausfällt. Abbildung 14.16 zeigt zum Beispiel die Standardeinstellungen für den Bluetooth-Audiogateway-Dienst.

Abbildung 14.16 Verwenden Sie die Registerkarte *Wiederherstellung*, um festzulegen, was passieren soll, wenn ein Dienst ausfällt.

Vielleicht möchten Sie den Dienst so einstellen, dass nach dem ersten Fehler eine andere Reaktion als nach dem zweiten oder allen weiteren Fehlern erfolgt. Auf der Registerkarte *Wiederherstellung* können Sie mit folgenden Einstellungen festlegen, was nach dem ersten, dem zweiten und allen weiteren Fehlern geschehen soll:

- **Keine Aktion durchführen** Der Dienst gibt auf. Gewöhnlich nimmt er dann einen Eintrag im Ereignisprotokoll vor. (Ob dies geschieht, hängt aber davon ab, wie die Entwickler den Dienst programmiert haben.)
- **Dienst neu starten** Der Computer wartet so lange, wie unter *Dienst nach (x) Minuten neu starten* festgelegt, und versucht dann, den Dienst neu zu starten.
- **Ein Programm ausführen** Der Computer führt das Programm aus, das Sie im Textfeld *Programm* angegeben haben. Sie können zum Beispiel ein Programm wählen, das versucht, den Fehler zu beheben, oder eines, das Sie über diese Situation informiert.
- **Computer neu starten** Drastisch, aber wirksam. Diese Option führt zu einem Neustart des Computers, sobald die Zeit verstrichen ist, die Sie im Feld *Dienst nach (x) Minuten neu starten* angeben. Außerdem können Sie eine Nachricht festlegen, die an andere Benutzer in Ihrem Netzwerk übermittelt wird, um sie auf den bevorstehenden Neustart hinzuweisen.

Abhängigkeiten anzeigen

Viele Dienste hängen von den Funktionen eines anderen Dienstes ab. Wenn Sie versuchen, einen Dienst zu starten, der von anderen Diensten abhängig ist, startet Windows zunächst die anderen Dienste. Wenn Sie einen Dienst stoppen, von dem andere Dienste abhängig sind, beendet Windows auch diese Dienste. Bevor Sie einen Dienst starten oder stoppen, ist es daher hilfreich zu wissen, welche anderen Dienste von Ihrer Aktion betroffen sein könnten. Diese Informationen erhalten Sie auf der Registerkarte *Abhängigkeiten* im Dialogfeld *Eigenschaften* eines Dienstes. Ein Beispiel zeigt Abbildung 14.17.

Abbildung 14.17 Die Registerkarte *Abhängigkeiten* zeigt, welche Dienste von anderen Diensten oder Treibern abhängen.

Sie können die Gliederungssteuerelemente auf der Registerkarte *Abhängigkeiten* aufklappen, um zu sehen, von welchen Diensten die abhängigen Dienste ihrerseits abhängen.

Dienste im Task-Manager verwalten

Über die Seite *Dienste* im Task-Manager können Sie Dienste starten und beenden und verschiedene wichtige Aspekte der auf Ihrem Computer laufenden und verfügbaren Dienste anzeigen. Sie können von dieser Seite aus mit einem Klick die Konsole *Dienste* öffnen. Die Seite *Dienste* ist in Abbildung 14.18 dargestellt.

Um einen Dienst zu starten, anzuhalten oder neu zu starten, klicken Sie auf der Seite *Dienste* mit der rechten Maustaste auf seinen Namen und dann auf *Starten*, *Anhalten* oder *Neu starten*.

Auf der Seite *Dienste* finden Sie auch die Prozesskennung (Process Identifier, PID) eines laufenden Dienstes und können überprüfen, welche anderen Dienste und Programme mit dieser PID laufen. Abbildung 14.18 zeigt zum Beispiel einige Dienste mit der PID 564. Wenn Sie einen Dienst mit der rechten Maustaste anklicken und *Zu Details wechseln* wählen, wird die Seite *Details* im Task-Manager geöffnet und der betreffende Prozess (in der Regel *Svchost.exe*) hervorgehoben.

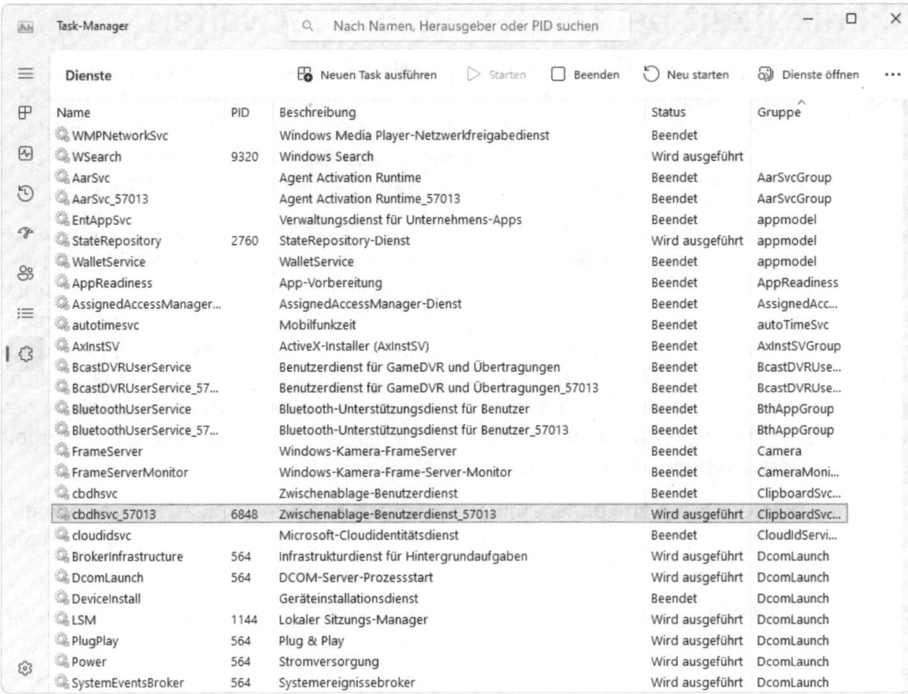

Abbildung 14.18 Durch Sortieren nach der Spalte *Gruppe* sehen Sie schnell, welche Dienste zusammengehören.

Namen eines Dienstes ermitteln

Wenn Sie das Eigenschaftendialogfeld für verschiedene Dienste betrachten, werden Sie feststellen, dass der Name des Dienstes (der oben auf der Registerkarte *Allgemein* angezeigt wird) oft von dem Namen abweicht, der in der Konsole *Dienste* erscheint (der Anzeigename), und dass keiner der beiden Namen mit dem Namen der ausführbaren Datei des Dienstes übereinstimmt. (Viele Dienste werden als Teil einer Dienstgruppe ausgeführt, typischerweise unter einem Host-Prozess für Windows-Dienste, *Svchost.exe*.) Auf der Registerkarte *Allgemein* (siehe Abbildung 14.14) werden alle drei Namen angezeigt.

Was bedeutet das für Sie? Wenn Sie in der Konsole *Dienste* arbeiten, brauchen Sie nur den Anzeigenamen eines Dienstes zu kennen, um ihn zu finden und mit ihm zu arbeiten. Aber wenn Sie einen Dienst in einer Eingabeaufforderung mit dem Befehl *Net* oder *Sc* starten oder beenden, ist der tatsächliche Dienstname praktischer, weil er meistens viel kürzer als der Anzeigename ist. Außerdem brauchen Sie den Dienstnamen, wenn Sie gezwungen sind, die Registrierungseinträge eines Dienstes zu bearbeiten, die im Unterschlüssel *HKLM\System\CurrentControlSet\Services\<Dienst>* zu finden sind (wobei *<Dienst>* der Name des Dienstes ist).

Und was ist mit dem Namen der ausführbaren Datei? Vielleicht brauchen Sie diesen Namen, wenn Sie Probleme mit einem Dienst haben. Dann müssen Sie die ausführbare Datei finden und die Berechtigungen überprüfen. Den Namen der ausführbaren Datei zu kennen, ist zum Beispiel nützlich, wenn Sie im *Task-Manager* herausfinden möchten, warum Ihr Computer anscheinend sehr langsam läuft. Auf den Seiten *Prozesse* und *Dienste* werden zwar die Anzeigenamen verwendet (unter der Überschrift *Beschreibung*), aber wegen der Fenstergröße ist es manchmal einfacher, den Namen der ausführbaren Datei zu finden.

Akkulaufzeit bei tragbaren PCs verwalten

Der moderne tragbare PC ist ein Meisterwerk der Hardwaretechnik, bei dem leistungsstarke Komponenten auf eine bisher nicht gekannte Größe miniaturisiert wurden. Auf der Softwareseite wurden ähnliche Anstrengungen unternommen, um immer mehr Akkulaufzeit aus diesen Designs herauszuholen. Das Ergebnis ist, dass Sie jetzt einen Windows-PC mitnehmen können, um unterwegs zu arbeiten, und zwar fast genauso wie im Büro.

All diese Rechenleistung hat jedoch einen Preis: die Akkulaufzeit. Und die richtige Balance zu finden, hängt davon ab, was Sie erreichen wollen. Manchmal möchten Sie die volle Leistung Ihres PC nutzen, vor allem, wenn Sie eine ressourcenintensive Aufgabe unter Zeitdruck erledigen müssen und wissen, dass Sie wieder in Reichweite einer Steckdose sein werden, bevor der Akku leer ist. Unter anderen Umständen, wenn die Arbeitslast gering ist und Sie wissen, dass es viele Stunden dauern wird, bis Sie Ihr Gerät wieder aufladen können, möchten Sie, dass der Akku so lange wie möglich hält. Alles, was Sie tun, um die Lebensdauer des Akkus eines tragbaren Geräts zu verlängern, hilft Ihnen zu vermeiden, dass Sie die Arbeit beenden müssen, weil der Akku den Geist aufgibt.

Um beide Ziele erreichen zu können, muss man zunächst eine wichtige Fähigkeit beherrschen: die Fähigkeit, schnell einzuschätzen, wie viel Energiekapazität in der aktuellen Sitzung noch zur Verfügung steht.

Um eine schnelle Einschätzung der verbleibenden Akkulaufzeit zu erhalten, bewegen Sie den Mauszeiger über das Akkusymbol im Infobereich. Nach ein oder zwei Sekunden sollten Sie eine Meldung mit der verbleibenden Akkulaufzeit in Prozent sehen. (Bei einem tragbaren PC mit mehreren Akkus, wie beispielsweise der Surface Book-Reihe von Microsoft, wird für jeden Akku ein eigener Prozentsatz angezeigt, neben einem Gesamtprozentsatz, der die verbleibende Akkulaufzeit insgesamt angibt.)

Wenn Windows über genügend Daten verfügt, um eine Schätzung darüber abzugeben, wie lange Sie mit der verbleibenden Akkuleistung noch arbeiten können, wird diese Schätzung ebenfalls angezeigt. Wenn das Notebook an ein Ladegerät angeschlossen ist, zeigt diese Anzeige die geschätzte Zeit an, bis der Akku vollständig aufgeladen ist.

Wenn Sie in Windows 10 auf das Batteriesymbol klicken, öffnet sich ein Flyout-Menü mit detaillierten Informationen über verbleibende Akkuleistung. Wenn Sie in Windows 11 auf das Akkusymbol klicken, wird das Menü *Schnelleinstellungen* geöffnet, in dem unten links der Prozentsatz der verbleibenden Akkuleistung angezeigt wird. Klicken Sie auf diesen Wert, um die Seite *Strom und Akku* in den Einstellungen zu öffnen, wo Sie einen viel detaillierteren Bericht sehen, ähnlich dem in Abbildung 14.19.

Das abgekürzte Balkendiagramm rechts neben dem aktuellen Ladestatus zeigt eine Momentaufnahme des Stromverbrauchs der letzten 24 Stunden, wobei jeder Balken für eine Stunde Stromverbrauch (oder Ladevorgang) steht. Ein gelbes Blattsymbol über einem Balken bedeutet, dass sich das Gerät während dieses Zeitraums im Energiesparmodus befand. Ein grünes Netzsteckersymbol bedeutet, dass das Gerät an das Stromnetz angeschlossen war.

Wenn Sie genauere Informationen über den Akkubetrieb wünschen, klicken Sie auf *Ausführliche Informationen anzeigen*, wodurch Sie zum Abschnitt *Akkunutzung* unten auf der Seite gelangen. Nachdem Sie Ihren tragbaren PC ein paar Stunden lang im Akkubetrieb betrieben haben, enthält dieser Abschnitt Details, die den in Abbildung 14.20 gezeigten ähneln.

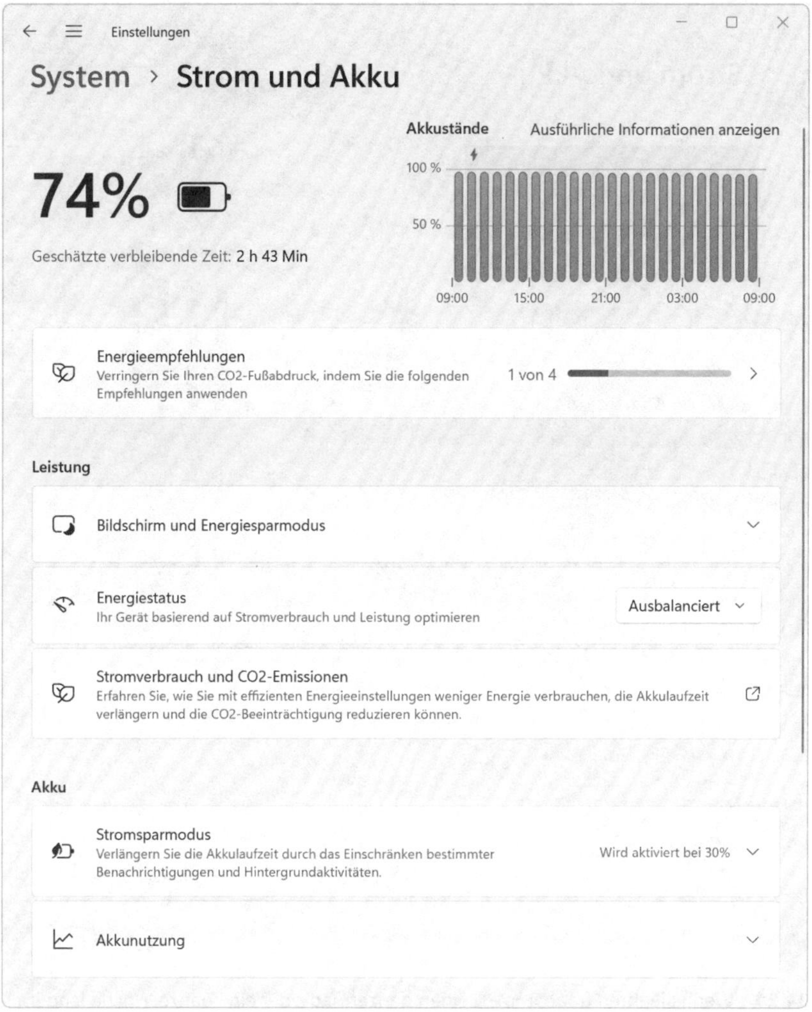

Abbildung 14.19 Diese Seite in den Einstellungen bietet eine Momentaufnahme des aktuellen Akkuverbrauchs sowie Steuerelemente, mit denen die Akkulaufzeit für die aktuelle Sitzung verlängert werden kann.

Das hier gezeigte Balkendiagramm zeigt standardmäßig dieselben Daten an wie das kleinere Diagramm oben auf der Seite, aber es bietet Ihnen zwei wichtige Optionen zum Filtern dieser Daten.

Verwenden Sie die Optionen im Menü rechts neben der Überschrift *Akkustände*, um die Aktivitätsskala zwischen 24 Stunden und 1 Woche umzuschalten; die zurückgegebenen Werte zeigen die Aktivität auf einer App-Basis für alle Zeiten während des ausgewählten Zeitraums, in denen Ihr Gerät mit Batteriestrom betrieben wurde.

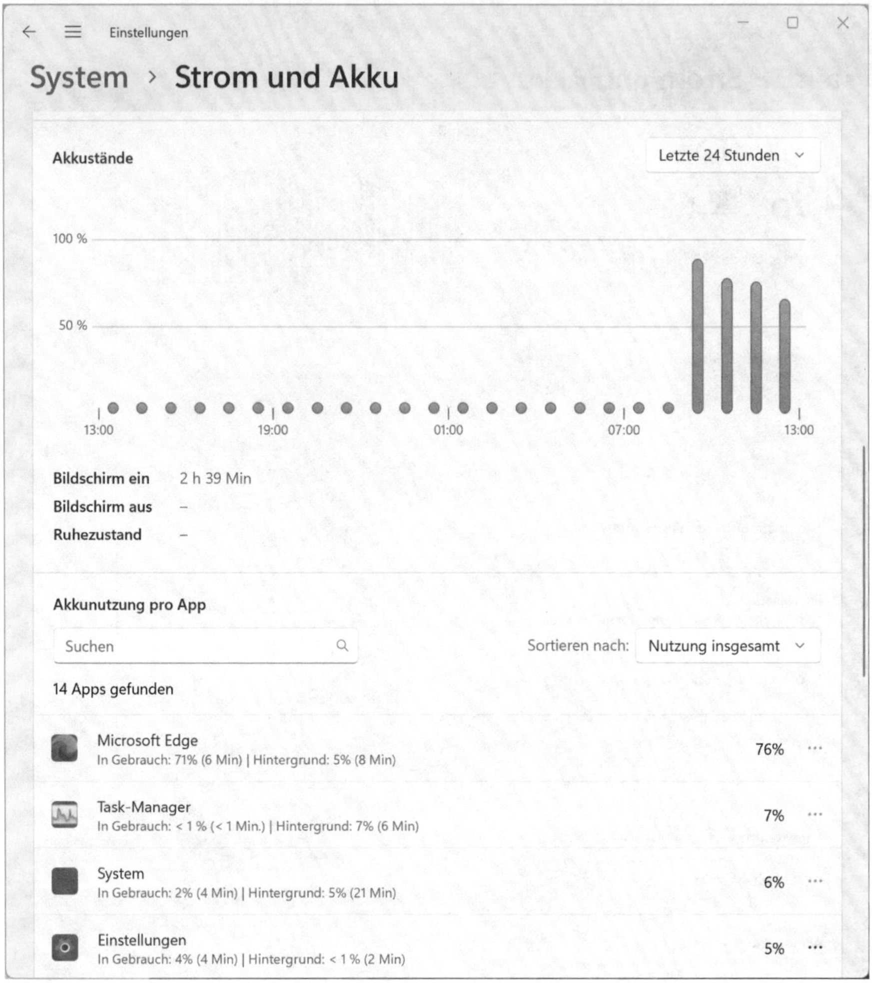

Abbildung 14.20 Wenn Sie Ihren tragbaren PC einen ganzen Tag oder eine ganze Woche lang im Akkubetrieb laufen lassen, können Sie sehen, welche Anwendungen den Akku am meisten beanspruchen.

Zusätzlich zu diesem Filter können Sie das Menü *Sortieren nach* verwenden, um die Anzeige der Informationen zur Nutzung der einzelnen Apps von der Gesamtnutzung (Standardeinstellung) zu ändern und nur die Apps anzuzeigen, die gerade verwendet werden oder die im Hintergrund laufen. Sie können die Liste auch nach Namen sortieren.

Wie man es auch dreht und wendet, das sind ziemlich aussagekräftige Diagnoseinformationen. Richtig eingesetzt, können Sie damit feststellen, welche Anwendungen am meisten für die Entladung des PC-Akkus verantwortlich sind. Mit diesen Informationen können Sie entweder auf die Verwendung dieser Anwendungen verzichten, wenn Energiesparen ganz oben auf der Tagesordnung steht, oder Sie können nach Konfigurationsänderungen in den Anwendungen an der Spitze der Liste suchen (beispielsweise Einschränkung der Hintergrundnutzung), um deren Energiehunger zu verringern.

Expertentipp

Vergessen Sie nicht, die Batterien in Ihren Peripheriegeräten zu überprüfen

Wenn Sie unentbehrliche Zusatzgeräte mit sich führen, sollten Sie deren Akkuladestand vor der Abreise überprüfen, es sei denn, Sie möchten die Enttäuschung erleben, dass auf einem Transatlantikflug Ihre Bluetooth-Kopfhörer mit Geräuschunterdrückung nach einer Stunde nicht mehr funktionieren. Gehen Sie zu *Einstellungen | Bluetooth und Geräte*, um einen Blick auf die Akkulaufzeit für moderne Bluetooth-Geräte zu werfen.

Energiesparmodus und andere Energieverwaltungsoptionen

Die Seite *Strom und Akku* enthält auch einige zusätzliche Steuerelemente, mit denen Sie die Art und Weise ändern können, in der Windows den Akku während der aktuellen Sitzung verwendet. Auf der Seite *Strom und Akku* können Sie über das Menü *Energiestatus* eine von drei Optionen auswählen. Auf Systemen, auf denen die ursprüngliche Version von Windows 11 ausgeführt wird, ist *Ausbalanciert* die Standardeinstellung; wenn Sie das Verhältnis zwischen Leistung und Batterieverbrauch ändern möchten, wählen Sie *Beste Leistung* oder *Beste Energieeinsparung*.

In Windows 10 war diese Option als Schieberegler implementiert, der über die Taskleiste zugänglich war. Auf PCs mit Windows 11 wird die Option in die Einstellungen verschoben. (Auf einigen PCs werden diese Optionen auf eine etwas andere Weise angezeigt: *Empfohlen*, *Bessere Leistung* und *Beste Leistung*.)

Was ist der Unterschied? Die wichtigste Änderung ist die Art und Weise, wie das Betriebssystem Hintergrundanwendungen drosselt, indem es ihre Leistung reduziert (und so die Akkulaufzeit verlängert), was die Gesamtleistung des Systems ein wenig beeinträchtigt.

Windows 11 bietet auch einen Stromsparmodus, deren Einstellungen auf der gleichen Seite in den Einstellungen verfügbar sind. Wenn der Stromsparmodus aktiviert ist, passt Windows automatisch die folgenden Einstellungen an:

- Die Apps Mail, Kontakte und Kalender werden nicht mehr automatisch synchronisiert.
- Die meisten Anwendungen, die normalerweise im Hintergrund ausgeführt werden, werden daran gehindert, dies zu tun. OneDrive sendet beispielsweise eine Benachrichtigung, dass es die Synchronisierung lokaler Änderungen mit der Cloud vorübergehend eingestellt hat. Sie können diese Aktion außer Kraft setzen, indem Sie auf die Schaltfläche *Trotzdem synchronisieren* klicken.
- Die Bildschirmhelligkeit (einer der größten Faktoren für den Akkuverbrauch) wird um 30 Prozent reduziert. Hardware-Hersteller können diese Standardeinstellung ändern, und Sie können sie mit dem Kontrollkästchen *Bildschirmhelligkeit beim Verwenden im Stromsparmodus verringern* außer Kraft setzen.
- Alle unkritischen Telemetrie-Uploads werden blockiert.
- Alle nicht kritischen Downloads von Windows Update werden blockiert.

Wenn der Stromsparmodus aktiviert ist, zeigt Windows auf dem Batteriesymbol in der Taskleiste, in den Einstellungen, in den Schnelleinstellungen und im Flyout-Menü *Akku* ein Blattsymbol an.

Standardmäßig aktiviert Windows 11 den Stromsparmodus automatisch, wenn die verbleibende Akkulaufzeit unter 20 Prozent sinkt. Verwenden Sie die Optionen für den Stromsparmodus auf der Seite *Einstellungen | Strom und Akku*, um diesen Schwellenwert auf einen runden Prozentsatz zwischen 10 und 50 zu ändern; wählen Sie *Immer*, um den Stromsparmodus als Standard einzustellen, oder wählen Sie *Nie*, um den gewählten Energiestatus beizubehalten, bis Sie die Stufe *Niedrig* oder *Kritisch* erreichen.

Um diese Einstellungen anzupassen, müssen Sie die *Energieoptionen* in der Systemsteuerung im alten Stil verwenden. Geben Sie in den *Einstellungen* in das Suchfeld **Energiesparplan bearbeiten** ein. Klicken Sie auf das angezeigte Suchergebnis und dann auf *Erweiterte Energieeinstellungen ändern*. Erweitern Sie schließlich den Knoten *Akku*, um die Optionen zum Festlegen des niedrigen und des kritischen Akkustands anzuzeigen. Bei diesen beiden Einstellungen können Sie Windows auffordern, eine Benachrichtigung anzuzeigen oder eine Aktion auszuführen. Sie können beispielsweise festlegen, dass eine Benachrichtigung angezeigt wird, wenn der verbleibende Akkustand auf zehn Prozent sinkt, und dass Windows automatisch in den Ruhezustand versetzt wird, wenn der Akkustand fünf Prozent erreicht.

Expertentipp

Was ist aus den Energiesparplänen geworden?

In älteren Windows-Versionen, die für frühere Hardwaregenerationen geschrieben wurden, enthielt Windows mehrere Energiesparpläne mit der Option, benutzerdefinierte Energiesparpläne mit einer schwindelerregenden Vielfalt von Energieeinstellungen zu erstellen.

Die Werkzeuge zur Verwaltung benutzerdefinierter Energiesparpläne sind immer noch in der alten Systemsteuerung verfügbar, und zwar in der Kategorie *Energieoptionen* auf der Registerkarte *Erweiterte Einstellungen*. Auf moderner Hardware ist diese Granularität kaum noch erforderlich. Bei einer Neuinstallation von Windows gibt es nur einen einzigen Energiesparplan: *Ausbalanciert*. PC-Hersteller haben die Möglichkeit, diesen Plan anzupassen.

Es ist zwar möglich, mit dem Befehl *Powercfg* einen benutzerdefinierten Energiesparplan zu erstellen, aber es gibt kaum einen Grund, dies zu tun. Stattdessen empfehlen wir Ihnen, mit dem Plan *Ausbalanciert* zu beginnen und ihn nach Ihren Wünschen zu ändern. Auf diese Weise können die integrierten Windows-Energieeinstellungen weiterhin wie vorgesehen funktionieren.

Überwachung der langfristigen Akkulaufzeit und -kapazität

Wenn Sie ein wenig darauf achten, entwickeln Sie mit der Zeit ein instinktives Gefühl dafür, wie lange Ihr Akku noch hält und wann Sie sich ernsthaft nach einer Steckdose umsehen sollten. Mit Windows 11 können Sie einen (englischsprachigen) Akkubericht erstellen, der Ihnen einen genaueren Überblick über Ihre Batterie gibt. Der Bericht ermöglicht es Ihnen auch, die Abnahme der Akkukapazität zu beobachten, die im Laufe der Zeit unweigerlich eintritt. Um einen Batteriebericht zu erstellen, öffnen Sie eine Eingabeaufforderung oder ein PowerShell-Fenster und führen Sie den Befehl **powercfg /batteryreport** aus. Diese Aktion erzeugt eine Datei im aktuellen Ordner mit dem Namen *Battery-report.html*; doppelklicken Sie auf diese Datei, um den Bericht in einem Browserfenster zu öffnen.

Dieser Bericht enthält eine Fülle von Informationen über das aktuelle System und den Zustand der Batterie. Im Abschnitt *Installed batteries (Installierte Batterien)* werden beispielsweise der Name des Herstellers und die Seriennummer der Batterie aufgeführt; außerdem wird angezeigt, wie viele Stromzyklen die Batterie durchlaufen hat, und die aktuelle volle Ladekapazität wird mit der Nennkapazität verglichen. Die Berechnung des Verhältnisses dieser beiden Zahlen gibt Aufschluss darüber, wie viel Akkulaufzeit Ihr System im Laufe der Zeit verloren hat.

Der Abschnitt *Battery life estimate (Geschätzte Akkulaufzeit)* zeigt an, wie hoch Windows die Akkulaufzeit für jede aktuelle Sitzung schätzt, basierend auf beobachteten Messungen der Akkulaufzeit; ein Durchschnittswert wird unten in der Liste angezeigt.

Energieoptionen über die Befehlszeile konfigurieren

Wenn Sie bei Ihrer Arbeit die Energieeinstellungen für mehrere Systeme und Benutzer verwalten müssen, ist das Befehlszeilenprogramm *powercfg* von unschätzbarem Wert. Mit *powercfg* können Sie Energieschemata und -parameter abfragen und festlegen, Energieeinstellungen in eine Datei exportieren, die Datei auf Remotesystemen importieren und vieles mehr. (Viele *powercfg*-Aktionen funktionieren nur in einer Eingabeaufforderung mit erhöhten Rechten oder einem PowerShell-Fenster.) Auch wenn Sie sich nur mit Ihren eigenen Systemen befassen, könnten die Befehle **powercfg /batteryreport**, **powercfg /energy** und **powercfg /sleepstudy** nützlich sein. Mit diesen Befehlen werden Berichte erstellt, die über die zuvor in diesem Abschnitt beschriebenen interaktiven Funktionen zur Energieverwaltung nicht verfügbar sind.

Um eine Liste der mit *powercfg* verfügbaren Befehle zu erstellen, öffnen Sie eine Eingabeaufforderung oder ein Power-Shell-Fenster und geben **powercfg /?** ein. Einzelheiten zur Syntax und Beispiele für die Verwendung eines beliebigen *powercfg*-Befehls erhalten Sie, wenn Sie den Befehl **powercfg /? <Befehl>** eingeben.

Energieverwaltung auf Desktopsystemen

Auch wenn Ihr PC nicht von einem Akku abhängig ist, bringt es Vorteile mit sich, die Energieverwaltung im Blick zu haben. Wenn Sie einen PC oder ein Tablet in den Ruhezustand versetzen, wird weniger Strom verbraucht, was sich in finanziellen Einsparungen für Sie und einem Nutzen für die Gesellschaft insgesamt niederschlägt.

Die offensichtlichsten dieser Einstellungen finden Sie unter *Einstellungen | System | Strom und Akku*, unter der Überschrift *Bildschirm und Energiesparmodus*. Die Optionen hier legen fest, wie lange der Bildschirm im Leerlauf ausgeschaltet bleibt und wann das System in den Ruhezustand geht. Bei einem tragbaren Computer gibt es separate Einstellungen für den Akkubetrieb und den Netzbetrieb (siehe Abbildung 14.21). (Bei Desktop-PCs stehen nur zwei Optionen zur Auswahl.)

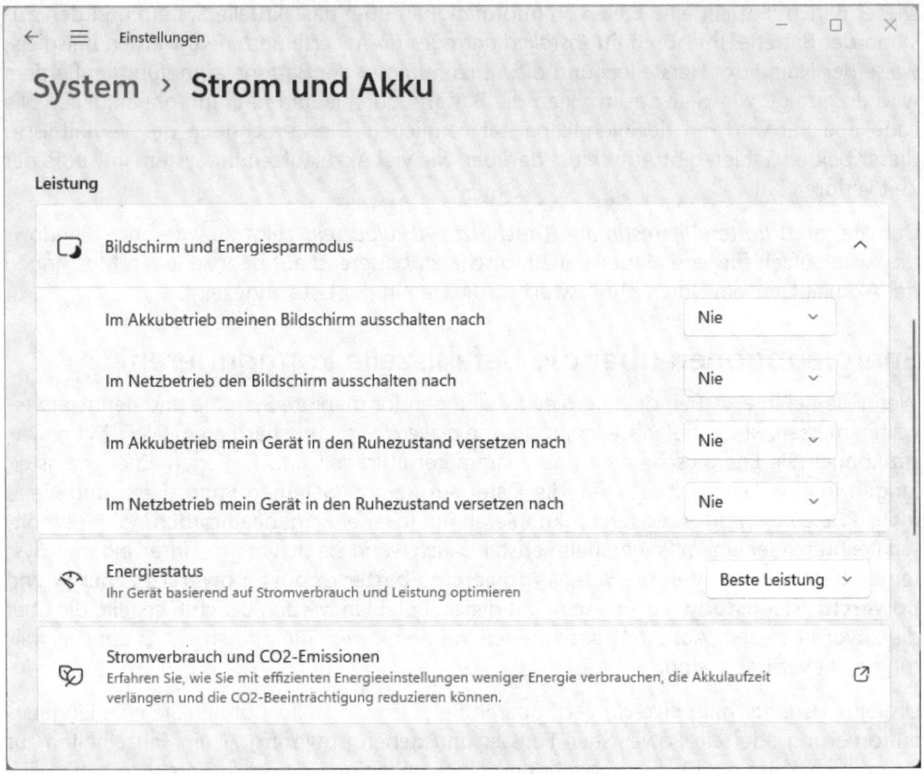

Abbildung 14.21 Auf dieser Seite können Sie den Stromverbrauch des Computers minimieren, auch wenn er die ganze Zeit über an das Stromnetz angeschlossen ist.

Für jede Option reicht die Auswahl im Dropdownmenü von *1 Minute* (wahrscheinlich lästiger, als die meisten Menschen akzeptieren) bis zu 5 Stunden (nützlich, wenn Sie den Computer nur bei längerer Abwesenheit in den Ruhezustand versetzen wollen). Um eine der beiden Optionen zu deaktivieren, wählen Sie im Dropdownmenü *Nie* aus.

Kapitel 15

Problembehandlung, Sicherung und Wiederherstellung

Wir wissen es seit Murphys Gesetz: »Alles, was schiefgehen kann, wird auch schiefgehen.« Diese Lebensweisheit trifft auch dann zu, wenn Hardware und Software beteiligt sind.

Zwar ist Microsoft Windows im Laufe der Zeit generell immer stabiler und zuverlässiger geworden, Ihr Computer wird aber niemals perfekt funktionieren. Apps frieren ein (sie reagieren nicht mehr) oder stürzen ab (beenden sich unerwartet). Gelegentlich legt ein Feature von Windows ohne Warnung seine Arbeit nieder. Und in seltenen Fällen kommt der gefürchtete blaue BSOD (»Bluescreen of Death«, etwas weniger theatralisch als Abbruchfehler, Stoppfehler, Bugcheck oder Fehlercode bezeichnet) und legt Ihr gesamtes System lahm.

In einer vollkommen fehlerfreien, perfekten Welt würden Ihnen solche Vorfälle niemals die Arbeit mit Ihrem Computer verleiden. Aber Sie leben nicht in dieser Welt, und wir auch nicht. Daher sollten Sie lernen, die zahlreichen Tools zu nutzen, die Windows für die Fehlerdiagnose und Problembehebung bereitstellt. In diesem Kapitel werden wir diese unverzichtbaren Werkzeuge untersuchen.

Diese Tools zur Problembehandlung können Ihnen zwar helfen, den Vorfall zu verstehen und vielleicht zu verhindern, dass er sich wiederholt, aber sie können Ihnen nicht dabei helfen, wieder alles im vorherigen Zustand wiederherzustellen. Deshalb beschreibt dieses Kapitel auch, wie Sie die in Windows 11 enthaltenen Tools zur Datensicherung verwenden. Unser Ziel ist es, Ihnen dabei zu helfen, sich auf den unvermeidlichen Tag vorzubereiten, an dem Sie eine verlorene Datei (oder ein ganzes Laufwerk mit Dateien) wiederherstellen müssen. Wir erklären Ihnen auch, wie Sie Windows zurücksetzen können, wenn das Betriebssystem – aus welchen Gründen auch immer – beschädigt wird.

Den Werkzeugkasten für die Problembehandlung kennenlernen

Fragen Sie einen Detektiv, und er wird Ihnen sagen, dass Sie Spuren brauchen, um einen Fall aufklären zu können. Wenn Sie es mit einem Fall zu tun haben, der unerklärlich schlechte Leistung oder Abstürze umfasst, gibt es mehrere Stellen, an denen Sie nach Hinweisen und Spuren suchen können.

Integrierte Problembehandlungen

Wenn Sie Leistungsprobleme beseitigen und Features, die unerklärlicherweise ihre Arbeit eingestellt haben, wieder zum Laufen bringen wollen, ist der erste Anlaufpunkt die Sammlung von Problembehandlungsmodulen unter *Einstellungen | System | Problembehandlung | Andere Problembehandlungen*. Hier finden Sie eine in Kategorien untergliederte Gruppe von Tools, die sich mit einer großen Bandbreite häufig auftretender Probleme befassen.

Keines dieser Problembehandlungsmodule besitzt übernatürlichen Fähigkeiten. Sie sollen im Wesentlichen sicherstellen, dass Sie die häufigsten Problemursachen überprüfen, darunter etliche, die wirklich selbstverständlich sein sollten: Ist das Netzwerkkabel eingesteckt, ist der Drucker eingeschaltet? Ein Problembehandlungsmodul auszuführen, ist ein wichtiger erster Schritt, wenn Sie sich mit einem der üblichen Probleme konfrontiert sehen: Das Problembehandlungsmodul kann einige Probleme direkt beseitigen, aber vor allem erhalten Sie dadurch eine Ausgangsbasis für die weitere Analyse und Behebung des Problems.

Ein Problembehandlungsmodul führt Sie oft durch mehrere Schritte und fordert Sie auf, bestimmte Einstellungen oder Verbindungen zu überprüfen. Am Ende zeigt es seine Ergebnisse an, die auch den Link *Ausführliche Informationen anzeigen* umfassen. Wenn Sie diesen Link anklicken, bekommen Sie einen Problembehandlungsbericht angezeigt, der zum Beispiel wie in Abbildung 15.1 aussieht.

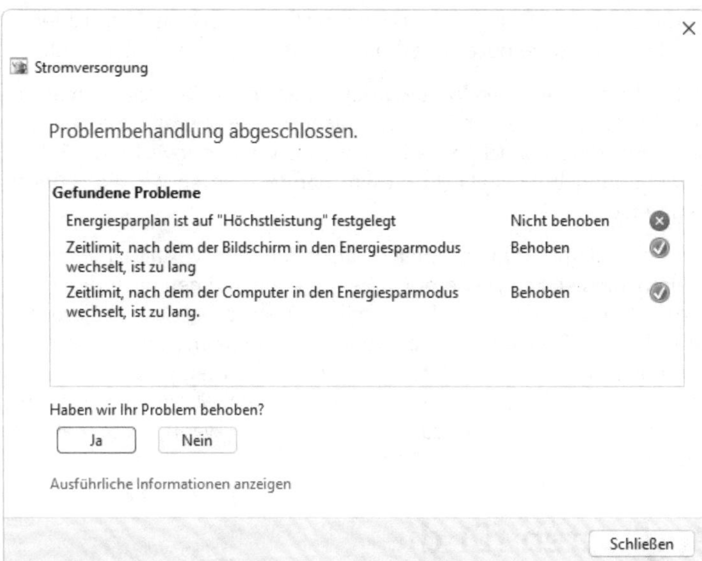

Abbildung 15.1 Der Problembehandlungsbericht listet Probleme auf und zeigt an, ob sie behoben wurden. Bei allen erkannten Problemen können Sie auf einen Link klicken, um detailliertere Informationen zu diesem Element anzuzeigen.

Windows-Fehlerberichterstattung

Der Windows-Fehlerberichterstattungsdienst läuft kontinuierlich im Hintergrund und verfolgt Software- und Treiberinstallationen (erfolgreich oder nicht) sowie Abstürze, einfrierende, nicht mehr reagierende Apps und andere Systemereignisse, die auf ein mögliches Problem mit Windows hinweisen. (Auch wenn der Dienst und die Programme, die dieses Feature ermöglichen, offiziell Windows-Fehlerberichterstattung heißen, wird Ihnen in Windows meist der Begriff *Problemberichte* begegnen.) Wenn Sie Windows 11 autorisiert haben, diese Berichte als Teil der Diagnose zu senden, stellt Microsoft diese Details den Entwicklern der App, die den Fehler verursacht hat, zur Verfügung (einschließlich der Microsoft-Entwickler, wenn das Problem mit einer Funktion in Windows, Office oder einer anderen Microsoft-App auftritt). Ziel ist es natürlich, die Qualität zu verbessern, indem Probleme identifiziert und über Windows Update und Office Update Korrekturen bereitgestellt werden.

In Vorgängerversionen war Windows sehr auskunftsfreudig beim Melden von Abstürzen, erfolgreichen Updates und kleineren Geschwindigkeitseinbrüchen. In Windows 11 werden die meisten dieser Problemberichte (darunter auch Diagnoseberichte nach erfolgreichen Upgrades) praktisch unmerklich angefertigt, aber jeder Bericht wird aufgezeichnet. Anhand des Verlaufs der Problemberichte auf einem System können Sie sich die relevanten Ereignisse ansehen und auf diese Weise prüfen, ob Sie irgendwelche Muster erkennen, die eine zusätzliche Problembehandlung erforderlich machen.

Um das Protokoll der Problemberichte anzuzeigen, öffnen Sie *Einstellungen*, klicken Sie in das Suchfeld *Einstellung suchen*, geben Sie **Problemberichte** ein und klicken Sie dann auf *Alle Problemberichte anzeigen*. Abbildung 15.2 zeigt einen Teil des Fehlerprotokolls für einen Computer mit Windows 11 Pro.

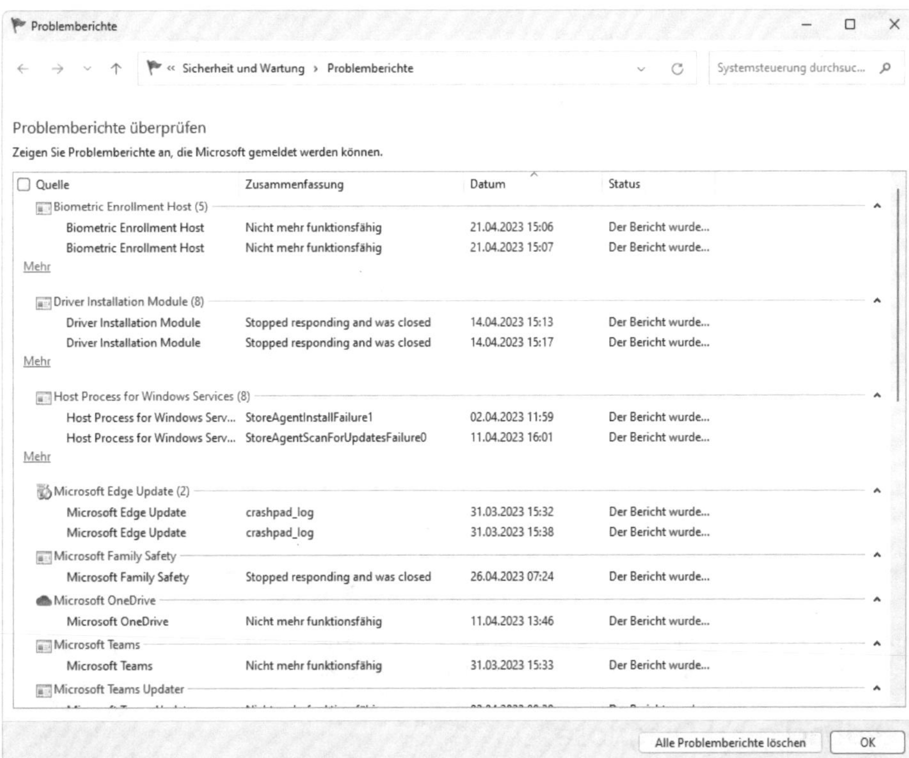

Abbildung 15.2 Die Liste der gespeicherten Problemberichte zeigt die beiden neuesten Berichte in jeder Gruppe an.

Falls in der Spalte *Status* eines Eintrags der Text *Eine Lösung ist verfügbar* erscheint, können Sie mit der rechten Maustaste auf den Eintrag klicken und den Befehl *Lösung anzeigen* wählen. Das Kontextmenü bietet außerdem Befehle, um die Einträge der Liste anhand von Quelle, Zusammenfassung, Datum oder Status zu gruppieren. Stattdessen können Sie auch den Befehl *Gruppierung aufheben* wählen, um die gesamte Liste ohne Kategorieeinteilung anzuzeigen. Unabhängig davon, ob Sie die Liste gruppiert anordnen oder nicht, können Sie anhand beliebiger Felder sortieren, indem Sie auf den entsprechenden Spaltenkopf klicken.

Sie können einen detaillierteren Bericht über jedes Ereignis in diesem Protokoll anzeigen, indem Sie auf das Ereignis doppelklicken (siehe Abbildung 15.3). Der Text im Feld *Beschreibung* ist in der Regel deutlich genug verfasst, um potenziell nützliche Informationen zu liefern. Die restlichen Details sind für Sie vielleicht nicht aussagekräftig, aber für einen Supporttechniker könnten sie hilfreich sein. Einige Berichte enthalten zusätzliche Details in einer Textdatei, deren Inhalt Sie selbst überprüfen können.

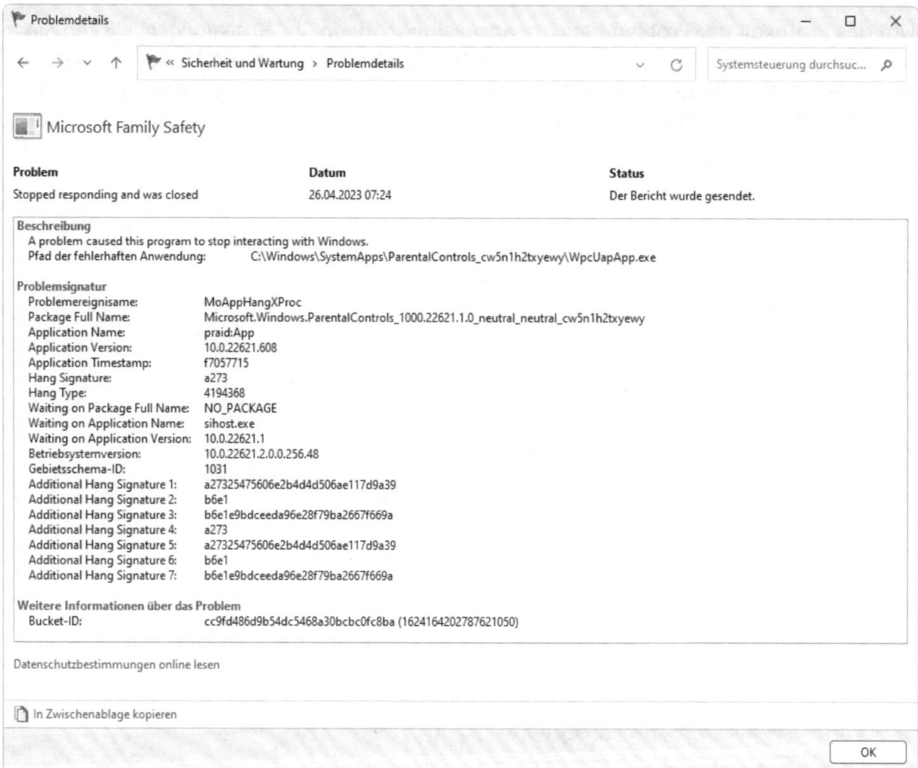

Abbildung 15.3 Ein Doppelklick auf einen Eintrag in der Liste der Problemberichte zeigt Details zu dem Problem an, die für einen Supporttechniker nützlich sein könnten.

Feedback und Diagnose

Windows 11 konfiguriert Ihr System standardmäßig so, dass es eine große Menge an Diagnose- und Feedbackinformationen sendet, einschließlich Problemberichten, die – wenn auch unbeabsichtigt – persönliche Informationen enthalten könnten. Wenn Sie Bedenken hinsichtlich der Datennutzung oder des Datenschutzes haben, können Sie die Menge der

Diagnoseinformationen mithilfe der Einstellungen reduzieren, die wir im Abschnitt »Datenschutzoptionen konfigurieren« in Kapitel 12, »Sicherheit und Datenschutz in Windows 11«, beschreiben.

Zusätzlich zu diesem automatischen Feedback können Sie mit Windows 11 Problemberichte und Funktionsvorschläge an Microsoft senden. In einigen Fällen wird das Betriebssystem Sie direkt nach Ihrem Feedback zu Funktionen fragen. Wenn Sie es vorziehen, nicht um Feedback gebeten zu werden, gehen Sie zu *Einstellungen | Datenschutz und Sicherheit | Diagnose und Feedback*. Mit der Einstellung *Feedback-Häufigkeit* unten auf dieser Seite legen Sie fest, wie oft Microsoft Sie nach Ihrer Nutzung von Funktionen fragt. (Und ja, *Nie* ist ebenfalls eine mögliche Option.)

Windows 11 enthält außerdem die App Feedback-Hub, mit der Sie Problemberichte und Vorschläge an Microsoft senden können (diese App war bisher nur für registrierte Mitglieder des Windows-Insider-Programms verfügbar). Wir empfehlen, dass Sie nach vorhandenem Feedback suchen, bevor Sie Ihren eigenen Problembericht erstellen. Sie können die Liste der Suchergebnisse filtern und sortieren, um zu sehen, ob Ihr spezifisches Problem bereits gemeldet wurde. In einigen Fällen haben Microsoft-Mitarbeiter schon einen Hinweis ergänzt, dass das Problem bereits behoben wurde (oder in einem künftigen Update behandelt wird).

Falls Sie einen bestehenden Feedbackeintrag finden, der Ihr Problem beschreibt, können Sie einen Kommentar hinzufügen und eine Stimme dafür abgeben. Wenn Sie ein neues Problem entdecken, können Sie einen eigenen Feedbackeintrag verfassen, indem Sie auf *Problem melden* oder *Feature vorschlagen* klicken. Um keine falschen Erwartungen zu wecken, wollen wir darauf hinweisen, dass diese Feedbacks keine Support-Tickets sind. Sie erhalten wahrscheinlich keinen individuellen Support von einem Microsoft-Entwickler oder -Supporttechniker; dennoch wird Ihr Feedback beachtet, besonders wenn es eine zwei- oder dreistellige Zahl von Stimmen sammelt.

Zuverlässigkeitsüberwachung

Windows 11 zeichnet eine Vielzahl von Systemereignissen auf, die Sie mit der Ereignisanzeige überwachen können, wie im folgenden Abschnitt beschrieben. Für eine tagesgenaue Bestandsaufnahme bestimmter (erfolgreicher und nicht erfolgreicher) Ereignisse, die sich auf die Gesamtstabilität Ihres Systems auswirken, öffnen Sie die Zuverlässigkeitsüberwachung, die Sie in Abbildung 15.4 sehen. (Öffnen Sie das Startmenü, geben Sie in das Suchfeld **Zuverlässigkeit** ein und klicken Sie dann in der Ergebnisliste auf *Zuverlässigkeitsverlauf anzeigen*.)

Jede Spalte im Diagramm steht für die Ereignisse eines bestimmten Tages (beziehungsweise einer Woche, falls Sie auf die entsprechende Option in der oberen linken Ecke klicken). Jedes rote X in den ersten drei Zeilen unter dem Diagramm (die Zeilen mit der »Fehler«-Beschriftung) kennzeichnet einen Tag, an dem ernstere Probleme aufgetreten sind. Die Zeile »Warnungen« beschreibt kleinere Probleme, die keinen Einfluss auf die Zuverlässigkeit des Systems haben, zum Beispiel ein Programm, dessen Installationsvorgang nicht abgeschlossen werden konnte. Die letzte Zeile (»Informationen«) markiert Tage, an denen eine App oder ein Update installiert oder entfernt wurde. Sie können sich Details über die Ereignisse eines Tages ansehen, indem Sie den gewünschten Tag im Diagramm anklicken. Die Zuverlässigkeitsüberwachung zeichnet Systemstabilitätseinträge für bis zu einem Jahr auf, löscht den Verlauf aber bei jeder Installation eines neuen Funktionsupdates.

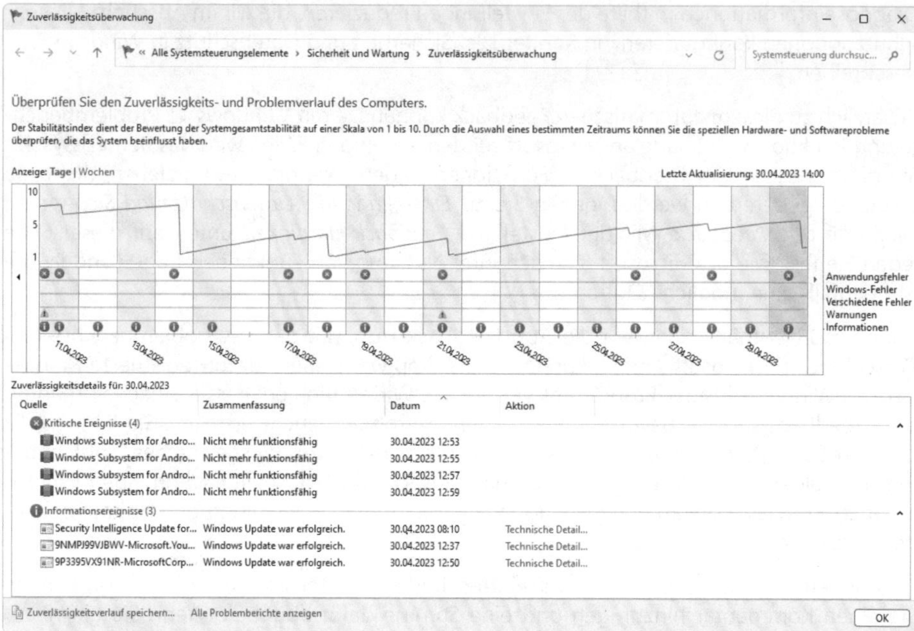

Abbildung 15.4 Die Zuverlässigkeitsüberwachung zeigt zu jedem Tag die wichtigsten Ereignisse an, die sich auf die Systemstabilität auswirken. Wählen Sie einen Tag aus, um sich die Details im unteren Fensterbereich anzusehen.

Dieser Verlauf ist besonders nützlich, wenn ein neues Problem auftritt und Sie versuchen, die Ursache dafür zu finden. Untersuchen Sie die kritischen Ereignisse aus dem Zeitraum, in dem das Problem zum ersten Mal auftrat, und prüfen Sie, ob sie mit einem Informationselement übereinstimmen, beispielsweise einer App-Installation. Die Übereinstimmung dieser Ereignisse könnte reiner Zufall sein, sie könnte aber auch das erste Auftreten eines langfristigen Problems darstellen. Es ist immer sinnvoll, sich derartige Korrelationen genauer anzusehen. Falls Sie glauben, dass eine neue Softwareanwendung Ihr System destabilisiert hat, können Sie sie versuchsweise deinstallieren.

Doppelklicken Sie auf einen Problemeintrag, um Details zu dem Ereignis anzuzeigen. Diese Einzelheiten können nützlich sein, manchmal sind sie nur verwirrend, und natürlich können sie auch beides sein. Dies sind dieselben Berichte, die Sie auch in der Liste der Problemberichte finden, die wir weiter vorne in diesem Kapitel beschrieben haben.

Ereignisanzeige

Eigentlich hätten wir die Ereignisanzeige (*Eventvwr.msc*) in den vorherigen Abschnitt aufnehmen sollen. Schließlich ist sie nur ein weiteres Tool zur Problembehandlung. Aber wir sind der Meinung, dass dieses mächtigste aller Diagnosetools in Windows 11 in diesem Kapitel besondere Aufmerksamkeit verdient.

In Windows ist ein *Ereignis* jedes Vorkommnis, das für Sie, für einen System- oder Netzwerkadministrator, für das Betriebssystem oder für eine Anwendung möglicherweise von Bedeutung ist. Ereignisse werden vom Windows-Ereignisprotokolldienst aufgezeichnet, und ihr Verlauf wird in einer von mehreren Protokolldateien gespeichert, zum Beispiel *Anwendung, Sicherheit, Installation, System* und *Weitergeleitete Ereignisse*. Mit der Ereignisanzeige, einem Snap-In für die Microsoft Management Console (MMC), das mit Windows geliefert wird, können Sie diese Ereignisprotokolle sowie andere Protokolle, die bei der Installation bestimmter Anwendungen und Dienste erstellt werden, überprüfen und archivieren.

Sie können den Verlauf der Fehler auf Ihrem System untersuchen, indem Sie in der Ereignisanzeige eine gefilterte Ansicht des Anwendungsprotokolls erstellen. Warum sollten Sie das tun? Meist wollen Sie aufgetretene Probleme analysieren, Ihr System überwachen, um künftige Probleme zu vermeiden oder Sicherheitsverletzungen auf die Spur zu kommen. Falls ein Gerät ausgefallen ist, auf einer Festplatte fast kein Platz mehr frei ist, ein Programm wiederholt abgestürzt oder irgendein anderes ernstes Problem aufgetreten ist, können die in den Ereignisprotokollen aufgezeichneten Daten Ihnen (oder einem Supporttechniker) helfen, herauszufinden, was schiefgegangen ist und mit welchen Schritten das Problem behoben werden kann.

Um die Ereignisanzeige zu starten, suchen Sie nach **Ereignis** und klicken dann in den Suchergebnissen auf *Ereignisanzeige anzeigen*. (Alternativ können Sie auch mit der rechten Maustaste auf *Start* und dann auf *Ereignisanzeige* klicken.)

Hinweis

Der volle Funktionsumfang der Ereignisanzeige steht nur mit Administratorrechten zur Verfügung. Falls Sie die Ereignisanzeige starten, während Sie als Standardbenutzer angemeldet sind, wird sie ausgeführt, ohne eine Rechteerhöhung anzufordern. Allerdings stehen dann das Sicherheitsprotokoll und einige andere Funktionen nicht zur Verfügung. Damit Sie Zugriff auf alle Protokolle erhalten, müssen Sie mit der rechten Maustaste auf die App-Verknüpfung klicken und *Als Administrator ausführen* wählen.

Abbildung 15.5 zeigt das Fenster der Ereignisanzeige. Es besteht aus den üblichen drei Fensterbereichen der Microsoft Management Console, um so die gewaltige Datenmenge aus den Ereignisprotokollen zu organisieren und anzuzeigen.

Wenn Sie den obersten Knoten in der Konsolenstruktur der Ereignisanzeige auswählen, zeigt die Detailansicht eine Zusammenfassung der Ereignisinformationen an; diese Ansicht ist in Gruppen untergliedert, sortiert nach ihrem Schweregrad. In dieser Ansicht erkennen Sie auf einen Blick, ob während der letzten Stunde, des letzten Tages oder der letzten Woche bedeutende Ereignisse aufgetreten sind, die Ihre Aufmerksamkeit verdienen. Sie können jeden Kategoriezweig aufklappen, um die Quellen der Ereignisse zum jeweiligen Ereignistyp zu sehen. Die simple Zahlenangabe macht oft potenzielle Probleme deutlich.

Falls sich innerhalb kurzer Zeit ungewöhnlich viele Fehler aus einer bestimmten Quelle häufen, ist es sinnvoll, sich die Liste genauer ansehen, um festzustellen, ob ein bestimmter Fehler ein Indiz für ein Zuverlässigkeits- oder Leistungsproblem ist. Klicken Sie dazu unter *Zusammenfassung der administrativen Ereignisse* mit der rechten Maustaste auf einen Ereignistyp oder eine Ereignisquelle und wählen Sie den Befehl *Alle Instanzen dieses Ereignisses anzeigen,* wie in Abbildung 15.6 gezeigt.

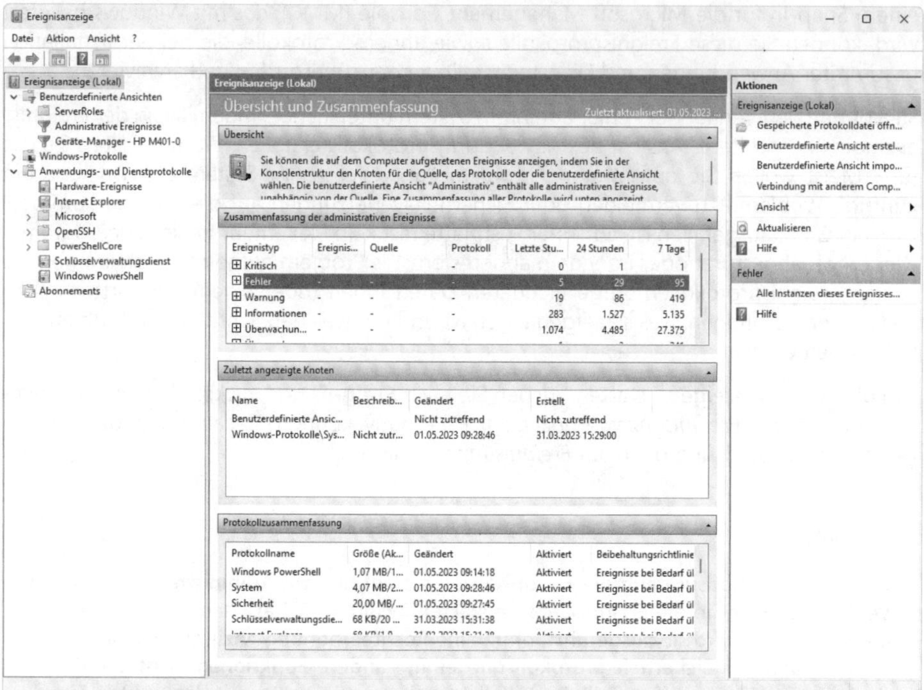

Abbildung 15.5 Die Konsolenstruktur der *Ereignisanzeige* (links) listet die verfügbaren Protokolle und Ansichten auf; der Detailbereich (Mitte) zeigt Informationen aus dem ausgewählten Protokoll oder der ausgewählten Ansicht an; der Bereich *Aktionen* (rechts) bietet ein Menü mit Aufgaben, die für die aktuelle Auswahl relevant sind.

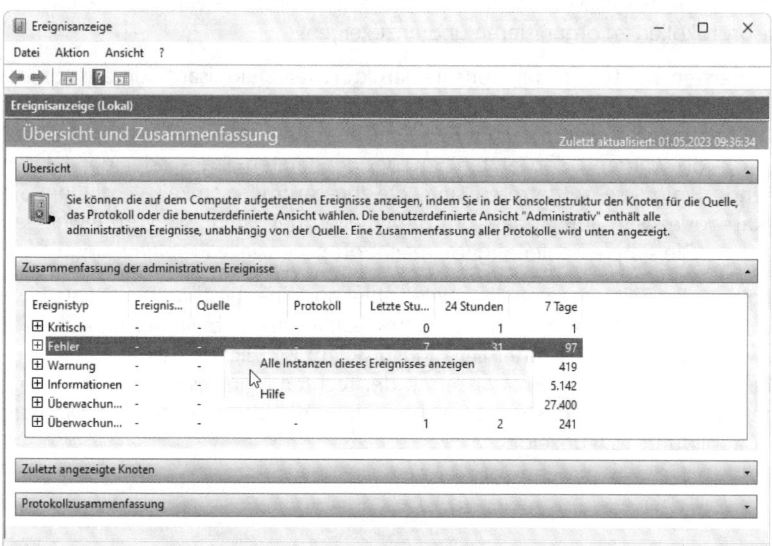

Abbildung 15.6 Die Zusammenfassung ist anhand des Ereignistyps organisiert, sortiert nach dem Schweregrad. Erweitern Sie eine Kategorie und klicken Sie mit der rechten Maustaste auf eine Quelle, um sich alle Instanzen dieses Ereignisses anzusehen.

Daraufhin erhalten Sie eine gefilterte Liste mit Ereignissen, die aus mehreren Protokolldateien stammen, sodass Sie nicht an mehreren Stellen zu suchen brauchen. Diese Informationen können Sie schnell durchblättern und sich jeweils die Details ansehen. Vielleicht macht sich dabei ein Muster oder ein gemeinsamer Faktor bemerkbar, der Ihnen hilft, die Ursache zu finden und schließlich die Lösung für die Ursache des Problems zu finden.

Ereignistypen

Wie ein Blick auf die Konsolenstruktur bestätigt, werden Ereignisse in einem von mehreren Protokollen aufgezeichnet. Die Protokolle sind in der Konsolenstruktur in Ordnern organisiert, und Sie können die Ordnerstruktur mit den üblichen Gliederungssteuerelementen erweitern oder reduzieren. Die folgenden Standardprotokolle befinden sich im Knoten *Windows-Protokolle*:

- **Anwendung** Anwendungsereignisse werden von Anwendungen erzeugt, einschließlich von Anwendungen, die Sie installieren, von Anwendungen, die mit Windows vorinstalliert sind, von Anwendungen aus dem Microsoft Store und von Betriebssystemdiensten. App-Entwickler entscheiden, welche Ereignisse im Anwendungsprotokoll und welche in einem benutzerdefinierten Protokoll unter *Anwendungs- und Dienstprotokolle* aufgezeichnet werden sollen.
- **Sicherheit** Sicherheitsereignisse sind zum Beispiel Anmeldeversuche (erfolgreiche und fehlgeschlagene) und Versuche, auf geschützte Ressourcen zuzugreifen, um beispielsweise eine Datei zu erstellen, zu verändern oder zu löschen.
- **Installation** Installationsereignisse werden im Rahmen von Anwendungsinstallationen generiert.
- **System** Systemereignisse werden von Windows selbst und von installierten Features, wie beispielsweise Gerätetreibern, erzeugt. Wenn zum Beispiel beim Starten einer Windows-Sitzung ein Treiber nicht geladen wird, wird dieses Ereignis im Systemprotokoll aufgezeichnet.
- **Weitergeleitete Ereignisse** Das Protokoll *Weitergeleitete Ereignisse* enthält Ereignisse, die von anderen Computern gesammelt wurden.

Im Ordner *Anwendungs- und Dienstprotokolle* finden Sie Protokolle für einzelne Anwendungen und Dienste. Der Unterschied zwischen diesem Ordner und dem Ordner *Windows-Protokolle* besteht darin, dass die Protokolle unter *Anwendungs- und Dienstprotokolle* Ereignisse aufzeichnen, die sich nur auf ein ganz bestimmtes Programm oder Feature beziehen, während die Protokolle im Ordner *Windows-Protokolle* im Allgemeinen systemweite Ereignisse aufzeichnen.

Der Ordner *Anwendungs- und Dienstprotokolle* enthält den Unterordner *Microsoft\Windows*, in dem Sie wiederum Ordner für Hunderte von Features finden, die in Windows 11 enthalten sind. Jeder dieser Ordner enthält eines oder mehrere Protokolle.

Protokolle und Ereignisse anzeigen

Wenn Sie ein Protokoll oder eine benutzerdefinierte Ansicht aus der Konsolenstruktur auswählen, wird im Detailbereich eine Liste der zugehörigen Ereignisse angezeigt, die (standardmäßig) in umgekehrter chronologischer Reihenfolge sortiert ist, wobei jedes Ereignis eine einzelne Zeile einnimmt. Ein Vorschaufenster unterhalb der Liste zeigt den Inhalt des gespeicherten Ereigniseintrags an. Abbildung 15.7 zeigt exemplarisch einen Eintrag aus dem Systemprotokoll.

> **Hinweis**
>
> **Der Windows-Ereignisprotokolldienst zeichnet das Datum und die Uhrzeit jedes Ereignisses in koordinierter Weltzeit (Coordinated Universal Time, UTC) auf. Die Ereignisanzeige rechnet diese Angaben auf Ihre aktuell konfigurierte Zeitzone um.**

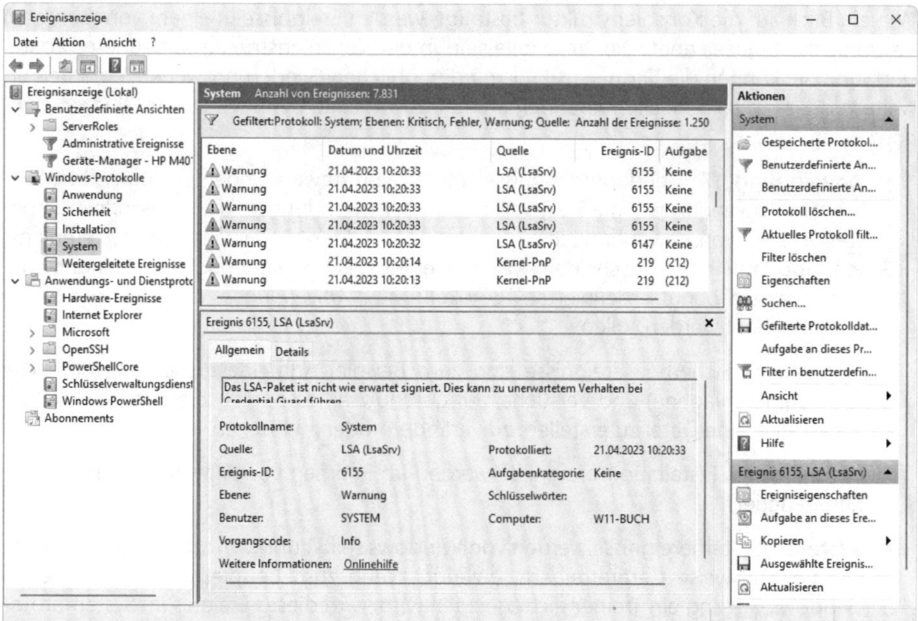

Abbildung 15.7 Alle Details, die Sie für ein einzelnes Ereignis benötigen, sind in diesem Vorschaufenster sichtbar. Doppelklicken Sie auf ein Ereignis, um die gleichen Details in einem separaten Fenster zu sehen.

In den meisten Protokolldateien werden Ereignisse anhand eines Schweregrads untergliedert, den Sie anhand der vier möglichen Werte im Feld *Ebene* erkennen:

- **Kritisch** Dies sind die schwerwiegendsten Ereignisse. In diese Kategorie fallen Abbruchfehler und andere Ereignisse, bei denen die Möglichkeit besteht, dass Daten beschädigt werden.
- **Fehler** Fehlerereignisse stehen für möglichen Datenverlust oder eingeschränkten Funktionsumfang. Dazu gehören etwa Ereignisse über defekte Netzwerkadapter, funktionsunfähige Geräte oder Dienste, die beim Start nicht geladen werden konnten.
- **Warnung** Warnungsereignisse stehen für weniger schwerwiegende oder dringende Probleme als Fehlerereignisse. Beispiele für Warnungsereignisse sind eine beinahe volle Festplatte, eine Zeitüberschreitung beim Netzwerk-Redirector und Datenfehler in einem lokalen Datenträger.
- **Informationen** Die übrigen Ereignisse, die Windows aufzeichnet, werden als Informationsereignisse eingestuft. Zu dieser Kategorie gehören beispielsweise erfolgreich installierte Windows-Updates sowie Ereignisse, die Start- und Shutdown-Zeiten dokumentieren.

Die Sicherheitsprotokolldatei verwendet zwei unterschiedliche Symbole, um Ereignisse einzustufen: Ein Schlüsselsymbol identifiziert Überwachungsereignisse bei einer erfolgreichen Operation, während das Schlosssymbol Überwachungsereignisse kennzeichnet, bei denen die versuchte Operation fehlgeschlagen ist. Beide Ereignistypen werden als Ereignisse der Informationsebene eingestuft. Das Feld *Schlüsselwörter* der Sicherheitsprotokolldatei enthält die Einträge »Überwachung erfolgreich« beziehungsweise »Überwachung gescheitert«.

Das Vorschaufenster zeigt Informationen über das aktuell ausgewählte Ereignis an. (Ziehen Sie die Trennleiste zwischen der Liste und dem Vorschaufenster nach oben, um das Vorschaufenster zu vergrößern, damit Sie mehr Details sehen können, oder doppelklicken Sie auf das Ereignis, um es in einem separaten Dialogfeld zu öffnen, das die Schaltflächen *Weiter* und *Zurück* sowie eine Option zum Kopieren des Ereignisses in die Zwischenablage enthält.)

Alle Informationen, die Sie in der Ereignisanzeige lesen, stammen aus der Vergangenheit. Wie jeder gute Detektiv müssen Sie in der Lage sein, anhand dieser Hinweise mögliche Probleme zu identifizieren. Ein unscheinbarer Helfer, zu finden weit unten im Eigenschaftendialogfeld eines Ereignisses, ist ein Link auf eine Onlineadresse mit weiteren Informationen. Wenn Sie auf diesen Link klicken, öffnet sich eine Webseite, die oft genauere und detaillierte Informationen über die konkrete Kombination von Ereignisquelle und Ereignis-ID liefert. Dort finden Sie oft auch Hinweise, wie Sie beim Auftreten eines solchen Ereignisses reagieren sollten.

Expertentipp

Daten aus der Ereignisanzeige exportieren

Sie können ausgewählte Ereignisse, alle Ereignisse in der aktuellen Ansicht oder alle Ereignisse in einem bestimmten Protokoll in einer Datei speichern, um sie zu archivieren, in einem anderen Programm weiter zu analysieren oder an einen technischen Support-Spezialisten weiterzugeben. (Um Ereignisse zum Exportieren auszuwählen, halten Sie die Strg-Taste gedrückt und klicken Sie auf jedes Ereignis, das Sie einbeziehen möchten.) Der Befehl zum Exportieren von Ereignissen befindet sich im Menü *Aktion*, wobei der Name des Befehls je nach aktueller Ansicht und Auswahl variiert: *Ausgewählte Ereignisse speichern unter, Gefilterte Protokolldatei speichern unter, Alle Ereignisse in der benutzerdefinierten Ansicht speichern unter* oder *Alle Ereignisse speichern unter.*

Das Speichern von Ereignisdaten im nativen (*.evtx*) Format der Ereignisanzeige erzeugt eine Datei, die Sie nur in der Ereignisanzeige (oder einer Anwendung eines Drittanbieters, die native Ereignisprotokolle lesen kann) anzeigen können. Die Ereignisanzeige kann jedoch Protokolldaten in XML und in tabulatorgetrennte oder kommagetrennte Textdateien exportieren, die Sie problemlos in Datenbanken, Tabellenkalkulations- oder sogar Textverarbeitungsprogramme importieren können.

Darstellung der Tabellendaten in der Ereignisanzeige anpassen

Wenn Sie mit der Detailansicht im Datei-Explorer vertraut sind, werden Sie sich in den vielen tabellarischen Berichten der Ereignisanzeige sofort zurechtfinden. Sie können die Breite einer Spalte ändern, indem Sie ihre Überschrift nach links oder rechts ziehen. Sie können jede Spalte sortieren, indem Sie auf ihre Überschrift klicken; klicken Sie ein zweites Mal, um die Sortierreihenfolge umzukehren. Klicken Sie mit der rechten Maustaste auf eine Spaltenüberschrift und wählen Sie *Spalten hinzufügen/entfernen*, um mehr oder weniger Spalten anzuzeigen.

Wie bei Dateien und Ordnern im Datei-Explorer haben Sie auch in der Ereignisanzeige die Möglichkeit, Ereignisse zu gruppieren. Klicken Sie dazu mit der rechten Maustaste auf die Spaltenüberschrift, nach der Sie gruppieren möchten, und klicken Sie dann auf *Ereignisse nach dieser Spalte gruppieren*. Abbildung 15.8 zeigt beispielsweise das Systemprotokoll, in dem die Ereignisse nach Quelle gruppiert und nach Datum und Uhrzeit in absteigender Reihenfolge sortiert sind. Beachten Sie, dass Sie jede Gruppierung mithilfe der kleinen Pfeile auf der rechten Seite neben der Gruppenüberschrift erweitern oder reduzieren können.

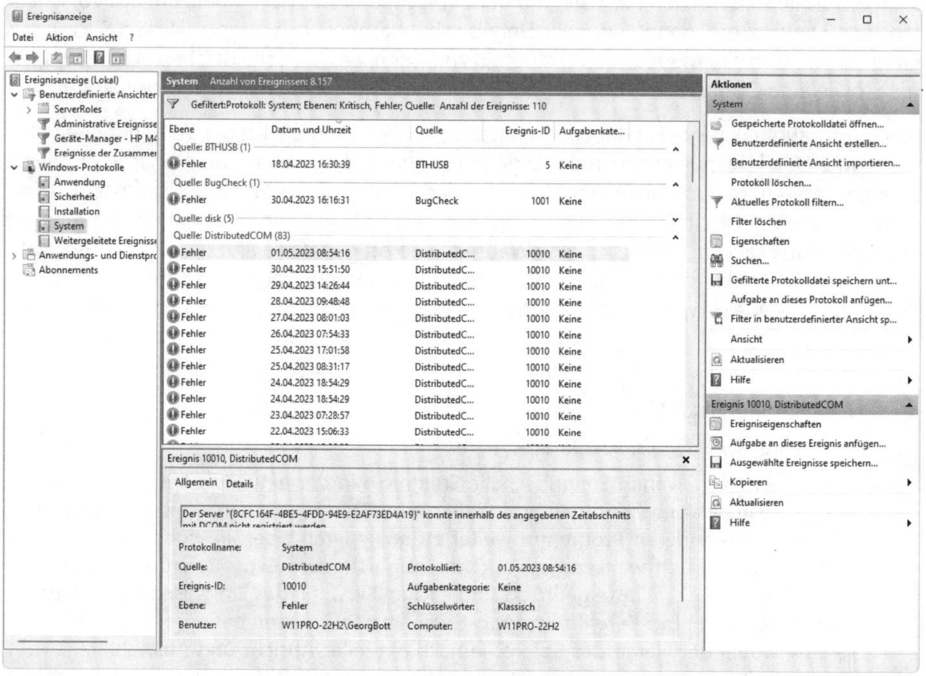

Abbildung 15.8 In dieser Ansicht haben wir mit der rechten Maustaste auf die Überschrift *Quelle* geklickt und die Option zum Gruppieren von Ereignissen gewählt, und dann haben wir auf die Überschrift *Datum und Uhrzeit* geklickt, um die neuesten Ereignisse an den Anfang jeder Gruppe zu stellen.

Protokollanzeige filtern

Wie Sie bei einem flüchtigen Blick in Ihr Systemprotokoll erkennen, kann sich schnell eine große Menge von Ereignissen ansammeln. Das macht es schwierig, die Ereignisse zu finden, die von einer bestimmten Quelle oder zu einem bestimmten Zeitpunkt generiert wurden. Sortieren und Gruppieren können zwar bei der Suche nach relevanten Ereignissen helfen, aber die Filterung ist sogar noch nützlicher, wenn Sie mehrere Kriterien kombinieren. Wenn ein Filter angewendet wird, werden alle anderen Ereignisse ausgeblendet, dadurch ist es viel einfacher, sich auf die Einträge zu konzentrieren, für die Sie sich momentan interessieren.

Um das aktuell angezeigte Protokoll oder die benutzerdefinierte Ansicht zu filtern, klicken Sie im Aktionsbereich auf der rechten Seite auf *Aktuelles Protokoll filtern* oder *Aktuelle benutzerdefinierte Ansicht filtern*. Es erscheint ein Dialogfeld wie das in Abbildung 15.9. Die Flexibilität der Filterung wird deutlich, wenn Sie auf das Pfeilsymbol neben den verschiedenen Feldern klicken. Sie können zum Beispiel Ereignisse aus der letzten Stunde, den letzten zwölf Stunden, dem letzten Tag, der letzten Woche, dem letzten Monat oder einem beliebigen Zeitraum filtern. In den Feldern für die Ereignisquelle, Aufgabenkategorie und Schlüsselwörter können Sie Text eingeben, nach dem gefiltert wird (trennen Sie mehrere Elemente durch Kommas), aber wahrscheinlich ist es einfacher, wenn Sie auf das Pfeilsymbol klicken und dann die Elemente auswählen, die Sie in Ihrer gefilterten Ansicht haben wollen. Im Abschnitt *Ereignis-IDs ein-/ausschließen* können Sie mehrere Nummern oder Zahlenbereiche eingeben (durch Kommas getrennt). Falls Sie bestimmte Ereignis-IDs ausschließen wollen, können Sie der Nummer ein Minuszeichen voranstellen.

Klicken Sie auf *OK*, um die gefilterte Liste anzuzeigen. Wenn Sie dieselben Filterkriterien erneut verwenden möchten, klicken Sie rechts im Aktionsbereich auf *Filter in benutzerdefinierter Ansicht speichern*. Um die ungefilterte Liste wiederherzustellen, klicken Sie im Aktionsbereich auf *Filter löschen*.

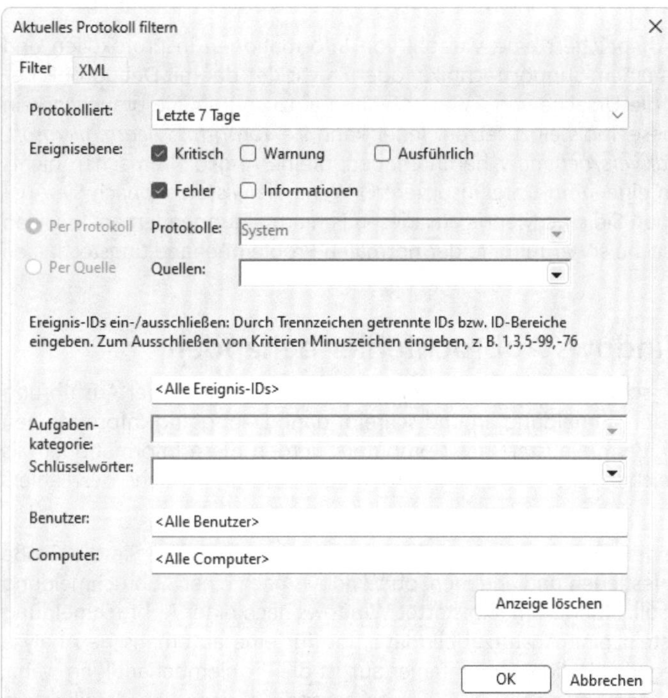

Abbildung 15.9 Wenn Sie die Kontrollkästchen für die *Ereignisebene* nicht aktivieren, schließt die Ereignisanzeige alle Ebenen in die Ergebnisse ein. Auch bei allen anderen Feldern, die Sie leer lassen, erscheinen die Ereignisse unabhängig vom Wert dieser Eigenschaft in der Ergebnisliste.

Hinweis

Die Ereignisanzeige bietet eine einfache Suchfunktion, die Sie mit dem Befehl *Suchen* im Aktionsbereich erreichen. Allerdings ermöglicht die Filterung deutlich präzisere Suchoperationen.

Abbruchfehler behandeln

Falls Windows sich bei Ihnen schon einmal plötzlich beendet hat, kennen Sie sicherlich dieses beunruhigende Gefühl in der Magengegend. Wenn Windows 11 auf ein ernstes Problem trifft, das ein Weiterlaufen des Betriebssystems unmöglich macht, wählt es den einzig möglichen Ausweg, genauso wie jeder seiner Vorgänger in derselben Situation: Es beendet sich sofort und zeigt eine rätselhafte Textmeldung an, deren technische Details mit dem Wort STOP beginnen. Weil ein solcher Stopp- oder Abbruchfehler normalerweise in weißer Schrift auf blauem Hintergrund erscheint, wird diese Meldung auch oft als »Blue Screen of Death« (BSOD, »blauer Todesbildschirm«) bezeichnet. (Falls Sie ein Insider-Preview-Release von Windows 11 verwenden, ist dieser Bildschirm grün.) Wenn ein Abbruchfehler erscheint, besteht ein schwerwiegendes Problem, das Ihre sofortige Aufmerksamkeit benötigt.

Windows 11 sammelt und speichert eine Vielzahl von Informationen in Protokollen und Absturzabbilddateien, die einem Supporttechniker oder Entwickler, der mit Debugtools bewaffnet ist, dabei helfen, die Ursache von Abbruchfehlern aufzuspüren. Sie brauchen kein Entwickler zu sein, um diese Tools einzusetzen. Jeder kann sie von *https://learn.microsoft.com/windows-hardware/drivers/debugger* herunterladen. (Keine Angst: Sie machen nichts kaputt, wenn Sie lediglich eine *.dmp*-Datei inspizieren.) Wenn Sie wissen, wonach Sie Ausschau halten sollten, können Sie eine Menge aus diesen Fehlermeldungen lernen. In vielen Fällen können Sie die Ursache sogar mithilfe der normalen Problembehandlungstechniken beseitigen.

Anpassen, wie Windows Abbruchfehler behandelt

Wenn Windows auf einen schwerwiegenden Fehler stößt, der einen Stopp der Ausführung erzwingt, zeigt es eine Abbruchmeldung an und schreibt dann Debugging-Informationen in die Auslagerungsdatei. Beim Neustart des Computers werden diese Informationen als Absturzabbilddatei gespeichert, die verwendet werden kann, um die Ursache des Fehlers aufzuspüren.

Sie können zwei entscheidende Aspekte dieses Prozesses anpassen, indem Sie die Größe der Absturzabbilddateien festlegen und angeben, ob Windows nach einer Abbruchmeldung automatisch neu starten soll. Standardmäßig startet Windows nach einer Abbruchmeldung automatisch neu und erstellt eine Absturzabbilddatei, die für eine automatische Analyse optimiert ist. Treten dagegen ständig Abbruchfehler auf, ist die Problembehandlung wahrscheinlich erfolgreicher, wenn Sie diese Einstellungen so ändern, dass eine detailliertere Speicherabbilddatei aufgezeichnet wird und Windows nach einem Absturz nicht neu startet.

Um diese Änderung vorzunehmen, öffnen Sie *Einstellungen*, geben Sie im Suchfeld **Erweitertes System** ein und klicken Sie dann auf *Erweiterte Systemeinstellungen anzeigen*.

Klicken Sie auf der Registerkarte *Erweitert* des Dialogfelds *Systemeigenschaften* unter *Starten und Wiederherstellen* auf *Einstellungen*. Passen Sie die Einstellungen unter der Überschrift *Systemfehler* an, wie in Abbildung 15.10 gezeigt.

Wenn Sie möchten, dass Windows auf der Seite mit der Abbruchfehlermeldung stehen bleibt, können Sie das Kontrollkästchen *Automatisch Neustart durchführen* deaktivieren und auf *OK* klicken.

Im selben Dialogfeld können Sie auch Einstellungen für Absturzabbilddateien konfigurieren. In der Standardeinstellung wählt Windows in der Liste *Debuginformationen speichern* den Eintrag *Automatisches Speicherabbild*, das heißt, dass dieselbe Datenmenge wie bei der

Option *Kernelspeicherabbild* aufgezeichnet wird. Beide Optionen zeichnen den Arbeitsspeicher auf, der Kernelmodustreibern und -programmen zugewiesen ist; hier finden sich häufig die Ursachen für Abbruchfehler.

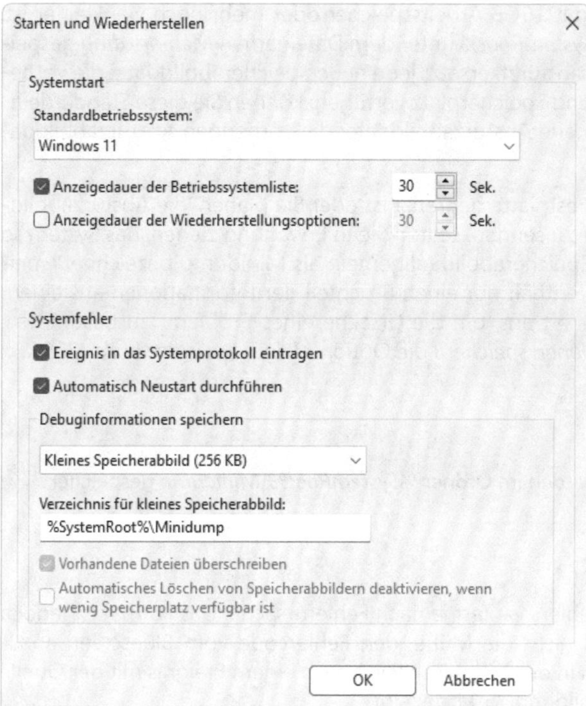

Abbildung 15.10 Standardmäßig verwaltet Windows die Größe der Speicherabbilddatei und startet nach einem Stoppfehler automatisch neu. Sie können hier konfigurieren, ob eine größere oder kleinere Speicherabbilddatei erstellt werden soll.

TROUBLESHOOTING

Der verfügbare Speicherplatz verringert sich nach einem Abbruchfehler drastisch

Wenn die Größe der Auslagerungsdatei automatisch vom System verwaltet wird und Sie die Option *Automatisches Speicherabbild* ausgewählt haben, kann Windows die Auslagerungsdatei automatisch vergrößern, wenn das notwendig ist, um eine Kernelabbilddatei zu speichern. Die Auslagerungsdatei ist dann mindestens so groß wie die Menge des installierten Arbeitsspeichers (RAM). Windows trägt den Zeitpunkt dieses Ereignisses in der Registrierung unter *HKLM\System\CurrentControlSet\Control\CrashControl\LastCrashTime* ein. Nach vier Wochen setzt es die Auslagerungsdatei wieder auf die normale, geringere Größe zurück.

Auf einem PC, der viel RAM und ein relativ volles Systemlaufwerk besitzt, kann diese Vergrößerung der Auslagerungsdatei den verfügbaren Speicher deutlich reduzieren. Sofern Sie die Ursache, die den Absturz ausgelöst hat, beseitigt haben, können Sie den Registrierungseintrag *LastCrashTime* problemlos löschen, wodurch die Auslagerungsdatei sofort auf ihre normale, kleinere Größe zurückgesetzt wird.

Da diese Datei weder den nicht zugewiesenen Speicher noch den für den Benutzermodus zugewiesenen Speicher enthält, ist sie in der Regel kleiner als die Menge des Arbeitsspeichers Ihres Systems. Die genaue Größe variiert, aber im Allgemeinen können Sie davon ausgehen, dass die Datei nicht größer als ein Drittel des installierten physischen Arbeitsspeichers ist und auf einem System mit 16GB Arbeitsspeicher oder mehr noch viel kleiner ist. Die Absturzdateien werden in *%SystemRoot%* unter dem Dateinamen *Memory.dmp* gespeichert. (Falls Ihr System mehrmals abstürzt, ersetzt jede neue Speicherabbilddatei die vorherige Datei. Wenn Sie über genügend Speicherplatz verfügen, können Sie diese Standardeinstellungen so ändern, dass eine neue Absturzabbilddatei die vorherigen Absturzabbilddateien nicht überschreibt.)

Wenn der Speicherplatz auf der Festplatte begrenzt ist oder Sie planen, die Absturzabbilddatei an einen Support-Techniker zu senden, sollten Sie in Erwägung ziehen, das System so einzustellen, dass es ein kleines Speicherabbild (allgemein als Minidump bezeichnet) speichert. Ein kleines Speicherabbild enthält nur einen Bruchteil der Informationen aus einem Kernelspeicherabbild, reicht aber oft aus, um die Ursache eines Problems zu bestimmen. Wählen Sie unter *Debuginformationen speichern* die Option *Kleines Speicherabbild (256 KB)*.

> **Hinweis**
>
> **Kleine Speicherabbilddateien werden im Ordner *%SystemRoot%\Minidump* gespeichert.**

Was ist ein Abbruchfehler?

Der genaue Text eines Abbruchfehlers variiert je nach Fehlerursache. Das Format ist jedoch immer ähnlich. Machen Sie sich nicht die Mühe, den Fehlercode vom Bluescreen abzuschreiben. Suchen Sie stattdessen in der Ereignisanzeige nach einem Ereignis mit der Quelle *BugCheck*, wie im Beispiel in Abbildung 15.11 gezeigt.

Sie finden wichtige Details in den Bugcheck-Informationen, darunter die Fehlernummer (in hexadezimaler Notation, erkennbar an dem 0x am Anfang des Codes) und bis zu vier Parameter, die für den Fehlertyp spezifisch sind.

Windows 11 zeigt die Informationen auch in der Zuverlässigkeitsüberwachung an, und zwar unter der Kategorie *Kritische Ereignisse*. Wählen Sie den Tag aus, an dem der Fehler auftrat, und klicken Sie doppelt auf den Eintrag *Unerwartetes Herunterfahren* für ein Ereignis, das als Quelle Windows angibt. Daraufhin werden die Bugcheck-Informationen in einem etwas besser aufbereiteten Format als in der Ereignisanzeige präsentiert, es wird sogar der Begriff *BlueScreen* als Problemereignisname verwendet.

Eine umfassende und offizielle Liste der Bedeutung der einzelnen Fehlercodes finden Sie im Microsoft Hardware Dev Center-Artikel »Check Code Reference« unter *https://bit.ly/bugcheck-codes*. Ein Code von 0x00000144 weist beispielsweise auf Probleme mit einem USB-3-Controller hin, während 0x0000009F ein Fehler im Stromversorgungszustand des Treibers ist. (Unser Favorit ist 0xDEADDEAD, der auf einen manuell ausgelösten Absturz hinweist.) Im Allgemeinen benötigen Sie einen Debugger oder ein spezielles Analysetool, um weitere nützliche Informationen aus einer Speicherabbilddatei zu erhalten.

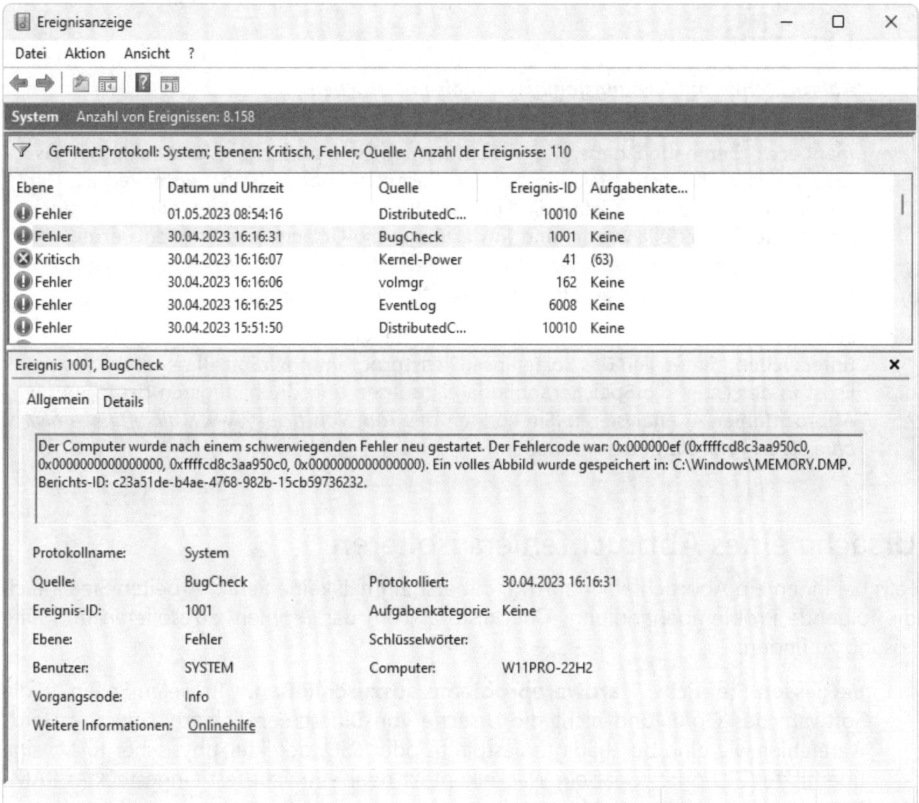

Abbildung 15.11 Wenn Sie die Informationen aus einem Abbruchfehler entschlüsseln, kann Ihnen das helfen, das zugrunde liegende Problem aufzuspüren und zu beseitigen. Die wichtigste Information ist erst einmal der Fehlercode, in diesem Beispiel 0x000000ef.

Expertentipp

Erzeugen Sie Ihren eigenen Abbruchfehler

Wenn Sie aus irgendeinem Grund (Neugierde, der Wunsch, Debuggingverfahren zu testen, oder was auch immer) bei Bedarf einen Abbruchfehler erzeugen möchten, kommt Ihnen Windows 11 entgegen. Wie unter *https://bit.ly/force-Stop* beschrieben, müssen Sie eine kleine Änderung in der Registrierung vornehmen und dann auf Ihrer USB-, PS/2- oder Hyper-V-Tastatur eine bestimmte Tastenkombination drücken.

Expertentipp

Abbruchfehler mit leistungsfähigeren Tools untersuchen

Microsoft Windows Volume Licensing-Kunden, die ein Software Assurance-Abonnement erworben haben, haben Zugriff auf das leistungsstarke Tool *Absturzanalyse-Assistent*, das im Microsoft Diagnostics and Recovery Toolset (DaRt) enthalten ist. Der Absturzanalyse-Assistent kann die Speicherabbilddatei untersuchen, die durch einen Abbruchfehler erstellt wurde, und in der Regel die Ursache des Problems ermitteln. Weitere Informationen über DaRt finden Sie auf der folgenden Website: *https://learn.microsoft.com/microsoft-desktop-optimization-pack/dart-v10*.

Sofern Sie Probleme bei einem PC mit einer Retail- oder OEM-Lizenz von Windows untersuchen, bietet sich das kostenlose Dienstprogramm NirSoft BlueScreenView an. Es ist in der Lage, die Speicherabbilddatei zu lesen und die häufigsten Ursachen für Abbruchfehler zu analysieren. Sie können das Tool von *https://www.nirsoft.net/utils/blue_screen_view.html* herunterladen.

Ursache eines Abbruchfehlers isolieren

Falls bei Ihnen ein Abbruchfehler auftritt, gilt erst einmal: keine Panik. Arbeiten Sie einfach die folgende Problembehandlungs-Checkliste ab, um das Problem zu isolieren und eine Lösung zu finden:

- **Vergessen Sie nicht, Hardwareprobleme auszuschließen.** In vielen Fällen ist die Software das Opfer und nicht die Ursache von Bluescreen-Fehlern. Gängige Hardwarefehler wie eine beschädigte Festplatte oder SSD, defekter physischer RAM, eine überhitzte CPU oder sogar ein Wackelkontakt oder ein nicht fest eingestecktes RAM-Modul können Abbruchfehler auslösen. Wenn die Fehler scheinbar zufällig auftreten und die Details der Meldung jedes Mal variieren, ist die Wahrscheinlichkeit hoch, dass es sich um Hardwareprobleme handelt.

- **Überprüfen Sie Ihren Arbeitsspeicher.** Windows 11 enthält ein Speicherdiagnoseprogramm, das Sie verwenden können, wenn Sie einen fehlerhaften oder defekten Speicherchip vermuten. Um dieses Diagnoseverfahren auszuführen, geben Sie **Speicher** in das Suchfeld ein und klicken Sie in den Suchergebnissen auf *Windows-Speicherdiagnose*. Dieses Tool erfordert einen Neustart, um alle Tests auszuführen. Sie können diese Tests sofort durchführen lassen oder sie auf den nächsten Neustart verschieben.

- **Suchen Sie in den Fehlerdetails nach einem Treibernamen.** Wenn die Fehlermeldung einen bestimmten Dateinamen angibt und Sie diese Datei zu einem Treiber für ein bestimmtes Hardwaregerät zurückverfolgen können, können Sie das Problem möglicherweise lösen, indem Sie diesen Treiber deaktivieren, entfernen oder auf eine frühere Version zurücksetzen. Die wahrscheinlichsten Übeltäter sind Netzwerkkarten, Videoadapter und Festplattencontroller. Weitere Einzelheiten zur Verwaltung von Treiberdateien finden Sie im Abschnitt »Treiber deinstallieren« in Kapitel 13, »Hardware und Geräte verwalten«.

- **Fragen Sie sich: »Was wurde geändert?«** Seien Sie misstrauisch gegenüber kürzlich installierter Hardware und Software. Wenn Sie vor Kurzem ein Gerät hinzugefügt haben, entfernen Sie es vorübergehend und prüfen Sie, ob das Problem verschwindet. Schauen Sie sich besonders solche Software genauer an, die Dienste oder Dateisystem-Filtertreiber installieren; diese greifen in die Kernbetriebssystemdateien ein, die das Dateisystem verwalten, um Aufgaben wie das Scannen nach Viren durchzuführen. Zu dieser Kategorie gehören Backupprogramme, Multimedia-Apps, Netzwerk-Tools, Sicherheitssoftware und Dienstprogramme zum Brennen von DVDs. Möglicherweise müssen Sie das Programm deinstallieren, um das Problem zu beheben. Prüfen Sie beim Hersteller des Programms, ob das Problem in einer neueren Version beseitigt wurde und ob ein Update zur Verfügung steht.

- **Durchsuchen Sie die Website des Microsoft-Supports.** Notieren Sie sich den Fehlercode mit allen Parametern. Suchen Sie im Microsoft-Support nach den vollständigen und den kurzen Formaten. Ist zum Beispiel der Fehler KMODE_EXCEPTION_NOT_HANDLED aufgetreten, sollten Sie 0x1E und 0x0000001E als Schlüsselwörter eingeben.
- **Prüfen Sie Ihre System-Firmware.** Gibt es vom Hersteller des Systems oder Motherboards ein Update? Prüfen Sie sorgfältig die Firmware-Dokumentation; das Zurücksetzen aller Firmware-Optionen auf die Standardwerte kann manchmal ein Problem beheben, das durch zu viele Änderungen verursacht wurde.
- **Sind die Systemressourcen knapp?** Abbruchfehler werden manchmal dadurch ausgelöst, dass RAM oder Festplattenspeicherplatz knapp wird. Sofern Sie im abgesicherten Modus starten können, sollten Sie prüfen, wie viel Hardware-RAM installiert ist und wie viel Speicherplatz auf den System- und Startlaufwerken noch frei ist.
- **Ist eine wichtige Systemdatei beschädigt?** Um einen Treiber neu zu installieren, starten Sie Ihren Computer im abgesicherten Modus neu (mehr dazu im folgenden Abschnitt). Wenn Ihr System im abgesicherten Modus startet, aber nicht im normalen Modus, haben Sie es wahrscheinlich mit einem problematischen Treiber zu tun. Versuchen Sie, im abgesicherten Modus den Geräte-Manager zu öffnen und den verdächtigsten Kandidaten zu deinstallieren. Oder führen Sie im abgesicherten Modus die Systemwiederherstellung aus. Ist das Problem beseitigt, wenn Sie das System auf den Zustand eines bestimmten Tages zurücksetzen, können Sie mithilfe der Zuverlässigkeitsüberwachung ermitteln, welche Änderungen an oder kurz nach diesem Tag vorgenommen wurden.

Problembehandlung im abgesicherten Modus

In früheren Windows-Versionen konnten Sie Ihr System im abgesicherten Modus starten, wenn Sie während des Neustarts die Taste F8 gedrückt hielten. Im abgesicherten Modus sind nur die wichtigsten Treiber und Dienste aktiviert. Bei moderner Hardware mit UEFI-Firmware ist das nicht mehr möglich. Der abgesicherte Modus ist zwar immer noch verfügbar, aber Sie müssen sich schon etwas anstrengen, um dorthin zu gelangen.

Wenn es möglich ist, Windows zu starten und den Anmeldebildschirm anzuzeigen, können Sie dort in der rechten unteren Ecke des Bildschirms auf das Ausschaltsymbol klicken. Wenn Sie jetzt auf *Neu starten* klicken, während Sie die ⇧-Taste gedrückt halten, gelangen Sie zur Windows-Wiederherstellungsumgebung. Hier stehen verschiedene Aktionen zur Auswahl, darunter die Wiederherstellung von Windows aus einer Abbild-Datensicherung, das Ausführen einer Systemwiederherstellung, um einen gespeicherten Wiederherstellungspunkt wiederherzustellen, oder das Zurücksetzen Ihres PC. (Wir beschreiben alle drei Aktionen weiter hinten in diesem Kapitel.)

Wenn Sie Windows nicht starten können, fahren Sie Ihren PC mit dem Netzschalter herunter und starten Sie ihn dreimal neu. Nach dem dritten erfolglosen Startversuch wird Windows in der Windows-Wiederherstellungsumgebung gestartet.

Wenn Sie in die Windows-Wiederherstellungsumgebung gewechselt haben, werden Sie von einem Menü begrüßt, das ähnlich wie in Abbildung 15.12 aussieht. Auf Ihrem Computer kann es ein wenig anders aussehen, wenn der PC-Hersteller eine zusätzliche Option hinzugefügt hat. Außerdem erscheint auf einem PC, der in einer Multi-Boot-Konfiguration mit mehreren Betriebssystemen eingerichtet ist, zusätzlich die Option *Anderes Betriebssystem*.

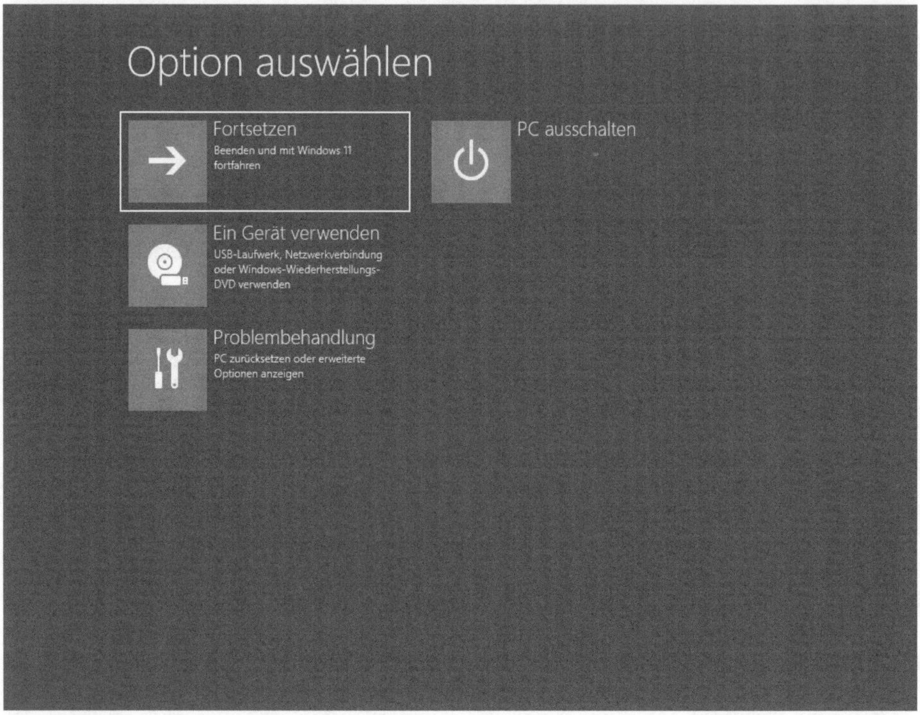

Abbildung 15.12 Das Hauptmenü der Windows-Wiederherstellungsumgebung bietet eine Reihe von Optionen zur Problembehandlung.

Um in den abgesicherten Modus zu gelangen, müssen Sie durch mehrere Menüs navigieren. Klicken Sie in diesem Menü auf *Problembehandlung* und dann auf *Erweiterte Optionen*. Klicken Sie im Menü *Erweiterte Optionen* auf *Starteinstellungen*; wenn die BitLocker-Laufwerkverschlüsselung auf dem Systemlaufwerk aktiviert ist, geben Sie den 48-stelligen BitLocker-Wiederherstellungsschlüssel ein und klicken Sie dann (endlich!) auf *Neustart*. Daraufhin wird das Menü *Starteinstellungen* angezeigt, wie in Abbildung 15.13 gezeigt. Sie können dann zwischen *Abgesicherter Modus*, *Abgesicherter Modus mit Netzwerktreibern* oder *Abgesicherter Modus mit Eingabeaufforderung* wählen.

Im abgesicherten Modus können Sie auf bestimmte wichtige Konfigurationstools zugreifen, darunter den Geräte-Manager, die Systemwiederherstellung und den Registrierungs-Editor. Wenn Windows im abgesicherten Modus ordnungsgemäß zu funktionieren scheint, können Sie davon ausgehen, dass es kein Problem mit den grundlegenden Diensten gibt. Verwenden Sie den Geräte-Manager, die Treiberüberprüfung und die Ereignisanzeige, um herauszufinden, wo das Problem liegt. Wenn Sie vermuten, dass ein neu installiertes Gerät oder Programm die Ursache des Problems ist, können Sie die störende Software entfernen, während Sie im abgesicherten Modus arbeiten. Verwenden Sie den Geräte-Manager, um einen Hardware-Treiber zu deinstallieren oder zurückzusetzen; verwenden Sie die Systemsteuerung, um ein Desktopprogramm oder ein Dienstprogramm zu entfernen. Versuchen Sie dann, das System normal neu zu starten, um zu sehen, ob Ihre Änderungen das Problem behoben haben.

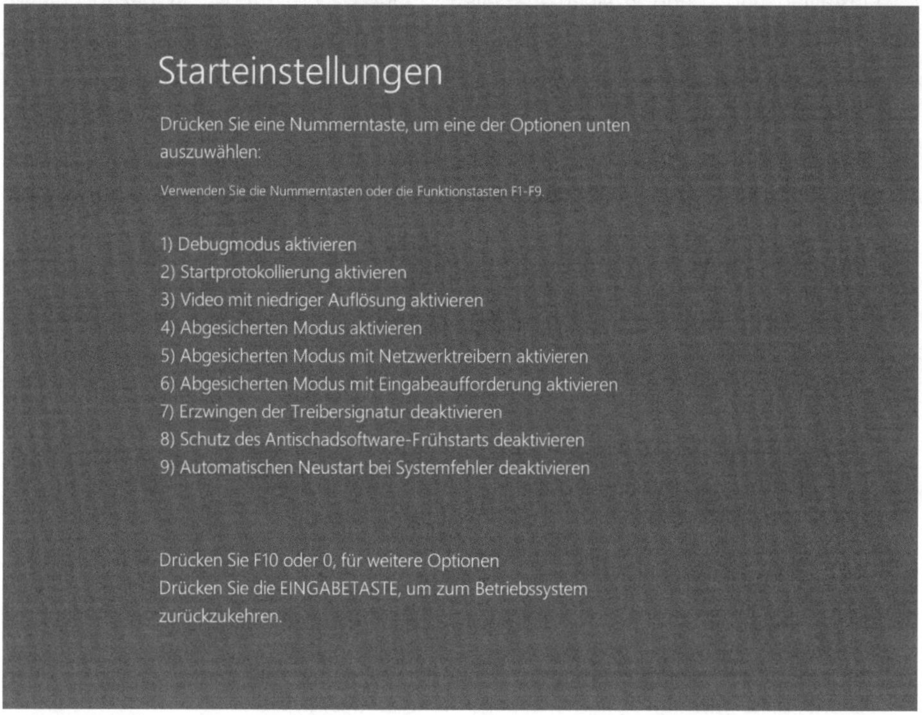

Abbildung 15.13 Verwenden Sie das Menü *Starteinstellungen*, um in den abgesicherten Modus zu booten, in dem Sie Aufgaben durchführen können, wie zum Beispiel ein problematisches Programm oder einen Treiber zu entfernen, das bzw. der den normalen Start verhindert.

▶ **Weitere Informationen zum Geräte-Manager finden Sie im Abschnitt »Nützliche Informationen aus dem Geräte-Manager abrufen« in Kapitel 13. Die Verwendung der Treiberüberprüfung wird im Textkasten »Sporadisch auftretende Hardwarefehler« im Abschnitt »Treiber deinstallieren« in Kapitel 13 erläutert. Eine detaillierte Beschreibung der Ereignisanzeige finden Sie weiter vorne in diesem Kapitel.**

Wenn Sie Zugriff auf Netzwerkverbindungen benötigen, wählen Sie die Option *Abgesicherten Modus mit Netzwerktreibern aktivieren*, die den Basissatz von Dateien für den abgesicherten Modus lädt und Treiber und Dienste hinzufügt, die zum Starten von Windows-Netzwerken erforderlich sind.

Die dritte Option für den Start im abgesicherten Modus ist *Abgesicherten Modus mit Eingabeaufforderung aktivieren.* Sie lädt dieselben grundlegenden Dienste wie der abgesicherte Modus, verwendet aber den Windows-Befehlsinterpreter (*Cmd.exe*) als Shell, nicht den grafischen Windows-Explorer (*Explorer.exe*, der auch als Host für den Datei-Explorer dient). Diese Option ist nur dann notwendig, wenn Sie ein Problem mit der grafischen Benutzeroberfläche von Windows haben. Der standardmäßige abgesicherte Modus bietet ebenfalls Zugriff auf die Befehlszeile. (Drücken Sie die Tastenkombination [Windows]+[R] und geben Sie im Dialogfeld *Ausführen* den Befehl **cmd.exe** ein.)

Die sechs weiteren Optionen im Menü *Starteinstellungen* können unter bestimmten Umständen nützlich sein:

- **Debugmodus aktivieren** Verwenden Sie diese Option, wenn Sie Debugging-Tools installiert haben und in einen speziellen Modus wechseln möchten, der mit diesen Tools kompatibel ist.
- **Startprotokollierung aktivieren** Wenn diese Option aktiviert ist, erstellt Windows eine Protokolldatei, in der die Namen und der Status aller in den Speicher geladenen Treiber aufgeführt sind. Um den Inhalt dieser Datei anzuzeigen, suchen Sie im Ordner *%SystemRoot%* nach der Datei *Ntbtlog.txt*. Wenn Ihr System aufgrund eines fehlerhaften Treibers einfriert, könnte der letzte Eintrag in dieser Protokolldatei den Übeltäter identifizieren.
- **Video mit niedriger Auflösung aktivieren** Mit dieser Option wird der Computer mit einer Auflösung von 640 × 480 Bildpunkten unter Verwendung des aktuellen Grafiktreibers gestartet. Verwenden Sie diese Option, um Videoprobleme zu beheben, die nicht durch einen fehlerhaften Treiber, sondern durch falsche Einstellungen, wie beispielsweise eine unzulässige Auflösung oder Bildwiederholfrequenz, verursacht werden.
- **Erzwingen der Treibersignatur deaktivieren** Verwenden Sie diese Option, wenn Windows den Start verweigert, weil Sie einen nicht signierten Benutzermodustreiber installiert haben. Windows wird dann normal gestartet, nicht im abgesicherten Modus. (Beachten Sie, dass Sie die Anforderung nach signierten Kernelmodustreibern nicht deaktivieren können.)
- **Schutz des Antischadsoftware-Frühstarts deaktivieren** Dies ist eine der wichtigsten Sicherheitsmaßnahmen von Windows 11 auf einem mit UEFI ausgestatteten Computer. Sofern Sie kein Sicherheitsforscher oder Treiberentwickler sind, sehen wir keinen Grund, diese wichtige Sicherheitsüberprüfung zu deaktivieren.
- **Automatischen Neustart bei Systemfehler deaktivieren** Verwenden Sie diese Option, wenn Abbruchfehler (Bluescreen-Abstürze) auftreten und Sie die Gelegenheit haben möchten, die Informationen auf dem Abbruchfehlerbildschirm in Ruhe zu lesen, ohne dass Sie dabei nach kurzer Wartezeit automatisch durch einen Neustart unterbrochen werden.

Eine letzte Option, *Wiederherstellungsumgebung starten*, befindet sich nicht im Hauptmenü, sondern auf einer zweiten Seite, die Sie durch Drücken von [F10] oder [0] erreichen. Verwenden Sie diesen Befehl, um zur Wiederherstellungsumgebung zurückzukehren.

Festplattenlaufwerke auf Fehler prüfen

Fehler in Datenträgern und im Dateisystem können eine Vielzahl von Problemen verursachen, angefangen bei der Unmöglichkeit, Dateien zu öffnen oder zu speichern, bis hin zu Bluescreen-Fehlern und einem umfangreichen Datenverlust. Windows ist in der Lage, viele Festplattenfehler automatisch zu beheben, insbesondere auf Volumes, die mit NTFS formatiert sind.

Expertentipp

Status eines Datenträgers oder Volumes überprüfen

Sie können bei jedem Laufwerk Eigenschaften wie die Volumebezeichnung, das Dateisystem und den freien Speicherplatz ermitteln, indem Sie das Laufwerk im Datei-Explorer unter dem Knoten *Dieser PC* mit der rechten Maustaste anklicken und *Eigenschaften* wählen. Die Konsole *Datenträgerverwaltung* (*Diskmgmt.msc*) liefert darüber hinaus noch weitere Informationen. Besonders interessant sind die Angaben zum Status einer Festplatte oder eines Volumes.

Unter normalen Umständen sollte aus den Statusangaben hervorgehen, dass jedes Festplattenlaufwerk online und jedes Volume fehlerfrei ist. Die Statusmeldung *Nicht initialisiert* bei einem Datenträger bedeutet, dass die Festplatte keine gültige Signatur enthält. Es wurde vielleicht mit anderen Betriebssystemen eingerichtet, beispielsweise mit UNIX oder Linux, oder es ist fabrikneu. Wenn das Laufwerk von einem anderen Betriebssystem verwendet wird, sollten Sie nichts unternehmen. Um ein neues Laufwerk auf die Verwendung unter Windows 11 vorzubereiten, müssen Sie es mit der rechten Maustaste anklicken und *Datenträgerinitialisierung* wählen.

Die Statusmeldung *Fehlerfrei (Unbekannte Partition)* bei einem Volume bedeutet, dass Windows die Partition nicht erkennt. Das kann geschehen, wenn einige Partitionen mit einem anderen Betriebssystem oder von einem Computerhersteller erstellt wurden, der eine spezielle Partition für Systemdateien angelegt hat. Mit den integrierten Tools von Windows 11 können Sie eine unbekannte Partition nicht formatieren und auch nicht auf die darin enthaltenen Daten zugreifen. Wenn Sie sicher sind, dass sie nicht mehr gebraucht wird, können Sie die Partition mit der Datenträgerverwaltung oder mit DiskPart (oder dem Tool eines Drittherstellers) löschen und im freien Bereich eine neue Partition erstellen. (Weitere Informationen hierzu finden Sie in Kapitel 8.)

Um eine gründliche Prüfung auf Datenfehler durchzuführen, führen Sie das Windows-Dienstprogramm *Fehlerüberprüfung* (*Chkdsk.exe*) aus. Die grafische Version bietet eine einfache Überprüfung von Datenträgern, während die Befehlszeilenversion wesentlich ausführlichere Überprüfungen ermöglicht, die sich besser an die Erfordernisse anpassen lassen.

Gehen Sie folgendermaßen vor, um eine lokale Festplatte auf Fehler zu überprüfen:

1. Öffnen Sie im Datei-Explorer den Knoten *Dieser PC*, klicken Sie mit der rechten Maustaste auf das Symbol des Laufwerks, das Sie überprüfen möchten, und klicken Sie dann auf *Eigenschaften*.
2. Klicken Sie auf der Registerkarte *Tools* auf *Prüfen*. (Wenn Sie mit einem Standardbenutzerkonto angemeldet sind, müssen Sie Anmeldeinformationen für ein Konto in der Gruppe *Administratoren* angeben, um dieses Dienstprogramm auszuführen.) Wenn Windows nicht bereits Probleme mit dem ausgewählten Datenträger kennt, wird wahrscheinlich eine Meldung angezeigt, die besagt, dass Sie das Laufwerk nicht überprüfen müssen.
3. Wenn Sie die Überprüfung des Datenträgers fortsetzen möchten, klicken Sie auf *Laufwerk scannen*. Windows führt eine umfassende Prüfung des gesamten Datenträgers durch. Falls es defekte Sektoren enthält, verschiebt Windows diese Sektoren und versucht dabei nach Möglichkeit, die noch lesbaren Daten zu retten.

Die Befehlszeilenversion von *Check Disk* bietet Ihnen wesentlich mehr Optionen. Außerdem können Sie diese Version in der Aufgabenplanung verwenden, um das Laufwerk regelmäßig zu überprüfen (weitere Informationen über die Aufgabenplanung finden Sie im Abschnitt »Aufgabenplanung« in Kapitel 16, »Windows-Terminal, PowerShell und andere Verwaltungstools«). Um diesen Befehl in seiner einfachsten Form zu verwenden, klicken Sie mit der rechten Maustaste auf *Start*, klicken Sie auf *Terminal (Administrator)* und geben Sie dann **chkdsk** an der Eingabeaufforderung ein. Dadurch wird Chkdsk im Lesemodus ausgeführt. Es zeigt zwar den Status des aktuellen Laufwerks an, führt aber keine Änderungen durch. Wenn Sie nach dem Befehl einen Laufwerkbuchstaben angeben (zum Beispiel **chkdsk d:**), wird das angegebene Laufwerk überprüft.

Eine Beschreibung der Schalter für den Befehl Chkdsk erhalten Sie, wenn Sie auf der Befehlszeile **chkdsk /?** eingeben. Die folgende Liste beschreibt die wichtigsten Schalter:

- **/F** Weist Chkdsk an, alle erkannten Fehler zu beheben. Dieser Schalter wird am häufigsten verwendet. Das Laufwerk muss für die Überprüfung gesperrt werden. Wenn Chkdsk das Laufwerk nicht sperren kann, bietet es an, das Laufwerk beim nächsten Start des Computers zu überprüfen oder die Bereitstellung des Laufwerks aufzuheben, bevor die Überprüfung beginnt. Die Aufhebung der Bereitstellung ist ein drastischer Schritt. Alle Dateihandles für das betreffende Laufwerk werden ungültig und es kann zu Datenverlusten kommen. Daher sollten Sie dieses Angebot im Normalfall ablehnen. Dann macht Ihnen Chkdsk ein zweites Angebot, nämlich die Überprüfung beim nächsten Start des Computers vorzunehmen. Diese Option sollten Sie annehmen. Bei der Überprüfung des Systemlaufwerks erhalten Sie nur das Angebot, die Überprüfung beim nächsten Start des Computers durchzuführen.
- **/V** Auf FAT32-Volumes führt **/V** zu einer ausführlichen Anzeige während der Überprüfung, wobei der Name jeder Datei in jedem Verzeichnis aufgelistet wird. Auf NTFS-Volumes zeigt dieser Schalter Bereinigungsnachrichten an, falls vorhanden.
- **/R** Sucht nach beschädigten Sektoren und stellt Informationen aus diesen Sektoren wieder her, sofern dies möglich ist. Das Laufwerk muss gesperrt werden. Beachten Sie, dass dieser Vorgang sehr zeitaufwendig ist und nicht unterbrochen werden kann.
- **/X** Erzwingt gegebenenfalls, dass die Bereitstellung des Volumes aufgehoben wird und macht alle geöffneten Handles zum Volume ungültig Diese Option ist für Serveradministratoren gedacht. Wegen der Gefahr von Datenverlusten sollte sie vermieden werden.

Die folgenden Schalter gelten nur für NTFS-Volumes:

- **/I** Führt eine einfachere Überprüfung der Indexeinträge durch (Phase 2 in der Überprüfung). Das beschleunigt die Prüfung.
- **/C** Überspringt die Überprüfung auf zyklische Verbindungen in der Ordnerstruktur. Das beschleunigt die Prüfung.
- **/L[:<Größe>]** Ändert die Größe der Protokolldatei für NTFS-Transaktionen. Wenn Sie den Größenparameter weglassen, zeigt das Programm die aktuelle Größe an. Diese Option ist für Serveradministratoren vorgesehen. Wegen der Gefahr von Datenverlusten sollte dieser Schalten im normalen Gebrauch vermieden werden.
- **/B** Beschädigte Cluster werden erneut überprüft, noch lesbare Daten werden wiederhergestellt.

Fernsupport mit Remotehilfe anbieten

Die Remotehilfe (engl. quick assist) ist eine überarbeitete Version der Windows-Remoteunterstützung aus älteren Windows-Versionen, neben dem neuen Namen hat sie auch eine verbesserte Benutzeroberfläche. Wenn Sie mit der Remotehilfe als Helfer eine Verbindung aufgebaut haben, können Sie den Bildschirm des anderen Computers auf Ihrem System sehen, Diagnosetools wie den Task-Manager ausführen, die Registrierung des Remotesystems bearbeiten und sogar einen Stift verwenden, um den entfernten Bildschirm mit Anmerkungen zu versehen.

Es gilt eine Grundregel: Der Computer, der Hilfe leistet, muss sich mit einem Microsoft-Konto anmelden können (Remotehilfe fragt nach einem solchen Konto, wenn der Benutzer mit einem anderen Kontotyp angemeldet ist).

Am einfachsten starten Sie die ausführbare Datei der Remotehilfe (*Quickassist.exe*), indem Sie **remoteh** in das Suchfeld eintippen. Das Programm müsste ganz oben in den Suchergebnissen stehen. Sobald das Programm läuft, wählt der Benutzer, der Hilfe benötigt, die Option *Hilfe erhalten*, während der Helfer die Option *Hilfe geben* wählt.

Der Helfer sieht einen sechsstelligen Sicherheitscode und hat zehn Minuten Zeit, um ihn dann dem Hilfesuchenden mitzuteilen, der den Code eingibt, um die Verbindung herzustellen. (Sie können dazu den Link *E-Mail senden* verwenden, aber es ist wahrscheinlich einfacher, das Telefon zu benutzen. Wahrscheinlich wollen Sie beide ohnehin per Telefon in Kontakt bleiben.) Wenn der Code richtig eingegeben wurde, wird die Remotehilfe-Verbindung komplett aufgebaut.

Als Helfer können Sie wählen, ob Sie den Bildschirm sehen oder um Erlaubnis bitten möchten, die Kontrolle zu übernehmen, sofern die Person, die Hilfe erhält, dies ausdrücklich erlaubt. Von diesem Zeitpunkt an kann der Helfer den entfernten Bildschirm im Remotehilfe-Fenster sehen, mit einer Symbolleiste, die die Möglichkeit bietet, den Task-Manager zu öffnen, den Bildschirm mit Anmerkungen zu versehen und Nachrichten über ein Chat-Fenster zu senden. Die Person, die Unterstützung erhält, kann die Bildschirmfreigabe jederzeit unterbrechen oder die Remotehilfe-Sitzung beenden.

Windows 11 Sicherungs- und Wiederherstellungsoptionen

Im Laufe der Jahre haben sich die Sicherungs- und Wiederherstellungstools in Windows weiterentwickelt, aber ihr grundlegender Zweck hat sich nicht geändert. Wie gut Sie Ihre Sicherungsstrategie umsetzen, entscheidet darüber, wie leicht Sie wieder dorthin zurückkehren können, wo Sie waren, bevor etwas schiefgelaufen ist – oder wie leicht Sie mit einem völlig neuen System beginnen können. Wenn Sie in den Werkzeugkasten mit den Wiederherstellungstools greifen, hoffen Sie wahrscheinlich, eine der folgenden drei Arbeiten durchführen zu können:

- **Vollständiges Zurücksetzen** Wenn Sie einen PC oder ein anderes Gerät mit Windows 11 verkaufen oder verschenken, können Sie es auf eine saubere Konfiguration zurücksetzen und zur Vorbereitung auf den neuen Besitzer alle persönlichen Dateien löschen. Manche Windows-Benutzer ziehen diese Art der »Neuinstallation« vor, wenn sie einfach nur eine frische Installation brauchen, ohne irgendwelche Reste der vorherigen.

- **System wiederherstellen** Die Kategorie »Was schief gehen kann, geht schief« umfasst katastrophale Hardwareausfälle, Schadsoftware-Infektionen und Systembeschädigungen sowie Leistungs- oder Zuverlässigkeitsprobleme, die mit der normalen Fehlerbehebung nicht leicht zu identifizieren sind. Der Wiederherstellungsprozess umfasst die Neuinstallation von Windows von einem Sicherungsimage oder einem Wiederherstellungslaufwerk.
- **Datei wiederherstellen** Wenn Sie versehentlich eine wichtige Datei oder (autsch) einen ganzen Ordner, eine Bibliothek oder ein Laufwerk löschen oder überschreiben, können Sie ein integriertes Windows 11-Tool verwenden, um die fehlenden Daten wiederherzustellen. Sie können diese Funktion auch verwenden, um frühere Versionen einer gespeicherten Datei zu finden und wiederherzustellen, beispielsweise ein unbearbeitetes Original-Digitalfoto oder ein Microsoft Word-Dokument, das einen Abschnitt enthält, den Sie gelöscht haben und nun zurückhaben möchten.

Das wichtigste integrierte Tool von Windows 11 für das Backup von Dateien wird *Dateiversionsverlauf* genannt. Seine Aufgabe ist es, Kopien der lokalen Datendateien zu speichern, standardmäßig jede Stunde, damit Sie Ihre persönlichen Dokumente, Bilder und andere Datendateien bei Bedarf wiederherstellen können.

Expertentipp

Die Cloud in Ihre Backup-Strategie einbinden

Die Versuchung ist groß, OneDrive und andere cloudbasierte Speicherdienste als primäres Sicherungsmedium zu verwenden. Aber diese Strategie ist nicht ohne Risiko. Clouddienste sind zwar relativ zuverlässig, aber sie können ausfallen oder zeitweilig unerreichbar sein, und Online-Konten können geknackt werden. Falls Sie nur die Cloud für das Backup verwendet haben, riskieren Sie es, Dateien zu verlieren. Selbst wenn Sie der Ansicht sind, dass Sie über eine Datensicherung verfügen, entspricht die Qualität des Backups vielleicht nicht dem, was Sie erwarten. Auf manchen Geräten kann es sein, dass die Sicherungskopien Ihrer Fotos, die in der Cloud gespeichert waren, in einer niedrigeren Auflösung als die Originalbilder vorliegen. Das bedeutet, Ihr einziges Exemplar eines unersetzlichen Fotos ist eine komprimierte Version mit einer schlechteren technischen Qualität als das Originalbild.

Ein vollständiges Archiv Ihrer Dateien in der Cloud gibt Ihnen eine gute Absicherung gegen Unfälle oder Naturkatastrophen, weil Sie Ihre Daten wahrscheinlich auch dann nicht verlieren, wenn Ihre Arbeitsgeräte und lokalen Sicherungskopien durch Feuer oder Überschwemmung vernichtet werden. Angesichts der Verbreitung und relativ geringen Kosten der Online-Speicherdienste ist es vielleicht sogar sinnvoll, Kopien von wichtigen Dateien bei zwei verschiedenen Clouddiensten zu speichern. Vergessen Sie aber nicht, dass diese weit entfernten Archive kein Ersatz für umfassende lokale Datensicherungen auf externen Speichergeräten oder anderen Computern im lokalen Netzwerk sind.

Windows 11 enthält auch das altbekannte Windows 7-Tool zum Sichern und Wiederherstellen. Am einfachsten starten Sie es, indem Sie den Namen der ausführbaren Datei, **Sdclt.exe**, in ein Terminalfenster oder in das Suchfeld eingeben. Wenn Sie sich diesen Namen nicht merken können, finden Sie beide Sicherungslösungen, indem Sie die Systemsteuerung öffnen und in das dortige Suchfeld **backup** eingeben, wie in Abbildung 15.14 gezeigt.

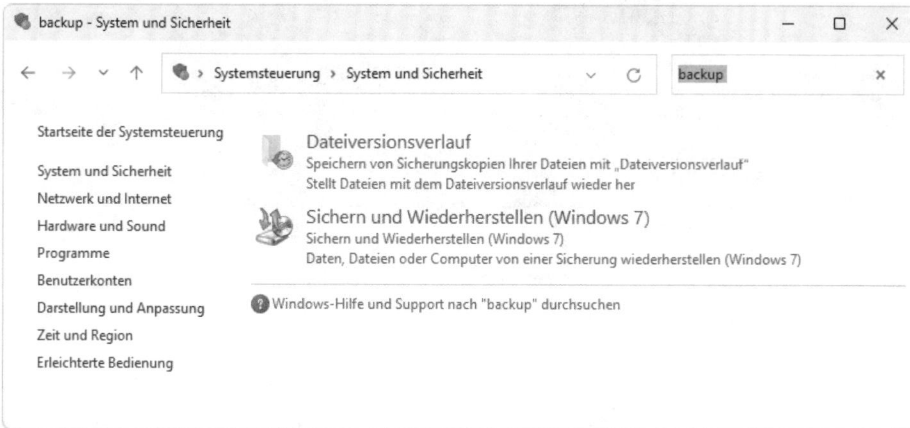

Abbildung 15.14 Der *Dateiversionsverlauf* ist die bevorzugte Backup-Lösung für Windows 11, jedoch ist das ältere Windows 7-Programm *Sichern und Wiederherstellen* immer noch verfügbar.

Trotz seines fortgeschrittenen Alters beherrscht das Backupprogramm von Windows 7 immer noch einen beeindruckenden digitalen Trick, bei dem die jüngeren Konkurrenten passen müssen: Es kann ein Abbild (Image) des Systemlaufwerks erstellen, mit dem Sie eine exakte Kopie des gespeicherten Originalvolumes wiederherstellen können, einschließlich Windows, Treibern, Hilfsprogrammen, Desktopprogrammen, Einstellungen und Datendateien. Systemabbildsicherungen waren einst der Goldstandard der Datensicherung und sind immer noch die beste Methode, ein Volume in gutem Zustand für eine schnelle Wiederherstellung zu sichern.

Der Nachteil bei der Methode, ein vollständiges Systemabbild zu sichern, besteht darin, dass Sie sich auf einen bestimmten Zeitpunkt festlegen. Änderungen, die nach der Erstellung des Abbilds erfolgen, weil Dateien erstellt, geändert oder gelöscht werden, werden davon nicht erfasst. Wenn Ihre wichtigen Datendateien in der Cloud oder auf einem Volume gespeichert sind, das nicht das Systemlaufwerk ist, ist das aber wahrscheinlich kein Problem.

Die letzte Methode für die Sicherung und Wiederherstellung in Windows 11 ist das »Zurücksetzen auf Knopfdruck«, das es Ihnen ermöglicht, Windows neu zu installieren und dabei persönliche Datendateien entweder zu behalten oder zu löschen. Mit dieser Methode können Sie einen Computer, der sich seltsam verhält, ganz leicht zurücksetzen und erhalten eine saubere Windows 11-Installation mit allen aktuellen Updates. Die Option *Diesen PC zurücksetzen* befindet sich auf der Seite *Einstellungen | System | Wiederherstellung* (siehe Abbildung 15.15).

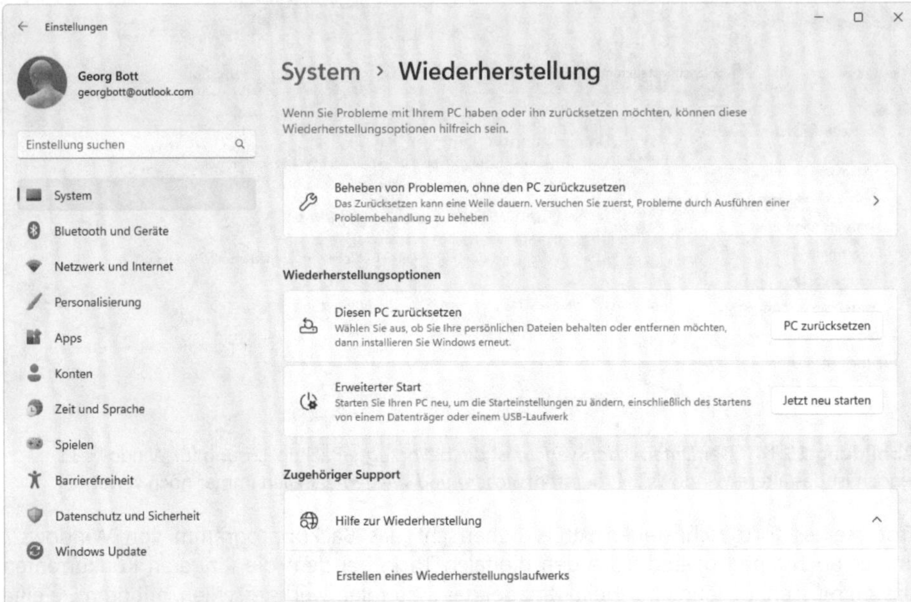

Abbildung 15.15 Mit der Option *Diesen PC zurücksetzen* können Sie Ihr System auf eine saubere Windows 11-Installation zurücksetzen und so einen Neustart durchführen.

Expertentipp

Brauchen Sie ein OEM-Wiederherstellungsabbild?

Die Rücksetzfunktion von Windows 11 ist in der Lage, Windows ohne eine Wiederherstellungspartition oder ein externes Medium erneut zu installieren. Stattdessen verwendet sie die vorhandenen Windows-Systemdateien, um eine neue, frische Kopie zu erstellen. Zumindest in der Theorie können Sie also die manchmal sehr großen Partitionen, die von den OEM-Wiederherstellungsabbildern belegt werden, anderweitig verwenden (OEM steht für Original Equipment Manufacturer, also den PC-Hersteller).

Das OEM-Abbild stellt das Gerät in seiner Originalkonfiguration wieder her, wie sie vom Hersteller festgelegt wurde, mit allen benutzerdefinierten Treibern und Hilfsprogrammen und der ebenfalls installierten (und vielleicht unerwünschten) Zusatzsoftware. Je nach dem Herstellungsdatum des Computers ist diese Konfiguration vielleicht hoffnungslos veraltet. Trotz dieser Nachteile empfehlen wir, diese Partition auf jedem Gerät zu behalten, das noch Herstellergarantie hat; löschen Sie die Partition nur, wenn Ihnen der Platz zum Speichern von Daten ausgeht.

Sie können das OEM-Wiederherstellungsabbild bedenkenlos entfernen, wenn Sie sicher sind, dass Sie über eine zuverlässige Methode verfügen, das System in einem sauberen Anfangszustand wiederherzustellen, um es beispielsweise an einen neuen Besitzer weiterzugeben. Wir beschreiben in diesem Kapitel noch, wie Sie Ihr eigenes Wiederherstellungslaufwerk oder Systemabbild erstellen. Um die OEM-Partition zu löschen, müssen Sie unter Umständen eine Eingabeaufforderung öffnen und mit Bedacht das Hilfsprogramm DiskPart einsetzen, das wir im Abschnitt »Festplatten über die Eingabeaufforderung verwalten« in Kapitel 8, »Lokalen Speicher und Cloudspeicher verwalten« beschreiben.

Windows 11 enthält außerdem eine integrierte Option, mit der ein USB-Flashlaufwerk in ein bootfähiges Wiederherstellungslaufwerk verwandelt werden kann. Mit diesem Wiederherstellungslaufwerk können Sie Windows wiederherstellen, selbst nach einem kompletten Ausfall des Systemlaufwerks.

Im weiteren Verlauf dieses Abschnitts sehen wir uns diese Sicherungs- und Wiederherstellungsoptionen genauer an.

Wiederherstellungslaufwerk verwenden

Windows 11 bietet die Möglichkeit, ein USB-Flashlaufwerk in ein bootfähiges Wiederherstellungslaufwerk zu verwandeln, mit dem Sie Reparaturen durchführen oder Windows komplett neu installieren können. Das Hilfsprogramm *Wiederherstellungslaufwerk* (*Recoverydrive.exe*) erstellt ein bootfähiges Laufwerk, das die Windows-Wiederherstellungsumgebung enthält.

▶ **Anleitungen zum Erstellen eines Wiederherstellungslaufwerks mit oder ohne Windows-Installationsmedien finden Sie unter »Installationsmedien herunterladen und erstellen« in Kapitel 2, »Installieren eines neuen Windows 11-PCs«.**

Um das Wiederherstellungslaufwerk zu verwenden, müssen Sie Ihren Computer so konfigurieren, dass er von einem USB-Flashlaufwerk starten kann. Wie das im Detail funktioniert, hängt vom Computer ab. Es kann sein, dass Sie beim Neustart eine bestimmte Taste oder eine Schalterkombination, beispielsweise Ein/Aus plus Lauter drücken müssen.

Wenn beim Neustart die Option *Von einem Laufwerk wiederherstellen* angezeigt wird, herzlichen Glückwunsch: Das System hat Ihr Wiederherstellungslaufwerk erkannt und Sie sind nur noch wenige Minuten von einem funktionsfähigen Computer mit installiertem Betriebssystem entfernt.

Expertentipp

Ein Wiederherstellungsabbild herunterladen

Wenn sich Ihr Computer nicht starten lässt und Sie auf einem anderen Computer Zugang zum Internet haben, können Sie vielleicht vom Hersteller der Computerhardware ein Wiederherstellungsabbild herunterladen und auf ein USB-Flashlaufwerk kopieren. Microsoft bietet diesen Service zum Beispiel für die Surface-Modelle an (besuchen Sie *https://support.microsoft.com/surfacerecoveryimage*, melden Sie sich mit Ihrem Microsoft-Konto an und wählen Sie ein registriertes Gerät aus). Bei anderen Herstellern sollten Sie auf den Support-Seiten nachsehen, ob ein Abbild angeboten wird. Ist das nicht der Fall, können Sie mit dem Microsoft-Tool zur Medienerstellung (Media Creation Tool) die neueste Windows 11-Version herunterladen und sie auf einen USB-Speicherstick kopieren oder als ISO-Imdagedatei speichern. Einzelheiten finden Sie im Abschnitt »Installationsmedien herunterladen und erstellen« in Kapitel 2.

Das Menü, das beim Starten von einem Wiederherstellungslaufwerk angezeigt wird, ermöglicht es Ihnen, einen PC zu reparieren, der Probleme beim Starten hat. Wählen Sie *Problembehandlung*, um das Menü *Erweiterte Optionen* aufzurufen. Hier können Sie eine Systemstartreparatur ausführen, mit der Systemwiederherstellung eine problematische Änderung rückgängig machen oder ein Eingabeaufforderungsfenster öffnen, um in der Befehlszeile Systemtools wie DiskPart zu verwenden.

Dateien und Ordner mit dem Dateiversionsverlauf schützen

Der Dateiversionsverlauf (engl. file history) wurde als »Einschalten und Vergessen«-Feature konzipiert. Nachdem Sie diese Backup-Anwendung aktiviert haben, kopiert sie alle persönlichen Datendateien aus Ihrem Benutzerprofil auf ein sekundäres Laufwerk, normalerweise ein externes Gerät oder einen Netzwerkspeicherort. Künftig überprüft der Dateiversionsverlauf in regelmäßigen Abständen das Dateisystem (standardmäßig jede Stunde) auf geänderte oder neu erstellte Dateien. Diese Dateien werden zum Sicherungsspeicher hinzugefügt.

> Hinweis
>
> **Der Dateiversionsverlauf ist auf Windows 11-Geräten, die auf einem Arm-Prozessor laufen, nicht verfügbar.**

Sie können die gesicherten Daten nach Datum und Uhrzeit oder den gesamten Verlauf durchsuchen und dann die gewünschten Dateien an ihren Originalspeicherort oder in einen anderen Ordner kopieren und so wiederherstellen.

Erst einmal müssen Sie das Feature allerdings einrichten. Das ist ganz einfach.

Dateiversionsverlauf einrichten

Obwohl die Funktion Dateiversionsverlauf standardmäßig installiert ist, wird sie erst aktiviert, wenn Sie ein Laufwerk als Ziel für die Sicherung festlegen. Bei diesem Laufwerk handelt es sich in der Regel um ein externes Speichergerät, zum Beispiel eine über USB angeschlossene Festplatte, oder um einen Speicherort im Netzwerk. Bei Desktop-PCs mit mehreren internen Festplatten können Sie eine zweite interne Festplatte als Speicherort für den Dateiversionsverlauf angeben. Wechseldatenträger, wie USB-Flashlaufwerke, sind möglicherweise nicht geeignet. (Wir haben diesbezüglich ein uneinheitliches Verhalten von Windows festgestellt. In jedem Fall ist die Verwendung eines kleinen Wechsellaufwerks für Sicherungszwecke keine gute Idee.) Der Assistent zum Einrichten des Dateiversionsverlaufs zeigt Ihnen bei der Ersteinrichtung nur geeignete Laufwerke an.

> Achtung
>
> **Wählen Sie als Speichervolume für den Dateiversionsverlauf auf jeden Fall ein Volume, das auf einem anderen Festplattenlaufwerk liegt. Windows warnt Sie nachdrücklich davor, als Sicherungsvolume ein Volume auf demselben Festplattenlaufwerk zu wählen, auf dem auch das Systemvolume liegt. Wo ist das Problem? Zu den häufigeren Ursachen für Datenverluste gehört der vollständige Ausfall des Festplattenlaufwerks. Sind die Originaldateien und die Sicherungskopien auf demselben Festplattenlaufwerk gespeichert, gehen die Daten in diesem Fall verloren. Dagegen ist eine Sicherungskopie, die auf einem separaten Festplattenlaufwerk liegt, in einem solchen Fall immer noch verfügbar.**

Um den Dateiversionsverlauf zum ersten Mal zu aktivieren, öffnen Sie die Systemsteuerung, suchen Sie nach **Dateiversionsverlauf** und wählen Sie dann *Dateiversionsverlauf*. Klicken Sie auf *Laufwerk auswählen*. Windows sucht nach Laufwerken, die für den Dateiversionsverlauf verwendet werden können, und zeigt diese an. Abbildung 15.16 zeigt ein System, an das zwei externe USB-Festplatten angeschlossen sind. Wenn Sie einen der verfügbaren Speicherorte auswählen, wird der Dateiversionsverlaufsdienst aktiviert und der Sicherungsprozess beginnt, wobei das Sicherungsintervall auf eine Stunde eingestellt ist.

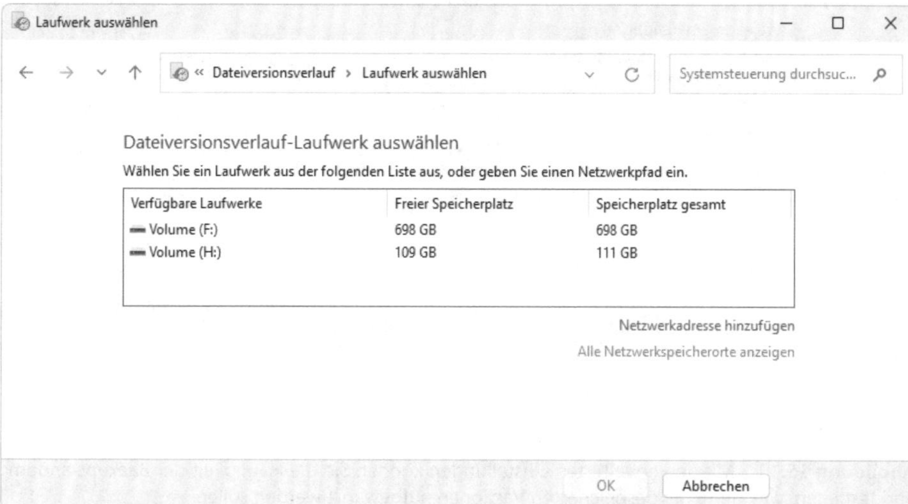

Abbildung 15.16 Bevor Sie den Dateiverlauf aktivieren können, müssen Sie einen Speicherort für die gesicherten Dateien angeben (vorzugsweise ein externes USB-Laufwerk).

Sie können Ihre Dateien auch in einem freigegebenen Netzwerkordner sichern, vorausgesetzt, Sie verfügen über die erforderlichen gemeinsamen Ordner und NTFS-Berechtigungen. Um eine Netzwerkfreigabe hinzuzufügen, für die Sie Lese-/Schreibrechte haben, klicken Sie im *Dateiversionslauf* auf *Laufwerk auswählen*. Klicken Sie auf den Link *Netzwerkadresse hinzufügen*. Suchen Sie nach einem freigegebenen Ordner, auf den Sie Zugriff haben, oder geben Sie den vollständigen Pfad ein. Geben Sie bei Bedarf alternative Netzwerk-Zugangsdaten ein und speichern Sie sie. Wählen Sie das neu hinzugefügte Laufwerk aus und klicken Sie auf *OK*.

Standardmäßig überprüft der Dateiversionsverlauf Ihre Laufwerke und Ordner, die in Bibliotheken enthalten sind, einmal pro Stunde und speichert dabei Kopien aller neuen oder geänderten Dateien. Sie können diese Einstellung in beide Richtungen anpassen und aus neun Intervallen wählen, die von alle zehn Minuten (wenn Sie es wirklich hassen, jemals eine gespeicherte Datei zu verlieren) bis zu einmal täglich reichen.

- ▶ **Ausführliche Informationen zum Hinzufügen von Ordnern zu Bibliotheken, damit sie automatisch in den Dateiverlauf aufgenommen werden, finden Sie im Abschnitt »Bibliotheken verwenden in Kapitel 9, »Datei-Explorer verwenden«.**

Die Backups des Dateiversionsverlaufs werden in der Standardeinstellung für immer aufbewahrt. Sie erhalten eine Warnung, wenn das Sicherungslaufwerk voll ist. Sie können die Aufbewahrungsdauer der gespeicherten Versionen aber auch auf ein, drei, sechs oder neun Monate ändern oder auf ein oder zwei Jahre. Die Einstellung *Bis Platz benötigt wird* ermöglicht es dem Dateiversionsverlauf, alte Sicherungen automatisch zu löschen, um Platz für neue zu schaffen, falls das Laufwerk voll ist.

Sie können das Sicherungsintervall und den Zeitraum für die Speicherung von Sicherungen ändern, indem Sie *Erweiterte Einstellungen* wählen, um das in Abbildung 15.17 gezeigte Fenster zu öffnen.

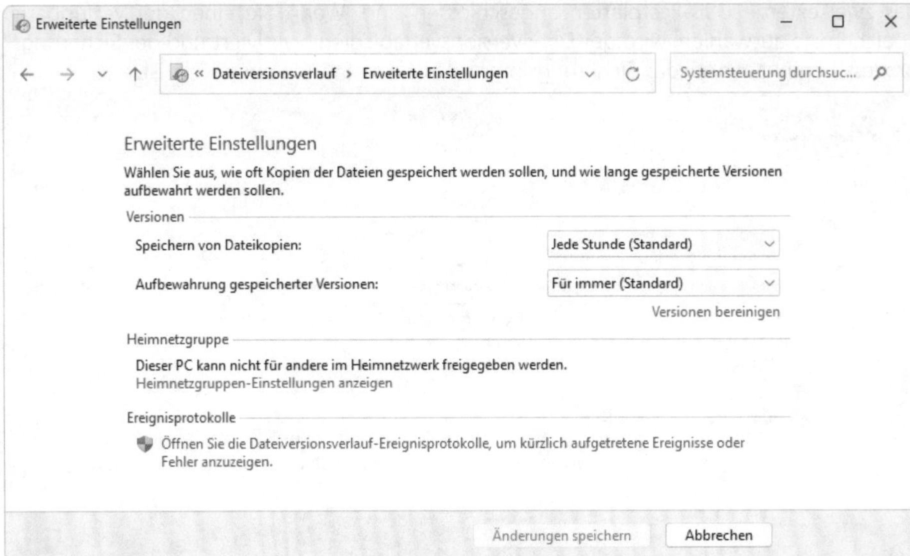

Abbildung 15.17 Mit den erweiterten Einstellungen können Sie die Häufigkeit der Backups ändern und festlegen, wie lange die gespeicherten Versionen aufbewahrt werden sollen.

Wenn Sie den Dateiversionsverlauf zum ersten Mal aktivieren und ausführen, wird eine vollständige Kopie aller Dateien an den für die Sicherung konfigurierten Speicherorten erstellt.

Die Volumes, auf denen der Dateiversionsverlauf gespeichert wird, haben kein kompliziertes oder proprietäres Format. Wenn es sich um ein externes Laufwerk oder einen freigegebenen Netzwerkordner handelt, gelten folgende Regeln:

- Windows erstellt auf dem Ziellaufwerk einen Ordner mit dem Namen *FileHistory*, mit einem separaten privaten Unterordner für jeden Benutzer. So können auf einem Gerät mit mehreren Benutzerkonten die Dateien jedes Benutzers separat gesichert werden.
- Innerhalb des privaten Unterordners eines jeden Benutzers gibt es einen oder mehrere zusätzliche Unterordner, einen für jedes gesicherte Gerät. Mit dieser Ordnerstruktur können Sie ein einziges externes Laufwerk verwenden, um den Dateiversionsverlauf von verschiedenen Computern zu sichern.
- Jeder Sicherungsdatensatz besteht aus zwei Ordnern. Der Ordner *Configuration* enthält XML-Dateien und bei Bedarf Indexdateien, um Suchvorgänge zu beschleunigen. Der Ordner *Data* enthält gesicherte Dateien. Die Hierarchie, in der diese Dateien gesichert werden, entspricht der Hierarchie am Ursprungsort.
- Gesicherte Dateien sind nicht komprimiert. Die Dateinamen sind dieselben wie im Original, mit einem angehängten Datums- und Zeitstempel (in Klammern), um verschiedene Versionen zu unterscheiden. Daher können Sie ein Laufwerk mit einem gespeicherten Dateiversionsverlauf im Datei-Explorer durchsuchen und eine bestimmte Datei oder einen bestimmten Ordner ohne Unterstützung durch die Dateiversionsverlaufs-App finden.

Achtung

Dateien werden auf dem Backup-Laufwerk für den Dateiversionsverlauf nicht automatisch verschlüsselt. Jeder, der Zugriff auf das Laufwerk hat, kann die dort gespeicherten Dateien lesen. Falls Sie im Dateiversionsverlauf auf einem externen Laufwerk vertrauliche Informationen speichern, empfehlen wir Ihnen, das Laufwerk zu verschlüsseln. Wenn Sie den Dateiversionsverlauf aktivieren, werden Sie darauf hingewiesen, Ihr Sicherungslaufwerk zu verschlüsseln. Klicken Sie auf den Link *BitLocker aktivieren*, um diese Aufgabe abzuschließen.

TROUBLESHOOTING

Einige Dateien fehlen in den Backups des Dateiversionsverlaufs

Wegen der speziellen Art, in der gesicherte Dateien vom Dateiversionsverlauf organisiert und benannt werden, kann es passieren, dass manche Dateien nicht richtig gesichert werden. Die häufigste Ursache ist das automatische Anhängen von Datum und Uhrzeit an den Dateinamen. Durch diese zusätzlichen Zeichen kann es geschehen, dass der Dateiname im Dateiversionsverlaufsordner die maximale Pfadlänge von 260 Zeichen überschreitet. Solche Fehler können Sie in den Ereignisprotokollen des Dateiversionsverlaufs leicht erkennen. Klicken Sie in der Systemsteuerung auf *Erweiterte Einstellungen* und dann auf den Link *Öffnen Sie die Dateiversionsverlauf-Ereignisprotokolle, um kürzlich aufgetretene Ereignisse oder Fehler anzuzeigen*. Um das Problem zu vermeiden, sollten Sie die entsprechenden Dateien oder Unterordner an einen Speicherort verschieben, bei dem sich ein hinreichend kurzer Pfadname ergibt.

Auswählen der Speicherorte, die gesichert werden sollen

Standardmäßig sichert der Dateiversionsverlauf alle Ordner aus dem aktuellen Benutzerprofil (einschließlich der Ordner, die von Anwendungen anderer Hersteller angelegt werden) und die Inhalte der lokalen Ordner, die zu benutzerdefinierten Bibliotheken hinzugefügt wurden.

Einen Überblick über den Inhalt eines Standardbenutzerprofils und Erläuterungen zur Arbeit mit Bibliotheken finden Sie im Abschnitt »Persönliche Daten mit Benutzerprofilordnern und Bibliotheken organisieren« in Kapitel 9.

Um die Liste der vom Dateiversionsverlauf gesicherten Ordner zu verwalten, wählen Sie in der Systemsteuerung unter *Dateiversionsverlauf* die Option *Ordner ausschließen*. Wählen Sie dann *Hinzufügen* und definieren Sie die Ordner, die Sie ausschließen möchten. Wenn Sie alle Ordner definiert haben, die Sie ausschließen möchten, klicken Sie auf *Änderungen speichern*.

Hinweis

Es ist erwähnenswert, dass in Windows 11 weniger Optionen zur Konfiguration der Ordner, die gesichert und nicht gesichert werden sollen, zur Verfügung stehen als in Windows 10.

Es ist nützlich, bestimmte Ordner auszuschließen, wenn Sie vermeiden möchten, dass das vom Dateiversionsverlauf verwendete Laufwerk mit großen Dateien gefüllt wird, die nicht gesichert werden müssen. Wenn Sie beispielsweise regelmäßig interessante Videodateien, die Sie nicht aufbewahren wollen, in einem Unterordner des Ordners *Downloads* ablegen, können Sie diesen Unterordner *Videos* vollständig aus dem Dateiversionsverlauf ausschließen, während der Rest des Ordners *Downloads* gesichert wird.

Wenn der Speicherplatz auf dem Backup-Laufwerk knapp wird, können Sie entweder die Einstellungen ändern, um alte gesicherte Dateien zu entfernen und Platz für neue zu schaffen, oder ein neues Laufwerk einbauen. Um das Laufwerk zu wechseln, klicken oder tippen Sie auf der Seite *Dateiversionsverlauf* in der Systemsteuerung auf *Laufwerk auswählen* und wählen Sie dann ein neues Laufwerk aus.

Wenn Sie ein neues Laufwerk auswählen, fordert Windows Sie auf, Ihre vorhandenen Dateien an den neuen Speicherort zu verschieben. Dies ist nützlich, wenn Sie ein Ersatzlaufwerk angeben, das größer ist als Ihr ursprüngliches Laufwerk. Der Kopiervorgang kann einige Zeit in Anspruch nehmen, je nachdem, wie viel Speicherplatz Ihre vorhandenen Dateien belegen.

Dateien und Ordner wiederherstellen

Die Backups des Dateiversionsverlaufs bieten mehrere Möglichkeiten, verlorene, beschädigte oder versehentlich gelöschte Dateien wiederherzustellen. Sie können den gesamten Inhalt eines Ordners oder Laufwerks wiederherstellen, nachdem zum Beispiel eine Festplatte ausgefallen ist. Sie können sogar eine frühere Version eines Dokuments wiederherstellen, um an Inhalt zu gelangen, den Sie in einer späteren Version geändert oder gelöscht haben.

Am einfachsten können Sie eine ältere Version einer vorhandenen Datei oder eines Ordners wiederherstellen, indem Sie den Datei-Explorer öffnen. Sofern Sie wissen, welche Version Sie benötigen, klicken Sie die Datei im Datei-Explorer an, wählen Sie *Weitere Optionen anzeigen* und dann den Befehl *Vorgängerversionen wiederherstellen.* Daraufhin öffnet sich das Eigenschaftendialogfeld der Datei mit der Registerkarte *Vorgängerversionen*, die eine nach Datum sortierte Liste der verfügbaren gesicherten Versionen anzeigt, wie in Abbildung 15.18 zu sehen.

Mit dem Pfeil rechts neben der Schaltfläche *Öffnen* am unteren Rand der Liste *Dateiversionen* können Sie das ausgewählte Element öffnen. Ein Klick auf *Öffnen* eignet sich besonders gut für Office-Dokumente. Sie erhalten eine schreibgeschützte Kopie des Dokuments in der Anwendung, die es erstellt hat. Auf diese Weise überschreiben Sie nicht versehentlich die aktuelle Version des Dokuments mit der älteren Version, die Sie gerade geöffnet haben.

Klicken Sie auf *Im Dateiversionsverlauf öffnen*, um stattdessen die App Dateiversionsverlauf zu verwenden (wir kommen in Kürze auf diese App zurück).

Die zweite Schaltfläche unterhalb der Liste der Dateiversionen bietet ebenfalls zwei Auswahlmöglichkeiten: Klicken Sie auf *Wiederherstellen*, um die aktuelle Version zu überschreiben, oder klicken Sie auf *Wiederherstellen nach*, um eine Kopie an einem anderen Ort zu speichern. Wenn Sie versuchen, eine frühere Version einer Datei am ursprünglichen Speicherort wiederherzustellen, und die Originaldatei noch vorhanden ist, wird das Dialogfeld *Dateien ersetzen oder überspringen* angezeigt, in dem Sie die Möglichkeit haben, Ihre Meinung zu ändern oder die neue Datei als Kopie am gleichen Speicherort zu speichern. Wenn Sie eine Kopie wiederherstellen möchten, ohne das Original zu löschen, klicken Sie auf *Info für beide Dateien vergleichen* und aktivieren Sie dann das Kontrollkästchen sowohl für die Originaldatei als auch für die wiederhergestellte vorherige Version, wie in Abbildung 15.19 dargestellt. Die wiederhergestellte Kopie hat eine Nummer, die an den Namen angehängt ist, um sie vom Original zu unterscheiden.

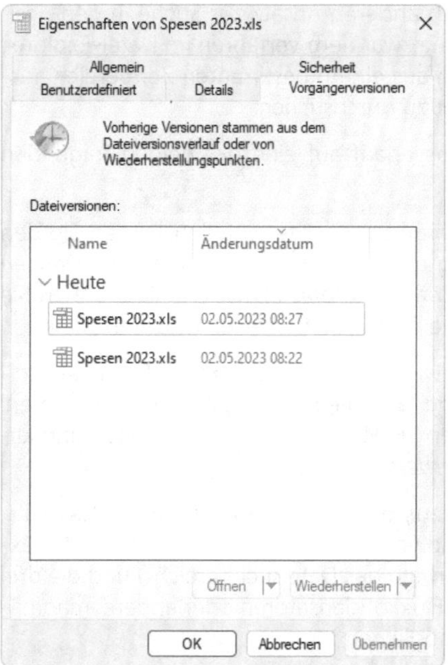

Abbildung 15.18 Wenn Sie genau wissen, welche Datei Sie wiederherstellen möchten, ist es oft am schnellsten, sie über die Registerkarte *Vorgängerversionen* im Datei-Explorer zu finden.

Sie sind sich nicht sicher, welche Version Sie wünschen? Wählen Sie eine Version aus und klicken Sie auf *Im Dateiversionsverlauf öffnen*, um eine Vorschau dieser Version anzuzeigen.

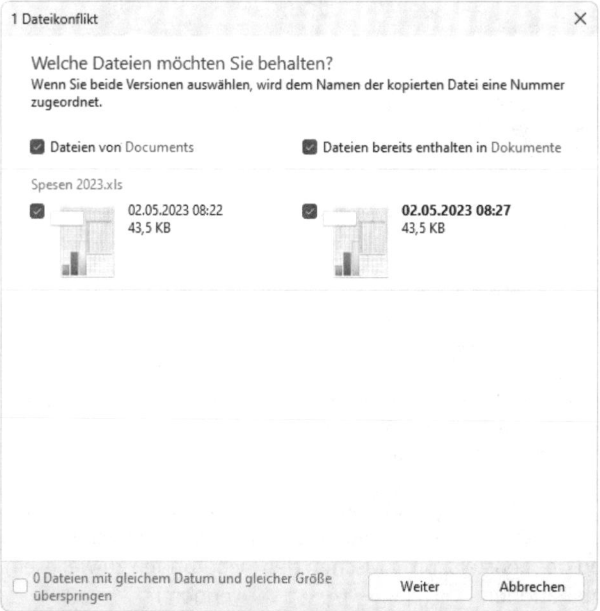

Abbildung 15.19 Um eine frühere Version einer Datei wiederherzustellen, ohne das Original zu ersetzen, klicken Sie auf die Option *Info für beide Dateien vergleichen* und wählen dann im Dialogfeld *Dateikonflikt* beide Versionen aus.

Die App Dateiversionsverlauf bietet einen deutlich anderen Ansatz zur Suche in den gesicherten Dateien. In gewisser Weise ähnelt die Suche zwar dem Verfahren im Datei-Explorer, sie bietet aber zusätzlich die Möglichkeit, Dateien aus einem bestimmten Zeitbereich auszuwählen und die Versionen durchzublättern oder zu durchsuchen.

Wahrscheinlich werden Sie die App Dateiversionsverlauf auf eine der beiden folgenden Arten verwenden:

- Um einige oder alle Dateien aus einer Sicherung wiederherzustellen, öffnen Sie den Dateiversionsverlauf in der Systemsteuerung und klicken Sie auf *Persönliche Dateien wiederherstellen*. In der App Dateiversionsverlauf (siehe Abbildung 15.20) können Sie dann die Dateien oder Ordner auswählen, die Sie wiederherstellen möchten.
- Um eine oder mehrere Dateien oder Ordner wiederherzustellen, öffnen Sie den Datei-Explorer, wählen Sie die Datei oder den Ordner aus, die Sie wiederherstellen möchten, klicken Sie mit der rechten Maustaste, wählen Sie *Weitere Optionen anzeigen* und klicken Sie dann auf *Vorgängerversionen wiederherstellen*.

Abbildung 15.20 zeigt die App Dateiversionsverlauf, die über eine Adressleiste, Navigationssteuerungen und ein Suchfeld am oberen Rand verfügt, ganz ähnlich wie der Datei-Explorer. Der Unterschied sind der Zeitstempel (oberhalb des Dateisuchbereichs) und die drei Steuerelemente unterhalb des Bereichs, die ohne Fluxkondensatoren oder andere imaginäre Zeitmaschinenkomponenten eine Zeitreise ermöglichen.

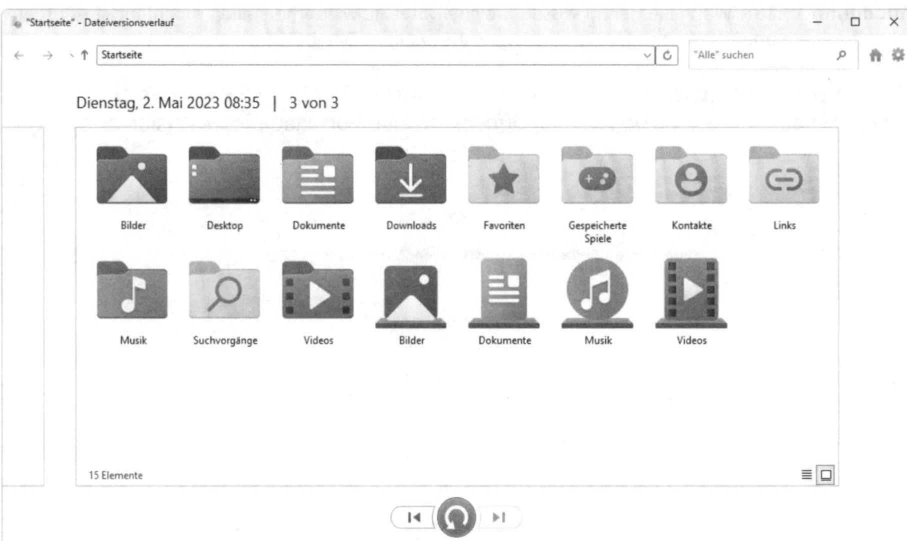

Abbildung 15.20 Auf der Startseite der App Dateiversionsverlauf werden alle Dateien und Ordner angezeigt, die für regelmäßige Backups vorgesehen sind. Blättern Sie nach links, um ältere Datensicherungen zu sehen, oder nach rechts, um neuere zu finden.

Die Legende am oberen Rand des Fensters zeigt Ihnen das Datum und die Uhrzeit der aktuell angezeigten Sicherung an. Verwenden Sie die Steuerelemente *Vorherige Version* und *Nächste Version* am unteren Rand des Fensters, um zwischen den Sicherungen zu wechseln. (Sie können auch die Tastenkombinationen Strg + ← / → verwenden.)

Im Fenster der App Dateiversionsverlauf können Sie Ordner öffnen, um sich deren Inhalte anzusehen. Eine Adressleiste am oberen Rand und der unverzichtbare nach oben zeigende Pfeil ermöglichen Ihnen die Navigation wie im Datei-Explorer. Wie im Datei-Explorer können Sie das Suchfeld oben rechts verwenden, um die Ergebnisse nach Dateityp, Schlüsselwort oder Dateiinhalt einzugrenzen. Da die Dateinamen selten genug Details liefern, um festzustellen, ob eine bestimmte Datei die gesuchte ist, verfügt der Dateiverlauf über eine Vorschaufunktion. Doppelklicken Sie auf eine Datei, um ihren Inhalt im Fenster *Dateiversionsverlauf* anzuzeigen.

Um eine gelöschte oder überschriebene Datei oder einen Ordner wiederherzustellen, gehen Sie rückwärts durch die Sicherungen, bis Sie das gewünschte Datum erreichen. Doppelklicken Sie, um einen Ordner zu öffnen; verwenden Sie Strg+Klicken, um mehrere Elemente auszuwählen.

Sobald Sie die gewünschten Elemente ausgewählt haben, können Sie die große grüne Schaltfläche anklicken, um die ausgewählten Elemente an ihrem ursprünglichen Speicherort wiederherzustellen. Wenn Sie die Elemente lieber an einem anderen Ort wiederherstellen möchten, klicken Sie mit der rechten Maustaste auf die grüne Schaltfläche und dann auf *Wiederherstellen in*.

Die Möglichkeit, ganze Ordner wiederherzustellen, ist besonders nützlich, wenn Sie auf einen neuen PC wechseln. Nachdem Sie auf Ihrem alten PC eine letzte Sicherung durchgeführt haben, schließen Sie das Laufwerk mit dem Dateiversionsverlauf an den neuen PC an und verwenden dann die große grüne *Wiederherstellen*-Schaltfläche, um Ihre gesicherten Dateien an die entsprechenden Speicherorte auf dem neuen PC zu kopieren.

Wie beim Datei-Explorer können Sie die Ansicht der Dateien im Browserfenster der Dateiversionsverlauf-App ändern. Mit den beiden Symbolen in der rechten unteren Ecke können Sie schnell zwischen den Ansichten *Details* und *Große Symbole* wechseln. (Die großen Symbole sind besonders nützlich, wenn Sie Ordner voller digitaler Fotos durchsuchen.)

Expertentipp

Übertragen Sie Ihre Erfahrungen in der Bedienung des Datei-Explorers auf die App Dateiversionsverlauf

Sie brauchen kein Menü zu öffnen und kein Symbol anzuklicken, um die Darstellung im Dateiversionsverlauf zu ändern. Die acht vordefinierten Ansichten von *Inhalt* bis *Extra große Symbole* sind über die Tastenkombination Strg+⇧+<Ziffer> zugänglich. Jede Ziffer zwischen 1 und 8 ist zulässig. Strg+⇧+2 schaltet die Ansicht zum Beispiel auf *Große Symbole* um, während Strg+⇧+6 einen Wechsel in die *Detailansicht* bewirkt. Dieselben Tastenkombinationen funktionieren auch im Datei-Explorer.

Die Option »Zurücksetzen« zur Behebung schwerwiegender Probleme verwenden

Eine der charakteristischen Funktionen von Windows 8 erwies sich als geradezu revolutionär: eine einfache Möglichkeit für jedermann, Windows mit Befehlen wie *PC auffrischen* und *Originaleinstellung* auf seine ursprüngliche Konfiguration zurückzusetzen, ohne dass technische Kenntnisse erforderlich sind.

Windows 11 fasst diese Funktionen unter dem Befehl *Diesen PC zurücksetzen* zusammen. Die wichtigste Änderung besteht darin, dass ein umfangreiches OEM-Wiederherstellungsabbild in einer speziellen Partition nicht mehr erforderlich ist. In Windows 11 sind dieses Wiederherstellungsimage und die zugehörige Partition nicht mehr die primäre Wiederherstellungsoption. Stattdessen führt Windows 11 Wiederherstellungsvorgänge durch, indem es das Betriebssystem unter Verwendung vorhandener Systemdateien in einem sauberen Zustand wiederherstellt.

Diese Option zum »Zurücksetzen per Knopfdruck« hat die gleiche Wirkung wie eine Neuinstallation, ohne dass man sich mit der Suche nach Treibern herumschlagen muss und ohne dass potenziell wertvolle Daten gelöscht werden.

Die Option *Diesen PC zurücksetzen* befindet sich am Anfang der Liste auf der Seite *System | Wiederherstellung* in den *Einstellungen*, wie in Abbildung 15.15 gezeigt. Sie ist auch die bevorzugte Option im Menü *Problembehandlung*, wenn Sie in der Windows-Wiederherstellungsumgebung neu starten (siehe Abbildung 15.21).

Abbildung 15.21 Sie können Ihren Windows 11-PC zurücksetzen, indem Sie die Windows-Wiederherstellungsumgebung starten und die hier gezeigte obere Option wählen.

Wenn Sie einen PC zurücksetzen, werden Windows 11 und seine Treiber auf den letzten Rollup-Status zurückgesetzt. Nach dem Zurücksetzen enthält der PC alle Updates mit Ausnahme derjenigen, die in den letzten 28 Tagen installiert wurden. Dies ermöglicht eine erfolgreiche Wiederherstellung, wenn ein frisch installiertes Update Teil des Problems ist.

Auf Computern mit vorinstalliertem Windows 11 werden beim Zurücksetzen unter Umständen auch alle benutzerdefinierten Einstellungen und Desktop6programme wiederhergestellt, die der Hersteller festgelegt beziehungsweise installiert hat. Diese Anpassungen werden in einem separaten Container gespeichert, der als Teil des OEM-Setup-Prozesses erstellt wird.

Alle standardmäßig vorinstallierten Windows-Apps (zum Beispiel Fotoanzeige, Mail und Kalender) werden wiederhergestellt, ebenso wie alle Windows-Apps, die dem System vom OEM oder als Teil einer Unternehmensbereitstellung hinzugefügt wurden. App-Updates werden nach der Wiederherstellung automatisch über den Store heruntergeladen und neu installiert.

Windows-Desktopanwendungen werden nicht wiederhergestellt und müssen manuell neu installiert werden. Ebenso werden alle zuvor gekauften Store-Apps verworfen und müssen über den Store neu installiert werden.

Das Zurücksetzen eines PC ist nichts, was man aus Versehen macht. Der Vorgang erfordert mehrere Bestätigungen und bietet viele Möglichkeiten zum Abbruch, wenn Sie kalte Füße bekommen oder feststellen, dass Sie nur noch eine weitere Sicherung durchführen müssen, bevor Sie die Festplatte unwiderruflich löschen. Im ersten Schritt haben Sie die Möglichkeit, Ihre persönlichen Dateien beizubehalten oder alles zu löschen, wie in Abbildung 15.22 dargestellt.

Abbildung 15.22 Die Option *Diesen PC zurücksetzen* lässt Ihnen die Wahl, ob Sie die Dateien in Ihrem Benutzerkonto beibehalten oder mit einer frischen Konfiguration einen Neuanfang machen wollen.

Wenn Sie den Computer zurücksetzen, weil Sie ihn verkaufen oder spenden möchten, empfiehlt sich die zweite Option. Andernfalls sollten Sie die erste Option wählen, damit Ihre persönlichen Dateien erhalten bleiben.

Wenn Sie auf einem System, das mehrere Laufwerke hat, die Option gewählt haben, alles zu entfernen, können Sie anschließend wählen, ob nur Dateien von dem Laufwerk gelöscht werden sollen, auf dem Windows installiert ist, oder von allen Laufwerken.

Als Nächstes werden Sie gefragt, ob Sie Windows aus lokalen Dateien oder aus einem Clouddownload neu installieren wollen. Bedenken Sie, dass für die Neuinstallation aus der Cloud etwa 4GB an Dateien heruntergeladen werden, und wenn Sie nicht über eine angemessene Internet-Bandbreite verfügen, kann das eine längere Zeit dauern.

Sie werden nun gefragt, ob Sie nur Ihre Dateien entfernen oder das Laufwerk vollständig bereinigen möchten. Die Option *Laufwerk vollständig bereinigen* kann den Prozess um Stunden verlängern. Beachten Sie, dass der Löschvorgang zwar gründlich ist, aber mangels Zertifizierung trotzdem nicht die Branchen- oder Behördenstandards für eine Datenlöschung erfüllt.

Wenn Sie den Vorgang bis zu diesem Punkt durchlaufen haben, bleibt nur noch eine Bestätigung übrig. Das Fenster, das in Abbildung 15.23 dargestellt ist, zeigt Ihnen die Auswahl, die Sie getroffen haben, mit der letzten Möglichkeit zum Abbrechen. Wenn Sie wirklich fortfahren möchten, können Sie auf *Zurücksetzen* klicken.

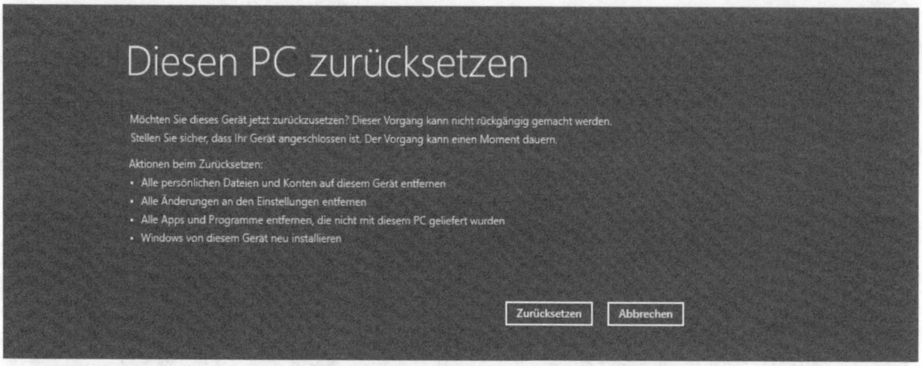

Abbildung 15.23 Die Möglichkeit, beim Zurücksetzen eines PC die Notbremse zu ziehen

Die Option zum Zurücksetzen kann eine enorme Zeitersparnis sein, aber sie ist nicht so leistungsfähig, wie es manchmal erforderlich wäre. Es gibt einige Szenarien, in denen das Zurücksetzen von Windows nicht weiterhilft:

- Wenn die Dateien des Betriebssystems stark beschädigt oder mit Schadsoftware infiziert sind, funktioniert das Zurücksetzen möglicherweise nicht; eventuell ist hier die Option, Windows mit einem Clouddownload zurückzusetzen, besser geeignet.
- Wenn das Problem durch ein kumulatives Update verursacht wird, das mehr als 28 Tage alt ist, kann das Zurücksetzen das Problem möglicherweise nicht beheben.
- Wenn ein Benutzer in der OOBE-Phase (Out-Of-Box-Experience) bei einer einsprachigen Windows-Version (die manchmal in Entwicklungsländern und -regionen verkauft wird) die falsche Sprache auswählt, kann eine vollständige Neuinstallation erforderlich sein.

Hinweis

Bei Arbeitsplatzcomputern, die mit einer Domäne verbunden sind, kann ein Netzwerkadministrator wahrscheinlich einen problematischen Computer neu aufsetzen, zum Beispiel mithilfe von Desktop-Images des Endpoint Configuration Manager. Dies kann zu einem ähnlichen Ergebnis führen – einem Computer, der auf einen früheren Zeitpunkt zurückgesetzt wird. An Arbeitsplätzen, die ihre Computer mit Endpoint Manager (Microsoft Intune) verwalten, können Administratoren remote zwischen *Sauberer Start* (ähnlich wie *Diesen PC zurücksetzen*) und gegebenenfalls *Windows Autopilot-Zurücksetzung* wählen, der ein Gerät in einen vollständig konfigurierten und verwalteten Zustand zurücksetzt.

Funktioniert das Zurücksetzen nicht, ist es die beste Lösung, Windows mithilfe eines Wiederherstellungslaufwerks neu zu installieren, wie in Kapitel 2 im Abschnitt »Direkt mit ISO-Abbilddateien arbeiten« beschrieben.

Das Windows 7-Sicherungsprogramm verwenden

Windows 11 enthält das Windows-Sicherungsprogramm, das ursprünglich mit Windows 7 veröffentlicht wurde. Der Funktionsumfang ist immer noch derselbe wie bei den Vorgängern und es soll in erster Linie dafür sorgen, dass die Sicherungskopien, die mit älteren Betriebssystemen erstellt wurden, noch verwendet werden können. (Der Name der ausführbaren Datei, *Sdclt.exe*, verrät dem Eingeweihten, wie alt dieses Programm ist. Es ist die Abkürzung für *Safe Docs Client*, dem ursprünglichen Namen dieses Features, als es in einer frühen Beta-Version von Windows Vista erstmals verfügbar wurde.)

Wenn Sie eine funktionierende Sicherungsroutine haben, die auf dem Windows 7-Sicherungsprogramm basiert, möchten wir Ihnen nicht im Weg stehen. Die in Windows 11 enthaltene Version erledigt alle vertrauten Aufgaben, auf die Sie sich verlassen, und wir empfehlen Ihnen, damit weiterzumachen. Das beste Backupprogramm ist schließlich dasjenige, das Sie tatsächlich verwenden.

Für Windows 11 gibt es bessere Sicherungsprogramme, aber wir empfehlen das Windows-Sicherungsprogramm weiterhin für die eine Aufgabe, die es besonders gut erfüllt: Verwenden Sie es, um ein Systemabbild zu erstellen, das eine komplette PC-Konfiguration mit einem oder mehreren Laufwerken wiederherstellen kann. Bei der Wiederherstellung dieses Systemabbilds wird eine perfekte Kopie der Systemkonfiguration erstellt, wie sie am Tag der Erstellung des Systemabbilds bestand, ohne dass Anwendungen neu installiert und konfiguriert werden müssen.

Sie stellen das System aus einer Abbildsicherung wieder her, indem Sie die Windows-Wiederherstellungsumgebung starten, eine Systemabbilddatei auswählen, die Sie wiederherstellen wollen, und den Vorgang dadurch abschließen, dass Sie Ihre neueste Dateisicherung wiederherstellen, die wahrscheinlich aktueller ist als das Abbild. (Abhängig vom Alter des Datensicherungsabbilds müssen Sie unter Umständen auch das neueste Feature-Update für Windows installieren, gefolgt vom neuesten kumulativen Qualitätsupdate.) Die Windows-Sicherung stellt Abbilddateien her, die weitgehend hardwareunabhängig sind. Das bedeutet, dass Sie Ihr Sicherungsabbild – mit gewissen Einschränkungen – auch auf einem neuen Computermodell eines anderen Herstellers wiederherstellen können.

Expertentipp

Speichern Sie Ihre benutzerdefinierte Konfiguration in einem Systemabbild

Der wichtigste Grund für eine Systemabbildsicherung ist, dass Sie Windows in genau der Konfiguration sichern können, die Sie haben möchten. Räumen Sie die OEM-Konfiguration auf, lassen Sie Windows dabei intakt, entfernen Sie unerwünschte Software und installieren Sie Ihre Lieblingsanwendungen. Schnell auf eine funktionsfähige Grundkonfiguration zurückkehren zu können, ist ein Trick, den IT-Profis schon vor langer Zeit gelernt haben, als Methode zur Bereitstellung von Windows in großen Organisationen. Wenn Sie die Systemabbildsicherung beherrschen, können Sie das auch in einer Umgebung erreichen, in der es nicht Tausende von PCs gibt, sondern nur wenige.

Systemabbildsicherung erstellen

Um ein Systemabbild zu erstellen, öffnen Sie die Systemsteuerung und suchen Sie nach **Backup**; klicken Sie dann auf *Sichern und Wiederherstellen (Windows 7)*. Sie können ein paar Klicks überspringen, indem Sie in das Suchfeld oder das Feld *Ausführen* **sdclt** eingeben. Daraufhin wird das in Abbildung 15.24 gezeigte Tool geöffnet.

Wenn Sie die Windows-Sicherung zum ersten Mal öffnen, werden Sie in einer Meldung darauf hingewiesen, dass das Programm noch nicht eingerichtet wurde. Sie können diese Meldung und die Optionen in der Mitte des Fensters ignorieren und stattdessen auf der linken Seite des Fensters auf den Link *Systemabbild erstellen* klicken. Daraufhin wird der effiziente Assistent zum Erstellen eines Systemabbilds geöffnet. Im ersten Schritt werden Sie aufgefordert, einen Zielort für Ihr Systemabbild festzulegen (siehe Abbildung 15.25).

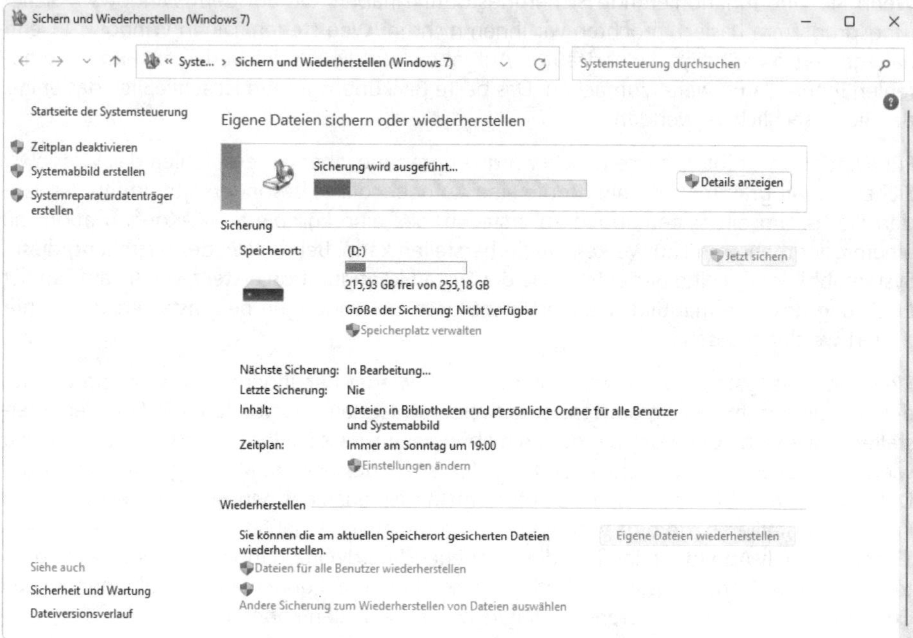

Abbildung 15.24 Das klassische Windows 7-Sicherungstool ist für Dateisicherungsaufgaben nicht erforderlich, aber es ist ideal, um ein vollständiges Abbild einer Windows-Installation für die Notfallwiederherstellung zu erstellen.

Der ideale Speicherort für die Sicherung eines Systemabbilds ist eine lokale Festplatte, intern oder extern. Wenn das Windows-Sicherungsprogramm ein entsprechendes Laufwerk erkennt, schlägt es dieses Ziel in der Liste der Festplatten oben im Dialogfeld vor. Mit der zweiten Option können Sie einen DVD-Brenner als Ziel für den Sicherungsvorgang auswählen; auch wenn diese Option vor einem Jahrzehnt sinnvoll gewesen sein mag, empfehlen wir sie heute nicht mehr.

TROUBLESHOOTING

Die Windows-Sicherung meldet, das Laufwerk sei nicht als Sicherungsziel verwendbar

Wenn Sie einen Wechseldatenträger verwenden möchten, bei dem es sich nicht um ein Festplattenlaufwerk handelt, beispielsweise ein USB-Flashlaufwerk oder eine SD-Karte, reagiert die Windows-Sicherung mit der Fehlermeldung: »Das Laufwerk ist kein gültiger Sicherungsort.« In der herkömmlichen Rolle als Sicherungsprogramm kann die Windows-Sicherung auf praktisch jedem Speichermedium Dateien speichern. Systemabbildsicherungen müssen aber auf einer internen oder externen, mit NTFS formatierten Festplatte (kein Wechseldatenträger) oder an einem Netzwerkspeicherort gespeichert werden.

Wenn Sie ein Systemabbild erstellen, enthält die erzeugte Abbilddatei die vollständigen Inhalte aller Laufwerke, die für die erste Sicherung ausgewählt wurden. Ist das Sicherungsziel eine interne oder externe Festplatte, werden bei nachfolgenden Sicherungen nur geänderte oder neue Daten gespeichert. Daher sind nachfolgende inkrementelle Sicherungen meist deutlich schneller. Die Dauer hängt davon ab, wie viele Daten sich seit der letzten Sicherung geändert haben oder hinzugefügt wurden.

Wenn Sie einen freigegebenen Netzwerkordner als Sicherungsziel wählen, können Sie nur eine einzige Abbildsicherung speichern. Jede nachfolgende Abbildsicherung löscht die vorherige Sicherung.

Wenn Sie auf Ihrem Computer mehrere Volumes eingerichtet haben, zeigt Windows ein Dialogfeld an, in dem Sie die Volumes auswählen können, die gesichert werden sollen. In der Standardeinstellung sind alle Volumes ausgewählt, die Windows-Systemdateien enthalten (dazu gehören die EFI-Systempartition und die Windows-Wiederherstellungsumgebung). Wenn noch weitere Volumes vorhanden sind, können Sie diejenigen auswählen, die ebenfalls in der Abbildsicherung enthalten sein sollen.

Der Speicherplatzbedarf für Abbildsicherungen kann beträchtlich sein, insbesondere bei einem gut genutzten System, das viele Benutzerdatendateien enthält. Windows-Sicherung schätzt den Speicherplatz, den das Image beanspruchen wird. Wenn nicht genügend freier Speicherplatz vorhanden ist, wird eine Warnung angezeigt.

Abbildung 15.25 Wenn auf dem Ziellaufwerk nicht genügend Speicherplatz für das zu erstellende Image vorhanden ist, würde die Windows-Sicherung in diesem Dialogfeld eine Warnung anzeigen.

Nachdem Sie Ihre Einstellungen bestätigt haben, klicken Sie auf *Sicherung starten*, um mit der Erstellung des Systemimage zu beginnen.

Systemabbilder werden im VHD-Format (Virtual Hard Disk) gespeichert. Obwohl die Daten nicht komprimiert sind, sind sie kompakt, da die Abbilddatei den ungenutzten Speicherplatz der Festplatte und einige andere unnötige Dateien, wie Ruhezustanddateien, Auslagerungsdateien und Wiederherstellungspunkte, nicht enthält. Inkrementelle Systemabbildsicherungen auf einem lokalen Laufwerk werden nicht in einen separaten Ordner geschrieben. Stattdessen werden neue und aktualisierte Dateien (eigentlich die geänderten Blöcke in diesen Dateien) in dieselbe VHD-Datei geschrieben. Die älteren Blöcke werden als Schattenkopien in der VHD-Datei gespeichert, sodass Sie jede ältere Version wiederherstellen können.

Der letzte Schritt bei der Abbildsicherung ermöglicht es Ihnen, auf einer beschreibbaren CD oder DVD einen Systemreparaturdatenträger zu erstellen. Diese Option mag für einen älteren Computer nützlich sein, aber sie ist überflüssig, wenn Sie bereits ein Wiederherstellungslaufwerk erstellt haben, wie weiter vorne in diesem Kapitel beschrieben.

Expertentipp

Mehrere Abbildsicherungen im Netzwerk speichern

Wenn Sie einen freigegebenen Netzwerkordner als Speicherort für eine Abbildsicherung wählen, sollten Sie die Folgen bedenken, falls Sie diesen Ort für eine weitere Sicherung desselben Computers verwenden. Schlägt dieser Vorgang aus irgendwelchen Gründen fehl, wird die alte Sicherung überschrieben und die neue ist unbrauchbar. Anders ausgedrückt, Sie haben keine Sicherungskopie.

Dieses Risiko können Sie vermeiden, indem Sie im freigegebenen Netzwerkordner für jede neue Abbildsicherung einen neuen Unterordner anlegen. Das hat natürlich den Nachteil, dass jede neue Abbilddatei so viel Platz wie die alte beansprucht, anders als bei inkrementellen Abbildsicherungen auf Festplatten, bei denen nur die geänderten Daten gespeichert werden.

Systemabbildsicherung wiederherstellen

Die Möglichkeit, mit der Windows-Sicherung ein Systemabbild zu erstellen, ist für die Notfallreparatur eines einzelnen Computers vorgesehen. Diese Aufgabe erfüllt es außergewöhnlich gut. Wenn Ihre Festplatte ausfällt oder wenn Sie die vorhandene Windows-Installation löschen und wieder mit der sauberen Installation arbeiten möchten, die Sie vor einigen Wochen oder Monaten erstellt haben, sind Sie hier am richtigen Ort.

Ihre Optionen (und die möglichen Probleme) werden komplexer, wenn Sie mit diesen einfachen Tools eine komplexe Kombination von Festplattenlaufwerken und Partitionen sichern wollen. Das gilt besonders dann, wenn sich die Partitionierung der Festplatten, auf denen Sie ein Abbild wiederherstellen wollen, seit dem Zeitpunkt verändert hat, an dem Sie das ursprüngliche Abbild erstellt haben. Das kann zum Beispiel der Fall sein, wenn Sie das ursprüngliche Systemlaufwerk durch ein Modell mit größerer Kapazität ersetzt haben.

In diesem Abschnitt gehen wir davon aus, dass Sie eine Abbildsicherung Ihres Systemdatenträgers erstellt haben und sie auf einem System wiederherstellen möchten, das im Wesentlichen dasselbe ist (in Bezug auf Hardware und Festplattenlayout) wie das, auf dem Sie die

Sicherung erstellt haben. In diesem Fall können Sie Ihren Computer mit einem Wiederherstellungslaufwerk oder einem startfähigen Windows 11-Installationsmedium neu starten und dann die Computerreparaturoptionen wählen.

Wählen Sie *Erweiterte Optionen, Weitere Wiederherstellungsoptionen* und dann *Systemimage-Wiederherstellung*. Wenn Sie die Abbildsicherung auf demselben System wiederherstellen, auf dem sie ursprünglich erstellt wurde, und das externe Laufwerk mit der Sicherungsdatei verfügbar ist, sollte ein Dialogfeld angezeigt werden, das diese Option vorschlägt. Vergewissern Sie sich, dass Datum und Uhrzeit sowie andere Details des Abbilds mit demjenigen übereinstimmen, das Sie wiederherstellen möchten, und klicken Sie dann auf *Weiter*, um fortzufahren.

Wenn sich die Abbilddatei, die Sie wiederherstellen möchten, auf einer Netzwerkfreigabe befindet oder wenn Sie ein anderes Abbild verwenden möchten, wählen Sie *Systemabbild auswählen* und klicken Sie dann auf *Weiter*. Es wird ein Dialogfeld angezeigt, in dem weitere auf lokalen Laufwerken verfügbare Abbilddateien aufgeführt sind. Wählen Sie die richtige Datei aus und klicken Sie dann auf *Weiter*, um eine bestimmte Abbildsicherung auszuwählen. Wenn sich die gesuchte Sicherungsdatei in einem freigegebenen Netzwerkordner befindet, klicken Sie auf die Schaltfläche *Erweitert* und dann auf *Im Netzwerk nach einem Systemabbild suchen*. Geben Sie die Netzwerkadresse ein, unter der Ihr gesichertes Image zu finden ist. Wenn Sie dazu aufgefordert werden, geben Sie die Anmeldeinformationen (Benutzernamen und Kennwort) eines Kontos an, das über die erforderlichen Zugangsberechtigungen verfügt.

Bei der Wiederherstellung eines Systemabbilds werden die aktuellen Inhalte der betreffenden Volumes vollständig ersetzt. Das Wiederherstellungsprogramm bietet an, das oder die Volumes zu formatieren, auf denen Dateien wiederhergestellt werden, bevor die Wiederherstellung beginnt. Wenn Sie über mehrere Laufwerke oder Volumes verfügen und keine wertvollen Datendateien löschen wollen, haben Sie die Option, bestimmte Volumes von der Formatierung auszuschließen.

Der entscheidende Punkt bei der Wiederherstellung eines Systemabbilds ist, dass es den aktuellen Inhalt des Systemvolumes durch den Inhalt ersetzt, der bei der Erstellung des gewählten Abbilds vorlag. War der Computer zu dem Zeitpunkt in einem guten Zustand und haben sich seitdem keine Hardwareprobleme ergeben, sind die Windows-Systemdateien und die Registrierung nach der Wiederherstellung wieder in Ordnung. Alle Programme, die bei der Sicherung des Computers installiert waren, werden wiederhergestellt. Auch alle anderen Dateien, die auf den wiederhergestellten Volumes lagen, werden wieder in ihre alten Zustände zurückversetzt, einschließlich Ihrer Dokumente. Alle Änderungen, die Sie danach durchgeführt haben, sind verloren.

Achtung

Wenn Sie Ihre Dokumente auf demselben Volume wie die Systemdateien speichern, bedeutet die Wiederherstellung eines Systemabbilds wahrscheinlich, dass Sie einen Teil der Arbeit aus der letzten Zeit verlieren, sofern Sie nicht über ein aktuelles Backup verfügen oder das Systemabbild zufällig kurz vor dem Zeitpunkt erstellt haben, an dem die aktuellen Schwierigkeiten begannen. Dasselbe gilt, wenn Sie Dokumente auf einem anderen Volume als dem Systemvolume speichern, aber das Datenvolume ins Systemabbild eingeschlossen haben.

→

Sofern Sie über Dokumente verfügen, die noch nicht gesichert sind, können Sie den Verlust vermeiden, indem Sie zuerst die Dateien auf ein Laufwerk kopieren, das nicht von der Wiederherstellung betroffen ist, beispielsweise auf ein USB-Flashlaufwerk oder einen anderen Wechseldatenträger. Sie können in der Windows-Wiederherstellungsumgebung die Option *Eingabeaufforderung* verwenden, um die Dokumente zu kopieren. (Informationen über die Verwendung der Eingabeaufforderung finden Sie im Abschnitt »Arbeiten in einer Eingabeaufforderungssitzung« in Kapitel 16.) Sofern Sie über ein aktuelles Datei-Backup verfügen, sollten Sie zuerst die Abbildsicherung wiederherstellen und dann die Backups Ihrer Datendateien.

Die wichtigste Hardwareanforderung für die Wiederherstellung einer Systemabbildsicherung besteht darin, dass der Zielcomputer über mindestens so viele Festplatten wie das Quellsystem verfügen muss, und jede Festplatte muss mindestens so groß sein wie die entsprechende Festplatte im Quellsystem. Das bedeutet zum Beispiel, dass Sie ein Systemabbild von einem System mit einer 500-GB-Festplatte nicht auf einem System mit einer 256-GB-SSD wiederherstellen können, selbst wenn das ursprüngliche System weit weniger als 256GB Speicherplatz verwendet hat. Denken Sie auch daran, dass Sie bei einem System mit mehreren physischen Festplatten möglicherweise die Firmware-Einstellungen anpassen müssen, damit Windows das Abbild Ihres Systemvolumens auf dem richtigen Laufwerk wiederherstellt.

Wenn Ihr neuer Computer die Speicherplatzanforderungen erfüllt, sollte die Wiederherstellung eines Systemabbilds funktionieren. Dies gilt selbst dann, wenn der Ausgangs- und der Zielcomputer unterschiedliche Festplattencontroller verwenden. Auch unterschiedliche Grafikkarten, Audiokarten, Prozessoren usw. sollten kein Hindernis darstellen, ein Systemabbild auf einem anderen Computer wiederherzustellen, da die Hardwaretreiber vom Rest der Abbildinformationen isoliert sind und im Rahmen des Wiederherstellungsprozesses neu erstellt werden. (Möglicherweise müssen Sie Windows aufgrund von Hardwareänderungen reaktivieren.)

TROUBLESHOOTING

Ihre Sicherungsordner scheinen leer zu sein

Wenn Sie den Ordner, der Ihre Systemabbildsicherung enthält, im Datei-Explorer untersuchen und der Mauszeiger auf einem Ordnernamen steht, könnte eine QuickInfo angezeigt werden, die den Ordner als leeren Ordner ausweist. Erschreckt klicken Sie den Ordner mit der rechten Maustaste an, wählen *Eigenschaften* und stellen fest, dass der Ordner anscheinend 0 Bytes, 0 Dateien und 0 Ordner enthält. Machen Sie sich keine Sorgen. Das ist der normale Zustand, wenn Ihre Sicherungen auf einem NTFS-Volume gespeichert sind, weil standardmäßig nur das Benutzerkonto *System* über die Berechtigung verfügt, die Dateien anzuzeigen. Das ist eine vernünftige Vorsichtsmaßnahme, denn sie verhindert, dass Sie oder ein anderer Benutzer versehentlich eine wichtige Sicherungsdatei löschen. Wenn Sie sicher sind, dass Sie direkt mit den gesicherten Dateien arbeiten können, ohne sie zu beschädigen, ist die Lösung einfach: Klicken Sie den Ordner doppelt an. Folgen Sie der Anleitung und bestätigen Sie das Dialogfeld der Benutzerkontensteuerung, um Ihr Benutzerkonto dauerhaft in die Berechtigungsliste des Ordners einzutragen. Dann haben Sie Vollzugriff auf den Ordner.

Systemwiederherstellung konfigurieren und verwenden

Die Systemwiederherstellung ist in Windows 11 ein relativ unbedeutender Teil des Wiederherstellungs-Toolkits, aber sie kann nützlich sein, um kürzlich vorgenommene Änderungen, die zu Instabilität geführt haben, schnell rückgängig zu machen. Wenn die Systemwiederherstellung aktiviert ist, erstellt der Volumenschattenkopie-Dienst gelegentlich Wiederherstellungspunkte (Momentaufnahmen oder Snapshots) von bestimmten lokalen Speichervolumes. Diese Wiederherstellungspunkte werden erstellt, bevor Windows Update neue Updates installiert und wenn unterstützte Softwareinstallationsprogramme ausgeführt werden. Sie können Wiederherstellungspunkte auch manuell erstellen – eine sinnvolle Vorsichtsmaßnahme, bevor Sie Änderungen auf Systemebene vornehmen.

Die Wiederherstellungspunkte erfassen Unterschiede in den Details der Systemkonfiguration, wie Registrierungseinstellungen, Treiberdateien, Anwendungen von Drittanbietern und so weiter. Sie machen es möglich, Änderungen rückgängig zu machen und eine Systemkonfiguration auf einen Zeitpunkt zurückzusetzen, an dem sie bekanntermaßen korrekt funktionierte.

> **Hinweis**
>
> **In Windows 7 enthielten die Volume-Snapshots, die von der Systemwiederherstellung erstellt wurden, auch einen Datensatz mit Änderungen, die auf ausgewählten Laufwerken an Datendateien erfolgten. Dadurch war es möglich, von diesen Datendateien Vorgängerversionen wiederherzustellen. In Windows 11 ist diese Funktion Teil des Dateiversionsverlaufs, der weiter vorne in diesem Kapitel beschrieben wird.**

Die Systemwiederherstellung überwacht alle Dateien, die sie als wichtig einstuft. Dazu gehören auch ausführbare Dateien und Installationsprogramme. Wenn Sie die neueste Version Ihres Lieblingstools heruntergeladen und in Ihrem Downloads-Ordner gespeichert haben, wird diese Version daher entfernt, wenn Sie den Computer auf einen Wiederherstellungspunkt zurücksetzen, der vor dem Download der Datei erstellt wurde.

> **Expertentipp**
>
> ***Was ist in einem Wiederherstellungspunkt gespeichert?***
>
> **Die Wiederherstellungspunkte von Windows 11 enthalten eine vollständige Kopie der Registrierung, wie sie zum Zeitpunkt der Erstellung des Wiederherstellungspunkts vorlag, und Informationen über Änderungen, die seit der letzten Erstellung eines Snapshots an bestimmten Dateien auf dem Volume durchgeführt wurden. Aus historischen Gründen werden Dateien überwacht, wenn sie eine der mehr als 570 Dateinamenerweiterungen haben, die einmal für die Überwachung ausgewählt wurden. Diese Liste lässt sich nicht ändern und enthält viele Dateitypen, bei denen es sich eindeutig um Programme und Systemdateien handelt, mit Erweiterungen wie *.exe*, *.dll* und *.vbs*. Sie enthält außerdem andere Erweiterungen, bei denen man nicht automatisch an Systemdateien denkt, wie *.inf* und *.ini*. Die gesamte Liste ist unter *https://bit.ly/monitored-extensions* verfügbar. Den größten Nutzen hat sie wohl für Programmierer und Systemadministratoren, aber vielleicht möchten Sie sich die Liste einmal ansehen, wenn Sie sich fragen, warum die Systemwiederherstellung eine bestimmte Datei gelöscht hat.**

Um den Status der Systemwiederherstellungsfunktion zu überprüfen, suchen Sie unter *Einstellungen* nach **Wiederherstellung** und klicken Sie dann auf *Wiederherstellungspunkt erstellen*. Das Dialogfeld *Systemeigenschaften* wird angezeigt; die Registerkarte *Computerschutz* ist geöffnet. Im Abschnitt *Schutzeinstellungen* finden Sie eine Liste der internen und externen NTFS-formatierten Laufwerke (siehe Abbildung 15.26). Ein Wert von *Ein* in der Spalte *Schutz* zeigt an, dass für das betreffende Laufwerk automatisch Wiederherstellungspunkte erstellt werden.

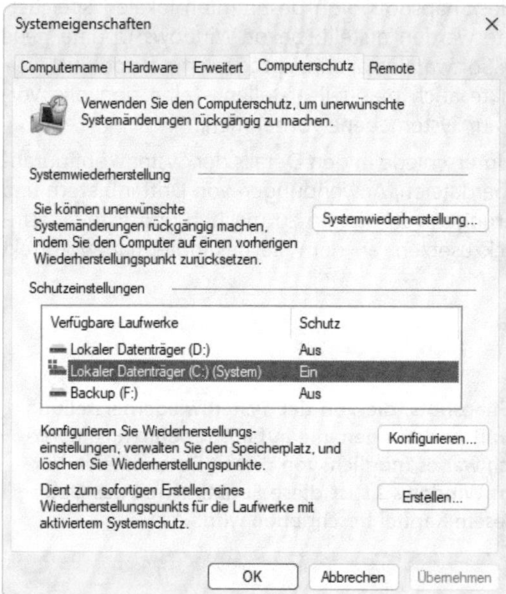

Abbildung 15.26 Die Registerkarte *Computerschutz* zeigt die verfügbaren Festplatten und ihre aktuellen Schutzeinstellungen (ein oder aus). Um den Schutz für ein ausgeschaltetes Laufwerk zu aktivieren, wählen Sie es aus und klicken Sie auf *Konfigurieren*.

Mit dem Dialogfeld *Systemeigenschaften* können Sie die automatische Überwachung für jedes lokale Laufwerk aktivieren oder deaktivieren. In früheren Windows-Versionen ist der Systemschutz für das Systemlaufwerk standardmäßig vollständig aktiviert und für alle anderen lokalen Laufwerke deaktiviert. Unserer Erfahrung nach wird der Systemschutz in Windows 11 in der Regel deaktiviert. Uns ist keine Dokumentation bekannt, die erklärt, wie oder warum Windows 11 diese Funktion aktiviert oder deaktiviert, aber der offensichtliche Grund ist, Speicherplatz zu sparen. Nach einem erfolgreichen Upgrade empfehlen wir Ihnen, diese Einstellungen zu überprüfen und, wenn Sie diese Funktion für wichtig halten, den Systemschutz zumindest für das Systemlaufwerk wieder zu aktivieren.

Sie können jederzeit manuell einen Wiederherstellungspunkt für alle Laufwerke erstellen, für die der Systemschutz aktiviert ist. Klicken Sie am unteren Rand der Registerkarte *Systemschutz* auf die Schaltfläche *Erstellen*, um das Dialogfeld *Wiederherstellungspunkt erstellen* zu öffnen. Geben Sie eine aussagekräftige Beschreibung ein und klicken Sie dann auf *Erstellen*, um den Wiederherstellungspunkt zu erstellen.

Um den Systemschutz ein- oder auszuschalten oder den belegten Speicherplatz anzupassen, wählen Sie in der Liste *Verfügbare Laufwerke* ein Laufwerk aus und klicken dann auf *Konfigurieren*. Daraufhin wird das in Abbildung 15.27 gezeigte Dialogfeld geöffnet.

Die Informationen unter der Überschrift *Speicherplatzbelegung* zeigen sowohl die aktuelle Nutzung als auch die maximale Menge an Speicherplatz, die für Wiederherstellungspunkte verwendet wird, bevor der Systemschutz damit beginnt, alte Wiederherstellungspunkte zu löschen, um Platz für neue zu schaffen. Ziehen Sie den Schieberegler *Maximale Belegung*, um die Menge des für Wiederherstellungspunkte reservierten Speicherplatzes zu ändern. Es wird empfohlen, nicht mehr als fünf Prozent der Festplatte zu verwenden, bis zu einem Maximum von 10GB auf Volumes, die größer sind als 64GB.

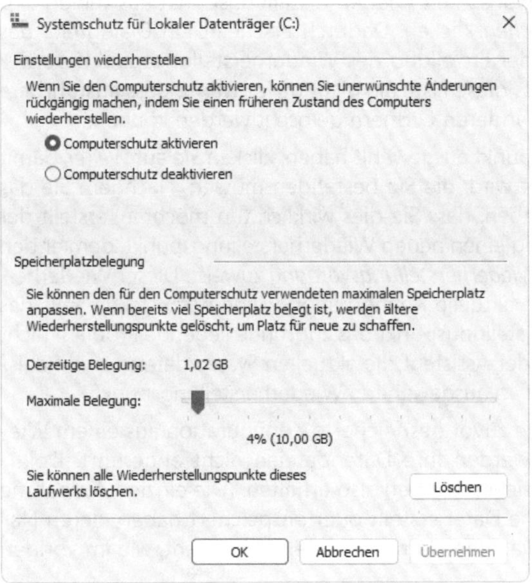

Abbildung 15.27 In diesem Dialogfeld können Sie einstellen, wie viel Speicherplatz auf dem ausgewählten Datenträger maximal für Wiederherstellungspunkte verwendet werden darf.

Wenn Sie sich Sorgen über die Speicherplatzbelegung machen und sicher sind, dass Sie keinen der derzeit gespeicherten Wiederherstellungspunkte benötigen, können Sie im Abschnitt *Speicherplatzbelegung* auf die Schaltfläche *Löschen* klicken, um alle vorhandenen Wiederherstellungspunkte zu entfernen, ohne andere Systemschutzeinstellungen zu ändern.

Das System auf einem früheren Wiederherstellungspunkt zurücksetzen

Der häufigste Grund, das System auf einen zuvor gespeicherten Wiederherstellungspunkt wiederherzustellen, ist ein neu installiertes Programm oder ein Treiber, das bzw. der Stabilitätsprobleme verursacht, die andere Software oder Treiber Ihres Systems in Mitleidenschaft ziehen. Deinstallieren Sie, wenn möglich, zunächst die problematische Anwendung oder den problematischen Treiber und setzen Sie das System auf den Wiederherstellungspunkt zurück, den Sie vor der Installation angelegt haben. Dadurch sollten alle problematischen Systemdateien und Registrierungseinstellungen entfernt werden, die das Deinstallationsprogramm zurückgelassen hat.

Um eine Liste der letzten Wiederherstellungspunkte anzuzeigen, geben Sie in einer Eingabeaufforderung **rstrui** ein oder klicken Sie auf der Registerkarte *Computerschutz* des Dialogfelds *Systemeigenschaften* auf *Systemwiederherstellung*. (Wenn Sie unter einem Standardbenutzerkonto arbeiten, müssen Sie in einem UAC-Dialogfeld die Anmeldeinformationen eines Administrators eingeben, um fortzufahren zu können.) Daraufhin wird der Assistent für die Systemwiederherstellung geöffnet, in dem der neueste Wiederherstellungspunkt ausgewählt ist.

Wenn Sie einen anderen Wiederherstellungspunkt als den neuesten verwenden wollen, müssen Sie auf die Option *Anderen Wiederherstellungspunkt auswählen* klicken, bevor Sie auf *Weiter* klicken.

Welche Auswirkung hat es, wenn Sie einen bestimmten Wiederherstellungspunkt wählen? Eine vollständige Liste der Programme und Treiber, die gelöscht oder wiederhergestellt werden, erhalten Sie, wenn Sie den gewünschten Wiederherstellungspunkt auswählen und auf *Nach betroffenen Programmen suchen* klicken. Dadurch erscheint ein Dialogfeld, das alle Änderungen auflistet, die Sie seit der Erstellung des Wiederherstellungspunkts vorgenommen haben. Beachten Sie aber, dass diese Liste Sie nicht davor warnt, dass ausführbare Dateien aus Desktop, Downloads oder anderen Ordnern gelöscht werden können.

Nachdem Sie einen Wiederherstellungspunkt ausgewählt haben, klicken Sie auf *Weiter*, damit eine Reihe von Dialogfeldern angezeigt wird, die Sie bestätigen müssen. Nachdem Sie das System erfolgreich davon überzeugt haben, dass Sie dies wirklich tun möchten, erstellt der Assistent für die Systemwiederherstellung einen neuen Wiederherstellungspunkt, dem er den Typ *Rückgängig* und die Beschreibung *Wiederherstellungsvorgang* zuweist. Dieser Wiederherstellungspunkt ermöglicht es Ihnen, die aktuelle Konfiguration wiederherzustellen, falls das Zurücksetzen auf den älteren Wiederherstellungspunkt das zugrunde liegende Problem nicht beseitigt. Nach einem Neustart ersetzt der Assistent die aktuellen Systemdateien und Registrierungseinstellungen durch diejenigen im ausgewählten Wiederherstellungspunkt.

Wenn die Systemwiederherstellung eine zuvor gespeicherte Konfiguration aus einem Wiederherstellungspunkt wiederherstellt, werden Ihre Datendateien nicht angerührt. Dokumente, Bilder, Musikdateien und dergleichen bleiben also erhalten. (Die einzige Ausnahme ist, wenn Sie oder eine Anwendung eine Datei erstellt oder gespeichert haben, deren Namenerweiterung in der Liste der überwachten Namenerweiterungen steht, wie im vorigen Abschnitt beschrieben.)

Obwohl Sie Ihr System über die Windows-Wiederherstellungsumgebung auf einen zuvor gespeicherten Wiederherstellungspunkt wiederherstellen können, können weder Sie noch Windows von dort aus einen neuen Wiederherstellungspunkt erstellen. Daher können Sie keine Wiederherstellung rückgängig machen, die Sie von der Windows-Wiederherstellungsumgebung aus gestartet haben. Sie sollten die Systemwiederherstellung in diesem Modus nur als letzte Rettung verwenden, wenn Sie Windows nicht normal starten können, um einen Wiederherstellungsvorgang durchzuführen.

Expertentipp

Achten Sie auf Stolpersteine bei der Systemwiederherstellung

Wenn Sie die Systemwiederherstellung nutzen, kann das unerwartete Auswirkungen auf andere Features von Windows 11 haben. Hier sind einige Punkte, auf die Sie ein Auge haben sollten:

- Wenn Sie ein neues Benutzerkonto anlegen und den Computer anschließend mit der Systemwiederherstellung in einen früheren Zustand zurückversetzen, wie er zu einem Zeitpunkt vorlag, als es das Benutzerkonto noch nicht gab, kann sich der neue Benutzer nicht mehr anmelden. Sie erhalten keine Warnung. Die gute Nachricht ist, dass die unverschlüsselten Dokumente des neuen Benutzers nicht unbrauchbar werden.
- Die Systemwiederherstellung deinstalliert keine Programme, entfernt jedoch ausführbare Dateien, DLLs (Dynamic-Link Libraries) und Registrierungseinträge, die von dem betreffenden Installationsprogramm erstellt wurden. Damit es keine verwaisten Programmverknüpfungen und Dateien gibt, sollten Sie sich die Liste der Programme und Treiber ansehen, die von der Rückkehr zum ausgewählten Wiederherstellungspunkt betroffen sind, und sie deinstallieren, bevor Sie das System auf den Wiederherstellungspunkt zurücksetzen. Anschließend können Sie das Programm erneut installieren.
- Änderungen, die Sie in der Windows-Wiederherstellungsumgebung an der Systemkonfiguration vornehmen, werden nicht vom Computerschutz überwacht. Das kann unerwartete Folgen haben, wenn Sie größere Änderungen an den Systemdateien vornehmen und die Systemkonfiguration dann mit der Systemwiederherstellung auf einen früheren Zeitpunkt zurückführen möchten.

TEIL 3

Für IT- und Windows-Profis

Kapitel 16

Windows-Terminal, PowerShell und andere Verwaltungstools

Der einfachste und unkomplizierteste Weg, die meisten Aufgaben in Windows 11 zu erledigen, ist die grafische Benutzeroberfläche – die Dialogfelder und die Seiten der Einstellungen-App, auf denen Sie Präferenzen festlegen und Einstellungen ändern können.

Aber nur weil das normalerweise der einfachste Weg ist, heißt das noch lange nicht, dass es immer auch die sinnvollste Methode wäre. Für die meisten Aufgaben gibt es alternative Vorgehensweisen, bei denen Sie Anweisungen in der Befehlszeile ausführen oder die Windows-Registrierung bearbeiten. Wenn Sie als Systemadministrator oder Helpdeskmitarbeiter arbeiten, können Ihnen die Befehlszeilentools viel Zeit sparen, besonders wenn Sie die Aufrufe in Skripte einarbeiten. Und manche Aufgaben lassen sich auch nur durch den Einsatz eines Befehlszeilentools erledigen.

Sie haben in Windows 11 die Möglichkeit, Befehlszeilenaufgaben mit der altehrwürdigen Eingabeaufforderung (*Cmd.exe*) oder der neueren PowerShell auszuführen. PowerShell, eine .NET-basierte Befehlszeilen-Shell und Skriptsprache, die mit jeder Facette von Windows arbeiten kann, ist jetzt die Standard-Shell in allen derzeit unterstützten Windows-Versionen, und zwar sowohl in der Desktop- als auch in der Server-Variante. Sie müssen sich jedoch nicht für eine Seite entscheiden. Windows 11 enthält *Windows-Terminal* als Host für beide Shells, mit der Option, zusätzliche Befehlszeilenumgebungen wie Azure Cloud Shell und das Windows-Subsystem für Linux zu verwenden. Mit dieser modernen Konsole können Sie problemlos zwischen diesen Shells wechseln, indem Sie einfach zu einer anderen Registerkarte wechseln.

Wir beginnen dieses Kapitel mit einem kurzen Blick auf Windows-Terminal und seine Anpassungsoptionen. Danach folgt eine ausführlichere Einführung in die PowerShell-Sprache mit Hinweisen auf zusätzliche Lernressourcen. Aufgrund der anhaltenden Bedeutung der Eingabeaufforderung (*Cmd.exe*) enthält dieses Kapitel auch einen Überblick über ihre wichtigsten Funktionen. Wir behandeln auch das leistungsstarke Dienstprogramm Registrierungs-Editor (*Regedit.exe*), beginnend mit einer Erklärung der Funktionsweise der Windows-Registrierung, und schließen das Kapitel mit einem kurzen Überblick über die vielen fortgeschrittenen Verwaltungstools auf der Grundlage der Microsoft Management Console ab.

Windows-Terminal verwenden und konfigurieren

Es ist möglich, die Eingabeaufforderung *Cmd.exe* in einem eigenen Fenster auszuführen (technisch gesehen läuft sie im Host für Konsolenfenster, *Conhost.exe*). Sie können auch die alte Windows PowerShell-Anwendung in einem eigenen Fenster ausführen. Es ist jedoch einfacher und produktiver, diese Befehlszeilen-Shells in der App Windows-Terminal laufen zu lassen. Diese kostenlose Open-Source-Anwendung ist standardmäßig in Windows 11 installiert und über das Quicklink-Menü verfügbar. (Die Dokumentation zu den neuesten Windows-Terminal-Builds finden Sie auf der Versionsseite in Microsofts GitHub-Repository: *https://github.com/microsoft/terminal/releases*.)

Eine der attraktivsten Funktionen von Windows-Terminal ist die Unterstützung für mehrere Registerkarten, von denen jede eine andere Befehlszeilen-Shell enthalten kann. Um eine neue Registerkarte mit der Standard-Shell zu öffnen, klicken Sie auf das Pluszeichen rechts neben der rechten Registerkarte. Um eine Registerkarte mit einer anderen Shell zu öffnen, klicken Sie auf den nach unten zeigenden Pfeil am rechten Rand der Registerkartenleiste und wählen Sie in der Liste einen Eintrag aus.

Abbildung 16.1 zeigt Windows-Terminal in Aktion, wobei drei Registerkarten geöffnet sind: eine Instanz der Eingabeaufforderung, eine weitere von Ubuntu Linux und eine dritte, auf der PowerShell ausgeführt wird.

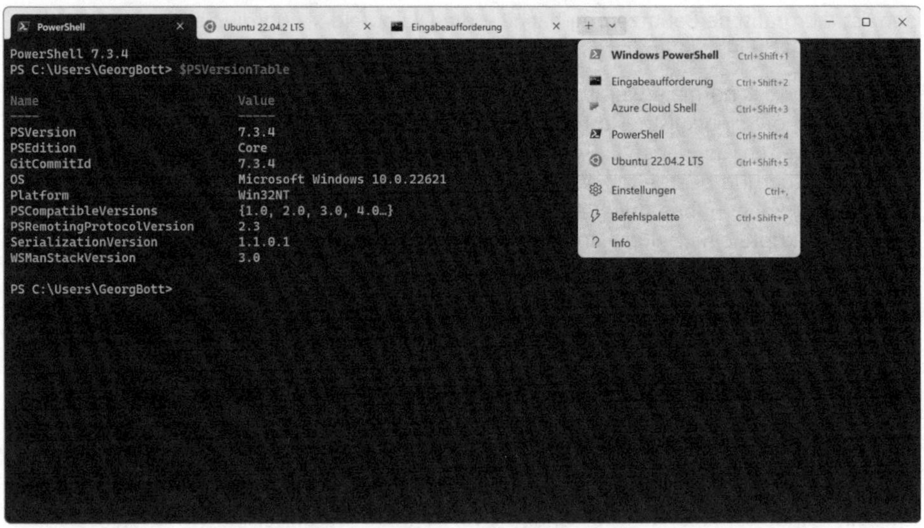

Abbildung 16.1 Mit den Registerkarten in Windows-Terminal können Sie mehrere Befehlszeilenumgebungen gleichzeitig ausführen.

Windows-Terminal enthält für jede auf Ihrem System installierte Befehlsshell ein Profil. Standardmäßig umfasst diese Liste *Windows PowerShell* (die ältere Version), *Eingabeaufforderung* sowie *Azure Cloud Shell*. Wenn Sie die neuere, quelloffene PowerShell-Version 7 installieren, fügt das Installationsprogramm automatisch ein Profil für diese Shell hinzu; ebenso wird bei der Installation des Windows-Subsystems für Linux ein Profil für Ihre Distribution hinzugefügt.

Beachten Sie die Tastenkombinationen rechts neben jeder Option im Menü *Neue Registerkarte öffnen*. Sie können diese verwenden, um für das jeweilige Profil eine neue Registerkarte zu öffnen. Um sich vorwärts und rückwärts durch Ihre aktuelle Sammlung geöffneter Registerkarten zu bewegen, drücken Sie Strg + Tab oder Strg + ⇧ + Tab.

Um die Funktionsweise von Windows-Terminal anzupassen, wählen Sie im Menü *Neue Registerkarte öffnen* den Befehl *Einstellungen* oder verwenden Sie die Tastenkombination Strg + ,. Abbildung 16.2 zeigt die auf der Registerkarte *Starten* verfügbaren Optionen.

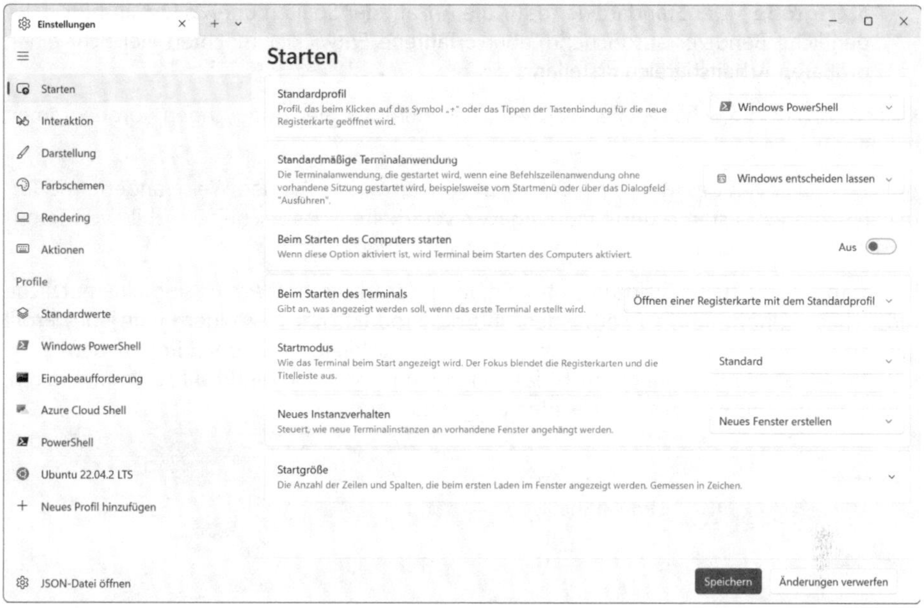

Abbildung 16.2 Mit den Optionen auf dieser Seite können Sie Windows-Terminal mitteilen, welche Befehlszeilen-Shell Sie bevorzugen.

Die Einstellungen auf der Seite *Starten* sind wahrscheinlich die nützlichsten. Daher lohnt sich ein Besuch, wenn Sie Windows-Terminal regelmäßig verwenden:

- **Standardprofil** Wählen Sie aus, welches Profil Sie verwenden möchten, wenn Sie Windows-Terminal starten oder wenn Sie auf das Pluszeichen klicken, um eine neue Registerkarte zu öffnen.
- **Standardmäßige Terminalanwendung** Diese Einstellung legt fest, ob Befehlszeilenanwendungen, die Sie über den Befehl *Ausführen* oder das Startmenü starten, im Windows-Terminal oder in einem herkömmlichen Windows-Konsolen-Hostfenster geöffnet werden.
- **Beim Starten des Computers starten** Entwickler und Administratoren, die regelmäßig die Befehlszeile verwenden, können diese Option aufrufen, um sicherzustellen, dass eine Windows-Terminal-Sitzung immer verfügbar ist.
- **Beim Starten des Terminals** Die Standardeinstellung öffnet eine einzige Registerkarte mit Ihrem Standardprofil; wenn Sie möchten, können Sie die in der letzten Terminal-Sitzung geöffneten Registerkarten automatisch wiederherstellen lassen.
- **Startmodus** Die Option *Standard* ist für die meisten gelegentlichen Benutzer ausreichend; die Optionen, die das Wort *Fokus* enthalten, blenden andere Registerkarten aus und unterdrücken die Titelleiste.
- **Neues Instanzverhalten** Der Standardwert, *Neues Fenster erstellen*, erzeugt beim Öffnen einer neuen Terminalsitzung ein neues Fenster. Wählen Sie eine der beiden Alternativen, wenn Sie möchten, dass neue Sitzungen in dem aktuell geöffneten Fenster angezeigt werden.

- **Startgröße** Der Standardwerte für die Anzahl der Spalten und Zeilen sind für gelegentliche Benutzer ausreichend, aber erfahrene Entwickler möchten vielleicht einen größeren Arbeitsbereich erstellen.

Klicken Sie auf die Schaltfläche *Speichern*, nachdem Sie hier Änderungen vorgenommen haben.

Auf anderen Seiten des Menüs *Einstellungen* können Sie die Art und Weise ändern, wie Terminal-Sitzungen Tastatur- und Mauseingaben verarbeiten, das Erscheinungsbild von Terminal-Fenstern anpassen und Tastenkombinationen ändern.

Die in Abbildung 16.3 gezeigten Optionen unter der Überschrift *Profile* sind eine nützliche Möglichkeit, Unordnung zu vermeiden und die Produktivität zu steigern. Für jedes Profil können Sie den Namen, der in der Dropdownliste erscheint, sowie den Titeltext der Registerkarte anpassen. Sie können auch das Symbol anpassen und ein Profil so konfigurieren, dass es immer mit Administratorrechten ausgeführt wird.

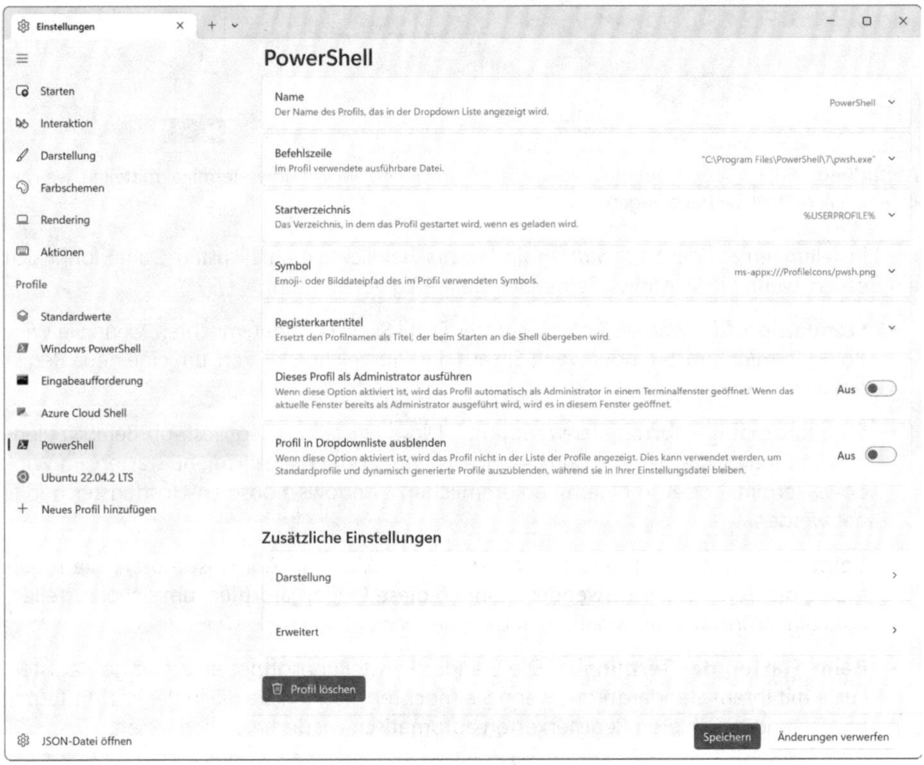

Abbildung 16.3 Jede in Windows-Terminal verfügbare Befehlszeilen-Shell hat ihr eigenes Profil. Verwenden Sie die hier gezeigten Optionen, um ein Profil anzupassen, auszublenden oder zu löschen.

Wenn Sie die neuere PowerShell 7 installiert haben und die alte Windows PowerShell-Anwendung nicht mehr benötigen, sind hier mehrere Optionen nützlich. Sie können das Windows PowerShell-Profil aus dem Dropdownmenü *Neue Registerkarte öffnen* ausblenden, wenn Sie die Einstellungen für den Fall der Fälle verfügbar halten möchten. Sie können das Profil auch auswählen und die große rote Schaltfläche *Profil löschen* anklicken, um die Option aus dem Dropdownmenü zu entfernen. (Beachten Sie, dass dabei die ausführbaren Dateien für diese Legacy-Anwendung nicht gelöscht werden.)

> ## Expertentipp
>
> ***Verwenden Sie die Maus, um die Textgröße zu ändern***
>
> **Sie können die Einstellungen und dort die Seite *Profile | Standardwerte | Darstellung* verwenden, um die Texteigenschaften für ein Terminal-Profil zu konfigurieren. Wenn Sie den Text nur vorübergehend vergrößern möchten, um ihn genauer zu betrachten, ohne hierfür Ihren Monitor bewegen zu müssen, genügt eine einfache Mausaktion: Halten Sie die `Strg`-Taste gedrückt und drehen Sie das Mausrad. Diese einfache Textmanipulation ist das Verdienst der GDI-basierten Rendering-Engine von Terminal. Zu den weiteren Textverbesserungen, die dieser Architektur zuzuschreiben sind, gehört die Möglichkeit, Glyphen, Symbole, Ideogramme, Emojis und Ligaturen anzuzeigen.**

Eine Einführung in PowerShell

Microsoft beschreibt PowerShell als »plattformübergreifende Lösung für die Aufgabenautomatisierung, die aus einer Befehlszeilen-Shell, einer Skriptsprache und einem Konfigurationsmanagement-Framework besteht«. Langjährige Windows-Benutzer und -Administratoren können PowerShell für dieselben Aufgaben verwenden, die sie zuvor mit der Eingabeaufforderung erledigt haben. Außerdem haben Sie die Möglichkeit, Routineaufgaben mithilfe ihrer Skriptingfähigkeiten zu automatisieren, um routinemäßige Administrationsaufgaben zu automatisieren. Wenn Sie Administrationsaufgaben öfter mithilfe von Batchprogrammen, VBScript oder Jscript automatisieren, können Sie Ihre bisherige Methode zum Abarbeiten von Skripten beibehalten, profitieren aber von den zusätzlichen Fähigkeiten, die dank der Objektorientierung der PowerShell und der NET-Unterstützung zur Verfügung stehen; damit eröffnen sich neue Möglichkeiten, wenn Sie anspruchsvollere Aufgaben erledigen wollen.

> ## Hinweis
>
> **Wie bereits erwähnt, unterstützt Windows 11 zwei Versionen von PowerShell. Windows PowerShell Version 5.1 ist das ältere Produkt, das ausschließlich für die Verwendung mit Windows entwickelt wurde und auf dem .NET Framework v4.5 basiert. PowerShell Version 7 basiert auf .NET Core und ist eine plattformübergreifende Lösung. PowerShell kann viele herkömmliche Windows PowerShell-Module ohne Änderungen laden; für die seltenen Fälle, in denen diese Option nicht verfügbar ist, enthält PowerShell 7 ein Windows PowerShell-Kompatibilitätsfeature, das die Verwendung von Windows PowerShell-Modulen ermöglicht, die das vollständige .NET-Framework erfordern. In diesem Kapitel gehen wir davon aus, dass Sie die neuere, plattformübergreifende PowerShell verwenden.**

Um PowerShell 7 herunterzuladen und zu installieren, besuchen Sie *https://aka.ms/PSwindows*. Eine noch einfachere Möglichkeit besteht darin, Windows-Terminal zu öffnen, eine Windows PowerShell-Sitzung zu starten und den folgenden Befehl einzugeben: **winget install Microsoft.PowerShell**.

Gegenüber älteren Shells und Skriptingplattformen bietet PowerShell unter anderem folgende Vorteile:

- **Integration mit dem Microsoft .NET Framework** Wie herkömmliche Programmiersprachen, zum Beispiel C#, haben PowerShell-Befehle und -Skripte Zugriff auf die leistungsfähigen Ressourcen des .NET Frameworks.
- **Objektorientierung und eine objektbasierte Pipeline** Alle PowerShell-Befehle, die Ausgaben generieren, geben keinen schlichten Text, sondern .NET Framework-Objekte zurück. Somit brauchen keine Texte aufgearbeitet zu werden, wenn die Ausgabe eines Befehls als Eingabe für einen zweiten dienen soll.
- **Ein konsistentes, selbsterklärendes Befehlsmodell** Alle PowerShell-Befehle (die sogenannten »Cmdlets«) nutzen eine Verb-Substantiv-Syntax, wobei die beiden Bestandteile durch einen Bindestrich getrennt sind. Alle Cmdlets, die Informationen aus dem System auslesen, beginnen mit dem Wort *Get*, während alle, die Daten schreiben, mit *Set* beginnen. Diese und andere ähnliche Regeln machen es einfach, die Sprache zu erlernen und zu nutzen. Zu jedem Cmdlet gibt es ein Hilfethema, das Sie durch Eingabe von **Get-Help <*Cmdlet-Name*>** anzeigen (wobei **<*Cmdlet-Name*>** für den Namen eines Cmdlets steht). Mit dem Argument **-Whatif** können Sie die Auswirkungen eines Cmdlets prüfen, bevor Sie es ausführen.
- **Universelle Skriptingfähigkeit** Ein PowerShell-Skript ist eine Textdatei mit der Erweiterung *.ps1*, die PowerShell-Befehle enthält. Alle Befehle, die Sie interaktiv eingeben, können Sie auch in ein Skript einarbeiten. Außerdem können Sie Skriptstrukturen, zum Beispiel Schleifen, Verzweigungen und Variablen, auch interaktiv einsetzen, also außerhalb des Kontextes eines Skripts.
- **Administratoren als Zielgruppe** PowerShell bietet Features, die besonders für Systemadministratoren von Interesse sind, zum Beispiel die Fähigkeit, mit Remotecomputern zu arbeiten, auf Systemressourcen wie Dateien, Ordner, Registrierungsschlüssel, Ereignisse und Protokolle zuzugreifen oder Dienste zu starten und zu beenden.
- **Erweiterbarkeit** Entwickler und Administratoren können die PowerShell-Sprache erweitern, indem sie Module importieren, das heißt Pakete aus PowerShell-Befehlen und anderen Elementen. Module gibt es für eine Vielzahl von Microsoft-Produkten, darunter Azure, Windows Server und Microsoft 365. Administratoren können auch PowerShell-Module finden, die mit Clouddiensten anderer Anbieter als Microsoft funktionieren, einschließlich Amazon Web Services, VMware und Google Cloud.

Die nächsten Abschnitte enthalten eine Einführung in PowerShell. Dabei konzentrieren wir uns auf den Einsatz von PowerShell als interaktiver Befehlsshell, weil das Thema PowerShell-Skripting ein eigenes Buch füllen könnte. Weiterführende Informationen finden Sie im Abschnitt »Weitere PowerShell-Ressourcen« weiter hinten in diesem Kapitel.

Arbeiten mit PowerShell

In der Standardeinstellung besteht die PowerShell-Oberfläche aus einer schlichten Befehlszeilenschnittstelle, ähnlich wie die der Eingabeaufforderung *Cmd.exe*. Die einzigen sichtbaren Unterschiede ist die Bezeichnung *PowerShell* in der Titelleiste und oben im Fenster sowie die Buchstabenkombination *PS* am Anfang der Eingabeaufforderung.

Sofern Sie routiniert mit der Eingabeaufforderung umgehen, aber Neuling bei der PowerShell sind, sollten Sie als Erstes versuchen, einige der vertrauten internen Befehle von *Cmd.exe* einzugeben. Sie werden feststellen, dass Elemente wie *dir, cd, md, rd, pushd* und *popd* auch in der PowerShell wie gewohnt funktionieren. Umleitungssymbole, zum Beispiel > zum Umleiten der Ausgabe in eine Datei oder >> zum Anhängen der Ausgabe an eine Datei, funktionieren ebenfalls, und Sie können lange Ausgaben an *More* weiterleiten, genau wie Sie es von *Cmd.exe* gewohnt sind. PowerShell verwendet Aliasnamen, um *Cmd.exe*-Befehle auf die eigenen Cmdlets abzubilden. Beispielsweise ist `dir` ein Alias für das PowerShell-Cmdlet *Get-ChildItem* und *cd* ist ein Alias für *Set-Location*. Sie können eigene Aliasnamen definieren, um die Eingabe oft benötigter PowerShell-Befehle zu erleichtern; Einzelheiten hierzu finden Sie im Abschnitt »Aliasnamen verwenden und erstellen« weiter hinten in diesem Kapitel.

Wie von anderen Eingabeaufforderungen gewohnt können Sie auch PowerShell nutzen, um ausführbare Dateien zu starten. Wenn Sie zum Beispiel **regedit** eintippen, wird der Registrierungs-Editor gestartet, und **taskschd** öffnet die Aufgabenplanung. (Sie können in PowerShell allerdings auch direkt die Registrierung bearbeiten, ohne den Registrierungs-Editor zu öffnen. Mehr dazu finden Sie im Abschnitt »Windows-Registrierung bearbeiten« weiter hinten in diesem Kapitel.)

Cmdlets verwenden

Der Kern von PowerShell besteht aus einem Satz nativer Cmdlets, deren Namen jeweils aus einem Verb, gefolgt von einem Bindestrich und danach einem Substantiv bestehen, zum Beispiel *Start-Service*. Auf den Cmdlet-Namen können ein oder mehrere Parameter folgen, wobei vor jedem Parameter ein Leerzeichen steht. Ein Parameter besteht aus einem Bindestrich, an den sich unmittelbar der Parametername anschließt, gefolgt von einem Leerzeichen und dem gewünschten Wert. Beispielsweise liefert

```
Get-Process -Name explorer
```

Informationen über alle momentan laufenden Prozesse mit dem Namen *explorer*.

Bei Parametern, die mehrere Werte annehmen, können Sie die Werte mit einem Komma trennen. Zum Beispiel zeigt

```
Get-Process -Name explorer, winword, excel
```

neben Informationen über den Datei-Explorer auch Informationen über Microsoft Word und Excel an.

Viele Cmdlets verwenden positionsabhängige Parameter. Zum Beispiel ist der Parameter *-Name* im Cmdlet *Get-Process* positionsabhängig. PowerShell erwartet, dass er an erster Stelle steht, daher können Sie *-Name* weglassen und einfach als ersten Parameter nur die Namen der Prozesse angeben, an denen Sie interessiert sind.

Wenn Sie sowohl den Namen des ersten positionsabhängigen Parameters als auch seinen Wert weglassen, nimmt PowerShell normalerweise den Wert * an. Daher liefert

```
Get-Process
```

Informationen über alle laufenden Prozesse, wie in Abbildung 16.4 gezeigt.

Wenn Sie in einigen Fällen Werte für einen anfänglichen Positionsparameter auslassen, fordert PowerShell Sie auf, den Parameter anzugeben. Wenn Sie beispielsweise

```
Get-EventLog
```

eintippen, fordert PowerShell Sie auf, den Namen für ein Ereignisprotokoll anzugeben. (Ereignisprotokolle sind groß, daher wäre es Unsinn, sämtliche Protokolle anzufordern.)

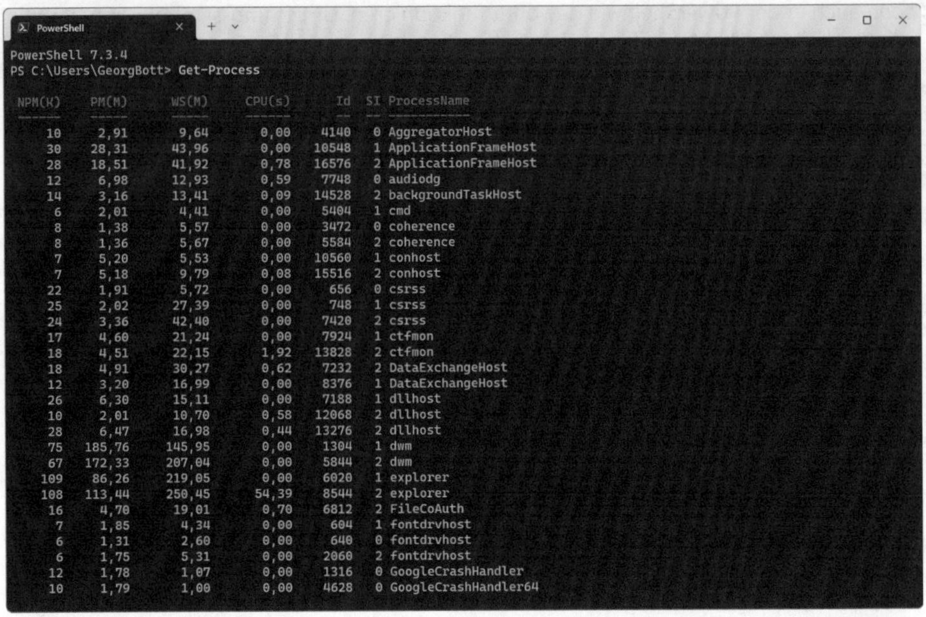

Abbildung 16.4 Wenn Sie das Cmdlet *Get-Process* ohne Parameter eingeben, werden Details zu allen laufenden Prozessen angezeigt.

Informationen über ein bestimmtes Cmdlet erhalten Sie, indem Sie **Get-Help** gefolgt vom Namen des Cmdlets eingeben.

Pipeline verwenden

Der Pipe-Operator (|) ermöglicht es, die Ausgabe eines Cmdlets als Eingabe eines anderen zu verwenden. Sie können mit dieser Technik beliebig viele Cmdlets miteinander verketten, solange jedes Cmdlet, das rechts vom Pipe-Operator steht, die Ausgabe des Cmdlets, das links davon steht, verarbeiten kann. Weil PowerShell-Cmdlets keinen schlichten Text, sondern echte .NET-Objekte liefern, kann ein rechts vom Pipe-Operator stehendes Cmdlet direkt auf Eigenschaften oder Methoden in den Ausgaben des vorherigen Cmdlets zugreifen.

Die nächsten Abschnitte zeigen, wie Sie mithilfe von Pipes die Ausgaben verschiedener Get-Cmdlets formatieren, filtern und sortieren.

Ausgaben als Liste formatieren

Die Standardausgabe vieler Get-Cmdlets ist eine Tabelle, die nur ausgewählte Eigenschaften der enthaltenen Objekte auflistet (die Zahl orientiert sich daran, wie viele angesichts der Fensterbreite wahrscheinlich Platz haben). Zum Beispiel erzeugt das Cmdlet

```
Get-Service
```

eine dreispaltige Anzeige, die lediglich die Eigenschaften für Status, Namen und Anzeigenamen aufführt.

Stattdessen können Sie diese Ausgabe an *Format-List* leiten:

```
Get-Service | Format-List
```

Weil PowerShell jetzt nicht mehr durch die Fensterbreite eingeschränkt wird, werden mehr Eigenschaften der Objekte aufgelistet (wie in Abbildung 16.5 gezeigt), darunter in diesem Fall so nützliche Elemente wie die Abhängigkeiten des jeweiligen Dienstes und die Angabe, ob der Dienst angehalten oder gestoppt werden kann.

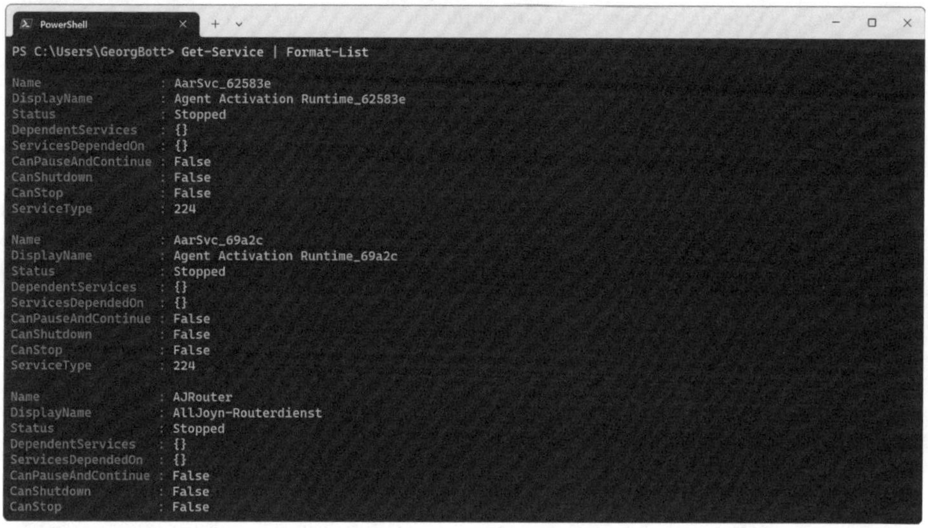

Abbildung 16.5 Wenn Sie die Ausgaben eines Cmdlets an *Format-List* weiterleiten, werden mehr Eigenschaften der Ergebnisobjekte angezeigt.

Oft ist der Aufruf des Cmdlets *Format-List* ohne Parameter gleichbedeutend mit *Format-List -Property* *. Das ist aber nicht immer der Fall. Zum Beispiel zeigt

```
Get-Process | Format-List
```

für jeden Prozess fünf Eigenschaften an: ID, Handles, CPU, SI und Name. Wenn Sie alle Eigenschaften anfordern, erhalten Sie eine gewaltige Menge zusätzlicher Informationen.

Sie können sich eine Liste ausgewählter Eigenschaften erstellen lassen, indem Sie an *Format-List* den Parameter *-Property* anhängen und eine kommagetrennte Liste der gewünschten Eigenschaften angeben. Welche Eigenschaften für das Objekt zur Verfügung stehen, das von einem Cmdlet zurückgegeben wird, erfahren Sie, indem Sie die Ausgabe dieses Cmdlets an *Get-Member* weiterleiten:

```
Get-Process | Get-Member -Type property
```

Ausgabe als Tabelle formatieren

Vielleicht möchten Sie eine tabellarische Ausgabe, aber mit anderen Eigenschaften als denen, die Ihr Cmdlet Ihnen standardmäßig bietet. Mit *Format-Table* ist das kein Problem. Zum Beispiel generiert

```
Get-Service | Format-Table -Property name, dependentservices, servicesdependedon
```

eine Tabelle, die diese drei Eigenschaften anzeigt. Beachten Sie, dass die Ausgabe in der PowerShell-Konsole durch die Fensterbreite beschränkt bleibt, unabhängig davon, wie viele Eigenschaften Sie anfordern. Falls die Ergebnisse zu breit für die Anzeige sind, können Sie die Ausgabe in eine Datei umleiten (mit dem Operator >) oder das Cmdlet *Out-GridView* ausprobieren, das im nächsten Abschnitt beschrieben wird.

Ausgabe als interaktive grafische Tabelle erstellen

Wenn Sie Ausgaben an *Out-GridView* weiterleiten, erhalten Sie eine grafische Tabellenanzeige, die Sie bequem filtern, sortieren und in andere Programme, die wie beispielsweise Excel Tabellendaten verarbeiten, kopieren können. Zum Beispiel erhalten Sie mit

```
Get-Process | Select-Object * | Out-GridView
```

eine Ausgabe, die ähnlich wie in Abbildung 16.6 aussieht. In diesem Beispiel wird die Ausgabe von *Get-Process* zuerst an *Select-Object* * geleitet, weil *Out-GridView* im Unterschied zu *Format-Table* keinen *Property*-Parameter kennt. *Select-Object* * leitet alle Eigenschaften des Objekts, das *Get-Process* liefert, an *Out-GridView* weiter.

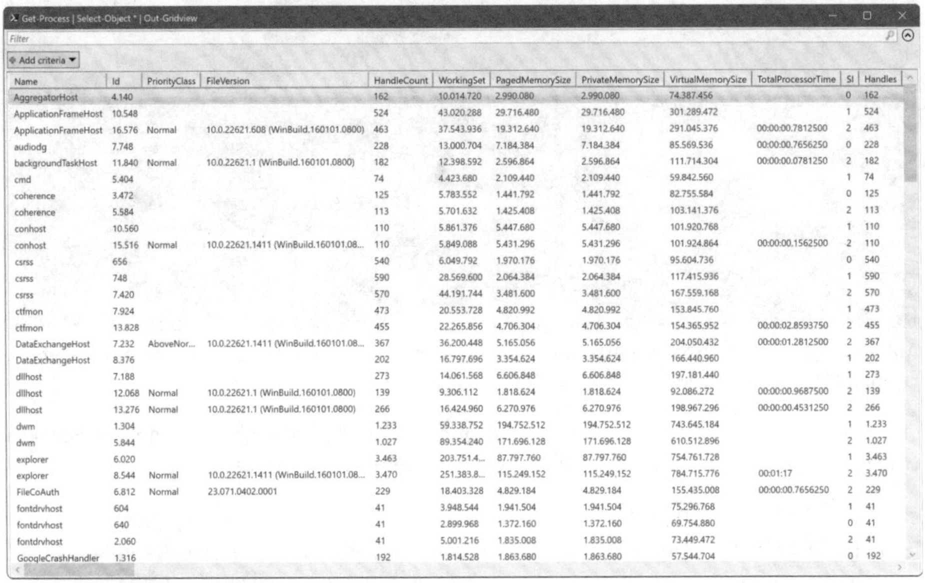

Abbildung 16.6 Das Cmdlet *Out-GridView* erzeugt eine grafische tabellarische Anzeige, die Sie sortieren, filtern und in eine Tabellenkalkulation kopieren können.

Sie können die Anzeige von *Out-GridView* auf dieselbe Weise anpassen, die Sie aus vielen anderen Programmen kennen:

- Sie können die Liste sortieren, indem Sie auf einen Spaltenkopf klicken. Wenn Sie denselben Spaltenkopf ein zweites Mal anklicken, wird die Reihenfolge umgedreht.
- Sie können die Position einer Spalte ändern, indem Sie den Spaltenkopf wegziehen. Sie können Spalten auch neu anordnen, indem Sie mit der rechten Maustaste auf irgendeinen Spaltenkopf klicken, den Befehl *Select columns (Spalten auswählen)* anklicken und dann im gleichnamigen Dialogfeld die Reihenfolge mit den Schaltflächen *Nach oben* und *Nach unten* verändern.
- Um Spalten aus der Anzeige zu entfernen, klicken Sie mit der rechten Maustaste auf eine beliebige Spaltenüberschrift, klicken Sie auf *Select columns (Spalten auswählen)*, und verwenden Sie dann die Schaltfläche << im Dialogfeld *Select columns*.

- Sie können Einträge schnell filtern, indem Sie Text in die Zeile *Filter* eingeben. Wenn Sie beispielsweise das in Abbildung 16.6 gezeigte Raster auf Prozesse beschränken wollen, deren Eigenschaften das Wort »beta« enthält, brauchen Sie lediglich **beta** in die Zeile *Filter* einzutippen.
- Sie können Filter für eine oder mehrere ausgewählte Spalten festlegen, indem Sie auf die Schaltfläche *Add criteria/Kriterien hinzufügen* klicken. Wählen Sie in der Dropdownliste, die sich daraufhin öffnet, die Kontrollkästchen für alle Spalten aus, nach denen Sie filtern wollen, und klicken Sie auf *Add/Hinzufügen*.

Filtern der Ausgabe

Sie können die Ausgaben eines Cmdlets filtern, indem Sie es an das Cmdlet *Where-Object* weiterleiten. Mit *Where-Object* fassen Sie Filterkriterien in einem Skriptblock zusammen, der von geschweiften Klammern umschlossen ist. Das folgende Beispiel filtert die Ausgabe von *Get-Service* so, dass nur Dienste angezeigt werden, die nicht laufen:

```
Get-Service | Where-Object {$_.Status -eq "Stopped"}
```

Sortieren der Ausgabe

Das Cmdlet *Sort-Object* bietet gleich mehrere praktische Methoden, um die Ausgaben eines Cmdlets anhand einer oder mehrerer Eigenschaften des Ergebnisobjekts zu sortieren. Wenn Sie den Parameter *-Property* weglassen, sortiert *Sort-Object* nach der Standardeigenschaft. So sortiert

```
Get-ChildItem | Sort-Object
```

den Inhalt des aktuellen Verzeichnisses nach dem Namen, weil das in diesem Fall die Standardeigenschaft ist. Wollen Sie nach mehreren Eigenschaften sortieren, können Sie an *-Property* eine kommagetrennte Liste anhängen. *Sort-Object* sortiert zuerst nach der ersten angegebenen Eigenschaft, dann Elemente, bei denen die erste Eigenschaft identische Werte hat, anhand der zweiten Eigenschaft und so weiter. Standardmäßig sortiert das Cmdlet in aufsteigender Reihenfolge, Sie können die Reihenfolge aber umkehren, indem Sie den Parameter *-Descending* hinzufügen.

Indem Sie die Ausgabe von *Sort-Object* an *Select-Object* weiterleiten, können Sie beispielsweise eine bestimmte Anzahl der größten oder kleinsten Elemente als Ergebnisobjekt zurückgeben. Zum Beispiel liefert

```
Get-Process | Sort-Object -Property WS | Select-Object -Last 10
```

die Prozesse mit den 10 größten Werten für die Zahl der Arbeitssätze (Eigenschaft *WS*, Working Set). Wenn Sie statt *-Last 10* den Parameter *-First 10* verwenden, erhalten Sie die Prozesse mit den kleinsten Werten.

Ausgabe an den Drucker weiterleiten

Um die Ausgabe auf den Standarddrucker umzuleiten, leiten Sie sie an *Out-Printer* weiter. Um einen anderen Drucker als den Standarddrucker zu verwenden, geben Sie dessen Namen in Anführungszeichen hinter *Out-Printer* an. So sendet beispielsweise

```
Get-Content C:\Users\EdBott\Documents\Inventory.txt | Out-Printer "Microsoft
Print to PDF"
```

den Inhalt von *C:\Benutzer\EdBott\Dokumente\Inventory.txt* an das Gerät namens *Microsoft Print to PDF*.

PowerShell-Funktionen zur Vereinfachung der Tastatureingabe verwenden

PowerShell ist eine wortreiche Sprache und verzeiht keine Tippfehler. Zum Glück bietet es etliche Funktionen, um die Eingabe korrekter Befehle abzukürzen und zu vereinfachen.

Aliasnamen verwenden und erstellen

Ein Alias ist ein alternativer Name für ein Cmdlet. Wie bereits erwähnt, nutzt PowerShell Aliasnamen, um *Cmd.exe*-Befehle in seine nativen Cmdlets umzusetzen, zum Beispiel *cd* auf *Set-Location*. Aber es bietet noch viele weitere Erleichterungen, die Ihnen Tipparbeit ersparen; zum Beispiel ist *gsv* ein Alias für *Get-Service*. Außerdem können Sie eigene Aliasnamen definieren.

Welche Aliasnamen momentan verfügbar sind (darunter auch alle, die Sie während der aktuellen Sitzung selbst definiert haben), erfahren Sie, indem Sie **Get-Alias** eintippen. (Oder geben Sie einfach **gal** ein, den Alias für *Get-Alias*.) Wenn Sie wissen wollen, ob für ein bestimmtes Cmdlet ein Alias vorhanden ist, können Sie die Ausgabe von *Get-Alias* an *Where-Object* weiterleiten:

```
Get-Alias | Where-Object { $_.definition -eq "Set-Variable" }
```

Dieses Beispiel prüft, ob ein Alias für das Cmdlet *Set-Variable* definiert ist. Wenn Sie diesen Befehl eintippen, stellen Sie fest, dass PowerShell gleich zwei definiert: *sv* und *set*. Und wenn Sie der Meinung sind, dass *Where-Object* zu viele Zeichen hat, die Sie eingeben müssen, versuchen Sie, es durch seinen Alias *?* zu ersetzen.

Um einen neuen Alias zu erstellen, geben Sie **Set-Alias *Name Wert*** ein, wobei *Name* für den Alias und *Wert* für ein Cmdlet, eine Funktion, ein ausführbares Programm oder ein Skript steht. Wenn *Name* bereits als Alias vorhanden ist, wird er von *Set-Alias* neu definiert. Wenn *Wert* ungültig ist, gibt PowerShell keine Fehlermeldung aus – bis Sie versuchen, den Alias zu verwenden.

Aliasnamen, die Sie auf diese Weise definieren, gelten nur für die aktuelle Sitzung. Sollen sie dauerhaft verfügbar bleiben, müssen Sie sie in Ihr Profil aufnehmen. Mehr dazu finden Sie im Abschnitt »PowerShell mithilfe Ihres Profils anpassen« weiter hinten in diesem Kapitel.

Parameternamen abkürzen

Aliasse sind nützlich für Cmdlets, aber sie sind keine Hilfe für Parameternamen. Glücklicherweise können Sie mit PowerShell solche Namen abkürzen. Die Befehle *Get-Process -name explorer* und *Get-Process -n explorer* sind gleichwertig. Sobald Sie genug Zeichen eines Parameternamens eingetippt haben, dass PowerShell ihn eindeutig identifizieren kann, können Sie Ihren Fingern Ruhe gönnen. Und natürlich können Sie Aliasnamen mit Parameterabkürzungen kombinieren, um Ihre Tipparbeit noch weiter zu rationalisieren.

Vervollständigen verwenden

Außerdem können Sie die Namen von Dateien, Cmdlets oder Parametern vervollständigen, indem Sie die [Tab]-Taste drücken. Geben Sie einen Teil eines Namens ein, drücken Sie [Tab] und PowerShell zeigt die erste mögliche Vervollständigung an. Drücken Sie bei Bedarf mehrmals [Tab], um alle Möglichkeiten durchzugehen. Die Vervollständigung mit [Tab] funktioniert mit allen Teilen eines Cmdlets, einschließlich Verben, Substantiven und Parametern.

Platzhalter und reguläre Ausdrücke verwenden

Wie alle älteren Windows-Shells unterstützt auch PowerShell die Platzhalter * und ?, wobei * für eine beliebige Kombination aus null oder mehr Zeichen steht und ? für ein beliebiges einzelnes Zeichen. PowerShell unterstützt auch eine Vielzahl von »regulären Ausdrücken«, um nach bestimmten Zeichenfolgen zu suchen. Weitere Einzelheiten finden Sie unter *https://learn.microsoft.com/search/?scope=PowerShell*. Suchen Sie dann nach **reguläre ausdrücke**. Im Allgemeinen können Sie diese Methode verwenden, um zusätzliche Informationen und Dokumentationen zu jedem PowerShell-Thema zu erhalten.

Befehle aus dem Befehlsverlauf aufrufen

PowerShell zeichnet eine Liste Ihrer bisher ausgeführten Befehle auf, daher ist es ganz einfach, einen bereits früher verwendeten Befehl erneut auszuführen (oder zu verändern und dann auszuführen). Um den Verlauf anzuzeigen, geben Sie **Get-History** ein. Jedes Element im Verlauf hat eine ID. Geben Sie **Invoke-History <ID>** ein, um einen bestimmten Eintrag des Befehlsverlaufs abzurufen. In der Befehlszeile können Sie ein Element bearbeiten, bevor Sie es ausführen. PowerShell verwaltet einen Verlauf von Befehlen, die Sie mit Tastenkombinationen aufrufen können, die mit den in einer Eingabeaufforderungssitzung verfügbaren Tastenkombinationen identisch sind. (Weitere Informationen finden Sie im Abschnitt »Befehlszeile bearbeiten« weiter hinten in diesem Kapitel.)

Wie viele Elemente im Befehlsverlauf einer PowerShell-Sitzung aufgezeichnet werden, legt die automatische Variable *$MaximumHistoryCount* fest. In der Standardeinstellung hat sie den Wert 4096, was für jeden mehr als ausreichend sein sollte. Falls Sie mehr brauchen, können Sie der Variablen einen höheren Wert zuweisen. Zum Beispiel verdoppeln Sie mit **$MaximumHistoryCount = 8192** die Liste für die aktuelle Sitzung. Um den Umfang der Befehlsverlaufsliste für alle Sitzungen zu ändern, können Sie eine Variablenzuweisung zu Ihrem Profil hinzufügen. Weitere Informationen hierzu finden Sie im Abschnitt »PowerShell mithilfe Ihres Profils anpassen« weiter hinten in diesem Kapitel.

PowerShell-Provider für den Zugriff auf Dateisystem und Daten in der Registrierung verwenden

PowerShell bringt etliche eingebaute Provider mit, die Ihnen Zugriff auf verschiedene Datenspeichertypen verschaffen. Provider sind .NET Framework-basierte Programme, die ihre Daten in Form von Laufwerken zur Verfügung stellen, ähnlich wie die vertrauten Dateisystemlaufwerke. So können Sie auf einen Schlüssel in der HKLM-Registrierungsstruktur über eine Pfadstruktur zugreifen, die dem eines Dateisystemordners ähnelt, zum Beispiel verweist der Pfad *HKLM:\Hardware\ACPI* auf den Unterschlüssel *ACPI* des Schlüssels *Hardware* im Registrierungszweig *HKLM*. Ein ganz anderes Beispiel: Der Befehl *Get-ChildItem env:* liefert eine Liste der aktuellen Umgebungsvariablen und ihrer Werte.

In Tabelle 16.1 sind die in PowerShell integrierten Provider aufgeführt.

Provider	Laufwerk	Datenspeicher
Alias	Alias:	Derzeit definierte Aliasnamen
Certificate	Cert:	X509-Zertifikate für digitale Signaturen
Environment	Env:	Windows-Umgebungsvariablen
FileSystem	(verschiedene)	Dateisystemlaufwerke, Verzeichnisse und Dateien

→

Provider	Laufwerk	Datenspeicher
Function	Function:	PowerShell-Funktionen
Registry	HKLM:, HKCU:	HKLM- und HKCU-Registrierungsstrukturen
Variable	Variable:	PowerShell-Variablen
WSMan	WSMan:	Konfigurationsinformationen aus WS-Verwaltung

Tabelle 16.1 Integrierte Provider

In den folgenden Abschnitten finden Sie einige grundlegende Informationen zur Arbeit mit dem Dateisystem und der Registrierung.

Arbeiten mit dem Dateisystem

Sofern Sie ganz simple Dateisystemoperationen erledigen, dürften die vertrauten *Cmd.exe*-Befehle ausreichen und einfacher sein als die entsprechenden PowerShell-Cmdlets. Die vordefinierten Aliasnamen aus Tabelle 16.2 ermöglichen es Ihnen, auf gewohnte Weise zu arbeiten. PowerShell unterstützt die bekannten Symbole aus einem Punkt (.) beziehungsweise zwei Punkten (..) für das aktuelle beziehungsweise das übergeordnete Verzeichnis und stellt die vordefinierte Variable *$Home* zur Verfügung, die für Ihr Basisverzeichnis steht (in der Standardeinstellung gleichbedeutend mit der Umgebungsvariablen *%UserProfile%*).

Alias	PowerShell-Cmdlet
cd, chdir	Set-Location
copy	Copy-Item
del	Remove-Item
dir	Get-ChildItem
move	Move-Item
md, mkdir	New-Item
rd, rmdir	Remove-Item
type	Get-Content

Tabelle 16.2 Dateisystem-Aliasse

Die PowerShell-Cmdlets enthalten jedoch wertvolle optionale Parameter:

- **-Confirm und -WhatIf** Wenn Sie in *Copy-Item, Move-Item, Remove-Item* oder *Clear-Content* den Parameter *-Confirm* ergänzen, zeigt PowerShell eine Nachfrage an, die Sie bestätigen müssen, bevor der Befehl ausgeführt wird. (Mit *Clear-Content* können Sie den Inhalt einer Datei löschen.) Mit dem Parameter *-Whatif* zeigt PowerShell das Ergebnis eines Befehls an, ohne ihn tatsächlich auszuführen.
- **-Credential** Verwenden Sie den Parameter *-Credential*, um Anmeldeinformationen für einen Befehl bereitzustellen, der sie erfordert. Geben Sie hinter *-Credential* den Namen eines Benutzers an, eingeschlossen in doppelte Anführungszeichen. PowerShell fordert Sie auf, das zugehörige Kennwort einzugeben.

- **-Exclude** Der Parameter *-Exclude* ermöglicht Ihnen, Ausnahmen festzulegen. Zum Beispiel kopiert *Copy-Item verzeichnis1*.* verzeichnis2 -Exclude *.log* alles außer *.log*-Dateien von *Verzeichnis1* in *Verzeichnis2*.
- **-Recurse** Der Parameter *-Recurse* bewirkt, dass ein Befehl auch für Unterordner eines angegebenen Pfads ausgeführt wird. Zum Beispiel löscht *Remove-Item x:\garbagefolder*.* -Recurse* alles aus dem Ordner *x:\garbagefolder*, inklusive aller Dateien, die in Unterordnern dieses Ordners liegen.
- **-Include** Wenn Sie den Parameter *-Include* in Kombination mit *-Recurse* angeben, haben Sie die Möglichkeit, den Gültigkeitsbereich eines Befehls einzuschränken. Zum Beispiel generiert *Get-ChildItem C:\Users\EdBott\Documents* -Recurse -Include *.xlsx* eine rekursive Auflistung der Dateien in *C:\Users\EdBott\Documents*, die die Erweiterung *.xlsx* haben.
- **-Force** Der Parameter *-Force* bewirkt, dass ein Befehl mit Elementen arbeitet, die normalerweise nicht zugänglich sind, zum Beispiel verborgene oder Systemdateien.

Ausführliche Informationen zur Verwendung dieser Parameter mit *Set-Location, Get-ChildItem, Move-Item, Copy-Item, Get-Content, New-Item, Remove-Item* oder *Get-Acl* erhalten Sie, wenn Sie **Get-Help cmdletname** eingeben und dabei den Cmdlet-Namen durch das letzte Argument ersetzen. Die Ergebnisse enthalten die vollständige Syntax sowie alle Aliasnamen für das angegebene Cmdlet.

Mit der Registrierung arbeiten

Der integrierte Registrierungsprovider stellt Laufwerke für die beiden Registrierungsstrukturen HKLM und HKCU zur Verfügung. Geben Sie **Set-Location hklm:** beziehungsweise **Set-Location hkcu:** ein, um einen dieser Zweige als Arbeitssort festzulegen. Mit der normalen Pfadnotation können Sie zu den gewünschten Unterschlüsseln navigieren, aber Sie müssen Pfade, die Leerzeichen enthalten, in Anführungszeichen einschließen, zum Beispiel *Set-Location "hkcu:\control panel\accessibility"*.

Informationen über alle Unterschlüssel eines Schlüssels erhalten Sie mit *Get-ChildItem*. Zum Beispiel zeigt

```
Get-ChildItem -Path hkcu:\software\microsoft
```

Informationen über alle Unterschlüssel von *HKCU:\Software\Microsoft* an.

Mit *New-Item* fügen Sie einen neuen Schlüssel zur Registrierung hinzu. Zum Beispiel fügt

```
New-Item -Path hkcu:\software\mynewkey
```

den Schlüssel *mynewkey* zum Zweig *HKCU:\Software* hinzu. Mit *Remove-Item -Path hkcu:\software\mynewkey* löschen Sie diesen Schlüssel wieder.

Das Cmdlet *Copy-Item* kopiert einen Schlüssel. Geben Sie dabei die Quell- und Zielpfade an, wie zum Beispiel:

```
Copy-Item -Path hkcu:\software\mykey hkcu:\software\copyofmykey
```

Mit *Move-Item* verschieben Sie einen Schlüssel. Der Befehl

```
Move-Item -Path hkcu:\software\mykey -Destination hkcu:\software\myrelocatedkey
```

kopiert alle Eigenschaften und Unterschlüssel aus *HKCU:\Software\mykey* nach *HKCU:\Software\myrelocatedkey* und löscht *HKCU:\Software\mykey*.

Mit *Get-Acl* können Sie die Sicherheitsbeschreibung für einen Schlüssel anzeigen. Sie können sich alle Eigenschaften der Sicherheitsbeschreibung ansehen, wenn Sie die Ausgabe an *Format-List -Property ** weiterleiten. Zum Beispiel generiert

```
Get-Acl -Path hkcu:\software\microsoft | Format-List -Property *
```

eine Ausgabe, die ähnlich aussieht wie in Abbildung 16.7.

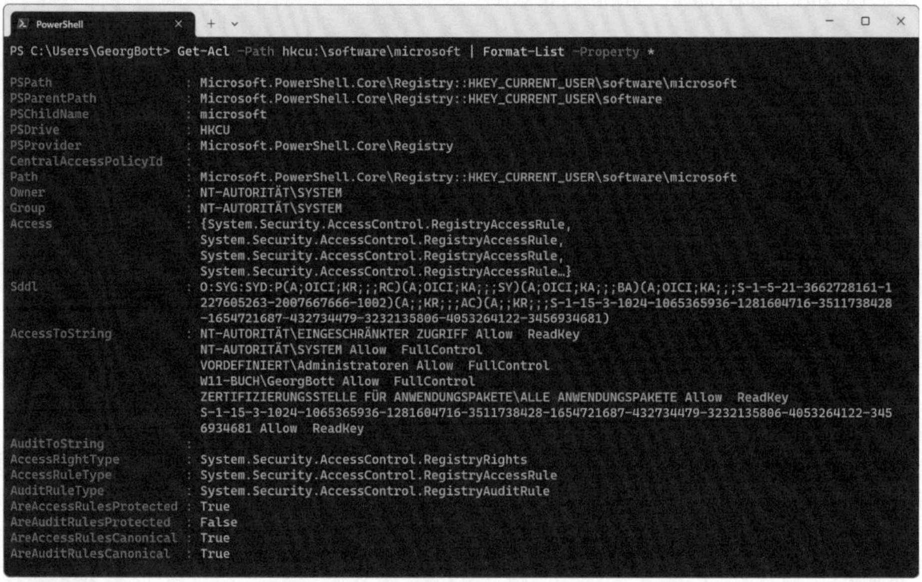

Abbildung 16.7 Sie können mit Werten aus der Registrierung arbeiten, indem Sie einen der beiden vordefinierten Provider für Registrierungszweige verwenden, in diesem Fall *hkcu:*.

Gehen Sie zu *https://learn.microsoft.com/search/?scope=PowerShell* und geben Sie **registrierung** ein, um weitere Informationen zur Arbeit mit der Registrierung zu erhalten.

PowerShell entdecken

PowerShell bietet zahlreiche Ressourcen, die Sie beim Lernen unterstützen. Geben Sie **help** ein, um einen schnellen Überblick über das PowerShell-Hilfesystem und seine wichtigsten Cmdlets, *Get-Help* und *Update-Help*, zu erhalten.

Sie können zu jedem Cmdlet Hilfeinformationen anzeigen lassen, indem Sie **Get-Help *cmdletname*** eingeben. Wenn Sie dies bei einer Neuinstallation tun, generiert *Get-Help* automatisch grundlegende Hilfeinformationen für Cmdlets, Funktionen und Skripte. Geben Sie **Update-Help** ein, um die neuesten Hilfedateien für PowerShell-Module herunterzuladen und sie lokal zu installieren. (Beachten Sie, dass Sie für diesen Befehl unter Windows PowerShell als Administrator angemeldet sein müssen, nicht jedoch in PowerShell 7.) Nachdem die Hilfedateien lokal verfügbar sind, gibt *Get-Help* einen viel umfangreicheren Satz von Ergebnissen zurück.

Um zum Beispiel die Hilfe zu *Get-Process* zu lesen, geben Sie **Get-Help Get-Process** ein. Zu den nützlichen Parametern gehören die folgenden:

- **-Examples** Zeigt nur Namen, Zusammenfassung und Beispiele für einen bestimmten Hilfetext an.

- **-Parameter** Hiermit erhalten Sie Informationen über einen bestimmten Parameter eines Cmdlets. Geben Sie den Parameternamen in Anführungszeichen an.
- **-Detailed** Liefert Beschreibungs-, Syntax- und Parameterdetails zu einem Cmdlet sowie einige Beispiele. (Ohne diesen Parameter werden die Beispiele weggelassen; bei Angabe von *-Examples* fehlen die Syntaxinformationen.)
- **-Full** Liefert alle verfügbaren Informationen, darunter Daten zu Eingabe- und Ausgabeobjekttypen sowie zusätzliche Anmerkungen.
- **-Online** Geben Sie diesen Parameter an, um die neuesten bei Microsoft verfügbaren Informationen zu erhalten, inklusive Ergänzungen oder Korrekturen zu den ursprünglichen Texten von *Get-Help*. Die entsprechenden Informationen, die von der Microsoft Docs-Site stammen, werden in Ihrem Browser angezeigt.

Wenn Sie anstelle von *Get-Help* den Befehl *Help* verwenden, werden die Hilfeinformationen vollständig angezeigt, wobei der Hilfetext nach jedem Bildschirm pausiert.

Das geeignete Cmdlet ermitteln

Das Cmdlet *Get-Command* hilft oft, herauszufinden, welches Cmdlet sich für eine bestimmte Aufgabe eignet. Tippen Sie **Get-Command** ohne Argumente ein, um die Namen und Definitionen aller verfügbaren Cmdlets, Funktionen und Aliasnamen anzuzeigen. *Get-Command* kann auch Informationen über ausführbare Dateien liefern, die nicht zur PowerShell gehören. Wenn Sie beispielsweise **Get-Command *** eintippen, erhalten Sie eine umfangreiche Liste mit allen Dateien aus allen Ordnern, die in Ihrer aktuellen *%Path%*-Umgebungsvariablen eingetragen sind.

Diese globalen Listen (mit oder ohne externe ausführbare Dateien) sind wahrscheinlich nicht sonderlich hilfreich, wenn Sie lediglich wissen wollen, welche Cmdlets für ein bestimmtes Objekt zur Verfügung stehen. Eine solche eingeschränkte Liste erhalten Sie, indem Sie den Parameter *-Noun* ergänzen. Zum Beispiel liefert **Get-Command -Noun eventlog** eine Liste der Cmdlets, die das im Substantiv bezeichnete Objekt bearbeiten; Sie erhalten die Namen und Definitionen von *Clear-EventLog, Get-EventLog, Limit-EventLog, New-EventLog, Remove-EventLog, Show-EventLog* und *Write-EventLog*. Auf ähnliche Weise können Sie mit dem Parameter *-Verb* eine Liste anfordern, die sich auf ein bestimmtes Verb bezieht.

Skripterstellung mit PowerShell

Ein PowerShell-Skript ist eine Textdatei mit der Erweiterung *.ps1*. Sie können ein Skript in einem beliebigen einfachen Texteditor erstellen (Notepad reicht aus) oder die ISE (Integrated Scripting Environment) verwenden.

Alles, was Sie interaktiv in der PowerShell tun, können Sie auch in einem Skript erledigen. Das gilt auch umgekehrt: Sie können Zeilen aus einem Skript nehmen, selbst wenn sie Schleifen oder Verzweigungsstrukturen enthalten, und einzeln außerhalb des Kontextes eines Skripte ausführen. Wenn Sie beispielsweise an der PowerShell-Eingabeaufforderung diesen Skriptcode eintippen:

```
For ($i=1; $i -le 5; $i++) { "Hallo, Welt" }
```

führt PowerShell fünfmal die bekannte Begrüßung aus.

Mithilfe des Befehlsverlaufs der PowerShell können Sie Befehle, die Sie interaktiv ausgeführt haben, in ein Skript übertragen. Auf diese Weise können Sie testen, was funktioniert, bevor Sie den Code in eine *.ps1*-Datei schreiben.

Zum Beispiel hängt der Befehl:

```
Get-History | Foreach-Object { $_.commandline } >> c:\scripts\mynewscript.ps1
```

die Eigenschaft *CommandLine* aller Elemente aus Ihrem aktuellen Befehlsverlauf an die Datei *C:\Scripts\Mynewscript.ps1* an. (Wenn der Pfad nicht existiert, erhalten Sie eine Fehlermeldung.) Sobald Sie Ihren Befehlsverlauf auf diese Weise in *Mynewscript.ps1* übertragen haben, können Sie ihn in Notepad bearbeiten, indem Sie **notepad c:\scripts\mynewscript.ps1** eingeben.

Ausführen von PowerShell-Skripten

Obwohl es sich bei Dateien mit der Erweiterung *.ps1* um ausführbare PowerShell-Skripte handelt, ist die Ausführung eines solchen Skripts nicht ganz so einfach wie ein Doppelklick auf eine *.bat*-Datei. Wenn Sie im Datei-Explorer auf eine *.ps1*-Datei doppelklicken, wird sie zunächst in Notepad geöffnet, da die Standardaktion für ein PowerShell-Skript im Datei-Explorer *Bearbeiten* ist.

Wenn Sie ein Skript zum ersten Mal ausführen, indem Sie seinen Namen in der PowerShell-Eingabeaufforderung eintippen, erhalten Sie unter Umständen eine unangenehme Meldung in roter Schrift und mit möglicherweise entmutigender Detailfülle angezeigt. Das bedeutet, dass PowerShell sich weigert, Ihr Skript auszuführen, »da die Ausführung von Skripten auf diesem System deaktiviert ist«. Sie müssen zuerst die Ausführungsrichtlinie von PowerShell ändern, was wir im nächsten Abschnitt beschreiben.

Und selbst, nachdem Sie die Hürde mit der Ausführungsrichtlinie genommen haben, kann es passieren, dass Sie scheitern, wenn Sie versuchen, ein Skript auszuführen, das im aktuellen Verzeichnis gespeichert ist. Das liegt daran, dass PowerShell eine vollständige Pfadangabe benötigt, und zwar auch dann, wenn das Element, das Sie ausführen wollen, im aktuellen Verzeichnis liegt. Zum Beispiel müssen Sie *.\displayprocessor* eintippen, um die Skriptdatei *Displayprocessor.ps1* aus dem aktuellen Verzeichnis zu starten.

Ausführungsrichtlinie abrufen und konfigurieren

Die Leistungsfähigkeit von PowerShell könnte für finstere Zwecke missbraucht werden. Die meisten Windows-Benutzer starten niemals PowerShell, aber viele haben *.ps1*-Dateien in ihrem System herumliegen oder laden sie unabsichtlich herunter. Um Sie vor Schadsoftware zu schützen, die auch mit Skripten übertragen werden können, deaktiviert PowerShell die Skriptausführung, bis Sie sie explizit erlauben. Um die Ausführung zu aktivieren, müssen Sie die sogenannte Ausführungsrichtlinie ändern.

Beachten Sie, dass für Ihr Profilskript (sofern Sie eines haben) dieselbe Ausführungsrichtlinie gilt wie für alle anderen Skripte. (Siehe »PowerShell mithilfe Ihres Profils anpassen« weiter hinten in diesem Kapitel.) Daher ist es sinnlos, wenn Sie versuchen, eine Ausführungsrichtlinie mithilfe eines Profilskripts einzustellen; dieses Skript kann ja selbst erst laufen, wenn Sie die Skriptausführung auf anderen Wegen aktiviert haben.

Es stehen folgende Ausführungsrichtlinien zur Verfügung, sortiert von am stärksten eingeschränkt bis zu am wenigsten eingeschränkt:

- **Restricted** Die Standardrichtlinie. Es dürfen keine Skripte ausgeführt werden.
- **AllSigned** Alle Skripte, die von einem vertrauenswürdigen Herausgeber signiert wurden, dürfen ausgeführt werden. PowerShell fordert eine Bestätigung an, falls Sie ein Skript ausführen wollen, das von einem Herausgeber signiert wurde, den Sie nicht als »vertrauenswürdig« gekennzeichnet haben.

- **RemoteSigned** Skripte aus lokalen Quellen dürfen ausgeführt werden. Skripte, die aus dem Internet heruntergeladen wurden (dazu zählen auch Skripte, die aus E-Mails oder Instant Messaging-Anhängen stammen), können ausgeführt werden, wenn sie von einem vertrauenswürdigen Herausgeber signiert wurden.
- **Unrestricted** Alle Skripte können ausgeführt werden, aber PowerShell fordert eine Bestätigung an, bevor ein Skript aus einer Remotequelle ausgeführt wird.
- **Bypass** Alle Skripte dürfen ausgeführt werden.

Die Ausführungsrichtlinie kann für die folgenden Bereiche jeweils individuell konfiguriert werden:

- **Process** Wirkt sich nur auf die aktuelle PowerShell-Sitzung aus. Die Ausführungsrichtlinie wird im Arbeitsspeicher gespeichert und verliert am Ende der Sitzung ihre Gültigkeit.
- **CurrentUser** Die Ausführungsrichtlinie wird in einem Unterschlüssel von HKCU gespeichert und gilt nur für den aktuellen Benutzer. Die Einstellung bleibt über PowerShell-Sitzungen hinweg gespeichert.
- **LocalMachine** Die Ausführungsrichtlinie wird in einem Unterschlüssel von HKLM gespeichert und gilt für alle Benutzer dieses Computers. Die Einstellung bleibt über PowerShell-Sitzungen hinweg gespeichert.

Wenn Richtlinien in zwei oder mehr dieser Gültigkeitsbereiche festgelegt werden, hat die *Process*-Richtlinie Vorrang vor der *CurrentUser*-Richtlinie, die wiederum Vorrang vor der *LocalMachine*-Richtlinie hat. Die Ausführungsrichtlinie kann jedoch auch über Gruppenrichtlinien festgelegt werden; die so vorgenommenen Einstellungen haben Vorrang vor allen anderen Gültigkeitsbereichen. (Gruppenrichtlinieneinstellungen können entweder im Knoten *Computerkonfiguration* oder *Benutzerkonfiguration* vorgenommen werden; wobei Einstellungen aus *Computerkonfiguration* die höchste Priorität besitzen.).

Sie können sich die Ausführungsrichtlinien für alle Gültigkeitsbereiche ansehen, indem Sie **Get-ExecutionPolicy -list** eintippen.

Um eine Ausführungsrichtlinie festzulegen, verwenden Sie *Set-ExecutionPolicy*. Um eine Richtlinie auf der Ebene *LocalMachine* festzulegen, müssen Sie PowerShell mit Administratorrechten ausführen.

Der Standardbereich für Set-*ExecutionPolicy* ist *LocalMachine*. Wenn Sie also planen, eine Richtlinie für alle Benutzer auf Ihrem Computer festzulegen, können Sie den Parameter *-Scope* weglassen. Wenn Sie beispielsweise alle Sicherheitsmaßnahmen der PowerShell für die Skriptausführung, einschließlich der Warnmeldungen, deaktivieren möchten, können Sie **Set-ExecutionPolicy bypass** eingeben. Wenn Sie eine etwas sicherere Umgebung wünschen, geben Sie **Set-ExecutionPolicy unrestricted** ein.

Um eine Ausführungsrichtlinie für die Gültigkeitsbereiche *CurrentUser* oder Process festzulegen, fügen Sie *-Scope* gefolgt von *CurrentUser* oder *Process* hinzu. Beachten Sie, dass Sie eine Ausführungsrichtlinie auch für den Bereich *Process* festlegen können, indem Sie einem Befehl, der PowerShell startet, das Argument *-Executionpolicy* hinzufügen. Zum Beispiel können Sie in einer Eingabeaufforderung in *Cmd.exe*, PowerShell oder dem Startmenü **powershell -executionpolicy unrestricted** eingeben, um PowerShell mit uneingeschränkter Ausführungsrichtlinie im Bereich *Process* zu starten.

Um eine Ausführungsrichtlinie aus einem bestimmten Bereich zu entfernen, setzen Sie die Richtlinie dieses Bereichs auf *Undefined*. Falls Sie zum Beispiel eine *Process*-Richtlinie auf *Bypass* gesetzt haben und PowerShell nun zu der Richtlinie zurückkehren soll, die auf der nächsten Vorrangebene gilt (*CurrentUser*, sofern dort eine Richtlinie festgelegt ist, ansonsten *LocalMachine*), können Sie **Set-ExecutionPolicy undefined -scope process** eingeben.

PowerShell mithilfe Ihres Profils anpassen

Ihr Profil ist ein Skript, das PowerShell zu Beginn jeder Sitzung ausführt. Sie können es verwenden, um Ihre PowerShell-Umgebung an Ihre Präferenzen anzupassen. Ihr Profil muss den folgenden Pfad und Dateinamen haben:

```
$Home\Documents\windowsPowerShell\Microsoft.PowerShell_profile.ps1
```

wobei *$Home* eine vom System generierte PowerShell-Variable ist, die der Umgebungsvariablen *%UserProfile%* entspricht. Sie können sehen, wo sich diese auf Ihrem System befindet, indem Sie **$profile** eingeben. Sie können ein vorhandenes Profil bearbeiten, indem Sie **notepad $profile** eingeben. Wenn Sie noch kein Profil erstellt haben, können Sie folgenden Befehl verwenden:

```
if (!(test-path $profile)){New-Item -Type file -Path $profile -Force}
```

PowerShell erstellt daraufhin die Datei im richtigen Ordner. Dann können Sie **notepad $profile** eingeben, um die leere Datei zu bearbeiten.

Ihr Profil verschafft Ihnen zahlreiche Möglichkeiten, um PowerShell an Ihre Vorlieben anzupassen. Viele Benutzer ändern beispielsweise die Standardeingabeaufforderung und definieren neue Aliasnamen.

Die PowerShell-Eingabeaufforderung stammt aus einer vordefinierten Funktion namens *Prompt*. Sie können diese Funktion durch eine eigene Version überschreiben. Zum Beispiel ersetzt die Funktion

```
Prompt {"PS [$env:computername] $(Get-Date) > "}
```

die integrierte PowerShell-Eingabeaufforderung durch die Buchstaben *PS*, gefolgt vom Namen Ihres Computers und dem aktuellen Datum und der Uhrzeit.

Um zu den bereits in PowerShell vorhandenen Aliasnamen neue hinzuzufügen, brauchen Sie lediglich *Set-Alias*-Anweisungen in Ihr Profil zu schreiben. (Siehe »Aliasnamen verwenden und erstellen« weiter vorne in diesem Kapitel.)

Verwenden der Windows PowerShell-ISE

Ein Feature, das mit Windows PowerShell 2.0 eingeführt wurde, ermöglicht Ihnen die Eingabe von Befehlen und die Arbeit mit Skripten in einer grafischen Oberfläche. Diese ISE umfasst einen Befehlsbereich, einen Skriptbereich und einen Ausgabebereich. Im Ausgabebereich werden die Ergebnisse von Befehlen angezeigt, die Sie im Befehlsbereich eingeben, oder von Skripten, die Sie im Skriptbereich ausführen. (Beachten Sie, dass diese Anwendung die alte Windows PowerShell und nicht PowerShell 7 verwendet.)

Windows PowerShell ISE ist eine Desktopanwendung, die Sie über *Start* starten können. Alternativ dazu können Sie an einer PowerShell-Eingabeaufforderung oder in einem Eingabeaufforderungsfenster den Befehl **powershell_ise** eingeben.

Die ISE unterstützt mehrere Registerkarten, sodass Sie mehrere Skripte gleichzeitig öffnen können. Klicken Sie auf *Datei* | *Neu*, um eine neue leere Registerkarte zu öffnen (um dort ein neues Skript zu schreiben), oder auf *Datei* | *Öffnen*, um ein vorhandenes Skript in einer neuen Registerkarte zu öffnen. Um das aktuelle Skript auszuführen, klicken Sie auf *Debuggen | Ausführen/Fortsetzen*, drücken Sie [F5] oder klicken Sie auf den grünen Pfeil in der Mitte der Symbolleiste. Sie können andere Befehle im Menü *Debuggen* verwenden, um Haltepunkte zu setzen und zu entfernen und um das Skript im Einzelschrittmodus auszuführen.

Die ISE bietet alle üblichen Annehmlichkeiten einer grafischen Umgebung. Sie können zum Beispiel die Größe der Fenster ändern und sie neu anordnen. Sie können die *Zoom*-Befehle des Menüs *Ansicht* verwenden (oder den Schieberegler in der unteren rechten Ecke des Fensters einstellen), um den Text größer oder kleiner darzustellen. Außerdem können Sie Text einfach auswählen und von einem Fenster in ein anderes oder von der ISE in eine andere Anwendung kopieren.

Die ISE verwendet ein eigenes Profil, das von dem Profil getrennt ist, das Sie zum Anpassen von PowerShell selbst verwenden. Der Pfad und der Dateiname lauten wie folgt:

```
$Home\Documents\windowsPowerShell\Microsoft.PowerShellISE_profile.ps1
```

Sie erstellen die Datei durch Eingabe:

```
if(!(Test-Pfad $profile)){New-Item -Type file -Path $profile -Force}
```

Weitere PowerShell-Ressourcen

Die PowerShell wurde in diesem Kapitel nur oberflächlich behandelt. Eine vollständige Dokumentation zu PowerShell finden Sie unter *https://learn.microsoft.com/powershell*. Weitere Informationen zu den ersten Schritten in PowerShell finden Sie unter *https://learn.microsoft.com/powershell/scripting*.

Arbeiten in einer Eingabeaufforderungssitzung

Um eine Eingabeaufforderungssitzung zu öffnen, führen Sie *Cmd.exe* aus (oder doppelklicken Sie auf eine beliebige Verknüpfung zu *Cmd.exe*). Um ein separates Eingabeaufforderungsfenster zu öffnen, wenn bereits eines geöffnet ist, können Sie in der bereits laufenden Sitzung **start** eingeben. Die neue Sitzung wird in einem separaten Fenster Ihrer Standard-Terminalanwendung geöffnet.

Ausführung mit erhöhten Rechten

All Ihre Aktivitäten in einer Eingabeaufforderungssitzung unterliegen denselben Einschränkungen der Benutzerkontensteuerung (UAC) wie alles andere, was Sie in Windows tun. Wenn Sie die Eingabeaufforderung verwenden, um eine Anwendung (beispielsweise den Registrierungs-Editor) zu starten, die ein Administrator-Token erfordert, werden Sie aufgefordert, eine UAC-Eingabeaufforderung zu bestätigen, bevor Sie fortfahren. Wenn Sie mehrere solcher Aufgaben von der Eingabeaufforderung aus ausführen möchten, sollten Sie die Eingabeaufforderung selbst mit erhöhten Rechten ausführen. Verwenden Sie dazu eine der folgenden Techniken:

- Geben Sie in das Suchfeld **cmd** ein und drücken Sie [Strg]+[⇧]+[↵].
- Klicken Sie mit der rechten Maustaste auf eine beliebige Verknüpfung für die Eingabeaufforderung und wählen Sie dann *Als Administrator ausführen*. Stattdessen können Sie auch [Strg]+[⇧] gedrückt halten, während Sie auf die Verknüpfung klicken oder die [↵]-Taste drücken.

- Öffnen Sie über das Quicklink-Menü eine Terminal-Sitzung. Klicken Sie auf den Pfeil ganz rechts in der Registerkartenleiste, um das Menü zu öffnen. Halten Sie die Strg-Taste gedrückt und klicken Sie im Menü auf *Eingabeaufforderung*.
- Öffnen Sie über das Quicklink-Menü eine Terminal-(Administrator-)Sitzung. Klicken Sie auf den Pfeil ganz rechts in der Registerkartenleiste, um das Menü zu öffnen, und klicken Sie auf *Eingabeaufforderung*. Oder verwenden Sie die Windows-Terminal-Tastenkombination Strg+⇧+2.

Windows zeigt das Wort *Administrator* in der Titelleiste oder im Registerkartentitel jedes Eingabeaufforderungsfensters an, das mit erhöhten Rechten ausgeführt wird.

Starten der Eingabeaufforderung in einem bestimmten Ordner

Wenn Sie eine Eingabeaufforderungssitzung von Windows-Terminal aus öffnen, wird Ihre Sitzung in dem Ordner geöffnet, der in Ihrem Windows-Terminal-Profil angegeben ist. Standardmäßig ist dieser Ort das Stammverzeichnis Ihres Benutzerprofils. (Um diese Einstellungen zu ändern, lesen Sie die Anweisungen im Abschnitt »Windows-Terminal verwenden und konfigurieren« weiter vorne in diesem Kapitel.)

Wenn Sie die Eingabeaufforderung ausführen, indem Sie in das Suchfeld des Startmenüs *cmd* eingeben und dann die ↵-Taste drücken, verwendet Windows den Standardspeicherort: *%HOMEDRIVE%%HOMEPATH%*.

Um eine Eingabeaufforderungssitzung in einem anderen Ordner zu starten, halten Sie die ⇧-Taste gedrückt, während Sie mit der rechten Maustaste auf den Ordner im Datei-Explorer klicken. Klicken Sie im Kontextmenü auf *In Terminal öffnen* oder *PowerShell-Fenster hier öffnen* und geben Sie dann **cmd** ein.

Beim Start der Eingabeaufforderung einen Befehl ausführen

Mit den Befehlszeilenparametern */C* und */K* haben Sie die Möglichkeit, eine Eingabeaufforderungssitzung zu starten und sofort einen Befehl oder ein Programm auszuführen (wir kennzeichnen den Befehl in diesem Abschnitt durch *<Befehlsname>*). Der Unterschied zwischen den beiden Parametern ist, dass **cmd /C *<Befehlsname>*** die Eingabeaufforderungssitzung beendet, sobald *<Befehlsname>* abgeschlossen ist, während **cmd /K *<Befehlsname>*** die Eingabeaufforderungssitzung geöffnet hält, auch nachdem der Befehl abgearbeitet wurde.

Beachten Sie folgende Punkte:

- Sie müssen entweder */C* oder */K* verwenden, wenn Sie einen Befehlsnamen als Argument an *cmd* übergeben. Falls Sie **cmd *<Befehlsname>*** eintippen, wird *<Befehlsname>* vom Befehlsprozessor einfach ignoriert.
- Während der in *<Befehlsname>* angegebene Befehl ausgeführt wird, können Sie nicht mit dem Befehlsprozessor interagieren. Wollen Sie einen Befehl oder ein Programm ausführen, während die Oberfläche der Eingabeaufforderungsfenster Eingaben entgegennimmt, können Sie den Befehl *start* verwenden. Zum Beispiel führt die folgende Anweisung *Mybatch.bat* aus, während Sie sofort andere Befehle eintippen können, noch während das Batchprogramm läuft:

  ```
  cmd /k start mybatch.bat
  ```

- Wenn Sie außer */C* oder */K* noch weitere Befehlszeilenargumente verwenden, muss */C* oder */K* das letzte Argument vor *<Befehlsname>*sein.

Beim Start der Eingabeaufforderung Befehle mit Autorun ausführen

In der Standardeinstellung führt die Eingabeaufforderung beim Start das aus, was sie in den beiden folgenden Registrierungswerten findet:

- Der Wert *AutoRun* in *HKLM\Software\Microsoft\Command Processor*
- Der Wert *AutoRun* in *HKCU\Software\Microsoft\Command Processor*

Der Wert *AutoRun* in *HKLM* wirkt sich auf alle Benutzerkonten des aktuellen Computers aus, der *AutoRun*-Wert in *HKCU* dagegen nur auf das aktuelle *Benutzerkonto*. Sind beide Werte vorhanden, werden die Befehle aus beiden ausgeführt, erst *HKLM*, dann *HKCU*. Beide *AutoRun*-Werte haben den Datentyp REG_SZ, sie enthalten also eine einzelne Zeichenfolge. Wollen Sie daher eine Folge mehrerer Eingabeaufforderungsanweisungen ausführen lassen, müssen Sie Befehlssymbole verwenden oder die Abfolge als Batchprogramm speichern und dann über *AutoRun* dieses Batchprogramm aufrufen.

Sie können auch mithilfe von Gruppenrichtlinienobjekten festlegen, welche Aufgaben beim Start der Eingabeaufforderung automatisch ausgeführt werden.

Befehlszeile bearbeiten

Wenn Sie in einer Eingabeaufforderungssitzung (*Cmd.exe*) arbeiten, ist es oft nötig, mehrmals denselben Befehl oder mehrere ähnliche Befehle einzugeben. Um diese eintönige Aufgabe und die Korrektur von Fehleingaben zu erleichtern, bietet Windows ein Feature, das vorher eingetippte Befehle abruft, damit Sie sie in der aktuellen Befehlszeile verändern können. Tabelle 16.3 führt die verfügbaren Tastenkombinationen auf und erklärt, was sie tun. (Viele dieser Tasten funktionieren auch in einem PowerShell-Fenster.)

Taste	Funktion
↑ oder F3	Ruft den vorherigen Befehl aus dem Befehlsverlauf ab
↓	Ruft den nächsten Befehl aus dem Befehlsverlauf ab
Bild ↑	Ruft den ältesten Befehl ab, der in der Sitzung benutzt wurde
Bild ↓	Ruft den letzten in der Sitzung benutzten Befehl ab
←	Bewegt den Cursor ein Zeichen nach links
→	Bewegt den Cursor ein Zeichen nach rechts
Strg + ←	Bewegt den Cursor ein Wort nach links
Strg + →	Bewegt den Cursor ein Wort nach rechts
Pos1	Bewegt den Cursor an den Anfang der Zeile
Ende	Bewegt den Cursor an das Ende der Zeile
Esc	Löscht den aktuellen Befehl
F7	Zeigt den Befehlsverlauf als Liste an, die Sie durchblättern können
F8	Zeigt die Befehle an, die mit den Zeichen beginnen, die momentan in der Befehlszeile stehen
Alt + F7	Löscht den Befehlsverlauf

Tabelle 16.3 Tastenkombinationen zum Bearbeiten der Befehlszeile

Verwendung von Befehlssymbolen

Altmodische Programme, die sämtliche Eingaben über die Befehlszeile erhalten und danach selbstständig laufen, können in einer Multitasking-Umgebung sehr nützlich sein. Sie können solche Programme einsetzen, um im Hintergrund komplexe Verarbeitungen erledigen zu lassen, während Sie mit anderen Programmen im Vordergrund weiterarbeiten.

Um besser mit anderen Programmen zusammenzuarbeiten, folgen viele Befehlszeilenprogramme einer Reihe von Konventionen, die ihre Interaktion steuern:

- Standardmäßig nehmen Programme alle Eingaben in Form von Textzeilen entgegen, die über die Tastatur eingegeben werden. Eingaben im gleichen Format können aber auch aus einer Datei oder von einem beliebigen Gerät, das Textzeilen senden kann, umgeleitet werden.
- Standardmäßig senden Programme ihre gesamte Ausgabe als Textzeilen an den Bildschirm. Die Ausgabe im gleichen Format kann aber auch in eine Datei oder ein anderes zeilenorientiertes Gerät, wie zum Beispiel an einen Drucker, umgeleitet werden.
- Wenn Programme enden, legen sie eine Zahl fest (den sogenannten Rückgabewert), um ihr Ergebnis anzuzeigen.

Wurden Programme unter Befolgung dieser Regeln geschrieben, können Sie die in Tabelle 16.4 aufgeführten Symbole verwenden, um die Ein- und Ausgabe eines Programms zu steuern oder Programme miteinander zu verketten.

<table>
<tr><th>Symbol</th><th>Funktion</th></tr>
<tr><td><</td><td>Leitet die Eingabe um</td></tr>
<tr><td>></td><td>Leitet die Ausgabe um</td></tr>
<tr><td>>></td><td>Hängt die umgeleitete Ausgabe an vorhandene Daten an</td></tr>
<tr><td>|</td><td>Leitet Ausgaben in eine Pipe weiter</td></tr>
<tr><td>&</td><td>Trennt mehrere Befehle innerhalb einer Befehlszeile</td></tr>
<tr><td>&&</td><td>Führt den nach && stehenden Befehl nur aus, falls der Befehl vor && erfolgreich abgeschlossen wurde</td></tr>
<tr><td>||</td><td>Führt den nach || stehenden Befehl nur aus, falls der Befehl vor || fehlgeschlagen ist</td></tr>
<tr><td>^</td><td>Interpretiert das nächste Symbol als normales Zeichen</td></tr>
<tr><td>(und)</td><td>Fasst Befehle zu Gruppen zusammen</td></tr>
</table>

Tabelle 16.4 Befehlssymbole

Die Umleitungssymbole

Eingabeaufforderungssitzungen in Windows ermöglichen es Ihnen, die Standardquelle für die Eingabe (die Tastatur) oder das Standardziel für die Ausgabe (den Bildschirm) zu ändern.

Umleiten der Ausgabe

Um die Ausgabe in eine Datei umzuleiten, geben Sie den Befehl gefolgt von einem Größer-als-Zeichen (>) und dem Namen der Datei ein.

Die Verwendung von zwei Größer-als-Zeichen (>>) leitet die Ausgabe um und fügt sie an eine vorhandene Datei an.

Umleiten der Eingabe

Um Eingaben aus einer Datei umzuleiten, geben Sie den Befehl gefolgt von einem Kleiner-als-Zeichen (<) und dem Namen der Datei ein.

Umleiten von Eingabe und Ausgabe

Sie können sowohl die Eingabe als auch die Ausgabe in einer Befehlszeile umleiten. Um beispielsweise *Batch.lst* als Eingabe für den Befehl *Sort* zu verwenden und dessen Ausgabe in eine Datei namens *Sorted.lst* zu senden, geben Sie Folgendes ein:

```
sort < batch.lst > sorted.lst
```

Standardausgabe und Standardfehler

Programme können so geschrieben werden, dass sie ihre Ausgaben entweder an das Standardausgabegerät oder an das Standardfehlergerät senden. Manchmal senden Programme auch unterschiedliche Ausgabetypen an jedes dieser Geräte. Sie erkennen das nicht immer, weil in der Standardeinstellung für beide Geräte der Bildschirm verwendet wird.

Der Befehl *Type* veranschaulicht den Unterschied. Wird er mit Platzhaltern aufgerufen, sendet er die Namen aller passenden Dateien an das Standardfehlergerät und den Inhalt jeder Datei an das Standardausgabegerät. Weil für beide Geräte der Bildschirm verwendet wird, erhalten Sie eine praktische Darstellung, in der jeweils ein Dateiname steht, auf den der entsprechende Inhalt folgt.

Wenn Sie jedoch versuchen, die Ausgabe in eine Datei umzuleiten, indem Sie eine Anweisung wie:

```
*.bat > std.out
```

eingeben, werden die Dateinamen weiterhin auf dem Bildschirm angezeigt, da der Standardfehler weiterhin auf den Bildschirm geleitet wird. Nur die Dateiinhalte werden nach *Std.out* umgeleitet.

Sie haben in Windows die Möglichkeit, dem Umleitungssymbol eine Ziffer voranzustellen. Verwenden Sie *1>* (oder einfach >) für die Standardausgabe und *2>* für Standardfehler. Zum Beispiel:

```
Typ *.bat 2> err.out
```

Diesmal wird der Inhalt der Datei auf dem Bildschirm angezeigt und die Namen werden an *Err.out* weitergeleitet.

Das Pipe-Symbol

Das Pipe-Symbol (|) wird verwendet, um die Ausgabe einer Anwendung an eine zweite Anwendung als deren Eingabe zu senden oder zu leiten. Das Pipe-Symbol wird häufig in Verbindung mit dem Befehl *More* verwendet, der längere Ausgaben seitenweise anzeigt. Zum Beispiel:

```
help dir | more
```

Diese Befehlszeile verwendet die Ausgabe von *Help* als Eingabe für *More*. Der Befehl *More* nimmt die erste Bildschirmseite der Ausgaben von Help, sendet sie als eigene Ausgabe an den Bildschirm und wartet dann auf einen Tastendruck, bevor er die nächste Seite ausgibt.

> Expertentipp
>
> ***Befehlszeilenausgaben in die Zwischenablage umleiten***
>
> **Mit dem Dienstprogramm Clip, das in Windows Vista eingeführt wurde, können Sie die Ausgabe eines Befehls in die Windows-Zwischenablage umleiten und von dort in jedes beliebige Programm einfügen, das Text aus der Zwischenablage übernehmen kann. Wenn Sie zum Beispiel dir | clip eintippen, wird eine Liste mit den Dateien des aktuellen Verzeichnisses in die Zwischenablage kopiert. Sie können den Inhalt einer Datei auch mit dem Symbol < in die Zwischenablage umleiten. Zum Beispiel kopiert der Befehl clip < meinedatei.txt den Inhalt von *Meinedatei.txt* in die Zwischenablage.**

Windows-Registrierung bearbeiten

Die Windows-Registrierung ist der zentrale Speicherort, der Konfigurationsdetails für Hardware, Systemeinstellungen, Dienste, Benutzeranpassungen, Anwendungen und alle kleinen und großen Details enthält, die für die Arbeit von Windows erforderlich sind.

> Hinweis
>
> **Die Registrierung entstand über viele Jahre hinweg durch die Arbeit von vielen Leuten. Die Groß- und Kleinschreibung und die Verwendung von Leerzeichen sind daher nicht einheitlich. Da es uns bei diesem Buch um leichte Lesbarkeit ging, haben wir in Sachen Groß- und Kleinschreibung unsere eigenen Entscheidungen getroffen. Unsere Schreibweise wird daher gelegentlich von dem abweichen, was Sie im Registrierungs-Editor sehen. Das spielt keine Rolle. Die Groß- und Kleinschreibung ist in diesem Fall unwichtig. Allerdings müssen die Zeichenfolgen und die Leerzeichen korrekt angegeben werden.**

Es ist zwar sehr bequem, sich die Registrierung als eine monolithische Datenbank vorzustellen, aber in der Praxis sind ihre Inhalte an mehreren Orten als separate *Strukturdateien* gespeichert (engl. hives), zusammen mit Protokoll- und anderen Hilfsdateien. Einige dieser Strukturdateien werden beim Hochfahren des Computers in den Arbeitsspeicher geladen. Registrierungsstrukturdateien, die benutzerspezifische Einstellungen enthalten, werden im Benutzerprofil gespeichert und geladen, sobald sich der betreffende Benutzer anmeldet. (Sie können eine Strukturdatei nur mit dem Registrierungs-Editor direkt öffnen.)

Die Startkonfigurationsdatenbank (Boot Configuration Data, BCD) verfügt auf dem Startlaufwerk über ihre eigene Datei. Die Kernstrukturdateien für Windows – SAM (die Sicherheitskontenverwaltung), Security, Software und System – sind im Ordner *%SystemRoot%\System32\Config* gespeichert. Zwei Strukturdateien mit Einstellungen für den lokalen Dienst und den Netzwerkdienst liegen in den Ordnern *%SystemRoot%\ServiceProfiles\LocalService* und *%SystemRoot%\ServiceProfiles\NetworkService*. Benutzerspezifische Strukturdateien werden in den jeweiligen Benutzerprofilen gespeichert.

Die Hardwarestrukturdatei ist insofern einzigartig, als dass sie nicht auf dem Laufwerk gespeichert wird. Diese Strukturdatei mit Informationen über die Hardwarekonfiguration ist vollständig flüchtig. Windows 11 erstellt sie jedes Mal neu, wenn Sie Ihren Computer einschalten.

Hinweis

Wo die Strukturdateien auf Ihrem Computer gespeichert sind, erfahren Sie aus den Werten unter *HKLM\System\CurrentControlSet\Control\HiveList*. Windows weist Laufwerkbuchstaben erst nach der Zusammenstellung der Registrierung zu. Daher enthalten die hier angegebenen Pfade keine Laufwerkbuchstaben.

Windows 11 ist so konzipiert, dass direkte Änderungen an der Registrierung durch Endbenutzer in der Regel nicht erforderlich sind. Wenn Sie Ihre Konfiguration ändern, indem Sie beispielsweise die App Einstellungen oder die Systemsteuerung verwenden, schreibt Windows die erforderlichen Änderungen für Sie in die Registrierung. Wenn Sie neue Hardware oder eine neue App installieren, nimmt das Installationsprogramm der App die erforderlichen Änderungen an der Registrierung vor. Sie brauchen sich um Details nicht zu kümmern.

Andererseits konnten die Entwickler von Windows natürlich keine Benutzeroberfläche für jede denkbare Anpassung bereitstellen, die Sie vielleicht durchführen möchten. Daher ist die direkte Bearbeitung der Registrierung manchmal der einzige Weg, eine bestimmte Änderung vorzunehmen. Auch wenn es in anderen Fällen nicht der einzige Weg ist, ist es vielleicht der schnellste Weg. Registrierungseinträge zu ändern oder zu löschen, ist gelegentlich ein wichtiges Element bei der Problembehandlung und Reparatur. In Windows gibt es einen Registrierungs-Editor, mit dem Sie sich vertraut machen sollten. Dieser Abschnitt unterstützt Sie dabei.

Achtung

Die meisten Microsoft-Supportartikel enthalten eine eindringliche Warnung vor den Risiken, die mit der Bearbeitung der Registrierung verbunden sind. Dem können wir uns nur anschließen. Eine falsche Änderung der Registrierung kann dazu führen, dass Ihr System nicht mehr gestartet werden kann und in manchen Fällen eine vollständige Neuinstallation des Betriebssystems erforderlich ist. Denken Sie daran, wenn Sie mit dem Registrierungs-Editor arbeiten – Sie tun es auf eigenes Risiko.

Die Hierarchie des Registrierungs-Editors verstehen

Der Registrierungs-Editor *(Regedit.exe)* bietet eine einheitliche Darstellung des Inhalts der Registrierung sowie Tools zum Ändern dieses Inhalts. In Windows 11 hat Microsoft dieses und andere Verwaltungstools aus der Liste *Alle Apps* entfernt, aber Sie können es immer noch über das Suchfeld finden. Alternativ können Sie in eine Eingabeaufforderung oder in das Dialogfeld *Ausführen* **regedit** eingeben. Der Registrierungs-Editor ist seit dem letzten Jahrhundert praktisch unverändert geblieben, mit Ausnahme einiger kleiner Verbesserungen, die in der Windows 10-Ära eingeführt wurden: eine Adressleiste, neue Tastenkombinationen zur Navigation der Registrierung, Optionen zum Speichern von bevorzugten Registrierungspositionen für einen leichteren Zugriff und ein neuer Menübefehl *Ansicht | Schriftart*, mit der Sie die Schriftart anpassen können, die beim Anzeigen oder Bearbeiten des Inhalts der Registrierung verwendet wird.

Abbildung 16.8 zeigt eine (größtenteils) eingeklappte Ansicht der Windows 11-Registrierung, wie sie im Registrierungs-Editor zu sehen ist.

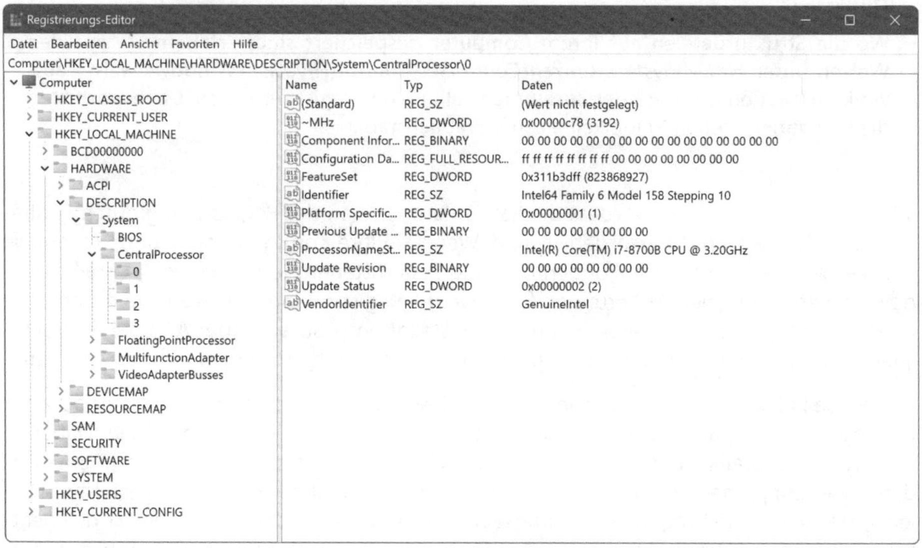

Abbildung 16.8 In der Registrierung gibt es fünf Stammschlüssel, von denen jeder viele untergeordnete Schlüssel enthält.

Der Knoten *Computer* erscheint oben in der Baumstruktur des Registrierungs-Editors. Darunter befinden sich, wie hier gezeigt, fünf Stammschlüssel: *HKEY_CLASSES_ROOT, HKEY_CURRENT_USER, HKEY_LOCAL_MACHINE, HKEY_USERS* und *HKEY_CURRENT_CONFIG*. Der Einfachheit halber und der typografischen Bequemlichkeit halber werden in diesem Buch, wie in vielen anderen, die Namen der Stammschlüssel mit *HKCR, HKCU, HKLM, HKU* bzw. *HKCC* abgekürzt.

Stammschlüssel, manchmal auch vordefinierte Schlüssel genannt, enthalten Unterschlüssel. Der Registrierungs-Editor zeigt diese Struktur in einem hierarchischen Baum im linken Fensterbereich an. In Abbildung 16.8 ist beispielsweise *HKLM* geöffnet und zeigt die Unterschlüssel der obersten Ebene.

> ### Hinweis
>
> **Eine der Änderungen im Registrierungs-Editor, die mit Windows 10 eingeführt wurden, ist die Adressleiste. Darin können Sie einen Registrierungspfad eingeben und die [↵]-Taste drücken, um direkt zu diesem Schlüssel zu springen, ähnlich wie Sie zu einem Ordner im Datei-Explorer springen können. Für die Stammschlüssel können Sie den vollständigen Namen oder die oben beschriebenen, häufig verwendeten Abkürzungen eingeben.**
>
> **Um zur Adressleiste zu wechseln und den aktuellen Inhalt auszuwählen, drücken Sie [Alt]+[D] oder [Strg]+[L], die gleichen Tastenkombinationen, die auch im Datei-Explorer und den meisten Webbrowsern funktionieren.**

Unterschlüssel, die wir kurz Schlüssel nennen, können eigene Unterschlüssel enthalten, die wiederum nach Bedarf erweitert werden können, um weitere Unterschlüssel anzuzeigen. Die Adressleiste am oberen Rand des Fensters des Registrierungs-Editors in der vorherigen Abbildung zeigt den vollständigen Pfad des aktuell ausgewählten Schlüssels an: *Computer\HKLM\HARDWARE\DESCRIPTION\System\CentralProcessor\0*.

Der Inhalt von *HKEY_LOCAL_MACHINE* definiert die Arbeitsweise von Windows und einige der Unterschlüssel werden auf die Strukturdateien abgebildet, die am Anfang dieses Abschnitts beschrieben wurden. *HKEY_USERS* enthält für jedes vorhandene Benutzerkonto einen Eintrag, auch für Systemkonten, wobei für jedes Konto eine Sicherheitskennung (Security Identifier, SID) verwendet wird.

▶ **Eine ausführliche Erläuterung der Beziehung zwischen Benutzerkonten und SIDs finden Sie im Kasten »Was sind Sicherheitskennungen?« in Kapitel 10, »Benutzerkonten, Kennwörter und Anmeldeinformationen verwalten«.**

Die verbleibenden drei vordefinierten Schlüssel gibt es eigentlich nicht, technisch gesehen. Wie das Dateisystem von Windows, das Verzeichnisverbindungen, symbolische Verknüpfungen und andere Tricks verwendet, um einen virtuellen Namensraum darzustellen, beherrscht auch die Registrierung durch den Datentyp *REG_LINK* den Trick der Umlenkung, um diese bequemen Darstellungen von Schlüsseln anzubieten, die eigentlich unter HKEY*_LOCAL_MACHINE* und *HKEY_USERS* gespeichert sind:

- *HKEY_CLASSES_ROOT* ist aus Schlüsseln zusammengesetzt, die aus *HKLM\Software\Classes* und *HKEY_USERS\<sid>_Classes* stammen (wobei *<sid>* die Sicherheitskennung des aktuell angemeldeten Benutzers angibt).
- *HKEY_CURRENT_USER* ist eine Darstellung der Einstellungen für das aktuell angemeldete Benutzerkonto, wie unter *HKEY_USERS\<sid>* gespeichert (wobei *<sid>* die Sicherheitskennung des aktuell angemeldeten Benutzers angibt).
- *HKEY_CURRENT_CONFIG* zeigt den Inhalt des untergeordneten Schlüssels *Hardware Profiles\Current* aus *HKLM\System\CurrentControlSet\Hardware Profiles*.

Alle Änderungen, die Sie an den Schlüsseln und Werten in diesen virtuellen Schlüsseln vornehmen, haben die gleiche Wirkung, als hätten Sie die tatsächlichen Speicherorte bearbeitet. Die Schlüssel *HKCR* und *HKCU* sind im Allgemeinen bequemer zu verwenden.

Registrierungswerte und Datentypen

Jeder Schlüssel enthält mindestens einen Wert. Im Registrierungs-Editor wird dieser obligatorische Wert als Standardwert bezeichnet. Viele Schlüssel haben zusätzliche Werte. Die Namen, Datentypen und Daten, die den Werten zugeordnet sind, werden im Detailbereich angezeigt.

Der Standardwert für viele Schlüssel ist nicht definiert. Sie können sich einen leeren Standardwert wie einen Platzhalter vorstellen – ein Speicherplatz, der zwar Daten aufnehmen kann, aber noch keine Daten enthält.

Alle vom Standard abweichenden Werte enthalten immer die folgenden drei Komponenten: Name, Datentyp und Daten. Abbildung 16.9 zeigt zum Beispiel die angepassten Einstellungen für die Zwischenablage des aktuellen Benutzers. (Beachten Sie den vollständigen Pfad zu diesem Schlüssel in der Adressleiste oben im Fenster des Registrierungs-Editors.)

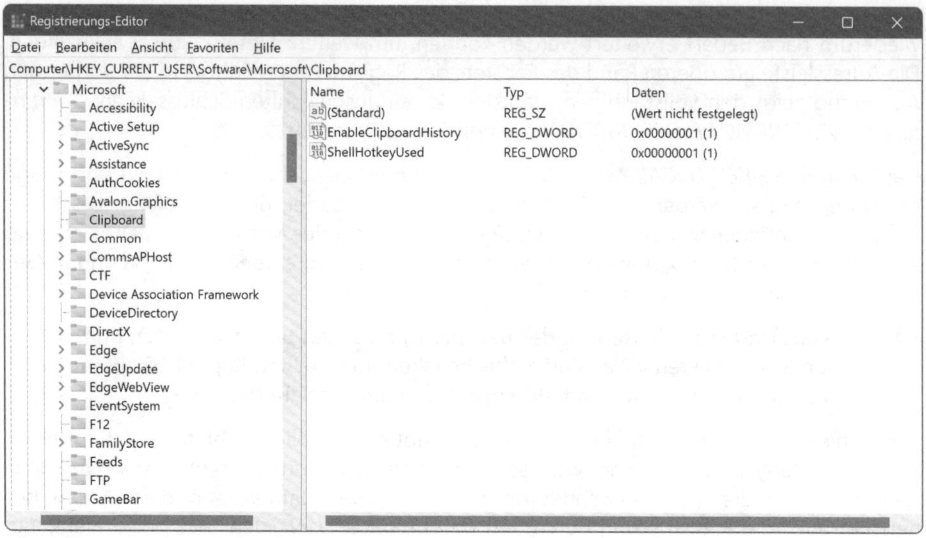

Abbildung 16.9 Wenn Sie einen Schlüssel auf der linken Seite auswählen, werden alle seine Werte auf der rechten Seite angezeigt.

Der Wert *EnableClipboardHistory* ist vom Datentyp *REG_DWORD*. Die mit diesem Wert verbundenen Daten (auf dem für diese Abbildung verwendeten System) sind 0x00000001. Das Präfix *0x* kennzeichnet einen hexadezimalen Wert. Der Registrierungs-Editor zeigt das dezimale Äquivalent von hexadezimalen Werten in Klammern nach dem Wert an.

Die Registrierung verwendet die folgenden Datentypen:

- **REG_SZ** Das SZ bedeutet eine Zeichenfolge, die durch ein Nullbyte (00) beendet wird. Diese Zeichenfolge mit variabler Länge kann sowohl Unicode- als auch ANSI-Zeichen enthalten. Wenn Sie einen *REG_SZ*-Wert eingeben oder bearbeiten, fügt der Registrierungs-Editor den Wert plus das Nullbyte ein.
- **REG_BINARY** Der Typ REG_BINARY enthält binäre Daten, also nur Nullen und Einsen.
- **REG_DWORD** Dieser Datentyp ist ein »Doppelwort«, also ein numerischer 32-Bit-Wert (ein »Wort« hat 16 Bit). Auch wenn er jede Ganzzahl von 0 bis 2^{32} enthalten kann, wird er in der Registrierung häufig für einfache boolesche Werte (0 oder 1) verwendet, da die Registrierung keinen booleschen Datentyp kennt.
- **REG_QWORD** Bei diesem Datentyp handelt es sich um ein »Vierfachwort« – ein numerischer 64-Bit-Wert.
- **REG_MULTI_SZ** Dieser Datentyp enthält eine Gruppe von nullterminierten Zeichenketten, die einem einzigen Wert zugeordnet sind.
- **REG_EXPAND_SZ** Dieser Datentyp ist eine nullterminierte Zeichenkette, die einen Verweis auf eine Umgebungsvariable enthält, beispielsweise *%SystemRoot%*. (Informationen über Umgebungsvariablen enthält der Abschnitt »Arbeiten mit PowerShell« weiter vorne in diesem Kapitel.) Verwenden Sie diesen Datentyp und nicht *REG_SZ*, wenn Sie einen Schlüssel erstellen müssen, der einen Variablennamen enthält.

Intern verwendet die Registrierung außerdem die Datentypen *REG_LINK, REG_FULL_RESOURCE_DESCRIPTOR, REG_RESOURCE_LIST, REG_RESOURCE_REQUIREMENTS_LIST* und *REG_NONE*. In technischen Dokumentationen werden Sie gelegentlich auf diese Datentypen stoßen, aber im Registrierungs-Editor sind sie weder sichtbar noch zugänglich.

Registrierungseinträge anzeigen und ändern

Wegen der Größe der Registrierung kann es schwierig werden, bestimmte Schlüssel, Werte oder Datenelemente zu finden. Der Suchbefehl des Registrierungs-Editors, der im Menü *Bearbeiten* oder durch Drücken von Strg+F zugänglich ist, arbeitet nur vorwärts und beginnt nicht automatisch wieder am Anfang der Registrierung, wenn er ihr Ende erreicht hat. Wenn Sie nicht sicher sind, wo sich das gesuchte Element befindet, wählen Sie im linken Bereich die oberste Ebene aus, ab der Sie suchen wollen, bevor Sie den Befehl verwenden. Sofern Sie eine Vorstellung davon haben, wo das gesuchte Element zu finden ist, können Sie Zeit sparen, wenn Sie einen Knoten auswählen, der näher, aber immer noch oberhalb des Ziels liegt.

Wenn Sie das gesuchte Element gefunden haben, können Sie es in die Favoritenliste aufnehmen, um es schneller wiederzufinden. Wählen Sie *Favoriten | Zu Favoriten hinzufügen* und geben Sie einen Namen für den Favoriten ein (oder übernehmen Sie den vorgegebenen Namen). Falls Sie den Registrierungs-Editor schließen möchten und bereits wissen, dass Sie das nächste Mal mit demselben Schlüssel arbeiten werden, können Sie den Schritt mit den Favoriten überspringen, denn der Registrierungs-Editor merkt sich die letzte Position und kehrt am Anfang der nächsten Sitzung automatisch zu dieser Position zurück.

Zur Navigation in der Registrierung bietet der Registrierungs-Editor einige zeitsparende Tastenkombinationen:

- Um zum nächsten Unterschlüssel zu wechseln, dessen Name mit einem bestimmten Buchstaben beginnt, geben Sie einfach diesen Buchstaben ein, sofern der Eingabefokus im linken Navigationsbereich liegt. Im rechten Detailbereich führt derselbe Trick zum nächsten Wert, dessen Name mit diesem Buchstaben beginnt.
- Drücken Sie → oder Alt+→, um einen Schlüssel zu öffnen und seine Unterschlüssel einzublenden.
- Drücken Sie ← oder Alt+←, um alle Unterschlüssel des aktuellen Schlüssels einzuklappen. Sind alle Unterschlüssel geschlossen, bringen beide Tastenkombinationen Sie eine Ebene in der Unterschlüsselhierarchie nach oben. Drücken Sie Alt+↑, um eine Ebene nach oben zu gehen, ohne die Unterschlüssel einzuklappen.
- Ein Druck auf Pos1 führt Sie zum Anfang der Hierarchie.
- Mit ⇆ wechseln Sie schnell zwischen dem linken Navigations- und dem rechten Detailbereich.
- Wenn Sie im rechten Detailbereich einen Wert umbenennen möchten, drücken Sie F2, bearbeiten Sie den Namen und schließen Sie die Bearbeitung mit ↵ ab.

Einige dieser Tastenkombination funktionieren genauso wie im Datei-Explorer, sodass Sie Ihre Erfahrung bei der Bedienung des Datei-Explorers auf den Registrierungs-Editor übertragen können.

Wenn Sie sich erst einmal mit diesen Tastenkombinationen vertraut gemacht haben, werden Sie feststellen, dass es in der Regel einfacher ist, sich mit einer Kombination aus Pfeil- und Buchstabentasten durch die Unterschlüsselhierarchie zu bewegen, als die Gliederungselemente mit der Maus zu öffnen.

Sie können die Daten ändern, die mit einem Wert verknüpft sind, indem Sie den Wert im rechten Bereich auswählen und [↵] drücken oder auf den Wert doppelklicken. Der Registrierungs-Editor öffnet daraufhin ein Dialogfeld, in dem Sie den Wert des jeweiligen Datentyps verändern können.

Schlüssel und Werte hinzufügen oder löschen

Um einen Schlüssel hinzuzufügen, wählen Sie im linken Bereich den gewünschten übergeordneten Schlüssel aus. Verwenden Sie dann im Menü den Befehl *Bearbeiten* | *Neu* | *Schlüssel*. Der neue Schlüssel wird mit einem allgemeinen Namen angezeigt, wie ein neuer Ordner im Datei-Explorer. Geben Sie den gewünschten Namen ein.

Um einen Wert hinzuzufügen, wählen Sie zuerst den übergeordneten Schlüssel aus und verwenden dann im Menü den Befehl *Bearbeiten* | *Neu*. In dem Untermenü, das nun erscheint, klicken Sie auf den gewünschten Datentyp. Im rechten Bereich erscheint ein Wert des gewählten Typs mit einem allgemeinen Namen. Geben Sie einen Namen ein und drücken Sie zweimal die [↵]-Taste. Geben Sie Ihre Daten ein und drücken Sie noch einmal die [↵]-Taste.

Um einen Schlüssel oder Wert zu löschen, wählen Sie ihn aus und drücken Sie dann die [Entf]-Taste. Beachten Sie, dass beim Löschen eines Schlüssels auch alle mit ihm verbundenen Werte und Unterschlüssel gelöscht werden.

Den Befehl »Reg« verwenden

Für Experten gibt es die Möglichkeit, in einer Eingabeaufforderung, einer Batch-Datei oder einem Skript den Befehl *Reg* zu verwenden. Geben Sie **reg /?** ein, wenn Sie eine Liste der Argumente für den Reg-Befehl sehen möchten (*query, add, export, import* und so weiter). Für jeden dieser Parameter gibt es eine eigene Syntaxhilfe. Geben Sie zum Beispiel **reg add /?** ein, um die korrekte Syntax für das Hinzufügen eines Werts zu sehen.

In ähnlicher Weise können Sie die Registrierung mit PowerShell-Befehlen manipulieren. Weitere Informationen finden Sie im Abschnitt »Mit der Registrierung arbeiten« weiter vorne in diesem Kapitel.

Teile der Registrierung sichern und wiederherstellen

Bevor Sie Änderungen an der Registrierung vornehmen, sollten Sie die Systemwiederherstellung verwenden, um einen Wiederherstellungspunkt zu setzen, der einen Schnappschuss der Registrierung in ihrem aktuellen Zustand enthält. Diese Vorsichtsmaßnahme ermöglicht es bei Bedarf, alle Änderungen wieder zurückzunehmen.

▶ **Informationen zur Verwendung der Systemwiederherstellung finden Sie im Abschnitt »Das System auf einem früheren Wiederherstellungspunkt zurücksetzen« in Kapitel 15, »Problembehandlung, Sicherung und Wiederherstellung«.**

Zusätzlich oder alternativ dazu können Sie im Registrierungs-Editor den Befehl *Exportieren* verwenden, um den Teil der Registrierung zu sichern, an dem Sie arbeiten möchten. Der Registrierungs-Editor kann die gesamte Registrierung oder Teile davon in einem von vier verschiedenen Dateiformaten speichern, allerdings ist nur noch eines davon relevant.

Die Option *Registrierungsdateien* erstellt eine *.reg*-Datei, eine Textdatei, die in Notepad oder einer ähnlichen Anwendung gelesen und bearbeitet werden kann. Eine *.reg*-Datei kann in die Registrierung eines Systems mit einer beliebigen Version von Windows eingelesen werden. Wenn Sie eine *.reg*-Datei zusammenführen, ersetzen ihre Schlüssel und Werte die entsprechenden Schlüssel und Werte in der Registrierung. Durch die Verwendung von *.reg*-Dateien können Sie Ihre Registrierung »offline« bearbeiten und Ihre Änderungen in die Registrierung einfügen, ohne dazu den Registrierungs-Editor öffnen zu müssen. Sie können *.reg*-Dateien auch als einfache Möglichkeit verwenden, Registrierungseinstellungen auf andere Computer zu übertragen.

Um einen Teil der Registrierung zu exportieren, bevor Sie daran arbeiten, wählen Sie einen Schlüssel im linken Fenster aus und klicken Sie dann auf *Datei | Exportieren*. (Noch einfacher ist es, wenn Sie mit der rechten Maustaste auf einen Schlüssel und dann auf *Exportieren* klicken.) Wählen Sie im Dialogfeld *Registrierungsdatei exportieren* in der Liste *Speichertyp* die Option *Registrierungsdateien (*.reg)*. Wählen Sie unter *Exportbereich* die Option *Ausgewählte Teilstruktur* und klicken Sie dann auf *Speichern*. Die resultierende Datei enthält den ausgewählten Schlüssel und alle seine Unterschlüssel und Werte.

Achtung

Beim Export einer Registrierungsstrukturdatei im Format *Registrierungsstrukturdateien* wird die gesamte Registrierungsstruktur exportiert. Wenn Sie eine solche Registrierungsstrukturdatei dann importieren, wird der gesamte Inhalt des ausgewählten Schlüssels durch den Inhalt der Datei ersetzt, unabhängig davon, welcher Zweig der Registrierung in der Datei gespeichert ist. Der ausgewählte Schlüssel wird also gelöscht und die Schlüssel und Werte aus der Datei werden hinzugefügt. Offensichtlich ist das hochgefährlich – unserer Meinung nach wiegen die Vorteile nicht schwer genug, um das Risiko einzugehen.

Wenn Sie eine Sicherungskopie als *.reg*-Datei exportiert haben, können Sie sie auf die gleiche Weise importieren. (Alternativ können Sie im Datei-Explorer auf die *.reg*-Datei doppelklicken, ohne den Registrierungs-Editor zu öffnen.) Der vollständige Pfad zu den einzelnen Schlüsseln und Werten wird als Teil der Datei gespeichert und die Wiederherstellung erfolgt immer am Ursprungsort. Diese Methode zur Wiederherstellung nach Bearbeitungsfehlern ist gut geeignet, wenn Sie keine neuen Werte oder Unterschlüssel zu dem Bereich der Registrierung hinzugefügt haben, mit dem Sie arbeiten; sie setzt die vorhandenen Daten in ihren früheren Zustand zurück, ändert aber nicht die von Ihnen hinzugefügten Daten.

TROUBLESHOOTING

Sie haben einen Registry-Cleaner verwendet und Ihr Computer funktioniert nicht mehr

Die Registrierung ist nicht leicht zu verstehen und kann sehr unübersichtlich sein. Fehlerhafte Versuche einer Bereinigung können zu unerwarteten Problemen führen, die kaum zu beheben sind, weil die genaue Ursache nur sehr schwer zu erkennen ist. Deswegen bleibt Microsoft so beharrlich bei den Warnungen, dass unpassende Änderungen der Registrierung die Arbeit des Computers stören oder seinen Start ganz verhindern können. Wir haben noch keinen sogenannten »Registry-Cleaner« gefunden, dessen Nutzen das Risiko wert wäre, das seine Verwendung unweigerlich mit sich bringt. Falls Sie einen Registry-Cleaner benutzt haben und sich Ihr Computer anschließend seltsam verhält, können Sie versuchen, das System wiederherzustellen. Und machen Sie sich diesmal nicht die Mühe, dieses unnütze Programm erneut zu installieren.

Änderungen mithilfe von .reg-Dateien automatisieren

Bei den *.reg*-Dateien, die der Registrierungs-Editor exportiert, handelt es sich um reine Textdateien, die in Notepad oder einem ähnlichen Editor gelesen und bearbeitet werden können. Daher bieten sie eine alternative Methode zur Bearbeitung Ihrer Registrierung. Sie können einen Teil der Registrierung exportieren, ihn offline ändern und dann wieder in die Registry einfügen. Sie können der Registrierung auch neue Schlüssel, Werte und Daten hinzufügen, indem Sie eine *.reg*-Datei von Grund auf neu erstellen und sie zusammenführen. Eine *.reg*-Datei ist besonders nützlich, wenn Sie die gleichen Änderungen an der Registrierung mehrerer Computer vornehmen müssen. Sie können Ihre Änderungen auf einem Computer vornehmen und testen, den entsprechenden Teil der Registrierung als *.reg*-Datei speichern und dann die gespeicherte Datei in die Registrierung auf anderen Computern importieren.

Jede *.reg*-Datei enthält die folgenden Elemente:

- **Kopfzeile** Die Datei beginnt mit der Zeile »Windows Registry Editor Version 5.00«. Wenn Sie eine *.reg*-Datei mit der Registrierung zusammenführen, überprüft der Registrierungs-Editor anhand dieser Zeile, ob die Datei Registrierungsdaten enthält. Version 5 (die mit Windows 7 und späteren Versionen bis einschließlich Windows 11 verwendete Version) erzeugt Unicode-Textdateien, die auf allen unterstützten Versionen von Windows verwendet werden können, wie auch unter den inzwischen nicht mehr unterstützten Versionen Windows XP und Windows 2000.
- **Schlüsselnamen** Schlüsselnamen werden in eckigen Klammern angegeben und müssen den vollständigen Pfad vom Stammschlüssel bis hin zum aktuellen Unterschlüssel enthalten. Der Name des Stammschlüssels darf nicht abgekürzt werden. Verwenden Sie also keine Bezeichnungen wie *HKCU*.
- **Standardwert** Undefinierte Standardwerte erscheinen nicht in *.reg*-Dateien. Definierte Werte werden durch das Sonderzeichen @ angegeben. Ein Schlüssel, dessen *REG_SZ*-Standardwert als *MyApp* definiert ist, würde also folgendermaßen in einer *.reg*-Datei erscheinen:

```
"@"="MyApp"
```

- **Wertnamen** Wertnamen müssen in Anführungszeichen eingeschlossen werden, unabhängig davon, ob sie Leerzeichen enthalten. Nach dem Wertnamen wird ein Gleichheitszeichen angegeben.
- **Datentypen** *REG_SZ*-Werte werden nicht mit einem Datentyp gekennzeichnet und erhalten auch keinen Doppelpunkt. Die Daten folgen direkt nach dem Gleichheitszeichen. Andere Datentypen werden mit speziellen Identifizierern angegeben (siehe Tabelle 16.5).

Datentyp	Identifizierer
REG_BINÄR	Hex
REG_DWORD	dword
REG_QWORD	hex(b)
REG_MULTI_SZ	hex(7)
REG_EXPAND_SZ	hex(2)

Tabelle 16.5 Die Identifizierer von Datentypen in *.reg*-Dateien

Ein Doppelpunkt trennt die Identifizierer von den Daten. Ein REG_DWORD-Wert namens »Keyname« mit dem Datenwert 00000000 sieht also folgendermaßen aus:

```
"Keyname"=dword:00000000
```

- **REG_SZ-Werte** Gewöhnliche Zeichenfolgen müssen in Anführungszeichen angegeben werden. Für den umgekehrten Schrägstrich (Backslash) innerhalb einer Zeichenfolge müssen Sie zwei umgekehrte Schrägstriche angeben. Der Pfad *C:\ProgramFiles\Microsoft Office* wird also folgendermaßen geschrieben:

```
"C:\\Program Files\\Microsoft Office\\"
```

- **REG_DWORD-Werte** DWORD-Werte werden mit acht Hexadezimalstellen geschrieben, ohne Leerzeichen, ohne Komma. Verwenden Sie nicht das Präfix 0x.
- **Alle anderen Datentypen** Andere Datentypen – *REG_EXPAND_SZ, REG_MULTI_SZ* und *REG_QWORD* – erscheinen als kommagetrennte Liste von Hexadezimalbytes (zwei Hexadezimalziffern, ein Komma, zwei weitere Hexadezimalziffern und so weiter). Das folgende Beispiel zeigt einen *REG_MULTI_SZ*-Wert:

```
"Addins"=hex(7):64,00,3a,00,5c,00,6c,00,6f,00,74,00,00,75,00,73,00,5c,00,\
31,00,32,00,33,00,5c,00,61,00,64,00,64,00,64,00,69,00,6e,00,73,00,5c,00,\
64,00,71,00,61,00,75,00,69,00,2e,00,31,00,32,00,61,00,00,00,00,00,00,00
```

- **Zeilenfortsetzungszeichen** Sie können einen umgekehrten Schrägstrich (Backslash) als Zeilenfortsetzungszeichen verwenden. Der gerade gezeigte *REG_MULTI_SZ*-Wert steht eigentlich vollständig auf einer einzigen Zeile. Wir haben die Zeilen umbrochen und umgekehrte Schrägstriche hinzugefügt. Das können Sie auch in Ihren *.reg*-Dateien tun.
- **Leerzeilen** Sie können Leerzeilen einfügen, um die Datei übersichtlicher zu gestalten. Der Registrierungs-Editor ignoriert die Leerzeilen.
- **Kommentare** Wenn Sie zu einer *.reg*-Datei eine Kommentarzeile hinzufügen möchten, müssen Sie die Zeile mit einem Semikolon beginnen.

Registrierungsdaten mithilfe von .reg-Dateien löschen

In der Regel werden *.reg*-Dateien verwendet, um vorhandene Registrierungsdaten zu ändern oder neue Daten hinzuzufügen. Sie können sie aber auch verwenden, um vorhandene Werte und Schlüssel zu löschen.

Tragen Sie als Daten für einen Wert ein Minuszeichen ein, um einen vorhandenen Wert zu löschen. Wenn Sie zum Beispiel mit einer *.reg*-Datei den Wert *ShellState* aus dem Schlüssel *HKCU\Software\Microsoft\Windows\CurrentVersion\Explorer* entfernen möchten, fügen Sie folgende Zeilen zur *.reg*-Datei hinzu:

```
[HKEY_CURRENT_USER\Software\Microsoft\Win-
dows\CurrentVersion\Explorer]"ShellState"=-
```

Um einen vorhandenen Schlüssel mit allen seinen Werten und Daten zu löschen, können Sie vor dem Schlüsselnamen (hinter der linken eckigen Klammer) ein Minuszeichen einfügen. Wenn Sie beispielsweise den Schlüssel *HKCR\.xyz\shell* und alle seine Werte entfernen möchten, fügen Sie folgende Zeile in die *.reg*-Datei ein:

```
[-HKEY_CLASSES_ROOT\.xyz\shell]
```

Eine .reg-Datei mit der Registrierung zusammenführen

Um eine *.reg*-Datei aus dem Registrierungs-Editor in die Registrierung einzubinden, öffnen Sie das Menü *Datei* und klicken Sie auf *Importieren*. Der Registrierungs-Editor fügt die importierten Daten unter den entsprechenden Schlüsselnamen ein und überschreibt dabei gegebenenfalls vorhandene Werte.

Die Standardaktion für eine *.reg*-Datei ist Zusammenführen, wobei eine Zusammenführung mit der Registrierung gemeint ist. Daher können Sie eine Datei mit der Registrierung zusammenführen, indem Sie sie im Datei-Explorer doppelt anklicken und den Vorgang bestätigen.

Registrierungsvirtualisierung

Eines der langjährigen Sicherheitsprinzipien in Windows ist, dass Anwendungen, die unter dem Token eines Standardbenutzers ausgeführt werden, daran gehindert werden, auf Systemordner im Dateisystem und auf maschinenweite Schlüssel in der Registrierung zu schreiben. Windows 11 respektiert dieses Prinzip und ermöglicht es Benutzern mit einem Standardkonto, Anwendungen auszuführen, ohne sie ständig mit der Meldung »Zugriff verweigert« zu konfrontieren.

Das ist eine besondere Herausforderung bei älteren Anwendungen, die einen Zugriff auf Administratorenebene erfordern. Diese Anwendungen können in Windows 11 sogar von Standardbenutzern verwendet werden. Das Geheimnis? Die Benutzerkontensteuerung verwendet die Virtualisierung der Registrierung, um Schreibversuche auf Unterschlüssel von *HKLM\Software* umzuleiten. (Die Einstellungen in *HKLM* gelten für alle Benutzer des Computers; daher haben nur Administratoren Schreibrechte.) Wenn eine Anwendung versucht, in diese Strukturdatei zu schreiben, schreibt Windows stattdessen in einen benutzerspezifischen Speicherort, *HKCR\VirtualStore\Machine\Software*. Wie bei der Dateivirtualisierung geschieht dies auf transparente Weise; die Anwendung (und alle anderen als die neugierigsten Benutzer) wissen nicht, dass dies hinter den Kulissen geschieht.

Hinweis

Wenn eine Anwendung Informationen von *HKLM\Software* anfordert, sucht Windows zuerst im virtualisierten Schlüssel, wenn dieser existiert. Wenn also ein Wert sowohl in der VirtualStore-Strukturdatei als auch in *HKLM* vorhanden ist, sieht die Anwendung nur den Wert aus VirtualStore.

Da virtualisierte Daten in einem benutzerspezifischen Abschnitt der Registrierung gespeichert werden, wirken sich Einstellungen, die ein Benutzer vornimmt, nicht auf andere Benutzer aus.

▶ **Weitere Informationen zur Virtualisierung der Registrierung finden Sie unter *https://bit.ly/registry-virtualization*.**

Aufgaben automatisieren

Windows 11 stellt mehrere Möglichkeiten zur Verfügung, Aufgaben zu automatisieren. Mit dem integrierten Tool *Aufgabenplanung* können Sie Aufgaben über eine Zeigen-und-Klicken-Schnittstelle erstellen; Batch-Befehle und Skripte, insbesondere solche, die Windows PowerShell verwenden, stellen die häufigste Automatisierungsalternative dar.

Aufgabenplanung

Die *Aufgabenplanung* ist ein MMC-Snap-In (Microsoft Management Console), das eine Vielzahl von Möglichkeiten für die Auslösung und Zeitplanung von Aufgaben bietet. Sie können damit konfigurieren, dass Apps oder Skripte zu festgelegten Zeiten laufen, dass Aktionen gestartet werden, nachdem der Computer eine bestimmte Zeit lang im Leerlauf war, dass Aufgaben ausgeführt werden, sobald sich bestimmte Benutzer an- oder abmelden und so weiter. Die Aufgabenplanung ist außerdem eng mit dem Snap-In *Ereignisanzeige* verknüpft, daher können Sie Ereignisse (zum Beispiel den Absturz einer Anwendung oder eine volle Festplatte) als Trigger für Aufgaben nutzen.

Windows und Apps von Drittanbietern machen ausgiebig Gebrauch von der Aufgabenplanung, um Wartungsaktivitäten einzurichten, die nach individuellen Zeitplänen ablaufen. Sie können auch benutzerdefinierte Aufgaben erstellen. Um die vollständige Bibliothek der Aufgaben anzuzeigen, klicken Sie auf *Start*, geben Sie *Aufgabe* ein und öffnen Sie die Anwendung Aufgabenplanung. Um eine Aufgabe zu erstellen, öffnen Sie die Aufgabenplanung und klicken auf *Aktion | Einfache Aufgabe erstellen*. Eine vollständige Dokumentation zu diesem Tool finden Sie unter *https://docs.microsoft.com/windows/desktop/TaskSchd*.

Befehlsfolgen mithilfe von Batchprogrammen automatisieren

Für die Automatisierung von Verwaltungsaufgaben in einem Unternehmensnetzwerk sind PowerShell-Skripte die bevorzugte Lösung. (Wir beschreiben diese nützlichen Ressourcen weiter vorne in diesem Kapitel im Abschnitt »Skripterstellung mit PowerShell«.) Aber für die Dateiverwaltung und andere einfache Aufgaben sind die altmodischen Batchprogramme immer noch nützlich.

Ein Stapelverarbeitungsprogramm (auch Batchdatei oder Batchprogramm genannt) ist eine Textdatei mit der Dateinamenerweiterung *.bat* (*.cmd* ist ebenfalls eine gültige Dateinamenerweiterung), die eine Folge von auszuführenden Befehlen enthält. Sie führen die Befehle aus, indem Sie den Dateinamen an einer Eingabeaufforderung eingeben. Jede Aktion, die durch die Eingabe eines Befehls an einer Eingabeaufforderung erfolgen kann, kann in einem Batchprogramm gekapselt werden.

Wenn Sie den Namen Ihres Batchprogramms an der Eingabeaufforderung eingeben (oder wenn Sie ihn in einer Aufgabe eintragen, die von der Aufgabenplanung ausgeführt wird, sobald der entsprechende Trigger ausgelöst wird), öffnet der Befehlsinterpreter die Datei und liest die Anweisungen aus. Er liest die erste Zeile, führt den Befehl aus und geht dann zur nächsten Zeile weiter. Das scheint genauso abzulaufen, als würden Sie jede Zeile selbst in der Eingabeaufforderung eintippen. Das Batchprogramm kann aber deutlich komplizierter sein, weil die Sprache Parameterersetzung, Bedingungs- und Verzweigungsanweisungen, die Fähigkeit zum Aufrufen von Unterroutinen und vieles andere bietet. Batchprogramme können auch auf Werte, die von Programmen als Ergebnis zurückgegeben werden, und auf die Werte von Umgebungsvariablen reagieren.

Aufgaben mit Windows Script Host automatisieren

Microsoft Windows Script Host (WSH) bietet eine Möglichkeit, anspruchsvollere Aufgaben auszuführen als die einfachen Aufgaben, die Batchprogramme bewältigen können. Mit WSH-Skripten können Sie praktisch jeden Bestandteil von Windows und von vielen Windows-basierten Programmen steuern.

Sie führen ein Skript aus, indem Sie seinen Namen in einer Eingabeaufforderung eingeben oder im Datei-Explorer doppelt auf sein Symbol klicken. WSH umfasst zwei fast identische Programme, *Wscript.exe* und *Cscript.exe*, die unter Rückgriff auf eine Sprachinterpreter-DLL (Dynamic-Link Library) wie *Vbscript.dll* Skripte ausführen, die in VBScript oder einer anderen Skriptsprache geschrieben sind. (*Cscript.exe* ist ein Befehlszeilenprogramm, *Wscript.exe* das Gegenstück mit grafischer Benutzeroberfläche.)

Mit WSH können Sie Dateien in unterschiedlichen Sprachen schreiben, darunter VBScript (eine Skriptsprache, die Microsoft Visual Basic ähnelt) und JScript (eine Form von JavaScript). Alle Objekte stehen in sämtlichen Sprachen zur Verfügung, daher können Sie normalerweise die Sprache auswählen, mit der Sie sich am wohlsten fühlen. WSH ist es egal, welche Sprache Sie verwenden, solange nur eine passende Interpreter-DLL zur Verfügung steht. VBScript- und JScript-Interpreter sind in Windows 10 und Windows 11 enthalten, Interpreter für Perl, KiXtart (KixKIXE), Python, RexxHex und andere Sprachen sind anderweitig verfügbar.

Microsoft-Verwaltungskonsole verwenden

Die *Microsoft-Verwaltungskonsole* (Microsoft Management Console, MMC) ist eine Anwendung, die Tools zur Verwaltung von Computern, Netzwerken und anderen Systemkomponenten aufnehmen kann. Die MMC kann selbst keine Verwaltungsarbeiten durchführen. Stattdessen dient sie als Host für ein oder mehrere Module, die Snap-Ins genannt werden und die eigentliche Arbeit erledigen. Die MMC sorgt für eine einheitliche Benutzeroberfläche, damit Sie und die Benutzer, die Sie unterstützen, bei Arbeiten zur Computerverwaltung im Prinzip immer dieselbe Art von Anwendung sehen. Ein oder mehrere Snap-Ins können in einer Datei gespeichert werden, die Microsoft Common Console-Dokument genannt wird, oder kurz MMC-Konsole.

Die Erstellung von Snap-Ins erfordert Erfahrungen in der Programmierung. Sie brauchen aber kein Programmierer zu sein, um Ihre eigenen MMC-Konsolen zusammenzustellen. Dazu brauchen Sie nur die MMC zu starten und ein oder mehrere Snap-Ins hinzuzufügen, die auf Ihrem Computer verfügbar sind. Als Alternative bietet es sich an, die MMC-Konsolen von Microsoft und anderen Herstellern durch das Hinzufügen oder Entfernen von Snap-Ins anzupassen. Sie können zum Beispiel die Konsole *Dienste* mit der Konsole *Ereignisanzeige* kombinieren und Letztere so einstellen, dass sie nur Ereignismeldungen anzeigt, die von Diensten erzeugt werden. Vielleicht möchten Sie einen Link auf eine Website einfügen, die Detailinformationen über Dienste und deren Fehler anbietet. Vielleicht möchten Sie auch einfach nur einige vorhandene Konsolen vereinfachen, indem Sie Snap-Ins entfernen, die Sie nur selten verwenden.

MMC-Konsolendateien besitzen standardmäßig die Dateinamenerweiterung *.msc*. Diese *.msc*-Dateien sind standardmäßig mit der MMC verknüpft. Daher können Sie jede MMC-Konsole starten, indem Sie ihren Dateinamen in einem Explorer-Fenster doppelt anklicken oder in einer Eingabeaufforderung eingeben. Windows 11 enthält mehrere vordefinierte Konsolen; die am häufigsten verwendeten Konsolen, die in Tabelle 16.6 beschrieben sind, können Sie leicht finden, indem Sie ihren Namen in das Suchfeld eingeben.

Konsolenname (Dateiname)	Beschreibung
Aufgabenplanung (Taskschd.msc)	Verwenden Sie die *Aufgabenplanung*, um Arbeiten zu verwalten, die automatisch durchgeführt werden sollen.
Computerverwaltung (Compmgmt.msc)	Enthält die Funktionen der Snap-Ins *Aufgabenplanung, Ereignisanzeige, Freigegebene Ordner, Lokale Benutzer und Gruppen, Leistungsüberwachung, Geräte-Manager, Datenträgerverwaltung, Dienste* und *WMI-Steuerung* und ermöglicht damit viele Verwaltungsarbeiten am Computer.
Datenträgerverwaltung (Diskmgmt.msc)	Mit dem Snap-In *Datenträgerverwaltung* lassen sich Volumes und Partitionen auf Festplatten anlegen. Einzelheiten finden Sie im Abschnitt »Festplatten und andere Speichergeräte einrichten« in Kapitel 8.
Dienste (Services.msc)	Mit dem Snap-In *Dienste* können Sie die Dienste von Windows verwalten. Einzelheiten finden Sie in Kapitel 14 im Abschnitt »Dienste verwalten«.
Druckverwaltung (Printmanagement.msc)	Mit dem Snap-In *Druckverwaltung* verwalten Sie Drucker und Druckaufträge.
Editor für lokale Gruppenrichtlinien (Gpedit.msc)	Verwendet das Snap-In *Lokale Computerrichtlinie*, um Richtlinien zu konfigurieren, die auf einen lokalen Computer oder ein Benutzerkonto angewendet werden können. Weitere Informationen finden Sie im Abschnitt »Computer mit Gruppenrichtlinien verwalten« in Kapitel 19.
Ereignisanzeige (Eventvwr.msc)	Mit dem Snap-In *Ereignisanzeige* können Sie alle Einträge anzeigen, die in Ereignisprotokollen aufgezeichnet wurden. Einzelheiten finden Sie im Abschnitt »Ereignisanzeige« in Kapitel 15.
Geräte-Manager (Devmgmt.msc)	Das Snap-In *Geräte-Manager* ermöglicht die Verwaltung aller angeschlossenen Hardwaregeräte und ihrer Treiber. Weitere Informationen über die Konfiguration von Hardware finden Sie in Kapitel 13.

→

Konsolenname (Dateiname)	Beschreibung
Hyper-V Manager (Virtmgmt.msc)	Das Snap-In *Hyper-V-Manager* ist das Verwaltungsprogramm für die Erstellung, Verwaltung und Ausführung von virtuellen Computern. Einzelheiten finden Sie in Kapitel 17, »Windows 11 in einem virtuellen Computer oder in der Cloud ausführen«.
Leistungsüberwachung (Perfmon.msc)	Das Snap-In *Leistungsüberwachung* bietet einige Überwachungstools, die der Leistungsüberwachung in älteren Windows-Versionen überlegen sind. Einzelheiten finden Sie in Kapitel 14, »Leistung und Energieverwaltung«.
Lokale Benutzer und Gruppen (Lusrmgr.msc)	Das Snap-In *Lokale Benutzer und Gruppen* eignet sich zur Verwaltung von lokalen Benutzerkonten und Sicherheitsgruppen. Weitere Informationen finden Sie in Kapitel 10 im Abschnitt »Benutzerkonten erstellen und verwalten«.
TPM-Verwaltung (Tpm.msc)	Die *TPM-Verwaltung* zeigt Informationen über den TPM-Chip eines Computers an und ermöglicht dessen Konfiguration.
Windows Defender Firewall mit erweiterter Sicherheit (Wf.msc)	Mit dem Snap-In *Windows Defender Firewall mit erweiterter Sicherheit* konfigurieren Sie die Firewall. Einzelheiten finden Sie im Abschnitt »Windows Defender Firewall verwalten« in Kapitel 12, »Sicherheit und Datenschutz in Windows 11«.
Zertifikate (Certmgr.msc)	Mit dem Snap-In *Zertifikate* können Sie Ihre eigenen Sicherheitszertifikate verwalten (für den aktuellen Benutzer). Eine ähnliche Konsole mit dem Dateinamen *Certlm.msc* verwaltet die Zertifikate des lokalen Computers.

Tabelle 16.6 Nützliche vordefinierte MMC-Konsolen

Expertentipp

Bei MMC-Konsolen Probleme mit der Benutzerkontensteuerung vermeiden

Mit Konsolen lassen sich alle Arten von Computerhardware und Windows-Funktionen verwalten. Mit einer Konsole können Sie zum Beispiel Laufwerkpartitionen ändern, Dienste starten und beenden und Gerätetreiber installieren. Anders ausgedrückt, Konsolen führen die Art von Arbeiten durch, zu deren Kontrolle die Benutzerkontensteuerung entwickelt wurde. Wer böse Absichten verfolgt oder einfach nur sorglos mit Konsolen hantiert, kann den Computer unbrauchbar machen.

Daher wird sich wahrscheinlich die Benutzerkontensteuerung melden und nach einer Bestätigung fragen, wenn Sie eine MMC-Konsole verwenden. Sofern die Benutzerkontensteuerung auf Ihrem Computer aktiviert ist, hängt es von Ihrem Konto und seinen Rechten und von der Konsole ab, welche Anfrage Sie erhalten und welche Beschränkungen gelten. Einige Konsolen, wie zum Beispiel der Geräte-Manager (*Devmgmt.msc*), weisen mit einer Meldung darauf hin, dass die Konsole nur mit eingeschränktem Funktionsumfang läuft (in diesem Beispiel können Sie alle Informationen lesen, aber nichts ändern). Andere Konsolen verweigern jegliche Arbeit, wenn sie unter einem Standardbenutzerkonto ausgeführt werden. Daher sollten Sie die Konsole mit der rechten Maustaste anklicken und *Als Administrator ausführen* wählen, wenn Sie mit einem Standardbenutzerkonto angemeldet sind.

Kapitel 17

Windows 11 in einem virtuellen Computer oder in der Cloud ausführen

Wenn Sie eine neue App oder einen neuen Onlinedienst testen müssen, möchten Sie auf keinen Fall den PC gefährden, den Sie für Ihre tägliche Arbeit benötigen. Die Einrichtung eines separaten physischen Computers erfordert jedoch eine erhebliche Investition in Hardware, ganz zu schweigen von dem Platz auf dem Schreibtisch, den ein sekundäres System einnimmt, und von der erforderlichen Wartung.

Eine weitaus bessere Alternative zur Einrichtung eines separaten physischen Rechners ist die Verwendung eines virtuellen Computers (manchmal auch VM genannt, nach der englischen Bezeichnung »Virtual Machine«, und daher auch häufig als »virtuelle Maschine« bezeichnet), der es Ihnen ermöglicht, einen simulierten »Computer im Computer« zu erstellen, den Sie nutzen können, ohne in zusätzliche Hardware zu investieren oder zusätzlichen Platz in Ihrer physischen Umgebung zu benötigen.

Eine virtuelle Maschine läuft in einer isolierten Sitzung auf dem *Hostcomputer* unter der Kontrolle einer Systemsoftwareschicht, die *Hypervisor* genannt wird. Das Betriebssystem, das innerhalb der virtuellen Maschine läuft, wird als *Gastbetriebssystem* bezeichnet. Um sich mit der virtuellen Maschine zu verbinden, öffnen Sie sie in einem Fenster, das Sie auf Ihren gesamten Bildschirm erweitern können, so als ob Sie sich über eine Remotedesktopsitzung mit einem PC verbinden würden.

▶ **Weitere Informationen zur Funktionsweise von Remoteverbindungen finden Sie im Abschnitt »Mit Remotedesktop auf einen anderen Computer zugreifen«, in Kapitel 11, »Windows-Netzwerke konfigurieren«.**

Auf einer VM kann dieselbe Software wie auf einem physischen PC ausgeführt werden und sie kann über ein virtuelles Netzwerk mit anderen PCs und mit webbasierten Diensten interagieren. Entscheidend ist, dass eine VM keine weitere Hardware benötigt als die, die bereits auf dem Hostcomputer vorhanden ist.

Jede Business-Edition von Windows 11 – Pro, Enterprise und Education – enthält einen integrierten Hypervisor und zugehörige Verwaltungstools; ein erweiterter Satz von Virtualisierungstools ist in Windows Server verfügbar. Diese Features werden unter dem Namen *Hyper-V* zusammengefasst.

> **Hinweis**
>
> **Der Funktionsumfang von Hyper-V ist auch in Windows 10 enthalten. Wenn Sie auf einem PC mit Windows 10 Hyper-V verwenden, können Sie Windows 11 in einer virtuellen Umgebung installieren, ohne ein Upgrade des Betriebssystems des Hostcomputers durchführen zu müssen.**

Virtualisierung in Windows 11

Die Einrichtung eines oder mehrerer virtueller Computer mithilfe von Hyper-V ist besonders für Entwickler, IT-Profis, Forscher und sogar Autoren und Übersetzer von Büchern über Computerbetriebssysteme nützlich. Bedenken Sie den Wert einer VM in Szenarien wie den folgenden:

- **Sie müssen eine App ausführen, die für eine frühere Version von Windows geschrieben wurde und unter Windows 11 nicht richtig funktioniert.** Richten Sie eine virtuelle Maschine ein, auf der die ältere Windows-Version ausgeführt wird, installieren Sie die veraltete Anwendung in der VM und verwenden Sie die VM ausschließlich für die Arbeit mit dieser Anwendung.
- **Sie sind Webentwickler und müssen Ihre Website in verschiedenen Browsern und unter verschiedenen Ressourcen-Konfigurationen testen.** Wenn Sie für jede Zielkonfiguration einen virtuellen Computer einrichten, können Sie zuverlässig reproduzieren, was Ihr Publikum sehen wird, und Ihren Code entsprechend anpassen.
- **Sie haben einen verdächtigen E-Mail-Anhang erhalten und sind neugierig, was er bewirkt.** Professionelle Sicherheitsforscher testen Software unbekannter Herkunft oder erkunden potenziell gefährliche Websites mithilfe eines virtuellen Computers, die ordnungsgemäß vom Hostcomputer und dem Host-Netzwerk isoliert ist. So können sie mögliche Schadsoftware untersuchen, ohne den Hostcomputer zu gefährden.
- **Sie möchten eine neue Insider-Version von Windows 11 testen oder mit einem Nicht-Microsoft-Betriebssystem wie Linux experimentieren.** Sie könnten eine Dual-Boot-Konfiguration einrichten, aber die Verwendung eines virtuellen Computers ermöglicht es Ihnen, sofort und ohne Neustart zwischen dem alternativen Betriebssystem und Ihrem Hostcomputer zu wechseln.

Die Verwendung eines virtuellen Computers ermöglicht es, Bildschirminhalte, die mit gewöhnlichen Screen-Capture-Tools unmöglich zu erfassen wären (beispielsweise Bilder von Anmeldebildschirmen oder sogar von der Windows-Installation, bevor Windows selbst voll funktionsfähig ist). Dies ist eine unschätzbare Funktion für jeden, der Dokumentationen erstellt.

Außerdem sind virtuelle Maschinen sehr portabel. Sie können eine VM auf einen neuen Host verschieben, indem Sie einfach ein paar Dateien kopieren.

Natürlich gibt es einige Aufgaben, für die virtuelle Hyper-V-Maschinen nicht geeignet sind. Alles, wofür direkter Zugriff auf physische Hardware benötigt wird, zum Beispiel das Codieren oder Decodieren von Videodateien mithilfe spezieller GPU-Funktionen, muss auf echter Hardware erledigt werden. Dasselbe gilt für Aufgaben, die geringe Latenz und präzises Timing brauchen, wie beispielsweise PC-Spiele; sie funktionieren wahrscheinlich in einer VM nicht zufriedenstellend.

Um Hyper-V zu verwenden, muss Ihr System bestimmte Mindestanforderungen erfüllen und Sie müssen möglicherweise die Hyper-V-Funktion aktivieren, wie später in diesem Kapitel beschrieben. Nachdem diese Vorarbeiten abgeschlossen sind, können Sie mit dem Dienstprogramm *Hyper-V-Manager* virtuelle Computer erstellen und verwalten. Wenn Sie über genügend Systemressourcen verfügen, können Sie mehrere virtuelle Computer gleichzeitig ausführen, wobei jeder unabhängig von den anderen arbeitet. Da sie wie separate Computer funktionieren, kann jede VM eine andere Version von Windows ausführen – 32-Bit oder 64-Bit, alt oder neu, Server oder Desktop – oder sogar andere Betriebssysteme, die auf PC-kompatibler Hardware funktionieren.

> Hinweis
>
> **Der in Windows 11 enthaltene Hypervisor wird auch verwendet, um virtualisierungsbasierte Sicherheitsfunktionen wie Hypervisor-Enforced Code Integrity (HVCI) zu aktivieren. Weitere Informationen zu dieser Gruppe von Funktionen finden Sie in Kapitel 12, »Sicherheit und Datenschutz in Windows 11«.**

Zusätzlich zur Möglichkeit, auf Ihrem eigenen lokalen PC eine virtuelle Maschine mit Windows 11 zu erstellen, bietet Microsoft einen abonnementbasierten Dienst namens Windows 365 an, mit dem IT-Administratoren virtuelle PCs erstellen können, die in der Microsoft Azure-Cloud gehostet werden. Weitere Informationen zu diesem Dienst finden Sie im Abschnitt »Virtuelle Computer in der Cloud ausführen« weiter hinten in diesem Kapitel.

Und wenn diese Optionen zu kompliziert oder zu ressourcenintensiv erscheinen, gibt es eine einfachere Alternative. Mit dem Feature *Windows-Sandbox*, das in allen Business-Editionen von Windows 11 verfügbar ist, können Sie in Sekundenschnelle eine leichtgewichtige, temporäre virtuelle Windows 11-Maschine erstellen, ohne dass zusätzliche Konfigurationsschritte erforderlich sind. Mehr über diese Funktion erfahren Sie im folgenden Abschnitt.

Mit Windows-Sandbox sofort eine VM erstellen

Wenn Sie nur einen verdächtigen Weblink überprüfen oder eine Anwendung oder einen Onlinedienst testen möchten, müssen Sie nicht den zeitaufwendigen Prozess durchlaufen, eine virtuelle Maschine mit Hyper-V zu erstellen und sie dann zu löschen oder zurückzusetzen, nachdem Ihr Experiment abgeschlossen ist. Als Alternative können Sie das Windows-Sandbox-Feature verwenden, um eine extrem schlanke, saubere, temporäre virtuelle Maschine zu erstellen, die in Sekundenschnelle einsatzbereit ist, ohne dass zusätzliche Downloads erforderlich sind. Wenn Sie die Sandbox schließen, werden alle Sandbox-Inhalte verworfen und dauerhaft gelöscht. Ihre nächste Sitzung beginnt mit einer sauberen Ausgangssituation.

Windows-Sandbox nutzt dieselbe Technologie wie die Hyper-V-Plattform, läuft aber unabhängig davon. Um die Funktion nutzen zu können, müssen Sie Windows 11 Pro, Enterprise oder Education verwenden und in der Firmware Ihres PC muss die Hardwarevirtualisierung aktiviert sein. Wenn Sie diese beiden Bedingungen erfüllen, öffnen Sie in der Systemsteuerung das Dialogfeld *Windows-Features*, aktivieren Sie das Kontrollkästchen *Windows-Sandbox* und klicken Sie auf *OK*. (Sie müssen keine der Features unter der Überschrift *Hyper-V* aktivieren, um Windows-Sandbox verwenden zu können.)

Nach dem Neustart Ihres PC ist die Windows-Sandbox-Verknüpfung in der Liste der Anwendungen auf *Start* verfügbar. Klicken Sie diese Verknüpfung an, um sofort eine leichtgewichtige virtuelle Maschine zu erstellen und auszuführen. Das in Abbildung 17.1 dargestellte Fenster der Windows-Sandbox ähnelt einer virtuellen Hyper-V-Maschine, allerdings ohne die Symbolleiste und die Konfigurationsoptionen.

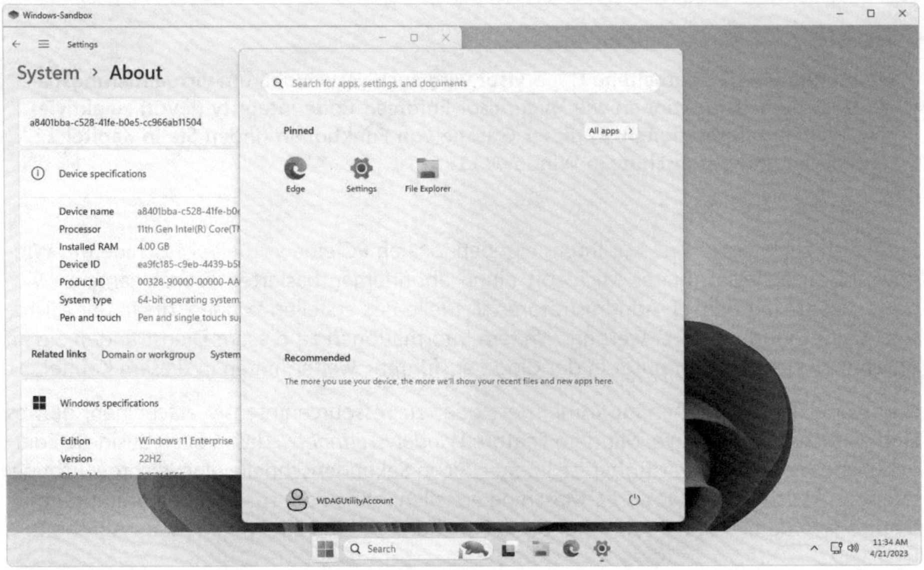

Abbildung 17.1 Die Windows-Sandbox führt dieselbe Windows-Version und -Edition wie der Hostcomputer aus, enthält jedoch keine der bereitgestellten Windows-Anwendungen außer Microsoft Edge, Datei-Explorer und eine Handvoll Zubehör-Apps wie Notepad und Windows Media Player Legacy.

Bei diesen leichtgewichtigen virtuellen Maschinen sind einige Dinge erwähnenswert:

- In der Sandbox wird eine nicht aktivierte Kopie von Windows 11 ausgeführt; die Edition und Version entsprechen denen des Hostcomputers. Die Sprache der Benutzeroberfläche in der Sandbox ist Englisch.
- Der Windows Defender-Virenschutz ist deaktiviert. (Da die Sandbox nicht dauerhaft mit dem Hostcomputer verbunden ist, bedeutet dies, dass bösartiger Code ausgeführt wird, aber außerhalb der Sandbox keinen Schaden anrichten kann.)
- Es stehen eine kleine Anzahl von Windows-Zubehör-Apps, Verwaltungstools und Systemdienstprogrammen zur Verfügung, darunter Notepad, Windows PowerShell und Windows Media Player Legacy. Mit der bemerkenswerten Ausnahme des Datei-Explorers und des Microsoft Edge-Browsers sind jedoch keine Windows 11-Anwendungen installiert oder verfügbar.
- Viele Verwaltungsfunktionen sind deaktiviert, einschließlich der Möglichkeit, Updates zu installieren und Festplatten und Netzwerkkonfigurationen zu überprüfen.
- Das Standardbenutzerkonto ist ein lokaler Administrator namens *WDAGUtilityAccount*; dieses Konto wird auch von der Windows Defender Application Guard-Funktion zum Durchsuchen von Webseiten in einer isolierten Umgebung verwendet.
- Zu den virtuellen Ressourcen, die der Sandbox zur Verfügung stehen, gehören 4GB virtueller Arbeitsspeicher und ein 40GB großes Systemlaufwerk, obwohl der tatsächlich genutzte Speicher- und Festplattenspeicher viel kleiner ist. Das Sandbox-Image selbst ist in einer kleinen virtuellen Festplattendatei enthalten, die in *C:\ProgramData\Microsoft\ Windows\Containers\Sandboxes* gespeichert ist.

Hinweis

Da die Sandbox in einer erweiterten Hyper-V-Sitzung ausgeführt wird, teilt sie die Zwischenablage mit dem Hostcomputer. Daher können Sie Links oder ausführbare Dateien vom Hostcomputer kopieren und direkt in das Sandbox-Fenster einfügen. Weitere Informationen zur Funktionsweise von erweiterten Sitzungen finden Sie im Abschnitt »Einen virtuellen Computer ausführen« weiter hinten in diesem Kapitel.

Von ihrer Konzeption ist die Windows-Sandbox leichtgewichtig und einfach und besitzt keine grafische Oberfläche zur Anpassung ihrer Umgebung. Sie können jedoch eine benutzerdefinierte Konfiguration erstellen, indem Sie eine einfache XML-Datei bearbeiten. Wenn Sie in die Datei beispielsweise den Wert *<MemoryInMB>8192</MemoryInMB>* einfügen, wird der Standardspeicher für die Sandbox von 4GB auf 8GB erhöht. Sandbox-Konfigurationsdateien verwenden die Erweiterung *.wsb*. Sie können die benutzerdefinierte Konfiguration einer Windows-Sandbox starten, indem Sie auf die gespeicherte *.wsb*-Datei doppelklicken. Einzelheiten finden Sie unter »Windows-Sandbox-Konfiguration« auf *https://bit.ly/windows-sandbox-config-files*.

Um eine beständige virtuelle Maschine zu erstellen, die Sie ändern und wiederverwenden können, müssen Sie die vollständige Hyper-V-Plattform verwenden, was wir im nächsten Abschnitt beschreiben.

Hyper-V unter Windows 11 einrichten

Hyper-V (oder, genauer ausgedrückt, die Hyper-V-Rolle) ist seit Langem eine leistungsstarke Funktion in den Server-Editionen von Microsoft Windows. Sie erlaubt es IT-Managern, einen einzigen physischen Computer zu verwenden, um verschiedene Serverrollen zu hosten, jede in einer eigenen virtuellen Maschine. Seit der Veröffentlichung von Windows 8 im Jahr 2012 hat Microsoft das sogenannte *Client Hyper-V* in die Pro-, Enterprise- und Education-Editionen von Windows integriert, sehr zur Freude von IT-Experten, Entwicklern, Sicherheitsforschern und technikbegeisterten Computeranwendern.

Hinweis

Auch wenn dieses Kapitel eine gründliche Einführung in die Windows-basierte Virtualisierung bietet, gibt es viele weitere technische Details, die den Rahmen dieses Buches sprengen. Eine umfassendere Referenz finden Sie in der offiziellen Dokumentation »Hyper-V in Windows 10« unter *https://learn.microsoft.com/virtualization/hyper-v-on-windows*. (Lassen Sie sich nicht vom Titel täuschen: Die Kernfunktionen von Hyper-V in Windows 10 und Windows 11 sind im Wesentlichen identisch.)

Der Funktionsumfang von Hyper-V für Clients und seinem Gegenstück in den Windows Server-Editionen überschneiden sich, sind aber nicht perfekt aufeinander abgestimmt. Hyper-V für Clients in Windows 11 bietet die Möglichkeit, virtuelle Maschinen zu erstellen, die Secure Boot und virtuelle Trusted Platform Modules unterstützen; sie bieten auch Unterstützung für verschachtelte Virtualisierung, die es virtuellen Umgebungen ermöglicht, zusätzliche virtuelle Maschinen zu hosten.

Die Hyper-V-Plattform umfasst den Hyper-V-Hypervisor und eine Gruppe von Diensten, die für die Verwaltung virtueller Hardware, die Verbindung mit virtuellen Netzwerken und die Ausführung virtueller Maschinen zuständig sind. Insbesondere die Dienste *Hyper-V-Verwaltung für virtuelle Computer* (Virtual Machine Management Service, *Vmms.exe*) und der *Hyper-V-Hostserverdienst* (Hyper-V Host Computer Service, *Vmmcompute.exe*) werden beide unter den Anmeldeinformationen des aktuell angemeldeten Benutzers ausgeführt; andere Teile der Hyper-V-Infrastruktur werden unter lokalen System- und Dienstkonten ausgeführt, sodass VMs auch dann ausgeführt werden können, wenn kein Benutzer angemeldet ist.

Neben dem Hypervisor und den zugehörigen Hyper-V-Diensten enthält Client Hyper-V eine Reihe von Verwaltungstools. Zwei davon sind besonders wichtig:

- **Hyper-V-Manager (Virtmgmt.msc)** Dies ist ein MMC-Snap-In (Microsoft Management Console), das die Verwaltung der Virtualisierungsplattform ermöglicht. Mit dem Hyper-V-Manager können Sie einen neuen virtuellen Computer erstellen, die Konfiguration einer vorhandenen VM ändern, virtuelle Netzwerke und Datenträger konfigurieren, VMs importieren, exportieren und teilen sowie die Einstellungen der Hyper-V-Plattform selbst verändern.
- **Verbindung mit virtuellen Computern (Vmconnect.exe)** Dies ist ein Windows-Desktopprogramm, das es Ihnen ermöglicht, über die Tastatur und Maus des Hostcomputers auf laufende virtuelle Computer zuzugreifen. Die Anwendung kann in einem Fenster laufen, das als virtueller Monitor für die VM fungiert. Sie können die Anwendung aber auch in den Vollbildmodus schalten, sodass die Anzeige des virtuellen Computers den Monitor des Host-PC vollständig übernimmt.

Eine ausführliche Beschreibung dieser beiden wichtigen Werkzeuge finden Sie weiter hinten in diesem Kapitel.

Auf Hardware, die für frühere Windows-Versionen entwickelt wurde, war für die Ausführung von Hyper-V eine sorgfältige Prüfung (und manchmal zusätzliche Konfigurationsschritte) erforderlich, um sicherzustellen, dass die CPU des Hostcomputers die erforderlichen Virtualisierungsfunktionen unterstützt. Auf einem PC, der die Hardwareanforderungen für Windows 11 erfüllt, sind diese Funktionen standardmäßig aktiviert, und es sind keine umfangreichen Hardwarekompatibilitätsprüfungen erforderlich. Auf dem Hostcomputer muss jedoch Windows 11 Pro, Enterprise oder Education ausgeführt werden; die Hyper-V-Features stehen in Windows 11 Home nicht zur Verfügung.

Abgesehen von diesen grundlegenden Kompatibilitätsanforderungen muss vor allem sichergestellt werden, dass der Hostcomputer über ausreichende Systemressourcen (Arbeitsspeicher und Festplattenplatz) verfügt, um die beabsichtigten Arbeitslasten zu bewältigen:

- Auch wenn es möglich ist, eine virtuelle Maschine mit geringen Ressourcen auf einem Hostcomputer mit 4GB Gesamtspeicher zu erstellen und auszuführen, empfehlen wir mindestens 8GB Gesamtspeicher (und vorzugsweise 16GB) für eine zufriedenstellende Leistung mit einer oder mehreren virtuellen Maschinen unter Windows 10 oder Windows 11.
- Jede virtuelle Maschine wird in Dateien auf Ihrer Festplatte gespeichert. Die Größe kann erheblich variieren, je nachdem, wie Sie Ihre virtuellen Maschinen konfigurieren (ob Sie beispielsweise Festplatten mit fester Größe oder dynamisch expandierende virtuelle Festplatten verwenden), wie viele Prüfpunkte Sie speichern usw., aber rechnen Sie mit mindestens 20GB Festplattenspeicher für jede virtuelle Maschine.

Wenn diese Voraussetzungen gegeben sind, müssen Sie nur noch die Hyper-V-Features aktivieren, die standardmäßig deaktiviert sind. Öffnen Sie dazu das Dialogfeld *Windows-Features,* das in Abbildung 17.2 dargestellt ist. (Die ausführbare Datei für dieses Systemtool, *OptionalFeatures.exe,* befindet sich in *C:\Windows\System32.* Um es schnell zu öffnen, klicken Sie in das Suchfeld, geben Sie **Features** ein und klicken Sie dann auf *Windows-Features aktivieren oder deaktivieren.*)

Abbildung 17.2 Um den Hyper-V-Hypervisor und alle zugehörigen Tools und Dienste zu installieren, aktivieren Sie im Dialogfeld *Windows-Features* das Kontrollkästchen *Hyper-V.*

Klicken Sie auf das Pluszeichen neben dem obersten *Hyper-V*-Eintrag, um die Untereinträge sichtbar zu machen. Wählen Sie *Hyper-V* aus (wodurch auch alle verfügbaren Untereinträge ausgewählt werden), um es zu aktivieren, und klicken Sie dann auf *OK.* Nach wenigen Augenblicken fordert Windows Sie auf, Ihren Computer neu zu starten.

Alternativ können Sie Hyper-V auch mit der Windows PowerShell aktivieren. Verwenden Sie dieses Cmdlet:

```
Enable-windowsOptionalFeature -Online -FeatureName Microsoft-Hyper-V -All
```

TROUBLESHOOTING

Der Hyper-V-Hypervisor und die Hyper-V-Dienste lassen sich nicht installieren

Wenn Ihr Computer Hyper-V nicht vollständig unterstützt, werden die Einträge unter der Kategorie *Hyper-V* abgeblendet und sind nicht verfügbar. Der häufigste Grund für diesen Zustand ist, dass auf Ihrem Computer die Home Edition läuft, die die Hyper-V-Plattform nicht vollständig unterstützt. Die einzige Lösung in diesem Fall ist ein Upgrade auf eine unterstützte Windows-Edition.

Dieses Problem kann auch auftreten, wenn auf Ihrer Hardware die erforderlichen Virtualisierungsfunktionen nicht aktiviert sind. Die Schalter zur Konfiguration der hardwarebasierten Virtualisierungsfunktionen befinden sich in der Regel in den Firmware- und BIOS-Einstellungen eines PC. Um von Windows aus auf diese Firmware-Einstellungen zuzugreifen, klicken Sie auf *Start*, auf den *Ein-/Aus-Schalter* und dann bei gedrückter ⇧-Taste auf *Neustart*.

Das Feature *Hyper-V-Verwaltungstools* kann auf jedem Computer installiert werden, auf dem eine beliebige Edition von Windows 10 oder Windows 11 ausgeführt wird. Selbst wenn die Hyper-V-Plattform-Einträge abgeblendet sind (was bedeutet, dass Ihr Computer nicht in der Lage ist, virtuelle Maschinen zu hosten), können Sie die Hyper-V-Verwaltungstools verwenden, um virtuelle Maschinen zu verwalten, die auf einem anderen physischen Computer gehostet werden (in den meisten Fällen ein Computer, auf dem Windows Server ausgeführt wird).

Mit Hyper-V-Manager virtuelle Computer erstellen und verwalten

Hyper-V-Manager ist die Anwendung, mit der Sie virtuelle Maschinen erstellen, konfigurieren, verwalten und ausführen können. Wenn Sie den Hyper-V-Manager starten, kann es sein, dass die in Abbildung 17.3 gezeigte erste Ansicht Sie verwirrt. Sie werden mit einem kargen Konsolenfenster konfrontiert, das nur eine einzige Aktion anbietet.

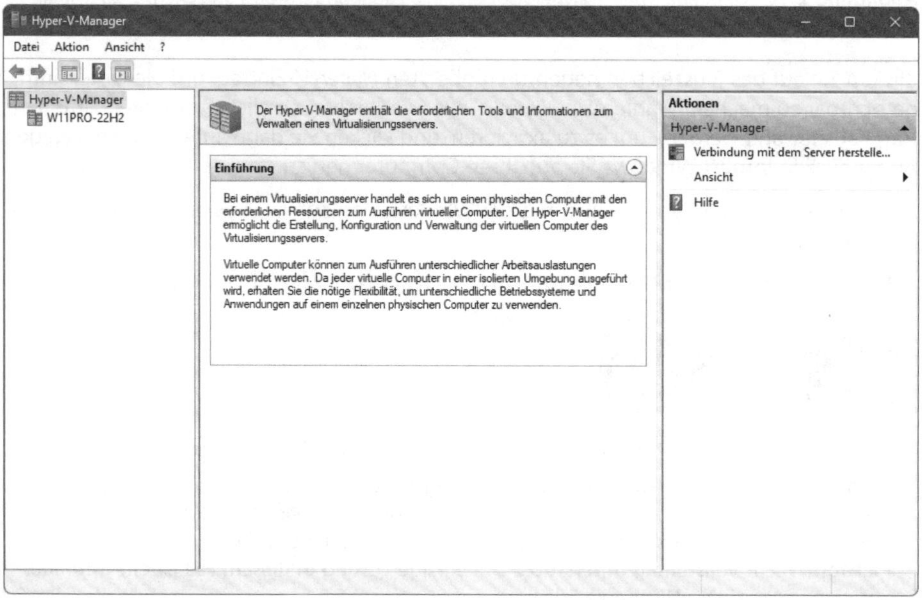

Abbildung 17.3 Auf einem PC mit Windows 11 Pro müssen Sie den PC im linken Fensterbereich auswählen, um mit vorhandenen VMs zu arbeiten und neue zu erstellen.

Der Trick besteht darin, im linken Bereich, der Konsolenstruktur, einen *Server* (in diesem Fall Ihren lokalen Computer) auszuwählen (auf Computern, auf denen die Hyper-V-Plattform nicht aktiviert ist, besteht die einzige Möglichkeit darin, im Bereich *Aktionen* die Option *Verbindung mit dem Server herstellen* zu wählen, mit dem Sie eine Verbindung zu einem anderen PC oder Server, auf dem Hyper-V läuft, herstellen können). Bei dieser Aktion werden weitaus mehr Informationen und Optionen angezeigt, wie in Abbildung 17.4 dargestellt.

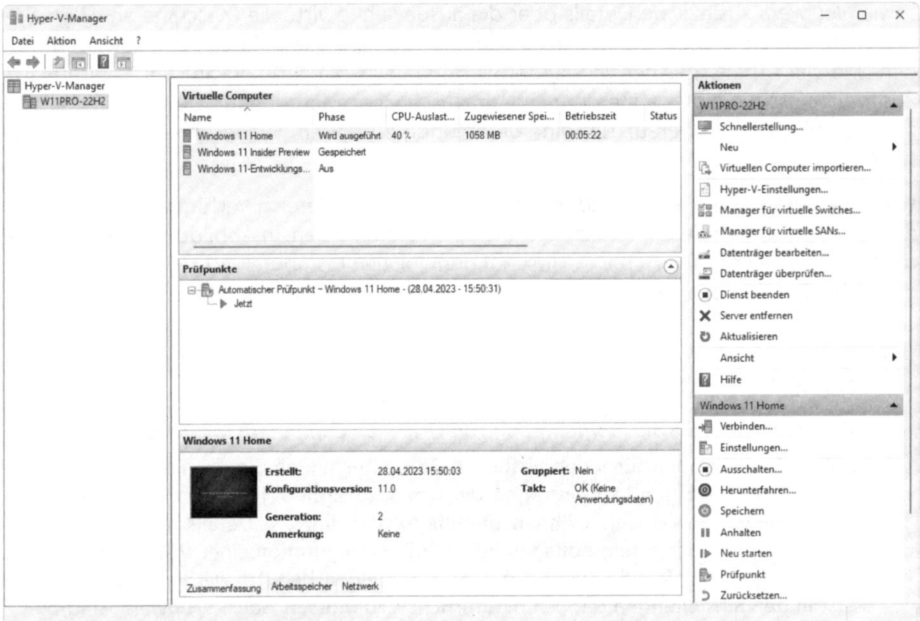

Abbildung 17.4 Im unteren Teil des Hyper-V-Manager-Fensters werden Details zur aktuell ausgewählten virtuellen Maschine angezeigt, während die verfügbaren Aktionen für diese VM auf der rechten Seite zu sehen sind.

TROUBLESHOOTING

Der Name Ihres Computers erscheint nicht in der Konsolenstruktur

Wenn der Name Ihres Computers nicht in der Konsolenstruktur des Hyper-V-Managers zu sehen ist, liegt das wahrscheinlich daran, dass entweder Ihr Konto nicht über die nötigen Privilegien verfügt oder der Hyper-V-Hypervisor und die zugehörigen Dienste auf Ihrem Computer nicht ausgeführt werden. Das erste Problem kann auftreten, wenn Sie sich unter einem Standardkonto angemeldet haben. Beseitigen Sie das Problem, indem Sie im Startmenü mit der rechten Maustaste auf *Hyper-V-Manager* klicken, den Befehl *Als Administrator ausführen* wählen und Anmeldeinformationen für ein Administratorkonto eingeben. Damit der Hyper-V-Hypervisor auf Ihrem Computer läuft, stellen Sie sicher, dass Sie eine unterstützte Edition von Windows 11 verwenden und dass im Dialogfeld *Windows-Features* das Kontrollkästchen *Hyper-V-Plattform* aktiviert ist.

Wenn Sie in der Konsolenstruktur einen Hyper-V-Host auswählen (in diesem Fall Ihren PC mit Windows 11 Pro, Enterprise oder Education), werden im mittleren Bereich die auf diesem Host verfügbaren virtuellen Computer aufgeführt und einige Informationen über den aktuellen Status der einzelnen Maschinen angezeigt. Darunter sehen Sie eine Liste der Prüfpunkte für die ausgewählte virtuelle Maschine. (Ein Prüfpunkt erfasst die Konfiguration und die Daten einer virtuellen Maschine zu einem bestimmten Zeitpunkt. Weitere Informationen finden Sie im Abschnitt »Prüfpunkte verwenden« weiter hinten in diesem Kapitel.) Unten im mittleren Bereich zeigen die Registerkarten *Zusammenfassung*, *Arbeitsspeicher* sowie *Netzwerk* zusätzliche Details über die ausgewählte virtuelle Maschine an. Hier können Sie auf einen Blick sehen, welche IP-Adressen der virtuellen Maschine zugewiesen wurden, wie viel Arbeitsspeicher verwendet wird usw. Das Miniaturbild auf der Registerkarte *Zusammenfassung* bietet außerdem eine praktische Startmethode für die virtuelle Maschine; doppelklicken Sie darauf, um eine Verbindung zu diesem virtuellen Computer herzustellen.

Wie in anderen Konsolenanwendungen zeigt der rechte Bereich verfügbare Aktionen für die im linken und mittleren Bereich ausgewählten Elemente an. In Abbildung 17.4 sehen Sie die Aktionen, die für den Hyper-V-Host auf dem lokalen Computer *W11PRO-22H2* und für den virtuellen Computer *Windows 11 Home* zur Verfügung stehen.

> Expertentipp
>
> ***Dokumentieren Sie die Konfiguration von virtuellen Computern mit Textnotizen***
>
> **In den Einstellungen für jeden virtuellen Computer finden Sie das Feld *Name*; hier können Sie beliebigen Text eintragen, der sich dazu eignet, Hinweise zu dieser VM zu geben. Sie sollten sich angewöhnen, mithilfe solcher Hinweise Details zu dokumentieren, die Ihnen oder einem Kollegen helfen, die Konfiguration einer VM zu verstehen (zum Beispiel das Standardkonto, das zum Anmelden benutzt werden sollte), ohne erst in den Einstellungen der VM herumsuchen zu müssen. Solche Hinweise sind besonders dann nützlich, wenn Sie eine VM, die mehrere Monate oder sogar Jahre unbenutzt herumlag, erneut starten wollen.**

In Windows 11 haben Sie zwei Möglichkeiten, mit dem Hyper-V-Manager einen dauerhaften virtuellen Computer zu erstellen. Mit dem Befehl *Schnellerstellung* können Sie eine VM mit nur wenigen Klicks erstellen, indem Sie ein vordefiniertes Image einer virtuellen Maschine aus einer Onlinesammlung herunterladen. Wenn Sie mit den Voreinstellungen einverstanden sind, kann dies ein nützliches Tool sein.

Die Alternative ist der traditionelle Assistent für neue virtuelle Computer, der Sie Schritt für Schritt durch die Konfiguration der einzelnen virtuellen Komponenten führt. Dieser Prozess ist ein wenig aufwendiger, dafür haben Sie jedoch viel mehr Kontrolle über die Konfiguration der VM.

Bevor wir jedoch eine dieser Optionen untersuchen, sollten wir uns die Architektur eines virtuellen Hyper-V-Computers ansehen.

Was steckt in einem virtuellen Computer?

Einen virtuellen Computer zu erstellen und zu konfigurieren, läuft im Prinzip genauso ab wie bei einem physischen PC. Statt aber RAM-Module in das Motherboard einzustecken und SSD-Datenträger mit SATA-Ports zu verbinden, stellen Sie in den Hyper-V-Verwaltungstools virtuelle Komponenten zusammen. Jeder virtuelle Computer, den Sie mit Hyper-V erstellen, setzt sich aus derselben kleinen Gruppe virtueller Komponenten zusammen. Abgesehen von einer wichtigen Ausnahme, nämlich der CPU, kann Ihr virtueller Computer nicht direkt auf Hardware zugreifen, die in den Host-PC eingebaut ist.

Sie können alle Komponenten, aus denen ein virtueller Computer besteht, anzeigen, indem Sie innerhalb dieser Maschine den Geräte-Manager öffnen. Abbildung 17.5 zeigt beispielsweise den erweiterten Geräte-Manager, der einen virtuellen Datenträger, ein virtuelles DVD-ROM-Laufwerk, einen virtuellen Netzwerkadapter, zwei virtuelle Speichercontroller und eine Reihe von virtuellen Systemgeräten auf einem virtuellen Motherboard anzeigt.

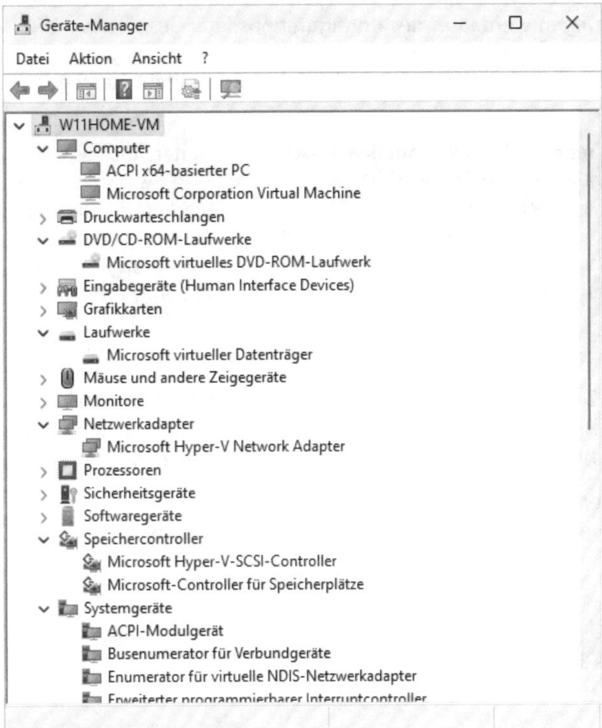

Abbildung 17.5 Virtuelle Computer bestehen aus virtuellen Komponenten, die Sie sehen können, wenn Sie in einer VM mit Windows 11 den Geräte-Manager öffnen, wie hier gezeigt.

Es ist wesentlich einfacher (und kostengünstiger), einen virtuellen PC aufzurüsten, als die entsprechende Aufgabe auf einem physischen PC durchzuführen. Um beispielsweise mehr virtuellen Arbeitsspeicher oder ein zweites virtuelles Speichergerät hinzuzufügen, müssen Sie lediglich die VM herunterfahren und ein paar Einstellungen anpassen.

Die Tools zum Erstellen und Konfigurieren von virtuellen Computern stellen wir weiter hinten in diesem Kapitel vor. Im Rest dieses Abschnitts erklären wir, wie Hyper-V die unterschiedlichen Komponenten speichert, aus denen sich eine virtuelle Maschine zusammensetzt.

Der grundlegende Baustein ist die Konfigurationsdatei des virtuellen Computers, die in binärem Format mit der Dateierweiterung *.vmcx* gespeichert wird. In der Standardeinstellung liegen diese Konfigurationsdateien in *%ProgramData%\Microsoft\Windows\Hyper-V*. Sie können aber einen anderen Speicherort festlegen, wenn Sie eine neue VM erstellen, und

Sie können Konfigurationsdateien bestehender VMs im Hyper-V-Manager in einen anderen Ordner oder auf ein anderes Laufwerk verschieben. (*%ProgramData%* ist eine Umgebungsvariable, die in einer Standard-Installation von Windows auf *C:\ProgramData* verweist.)

> ## Expertentipp
>
> ***PowerShell verwenden, um direkt mit einem virtuellen Computer zu arbeiten***
>
> **Der einfachste Weg, unter Windows 10 oder Windows 11 einen virtuellen Computer zu erstellen und zu ändern, ist die Verwendung des Hyper-V-Managers. Alle auf diese Weise geänderten Einstellungen werden in der Konfigurationsdatei gespeichert, die für den aktuellen Hyper-V-Host registriert wurde. (Da diese Einstellungen als Binärdatei im *.vmcx*-Format gespeichert werden, kann die Datei nicht direkt bearbeitet werden.)**
>
> **Für Hyper-V-Experten, die regelmäßig mit virtuellen Maschinen arbeiten, gibt es eine zusätzliche Option: Verwenden Sie das Hyper-V-Modul für Windows PowerShell, das zusammen mit Hyper-V-Manager installiert wird. Mithilfe der Cmdlets in diesem Modul können Sie virtuelle Maschinen importieren, exportieren, ändern und ausführen, ohne den Hyper-V-Manager jemals starten zu müssen. Die vollständige Dokumentation für dieses Modul finden Sie unter *https://learn.microsoft.com/powershell/module/hyper-v*.**

Weitere Dateien, die am selben Ort gespeichert werden, sind *.vmgs*- und *.vmrs*-Dateien, die Informationen über den aktuellen Zustand einer laufenden VM enthalten, sowie die Smart-Paging-Datei, die den dynamischen Speicher beim Neustart einer VM ergänzt.

Die in der Konfigurationsdatei enthaltenen Informationen teilen Hyper-V mit, wie es Ressourcen für bestimmte Typen virtueller Hardware bereitstellen soll. Das beschreiben die nächsten vier Abschnitte.

Generation des virtuellen Computers

Hyper-V unterstützt in Windows 10 und Windows 11 zwei Arten von virtuellen Computern, die jeweils eine andere Generation von virtueller PC-Hardware abbilden:

- Die Generation 1 unterstützt eine breite Palette von Gastbetriebssystemen, darunter die meisten Versionen von Windows (32-Bit und 64-Bit) und Linux. Die virtuelle Hardware in einer virtuellen Maschine der Generation 1 ist typisch für die Hardware, die seit vielen Jahren in BIOS-basierten PCs verwendet wird.
- Generation 2 unterstützt nur 64-Bit-Windows-Versionen, wobei die Unterstützung für moderne Technologien wie Secure Boot und UEFI integriert ist. Von den Windows-Desktop-Betriebssystemen werden Windows 8, Windows 8.1, Windows 10 sowie Windows 11 unterstützt. Die verwendbaren Server-Betriebssysteme sind auf Windows Server 2012 und höher beschränkt. Daneben unterstützt Generation 2 auch alle aktuellen Linux-Distributionen.

▶ **Eine vollständige Erläuterung der Unterschiede zwischen den beiden VM-Generationen, einschließlich einer Liste der unterstützten Betriebssysteme, finden Sie unter *https://bit.ly/Gen1Gen2*.**

Außerdem ist es in der Generation 2 nicht mehr möglich, physische DVD-Laufwerke und andere ältere Hardware an einen virtuellen Computer anzuschließen. Aber ein virtueller Computer der Generation 2 verfügt über moderne Firmware auf UEFI-Basis, die den sicheren Start und das Booten von einer Netzwerkkarte, einem SCSI-Laufwerk oder einem virtuellen DVD-Laufwerk ermöglicht. Außerdem bieten virtuelle Computer der Generation 2 neue Hyper-V-Funktionen, wie die Anpassung der Speichergröße und das Hinzufügen von Netzwerkkarten, während der virtuelle Computer läuft.

Sie müssen während der Erstellung der VM festlegen, welche Generation verwendet werden soll. Die Generation kann später nicht mehr geändert werden.

Arbeitsspeicher

Wie sein physisches Gegenstück braucht auch ein virtueller Computer Arbeitsspeicher. Wenn ein virtueller Computer ausgeführt wird, wird der dieser VM zugewiesene Arbeitsspeicher von Hyper-V reserviert und kann nicht vom Host-PC verwendet werden. Wenn Sie einer VM-Konfiguration eine feste Menge an Arbeitsspeicher zuweisen, kann die Ausführung dieser VM den Host-PC unter erheblichen Speicherdruck setzen. Wenn Ihr Host-PC beispielsweise über 16GB RAM verfügt und Sie den RAM-Wert für eine VM auf 8GB festlegen, ist Ihr Host-PC effektiv auf 8GB für Windows und alle anderen Aktivitäten beschränkt, wenn diese VM ausgeführt wird. Das gilt auch dann, wenn die VM nur einen kleinen Teil des Arbeitsspeichers, der ihr zugewiesen ist, tatsächlich nutzt.

Um diesen Druck zu verringern, enthält Hyper-V in Windows 10 und Windows 11 eine Funktion namens dynamischer Speicher, mit der Sie den Speicher des Host-PC effizienter nutzen können.

Abbildung 17.6 Im Gegensatz zu einem physischen PC können virtuelle Maschinen mit dynamischem Speicher konfiguriert werden. Dieser virtuelle Computer verwendet derzeit 2,3GB RAM, ist aber berechtigt, so viel zu verwenden, wie er benötigt.

Wenn Sie für eine VM die Option *Dynamischer Speicher* aktivieren, weisen Sie den Speicher in einem Bereich zu, indem Sie zwei zusätzliche Werte festlegen: *Minimaler RAM* und *Maximaler RAM*. Diese Konfiguration ermöglicht es der VM, physischen Speicher abzurufen, wenn sie ihn benötigt (insbesondere beim Starten), gibt diesen Speicher aber wieder frei, wenn er nicht mehr gebraucht wird, damit er für den Host-PC verfügbar ist.

Abbildung 17.6 zeigt die Speichernutzung in einer VM, die mit aktiviertem dynamischem Speicher und Standardeinstellungen konfiguriert ist, wobei der minimale RAM auf 512MB und der maximale RAM auf 1TB eingestellt ist.

Im Task-Manager in Abbildung 17.6 sehen Sie in der oberen rechten Ecke die aktuelle RAM-Auslastung, 2,3GB. Das ist etwas mehr als die 2048MB RAM, die beim Start zugewiesen wurden, was bedeutet, dass diese VM bereits von ihrer Fähigkeit Gebrauch gemacht hat, bei Bedarf zusätzlichen Speicher anzufordern. Der Wert für den maximalen Arbeitsspeicher unten rechts zeigt, dass diese VM bereit und in der Lage ist, ihren Arbeitsspeicher so weit wie nötig zu erweitern. Nein, der Host-PC verfügt nicht über ein Terabyte Arbeitsspeicher, aber die Angabe dieses extrem hohen Standardwerts bedeutet, dass die VM die Erlaubnis hat, so viel physischen Arbeitsspeicher zu verwenden, wie auf dem Host-PC verfügbar ist.

Der dynamische Arbeitsspeicher ist eine hervorragende Methode, Arbeitsspeicher zu sparen, wenn Hyper-V auf einem System läuft, das nur über begrenzten physischen RAM verfügt. Falls Sie reichlich Systemressourcen haben und gelegentlich VMs mit einer festen Menge an RAM ausführen wollen, deaktivieren Sie das Kontrollkästchen *Dynamischer Speicher*, um dieses Feature nicht zu verwenden.

Die unterschiedlichen Möglichkeiten, die Arbeitsspeichernutzung in VM-Konfigurationen zu verwalten, beschreiben wir weiter hinten in diesem Kapitel.

Speichercontroller und virtuelle Laufwerke

Jeder virtuelle Hyper-V-Computer enthält einen virtuellen Speichercontroller. In einer VM der Generation 1 verhält sich diese virtuelle Komponente wie ein herkömmlichen IDE-Controller, in einer VM der Generation 2 hingegen wie ein SCSI-Controller.

Ein Element in der grundlegenden Konfiguration einer VM ist natürlich eine virtuelle Festplatte, die an diesen virtuellen Controller angeschlossen ist. Hyper-V in Windows 10 und Windows 11 unterstützt drei Dateiformate für virtuelle Festplatten: das ältere VHD-Format, das neuere VHDX-Format und ein spezielles VHD-Set-Format für freigegebene virtuelle Festplatten.

Das herkömmliche VHD-Format ist auf eine Gesamtgröße von 2 TB begrenzt. VHDX-Dateien hingegen können bis zu 64 TB groß sein, bieten eine bessere Datenausfallsicherheit und unterstützen die fortschrittliche 4K-Sektor-Technologie. Außerdem können Sie eine VHDX-Datei im laufenden Betrieb erweitern, ohne die VM herunterfahren zu müssen, in der sie verwendet wird. (VHD-Set-Dateien sind ein virtuelles Laufwerkmodell, das in erster Linie für die Verwendung mit Failover-Clustern mehrerer virtueller Maschinen mit Windows Server-Editionen gedacht ist und nicht für die Verwendung auf Desktop-PCs mit Windows 10 oder Windows 11 vorgesehen ist.)

Ein wichtiges Attribut eines virtuellen Datenträgers, das ihn von einem physischen Datenträger unterscheidet, ist der Datenträgertyp, für den eine der folgenden drei Möglichkeiten zur Auswahl steht:

- **Feste Größe** Eine virtuelle Festplatte dieses Typs belegt auf dem Hyper-V-Host genau so viel Speicherplatz wie als Kapazität konfiguriert. Die Größe der VHD-Datei ändert sich nicht, egal wie viele Daten darin gespeichert sind.

- **Dynamisch erweiterbar** Wählen Sie diesen Festplattentyp, wenn Sie physischen Festplattenspeicherplatz auf dem Hyper-V-Host einsparen möchten und die Workloads, die Sie auf der VM verwenden möchten, keine hohen Anforderungen an die Laufwerkleistung stellen. Die Datei der virtuellen Festplatte ist anfangs klein und wächst, wenn Sie innerhalb der VM Daten auf die Festplatte schreiben. (Sie können natürlich nicht die Gesetze der Physik überlisten. Wenn Ihre virtuelle Festplatte mehr Daten speichert, braucht sie den entsprechenden Platz auf der physischen Festplatte.)
- **Differenzierung** Dieser Datenträgertyp basiert auf einer übergeordneten Festplatte, die unverändert bleibt. Wenn Sie neue oder geänderte Daten auf diese virtuelle Festplatte schreiben, wird nur eine zugeordnete, untergeordnete Datei verändert. So lassen sich Änderungen ganz einfach rückgängig machen.

Bei einer VM der zweiten Generation haben Sie außerdem die Möglichkeit, eine virtuelle Festplatte, die bereits vorhanden ist, für eine andere VM freizugeben.. Sofern Sie eine physische Festplattenpartition übrig haben, können Sie eine virtuelle Festplatte anlegen und sie direkt mit dem physischen Laufwerk verknüpfen Diese Option bietet eine hervorragende Leistung, ist aber auf den meisten Desktop-Konfigurationen unpraktisch.

Virtuelle Computer der ersten Generation können direkt mit einem physischen CD/DVD-Laufwerk verbunden werden. VMs beider Generationen ermöglichen den Einsatz von virtuellen DVDs. Das ist vor allem dann nützlich, wenn Sie eine ISO-Datei mounten wollen, um in der VM ein neues Betriebssystem zu installieren. Wenn Sie besonders nostalgisch veranlagt sind, können Sie bei Generation-1-VMs sogar ein virtuelles Diskettenlaufwerk erstellen.

Weitere Informationen zur Erstellung und Verwaltung virtueller Festplatten finden Sie weiter hinten in diesem Kapitel.

> ## Expertentipp
>
> ***Eine virtuelle DVD schnell bereitstellen und auswerfen***
>
> **Jede Datenträgerabbilddatei im ISO-Format kann als virtuelles DVD-Laufwerk erscheinen und es ist nicht notwendig, den Einstellungsdialog zu durchlaufen, um ein virtuelles DVD-Laufwerk bereitzustellen und wieder zu trennen. Um stattdessen eine ISO-Datei als Laufwerk innerhalb einer laufenden virtuellen Maschine anzuhängen, klicken Sie im Menü der Konsole *Verbindung mit virtuellen Computer* auf *Medien | DVD-Laufwerk | Datenträger*. Wählen Sie eine ISO-Datei und klicken Sie auf *OK*. Um ein virtuelles Laufwerk zu trennen, verwenden Sie den Befehl *<ISO-Dateiname> auswerfen* im Menü *Medien | DVD-Laufwerk*.**

Netzwerk

Für die Unterstützung grundlegender Netzwerkfunktionalität in Hyper-V sind zwei Komponenten erforderlich: ein *virtueller Netzwerkadapter*, der für jede VM separat konfiguriert wird, und ein *virtueller Switch*, der von der Hyper-V-Plattform verwaltet wird. Der standardmäßige virtuelle Netzwerkadapter ist der *Hyper-V-spezifische Netzwerkadapter*, er steht sowohl in Generation-1- als auch Generation-2-VMs zur Verfügung. Ausschließlich in Generation-1-VMs können Sie außerdem eine *Legacy-Netzwerkkarte* installieren, die einen direkten Netzwerk-Boot unterstützt und die Möglichkeit bietet, nicht unterstützte Betriebssysteme zu betreiben.

Standardmäßig besitzt jede neue virtuelle Maschine einen Netzwerkadapter, ist aber nicht mit dem Netzwerk verbunden. Diese Konfiguration entspricht einem eigenständigen Computer mit einer kabelgebundenen Netzwerkkarte (und keinem WLAN-Adapter), der nicht an einen Router oder Switch angeschlossen ist und daher keine Verbindung zum Internet oder zu anderen Computern herstellen kann. Diese Konfiguration ohne Verbindung kann für einige Testszenarien nützlich sein, aber in den meisten Fällen werden Ihre virtuellen Computer Zugriff auf eine Netzwerkverbindung benötigen.

Dazu müssen Sie zunächst den virtuellen Netzwerkadapter so konfigurieren, dass er eine Verbindung zu einem virtuellen Switch herstellt. Durch diese Aktion wird der virtuelle Netzwerkadapter in Ihrer virtuellen Maschine mit dem physischen Netzwerkadapter in Ihrem physischen Computer verbunden, wodurch die VM eine Verbindung zur Außenwelt herstellen kann. Für jeden virtuellen Switch, den Sie konfigurieren, erstellt Hyper-V einen entsprechenden virtuellen Netzwerkadapter auf dem Host-PC, der die Kommunikation mit anderen Hosts und mit dem Internet abwickelt.

In Hyper-V unter Windows 11 hat jeder virtuelle Computer Zugriff auf einen vorkonfigurierten Standard-Netzwerk-Switch, der mit dem Host-PC und anderen PCs über Network Address Translation (NAT) kommuniziert. Um diesen Switch zu verwenden, wählen Sie bei der Erstellung einer neuen virtuellen Maschine an dem Punkt, an dem Sie die Netzwerkkonfiguration vornehmen, einfach den Standard-Switch aus dem Dropdownmenü *Virtueller Switch* aus. (Siehe »Netzwerk konfigurieren« weiter hinten in diesem Kapitel.)

Sie können weitere benutzerdefinierte Switches erstellen, um andere Netzwerkkonfigurationen aufzubauen, und dann jeweils beim Start einer VM (oder wenn sie läuft) wählen, welchen virtuellen Switch Sie für eine VM verwenden wollen.

Sie können einen neuen virtuellen Switch erstellen oder einen vorhandenen ändern, indem Sie den Hyper-V-Manager öffnen und im Fensterabschnitt *Aktionen* (oder im Menü *Aktion*) auf *Manager für virtuelle Switches* klicken oder tippen. Wählen Sie dann den Typ für den Switch aus, den Sie erstellen wollen:

- **Extern** Dies ist die richtige Wahl, wenn Sie möchten, dass sich Ihre VM so verhält, als wäre sie ein anderer PC in Ihrem lokalen Netzwerk. Diese Konfiguration bindet den virtuellen Switch an den physischen Netzwerkadapter des Hostcomputers und ermöglicht den Zugriff auf das physische Netzwerk. Wenn der physische Netzwerkadapter des Host-Computers mit dem Internet verbunden ist, haben Ihre virtuellen Computer, die diesen Switch-Typ verwenden, ebenfalls Zugang zum Internet.
- **Intern** Ein interner virtueller Switch ermöglicht Verbindungen zwischen virtuellen Maschinen, die denselben virtuellen Switch auf dem Hostcomputer verwenden, isoliert sie aber von anderen Geräten im Netzwerk des Host-PC. Diese virtuellen Computer können sich auch über den virtuellen Netzwerkadapter (vEthernet) auf dem Host-PC mit dem Internet verbinden.
- **Privat** Verwenden Sie einen privaten virtuellen Switch, um ein Netzwerk einzurichten, das nur die virtuellen Computer vernetzt, die auf Ihrem physischen Computer ausgeführt werden und denselben virtuellen Switch verwenden. Dieses Netzwerk ist von allen physischen Computern isoliert, auch von dem Hyper-V-Hostcomputer, auf dem es installiert ist. Ohne zusätzliche Konfigurationsschritte besteht keine Internetkonnektivität.

Wenn Sie im *Manager für virtuelle Switches* auf *Neuer virtueller Netzwerkswitch* klicken oder tippen, werden Sie nach weiteren Details gefragt, wie in Abbildung 17.7 dargestellt. Klicken Sie auf *OK*, um die Erstellung des Switches abzuschließen.

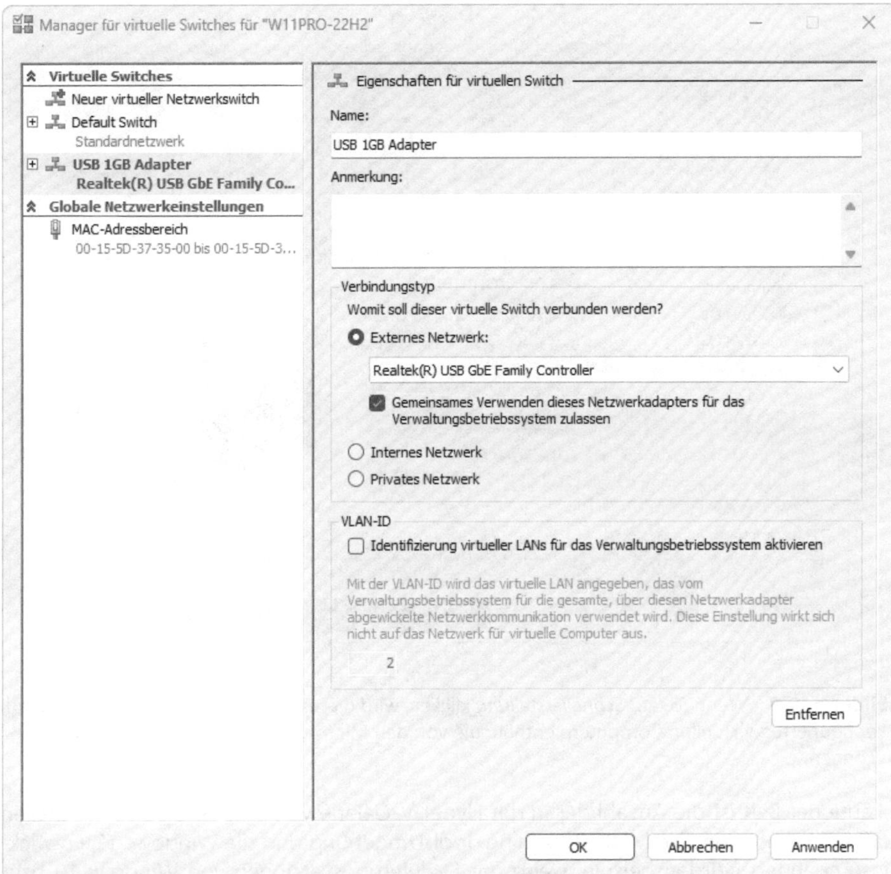

Abbildung 17.7 Wenn Ihr Computer über mehr als einen physischen Netzwerkadapter verfügt, können Sie unter *Externes Netzwerk* denjenigen angeben, den Sie für einen neuen Switch verwenden möchten.

Mit Schnellerstellung einen vorkonfigurierten virtuellen Computer herunterladen und ausführen

Der Befehl *Schnellerstellung* befindet sich oben im Bereich *Aktionen* auf der rechten Seite des Hyper-V-Managers, wenn Sie im linken Bereich den Host-PC ausgewählt haben. Wenn Sie auf *Schnellerstellung* klicken, öffnet sich das Dialogfeld *Virtuellen Computer erstellen*, wie es in Abbildung 17.8 dargestellt ist. In diesem Dialogfeld können Sie eines der vordefinierten virtuellen Festplatten-Images auswählen, die von Microsoft zur Verfügung gestellt werden.

Abbildung 17.8 Wenn Sie auf *Schnellerstellung* klicken, wird dieses Dialogfeld geöffnet, das Links zu vorkonfigurierten virtuellen Computern enthält, die von den Microsoft-Servern heruntergeladen werden können.

Im Laufe der Zeit ist die Anzahl der in der Hyper-V-Galerie verfügbaren fertigen virtuellen Maschinen gestiegen. Die MSIX-Packaging-Tool-Umgebung und die Windows 11-Entwicklungsumgebung wurden beispielsweise mit Evaluierungsversionen von Windows 10 bzw. Windows 11 Enterprise erstellt. Beide erfordern einen Download von mehreren Gigabyte und die Testlizenz läuft nach 90 Tagen ab. Die drei Ubuntu-Pakete hingegen ermöglichen es Ihnen, eine VM mit dieser beliebten Linux-Distribution ohne solche Einschränkungen einzurichten; jedes dieser Pakete erfordert einen Download von etwa 2GB.

Expertentipp

Einsatzbereite virtuelle Computer abrufen

Im Rahmen der Unterstützung für Softwareentwickler bietet Microsoft kostenlose Downloads vollständig konfigurierter virtueller Computer an, auf denen Evaluierungsversionen von Windows 11 laufen. Jeder dieser virtuellen Computer enthält Windows 11 mit einer Reihe beliebter Entwicklertools und ist für die Verwendung mit vier beliebten Virtualisierungsplattformen verpackt: Hyper-V, VMware, VirtualBox und Parallels. Diese VMs sind für Test- und Evaluierungszwecke gedacht und laufen nach 90 Tagen ab. In den Anweisungen, die mit den VM-Dateien geliefert werden, wird jedoch erklärt, wie die Dateien nach Ablauf der Gültigkeit verwendet werden können. Sie finden die Downloads für diese virtuellen Computer unter *https://developer.microsoft.com/windows/downloads/virtual-machines*.

Zusätzlich zu den Paketen, die Microsoft in diesem Standardkatalog bereitstellt, können IT-Experten benutzerdefinierte Images für interne Entwicklungs- und Testgruppen zur Verfügung stellen. Einzelheiten dazu, wie Sie Ihre eigenen Images virtueller Computer zum Katalog *Schnellerstellung* hinzufügen, finden Sie in diesem Community-Artikel von Thomas Maurer von Microsoft: *https://bit.ly/hyper-v-custom-gallery*.

Wenn keines der Betriebssysteme im Katalog *Schnellerstellung* Ihren Anforderungen entspricht, nutzen Sie die letzte Option, um eine VM mit einer lokalen Installationsquelle zu erstellen. Wählen Sie im Dialogfeld *Virtuellen Computer erstellen* die Option *Lokale Installationsquelle*, klicken Sie auf die Schaltfläche *Installationsquelle ändern* und navigieren Sie zu der ISO-Datei, die Sie für die Installation verwenden möchten, oder zu der virtuellen Festplatte, die Sie als Vorlage verwenden möchten. Die Datei muss in Form eines ISO-Images oder eines VHD/VHDX-Disk-Images vorliegen. Abbildung 17.9 zeigt diese Option in Verbindung mit einer ISO-Imagedatei, die wir für die Installation der Windows-Insider-Vorschauversion heruntergeladen haben.

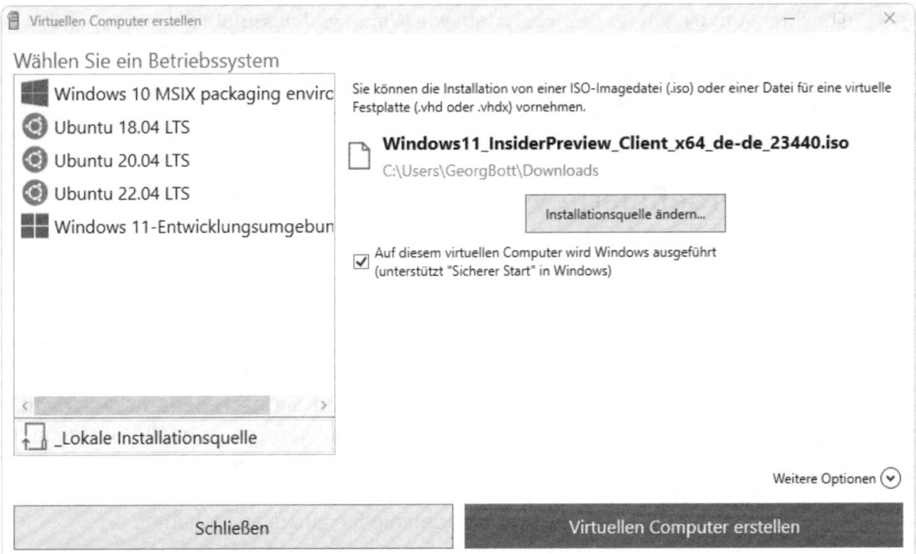

Abbildung 17.9 Wenn Sie die Option *Lokale Installationsquelle* wählen, können Sie schnell eine VM mit ISO-basierten Installationsmedien oder mit einer virtuellen Festplatte als Vorlage erstellen.

Das Kontrollkästchen unter *Installationsquelle ändern* aktiviert den sicheren Start (Secure Boot), eine Funktion von UEFI-basierten Computern. Klicken Sie auf *Weitere Optionen*, um Steuerelemente anzuzeigen, in die Sie einen beschreibenden Dateinamen eingeben und einen virtuellen Netzwerkadapter auswählen können. Sie können in diesem Dialogfeld zwei Einstellungen festlegen:

- **Name** Der Text, den Sie hier eingeben, wird zur Identifizierung der VM in der Liste der virtuellen Computer im Hyper-V-Manager verwendet.
- **Netzwerk** Hier wählen Sie einen virtuellen Netzwerkswitch für die VM aus. Sofern Sie keinen benutzerdefinierten Netzwerkswitch erstellt haben, wählen Sie hier *Default Switch* aus.

Wenn diese Angaben vollständig sind, klicken Sie auf *Virtuellen Computer erstellen*. Hyper-V erstellt Ihre neue VM mit den Standardeinstellungen und zeigt ein abschließendes Dialogfeld mit zwei Schaltflächen an. Mit der ersten können Sie sofort eine Verbindung zur VM herstellen; die zweite öffnet das Einstellungsdialogfeld für die neue VM, in dem Sie den Arbeitsspeicher anpassen, die Festplatten einstellen und weitere notwendige Änderungen vornehmen können.

> Expertentipp
>
> ***Verwenden Sie die Schnellerstellung nicht für ältere Betriebssysteme***
>
> **Schnellerstellung erstellt immer eine virtuelle Maschine der Generation 2 – eine Einstellung, die nicht geändert werden kann. Wie im vorherigen Abschnitt »Was steckt in einem virtuellen Computer?« beschrieben, ist eine Maschine der Generation 2 die richtige Wahl, wenn Sie als Gastbetriebssystem eine aktuelle 64-Bit-Version von Windows oder eine aktuelle Linux-Distribution verwenden möchten. Wenn Sie eine VM einrichten, um ein älteres Betriebssystem wie Windows 7 auszuführen, sollten Sie den Assistenten für neue virtuelle Computer verwenden und die Generation 1 auswählen, die über virtuelle Hardware verfügt, die von älteren Betriebssystemen besser unterstützt wird.**

Eine benutzerdefinierte VM mit dem Assistenten für neue virtuelle Computer erstellen

Wenn Sie in allen Details steuern wollen, wie eine neue VM zusammengestellt wird, sollten Sie die Schnellerstellung meiden. Öffnen Sie stattdessen den Hyper-V-Manager und klicken oder tippen Sie im Fensterabschnitt *Aktionen* auf *Neu | Virtueller Computer*. Diese Aktion startet den Assistenten für neue virtuelle Computer. Er führt Sie durch die Schritte, mit denen Sie einen virtuellen Computer erstellen. Verwenden Sie nach Bedarf die Schaltflächen *Weiter* und *Zurück* oder die Verknüpfungen auf der linken Seite, um alle Einstellungskategorien durchzuarbeiten. Sie können jederzeit die Schaltfläche *Fertig stellen* verwenden, um die Erstellung des virtuellen Computers abzuschließen. Dabei werden die vorgegebenen Standardeinstellungen aller Seiten verwendet, die Sie ausgelassen haben.

Die erste Seite in diesem Assistenten zeigt lediglich einige Vorbemerkungen an. Sie können sie künftig überspringen, wenn Sie das Kontrollkästchen *Diese Seite nicht mehr anzeigen* aktivieren. Die nächsten Abschnitte beschreiben, welche Einstellungen Sie in jedem Schritt dieses Assistenten vornehmen sollten.

> Hinweis
>
> **Um schnelle Ergebnisse zu erzielen, können Sie den Assistenten für neue virtuelle Computer öffnen und direkt auf *Fertig stellen* klicken. Allerdings ist die erhoffte Zeitersparnis eine Illusion, genauso wie bei der Schnellerstellung. Denn wenn Sie den Assistenten auf diese Weise überspringen, müssen Sie anschließend Zeit und Arbeit aufwenden, um die Namen des virtuellen Computers und der virtuellen Festplatten anzupassen, die Größe des verfügbaren Arbeitsspeichers einzustellen und das Installationsmedium anzuschließen. Außerdem wird standardmäßig ein virtueller Computer der Generation 1 erstellt. Diese Vorgabe lässt sich nachträglich nicht auf eine Konfiguration für die Generation 2 ändern.**

Name und Pfad angeben

Nachdem Sie die Seite *Vorbemerkungen* durchlaufen haben, fordert der Assistent Sie auf, einen Namen für Ihren virtuellen Computer anzugeben. Ersetzen Sie die Vorgabe *Neuer virtueller Computer* durch einen Namen, mit dem Sie diesen virtuellen Computer von anderen unterscheiden können, die Sie möglicherweise erstellen. (Der Assistent wird diesen Namen später noch einmal als Namen für die von Ihnen erstellte virtuelle Festplatte verwenden.) Wenn Sie den vorgeschlagenen Speicherort für die Dateien des virtuellen Computers ändern wollen, aktivieren Sie das entsprechende Kontrollkästchen und geben Sie einen anderen Pfad ein, wie in Abbildung 17.10 gezeigt.

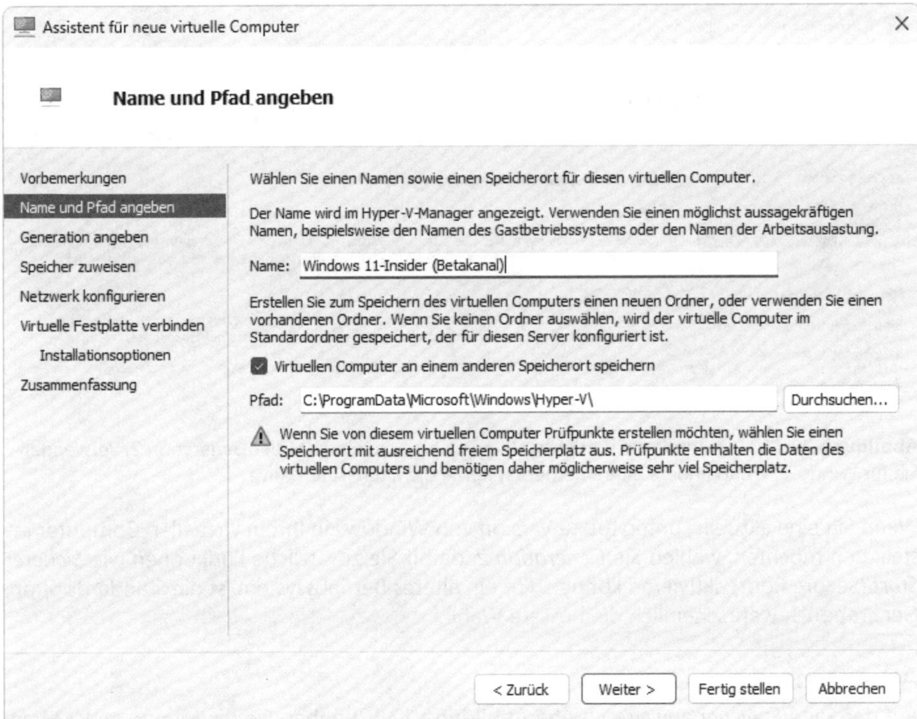

Abbildung 17.10 Verwenden Sie einen beschreibenden Namen, um die VM im Hyper-V-Manager zu identifizieren. Es wird empfohlen, die Konfigurationsdateien am Standardspeicherort zu speichern, es sei denn, Sie verfügen über ein separates, dediziertes Datenlaufwerk.

Der Standardspeicherort ist *%ProgramData%\Microsoft\Windows\Hyper-V*. Wenn Ihr Computer über ein kleines Systemlaufwerk und ein größeres Datenlaufwerk verfügt – eine übliche Konfiguration bei einigen Desktopsystemen, die ein Solid-State-Laufwerk für Systemdateien und eine große Festplatte für Datendateien verwenden –, möchten Sie die Dateien möglicherweise an einem anderen Ort speichern. Denken Sie daran, dass ein virtueller Computer 10 bis 40GB oder mehr beanspruchen kann. Außerdem kann der Platzbedarf schnell anwachsen, wenn Sie viele Prüfpunkte anlegen.

Sie können den Speicherort, an dem die Konfigurationsdatei des virtuellen Computers liegt, auch noch ändern, nachdem Sie die VM erstellt haben, das ist aber nicht einfach. Die virtuelle Festplatte können Sie verschieben, indem Sie mit der rechten Maustaste auf den Computernamen klicken und den Befehl *Verschieben* wählen. Aber für die grundlegenden Konfigurationsdateien gibt es keine derartige Option. Um später alle Komponenten eines virtuellen

Computers zu verschieben, können Sie einen virtuellen Computer exportieren, kopieren und in einem anderen Speicherort wieder importieren. Sie sparen sich viel Arbeit, wenn Sie einen geeigneten Speicherort auswählen, bevor Sie den virtuellen Computer erstellen.

Generation angeben

Wählen Sie auf der Seite *Generation angeben* (siehe Abbildung 17.11) für den Typ virtuellen Computer, den Sie benötigen, entweder *Generation 1* oder *Generation 2* aus. (Eine Beschreibung der Unterschiede finden Sie im Abschnitt »Generation des virtuellen Computers« weiter vorn in diesem Kapitel.)

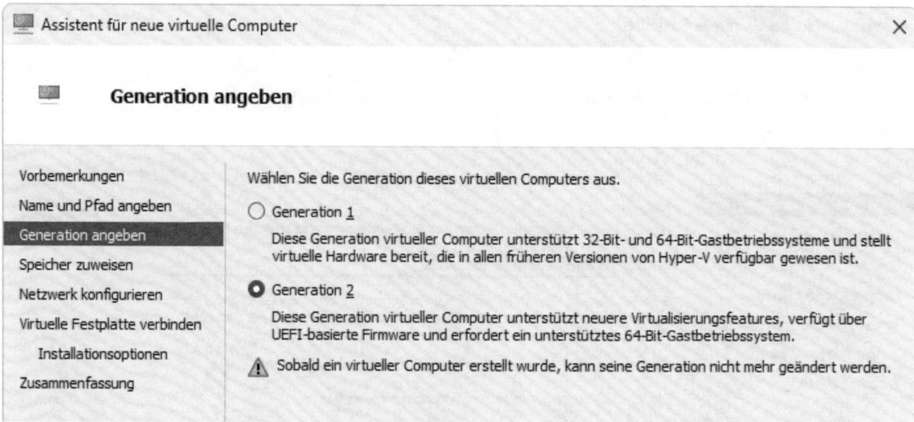

Abbildung 17.11 Für moderne Betriebssysteme wählen Sie eine VM der Generation 2. Verwenden Sie für Windows 7 und andere ältere Betriebssysteme die ältere Alternative.

Wenn Sie eine aktuelle, unterstützte Version von Windows in Ihrem virtuellen Computer installieren möchten, wählen Sie *Generation 2*, damit Sie zusätzliche Funktionen wie *Sicherer Start* (Secure Boot) aktivieren können. Für ein älteres Betriebssystem ist die Standardoption, Generation 1, wahrscheinlich die bessere Wahl.

Arbeitsspeicher zuweisen

Auf der Seite *Speicher zuweisen* (siehe Abbildung 17.12) geben Sie die Menge an RAM an, die dem virtuellen Computer beim Start zugewiesen werden soll. Diese Menge bleibt der VM zugewiesen, wenn sie ausgeführt wird, es sei denn, Sie aktivieren die Option *Dynamischen Speicher für diesen virtuellen Computer verwenden*. (Eine Erläuterung der Funktionsweise des dynamischen Speichers finden Sie im Abschnitt »Arbeitsspeicher« weiter vorne in diesem Kapitel.)

Beachten Sie, dass Sie im Assistenten keine Werte für den minimalen und maximalen Arbeitsspeicher angeben können. Wenn Sie den Assistenten für neue virtuelle Computer verwenden und dynamischen Speicher aktivieren, weist Hyper-V dafür 512 MB bzw. 1 TB zu. Sie können den Arbeitsspeicher viel genauer konfigurieren, indem Sie die Einstellungen für eine VM nach deren Erstellung anpassen, was wir weiter hinten in diesem Kapitel erläutern.

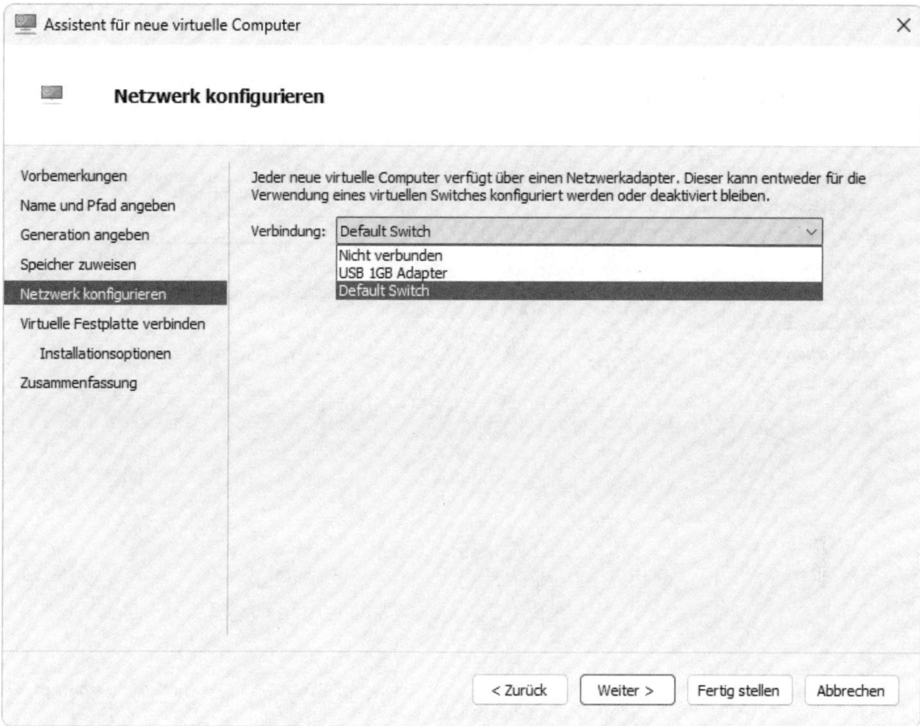

Abbildung 17.12 Wenn Sie das Kontrollkästchen *Dynamischen Speicher für diesen virtuellen Computer verwenden* aktivieren, kann Ihre VM den Speicher effizienter nutzen, was die Leistung verbessern kann, wenn der physische Speicher knapp ist.

Netzwerk konfigurieren

Auf der Seite *Netzwerk konfigurieren*, die in Abbildung 17.13 dargestellt ist, geben Sie den virtuellen Netzwerkswitch an, an den Sie den Netzwerkadapter Ihres virtuellen Computers anschließen möchten. Die Standardoption ist *Nicht verbunden*, was zu einer virtuellen Maschine führt, die von allen anderen Computern (physisch und virtuell) und vom Internet isoliert ist. Um eine Verbindung mit dem Hostcomputer und dem Internet herzustellen, wählen Sie *Default Switch* (der für die Verbindung mit dem Netzwerk Ihres Computers NAT, Network Address Translation, verwendet) oder wählen Sie einen virtuellen Netzwerkswitch, den Sie zuvor erstellt haben.

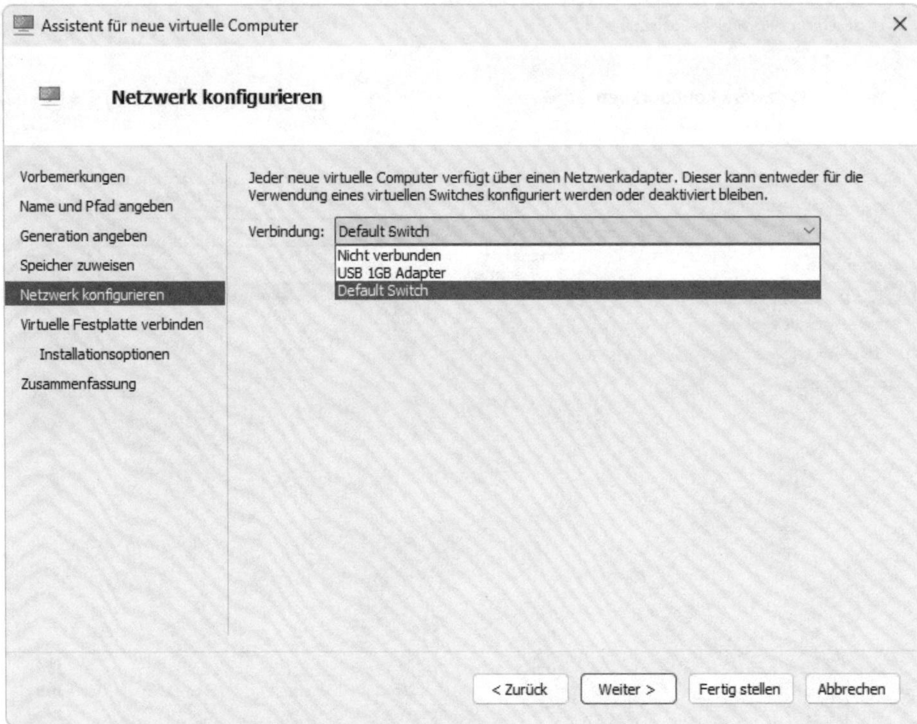

Abbildung 17.13 Wählen Sie einen virtuellen Netzwerkswitch für die Verbindung zur Außenwelt. Die Option *Default Switch* ist für die meisten VMs die richtige Wahl.

TROUBLESHOOTING

Die einzige verfügbare Netzwerkoption ist Nicht verbunden

Wenn Sie eine momentan unterstützte Version von Windows 10 oder Windows 11 verwenden und die Option *Default Switch* fehlt, ist die wahrscheinlichste Erklärung, dass Sie oder ein anderer Administrator diesen Switch entfernt haben. Sie können ihn wiederherstellen, indem Sie alle laufenden VMs herunterfahren und dann das Hyper-V-Plattform-Feature entfernen und neu installieren, wie im Abschnitt »Hyper-V unter Windows 11 einrichten« weiter vorne in diesem Kapitel beschrieben.

Virtuelle Festplatte verbinden

Verwenden Sie die Seite *Virtuelle Festplatte verbinden* (siehe Abbildung 17.14), um die erste virtuelle Festplatte des virtuellen Computers einzurichten. Standardmäßig erstellt der Assistent für neue virtuelle Maschinen eine sich dynamisch erweiternde virtuelle Festplatte im VHDX-Format mit einem Standardnamen, der auf dem Namen basiert, den Sie im ersten Schritt eingegeben haben. (Sie haben auch die Möglichkeit, den Speicherort einer bereits vorhandenen Datei im VHDX-Format anzugeben.) Wenn Sie eine virtuelle Festplatte mit fester Größe erstellen oder das ältere VHD-Format verwenden möchten, wählen Sie die Option *Virtuelle Festplatte später zuordnen* und passen Sie die Konfiguration der VM an, nachdem der Assistent beendet ist.

Genau wie bei einem physischen Computer kann auch ein virtueller Computer über mehrere Festplatten verfügen; der Assistent ermöglicht es Ihnen, nur das Systemlaufwerk zu erstellen oder anzuhängen. Standardmäßig wird dieses Laufwerk (diese Datei) auf dem Hostcomputer im Ordner *Öffentliche Dokumente* des Benutzerprofils *Öffentlich* angezeigt, wo es für jeden Benutzer, der sich auf dem Hostcomputer anmeldet, zugänglich ist. Sie können diese Vorgabe außer Kraft setzen und die virtuelle Festplatte auf einer beliebigen physischen Festplatte speichern, auf die der Hyper-V-Host zugreifen kann.

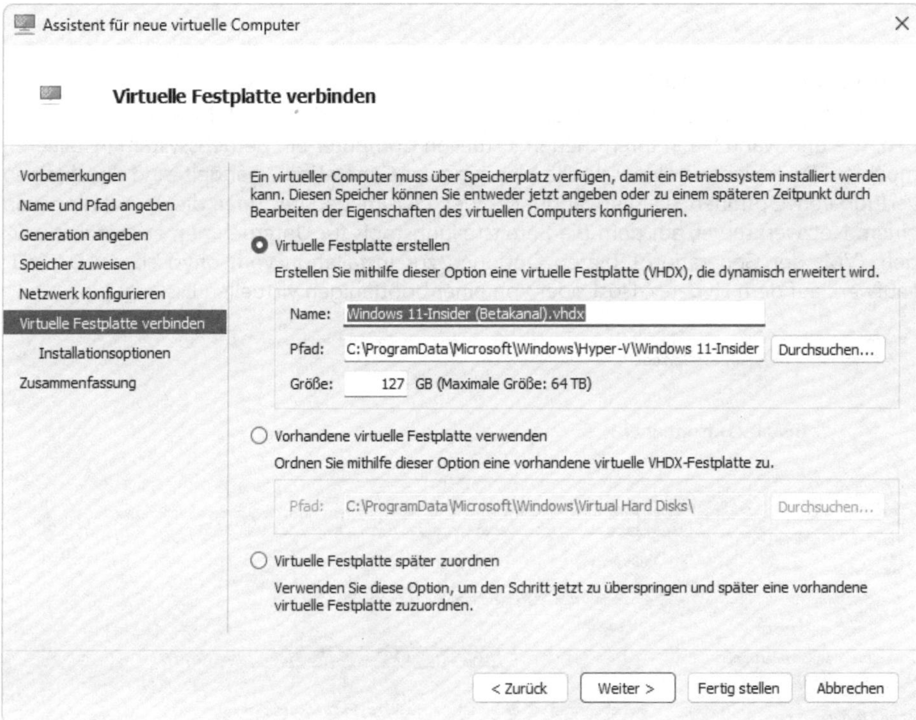

Abbildung 17.14 Mit der ersten Option erstellen Sie eine virtuelle Festplatte. Wählen Sie die zweite Option, um eine bereits vorhandene virtuelle Festplatte zu verwenden.

Außer dem Namen und dem Speicherort der Datei der virtuellen Festplatte müssen Sie auch die Kapazität der Festplatte in Gigabyte angeben. Achten Sie darauf, dass die virtuelle Festplatte groß genug ist, um das Betriebssystem und alle Programme und Daten aufzunehmen, die Sie auf dem virtuellen Computer verwenden möchten. Sie können ohne Weiteres eine etwas zu große Festplatte erstellen. Wie bereits erwähnt, ist eine dynamisch erweiterbare VHDX-Datei anfangs klein und wächst nach Bedarf. Stellen Sie lediglich sicher, dass der von Ihnen gewählte Speicherort auf der physischen Festplatte über ausreichend Platz verfügt, um die virtuelle Laufwerkdatei aufzunehmen, auch wenn sie größer wird.

Wenn Sie bereits über eine virtuelle Festplatte verfügen, die Sie im virtuellen Computer verwenden möchten, statt eine neue zu erstellen, wählen Sie auf dieser Seite des Assistenten die zweite Option aus.

Hinweis

Den Namen oder den Speicherort einer virtuellen Festplatte zu ändern, ist ein mühsamer Prozess, der mehrere Schritte erfordert. Auch wenn Sie die Größe einer virtuellen Festplatte ändern wollen, nachdem sie erstellt wurde, müssen Sie sich an den Partitionen im virtuellen Computer zu schaffen machen. Um solche Schwierigkeiten zu vermeiden, empfehlen wir, sich vorher sorgfältig zu überlegen, wie viel Platz Sie brauchen, und diese Einstellung von Anfang an richtig zu konfigurieren.

Installationsoptionen

Auf der Seite *Installationsoptionen*, die in Abbildung 17.15 dargestellt ist, können Sie angeben, wie und wann Sie in Ihrem neuen virtuellen Computer ein Betriebssystem installieren möchten. Da es sich um eine virtuelle Maschine der Generation 2 handelt, sind die einzigen verfügbaren Optionen die Verwendung einer ISO-Imagedatei oder die Installation von einem Netzwerkserver, auf dem die Bereitstellungstools für Unternehmen ausgeführt werden. (VMs der Generation 1 bieten Optionen zur Installation vom physischen CD/DVD-Laufwerk auf dem Hyper-V-Host oder von einer bootfähigen virtuellen Diskette.)

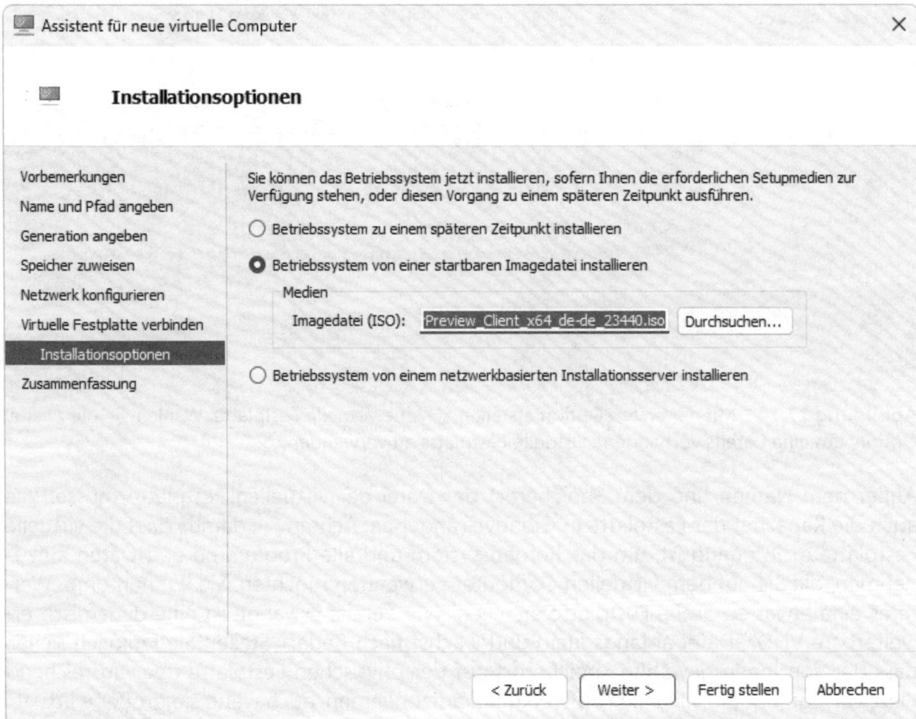

Abbildung 17.15 Diese Optionen sind für eine VM der Generation 2 verfügbar. VMs der Generation 1 ermöglichen die Installation eines Betriebssystems von einer physischen DVD oder einem virtuellen Diskettenlaufwerk.

Wie ein physischer Computer ist auch ein virtueller Computer ohne ein Betriebssystem nutzlos. Die Installation eines Betriebssystems sollte daher Ihre erste Aufgabe sein, es sei denn, Sie verwenden eine virtuelle Festplatte, auf der sich bereits ein Betriebssystem befindet. Wählen Sie die entsprechende Option aus, geben Sie den Speicherort des Installationsmediums für das Betriebssystem an und klicken Sie auf *Weiter.*

Daraufhin wird eine Zusammenfassungsseite angezeigt, auf der Sie Ihre Einstellungen überprüfen können, bevor Sie auf *Fertig stellen* klicken, um den Assistenten abzuschließen.

Auch nachdem Sie auf *Fertig stellen* geklickt haben, müssen Sie noch einige Entscheidungen treffen, bevor Sie mit Ihrem neuen virtuellen Computer arbeiten können. Im Hyper-V-Manager können Sie den neu erstellten virtuellen Computer auswählen und in dessen Eigenschaftendialogfeld die gewünschten Einstellungen vornehmen, wie im nächsten Abschnitt beschrieben. Wenn Sie mit den Einstellungen zufrieden sind, doppelklicken Sie auf den neuen virtuellen Computer, um ihn in einem Fenster des Typs *Verbindung mit virtuellen Computern* zu öffnen. Klicken oder tippen Sie dann auf die Schaltfläche *Start* in der Symbolleiste oder wählen Sie im Menü den Befehl *Aktion | Starten*. Dadurch wird Ihr virtueller Computer »eingeschaltet«. Wenn Sie eine neue, leere virtuelle Festplatte erstellt und eine ISO-Imagedatei mit Windows-Installationsmedien eingebunden haben, startet Hyper-V das Betriebssystem-Setup von dem Ort aus, den Sie im Assistenten angegeben haben.

TROUBLESHOOTING

Ihre VM zeigt eine Netzwerkmeldung an, statt von der virtuellen DVD zu starten

Wenn Sie Ihre neu konfigurierte VM zum ersten Mal starten und eine Meldung Ihnen mitteilt, dass die VM versucht, einen PXE-Netzwerkstart über IPv4 durchzuführen, müssen Sie die Startreihenfolge für die VM so ändern, dass das virtuelle DVD-Laufwerk eine höhere Priorität als der Netzwerkadapter bekommt.

Öffnen Sie dazu das Dialogfeld *Einstellungen* der VM und klicken Sie auf *Firmware* (beziehungsweise bei einer Generation-1-VM auf *BIOS*). Wählen Sie in der Liste *Startreihenfolge* den Eintrag *Netzwerkkarte* aus und klicken Sie auf *Nach unten*, bis der Eintrag ganz unten in der Liste steht. Speichern Sie die geänderten Einstellungen und starten Sie den virtuellen Computer neu. Klicken Sie in das Fenster *Verbindung mit virtuellen Computern* und drücken Sie irgendeine Taste, um von DVD zu starten, sobald die entsprechende Aufforderung erscheint. Beachten Sie, dass Sie möglicherweise sehr schnell reagieren müssen, um diese Option zu aktivieren. Wenn Sie zunächst keinen Erfolg haben, schalten Sie die VM aus und versuchen Sie es erneut.

Einen virtuellen Computer ausführen

Ein Doppelklick auf den Namen einer virtuellen Maschine im Hyper-V-Manager öffnet diese VM in einem Fenster mit dem Titel *Verbindung mit virtuellen Computern*. Wenn die VM bereits ausgeführt wird, werden Sie zu dem Computer in seinem aktuellen Zustand weitergeleitet. Bei einer neu erstellten VM, die Sie zum ersten Mal ausführen, oder bei einer zuvor erstellten VM, die heruntergefahren ist oder sich im Ruhezustand befindet, müssen Sie auf *Start* klicken, um die Maschine einzuschalten. (Sie können die Schaltfläche im Verbindungsfenster oder in der Symbolleiste verwenden oder in der Menüleiste des Fensters *Verbindung mit virtuellen Computern* auf *Aktion | Starten* klicken.)

Wenn Sie eine Sitzung im Fenster *Verbindung mit virtuellen Computern* ausführen, können Sie einen von zwei Sitzungstypen verwenden:

- Einfache Sitzungen laufen im VMConnect-Konsolenfenster, das auf jede vom virtuellen Grafikadapter unterstützte Auflösung erweitert werden kann. Diese Art von Sitzung akzeptiert Tastatur- und Mauseingaben und die Ausgabe erscheint auf dem Monitor des virtuellen Computers. Es gibt jedoch keinen Zugriff auf Audiohardware oder externe USB-Geräte. Dies ist die einzige Option, die für VMs, in denen Windows Home Edition (unabhängig von der Version) läuft, verfügbar ist.
- Erweiterte Sitzungen bieten umfangreichere Fähigkeiten. Es ist möglich, Daten über die Zwischenablage auf den Hostcomputer zu übertragen, Audiosignale vom virtuellen Computer auf die Lautsprecher oder Kopfhörer des Hostcomputers umzuleiten, lokale Festplatten und bestimmte USB-Geräte gemeinsam zu benutzen, einen Drucker über den Hostcomputer anzuschließen und eine Anmeldung mit Smartcard durchzuführen. In erweiterten Sitzungen lassen sich Konfigurationen mit mehreren Monitoren und Multitouch-Bildschirmen verwenden.

Der erweiterte Sitzungsmodus verwendet das Remotedesktopprotokoll über den Bus der virtuellen Maschine (VMBus), wofür ein unterstütztes Gastbetriebssystem erforderlich ist: Windows 8.1 oder höher (Pro, Enterprise oder Education Edition) oder Windows Server 2012 R2 oder höher. Remotedesktopverbindungen brauchen im Gastbetriebssystem nicht aktiviert zu sein. Bei Gastbetriebssystemen, die keine erweiterten Sitzungen unterstützen, wie beispielsweise Windows 7 Pro, besteht die einzige Alternative zu einer einfachen Sitzung darin, im virtuellen Computer eine Netzwerkverbindung zu konfigurieren und mit dem Remotedesktopclient eine Verbindung herzustellen. Diese Option, die von der Home Edition nicht unterstützt wird, bietet mehrere der in einer erweiterten Sitzung verfügbaren Funktionen, einschließlich einer gemeinsamen Zwischenablage und Audiounterstützung.

Das Fenster »Verbindung mit virtuellen Computern« verwenden

Wie in Abbildung 17.16 dargestellt, sieht ein virtueller Computer im Fenster *Verbindung mit virtuellen Computern* im Prinzip wie ein physischer Computer aus (und er verhält sich auch weitgehend so), nur dass er in einem Fenster auf Ihrem Desktop angezeigt wird.

Verwenden Sie die Symbolleiste am oberen Rand des Fensters, wie in Abbildung 17.17 dargestellt, um die virtuelle Maschine zu bedienen. Zusätzliche Optionen sind in der Menüleiste darüber verfügbar.

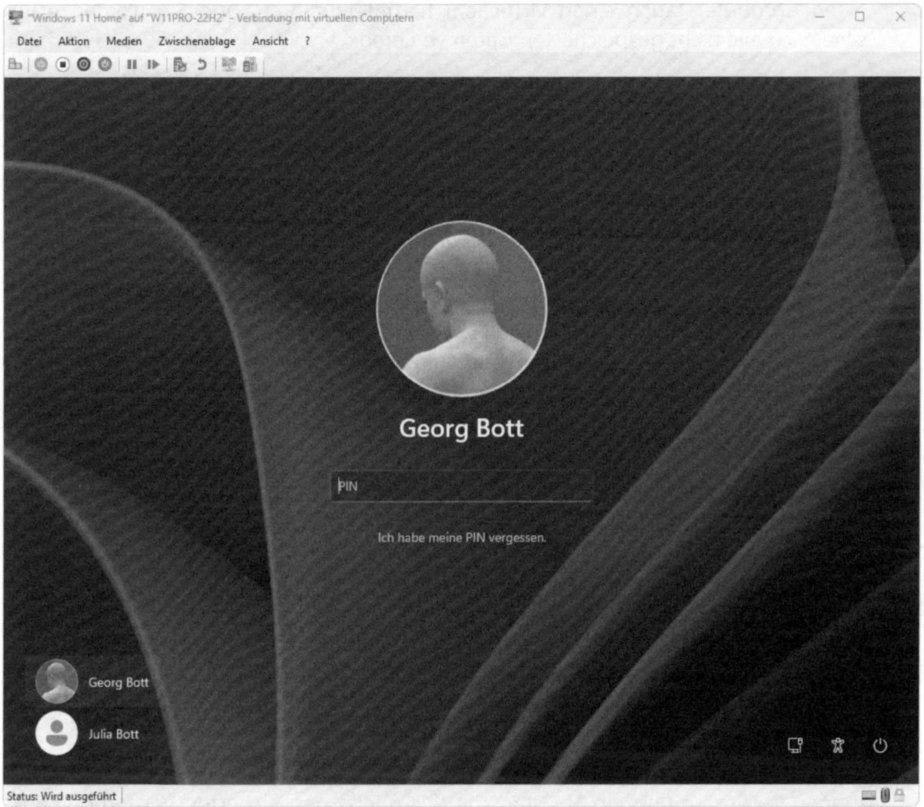

Abbildung 17.16 Eine Windows-VM im Fenster *Verbindung mit virtuellen Computern* ermöglicht es Ihnen, mehrere Benutzerkonten zu erstellen und sich mit einem Passwort oder einer PIN anzumelden.

Abbildung 17.17 Es lohnt sich, die Funktionen der einzelnen Schaltflächen dieser Symbolleiste auswendig zu lernen.

Von links nach rechts finden Sie dort die folgenden Schaltflächen:

- **STRG+ALT+ENTF** Da die Windows-Tastenkombination Strg+Alt+Entf für den Hostcomputer reserviert ist, wird die Tastenkombination, wenn Sie sie während der Verwendung einer virtuellen Maschine drücken, an Ihren Hostcomputer übertragen Um diese Tastenkombination im virtuellen Computer einzugeben, drücken Sie Strg+Alt +Ende oder tippen oder klicken Sie auf diese Schaltfläche in der Symbolleiste.
- **Starten** Diese Schaltfläche schaltet einen ausgeschalteten virtuellen Computer ein. Wenn die VM ausgeführt wird, ist diese Schaltfläche ausgegraut und nicht verfügbar.
- **Ausschalten** Mit dieser Schaltfläche wird der virtuelle Computer ausgeschaltet, allerdings auf die drastischste Art und Weise, die möglich ist, mit der gleichen Wirkung wie das Ausschalten eines physischen PC. Dies ist natürlich nicht die eleganteste Art,

einen Computer (auch einen virtuellen) herunterzufahren, und Sie werden wahrscheinlich alle nicht gespeicherten Daten verlieren.

- **Herunterfahren** Ein Klick auf diese Schaltfläche entspricht der Verwendung des Befehls *Herunterfahren* in Windows 10 oder Windows 11. Der Computer durchläuft die beim Herunterfahren üblichen Prozeduren. Beachten Sie, dass einige Konfigurationen (in der Regel ältere, nicht unterstützte Betriebssysteme) die Verwendung des Befehls *Herunterfahren* über Hyper-V nicht zulassen. Verwenden Sie in einem solchen Fall die Befehle innerhalb des virtuellen Computers, mit denen das Betriebssystem ordnungsgemäß heruntergefahren wird.
- **Speichern** Diese Schaltfläche speichert den Zustand der virtuellen Maschine und schaltet sie dann aus. Alle Ressourcen werden dabei an den Host-PC zurückgegeben. Dieser Vorgang ähnelt dem Ruhezustand auf einem physischen Computer. Wenn Sie den virtuellen Computer das nächste Mal starten, kehren Sie sofort dorthin zurück, wo Sie aufgehört haben.
- **Anhalten/Fortsetzen** Wenn Sie eine virtuelle Maschine anhalten, wird sie vorübergehend angehalten, aber ihre Ressourcen werden nicht vollständig freigegeben, wie dies bei den Optionen *Ausschalten*, *Herunterfahren* und *Speichern* der Fall ist.
- **Neu starten** Beim Neustart eines virtuellen Computers werden alle Änderungen verworfen. Für den Neustart wird die letzte gespeicherte Version verwendet.
- **Prüfpunkt** Diese Schaltfläche erstellt einen Prüfpunkt. Das ist ein Wiederherstellungspunkt für den Zustand und die Daten des virtuellen Computers. Weitere Informationen finden Sie weiter hinten in diesem Kapitel im Abschnitt »Prüfpunkte verwenden«.
- **Zurücksetzen** Durch das Zurücksetzen einer virtuellen Maschine werden alle Änderungen verworfen und ein Neustart mit der zuletzt gespeicherten Version durchgeführt.
- **Einfache/Erweiterte Sitzung** Wenn das Gastbetriebssystem erweiterte Sitzungen unterstützt, schaltet diese Schaltfläche den virtuellen Computer zwischen der einfachen und der erweiterten Sitzung um. Weitere Informationen finden Sie im Abschnitt »Den erweiterten Sitzungsmodus verwenden« weiter hinten in diesem Kapitel.
- **Teilen** Verwenden Sie diese Option, um die gesamte Konfiguration der virtuellen Maschine und die Datendateien (jedoch nicht die Prüfpunkte) in eine komprimierte Datei im VMCZ-Format zu exportieren. Sie können diese Datei dann auf einen anderen PC kopieren, auf dem Hyper-V ausgeführt wird, und sie doppelt anklicken, um die VM zu importieren. (Weitere Einzelheiten zu dieser Option finden Sie im Abschnitt »Hyper-V-VMs importieren, exportieren und verschieben« weiter hinten in diesem Kapitel.)

Im Fenster *Verbindung mit virtuellen Computern* können Sie mit einem virtuellen Computer weitgehend so arbeiten wie mit einem physischen Computer. Allerdings gibt es einige Ausnahmen:

- Wenn Sie ein älteres, nicht unterstütztes Gastbetriebssystem verwenden, bewegt sich die Maus nicht so flüssig wie in einem virtuellen Computer mit dem Gastbetriebssystem Windows 7 oder neuer. In solchen Konfigurationen kann die Maus innerhalb des Fensters für den virtuellen Computer festhängen, nachdem Sie in das Fenster geklickt haben. Drücken Sie die Tastenkombination Strg+Alt+→, um den Mauszeiger wieder freizugeben.

- Nicht in allen virtuellen Computern ist die gesamte Hardware Ihres physischen Computers verfügbar. Der Zugriff auf die DVD-Laufwerke des Hostcomputers ist zum Beispiel in virtuellen Computern der Generation 2 nicht möglich. Allerdings können Sie ein ISO-Abbild als DVD-Laufwerk bereitstellen. Von virtuellen Computern der Generation 1 kann jeweils nur einer ein bestimmtes physisches DVD-Laufwerk verwenden. (Um das DVD-Laufwerk aus einer virtuellen Maschine freizugeben, damit Sie es in einer anderen verwenden können, verwenden Sie Befehle im Menü *Medien*.)
- USB-Speichergeräte, Audiogeräte und einige andere lokale Ressourcen funktionieren nur im erweiterten Sitzungsmodus. (Weitere Informationen finden Sie im folgenden Abschnitt.)

Wenn Sie das Fenster *Verbindung mit virtuellen Computern* schließen, wird der virtuelle Computer weiterhin ausgeführt. Wenn Sie das Fenster schließen, schalten Sie im Grunde nur den virtuellen Bildschirm aus. Um den virtuellen Computer herunterzufahren oder auszuschalten, können Sie die entsprechenden Schaltflächen des Fensters *Verbindung mit virtuellen Computern* betätigen. Wenn dieses Fenster geschlossen ist, können Sie auf diese Funktionen zugreifen, indem Sie den Hyper-V-Manager öffnen, den Eintrag der VM auswählen und die Optionen *Ausschalten*, *Herunterfahren* und *Speichern* im Fensterbereich *Aktionen* verwenden.

Den erweiterten Sitzungsmodus verwenden

Die Ausführung einer Hyper-V-Basissitzung in einem Fenster ist bequem und für einfache Aufgaben ausreichend. Diese Option ist jedoch mit erheblichen Einschränkungen verbunden, darunter die fehlende Unterstützung für die Audiowiedergabe. Außerdem ist es nicht möglich, über die Windows-Zwischenablage Dateien zwischen dem Hostcomputer und der VM auszutauschen.

Die Lösung für diese und andere Probleme ist der erweiterte Sitzungsmodus, mit dem Sie von einem virtuellen Hyper-V-Computer aus eine Verbindung zu den folgenden Ressourcen auf Ihrem Hostcomputer herstellen können:

- Audiogeräte
- Drucker
- Zwischenablage (mit der Sie Dateien und andere Informationen zwischen dem virtuellen und Ihrem physischen Computer kopieren und einfügen können)

Expertentipp

Sie können keine Verbindung zu USB-Geräten auf dem Host-PC herstellen

Wenn Sie die Hyper-V-Dokumentation lesen, finden Sie vielleicht Hinweise auf eine Funktion, die es VMs ermöglicht, sich mit USB-Geräten auf dem Host-PC zu verbinden, wenn sie im erweiterten Sitzungsmodus laufen. Dies ist zwar technisch gesehen richtig, aber die Einschränkungen sind gravierend. Sie können im erweiterten Sitzungsmodus eine Verbindung zu Festplatten, einschließlich USB-Laufwerken, und Druckern herstellen. Diese Funktion ist jedoch nicht für Wechseldatenträger wie USB-Flashlaufwerke aktiviert und Sie können auch keine Verbindung zu den meisten anderen Arten von USB-Geräten herstellen.

Im erweiterten Sitzungsmodus können Sie die Auflösung des virtuellen Monitors nicht über Befehle innerhalb des virtuellen Computers ändern. Innerhalb der VM ist die Option *Anzeigeauflösung* in *Einstellungen | System | Anzeige* ausgegraut und nicht verfügbar und diese Meldung wird angezeigt: »Die Anzeigeeinstellungen können nicht über eine Remotesitzung geändert werden.« (Erinnern Sie sich daran, dass der erweiterte Sitzungsmodus das Remotedesktopprotokoll für die Verbindung mit der virtuellen Maschine verwendet, was die Meldung über eine *Remotesitzung* erklärt.) Für diese Einschränkung gibt es zwei Umgehungsmöglichkeiten:

- Wenn die VM in einem Fenster ausgeführt wird, können Sie die Anzeigeauflösung ändern, indem Sie die Ränder des Fensters *Verbindung mit virtuellen Computern* ziehen; dabei passt sich das Gastbetriebssystem automatisch an die Abmessungen an. Diese Lösung ist zwar bequem, macht es aber fast unmöglich, eine Standardauflösung zu wählen, was beispielsweise für Kompatibilitätstests erforderlich sein könnte.
- Um eine bestimmte Bildschirmauflösung zu wählen, wechseln Sie in den einfachen Sitzungsmodus und schließen dann das Fenster *Verbindung mit virtuellen Computern*. Klicken Sie im Hyper-V-Manager auf *Verbinden*, um ein neues Fenster *Verbindung mit virtuellen Computern* zu öffnen, in dem Sie die Bildschirmauflösung festlegen können (siehe Abbildung 17.18).

Wenn Sie in diesem Dialogfeld auf *Optionen anzeigen* klicken, wird die Registerkarte *Lokale Ressourcen* angezeigt. Dort können Sie angeben, welche lokalen Ressourcen des Hostcomputers, also Drucker, Laufwerke und andere Geräte, Sie innerhalb des virtuellen Computers verwenden möchten. Weitere Informationen zu diesen Einstellungen finden Sie im Abschnitt »Mit Remotedesktop auf einen anderen Computer zugreifen« in Kapitel 11, »Windows-Netzwerke konfigurieren«.

Wenn auf Ihrem virtuellen Computer ein Betriebssystem läuft, das den erweiterten Sitzungsmodus unterstützt, können Sie mit der vorletzten Schaltfläche auf der Symbolleiste des Fensters *Verbindung mit virtuellen Computern* zwischen dem einfachen und dem erweiterten Sitzungsmodus umschalten. (Verwenden Sie dieses Symbol, um schnell festzustellen, ob Sie im einfachen oder im erweiterten Sitzungsmodus arbeiten.)

Sie können den erweiterten Sitzungsmodus auf Server- oder Benutzerebene aktivieren und deaktivieren. Um eine der beiden Einstellungen anzuzeigen oder zu ändern, öffnen Sie den Hyper-V-Manager und wählen Sie in der Baumstruktur auf der linken Seite den Hostnamen aus. Klicken oder tippen Sie dann unter dem Hostnamen im Bereich *Aktionen* auf *Hyper-V-Einstellungen*. Im daraufhin angezeigten Dialogfeld *Hyper-V-Einstellungen* finden Sie die Einstellungen für den erweiterten Sitzungsmodus unter *Server* und unter *Benutzer*.

Eine der nützlichsten Fähigkeiten einer erweiterten Sitzung ist die Möglichkeit, an einem virtuellen Computer so zu arbeiten, dass er den Host-PC fast vollständig ersetzt. Ziehen Sie dazu den Schieberegler für die Auflösung auf die Stellung *Vollbild*. Falls Ihr Host-PC mehrere Monitore hat, können Sie das Kontrollkästchen *Alle Monitore verwenden* aktivieren. Sobald Sie auf *Verbinden* klicken, füllt die Anzeige des virtuellen Computers den gesamten Bildschirm aus (oder sogar alle Bildschirme). Der einzige Hinweis, dass Sie mit einem virtuellen Computer arbeiten, ist die Symbolleiste oben auf dem Bildschirm. Diese Leiste zeigt in der Mitte den Namen von VM und Host-PC an, rechts finden Sie die Standardschaltflächen zum Minimieren, Wiederherstellen und Schließen des Fensters. Wenn diese Statusleiste im Weg ist, können Sie sie nach links oder rechts verschieben. Klicken Sie auf das Stecknadelsymbol ganz links, um die Leiste völlig auszublenden. Ist die Statusleiste ausgeblendet, können Sie sie wieder sichtbar machen, indem Sie den Mauszeiger an den oberen Bildschirmrand bewegen und kurz dort stehen lassen.

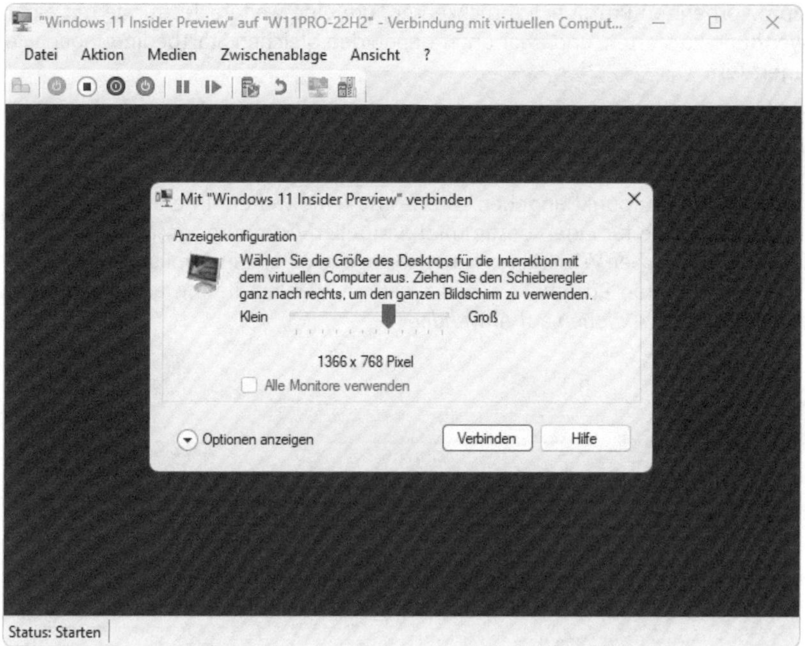

Abbildung 17.18 Verwenden Sie den Schieberegler, um eine bestimmte Auflösung auszuwählen, wenn Sie Ihre VM in einem Fenster ausführen möchten. Schieben Sie den Schieberegler ganz nach rechts, wenn Sie den Bildschirm des Hostcomputers mit seiner vollen Auflösung verwenden möchten.

TROUBLESHOOTING

Es stehen keine Anmeldeoptionen zur Verfügung, wenn Sie versuchen, eine Verbindung zu einer VM herzustellen

Dies ist ein bekanntes frustrierendes Problem, das auftritt, wenn Sie versuchen, sich mit einem Microsoft-Konto über eine erweiterte Sitzung anzumelden. Die Lösung ist einfach: Klicken Sie im Fenster *Verbindung mit virtuellen Computern* auf die Schaltfläche *Einfache Sitzung*, um zu einer einfachen Sitzung zu wechseln, und melden Sie sich mit Ihrem Kennwort oder Ihrer PIN an. Gehen Sie dann in der VM zu *Einstellungen | Konten | Anmeldeoptionen*. Deaktivieren Sie unter der Überschrift *Zusätzliche Einstellungen* das Kontrollkästchen *Erlauben Sie die Anmeldung mit Windows Hello aus Sicherheitsgründen nur für Microsoft-Konten auf diesem Gerät*. Klicken Sie danach auf die Schaltfläche *Erweiterte Sitzung*, und Ihre Anmeldeoptionen sollten nun sichtbar sein.

Prüfpunkte verwenden

Ein Prüfpunkt (engl. checkpoint) speichert die Daten und die Konfiguration eines laufenden virtuellen Computers als eine Art Momentaufnahme zu einem bestimmten Zeitpunkt (in älteren Hyper-V-Versionen wurden Prüfpunkte *Snapshots* genannt). Mit einem Prüfpunkt kann der virtuelle Computer so wiederhergestellt werden, wie er zum Zeitpunkt der Erstellung des Prüfpunkts vorgelegen hat. Das ist besonders beim Test von Software wichtig. Bei der Evaluierung konkurrierender Softwareprodukte können Sie beispielsweise eine Anwendung in einem virtuellen Computer installieren und Ihre Tests durchführen. Anschließend können Sie zum vorherigen Prüfpunkt zurückkehren, um eine weitere Testrunde mit einer anderen Anwendung zu starten, und zwar unter genau den gleichen Startbedingungen wie beim vorherigen Test.

Um aus einer laufenden VM heraus einen Prüfpunkt zu erstellen, klicken oder tippen Sie auf die Schaltfläche *Prüfpunkt* in der Symbolleiste des Fensters *Verbindung mit virtuellen Computern* oder verwenden Sie die Tastenkombination `Strg`+`N`. Sie können einen beschreibenden Namen für den Prüfpunkt angeben, aber es ist keine weitere Interaktion erforderlich. Die Prüfpunkte, die Sie für einen bestimmten virtuellen Computer gesammelt haben, werden in der Mitte des Hyper-V-Manager-Fensters angezeigt, wie in Abbildung 17.19 gezeigt. Um zu einem früheren Prüfpunkt zurückzukehren, wählen Sie ihn aus und klicken oder tippen Sie im Bereich *Aktionen* auf *Anwenden*.

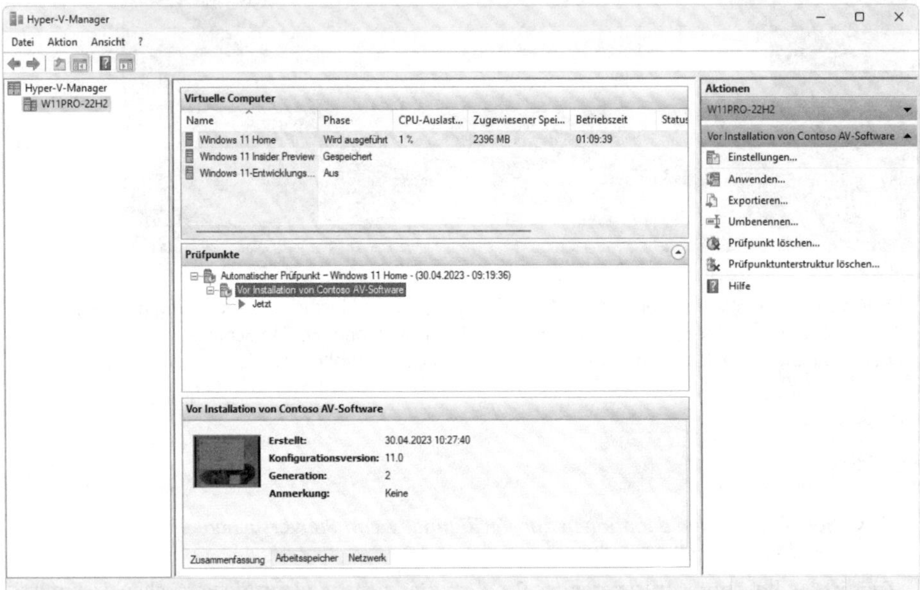

Abbildung 17.19 Wenn Sie den Namen eines Prüfpunkts auswählen, wird im Bereich *Aktionen* für diese VM eine Liste der für diesen Prüfpunkt anwendbaren Aktionen angezeigt.

Weitere Optionen im Bereich *Aktionen* ermöglichen das Umbenennen eines Prüfpunkts, das Löschen eines Prüfpunkts oder eines Prüfpunkt-Teilbaums und das Exportieren des gespeicherten Prüfpunkts in eine neue VM, wobei das Original unverändert bleibt.

In Windows 10 und Windows 11 unterstützt Hyper-V zwei Arten von Prüfpunkten:

- *Standardprüfpunkte* enthalten Informationen über den Zustand des virtuellen Computers, die laufenden Anwendungen und die Netzwerkverbindungen. Dies ist nützlich, wenn Sie versuchen, zu einem bestimmten Zeitpunkt zurückzukehren. Wenn Sie eine VM von einem Standardprüfpunkt aus in den vorherigen Zustand zurückversetzen, kann dies zu einem instabilen Zustand führen, weil beispielsweise die aufgezeichneten Netzwerkverbindungen möglicherweise nicht mehr verfügbar sind.

- *Produktionsprüfpunkte* verwenden die Backuptechnologie Volume Snapshot Service (VSS), um die Daten und die Konfiguration eines laufenden virtuellen Computers zu speichern, nicht aber ihren Zustand. Diese Lösung ist als Sicherungsalternative viel nützlicher, aber ungeeignet, wenn Sie versuchen, mit einem bestimmten Status zu starten.

Standardprüfpunkte sind die Standardeinstellung für neu erstellte VMs. Um die aktuellen Prüfpunkteinstellungen zu überprüfen und Änderungen vorzunehmen, öffnen Sie die Einstellungen für einen virtuellen Computer und klicken Sie unter *Verwaltung* auf *Prüfpunkte*. Daraufhin öffnet sich ein Dialogfeld wie in Abbildung 17.20 dargestellt.

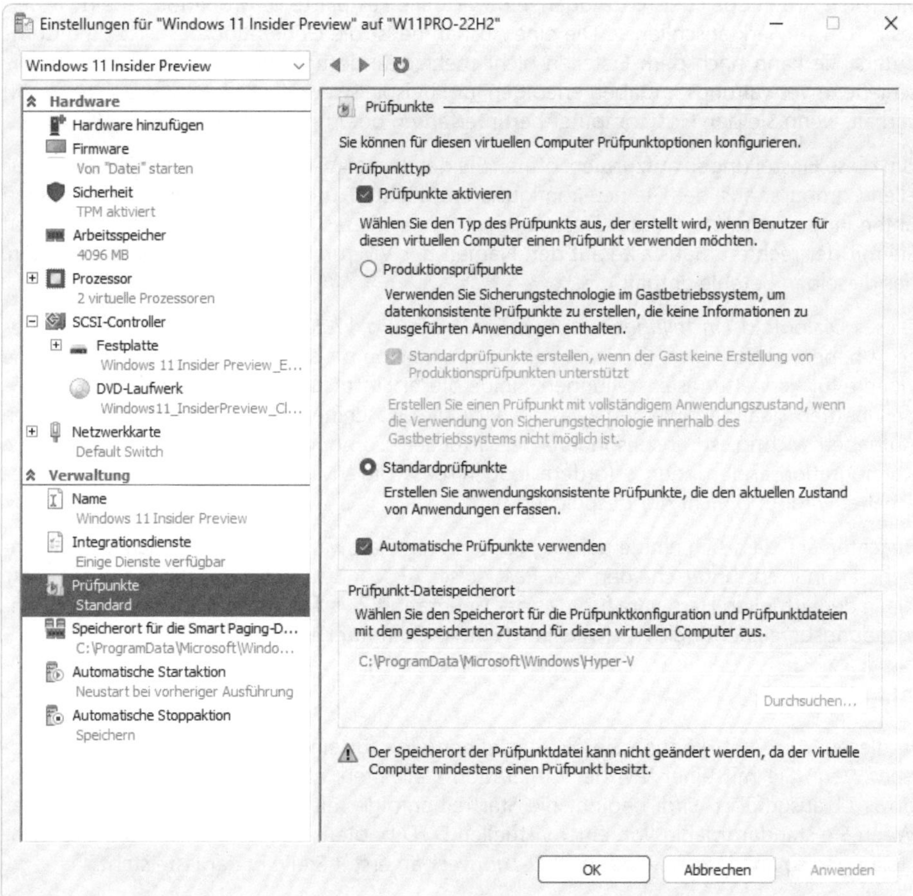

Abbildung 17.20 Auf dieser Seite in den Einstellungen für einen virtuellen Computer können Sie Prüfpunkte aktivieren oder deaktivieren und einen Prüfpunkttyp auswählen.

In diesem Dialogfeld finden Sie auch das Kontrollkästchen *Automatische Prüfpunkte verwenden*. Mit dieser Option wird bei jedem Start einer VM automatisch ein Prüfpunkt erstellt, sodass Sie die Möglichkeit haben, alle Änderungen, die Sie in der aktuellen Sitzung vorgenommen haben, rückgängig zu machen, ohne an die Erstellung von Prüfpunkten denken zu müssen. Wenn Sie den virtuellen Computer das nächste Mal herunterfahren und neu starten, haben Sie die Möglichkeit, zum vorherigen Prüfpunkt zurückzukehren. Diese Option ist für neue Windows 10- und Windows 11-VMs automatisch aktiviert.

Kapitel 17

Prüfpunkte können große Mengen an Speicherplatz belegen. Auf Hostcomputern, auf denen der Speicherplatz knapp ist, sollten Sie die automatischen Prüfpunkte deaktivieren und Prüfpunkte nur bei Bedarf verwenden.

Einstellungen für einen virtuellen Computer ändern

Wie schon weiter vorne in diesem Kapitel erwähnt, können Sie die meisten virtuellen Komponenten eines virtuellen Computers nach Belieben verändern. Sie können zum Beispiel virtuellen Arbeitsspeicher hinzufügen, eine virtuelle Festplatte vergrößern oder ein virtuelles DVD-Laufwerk anschließen. Die eine Ausnahme ist die Generation des virtuellen Computers: Sie kann nach dem Erstellen nicht mehr geändert werden. Sie können auch verschiedene Verwaltungsaufgaben erledigen, um beispielsweise festzulegen, wie sich die VM verhält, wenn Sie den Hostcomputer herunterfahren oder neu starten.

Um diese Einstellungen aufzurufen, öffnen Sie den Hyper-V-Manager, wählen Sie den virtuellen Computer aus, den Sie neu konfigurieren möchten, und klicken oder tippen Sie dann unten im Bereich *Aktionen* auf *Einstellungen*. (Wenn dieses Menü nicht sichtbar ist, klicken Sie mit der rechten Maustaste auf den Namen der VM, um ein Kontextmenü anzuzeigen, das dieselben Befehle enthält.)

Dieses Dialogfeld *Einstellungen* (das wir in Abbildung 17.20 im vorherigen Abschnitt gezeigt haben) enthält zwei Gruppen von Optionen: eine für die virtuelle Hardware und eine weitere für Verwaltungseinstellungen. Einige dieser Einstellungen können sogar im laufenden Betrieb geändert werden (was für virtuelle Maschinen mit unternehmenskritischen Aufgaben wichtig ist), insbesondere bei virtuellen Computern der Generation 2. Andere Konfigurationsänderungen erfordern jedoch, dass die VM heruntergefahren und ausgeschaltet wird (und nicht nur gespeichert wird).

Beachten Sie, dass sich einige der hier verfügbaren Hardwareoptionen je nach Maschinengeneration leicht unterscheiden. Der Rest dieses Abschnitts fasst die Optionen zusammen, die in der virtuellen Hardware für VMs der Generation 2 verfügbar sind, die die meisten Anwendungsbereiche für einen virtuellen Hyper-V-Computer abdeckt.

Firmware

In diesem Abschnitt können Sie die Startreihenfolge für einen virtuellen Computer festlegen. Wenn Sie mit einer VM der Generation 2 arbeiten, auf der Windows 10 oder Windows 11 ausgeführt wird, beginnt die Startreihenfolge mit einer EFI-Bootmanager-Datei. Wenn Sie standardmäßig von einer virtuellen DVD booten möchten, passen Sie diese Einstellungen so an, dass die Option *DVD-Laufwerk* an erster Stelle in der Liste steht.

Sicherheit

Auf VMs der Generation 2 bieten die Optionen, die bei der Auswahl von *Sicherheit* verfügbar sind, Funktionen, die denen entsprechen, die Sie mit Windows 11 auf einem UEFI-basierten physischen PC erhalten. Wenn Sie Windows 11 in einer Hyper-V-VM ausführen möchten, sollten Sie zunächst *Sicherer Start* und das virtuelle *Trusted Platform Module (TPM)* aktivieren, wie in Abbildung 17.21 gezeigt, bevor Sie Windows-Setup ausführen. (Mit der letztgenannten Option können auch die Festplatten in einem virtuellen Computer mit BitLocker-Laufwerkverschlüsselung verschlüsselt werden.)

Abbildung 17.21 Wenn Sie Windows 11 in einem virtuellen Computer installieren möchten, stellen Sie sicher, dass Sie *Sicherer Start* und das virtuelle *Trusted Platform Module* aktivieren, bevor Sie Setup ausführen.

Beachten Sie in diesem Beispiel, dass *Sicherer Start* mit der Vorlage *Microsoft Windows* aktiviert ist. Für eine virtuelle Maschine mit einer Linux-Distribution, die Secure Boot unterstützt, wählen Sie stattdessen die Vorlage *Microsoft UEFI-Zertifizierungsstelle*. (Die dritte Option, *Abgeschirmte Open Source VM*, ist nur auf Hosts mit Windows Server 2016 verfügbar.)

Arbeitsspeicher

Wie bei einem physischen PC ist das Hinzufügen von Arbeitsspeicher das Wichtigste, was Sie tun können, um die Leistung zu verbessern. Der Balanceakt bei einem virtuellen Computer besteht darin, die richtige Konfiguration zu finden, die die Leistung des Hostcomputers nicht beeinträchtigt.

Die Optionen, die bei der Auswahl von *Arbeitsspeicher* im Bereich *Hardware* verfügbar sind, sind für beide Generationen virtueller Computer identisch. Wenn dynamischer Arbeitsspeicher aktiviert ist, können Sie die Mindest- und Höchstmenge des Arbeitsspeichers festlegen, der für diese VM verfügbar sein soll. Wenn Sie von der Speicheroptimierung besessen sind, können Sie auch die Puffergrößen für den dynamischen Speicher ändern und die Priorität für die Speichernutzung anpassen, wenn mehrere virtuelle Maschinen um einen begrenzten physischen RAM-Speicher konkurrieren.Abbildung 17.22 zeigt zum Beispiel die Speicherkonfiguration für einen virtuellen Computer, auf dem eine Insider Preview-Version von Windows 11 ausgeführt wird. In diesem Beispiel wird die minimale RAM-Einstellung von ihrem Standardwert von 512MB auf 4096MB erhöht und der Standardwert für den maximalen RAM wird von seinem wahnsinnig hohen Wert auf 8192MB gesenkt.

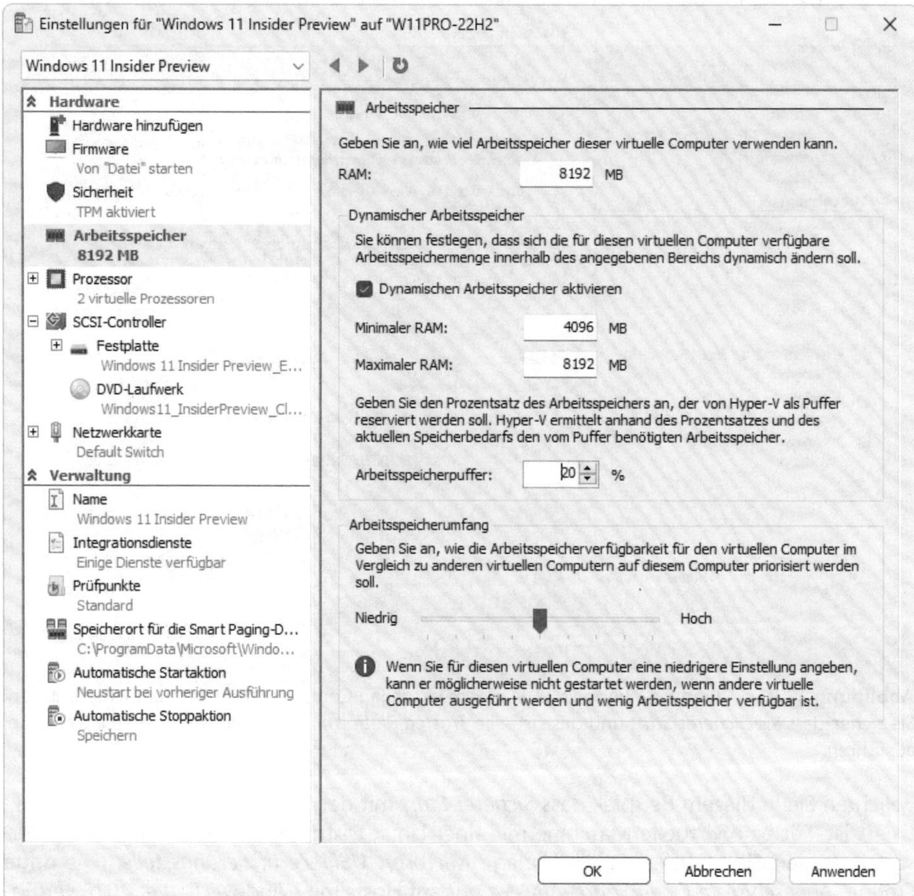

Abbildung 17.22 Mit diesen dynamischen Speichereinstellungen stehen der VM niemals weniger als 4GB RAM zur Verfügung. Bei Bedarf kann sie bis zu 8GB Speicher verwenden, aber nicht mehr.

Es gibt keinen generell richtigen oder falschen Weg, diese Einstellungen anzupassen. Die Werte hängen davon ab, wofür Sie die VM verwenden möchten. Wenn Sie beispielsweise einen Windows Insider Preview-Build von Windows 11 testen und planen, zu dieser VM zu wechseln, sobald Sie Ihren Hostcomputer starten, ohne zusätzliche Anwendungen auf dem Host-PC auszuführen, können Sie sicher eine Menge an RAM zuweisen, die dem gesamten physischen RAM auf Ihrem System entspricht. Wollen Sie dagegen ständig zwei VMs im Hintergrund laufen lassen, wenn Sie auf dem Host-PC Ihre normale Büroarbeit erledigen, sollten Sie diesen VMs weniger RAM zuweisen, sogar wenn das bedeutet, dass sie gelegentlich unter Speicherdruck geraten und ihre Leistung aufgrund des Mangels an Arbeitsspeicher ab und zu sinkt.

Die Verwendung von dynamischem Speicher stellt sicher, dass jeder Computer so viel Speicher erhält, wie er benötigt, aber es wird kein fester Speicherplatz reserviert (was andere virtuelle Maschinen oder das Hostbetriebssystem daran hindern würde, diesen Speicher zu nutzen).

TROUBLESHOOTING

Die Installation des Gastbetriebssystems scheitert, weil zu wenig Arbeitsspeicher verfügbar ist

In einigen Konfigurationen kann die Installation des Gastbetriebssystems fehlschlagen, obwohl die Einstellungen für den dynamischen Arbeitsspeicher eigentlich genug Ressourcen zur Verfügung stellen. Das Problem tritt auf, wenn das System der VM beim Start nur die minimale Menge an Arbeitsspeicher zuweist und das Installationsprogramm daraus schließt, dass das System die Mindestvoraussetzungen nicht erfüllt. Die Lösung besteht darin, für die Installation mehr RAM zuzuweisen, damit der Arbeitsspeicher mindestens so groß ist, wie zum Installieren des Betriebssystems gefordert wird. Sobald die Installation abgeschlossen ist, verkleinert Windows die Größe des zugewiesenen Arbeitsspeichers (so weit es sinnvoll ist) auf den Wert, der als minimaler RAM für diese VM konfiguriert ist.

Wenn Sie vorhaben, nur einen einzigen virtuellen Computer auszuführen, oder wenn Sie genau wissen, wie viel Arbeitsspeicher Ihr virtueller Computer für seine Aufgabe braucht, können Sie den dynamischen Arbeitsspeicher ausschalten und eine feste Menge an Arbeitsspeicher zuweisen. Diese Konfiguration ähnelt eher einem physischen Computer, weil der virtuelle Computer genau so viel RAM erhält, wie Sie ihm als Arbeitsspeicher zuweisen.

Prozessor

Die Prozessoreinstellungen, die Sie hier sehen, wurden ursprünglich für Hyper-V auf Servern mit mehreren Prozessoren entwickelt und waren auf Desktop-PCs mit Windows 10 irrelevant. Aber mit der Veröffentlichung von Windows 11 und seinem Beharren auf Mindestanforderungen an die Hardware wurden diese Einstellungen plötzlich wichtig. Praktisch alle modernen PCs enthalten einen einzigen Prozessor mit mehreren Kernen, aber die Standardeinstellungen für Hyper-V weisen einer virtuellen Maschine nur einen einzigen Kern zu. Dieses Detail führt dazu, dass Windows 11-Installationen in einer Hyper-V-VM fast sofort fehlschlagen.

Die Lösung besteht darin, den Wert im Feld *Anzahl virtueller Prozessoren* auf mindestens 2 zu erhöhen, wie in Abbildung 17.23 gezeigt. Diese Änderung hat keine Auswirkungen auf die Leistung und die übrigen Einstellungen auf dieser Seite sind für alle VMs, die Hyper-V unter Windows 11 verwenden, irrelevant.

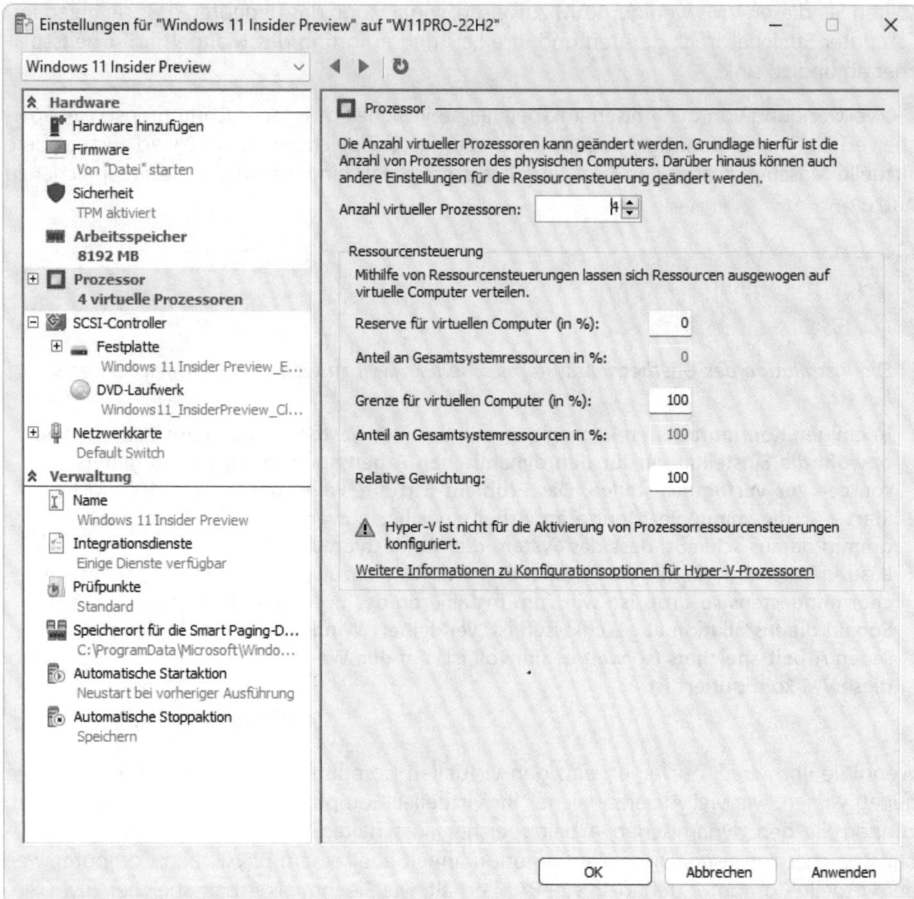

Abbildung 17.23 Wenn Sie Windows 11 in einer VM installieren möchten, müssen Sie die Anzahl der virtuellen Prozessoren mindestens auf zwei erhöhen.

SCSI-Controller

Virtuelle Computer der Generation 2 enthalten einen einzelnen virtuellen Festplattencontroller, der das Small Computer System Interface (SCSI) verwendet und mehrere virtuelle Festplatten verwalten kann. Für die meisten gewöhnlichen VMs ist die Standardkonfiguration ausreichend: eine einzelne virtuelle Festplatte, die als Systemlaufwerk verwendet wird, und eine virtuelle DVD, die für die Installation von Software zur Verfügung steht. Möglicherweise möchten Sie jedoch für bestimmte Szenarien eine zweite virtuelle Festplatte hinzufügen oder die Größe oder das Format einer vorhandenen Festplatte ändern. Dieser Abschnitt behandelt die verfügbaren Optionen.

Hinweis

Virtuelle Computer der Generation 1 verwenden standardmäßig ältere IDE-Controller und die Systemplatte muss an einen IDE-Controller angeschlossen sein. (Sie haben auch die Möglichkeit, das Legacy-VHD-Festplattenformat zu wählen; bei VMs der Generation 2 ist das Standardformat VHDX und das ältere Format nicht verfügbar.) An jeden der beiden IDE-Controller auf einem virtuellen Computer der Generation 1 können bis zu zwei Geräte angeschlossen werden. Wenn Sie versuchen, ein neues sekundäres Laufwerk an einen Controller anzuschließen, an den bereits zwei Geräte angeschlossen sind, schlägt Ihr Versuch mit einer Fehlermeldung fehl. Wenn beide Standard-IDE-Controller belegt sind, verwenden Sie stattdessen den SCSI-Controller.

Neue virtuelle Festplatte hinzufügen

Um eine neue virtuelle Festplatte zu einer vorhandenen VM hinzuzufügen, stellen Sie sicher, dass die VM heruntergefahren ist, und führen Sie dann die folgenden Schritte aus:

1. Öffnen Sie *Einstellungen* und klicken Sie auf den Eintrag für den Festplatten-Controller der VM: *SCSI-Controller* auf einem virtuellen Computer der Generation 2 oder einen der beiden *IDE-Controller* auf einem virtuellen Computer der Generation 1.
2. Wählen Sie in der Liste auf der rechten Seite *Festplatte* aus und klicken Sie auf *Hinzufügen*. Hyper-V wählt automatisch einen unbenutzten Speicherort auf dem Controller aus und zeigt die Einstellungen für diesen Speicherort an, wie in Abbildung 17.24 gezeigt.
3. Klicken Sie auf *Neu*, um den Assistenten für neue virtuelle Festplatten zu öffnen und seine Schritte auszuführen:
   - **Datenträgertyp auswählen** *Dynamisch erweiterbar* ist die Standardeinstellung und in der Regel die richtige Wahl für eine VM, auf der ein modernes Betriebssystem läuft; Sie können auch *Feste Größe* oder *Differenzierung* wählen. (Eine Erklärung, wie jeder Typ verwendet wird, finden Sie im Abschnitt »Speichercontroller und virtuelle Laufwerke« weiter vorne in diesem Kapitel.)
   - **Name und Pfad angeben** Ändern Sie den Standarddateinamen (*Neue virtuelle Festplatte.vhdx*) in einen aussagekräftigen Namen und passen Sie gegebenenfalls den Speicherort an.
   - **Datenträger konfigurieren** Akzeptieren oder ändern Sie die Standardgröße von 127GB und erstellen Sie eine neue, leere virtuelle Festplatte, wie in Abbildung 17.25 gezeigt, oder wählen Sie eine der anderen Optionen, um den Inhalt einer vorhandenen physischen oder virtuellen Festplatte auf die neu erstellte Festplatte zu kopieren.

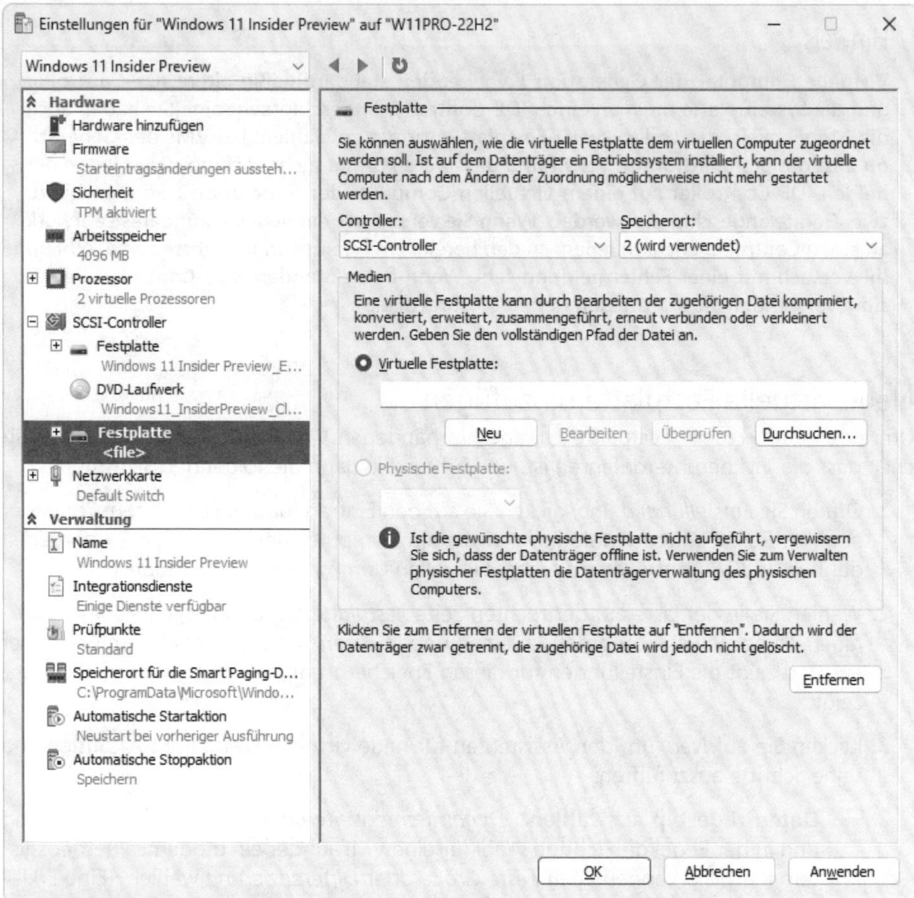

Abbildung 17.24 Durch Anklicken der Schaltfläche *Neu* auf dieser Seite wird ein Assistent gestartet, der Sie durch die Konfiguration einer virtuellen Festplatte führt.

4. Schließen Sie den Assistenten ab, um Ihre Festplatte hinzuzufügen.

Beachten Sie, dass diese Sequenz dem Anschließen eines neuen, unformatierten Laufwerks an einen physischen PC entspricht. Wenn Sie in dem virtuellen Computer Windows ausführen, müssen Sie anschließend die Konsole *Datenträgerverwaltung* verwenden, um das Laufwerk hinzuzufügen, es gegebenenfalls zu formatieren und einen Laufwerkbuchstaben zuzuweisen.

▶ **Einzelheiten zum Einrichten einer neuen Festplatte in einem physischen (nicht virtuellen) PC finden Sie in Kapitel 8, »Lokalen Speicher und Cloudspeicher verwalten«.**

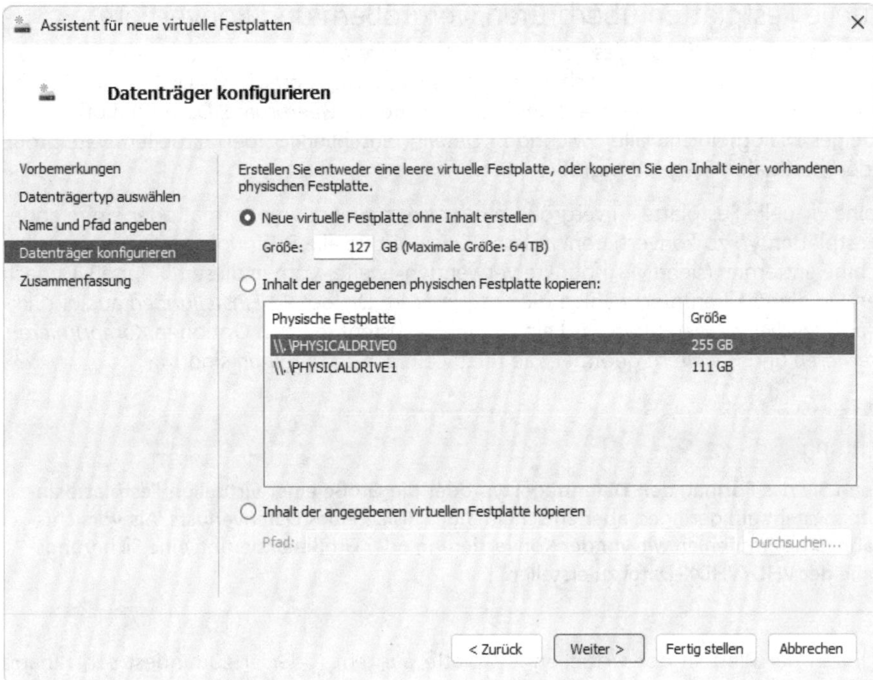

Abbildung 17.25 Mit diesen Einstellungen wird eine dynamisch expandierende virtuelle Festplatte mit einer Kapazität von 127 GB innerhalb der VM erstellt, die jedoch nur minimalen Speicherplatz auf dem Hostcomputer benötigt.

Virtuelle Festplatten entfernen oder ersetzen

Das Entfernen einer virtuellen Festplatte aus einer VM-Konfiguration ist ein unkomplizierter Vorgang. Sie können dies tun, wenn Sie ein sekundäres Laufwerk zu Testzwecken erstellt haben und es nicht mehr benötigen. Klicken Sie im Dialogfeld *Einstellungen* für diese VM auf der linken Seite im Bereich *Hardware* auf die Festplatte. Klicken Sie dann auf der rechten Seite auf die Schaltfläche *Entfernen*.

Es ist zwar möglich, das Systemlaufwerk aus einer VM zu entfernen, aber es ist schwer vorstellbar, warum Sie das tun sollten. Sie werden eher ein virtuelles Laufwerk durch ein anderes ersetzen, was Sie tun können, indem Sie das virtuelle Laufwerk auswählen, auf die Schaltfläche *Durchsuchen* im rechten Fensterbereich klicken und dann das Ersatzlaufwerk auswählen. Alternativ können Sie auch auf *Neu* klicken, um den vorhandenen Datenträger durch einen leeren Datenträger zu ersetzen und einen Neuanfang zu machen.

Beachten Sie, dass bei beiden Methoden zum Entfernen oder Ersetzen der Festplatte die zugehörige VHD/VHDX-Datei nicht gelöscht wird. Wenn Sie diesen Speicherplatz auf dem Hostcomputer zurückgewinnen wollen, müssen Sie das im Datei-Explorer von Hand erledigen.

Virtuelle Festplatten überprüfen, vergrößern und konvertieren

Wenn Sie sich für die Größe, das Format und andere Details einer virtuellen Festplatte interessieren, wählen Sie den entsprechenden Eintrag im linken Bereich des Dialogfelds *Einstellungen* aus und klicken Sie dann auf der rechten Seite auf *Überprüfen*. Daraufhin öffnet sich ein kleines Dialogfeld mit allen wichtigen Details, einschließlich der aktuellen Dateigröße und der maximalen Festplattengröße.

Um eine virtuelle Festplatte zu vergrößern oder sie in ein anderes Format oder einen anderen Festplattentyp zu konvertieren, müssen Sie zunächst alle Prüfpunkte aus der virtuellen Maschine entfernen (siehe »Prüfpunkte verwenden« weiter vorn in diesem Kapitel). Danach fahren Sie die VM herunter, wählen die Festplatte im Dialogfeld *Einstellungen* aus und klicken auf *Bearbeiten*. Daraufhin wird ein weiterer Assistent mit den Optionen *Komprimieren*, *Konvertieren* und *Erweitern* geöffnet, die relativ einfach zu befolgen sind.

> Achtung
>
> **Wenn Sie das Format, den Datenträgertyp oder die Größe einer virtuellen Festplatte ändern, besteht ein geringes, aber entscheidendes Risiko eines Datenverlusts. Als Vorsichtsmaßnahme empfehlen wir, vor der Konvertierung oder Größenänderung eine Sicherungskopie der VHD/VHDX-Datei zu erstellen.**

Falls Ihnen der Platz in der virtuellen Festplatte ausgeht (oder er zumindest sehr knapp wird), können Sie die Option *Erweitern* auswählen, um das Laufwerk zu vergrößern. Beachten Sie, dass der zusätzliche Platz, den Sie zuweisen, nicht automatisch zu irgendwelchen Datenträgervolumes in Ihrem virtuellen Computer hinzugefügt wird. Sie müssen die VM öffnen und das Volume in der Datenträgerverwaltung erweitern, um den zusätzlichen Platz nutzen zu können.

Netzwerkadapter

Für so gut wie alle gängigen Computeraufgaben ist der Standardnetzwerkadapter ausreichend, und Sie müssen keine Änderungen vornehmen. Der Hauptgrund für die Verwendung dieses Dialogfelds ist die Auswahl eines anderen virtuellen Switches – wenn Sie beispielsweise zwischen kabelgebundenen und drahtlosen Netzwerken auf dem Host-PC wechseln möchten. Netzwerkexperten möchten vielleicht einige der Optionen hier erkunden, wie beispielsweise die Möglichkeit, eine MAC-Adresse zu fälschen, damit die Pakete ihrer VM von einem anderen Gerät im Netzwerk zu stammen scheinen. Sie finden diese Option, indem Sie die Eigenschaften unter der Überschrift *Netzwerkadapter* erweitern und dann den Knoten *Erweiterte Features* öffnen.

Automatische Start- und Stoppaktionen

Verwenden Sie die letzten beiden Optionen unter der Überschrift *Verwaltung*, um festzulegen, was mit einem virtuellen Computer passiert, wenn Sie den Hyper-V-Host-PC herunterfahren oder starten. Für die meisten Zwecke ist die richtige Einstellung für die automatische Stoppaktion *Status des virtuellen Computers speichern*; für die Automatische Startaktion können Sie eine VM so konfigurieren, dass sie (mit oder ohne Verzögerung) automatisch gestartet oder nur gestartet wird, wenn sie beim vorherigen Herunterfahren des Systems ausgeführt wurde.

Hyper-V-VMs importieren, exportieren und verschieben

Wie verschieben oder kopieren Sie einen virtuellen Computer von einem Windows-PC auf einen anderen? Unter Windows 11 haben Sie zwei Möglichkeiten.

Die erste Möglichkeit ist die Verwendung der Exportfunktion. Fahren Sie dazu erst einmal die VM herunter, die Sie verschieben oder kopieren wollen. Wählen Sie die VM dann im Hyper-V-Manager aus und wählen Sie den Menübefehl *Aktion | Exportieren*. Geben Sie in dem Dialogfeld, das sich daraufhin öffnet, einen Speicherort an, in dem genug Platz für alle Dateien der VM frei ist (zum Beispiel ein Ordner auf einer externen Festplatte oder eine Netzwerkfreigabe), und klicken Sie auf *Exportieren*. Bei diesem Vorgang (der abhängig davon, wie groß die virtuellen Festplatten der VM sind, recht lange dauern kann) werden Ihre Dateien in drei getrennten Unterordnern des ausgewählten Speicherorts abgelegt.

Um die VM auf den neuen PC zu importieren, öffnen Sie den Hyper-V-Manager und klicken Sie im Menü *Aktionen* auf *Virtuellen Computer importieren*. Navigieren Sie im Assistenten zum Importieren eines virtuellen Computers zu dem Speicherort, der die exportierten Dateien enthält, und wählen Sie dann auf der Seite *Importtyp auswählen* eine der drei Optionen aus:

- **Virtuellen Computer direkt registrieren (die vorhandene eindeutige ID verwenden)** Wählen Sie diese Option, wenn Sie die VM dauerhaft auf den neuen Hyper-V-Host verschieben und die exportierten Dateien an ihrem aktuellen Speicherort verwenden wollen. Diese Option ist zum Beispiel sinnvoll, wenn Sie die Dateien von einer externen USB-Festplatte in einen Datenordner auf dem neuen PC kopiert haben.
- **Virtuellen Computer wiederherstellen (die vorhandene eindeutige ID verwenden)** Verwenden Sie diese Option, wenn Sie die VM dauerhaft auf den neuen Hyper-V-Host verschieben wollen und die exportierten Dateien in den Standardspeicherort auf dem neuen PC kopiert haben. Die exportierten Dateien bleiben an ihrem bisherigen Platz.
- **Virtuellen Computer kopieren (neue eindeutige ID erstellen)** Diese Option sollten Sie wählen, wenn Sie die alte VM weiternutzen und eine unabhängige Kopie der VM auf dem neuen Hyper-V-Host erstellen wollen. Beachten Sie bei einer Windows-VM, dass die Auswahl dieser Option wahrscheinlich eine erneute Aktivierung erforderlich macht.

Eine etwas einfachere Alternative ist der Befehl *Teilen*. Klicken Sie bei einer VM, die im Fenster *Verbindung mit virtuellen Computern* ausgeführt wird, auf die Schaltfläche *Teilen* (ganz rechts in der Symbolleiste des Fensters) oder drücken Sie die Tastenkombination Strg + H. Daraufhin werden die Konfigurations- und Datendateien (aber nicht die Prüfpunkte) des virtuellen Computers in eine komprimierte Datei mit dem Format VMCZ exportiert. Kopieren Sie diese Datei auf den neuen Hyper-V-Host und klicken Sie dort doppelt auf die Datei, um die VM in die Standardspeicherorte zu importieren.

Wenn der Festplattenspeicher auf dem Host-PC erschöpft ist und Sie einen virtuellen Computer ganz oder teilweise auf ein neues, größeres Laufwerk verschieben müssen, fahren Sie den virtuellen Computer herunter und klicken Sie im Bereich *Aktionen* auf *Verschieben*. Mit dem daraufhin angezeigten Assistenten können Sie den virtuellen Festplattenspeicher oder den gesamten virtuellen Computer an einen neuen Speicherort oder an Speicherorte Ihrer Wahl verschieben. Die VM bleibt im Hyper-V-Manager registriert, nur der Speicherort der zugehörigen Datendateien ändert sich.

Virtuelle Computer in der Cloud ausführen

Client-Hyper-V ist der einfachste Weg, um in Windows 11 virtuelle Computer zu verwenden, aber es ist nicht der einzige Weg. Zwei relativ neue Optionen bieten cloudbasierte Alternativen, die sinnvoll sein könnten, wenn Sie ein Kandidat für die Virtualisierung sind.

Windows 365 ist ein abonnementbasiertes Produkt, das virtuelle Computer verwendet, die in einem von Microsoft betriebenen Clouddienst gehostet werden. Jeder virtuelle Windows-Computer, ein sogenannter Cloud-PC, wird standardmäßig mit Windows 11 erstellt, obwohl Administratoren stattdessen auch Windows 10 verwenden können. Ein Cloud-PC wird einem einzelnen Benutzer zugewiesen und fungiert als sein sicherer, dedizierter Arbeitsplatz-PC. Der Zugriff erfolgt über einen Webbrowser, über Remotedesktop-Apps auf einem Desktop-PC oder Mac oder über mobile Clients, die auf iOS- und Android-Geräten verfügbar sind.

Der Dienst ist in zwei Abonnementtypen erhältlich: Windows 365 Business ist für Unternehmen mit bis zu 300 Benutzern oder Windows 365 Enterprise für größere Unternehmen. Weitere Informationen finden Sie unter *https://learn.microsoft.com/windows-365*.

Microsoft Azure ist ein cloudbasierter Dienst, auf dem virtuelle Computer laufen, die keine lokalen Ressourcen benötigen. Azure-VMs werden auf einer Pay-as-you-go-Basis abgerechnet und sind ideal für Testumgebungen und wichtige Server, bei denen Ausfallzeiten keine akzeptable Option sind. Jedes Visual Studio-Abonnement enthält ein monatliches Kontingent für die Azure-Nutzung, wobei vorgefertigte Windows- und Linux-VMs verfügbar sind. Weitere Einzelheiten finden Sie unter *https://azure.microsoft.com/services/virtual-machines*.

Kapitel 18

Smartphones, Android-Apps und Linux unter Windows 11 verwenden

In den letzten zehn Jahren hat Microsoft versucht, Windows auf Geräte jeder Form und Größe zu bringen, einschließlich eines langen und letztlich erfolglosen Versuchs, Windows als Smartphone-Plattform zu etablieren. Das Betriebssystem Windows Phone hat 2019 offiziell sein Lebensende erreicht, aber das bedeutet nicht, dass Microsoft die Idee aufgegeben hat, seine Technologie auf Geräte zu bringen, die kleiner sind als ein Laptop.

Heute finden Sie Dutzende von Microsoft-Produktivitätsanwendungen auf den beiden beliebtesten mobilen Plattformen: iOS und Android. Das Android-Betriebssystem, das auf dem Linux-Kernel basiert, hat mehr als zwei Milliarden aktive Nutzer. Wenn Sie ein Android-Smartphone besitzen, können Sie es mit Ihrem Windows 11-PC verbinden, um beide Geräte noch nützlicher zu machen. Das Geheimnis ist eine App namens *Smartphone Link*, die wir in diesem Kapitel vorstellen.

Das ist jedoch nicht die einzige Verbindung zu Android. Windows 11 enthält außerdem ein optionales Feature, das es Ihnen ermöglicht, für Android geschriebene Anwendungen auf Ihrem PC auszuführen. Diese Anwendungen werden in einer virtualisierten Umgebung namens »Windows-Subsystem für Android« ausgeführt. Wenn Sie das spannend finden, lesen Sie weiter. In diesem Kapitel erläutern wir, wie dieses Subsystem funktioniert, und beschreiben auch einige ziemlich wichtige Einschränkungen.

Und schließlich gibt es noch Linux, ein alternatives Open-Source-Betriebssystem, das von Entwicklern und Technikbegeisterten bevorzugt wird. Wenn Sie zu einer dieser beiden Gruppen gehören, können Sie mehr darüber lesen, wie Sie Linux als Teil von Windows 11 installieren können.

Android-Smartphone mit dem PC verbinden

Wenn Sie ein Android-Telefon besitzen, können Sie ein Windows 11-Feature nutzen, um es mit Ihrem PC zu verbinden und so schnell auf Nachrichten und Benachrichtigungen zuzugreifen sowie Anrufe zu tätigen und entgegenzunehmen, ohne Ihr Smartphone aus der Tasche nehmen und entsperren zu müssen. Mit der App Smartphone-Link können Sie außerdem alle Fotos, die Sie mit der Kamera Ihres Smartphones aufgenommen haben, anzeigen, bearbeiten und weitergeben. Mit der richtigen Hardware können Sie sogar Apps von Ihrem Smartphone spiegeln und mit ihnen über Ihre Tastatur und Maus oder den Touchscreen Ihres PC interagieren.

> ### Hinweis
> **Während der Arbeit an der deutschen Übersetzung dieses Buches hat Microsoft eine neue Version der App Smartphone-Link veröffentlicht, die es erlaubt, ein Apple iPhone mit einem Windows 11-PC zu verbinden. Weitere Informationen finden Sie im Abschnitt »iPhone mit Windows 11 verbinden«, den wir speziell für die deutsche Ausgabe dieses Buches ergänzt haben.**

Abbildung 18.1 zeigt die App Smartphone-Link im Einsatz.

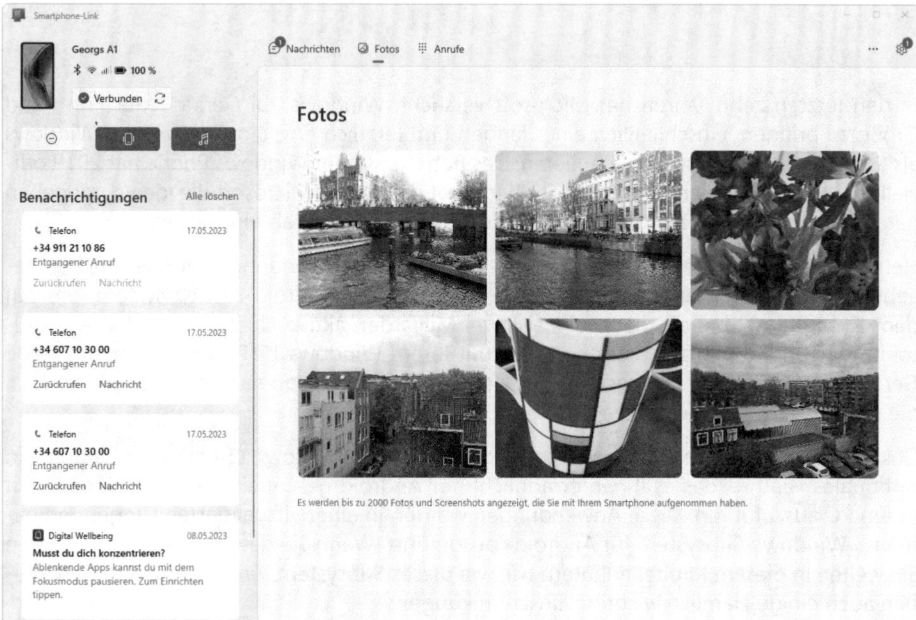

Abbildung 18.1 Mit der App Smartphone-Link auf Ihrem Windows 11-PC können Sie Textnachrichten senden, Benachrichtigungen abrufen und direkt mit den Fotos in der Kamerarolle Ihres Smartphones arbeiten.

In der oberen linken Ecke der App Smartphone-Link finden Sie die meisten Statussymbole, die Sie brauchen. Sie können hier die Stärke Ihres Netzsignals und die verbleibende Akkulaufzeit überprüfen. Darunter befinden sich Schaltflächen zum Aktivieren der Funktion *Nicht stören*, zum Stummschalten des Smartphones und zum Ein- und Ausschalten des Audioplayers. Der Benachrichtigungsbereich darunter zeigt dieselben Benachrichtigungen an, die Sie auch sehen würden, wenn Sie unten über den Bildschirm Ihres Handys wischen würden. Beachten Sie, dass Textnachrichten, die oben im Benachrichtigungsbereich angezeigt werden, ein Feld zur Eingabe einer schnellen Antwort enthalten, das Sie verwenden können, ohne den Bildschirm wechseln zu müssen.

Um die Verbindung zwischen einem Android-Smartphone und Windows herzustellen, benötigen Sie zwei Softwareprogramme. Die App Smartphone-Link wird mit Windows 11 installiert. Auf bestimmten Smartphone-Modellen von Samsung und Honor sowie auf Microsofts eigenem Surface Duo ist der *Link zu Windows*-Dienst vorinstalliert. Auf diesen Geräten sind die Verbindungsoptionen verfügbar, indem Sie auf dem Startbildschirm nach unten wischen und den Link zur Windows-App über die Schnelleinstellungen öffnen.

Auf allen anderen Android-Geräten müssen Sie die App Link zu Windows installieren. (Eine Verknüpfung zu dieser App im Google Play Store finden Sie unter *https://aka.ms/yourpc*. Beachten Sie, dass Sie diese URL nur von einem Android-Gerät aus öffnen können.)

Stellen Sie sicher, dass Ihr Smartphone mit demselben WLAN-Netzwerk verbunden ist, in dem sich Ihr PC befindet. Öffnen Sie dann die App Smartphone-Link und klicken Sie auf *Android*. Melden Sie sich mit einem Microsoft-Konto an und folgen Sie dann den Anweisungen, um die Verbindung herzustellen. Smartphone-Link kann die Verbindung über einen QR-Code herstellen, den Sie mit der Kamera Ihres Smartphones scannen, wie in Abbildung 18.2 gezeigt. Wenn der QR-Code nicht angezeigt wird, klicken Sie auf der Seite *Geräte koppeln* auf *QR-Code neu erstellen*.

Abbildung 18.2 Die einfachste Möglichkeit, Ihr Android-Smartphone mit Ihrem Windows-PC zu verbinden, ist die Verwendung eines QR-Codes wie hier gezeigt.

Über die Links oberhalb des Inhaltsbereichs können Sie zwischen den verfügbaren Telefonfunktionen wechseln. Klicken Sie auf *Nachrichten*, um den Bereich in zwei Hälften zu teilen, mit all Ihren Gesprächen im linken Bereich und dem vollständigen Verlauf des ausgewählten Themas im rechten Bereich, wie in Abbildung 18.3 gezeigt.

Beachten Sie das Suchfeld am oberen Rand der Liste mit den Nachrichten, mit dem Sie ohne langes Scrollen bestimmte Textnachrichten finden können. Mit den Symbolen unter dem Antwortfeld können Sie an eine Nachricht Emojis, animierte GIFs hinzufügen oder ein Foto anhängen.

Wenn Sie an Ihren PC ein Headset mit Mikrofon angeschlossen haben, können Sie auf die Registerkarte *Anrufe* klicken und die Option zum Aufbauen und Empfangen von Anrufen über Ihr Smartphone aktivieren. Um diese Funktion zu aktivieren, müssen Sie einen kurzen Einrichtungsprozess durchlaufen und Bluetooth einschalten.

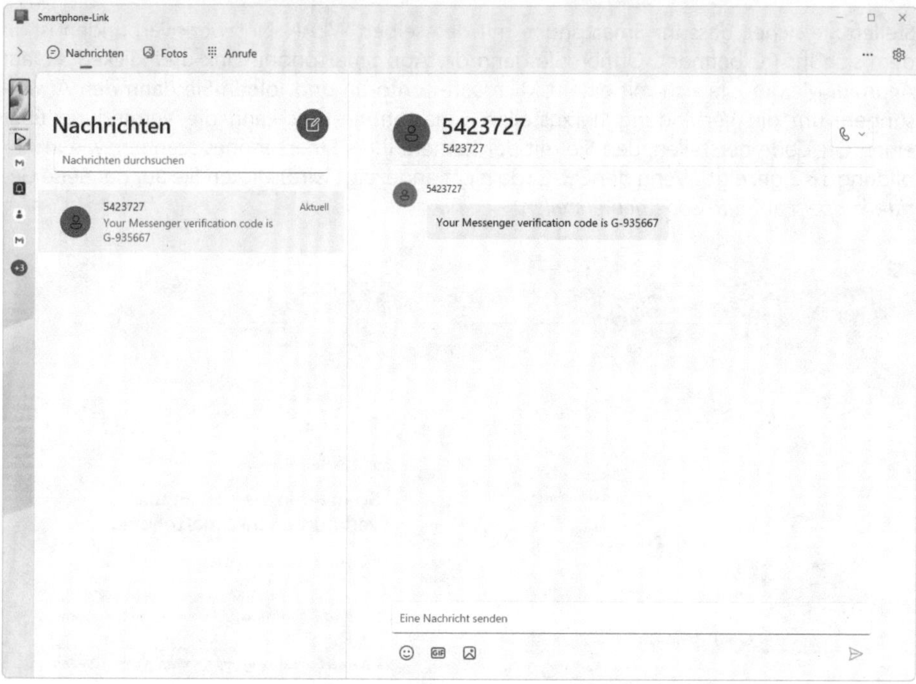

Abbildung 18.3 Auf der Registerkarte *Nachrichten* haben Sie vollen Zugriff auf jede SMS/MMS-Konversation, einschließlich der Optionen zum Hinzufügen von animierten GIFs und Fotos.

Auf der Registerkarte *Fotos* werden Miniaturansichten von bis zu 2000 Fotos und Screenshots angezeigt, die sich auf Ihrem Smartphone befinden. Klicken Sie auf ein beliebiges Foto, um es in voller Größe im App-Fenster zu sehen, und verwenden Sie entweder die Symbolleiste oder die Kontextmenüs, die Sie mit der rechten Maustaste öffnen, um das Foto zur Bearbeitung auf Ihrem PC zu öffnen, es als lokale Datei zu speichern oder es mit einer anderen Anwendung zu teilen.

Apropos Apps: Auf Geräten, die den *Link zu Windows*-Dienst enthalten, finden Sie eine zusätzliche Registerkarte *Apps*, auf der Sie einzelne Apps in einem Fenster in Smartphone-Größe auf Ihrem PC-Bildschirm öffnen und direkt mit ihnen arbeiten können. Apps können an das Windows-Startmenü angeheftet werden, sodass Sie sie öffnen können, ohne die Smartphone-Link-App aufrufen zu müssen.

Wenn Sie auf das Zahnradsymbol in der oberen rechten Ecke der Smartphone-Link-App klicken, werden die Einstellungen geöffnet, auf der Sie einige interessante Optionen ändern können. Auf der Seite *Meine Geräte* können Sie zum Beispiel ein zweites Smartphone verknüpfen, damit Sie zwischen Ihren beruflichen und privaten Geräten wechseln können. Auf der Registerkarte *Features* in den Einstellungen finden Sie eine Reihe von Optionen zur Steuerung von Datenschutzfunktionen wie geräteübergreifendes Kopieren und Einfügen sowie die Möglichkeit, Fotos anzuzeigen und Anrufe vom PC aus zu tätigen. Wenn Sie von der Menge der Benachrichtigungen, die vom Smartphone aus auf Ihrem PC ankommen, genervt sind, können Sie diese mit den Einstellungen im Abschnitt *Benachrichtigungen* eindämmen.

iPhone mit Windows 11 verbinden

Lange Zeit konnten nur Nutzer eines Android-Smartphones mit der App Smartphone-Link ihr Handy mit einem Windows 11-PC verbinden. Während der Arbeiten an der deutschen Ausgabe dieses Buches (Mai 2023) hat Microsoft damit begonnen, mit einer aktualisierten Version der Smartphone-Link-App die iPhone-Unterstützung bereitzustellen.

Im Unterschied zu Android-Smartphones sind die Möglichkeiten jedoch eingeschränkt: Sie können Anrufe, SMS-Nachrichten und Benachrichtigungen vom iPhone aus mit dem PC synchronisieren. Die Verbindung zwischen iPhone und PC erfolgt dabei über Bluetooth. Es können keine Fotos und Videos aus der Mediathek synchronisiert werden. Auch die Ausführung von Apps per Bildschirmübertragung auf dem PC funktioniert nicht. Auf dem iPhone muss minimal die Version 14 von iOS installiert sein.

Um die Verbindung zwischen Windows 11 und Ihrem iPhone einzurichten, öffnen Sie das Startmenü und suchen Sie nach **Smartphone-Link**. Starten Sie diese App. Wenn Sie noch kein Handy mit der App Smartphone-Link gekoppelt haben, wird das Fenster angezeigt, das Sie in Abbildung 18.4 sehen. Klicken Sie dort auf *iPhone*. Falls bereits ein Gerät verbunden ist, klicken Sie in der App Smartphone-Link auf das Zahnradsymbol, um die Seite *Einstellungen* zu öffnen, klicken Sie auf die Registerkarte *Meine Geräte* und dann auf die Schaltfläche *Verknüpfen Sie das neue Gerät*. Klicken Sie abschließend im Fenster *Sind Sie bereit, ein neues Gerät zu verknüpfen* auf *iPhone*.

Hinweis

Bitte beachten Sie, dass die Schaltfläche *iPhone* nur dann aktiv ist, wenn Ihr PC über einen Bluetooth-Adapter verfügt und wenn Bluetooth aktiviert ist.

Abbildung 18.4 Wählen Sie auf der Startseite *iPhone* aus, um Ihr iPhone mit dem Windows 11-PC zu verknüpfen.

Kapitel 18

Anschließend zeigt die App einen QR-Code an. Scannen Sie den QR-Code mit der Kamera Ihres iPhone. Erlauben Sie der App Link zu Windows die Verwendung von Bluetooth und stimmen Sie sowohl auf dem iPhone als auch auf dem Windows-PC der Kopplungsanforderung zu. Die beiden Geräte werden gekoppelt und anschließend wird die Seite *Berechtigungen* angezeigt (siehe Abbildung 18.5).

Abbildung 18.5 Legen Sie in den Bluetooth-Einstellungen auf dem iPhone Berechtigungen fest, damit Daten zwischen dem iPhone und dem Windows-PC ausgetauscht werden können. Der Text *Systembenachrichtigungen anzeigen* entspricht dem Schalter *Systemmitteilungen teilen* und *Benachrichtigungen anzeigen* entspricht dem Schalter *Systemmitteilungen teilen*.

Öffnen Sie auf dem iPhone die Bluetooth-Einstellungen, suchen Sie nach dem Namen des gekoppelten Windows-PC und tippen Sie auf das Infosymbol. Damit zwischen Ihrem iPhone und dem Windows-PC Daten ausgetauscht werden können, schieben Sie die Schalter *Systemmitteilungen teilen* und *Benachrichtigungen anzeigen* auf *Ein*. Aktivieren Sie den Schalter *Synchronisieren* und legen Sie dann fest, welche Kontaktegruppen mit der App Smartphone-Link synchronisiert werden sollen.

Nach erfolgreicher Konfiguration erscheint das iPhone in der Smartphone-Link-App. Sie können hier erhaltene SMS- und iMessage-Nachrichten anzeigen und neue versenden. Der Versand von iMessages ist auf Textnachrichten an Einzelpersonen inklusive der Verwendung von Emojis beschränkt. Es ist nicht möglich, auf Gruppennachrichten zu antworten oder Bilder und Videos zu versenden.

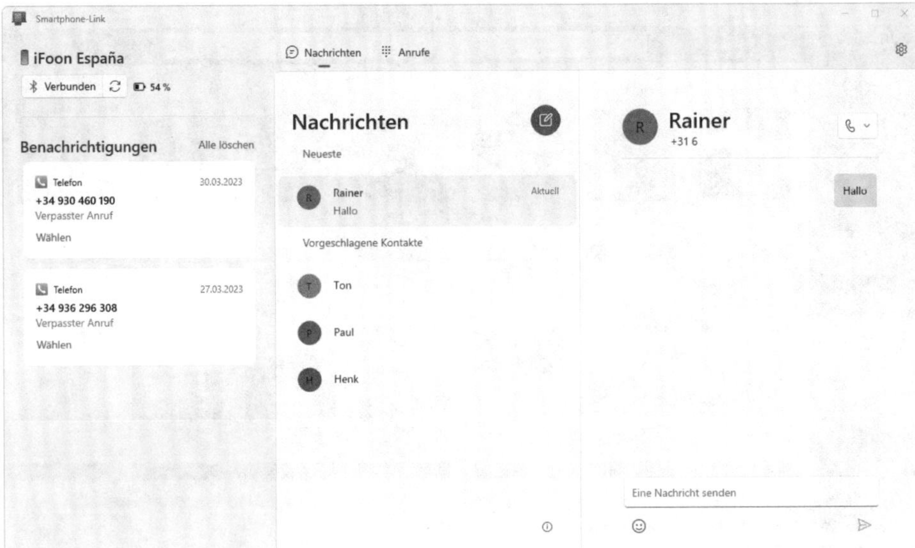

Abbildung 18.6 Bei einem iPhone können Sie in der App Smartphone-Link SMS versenden und von Windows aus über das iPhone telefonieren. Der Zugriff auf die Fotobibliothek aus dem iPhone ist nicht möglich.

Auf der Registerkarte *Anrufe* stehen Ihnen die Telefonfunktionen einschließlich einer Anrufliste zur Verfügung. Wenn Sie Ihren PC beispielsweise mit einem Headset verbunden haben, können Sie dieses verwenden, um von Ihrem Windows-PC aus über das iPhone zu telefonieren.

Android-Apps unter Windows 11 ausführen

Als Microsoft Windows 11 ankündigte, versprach es, dass das Betriebssystem in der Lage sein würde, neben für Windows geschriebenen Apps auch Android-Apps auszuführen. Diese Funktionalität wurde Anfang 2022 in Form eines Features mit dem Namen *Windows-Subsystem für Android* eingeführt. Es ist eine beeindruckende technische Errungenschaft, aber sie hat auch erhebliche Einschränkungen, die dieses Feature eher zu einer Kuriosität als zu einem Durchbruch macht.

Die größte Einschränkung besteht darin, dass das Android-Subsystem nicht die riesige Auswahl an Apps aus dem Play Store von Google nutzen kann. Stattdessen wird der Amazon Appstore benötigt, der eine weitaus geringere Auswahl bietet. Abbildung 18.7 zeigt den Amazon Appstore unter Windows 11.

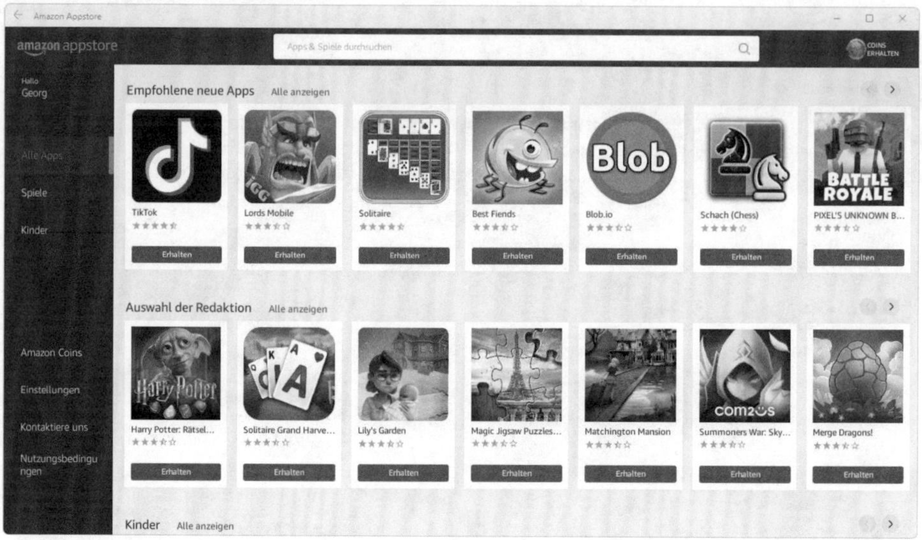

Abbildung 18.7 Das Windows-Subsystem für Android installiert Apps aus dem Amazon Appstore, der im Vergleich zum Google Play Store eine begrenzte Auswahl bietet.

Auch im Microsoft Store finden Sie Angebote für Android-Apps, darunter Amazons Kindle-Reader und Audible-Audiobook-Player. An der Stelle, an der Sie normalerweise eine Schaltfläche *Installieren* oder *Herunterladen* sehen würden, sehen Sie stattdessen eine Schaltfläche *Herunterladen aus dem Amazon Appstore*. Wenn das Windows-Subsystem für Android und die Amazon Appstore-App nicht bereits installiert sind, wird durch Klicken auf diese Schaltfläche die Installation gestartet, wie in Abbildung 18.8 dargestellt.

Das Windows-Subsystem für Android läuft nur unter Windows 11. Seine Hardwareanforderungen sind wesentlich strenger als die von Windows 11 selbst. Insbesondere sind mindestens 8GB RAM erforderlich, wobei 16GB empfohlen werden. Darüber hinaus schreiben die CPU-Voraussetzungen vor, dass Sie mindestens einen Core i3-, AMD Ryzen 3000- oder Qualcomm Snap-dragon 8c-Prozessor der achten Generation haben müssen. Das bedeutet wiederum, dass Sie keine Android-Apps auf einem PC installieren und ausführen können, der mit einem Intel Core m3-Prozessor der achten Generation ausgestattet ist, wie er zum Beispiel in Microsofts Surface Go 2 verwendet wird.

Und selbst wenn Ihr PC die Hardwareanforderungen erfüllt, kann nicht jeder PC die Vorteile dieser Funktion nutzen. Das Feature *Windows-Subsystem für Android* ist nur in ausgewählten Ländern und Regionen verfügbar, einschließlich Deutschland, Österreich und der Schweiz. (Eine vollständige Liste finden Sie im Artikel »Länder und Regionen, die den Amazon Appstore für Windows unterstützen« auf *https://bit.ly/android-subsystem-support*.)

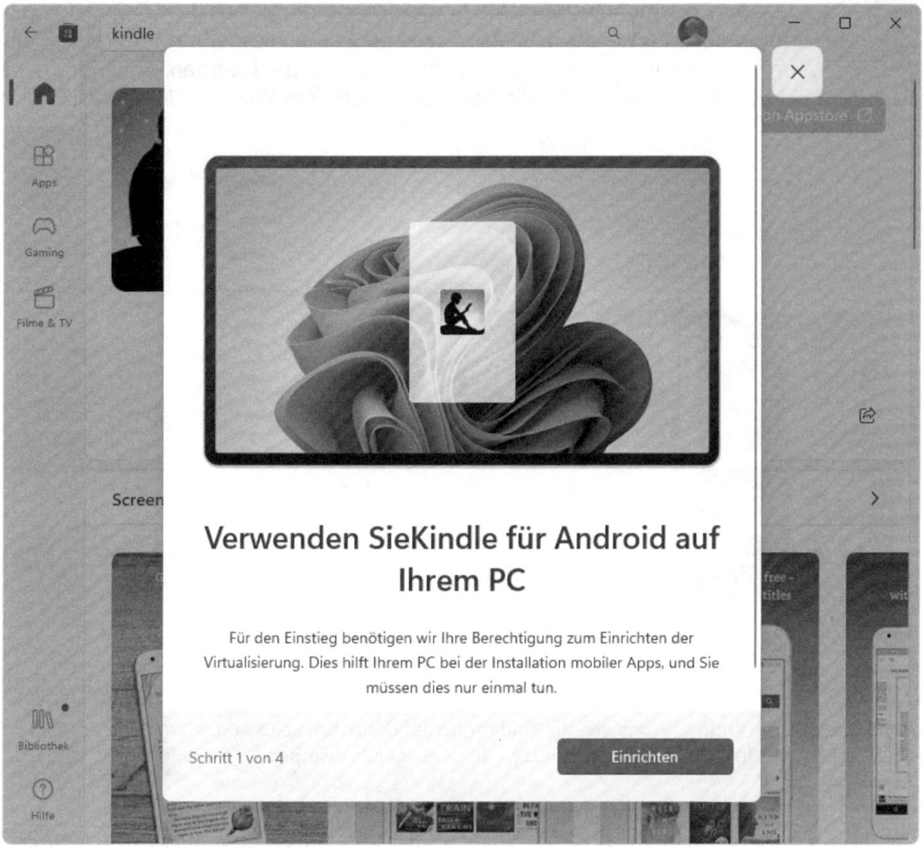

Abbildung 18.8 Kompatible Android-Apps werden im Microsoft Store aufgelistet. Durch die Installation einer dieser Apps werden auch das Windows-Subsystem für Android und der Amazon Appstore installiert, falls erforderlich.

Die letzte Voraussetzung ist, dass auf Ihrem PC das Feature *VM-Plattform* (Virtual Machine Platform) aktiviert ist. Beachten Sie, dass dieses Feature in jeder Edition von Windows 11 verfügbar ist und kein Hyper-V erfordert. Sie können diese Funktion zwar manuell aktivieren, indem Sie im Dialogfeld *Windows-Features* (*Einstellungen* | *Apps* | *Optionale Features* | *Mehr Windows-Funktionen*) das Kontrollkästchen *VM-Plattform* einschalten, aber Sie müssen sich diese Mühe nicht machen. Wenn Sie zum ersten Mal versuchen, eine Android-App zu installieren, erledigt das Installationsprogramm diese Aufgabe automatisch, wie in Abbildung 18.8 gezeigt.

Der einfachste Weg, das Windows-Subsystem für Android zu installieren, besteht darin, den Microsoft Store zu öffnen, nach der App *Amazon Appstore* zu suchen und dann auf *Installieren* zu klicken oder zu tippen. Das Installationsprogramm führt eine automatische Kompatibilitätsprüfung durch und beginnt mit der Installation, sofern Ihr System die Voraussetzungen erfüllt.

Nach Abschluss der Einrichtung werden alle Android-Apps, die Sie aus dem Amazon Appstore installieren, neben den Windows 11-Apps in einem Fenster ausgeführt und können auf dieselbe Weise wie die Windows-Apps angedockt oder maximiert werden. Abbildung 18.9 zeigt zum Beispiel die App *Kindle für Android*, die neben dem Windows 11-Task-Manager ausgeführt wird.

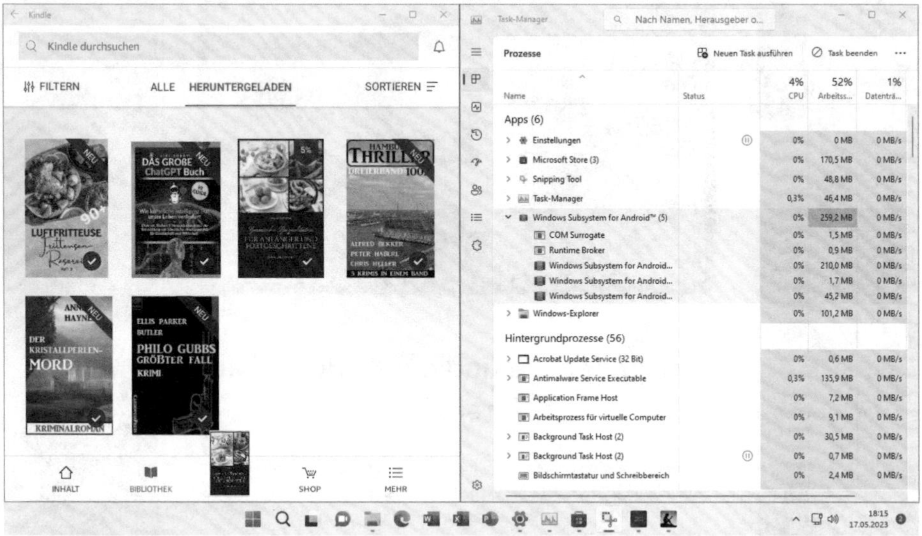

Abbildung 18.9 Android-Apps, wie die Kindle-App auf der linken Seite, können mithilfe des Windows-Subsystems für Android neben Windows-Apps ausgeführt werden.

Obwohl Android-Apps und -Spiele in Fenstern ausgeführt werden, die mit denen ihrer Windows-Pendants identisch sind, könnten Sie einige feine Unterschiede feststellen. Erstens erhalten diese Anwendungen keine eigenen Einträge im Task-Manager. Stattdessen werden sie unter einem einzigen Hintergrundprozess ausgeführt, der das virtualisierte Android-Subsystem, VmmemWSA, steuert. Dieser Prozess kann eine beträchtliche Menge an Arbeitsspeicher und Festplattenspeicher verbrauchen (was erklärt, warum Microsoft mindestens 16GB Arbeitsspeicher empfiehlt, wenn Sie Android-Apps ausführen möchten). Außerdem werden die Miniaturansichten für einzelne Android-Anwendungen nicht als Teil der Andock-Optionen angezeigt, wenn Sie eine Windows-App andocken. Die Abhilfe besteht darin, zuerst die Android-App an der gewünschten Position anzudocken.

Da das Android-Subsystem als virtualisierter Container für Android-Apps ausgeführt wird, können Sie es nicht direkt öffnen. Sie können jedoch sein Verhalten mit der App Windows-Subsystem für Android-Einstellungen verwalten, die zusammen mit den Kernkomponenten des Subsystems installiert wird und durch Klicken auf *Start* | *Alle Apps* verfügbar ist. Abbildung 18.10 zeigt die Benutzeroberfläche dieser App.

Zwei Optionen auf der Registerkarte *System* sind hier besonders erwähnenswert. Wählen Sie unter der Überschrift *Subsystemressourcen* die Option *Bei Bedarf*, wenn Sie möchten, dass das Android-Subsystem nur dann ausgeführt wird, wenn es benötigt wird. Wenn Sie über ausreichend Systemressourcen verfügen und möchten, dass Android-Anwendungen sofort ausgeführt werden, wenn sie benötigt werden, wählen Sie stattdessen die Option *Kontinuierlich*. Mit der großen Schaltfläche *Deaktivieren* unten auf dieser Seite werden das Android-Subsystem und alle laufenden Android-Apps geschlossen, wodurch die Ressourcen sofort freigegeben werden.

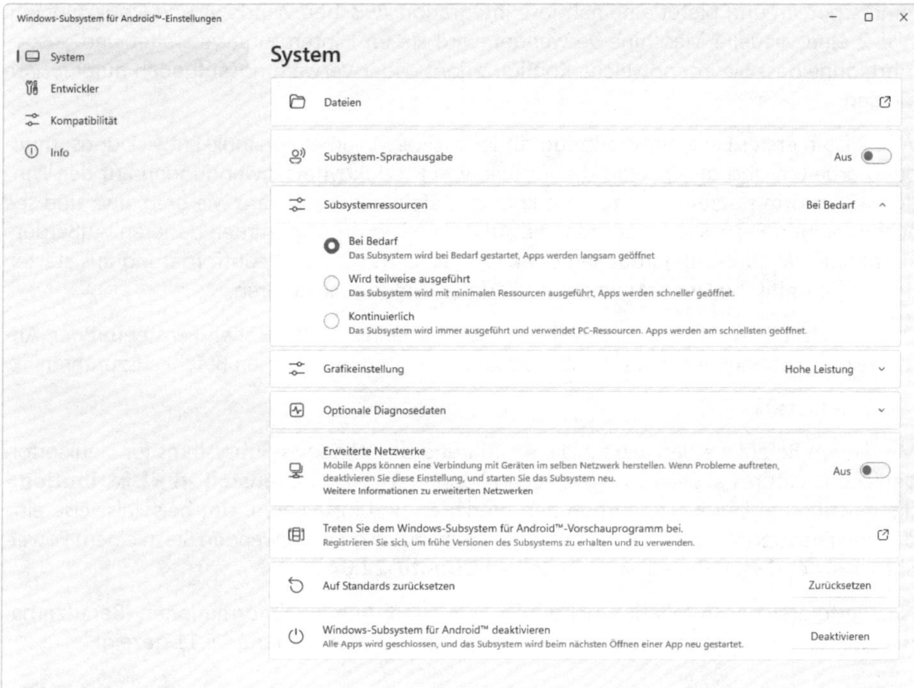

Abbildung 18.10 Um die Ressourcennutzung für das Windows-Subsystem für Android anzupassen, verwenden Sie diese Einstellungs-App, die automatisch zusammen mit den anderen Android-Komponenten installiert wird.

Wenn Sie nach dem Experimentieren mit diesem Feature feststellen, dass es nichts für Sie ist, können Sie es von Ihrem Windows 11-PC entfernen. Öffnen Sie die Windows 11-Einstellungen, gehen Sie zu *Apps | Installierte Apps* und scrollen Sie nach unten zum Eintrag *Windows-Subsystem für Android.* Klicken Sie auf die drei Punkte rechts neben dem Menüeintrag und dann auf *Deinstallieren.* Beachten Sie, dass durch die Deinstallation des Windows-Subsystems für Android auch der Amazon Appstore und alle von Ihnen installierten Android-Apps deinstalliert werden.

Windows-Subsystem für Linux verwenden

Es ist noch gar nicht so lange her, da waren Windows und Linux Erzrivalen. Als kostenlose Open-Source-Alternative zu Windows gab das Linux-Betriebssystem PC-Besitzern eine Wahl, obwohl sie jeweils nur ein Betriebssystem ausführen konnten.

Schließlich fügte Microsoft seiner Hyper-V-Virtualisierungsplattform die Unterstützung von Linux hinzu und gab Windows-PCs die Möglichkeit, Linux in einer virtuellen Maschine innerhalb von Windows auszuführen. Diese Konfiguration erforderte jedoch beträchtliche Systemressourcen und erstellte faktisch einen zweiten PC, der neben Windows lief, wobei die beiden Umgebungen kaum miteinander integriert waren.

Das änderte sich 2017, als Microsoft offiziell das Windows-Subsystem für Linux (WSL) veröffentlichte. 2019 kündigte Microsoft WSL 2 an, eine neu konzipierte Version von WSL, die den vollständigen Linux-Kernel in einer hoch optimierten virtuellen Maschine ausführt, die auf einer Teilmenge der Hyper-V-Architektur basiert. WSL 2 verbraucht relativ wenig Systemressourcen und bietet eine nahtlose Integration zwischen Windows und Linux. Obwohl WSL 2 eine virtuelle Maschine verwendet, wird sie im Hintergrund verwaltet und ausgeführt, ohne dass Sie irgendwelche Konfigurations- oder Verwaltungsaufgaben durchführen müssen.

WSL 2 ist in erster Linie ein Werkzeug für Entwickler, die in einer Linux-Entwicklungsumgebung arbeiten und gleichzeitig die Vorteile von Produktivitätsanwendungen auf der Windows-Plattform nutzen möchten. Sie können Befehlszeilensoftware wie *grep*, *awk* und *sed* ausführen und Bash-Skripte starten, die auf diesen Dienstprogrammen basieren. Außerdem können Sie Windows-Binärdateien direkt von einer WSL-Eingabeaufforderung aus starten und sogar grafische Linux-Anwendungen unter Windows ausführen.

Der einfachste Weg, WSL 2 zu installieren, besteht darin, ein PowerShell-Fenster mit den Anmeldeinformationen eines Administrators zu öffnen und dann diesen Befehl auszuführen:

```
wsl --install
```

Mit diesem Befehl werden alle für die Ausführung des Windows-Subsystems für Linux erforderlichen Features aktiviert. Anschließend können Sie mit **wsl –install -d <Distribution>** die gewünschte Linux-Distribution herunterladen und installieren. Um beispielsweise eine der unterstützten Versionen von Ubuntu Linux zu installieren, verwenden Sie in einem PowerShell-Fenster diesen Befehl: **wsl –install -d Ubuntu-22.04**

Nach erfolgreicher Installation richten Sie Ihre Linux-Anmeldeinformationen (Benutzername und Kennwort) in einem Terminal-Fenster ein, wie in Abbildung 18.11 gezeigt.

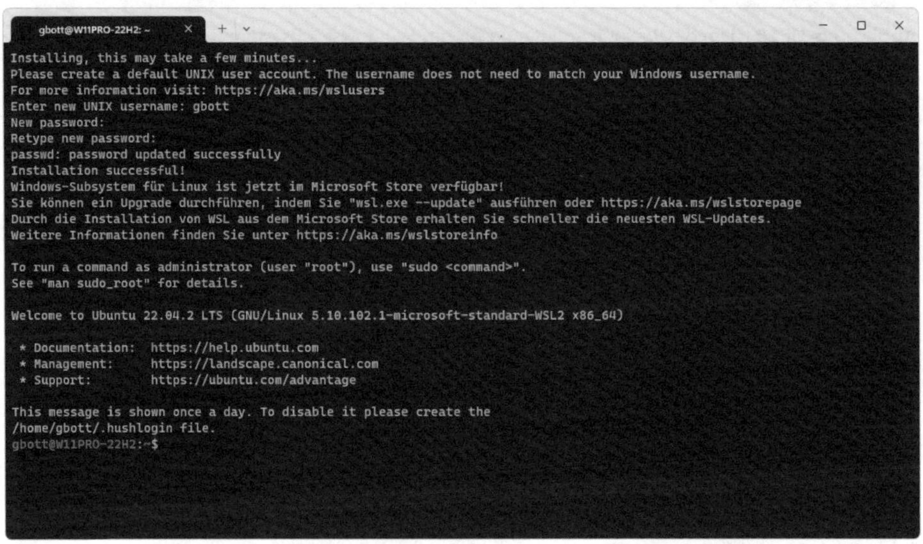

Abbildung 18.11 Die primäre Arbeitsumgebung für das Windows-Subsystem für Linux ist ein Terminal-Fenster.

Wir könnten dem Innenleben von WSL 2 ein ganzes Kapitel widmen und würden dabei kaum die Oberfläche ankratzen. Wenn Sie sich näher mit dieser Funktion befassen möchten, empfehlen wir Ihnen, auf den offiziellen Dokumentationsseiten unter *https://docs.microsoft.com/windows/wsl/about* zu beginnen. Dort finden Sie Anleitungen zu den ersten Schritten, eine Reihe von Tutorials, Details zur Änderung der Standarddistribution und vieles mehr.

Kapitel 19

Windows-PCs in Unternehmen verwalten

Themenschwerpunkt dieses Buches ist die Nutzung von Windows 11 durch Einzelanwender. Lernen Sie, wie Sie die vielen Funktionen nutzen, mit Tipps und Tricks Zeit sparen und wie Sie Windows 11 an Ihre persönlichen Erfordernisse anpassen können. Die meisten dieser Informationen gelten gleichermaßen für eine Vielzahl von Geräten – einschließlich Tablets, Laptops und Desktop-PCs – in den unterschiedlichsten Umgebungen. Sie können dieses Wissen produktiv nutzen, und zwar unabhängig davon, ob Sie Windows auf einem alleinstehenden Computer, in einem Heimnetzwerk, in einem kleinen Firmennetzwerk oder in einem großen Unternehmen einsetzen.

In diesem Kapitel verschieben wir den Fokus und geben einen Überblick über Themen, Produkte und Techniken, die vor allem in Unternehmensnetzwerken nützlich sind. Meistens ist hierfür eine Business-Edition von Windows erforderlich: Windows 11 Pro oder Windows 11 Enterprise. (Allerdings lässt sich in den meisten Fällen auch Windows 11 Education oder Windows 11 Pro for Workstations verwenden.)

Darüber hinaus sind viele dieser Funktionen auf Active Directory-Domänendienste (Active Directory Domain Services, AD DS) angewiesen, die nur in zentral verwalteten Netzwerken mit Windows Server verfügbar sind. Azure Active Directory (Azure AD) bietet eine Reihe von cloudbasierten Verwaltungstools, ohne dass Sie einen lokalen Server betreiben müssen.

Natürlich reicht der Platz in diesem Buch – wie auch in jedem anderen einzelnen Buch – nicht aus, um die Fülle der Tools, die Microsoft für den Unternehmenseinsatz von Windows 11 zur Verfügung stellt, vollständig zu dokumentieren. Unser Ziel ist es vielmehr, Ihnen einen guten Überblick über einige weit verbreitete Tools zu geben und auf weiterführende Informationen hinzuweisen.

Domänenbasiertes Netzwerk verwenden

Die Vernetzung von Computern zu Arbeitsgruppen wurde bereits an anderer Stelle in diesem Buch beschrieben. Diese Art von Netzwerk wird auch Peer-to-Peer-Netzwerk genannt, weil alle Computer gleichrangig (Peers) sind. Für die Vernetzung ist kein spezieller Server erforderlich. Solche Netzwerke werden gewöhnlich in Privatwohnungen und kleinen Unternehmen verwendet, wo der Zugriff auf das Gerät und seine Daten lokal verwaltet wird.

Computer, auf denen Windows 11 Pro, Enterprise oder Education ausgeführt wird, können auch Mitglieder einer Active Directory-Domäne sein. Eine herkömmliche Active Directory-Domäne erfordert mindestens einen speziellen Computer, auf dem eine Version von Windows Server ausgeführt wird. Dieses herkömmliche Active Directory wird gelegentlich auch *lokales* Active Directory (oder *On-Premises*-Active Directory) genannt, um es vom neuen Azure Active Directory (Azure AD) zu unterscheiden, das vollständig als verwalteter cloudbasierter Dienst betrieben wird.

Das traditionelle AD DS-Domänennetzwerk erfordert mindestens einen Computer, auf dem eine Version von Windows Server läuft, obwohl große Netzwerke in der Regel mehrere Server enthalten. Darüber hinaus muss mindestens ein Server zum Domänencontroller heraufgestuft werden. Die meisten domänenbasierten Netzwerke enthalten zusätzliche Domänencontroller, um für Lastausgleich und Fehlertoleranz zu sorgen.

AD DS enthält Identitäts- und Zugriffsdienste, die es Benutzern ermöglichen, sich mit einem einzigen Benutzerkonto an jedem Gerät mit anzumelden, das Mitglied der Domäne ist. Wenn ein Administrator AD DS mit Azure AD integriert und Konten synchronisiert, können Benutzer nicht nur auf lokale Ressourcen und Anwendungen zugreifen, sondern mittels einmaliger Anmeldung (Single Sign-on, SSO) auch auf cloudbasierte Anwendungen.

> **Hinweis**
>
> **Wenn Benutzer und Geräte sowohl mit einer lokalen AD DS-Umgebung als auch mit Azure AD verbunden sind, ist das Ergebnis ein hybrides Netzwerk. Wir beschreiben diese Konfiguration ausführlicher weiter hinten in diesem Kapitel.**

AD DS unterstützt eine logische Struktur, die auf Gesamtstrukturen, Strukturen, Domänen, Organisationseinheiten (OUs) und Standorten basiert. Mit diesen Containern können Administratoren Benutzer und Computer so gruppieren, dass sie die Struktur der Organisation widerspiegeln, beispielsweise nach Standort oder Abteilung.

Ein lokaler Domänencontroller bietet umfassende, richtlinienbasierte Verwaltungsfunktionen. Alle Computer und Benutzerkonten in der lokalen Umgebung können zentral über Management-Werkzeuge verwaltet werden, die den Domänenadministratoren zur Verfügung stehen, die sich (in der Regel über Remoteverbindungen) mit dem Windows Server verbinden.

> **Hinweis**
>
> **Sie können die Domänenverwaltungstools auf einer Windows 11-Arbeitsstation installieren, indem Sie das Feature *Remoteserver-Verwaltungstools* (Remote Server Administration Tools, RSAT) hinzufügen. Öffnen Sie *Einstellungen* | *Apps* | *Optionale Features*. Klicken Sie neben der Überschrift *Optionales Feature hinzufügen* auf *Features anzeigen* und suchen Sie dann nach rsat. Wählen Sie die entsprechenden Tools aus der (langen) Liste aus; Sie müssen über Administratorrechte verfügen, um mit diesen Tools eine Verbindung zum Server herzustellen.**

Wenn sich in Ihrem Netzwerk mehr als eine Handvoll Computer befinden, wird deren Verwaltung viel einfacher, wenn diese Mitglied einer Windows-Domäne sind, wenn auch zu erheblichen Kosten. Windows-Server sind teuer und erfordern qualifizierte Administratoren, damit sie ordnungsgemäß ausgeführt werden.

> **Hinweis**
>
> **Damit ein Computer einer Domäne beitreten kann, müssen Sie sich als Administrator auf dem lokalen Computer anmelden und die entsprechenden Anmeldeinformationen in der Domäne angeben, um den Beitritt durchzuführen.**

Eine ausführliche Beschreibung von Domänen und Active Directory geht weit über den Rahmen dieses Buches hinaus. Die folgenden Informationsquellen können Ihnen den Einstieg in diese Themen erleichtern:

- Windows Server: *https://www.microsoft.com/cloud-platform/windows-server*
- Überblick über die Active Directory-Domänendienste: *https://bit.ly/ADDS-overview*

Azure AD-basiertes Netzwerk verwalten

Azure AD stellt Cloudanwendungen, die in Azure oder Microsoft 365 gehostet werden, Authentifizierungs- und Autorisierungsdienste zur Verfügung. Es unterstützt außerdem weit verbreitete Internet-Authentifizierungsprotokolle und -standards wie SAML und OAuth, wodurch Sie Azure AD zur Authentifizierung Ihrer Benutzerkonten für den Zugriff auf Cloudanwendungen von Drittanbietern verwenden können. Darüber hinaus können Sie je nach Version von Azure AD Features wie Multi-Faktor-Authentifizierung (MFA) und bedingten Zugriff implementieren.

> **Hinweis**
>
> **Der bedingte Zugriff ermöglicht es Administratoren, Richtlinien und Bedingungen zu erstellen und zu konfigurieren, die Benutzer erfüllen müssen, um auf Anwendungen oder Ressourcen zugreifen zu können. So kann ein Administrator beispielsweise festlegen, dass ein Benutzer, der sich von einem nicht vertrauenswürdigen Ort aus anmeldet, sich mit MFA authentifizieren muss, bevor er eine Verbindung zu seinem Exchange Online-Postfach herstellen kann.**

Azure AD weist zwar einige grundlegende Ähnlichkeiten mit AD DS auf, ist aber dennoch ein ganz anderes Gebilde. Anstatt beispielsweise Sicherheitsgruppen zur Definition des administrativen Zugriffs (Administratoren, Standardbenutzer usw.) zu verwenden, wird der administrative Zugriff über eine rollenbasierte Zugriffssteuerung (Role-Based Access Control, RBAC) geregelt. Dies entspricht dem Ansatz, den auch andere Cloudanbieter verfolgen.

Azure AD ermöglicht die Verwaltung von Geräten sowie von Benutzerkonten. Abbildung 19.1 zeigt zum Beispiel eine Liste von Geräten für die fiktive Organisation Contoso. Für mobile Geräte mit iOS- und Android-Betriebssystemen lautet in der Spalte *Jointyp* der Eintrag *Azure AD registered*. Im Gegensatz dazu werden Computer mit Windows-Desktop-Betriebssystemen als *Azure AD joined* aufgeführt, was den Benutzern ein besseres Anmeldeerlebnis bietet. (Lassen Sie sich nicht von den Einträgen in der Spalte *Version* täuschen. Eine Versionsnummer von 10.0.22000 oder höher steht für ein Gerät mit Windows 11.)

Sie können Benutzer über das Azure Active Directory Admin Center oder über Windows PowerShell hinzufügen. Um die Eigenschaften eines Benutzerkontos zu überprüfen und zu ändern, wählen Sie seinen Eintrag unter dem Knoten *Alle Benutzer* aus.

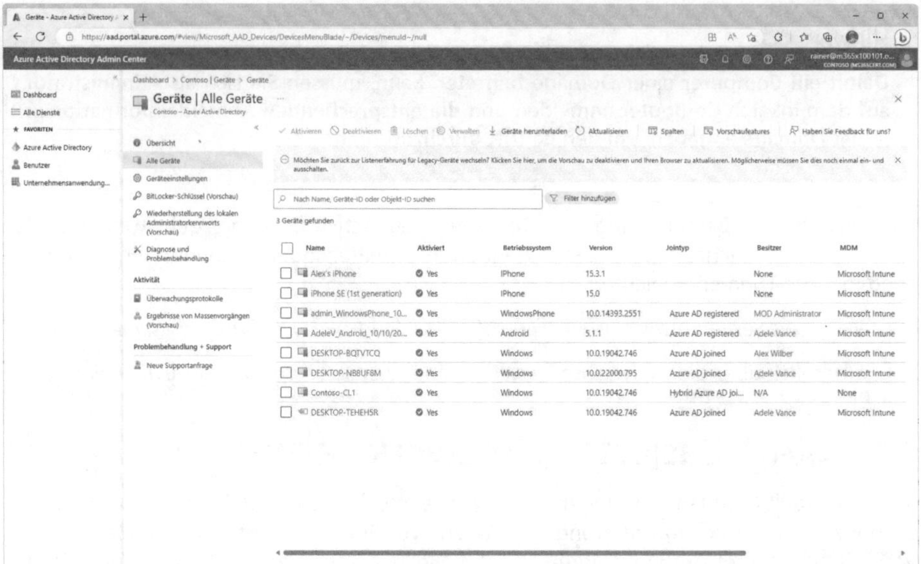

Abbildung 19.1 Mit dieser Azure AD-Verwaltungskonsole können Administratoren Geräte überprüfen und verwalten, unabhängig davon, welches Betriebssystem auf diesen Geräten läuft.

Wenn das Netzwerk für die Verwendung von Azure AD Connect konfiguriert ist, kann ein Administrator lokale AD DS-Benutzerkonten mit Azure AD synchronisieren. In dieser Konfiguration wird für synchronisierte Benutzerkonten in der Spalte *Lokale Synchronisierung aktiviert* der Wert *Ja* angezeigt, wie in Abbildung 19.2 dargestellt.

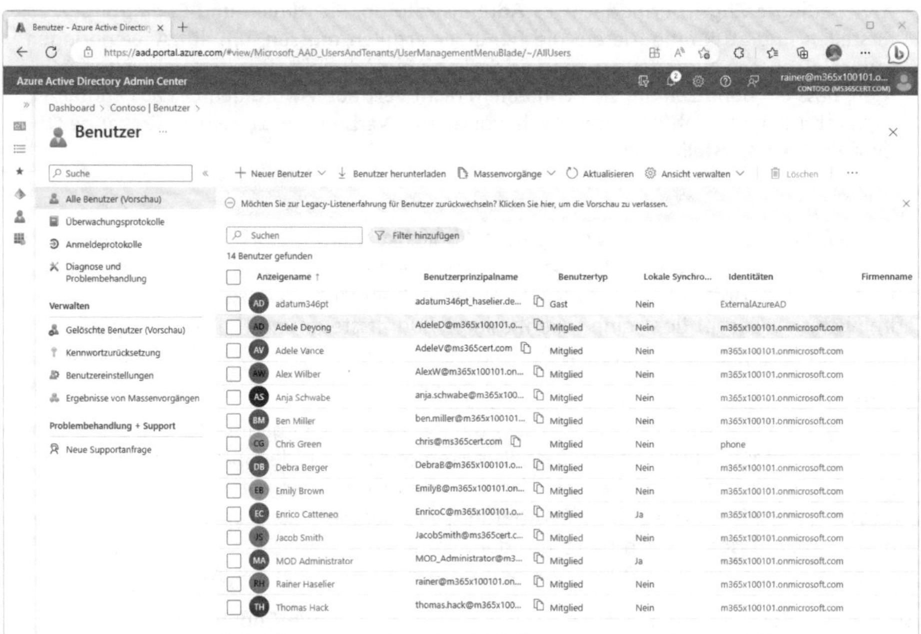

Abbildung 19.2 Benutzer in einem Unternehmensnetzwerk können zu Azure AD hinzugefügt oder von lokalen AD-Domänendiensten synchronisiert werden.

Es gibt verschiedene Editionen von Azure AD:

- **Kostenlos** Enthalten in Abonnements von Microsoft-Onlineanwendungen und kommerziellen Onlinediensten.
- **Microsoft 365-Apps** Enthalten in bestimmten Versionen von Microsoft 365-Abonnements (früher Office 365 genannt). Bietet dieselben Grundfunktionen wie die kostenlose Version, unterstützt aber auch Funktionen wie Self-Service-Kennwortzurücksetzung (Self-Service Password Reset, SSPR).
- **Premium P1** Verfügbar mit Microsoft 365 E3- oder Microsoft 365 Business-Abonnements. Bietet dieselben Funktionen wie die kostenlose Version, umfasst aber zusätzlich Funktionen wie bedingten Zugriff und Synchronisierung vor Ort.
- **Premium P2** Verfügbar mit Microsoft 365 Enterprise E5. Enthält alle Funktionen von Azure AD P1 und bietet erweiterte Identity Protection- und Privileged Identity Management-Funktionen.

> Hinweis
>
> **Premium-Editionen von Azure AD sind als separates Abonnement erhältlich, das zu einem Microsoft 365-Abonnement hinzugefügt werden kann.**

Weitere Informationen über Azure AD finden Sie hier: *https://bit.ly/AzureAD-intro*.

Hybride Netzwerke verwalten

In den letzten zehn Jahren haben immer mehr Unternehmen damit begonnen, ihre lokal bereitgestellten Server durch cloudbasierte Ressourcen zu ersetzen. Dabei handelt es sich in der Regel um einen schrittweisen Prozess, bei dem sich einige Anwendungen und Ressourcen sowohl in lokalen domänenbasierten Netzwerken als auch in der Cloud befinden. Diese Art der Bereitstellung wird als *hybrides Netzwerk* bezeichnet.

Netzwerkadministratoren möchten in der Regel, dass sich die Benutzer mit einem einzigen Benutzerkonto bei ihren Computern anmelden können, das den Zugriff auf Anwendungen und Ressourcen freigibt, und zwar unabhängig vom aktuellen Standort des Benutzers. Es gibt zwei Möglichkeiten, ein hybrides Netzwerk einzurichten.

Ein Netzwerkadministrator kann, wie weiter vorne beschrieben, lokale Benutzerkonten in eine Domäne mit Azure AD synchronisieren, indem er Azure AD Connect verwendet. In dieser Konfiguration melden sich die Benutzer mit einem einzigen AD DS-Benutzerkonto an, das den Zugriff auf lokale Ressourcen und Anwendungen ermöglicht und gleichzeitig Zugriff auf cloudbasierte Ressourcen und Anwendungen bietet. Dies ist sowohl für Administratoren als auch für Benutzer ein praktisches Feature.

Alternativ kann ein Administrator Computer sowohl mit der AD DS-Domäne als auch mit Azure AD verbinden. Sie erhalten dann sogenannte in Azure AD eingebundene Hybridgeräte; hierbei wird Azure AD Connect verwendet, um den Prozess abzuschließen. Bei der Konfiguration von Azure AD Connect kann ein Administrator optional die Gerätesynchronisierung aktivieren, damit Geräte in der lokalen Domäne auch mit Azure AD synchronisiert werden.

Mit Co-Management können Administratoren wählen, ob sie hybride Geräte mit lokalen Tools wie Microsoft Endpoint Configuration Manager oder mit MDM-Lösungen (Mobile Device Management) wie Microsoft Intune verwalten möchten. Diese beiden Tools werden später in diesem Kapitel beschrieben.

Computer mit Gruppenrichtlinien verwalten

Active Directory-Administratoren verwenden Gruppenrichtlinien, um Computer in Standorten, Domänen oder Organisationseinheiten (Organizational Units, OUs) zu konfigurieren. Ein Administrator erstellt Gruppenrichtlinienobjekte (Group Policy Objects, GPOs), bei denen es sich um eine Sammlung von Einstellungen handelt, die auf das Gerät eines Benutzers angewendet werden, wenn dieser sich anmeldet. Es stehen Tausende von Gruppenrichtlinieneinstellungen zur Verfügung, obwohl Administratoren nur diejenigen aktivieren und konfigurieren müssen, die sie in ihrer Organisation durchsetzen wollen. Nachdem der Administrator die gewünschten Einstellungen konfiguriert hat, verknüpft er ein GPO mit einem entsprechenden Container, zum Beispiel einer OU.

Anschließend werden alle Computer- und Benutzerobjekte, die in dieser OU gespeichert sind, anhand der Einstellungen konfiguriert, die im Gruppenrichtlinienobjekt gespeichert sind. Die Konsole für die Gruppenrichtlinienverwaltung ist in Abbildung 19.3 dargestellt.

In einer Domänenumgebung ermöglicht es die Gruppenrichtlinie einem Administrator, Richtlinieneinstellungen und -einschränkungen auf Benutzer und Computer in einem einzigen Schritt anzuwenden, indem die Richtlinie mit einem Container verknüpft wird. Diese zentralisierte Verwaltungsstrategie steht im Gegensatz zu einer Arbeitsgruppe, in der Sie ähnliche Gruppenrichtlinieneinstellungen auf jedem Computer vornehmen müssen, auf dem Sie solche Einschränkungen durchsetzen möchten.

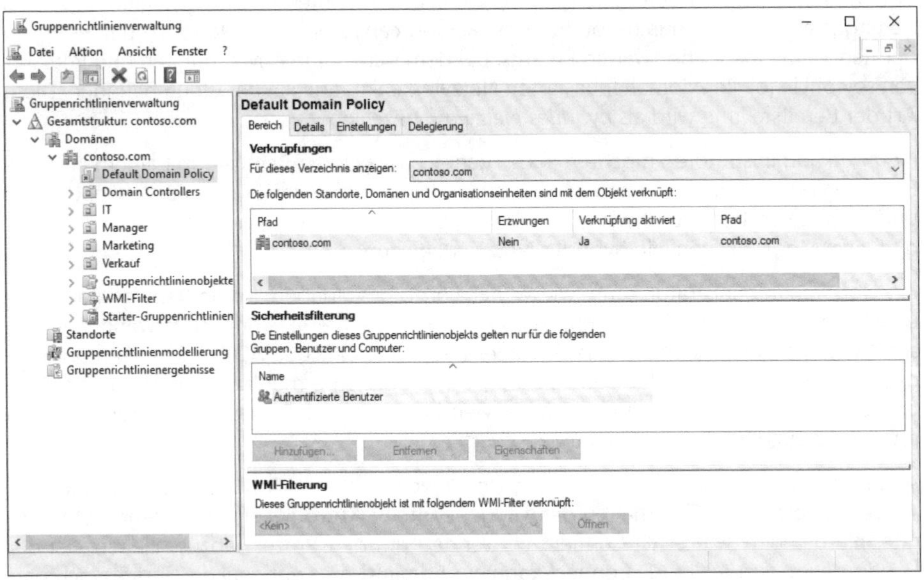

Abbildung 19.3 Administratoren verwenden die Konsole zur Verwaltung von Gruppenrichtlinien, um GPOs zu erstellen und sie mit Containern in Windows Server Active Directory zu verknüpfen.

Mit Gruppenrichtlinien kann ein Administrator die folgenden Aspekte der Computer- und Benutzereinstellungen konfigurieren:

- **Softwareeinstellungen** Ermöglicht die Bereitstellung von Anwendungen für bestimmte Computer oder Benutzer.
- **Windows-Einstellungen** Ermöglicht die Konfiguration von Skripten, die beim Starten und Herunterfahren oder beim An- und Abmelden ausgeführt werden. Bietet außerdem Zugriff auf wichtige Sicherheitseinstellungen.
- **Administrative Vorlagen** Ermöglicht den Zugriff auf Tausende von Einstellungen, die in bestimmte Kategorien eingeteilt sind, zum Beispiel Netzwerk, Drucker, System und Windows-Komponenten. Die verfügbaren Einstellungen können aktualisiert werden, wenn Microsoft eine neue Version von Windows oder Microsoft Office herausgibt.

Abbildung 19.4 zeigt den Gruppenrichtlinienverwaltungs-Editor für die Standarddomänenrichtlinie (Default Domain Policy) in Contoso.com.

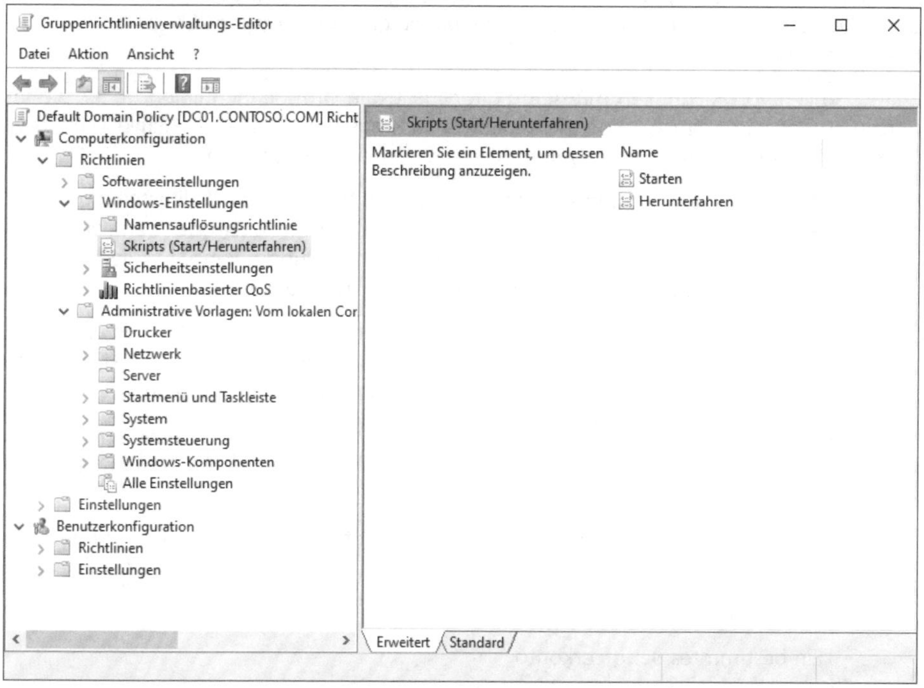

Abbildung 19.4 Administratoren verwenden den Gruppenrichtlinienverwaltungs-Editor, um die Einstellungen eines GPOs zu ändern.

Wie bereits erwähnt, kann der Knoten *Administrative Vorlagen* des Gruppenrichtlinienverwaltungs-Editors aktualisiert werden. Dazu muss ein Administrator die zugrunde liegenden Vorlagendateien, die sogenannten *.admx*-Dateien, herunterladen und installieren. Microsoft stellt für jede *.admx*-Datei eine herunterladbare Excel-Datei zur Verfügung, in der die Richtlinieneinstellungen für Computer- und Benutzerkonfigurationen aufgeführt sind, die in dieser Version enthalten sind.

Diese Tabelle ist kumulativ, das heißt, sie enthält alle Richtlinieneinstellungen, die für alle Versionen von Windows 10 und Windows 11 gelten. Die Liste enthält außerdem weitere Details zu jeder Einstellung, beispielsweise den Geltungsbereich der Einstellung (Computer oder Benutzer), den Registrierungswert, den sie steuert, und ob eine Einstellungsänderung eine Abmeldung oder einen Neustart erfordert, um wirksam zu werden. Die Kalkulationstabelle für Windows 11 22H2 finden Sie unter *https://bit.ly/Win11-22H2-GPO-reference*.

Weitere Informationen über Gruppenrichtlinien finden Sie auf der folgenden Website: *https://bit.ly/3ALGTS6*.

Editor für lokale Gruppenrichtlinien verwenden

Sie benötigen keinen Windows-Domänencontroller und keine Active Directory-Infrastruktur, um Gruppenrichtlinien anzuwenden. Sie können Richtlinien auch auf einzelnen Windows 11-Geräten mit dem Editor für lokale Gruppenrichtlinien (*Gpedit.msc*) definieren. Tatsächlich verwenden wir dieses Tool zur Veranschaulichung aller Beispiele in diesem Buch. Sie können dasselbe tun, auch wenn Sie keinen Zugriff auf die Gruppenrichtlinienverwaltungs-Konsole auf einem Domänencontroller haben oder die Leistungsfähigkeit von Active Directory nicht benötigen.

Beim Erstellen von Richtlinien mit dem Editor für lokale Gruppenrichtlinien gehen Sie im Prinzip so vor wie beim Gruppenrichtlinienverwaltungs-Editor in einer Active Directory-Domäne. Es gibt jedoch ein paar Unterschiede, darunter die folgenden:

- Domänenbasierte GPOs unterstützen sowohl Richtlinien als auch Einstellungen. Mit Einstellungen können Sie Grundeinstellungen für den Computer oder Benutzer konfigurieren, die ein lokaler Benutzer oder Administrator ändern kann. Lokale Gruppenrichtlinien unterstützen nur Richtlinien und keine Einstellungen.
- Im Editor für lokale Gruppenrichtlinien ist der Ordner *Softwareeinstellungen* zwar noch sichtbar, aber in einem lokalen Kontext nicht funktionsfähig. Sie können die Einstellungen für die App-Bereitstellung nicht über lokale Gruppenrichtlinien konfigurieren.
- Lokale Gruppenrichtlinien können nur dem lokalen Computer zugewiesen werden, während GPOs in einer Domäne mit Containern verknüpft sind, die in der Regel zahlreiche Computer betreffen.
- Die Benutzereinstellungen in lokalen Gruppenrichtlinien können auf folgende Ziele ausgerichtet sein
  - Alle Benutzer
  - Ein bestimmtes Benutzerkonto
  - Administratoren
  - Nicht-Administratoren
- Domänenbasierte GPOs gelten für Benutzer einer OU, mit der das GPO verknüpft ist. Dieses Verhalten kann jedoch durch eine Funktion namens *Sicherheitsfilterung* geändert werden.
- Alle Einstellungen, die über eine lokale Gruppenrichtlinie auf einem Computer zugewiesen werden, der Mitglied einer Active Directory-Domäne ist, werden potenziell von GPOs überschrieben, die mit der Domäne oder den OUs verknüpft sind, in denen sich der Computer befindet. Mit anderen Worten: Lokale Gruppenrichtlinien haben eine geringere Priorität als domänenbasierte GPOs.

Im Allgemeinen können Sie den Editor für lokale Gruppenrichtlinien verwenden, um sich die verfügbaren Einstellungen anzusehen, unabhängig davon, wie Sie diese Richtlinien anwenden möchten. Um mit der Erforschung der Gruppenrichtlinien zu beginnen, geben Sie in das Suchfeld im Startmenü **gpedit** ein und klicken Sie dann auf *Gruppenrichtlinie bearbeiten*.

Der Editor für lokale Gruppenrichtlinien öffnet sich im bekannten Format der Microsoft-Verwaltungskonsole (Microsoft Management Console), wie es Abbildung 19.5 zeigt.

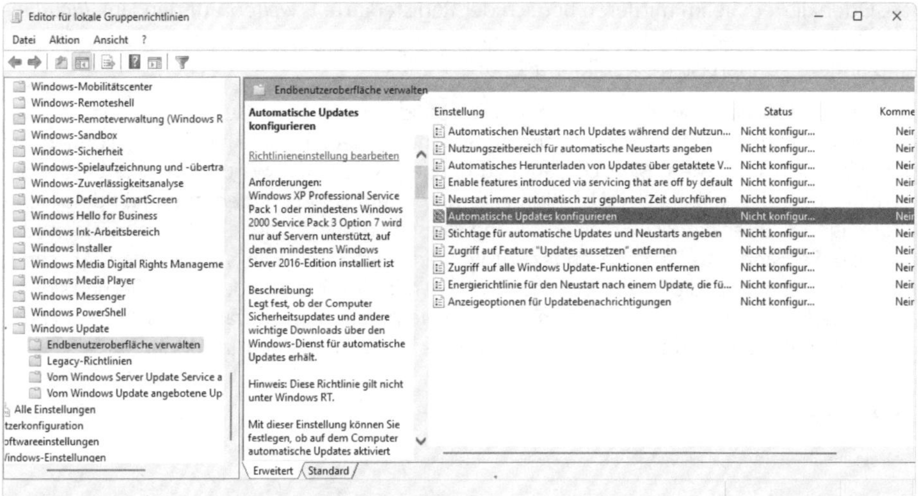

Abbildung 19.5 Wenn Sie im Navigationsbereich einen Ordner oder einen Unterordner auswählen, werden alle Richtlinieneinstellungen, die dieser Gruppe zugeordnet sind, im Detailbereich angezeigt. Wenn Sie eine Einstellung auswählen, wird eine Beschreibung angezeigt.

Der Knoten *Computerkonfiguration* im Editor für lokale Gruppenrichtlinien enthält verschiedene computerbezogene Einstellungen, wohingegen der Knoten *Benutzerkonfiguration* verschiedene benutzerbezogene Einstellungen enthält. Die Grenze zwischen Computereinstellungen und Benutzereinstellungen ist jedoch oft fließend. Am zuverlässigsten finden Sie eine gesuchte Richtlinie, wenn Sie alle Richtlinien durchsuchen. Es gibt viele nützliche Einstellungen, darunter auch solche, die sich nicht auf andere Weise vornehmen lassen, solange Sie nicht direkt etwas in der Registrierung verändern.

In den Ordnern *Administrative Vorlagen* befinden sich viele Hunderte von Computereinstellungen und noch mehr Benutzereinstellungen. Das klingt nach einer gewaltigen Aufgabe, aber Sie können die Ordnernamen im Editor für lokale Gruppenrichtlinien schnell überfliegen und die meisten davon ignorieren und dann die Richtlinien in den einzelnen Ordnern, die Sie interessieren, überprüfen.

Um mehr über jede Richtlinie zu erfahren, wählen Sie sie einfach im Editor für lokale Gruppenrichtlinien aus, wie in Abbildung 19.6 gezeigt. Wenn Sie am unteren Rand des Fensters die Registerkarte *Erweitert* auswählen, wird im mittleren Fensterbereich eine Beschreibung der ausgewählten Richtlinie angezeigt.

> ### Hinweis
>
> **Einige Einstellungen erscheinen sowohl in der Benutzerkonfiguration als auch in der Computerkonfiguration. Bei widersprüchlichen Einstellungen hat die Einstellung der Computerkonfiguration immer Vorrang.**

Richtlinieneinstellungen ändern

Für jede Richtlinieneinstellung des Ordners *Administrative Vorlagen* gibt es drei Grundeinstellungen: *Nicht konfiguriert*, *Aktiviert* und *Deaktiviert*. Standardmäßig sind alle Richtlinieneinstellungen für die lokalen Gruppenrichtlinien zunächst auf *Nicht konfiguriert* eingestellt.

Um eine Richtlinieneinstellung zu ändern, öffnen Sie den Editor für lokale Gruppenrichtlinien und doppelklicken Sie auf den Namen der Richtlinieneinstellung, die Sie ändern möchten. Oder klicken Sie im mittleren Bereich der Registerkarte *Erweitert* auf den Link *Richtlinieneinstellung bearbeiten*. Daraufhin wird ein Dialogfeld angezeigt, in dem Sie die Einstellung ändern können (siehe Abbildung 19.6).

Für jede Einstellung befindet sich oben im Dialogfeld ein großer Bereich mit der Bezeichnung *Kommentar*, in dem Sie Ihre eigenen Anmerkungen zu einer Richtlinie hinzufügen können, die später nützlich sind, wenn Sie sich daran zu erinnern versuchen, warum Sie eine bestimmte Richtlinie geändert haben. Der Abschnitt *Hilfe* unter dem Feld *Kommentar* enthält detaillierte Informationen über die Richtlinieneinstellung (dieselben Informationen, die im mittleren Bereich der Registerkarte *Erweitert* angezeigt werden). Der Bereich links neben dem Abschnitt *Hilfe* bietet Optionen, die für die aktuelle Richtlinie relevant sind. Mit den Schaltflächen *Vorherige Einstellung* und *Nächste Einstellung* können Sie bequem einen ganzen Ordner durchgehen, ohne das Dialogfeld zu schließen und für jede Einstellung erneut zu öffnen.

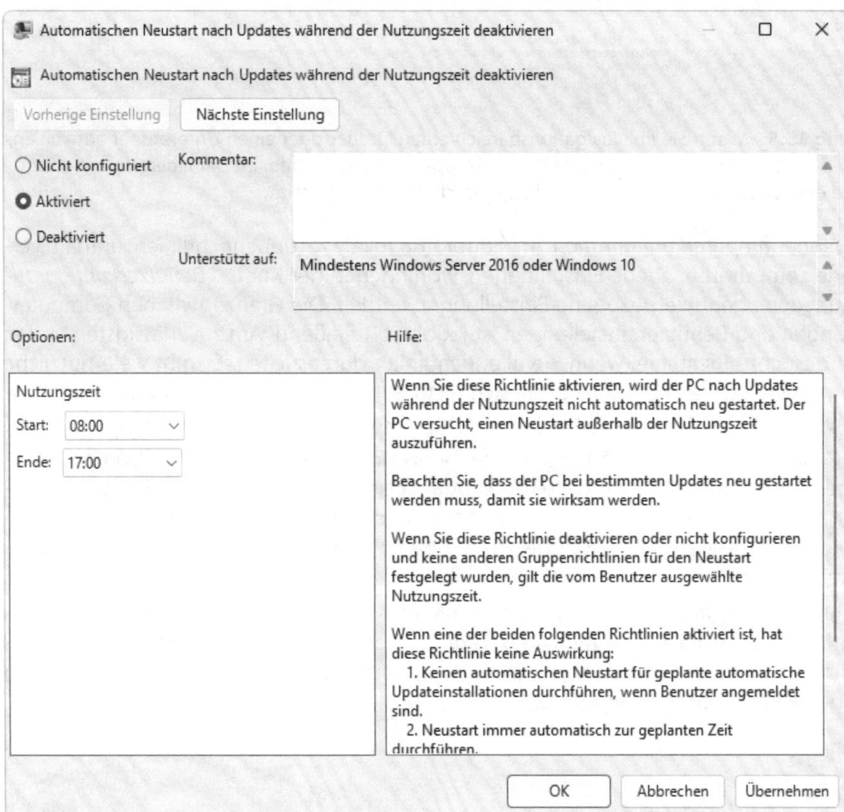

Abbildung 19.6 Wenn eine Richtlinieneinstellung über konfigurierbare Optionen verfügt, wie die hier unter der Überschrift *Nutzungszeit* gezeigten Start- und Endzeiten, sind diese nur verfügbar, wenn die Richtlinie auf *Aktiviert* gesetzt ist.

Windows 11 in Unternehmen bereitstellen

In großen Organisationen und Unternehmen ist es unmöglich, jeden PC einzeln zu verwalten. In umfangreichen Windows-Bereitstellungen setzen die meisten Administratoren auf zentralisierte Verwaltungssoftware, um wichtige Arbeiten zu erledigen: Windows bereitstellen, Updates für Windows und andere Software einspielen, das Hardwareinventar verwalten, Softwarelizenzen zuordnen und Richtlinien in der gesamten Organisation anwenden. Diese Aufgaben wurden früher hauptsächlich für PCs erledigt, die der Organisation gehörten, aber inzwischen sind auch zunehmend Privatgeräte der Mitarbeiter betroffen, die benutzt werden, um auf Unternehmensdienste zuzugreifen und Unternehmensdaten zu speichern. Für diese Aufgabe wird normalerweise sogenannte MDM-Software (Mobile Device Management) eingesetzt, die Sicherheitsrichtlinien auf Geräten vieler Hersteller konfigurieren kann, darunter auch auf Windows 11-PCs. Dieser Ansatz wird oft auch als »Bring Your Own Device« (BYOD, »Bringen Sie Ihr eigenes Gerät mit«) bezeichnet.

Organisationsadministratoren steht eine breite Palette von MDM-Lösungen und Systemverwaltungstools diverser Hersteller zur Verfügung, mit denen sie ein Netzwerk mit sehr vielen Windows 11-PCs in den Griff bekommen. Dieser Abschnitt beschreibt eine Reihe von Microsoft-Tools, die Sie in einer solchen Umgebung oft antreffen werden.

Microsoft Endpoint Configuration Manager

Microsoft Endpoint Configuration Manager enthält eine Reihe von Tools für Administratoren, die für die Verwaltung von Geräten und Benutzern sowohl vor Ort als auch in der Cloud zuständig sind. Configuration Manager ist eine konsolenbasierte Anwendung, die eine enorme Bandbreite an Funktionen bietet, einschließlich der Möglichkeit für Administratoren, Anwendungen zu verteilen, Geräte zu verwalten und die Netzwerksicherheit durchzusetzen.

Configuration Manager ist ein leistungsstarkes, aber komplexes System, mit dem Sie alle Aspekte der Computerverwaltung steuern können. Er ist mit anderen Verwaltungstools, einschließlich Microsoft Intune, integriert und bietet Administratoren einen hervorragenden Überblick über den Status ihrer Infrastruktur. Mit der Configuration Manager-Konsole, die in Abbildung 19.7 dargestellt ist, können Administratoren die folgenden Verwaltungsaufgaben durchführen:

- Anwendungen bereitstellen und verwalten
- Softwareupdates verwalten und verteilen
- Betriebssysteme bereitstellen
- Windows- und Anwendungsupdates verwalten und verteilen
- Desktop-Analysedaten sammeln und auswerten
- Microsoft Edge-Browser verwalten
- Microsoft 365 Apps-Verwaltung konfigurieren und durchführen

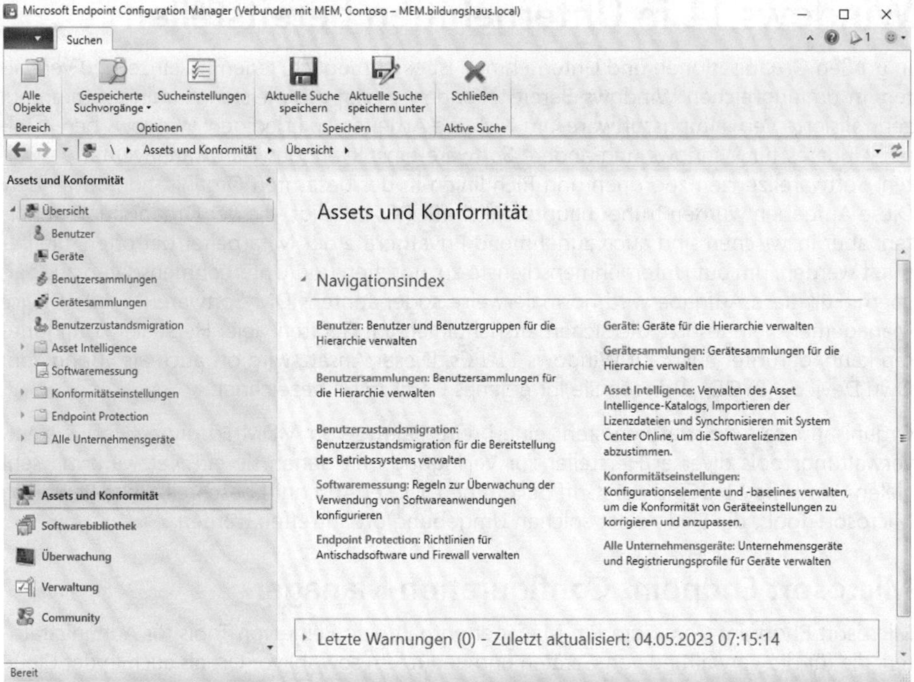

Abbildung 19.7 Administratoren verwenden die Konsole *Microsoft Endpoint Configuration Manager* zur Verwaltung der Computerinfrastruktur eines Unternehmens mit Endpoint Manager.

Microsoft Deployment Toolkit

Sie können das Microsoft Deployment Toolkit (MDT) verwenden, um Windows-Betriebssysteme in einem lokalen Netzwerk beliebiger Größe bereitzustellen. Im Gegensatz zum Configuration Manager ist MDT nur für die Bereitstellung von Windows nützlich; es ist kein Tool für die laufende Verwaltung und Wartung. Dennoch ist es ziemlich gut in dem, was es tut, und erfordert nicht so viel Spezialwissen wie der Configuration Manager.

> **Hinweis**
>
> **Das Microsoft Deployment Toolkit kann kostenlos von der Microsoft-Download-Website heruntergeladen werden: *https://www.microsoft.com/download/details.aspx?id=54259*.**

MDT verwendet Dateien, die im Windows-Imaging-Dateiformat (*.wim*) gespeichert sind, und unterstützt zwei Arten von Datenträgerabbilddateien:

- **Boot-Images** Wird verwendet, um einen Computer zu starten, auf dem kein lokales Betriebssystem installiert ist (auch Bare-Metal-Computer genannt). Manchmal wird dieses Abbild über einen Speicherstick an die Zielcomputer verteilt. Häufiger ist jedoch der Zugriff auf Boot-Images über das Netzwerk mithilfe eines PXE-fähigen Netzwerkadapters; in diesem Fall ist das Boot-Image auf einem Bereitstellungsserver gespeichert. Das Boot-Image enthält eine Laufzeitversion von Windows, Windows PE genannt, die zum Starten des Setups oder, in diesem Fall, zum Starten eines Programms verwendet wird, das zum Anwenden eines Betriebssystem-Images dient.

- **Betriebssystem-Images** Hardware-agnostische Abbilddateien, die ein komplettes Betriebssystem enthalten. Diese Betriebssystem-Images können von der Windows-Produkt-DVD übernommen werden, in diesem Fall sind sie generisch; alternativ können Sie die Festplatte eines funktionierenden Computers verwenden, um ein benutzerdefiniertes Image zu erstellen, das spezifische Anwendungen, Treiber und Einstellungen für Ihr Unternehmen enthält.

Mit der MDT Deployment Workbench, die in Abbildung 19.8 dargestellt ist, können Sie zahlreiche Verwaltungsaufgaben durchführen, darunter die folgenden:

- Windows-Betriebssysteme bereitstellen
- Windows-Betriebssysteme aktualisieren
- Benutzereinstellungen mit dem Migrationstool für den Benutzerstatus (User State Migration Tool, USMT) migrieren
- Anwendungen während der Betriebssystembereitstellung bereitstellen
- Treiber während der Betriebssystembereitstellung bereitstellen
- Laufende Bereitstellungen überwachen
- Lokale GPOs als GPO-Paket anwenden

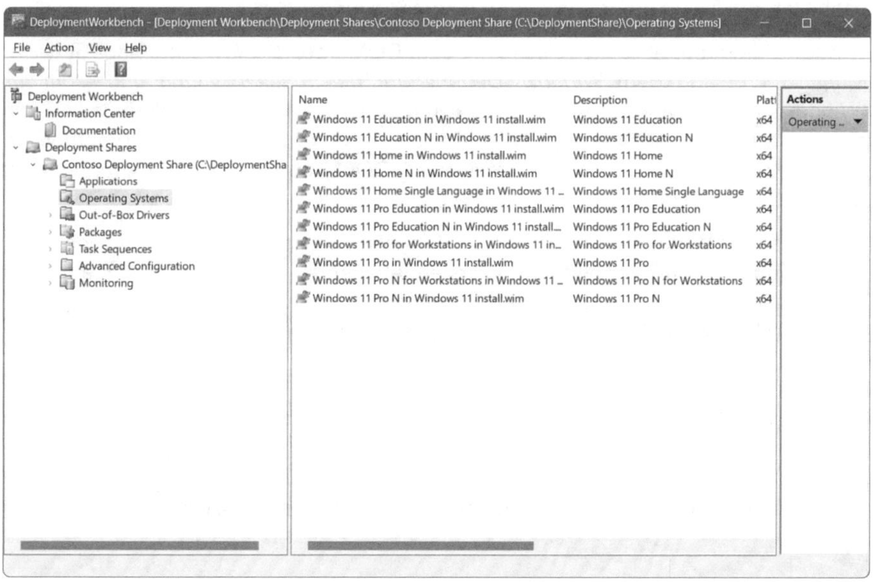

Abbildung 19.8 Die MDT Deployment Workbench wird zum Hochladen von Anwendungen, Images, Treibern und anderen Paketen verwendet. Der Administrator erstellt dann eine Aufgabensequenz, um die gewünschte Bereitstellung durchzuführen.

Die vollständige Dokumentation für MDT finden Sie unter *https://bit.ly/mdt-documentation*.

Expertentipp

Automatische Bereitstellungen mit ECM und MDT

MDT kann zur Durchführung der von Microsoft als Lite-Touch-Installationen bezeichneten Installationen verwendet werden, die nur ein minimales Eingreifen des Administrators erfordern. In Kombination mit dem Endpoint Configuration Manager kann ein Administrator jedoch eine Aufgabensequenz erstellen, um stattdessen automatische Installationen, auch Zero-Touch-Installationen genannt, durchzuführen. Dieser Ansatz kann besonders nützlich sein, wenn in einem Unternehmen eine große Anzahl von Windows-Geräten bereitgestellt werden muss.

Weitere Informationen über die Zero-Touch-Installationsarchitektur finden Sie hier: *https://bit.ly/ZTI-overview*. Obwohl sich diese Dokumentation auf Windows 10 bezieht, funktionieren die Prinzipien genauso gut unter Windows 11.

Windows System Image Manager

Windows System Image Manager (Windows SIM) ist Teil des kostenlos herunterladbaren *Windows Assessment and Deployment Kit* (Windows ADK). Zusätzlich zu Windows SIM enthält das Windows Assessment and Deployment Kit Tools zum Testen der Anwendungskompatibilität und Dienstprogramme für die Bereitstellung.

Windows SIM arbeitet Hand in Hand mit dem DISM-Tool (*Deployment Image Servicing and Management)* und dem *Windows-Designer für die Imageerstellung und -konfiguration* (Windows Configuration Designer), um Bereitstellungspakete zu erstellen und zu konfigurieren, die sowohl nach der Bereitstellung von Windows 11 auf einem Computer als auch während der »Out-of-Box-Experience«-Phase (OOBE) im Windows 11-Setup angewendet werden können.

Sie verwenden Windows SIM, um Antwortdateien zu erstellen. Antwortdateien sind XML-Textdateien, die von Windows Setup verwendet werden, um die Antworten auf Fragen zu automatisieren, die während der verschiedenen Phasen von Windows Setup gestellt werden. Mit Windows SIM können Sie die folgenden Aufgaben durchführen:

- Antwortdateien erstellen und bearbeiten
- Antwortdateien anhand eines Windows-Installationsabbilds überprüfen
- Konfigurierbare Einstellungen in Ihrem Windows-Abbild überprüfen
- Zusätzliche Treiber, Anwendungen und Zusatzpakete einbeziehen

Hinweis

Wenn Sie Ihre Antwortdatei unter dem Namen *Autounattend.xml* speichern und die Datei auf dem Installationsmedium im Stammverzeichnis ablegen, findet Windows Setup die Datei automatisch und verwendet die gespeicherten Antworten während der Installation.

Weitere Informationen über Windows SIM finden Sie unter *https://bit.ly/Windows-SIM-overview*.

Windows Autopilot

Windows Autopilot ist ein cloudbasiertes Tool zur Einrichtung, Vorkonfiguration und Bereitstellung neuer Geräte, das Teil von Microsofts Mobile Device Management-System (MDM) und Mobile Application Management-System (MAM) namens Intune ist.

> **Hinweis**
>
> **Unternehmen können Microsoft Endpoint Configuration Manager zusammen mit Microsoft Intune lizenzieren; diese hybride Verwaltungslösung, die vor Ort und in der Cloud eingesetzt wird, wird als Endpoint Manager bezeichnet.**

Anstatt sich bei der Bereitstellung von Windows auf Images zu verlassen, verwendet Autopilot das Standard-Werksimage, das als Teil eines neuen PC von einem Hardware-OEM geliefert wird. Wenn der Benutzer den PC einschaltet, fängt Windows Autopilot den OOBE-Teil der Einrichtung ab und leitet das Gerät an den Server des Unternehmens weiter, der es dann entsprechend den Anforderungen des Unternehmens konfiguriert. Dieser Einrichtungsprozess umfasst die Bereitstellung von Konfigurationsprofilen, Compliance-Richtlinien, Anwendungen und Sicherheitseinstellungen.

Windows Autopilot funktioniert nur auf Computern, auf denen Windows 10/11 Pro, Enterprise oder Education vorinstalliert ist. Darüber hinaus müssen die Geräte einer Azure AD-Gruppe zugewiesen sein und die Benutzer müssen die Berechtigung haben, die Geräte mit Azure AD zu verbinden. Hier sehen Sie, wie Windows Autopilot in der Praxis funktioniert.

Eine Organisation kauft eine Reihe neuer Computer von einem Hardware-Anbieter. Dieser Anbieter lädt die Geräte-IDs dieser neuen Computer in den Autopilot-Dienst hoch und liefert die Geräte dann an die Organisation (oder direkt an die Benutzer). Wenn der Benutzer den Computer einschaltet, stellt dieser eine Verbindung zum Autopilot-Dienst her und überprüft, ob seine ID vorhanden ist. Da der OEM-Hersteller die Geräte-IDs bereits vorher hochgeladen hat, folgt OOBE nun den vorgeschriebenen Einstellungen des Autopilot-Profils der Organisation.

Nachdem der Benutzer seine Anmeldedaten für das Azure AD-Konto eingegeben hat, ist sein Gerät mit Azure AD verbunden, in Intune registriert und einsatzbereit.

> **Hinweis**
>
> **Auch wenn eine Voraussetzung darin besteht, dass das Gerät während der Einrichtung über einen Internetzugang verfügt, ist es wichtig zu beachten, dass dies bedeutet, dass es in der Lage sein muss, sich mit dem Autopilot-Dienst und auch mit Azure AD und Intune zu verbinden. Dies ist in der Regel kein Problem, kann aber manchmal ein Problem darstellen, wenn sich Geräte über verwaltete Netzwerke verbinden, die kontrollieren, welche Websiteadressen und IP-Adressen von Benutzern besucht werden können.**

Die Verwendung von Autopilot ist für Unternehmen, die bereits Intune verwenden, ganz einfach.

Nachdem neue und vorhandene Geräte für Autopilot aktiviert wurden, kann sich ein Administrator mit einer speziellen Tastenkombination anmelden und bei Bedarf einen Autopilot-Reset auslösen. Bei diesem Zurücksetzen werden alle persönlichen Dateien, Anwendungen und Einstellungen entfernt. Die Zielcomputer werden in einen genehmigten Zustand zurückgesetzt und stehen für neue Benutzer der Organisation bereit.

Windows Server Update Services

In der Windows-as-a-Service-Ära erwartet Microsoft, dass die meisten seiner Kunden, die Windows 11-PCs in Privathaushalten und kleinen Unternehmen einsetzen, eine direkte Verbindung zu Windows Update-Servern herstellen. In großen Unternehmen möchten Administratoren in der Regel mehr Kontrolle über den Update-Prozess ausüben.

Windows Server Update Services (WSUS) erlaubt diese Kontrolle, indem es Administratoren ermöglicht, ihre eigenen Updateserver zu verwalten und Updates für Windows und Hardwaregeräte erst dann zu genehmigen, wenn sie sicher sind, dass sie ohne Probleme installiert werden können.

> **Hinweis**
>
> **WSUS wird implementiert, indem die Serverrolle »Windows Server Update Services (WSUS)« auf einem Windows Server-Computer installiert wird.**

Um WSUS unter Windows 11 zu verwenden, müssen Sie eine Reihe von Computereinstellungen ändern, damit Ihre Windows 11-Geräte auf die internen WSUS-Server verweisen. Dies geschieht am besten mit Gruppenrichtlinien.

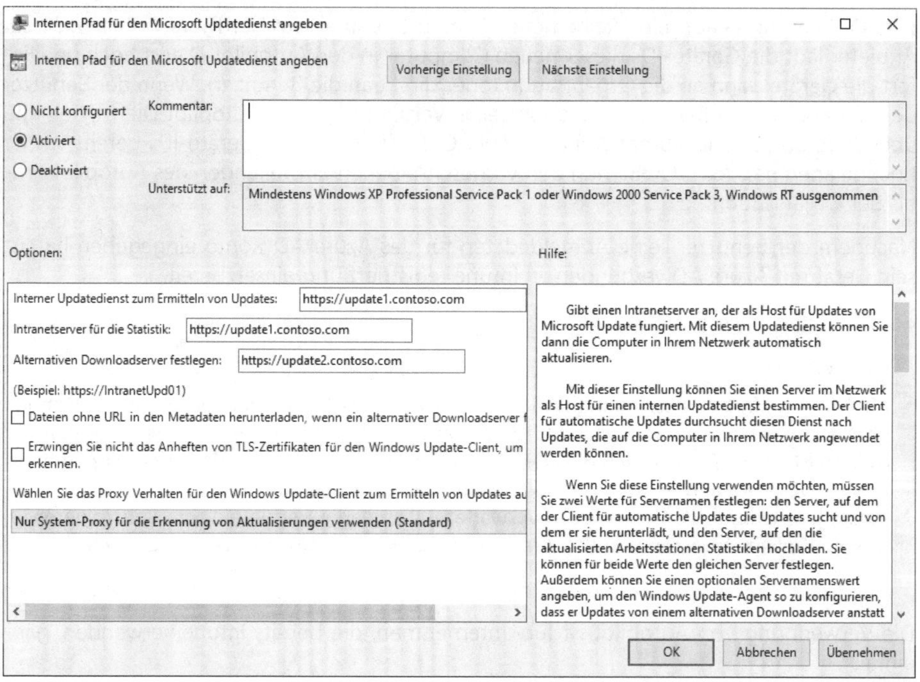

Abbildung 19.9 Bearbeiten Sie diese Gruppenrichtlinieneinstellungen, um festzulegen, von welchem WSUS-Server die Clientcomputer ihre Updates beziehen sollen. Sie können auch einen sekundären Updateserver angeben.

Öffnen Sie die Konsole *Gruppenrichtlinienverwaltung* und wählen Sie dann das entsprechende Gruppenrichtlinienobjekt zur Bearbeitung aus. Öffnen Sie das GPO im Gruppenrichtlinienverwaltungs-Editor und navigieren Sie zu *Computerkonfiguration | Richtlinien | Administrative Vorlagen | Windows-Komponenten | Windows Update | Vom Windows Server Update Service angebotene Updates verwalten*. Wählen Sie dann die Richtlinie *Internen Pfad für den Microsoft Updatedienst angeben*. Aktivieren Sie diese Richtlinie und geben Sie dann, wie in Abbildung 19.9 gezeigt, die URL des internen Updatedienstes, die URL des Intranetservers für die Statistik und optional die URL des alternativen Downloadservers an.

Die offizielle Dokumentation für WSUS finden Sie unter *https://bit.ly/WSUS-intro*.

Windows Update für Unternehmen

Windows Update für Unternehmen ist eigentlich kein Dienst, sondern eine Sammlung von konfigurierbaren Einstellungen, mit denen Sie festlegen können, wann Windows-Updates auf Ihre Windows 11-Computer angewendet werden. Sie können diese Einstellungen über Gruppenrichtlinien oder über ein Intune-Gerätekonfigurationsprofil vornehmen.

Wie bereits erwähnt, werden Windows-Updates in zwei Hauptkategorien unterteilt: Qualitäts- und Funktionsupdates. (Weitere Einzelheiten finden Sie im Abschnitt »Windows auf dem neuesten Stand halten« in Kapitel 12, »Sicherheit und Datenschutz in Windows 11«.) Qualitätsupdates werden monatlich bereitgestellt (obwohl einige kritische Sicherheitsupdates als Out-of-Band-Releases, also außerhalb des regulären Zeitplans, bereitgestellt werden) und sind kumulativ, das heißt, jedes neue Updatepaket enthält Betriebssystemkorrekturen und kleinere Änderungen gegenüber früheren Versionen. Funktionsupdates führen, wie der Name schon sagt, neue Funktionen ein und werden jetzt jährlich in der zweiten Jahreshälfte veröffentlicht.

> **Hinweis**
>
> **Funktionsupdates werden jetzt mit einem Jahrespräfix und einem Suffix gekennzeichnet, das angibt, wann im Jahr das Update veröffentlicht wurde. Windows 11 Version 22H2 wurde zum Beispiel in der zweiten Hälfte des Jahres 2022 veröffentlicht.**

Um Windows Update für Unternehmen in einer lokalen Umgebung zu implementieren, verwenden Sie in größeren Netzwerken die Gruppenrichtlinie auf einem Domänencontroller; in kleinen Netzwerken ohne Windows-Domäne können Sie lokale Gruppenrichtlinieneinstellungen verwenden. Öffnen Sie die Konsole *Gruppenrichtlinienverwaltung* oder den Editor für lokale Gruppenrichtlinien und wählen Sie dann das entsprechende GPO zur Bearbeitung aus.

Navigieren Sie zu *Computerkonfiguration | Richtlinien | Administrative Vorlagen | Windows-Komponenten | Windows Update | Von Windows Update angebotene Updates verwalten*. Aktivieren und konfigurieren Sie dann die folgenden Einstellungen, wie in Abbildung 19.10 gezeigt:

- **Zeitpunkt für den Empfang von Vorabversionen und Funktionsupdates auswählen** Damit können Sie diese Aktualisierungen bis zu 365 Tage lang zurückstellen.
- **Zeitpunkt für den Empfang von Qualitätsupdates auswählen** Ermöglicht es Ihnen, Qualitätsupdates für bis zu 30 Tage zurückzustellen. (Diese Richtlinie ist mit *Beim Empfang von Qualitätsupdates auswählen* etwas unglücklich übersetzt.)

- **Vorabversionen verwalten** Ermöglicht es Ihnen, sich für einen Windows Insider-Kanal anzumelden, um eine Vorschau auf kommende Updates zu erhalten. Wählen Sie zwischen Dev Channel, Beta Channel und Release Preview Channel.

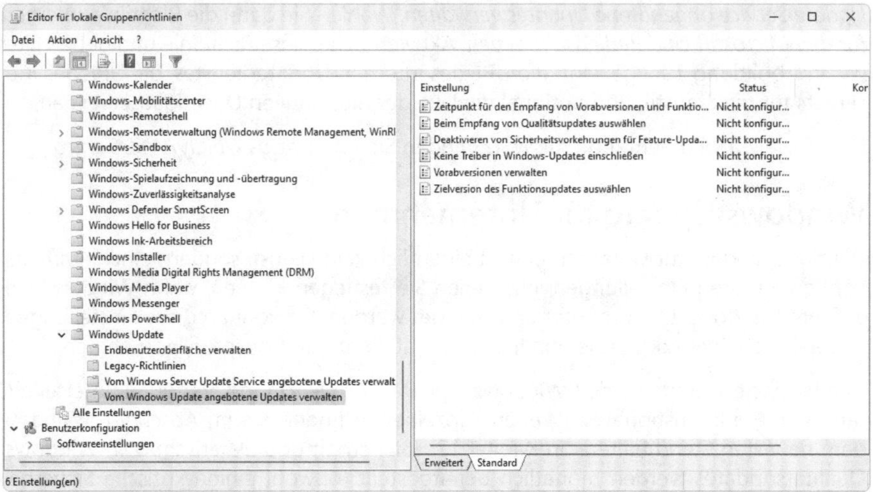

Abbildung 19.10 Normalerweise werden Sie Ihre Computer in Gruppen zusammenfassen und dann die GPO-Sicherheitsfilterung verwenden, um verschiedene Windows-Updates für Unternehmen-Einstellungen anzuwenden.

In einem domänenbasierten Netzwerk kann ein Administrator alle Computer mit denselben Einstellungen konfigurieren, indem er ein GPO erstellt und es mit dem Domänenobjekt verknüpft. Um unterschiedliche Update-Einstellungen für verschiedene Computergruppen zu erstellen, gehen Sie wie folgt vor:

1. Erstellen Sie für jede Gruppe von Computern eine Sicherheitsgruppe und fügen Sie die erforderlichen Computer zu dieser Gruppe hinzu.
2. Erstellen Sie ein separates GPO für jede Sammlung von Computern.
3. Verknüpfen Sie die GPOs mit dem Domänenobjekt in der Organisation.
4. Verwenden Sie die Sicherheitsfilterung, damit ein bestimmtes GPO nur für eine bestimmte Gruppe gilt.
5. Konfigurieren Sie die erforderlichen Update-Einstellungen in jedem GPO.

Auf diese Weise können Administratoren sicherstellen, dass bestimmte Update-Einstellungen auf Gruppen von Computern angewendet werden, die sie auf die gleiche Weise verwalten möchten. Ein Unternehmen möchte beispielsweise, dass eine kleine Gruppe technisch versierter Benutzer Updates installiert, sobald sie von Microsoft freigegeben werden, da sie wissen, dass diese Benutzer alle Probleme melden werden, die bei ihnen auftreten. Die übrigen Geräte können so konfiguriert werden, dass die Updates für 10 bis 14 Tage zurückgestellt werden, nachdem sie von den »early Adopters« freigegeben wurden. Es ist auch einfach, die Update-Einstellungen für einen Computer neu zu konfigurieren, denn es genügt, den Computer aus einer Sicherheitsgruppe zu entfernen und ihn als Mitglied einer anderen Sicherheitsgruppe hinzuzufügen, damit der Computer seine Update-Einstellungen neu konfiguriert.

Windows 11 in der Cloud verwalten

Viele Unternehmen verlagern ihre IT-Infrastruktur teilweise oder ganz in die Cloud. Wenn Sie für eine kleine Organisation arbeiten, ist es durchaus möglich, dass alle Ihre Dienste über Cloudanbieter bereitgestellt werden.

Bei mittleren Organisationen und sicherlich auch bei Großunternehmen werden Sie wahrscheinlich feststellen, dass eine hybride Infrastruktur eingesetzt wird: Einige Dienste werden von Servern und Anwendungen in lokalen Netzwerken bereitgestellt, während andere von Dienstanbietern in der Cloud geliefert werden.

Microsoft stellt eine Reihe von Clouddiensten zur Verfügung, die mit Windows 11 genutzt werden können. Wir beschreiben sie in diesem Abschnitt ausführlicher.

Microsoft 365- und Windows-Unternehmenslizenzierung

Microsoft 365 (früher als Office 365 vermarktet) ist häufig der Ausgangspunkt einer Organisation für den Einstieg in die Cloud. Anstatt Windows Server-Computer zu verwalten und zu warten, um Anwendungen wie Exchange Server und SharePoint Server zu hosten, entscheiden sich Unternehmen für eine Lösung, die diese Funktionen in einem serverlosen, verwalteten, kostenpflichtigen Abonnement bereitstellt, mit der Option, die traditionellen Office-Desktopanwendungen (Word, Excel, PowerPoint, Outlook und mehr) hinzuzufügen.

Microsoft 365 Enterprise-Tarife können auch Windows-Lizenzen und andere erweiterte Funktionen enthalten. Microsoft 365 Enterprise E3-Pläne beinhalten zum Beispiel Folgendes:

- Windows 11 Enterprise-Lizenzen für Benutzer
- Geräte- und App-Verwaltung über Intune
- Erweiterte Funktionen für die Identitäts- und Zugriffsverwaltung
- Schutz vor Bedrohungen, Informationsschutz und Compliance-Management

Microsoft 365 Enterprise E5 umfasst alle Funktionen des Standardtarifs und von Enterprise E3 sowie die folgenden zusätzlichen Funktionen:

- Erweiterte Analysen
- Zusätzliche Features für die Identitäts- und Zugriffsverwaltung
- Zusätzlicher Informationsschutz
- Zusätzliche Features für das Compliance-Management

Expertentipp

Die Aktivierung des Abonnements erfolgt automatisch

Wenn Benutzer in einer Organisation über ein Microsoft 365-Enterprise-Abonnement verfügen, das eine Windows-Lizenz enthält, können sie einen mit Windows 11 Pro installierten Computer automatisch aktualisieren, indem sie das Gerät mit den Anmeldeinformationen, die mit diesem Abonnement verbunden sind, mit Azure AD verbinden. Auf diese Weise wird das Betriebssystem automatisch auf Windows 11 Enterprise aktualisiert; für dieses Upgrade ist weder ein Produktschlüssel noch ein Neustart erforderlich.

Sie können die aktuellen Microsoft 365 Enterprise-Pläne auf der folgenden Microsoft-Website einsehen: *https://www.microsoft.com/microsoft-365/compare-microsoft-365-enterprise-plans*.

Administratoren können das Microsoft 365-Abonnement einer Organisation über webbasierte Portale verwalten, wie in Abbildung 19.11 dargestellt. Sie können auch Windows PowerShell verwenden, um detailliertere Verwaltungsaufgaben durchzuführen.

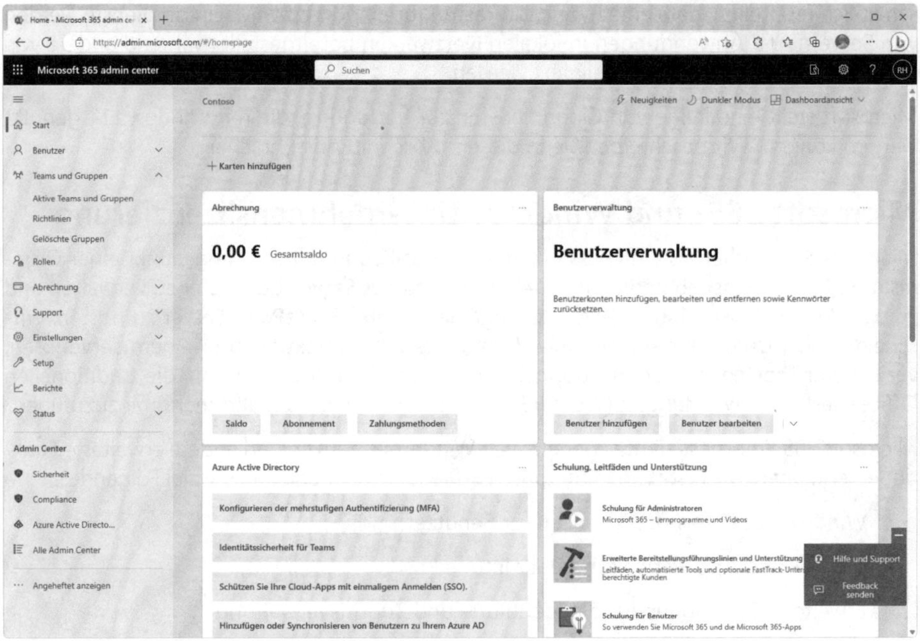

Abbildung 19.11 Sie können das Microsoft 365 Admin Center verwenden, um Microsoft 365-Dienste zu verwalten. Jeder Dienst, zum Beispiel Exchange Online, bietet auch ein eigenes Verwaltungstool, auf das ebenfalls über einen Webbrowser zugegriffen werden kann.

Um auf diese Dienste zuzugreifen, muss sich ein Benutzer mit einem lizenzierten Konto bei Azure AD anmelden. Für Windows 11 bedeutet dies in der Regel die Durchführung einer Azure AD Join Operation. Jeder Benutzer kann dies während der Windows-Einrichtung oder danach in den Einstellungen tun. Ein Administrator kann den Azure AD Join-Prozess auch automatisieren, indem er Provisioning verwendet.

Wenn ein Windows 11-Computer in Azure AD eingebunden ist, kann sich ein Benutzer an diesem Computer mit seinem Azure AD-Benutzerkonto anmelden. Alle installierten Clientanwendungen (wie Outlook oder Teams) werden automatisch so konfiguriert, dass sie die Details des angemeldeten Benutzerkontos verwenden.

> **Hinweis**
>
> **Benutzer können keine Nicht-Windows-Computer in Azure AD einbinden, zum Beispiel Apple Macs mit macOS oder Handys oder Tablets mit iOS oder Android. Diese Geräte können jedoch in Azure AD registriert werden. Solange das mit einem Gerät verknüpfte Benutzerkonto über eine gültige Lizenz verfügt, kann der Benutzer eine Verbindung zu den Microsoft 365-Diensten herstellen, aber er kann sich nicht nahtlos mit diesem Azure AD-Konto bei den Diensten anmelden; stattdessen muss er die Anmeldeinformationen seines Azure AD-Benutzerkontos für jede App eingeben, mit der er sich verbinden möchte.**

Virtuelle Windows 11-Computer in Azure

Viele IT-Fachleute kommen zum ersten Mal mit Microsoft Azure in Berührung, wenn sie Infrastrukturen hosten, wie zum Beispiel Dateiserver, die auf virtuellen Computern (Virtual Machines, VMs) laufen. In den letzten Jahren haben Unternehmen zur Unterstützung von lokalen Workloads zunehmend Virtualisierungstechnologien eingesetzt. Die Verlagerung in die Cloud wird oft als Mittel angesehen, um dieselben virtuellen Computer jetzt in den Rechenzentren eines anderen Unternehmens auszuführen, wie es Abbildung 19.12 zeigt.

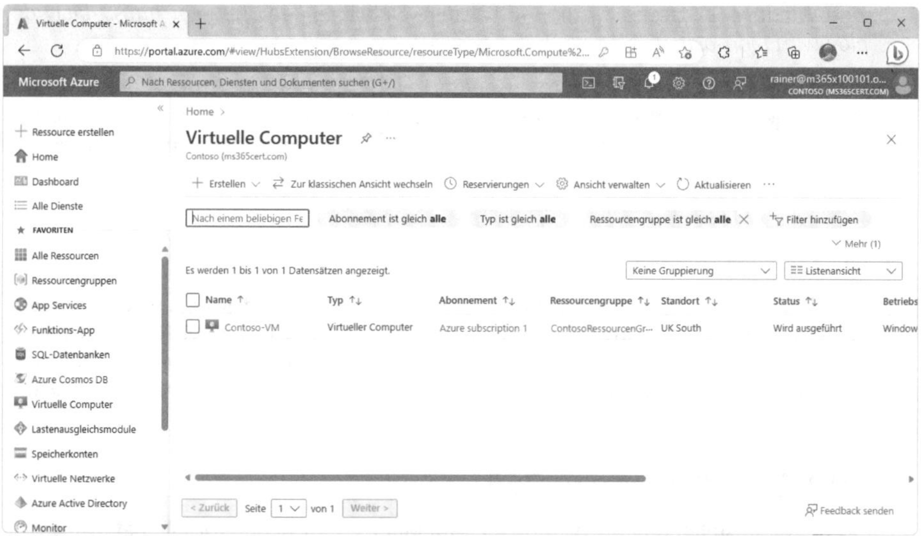

Abbildung 19.12 Das Hinzufügen von VMs zu Azure ist ganz einfach. Sie können eine Cloud-basierte VM von Grund auf neu einrichten oder Ihre lokalen VMs in die Cloud migrieren.

Die Installation von Windows 11 auf einem virtuellen Computer in Azure ist ein relativ einfacher Prozess und erfordert keine fortgeschrittenen technischen Kenntnisse. Wenn Sie eine VM in Azure erstellen, definieren Sie das Betriebssystem und die Hardwareeigenschaften der virtuellen Maschine mithilfe eines Assistenten, der Sie durch den Prozess führt.

> **Hinweis**
>
> **Um eine Azure-VM mit Windows 11 zu erstellen, benötigen Sie ein Azure-Abonnement. Das Abonnement ist kostenlos, aber für die VM fallen Gebühren an, wenn sie ausgeführt wird.**

Melden Sie sich als Administrator bei Ihrem Azure-Abonnement an und wählen Sie *Virtuelle Computer.* Klicken Sie auf *Erstellen* und folgen Sie den Anweisungen auf dem Bildschirm, um die Merkmale Ihrer VM zu definieren. Hier sind einige wichtige Eigenschaften, die sich auf der Seite *Grundeinstellungen* befinden:

- **Image** Wählen Sie aus der umfangreichen Auswahl ein geeignetes Windows 11 Image aus.
- **Größe** Wählen Sie einen geeigneten virtuellen Prozessor und weisen Sie die gewünschte Menge an virtuellem Arbeitsspeicher zu.
- **Lizenzierung** Sie können die Option *Ich bestätige, dass ich über eine berechtigte Windows 10-Lizenz mit Rechten für mehrinstanzenfähiges Hosting verfügen* auswählen, wenn Sie bereits eine Windows 11 Enterprise E3/E5-Lizenz pro Benutzer oder eine Azure Virtual Desktop Access-Lizenz pro Benutzer besitzen. Dies erspart Ihnen die Kosten für eine Windows 11-Lizenz für die VM. Weitere Details finden Sie unter *https://bit.ly/deploy-win11-on-azure.*

Da die VM mit Windows 11 in Azure ausgeführt wird, müssen Sie sich per Remotezugriff mit dem virtuellen Computer verbinden. Für den Zugriff mit einer grafischen Benutzeroberfläche können Sie das Remotedesktopprotokoll (RDP) verwenden, das standardmäßig aktiviert ist.

> **Hinweis**
>
> **Machen Sie sich auf eine böse Überraschung gefasst, wenn Sie vergessen, eine laufende Azure-VM nach der Nutzung herunterzufahren. Sie zahlen pro Minute für alle Azure-Ressourcen, die Sie nutzen, auch wenn ein virtuelles Gerät nur im Leerlauf ist. Denken Sie bei Windows 11 Azure-VMs daran, sie herunterzufahren, wenn die Sitzung beendet ist.**

Cloud-PCs mit Windows 365

Auch wenn die Installation von Windows 11 auf einer VM in Azure Vorteile hat, ist es vielleicht nicht die einfachste Art, auf einen cloudbasierten Windows-PC zuzugreifen. An dieser Stelle kann Windows 365 von Vorteil sein.

Windows 365 ist ein vollständig gehosteter Windows-Desktop-PC, der in der Microsoft-Cloud läuft, aber von praktisch jedem Gerät aus, das eine Internetverbindung besitzt, zugänglich ist, einschließlich Tablets und PCs mit Nicht-Microsoft-Betriebssystemen. Der Dienst ist von Azure und Microsoft 365 unabhängig; es steht eine kostenlose 30-Tage-Testversion zur Verfügung.

Eine ausführlichere Übersicht finden Sie unter *https://learn.microsoft.com/windows-365/overview.*

Es ist keine technische Konfiguration erforderlich; wählen Sie das entsprechende Abonnement aus und klicken Sie auf *Jetzt kaufen*. Sie können einen Cloud-PC auswählen, indem Sie aus einer Liste von Konfigurationen wählen, die von einem Basismodell (zwei virtuelle CPUs mit 4GB Arbeitsspeicher und 64GB Speicher) bis hin zu viel leistungsfähigeren Geräten mit bis zu acht vCPUs, 32GB RAM und 512GB Speicher reichen.

Die Basis-, Standard- und Premium-Konfigurationen beinhalten installierte Funktionen und Anwendungen wie Microsoft Endpoint Manager, Desktopversionen von Office-Anwendungen und die Integration mit Intune für MDM.

Unternehmen können zwischen zwei Optionen wählen:

- **Windows 365 Business** Für kleinere Unternehmen und Organisationen mit bis zu 300 Arbeitsplätzen. Bietet einen gebrauchsfertigen Cloud-PC mit unkomplizierter Verwaltung.
- **Windows 365 Enterprise** Für große Unternehmen, die eine unbegrenzte Anzahl von Lizenzen benötigen. Ermöglicht es Administratoren, benutzerdefinierte Cloud-PCs aus selbst erstellten Images zu erstellen.

Windows 365-Cloud-PCs werden monatlich pro Benutzer abgerechnet. Sie können die aktuellen Preispläne für Windows 365 unter *https://www.microsoft.com/windows-365/all-pricing* einsehen.

Microsoft Defender für Endpunkt

Wenn ein Unternehmen Ressourcen in die Cloud verlagert, verlagert sich der Sicherheitsschwerpunkt auf die Endpunkte – die Geräte, mit denen Mitarbeiter auf Unternehmensdaten zugreifen. Microsoft Defender für Endpunkt bietet eine Sammlung von Sicherheitstools, die für Unternehmensadministratoren entwickelt wurden. Diese Lösung zeichnet sich durch folgende Features aus:

- **Endpunktverhaltenssensoren** Die in Windows 11 integrierten Sensoren überwachen das Verhalten des Betriebssystems und sammeln entsprechende Daten. Diese Daten werden dann an die Microsoft Defender für Endpunkt-Instanz des Unternehmens in der Cloud gesendet.
- **Cloudsicherheitsanalysen** Die von den Endpunkten gesammelten Verhaltensdaten werden auf aussagekräftige Weise dargestellt, um Bedrohungen zu identifizieren, den Sicherheitsanalysten zu helfen, die Vorgänge zu verstehen, und Vorschläge zur Reaktion auf erkannte Bedrohungen zu machen.
- **Threat Intelligence** Diese Funktion unterstützt Sicherheitsexperten bei der Identifizierung bestimmter Angreifer-Tools und -Techniken und generiert Warnungen, wenn diese Tools Techniken und Verfahren in den erfassten Endpunktdaten gefunden werden.

Wie die meisten Unternehmensfeatures ist auch Microsoft Defender für Endpunkt in einer Reihe von Abonnementplänen zu unterschiedlichen Preisen erhältlich. Außerdem müssen die zu überwachenden Geräte mithilfe von Gruppenrichtlinien oder Verwaltungstools wie Intune konfiguriert werden.

Weitere Informationen finden Sie unter *https://bit.ly/ms-defender-for-endpoint*.

Microsoft Intune

Wie bereits erwähnt, ermöglicht Intune Administratoren die Verwaltung von mobilen Geräten (Mobile Device Management, MDM) und mobilen Anwendungen (MAM) für die Geräte ihres Unternehmens. Intune erfüllt eine ähnliche Funktion wie die Gruppenrichtlinie in einem lokalen Netzwerk. Es funktioniert jedoch auf eine andere Weise. Während AD DS nur Windows-Computer unterstützt, können Administratoren mit Intune eine Vielzahl von Geräten verwalten und konfigurieren, auf denen eine Reihe von Betriebssystemen wie macOS, iOS, Android und natürlich Windows 10 und Windows 11 laufen.

Auf der Seite *Übersicht* im Microsoft Intune Admin Center werden zusammenfassende Informationen zu den verwalteten Geräten angezeigt, wie in Abbildung 19.13 dargestellt.

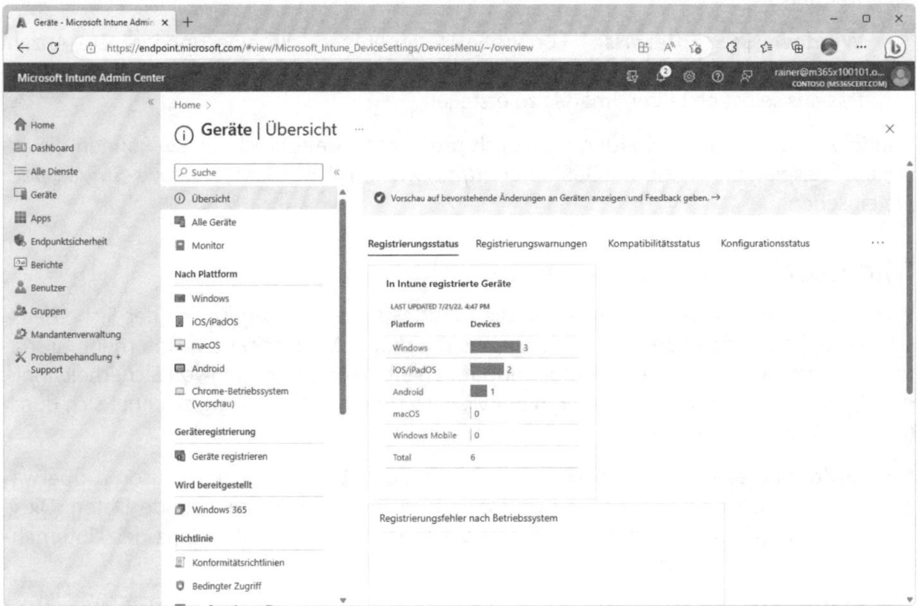

Abbildung 19.13 Eine Ansicht der Seite *Geräte* im Microsoft Intune Admin Center. Von hier aus können Administratoren den Registrierungsstatus, den Kompatibilitätsstatus und den Konfigurationsstatus der Benutzergeräte überprüfen.

Administratoren können mit Intune die folgenden Verwaltungsaufgaben durchführen:

- **Geräte konfigurieren** Erstellen und Anwenden von Gerätekonfigurationsprofilen, mit denen sich Firmware-Einstellungen, Geräteeinschränkungen, E-Mail-Konten, WLAN- und VPN-Verbindungsprofile und vieles mehr konfigurieren lassen.
- **Konformität überprüfen** Erstellen Sie Konformitätsrichtlinien und wenden Sie diese an, damit die Geräte bestimmte Sicherheitseinstellungen erfüllen. Nicht konforme Geräte können aus Intune entfernt werden. Sie können den Konformitätsstatus auch in Azure AD-Richtlinien für den bedingten Zugriff verwenden.
- **Anwendungen bereitstellen und konfigurieren** Verteilen, Konfigurieren und Verwalten einer Vielzahl von Anwendungstypen, einschließlich Windows-Desktopanwendungen, Store-Anwendungen und Geschäftsanwendungen.

- **Sichere Geräte** Verwenden Sie Endpunktsicherheitsrichtlinien, um die gewünschten Sicherheitseinstellungen für Geräte zu konfigurieren, einschließlich Einstellungen wie Festplattenverschlüsselung, Firewalleinstellungen und Kontoschutz. Außerdem können Sie Richtlinien erstellen, die auf Bedrohungen reagieren, in Echtzeit Risikoanalysen durchführen und die Behebung automatisieren.

Es ist wichtig zu wissen, dass für einige Verwaltungsfunktionen die Geräte der Benutzer in Intune registriert sein müssen. Dies ist jedoch nicht für alle Funktionen erforderlich. Es ist beispielsweise möglich, die Einstellungen für Apps zu verwalten, ohne dass das Gerät registriert ist.

Normalerweise werden Geräte in Intune registriert, wenn sie Azure AD beitreten. Sie können jedoch ein Gerät auch auf andere Weise bei Intune registrieren, beispielsweise als eigene Aufgabe über die Einstellungen-App in Windows 11.

> **Hinweis**
>
> **Die Registrierung erzeugt eine Verwaltungsbeziehung zwischen Intune und dem Gerät.**

Nachdem Sie die Geräte registriert und konfiguriert haben, können Sie deren Eigenschaften in der Intune-Konsole überprüfen. Sie können Hardware, erkannte Apps, Gerätekonformität, Gerätekonfiguration (wie in Abbildung 19.14 dargestellt), App-Konfiguration, Wiederherstellungsschlüssel (BitLocker) und andere Einstellungen überprüfen.

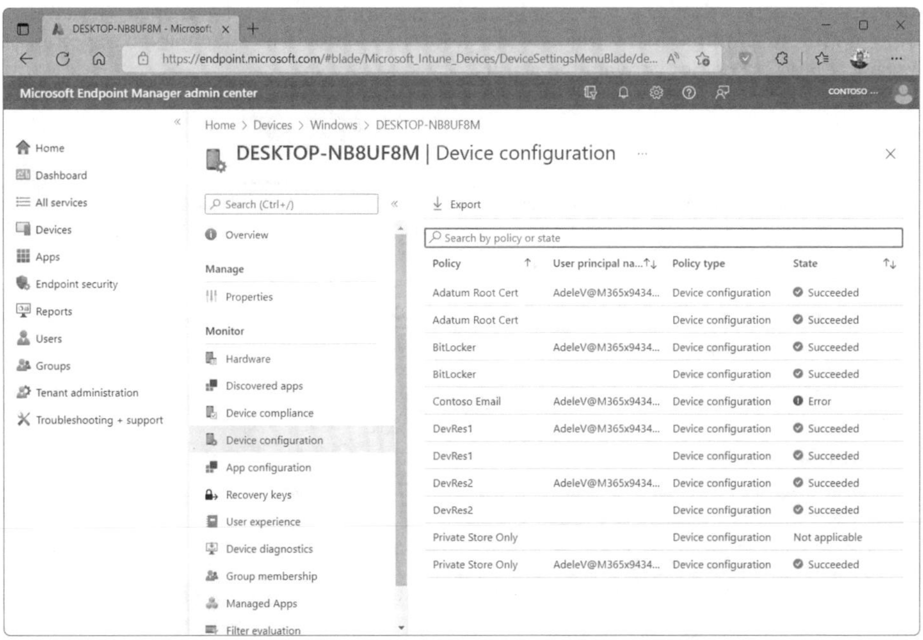

Abbildung 19.14 Die Seite *Gerätekonfiguration* für einen Windows 11-PC in Intune bietet Administratoren Tools zur Überwachung und Verwaltung von Gerätekonfigurationen.

Die vollständige Dokumentation zu Microsoft Intune finden Sie unter *https://learn.microsoft.com/mem/intune*.

Anwendungen mit Intune verwalten

Ein wesentliches Merkmal von Intune ist die Möglichkeit, Apps für eine Vielzahl von Betriebssystemen bereitzustellen und zu verwalten. Administratoren können die folgenden App-Typen bereitstellen:

- **Store-Apps** Anstatt zu verlangen oder gar zu erlauben, dass Benutzer Apps aus dem OS-Store für ihr Gerät installieren, kann ein Intune-Administrator eine Store-App-Bereitstellung erstellen, die auf die URL für die gewünschte App verweist. Er kann dann die App für Benutzer in der Organisation ohne zusätzlichen Eingriff verfügbar machen.
- **Microsoft 365-Apps** Administratoren können Outlook, Excel, Word und andere Office-Desktop-Apps (zusammenfassend als Microsoft 365-Apps bezeichnet) sowohl für Windows- als auch für macOS-Benutzer bereitstellen. Für Windows-Benutzer können sie festlegen, welche spezifischen Komponenten installiert werden.
- **Microsoft Edge** Mit Intune können Administratoren den neuen Edge-Browser auf Geräten mit macOS oder Windows bereitstellen. Sie können Edge auf iOS- und Android-Geräten über die App-Stores für diese Plattformen bereitstellen.
- **Andere** Umfasst Web-Link-Anwendungen, Geschäftsanwendungen und Win32-Anwendungen.

Nach der Bereitstellung können Administratoren mit App-Konfigurationsrichtlinien die Einstellungen der Apps konfigurieren. Sie können auch App-Schutzrichtlinien verwenden, um Anforderungen für die Verwendung einer App bei der Verbindung mit Unternehmensdaten festzulegen. Diese Einstellungen bestimmen, was ein Benutzer mit Unternehmensdaten auf dem Gerät machen darf, und, was wichtig ist, ob die Unternehmensdaten entschlüsselt und außerhalb des Unternehmens freigegeben werden können. Diese Richtlinien variieren je nach Betriebssystem des verwalteten Geräts.

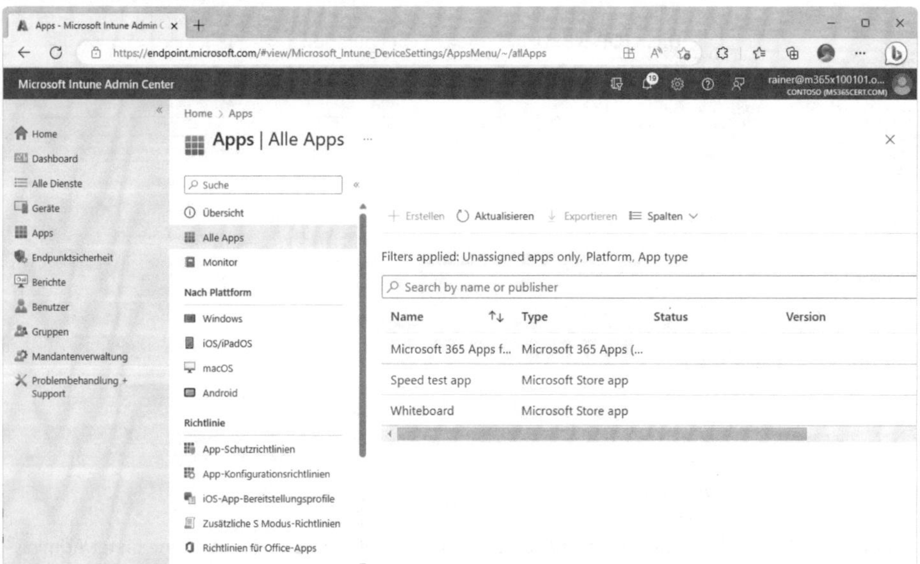

Abbildung 19.15 Der Ordner *Alle Apps* im Microsoft Intune Admin Center zeigt eine Liste aller Apps an, die der Organisation gehören.

In Abbildung 19.15 hat der Administrator den Knoten *Alle Apps* ausgewählt, was zu einer gefilterten Anzeige der verfügbaren Apps für die Organisation führt. Damit diese Apps auf den Geräten der Benutzer bereitgestellt werden können, ordnet der Administrator die Apps normalerweise einer Gruppe zu.

Computer für spezielle Einsatzzwecke verwalten

In diesem Buch konzentrieren wir uns fast ausschließlich auf Desktop- und Notebook-PCs, die für einen einzigen Hauptbenutzer konfiguriert sind, wobei bei Bedarf sekundäre Konten für andere Personen in der Familie oder im Unternehmen eingerichtet werden, die das Gerät gelegentlich verwenden müssen. In Unternehmen sind jedoch manchmal auch andere Szenarien sinnvoll. In den folgenden Abschnitten betrachten wir zwei spezielle Windows-Konfigurationen: gemeinsam genutzte PCs und Geräte, die im Kioskmodus laufen.

Gemeinsam genutzter PC-Modus

In einer Bildungseinrichtung oder einem Unternehmen kann ein gemeinsam genutzter PC nützlich sein – ein PC, der von jedem Schüler oder Angestellten je nach Bedarf genutzt werden kann, oder ein PC, den Sie Kunden und Besuchern zur vorübergehenden Nutzung zur Verfügung stellen möchten. Eine Funktion in Windows 11, der sogenannte Modus für gemeinsam genutzte PCs (engl. shared PC mode), macht dies einfacher als in früheren Versionen.

Um den Modus »gemeinsam genutzter PC« nutzen zu können, ist es erforderlich, dass der Computer einer AD DS-Domäne oder Azure Active Directory beigetreten ist.

Ist das erledigt, wendet ein Administrator mehrere An769passungen mithilfe einer Mobile Device Management-Software wie Microsoft Intune an oder erstellt mit dem *Windows-Designer für die Imagekonfiguration* (Windows Configuration Designer, WCD) ein Bereitstellungspaket.

Nachdem dieser Schritt abgeschlossen ist, wendet ein Administrator eine Reihe von Anpassungen mit der Verwaltungssoftware für mobile Geräte an, zum Beispiel mit Microsoft Intune; alternativ kann er ein Bereitstellungspaket verwenden, das mit dem Windows Configuration Designer (WCD) erstellt wurde. Den *Windows Configuration Designer* können Sie in der englischsprachigen Version unter *https://www.microsoft.com/store/productId/9NBLGGH4TX22* kostenlos aus dem Microsoft-Store herunterladen. Falls Sie das *Windows Assessment and Deployment Kit* (Windows ADK) installiert haben, wird die deutschsprachige Version unter dem Namen *Windows-Designer für die Imagekonfiguration* installiert. Abbildung 19.16 zeigt den ersten Schritt der Erstellung eines Bereitstellungspakets mit WCD.

Mit beiden Methoden können Sie den gemeinsam genutzten PC so konfigurieren, dass der Zugriff für alle Benutzer mit einem Konto im Verzeichnis der Organisation, für Gäste oder für beide zugelassen wird. Sie können außerdem konfigurieren, was passiert, wenn sich ein Benutzer abmeldet: Entweder werden das lokale Profil und die Daten des Kontos automatisch gelöscht oder die Daten im Cache werden gespeichert, damit die Anmeldung beim nächsten Mal schneller erfolgt.

Eine schrittweise Anleitung zur Einrichtung und Verwendung des gemeinsamen PC-Modus finden Sie unter *https://bit.ly/shared-pc-mode*.

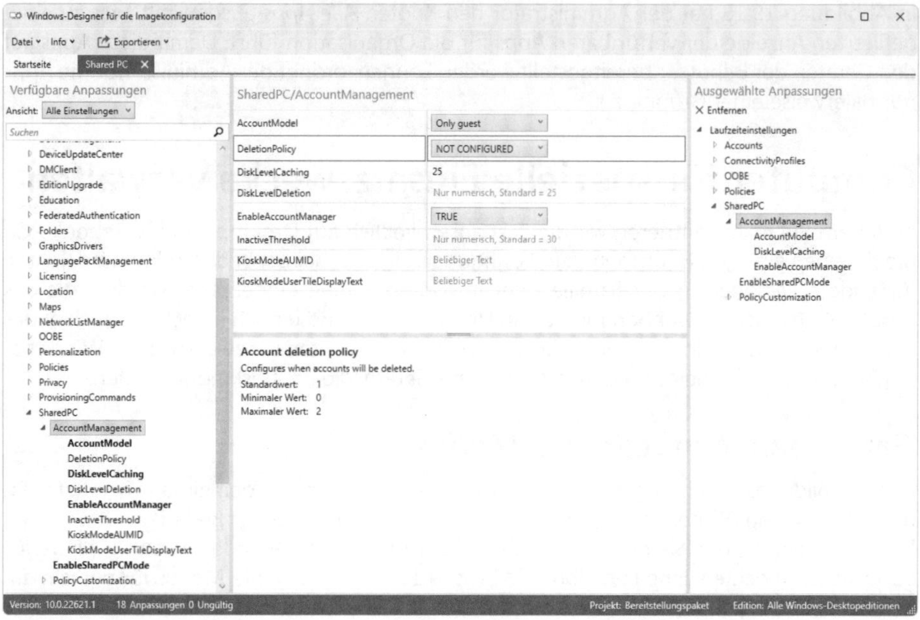

Abbildung 19.16 Kleinere Unternehmen, die keinen Zugang zu MDM-Software haben, können den Windows-Designer für die Imagekonfiguration verwenden, um ein Paket für die Bereitstellung eines freigegebenen PCs zu erstellen.

Gerät für den Kioskmodus einrichten

Ein weiteres gängiges Szenario in Unternehmen ist die Einrichtung eines Kioskgeräts – ein Computer, der nur für eine bestimmte Aufgabe eingerichtet ist. Ein Büro könnte diesen Computer als Check-in-Gerät für Gäste verwenden; ein Einzelhandelsunternehmen könnte einen Kiosk-PC im Verkaufsraum aufstellen und den Kunden erlauben, den Touchscreen des Geräts zu verwenden, um einen Produktkatalog anzuzeigen oder Preise zu überprüfen. Sie können ein Gerät mit diesen Tools so konfigurieren, dass es eine einzige Anwendung ausführt, zum Beispiel ein Bankprogramm oder eine Inventarisierungsanwendung, und gleichzeitig das Risiko ausschalten, dass ein Mitarbeiter versehentlich zulässt, dass das Gerät durch die Verwendung eines Webbrowsers oder eines E-Mail-Programms kompromittiert wird.

Windows 11 unterstützt mehrere zusätzliche Kiosk-Konfigurationen, darunter Multi-App-Kioske, die ein vereinfachtes Startmenü anzeigen, das es den Kioskbenutzern ermöglicht, aus einer Liste von erlaubten Anwendungen auszuwählen.

Sie können ein Kioskgerät auch so konfigurieren, dass es Microsoft Edge in einer von verschiedenen Konfigurationen ausführt: als öffentlichen Browser mit geschützten Benutzerdaten, als digitale Anzeigetafel oder als interaktiver Bildschirm, der den Inhalt einer einzigen Site anzeigt.

Um den Kioskmodus einzurichten, öffnen Sie *Einstellungen | Konten | Weitere Benutzer*. Klicken Sie unter der Überschrift *Kiosk einrichten* auf *Los geht's*.

Geben Sie dann entweder an, dass Sie ein neues Konto für den Kioskmodus erstellen möchten, oder wählen Sie ein vorhandenes Konto aus und klicken Sie auf *Weiter*. Wir empfehlen Ihnen, die Option zum Erstellen eines neuen Kontos für den Kioskmodus zu wählen. Wenn

Sie dies tun, konfiguriert Windows dieses Konto so, dass es sich beim Starten automatisch anmeldet. Wenn Sie ein vorhandenes Konto auswählen, müssen sich die Benutzer mit dem Kennwort dieses Kontos anmelden.

Nachdem Sie das Benutzerkonto angegeben haben, wählen Sie die Anwendung aus, die im Kioskmodus ausgeführt werden soll (siehe Abbildung 19.17).

Abbildung 19.17 Sie können jede moderne Anwendung auswählen, die auf dem Kioskcomputer installiert ist. Wenn Sie den Kioskmodus mithilfe eines Bereitstellungspakets konfigurieren, können Sie auch eine Desktopanwendung auswählen.

Wenn Sie Microsoft Edge als einzige Anwendung auswählen, bietet die Seite *Kiosk einrichten* in den *Einstellungen* diese beiden Optionen:

- Als digitale Signatur oder interaktive Anzeige
- Als öffentlicher Browser

Klicken Sie auf *Weiter*, um die Standard-URL anzugeben, zu der der Browser nach einer bestimmten Zeit der Inaktivität zurückkehrt, wodurch auch die aktuelle Browsersitzung zurückgesetzt wird. Klicken Sie dann auf *Weiter* und *Schließen*. Der Kioskmodus ist nun eingerichtet.

Sie können ein Kioskgerät im Multi-App-Modus oder in einer beliebigen Browserkonfiguration konfigurieren, indem Sie eine XML-Datei und Mobile Device Management-Software wie Microsoft Intune verwenden. Stattdessen können Sie auch ein Bereitstellungspaket mit dem Windows-Designer für die Imagekonfiguration erstellen, wie weiter vorne in diesem Abschnitt beschrieben.

Wenn Ihr Gerät so konfiguriert ist, startet es direkt die konfigurierte Kiosk-App, die in einem Vollbildmodus ausgeführt wird und die meisten Elemente der Windows 11-Oberfläche, einschließlich der Start-Schaltfläche und der Taskleiste, nicht enthält. Um den Kioskmodus zu beenden, drücken Sie `Strg`+`Alt`+`Entf` und melden Sie sich mit einem anderen Konto an.

Um diese Einstellung rückgängig zu machen oder anzupassen, kehren Sie zu *Einstellungen* | *Konten* | *Weitere Benutzer* zurück. Klicken Sie auf *Zugewiesener Zugriff*, wählen Sie das für den Kioskmodus konfigurierte Benutzerkonto aus und klicken Sie auf *Kiosk entfernen*. Klicken Sie auf den App-Namen, um die Schaltfläche *Kiosk-App ändern* anzuzeigen, mit der Sie eine andere App auswählen können.

TEIL 4

Anhänge

Anhang A

Editionen und Lizenzierungsoptionen für Windows 11

Wie sein Vorgänger ist auch Windows 11 in einer scheinbar endlosen Reihe von Editionen erhältlich. Jede Edition umfasst einen bestimmten Funktionsumfang, der manchmal mit Lizenzoptionen und geografischen Einschränkungen verbunden ist.

Trotz des scheinbar verwirrenden Sortiments vermuten wir allerdings, dass die meisten kein Problem damit haben, sich im Angebot zurechtzufinden. Wenn Sie sich einen neuen PC über die herkömmlichen Handelskanäle anschaffen, haben Sie wahrscheinlich nur die Wahl zwischen zwei Editionen: Home und Pro. (Eine relativ neue Option, Windows 11 Pro for Workstations, ist ausschließlich für leistungsstarke Workstation-Hardware erhältlich und wird gewöhnlich nicht auf normalen PCs angeboten, die über den Einzelhandel verkauft werden.) IT-Spezialisten, zu deren Aufgaben die Bereitstellung von Windows-PCs in großen Unternehmen fällt, führen normalerweise ein Upgrade von Windows 11 Pro auf irgendeine Variante von Windows 11 Enterprise durch; die Entscheidung hierüber wird in diesem Fall weniger durch bestimmte Features als durch die Lizenzvereinbarungen bestimmt.

Es handelt sich technisch gesehen nicht um eine Edition, aber eine Funktion namens S-Modus ist hier erwähnenswert. Auf einem PC, auf dem Windows 10 oder Windows 11 im S-Modus ausgeführt wird, beschränken die Konfigurationseinstellungen die Installation von Apps auf diejenigen, die über den Microsoft Store bereitgestellt werden. Windows-PCs, die im S-Modus ausgeführt werden, legen außerdem Microsoft Edge als Standardbrowser fest und verwenden Bing als Standardsuchmaschine. Keine dieser Einstellungen kann geändert werden.

Auf einigen neuen PCs ist Windows 11 Home im S-Modus vorinstalliert, und PCs mit Windows 10 Home im S-Modus können auf Windows 11 aktualisiert werden. Der S-Modus wird jedoch von keiner anderen Windows 11-Edition unterstützt. Wenn Sie versuchen, einen PC mit Windows 10 Pro, Education oder Enterprise im S-Modus zu aktualisieren, müssen Sie ihn zuerst dauerhaft aus dem S-Modus herausschalten.

Um den S-Modus in Windows 10 zu deaktivieren, gehen Sie zu *Einstellungen | Update und Sicherheit | Aktivierung* und wählen Sie *Zu Windows 10 Home wechseln* oder *Zu Windows 10 Pro wechseln*. Diese Aktion führt zu einem Link, der Sie zum Microsoft Store und einer Seite zum Deaktivieren des S-Modus führt.

Um den S-Modus auf einem PC mit Windows 11 Home zu deaktivieren, ist das Verfahren etwas verwirrender. Öffnen Sie *Einstellungen | System | Aktivierung*, öffnen Sie den Abschnitt *Windows-Edition aktualisieren* und folgen Sie dem Link, der Sie zum Microsoft Store führt. Wählen Sie nicht die Option zum Upgrade Ihrer Windows-Edition, sondern wählen Sie stattdessen die Option *Aus dem S-Modus wechseln* und folgen Sie den Anweisungen.

Beachten Sie, dass dieser Wechsel, wenn er einmal vollzogen ist, unumkehrbar ist.

Windows 11 enthält auch IoT-Editionen (Internet of Things), die für die Verwendung in spezieller Hardware wie Geldautomaten und »intelligenten Geräten« (smart devices) ohne Bildschirm konzipiert sind. Dieser Anhang konzentriert sich jedoch ausschließlich auf die Editionen von Windows 11, die für die Verwendung auf Desktop-PCs, Laptops und PC-ähnlichen Tablet-Geräten wie den Geräten der Microsoft Surface-Familie konzipiert sind.

Windows 11-Editionen im Überblick

Obwohl die gesamte Palette der Windows-Editionen verwirrend erscheinen mag, ist die Logik dahinter im Großen und Ganzen konsistent. Jede Edition enthält alle Features der »kleineren« Edition und erweitert sie um einige zusätzliche Features. So können Sie entscheiden, ob Sie den Preis für ein Upgrade für gerechtfertigt halten.

Zuerst beschreiben wir die möglichen Hardwarekonfigurationen. Tabelle A.1 listet die technischen Grenzen für CPU und Arbeitsspeicher auf, die sich möglicherweise auf Ihre Kauf- oder Upgrade-Entscheidung auswirken. Beachten Sie, dass diese Anforderungen gleichermaßen für x64- und Arm64-Architekturen gelten. (Windows 11 unterstützt keine x86-Prozessoren.)

Hardwarekomponente	Unterstützte Konfigurationen
Anzahl der CPUs/Kerne	Windows 11 Home: ein physischer Prozessor Windows 11 Pro, Enterprise oder Education: ein oder zwei physische Prozessoren Windows 11 Pro for Workstations: bis zu vier physische Prozessoren. Alle Editionen unterstützen Multicore-Prozessoren bis zu einem Maximum von 64 Kernen pro physischem Prozessor.
Arbeitsspeicher (RAM)	Windows 11 Home: bis zu 128GB Windows 11 Pro, Enterprise oder Education: bis zu 2 TB Windows 11 Pro for Workstations: bis zu 6 TB

Tabelle A.1 Unterstützte Hardwarekonfigurationen in Windows 11

Wir beginnen unsere Beschreibung der einzelnen Editionen mit denjenigen, die auf neuen PCs vorinstalliert und als Software im Einzelhandel erhältlich sind. Anschließend stellen wir Editionen vor, die für die Bereitstellung in großen Unternehmen, Organisationen und Bildungseinrichtungen vorgesehen sind.

Retail- und OEM-Editionen

Privatanwender und Unternehmen, die Windows auf einem neuen Gerät oder als Upgrade im Einzelhandel erwerben, haben in der Regel die Wahl zwischen zwei Editionen: Windows 11 Home und Windows 11 Pro. Für eine kleine Anzahl von High-End-Hardware, die für anspruchsvolle Workloads bestimmt sind, bieten einige OEMs Windows 11 Pro for Workstations als Option an. Eine neue Edition, Windows 11 SE, ist für die Vorinstallation auf preisgünstigen Geräten für den Bildungsmarkt gedacht.

All diese Editionen sind vorinstalliert auf neuen PCs diverser Hersteller verfügbar, können aber auch einzeln als Retail-Produkte in Form eines kleinen Kartons oder als Download im Microsoft Store oder anderen Online-Shops von Drittanbietern erworben werden.

> **Hinweis**
>
> **In manchen Märkten werden Single-Language-, KN- und N-Varianten der beiden Retail- und OEM-Editionen angeboten. Bei einer Single-Language-Version können Sie weder ein zusätzliches Sprachpaket installieren noch die Basissprache ändern, sofern Sie kein Update auf die vollständige, sprachneutrale Version vornehmen. N-Versionen werden in der Europäischen Union vertrieben, KN-Versionen in Südkorea; diesen beiden Versionen fehlen diverse Features für die Medienwiedergabe, weil Microsoft in juristischen Verfahren dazu verpflichtet wurde. Für die meisten Windows-Installationen in Industrieländern sind die normalen Home- und Pro-Editionen die sinnvollste Wahl.**

Windows 11 Home

Windows 11 Home enthält alle Kernfeatures, die wir in diesem Buch ausführlich beschreiben. Dazu gehört das komplette Windows 11-Benutzererlebnis mit anpassbarem Startmenü und Taskleiste sowie die moderne Einstellungen-App, die Zugriff auf Systemeinstellungen bietet, die früher in der Systemsteuerung enthalten waren. Ebenfalls enthalten sind die zentralen Features der technischen Architektur von Windows 11: das NTFS-Dateisystem, TCP/IP-Netzwerke, die Energieverwaltung und der Windows-Suchindex sowie die Kompatibilität mit praktisch aller Software, die für Windows 10 und Windows 11 entwickelt wurde.

Abgesehen von einigen High-End-Konfigurationen, die mehrere Prozessoren und große Mengen an Arbeitsspeicher umfassen, gibt es bei der Hardwareunterstützung keinen Unterschied zwischen Windows 11 Home und höheren Editionen. Jedes Gerät, das über einen kompatiblen Windows-Treiber verfügt, funktioniert unter Windows 11 Home, einschließlich mehrerer Bildschirme, Touchscreens und Stifte, die die Windows Ink-Plattform unterstützen.

Jede Edition von Windows erhält Qualitäts-, Sicherheits- und Funktionsupdates über Windows Update, obwohl der Home-Edition einige Konfigurationsoptionen fehlen, die in den fortgeschritteneren Editionen verfügbar sind. Ebenso unterstützt die Sicherheitsinfrastruktur von Windows 11 Home die Verwendung eines Trusted Platform Module und den sicheren Start (Secure Boot) und ermöglicht mit der richtigen Hardware die Verwendung der biometrischen Authentifizierung mit Windows Hello. Für einige erweiterte Sicherheitsfunktionen, wie beispielsweise Laufwerkverschlüsselung, sind die Editionen Pro, Enterprise oder Education erforderlich.

Und natürlich bringen alle Windows 11-Editionen dieselbe Auswahl von Apps mit, darunter Microsoft Edge.

Windows 11 Pro

Windows 11 Pro enthält dieselben Kernfunktionen wie Windows 11 Home und zusätzlich Funktionen, die vor allem für Geschäftsanwender und Netzwerkadministratoren in Unternehmen von Interesse sind. Alle Funktionen in der folgenden Liste sind auch in den Editionen Enterprise und Education verfügbar:

- **Client-Hyper-V-Plattform** Mit der richtigen Hardwareunterstützung können Benutzer einen virtuellen Computer (Virtual Machine, VM) erstellen, Windows oder ein anderes Betriebssystem auf dem virtuellen Computer installieren und ihn wie ein eigenständiges Hardwaregerät verwenden.
- **Windows-Sandbox** Erstellt eine virtuelle Maschine, die nur minimale Systemressourcen verwendet und beim Schließen alle Spuren ihrer Aktivität löscht.

- **Sprachpakete** Ändert die Windows 11-Benutzeroberfläche durch Hinzufügen von Sprachpaketen so, dass sie Menüs, Dialogfelder und andere Elemente in der gewählten Sprache anzeigt und eine Umschaltung der Sprache ermöglicht.
- **Windows Update for Business** Ermöglicht die zentrale Verwaltung von Sicherheitsupdates und neuen Funktionen, die über Windows Update bereitgestellt werden, mit der Option, begrenzte Verzögerungen für Qualitätsupdates und längere Verzögerungen (bis zu einem Jahr) für Funktionsupdates zu konfigurieren.
- **Verwaltung mobiler Geräte** Unterstützt Tools zur Verwaltung mobiler Geräte, mit denen Administratoren Sicherheitsoptionen konfigurieren, Apps bereitstellen und andere Verwaltungsaufgaben von der Cloud aus durchführen können.
- **Verschlüsselndes Dateisystem** Ermöglicht die starke Verschlüsselung einzelner Dateien und Ordner auf einem NTFS-formatierten Volume.
- **BitLocker-Laufwerkverschlüsselung** Ermöglicht die Verschlüsselung eines gesamten Laufwerks und schützt dessen Inhalt vor unbefugtem Zugriff, wenn der Computer verloren geht oder gestohlen wird.
- **BitLocker To Go** Verschlüsselt Daten auf Wechseldatenträgern, wie USB-Flashlaufwerken und externen Laufwerken. (Geräte, auf denen Windows 11 Home ausgeführt wird, können von Speichergeräten, die mit dieser Funktion verschlüsselt wurden, lesen und darauf schreiben, können aber die BitLocker To Go-Verschlüsselung nicht verwalten.)
- **Domänenbeitritt/Gruppenrichtlinienverwaltung** Erlaubt es, das Gerät zu einer Windows-Domäne hinzuzufügen und es über Active Directory und Gruppenrichtlinien zu verwalten.
- **Azure Active Directory-Unterstützung** Erlaubt einem Windows 11-Gerät, Azure Active Directory (AAD) beizutreten, mit einmaliger Anmeldung bei Cloud-Apps. In einer hybriden Azure Active Directory-Umgebung können Geräte, die in einer lokalen Domäne registriert sind, mit AAD verbunden werden.
- **Windows Autopilot** Ermöglicht es Endbenutzern, Azure Active Directory (AAD) beizutreten und ein neues Gerät mit der Standardkonfiguration einer Organisation einzurichten. Windows-Anwendungen und -Einstellungen werden automatisch angewendet.
- **Windows-Informationsschutz** Bietet eine erweiterte Kontrolle über Datendateien, einschließlich Verschlüsselung und Fernlöschung.
- **IE-Modus für Microsoft Edge** Mithilfe von Netzwerkkonfigurationsdateien können Administratoren Kompatibilitätseinstellungen für Websites festlegen, auf die mit dem Internet Explorer zugegriffen wird, einschließlich solcher in Unternehmensintranets, wodurch die weitere Nutzung älterer Webanwendungen ermöglicht wird, die nicht mit Microsoft Edge kompatibel sind.
- **Remotedesktop (Server)** Erlaubt den Remotezugriff auf den vollen Windows-Funktionsumfang auf dem aktuellen PC. Die Verbindung wird über das Netzwerk mit einem Remotedesktopprotokoll von einem Clientprogramm aus hergestellt, das auf einem beliebigen Windows-PC, Mac oder unterstützten Mobilgerät läuft. (Geräte, die unter Windows 11 Home laufen, können eine Verbindung zu einem Remotecomputer herstellen, der eingehende Remotedesktopsitzungen zulässt, können aber ihre eigenen Ressourcen nicht auf diese Weise freigeben.)

Windows 11 Pro for Workstations

Windows 11 Pro for Workstations ist für die Verwendung auf »Hardware auf Serverniveau« vorgesehen, die viel leistungsfähiger ist als der durchschnittliche Desktop-PC. Geräte, die für die Verwendung mit dieser Edition vorgesehen sind, verfügen in der Regel über mehrere CPUs und große Mengen an Arbeitsspeicher. Diese Workstations sind so konzipiert, dass sie rechenintensive Aufgaben wie computergestütztes Design (Computer-Aided Design, CAD), Datenanalyse und Videorendering ausführen, die Hardwareressourcen benötigen, die weit über das hinausgehen, was selbst ein High-End-Desktop-PC bieten kann.

Der Funktionsumfang dieser Edition ist mit dem von Windows 11 Pro vergleichbar. Der Unterschied liegt in der Hardwareunterstützung, wie in Tabelle A.1 am Anfang dieses Abschnitts beschrieben.

Windows 10 Pro for Workstations bietet Unterstützung für Geräte mit permanentem RAM (auch als nichtvolatiler RAM oder NVDIMM-N bezeichnet), der schnellsten Speichertechnik für Arbeitsstationen. Es unterstützt SMB Direct-Dateiübertragungen über Netzwerkadapter, die mit RDMA (Remote Direct Memory Access) den Durchsatz beschleunigen und die Latenz senken. Als Alternative zum herkömmlichen Dateisystem NTFS unterstützt es das neuere ReFS (Resilient File System), das für große Datenvolumes optimiert ist, die sich über mehrere physische Datenträger verteilen.

Editionen für Unternehmen/Organisationen

Windows 11 Enterprise steht als Upgrade für PCs zur Verfügung, die bereits über eine Basislizenz für Windows 11 Pro verfügen. Windows 11 Education bietet fast dieselben Features für große Netzwerke in Bildungseinrichtungen (Schulen und Universitäten), erlaubt aber Upgrades von Windows 11 Home oder Pro. Früher war für das Upgrade auf Enterprise ein Volumenlizenzvertrag notwendig. Die meisten Kunden, die Enterprise-Lizenzen erwerben, haben weiterhin solche Verträge, aber wie wir weiter hinten in diesem Abschnitt beschreiben, hat Microsoft zusätzlich neue Abonnementmodelle eingeführt, die Enterprise-Upgrades auch für kleine Unternehmen und Einzelpersonen verfügbar machen.

Windows 11 Enterprise

In der folgenden Liste sind Features aufgeführt, die nur in Windows 11 Enterprise-Editionen zur Verfügung stehen. In Unternehmensnetzwerken haben Sie die Möglichkeit, einige zusätzliche Features zu aktivieren, indem Sie im Rahmen eines Volumenlizenzvertrags mit Software Assurance auf die Enterprise Edition aktualisieren:

- **Azure Virtual Desktop** Unterstützt cloudbasierte Bereitstellungen von Windows-Anwendungen und -Desktops. (Diese Funktion wurde früher Windows Virtual Desktop genannt.)
- **Microsoft Defender Credential Guard** Unterstützt die Multifaktor-Authentifizierung mit Smartcards und biometrischen Informationen, um »Pass-the-Hash-Angriffe« zu verhindern.
- **Microsoft Defender Exploit Guard** Ermöglicht es Netzwerkadministratoren, Sicherheitsrichtlinien zu erstellen, die die Angriffsfläche eines Windows-PC reduzieren und damit die Wahrscheinlichkeit verringern, dass netzwerkbasierte Angriffe erfolgreich sind.

- **Microsoft Defender for Endpoint (früher bekannt als Microsoft Defender Advanced Threat Protection)** Steht nur im Rahmen von Windows 11 Enterprise-E5- und Microsoft 365-E5-Abonnements zur Verfügung. Bietet die Erkennung von Onlinebedrohungen und -angriffen.
- **DirectAccess** Stellt sichere Verbindungen (ohne VPN) zwischen einem Windows 11-Client-PC und einem Remoteserver zur Verfügung, der unter Windows Server 2008 R2 oder neuer läuft.
- **Universal Print (Drucken am Aufenthaltsort)** Unterstützt Netzwerkadministratoren bei der Verwaltung der Druckersicherheit über ein cloudbasiertes Portal, sodass Benutzer schnell den nächstgelegenen Drucker finden und verwenden können, ohne Treiber installieren zu müssen.

Windows 11 Enterprise E3 und E5

Microsoft hat die Verfügbarkeit von Windows 11 Enterprise-Upgrades durch ein Abonnementangebot namens Windows Enterprise E3 erweitert, das nur über Microsoft-Partner erhältlich ist, die am Cloud Service Provider-Programm teilnehmen. Der Funktionsumfang dieser Editionen ist identisch mit der Enterprise-Edition, die über Volumenlizenzverträge und als Upgrades für Windows 11 Pro verkauft wird. Der wichtigste Unterschied ist, dass diese Abonnement-Editionen pro Benutzer lizenziert werden und an ein Azure Active Directory-Konto gebunden sind. Jeder Benutzer kann das Upgrade auf bis zu fünf PCs installieren.

Windows Enterprise E5 ist ein Upgrade von Windows Enterprise E3, das Unterstützung für Microsoft Defender for Endpoint bietet, eine unternehmensbasierte, plattformübergreifende Sicherheitslösung.

Microsoft 365 E3, E5 und F3

Im Jahre 2020 hat Microsoft die meisten seiner Office 365-Abonnements in Microsoft 365 umbenannt. Drei der Microsoft 365-Pläne enthalten Windows 11 Enterprise E3 als Teil eines Pakets, das außerdem Office-Anwendungen und -Dienste sowie eine Vielzahl von Verwaltungs-, Analyse-, Sicherheits- und Compliance-Tools umfasst, die unter dem Namen »Enterprise Mobility + Security« zusammengefasst werden. (Die F3-Edition enthält nur Webanwendungen und ist für die Nutzung durch sogenannte Frontline-Worker gedacht – Microsofts Bezeichnung für Mitarbeiter, die direkt mit Kunden oder der Öffentlichkeit arbeiten.) Die Windows 10-Edition in diesen Abonnementpaketen enthält den gleichen Funktionsumfang wie andere Varianten der Enterprise Edition.

Windows 11 Enterprise LTSC

Kurz nach der Veröffentlichung von Windows 11 kündigte Microsoft seine Absicht an, eine Version der Windows Enterprise Edition zu veröffentlichen, die für den Einsatz auf speziellen Geräten in unternehmenskritischen Umgebungen gedacht ist, in denen Stabilität eine wichtige Rolle spielt und wo regelmäßige Funktionsupdates unerwünscht sind. Die Bereitstellung dieser Edition ermöglicht es Administratoren, die Bereitstellung neuer Windows-Funktionen einzuschränken und nur Qualitäts- und Sicherheitsupdates zu installieren.

Diese Versionen werden im Rahmen des Long Term Servicing Channel (LTSC) bereitgestellt, der früher unter dem ebenso umständlichen Namen Long Term Servicing Branch (LTSB) bekannt war. Die beiden jüngsten Versionen in diesem Kanal sind Windows 10 Enterprise LTSC 2019, das im November 2018 veröffentlicht wurde, und Windows 10 Enterprise LTSC 2021, das im November 2021 veröffentlicht wurde.

Jede LTSB/LTSC-Version enthält die gleichen Funktionen wie die anderen Editionen desselben Veröffentlichungszyklus, mit zwei bemerkenswerten Ausnahmen:

- LTSB/LTSC-Versionen erhalten keine Funktionsupdates über Windows Update.
- Diesen Releases fehlen viele Standardanwendungen, die in andere Editionen integriert sind, darunter Microsoft Edge, Microsoft Store, Cortana (beschränkte Suchfähigkeiten bleiben verfügbar), Mail, Kalender, OneNote, Wetter, Microsoft News, Fotos, Kamera sowie Alarm & Uhr.

Im Juli 2021 kündigte Microsoft an, dass die nächste Version von Windows für den Long Term Servicing Channel auf Windows 11 basieren würde, nannte aber kein Datum für die Veröffentlichung. In Anbetracht der zwei- bis dreijährigen Abstände zwischen früheren LTSC-Veröffentlichungen ist davon auszugehen, dass diese Version nicht vor Ende 2023 oder später verfügbar sein wird.

Editionen für Bildungseinrichtungen

In Schulen und anderen Bildungseinrichtungen können Administratoren erweiterte Funktionen aktivieren, indem sie ein Upgrade auf Windows 11 Pro Education und Windows 11 Education durchführen. Diese speziellen Editionen bieten bildungsspezifische Standardeinstellungen, entsprechen aber ansonsten im Wesentlichen den Editionen Pro und Enterprise.

Administratoren in Bildungseinrichtungen können neue Geräte mit der App Schul-PCs einrichten oder dem Windows-Designer für die Imagekonfiguration einrichten. Mit der App Prüfung können sie außerdem »digitale Klassenarbeiten« erstellen (siehe *https://bit.ly/win11-take-a-test*). Diese Features funktionieren in allen Desktop-Editionen von Windows außer Windows 10 Home und Windows 11 Home.

Bildungseinrichtungen, die schon Windows 11 Pro und Enterprise in verwalteten Umgebungen bereitgestellt haben, können das Produkt mithilfe von Gruppenrichtlinieneinstellungen so konfigurieren, dass es ähnliche Featureeinstellungen wie Windows 11 Pro Education und Windows 11 Education hat.

Einzelheiten über diese Windows-Editionen und ihre Konfigurationsoptionen finden Sie unter *https://bit.ly/win10-education*.

Windows 11 Education

Windows 11 Education ist im Prinzip eine Variante von Windows 11 Enterprise, deren Standardeinstellungen gezielt auf Bildungseinrichtungen zugeschnitten sind. Diese Standardeinstellungen deaktivieren Tipps, Tricks und Vorschläge sowie Vorschläge zu Microsoft Store. Es ist nur über Volumenlizenzkanäle erhältlich.

Windows 11 Pro Education

Windows 11 Pro Education ist im Grunde eine Variante von Windows 11 Pro, die ähnliche Standardeinstellungen für den Bildungsbereich wie Windows 11 Education enthält. Sie ist auf neuen Geräten verfügbar, die mit vergünstigten Lizenzen für den Bildungsbereich über OEM-Partner erworben wurden. (Diese verbilligten Lizenzen werden gelegentlich unter den Bezeichnungen »National Academic« oder »Shape the Future« angeboten.) Diese Edition ist auch über Volumenlizenzkanäle verfügbar.

Windows 11 SE

Diese Edition, die neu in Windows 11 ist, ist auf neuer Hardware (Web-First-Geräte) für den Bildungsmarkt vorinstalliert. Ihr Hauptzweck ist es, eine sichere Umgebung für die Nutzung durch Schüler und Studenten zu schaffen. Daher muss sie über Microsoft Intune for Education verwaltet werden und unterstützt das, was Microsoft als »kuratiertes App-Erlebnis« bezeichnet, das nur aus »wichtigen Bildungs-Apps« besteht. Weitere Informationen finden Sie unter *https://bit.ly/windows-se*.

Anhang B

Das Windows-Insider-Programm

Wollen Sie unbedingt neue Windows-Features haben? Sie brauchen lediglich etwas zu warten. Microsoft hat angekündigt, dass es einmal im Jahr, in der Regel im September oder Oktober, neue Funktionsupdates für Windows 11 veröffentlichen will. Diese vollständigen Upgrades werden über Windows Update kostenlos an ordnungsgemäß lizenzierte Windows 11-Geräte mit OEM- und Einzelhandelsversionen ausgeliefert. Darüber hinaus fügt Microsoft regelmäßig kleinere Updates für Funktionen und Anwendungen in seine monatlichen Sicherheits- und Qualitätsupdates ein.

Wenn Sie nicht auf diese Updates warten möchten, können Sie sich für das Windows-Insider-Programm anmelden. Dieses Programm ist kostenlos und steht jedem offen, der Vorabversionen von Windows erhalten möchte, während diese den Entwicklungsprozess durchlaufen. Dieser offene Ansatz macht es einfach, den Entwicklungsprozess zu verfolgen und zu sehen, was in einem zukünftigen Funktionsupdate enthalten sein wird.

Durch die Ausführung von Preview-Builds können Sie neue Funktionen ausprobieren, während sie entwickelt werden. Noch wichtiger ist, dass das Programm Ihnen die Möglichkeit gibt, Fehler zu melden und Feedback und Vorschläge zu machen, die Einfluss auf die künftige Entwicklung dieser Features haben können.

Insider-Releases sind natürlich ideal für Windows-Enthusiasten, aber auch für IT-Profis, die unangenehme Überraschungen vermeiden möchten, wenn neue Versionen für die Öffentlichkeit bereitgestellt werden. In diesem Anhang wird erläutert, wie Sie sich für das Windows-Insider-Programm anmelden und Ihre Teilnahme so verwalten können, dass Ihre Toleranz gegenüber Fehlern und gelegentlichen Abstürzen, die bei frühen, noch nicht vollständig getesteten Versionen unvermeidlich sind, gewährleistet ist.

Wie das Windows-Insider-Programm funktioniert

Microsoft führte das Windows-Insider-Programm 2014 ein, als es Windows 10 ankündigte. Die erste Preview-Version folgte wenige Tage später. Das Programm läuft seitdem ununterbrochen; 2017 wurde es so erweitert, dass neben privat genutzten Konten auch Geschäftskunden teilnehmen können.

Um am Windows-Insider-Programm teilzunehmen, müssen Sie weder eine Gebühr bezahlen noch einen Test bestehen. Sie müssen lediglich zwei Schritte ausführen. Gehen Sie zunächst auf *https://insider.windows.com*, lesen Sie die Bedingungen und melden Sie sich mit einem Microsoft-Konto oder einer Azure Active Directory-Adresse an. Nachdem Sie diese Voraussetzung erfüllt haben, können Sie im zweiten Schritt ein beliebiges Gerät mit Windows 11 für die Installation von Insider Preview-Builds konfigurieren.

Expertentipp

Was ist beim Windows-Insider-Programm für Unternehmen anders?

Wenn Sie ein Gerät haben, das am Windows-Insider-Programm für Unternehmen teilnehmen soll, müssen Sie ein Azure Active Directory-Konto (Azure AD) verwenden, um sich zu registrieren; die Option, ein Azure AD-Konto zu verwenden, wird nur angeboten, wenn das Gerät über dieses Konto mit Ihrem Unternehmensnetzwerk verbunden ist. Wenn Sie auf einem Gerät, das Azure AD-Mitglied ist, ein Preview-Build unter Verwendung eines Azure AD-Kontos installieren, erscheint im Feedback-Hub eine zusätzliche Seite für Ihr Unternehmen, auf der Sie Feedback lesen und durch Ihre Stimme unterstützen können, was von anderen Mitarbeitern Ihrer Organisation eingetragen wurde.

Falls Sie globaler Administrator einer Azure AD-Unternehmensdomäne sind, können Sie auch die gesamte Domäne beim Windows-Insider-Programm registrieren. Das ermöglicht Ihnen, Insider-Builds auf Unternehmensgeräten zu verwalten, indem Sie Richtlinien darauf anwenden. Außerdem stellen Sie auf diese Weise sicher, dass Feedback Ihrer Benutzer nicht von Personen außerhalb Ihres Unternehmens gelesen werden kann.

Einzelheiten zur Teilnahme am *Windows Insider Program for Business* finden Sie unter *https://insider.windows.com/for-business*.

Wenn Sie kein erfahrener Softwaretester sind, sollten Sie Insider Preview-Builds mit Vorsicht genießen. Sie sind per Definition nicht fertig und enthalten bekannte und unbekannte Probleme, die zu Systemabstürzen und Datenverlusten führen können. Die besten Testplattformen sind sekundäre PCs, die ordnungsgemäß gesichert sind. Für das Testen der Softwarekompatibilität und die Vorschau auf neue Windows-Funktionen ist ein virtueller Computer eine ausgezeichnete Wahl, auch wenn der nicht die Informationen über die Hardwarekompatibilität in der realen Welt liefert, die die Microsoft-Ingenieure gerne hätten.

Ein weiteres beträchtliches Problem beim Einrichten der Insider-Preview-Builds ist, dass Sie die Funktionsupdates viel häufiger installieren müssen als beim normalen Zeitplan, in dem sie einmal pro Jahr veröffentlicht werden. Sogar bei den zurückhaltendsten Einstellungen für das Windows-Insider-Programm ist etwa einmal im Monat ein vollständiges Funktionsupdate fällig. Wagemutigere Einstellungen können die Frequenz noch deutlich weiter erhöhen, üblicherweise erscheinen Builds während der normalen Entwicklungszyklen wöchentlich, und wenn der Abschlusstermin in einem Entwicklungszyklus näher rückt und das öffentliche Release vorbereitet wird, müssen Sie sogar damit rechnen, dass die Updates mehrmals pro Woche eintreffen.

Ein Gerät am Windows-Insider-Programm teilnehmen zu lassen, ist keine Entscheidung, die Sie leichtfertig treffen sollten. Falls Sie entscheiden, dass Sie keine Preview-Builds mehr erhalten und zu einem normalen Release-Channel zurückkehren wollen, müssen Sie die Ankündigungen von Microsoft genau beachten und die Einstellungen entsprechend den Anweisungen ändern. Sie können ein Gerät nur während des kurzen Zeitraums nach der Freigabe einer neuen Version für den Kanal für allgemeine Verfügbarkeit sicher vom Empfang von Insider-Builds abmelden, ohne Windows neu zu installieren, und auch nur dann, wenn

Sie zuvor die entsprechenden Konfigurationsänderungen vorgenommen haben. Wenn Sie diese Fristen verpassen, müssen Sie Ihre Daten sichern und eine saubere Neuinstallation von Windows durchführen.

Wenn Sie sich der Risiken bewusst sind und bereit sind, die Nachteile in Kauf zu nehmen, lesen Sie weiter, um zu erfahren, wie Sie einen Windows 11-PC so einrichten können, dass er Insider-Builds erhält.

Expertentipp

Verhindern Sie, dass unautorisierte Benutzer auf Insider-Builds wechseln

Wenn Sie PCs in einem Büro oder zu Hause verwalten, möchten Sie wahrscheinlich nicht, dass ohne Ihre Erlaubnis auf den Geräten Preview-Builds installiert werden. Mit folgenden Maßnahmen können Sie verhindern, dass leichtsinnige Benutzer Ihnen und Ihrer Supportabteilung Kopfschmerzen verursachen.

Auf jedem PC mit Windows 11 Pro, Enterprise oder Education können Sie eine Gruppenrichtlinieneinstellung anwenden, um Änderungen an Insider-Einstellungen auf diesem PC zu blockieren. Gehen Sie zu *Computerkonfiguration | Administrative Vorlagen | Windows-Komponenten | Windows Update | Von Windows Update angebotene Updates verwalten | Vorabversionen verwalten*; setzen Sie diese Richtlinie auf deaktiviert.

Auf Geräten, die unter Windows 11 Home laufen (das keine Gruppenrichtlinieneinstellungen unterstützt), ist es am sinnvollsten, wenn Sie nur Standardbenutzerkonten anlegen. Diese brauchen die Genehmigung eines Administrators (das wären Sie), um auf die Einstellungen für das Windows-Insider-Programm zuzugreifen.

In der Microsoft-Insider-Sprache wird die Ausführung von Insider Preview-Builds als »Flighting« bezeichnet. Sie steuern Ihre Teilnahme, indem Sie einen von drei Kanälen für jedes Gerät auswählen, das für den Erhalt dieser frühen Versionen registriert ist. Im folgenden Abschnitt werden diese Kanäle näher beschrieben.

Gerät im Windows-Insider-Programm registrieren

Nachdem Sie Ihr Microsoft-Konto unter *https://insider.windows.com* registriert haben, können Sie ein Windows 11-Gerät für den Empfang von Insider-Preview-Builds konfigurieren. Stellen Sie zunächst sicher, dass Sie Windows so konfiguriert haben, dass optionale Diagnosedaten an Microsoft gesendet werden, damit die Techniker die Ursache von Abstürzen und anderen Problemen untersuchen können. Gehen Sie zu *Einstellungen | Datenschutz und Sicherheit | Diagnose und Feedback* und stellen Sie sicher, dass der Schalter *Optionale Diagnosedaten senden* auf *Ein* gesetzt ist.

Gehen Sie dann zu *Einstellungen | Windows Update | Windows-Insider-Programm* und klicken Sie auf *Erste Schritte.*

Der erste Schritt besteht darin, Ihren PC mit dem registrierten Insider-Konto zu verknüpfen. In den meisten Fällen ist das Microsoft-Konto, das Sie zur Anmeldung bei Windows 11 verwenden, die beste Wahl. Klicken Sie dann auf *Weiter*, wie in Abbildung B.1 gezeigt, um die Schritte des Assistenten zu durchlaufen und Ihre Insider-Einstellungen zu konfigurieren.

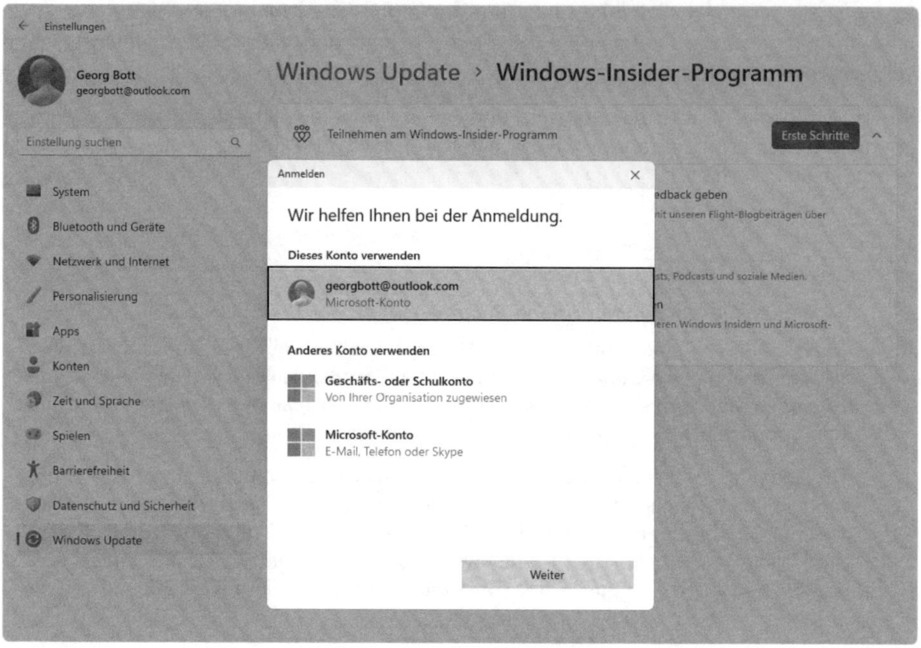

Abbildung B.1 Wenn Sie bereit sind, die Risiken der Installation von Preview-Builds in Kauf zu nehmen und dafür die Möglichkeit haben, die Entwicklung von Windows zu beeinflussen, klicken Sie auf *Erste Schritte* und verknüpfen Sie ein Konto, das Sie zuvor beim Windows-Insider-Programm registriert haben.

Nachdem dieser Schritt abgeschlossen ist, wählen Sie einen der Insider Preview-Kanäle. Die Namen und allgemeinen Konturen entsprechen denen, die für Testversionen anderer Microsoft-Software und -Dienste verwendet werden, darunter Microsoft Edge, Microsoft 365 und Microsoft Teams:

- **Canary-Kanal/Canary Channel** Dieser Kanal eignet sich für hochtechnische Benutzer. Diese Builds zeigen frühzeitig im Entwicklungszyklus eine Vorschau der neuesten Plattformänderungen. Diese Builds können instabil sein und werden ohne Dokumentation veröffentlicht.
- **Entwicklungskanal/Dev Channel (empfohlen)** Neue Builds gehen zuerst an diese Gruppe von Insidern, und diese Preview-Builds werden nicht mit einer zukünftigen Version von Windows 11 synchronisiert. Microsoft nutzt diesen Kanal, um mit neuen Funktionen und Diensten zu experimentieren, und verwendet gelegentlich A/B-Tests, um verschiedene Versionen von Funktionen an verschiedene Gruppen von Testern auszurollen. Es kann sein, dass einige Funktionen nie ihren Weg in eine Version finden werden. Die Aufregung, zu den Ersten zu gehören, die neue Funktionen erleben, sollte durch das Risiko ausgeglichen werden, der Erste zu sein, der einen neuen Fehler entdeckt. Sie können diese Fehler über den Feedback-Hub melden. Microsoft empfiehlt diesen Kanal für hochtechnische Benutzer.
- **Betakanal/Beta Channel** Geräte, die für diesen »Early Adopter«-Kanal konfiguriert sind, erhalten Vorschau-Builds, nachdem sie vom Entwicklungskanal ausgiebig getestet worden sind. Diese Builds sind auf eine bestimmte bevorstehende Version abgestimmt und wahrscheinlich stabiler und zuverlässiger, da sie Korrekturen enthalten, die auf dem Feedback der Tester im Entwicklungskanal basieren.

- **Release-Vorschau-Kanal/Release Preview Channel** Dies ist der konservativste Kanal von allen und bietet neue Builds gegen Ende des Entwicklungszyklus für ein Funktionsupdate. Insider, die diesen Kanal wählen, erhalten auch fortschrittliche Qualitätsupdates und haben frühen Zugriff auf bestimmte wichtige Funktionen. Diese Builds werden vollständig unterstützt. Microsoft empfiehlt diesen Kanal für IT-Profis, die eine Vorschau auf kommende Versionen erhalten und diese validieren möchten, ohne ein großes Risiko der Instabilität einzugehen.

Bevor Sie den Konfigurationsprozess abschließen können, müssen Sie sich durch mehrere Warnungen klicken, in denen die zuvor beschriebenen Risiken aufgeführt sind. Nach einem Neustart sind Sie bereit, neue Builds zu erhalten. Die aktuelle Insider-Preview-Version, die Ihren Präferenzen entspricht, wird automatisch heruntergeladen und installiert, genau wie ein Feature-Update aus dem Kanal für allgemeine Verfügbarkeit.

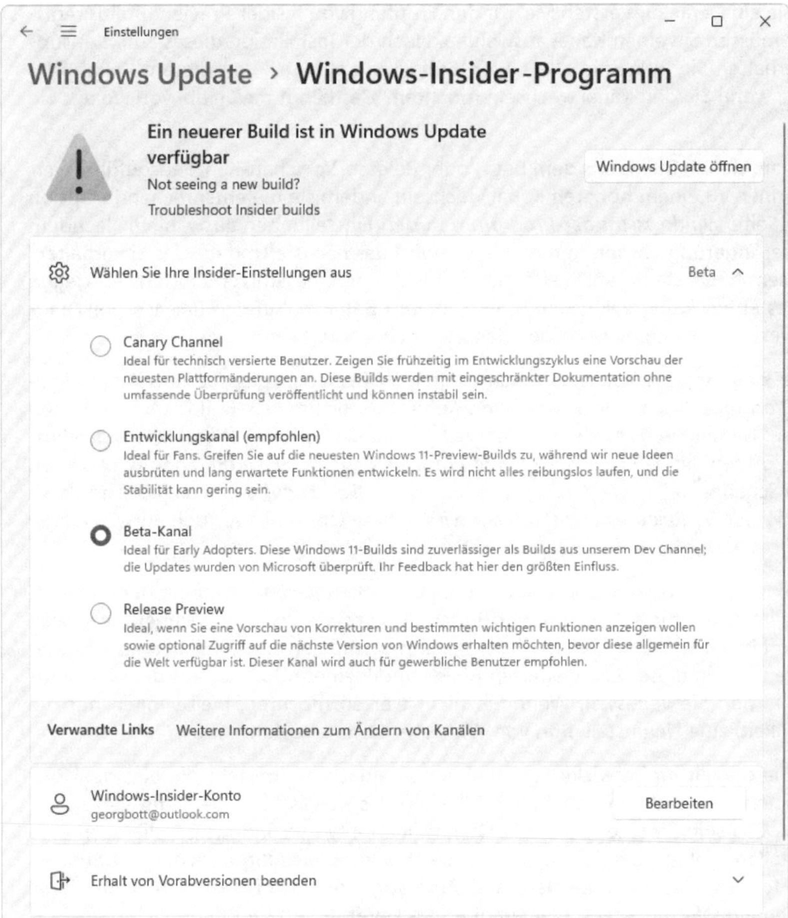

Abbildung B.2 Klicken Sie auf den aktuellen Kanal oder das Windows-Insider-Konto, um die Insider-Einstellungen zu ändern.

Nachdem Sie ein Gerät für den Empfang von Insider-Preview-Builds konfiguriert und neu gestartet haben, sollten Sie unter *Einstellungen | Windows Update* im Abschnitt *Windows-Insider-Programm* einige neue Optionen sehen, wie in Abbildung B.2 dargestellt. Dort können Sie Ihre Insider-Einstellungen überprüfen, einschließlich des Kanals, für den das Gerät derzeit angemeldet ist.

Um ein anderes Konto mit einem bestimmten Gerät zu verwenden, stellen Sie zunächst sicher, dass dieses Konto beim Windows-Insider-Programm registriert ist. Verwenden Sie dann im Abschnitt *Windows-Insider-Konto* die Schaltfläche *Bearbeiten*.

Expertentipp

Wann können Sie den Kanal wechseln?

Wenn Sie ein Gerät zum ersten Mal für den Empfang von Insider-Preview-Builds registrieren, müssen Sie einen Kanal auswählen. Nach der Installation dieses Funktionsupdates erhalten Sie weiterhin alle neuen Builds und Updates von diesem Kanal. Was passiert, wenn Sie den Kanal wechseln möchten? Das hängt davon ab, von wo aus Sie starten.

Geräte, auf denen Builds aus dem Beta- oder Release-Vorschau-Kanal ausgeführt werden, können zu einem höheren Kanal wechseln, indem sie die entsprechende Option auf der Seite *Windows-Insider-Programm* in den Einstellungen auswählen. Nachdem Sie diese Änderung vorgenommen haben, wird das nächste Update, das Sie erhalten, aus diesem Kanal stammen. Sie können nur während eines kurzen Zeitfensters gegen Ende des Entwicklungszyklus einer Version vom Betakanal in den Release-Vorschau-Kanal wechseln, wenn diese beiden Kanäle synchronisiert sind.

Im Beta- oder Release-Vorschau-Kanal können Sie festlegen, dass Sie zum Kanal *Allgemeine Verfügbarkeit* zurückkehren und keine Insider Preview-Builds mehr erhalten möchten. Gehen Sie dazu zu *Einstellungen | Windows Update | Windows-Insider-Programm*; öffnen Sie den Abschnitt *Keine Vorabversionen mehr erhalten* und aktivieren Sie den Schalter *Heben Sie die Registrierung dieses Geräts auf, wenn die nächste Version von Windows-Releases veröffentlicht wird.* (Diese Option ist für den Entwicklungskanal nicht verfügbar.)

Beachten Sie, dass diese Option erst mit der offiziellen Veröffentlichung der nächsten Version im Kanal für allgemeine Verfügbarkeit wirksam wird. Je nachdem, wie weit Microsoft im Entwicklungszyklus dieser Version ist, müssen Sie möglicherweise Monate warten und in dieser Zeit weiterhin Builds und kleinere Updates aus dem Kanal installieren, den Sie verlassen. Wenn Sie nicht warten möchten, bleibt Ihnen nur die Möglichkeit, eine Neuinstallation von Windows 11 durchzuführen.

Wenn Sie derzeit im Entwicklungskanal angemeldet sind, besteht die einzige Möglichkeit, in einen anderen Kanal (einschließlich des Kanals für allgemeine Verfügbarkeit) zu wechseln, in einer sauberen Neuinstallation von Windows 11, die auch eine Neuinstallation von Anwendungen und die Wiederherstellung gesicherter Datendateien erfordert. Nachdem die Neuinstallation abgeschlossen ist, können Sie im Kanal für allgemeine Verfügbarkeit bleiben oder das Gerät erneut im Windows-Insider-Programm anmelden und Ihren bevorzugten Kanal wählen.

Insider-Preview-Builds werden über Windows Update bereitgestellt, genau wie im Kanal für allgemeine Verfügbarkeit. Major-Builds sind das Äquivalent zu Funktionsupdates; Minor-Updates entsprechen den monatlichen Sicherheitsupdates, sind kleiner und schneller zu installieren. Wenn Sie einen Insider-Preview-Build ausführen, werden Sie möglicherweise einige Änderungen feststellen. Zunächst einmal erscheint in der unteren rechten Ecke des Bildschirms über der Uhr im Infobereich ein Wasserzeichen mit den Worten *Evaluierungsversion* und der Insider-Preview-Build-Nummer. (Dieses Wasserzeichen verschwindet bei einigen Builds, die gegen Ende eines Entwicklungszyklus veröffentlicht werden, da Microsoft die endgültigen Preview-Builds für die offizielle Veröffentlichung vorbereitet.)

Wie bereits erwähnt, sind auf einem PC, der für den Empfang von Insider-Preview-Builds konfiguriert ist, einige Datenschutzeinstellungen obligatorisch. Wenn Sie beispielsweise zu *Einstellungen | Datenschutz und Sicherheit | Diagnose und Feedback* gehen, werden Sie feststellen, dass die Optionen für die Feedback-Häufigkeit auf die Standardwerte eingestellt sind, und eine Meldung auf dieser Seite verrät, dass das Windows-Insider-Programm die Kontrolle über diese Optionen übernommen hat.

Diese Optionen kehren in den Normalzustand zurück, wenn Sie die Konfiguration eines Geräts so ändern, dass es keine Insider-Preview-Builds mehr erhält und es sich wieder auf dem Kanal für allgemeine Verfügbarkeit befindet.

> Hinweis
>
> **Als wir mit dem Schreiben dieses Buches begannen, stand Microsoft kurz vor der Veröffentlichung der für die zweite Jahreshälfte 2022 geplanten Version von Windows. Anstelle eines Codenamens wurde diese Version in den Insider-Flight-Details als 22H2 bezeichnet. Den aktuellen Status der Insider-Preview-Releases für Windows 11 finden Sie im Flight Hub unter *https://learn.microsoft.com/windows-insider/flight-hub*.**

Wenn Sie einen Insider-Preview-Build ausführen, können Sie die Bereitstellung neuer Builds für bis zu sieben Tage aussetzen. Gehen Sie zu *Einstellungen | Windows Update* und klicken Sie auf *Updates anhalten*. Sie können diese Änderung vornehmen, wenn Sie mitten in einem großen Projekt stecken und nicht möchten, dass Ihre Arbeit durch einen großen Download unterbrochen wird, dessen Installation eine Stunde oder länger dauern könnte. Sie können die Updates auch vorübergehend stoppen, wenn Sie auf Reisen sind. Als Mitglied des Windows-Insider-Programms ist die maximale Pausenzeit für Updates eine Woche. (Für ein Gerät im Kanal für allgemeine Verfügbarkeit können Sie dieselbe Option verwenden, um Updates für bis zu 35 Tage anzuhalten.)

Ankündigungen zu den einzelnen Preview-Builds verfolgen

Jede neue Insider-Preview-Version wird von einer umfangreichen Dokumentation begleitet. Besuchen Sie den Insider Flight Hub unter *https://docs.microsoft.com/windows-insider/flight-hub*, um sich über die Highlights zu informieren. Auf dieser Seite sind die einzelnen Builds des aktiven Entwicklungszyklus in umgekehrter chronologischer Reihenfolge aufgelistet, mit einem Link zu den entsprechenden Versionshinweisen im Windows-Insider-Blog, in denen diese Funktionen ausführlicher beschrieben werden und die detaillierte Listen allgemeiner Fehlerbehebungen sowie bekannter Probleme enthalten. Besuchen Sie *https://blogs.windows.com/windows-insider/tag/windows-insider-program*, um alle Versionshinweise durchzusehen.

Expertentipp

Lesen Sie die Versionshinweise, wenn Sie ein Preview-Build installieren

Zu jedem Preview-Release von Windows 11 werden ausführliche Hinweise zur Verfügung gestellt, die dokumentieren, welche Features im aktuellen Release neu sind oder geändert wurden, welche Probleme seit den letzten Builds korrigiert wurden und – ganz wichtig – welche bekannten Probleme sich auf Leistung oder Stabilität Ihres Computers auswirken könnten.

Natürlich liegt es nahe, diese Hinweise zu ignorieren und sich kopfüber in ein neues Preview-Release zu stürzen. So verlockend die Aussicht auf neue Features auch sein mag, wir empfehlen Ihnen dringend, die Release-Hinweise wenigstens kurz zu überfliegen (besonders den Abschnitt »Known Issues«, also »Bekannte Probleme«), bevor Sie ein neues Preview-Release verwenden. Das kann Ärger und eine aufwendige Problembehandlung für den Fall ersparen, dass Sie auf ein Feature stoßen, das nicht richtig funktioniert. In seltenen Fällen kann das sogar eine fehlgeschlagene Installation verhindern, wenn ein bekanntes Problem sich auf bestimmte Hardware oder Software auswirkt, die in Ihrem Gerät installiert ist.

Links zu diesen Versionshinweisen sind auch in der App Feedback-Hub auf der Registerkarte *Ankündigungen* verfügbar. Klicken Sie im Navigationsbereich auf das Megafon-Symbol, um die vollständige Liste zu sehen, wie in Abbildung B.3 dargestellt.

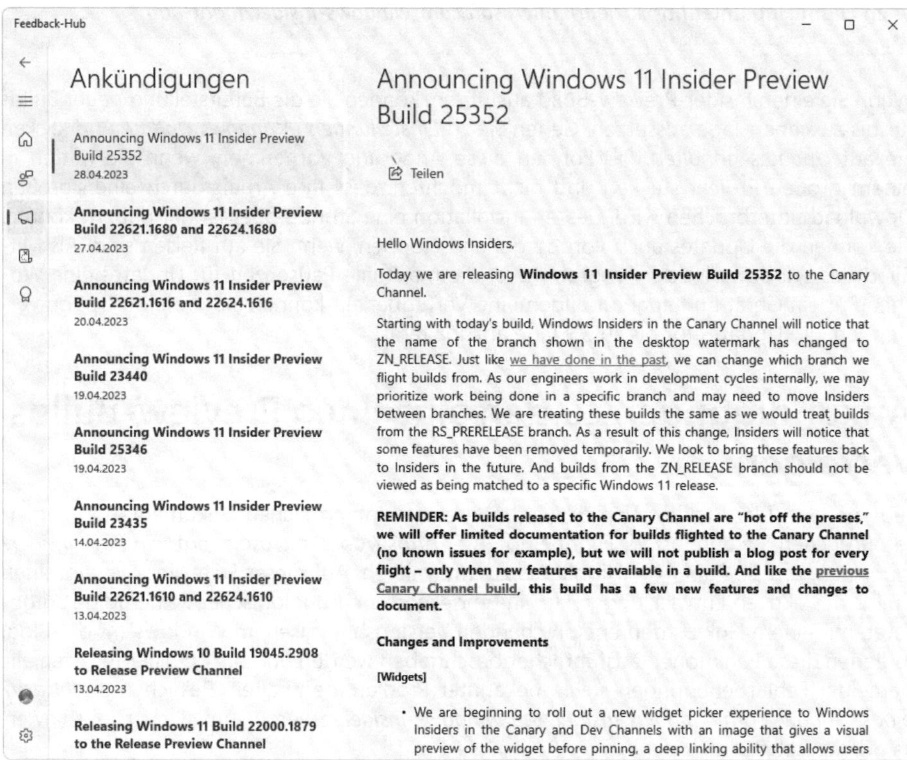

Abbildung B.3 Öffnen Sie die App Feedback-Hub und klicken Sie im Navigationsbereich auf das Megafon, um eine vollständige Liste der Ankündigungen anzuzeigen, einschließlich Details zu jedem neuen Insider-Preview-Build.

Das ist natürlich nicht die einzige Aufgabe der App Feedback-Hub, wie wir im nächsten Abschnitt erläutern.

Feedback einreichen und nachverfolgen

Das Windows-Insider-Programm ist von seiner Konzeption her eine Feedback-Schleife. Microsoft sammelt natürlich eine nützliche Menge an Informationen aus der Online-Telemetrie, aber das primäre Mittel, um Fehlerberichte und Vorschläge an Microsoft zu übermitteln, ist die passend benannte App Feedback-Hub.

Die Rückmeldungen der Benutzer sind unverzichtbar, damit schwerwiegende Bugs aufgedeckt und beseitigt werden, bevor sie an die Öffentlichkeit gelangen. Ein hervorragendes Beispiel dafür, wie wichtig dieser Punkt ist, ist die Freigabe von Version 1809 im Oktober 2018. Wenige Tage später wurde die Veröffentlichung dieses Funktionsupdates für mehr als einen Monat zurückgehalten, nachdem frühe Anwender zwei ernste Bugs beim neuen Update gemeldet hatten.

Ironischerweise hatten die Teilnehmer des Windows-Insider-Programms ihre Aufgabe erfüllt, denn mehrere Insider haben beide Fehler während des Testens von Preview-Builds gemeldet. Die Entwickler bei Microsoft hatten diese Berichte in der Datenflut, die sie über Feedback-Hub erhielten, übersehen. Um sicherzustellen, dass diese Meldungen ernster genommen werden, und um eine Wiederholung dieses peinlichen Release-Zyklus zu vermeiden, hat das Windows-Team dem Feedback-Formular ein neues Feld für den Schweregrad hinzugefügt und neue Überprüfungsprozesse eingeführt.

Abbildung B.4 Bevor Sie ein neues Feedback-Element erstellen, verwenden Sie die Suchwerkzeuge, um vorhandene Berichte zu finden.

Auf der Registerkarte *Feedback*, die in Abbildung B.4 dargestellt ist, können Sie alle von der Insider-Community eingereichten Beiträge anzeigen und durchsuchen, Ihre eigenen Kommentare hinzufügen und Ihre Stimme abgeben, um einen Vorschlag für die Microsoft-Mitarbeiter, die die kommenden Windows-Versionen entwerfen und programmieren, sichtbarer zu machen.

Bevor Sie auf die Schaltfläche *Neues Feedback geben* klicken, sollten Sie mit dem Suchfeld versuchen, vorhandene Meldungen zu finden, die dasselbe Problem betreffen. Falls Sie eine finden, die das Problem beschreibt, das Sie melden wollten, können Sie diesen Eintrag durch Ihre Stimme unterstützen. (Klicken Sie dazu auf den Link *Zustimmen*, entweder links neben der Zusammenfassung oder unter der Überschrift, wenn Sie den Eintrag geöffnet haben.) Sofern Sie zusätzliche Details beitragen können, die für den Bericht relevant sind, können Sie die Meldung öffnen und einen Kommentar hinzufügen. (Sie können auch andere Kommentare kommentieren.)

Hier einige Vorschläge, wie Sie das meiste aus der App Feedback-Hub herausholen:

- Verwenden Sie die Sortieroptionen, um die Liste der Suchergebnisse anzupassen. Wählen Sie die Option *Populär*, um Elemente auflisten zu lassen, die aktuell am aktivsten sind; bei der Option *Zustimmungen* werden Feedback-Elemente angezeigt, die bereits beliebt sind und wahrscheinlich am meisten von Ihrer Stimme profitieren.
- Wenn Sie in der Liste *Filter* die Option *Mein Build* auswählen, bekommen Sie keine veralteten Feedback-Meldungen angezeigt. Außerdem können Sie so überprüfen, ob ein Problem, das sich bei Ihnen zeigt, auch von anderen Benutzern gemeldet wird, die mit demselben Build arbeiten. Wenn Sie diesen Filter entfernen, hilft Ihnen das, hartnäckige Probleme zu melden, die schon in früheren Builds gemeldet wurden, aber auch noch im aktuellen Build ihr Unwesen treiben.
- Nutzen Sie einige der Filteroptionen, um nach Problemen zu suchen, die vom Windows-Entwicklungsteam beseitigt wurden. Wählen Sie dazu die Kategorien *Vorgenommene Änderungen* und *Offizielle Antwort* aus, um die entsprechenden Elemente aufzulisten.

Falls Sie kein vorhandenes Feedback-Element finden, können Sie auf *Neues Feedback geben* klicken und das vierteilige Formular ausfüllen. Tragen Sie einen aussagekräftigen Titel in die Betreffzeile ein, damit andere Benutzer leicht Ihre Meldung finden, und wählen Sie in Schritt 2 die richtige Kategorie aus. Sehen Sie sich den Abschnitt *Fügen Sie weitere Details hinzu* (siehe Abbildung B.5) besonders sorgfältig an. Er bietet die Möglichkeit, das Problem als »hochgradig schwerwiegend« einzustufen. Bei Problemen, die Sie zuverlässig reproduzieren können, sollten Sie die Optionen nutzen, um Screenshots und Dateien anzuhängen oder sogar eine Reihe von Schritten aufzuzeichnen, damit ein Techniker besser versteht, was Sie sehen und was Sie mitteilen wollen.

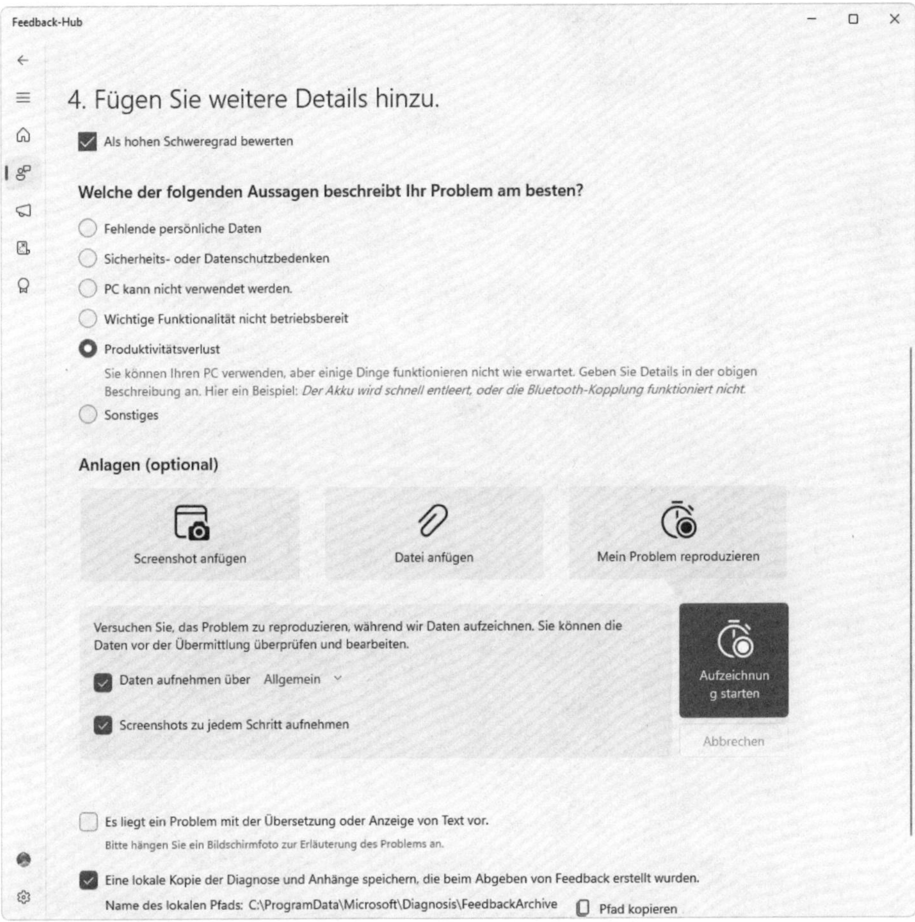

Abbildung B.5 Mit der Schaltfläche *Aufzeichnung starten* können Sie eine Abfolge von Ereignissen aufzeichnen, die es einem Entwickler erleichtern, das Problem nachzuvollziehen. Das macht eine Bug-Meldung oder einen Vorschlag viel nützlicher.

Anhang C

Hilfe und Support

Dieses Buch ist vollgepackt mit Details darüber, wie Windows funktioniert und wie Sie es für sich besser nutzen können, aber es kann unmöglich alle Fragen beantworten. Das gilt vor allem, wenn man die nahezu unendlichen Kombinationen von Hardware und Software berücksichtigt, die im vielfältigen PC-Ökosystem möglich sind, und dann noch die Updates hinzurechnet, die Microsoft jeden Monat liefert.

Wo finden Sie also Antworten auf diese quälend spezifischen Fragen? Das ist der Zweck dieses Anhangs, der als Wegweiser zu Orten dient, an denen Sie Hilfe, Tipps zur Fehlerbehebung, Anleitungen, Treiber, Dienstprogramme und Ratschläge finden können.

Unsere Liste beginnt mit offiziellen Ressourcen, die von Microsoft zusammengestellt und gepflegt wurden, aber wir haben auch Community-basierte Ressourcen aufgenommen, in denen Sie oft hilfreiche Antworten finden.

Onlinehilfe

Es ist mehr als ein Jahrzehnt her, dass eine neue Version von Windows eine lokale Dokumentationsdatei enthielt. Stattdessen stellen moderne Windows-Versionen die Hilfe online zur Verfügung, wo sie leicht aktualisiert und erweitert werden kann.

In diesem Sinne sollte Ihre erste Anlaufstelle für die Beantwortung der meisten grundlegenden Fragen das Internet sein – insbesondere die Suchmaschine Microsoft Bing, die bei einer Frage zu Windows direkt Ergebnisse der Microsoft-Hilfe liefert. Abbildung C.1 zeigt eine solche Frage, wobei die Antwort in einem Feld über allen anderen Suchergebnissen steht und die Quelle deutlich als *Hilfe von Microsoft* gekennzeichnet ist.

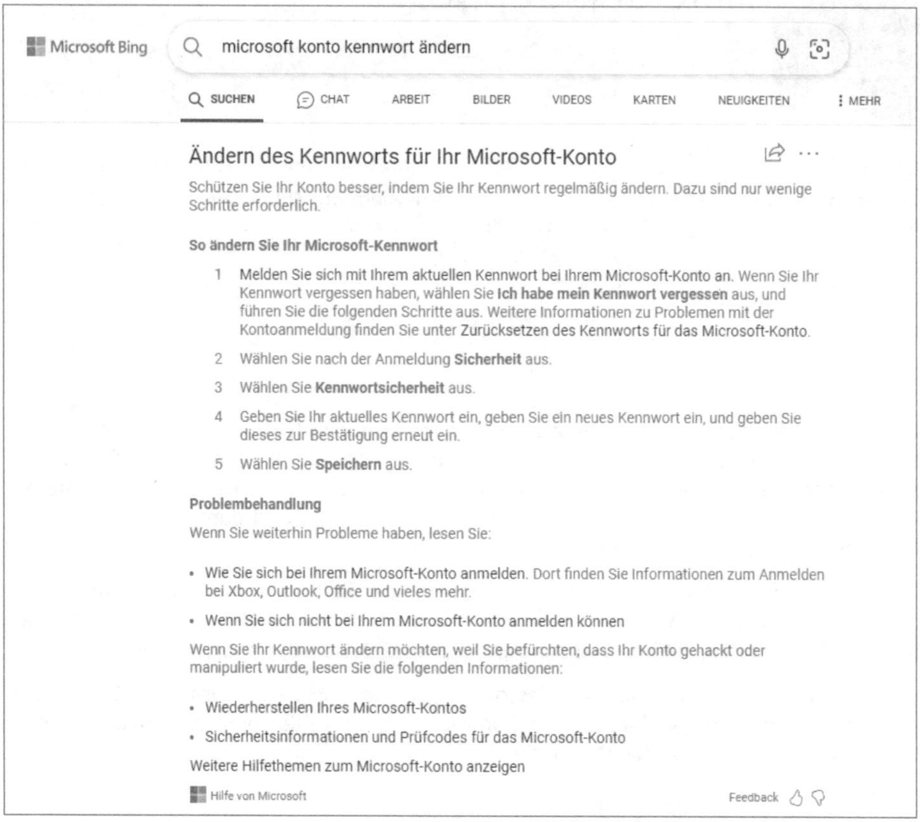

Abbildung C.1 Microsofts Suchmaschine Bing liefert Ergebnisse direkt aus der Sammlung der Onlinehilfe von Microsoft, wenn Sie die richtigen Fragen stellen.

Manchmal sind Sie natürlich nicht auf der Suche nach einer detaillierten Erklärung oder einer Schritt-für-Schritt-Anleitung, sondern wollen einfach nur eine Windows-Einstellung finden, ohne sich durch Menüs oder Dialogfelder wühlen zu müssen. Für diese Art von Aufgabe haben Sie die Wahl zwischen zwei Stellen, an denen Sie eine Suche starten können:

- **Das Suchfeld im Startmenü** Die Eingabe eines Suchbegriffs (im Beispiel in Abbildung C.2 das Wort **Bildschirm**) in das Suchfeld des Startmenüs liefert eine kurze, aber meist treffsichere Liste mit Suchergebnissen.
- **Das Suchfeld in der App Einstellungen** Klicken Sie auf *Start* | *Einstellungen* (oder verwenden Sie die Tastenkombination [Win]+[I]) und geben Sie ein Wort oder einen Satz in das Suchfeld über dem Navigationsbereich ein. Beachten Sie, dass die Ergebnisliste auch Einträge aus der alten Desktop-Systemsteuerung enthalten kann, obwohl diese Optionen in der Ära von Windows 11 immer seltener werden.

Für Traditionalisten steht auf einem Windows 11-Gerät eine lokale Hilfe zur Verfügung, und zwar in Form einer Microsoft Store-App namens *Tipps*. Die in Abbildung C.3 dargestellte App wird mit Windows 11 installiert und über den Microsoft Store aktualisiert.

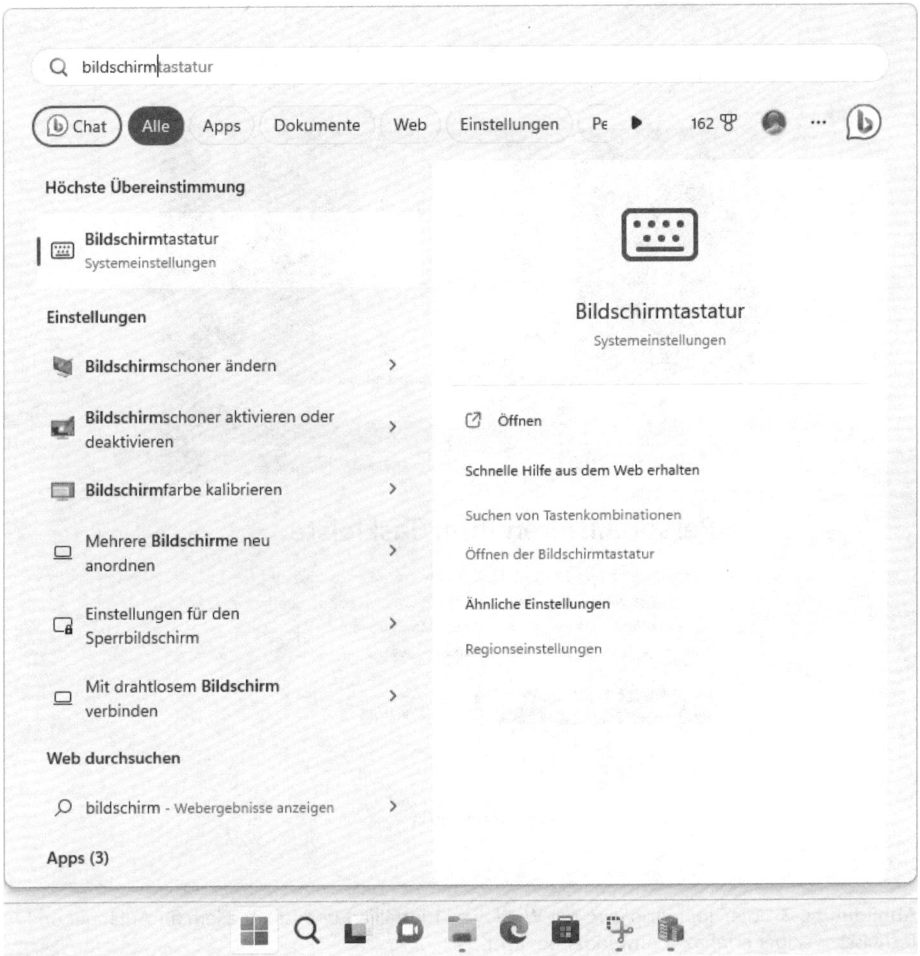

Abbildung C.2 Das Suchfeld im Startmenü ist normalerweise der schnellste Weg, um rasch zu einer bestimmten Einstellung zu gelangen.

Die Inhalte in der App Tipps gehen nicht allzu tief, sondern bieten einen Überblick über die wichtigsten Funktionen und richten sich in erster Linie an technisch weniger versierte Benutzer. Die meisten Leser dieses Buches finden hier wahrscheinlich wenig neue Informationen, sie ist aber eine hervorragende Lektüreempfehlung für Bekannte, Familienmitglieder und Kollegen, die davon profitieren könnten. Klicken Sie auf ein beliebiges Thema, um kurze Tipps in einem leicht verständlichen Diashow-Format zu diesem Thema anzuzeigen.

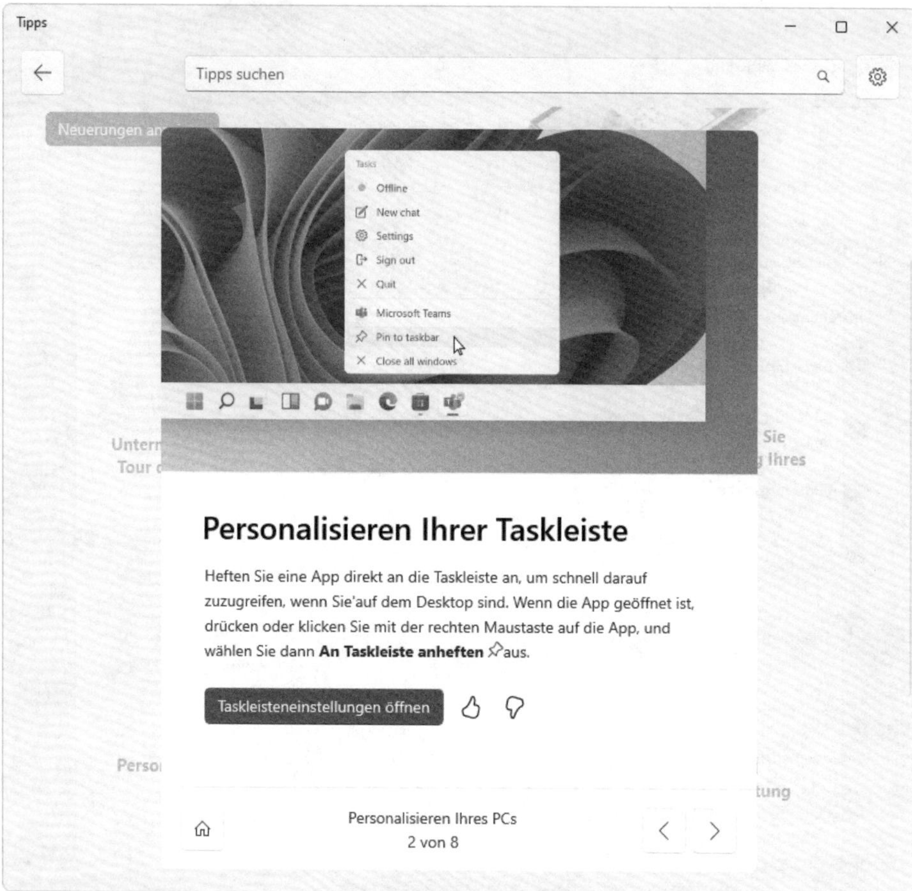

Abbildung C.3 Die Tipps-App wird mit Windows 11 installiert und ist vor allem für Anfänger und technisch weniger erfahrene Anwender gedacht.

Sie können die App Tipps direkt im Startmenü öffnen. Eine andere Möglichkeit sind die Tipps, die gelegentlich nach der ersten Anmeldung an einem Windows 11-PC erscheinen und Ihnen vorschlagen, neue Funktionen auszuprobieren. Diese Tipps sind so entworfen, dass sie relativ unaufdringlich wirken, und sie erscheinen nicht, wenn Sie bereits das Feature benutzt haben, das darin vorgestellt werden soll. Aber wenn Sie die Tipps überhaupt nicht sehen wollen, können Sie zu *Einstellungen | System | Benachrichtigungen* gehen. Scrollen Sie nach unten, öffnen Sie am unteren Rand der Seite den Abschnitt *Zusätzliche Einstellungen* und deaktivieren Sie das Kontrollkästchen *Tipps und Vorschläge erhalten, wenn Windows verwendet wird.*

- **Eine weitere Quelle für ausführliche Hilfe in Windows 11 ist der Abschnitt *Andere Problembehandlungen* unter *Einstellungen | System | Problembehandlung*. Wir behandeln diese Tools in Kapitel 15, »Problembehandlung, Sicherung und Wiederherstellung«.**

Onlinereferenzmaterial von Microsoft

Zu Microsofts Engagement für die kontinuierliche Unterstützung von Windows gehört eine umfangreiche Bibliothek von Schulungshilfen und Referenzmaterial. In diesem Abschnitt werden die wichtigsten dieser Ressourcen aufgeführt. Beachten Sie, dass der Prozess der Aktualisierung der Dokumentation, die ursprünglich für Windows 10 erstellt wurde, noch nicht abgeschlossen ist. Sie können daher davon ausgehen, dass Sie eine beträchtliche Anzahl von Themen finden werden, die für Windows 11 noch nicht überarbeitet wurden. In einigen Fällen sind die Unterschiede gering, aber es lohnt sich, vorsichtig zu sein, wenn Sie sich auf eine Dokumentation verlassen, die nicht speziell für das von Ihnen verwendete Betriebssystem erstellt wurde.

Microsoft-Support

Das auffälligste Merkmal des Microsoft-Support-Hubs für Windows (*https://support.microsoft.com/windows*) ist ein großes Suchfeld, das oben auf der Seite prominent platziert ist. Wenn eine allgemeine Websuche nicht erfolgreich ist, navigieren Sie zu dieser Seite und verwenden Sie das Suchfeld, um detaillierte Anweisungen, Ratschläge zur Fehlerbehebung und Links zu Anwendungen und Treiberupdates zu finden, die Ihrem Suchbegriff entsprechen.

Wenn Sie nur eine Anleitung suchen, die ausführlicher ist als die oberflächliche Version in der Tipps-App, klicken Sie auf eines der Themen unter der Suchleiste, um nach Themen geordnete Sammlungen von Artikeln anzuzeigen. Im Abschnitt *Beliebte Themen* für Windows 11 am unteren Rand der Seite sind Artikel aufgeführt, die bei anderen Besuchern besonders beliebt sind.

Expertentipp

Was ist mit der Microsoft Knowledge Base passiert?

Jahrzehntelang unterhielt Microsoft eine Onlineressource namens *Knowledge Base*, die mit offiziellen Support-Dokumenten gefüllt war, die Details zu bekannten Problemen, Problemumgehungen, Sicherheitsupdates, neuen Funktionen und allem anderen enthielten, was die Microsoft-Support-Organisation für wertvoll genug hielt, um es offiziell zu veröffentlichen.

Und dann, im Jahr 2020, verschwanden die Archive der Knowledge Base einfach. Einige Artikel wurden auf der Microsoft-Support-Website neu veröffentlicht, wobei ein völlig anderes Benennungssystem verwendet wurde, aber es gab keine systematischen Bemühungen, alte KB-Seiten umzuleiten. Wenn Sie in einem alten Link auf einen KB-Artikel stoßen, werden Sie wahrscheinlich feststellen, dass der Link zu einer Fehlerseite führt.

Die KB-Syntax hat in einem Bereich überlebt: Jedes monatliche Sicherheitsupdate für Windows wird durch eine KB-Nummer identifiziert, die mit einer eindeutigen Build-Nummer einhergeht. Wenn Sie beispielsweise wissen möchten, welche Fehlerbehebungen im Windows 11-Update vom 9. Mai 2023 (Build 22621.1702) enthalten waren, finden Sie diese im Artikel KB5026372.

Aber mit dieser bemerkenswerten Ausnahme gehört die Ära der Knowledge Base offiziell der Vergangenheit an.

Microsoft-Dokumentation

Der gut organisierte Index von Microsoft Docs (*https://learn.microsoft.com/docs*) lässt den Umfang der Website, die sich dahinter verbirgt, nur vermuten. Auf der Startseite finden Sie Links zu eigenen Abschnitten für jedes wichtige Produkt (und zu ein paar obskuren) in Microsofts Produktkatalog. Insgesamt enthält die Website die gesamte technische Dokumentation von Microsoft sowie Referenzmaterialien und Anleitungen für Softwareentwickler, Hardwaredesigner und IT-Experten. Die Informationen sind gründlich, gut organisiert und werden in beeindruckendem Tempo erweitert. Der Abschnitt »Windows-Client – Ressourcen und Dokumentation für IT-Spezialisten« unter *https://learn.microsoft.com/windows/resources* dürfte für die Leser dieses Buches von größtem Interesse sein.

Ressourcen für IT-Profis

Microsofts Inside Track-Website (*https://www.microsoft.com/insidetrack/it-pro*), die nur in englischer Sprache zur Verfügung steht, enthält Fallstudien, Videos und Tutorials, die sich in erster Linie an IT-Experten richten. In vielen der Fallstudien und Whitepapers erläutern IT-Experten von Microsoft, wie sie die unternehmenseigenen Technologien eingesetzt haben.

Microsoft Learn

Diese Online-Lernressource (*https://learn.microsoft.com*) ist eine ausgezeichnete Quelle für kostenlose Schulungen zu einer breiten Palette von Themen, einschließlich Windows 11. Zu den verfügbaren Inhalten gehören aufgezeichnete Kurse, Live-Veranstaltungen (und Archive früherer Veranstaltungen) und Bücher, die komplexe Themen mit Walk-Throughs und Demos zum Leben erwecken. Wenn Sie eine Microsoft-Zertifizierung anstreben, beginnen Sie hier.

Technische Unterstützung erhalten

Wenn Sie in der technischen Dokumentation keine Antwort finden oder wenn ein Problem nur bei Ihrer Systemkonfiguration auftritt, können Sie sich an die Microsoft Community-Foren unter *https://answers.microsoft.com* wenden. Diese Foren sind in Kategorien unterteilt. Klicken Sie auf *Windows*, wählen Sie im Dropdownmenü *Versionen* den Eintrag *Windows 11* und wählen Sie dann aus der Themenliste einen Eintrag, um die Liste der Antworten einzugrenzen.

Wenn diese gefilterte Liste keinen nützlichen Artikel oder keine nützliche Diskussion enthält, klicken Sie auf das Suchsymbol in der oberen rechten Ecke und geben Sie einen relevanten Suchbegriff ein, um zu sehen, ob andere über ein ähnliches Problem berichtet haben oder ob ein Mitglied der Community einen Artikel zu diesem Thema geschrieben hat. Abbildung C.4 zeigt ein Beispiel für eine solche Suche.

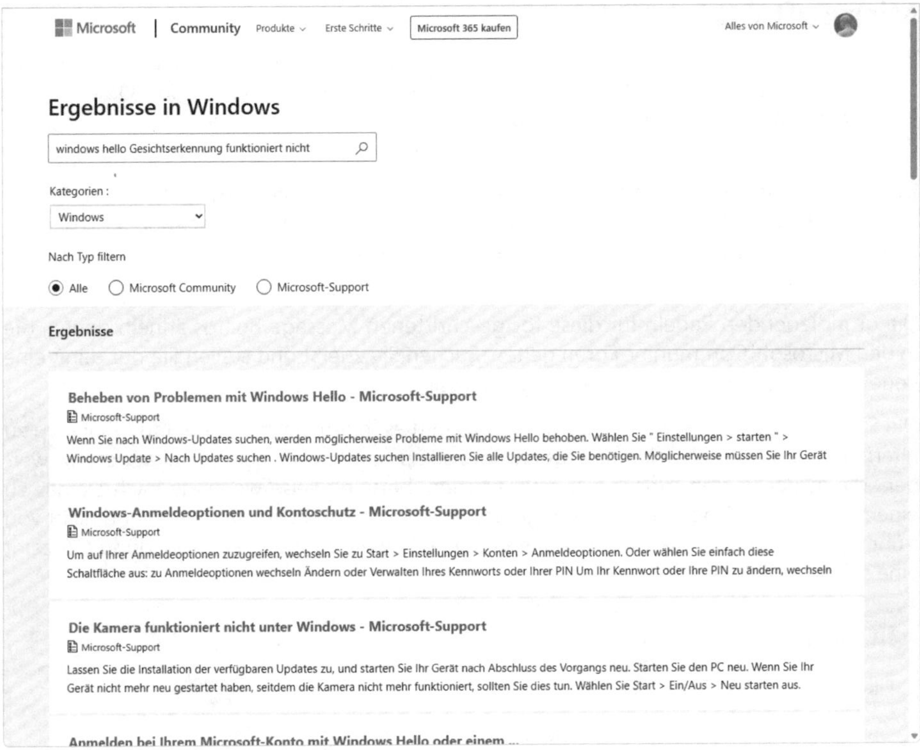

Abbildung C.4 Verwenden Sie die Filteroptionen unter dem Suchfeld, um die Suchergebnisse der Microsoft Community-Foren einzugrenzen.

Sollte Ihre Suche nichts zutage fördern, was Ihnen weiterhilft, können Sie auf *Eine Frage stellen* klicken, um selbst eine Frage zu stellen. (Sie können auf dieser Seite auch eine Diskussion beginnen, wenn Sie ein Thema ansprechen wollen, bei dem Sie keine Antwort benötigen.) Wenn Sie etwas in den Community-Foren veröffentlichen, sollten Sie so konkret wie möglich formulieren. Beschreiben Sie wichtige Details zu Ihrer Systemkonfiguration und Hardware sowie alle Problembehandlungsschritte, die Sie bereits ausprobiert haben, mit ihren Ergebnissen.

Beachten Sie, dass die Unterstützung in diesen Foren von Community-Mitgliedern sowie Microsoft-Support-Personal geleistet wird. Wahrscheinlich begegnen Sie öfter einem Microsoft-MVP (Most Valuable Professional). Es ist nicht garantiert, dass Sie eine befriedigende Antwort erhalten, aber wir können aus eigener Erfahrung bestätigen, dass dieser Weg in vielen Fällen zum Erfolg geführt hat.

Um eine Diskussion zu verfolgen, sollten Sie sich mit Ihrem Microsoft-Konto anmelden und die Benachrichtigungsoptionen unten in jeder Nachricht aktivieren. Jedes Mal, wenn jemand auf die Nachricht antwortet, erhalten Sie eine E-Mail an die Adresse, die mit Ihrem Microsoft-Konto verknüpft ist. Das geschieht sowohl, wenn Sie selbst die Diskussion begonnen haben, als auch dann, wenn Sie eine vorhandene Diskussion gefunden haben, die Sie gern weiter verfolgen würden.

Microsoft Q&A

Wenn Sie ein IT-Profi sind und eine Frage haben oder eine Diskussion mit anderen Gleichgesinnten und erfahrenen Personen beginnen möchten, gehen Sie zu Microsoft Q&A, das die fortgeschrittenen Foren ersetzt, die früher auf MSDN und TechNet zu finden waren. Hier finden Sie Windows-bezogene Diskussionen: *https://learn.microsoft.com/en-us/answers*.

Die in Microsoft Q&A verfügbaren Themen umfassen ein viel breiteres Spektrum an Microsoft-Produkten und -Technologien als die in den Community-Foren behandelten Themen, wobei der Schwerpunkt auf der Bereitstellung und Verwendung von Windows im Unternehmen liegt.

Die grundlegenden Regeln für diese fortgeschrittenen Message Boards ähneln denen, die in den Microsoft Community-Foren gelten: Suchen Sie zuerst und stellen Sie nur dann eine neue Frage, wenn Sie keine bestehende Diskussion finden, die Ihr Problem behandelt.

Die Suchoptionen für Microsoft Q&A ermöglichen es Ihnen, nach Datum und Inhaltstyp zu filtern. Es kann nützlich sein, die Ergebnisliste so zu filtern, dass nur Artikel angezeigt werden, die in der letzten Woche gepostet wurden, beispielsweise wenn Sie nach Details zu einem bekannten Problem mit einem gerade veröffentlichten Update suchen und nicht von früheren, nicht verwandten Diskussionen abgelenkt werden möchten. Abbildung C.5 zeigt eine solche gefilterte Suche.

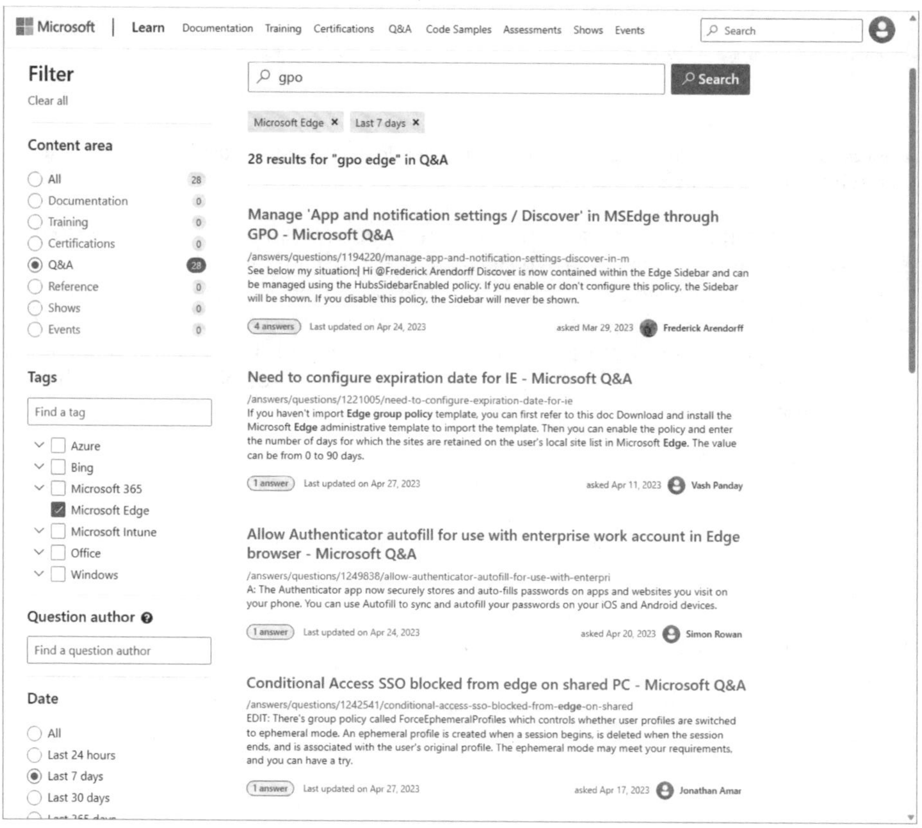

Abbildung C.5 Verwenden Sie die Optionen auf der linken Seite der Ergebnisliste, um Ihre Suche nach Datum oder Artikelart zu filtern.

Kostenloser und kostenpflichtiger Support von Microsoft

Wenn Sie Antworten von anderen Windows-Benutzern bekommen, ist das kostenlos und jederzeit verfügbar, aber manchmal brauchen Sie direkten Support von Microsoft-Technikern.

Microsoft bietet kostenlose Unterstützung für Sicherheitsprobleme. Wenn Sie zum Beispiel vermuten, dass Ihr Computer mit Schadsoftware infiziert wurde, können Sie kostenlosen Support anfordern. Andere Supportleistungen werden möglicherweise von einer Produktgarantie abgedeckt, auf die Sie Anspruch haben, wenn Sie Windows direkt bei Microsoft gekauft haben. Und schließlich haben Sie die Möglichkeit, ein Support-Ticket gegen Gebühr zu erwerben.

Besuchen Sie die Microsoft-Kontakt-Website unter *https://support.microsoft.com/contactus*, um Ihre Supportoptionen zu sehen. Die Listen auf dieser Seite leiten Sie zu den entsprechenden technischen Support-Ressourcen für verschiedene Unternehmenskategorien.

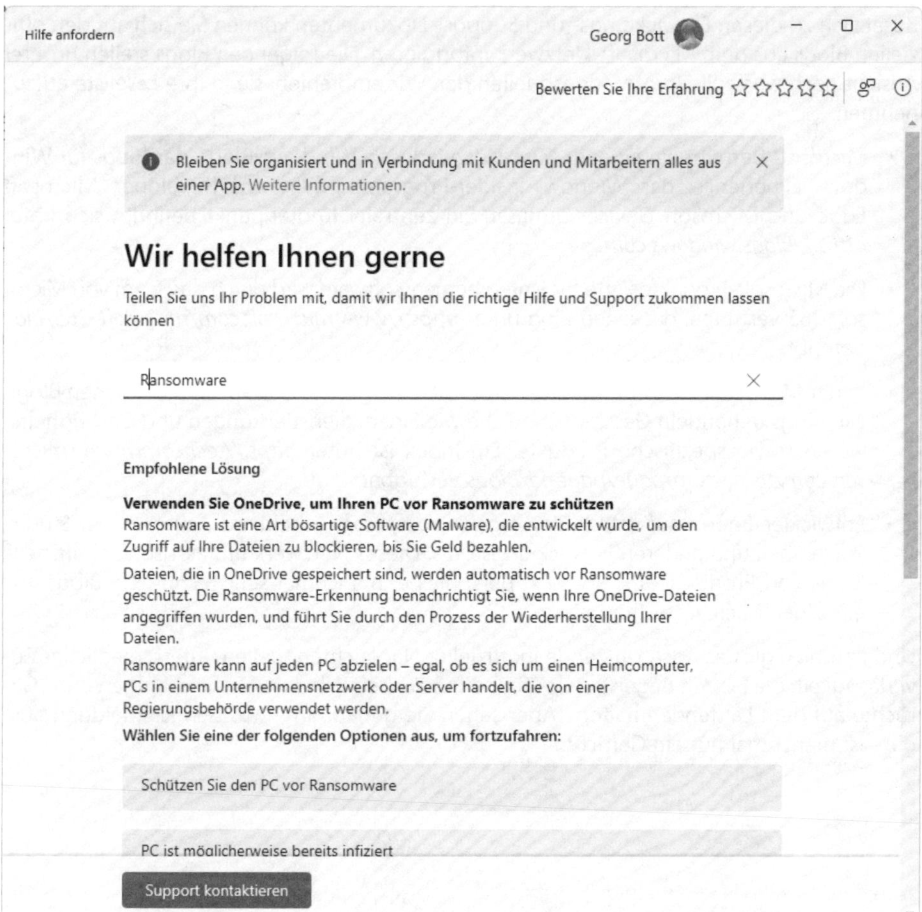

Abbildung C.6 Über die App Hilfe anfordern können Sie über Chat oder Telefon mit einem Supportmitarbeiter in Kontakt treten. Beachten Sie, dass manche Leistungen kostenpflichtig sind.

Als Alternative können Sie die App Hilfe anfordern verwenden, die standardmäßig mit Windows 10 und Windows 11 installiert ist. Diese App führt Sie durch eine KI-gestützte Chat-Sitzung mit einem virtuellen Supportmitarbeiter. Wenn dies nicht die gewünschte Antwort liefert, können Sie mit einem Menschen chatten, um nicht-virtuelle Unterstützung zu erhalten. Abbildung C.6 zeigt die verfügbaren Optionen, als wir um Hilfe bei einem möglichen Ransomware-Problem baten.

Wie sieht die Zukunft von Windows aus?

Wenn Ihr Unternehmen Windows verwendet, sollten Sie sich besonders darum bemühen, über die aktuellen und zukünftigen Updates für Windows 11 auf dem Laufenden zu bleiben. Der einfachste Weg, den Überblick über die Neuerungen in den einzelnen Updates zu behalten (und Ihre Erinnerung an frühere Updates aufzufrischen), ist die Lektüre der Seite mit den Versionsinformationen zu Windows 11 unter *https://aka.ms/windowsreleasehealth*.

Zusätzlich zu diesen Entwicklungs- und Support-Dokumenten können Sie sich auf den offiziellen Blogs aus dem Microsoft-Netzwerk informieren. Die folgenden Blogs stellen unserer Ansicht nach wertvolle Informationsquellen dar. Wir empfehlen, sie in Ihre Leseliste aufzunehmen:

- Microsoft betreibt ein eigenes Mini-Netzwerk von Windows-Blogs, das Blogs für Windows Experience, das Windows-Insider-Programm, Windows Developer, Microsoft Edge und Microsoft Devices umfasst. Ein zentraler Knotenpunkt befindet sich unter *https://blogs.windows.com*.
- Die Microsoft-Produktpalette für Unternehmenssoftware wird durch das Team von Microsoft 365 vertreten, das einen Blog unter *https://www.microsoft.com/microsoft-365/blog* betreibt.
- In der Microsoft Tech Community finden Sie eine große Auswahl an technischen Blogs. Die Blogs behandeln Geschäftsbereiche wie Finanzdienstleistungen und Gesundheitswesen sowie spezifische Produkte. Ein Index ist unter *https://techcommunity.microsoft.com/t5/custom/page/page-id/Blogs* verfügbar.
- Entwickler finden auf *https://devblogs.microsoft.com* Inhalte zu Azure, Visual Studio, PowerShell und anderen Entwicklungstools. Dieses Netzwerk umfasst sowohl offizielle Blogs von Produktteams als auch persönliche, manchmal sehr technische Blogs von einzelnen Microsoft-Mitarbeitern.

Und natürlich gibt es noch Dutzende inoffizieller Nachrichtenquellen unterschiedlicher Zuverlässigkeit, die Sie mit Begeisterung über die neuesten Windows-Entwicklungen und -Gerüchte auf dem Laufenden halten. (Aber sehen Sie genau hin – was sich als Meldung ausgibt, ist manchmal nur ein Gerücht.)

Stichwortverzeichnis

A

D

F

I

K

M

N

O

P

Q

R

S

T

W

X

Z